JN426570

사례로 풀어쓴

조직행동론

개정증보
제 6 판

Jennifer M. George, Gareth R. Jones, 양동훈 공저

Σ 시그마프레스

사례로 풀어쓴 **조직행동론,** 개정증보 제6판

발행일 | 2015년 3월 2일 1쇄 발행
2016년 3월 2일 2쇄 발행
2019년 8월 20일 3쇄 발행
2025년 8월 5일 개정증보판 1쇄 발행

공저자 | Jennifer M. George, Gareth R. Jones, 양동훈
발행인 | 강학경
발행처 | Σ 시그마프레스
디자인 | 김은경, 우주연
편 집 | 김은실, 이지선, 윤원진

등록번호 | 제10-2642호
주소 | 서울특별시 영등포구 양평로 22길 21 선유도코오롱디지털타워 A401~402호
전자우편 | sigma@spress.co.kr
홈페이지 | http://www.sigmapress.co.kr
전화 | (02)323-4845, (02)2062-5184~8
팩스 | (02)323-4197

ISBN | 978-11-6226-503-1

Understanding and Managing Organizational Behavior, 6th Edition

개정증보 한국어판 저자 서문

본 교과서가 한국에 처음 간행된 지도 10년이 지났다. 그 동안 내용의 수정이 없어 아쉬운 점이 많았는데, 이번에 사례들을 최신 한국 사례 중심으로 바꾸어 개정증보판을 낸다.

본 교과서는 처음으로 미국 교과서의 단순 번역보다 국내 사정에 적합하게 편집된 내용으로 출간이 시도되었다. 그러나 그동안 국내외 기업들의 상황이 많이 변하였기 때문에 이번에 최신 국내 사례들 중심으로 보완하여 보다 현실적인 내용을 파악할 수 있도록 하였다. 본문에 대해서는 내용상 큰 변화가 없으나 표현을 한국어로 이해가 더 용이하도록 수정하였다.

개정증보판에서는 도입사례, 현대의 조직행동, 국내 사례를 보다 최신의 사례로 대체하고 매 단원의 끝에도 사례를 하나 더 추가하여 보완하였다. 사례는 본문의 내용과 긴밀하게 연관된 것이기 때문에 사례를 읽어보면 본문의 이해가 용이할 것이다. 이 점에서 본 교과서의 제목을 사례로 풀어쓴 조직행동론이라고 수정하였다.

개정증보판이 나오기까지 도움을 준 고은정 박사, 그리고 시그마프레스 편집부의 김은실 차장, 그리고 최성복 과장께 깊은 감사를 드린다.

2025년 7월

한국어판 저자 서문

본 교과서는 George 교수의 조직행동론(*Understanding and Managing Organizational Behavior*)을 편집 · 번역한 것이다. 원저작물의 완역이 아닌 편집을 한 데에는 몇 가지 이유가 있다. 우선 국내 학생들에게 익숙하지 않은 미국 사례가 다수 있어 이를 유사한 국내 사례로 대체하기 위함이었다. 원서에 수록된 사례를 저자의 동의 없이 한국 사례로 대체한 점은 저자의 양해를 받아야 했으나 Pearson Korea의 편집방침에 따라 미리 승인을 얻어 진행한 점을 밝힌다. 교육적 취지에서 사례는 그 무엇보다 중요한 역할을 하는데 번역서의 경우 학생들에게 익숙하지 않은 내용이 많아 학습효과가 반감되는 경우가 많다. 이 점에서 이 책에 삽입된 국내 사례는 우리 주변에서 일어난 사건들로 이론이 현실을 어떻게 설명하는지를 잘 보여준다.

둘째로 편집 번역이 필요했던 이유는 16주로 이루어지는 한 학기 강의에 적합하도록 만들기 위함이다. 미국의 조직행동론 교재는 한 학기 강의용으로는 분량이 많은 경우가 흔하다. 특히 사례와 다양한 주제가 모두 포함된 교재일수록 한 학기 강의가 용이하지 않다. 이 점에서 역자는 원서의 2개의 장을 의도적으로 제외하였다. 제외한 장은 제8장(Pay, Careers, and Changing Employment Relationship)과 제16장(Organizational Design and Structure)으로 이들 주제는 국내에서 인적자원관리와 조직론 교과에서 강의가 되고 있다. 본 번역에서 이를 제외하더라도 학생들은 학부의 다른 교과에서 동일한 내용을 접할 수 있을 것으로 판단하였다.

이 외에 본 번역에서는 원서의 일부 칼럼을 제외하였다. 이를테면 Questions for Discussion and Review, Small Group Break-out Exercise, Topic of Debate, Experiential Exercise, Closing Case 등을 제외하여 한 학기에 적합한 분량으로 편집하였다. 그러나 원서의 핵심적이고 중요한 내용은 모두 번역에 포함되어 조직행동론이란 주제를 학습하는 데 어려움이 없을 것이라 판단된다.

한국판 저자로서 본인은 미국 교과서의 단순 번역보다는 국내 사정에 적합하게 편집된 번역이 더 의미가 있다는 생각을 한다. 사람들의 생각 · 행동 · 정서가 미국과 한국 간에 차이가 있고, 한국인으로서 미국 내 사건들을 동일한 관점에서 바라보지 않을 수 있기에 교과서의 로컬화가 어느 정도는 필요하다고 생각한다.

George와 Jones 교수의 원서는 이미 제6판을 거듭하고 있다. 그만큼 수정이 되면서 유익한 내용과 철저한 재구성이 이루어졌음을 입증하는 것이다. 여기에 한국적 상황에 대한 이해가 추가됨으로써 우리에게 더욱 유익한 저작물이 되지 않을까 싶다. 제6판을 거듭한 원저와 같이 편역 또한 앞으로 거듭되면서 양자의 좋은 점만 포함할 수 있기를 기대한다.

출판 과정에서 도움을 준 대학원생인 고은정, 안수정, 신지원 학생에게 감사하고 출판이 가능하도록 해준 (주)시그마프레스의 편집부에 감사를 전하고 싶다.

영문판 저자 서문

조직행동론, 제6판을 발간하면서 우리는 사람을 관리하는 이슈에 관해 최근의 동향을 가능한 많이 반영하고자 노력하였다. 책을 개정하면서 전체적으로 학생들이 흥미와 관심을 갖도록 내용을 구성하고자 했다. 그동안 이 책을 강의용으로 사용한 이들로부터 학생들이 관심을 보이고 집중할 수 있는 내용에 관해 피드백을 받아 왔다. 우리는 실제 작업환경에서 매일같이 발생하는 변화들과 생생한 사례들을 교과서에 담으려 하였다. 한편으로는 소기업과 신생 기업에 초점을 맞추어 종업원들이 경험하는 조직행동을 설명하고자 하였다.

조직과 인적자원 분야에서 관리자와 종업원이 당면한 도전과제들은 워낙 많고 복잡하다. 특별히 불황기에는 이런 도전적 변화들이 더 많은 편이다. 대다수의 회사들은 종업원을 줄이고 선진화된 조직행동기법을 도입하여 다양한 난제들을 풀려고 한다. 예를 들면 오늘날 기업들은 신속한 신제품 출시, 비용절감, 고객서비스 개선 등에서 차이를 낼 수 있다면 상대적으로 경쟁우위를 확보할 수 있다는 것을 잘 알고 있다. 기업과 관리자들은 효과가 입증된 조직행동기법을 활용하여 점차 의사결정의 효과성을 제고할 수 있게 되었다. 이에 비해 최신의 조직행동기법을 도입하는 데 미온적인 회사나 관리자들은 경쟁력을 상실할 수 있는데 이는 최고의 종업원들이 성장하는 기업들로 옮겨가기 때문이다.

이 책을 쓰면서 저자들이 경험한 어려움은 최신의 이론과 연구결과를 반영하여 조직행동에 영향을 주는 최근 변화들을 철저하게 설명하는 것이었다. 앞으로 우리는 관련된 지식을 최대한 읽기 쉽고, 응용과 적용이 손쉬운 형태로 제공하고자 한다. 그래야 학생들의 이해와 학습의 즐거움이 더 커질 것이라 믿기 때문이다.

제6판의 개정사항

그동안 많은 피드백을 받아 이번 개정판에서는 글로벌 환경 속에서 일의 특성과 최근의 조직행동 이슈들을 최대한 반영하고자 하였다. 초점을 맞추어 개정한 부분은 다음과 같다.

첫째, 우리는 2000년대 들어 기업들 간에 논의되고 있는 윤리, 윤리적 행동, 사회적 책임과 관련된 이슈들을 포함시켰다. 윤리적 이슈를 깊이 있게 다루기 위해 각 장마다 새로운 내용과 많은 기업의 사례를 포함하였고 이를 통해 조직이 개인의 이기심을 통제하고 윤리적 행동을 촉진하는 방법을 제시하였다. 둘째, 기업활동의 글로벌화와 직장 내 다양성이 증가하면서 조직행동에 있어 새로운 기회와 위협이 되는 요인들이 발생하고 있다. 이에 초점을 맞추어 가급적 새로운 변화요인들을 살펴 설명하고자 하였다. 다음은 제6판에 새롭게 고려된 내용들이다.

- 최신 이슈의 도입사례를 각 장의 도입부에 포함시켰다. 자포스, 시스코 시스템스, 구글 등의 사례를 포함시켰다.
- 불황으로 인해 조직 내 종업원들에 대한 관리가 어떻게 변화되고 있는지, 무엇을 변화시켜야 하는지를 설명하고자 했다. 이를테면 새로운 직무설계 방법, 종업원의 동기부여, 보상방식의 변화, 일자리가 없어질 경우 이에 대응하는 방법, 스트레스 대응방안, 미국 근로자들의 직무만족이 과거보다 악화되는 현상 등을 폭넓게 기술하였다.
- 성격 · 감정 · 정서의 조직 내 역할을 다루고, 감정지능에 대한 최근의 연구결과를 추가하였다.
- CEO부터 현장직원에 이르기까지 조직학습의 중요성을 강조하고 종업원에 대한 교육훈련을 강화하여 조직이 과거와 다른 방식으로 운영되어야 함을 설명하였다.

구성

이 책은 크게 3개의 부와 16개의 장으로 구성되어 있다. 각 장에 대해 간략히 설명하면 다음과 같다.

제1장은 현대 조직행동론의 주요 이슈와 도전적 과제들을 기술한다.

제1부 : '조직 내 개인'은 제2장~제8장의 부분으로 종업원 개인의 성격, 감정지능, 창의성, 동기부여 등이 조직목표 달성과 이해관계자의 복지를 어떻게 증진시키는지를 설명하였다. 제 2, 3, 4장은 각각 성격, 감정지능, 정서, 가치관과 윤리, 다양성 등의 요소들을 조직유효성에 중요한 행동들과 연계하여 설명하였다. 제5장은 학습의 다양한 방법들, 창의성과 지속적 학습을 다루고 있다.

일의 동기에 관해서 2개의 장이 할애되었다. 제6장은 동기이론과 최신의 연구결과를, 제7장은 작업동기를 촉진하는 조직환경을 만드는 것에 대해 다루고 있다. 작업동기를 촉진하는 조직환경은 직무설계, 조직 및 개인의 목표설정을 통해 이루어짐을 설명하였다. 제8장은 직장에서의 스트레스에 관한 내용이다. 사람들이 직장 내 스트레스에 어떻게 대응해나가고 일과 가정 간의 균형을 이루는지 살펴볼 것이다.

제2부 : '집단과 팀 프로세스'는 제9장~제14장의 부분으로 다수의 구성원들이 서로 시너지를 만들어 일하는 과정을 설명한다. 제9장과 제10장은 효과적인 작업집단과 팀을 만드는 조건들에 관한 것이고, 제11장은 리더십에 대한 내용으로 특히 변혁적 리더십을 설명한다. 제12장은 권력, 정치, 갈등과 협상에 관한 내용이다. 제13장은 최근의 정보통신기술로 인해 변화된 소통방식을 다룬다. 제14장은 의사결정, 지식경영, 혁신이라는 주제를 다루게 된다.

제3부 : '조직 내 프로세스'에서는 조직문화와 조직변화에 관한 과정을 살펴볼 것이다. 제15장은 조직문화와 윤리적 행동을 통합적으로 다룰 것이다. 제15장은 공식적 혹은 비공식적 사회과정이 조직구성원의 행동에 어떻게 영향을 주는지와 윤리적 행동의 특성, 원인, 결과를 폭넓게 설명하고 있다. 마지막으로 제16장은 동적인 환경에서 발생하는 조직변화와 조직개발에 관해 설명한다.

교육자료 및 강사를 위한 지원

이 책은 각 장마다 사례와 토론이슈를 담고 있어 토론하기에 적합한 형태로 되어 있다. 강사를 위해서는 다음과 같은 자료들을 제공하고 있다.

- 강사를 위한 Resource Center : www.pearsonglobaleditions.com 웹사이트에 접속하여 강사 등록을 하면 즉시 다양한 강의자료를 다운로드할 수 있다. 문서, 미디어, 프레젠테이션 형태

의 강의자료가 다양하게 제공된다. 만약 웹사이트 접속과 강의자료에 대한 기술적 지원이 필요하면 http://247.pearsoned.co.uk에 접속하여 자주 묻는 질문과 답변을 참고하거나 지원팀에 전화를 할 수 있다. 이 책을 교재로 채택한 경우 다음의 자료들을 참고할 수 있다.

- 강사를 위한 매뉴얼
- 시험 파일
- 문제지 생성 소프트웨어
- 파워포인트
- DVD

- mymanagementlab : mymanagementlab(www.mymanagementlab.com)은 학생들을 위한 온라인 도구로서 각 수업에 맞추어 수업자료를 자유로이 저장하고 학습성과를 관리할 수 있는 사이트다. 특히 당신이 필요로 하는 모든 자료를 한곳에 모아두고 볼 수 있다. 이를테면 퀴즈, 비디오 클립, 시뮬레이션, 평가문제, 파워포인트 프레젠테이션들을 학습에 활용할 수 있다

차례

제 1 장 조직행동론 소개

제1부 조직 내 개인

제 2 장 개인차 : 성격과 능력

제 5 장 학습과 창의성

제 6 장 동기부여의 본질

제2부 집단과 팀 프로세스

제 9 장 작업집단과 팀의 본질

제 10 장 효과적인 작업집단과 팀

제11장 리더와 리더십

제12장 권력, 정치, 갈등과 협상

제 13 장 조직에서의 효과적인 의사소통

제 14 장 의사결정과 조직학습

제3부 조직 내 프로세스

제15장 조직문화와 윤리적 행동

제16장 조직변화와 개발

제 1 장

조직행동론 소개

개관

단원 목차

요약

학습목표

이 단원을 학습한 후 다음을 이해할 수 있다.

- 조직행동을 정의하고 어떻게 그리고 왜 조직행동이 조직의 효과성에 영향을 줄 수 있는지를 설명할 수 있다.
- 조직행동 연구가 어떻게 조직에서 발생하는 일들을 이해하도록 돕고, 적절히 대응하도록 하는 능력을 향상시킬 수 있는지를 배운다.
- 조직행동 연구에서 다뤄지는 연구의 세 가지 수준을 구분할 수 있다.
- 조직을 둘러싼 외부환경의 변화가 조직행동에 지속적인 도전과 과제를 부여하는 방식을 이해하게 된다.
- 오늘날 조직에 새로운 기회와 문제를 만드는 주요한 네 가지 환경요인을 설명할 수 있다.

고성과 조직 전환의 핵심은 조직 내 리더십에 있다

LG전자의 CEO는 어떻게 고성과 조직을 만들었을까?

'CEO 펀토크'는 조 CEO가 주도적으로 진행 중인 구성원 소통 프로그램인데 이번이 10번째로, 총 1만여 명이 참여했다. 조 CEO는 고성과 조직에 대해 "끊임없이 탁월함을 추구해 경쟁 대비 뛰어난 성과를 지속적으로 창출하고, 그 과정 속에서 회사와 구성원 모두가 함께 성장하는 조직"이라고 말했다.

이어 "끊임없이 탁월함을 추구하기 위해선 지속적인 학습과 개선 열정 그리고 목표 설정과 남다른 실행력을 확보해야 한다"며 "경쟁 대비 뛰어난 성과를 위해서는 차별화된 경쟁 우위를 확고히 하면서 고객이 인정하는 경험과 가치를 제공할 수 있어야 한다"고 덧붙였다.

그는 이를 실행하기 위한 방법론으로 'A.C.E' 원칙을 제시했다.

조주완 LG전자 CEO에 의하면 성과가 높은 조직은 "모두가 동참하는 조직문화의 힘에서 비롯되며, 이는 각자 리더십을 발휘해 'A.C.E' 행동 원칙을 실천할 때 더욱 강력해질 것"이라고 말했다. 'A.C.E' 원칙이란 목표의 명확함 · 실행의 신속함 · 과정의 완벽함을 뜻하는 약어로 구성된 표어이다.

A.C.E는 목표의 명확함(Aim for Clarity), 실행의 신속함(Conduct with Agility), 과정의 완벽함(Excellence in Process)을 의미한다. 조 CEO는 이는 "이는 모두가 동참하는 조직문화의 힘에서 비롯되며, 각자 리더십을 발휘해 A.C.E 행동원칙을 실천할 때 더욱 강력해질 것"이라고 당부했다.

더불어 그는 조직문화의 중요성도 강조했다. 이는 즐겁게 일할 수 있는 환경을 조성하고 일하는 방식 변화를 통해 구성원 잠재력을 최대로 발휘하고 성장할 수 있어야 한다는 취지라고 회사 측은 설명했다.

또한 조 CEO는 "제품 · 서비스(Product), 업무 방식(Process), 구성원(People) 등 세 가지에 집중하면서 단기적으로 매출과 영업이익, 장기적으로 사업 포트폴리오, 기업가치 제고 등을 면밀히 살펴보고 계속 관리해야 한다"며 "변화를 이끌어가는 리더들이 마음의 건강을 유지하는 프로그램과 코칭 역량을 강화할 수 있는 기회도 마련할 것"이라고 말했다.

출처 : "조주완 LG전자 CEO, 고성과 조직 전환 핵심은 리더십", Digital Today, 2024. 4.16.

개관

위의 사례에서 LG전자 CEO는 새로운 조직행동의 원칙으로 ACE라는 행동을 제시하고 있다. 목표를 명확하게 세우고, 신속하게 실행하며, 업무 과정을 완벽하게 계획하는 행동원리를 제시한 것이다. LG전자의 고성과는 이러한 행동원리를 실천에 옮김으로써 가능한 것이다.

LG전자의 사례처럼 조직의 모든 구성원들은 일정한 행동의 원칙을 가지고 있어야 하며, 리더는 이러한 행동원칙을 제시하는 역할을 한다. 조직의 높은 성과는 구성원의 행동에 대한 이해가 없거나 원칙이 없을 때 성취될 수 없다. 조직에서 사람들이 어떻게 행동하고 어떠한 노력이 구성원들을 조직의 바람대로 행동하게끔 만들 수 있는지는 명확한 이해와 신중한 계획이 전제된 활동이다. 조직에서 사람을 이해하는 것과 바람직한 직무행동을 이끌 수 있기 위해서는 이 책의 제목처럼 조직행동을 학습하는 것이 필요하다.

이 장에서 우리는 먼저 조직행동을 정의하고 조직행동의 지식이 어떻게 오늘날 복잡하고 글로벌한 환경에 살고 있는 구성원들에게 필수적인지를 논의해보고자 한다. 우리는 세계와 기술, 사회 및 고용환경 등 조직 외부에서 일어나는 변화가 어떻게 조직 내부의 구성원들의 일하는 방식과 협력행동 등에 변화를 줄 수 있는지를 알아볼 것이다. 즉, 조직환경의 급속한 변화가 조직 내부에서 일하는 모든 구성원들의 행동에 미칠 도전적 과제들을 알아볼 것이다. 이 장을 마칠 때, 여러분은 조직이나 조직의 구성원들의 행동을 이해하는 것이 효과적으로 목표를 달성함에 있어 얼마나 핵심적이고 중요한 역할을 담당하는지를 이해하게 될 것이다.

조직행동론이란 무엇인가?

조직행동에 대한 학습을 시작하기에 앞서 조직행동은 조직 안에서 일어나는 행동들이며, 동시에 조직행동론이란 이러한 조직행동에 관한 학문적 이론이라고 말할 수 있다. 그러나 이러한 조직행동에 대한 정의가 조직행동론이 어떤 학문인지, 무엇을 조사하는지에 대해서 정확히 말해주지는 않는다. 따라서 조직행동에 대한 보다 유용하고 의미 있는 정의를 도출하기 위해서 조직이 무엇인지를 먼저 살펴보자. **조직**(organization)은 다양한 목표를 달성하기 위해 함께 일하고 서로 협동하는 사람들의 집합체이다. 여기서 목표란, 조직의 구성원으로서 개인들이 달성하고자 노력하는 것이다(돈을 많이 벌거나 가치 있는 일을 하는 것, 특정한 권력이나 지위에 이르는 것, 만족스런 직무경험 등). 또한 목표들은 조직 전체가 달성하고자 노력하는 것일 수도 있다(예컨대, 소비자가 원하는 혁신적인 제품과 서비스를 제공하는 것, 조직에 우호적인 후보자를 선거에서 당선시키는 것, 의학 연구의 재원을 모금하는 것, 주주 · 관리자 · 종업원들에게 배당해야 할 수익을 창출하는 것, 자연을 보호하고 사회적 책임을 다하는 것 등). 효과적인 조직이란 바로 이러한 자신들의 목표를 달성하는 조직을 말한다.

조직
다양한 목표를 달성하기 위해 함께 일하고 서로 협동하는 사람들의 집합체

예를 들면, 경찰은 법을 준수하는 시민들에게 안전을 제공함과 동시에 구성원인 경찰관들에게 안정적인 보상과 처우를 제공하는 목표를 달성해야 하는 조직이다. 패러마운트 픽처스는 안정적인 수익을 창출하면서도 사람들에게 즐거움을 제공하고자 하는 목표를 가진 조직이다. 또한 패러마운트 픽처스는 배우, 제작자, 작가 그리고 음악담당자들에게도 적절한 대우와 흥미로운 업무를 제공하고자 한다.

조직은 사람들이 원하는 재화와 서비스를 제공하기 위해 존재한다. 재화와 서비스의 양과 질은 조직구성원들의 행동과 성과창출 노력의 결과로 만들어진다. 그러한 조직의 구성원들은 관리자, 세일즈, 연구개발 분야에서 역량이 뛰어난 구성원들 그리고 실제로 제품을 생산하고 서비스를 제공하는 사람들이다. 오늘날 대부분의 사람들은 특정한 회사나 조직에 속해 일을 하며 생활한다.

기업의 소유자나 관리자들 혹은 미래에 이러한 기업의 구성원이 되고자 하는 사람들은 조직행동을 학습한다면 도움을 얻을 수 있다. 또한 비영리조직이나 사회적 기업들에서 일하고자 하는 사람들 역시 조직행동의 원칙을 배워야만 한다. 오늘날 대부분 조직의 구성원들처럼 비영리조직의 지원자들 역시 병든 사람을 보살피거나 노숙자를 도울 때, 다른 사람들과 함께 일하고 협력하기 위해 다양한 조직 내 이슈나 도전적 과제들을 이해해야 한다.

조직행동론의 특성

조직행동론(organizational behavior, OB)은 사람들이나 그룹이 업무나 조직에 대해 어떻게 생각하고 행동하며 환경에 대응하는지를 연구하는 분야이다. 조직에서 사람들이 어떻게 행동하는지를 이해하는 것이 중요한 이유는 오늘날 대부분의 사람들이 조직 내에서 일하고 있으며 그 안에서 부정적이든 긍정적이든 서로 영향을 주고받기 때문이다. 조직행동의 이해는 업무행동의 긍정적인 효과는 향상시키고 반대로 부정적인 효과는 감소시키는 데 도움을 줄 수 있다.

조직행동론
사람들이나 그룹이 조직에서 행동하는 방식 혹은 조직이 환경에 대응하는 방식과 이들에 영향을 미치는 요인들에 대해 연구하는 학문

우리들 대부분은 조직에서의 인간행동에 대해 기본적이고 직관적이며 상식적인 이해 정도를 가지고 있다. 그러나 우리의 직관과 상식은 잘못되기 일쑤이며 실제로 사람들이 왜 그렇게 행동하고 반응하는지 이해하지 못할 때가 많다. 예를 들면 많은 사람들은 행복한 사람들이 생산적이라고 가정한다. 즉 더 높은 수준의 직무만족은 더 높은 성과를 창출한다고 믿는다. 또한 낮은 성과를 창출하는 사람은 처벌받는 것이 성과향상을 위해 좋은 방법이라고 가정하거나 임금수준은 서로 비밀로 유지하는 것이 최선이라고 믿고 있다. 그러나 이러한 믿음들은 잘못된 것일 수 있으며 단지 특정한 상황이나 조건에서만 유효한 가정일 수도 있다. 그래서 우리가 믿는 가정을 하나의 원칙으로 그대로 수용한다면 경우에 따라 구성원과 조직에 부정적인 결과를 초래할 수 있을 것이다.

조직행동 연구는 사람들이 조직행동에 영향을 미치는 많은 요인들을 이해할 수 있도록 지침을 제공한다. 조직행동론은 조직의 모든 구성원들이 조직의 목표를 달성하기 위해 어떤 행동을 해야 하며 다른 사람들과 어떻게 일해야 할지를 알려준다. 조직행동론은 단순히 조직행동에 대한 직관이나 육감에 의존하지 않고 잘 정립된 이론과 체계적인 가이드라인을 제공한다. 조직행동 연구는 사람들이 조직에서 어떤 일이 일어나는지, 왜 그런 행동이 발생하는지를 설명해주고 이러한 행동을 분석할 개념이나 이론 등 일련의 수단들을 제공한다. 예를 들면 조직행동론은 사람들이 왜 조직의 일원이 되고자 하는지, 왜 자신들의 직무에 대해 나쁜 감정이나 좋은 감정을 느끼는지, 왜 어떤 사람들은 일을 잘하는데 다른 사람들은 그렇지 못한지, 어떤 사람들은 30년 동안 한 조직에서만 근무하는 반면에 다른 사람들은 2년마다 직장을 바꾸고 불만족하는지를 이해하도록 돕는다. 본질적으로, 조직행동론의 개념과 이론들은 개인 · 그룹 · 직무환경 · 조직이 구성원들의 행동방식에 어떻게 영향을 미치는지 정확하고 분석적인 이해를 가능하게 한다(그림 1.1 참조).

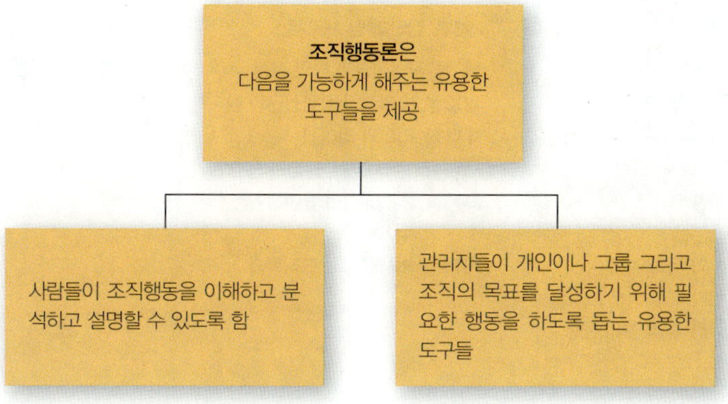

그림 1.1
조직행동이란 무엇인가?

그림 1.2

조직행동에서 분석의 수준

조직행동론의 연구수준

실질적으로, 조직행동은 세 가지 수준에서 연구된다—개인, 그룹, 조직 전체. 조직행동에 대한 충분한 이해는 각 수준에서 행동에 영향을 미치는 요인들에 대해 철저한 조사 없이는 불가능하다(그림 1.2 참조).

조직행동론의 많은 연구들은 개인의 특성(성격, 기분, 동기부여)들이 직무수행과 나아가 그들이 하고 있는 일이 적합한지, 같이 일하는 사람들과 잘 어울릴 수 있을지 등을 연구하고 있다. 제2장~제8장은 조직에서의 행동을 이해하고 관리하는 데 있어 개인들의 핵심적 특성을 살펴보고자 한다[성격과 능력, 태도 · 가치 · 분위기, 인지와 귀인, 학습, 동기부여, 스트레스, 일과 삶의 균형(그림 1.3 참조)].

그룹
목표달성을 위해 모여서 협력하는 둘 이상의 사람들

팀
구성원들이 공동의 목적을 달성하기 위해 함께 협력해서 일하며, 구체적인 절차나 업무들을 실행하는 그룹

가상팀
실제로 만나지 않고 구성원들이 전자매체를 통해 협력해서 일하는 그룹

조직행동에 있어서 그룹이나 팀의 특성과 프로세스(의사소통 및 의사결정)의 효과 또한 매우 중요하다. **그룹**(group)은 목표달성을 위해 2명 이상의 사람들이 상호작용하는 것을 의미한다. **팀**(team)은 공통의 목표를 성취하기 위해 구성원들이 서로 유기적으로 일을 하며 구체적이고 명확하게 정의된 업무를 수행하는 그룹을 의미한다. **가상팀**(virtual team)은 물리적으로 떨어져 있어 실제

그림 1.3

조직행동의 구성요소

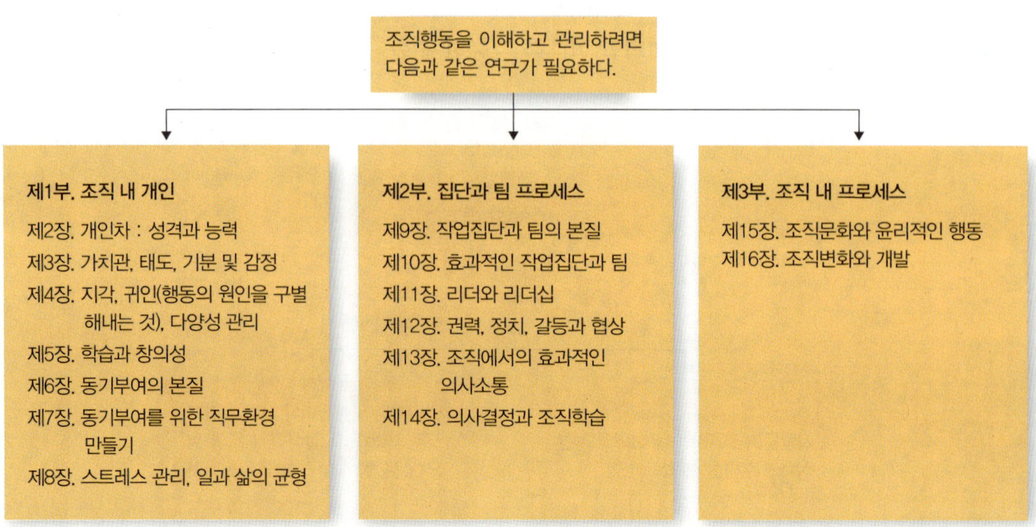

로 직접 만나지 않는 구성원들이 공통의 IT 플랫폼을 활용하거나 전자매체를 통해 유기적으로 함께 일하는 그룹을 말한다. 그룹에서 구성원의 수, 팀 구성원의 유형과 다양성, 수행하는 업무, 구성원에 대한 그룹의 매력성 등은 그룹 전체의 행동에 영향을 미칠 뿐만 아니라 그룹 내 개인들의 행동에도 영향을 미친다. 예를 들면, 팀은 팀 구성원들이 직무에 얼마나 성실히 임할지 혹은 그들이 얼마나 자주 결근할지 등의 의사결정에까지 영향을 미칠 수 있다. 제9장~ 제14장은 그룹이 개별적인 멤버들에게 미치는 영향력과 리더십, 의사소통, 의사결정과 같은 그룹 내 상호작용에 관한 프로세스를 살펴본다.

많은 연구들은 조직 전체의 특성(조직문화 혹은 조직구조)이 개인과 그룹의 행동에 중요한 영향을 미치고 있음을 발견했다. 이를테면 조직문화 속에 녹아 있는 가치나 신념은 사람·그룹·관리자들이 서로 간에, 그리고 조직 외부의 사람들(소비자, 공급자)과 상호작용하는 방식에 영향을 미친다. 조직문화는 또한 조직 내에 있는 개인들과 그룹의 태도와 행동에 영향을 미치며 그로 인해 조직의 목표달성에 대한 마음가짐에도 영향을 미치게 된다. 조직구조는 조직목표를 달성하기 위해 사람들과 그룹이 서로 협동하고 상호작용하는 방식에 영향을 준다. 조직 구조의 주요한 역할은 사람들이 열심히 일하고 더 높은 수준의 성과달성을 위해 서로 협동하도록 이끄는 것이다. 제15장~제16장에서는 조직의 구조와 문화가 성과에 영향을 미치는 방식과 변화하는 글로벌 환경, 기술, 윤리와 같은 요인들이 어떻게 직무태도와 행동에 영향을 미치는지를 알아본다.

조직행동과 경영관리

조직행동론을 학습해야 할 이유는 조직 내 사람들의 행동을 보다 잘 이해하기 위함이다. 또한 조직행동론의 개념, 기술, 이론들을 이해할 수 있다면 이를 직접 적용해 구성원, 그룹 그리고 전체 조직이 목표를 더 잘 성취할 수 있도록 유도할 수 있다. 예를 들면, 휴스턴에 있는 니만 마커스의 한 영업사원은 상사로부터 주당 5,000달러 상당의 남성의류를 판매하라는 목표를 부여받았다. 또한 다른 남성의류 매장의 종업원들은 매장을 청결하게 유지하고, 고객유치에 신경을 쓰며, 절대로 고객을 기다리게 하지 말라는 그룹 차원의 목표를 부여받았다. 이 매장은 소비자에게 독특하고 질 높은 의류와 액세서리를 판매하고, 훌륭한 서비스를 제공해 수익을 높여야 하는 목표를 가지고 있다. 이러한 목표들이 달성된다면 니만 마커스는 이익을 남기게 될 것이고 종업원들은 제법 큰 액수의 연말 보너스를 받게 될 것이다.

관리자
1명 이상의 활동을 감독하는 사람

조직행동에 대한 이해가 깊다면 니만 마커스 종업원들의 행동을 특정한 방향으로 유도할 수 있을 것이며 이로부터 종업원들은 희망하는 보너스를 탈 수도 있을 것이다. 조직구성원들은 다른 팀원들과 협력해서 소비자에게 우호적이고 예의 바른 행동을 보여야 하며, 서로 도움을 주고받는 행동을 통해 긍정적인 결과를 도출해내야 한다. 이를 위해 니만 마커스의 종업원들은 어떤 종류의 행동들이 고객을 만족시키는지를 알고 있어야 하는데, 이 점에서 조직행동 연구자들은 고객만족을 유발하는 직원 행동을 구분해냄으로써 도움을 줄 수 있다. 구성원들이 고객에게 친절하고 예의를 지키면 더 많은 옷을 팔 수 있을지 모른다. 그래서 이들은 (1) 개별적인 판매 목적도 달성하고 (2) 고객들에게 보다 신속한 서비스 제공을 통해 이윤과 훌륭한 서비스 창출이라는 2개의 목표를 모두 달성할 수 있게 될 것이다.

K.M. Cannon\Getty Images, Inc – Liaison

Sam Palmisano는 회사의 새로운 상품을 상품전시회에서 리포터와 애널리스트들에게 소개하고 있다.

조직행동에 관한 올바른 지식은 구성원들이 자신의 직무상황을 이해하는 데 도움을 줄 수 있으며, 자신의 목표(승진이나 더 높은 연봉 등)달성에 적합한 행동을 구분해낼 수 있게 함으로써 조직의 모든 수준에서 구성원들에게 도움을 주게 된다. 특히 조직행동에 관한 지식은 조직구성원들의 활동을 관리하는 **관리자**(manager)들에게 중요하다. 예를 들면, IBM의 CEO Sam Palmisano는 회사에서 일하는 수십만 명의 직원행동에 대해 궁극적인 책임을 져야 한다. 또한 IBM의 세일즈

관리자나 제록스의 남부지역 세일즈 관리자들은 수백 명의 판매사원들을 관리하고 회사의 기술서비스센터 등을 책임지고 있기 때문에 직원들 행동에 영향을 미쳐야 한다.

최고경영팀
회사의 목표달성을 위해 전략을 수립하는 최상위계층의 경영자들

어떤 직급에 있는 관리자이든 부하직원의 행동을 이해하고 적절하게 대응하는 것은 쉽지 않은 일이다. Palmisano와 같은 CEO라도 회사의 목표달성을 위해서 간부그룹인 **최고경영팀**(top-management team)의 행동에 영향을 주어 회사전략을 개발해야 한다. 세일즈 관리자들의 경우에도 소비자의 개별적인 욕구를 이해하고 이를 가장 잘 만족시키는 IT 하드웨어와 소프트웨어 제품을 제공해야 한다. 또한 회사 판매사원들의 행동을 효과적으로 교육시켜야 한다. 서비스 관리자들은 IBM의 주요 전략인 고객맞춤형 서비스를 최고 수준으로 제공하기 위해 IT 기술자들이 고객들을 즉각적이고 친절하게 응대하도록 관리해야 한다.

조직효과성
조직이 자신의 목표를 달성할 수 있는 능력

관리자들은 항상 조직목표를 달성해야 한다는 도전적 과제를 가지고 있다. 그래서 관리자들은 개인 · 그룹 · 조직의 특성이 어떻게 직원들의 직무태도와 행동에 영향을 미치는지 이해해야 하며, 이러한 특성이 조직효과성에 어떤 변화를 가져올지도 예측할 수 있어야 한다. **조직효과성**(organizational effectiveness)이란 조직이 설정한 목표를 달성할 수 있는 능력을 말한다. 조직행동 연구는 관리자들에게 조직효과성을 향상시킬 수 있는 유용한 틀을 제공함으로써 이들이 직면한 도전을 극복할 수 있도록 돕는다.

- 관리자는 구성원들이 특정한 과업을 성취할 수 있는 능력을 가지고 있음을 확신시키고 자신감을 고양시켜 생산성과 직무만족을 높일 수 있다.
- 관리자는 보상제도의 변경을 통해 구성원들에게 보상이 자신의 성과에 달려 있다는 믿음을 강화시킬 수 있다.
- 관리자는 직무수행에 대한 규칙이나 절차 혹은 구성원의 직무내용을 변화시킴으로써 구성원들이 더 즐겁고, 더 쉽게 일할 수 있게 한다.

관리의 기능

경영관리
조직의 인적 · 물적 · 재정적 자원 및 기타 자원들을 계획하고, 조직하고, 지휘하고 통제하는 과정

경영관리(management)의 네 가지 주요한 기능과 의무는 조직효과성을 증진시키기 위해 조직의 인적 · 물적 · 금전적 및 여타 자원들을 계획, 조직, 지휘, 통제하는 것이다.[1] 그리고 앞서 보여준 것처럼 조직행동을 이해하는 관리자들은 이런 기능을 수행할 능력을 가지고 있어야 한다(그림 1.4 참조).

그림 1.4
경영관리의 네 가지 기능

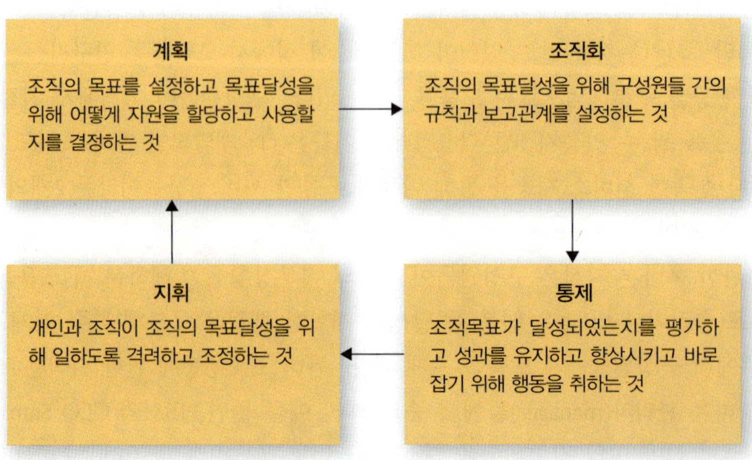

계획

계획(planning) 단계에서 관리자들은 조직의 전략을 수립한다. 즉 그들은 조직의 목표를 달성하기 위해 자원을 어떻게 할당하고 사용해야 하는지를 결정한다. 예를 들면 사우스웨스트 항공사의 CEO, Gary Kelly의 목표는 소비자에게 저렴한 가격의 항공운임을 제공하는 것이며 이러한 목표를 달성하고자 최대한 효율적으로 자원활용 전략을 수립해 왔다.[2] 사우스웨스트 항공사는 운영, 교육, 유지비용을 낮추기 위해 비행기를 Boeing 737 한 종류만으로 운항하고 있으며 직원들은 서로 협력하고 직무를 공유하고 있다. 그리고 소비자가 항공편을 쉽게 구매할 수 있도록 자사 홈페이지에서 티켓 판매를 하고 있다.

계획
조직의 목표달성을 위해 어떻게 자원을 할당하고 사용할지를 결정하는 것

계획은 복잡하고 어려운 일이다. 왜냐하면 관리자들이 의사결정을 해야 하는 상황은 불확실하고 잘못된 전략을 수립할 경우 상당한 위험이 따르기 때문이다. 조직행동에 대한 지식은 의사결정의 질을 향상시키는 데 도움을 주고 의사결정의 성공가능성을 높이며 계획에 내재된 위험을 줄이는 데 기여한다. 첫째, 조직행동에 대한 연구는 어떻게 조직에서 의사결정이 이뤄지는지, 어떻게 정치와 갈등이 계획과정에 영향을 주는지를 밝힌다. 둘째, 조직행동은 집단의 의사결정이 계획에 영향을 주는 방식 그리고 의사결정에 영향을 줄 수 있는 오류(biase)들에 대한 정보를 제공한다. 셋째, 조직행동의 이론과 개념은 어떻게 조직의 최고경영팀의 구성이 계획과정에 영향을 줄 수 있는지를 보여준다. 결과적으로 조직행동 연구는 CEO와 최고경영팀의 계획능력을 향상시키고 이를 통해 조직의 성과를 높일 수 있게 해준다.

조직화

조직화(organizing)를 통해, 관리자들은 구성원들이 협력하여 업무를 수행하는 관계를 형성한다. 조직화는 구성원들이 수행하는 업무나 직무의 종류에 따라 그룹, 팀 혹은 부서로 나누는 것부터 시작된다. 예를 들면 사우스웨스트에서는 자신들의 상품(비행기나 복사기) 전문가들을 서비스 운영부서로 그룹화하고 영업사원들은 영업부서로 그룹화한다.

조직화
조직의 목표달성을 위해 구성원들 간의 지휘체계와 보고관계를 설정하는 것

조직행동론은 조직화의 지침을 제공하여 구성원들의 개인적 기술이나 역량을 가장 효과적으로 활용하도록 돕는다. 이 책의 다른 장에서 우리는 충돌이나 갈등은 지양하고 의사소통과 협동은 증진시키기 위해 구성원들의 그룹화 방법을 다양하게 논의할 것이다. 예를 들면, 사우스웨스트 항공사는 구성원들이 자신이 속한 부서(비행, 승무원, 항공우편물관리)가 있음에도 불구하고 필요할 때는 타 부서에게 가능한 도움을 줄 수 있도록 하고 있다.

지휘

지휘(leading)를 통해, 관리자들은 직원들이 열심히 일하고 높은 생산성을 창출할 수 있도록 격려하며 모든 조직구성원들이 목표달성을 위해 노력하도록 관리 및 조정한다. 다양한 리더십 방안과 조직특성에 맞는 리더의 유형, 그리고 세부적인 리더십 구성요소 등에 대한 연구는 조직행동의 중요한 관심사항들이다. 오늘날 많은 조직의 구성원들이 **자율경영팀**(self-managed team; 직무권한 및 책임이 구성원 개인에게 주어져, 자율적으로 팀원들 간에 필요한 업무역할과 행동을 결정하는 그룹) 형태로 업무를 수행하고 있기 때문에 관리자가 구성원들을 지휘하는 방법도 지속적으로 변하고 있다. 예를 들면 자율경영팀의 팀원들은 업무지원자들에 대한 인터뷰, 새로운 팀 구성원에 대한 선발 및 교육에 대한 책임까지도 갖고 있다. 또한 자율경영팀은 서로 협력하여 효과적인 업무절차와 방법을 스스로 결정할 수 있다. 과거에 팀을 직접 감독하던 관리자들은 이제 코치나 멘토와 같은 역할을 강조하게 되었다. 관리자의 새로운 역할은 팀이 최고의 성과를 내기 위해 필요한 지원이나 조언을 제공하고 추가적인 자원을 획득하며 더 큰 보상이 뒤따르도록 노력하는 것이다.

지휘
모든 조직의 구성원들이 조직의 목표달성을 위해 일하도록 격려하고 조정하는 것

자율경영팀
팀 구성원들이 스스로의 행동을 통제하고 운영할 수 있도록 권한과 책임이 위임된 그룹

현대의 조직행동

넷플릭스의 성공비결은 자유와 책임을 강화한 조직행동에서 찾을 수 있다

DVD 대여업체였던 넷플릭스는 어느덧 온라인 동영상 서비스(OTT)를 대표하는 세계적인 플랫폼으로 성장했다. 그 비결에 대해 논할 때 절대 빠뜨리지 않는 것이 바로 넷플릭스의 최고경영자 리드 헤이스팅스가 공개한 130쪽 분량의 문서 '우리의 자유와 책임 문화에 대한 참고 가이드'다. 이를 바탕으로 넷플릭스가 구축한 조직행동의 특징을 정리해보면 다음과 같다.

1. 인재 밀도를 높여라

넷플릭스의 성공 비결을 말할 때 가장 먼저 이야기해야 할 것이 인재 밀도다. 인재 밀도란 조직에 유능한 인재가 모여 있는 정도를 뜻한다. 천하의 넷플릭스에도 어려운 시절이 있었다. 2001년 회사의 재무적 상황이 나빠지면서 직원 3분의 1가량을 해고해야 했다. 그런데 놀랍게도 해고 이후 오히려 남아있는 직원들의 사기가 높아지고 더 성공적인 성과를 창출한다는 사실을 발견했다. 이 경험을 통해 사람은 인재의 숫자가 아니라 인재 밀도가 높은 환경에서 실력을 제대로 발휘한다는 사실을 확인했다. 모든 직원이 뛰어나면 서로에게 배우고 서로가 의욕을 불러일으켜 성과는 올라간다. 인구 밀도가 높으면 서로가 서로에게 긍정적인 영향을 미쳐서 생산적인 조직행동이 발현되기 때문이다. 넷플릭스는 이처럼 인재 밀도를 높이기 위해 인력을 채용할 때 시장에서 그들이 받을 수 있는 최고의 금액을 제시한다. 다만 그 이면에는 냉정함이 있다. 만약 최고의 인재에게 최고의 대우를 할 여유가 없다면, 그보다 못한 사람을 몇 명 내보내 그 돈으로 최고를 붙들라고 말하는 것이다. 전체적으로 보면 사람의 수가 줄었지만, 직원 한 사람이 가진 재능의 크기는 더욱 커진다. 즉, 넷플릭스에서 강조하는 인재 밀도가 높아진 셈이다.

2. 솔직한 문화를 조성하라

높은 인재 밀도를 확보했다면 이제 솔직한 문화를 도입할 필요가 있다. 솔직한 피드백이 잦아지면 팀과 회사의 업무 속도와 능률이 올라가기 때문에, 넷플릭스는 직원들 모두가 자기 생각을 솔직하고 정확하게 말하기를 요구받는다. 예컨대 정식 회의마다 피드백 시간을 별도로 마련하는 식이다. 다만, 이때 피드백은 어디까지나 선의를 가지고 정식으로 문제를 제기한 후 자신의 감정과 의견을 솔직하게 표현하는 것이다. 넷플릭스는 이를 위해 직원들에게 피드백을 주고받는 방법을 교육하는 데 상당한 시간을 할애한다.

이렇게 탄생한 피드백 지침은 다음과 같다. 첫째, 피드백을 줄 때 도움을 주겠다는 생각으로 하라, 둘째, 실질적인 조치를 포함하라. 셋째, 피드백을 받을 때 합리적이면 받아들이거나 불합리하면 솔직하게 거부하라 등이다.

넷플릭스의 솔직한 문화는 모든 사람이 가능한 한 많은 것을 공유한다는 의미를 담고 있다. 넷플릭스에서는 이것을 '선샤이닝'이라고 부르는데, 모든 정보를 양지로 가지고 나올 것을 강조한다. 이때 직원들에게 공개되는 정보 가운데는 매우 민감한 재무 정보와 전략 등도 포함되어 있다. 직원들이 회사의 민감한 정보를 적절히 다룬다면, 그런 신뢰를 바탕으로 책임감은 더욱 강해진다고 믿기 때문이다.

3. 통제를 제거하라

넷플릭스는 직원들을 최소한으로 통제한다. 넷플릭스에 없는 것이 몇 가지 있다. 바로 휴가, 출장비, 경비 사용 규정이다. 보통의 회사라면 1년에 사용할 수 있는 휴가 일수는 물론, 출장거리나 직책 등에 따라 출장비가 정해져 있을 것이다. 그러나 넷플릭스에서는 회사 차원의 휴가 정책이 없이 직원들이 필요하다고 생각하는 만큼 휴가일수를 가질 수 있다. 또한 어떤 의사결정도 승인받을 필요 없이 자신이 옳다고 판단하면 실천에 옮기라고 말한다.

다만 이때 지켜야 할 단 하나의 원칙이 있다. 바로 '넷플릭스에 가장 이득이 되게 행동하라'라는 것이다. 예를 들어, 다음날 있을 프레젠테이션을 위해 야간 항공편으로 이동할 때 비즈니스석을 이용하더라도 넷플릭스에 이득이 된다면 그렇게 할 수 있다. 비즈니스석에서 다음 날 프레젠테이션을 더 잘 준비할 시간을 가질 수 있다면 말이다. 직원들에게 자유를 주면 회사 일을 자기 일처럼 여겨 더욱 더 책임감 있게 행동한다. 이것이 넷플릭스를 가장 대표하는 '자유와 책임(Freedom and Responsibility, F&R)' 문화다. 오늘날 빠르게 변화하는 정보화시대에 필요한 것은 혁신과 속도와 유연성이라는 것을 몸소 실천하고 성과로 증명해낸 넷플릭스는, 앞으로 또 어떻게 성장하고 혁신할 것인지 그 미래가 기대된다.

출처 : '조직문화를 통해 알아보는 넷플릭스의 성공 비결', 한국산업인력공단 온라인홍보센터, 2022. 02. 03.

통제

마지막으로 관리자들은 **통제**(control)를 통해 개인, 그룹, 조직의 성과가 제대로 달성되었는지를 감독하고 평가한다. 목표가 달성되었다면, 관리자들은 이런 성과를 계속 유지하거나 더욱 향상시키도록 해야 한다. 반면에 목표달성에 실패했다면, 관리자들은 잘못을 수정하기 위한 노력을 기울여야 한다. 관리자들은 통제기능을 통해 스스로의 계획, 조직, 지휘기능이 얼마나 잘 작동하고 있는지 평가한다.

통제
조직목표가 달성되었는지를 판단하기 위해 개인, 그룹, 조직의 성과를 감독하고 목표와 비교하는 것

조직행동의 이론과 개념은 관리자가 직무상황을 정확하게 진단하고 이해할 수 있도록 도와줌으로써 이러한 상황에서 구성원들에게 요구되는 행동을 판단하게 한다. 그룹의 구성원들이 함께 효과적으로 업무를 수행하지 못하는 경우를 생각해보자. 문제는 그룹의 구성원 간의 성격차이로 인한 충돌, 상사의 잘못된 리더십, 혹은 형편없는 직무할당 때문에 생길 수 있다. 조직행동은 이러한 상황에서 관리자가 문제의 원인에 대해 가능한 설명을 제시할 수 있도록 유용한 도구를 제공한다. 그리고 진단을 통해 관리자는 문제를 어떻게 해결할 수 있을지에 대해서도 충분한 정보를 가지고 의사결정 할 수 있게 된다. 만약 관리자가 조직행동의 지식를 가지고 있지 못하다면 조직의 모든 수준에서 통제가 어려워지게 될 것이다. 앞의 넷플릭스 사례에서 넷플릭스는 어떻게 조직행동의 원칙을 세웠으며 그로 인하여 기업이 어떻게 혁신을 촉진하였는지 보여주고 있다.

관리자의 역할

조직에서 관리자의 역할을 규정할 때 우리는 앞서 설명한 네 가지 기능들을 주로 언급한다. 관리자의 **역할**(role)은 그룹이나 조직에서 자신이 수행해야 할 것으로 기대되는 일련의 직무행동이나 업무들을 말한다. Mintzberg는 보다 세분화하여 관리자의 역할을 구분하고 있다. 즉, 그는 조직 내 · 외부의 사람들(소비자나 공급자)의 행동을 관리하는 데 있어 필요한 관리자의 10가지 역할을 다음과 같이 제시하고 있다(표 1.1 참조).[3]

역할
특정 지위에 있는 구성원에게 조직이 요구하는 행동이나 업무들

관리기술

조직행동론은 관리자들이 자신의 기능과 역할수행에 필요한 역량을 증진할 수 있는 도구를 제공할 수 있을 뿐만 아니라 관리자들이 조직행동을 관리하는 데 있어 필요한 기술향상에도 기여한다. **기술**(skill)이란 개인이 자신의 역할수행에 도움이 되도록 행동하는 능력이다. 관리자들은 조직에서 자신들의 기능과 역할을 효과적으로 수행하기 위해 세 가지 중요한 기술(개념적, 인간적, 전문적 기술)이 필요하다.[4]

기술
자신의 역할을 잘 수행할 수 있도록 해주는 능력

개념적 기술(conceptual skill)은 관리자가 원인과 결과를 구분하고 상황을 진단하고 분석할 수 있는 기술을 의미한다. 이전에 의사결정에 대한 역할에서 논의했던 것처럼, 계획하고 조직화하는 것은 높은 수준의 개념적 기술을 요구한다. 조직행동 연구는 관리자에게 개인과 그룹의 역동성을 진단하고 조직상황을 분석하기 위한 개념적 도구를 제공한다.

개념적 기술
상황을 분석하고 진단하며 원인과 결과를 구분하는 능력

인간적 기술(human skill)은 관리자가 다른 사람이나 그룹의 행동을 이해하고 서로 협력하도록 이끄는 기술이다. 어떻게 관리자가 구성원의 행동에 영향을 줄 수 있는지에 대한 연구는 조직행동의 중요한 연구 주제이다. 관리자가 구성원들을 동기부여하고 협력을 촉진하기 위해 이러한 기술

인간적 기술
다른 사람 및 그룹들의 행동을 이해하고 이끌고, 함께 일하도록 하는 능력

표 1.1
관리자의 역할유형

역할유형	역할활동의 예
대표자 (Figurehead)	미래의 조직 목표를 구성원에게 알리고, 조직 본사건물의 신축 발표, 소비자와 공급사를 다루는 데 있어 구성원들이 따라야 하는 윤리적 지침과 원칙들을 발표하는 등 한 조직을 대표하는 역할
리더 (Leader)	부하직원에게 명령을 내리는 역할. 조직의 인적 · 경제적 자원들의 활용에 대해 의사결정을 내리고, 조직의 목표를 위해 구성원들의 몰입을 이끌어내는 역할
담당자 (Liaison)	다른 부서의 관리자들과 업무를 조정하거나 새로운 상품을 만들기 위해 자원을 서로 공유하는 등 다른 조직단위들 간의 연락을 취하는 역할
감독자 (Monitor)	하위 관리자나 부서의 성과를 평가하고 성과향상을 위해 수정을 요구하거나, 조직에 영향을 미칠 수 있는 사회나 산업의 변화를 주시하는 감독자의 역할
전파자 (Disseminator)	조직에 영향을 줄 수 있는 내 · 외부의 변화를 구성원들에게 알리고 조직의 문화나 윤리적 가치를 명확히 전파하는 역할
대변인 (Spokesperson)	새로운 제품 판매촉진을 위해 조직의 새로운 광고캠페인을 수립하고 조직의 미래 목표에 대해 대중들에게 정보를 제공하는 대변인 역할
개혁가 (Entrepreneur)	새로운 제품개발을 위한 프로젝트에 조직의 자원을 투입하고 새로운 고객확보를 위해 글로벌 시장으로 진출하는 혁신가
갈등관리자 (Disturbance handler)	환경의 위기와 같이 조직이 직면한 외부의 문제, 파업과 같은 조직의 내부 문제에 대응하기 위해 조직자원을 신속히 동원하는 갈등관리 역할
자원분배가 (Resource allocator)	조직의 다른 부서나 지점들 간에 조직자원을 분배하고 관리자와 종업원들의 예산이나 임금을 설정하는 자원분배 역할
협상가 (Negotiator)	공급자 · 분배자 · 노사단체 · 종업원들 간에 발생하는 갈등을 해결하고 장기적인 계약이나 동의을 이끌어내기 위한 활동, 다른 조직과 자원공유에 대해 동의를 이끌어내기 위한 활동 등을 하는 협상가

을 배우는 능력은 효과적인 관리자와 비효과적인 관리자를 구분하는 중요한 척도가 된다.

전문적 기술
구체적인 직무지식이나 기법들

전문적 기술(technical skill)은 관리자가 제조, 회계, 마케팅과 같은 조직기능을 수행하기 위해 필요한 구체적인 직무지식이나 기술을 의미한다. 관리자에게 요구되는 구체적이고 전문적 기술은 조직과 그 조직에서 관리자가 맡고 있는 업무에 따라 다르다. 예를 들면, 레스토랑의 관리자는 요리사의 부재 시 대신 요리할 수 있는 능력, 비용산출에 필요한 회계관리 기술, 임금관리를 위한 기술, 소비자를 유치하기 위한 기술 등이 필요하다.

효과적인 관리자들에게는 이 세 가지 기술들이 모두 필요하다. 어느 한 가지라도 부족하게 되면 관리자는 효과적으로 업무를 수행할 수 없게 된다. 기업가들에게 가장 크게 문제가 되는 것은 적절한 개념적 · 인간적 기술이 부족할 때이다. 과학자나 엔지니어, 관리자로 직업을 바꾸려는 사람들이 직면하는 가장 큰 문제는 효과적인 인간관계 기술이 부족할 때이다. 관리기능, 역할, 기술은 밀접하게 서로 관련되어 있으며 조직에서 행동을 관리하고 이해하는 능력은 장기적인 관점에서 유능한 관리자에게 필수적인 요건이다.

조직행동론의 도전과제

지난 수십 년 동안 조직은 기술, 지식 및 인적자원을 효과적으로 활용하고 개발해야 하는 도전에 직면해 있고 이러한 도전은 점점 증가하고 있다. 이러한 도전들은 사회적, 문화적, 역사적, 기술적, 직무상의 환경변화로부터 발생하고 있다. 환경의 변화가 조직행동에 영향을 미치는 방식을 이해하기 위해서는 무엇보다 개방체계의 관점에서 조직을 바라보아야 한다. **개방체계**(open system)는 조직이 외부환경으로부터 다양한 자원을 취해 그것들을 재화나 서비스로 전환한 후 소비자라는 고객을 통해 환경으로 다시 되돌려주는 체계이다(그림 1.5 참조).

개방체계
조직이 외부환경으로부터 자원을 획득하고, 그것을 상품과 재화로 전환하며, 환경 속의 고객들에게 다시 제공하는 일련의 체계

대부분의 조직활동은 개방체계의 관점에서 유형화할 수 있다. 투입단계에서 포드, 제너럴 일렉트릭, 랄프 로렌, 제록스, 트레이더 조와 같은 회사들은 원재료, 구성품, 숙련된 직원들, 로봇, 컴퓨터로 통제하는 제조장비와 같은 자원들을 획득한다. 이 과정에서 구성원들이 합리적이고 적절한 가격으로 자원들을 구매할 수 있도록 조직행동이나 절차를 수립하는 것이 도전적인 과제가 된다. **조직의 절차**(organizational procedure)는 가장 효과적인 방식으로 업무를 수행하기 위한 행동규칙이나 방법이다.

조직의 절차
가장 효과적인 방식으로 업무를 수행하기 위해 필요한 규칙이나 절차

조직이 필요한 자원을 수집하면 전환이 시작된다. 전환단계에서 조직의 노동력과 적절한 기술, 도구, 기법, 기계, 장비들을 사용하여 투입물을 자동차, 가전제품, 의류, 복사기 등의 완제품이나 서비스의 형태로 산출물을 만들어낸다. 도전 과제는 적은 비용으로 양질의 제품과 서비스를 제공할 수 있는 행동과 절차를 개발하는 것이다.

산출단계에서 조직은 완성품과 서비스를 외부환경에 제공하고 소비자들은 이러한 제품과 서비스를 구매하여 자신들의 욕구를 만족시키려 한다. 이 과정에서 조직은 제품에 대한 소비자의 관심을 이끌고 충성도를 높이기 위해 조직행동적 측면에서 해결해야 할 과제를 가진다. 조직이 소비자에게 산출물을 판매하여 이익을 얻게 되면 동일한 사이클이 반복되면서 더 많은 자원을 획득할 수 있게 된다.

이러한 시스템은 하나의 개방체계라 할 수 있는데 이는 조직이 상품을 생산하기 위해 외부환경과 지속적으로 상호작용함으로써 형성된다. 조직은 필요한 자원을 확보하고 그것을 상품으로 전환하며, 상품을 고객에게 판매하는 개방체계를 형성한다. 조직은 변화하는 환경의 압력에 대응하기 위해 끊임없이 업무행동과 운영절차를 개선해야 한다. 이러한 변화에 부응하지 못한 조직은 자원을 얻고 상품을 판매하는 역량이 미흡하게 되어 결국 시간이 지나면 사라지게 된다.

다음에서 우리는 환경변화가 초래할 네 가지의 도전들을 조직행동 차원에서 소개한 후 이러한

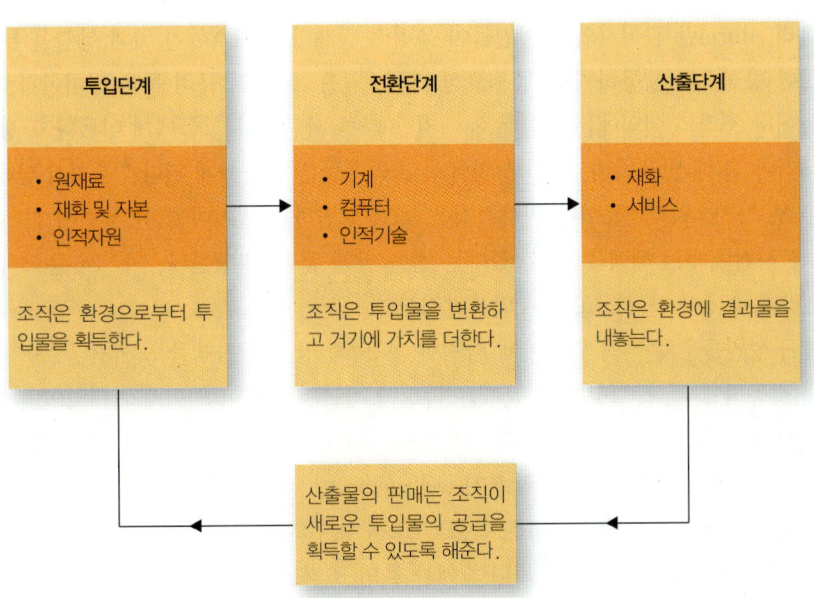

그림 1.5
조직행동의 개방체계 관점

변화가 오늘날 조직과 회사의 구성원들에게 어떤 영향을 미치는지를 설명하고자 한다. 우리는 이러한 도전들을 더욱 깊게 이해하고, 조직의 적응 · 변화 · 번영의 단계를 이끌기 위해 관리자들이 어떤 조직행동의 도구와 절차들을 활용해야 할지 설명할 것이다.

도전 1 : 사회문화적 환경의 변화

국가문화나 구성원들의 특성 변화는 가치, 태도, 믿음에서의 변화를 초래하고 결국 사람들이 살아가고 일하는 방식의 변화를 야기하며 이것이 사회문화적 환경을 변화하게 하는 압력으로 작용하게 된다. **국가문화**(national culture)는 사회가 중요하게 간주하는 일련의 가치와 믿음, 그 사회가 수용할 수 있는 혹은 제약하려 하는 행동 규범의 총합이다. 시간이 지나면서 국가문화는 변화하고 이러한 변화는 조직구성원들의 신념과 가치에 영향을 준다. 예를 들면 미국에서 여성, 소수자, 동성연애자, 장애인에 대한 믿음은 시간이 지나면서 변화하고 있다.

국가문화
한 사회가 수용하는, 혹은 제약을 가하는 행동규범이나 일련의 가치 및 믿음

조직은 조직운영의 모든 측면에서 사회에서 일어나는 변화에 영향을 받기 때문에 이러한 변화에 민감하게 반응하고 대응해야만 한다. 예를 들면, 변화는 조직의 고용과 승진 정책뿐만 아니라 조직에서 적절하게 받아들여지는 조직행동의 유형과 절차에도 영향을 미친다. 지난 10년 동안, 여성과 소수자가 관리자의 위치에 오르는 일이 25% 이상 증가했다. 조직은 직장에서 나이, 성, 인종으로 인한 차별을 금지하고 직장 성폭력을 예방하기 위해 지속적으로 다양한 규칙과 절차를 변화시켜 왔다. 오늘날 조직행동에 있어 시급하게 해결해야 할 과제는 바로 윤리적 가치의 붕괴와 다양성 관리의 문제로 볼 수 있다.

조직윤리와 행복

지난 10년 동안 리먼 브라더스, 컨트리와이드 모기지, 월드콤, 타이코, 엔론과 같은 미국의 회사들에서 심각한 윤리적 스캔들이 발생하여 사회 · 경제적으로 큰 문제가 되었다. 이러한 기업의 최고경영자들은 조직의 구성원, 소비자, 투자자에 대한 책임감을 뒤로 하고 자신들의 이익에만 몰두해 문제를 일으켰다. 결국 이들 회사의 주가는 곤두박질쳤으며 다른 회사에 합병되었다. 뿐만 아니라 이러한 경영자들의 비윤리적인 행위로 인해 촉발된 경제위기는 평범한 미국 시민들이 애써 투자한 연금가치까지도 떨어트리는 결과를 초래했다. 이러한 스캔들로 인해 조직행동의 윤리성이 점점 중요해지고 있다.[5]

조직의 **윤리**(ethics)란 관리자와 구성원들이 윤리적 딜레마를 해결하기 위해 상황을 분석하고 이해하고 적절한 방식으로 행동하기 위해 필요한 가치, 믿음, 도덕적 규칙 등을 의미한다. 윤리적 딜레마는 자신이나 조직의 이익에는 반하는 것이지만 다른 사람이나 그룹에게 이롭다고 생각되는 의사결정을 내려야 할 때 발생하며, 이런 상황에서 관리자들은 당황하게 된다.[6] **윤리적 딜레마**(ethical dilemma)는 두 가지 다른 행동이나 의사결정을 놓고 고민하는 것이며 어떤 선택이 한 사람에게는 손해를, 다른 사람에게는 혜택을 줄 수 있다는 점을 알게 될 때 발생한다. 여기서 윤리적 딜레마는 바로 2개의 악마 중에서 하나를 고르는 의사결정이다.

윤리
관리자와 구성원들이 어떤 상황을 분석하고 해석하는 데 활용하는 가치, 믿음, 도덕률로서 무엇이 옳고 적합한 행동인지를 규정하는 것

윤리적 딜레마
다른 사람이나 그룹에는 이롭고 올바른 결정이지만, 자신이나 조직에는 유익하지 않은 결정을 해야 할 때 관리자가 느끼게 되는 당혹스러운 경험

관리자와 구성원들은 윤리적 딜레마에 빠지면, 도덕적 양심에 가책을 느끼거나 두 가지 의사결정 사이에서 갈등하게 된다. 윤리적인 문제는 특정한 의사결정이 어떤 이에게 이익이 되는지, 혹은 피해가 되는지 조직 내 · 외부의 사람들이 판단한다.[7] 윤리적인 조직행동은 다양한 방식으로 국가나 조직구성원의 행복, 건강, 번영 등의 **복지**(well-being)에 영향을 주기 때문에 중요하다.[8]

복지
행복, 건강, 번영에 이로운 것

첫째, 윤리는 조직이 추구해야만 하는 목표와 조직 내부의 구성원들이 목표를 성취하는 과정에서 권장되는 행동을 규정하는 데 중요하다.[9] 예를 들면 조직목표가 관리자, 직원, 공급자, 주주 그

리고 기술이나 자원을 공급하는 외부인을 보상하고 이윤을 창출시키는 것이라면, 이때 윤리는 조직이 이윤창출에 기여하는 행동들로서 수용 가능한 것들을 정하게 된다. 회사가 경쟁기업의 핵심 인력을 스카우트하거나 주요 원료의 구매를 가로막아, 경쟁사에 해를 입히는 것이 올바른 행동이라 볼 수 있을까? 고객의 안전을 위협하는 질 낮은 제품을 시장에 내놓는 기업의 행동은 어떠한가? 미국 직원의 일자리를 줄이고, 인건비가 5달러에 불과한 해외로 사업을 이동하는 것은 윤리적인가? 회사와 관리자가 이익을 낼 때 하지 말아야 할 행동은 무엇인가? 이러한 경우 누가 제한을 하는가?[10] 예를 들면, 애플의 2010년 윤리 보고서에서는 해외부품조립공장 102개 중에서 55개의 공장이 주당 60시간 이상 근무를 금지하는 규칙을 무시하고 장시간 노동을 시킨 것으로 나타났다. 애플은 이러한 잘못된 관행과 문제를 고치기 위해 노력하고 있으며 이를 통해 대중에게 회사의 윤리적 입장을 알리고 있다.[11]

보디빌딩 목적이나 살을 빼는 데 도움을 주는 보충제인 Ephedra를 판매하는 메타보라이프 인터내셔널은 조직윤리의 부족으로 인해 큰 타격을 받았다. 이 약의 부작용에 대해 많은 우려와 걱정이 있었지만, 메타보라이프는 이 약의 사용효과에 대해 FDA(Food and Drug Administration)가 소비자 보고서를 요구하자 이를 거절했다. 사법 당국의 입박과 위협을 받은 이후에야 메타보라이프는 2,000건의 부작용을 유발했다는 1만 6,000쪽의 소비자 보고서를 공개했다. 이 보고서에서 Ephedra 제품은 3건의 사망, 20건의 심장질병, 24건의 맥박이상, 40건의 발작 등을 포함해 다양한 부작용을 일으킨 것으로 밝혀졌다.[12] 제약회사는 제품의 부작용을 보고해야 하지만 메타보라이프와 같은 보조의약품 회사는 이 법을 피할 수 있었고 Ephedra의 부작용을 보고해야 할 강제성이 없었다. 이러한 행위는 위법한 것은 아니지만, 비윤리적인 것이라 볼 수 있다. 이 약품의 부작용으로 인해 고통받은 사람들은 메타보라이프를 고소했고 법적분쟁에서 승소하였다.[13] 국제 압력단체는 Ephedra의 시장판매를 금지하였으며, FDA는 결국 이 약을 판매금지품목으로 지정했다.

구성원에 대한 옳은 행동이나 잘못된 행동을 규정하는 것 이외에도, 윤리는 조직의 **사회적 책임**(social responsibility)을 규정하여 조직에 의해 영향을 받는 외부인들과 단체를 위한 의무조항을 정한다.[14] 조직과 관리자들은 수용 가능한 수준의 윤리적 규약과 기준을 설정해 이러한 기준을 강제할 수 있는 보상과 처벌 시스템을 마련해야 한다.

사회적 책임
자신의 행위에 의해 직접적으로 영향을 받는 사람이나 그룹에 대해 조직이 갖고 있는 의무감

조직마다 사회적 책임에 대한 견해는 다를 수 있다.[15] 어떤 조직에서는 사회적으로 책임진다는 것을 법의 준수 정도로 받아들인다. 또 다른 조직에서는 사회적 책임을 법의 준수 이상의 것으로 받아들이고 조직구성원과 소비자, 사회 전체의 복지와 행복을 증진시키는 것으로 규정한다.[16] 예를 들면 타겟, UPS, 벤앤제리는 자선단체와 복지기관을 지원하기 위해 수익의 일부를 기부하고 조직 구성원들도 열심히 사회적 책임을 다할 것을 격려한다. 스타벅스와 그린마운틴 커피로스터는 (1) 농작물에 제초제와 살충제를 사용하지 않고, (2) 토양침식을 막고, (3) 직원들을 공정하게 대우하며, (4) 직원의 안전과 복지를 존중한다. 스타벅스는 세계 커피가격이 크게 떨어지는 상황에서도 소규모 해외 커피농장주들에게 공정한 구매가를 보장해준다. 이는 커피농장주들이 안전지침을 정직하게 준수하도록 하기 위함이다.

모든 조직이 윤리적 프로그램이나 규칙을 완벽하게 구축할 수는 없지만, 적어도 그들이 사회나 다른 조직에게 해를 입히지 않으려면 공정하고 정의로운 행동을 약속하는 윤리적 기준이 정비되어야 한다. 윤리적 기준의 실행을 약속하고 발전시키는 것은 조직의 명성을 유지하고 보호하는데 도움이 되며, 소비자와 종업원들의 선한 뜻을 촉진할 수 있다. 오늘날 많은 회사들은 윤리적 기준을 강화하고 있으며 종업원들은 윤리적 기준의 준수를 약속한다는 서명을 하기도 한다.

조직구성원들이 자신의 이익을 위해 기업이나 외부의 구성원들에게 해를 끼치는 행동을 방지하는 것은 조직이 수행해야 할 도전적 과제이다. 조직의 구성원과 관리자들은 자신들의 행동이 조직

내부 및 외부의 동료나 다른 구성원뿐만 아니라 조직 자체에도 중요한 영향을 미칠 수 있음을 인식해야 한다.[17] 사회와 조직의 안녕과 복지는 그 구성원인 우리에게 달려 있으며, 우리 모두의 책임이다[18](윤리적인 조직을 만드는 방법에 대한 논의는 이 책 전반부에서 다뤄질 것이다).

직원 다양성의 관리

다양성
나이, 성별, 인종, 민족, 종교, 성적 취향, 사회경제적 배경 등의 개인차

두 번째 사회문화적 도전은 구성원들의 다양성이 조직행동에 어떻게 영향을 미치는지를 이해하는 것이다. **다양성**(diversity)은 나이, 성, 인종, 민족, 종교, 성적 취향, 사회경제적 배경, 능력 등의 차이로부터 발생한다. 조직이나 그룹이 모두 같은 성별, 인종, 나이, 종교 등을 가진 사람들로 구성되어 있다면 이러한 조직의 구성원들은 행동과 태도가 매우 유사한 경향을 보일 것이다. 이런 구

국내 사례 **조직현장의 윤리**

N사의 비윤리적 행위가 소비자의 공분을 사다

국내 식품회사인 N사가 사회적 공분을 샀던 몇 가지 부도덕한 사례들을 살펴보면 기업의 비윤리적 행위가 소비자들에게 큰 피해를 주고 있음을 알 수 있다.

우선 N사는 담합 전문 기업이라는 오명을 남기고 있다. 2007년 초 N사는 컵 커피 '프렌치카페'의 가격을 M사(카페라떼)와 담합하여 20% 인상하였으며, 담합하는 과정에서 동시에 가격을 올리면 쉽게 의심받을 것을 우려해 4개월의 시차를 두고 가격을 인상하는 꼼수를 부렸던 바, 공정거래위원회로부터 74억 원의 과징금 처분을 받았다. 또한 2010년 두 기업은 산부인과 병원에 분유를 독점 공급할 수 있도록 불법 리베이트 제공을 한 혐의로 각각 2,400만 원의 과징금을, 그리고 여타 우유 업체들과 우유 가격 담합에도 가담하여 학교 급식우유의 가격경쟁을 제한하는 행위를 함으로써 48억 4,000만 원의 과징금을 부과받았다. 이뿐만 아니라 2011년 N사는 다른 업체 3곳과 함께 유정회라는 모임을 통해 치즈 가격 인상 정보를 상호 공유하고 가격을 공동으로 올린 담합행위가 적발되어 22억 5,100만 원의 과징금을 공정거래위원회로부터 부과받았다.

2013년 초에는 N사는 지역 대리점에 물건을 강매한다는 주장이 제기되었고, 2013년 5월 N사의 영업 사원이 대리점 주에게 욕설 섞인 폭언을 한 녹취록이 공개되면서 파문이 확산되었다. 해당 직원이 제출한 사표는 이내 수리가 되었지만, 이 녹취록이 퍼져서 이슈화되기 전에는 본사가 오히려 대리점주들을 사기 혐의로 경찰에 고소하는 모습을 보였다. 뿐만 아니라 녹취록 파문 이후 항의에 가담한 대리점주들을 상대로 보복성 계약해지를 한 것으로 드러났다. 또한 명절 때 N사 지점 팀장(본사 파견 과장급)이 영업사원들에게 떡값 할당량을 정해 대리점에서 떡값을 받아오도록 했고, 실제로 보내진 떡값 송금내역이 공개되었던 바, 공정거래위원회의 한 차례 조사만으로도 증거가 드러났다.

품질 자체에 문제가 발생한 경우도 있었다. 예컨대, 인천의 한 병원 편의점에서 N사의 커피를 사 마신 소비자 두 명이 구토를 하고 어지럼증을 호소했으며, 이들은 경찰 조사에서 "마신 커피에서 화학물질 냄새가 났고 비눗물 맛과 비슷했다"고 진술했다. 또한 N사의 제품인 오렌지주스 '오렌지 채움' 일부 제품에서 역한 냄새가 나고 용기가 팽창하는 불량이 발생하자 소비자 건강에 치명적일 수 있음을 알면서도 자사 직원들에게 제품을 몰래 회수 후 폐기하라는 지침을 내렸다.

이러한 일련의 비윤리적인 모습들을 지켜보면 N사는 '기업의 사회적 책임'과 '윤리경영'을 강조하는 시대조류에 뒤처져도 너무 뒤처져 있다고 할 수 있다. 비윤리적인 기업이라는 이미지를 스스로 떼어내고 다시 도약하고자 한다면, 지금부터라도 모든 기업 이해관계자들의 요구에 부응하고자 애써야 할 것이다.

출처 : '경영윤리 외면한 남양유업의 헛짓', 프레시안, 2020. 07. 20.

국내 사례 조직현장의 윤리

가습기 살균제 사망사건, 옥시레킷벤키저의 비윤리적 대응

가습기 살균제 제조업체 옥시레킷벤키저(옥시)가 자사 홈페이지에 올라온 상품 부작용 호소 후기글을 무더기 삭제했다는 사실을 검찰이 밝혀내면서 수사가 급물살을 타고 있다. 검찰에 따르면 서울중앙지검 가습기살균제 피해사건 특별수사팀은 2001년부터 옥시 홈페이지 고객상담 게시판 등에 올라왔으나 삭제됐던 수백 건의 가습기 살균제 부작용 후기 글을 복원해 이를 살인죄로 기소할 수 있는 근거로 볼 수 있을지 법리 검토 중이다.

그간 옥시는 가습기 살균제 원료 물질인 폴리헥사메틸렌구아니딘(PHMG)의 위험성을 언제 알았는지에 대해 침묵했다. 옥시는 뒤늦게 가습기 살균제의 부작용에 대해 다음과 같은 사과문을 공지하였다.

사과문

옥시레킷벤키저는 가습기 살균제 사안과 관련하여 좀 더 일찍 소통하지 못하여 피해자 여러분과 그 가족 분들께 실망과 고통을 안겨 드리게 된 점에 대해 진심 어린 사과의 말씀을 드립니다. 2013년 국회 국정감사에서 깊은 위로의 말씀을 드렸고, 그간 매우 어렵고 복잡한 사안의 진상을 파악하고 동시에 고통받고 계신 모든 분들을 위한 해결 방법을 찾고자 노력해왔습니다.

저희는 오랜 동안 제품의 안전 관리 수칙을 준수해 온 바 이와 같은 상황에 직면한 적이 없었습니다. 그러기에 본 건과 관련한 사회적 책임에 대해 깊이 통감하고 있으며, 피해자 분들께서 원하시는 부분을 잘 이해하고 경청하여 함께 해결하고자 노력했습니다. 그럼에도 불구하고 피해자 분들의 고통과 아픔을 대신할 수 없다는 점을 통감하고 있으며, 가능한 빠른 시일 내에 본 사태를 해결하는 것이 저희가 할 의무라는 것을 잘 알고 있습니다.

그러하기에 저희들은 법원 절차에 성실하게 임하였고, 상당 부분의 사안들이 법원 조정 절차를 통하여 합의에 이르러 종결되었음을 말씀 드립니다. 고통받으시는 분들에게는 적절하고 신속한 해결 방안이 됐으면 하는 마음입니다.

또한 2014년에 환경부 및 환경보전협회(KEPA)와의 협의를 통해 조건 없이 50억 원의 인도적 기금을 기탁하였습니다만, 이번에 위 기금에 추가로 50억 원을 더 출연하고자 합니다.

동시에 저희는 다른 기업들도 이번 사건의 해결을 위해 노력하기 시작한 것을 잘 인식하고 긍정적으로 받아들입니다. 저희들도 계속하여 모든 조사에 성실하게 임하고 협조하며, 가습기 살균제 관련 환자분들과 가족 분들을 지원하기 위한 모든 논의와 대화에 적극적으로 참여하겠습니다.

최근 가습기 살균제 사건 수사와 관련하여 제기된 여러 의혹에 대해 저희는 이를 매우 심각하게 생각하고 있으며, 저희의 회사 정책상 이러한 의혹 관련 행위들은 결코 용납되지 않는다는 점을 말씀 드리고자 합니다. 따라서 현재 진행 중인 모든 수사에 계속하여 최대한 협조하겠습니다. 이번 사태로 고통받고 계시는 분들께 다시 한 번 위로의 말씀을 간곡히 드립니다. 저희는 앞으로 지속적인 사건 해결 노력을 통해 소비자들의 신뢰를 다시 얻을 수 있도록 최선을 다할 것임을 약속 드립니다.

옥시레킷벤키저 사측 입장

그러나 옥시레킷벤키저는 사과문을 공지한 후, 법적 논란이 계속 끊이지 않자, 결국 2011년 기존의 법인을 해산하게 된다. 그리고 회계감사나 경영실적 등에 대한 공시의무가 없는 유한회사를 다시 국내에 설립하게 된다. 옥시의 사례는 기업의 사회적 책임은 어디까지이어야 하며, 어떻게 소비자의 이해를 보상할 수 있을지 여전히 논란의 이슈가 되고 있다.

출처 : '가습기 살균제 사망사건, 옥시레킷벤키저의 비윤리적 대응', 나무위키, 2023. 02. 23.

성원들은 비슷한 태도와 가치를 공유할 가능성이 높고 비슷한 방식으로 프로젝트, 갈등, 새로운 업무 등과 같은 직무상황에 대응할 것이다. 한편 조직의 구성원들이 나이, 인종 등 개인 특성에서 차이가 있다면 이들의 태도, 행동 및 반응패턴은 큰 차이를 보일 수 있다.

지난 20년 동안, 노동력 전반의 다양성과 조직 상위계층 사람들의 인구통계학적 특성은 빠르게 변화하는 추세다. 예를 들면, 미국의 노동력 규모가 증가하면서 조직구성원 중 흑인, 히스패닉, 아시아인, 여성 근로자들의 비중 또한 지난 2000년대에 걸쳐 꾸준히 증가하고 있으며 이러한 근로자들은 더 높은 직급에 진출하고 있다. 그러나 이들은 여전히 미국 노동력의 대부분을 차지하고 있는 백인 남성 노동자에 비해 소수이며 더 낮은 임금을 받는 것으로 나타났다.[19] 세계화의 확산으로 인한 노동력의 다양성 증가는 조직과 관리자들에게 공정성, 의사결정 및 성과, 유연성의 세 가지 도전을 초래했다(그림 1.6 참조).

공정성과 정당성에 대한 도전

조직 내 직무는 한정되어 있기 때문에 구성원들이 더 높은 수준의 직무로 승진하는 것은 경쟁적인 과정이다. 관리자들은 공정하고 정당한 방식으로 직무, 승진, 보상 등의 의사결정을 해야 하는데 이는 매우 어려운 일이다. 다양성이 증가할수록 공정성을 지키는 것은 더욱 어렵다. 과거에는 백인남성이 주로 조직에서 상위 직급으로 승진되곤 했으나 오늘날에는 다양한 근로자들을 공평하고 치우침 없는 기준으로 평가해야 한다. 그렇지 않으면 월마트와 같이 노동법 위반으로 수백만 달러의 벌금을 물어야 한다.[20] 다양성이 증가할수록 조직은 모든 근로자들의 열망을 충족시키기가 쉽지 않으며 힘들 수밖에 없다. 그리고 이로 인해 결국 조직의 성과나 구성원의 행복에 영향을 미칠 수 있는 문제들이 발생한다. 조직의 성과와 구성원들의 행복을 증가시킬 수 있는 방향으로 다양성을 촉진하는 것은 관리자들에게 매우 어렵고 윤리적인 문제이다.

그림 1.6
다양한 작업환경에 의한 도전

국내 사례 현대의 조직행동

CJ의 다양성은 기업의 핵심가치 중 하나이다

Economist가 매년 발표하는 유리천장지수(glass-ceiling index)에 따르면 한국의 성별 다양성과 대표성은 OECD 회원국 중 11년 연속 최하위다. 2021년 100대 한국 대기업 전체 임원 6,664명 중에서 여성 임원은 322명(4.8%)에 불과하다. 다른 국가들은 어떠할까? OECD 평균 여성임원 비율은 28%, 핀란드 41.5%, 독일 36%, 스페인 32.6%이다. 한국과 비슷할 것 같은 일본은 12.6%에 이른다. 100인 이상 고용하는 한국기업에서 여성임원이 0명인 곳은 76%, 여성부장이 없는 기업 비율은 54%나 된다. 심각한 성별격차를 줄이고자 시행되는 적극적 고용개선조치(AA)는 남성에 대한 역차별로 공격받고, 다양성이 조직운영에 부차적이며 방해가 된다는 시각을 가진 경영자들도 많다.

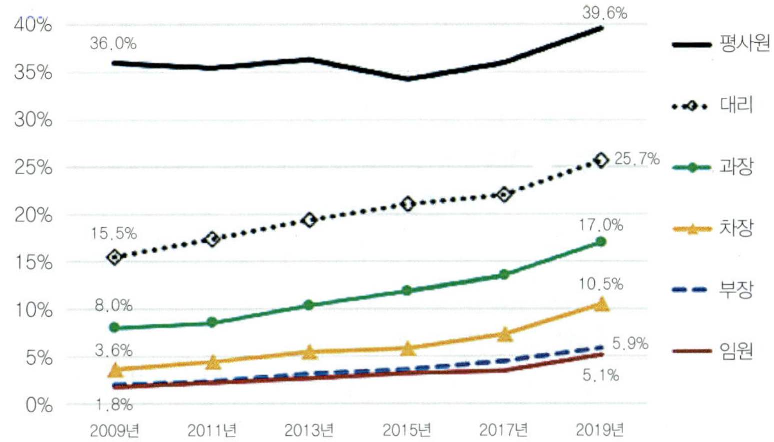

견고한 유리천장: 한국 상장기업에서 직급별 여성 비율, 2009~2019년

자료 : 인적자본기업패널

CJ제일제당은 이례적인 기업이다. 전체 임원 98명 중 여성임원이 25명으로 국내 100대 기업 중 여성임원 비율이 가장 높다. 다양성을 핵심가치로 삼고 인사제도와 경영전략을 추진하고 있으며 이를 통해 글로벌 경쟁력과 높은 성과를 거두고 있다. 다양성과 기업성과를 함께 높인 비결은 무엇일까?

다양성에 관한 최고경영자의 이해와 철학은 CJ제일제당의 기업 핵심가치가 다양성과 연결되는 데 중요한 역할을 했다. 최고경영진은 다양성을 존중하고 추구하는 실천을 통해 기업문화 변화를 주도하였다. 이들은 다양성이 경영성과, 경쟁력, 혁신의 근간이 된다고 생각하여 다양성을 높이는 데 적극적인 자세를 보여왔다. CJ제일제당이 다양성을 본격적으로 추구하게 된 것은 회사 경영이 국내를 넘어 글로벌 시장을 향하면서부터이다. "경영진은 글로벌 시장에 부합하도록 체질과 전략을 바꿔야 한다는 생각이 있고, 의지에 따라 정책과 교육의 변화를 촉진하고 있다. CJ제일제당은 소비자의 생활과 밀접한 비즈니스를 하고 있고, 소비자의 라이프스타일 변화에 민감하게 소통할 필요가 있습니다. 세상이 바뀌었는데 우리도 변해야 한다는 생각입니다." 40대 여성임원이 연구진에게 전해준 설명이다. 내수 시장에 초점을 두던 종래 관행을 넘어 글로벌 기업으로 성장하기 위해서는 '다양성'이 기업전략에 포함되어야 한다는 것을 경영진들이 간파한 결과이다.

일반 직원들도 다양성에 대해 긍정적으로 생각한다. 육아휴직을 마치고 최근 복귀한 남성 직원은 다양성을 강조하는 회사 분위기를 들려주었다. "틀에 박힌 사고나 고정관념의 문화를 지양하고 다양성을 갖춰야 기업 경쟁력이 생기기 때문입니다. 9년차 근무 중인데, 신입 때부터 '인적자원(인재)'을 강조하는 기업문화가 있었습니다. 이러한 기업문화에서 다양성을 존중하고 시너지를 활용하는 쪽으로 방향을 잡게 된 것으로 생각합니다."

출처 : '한국 기업의 다양성 우수 사례: CJ제일제당에서 배우는 5가지', Diversitas, 38호, 고려대학교 다양성위원회.

의사결정과 성과에 대한 도전

다양한 노동력에 의해 촉발된 또 다른 도전은 서로 다른 나이, 성별, 인종의 사람들이 태도와 가치의 차이를 의사결정과 성과창출을 위해 상호조정하는 어려움이다.[21] 많은 조직들은 다양성을 촉진하고 다양한 배경의 구성원들이 가진 잠재력을 활용한다면 보다 개선된 조직행동과 절차를 만들어 낼 수 있음을 알고 있다.[22] 글로벌 경영컨설팅 회사인 액센츄어는 다양성을 신중히 고려하고 조직구성원, 소비자, 환경의 욕구를 파악하여 크게 성공한 기업이다.[23]

액센츄어는 전 세계 120개 국가에 위치한 수천 개 고객사에게 IT 컨설팅 서비스를 제공한다. 액센츄어의 비전을 성취하는 중요 동력은 구성원의 성과와 고객만족을 위해 다양성을 관리하고 촉진시키는 것이다. 관리자들은 다양한 배경의 컨설턴트들이 자신들의 독특한 경험 · 재능 · 가치를 업무에 활용하기 때문에, 전 세계 고객들에게 제공하는 서비스를 개선할 수 있었으며 고객만족도를 높일 수 있었다. 액센츄어의 고객 역시 국가, 종교, 인종 등에서 매우 다양하기 때문에 이러한 고객의 특성에 맞게 컨설팅 팀을 구성해야 효과적이었다.

액센츄어는 13개의 글로벌 인적자원관리 팀과 다양성 프로그램을 만들기 위해 전문가를 활용하여 매년 수백 가지의 다양성 관리 교육 프로그램을 제공한다. 액센츄어는 또한 컨설턴트들에게 글로벌 리더가 될 수 있도록 국경, 직업, 세대를 넘어서 일할 수 있는 기회를 권장하고 있다.[24] 2010년 액센츄어의 직원들 중에 3분의 1이 여성이었으며 모든 직급에 걸쳐 여성 관리자는 총 16%를 차지했다. 액센츄어는 다양성을 촉진하는 회사의 방침에 따라 소수인종이나 여성이 대표로 있는 회사들로부터 2010년 거의 300만 달러, 회사 전체 구매의 15%에 해당하는 제품을 구입했다. 액센츄어는 현재 혹은 미래의 협력회사들에게 다양한 교육 프로그램의 제공과 다양성 관리가 조직의 효과성과 효율성을 증가시키는 방법임을 보여주었다. 액센츄어는 다양성 관리를 촉진하기 위해 조직의 전문성을 활용하였다. 캘리포니아 연합은행의 CEO, Takahiro Moriguchi는 다양성 관리에 대해 액센츄어와 유사한 철학을 가지고 있으며 그의 회사가 다양성 관리로 수상을 하였을 때 "장애인, 여성과 남성, 경험이 특이한 사람들, 다양한 인종, 국가들로부터 인재를 발굴함으로써 우리는 전 세계 사람들만큼이나 넓고 다양한 아이디어 · 에너지 · 창의성 등을 모을 수 있었다"고 말했다.[25]

유연성에 대한 도전

세 번째 다양성과 관련된 도전적 이슈는 조직구성원들이 다양해질수록 이들의 욕구가 다양해지기 때문에, 구성원들의 만족감을 증가시키기 위해서 보다 유연한 고용방식이 필요하다는 점이다. 이와 관련된 예를 들면 다음과 같다.

- 아이나 부양가족이 없는 미혼자, 게이나 레즈비언, 연로한 부모와 장애아이를 둔 직원들을 고려해서 이들의 다양한 욕구에 적합한 맞춤형 복지 패키지를 마련하는 것
- 종업원 스스로 업무스케줄을 작성해 재택근무나 유연근무 등을 선택할 수 있도록 근무 여건을 유연화하는 것
- 아이들이나 부모를 돌볼 수 있도록, 같은 직무를 하는 2명 이상이 서로 일을 공유하도록 허용하는 것
- 장애 직원이나 소비자들의 특별한 요구에 맞춰 건물이나 작업방식을 설계하는 것
- 관리자들이 소수자 직원들(minority employees)의 특성을 잘 이해하도록, 건설적인 피드백을 제공하는 관리 프로그램을 설계하는 것
- 조직 내 소수자 직원집단을 지원하기 위한 멘토링 관계를 구축하는 것
- 조직 내 소수자 직원들 간의 비공식적 네트워크를 구축해 사회적인 지원을 제공하는 것

다양성 관리는 조직에 많은 시사점을 줄 수 있는 활동이다. 우리는 제4장에서 좀 더 깊이 있게 다양성 관리에 대해 논의할 것이다.

도전 2 : 글로벌 환경의 진화

전 세계 다양한 국가에서 조직을 운영할 때는 각국의 사회문화적 차이와 압력에 적응해야 하는 도전이 증가된다. GM, 토요타, 제록스, 노키아, 펩시, 소니 등과 같은 **글로벌 조직**(global organization)은 전 세계 곳곳에서 자신들의 상품을 판매하는 글로벌 기업들이다. 국가들은 서로 다른 문화적 배경을 가지고 있다. 따라서 글로벌 기업들이 해외에서 기업운영을 할 때는 가치, 믿음, 태도 등에서 서로 큰 차이가 있음을 알아야 한다. 글로벌 기업들은 국가나 지역의 경계를 넘어서 또 다른 윤리적 혹은 다양성과 관련된 이슈에 직면하게 된다.[26] 글로벌 기업들이 풀어야 할 가장 큰 두 가지 과제는 국가들 간에 존재하는 차이를 명확히 이해하는 것과 해당 국가에 대한 이해를 바탕으로 조직 내 행동을 개선하는 것이다.[27]

글로벌 조직
세계의 다양한 국가나 지역에서 제품을 생산하고 판매하는 기업

글로벌의 차이를 이해하기

기업이 글로벌 비즈니스를 수행할 때는 많은 것들을 학습해야 한다.[28] 먼저 다양한 글로벌 환경에서 조직 내 행동을 이해하는 것은 상당히 어려운 문제이다.[29] 기존의 연구에 따르면 국가마다 사람들은 자신이 수행하는 직무나 자신이 몸 담고 있는 조직에 대해 서로 다른 가치, 믿음, 태도를 가지고 있다고 한다. 예를 들면 미국의 직원들은 직무에 대해 개인주의적인 경향이 강한 반면, 일본의 직원들은 집단주의적 경향이 강하다. 이러한 문화적 차이는 직원들 개인의 직무행동, 집단 내 행동, 조직에 대한 몰입과 헌신도에도 영향을 준다.

국가마다 직원들의 태도, 열망, 가치 등이 다르기 때문에 글로벌 수준에서 조직행동을 이해하는 것은 특히 복잡하다. 대부분의 미국 근로자들에게 있어 유럽 근로자들이 1년에 평균 4~6주의 유급휴가를 받는다는 것은 매우 놀라운 사실이다. 미국에서는 비슷한 업무를 수행하는 근로자들이 단지 1~2주의 유급휴가만을 받기 때문이다. 또한 일부 국가에는 근속연수에 따라 승진이 이뤄져야 한다는 규범이 있다. 그러나 다른 나라에서는 성과가 승진과 보상의 중요한 기준이 된다. 국가 간 문화 차이를 이해하는 것은 글로벌 조직에서 행동을 관리하는 데 매우 중요하다.

두 번째, 조직활동을 글로벌 환경에 맞게 조정해야 하는 문제는 조직의 운영이 글로벌할수록 더욱 복잡해진다.[30] 예를 들면 국내 관리자와 해외 관리자는 조직이 추구해야 하는 목표나 전략에 대해 서로 다른 견해를 가질 수 있기 때문에 양자 간의 의사결정을 잘 조정해야 하는 문제가 발생한다. 글로벌 관리자들의 가장 중요한 조정업무는 바로 국내 관리자와 해외 관리자들 간의 의사결정 권한과 책임을 조정하는 것이다.

세 번째, 글로벌 기업들은 운영의 효과와 비용 감소를 위해 특정 국가에 해외사업체를 설립하는데 이러한 해외지사는 국내 기업운영에 다양한 영향을 준다. 예를 들면 미국의 기업들은 2000년대 제품생산비용과 판매비용을 줄이기 위해 저렴한 노동력이 있는 해외로 생산기지를 옮기고자 했다. 노동력이 싼 지역의 제조업자들과 계약해 상품을 생산하고, 그 제품을 다시 미국에 들여와 판매하는 글로벌 아웃소싱을 시작한 것이다. 지난 10년 동안 미국 의류회사는 중국·온두라스·태국 등으로 생산 아웃소싱을 증가시켰고, 그 결과 미국 국내 의류산업 종사자 1,000만 명이 일자리를 잃게 되었다. 리바이스와 같은 회사는 20년 전에 모든 제품을 미국에서 제조했지만 지금은 비용을 줄이고 경쟁력을 유지하기 위해 해외 아웃소싱을 활용하고 있다. 다음의 글로벌 관점에서는 지속적인 글로벌 조직행동의 개발을 통해 이케아가 어떻게 이러한 도전에 성공적으로 대응할 수 있었는지

글로벌 관점

이케아가 가상 게임 매장을 열고 유급직원을 채용하다

shutterstock

게임 플랫폼 로블록스(Roblox)에 미국인들이 몰려들면서 브랜드들은 실제 소매 경험을 로블록스의 가상 세계로 가져오기 위해 다양한 시도를 하고 있다.

2022년 치폴레(Chipotle)는 치폴레 부리토 빌더(Chipotle Burrito Builder)를 출시했는데, 이는 플레이어들이 가상 부리토를 만들어 실제 치폴레 매장에서 사용할 수 있는 크레딧을 얻을 수 있는 시뮬레이션이다. 켈로그(Kellogg)와 포에버21(Forever 21)도 플랫폼에서 비슷한 이벤트를 시도해 제품 홍보에 활용했으며, 로블록스는 올해 초 가상 동영상 광고까지 선보였다.

이제 이케아(IKEA)도 로블록스 메타버스에 뛰어들었는데 약간의 변화를 주었다. 이 가구 기업은 가상 고객이 가구를 고르는 것을 돕는 일부터 이케아 식당에서 미트볼을 서빙하는 일까지 모든 것을 온라인에서 사람이 하도록 고용하고 있다.

이케아는 6월 말 로블록스에서 출시하는 새로운 가상 세계 '더 코-워커 게임(The Co-Worker Game)'에서 10개의 유급 직책 지원을 받고 있다고 밝혔다. 이케아 팬과 로블록스 사용자는 소수의 유급 직원과 함께 브랜드의 근무 환경을 경험할 기회를 얻는다.

이케아 영국 및 아일랜드의 인사 및 문화 담당 매니저 대런 테일러(Darren Taylor)는 보도 자료에서 "우리는 로블록스에서 유급 업무를 시작하는 최초의 브랜드가 되어 경력을 다르게 만드는 방법을 보여주게 되어 기쁘다"라고 말했다.

이번 발표는 이케아가 새로운 세대의 직원을 유치하기 위한 노력의 일환이다. 이케아는 포춘지에 더 큰 업무 유연성을 촉진하고 직원에게 자신의 근무 방식을 결정하는데 더 큰 자율성을 주기 위해 적극적으로 노력하고 있다고 말했다. 10개 유급 직책의 시급은 13.15파운드(약 17달러)에서 시작하며, 새로운 가상 직원은 "실제 세계처럼 자신의 기술을 발휘하고, 고객을 돕고, 승진해 부서를 옮길 기회를 갖게 될 것"이라고 한다. 테일러는 성명에서 "이케아에는 경력 발전을 위한 정해진 경로가 없다"고 덧붙였다.

2006년에 출시된 로블록스는 세계에서 가장 인기 있는 가상 경험 플랫폼 중 하나로 성장했으며, 일일 사용자 수는 7,500만 명 이상으로 2020년 이후 3배 늘었다. 이 플랫폼은 사용자가 다양한 사용자 제작 게임이나 '경험'을 즐길 수 있는 가상 놀이터 역할을 한다.

출처 : '이케아 가상 게임 매장 직원 고용', 포춘코리아, 2024. 06. 09.

를 살펴본다.

글로벌 학습

글로벌 학습
글로벌 경쟁자가 되는 데 적합한 기술, 지식, 조직행동과 절차 등을 학습하는 과정

변화하는 글로벌 환경은 미국의 조직과 개인들에게 중대한 위협으로 작용하고 있다. 해외에서의 글로벌 경쟁에 대응할 수 있는 기술, 지식, 조직행동, 절차에 대한 **글로벌 학습**(global learning)을 촉진한다면 미국 기업들은 번영할 수 있을 것이다.[31] 예를 들면, 미국 회사들은 해외에 기업들이 보유한 자원들에 접근이 가능했다. 포드나 GM은 페라리나 람보르기니와 같은 이탈리아 회사들의

디자인 기술, NEC나 마쓰시타와 같은 일본 회사로부터 전자부품, 다임러나 BASF와 같은 독일 회사들로부터 제조장비 등을 구매했다. 글로벌 학습을 통해, 기업들은 소비자들의 욕구에 보다 효과적으로 대응할 수 있는 방법과 제품과 서비스에 더 많은 소비자를 유치할 수 있는 방법들을 학습한다. 미국 시장에서 잠재적인 햄버거 시장은 3억 3,500만 명 정도로 추산되지만 아시아 시장은 30억 명 정도이다. 그러므로 맥도날드가 세계시장에 진출해서 아시아 및 여러 나라에 햄버거, 프렌치프라이, 밀크쉐이크를 판매하는 것은 그리 놀랄 일이 아니다.[32]

글로벌 도전에 대응하기 위해, 점점 더 많은 기업들이 구성원들을 해외로 순환근무시키거나 파견하고 있다. 그 결과, 기업들은 직원들이 파견된 해외현장에서 발생된 기회나 문제에 대해 더 많은 것을 학습할 수 있게 되었다. **해외파견 관리자**(expatriate manager)들은 해외국가에 거주하면서 회사를 위해 일하는 사람들이다. 이들은 기업이 조직행동과 절차를 개선하고 향상시키는 데 많은 도움을 줄 수 있다. 먼저 해외파견 관리자들은 원재료를 가장 저렴하게 공급받을 수 있는 곳, 자사 제품을 조립할 최적의 장소 등을 글로벌 지역에서 파악할 수 있다. 둘째, 연구개발, 제조, 판매와 같은 기능을 맡고 있는 해외파견 관리자들은 해외국가에서 사용되는 기술을 파악할 수 있다. 그리고 이러한 지식을 해외지사의 성과를 위해서뿐만 아니라 국내 본사를 위해서도 적용할 수 있다. 많은 회사들은 글로벌 학습을 증진시키기 위해 글로벌 가상팀을 활용하기도 한다.[33]

해외파견 관리자(해외주재원)
해외에 파견되어 국내 기업과 해외 지사 간의 관계를 조정하고 협력을 촉진할 책임이 있는 관리자

예를 들면, 2차 세계대전 후에 토요타 제조부서의 관리자들은 미국의 GM이나 포드의 자동차 공장을 방문해 어떻게 이 회사들이 자동차를 조립하는지를 배웠다. 이들 일본의 관리자들은 그 제조지식을 일본에 가져와 린(lean) 제조기술로 발전시켰고 이는 토요타와 다른 일본 자동차 제조회사들이 1990년대 미국 회사들과 경쟁할 수 있도록 만들었다. 그러나 일본 회사들이 제조품질 기술에서 상당한 우위를 가지고 있다는 것을 인식한 후에 GM, 포드, 제록스, 그리고 미국의 다른 많은 회사들은 관리자를 일본에 보내 새로운 기술을 배울 수 있게 했다. 이들 미국 회사들은 일본의 기술을 자신들의 제조공정에 통합해 제조과정을 향상시켰다. 그 결과로 2000년대 포드나 제록스와 같은 회사들은 점점 일본 기업과의 효율성 차이를 좁혀 나갔다. 이런 방식으로 기업들이 글로벌 학습을 통해 전 세계 소지바들을 확보하기 위해 경쟁한다. 모든 글로벌 기업들은 진보된 기술과 최고의 조직행동 및 절차를 개발하고 어떻게 자신들의 조직에 이를 적용할 수 있는지를 학습해야만 한다. 이러한 노력은 조직의 생존과 번영을 약속하고, 조직의 효과성과 구성원들의 만족감을 증가시킨다.

글로벌 위기관리

글로벌 학습 외에도 오늘날의 조직들은 글로벌 위기관리라는 또 다른 도전에 대응해나가야 한다. 글로벌 학습을 활용하면 자연재해나 위기 그리고 국제테러리즘이나 인종갈등에 의해 발생되는 재앙이나 피해에 조직이 현명하게 대처할 수 있다. 천재지변에 의해 일어나는 위기는 폭풍, 쓰나미, 지진, 기아, 질병 등으로 2000년대 많은 국가들을 곤경에 빠뜨렸다. 지구온난화, 오염, 자연파괴 등 인간이 만든 재해 또한 점점 증가하고 있다. 예를 들면, BP가 원유를 시추하는 회사나 나라에서 환경오염은 점점 심각한 문제로 부상하고 있다. 예를 들면, 2010년에 걸프만의 석유시추 현장, 딥워터 호라이즌의 폭발은 BP가 일으킨 원유 재앙들이다. 석탄, 철강을 생산하는 중공업 회사들 역시 동유럽, 아시아의 수많은 지역에서 토양을 오염시켰다. 체르노빌 원전폭발 사고는 히로시마 원자폭탄의 1,540배에 해당하는 방사능을 공기 중으로 노출시켜 5만 명의 사망자를 냈으며, 수천만 명의 사람들을 고통으로 내몰았다.[34]

이산화탄소 방출로 인한 지구온난화는 인간이 만든 재앙이며 자연재해의 피해를 더 심각하게 만든다. 예를 들면, 전 세계 기온상승과 산성비의 증가로 허리케인의 강도는 더 강해지고, 이상집중

Dwaine Scott\AP Wide World Photos

2010년 역사상 가장 큰 오일 유출사고가 발생한 딥워터 호라이즌 석유시추 플랫폼에서의 구조노력. 지금까지 원유 유출이 환경에 미치는 피해로서는 가장 큰 규모로 추정된다.

호우와 장기간의 가뭄을 일으켰으며, 산호초 · 산림 · 서식지 등도 파괴시켰다. 남극의 빙하가 녹고 해수면은 꾸준히 상승하고 있다.

마지막으로, 급속하게 진행된 세계화는 여러 국가들 간 힘의 균형을 재편하고 경제, 정치적 이해관계에 위기를 몰고 왔으며 정치와 경제에 있어 갈등과 긴장을 증가시키고 있다. 석유가격의 상승은 석유를 공급하는 국가들의 협상력을 증가시켰으며 안정적인 석유공급이라는 자국의 이해관계를 위해 미국으로 하여금 테러리즘에 대한 전쟁을 포함해 글로벌 정치 전략을 변화시키도록 만들었다. 유럽의 국가들 또한 천연가스를 확보하기 위해 러시아와 계약을 맺고, 일본과 중국 같은 아시아 국가들 역시 이란이나 사우디아라비아와 같은 나라와 협상하고 있다.

조직행동은 위기에 대응하기 위해 필요한 자원을 어떻게 관리하고 조직해야 할지에 대해 시사점과 교훈을 제공함으로써, 조직과 구성원들이 위기에 대응하도록 도움을 준다. 이 책 후반부에서 논의하겠지만, 위기관리를 위해서는 (1) 빠른 의사결정과 커뮤니케이션을 촉진시킬 수 있는 팀을 만드는 것, (2) 빠른 대응을 가능하게 하는 보고체계 및 명령계통을 설정하는 것, (3) 이러한 팀을 운영하고 지휘할 유능한 사람을 모집하고 선발하는 것, (4) 사람들이나 그룹들이 서로 다른 이해관계와 목적을 가지고 있을 때 충돌을 관리할 수 있는 협상전략을 개발하는 것 등이 필요하다. 관리자들이 얼마나 효과적으로 의사결정을 할지는 그들이 위기에 얼마나 빠르게 대응하여 위기 자체의 심각성을 감소시키는지에 달려 있다.

도전 3 : 정보기술의 발전

월드와이드웹(WWW)
글, 음악, 예술을 망라하는 다양한 인간의 지적 창조물들을 저장하는 글로벌 정보창고

인터넷
컴퓨터들이 서로 연결되어 있는 글로벌 네트워크

정보과학기술(IT)은 오늘날 조직행동에 중요한 도전을 주고 있다. 오래전에 Robert Heinlein과 Isaac Asimov와 같은 공상과학 소설가들은 손목에 차고 다니는 비디오 폰, 가상현실 기계, 명령을 인식하는 모바일 컴퓨터와 같은 장치들을 상상했다. 오늘날 애플, 팜, HP, 노키아, 소니, 마이크로소프트와 같은 회사들은 자신의 고객들에게 상상 속의 장치들을 제공하고 있다. 공상과학소설가들은 인간이 만든 소설, 음악, 미술 등과 같은 모든 종류의 지식을 글로벌 저장공간인 **월드와이드웹**(World Wide Web, WWW)에 저장할 것이라 상상하지 못했을 것이다. 이러한 지식은 **인터넷**

shutterstock

엔디비아는 AI 반도체의 절대강자로 급부상하였다.

(Internet)이라는 글로벌 네트워크에 연결된 모든 컴퓨터에 접속되어 활용된다. 우리는 몇십 년 전과 전혀 다른 세계에서 살고 있으며 IT 기술의 발전은 사람들의 사고방식과 조직행동에 근본적 변화를 가져왔다. 어떻게 IT가 조직행동과 조직의 경영방식을 변화시킬 수 있었는지 이해하기 위해 정보의 개념을 우선 살펴보자.

당신이 주머니 속에 잔돈이 얼마나 있는지 확인한다고 하자. 모든 동전을 합해보니 1달러 36센트였다. 당신은 잔돈이 총 얼마 있는지에 대한 정보를 획득하기 위해 기본적인 데이터로서 동전의 가치를 파악했다. 예를 들면 사람들은 콜라나 캔디바를 살 만큼 충분한 잔돈이 있는지 알기 위해 이와 같은 잔돈 정보를 확인한다. **정보**(information)는 사용자에게 지식을 제공해주는 용도로 조직화된 데이터, 사실, 숫자, 단어들의 묶음이다. **지식**(knowledge)은 사람이 데이터나 정보를 분석함으로써 알게 되거나 깨닫거나, 지각 및 발견하게 되는 모든 것들이다. 시간이 가면서 학습은 더 많은 양의 정보를 축적한다. 조직은 더 많은 양의 정보를 획득할 수 있도록 IT 기술을 개발하고 이를 구성원에게 제공하여 환경 대응 능력을 향상시킨다.

정보
사용자들에게 지식을 제공하는 방식으로 조직화된 일련의 데이터, 숫자, 단어, 사실

지식
사람들이 데이터나 정보의 분석을 통해 알게 되거나 발견하게 된 것

정보과학(information technology, IT)은 다양한 종류의 컴퓨터와 커뮤니케이션 하드웨어, 소프트웨어, 그리고 디자이너 · 프로그래머 · 관리자 · 기술자들의 기술을 말한다. IT는 지식이나 조직학습을 창출하기 위해 데이터 · 정보 · 사실들을 획득, 정의, 투입, 배열, 조직, 조작, 저장, 송출하기 위해 사용된다. **조직학습**(organizational learning)은 조직과 환경 간의 적합성을 이루기 위해 조직 구성원들이 정보나 지식을 활용하고 관리할 때 발생한다. 다음에서는 IT가 두 가지 종류의 조직행동에 미치는 효과를 살펴보고자 한다. 첫째, IT는 조직이 제품의 질을 향상시키고 비용을 감소시킬 수 있도록 하기 때문에 조직효과성을 증진시킨다. 둘째, IT는 창의성과 조직학습, 혁신 등을 촉진함으로써 조직효과성을 증진시킨다.

정보과학
많은 종류의 컴퓨터와 커뮤니케이션 하드웨어 및 소프트웨어, 그리고 디자이너 · 프로그래머 · 관리자 · 기술자들의 기술

조직학습
조직과 환경 간의 적합성을 이루기 위해 조직의 구성원들이 정보나 지식을 활용 및 관리하는 과정

IT와 조직효과성

인터넷과 **인트라넷**(intranets; 조직 내부의 모든 구성원들을 연결시켜주는 정보네크워크 기술)은 극적으로 조직행동과 절차들을 변화시켰다. 더 정확하고 풍부하며 자유롭게 정보를 이용하게 됨으로써, IT는 지식 및 전문기능을 서로 쉽게 교환하고 문제해결도 용이하게 해주었다.[35] 컴퓨터가 일상

인트라넷
모든 조직의 구성원들을 연결하는 조직 내부의 정보기술 연결망

적인 업무수행을 위한 필수적 수단이 되면서 직원들은 소비자에게 더 나은 서비스를 제공하는 방법들을 찾기 위해 IT를 활용하고 있다.[36]

IT 기술을 통해 조직은 소비자의 욕구에 보다 효과적으로 대응할 수 있다. 소매점, 은행, 병원과 같은 조직들은 합리적인 가격으로 최상의 서비스를 수행하는 직원들에게 전적으로 의존한다. 그리고 미국은 이미 서비스에 기반한 경제로 이동하고 있으며 IT 기술의 진보는 많은 종류의 서비스 조직을 더욱 효과적으로 만들었다. IT 개발은 창업가들에게 소비자의 만족을 높일 소규모 닷컴(dot.com) 기업의 설립을 가능하게 했다.

마지막으로 기업들은 전 세계에 흩어져 있는 직원들을 비디오 화상회의, 이메일, 인트라넷 등의 전자수단을 통해 서로 연결할 필요성을 점점 더 크게 느끼고 있다. 글로벌 기업의 성공은 자국과 해외 직원들 간의 소통에 달려 있는 만큼 오늘날 애플의 아이폰과 아이패드, 구글의 안드로이드 운영체제를 활용한 스마트폰, 타블렛 PC와 같은 개인 디지털 기기들의 중요성은 엄청나게 높아지고 있다. 예를 들면, 스마트폰을 통한 원격 화상회의는 브로드밴드 접속을 통해 다른 국가의 관리자들이 서로 얼굴을 맞대고 이야기할 수 있게 해준다. 특히 국내와 해외 부서에 근무하는 관리자들이 문제를 함께 해결하고자 할 때 디지털 기기는 의사소통 문제를 해결해주고, 신속하게 의사결정을 내리도록 도와주며, 서로 간의 학습을 촉진한다.

IT, 창의성 그리고 조직학습

오늘날 조직의 혁신과 학습을 촉진하고 창의성을 증진시키는 것은 조직이 직면한 중대한 도전이며 새로운 IT 기술은 직원들을 돕기 위해 활용될 수 있다. 창의성은 새롭고 유용한 아이디어들을 개발하는 것이다. 창의성의 결과는 혁신이며, 혁신은 상품과 서비스를 개선하는 능력 혹은 조직의 생산방식을 개선시키는 능력으로 정의된다. 혁신은 조직 창의성의 직접적 결과이다.

IT는 조직행동과 절차를 변화시키기 때문에 창의성과 혁신을 이끄는 중요한 역할을 한다. 혁신은 새로운 아이디어와 기술을 적용하기 위해 끊임없는 연구와 지식축적에 몰입하는 활동이다. 일반적으로 혁신은 소그룹이나 팀에서 일어난다. IT는 구성원들 간의 창의성과 혁신을 도모할 수 있는 가상팀을 만드는 데 사용될 수 있다. 창의성과 혁신을 촉진하기 위해 IT를 사용하는 한 가지 방법은 회사의 과학자나 기술자들이 서로 협동할 수 있는 게시판, 채팅방, 원격화상회의 등의 IT 시스템을 개발하는 것이다. IBM이 창의성과 혁신을 위해 IT를 사용하고 있는 것은 좋은 예라고 볼 수 있다.

수천 명에 이르는 IBM 컨설턴트들은 자동차설계, 금융서비스, 소매산업과 같은 특별한 부문의 전문가들이다. 이들은 기업들이 처한 문제 및 해결방안에 대한 전문가들이다. Palmisano는 IBM의 컨설턴트들이 회사의 소프트웨어 전문가들과 공동작업을 통해 서로의 지식을 결합할 수 있기를 원했다. 이렇게 할 수 있다면 고객의 IT 시스템에 보다 효과적인 소프트웨어를 결합시킬 수 있기 때문이다. IBM은 17개의 산업 전문가 시스템(industry expert system)을 개발하였는데, 이는 산업에 따라 차별적으로 적용할 수 있는 문제 해결 소프트웨어 그룹을 말한다. 그 결과, 연구자와 과학자들은 이를 활용하여 상품을 혁신할 수 있는 능력을 향상시킬 수 있었다. 이런 전문가 시스템 중 하나는 제약산업에 적용되는 것으로, 어떤 회사는 IBM 전문가 시스템을 사용해 자사가 개발 중인 신약들의 잠재적 성공가능성을 예측하고 유형화할 수 있었다. 현재 신약 중에는 단지 5~10%만이 시장진입에 성공하는 것으로 되어 있다. IBM의 새로운 소프트웨어는 기업이 자신의 시간과 노력을 어디에 집중시켜야 할지를 알려주어, 연구자들이 혁신적인 신약을 개발하는 데 도움을 주고 있다.

이러한 사례에서 알 수 있듯이, IT는 국내와 해외를 포함한 모든 조직부서의 학습을 향상시키고, 의사결정을 신속하게 만들며, 창의성과 혁신을 촉진하고 있다. 이 책에서 여러분은 혁신과 창의성 촉진이 얼마나 중요한지를 현대 기업들의 사례에서 발견하게 될 것이다.

도전 4 : 일과 고용관계의 변화

지난 과거를 돌아보면 조직과 구성원들 간의 관계가 세계화, 새로운 IT 기술의 등장으로 변화되었음을 알 수 있다.[37] 조직행동에 미치는 이러한 변화와 도전들은 다운사이징, 비정규직과 임시직, 그리고 아웃소싱의 증가 등으로 인해 고용기간을 더욱 단축시켰다.[38]

과거에 IBM, 마이크로소프트, 포드와 같은 대기업에 근무하는 사람들은 시간이 가면 승진을 하고 월급도 올라가는 것이 일반적이었다. 2000년대 이후, 대부분의 기업들은 새로운 비용절감의 방법을 고안해내며 경쟁에 뛰어들고 있다. 그 결과로 수천만 명의 근로자들이 대량 해고되거나 새로운 직장을 찾아야만 했다.

다운사이징(downsizing)은 조직이 비용절감을 위해 관리자나 직원들을 해고하는 과정을 의미한다. 지난 수십 년 동안, 포춘 500대 기업들은 인력감축을 자주 시도했고 현재는 과거보다 15~20% 적은 인력을 유지하고 있다. 비용절감을 촉발하는 요인은 글로벌 경쟁압력의 증가이다.[39] 기업은 인력감축을 통해 상당한 비용절감을 할 수 있지만 구조조정을 실시한 기업에서 살아남은 근로자들 역시 스트레스가 증가한다. 왜냐하면 다음번 해고 대상자가 그들 자신이 될 수 있다는 두려움과 자신들이 해고된 직원들의 업무를 대신하면서 일처리가 미숙한 문제가 발생하기 때문이다.[40]

다운사이징
조직이 비용절감을 위해 관리자나 직원들을 해고하는 과정

조직에 헌신적이며 성실한 직원들까지 해고하는 경우가 늘어나면 직원과 회사 간의 고용관계는 변해간다.[41] 직원들은 지금의 일자리를 유지하고 더 나은 근로조건을 확보하기 위해서 직무기술과 지식에 더 많은 투자를 해야 한다고 생각한다. 전문가들의 예상으로는 사람들이 일생 동안 경력에서 적어도 여섯 번에서 여덟 번은 직무나 조직을 바꿀 것이라 보고 있다. 경력전환은 자신의 개인적 선택일 수도 있고 혹은 해고 때문일 수도 있기 때문에, 구성원들에게는 새로운 직무기회를 찾을 필요가 자주 발생한다.[42]

다운사이징 외에도 권한위임된 자율경영팀, 비정규직 및 임시직, 아웃소싱 등의 현상이 증가하고 있다. **임파워먼트**(empowerment)는 조직의 구성원들에게 중요한 의사결정을 내릴 수 있는 권한을 위임하고 그 결과들에 대해 책임을 지도록 하는 것이다. 자율경영팀은 목표달성을 위한 방식과 책임 등에 대해 권한 위임이 된 직무그룹을 의미한다.[43]

임파워먼트
직원들에게 자신의 업무에 대한 중요한 의사결정과 책임을 부여하는 과정

조직이 인력을 감축한 후 임시직을 활용하는 것은 비용절감의 일반적 현상으로 자리 잡고 있다. **임시근로자**(contingent worker)들은 한정된 기간 동안 고용되어 건강보험 및 연금보험의 혜택을 받지 못하는 근로자들을 의미한다. 임시근로자들은 매일, 매주 혹은 매달 간단한 업무기능을 수행하며 노동 서비스에 대해 일정한 임금을 회사와 계약한다. 예를 들면 회사는 회계감사기간 동안만 장부 작성을 위해 10명의 회계사를 고용하는 경우가 있다. 또는 일정한 임금을 지불하고 특별한 소프트웨어를 만들기 위해 소프트웨어 프로그래머와 계약할 수도 있다.

임시근로자
조직에 의해 일시적인 기간 동안 고용되었지만 건강보험이나 연금 등의 혜택을 받을 수 없는 사람

조직이 임시근로자들을 활용하여 얻을 수 있는 이점은 (1) 복지혜택을 제공하지 않기 때문에 적은 비용으로 채용이 가능하며, (2) 장기간의 서비스가 필요 없을 때 쉽게 고용계약을 해지할 수 있는 데 있다. 오늘날 미국 노동자의 20%는 일별, 월별, 연별로 일하는 파트타임 노동자들로 구성되어 있다. 파트타임 근로자들은 직무안정성, 승진, 조직 내의 경력과 같은 보상 측면에서 동기부여가 어렵기 때문에 효과적인 조직행동을 기대하기 어렵다.

마지막으로 조직이 비용절감을 위해 시도하는 또 다른 방법은 아웃소싱을 증가시키는 것이다. **아웃소싱**(outsourcing)은 조직 내부에서 수행했던 업무활동, 프로세스, 직무, 기능 등을 조직 외부의 기업이나 사람에게 맡기는 것을 의미한다. 예를 들면 개인 수준에서 기업들은 장부기입, 컴퓨터 지

아웃소싱
조직 내부에서 수행하던 특정한 업무활동을 외부의 개인이나 그룹, 조직들에게 맡기는 프로세스

당신이 경영전문가

자율경영팀으로의 이동

토니 노리스는 큰 건축자재 회사의 소유 경영인이었다. 그는 30명의 구성원들을 3개의 자율관리 팀으로 만들어 업무를 수행한다면 더 효율적일 것이라 생각했다. 이전에 직원들은 관리자 5명의 감독 아래 선반에 물건을 정리하거나 소비자의 질문에 답변하고, 대금을 수금하는 등의 일을 수행하였다. 그러나 이런 시스템은 직원들로 하여금 스스로 운영절차를 개선하거나 비용을 절감하도록 유도하는 데 있어 한계가 많았다. 그래서 그는 팀 기반 조직행동과 절차를 적용하면 고객서비스를 개선할 수 있을 것으로 생각했다.

우선 노리스는 회사 관리자들 중 1명에게 팀제로의 변화가 조직에 어떤 기회와 문제를 가져올지 물어보고자 했다. 노리스는 자신의 질문에 대해 솔직한 의견을 듣고 싶어 했고 팀제가 조직의 효과성을 증가시킬 수 있을지 궁금해했다. 그럼, 이제 당신이 그 관리자라고 한번 상상해보자. 당신은 내일 노리스와 만나게 되어 있으며, 그의 질문에 답변해야 한다. 당신의 생각은 어떠한가? 그리고 당신 의견에 대한 이유는 무엇인가?

프리랜서
특별한 서비스 제공을 조건으로 조직과 계약한 사람들

원, 웹사이트 디자인 등과 같은 특별한 직무를 **프리랜서**(freelancer)들에게 아웃소싱할 수 있다. 이들은 자신의 집에서 작업을 하고 컴퓨터, 전화, 팩스, 우편서비스 등을 이용해 직장과 연락을 취한다. 프리랜서들은 조직 내부에서 업무를 수행하지 않는다는 점을 빼고는 임시근로자들과 유사하다.

때때로 조직은 제조, 마케팅, IT 운영 등과 같은 부가가치 활동을 더 적은 비용으로 수행하기 위해 외부의 전문업체나 기업에게 업무를 맡기기도 한다. 이런 경우 조직의 가치창출은 외부에서 일어나는 것이다. 예를 들면 회사는 자사의 컴퓨터 네트워크 관리를 외부의 IT 전문 운영업체에 맡길 수 있고, 제품의 배달은 전국적 운송업체와 계약을 통해 수행할 수 있다. 고객서비스를 위해서는 콜 센터 전문업체를 활용할 수도 있는데, 델은 인도에 콜센터 서비스를 설립하고, 전 세계 소비자들을 대상으로 컴퓨터 구매 및 운영을 지원하고 있다. 델은 1만 명의 인도 현지 사람들을 고용했

Lakruwan Wanniarachchi\Getty Images, Inc. AFP

전 세계의 자유무역은 두 가지로 방법으로 나타난다. 아프리카 해안에서 떨어진 작은 섬 모리셔스의 사람들은 20여 년 동안 아웃소싱으로 미국 기업의 의류를 제조하였다. 그러나 임금이 낮은 중국, 베트남 등의 국가들이 시장에 진입하면서 모리셔스의 번영은 흐트러지기 시작했다.

고, 2006년에는 5,000명을 추가로 채용한다고 발표했다.[44] 미국 기업들의 아웃소싱은 미국 현지 콜센터 직원들의 일자리를 없앴다. 또한 기업들이 제조과정을 멕시코, 중국, 말레이시아에 아웃소싱함으로써 100만 명 이상의 근로자들이 일자리를 잃어버렸다.

미국 내에서 아웃소싱은 고용관계의 특성을 변화시켰지만, 해외에 있어서도 극적인 변화를 초래했다. 오늘날 미국 노동자들의 일자리를 가져간 국가들에서조차 미국과 유사한 고용문제가 발생하고 있다. 즉 기업들이 생산시설을 임금이 더욱 낮은 국가로 옮기면서 일자리가 줄어들게 된 것이다. 모리셔스는 남아프리카에서 하얀 백사장으로 유명한 조그만 섬이다. 1980년대 가난을 해결하고자, 모리셔스는 낮은 세금을 받는 수출자유지역을 만들고 외국의 의류기업들을 유치하였다. 외국 기업들은 당시 시간당 10센트 정도의 비용으로 노동자들을 고용했다. 몇 년 동안 이 섬은 활기를 띠기 시작했고 근로자의 수입은 급격하게 증가했다. 그리고 아프리카에서 가장 번영하는 국가 중 하나가 되었다. 갭, 더 리미티드 같은 회사들이 모리셔스로 의류제조시설을 옮기면서, 2000년대에는 10억 달러 상당의 의류가 이곳에서 제조되어 미국으로 수출되었다.

그러나 2000년대 이후 모리셔스의 장밋빛 상황은 돌변하기 시작했다. 모리셔스는 노동비용이 상승했지만 인도, 중국과 같은 나라에서는 아직도 수십억 명의 사람들이 저임금을 받고 일할 의향이 있었다. 미국의 의류회사들은 썰물 빠지듯이 인도나 중국의 의류제조업체로 생산을 옮기기 시작했고 한순간에 모리셔스의 실업률은 급증하기 시작했다. 모리셔스는 글로벌 경쟁이 얼마나 치열한 과정인지를 힘들게 깨달았다. 경제활성화로 새로운 일자리를 창출할 수 있는 미국과 달리 모리셔스 사람들은 저임금의 현실에 대응하기 위해 고군분투하고 있다.

다운사이징, 임파워먼트, 자율경영팀, 파트타임, 임시근로자의 고용, 아웃소싱 등은 조직이 글로벌 경쟁자들과 효과적으로 맞서기 위해 채택한 조직행동과 절차의 일환들이다. 일부 조직행동 연구자들의 예상에 따르면 미래의 조직은 핵심직무를 담당하는 정규인력, 그리고 임시직 혹은 프리랜서들처럼 일시적으로 채용될 뿐 영원히 정규직원이 될 수 없는 인력으로 이분화될 것이라고 한다. 오늘날 사람들이 직면한 도전은 끊임없이 자신의 기술과 지식을 향상시키고 인적역량을 증대시켜 더 높은 월급과 고용조건을 창출하는 것이다.

요약

조직행동은 발전하고 있는 학문분야이다. 환경의 변화는 끊임없이 조직이나 경영자, 소유주, 직원들에게 효과적인 운영과 절차 그리고 조직행동을 적용하도록 요구하고 있다. 이 장에서 다룬 주요 내용은 다음과 같다.

1. 조직은 사람들이 원하는 재화나 서비스를 제공하기 위해 존재하고, 이러한 재화나 서비스의 양과 질은 결국 조직구성원의 행동이나 성과의 결과물이다.
2. 조직행동론은 사람과 집단의 행동, 정서, 직무나 조직에 반응하는 방식에 대해 연구하는 학문이며 조직이 환경적응에 영향을 미치는 요인들을 구분해낸다. 조직행동론은 조직에서 태도나 행동을 이해하고, 분석하고, 설명하며, 관리하기 위해 필요한 이론 및 개념들을 제공하는 학문분야이다.
3. 조직행동론은 개인, 그룹, 조직의 목표를 달성하기 위해 개인, 그룹, 조직행동의 변화를 연구한다.
4. 조직행동 연구는 세 가지 수준에서 이루어진다. 즉, 개인, 그룹, 전체로서의 조직이라는 세 가지 수준이 있다. 조직행동을 깊이 있게 이해하려면 이 세 수준 각각에 있어 행동에 영향을 주는 요인들을 고찰해야 한다.

5. 관리자와 구성원들의 임무는 조직의 목표달성 능력인 조직효과성의 증가를 위해 조직행동을 개선하는 것이다.
6. 활동은 조직의 자원을 외부에서 획득하고, 그것을 제품과 서비스로 전환한 후 다시 외부환경의 소비자들에게 제공하는 하나의 개방체계이다.
7. 사회, 문화, 세계, 기술, 고용, 직무환경의 변화 압력은 조직행동에 많은 도전을 안겨주고 있고, 조직은 생존과 번영을 위해 이러한 도전들에 효과적으로 대응해야만 한다.
8. 오늘날 사회문화적 환경이 조직행동에 미치는 중요한 도전 두 가지는 윤리적 가치 및 사회적 책임의 붕괴와 노동 다양성의 증가에 있다.
9. 글로벌 환경으로부터 조직이 직면하고 있는 세 가지 중요한 도전은 국가들 간에 존재하는 차이를 이해하는 것, 조직행동과 절차를 향상시키기 위해 새로운 글로벌 지식을 활용하는 것, 글로벌 위기대응을 위해 더 나은 방법을 찾는 글로벌 학습 등이다.
10. 기술환경의 변화 그리고 특별히 IT 기술의 진보는 조직행동과 절차에 중요한 영향을 미치고 있다. IT는 조직이 상품의 질을 향상시키고, 비용을 낮추고, 창의성과 조직학습 및 혁신을 촉진하는 데 기여함으로써 조직의 효과성을 향상시킨다.
11. 고용과 직무환경에서 일어나고 있는 많은 변화들은 조직행동에 중요한 영향을 미치고 있으며 그 중요한 변화는 다운사이징, 임시직이나 비정규직의 증가, 글로벌 아웃소싱 때문에 발생한 단기적 고용관계이다.

토론사례

토스(법인명 비바리퍼블리카)는 기업 가치 1조원 이상 비상장 스타트업(유니콘)으로 등극하였고 전 직원을 대상으로 1억 원에 달하는 스톡옵션과 큰 폭의 연봉 인상을 제시한 것으로 알려지면서 IT업계에서 화제의 주인공이 되었다. 토스는 최근 임직원 약 180명 전원에게 1인당 5,000주의 스톡옵션(주식매수선택권)을 지급하고 연봉을 일괄적으로 50% 인상하는 방안을 발표했다. 이 외에도 공격적 인력 확충이 화제였다. 회사는 모든 직원을 경력직원으로 채용했다. 기존 연봉 대비 파격적인 성과급을 제시하며 우수 인력 확보에 매진했다. 이는 철저히 능력에 따른 처우 보상 중심으로 직원들의 직무 동기를 부여하는 방식이다. 잡플래닛 평가에 따르면 토스의 '복지 및 급여' 부문 평가는 높은 편이다. 2019년 4.5점, 지난해 4.04점에서 올해는 4점까지 내려갔지만 꾸준히 4점대를 유지하면서 긍정적인 평가를 받는 모습이다.

토스에는 과장·차장·부장 등 '직급'이 없다. 직원 간 호칭은 '님'으로 통일한다. 직책도 리더 하나뿐이다. 이러한 일관된 호칭은 자연스러운 수평적 분위기를 형성하며 토스가 추구하는 자율성과 독립성을 강화시킨다. 이러한 수평적 문화는 합리적인 논박이 상시적으로 일어나게 한다. 팀원들은 자신의 업무 영역이 아니라도 자유롭게 의견을 말하고 아이디어를 제안한다. 토스가 창업 8년만에 유니콘에 등극할 수 있는 원동력 역시 이러한 수평적 조직 문화에서 나온다는 것이 토스 측의 설명이다.

토스는 "회사의 핵심가치(Core Values)에 따라 고용과 보상, 해고가 이뤄진다"는 점을 공식화하고 있다. 더 나아가 회사 공식 홈페이지에선 직접 '썩은 사과' 비유를 들어 인사 정책을 알리고 있다. 상자 속 썩은 사과는 다른 사과도 금세 썩게 만들어 상자 전체를 버려야 하는 상황을 가져온다는 논리이다. 현재 토스는 '스트라이크 제도'와 '3개월 수습기간 제도'를 운영 중이다. 팀에서 '모 직원과 일하기 어렵다'는 의견이 접수되면 '스트라이크'를 주는데 세 번을 받으면 퇴사를 권고받는다. 경력직도 예외 없이 3개월 수습 기간을 거친다. 직원이 새로 들어온 지 일정 기간이 지났을 때 공식적인 '피드백 세션'이 열린다. 이때 함께 일하기 어려운 동료라고 평가를 받으면 회사를 떠나야 한다. 신규 직원 역시 입사 후 3개월간 적응 기간을 거치는데 미달되면 팀원으로 합류할 수 없다.

이처럼 주변 동료의 평가에 의존하여 고용과 보상, 해고가 이루어지는 조직 문화 탓에 임직원의 퇴출과 영입도 빈번하다. 기업정보 사이트 크레딧잡에 따르면 지난 1년 동안 퇴사한 사람은 53명으로 직원 중 34%에 달한다. 이렇듯 낮은 고용 안정성은 직무 불만족을 야기하고 다른 직장으로 이직을 생각하게 하는 부작용을 야기했다. 또한 철저히 성과와 능력 중심의 조직 문화로 인해 내부 경쟁에 따른 피로감도 문제가 되고 있다. 중간 고과평가가 잦으며 이를 충족시키기 위해 끊임없이 일해야 하는 구조이다. 따라서 자연스럽게 누가 시키지는 않았지만 항상 경쟁이 치열한 상황이 야기되었고 이는 직원들에게 직무 동기를 저하시키고 상당한 스트레스를 주게 되었다. 토스에서 낮은 평가를 받은 항목은 '일과 삶의 균형'이었다. 워라밸 만족도는 5점 만점에 2점대로 무척 낮았는데 2019년 2.22점, 지난해 2.41점에서 올해는 2.1점까지 내려가면서 기대 이하의 평가를 받는 모습이었다.

출처 : '썩은 사과'는 못받는 1억…스톡옵션으로 주목받는 토스(Toss) 기업문화, invest chosun, 2019. 01. 21.

토론문제

1. 토스가 요구하는 조직행동이 가진 장점과 단점은 무엇인가?
2. 토스 내 조직행동을 어떻게 바꾸는 것이 가장 바람직할 것인가?

제 2 장
개인차 : 성격과 능력

개관

단원 목차

요약

학습목표

이 단원을 학습한 후 다음을 이해할 수 있다.

- 성격의 특성이 선천적, 후천적으로 어떻게 형성되는지를 이해할 수 있다.
- Big Five 성격특성과 조직 내 행동을 이해하는 데 있어서 성격특성을 어떻게 활용할 수 있을지 설명할 수 있다.
- Big Five를 포함한 성격특성들이 조직 내에서 구성원들의 행동에 어떻게 영향을 미치는지 올바르게 이해할 수 있다.
- 구성원들이 직무를 수행하기 위해 사용하는 다양한 종류의 능력들에 대해 설명할 수 있다.
- 조직이 선발, 배치, 교육을 통해 어떻게 능력을 관리하는지를 이해할 수 있다.

CEO의 성격은 어떻게 기업문화에 영향을 주는가?

기업 리더십 전문가가 되기 전 찰스 오라일리는 미 육군에서 5년을 보냈다. 그곳에서 그는 좋은 리더와 나쁜 리더의 극명한 차이를 목격했고, 리더가 부하 직원들에게 얼마나 큰 영향을 미치는지 깨달았다.

현재 스탠퍼드 경영대학원의 조직행동학 교수인 오라일리는 군대에서의 경험이 리더십, 특히 '나르시시스트'라는 성격 유형에 대한 관심을 촉발시켰다. "테라노스의 엘리자베스 홈즈나 우버의 트래비스 칼라닉을 생각해보면 언론에서 '세상을 변화시키고 있다'고 말하는 사람들입니다. 하지만 사실 그들은 결국 조직과 사람들의 삶을 파괴했습니다." 이러한 자기애적 CEO는 예외적인 경우일 수 있지만, 이들의 유명 스캔들은 임원 개인의 특성과 가치관이 조직에 얼마나 중요한지를 보여준다.

오라일리는 스탠퍼드 경영대학원의 조직행동학 박사과정 학생인 슈바오 카오, MIT 슬론 경영대학원의 선임 강사인 도널드 설로펜과 함께 기업 리더의 성격이 기업 문화와 성과에 미치는 영향을 이해하고자 논문을 작성했다. "이 글에서 우리가 제안하는 것은 기술과 경험도 중요하지만 개인의 성격이 무엇인지 생각해보는 것이 큰 가치가 있다는 것입니다"라고 오라일리는 말합니다.

"직관적으로 문화와 전략이 맞아야 하고, 따라서 성격도 맞아야 합니다." 오라일리와 그의 공동저자들은 300개 이상의 기업에서 460명의 CEO의 성격을 평가하기 위해 실적 발표 데이터에 자연어 알고리즘을 사용했다. 그런 다음 120만 건의 Glassdoor 직원 리뷰를 분석하여 협업, 실행, 성과와 같은 요소를 포함한 기업의 조직문화를 계산했다. 그 결과 CEO의 성격과 회사 문화 간에 유의미한 상관관계가 있는 것으로 나타났다. 특히 이 논문에서는 개방성, 친화성, 성실성, 외향성, 신경증의 필수 특성을 측정하는 Big Five 성격 모델의 렌즈를 통해 CEO의 성격을 살펴보았다. 그 결과를 보면 Big Five 성격 유형의 각 특성과 조직문화의 아홉 가지 차원 간에는 상관관계가 있음이 발견되었다. 외향적이거나 사교적인 CEO는 민첩성, 협업, 실행을 촉진하는 경향이 있었고, 유순하거나 상대방을 잘 신뢰하는 CEO는 유연성이 높고 조직 내부 운영에 집중하는 경향이 나타났다. 또한 매우 성실하거나 세부 지향적인 CEO는 일반적으로 민첩성, 혁신, 그리고 실행과 결과에 가치를 덜 두는 문화를 조성했다.

일반적으로 외향성과 친화성은 조직문화에 가장 긍정적인 영향을 미치는 것으로 나타났지만, Big Five의 성격특성은 서로 간에 각각 상충되는 특성이 존재했다. 즉 한 특성이 강화되면 결과적으로 다른 특성이 약화된다. 즉 이상적인 CEO의 성격은 회사에 따라 크게 달라질 수 있다는 점이다. "어떤 상황에서는 적합한 리더의 성격이 다른 상황에서는 완전히 잘못된 성격이 될 수도 있다"라고 오라일리는 주장한다. "매우 개방적이고 창의적인 리더는 혁신이 전략인 회사에서는 훌륭한 리더가 될 수 있습니다. 하지만 비용에 민감하고 점진적인 혁신전략을 추구하는 회사에서는 효과적이지 못할 수 있습니다." 예를 들어, 트렌디한 의류 회사에서는 개방성과 혁신성이 높은 리더가 유리할 수 있지만 은행에서는 꼼꼼하게 일하는 사람이 더 나을 수 있다.

오라일리의 연구는 대규모의 조직 간 표본을 사용하여 CEO의 성격이 전체 회사 문화에 정확히 어떻게 스며드는지 더 심층적으로 살펴보았다. 오라일리는 그 메커니즘은 비교적 간단하다고 설명한다. 기본적으로 경영진이 특정 행동의 모범을 보이고 직원들이 이를 따르도록 장려하는 점이다. "성공한 사람들이 그렇게 하는 것이라면 여러분도 성공하려고 그렇게 따라해야 합니다."

"CEO들은 회사의 성공을 위해 문화가 중요하다는 것을 인정하지만, 더 중요하다고 생각하는 다른 일들이 많기 때문에 자신의 성격이 미치는 효과에 신경을 쓰지 못하는 경우가 있습니다. 일상적인 비즈니스나 혹은 수익에 대해 걱정해야 하고, 온갖 종류의 일이 있습니다. 그러나 CEO들은 문화를 잘 알고 있어야 하며, 조직문화의 조성에 자신이 어떤 영향을 미치는지를 이해해야만 합니다."

출처 : 'Follow the Leader: How a CEO's Personality Is Reflected in Their Company's Culture', Insights by Stand Business, August 1, 2023.

개관

조직의 구성원들은 자신만의 고유한 행동방식을 가지고 있다. 다른 사람들과 효과적으로 일하기 위해서는 사람들이 서로 어떻게 다른지에 대한 올바른 이해와 인식이 필요하다. 예를 들어 CEO의 성격과 행동패턴은 조직구성원의 행동에 영향을 주어 조직문화를 변화시키기도 한다.

개인차
사람을 각각 구별할 수 있는 방법

이번 장에서는 조직구성원 특성의 **개인차**(individual difference)에 초점을 두고 전개할 것이다. 관리자들은 조직구성원들의 기분, 가치관, 행동에 영향을 주기 위해서 개인차를 이해해야 할 필요가 있다. 예를 들어 이러한 개인차는 직무만족, 직무성과, 직무스트레스, 리더십에 영향을 미친다. 구성원들은 서로를 이해했을 경우에만 상호작용이 이루어지고 높은 수준의 만족과 성과를 기대할 수 있다.

개인차는 크게 성격과 능력 차이로 구분할 수 있다. 우리는 성격의 특성, 의미, 결정요인과 함께 어떻게 성격과 상황적 요인들이 상호작용하여 구성원들의 기분, 생각, 행동에 영향을 미치는지에 초점을 맞출 것이다. 또한 조직행동과 관련된 구체적인 성격특성들에 대해 학습한 후 개인의 능력 차이에 대해 논의할 것이다. 능력의 다양한 유형에 대한 이해가 선행되면 관리자를 위한 핵심이슈들에 대해 논의할 것이다.

성격의 특성

사람의 성격은 다양한 방식으로 설명될 수 있다. 어떤 사람들은 완벽주의자처럼 보인다. 그들은 비판적이고 인내심이 없거나 지나치게 요구사항이 많고 열성적일 수 있다. 하지만 당신은 관대하거나 느긋한 친구들이나 동료들을 두거나 내성적이고 조용한 친구들이나 동료들을 둘 수도 있다 — 이런 내성적이고 조용한 사람들은 다가가기 어렵거나 침울해 보일 수도 있다. 이러한 예처럼, 우리는 특정 상황에 있는 사람들의 구체적인 상황, 감정이나 가치관, 행동들과 관련이 없다 할지라도 그들이 어떠한 성격을 가지고 있는지에 대해 설명할 수 있다. 특정인의 성격에 대해 설명하기 위해서는 그 사람의 지속적인 생활패턴이나 생각, 감정, 행동방식 등을 지속적으로 관찰할 필요가 있다.

성격
상대적으로 개인이 지속적으로 느끼고 생각하고 행동하는 패턴

성격(personality)이란 상대적으로 개인이 지속적으로 느끼고 생각하고 행동하는 방식들의 패턴이다. 성격은 구성원들이 조직 내에서 왜 그렇게 행동하는지, 그리고 어떤 경우에 그들이 자신의 직무와 조직에 대해 호감 또는 비호감적인 태도를 가지게 되는지를 이해하는 데 매우 중요하다.[1]

성격은 경력선택, 직무만족, 스트레스, 리더십, 직무성과에 영향을 주는 것으로 밝혀졌다.

성격의 결정요인 : 선천적 요인과 후천적 요인

왜 어떤 구성원은 느긋하고 행복하게 보이는데, 다른 구성원들은 조바심을 내고 불만을 가지는 것일까? 이 질문에 대한 대답은 성격이 어떻게 결정되는지 고민해봄으로써 알 수 있다.

선천성
생물학적 유산, 유전적 요소

성격은 생물학적으로 유전되는 경우가 많다. 즉, **선천성**(nature)을 지닌다. 부모로부터 물려받은 유전자는 한 인간의 성격이 어떻게 형성하는지에 큰 영향을 미칠 수 있다.[2] 아직까지 성격을 형성하는 유전자가 무엇인지 정확하게 밝혀지지 않았음에도 불구하고, 심리학자들은 성격이 유전되는지를 밝혀내기 위해 일란성 쌍둥이를 대상으로 연구해 왔다.[3]

일란성 쌍둥이는 동일한 유전자를 가지고 있기 때문에 그들의 성격을 형성하는 유전자 또한 동일하다. 같은 부모, 동일한 가정에서 함께 자란 일란성 쌍둥이는 비슷한 인생경험을 가지고 있다. 만약 쌍둥이들의 성격이 비슷하다면, 그들은 같은 유전적 구조뿐만 아니라 비슷한 인생경험으로 인해 선천적 · 후천적 유사성을 갖게 될 것이다.

반대로 태어나자마자 떨어져서 다른 환경에서 자란 일란성 쌍둥이들은 동일한 유전자를 공유하고 있음에도 불구하고 아주 다른 인생경험을 하게 된다. 하지만 떨어져서 자란 일란성 쌍둥이들이라도 같은 부모로부터 물려받은 선천적인 요소를 무시할 수 없다. 이들 연구결과에 의하면 우리가 관찰하는 조직 내 구성원들의 성격은 약 절반 정도가 부모로부터 물려받은 가치관이나 감정 및 행동방식을 반영하고 있었으며, 다른 50%는 **후천성**(narture) 요인이나 그들이 경험한 것들에 의해 영향을 받는다고 한다.[4]

후천성
생애 경험

한 개인의 성격은 시간의 흐름에 따른 다양한 경험들이 반영되면서 변화한다. 부모의 엄격함이나 또는 자유방임주의적 성향, 형제 자매와의 관계, 부모와 교사가 아이에 대해 갖는 기대, 친구를 사귀거나 직업을 구하고 유지하는 과정에서 경험한 성공이나 실패, 그 사람이 양육된 문화 등이 성격을 형성하게 된다.

사람의 성격에서 약 반 정도가 부모로부터 물려받고 따라서 이런 것들이 태어나면서부터 형성되어 있기 때문에, 5년에서 10년 정도의 기간 동안 성격의 변화가 없다는 것은 놀라운 일이 아니다. 하지만 이것이 성격이 변할 수 없다는 것을 의미하지는 않는다. 즉 성격은 여러 해에 걸쳐 서서히 변화해간다. 따라서 작업환경이나 위기 등은 오직 그 상황이 오랫동안 지속적으로 이어졌을 때에만 구성원들에게 영향력을 미칠 수 있다. 기존 연구결과를 통해 알 수 있는 것은, 구성원들의 성격이 쉽게 바뀔 것이라고 예측해서는 안 된다는 점이다. 사실 관리자들은 구성원들의 성격을 단기적으로 고정된 것으로 간주해야 한다.

그럼에도 불구하고 성격은 사람들이 조직 내에서 어떻게 느끼고 생각하고 행동하는지를 이해하는 데 중요하다. 예를 들어, 어떤 구성원이 불만이 많고 자주 화를 낸다면, 관리자는 이런 유형의 구성원이 가진 성격을 우선 이해하려고 노력해야 한다.

성격과 상황

성격은 사람들의 태도와 행동으로 나타나는 관찰가능한 규칙들을 잘 보여준다. 심리학의 많은 문헌들과 조직행동에 대한 연구들은 성격이 구성원들의 업무가치관과 행동방식을 예측하는 데 유용

그림 2.1
성격의 결정요인 : 선천성과 후천성

하다는 점을 시사하고 있다.[5] 성격은 직무만족(제3장), 일과 관련된 스트레스를 다루는 능력(제8장), 리더십(제11장)을 포함한 행동들에 영향을 미치는 것으로 밝혀졌다.[6] 도입사례의 CEO의 성격에 있어서도 이 점을 확인할 수 있다.[7]

그러나 성격뿐만 아니라 조직적 상황 또한 직무태도 역시 행동들에 영향을 미친다. 어떤 조직에서는 (업무적 요구나 엄격한 규정 및 규칙들과 같은) 강한 상황적 제약들과 압력들이 구성원들로 하여금 특정한 방식으로 행동하게끔 강요한다.[8] 예를 들어, 자전거를 만드는 부서에 있는 구성원은 반드시 모든 자전거에 손잡이를 부착하고, 매 75초마다 지나가는 자전거에 손잡이가 제대로 붙어 있는지 확인해야만 한다. 업무 자체는 그 구성원의 성격이 내성적이거나 외향적인지 여부와는 관련이 없다. 그 사람의 성격과 상관없이, 구성원은 매일 같은 방식으로 수행해야만 하는 업무를 가지고 있다. 이 구성원은 자신의 업무행동을 멋대로 바꿀 수 없다. 이런 경우, 성격은 직무성과를 이해하거나 예측하는 데 별로 쓸모가 없을 것이다.

다른 예를 생각해보자. 맥도날드에서 일하는 구성원들과 다른 패스트푸드 레스토랑에서 일하는 구성원들은 햄버거, 감자튀김, 음료를 준비한다. 그들은 많은 손님들에게 서비스를 제공하기 위해 정해진 절차를 따른다. 각각의 구성원들이 매뉴얼에 적혀 있는 절차가 무엇이며 어떻게 그것을 수행해야 하는지를 정확하게 알고 있기 때문에, 음식은 구성원들의 성격과 상관없이 언제나 동일한 상태로 준비된다.

앞에서 언급한 두 가지 사례들과 같이, 상황적인 압력이 강한 조직에서는 구성원들의 성격이 직무와 관련된 행동을 예측하는 좋은 요인이라고 볼 수 없다. 하지만 구성원들이 업무를 수행하는 데 있어서 많은 선택권과 자율권을 가지고 있다면, 성격은 구성원이 업무를 수행하는 데 있어 보다 중요한 역할을 할 수 있다. 예를 들어 커리큘럼상 영어 교사는 고등학생들에게 셰익스피어의 맥베스를 가르쳐야 한다고 되어 있지만 이 연극을 어떻게 가르쳐야 하는지는 구체적으로 명시되어 있지 않다. 만약 교사의 성격이 외향적이고 대본에 있는 상황들을 자유자재로 소화할 수 있다면 그는 자유롭고 유연하게 학생들로 하여금 배역을 자기 것으로 만들 수 있도록 지도할 것이다. 하지만 교사의 성격이 내성적인 경우, 그는 아마도 학생들에게 대본에 쓰여진 대로 크게 읽으라고 하거나 극적인 상황 설명과 이해 없이 학생들을 대본에 있는 대로 연기시킬지도 모른다. 두 유형의 교사 모두

shutterstock

조립라인의 경우처럼 어떤 특정한 방식으로 동작을 수행하는 강한 상황적 압박이 있을 때, 성격은 직무행동의 좋은 예측도구가 될 수 없다.

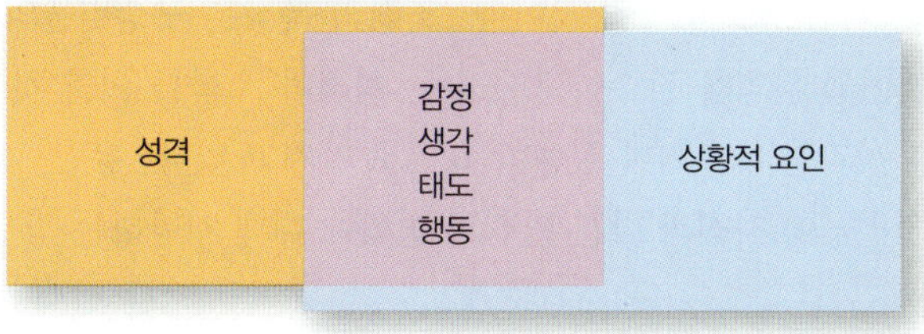

그림 2.2
성격과 상황적 요인의 상호작용

같은 커리큘럼을 따르고 있지만 개인적 성격이 업무수행에 크게 영향을 미친다는 것을 알 수 있다.

지금까지 살펴본 것처럼, 성격과 상황적 요인이 조직행동에 영향을 미치는 것은 분명하다.[9] 성격과 상황적 요인의 상호작용은 구성원들이 조직 내에서 어떻게 생각하고 느끼며 행동하는지를 결정한다(그림 2.2 참조). 예를 들어 로버트 그린은 새로운 광고 캠페인을 만들고 이 캠페인들을 고객에게 발표할 책임이 있는 한 광고회사의 중역이다. 그린은 좋은 아이디어를 가지고 있으며 지금까지 성공적이고 이익을 창출한 캠페인들을 고안한 창의적이며 성취지향적인 사람이다. 그러나 그린은 또한 내성적이고 조용하기도 해서 언제나 고객들에게 자신의 아이디어를 효과적으로 전달하지는 못했다. 그린의 성격과 업무 상황은 상호작용하여 성과를 결정짓는다. 그린은 광고 캠페인을 개발할 때, 혼자 혹은 팀 구성원으로 일하는 경우에는 일을 곧잘 하였으나, 고객에게 캠페인을 설명하는 등의 대인관계에서는 항상 일이 서툴렀다. 이런 그린의 성격을 파악한 관리자는 그린이 성공적인 광고 캠페인을 개발하도록, 창의적이고 성취지향적인 성격적 강점을 이용할 수 있게 했다. 관리자는 또한 캠페인을 고객에게 잘 전달하는 사교적인 중역과 그린이 협업하게 함으로써 그린의 소극적인 성향을 보완하게 했다. 만약 관리자가 어떻게 그린의 성격과 상황이 상호작용하여 성과를 만들어내는지를 이해하지 못했다면, 고객과 효과적으로 관계를 맺지 못하는 그린의 무능력한 성격으로 인하여 고객을 잃을 수도 있었을 것이다.

유능한 관리자는 다양한 상황들과 성격유형들이 상호작용하여 직장에서의 기분과 생각, 태도, 행동을 결정한다는 것을 알고 있다. 구성원들의 성격과 그들의 작업환경을 이해함으로써 관리자들은 구성원들이 편안한 환경에서 기분 좋게 일할 수 있도록 도와줄 것이다. 이러한 성격과 상황요소들 간의 상호작용은 조직의 성과, 궁극적으로는 조직의 효과성에 영향을 미치게 된다.

성격 : 조직특성의 결정요소

메릴랜드대학의 저명한 조직연구자 Ben Schneider는 성격이 전체 조직의 특성(nature)을 결정짓는다는 사실을 밝혔으며 이를 **유인-선발-퇴출**(attraction-selection-attrition, ASA)**구조**라고 했다.[10] Schneider는 한 조직의 전체 성격은 대체로 그 조직구성원이 가지고 있는 성격의 산물이라고 제안하였다. 즉, 유사한 성격을 가지고 있는 개인들은 한 조직에 매력을 느끼는 경향이 있어서(유인), 그 조직에 의해 고용되는 반면(선발), 다른 유형의 성격을 가지고 있는 개인들은 그 조직을 떠나는 경향이 있다(퇴출)는 것이다. 유인-선발-퇴출은 상호작용의 결과로 한 조직 내에 성격의 일관성이나 유사성이 존재하게 되고, 이런 '전형적인' 성격이 조직의 특성을 결정하게 된다.[11]

유인-선발-퇴출(ASA)구조
조직은 유사한 성격을 가진 개인에게 매력을 느끼고 선택하며, 다른 성격유형의 사람을 잃음

ASA 절차는 다양한 방식으로 운영된다. 조직이 새로운 구성원들을 선발할 때, 조직은 신입사원의 성격이 현재 구성원들의 성격과 맞는 정도를 판단한다. 이러한 판단은 작은 조직일수록 더욱 중요해진다.

유인-선발-퇴출(ASA)구조는 어떻게 활용될 수 있을까? 예를 들어 창의적이고 위험을 감수하고자 하는 사람들은 혁신적인 조직들에 매력을 느낄 것이고, 그런 조직들로부터 고용되기 쉬울 것이다. 하지만 이런 성향이 적은 개인들은 이런 조직들에 들어가려 하지 않거나 그 조직을 떠나고자 할 것이다. 시간이 지남에 따라, 유인-선발-퇴출(ASA) 과정은 결과적으로 모험심이 있고 조직에

게 사업적인 혁신성을 갖는 사람들로 구성될 것이다. 조직의 특성은 구성원들의 가치관, 기분, 행동 등에 큰 영향을 미칠 것이고 위험을 감수하고자 하는 성격과 조화를 이룰 것이다. 반대로 유인-선발-퇴출(ASA) 과정은 성과를 낮추거나 실패할 요인도 가지고 있다. 유인-선발-퇴출(ASA)로 인한 부정적인 결과는 구성원들이 자신과 다른 관점과 변화에 대해 저항하는 경우 나타나기 쉽다.

성격의 Big Five 모델

특성
성격의 특별한 구성요소

성격은 사람이 어떻게 생각하고 느끼고 행동할지를 결정하는 중요한 요소이다. 때문에 성격의 다양한 유형들을 구분하는 것이 필요하다. 오랜 시간 많은 연구들이 성격의 유형을 밝히기 위해 노력해 왔다. 연구자들이 성격을 묘사하는 방법들 중 하나는 특성을 통해 설명하는 것이다. **특성**(trait)이란 사람이 특정한 방식들로 느끼고 생각하고 행동하는 경향들을 설명하기 위한 성격의 구성요소이다. 도입사례에서 일부 CEO는 새로운 경험에 대해 개방적이라고 묘사되어 있다. 앞서 학습한 바와 같이, 성실성과 경험에 대한 개방성 모두가 성격특성들이다. 따라서 우리가 어떤 사람의 성격에 대해서 말할 경우, 그 사람이 일반적으로 어떻게 느끼고 생각하고 행동하는 경향을 특성들의 집합들로 설명하려 한다.

연구자들은 많은 성격적 특성들을 정의해 왔으며 대부분의 심리학자들이 사람의 성격을 구성하는 특성이 위계적인 구조로 조직되어 있다는 점에 동의하였다.[12] 성격의 Big Five 모델은 특성 위계구조의 상위층에 다섯 가지 일반적인 성격특성이 있음을 보여준다. 외향성, 신경증 성향, 친화성, 성실성, 경험에 대한 개방성(그림 2.3 참조)이 그것이다.[13] 각각의 Big Five 특성들은 다시 구체적인 특성들로 구성되어 있다. 예를 들어, 외향성은 삶에 대해 긍정적인 시각을 가지고 있는 경향으로 긍정적 감정, 사교성, 따뜻함이라는 구체적인 특성들로 구성되어 있다. Big Five 특성들과 위계구조상 아래에 있는 구체적인 특성들은 일반적이다. 이러한 특성들은 나이, 성별, 인종, 민족성, 종교, 사회경제적 배경 등과 상관없이 사람들의 성격을 일반적으로 설명할 수 있다.

일반적이고 구체적인 각각의 특성들은 성격의 특정 관점이나 차원에 따라 하나의 연속체로 나타난다. 그림 2.4는 외향성은 낮고, 신경증 성향은 높으며, 친화성과 성실성은 적당하고, 경험에 대한 개방성은 상대적으로 높은 사람의 프로필을 보여주고 있다. Big Five 성격의 특성들을 설명하기 위해 다음과 같이 분류하였다(그림 2.4 참조).

외향성

외향성
긍정적인 감정상태를 경험하고 자신과 주변 사람들에게 좋은 느낌을 주며, 긍정적인 정서를 가진 경향

외향성(extraversion)이란 사람들이 긍정적 감정상태(positive affectivity)를 경험하고 자기 자신과 세상에 대해 좋은 기분을 느끼게끔 하는 성격적 특성이다. 외향적인 사람들, 즉 외향성 척도가 높은 사람들은 사회적이고, 다정하며 친절하다. 내성적인 사람들, 즉 외향성 척도가 낮은 사람들은 긍

그림 2.3
성격의 위계구조

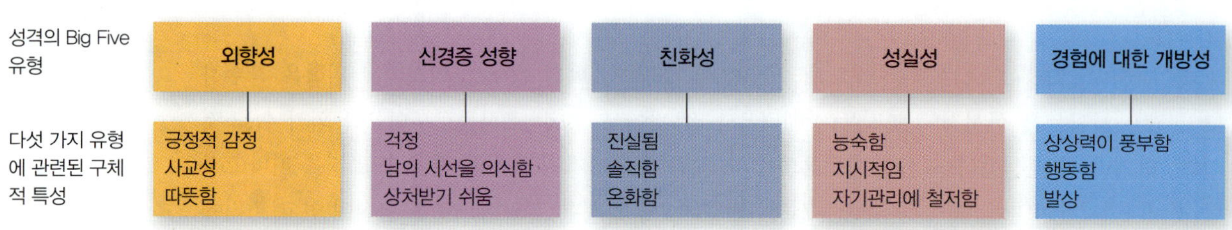

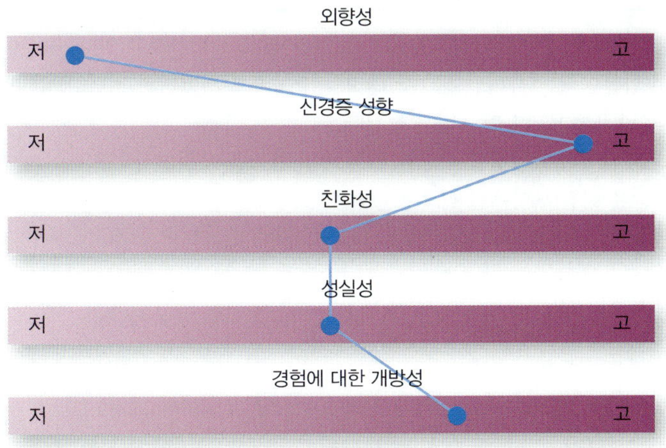

그림 2.4
Big Five 성격프로파일

정적 감정상태를 자주 경험하지 못하고 다른 사람들과의 상호교류도 적다. 외향적인 사람들은 일반적으로 직장에서 내향적인 사람들보다 더 긍정적인 감정을 경험하고, 업무에 만족하며, 조직이나 주변 환경에 좋은 감정을 느끼게 된다. 외향적인 사람들은 내향적인 사람들보다 동료들과의 상호작용을 즐거워한다. 이런 사람들은 영업이나 고객상담과 같은 사회적 상호작용을 하는 직무를 수행할 때 성공할 가능성이 크다.

물론, 내향적인 사람들도 다양한 직업에서 성공할 수 있다. 예를 들어, 마이크로소프트의 창립자이자 회장인 Bill Gates, 투자자 Warren Buffett, Charles Schwab, 에이본의 CEO인 Andrea Jung은 모두 내향적인 성격을 가지고 있다.[14] 사람의 외향성 수준을 측정하는 척도의 예는 표 2.1에 제시되어 있다.

신경증 성향

외향성과는 반대로, **신경증 성향**(neuroticism)은 사람들이 부정적 감정상태(negative affectivity)를 경험하고, 스트레스를 느끼며 일반적으로 자기 자신과 주변 환경을 부정적으로 보는 경향을 말한다.

신경증 성향
부정적인 감정상태를 경험하고 자신과 외부에 대해 부정적인 관점을 가지며, 부정적인 정서상태의 경향

표 2.1
외향성과 긍정적 정서 측면 측정

아래의 항목은 어떤 사람에 대한 태도, 의견, 흥미와 기타 특성을 묘사하고 있다. 아래의 문장에 해당하거나 거의 부합한다고 생각하면 T를 쓰고 다음 항목으로 넘어가면 된다. 만약 문장에 해당하지 않거나 거의 맞지 않으면 F를 기입하면 된다.

해당 문장이 자신을 완벽하게 설명할 수 없어도 각각의 항목을 빠짐없이 기입해야 한다. 각 문장을 꼼꼼하게 읽되, 너무 많은 시간을 할애할 필요는 없다.

______1. 나는 매우 열정적이고 활동적이다.	______7. 나는 자주 운이 좋다고 느낀다.
______2. 나는 자주 행복감을 느낀다.	______8. 나는 매일 재미있는 일이 많다.
______3. 나는 매우 흥미로운 삶을 산다.	______9. 나는 여가시간에 흥미로운 일을 한다.
______4. 나는 매일 재미있는 일을 한다.	______10. 인생은 모험이다.
______5. 나는 나의 삶을 흥미롭게 만들려고 한다.	______11. 나는 항상 재미있는 일을 하길 기대한다.
______6. 나는 즐거운 순간이 많다.	

점수 : T의 숫자는 외향성과 긍정적 정서의 점수를 뜻한다.

출처 : Paraphrased items adapted from Multidimensional Personality Questionnaire™ (MPQ™). Copyright © 1995, 2003 by Auke Tellegen. Unpublished test. Used by permission of the University of Minnesota Press. All Rights Reserved.

표 2.2

신경증과 부정적 정서 측면 측정

아래의 항목은 어떤 사람에 대한 태도, 의견, 흥미와 기타 특성을 묘사하고 있다. 자신이 아래의 문장에 해당하거나 거의 부합한다고 생각하면 T를 쓰고 다음 항목으로 넘어가면 된다. 만약 자신이 문장에 해당하지 않거나 거의 맞지 않으면 F를 기입하면 된다.

해당 문장이 자신을 완벽하게 설명할 수 없어도 각각의 항목을 빠짐없이 기입해야 한다. 각 문장을 꼼꼼하게 읽되, 너무 많은 시간을 할애할 필요는 없다.

_______1. 나는 자주 걱정한다.
_______2. 나는 쉽게 상처받는다.
_______3. 나는 사소한 것에 짜증이 난다.
_______4. 나는 신경이 예민하다.
_______5. 나는 기분이 자주 변한다.
_______6. 나는 이유 없이 무섭다.
_______7. 나는 이유 없이 화를 내거나 불안해한다.
_______8. 예기치 않은 것들에 의해 깜짝 놀란다.
_______9. 나는 때때로 일에 대한 걱정을 미리 하는 편이다.
_______10. 나는 사소한 것에 너무 쉽게 짜증을 낸다.
_______11. 나는 걱정을 하면서 잠이 들 때가 자주 있다.
_______12. 나는 때때로 하루 종일 긴장한다.
_______13. 나는 매우 민감하다.
_______14. 나는 갑자기 행복했다가 슬픈 감정을 느끼기도 한다.

점수 : T의 숫자는 신경증과 부정적 정서의 점수를 뜻한다.

출처 : Paraphrased items adapted from Multidimensional Personality Questionnaire™ (MPQ™). Copyright © 1995, 2003 by Auke Tellegen. Unpublished test. Used by permission of the University of Minnesota Press. All Rights Reserved.

신경증 성향이 높은 개인들은 직장에서 부정적인 기분을 많이 경험하고 스트레스를 많이 받으며 일반적으로 업무적 상황을 부정적으로 보는 경향이 있다.[15] '신경질적인(neurotic)'이라는 용어는 자주 대중매체나 언론에서 심리적인 문제를 가지고 있는 사람을 묘사하는 데 쓰이곤 한다. 하지만 신경증 성향은 정상적이고, 심리적으로 건강한 모든 사람들이 어느 정도 가지고 있는 하나의 특성이다.

신경증 성향이 높은 사람은 낮은 사람보다 자기 자신과 자신의 성과에 대해 비판적이다. 하지만 이런 성향은 사람들이 성과를 더 향상시키도록 할 수도 있다. 결과적으로 높은 수준의 품질관리, 비판적 사고, 평가를 요구하는 상황에서 신경증 성향이 높은 사람들은 더 꼼꼼하고 능숙할 수 있다. 신경증 성향이 높은 사람들은 타인의 의견에 대해 부정적인 측면을 지적함으로써 집단 의사결정 시에 비판자의 역할을 할 수도 있다. 신경증 성향이 낮은 사람들은 보다 부정적 감정을 적게 경험하게 되고 신경증 성향이 높은 사람만큼 비판적이거나 부정적이지도 않다. 신경증 성향 수준을 측정하는 척도의 예는 표 2.2에 제시되어 있다.

친화성

친화성
다른 사람들과 잘 지내는 경향

친화성(agreeableness)은 다른 사람들과 잘 지내는 사람들과 그렇지 않은 사람들의 차이를 보여준다. 이들은 일반적으로 주변 사람들을 잘 챙기고 다정하다는 특징이 있다. 친화적인 사람은 다른 사람과 함께 어울리기 쉽고 협동 작업을 잘한다. 다른 사람들과 상호작용하는 작업이 많은 경우 친화성은 중요한 장점이 될 수 있다. 친화성이 낮은 사람은 다소 적대적이고 의심이 많으며 비협조적이거나 무례한 경향을 보인다. 그들의 성격은 돈을 관리하거나 교육훈련을 담당하는 등 비판적이고 치밀함을 요구하는 직무에서 능력을 발휘할 수 있다. 친화성 수준을 측정하는 척도의 예는 표 2.3에 제시되어 있다.

표 2.3

친화성, 성실성, 경험에 대한 개방성 측면 측정

아래의 문장은 사람들의 행동에 대해 서술하고 있다. 각 항목이 자신을 얼마나 정확히 설명하는지를 알 수 있는 아래의 평가척도를 사용한다. 미래의 모습이 아닌 지금 현재의 내 모습을 바탕으로 설명하면 된다. 솔직하게 자기 자신을 바라보고, 당신을 아는 다른 사람들이 어떻게 생각할지를 고려하면 된다.

1=매우 그렇지 않다, 2=거의 그렇지 않다, 3=보통이다, 4=거의 그렇다, 5=매우 그렇다

_______1. 나는 사람들에 대해 흥미가 많다.
_______2. 나는 어휘가 풍부하다.
_______3. 나는 항상 미리 준비를 해두는 편이다.
_______4. 나는 다른 사람들에게 관심이 없다.*
_______5. 나는 물건을 잘 잃어버린다.*
_______6. 나는 추상적인 아이디어를 이해하는 것이 어렵다.*
_______7. 나는 다른 사람의 감정에 잘 공감한다.
_______8. 나는 작은 부분에 관심을 기울인다.
_______9. 나는 풍부한 상상력을 가지고 있다.
_______10. 나는 사람들에 대해 비판적이다.*
_______11. 나는 잘 어지럽힌다.*
_______12. 나는 추상적인 아이디어에 관심이 없다.*
_______13. 나는 부드러운 마음을 가지고 있다.
_______14. 나는 잔무를 바로 마친다.
_______15. 나는 건전한 생각을 가지고 있다.
_______16. 나는 다른 사람의 문제에 대해 관심이 없다.*
_______17. 나는 종종 물건을 원래 자리에 놓는 것을 잊어버린다.*
_______18. 나는 상상력이 풍부한 편이 아니다.*
_______19. 나는 다른 사람을 위해 시간을 할애한다.
_______20. 나는 지시하는 것을 좋아한다.
_______21. 나는 이해력이 빠르다.
_______22. 나는 다른 사람들에게 관심을 적게 둔다.*
_______23. 나는 나의 의무를 회피한다.*
_______24. 나는 어려운 단어를 사용한다.
_______25. 나는 다른 사람들의 감정을 잘 느낀다.
_______26. 나는 일정을 계획해서 이에 따라 행동한다.
_______27. 나는 사색하는 시간을 갖는다.
_______28. 나는 사람들과 쉽게 가까워진다.
_______29. 나는 업무가 재미있다.
_______30. 나는 아이디어로 가득 차 있다.

* 표시의 항목 점수는 1=5, 2=4, 4=2, 5=1로 계산한다.
점수 : 해당하는 항목의 점수를 합산한다.
친화성 = 1, 4, 7, 10, 13, 16, 19, 22, 25, 28의 총합
성실성 = 3, 5, 8, 11, 14, 17, 20, 23, 26, 29의 총합
경험에 대한 개방성 = 2, 6, 9, 12, 15, 18, 21, 24, 27, 30의 총합

출처 : http://ipip.ori.org/ipip/Lewis R. Goldberg, Oregon Research Institute. Used with permission of Oregon Research Institute.

성실성

성실성(conscientiousness)은 조심스럽고 꼼꼼하며 인내심이 강한 정도를 나타낸다. 성실성이 높은 사람은 체계적이며 자기관리가 철저하다.[16] 성실성은 조직에서 필수적인 성격적 특성으로, 다양한 조직에서 업무의 성과를 가늠하는 데 좋은 예측변수이다.[17] 물론, 성실성이 높은 성격이 성과로 이어지기 위해서는 당사자가 뛰어난 역량과 기술을 가지고 있어야 한다. 예를 들어 최근 한 연구에서는, 성실하고 사회적 기술이 뛰어난 구성원들이 성과에 긍정적인 영향을 미친다는 것을 밝혀냈다.[18] 성실성의 수준을 측정하는 척도의 예는 표 2.3에 제시되어 있다.

성실성
조심스럽고 꼼꼼하며 인내심이 강한 정도

경험에 대한 개방성

Big Five의 마지막 성격특성인 **경험에 대한 개방성**(openness to experience)은 한 개인이 독창적이고 다양한 관심사를 가지고 외부 자극에 개방되어 있으며 위험을 감수하고자 하는 정도를 나타낸다. 자주 변하고 창의성과 혁신을 요구하거나 상당한 위험을 내포하고 있는 직무의 경우, 경험에 대해 개방적인 사람이 그렇지 않은 사람보다 유리하다. 하지만 경험에 대한 개방성이 조직 내에서 창의

경험에 대한 개방성
독창적이고, 다양한 관심사를 가지며 위험을 감수할 수 있는 정도

Koji Sasahara\AP Wide World Photos

새로운 경험에 대한 개방성과 위험을 감수하는 것은 버진 그룹의 모험적인 설립자이자 회장인 억만장자 Richard Branson이 상당한 성과를 거두는 데 도움이 되었다. 그는 16살 때, 학생이라는 잡지를 출판하여 첫 사업을 성공적으로 이끌었다.

적이고 혁신적인 행동으로 이어지기 위해서는, 조직이 반드시 혁신에 방해되는 요소를 제거해주어야 한다. 더욱이 직무수행자들이 개방성을 통해 새로운 아이디어를 활용할 수 있도록 하기 위해서는 직무와 과업들이 과도하게 구체적으로 정의되어서는 안 된다.[19] 종종 모험을 즐기는 사업가들은[20] 혁신과 위험감수에 대한 보상이 적더라도 새로운 사업을 시도하는 경향이 있다. 경험에 대한 개방성은 분명 창업가들이나 혁신을 필요로 하는 직무에 필요한 성격이지만, 조직은 때로 위험에 대해 보수적이기도 하다. 경험에 대한 개방성의 수준을 측정하는 척도의 예는 표 2.3에 제시되어 있다. 가끔은 구성원들이 불확실한 상황에서 어려운 의사결정을 해야 할 때, 높은 경험에 대한 개방성과 성실성의 조합이 도움이 될 수 있다.

결론

기존 연구들은 Big Five 특성이 직무와 관련된 태도와 행동을 이해하는 데 중요하며 조직행동을 이해하는 데도 도움이 된다고 제안하고 있다. 예를 들어 신경증 성향 또는 부정적 정서는 작업현장에서발생하는 스트레스를 이해하는 데 유용하다.[21] 부정적 정서가 높은 사람들은 작업장에서 더 많은 스트레스 요인들을 찾아내며 직장에서 강한 심리적·신체적 긴장상태를 경험하게 된다. 또한 외향성 또는 긍정적 정서가 높은 사람들은 직장에서 좋은 기분을 느끼며 그들의 직무에 더 많이 만족한다. 이런 사람들은 사회적 상호작용을 요구하는 영업이나 관리 같은 직무를 더욱 성공적으로 수행해낸다.[22]

Big Five 특성에 대한 논의에서 알 수 있듯이 성격은 좋은 성격, 나쁜 성격으로 정의할 수 없다. 모든 개인은 나름의 독특한 성격을 가지고 있으며 조직적 상황에 따라 다양한 유형의 성격을 가지고 있을 뿐이다. 유능한 관리자는 모든 성격유형의 사람들을 이해하고 그들을 다루는 법을 아는 사람이다.

현대의 조직행동

창업자의 성격이 스타트업의 성공을 예측한다

새로운 연구에 따르면 스타트업의 성공에는 행운과 환경도 한몫을 하겠지만, 창업자의 성격 또는 창업 팀의 성격이 가장 중요하다는 사실이 밝혀졌다. 사이언티픽 리포트에 게재된 이 연구에 따르면 성공적인 스타트업의 창업자는 일반인과 크게 다른 성격 특성을 가지고 있으며 이러한 특성이 다른 많은 요인보다 성공에 더 중요하다고 한다. "우리는 성격 특성이 단순히 스타트업에 '중요한' 것이 아니라 성공 가능성을 높이는 데 중요하다는 것을 발견했습니다"라고 연구의 수석 저자이자 UNSW 시드니의 부교수인 폴 X. 맥카시는 말한다.

"소수의 기민한 벤처 캐피털리스트들이 한동안 이를 의심해왔지만 이제 우리는 이것이 사실임을 입증할 데이터를 확보했습니다." 스타트업 성공의 열쇠는 성격이다. 옥스퍼드 인터넷 연구소, 옥스퍼드대학교, 시드니 공과대학교(UTS), 멜버른대학교의 연구원들도 참여한 연구팀은 기계 학습 알고리즘을 사용하여 공개적으로 사용 가능한 트위터 계정의 언어와 활동에서 21,000개가 넘는 창업자 주도 기업의 창업자의 성격 프로필을 추론해냈다. 이 알고리즘은 82.5%의 정확도로 성공적인 스타트업 창업자를 구분할 수 있었다. 그런 다음 연구진은 성격 프로필을 세계 최대의 스타트업 디렉토리인 Crunchbase의 데이터와 연관시켜 특정 창업자의 성격과 공동 창업 팀의 조합이 스타트업 성공과 관련이 있는지, 즉 회사가 인수된 경우, 다른 회사를 인수한 경우, 공개 증권거래소에 상장된 경우 등을 확인했다.

연구진은 성공적인 스타트업 창업자들의 핵심 Big Five 성격특성(경험에 대한 개방성, 성실성, 외향성, 친화성, 신경증을 측정하는 널리 알려진 인간 성격 모델)이 일반 인구의 성격과 크게 다르다는 사실을 발견했다.

성공적인 기업가를 구별하는 측면에는 다양성, 참신함, 새로운 것을 시작하는 것(모험에 대한 개방성)에 대한 선호, 관심의 중심이 되는 것(낮은 겸손 수준), 활기찬 것(높은 활동 수준) 등이 있다. "창업자에게 이러한 성격 특성이 많이 나타날수록 성공 가능성이 높습니다"라고 옥스퍼드대학교의 *Oxford Internet Institute* 공동 저자 파비안 브레이스먼 박사는 말한다.

맥카시 교수는 "우리는 주목할 만한 여러 사례에서 이것이 어떻게 나타나는지 알 수 있습니다"라고 말한다. "멜라니 퍼킨스의 모험심과 경험에 대한 개방성, 스티브 잡스의 자기 주장과 자신감, 리처드 브랜슨의 활기와 에너지, 제프 베조스의 압박 속에서의 침착함, 마크 저커버그의 규율과 집중력, 래리 페이지와 세르게이 브린의 신뢰성이 회사의 성공을 뒷받침하고 있습니다"라고 말한다.

"이번 연구 결과는 이상적인 '창업자형' 성격이 한 가지가 아님을 분명히 보여줍니다"라고 멜버른대학교의 수석 저자인 마가렛 컨 부교수는 말한다. "대신 성공적인 스타트업 창업자의 Big Five 성격 특성을 30가지 차원으로 세분화하면 투사, 운영자, 성취자, 리더, 엔지니어, 개발자의 여섯 가지 유형이 드러납니다." 맥카시 교수는 성격도 중요하지만 운, 타이밍, 인맥 등 다른 많은 요인들 역시 창업기업의 궁극적인 성공에 중요한 역할을 한다고 말한다. "창업자에 대한 신뢰는 여성, 기술 분야에서 일한 적이 없거나 명문대 출신이 아닌 사람 등 많은 그룹에게 장벽이 될 수 있습니다." 디자인 강자 Canva의 공동 창업자인 멜라니 퍼킨스는 회사 설립 초기에 이 세 가지 장애물에 모두 직면했고, 제품 개발에 필요한 자금을 확보하기 전까지 100명이 넘는 투자자로부터 거절을 당하기도 했다. 인터뷰에서 그녀는 자신을 "단호하고 고집스러우며 모험심이 강하다"고 표현했다. "특히 고객들의 관심을 끌기 전인 초기 단계의 스타트업은 사회적 증거에 크게 의존합니다"라고 맥카시 교수는 말한다. "즉 창업자에 대한 신뢰가 여성, 기술 분야에서 일한 적이 없거나 명문대 출신 등 많은 그룹에게 장벽이 될 수 있습니다"라고 말한다.

출처 : Paul X. McCarthy et al, The impact of founder personalities on startup success, Scientific Reports (2023).

조직과 관련된 성격특성

몇몇 다른 구체적인 성격특성 역시 조직 행동을 이해하고 관리하는 데 유용하다(그림 2.5 참조).

통제위치

사람들은 자신들이 속해 있는 상황이나 일에 대해 자신이 얼마만큼의 통제능력을 가지고 있는지 알고 있다. 어떤 사람은 자신이 환경에 대해서 상대적으로 적은 영향력을 가지고 있으며 인생에서 벌어지는 일들에 대한 통제력이 높지 않다고 생각한다. 하지만 다른 사람은 자신을 둘러싼 세상과 자신의 진로에 대해 스스로 큰 영향력을 가지고 있다고 믿는다. 통제위치란 사람들 간의 이러한 차이를 나타낸다.[23]

외적 통제위치
외적 통제위치를 가진 사람들은 어떤 일이 발생할 때 운명, 운 또는 외부적인 힘이 크게 작용한다고 믿음

내적 통제위치
내적 통제위치를 가진 사람들은 능력이나 노력, 혹은 자신의 행동이 어떤 일이 발생하는 것을 결정한다고 믿음

외재론자(externals) 또는 **외적 통제위치**(external locus of control)를 가진 사람들은 외적 요인들이 자신의 운명을 결정한다고 믿는 경향이 있으며, 자신의 행동과 일어나는 일들 사이에는 거의 관련이 없다고 생각한다. 내재론자(internals) 또는 **내적 통제위치**(internal locus of control)를 가진 사람들은 자신의 행동이 곧 자신에게 일어나는 일들을 결정한다고 생각한다. 내적 통제위치를 가진 사람들이 업무를 충실히 수행하고 있을 때, 그들은 성과가 자신의 능력이나 노력 덕분이라고 생각한다. 외적 통제위치를 가지고 있는 사람들은 그들의 성과가 운이나 영향력 있는 타인을 혹은 업무의 용이성과 같이 외부적 요인에 의해 결정된다고 여긴다. 조직 내에서 내재론자는 외재론자보다 더 쉽게 동기부여 된다. 왜냐하면 얼마나 그들이 업무를 성공적으로 수행해냈는지의 정도가 임금 인상, 인정, 일자리 보장, 승진 등에 영향을 미칠 것이라 믿기 때문이다.

자기감시

자기감시
자신이 다른 사람들에게 보이는 모습을 통제하려 노력하는 정도

자기감시(self-monitoring)는 자신이 다른 사람들에게 보이는 모습을 통제하려 노력하는 것을 말한다.[24] 자기감시가 높은 사람은 자신의 행동이 사회적으로 받아들여지는 것이기를 원하고 적절한 행동인지 여부를 사회적 기준에 맞추려 한다. 그들은 상황에 맞춰 적절한 방식으로 행동하려 노력한다. 예를 들어, 미팅상황이고 다른 사람들이 각기 의견을 제시하고 있다면 자신 또한 의견을 제시하려 노력할 것이다. 자기감시가 높은 사람은 다른 사람들에게 잘 보이려 노력한다. 반대로, 자기감시가 낮은 사람은 수용가능한 행동기준에 민감하지 않다. 또한 상황적으로 맞는 방식으로 행동하기 위해 지나치게 신경 쓰지도 않는다. 가령 이들은 조직의 수장과의 미팅에서도 지루함을 표현

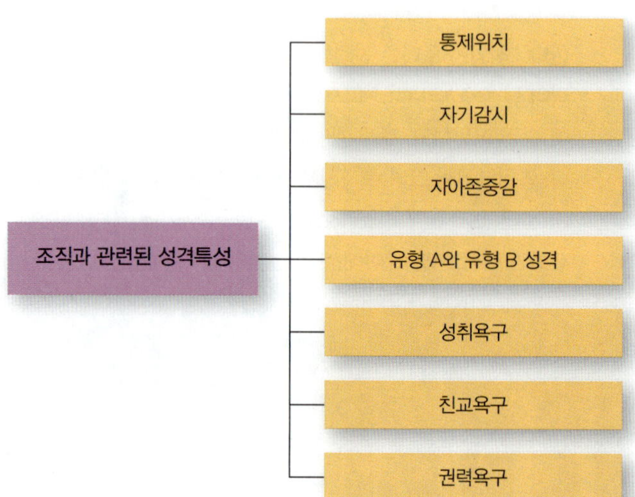

그림 2.5
조직과 관련된 성격특성

내적 통제위치를 가진 사람들은 업무를 잘 수행할 때 그들의 성과를 자신의 능력과 노력과 같은 그들 자신의 자질 덕분이라고 생각한다.

할 수 있으며, 인터뷰 자리에서 장시간 근무에 대한 불만을 얘기할 수도 있다. 자기감시가 낮은 사람들은 자신의 태도, 믿음, 기분, 원칙들에 의해서 움직이며 다른 사람들이 자신의 행동에 대해 어떻게 생각하는지에 크게 신경 쓰지 않는다.

자기감시 수준이 높은 사람은 낮은 사람보다 자신의 행동을 주어진 상황에 더 맞추려 한다. 따라서 자기감시가 높은 사람들은 다른 종류의 업종에 종사하는 사람들과 상호작용을 해야 하는 영업이나 컨설팅 같은 직무에 더 적합하다. 뿐만 아니라 자기감시가 높은 사람들은 다른 사람들이나 집단이 자신에게 기대하는 방향으로 행동을 수정할 수 있다. 따라서 이들은 도움을 받아야 하는 외부 집단과 의사소통하는 업무에 더욱 적합하다.

자기감시가 낮은 사람들은 높은 사람들에 비해 자신들이 생각하는 것이 사실이거나 옳다는 말을 많이 하며 타인들이 자신에게 어떻게 반응하는지에 그다지 신경 쓰지 않는다. 따라서 자기감시 수준이 낮은 사람들은 자신이 느낀 그대로의 피드백을 제공하거나 집단 의사결정에서 선의의 비판자 역할에 능숙하다. 자기감시 수준을 측정하는 척도의 예는 표 2.4에 제시되어 있다.

자아존중감

자아존중감(self-esteem)이란 사람들이 얼마나 자신과 자신의 역량에 대해 자랑스러워하는지를 의미한다.[25] 높은 자아존중감을 가진 사람들은 대부분의 상황에 능숙하게 대처할 수 있는 유능한 사람들이다. 낮은 자아존중감을 가지고 있는 사람들은 자신의 가치와 역량에 대해 의심하며, 노력을 통해 성공할 수 있는 자신의 능력에 대해서도 자신감이 부족하다.

자아존중감
얼마나 자신과 자신의 역량에 대해 자랑스러워하는지에 대한 정도

자아존중감은 조직 내에서의 행동을 이해하는 데도 유용하다.[26] 자아존중감은 사람들이 행동이나 직무를 선택할 때 영향을 준다. 높은 자아존중감을 가진 사람들은 낮은 자아존중감을 가진 사람들보다 높은 목표를 세우고 어려운 일에 더 많이 도전한다. 자아존중감이 높은 사람은 또한 동기부여와 직무만족에도 긍정적인 영향력을 미친다. 그러나 낮은 자아존중감을 가지고 있는 사람들은

표 2.4
자기감시 측정

다음 문장에서 자신의 성격에 대해 맞으면 T, 다르면 F로 표기한다.

_______1. 나는 다른 사람의 행동을 모방하는 것이 어렵다.
_______2. 파티와 같은 사교 모임에서, 나는 다른 사람들이 좋아할 만한 말을 하거나 행동을 하지 않는다.
_______3. 나는 내가 이미 믿고 있는 것이 아니면 받아들이려고 하지 않는다.
_______4. 나는 거의 정보가 없는 주제에 대해서도 즉석에서 설명할 수 있다.
_______5. 나는 다른 사람들을 즐겁게 해주는 편이다.
_______6. 나는 아마 좋은 연기자가 될 수 있을 것이다.
_______7. 사람들이 많이 모인 곳에서 나는 주변적인 인물이다.
_______8. 낯선 상황에 있거나 낯선 사람들과 함께 할 때, 나는 평소의 내 모습처럼 행동하지 못한다.
_______9. 나는 다른 사람들이 나를 좋아하도록 일부러 노력하지 않는 편이다.
_______10. 나는 다른 사람들이 좋아하는 대로 일부러 나 자신을 바꾸려고 하지 않는다.
_______11. 나는 타인 때문에 나의 의견이나 내가 행동하는 방식을 바꾸지 않는다.
_______12. 나는 엔터테이너가 되고자 한다.
_______13. 나는 즉흥 연기와 같은 게임에서 좋은 성적을 내지 못한다.
_______14. 나는 다른 사람들이나 주어진 상황에 맞추기 위해 행동하는 것이 어렵다.
_______15. 파티에서 다른 사람들이 농담을 하거나 이야기를 할 때 주로 듣는 편이다.
_______16. 나는 대중 앞에 있는 것이 어색하고 내 자신을 잘 보여주지 못한다.
_______17. 나는 다른 사람의 눈을 보며 거짓말을 할 수 있다.
_______18. 나는 내가 싫어하는 사람들 앞에서 친한 척을 하며 속일 수 있다.

점수 : 4, 5, 6, 8, 12, 17, 18은 T일 때, 1, 2, 3, 7, 9, 10, 11, 13, 14, 15, 16은 F일 때 자기감시 성향이 높은 것이다.

출처 : Copyright © 1985 by the American Psychological Association. Adapted with permission. The official citation that should be used in referencing this material is S. Gangestad and M. Snyder, "'To Carve Nature at Its Joints': On the Existence of Discrete Classes in Personality," Psychological Review 92 (1985): 317–49. No further reproduction or distribution is permitted without written permission from the American Psychological Association.

자신에 대한 의심을 가지고 높은 자아존중감을 가지고 있는 사람들보다 더 유능할 수 있다는 사실을 인정하려 하지 않는다.

유형 A와 유형 B 성격

유형 A
강력한 성취욕구를 가진 사람들로 경쟁적이며 성격이 급함

유형 B
보다 여유 있고 온순한 유형

언론을 통해 우리는 종종 '유형 A' 또는 '유형 A 성격'의 사람들이 혈압이 더 높은 경향이 있다는 이야기를 들어봤을 것이다. 성취하고자 하는 것에 강한 집착을 가지고 있는 **유형 A**(Type A)인 사람은 매우 경쟁적이며 성격이 급하고 참을성이 없으며 공격적일 수도 있다.[27] 이런 사람들은 단기간에 많은 일을 하고자 하며 매우 의욕적이다. 이 때문에 이들과 함께 지내는 것은 쉬운 일이 아니다. 이런 사람들은 자주 다른 사람들을 방해하며 참을성이 없어서 다른 사람들의 말을 끊기도 한다. 보다 여유 있고 온순한 사람들은 **유형 B**(Type B)로 분류된다.

유형 A인 사람들은 단기간에 많은 일을 할 수 있기 때문에, 조직의 관점에서는 이상적인 구성원으로 간주될 수 있다. 하지만 그들은 다른 사람들과 원만하게 지내기 어렵기 때문에 다른 사람들과 상호교류가 많이 요구되는 상황에서는 유형 A인 사람들의 적응이 힘들 수 있다. 이와 관련하여, 한 연구는 유형 A인 관리자들이 유형 B인 관리자들보다 부하와 동료 사이에 더 많은 갈등을 겪는다는 점을 밝혀냈다.[28] 유형 A인 구성원들은 특히 팀 업무에 적합하지 않으며 혼자 일하는 것이 편

하다. 더불어 유형 A인 사람들은 결과를 빨리 확인하고자 하기 때문에 장기적인 상황이나 프로젝트에 잘 적응하지 못할 수 있다.

유형 A와 유형 B의 차이점에 대해 언론은 많은 관심을 보였다. 유형 A인 사람들은 유형 B인 사람들보다 관상동맥성 심장질환(coronary heart disease)에 더 많이 걸린다. 심장 전문의들은 심장질환을 겪고 있는 환자들이 대체로 참을성이 떨어지며, 공격적이고 조급해한다는 사실을 깨닫고 이 성격특성을 정의하였다.

성취욕구, 친교욕구, 권력욕구

David McClelland는 모든 사람들이 정도는 다르지만 세 가지 특성인 성취욕구, 친교욕구, 권력욕구를 가지고 있음을 주장했다.[29]

성취욕구(need for achievement)가 높은 사람들은 도전적인 업무를 잘 수행하고 뛰어난 능력에 대해 자신만의 기준을 확립하고 이를 달성하고자 하는 욕망이 크다. 이들은 업무상 발생하는 일에 대해 스스로 책임지고 성과에 대해서도 피드백을 받기를 원한다. 이러한 사람들은 자신의 욕망을 충족시켜줄 수 있는 일을 찾는다. 사실 McClelland는 기업가나 관리자들이 특별히 더 높은 성취욕구를 가지고 있음을 발견하였다. 예를 들어, McClelland는 한 연구에서 졸업 이후 10년 뒤 높은 성취욕구를 가졌던 학생들이 낮은 성취욕구를 가졌던 학생들보다 더 많이 조직에서 성공하였다는 것을 발견하였다.[30] 효율적으로 일하는 관리자는 강한 성취욕구를 가진 사람들처럼 강한 목표지향적 성향을 가지고 있으며 적절한 수준의 위험을 감수하려는 성향을 보인다. 따라서 강한 성취욕구를 가지고 있는 사람이 높은 업무적 성과를 창출하는 것은 그리 놀라운 일이 아니다. 콘티넨털 항공에서 전 세계적으로 8,700명의 승무원들과 5,200명의 조종사들을 감독하는 비행 운영 부사장을 지낸 캡틴 Deborah McCoy의 경우가 대표적인 예이다.[31] 10대 때 McCoy는 비행 교습을 받기 위해 식료품 가게에서 일을 하여 돈을 모았다. 1978년에 조종사로 콘티넨털에 입사하였으며 여러 번의 승진을 거쳐 현재의 높은 지위에 오르게 되었다.[32]

성취욕구
도전과제를 잘 수행하고자 하며 자신에 대한 타인의 높은 기대를 충족시키고자 하는 욕망

친교욕구(need for affiliation)가 높은 사람들은 특별히 다른 사람들과 좋은 관계를 갖고자 노력한다. 이들은 타인이 자신을 좋아해주기를 바랄 뿐만 아니라 다른 사람들도 서로 잘 지내기를 원한다. 이들은 집단으로 일하기를 좋아하며 갈등으로 이어질 수 있는 행동을 피한다. 조직 내에서 친교욕구가 높은 개인들은 특히 사회적 교류가 많이 요구되는 직무에서 발견된다. 하지만 관리자들은 친교욕구가 높은 개인들로 집단이 구성되지 않기를 원할 수도 있다. 왜냐하면 친교욕구가 높은 사람들은 업무를 수행하는 것보다 사람들과의 관계를 유지하기 위해 더 노력할 수 있기 때문이다. 친교욕구가 높은 사람들은 동료나 부하직원들에게 부정적인 피드백을 주어 관계가 멀어지는 것을 꺼리기 때문에 특히 다른 사람들에 대한 객관적 평가가 필요한 분야에서는 부적합할 가능성이 크다.

친교욕구
다른 사람들과 좋은 관계를 맺고 유지하고자 하는 욕망

권력욕구(need for power)가 높은 이들은 타인의 감정과 행동에 영향을 주고자 하는 욕망이 강하다.[33] 이러한 경우는 특히 한 사람이 다른 사람에 대해 영향력을 행사하게 되는 관리적 직무나 리더십이 필요한 상황에서 쉽게 발견된다. 실제로 높은 권력욕구를 지닌 구성원들은 낮은 권력욕구를 가진 구성원들보다 리더로서 더 적합할 수 있다. 미국 내에서 전직 대통령의 효과성에 대한 연구를 예로 들어보자. 펜실베이니아대학교의 Robert House와 동료들은 대통령의 권력욕구가 성과와 효과성에 대한 좋은 예측변수가 된다는 것을 밝혀냈다.[34] 대통령의 권력욕구 수준은 권력욕구를 나타내는 생각과 아이디어를 취임 연설로부터 분석함으로써 추론할 수 있었다.

권력욕구
다른 사람들에게 정서적, 행동적 영향력을 발휘하고자 하는 욕망

어떻게 하면 성취욕구, 친교욕구, 권력욕구 간의 조합이 관리자에게 동기부여와 성취를 가져다 줄 수 있을까? 세 가지 욕구 모두 높은 것이 관리자 효과성에 중요할 것처럼 보임에도 불구하고,

Michael Stahl의 연구에 의하면 높은 친교욕구는 좋은 관리자가 되는 데 꼭 필요하지 않을 수도 있다고 한다.[35] 왜냐하면 관리자들은 높은 성과를 낼 수 있도록 노력하는 대신 부하들이 자기를 좋아하도록 더 노력할 수 있기 때문이다. 관리자의 효과성에 대한 Stahl의 발견은 중간층이나 하위층의 관리자들에게 주로 적용되었다.[36] 고위 경영진이나 관리자들에게는 그들의 성공을 결정짓는 데 있어서 권력욕구가 가장 중요하다고 여기는 경향이 있다.[37]

성격은 어떻게 측정할 수 있을까

우리는 지금까지 사람의 성격을 구성하는 많은 특성들에 대해서 논의하였다. 사람들의 성격특성들을 평가하는 가장 일반적이고 손쉬운 방법은 성격을 측정하기 위해 개발된 척도를 쓰는 것이다. 이러한 척도들을 완성하기 위해, 사람들은 자신에게 주어진 질문들에 대해 솔직하게 응답해야 한다.[38] 표 2.1, 2.2, 2.3, 2.4는 Big Five 성격특성과 자기감시를 측정하기 위한 척도들의 예를 보여주고 있다. 성격척도들은 자주 연구목적을 위해 사용된다. 이런 척도들의 활용은 응답자들이 자기자신을 바람직한 모습으로 보여주기 위해 대답을 의도적으로 왜곡하는 위험에 노출되어 있으나, 연구자들은 이것이 그렇게 큰 문제가 되지 않는다고 주장하고 있다.[39]

능력의 특성

능력
무언가를 할 수 있는 정신적, 신체적 수용능력

개인의 차이가 구성원들의 태도와 행동에 미치는 방식들을 고려하는 경우 우리는 반드시 구성원의 성격뿐만 아니라, 그들의 능력, 소질, 기술 또한 염두에 두어야 한다. **능력**(ability)은 조직행동을 이해하고 관리하는 데 있어서 중요한 요소이다. 능력은 구성원이 얻을 수 있는 성과의 수준을 결정하고, 조직의 효과성은 모든 구성원들의 성과 수준에 달려 있으므로, 능력은 조직의 성과를 결정짓는 중요한 요소이다. 인지적(정신적) 능력과 신체적 능력이라는 두 가지 기본적인 유형이 성과에 영향을 미친다.

인지능력

심리학자들은 다양한 유형의 인지능력을 정의해 왔다. 인지능력의 가장 기본적인 차원은 일반지능(general intelligence)이다.[40] 일반지능 아래에는 정신적 기능 내에 존재하는 다양한 능력을 반영하는 구체적인 유형들이 있다(그림 2.6 참조). L.L.과 T.G. Thurstone의 1940년 작업의 일부를 기초로 하여 심리학자 Jum Nunnally에 의해 정의되고 묘사된 인지능력의 여덟 가지 유형은 표 2.5에 설명되어 있다.[41]

연구에 의하면 직무를 수행하는 데 필요한 인지능력은 직무의 성과를 예측하는 데 도움이 된다.[42] 예를 들어, 수리능력은 작가나 코미디언이 자신의 직무를 수행하는 데 크게 연관되어 있지 않다. 인지능력과 직무성과 사이의 관계를 알기 위해서는 우선 그 직무를 효과적으로 수행하기 위

그림 2.6
인지능력의 유형

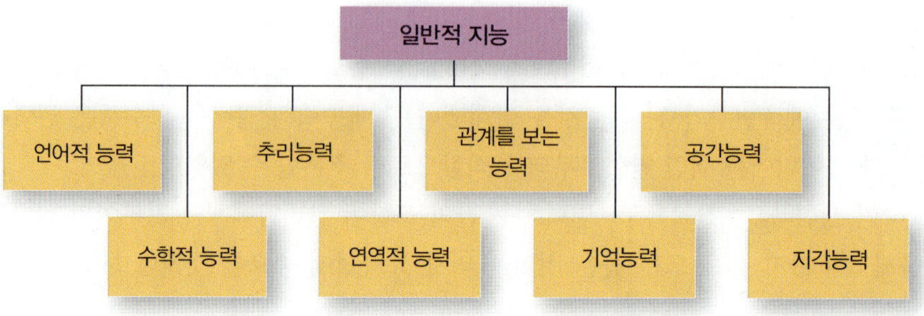

표 2.5
인지능력

능력	설명	해당 능력이 중요한 직무 사례
언어적 능력	언어를 이해하고 쓰고 말하는 능력	코미디언, 교사, 변호사, 작가
수학적 능력	숫자와 연산 문제와 거래를 해결하는 능력	웨이터, 투자 상담사, 엔지니어, 회계사
추리능력	문제에 대한 해결책을 제시하고 다양한 문제를 해결할 수 있는 원리를 이해하는 능력	치료사, 인테리어 디자이너, 자동차 정비사, 컴퓨터 소프트웨어 디자이너
연역적 능력	관찰을 통해 적절한 결론에 도달하거나 일련의 사실의 의미를 평가하는 능력	의료 연구원, 형사, 과학자, 조사연구원
관계를 보는 능력	각각이 어떻게 관련되어 있는지를 알 수 있고 이 지식을 관계와 문제에 적용할 수 있는 능력	인류학자, 여행사 직원, 컨설턴트, 웨딩 플래너
기억능력	간단한 조합 또는 문장이나 복잡한 그룹에 이르기까지 일을 기억하는 능력	번역자, 영업사원, 관리자, 연구원
공간능력	자신의 위치와 관련하여 객체의 위치나 배치를 결정하는 공간에서의 위치를 변경할 경우 개체가 나타나는 방법을 상상하는 능력	항공 교통 컨트롤러, 건축가, 의류 디자이너, 우주 비행사
지각능력	시각적 패턴을 발견하고, 패턴을 통해 관계를 볼 수 있는 지각능력	전문 사진작가, 비행기 조종사, 유람선 선장, 조경설계사

해서 필요한 능력이 무엇인지를 정의할 필요가 있다.[43] 언어능력은 특히 작가나 코미디언에게 중요한 능력이다. 따라서 이것이야말로 직무에서 성공을 예측하기 위해 필요한 인지능력이다.[44] 인지능력은 또한 집단이나 팀 성과에 있어서 중요한 요인이다.[45] 하지만 인지능력 외에도 성과에 영향을 미치는 많은 다른 요소들이 있음을 기억해야 할 것이다.

Michael Blann/Lifesize/Thinkstock

과학자들은 관찰을 통해 적절한 결론에 도달하거나 일련의 사실에서 시사점을 평가하기 위해서 연역적 능력의 영역에서 인지능력을 사용한다.

신체능력

사람들은 인지능력뿐만 아니라 신체능력에서도 차이를 보인다. 신체능력으로 구분되는 두 가지 유형은 조작 기술(motor)과 육체적 기술이다.[46] 조작 기술은 환경 속에서 신체를 조작할 수 있는 능력이며, 육체적 기술은 개인의 신체적 건강과 힘을 의미한다. E.A. Fleishman은 신체능력을 정의하고 연구하는 데 많은 관심을 기울여 왔다. 그는 반응속도, 손재주, 팔 움직임의 속도와 같은 11가지 기본적 조작 기술과 근력과 체력을 끌어올리는 능력과 같은 아홉 가지 신체적 기술들이 있음을 밝혀냈다.[47]

능력은 어디서부터 발생하며, 어떻게 측정할 수 있는가

성격과 마찬가지로, 인지능력과 신체능력은 모두 선천적 그리고 후천적으로 결정된다(그림 2.7 참조). 일반지능은 부모로부터 물려받은 유전자[48]와 상황적 요인들에 의해서 결정된다. GMAT(General Management Aptitude Test)나 SAT(Scholastic Aptitude Test)와 같은 정형화된 시험들은 사람들이 가지고 태어난 특정 적성과 능력을 측정하기 위해 설계되었다. 하지만 우리는 이러한 시험 성적이 시간이 지남에 따라 변화하며, 반복 훈련 학습 등과 같은 상황적 노력으로 성과를 향상시킬 수 있다는 것을 알고 있다. 또한 사람이 유전적으로 뛰어난 지능을 물려받았다 하더라

그림 2.7

인지 · 신체능력의 결정요소 : 선천적 · 후천적 요인

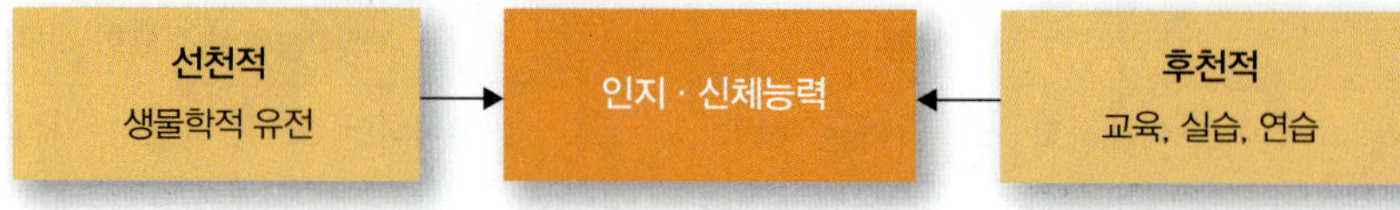

도 만약 그 사람이 영양 공급을 잘 받지 못하였거나, 학교에 자주 결석하거나 부모가 약물중독인 것과 같은 매우 열악한 환경에서 자랐다면 그 사람의 지능은 좋지 않을 것으로 예측할 수 있다.

신체능력 또한 선천적 · 후천적으로 결정된다. 키, 뼈 구조, 팔다리 길이, 그리고 상대적인 비율은 유전적으로 결정되고 바뀌지 않는다. 하지만 웨이트 운동과 에어로빅 운동과 같이 연습과 훈련을 통해서 신체적 · 운동적 능력을 강화할 수 있다.

연구자들은 인지능력에 대한 지필 척도들을 개발하였다. 관리자들은 이러한 시험들의 결과를 구성원들의 능력을 측정하기 위한 지표들로 유용하게 이용할 수 있다. 시험은 구성원들이 직무를 수행하는 데 필요한 능력을 가지고 있는지 확인시켜주는 데 사용될 수 있고, 기존의 구성원을 다른 직무에 배정하는 데 이용될 수 있으며, 추가적인 훈련이 필요한 개인을 찾아내는 데도 활용될 수 있다. 또한 훈련 프로그램이 어떻게 능력 수준을 향상시키는지 평가하는 데도 이용될 수 있다. 그러나 이 시험들을 사용하기 전에 관리자들은 시험이 윤리적이어야 하고, 시험에 의해 구성원들을 불공정하게 차별하지 않는다는 점을 분명하게 해야 한다. 인지능력에 대한 시험은 문화적으로 왜곡되어 있다고 비판받아 왔다. 비판하는 사람들에 따르면, 이 시험들은 시험 응시자들의 문화적 배경에 따라 상대적으로 특정 집단의 일원들에게는 대답하기 쉽고 다른 집단의 사람들에게는 대답하기 어려운 질문들이 포함되어 있다고 한다.

신체능력은 사람들이 직무에 필요한 활동들을 얼마나 잘 수행하는지를 관찰하면 측정될 수 있다. 구성원이 무거운 기기들을 나르고 포장을 풀며 설치할 수 있을 정도로 능숙한지를 확인하기 위해서 관리자는 점점 더 무거운 기기들을 들어보도록 요구할 수 있다. 뉴욕의 위생시설 관리부서는 구성원들에게 무거운 쓰레기봉투를 들고 쓰레기통에 던져 넣게 함으로써 그들의 신체능력을 평가하였다.

조직은 사람들이 직무를 효율적으로 수행하기 위해 필요한 능력을 가지고 있는지 확인하기 위해 많은 시간과 노력을 쏟고 있지만 사람들은 자신의 능력을 발휘할 기회를 충분히 제공받지 못하기도 한다. 600명의 관리자와 700명의 구성원들을 대상으로 한 연구에서 관리자와 구성원들의 3분의 2가, 회사가 구성원들의 인지능력 중 오직 50%만을 사용하고 있다고 생각하고 있었다.[49] 심지어 어떤 IT 전문가는 자신의 능력이 효과적으로 발휘되지 못하고 있다고 생각했다. 200명의 IT 전문가들을 대상으로 한 연구는 이들의 40% 이상이 업무가 무척 지루하다는 이유로 일을 그만둘 생각을 하고 있다는 것을 발견했다.[50] 따라서 조직은 구성원들이 일하기 위해 필요한 능력을 가지고 있다는 것을 확인하는 것 뿐만 아니라 구성원들에게 자신의 능력을 활용할 수 있는 기회를 부여하기 위해 노력해야 한다.

인지능력과 신체능력은 병이나 약물, 알코올 중독, 극도의 스트레스 또는 피로에 의해 악화되거나 손상될 수 있다. 조직구성원이 업무를 잘 수행할 수 있는지를 알기 위해 그 사람의 능력 수준을 정확하게 측정하는 것은 중요한 일이다. 하지만 능력이 언제 그리고 어떤 이유로 손상될 수 있는지를 아는 것도 필요하다. 조직들은 전통적으로 약물남용 테스트를 통해 구성원들의 장애에 대응해 왔다. 그리고 이것은 실제로 불법적인 약물사용을 줄이는 효과를 가져왔다.[51]

약물 테스트를 통해 인체 내의 약물과 술의 중독성을 알아낼 수 있다. 하지만 지나친 피로나 질병과 같은 다른 요인 때문에 발생한 장애까지 알 수는 없다. 또한 약물 테스트는 결과를 얻기까지

2~3일이 걸린다. 어떤 기업은 이런 문제들을 해결하고 구성원들이 안전하게 자신들의 직무를 수행하고 있는지 여부를 알기 위해 '업무수행 적합도(fitness for duty)' 테스트를 개발했다. 이 테스트는 정확성과 반응 시간을 측정할 수 있는 컴퓨터 단말기를 사용한다.[52]

감성지능 : 다른 유형의 능력

심리학자들은 감성지능을 인지능력이나 신체능력과 관련이 없지만 감정적 능력과 밀접한 관련이 있는 능력으로 정의해 왔다. **감성지능**(emotional intelligence)은 자기 자신 및 타인의 기분과 감정을 이해하고 관리하는 능력이며,[53] 구성원들 간의 업무효율성과 복지, 행복감을 촉진할 수 있도록 도와준다. 사람들은 자신들이 느끼는 감정을 이해하고 관리하는 능력에 차이가 있으며, 감성지능은 이러한 개인차에 대해서 설명해주고 있다.[54] 감성지능 수준을 측정하는 척도의 예는 표 2.6에 제시되어 있다.

감성지능
자신의 감정과 다른 사람의 감정을 이해하고 관리할 수 있는 능력

감성지능에 대한 연구는 감성지능이 다양한 방법으로 직무성과에 영향을 주며 낮은 수준의 감성지능은 실제로 성과를 악화시킬 수 있다고 주장하고 있다. 예를 들어, 심리학자 Martin Seligman은 메트로폴리탄생명보험의 영업사원들 중, 매우 긍정적인(감성지능의 한 측면) 영업사원들이 덜 긍정적인 영업사원들보다 훨씬 많은 보험증권을 팔았다는 것을 발견했다.[55] 또 다른 예로,

표 2.6
감성지능 측정

다음의 문장을 읽고 동의하는 정도에 따라 1부터 7까지 점수를 부여하라.

1=매우 동의하지 않는다, 2=동의하지 않는다, 3=조금 동의하지 않는다, 4=보통이다
5=조금 동의한다, 6=동의한다, 7=매우 동의한다

_______1. 나는 대부분의 시간에 내가 어떤 감정을 가지고 있는지 알 수 있다.
_______2. 나는 상대의 행동을 보고 친구의 감정을 알 수 있다.
_______3. 나는 항상 나 자신을 위한 목표를 설정하고 달성하기 위해 최선을 다한다.
_______4. 나는 이성적으로 문제를 처리하기 위해 기분을 통제하는 편이다.
_______5. 나는 나 자신의 감정을 잘 이해하는 편이다.
_______6. 나는 다른 사람의 감정을 잘 살피는 관찰자이다.
_______7. 나는 항상 나 자신이 유능하다고 생각하는 편이다.
_______8. 나는 내 자신의 감정을 제어할 수 있는 능력을 가지고 있다.
_______9. 나는 내가 느끼는 것을 잘 이해한다.
_______10. 나는 타인의 생각과 기분에 민감하다.
_______11. 나는 스스로 동기부여를 잘한다.
_______12. 나는 화가 나도 곧 정상 상태로 돌아올 수 있다.
_______13. 나는 항상 내가 행복한지 아닌지 잘 안다.
_______14. 나는 내 주위 사람들의 감정을 잘 이해하고 있다.
_______15. 나는 항상 최선을 다해 나 스스로를 격려한다.
_______16. 나는 내 자신의 감정을 잘 통제할 수 있다.

점수 : 자기감정인식 = 1, 5, 9, 13의 총합
타인감정인식 = 2, 6, 10, 14의 총합
감정표현 = 3, 7, 11, 15의 총합
감정조절 = 4, 8, 12, 16의 총합

출처 : Based on K. Law, C. Wong, and L. Song, "The Construct and Criterion Validity of Emotional Intelligence and Its Potential Utility for Management Studies," Journal of Applied Psychology, 2004, 89(3), p. 496; C. S. Wong and K. S. Law, "The Effects of Leader and Follower Emotional Intelligence on Performance and Attitude: An Exploratory Study," Leadership Quarterly, 2002, 13, pp. 243–274.

Kenneth Law와 동료들이 수행한 한 연구는 감성지능이 홍콩과 중국 학생들의 삶의 만족 수준과 구성원들 사이의 직무성과 수준을 예측하는 데 유용함을 발견했다.[56] 흥미롭게도, Stéphane Côté과 Christopher Miners에 의해 이뤄진 한 연구는 어떤 사람의 인지능력이 상대적으로 낮을 때라도 감성지능이 높으면 성과에 도움이 될 수 있다고 주장하였다.[57]

기존 연구들은 감성지능이 리더와 관리자들에게 있어 자기 자신뿐만 아니라 남들과 좋은 관계를 유지하는 데 특히 중요하다고 제안하고 있다.[58] 감성지능은 리더와 관리자들이 열정과 자신감을 유지하고, 업무와 조직목표에 열정적으로 임할 수 있도록 하며 구성원들과 의사소통할 수 있게 도와줄 수 있다.[59] Jing Zhou와 Jennifer George는 리더의 감성지능은 아마도 구성원들의 창의성과 혁신을 이끌어내는 데 특히 중요한 역할을 할 수 있다는 것을 보여주었다.[60] 포르테 호텔의 CEO인 Sir Rocco Forte는 어떻게 손님들이 느끼는지를 이해하고 그들이 원하는 것을 알아차리는 능력은 고객

현대의 조직행동

감성지능과 EQ가 직장의 성공을 예측하는 정도

직장에서의 감성지능은 동료들과 함께 있을 때 자신의 감정을 이해하고 관리하는 데 도움이 되므로 가장 중요한 리더십 역량 중 하나이다. 직장은 때때로 스트레스, 압박감, 불안으로 가득 찬 불안정한 환경이 될 수 있다. 또한 반대로 행복, 만족, 흥분의 장소가 될 수도 있다. 이러한 모든 측면이 특정 순간에 느끼는 감정에 영향을 미칠 수 있기 때문에, 직장 내에서 감정을 관리하는 역량인 감성지능(EI : Emotional Intelligence)이 중요한 역할을 한다.

감성지능은 사람들이 업무상 관계를 다루는 방식에 영향을 미친다. 감성지능이 낮은 사람이 한 명이라도 있는 사무실은 직장 내 갈등이 증가하고 성과가 저하되며 이직률이 높아질 수 있다. 반면에 감성지능이 높은 사람이 있는 팀은 더 나은 성과를 내고 직무 만족도가 높으며 직원 유지율도 높아진다.

감성지능은 1995년 다니엘 골먼의 『감성지능』이라는 책이 출간되면서 널리 알려지게 되었다. 골먼은 살로비와 메이어의 연구를 바탕으로 책을 썼다. 이 책은 세계적인 베스트셀러가 되었고, 얼마 지나지 않아 많은 기업들이 이 아이디어를 채택하여 업무에 적용하고 있다.

과거의 사고방식은 사람의 IQ 또는 지능 지수를 강조했다. IQ가 높다는 것은 곧 고용 가능성이 높다는 것을 의미했다. 하지만 최근 몇 년 동안 더 많은 조직에서 뛰어난 인재가 되기 위해서는 높은 IQ 이상의 능력이 필요하다는 사실을 깨닫게 되었다. 물론 조직은 여전히 똑똑한 인재를 채용하기를 원하지만, 그보다 더 중요한 것은 분위기의 기복이 심한 사무실 환경을 잘 헤쳐나갈 줄 아는 직원이다. 이러한 의미에서 감성지능(EI 또는 EQ라고도 함)은 IQ보다 성공에 더 중요한 요소로 작용할 수 있다.

경영진은 직장에서 감성지능의 중요성을 빠르게 인식하고 있다. 최근 설문조사에서 리더의 40% 이상이 향후 3년 이내에 감성지능을 '반드시 갖춰야 할 능력'이 될 것이라고 답했다.

다음의 추가적 연구를 통해 경영진이 직원들이 직장에서 감성지능을 갖추기를 원하는 이유를 알 수 있다. UC 버클리의 한 연구에 따르면 감성지능이 IQ를 측정하는 것보다 개인의 성공을 예측하는 데 4배 더 효과적이라고 한다. 감성지능이 높은 사람은 감성지능이 낮은 사람보다 평균적으로 2만 9,000달러 더 많은 수입을 올린다.

회사에서 최고의 성과를 내는 사람들을 살펴보면 90%가 감성지능 점수가 높다. PepsiCo의 내부 연구에 따르면 직장에서 감성지능이 높은 관리자는 연간 매출 목표를 최대 20%까지 초과 달성한 것으로 나타났다. 이러한 통계와 그 밖의 많은 통계를 보면 기업들이 감성지능이 뛰어난 사람을 채용하는 데 큰 관심을 보이는 것은 당연한 일이다. 그들은 팀이 더 나은 성과를 내고 성숙한 방식으로 갈등을 처리하기를 원한다. 감성지능이 왜 중요한지 이해하는 조직이 많아지면서 높은 EQ 점수를 가진 사람의 특성을 개발하는 것이 점점 더 중요해지고 있다.

출처 : Colin Baker, 'Emotional Intelligence in the Workplace: What You Should Know', Leaders, leaders.com, May 22, 2023.

서비스의 핵심이라고 하였다.[61]

감성지능은 때때로 매우 중요한 역할을 수행한다. 예를 들어 캘리포니아 멘로 파크에 있는 매카운 디 레우의 조지 매카운에게 고용된 제인은 뛰어난 수리적 능력과 훌륭한 교육 배경을 가지고 있는 지능이 높은 사람이었다. 매카운은 매입하고자 하는 회사에 제인을 방문하도록 하였다. 회사를 방문하여 계산을 하고 난 뒤, 제인은 매카운에게 계산 결과가 좋기 때문에 그 회사를 매입해도 될 것 같다고 보고하였다. 그러나 매카운은 그 회사를 직접 방문하였고 매카운은 CEO와 이야기한 지 2분 만에 그가 심각하게 지쳐 있고 문제에 대해 언급하길 꺼린다는 것을 눈치챘다. 하지만 서류상으로는 모든 것들이 괜찮아 보였기 때문에 제인은 그런 단서들을 전혀 알아채지 못했다."[62] 분명히 제인은 낮은 감성지능 때문에 상대편 회사의 CEO가 어떻게 느끼고 있는지 그리고 왜 그런지 이해하지 못했던 것이다. 그 후, 제인은 더 이상 매카운 디 레우와 일할 수 없게 되었다.[63]

조직 내의 능력에 대한 관리

지금까지 우리는 사람들이 가지고 있는 다양한 종류의 능력들에 대해 학습하였다. 하지만 특정 직무의 성과에는 단지 몇 개의 능력만이 관련이 있다. 예를 들어 관리적 업무는 인지능력과 적정 수준의 신체능력 및 감성지능을 필요로 하는 데 반해, 식료품 가게나 세차장에서 일할 때는 주로 뛰어난 신체능력이 요구될 것이다. 한편 뇌 전문의는 매우 복잡하고 조심스러운 수술을 할 때 자신의 뛰어난 인지능력과 신체능력에 의지하고 있을 것이다.

관리자들에게 능력과 관련하여 가장 중요한 이슈는 직무를 효과적으로 수행해내는 데 필요한 능력을 구성원들이 개발하도록 도와주는 것이다. 이를 위해 조직은 능력을 관리하는 기본적인 방법으로 선발(selection), 배치(placement), 훈련(training)의 세 가지를 활용한다.

선발

관리자들은 필요한 능력을 가지고 있는 사람을 선발함으로써 조직 내의 능력을 통제할 수 있다. 조직은 일단 구성원들이 수행하기를 원하는 업무와 그것을 하기 위해 필요한 능력을 파악해야 한다. 이러한 능력들이 일단 정해지면, 관리자들은 능력을 측정하기 위한 정확한 척도를 개발한다. 이 시점에서 중요한 것은 능력 척도에 대한 점수가 실제로 수행해야 할 업무성과를 예측할 수 있는지의 여부이다. 만약 그렇지 않다면, 그것은 선발 도구로 쓰일 이유가 없을뿐더러 비윤리적인 일이 될 것이다. 적절하지 않은 척도를 사용하여 능력이 있는 지원자를 거부하는 조직은 불공정한 채용 제도로 인해 법적 소송의 대상이 될 수도 있다. 하지만 만약 그 능력 척도가 업무성과를 예측한다면, 관리자들은 조직의 목표를 달성하기 위해 이를 선발 도구로 사용하게 될 것이다.

배치

일단 직원이 선발되고 조직의 일원이 되면, 관리자들은 구성원들을 자신의 능력을 잘 활용할 수 있는 직무에 배치시켜야 한다. 관리자들은 직무에 필요한 능력을 명확하게 파악하기 위해서는 정확한 척도가 필요하다. 이러한 척도가 만들어지면 구성원들은 자신의 능력에 걸맞는 직무로 배치된다. 단, 배치는 단지 새로운 구성원들을 적당한 위치에 배치하는 것 이상의 노력이 필요하다. 배치는 또한 수평적 이동이나 조직 내 승진 같은 이슈와 관련되어 있다.

훈련

선발과 배치는 선천적 능력과 관련이 있다. 하지만 훈련은 능력의 후천성과 관련이 있다. 훈련은

훈련은 직원의 능력을 향상시키는 효과적인 수단이 될 수 있다. 조직은 훈련을 통해 구성원들의 능력과 기술을 최소 수준 이상으로 개선시킬 수 있다. 업무에 적합한 훈련은 직원의 기술과 능력을 증가시키며 궁극적으로 성과를 향상시키는 효과가 있다. 기업은 훈련 과정에 투자하는 것이 더 높은 성과를 가져온다는 것을 발견하였다.

구성원들의 능력을 강화할 수 있는 효과적인 수단이 될 수 있다. 우리는 훈련을 통해 구성원들의 능력과 기술을 최소 수준 이상으로 개선시킬 수 있다고 믿는다. 많은 연구들이 직무에 적합한 훈련이 구성원들의 기술과 능력, 궁극적으로는 그들의 성과를 증가시키는 데 효과적이라고 제안하고 있다.[64]

경쟁우위를 얻기 위해 조직들은 비용을 낮추고 품질과 효율성, 성과를 증가시키기 위해 새로운 기술을 사용한다. 선신 기술을 사용하는 회사늘은 구성원들의 능력과 기술이 때때로 부족하다는 것을 발견하게 된다. 과거의 공장들에서는 대부분의 구성원들이 순전히 육체적 힘만 가지고 어떻게든 일할 수 있었으나, 요즘에는 그럴 수 없는 것이 현실이다. 오늘날 과학기술의 세계에서는 높은 수준의 기술이 필요하다. 제너럴 일렉트릭, 모토로라, 컨테이너스토어, 밀리켄과 같은 회사들은 훈련 과정에 많은 투자를 하는 것이 직원들을 해고하는 것보다 높은 성과를 보인다는 것을 발견했다.[65] 움프쿠아 은행의 경우, 구성원들은 모든 은행 지점에서 훈련을 받는다. 따라서 모든 직원들이 손님들의 은행 업무를 수행할 수 있다면 손님들은 기다리지 않아도 된다.[66] 흥미롭게도, 기술이 있는 구성원은 적고 이들에 대한 수요는 많은 중국의 기업들은 훈련과 교육 기회를 제공해주는 것이 구성원들을 모집하는 효과적인 수단이라는 것을 발견하였다.[67]

훈련은 또한 구성원들의 감성지능을 증가시키기 위해서도 활용될 수 있다. 감성지능 훈련이 성공하기 위해서 구성원들은 반드시 감성지능의 중요성에 대해서 인지하고 있어야 하며, 감성적 역량을 향상시키고자 하는 동기부여가 되어야 한다. 감성지능 훈련은 일반적으로 구성원들의 강점과 약점에 대한 정확한 평가에서부터 시작한다. 평가지는 직장 내 구성원들의 행동에 익숙하고 구성원들에게 신뢰를 받는 사람들에 의해 작성되어야 한다. 구성원들은 그 후, 다양한 상황들을 연습하고 무엇이 잘 되었고 무엇이 잘못 되었는지를 반추해봐야 한다. 이러한 과정에서 신뢰하는 친구나 코치의 지원은 구성원들이 현실적으로 자신의 기분과 행동, 그리고 다른 사람들의 기분과 행동을 분석하는 것을 도와줄 수 있다. 구성원들이 다른 사람들과 보다 효과적으로 지내는 법을 학습하기 시작하면서, 이들의 감성지능은 더욱 성장할 수 있는 가능성을 가지게 된다.

현대의 조직행동

강점경영 패러다임

국내 기업들 중 강점경영에 관심을 갖는 경우가 늘어나고 있다. 강점경영은 갤럽이 개발한 CliftonStrengths라는 진단도구를 활용하여 업무 생산성을 향상시키는 효과를 목적으로 한다.

기업 팀 빌딩을 강화하는 CliftonStrengths라는 역량진단도구는 '강점 찾기'라고도 알려져 있다. CliftonStrengths는 개인이 타고난 재능과 강점을 인식하도록 돕기 위해 갤럽이 고안한 전문 평가 도구이다. 이 도구는 사람들이 자신의 약점을 개선하려고 노력하기보다는 자신의 강점에 집중할 때 더 효율적이고 흥미로우며 성공할 수 있다는 개념에 기반을 두고 있다. CliftonStrengths의 진단도구는 크게 네 가지 Domain에 따라 총 34개의 강점을 진단한다.

영역	강점
실행력	성취, 정리, 신념, 공정성, 심사숙고, 체계, 집중, 책임, 복구
영향력	행동, 주도력, 의사소통, 승부, 최상화, 자기확신, 존재감, 사교성
대인 관계 구축	적응, 연결성, 개발, 공감, 화합, 포용, 개별화, 긍정, 절친
전략적 사고	분석, 회고, 미래지향, 발상, 수집, 지적사고, 배움, 전략

특히 CliftonStrengths는 기업의 팀 빌딩을 위한 강력한 도구로서 팀의 성과와 생산성을 개선하고자 하는 조직에 다양한 이점을 제공한다. 기업이 기업 팀 빌딩 워크숍에 CliftonStrengths를 사용해야 하는 주요 이유는 다음과 같다.

CliftonStrengths는 온보딩 교육에 활용될 때 신입 직원이 회사에 입사해서 조직에 잘 적응하는 것을 도와준다. CliftonStrengths는 신입사원이 자신의 강점과 다른 팀원들의 강점을 이해함으로써 팀 역동성에 빠르게 적응할 수 있도록 지원하고 온보딩 프로세스를 크게 향상시킬 수 있다.

신입 팀원은 처음부터 자신의 고유한 강점을 파악하고 이해함으로써 자신이 기여할 수 있는 점을 더 잘 이해하고 자신이 탁월할 수 있는 분야를 찾을 수 있다. 또한 CliftonStrengths는 팀원 간에 공통의 언어를 제공하고 이해를 공유하여 유대감을 강화하고 효과적인 커뮤니케이션을 촉진한다.

모두가 동일한 강점 언어를 사용하면 서로의 기여를 더 쉽게 인식하고 소중히 여기게 되어 협력적이고 포용적인 업무 환경이 조성된다.

CliftonStrengths는 팀원들이 자신과 타인을 인식하는 방식에 있어 인사이트를 제공함으로써 팀원들이 동료가 왜 자신과 다른 방식으로 생각하거나 업무에 접근하는지 이해할 수 있도록 도와준다. 이렇게 서로에 대한 이해를 증진시킬 수 있다면 팀원들이 다른 관점에서 사물을 바라볼 수 있게 되고 갈등관리에도 도움이 될 수 있다. CliftonStrengths를 통해 팀원들은 각 개인이 가진 다양한 강점과 재능을 인정하는 법을 배운다. 이러한 인식은 공감을 촉진하고 팀이 공동의 목표를 향해 더욱 조화롭게 협력할 수 있게 해준다. 이제 팀원들은 서로 간의 차이로 인해 팀을 분열시키는 대신 다양한 강점의 가치를 인정하고 이를 활용하는 방법을 이해해야 한다. 각 개인의 강점은 다른 사람의 강점과 상호보완적으로 작용하여 팀의 집단적 역량이 최대한 발휘되는 시너지 협업으로 이어질 수 있다.

출처 : gallup.com; cliftonStrengths

요약

대표적인 개인차의 두 가지 유형은 성격과 능력의 차이이다. 성격과 능력의 결정요인과 개인차의 결과들을 이해하는 것은 조직행동을 관리하는 데 필수적이다. 사람들 각자가 매우 다르기 때문에, 개인차의 선천성에 대한 정확한 인식이 조직 내 행동을 이해하는 데 반드시 필요하다. 이 장에서 다룬 주요 내용은 다음과 같다.

1. 성격은 사람들이 느끼고 생각하고 행동하는 지속적인 패턴을 의미한다. 성격은 선천적인 요인(생물학적 유산)과 후천적 요인(상황적 요소)에 의해 결정된다. 성격에 의해 예측될 수 있는 조직 내 결과는 직무만족, 직무스트레스, 리더십 효과성 등이다. 성격은 상황적 제약이 있는 경우 조직 내 결과를 예측하기 위한 유용한 요인이 아니다. 성격은 시간이 지나도 잘 변하지 않기 때문에 관리자들은 성격을 단기간에 바꾸려 해서는 안 된다. 관리자들은 반드시 구성원들의 성격을 있는 그대로 받아들이고 그 사람을 효과적으로 다룰 수 있는 방법을 개발해야 한다.
2. 조직구성원의 기분, 생각, 태도, 행동들은 성격과 상황의 상호작용에 의해 결정된다.
3. Big Five 성격특성은 외향성(또는 긍정적 정서), 신경증(또는 부정적 정서), 친화성, 성실성, 경험에 대한 개방성이다. 특히 조직행동과 관련이 있는 다른 성격특성들에는 통제위치, 자기감시, 자아존중감, 유형 A와 유형 B 성격, 성취욕구 · 친교욕구 · 권력욕구가 포함되어 있다.
4. 다른 성격을 가지고 있는 것과 마찬가지로 구성원들의 능력 또한 다르게 나타난다. 능력의 중요한 두 가지 종류는 인지능력과 신체능력이다.
5. 인지능력은 일반지능 아래에 위계적으로 놓여 있다. 인지능력의 구체적인 유형들은 언어능력, 수리능력, 추론능력, 연역적 능력, 관계를 보는 능력, 기억능력, 공간능력, 지각능력이다.
6. 신체능력에는 조작 기술과 육체적 기술이라는 두 가지 유형이 있다.
7. 선천성과 후천성 모두 신체능력과 인지능력을 결정하는 데 기여한다. 능력의 세 번째 종류는 감성지능이다.
8. 조직의 능력은, 업무를 수행하는 데 필요한 능력을 가지고 있는 사람들을 선발하거나, 능력이 활용될 수 있는 직무에 구성원들을 배치하거나, 구성원들이 자신의 능력을 강화할 수 있도록 훈련함으로써 향상된다.

토론사례

성격검사를 채용의 기준으로 사용하는 것이 타당한가?

채용 관리자인 마리아는 동등한 자격을 갖춘 두 명의 지원자 중에서 한 사람을 결정하기 위해 고심하고 있다. 두 사람 모두 인상적인 이력서를 가지고 있고 면접에서 우수한 성적을 받았다. 성격 평가에서 짐은 개방형 리더십 직책에 중요한 두 가지 자질인 '외향성'과 '개방성'에서 사만다보다 낮은 점수를 받았다. 이러한 결과를 바탕으로 마리아는 사만다에게 마음이 기울고 있지만 궁금한 점이 있다. 인성 검사가 업무 성과를 예측하는 좋은 지표일까? 많은 기업이 그렇게 생각하는 것 같다. 미국 인사관리협회의 설문조사에 따르면 인사 전문가의 32%가 임원 후보자를 평가할 때, 28%는 중간 관리자 직책에 인성 검사를 사용한다고 한다. 또한 직장 내 성격 평가 시장은 연간 20억 달러 이상에 달한다. 유전자와 인생 경험의 불가사의한 조합으로 형성된 성격이 동료와의 관계, 직업 윤리, 성실성, 전반적인 성과 등 직장에서의 업무 수행 방식에 영향을 미친다는 것은 당연한 일이다. 하지만 인성검사가 실제로 업무 성공을 예측할 수 있는지에 대한 증거는 확실하지 않다. 일부 채용 관리자와 연구자들은 인성검사를 직원 채용 결정에 활용하는 것을 강력하게 지지하는 반면, 다른 연구자들은 인성검사의 예측력이 점성술보다 조금 더 낫다고 주장한다.

최초의 현대적 성격 테스트는 제1차 세계대전 중 미 육군이 전장에서 당황하기 쉬운 병사를 식별하기 위해 개발했다. 우드워스가 개발한 성격 테스트는 다음과 같다. "질식할 것 같은 느낌을 자주 받습니까?", "남성성을 잃었다고 생각한 적이 있습니까?" 등의 질문으로 구성되어 있다. 다른 테스트도 개발되었으나 오늘날에 널리 사용되는, 가장 유명한 성격진단평가는 1943년에 도입된 MBTI이다. 성격을 'ISTJ(내향-감각-사고-판단)' 또는 'ENFP(외향-직관-감정-지각)'와 같은 4글자 총 16가지로 분류하는 MBTI(Myers-Briggs Type Indicator) 버전을 당신도 사용해 보셨을 가능성이 높다.

스위스의 정신과 의사 칼 융의 이론을 바탕으로 개발된 MBTI는 심리학을 정식으로 교육받은 적이 없는 캐서린 브릭스와 그녀의 딸 이사벨 마이어스에 의해 개발되었다. 그후 이 테스트는 많은 비판의 대상이 되었음에도 불구하고 오늘날 포춘 100대 기업 중 89%가 채용 전후의 목적으로 사용할 정도로 꾸준한 인기를 누리고 있다.

그렇다고 성격이라는 개념이 과학적으로 타당하지 않다는 것은 아니다. 현재 많은 심리학자들은 인간의 성격을 개방성, 성실성, 외향성, 친화성, 신경증이라는 'Big Five'의 기본 특성으로 축소할 수 있다는 데 동의한다. 연구에 따르면 이러한 특성은 50개 이상의 문화권에서 온 사람들의 성격을 설명할 수 있을 정도로 매우 보편적인 것으로 나타났다. 따라서 현대의 많은 성격 테스트는 이러한 특성을 극단적인 외향성에서 극단적인 내향성까지, 그리고 그 사이의 모든 특성을 연속적으로 평가한다. 2,000여 종의 성격 테스트 중 대부분은 엄격한 과학적 검증이 부족하다. 하지만 특정 테스트가 정확한 결과를 제공할 수 있다고 가정하더라도 채용 목적으로 인성 검사를 사용하는 것에 대해 다시 한 번 생각해야 한다.

출처 : 'Lots of Companies Use Personality Tests for Hiring Decisions. Here's Why That Can Backfire', Neuro-Leadership Institute, neuroleadership.com, April 27.2023.

토론문제

1. 성격을 채용의 한 지표로 사용하는 데 동의하는가? 아니면 반대하는가?
2. 찬성하면 그 이유와, 반대한다면 그 이유를 합리적으로 설명해보자.

제 3 장

가치관, 태도, 기분 및 감정

개관

단원 목차

요약

학습목표

이 단원을 학습한 후 다음을 이해할 수 있다.

- 작업 가치, 윤리적 가치의 특성 및 이러한 가치들이 조직에서 중요한 이유를 설명할 수 있다.
- 조직구성원들의 기분과 감정을 이해하는 일이 왜 중요한지 이해할 수 있다.
- 조직에서 감정의 변화가 일어나는 이유를 알 수 있다.
- 직무만족의 특성, 원인, 이론, 결과에 대해 설명할 수 있다.
- 정서적 몰입과 유지적 몰입을 구분할 수 있게 되고 조직행동을 이해하는 데 있어 이러한 몰입들이 주는 시사점을 알 수 있다.

IKEA의 핵심가치와 채용 다양성

IKEA의 핵심가치는 이 가구 대기업이 비용 리더십 비즈니스 전략을 유지하기 위해 비용 효율적인 비즈니스 운영을 유지하는 데 중요한 역할을 한다. 다시 말해 비용 리더십 비즈니스 전략으로 인해 IKEA는 직원들에게는 가장 경쟁력 있는 금전적 보상을 제공하지 않는다. 그 대신, 주택 개량 및 가구 체인인 이 회사는 무형의 혜택으로 직원들을 끌어들이고 있으며, 이는 IKEA 기업의 핵심가치에 깊이 통합되어 있다. IKEA는 직원을 채용할 때 다음의 핵심가치에 따라 채용을 하는 것으로도 유명하다. IKEA 핵심가치는 다음과 같은 가치와 원칙을 기반으로 한다.

1. 신뢰로 함께 하기(togetherness) : 신뢰는 IKEA의 핵심가치이다. IKEA의 직원들은 서로를 신뢰하고 같은 방향을 바라보며 함께 즐길 때 강해진다는 가치를 가지고 있다.
2. 비용절감(cost-consciousness) : IKEA는 가성비를 중시한다. 고객들이 가능한 한 아름답고 기능적인 집을 저렴한 비용으로 가질 수 있도록 도와준다. IKEA는 고객들이 품질 저하 없이 적은 비용으로 더 많은 것을 만들기 위해 끊임없이 비용 절감을 추구한다.
3. 혁신과 개선(renew and improve) : IKEA 직원들은 끊임없이 새롭고 더 나은 방법을 찾는다. 오늘 우리가 무엇을 하고 있든 내일은 더 잘할 수 있다는 자신감을 가진다. 거의 불가능에 가까운 도전을 통해 해결책을 찾는 것은 성공의 일부이며 다음 도전으로 나아가기 위한 영감의 원천이다.
4. 책임감 부여(give and take responsibility) : IKEA는 직원들에게 권한을 부여하고 직원들 역시 서로에게 권한을 부여하고 책임을 지는 것은 권장한다. IKEA 직원들은 서로를 신뢰하고 긍정적이고 미래 지향적인 태도를 가져야 하며 모두가 발전에 기여할 수 있다는 영감을 줄 수 있어야 한다.
5. 사람과 지구를 위한 배려(caring for people and planet) : IKEA 직원들은 긍정적인 변화의 힘이 되고자 한다. IKEA 직원들은 현재와 다음 세대를 위해 의미 있고 지속적인 영향을 미칠 수 있어야 한다.
6. 단순함(simplicity) : IKEA 직원들은 단순하고 직설적이며 현실적인 방식으로 일을 한다. IKEA 직원들은 실용적이며 관료주의를 가장 큰 적으로 여긴다.
7. 다른 의미의 차별성(different with a meaning) : IKEA는 다른 회사와 다르며 다른 회사와 유사해지는 것을 싫어한다. 직원들은 기존 솔루션에 의문을 제기하고, 색다른 방식으로 생각하고, 실험하고, 실수하는 것을 좋아한다.
8. 솔선수범하는 리더십(lead by example) : IKEA 직원들은 리더십을 직책이 아닌 행동으로 보여주는 역할로 본다. IKEA 직원들은 리더를 '행동으로 실천하고 모범을 보이는 사람'으로 정의

IKEA 지점	직원(%)		관리자(%)	
	여자	남자	여자	남자
Ingka Group	55	45	50	50
AL-Futtaim	28	73	46	54
Dairy Farm	48	52	43	57
IKANO Group	47	53	51	49
Miklatrong	61	39	58	42
Al Homaizi	16	84	25	75
House Market	61	39	47	53
Sarton	46	64	48	52
A-Sulaiman	21	79	22	78
MAPA	43	57	35	65
Northen Birch	53	47	40	60
Falabella	52	48	44	56

한다. 리더는 직원들에게 최선을 다하고 직원들의 장점을 끌어내야 한다.

9. 검소함(frugality) : IKEA 창업자이자 오랜 리더였던 잉바르 캄프라드는 1993년식 볼보 240 GL을 20년 동안 운전하고, 벼룩시장에서 옷을 구입하고, 개발도상국 여행 시 이발을 하는 등 검소한 습관으로 유명하다. 창업자의 높은 검소함은 모든 계층의 관리자들이 사업 전 분야에서 비용을 절감하도록 장려하는 방식으로 IKEA 기업문화에 어느 정도 반영되어 있다.

IKEA는 위와 같은 핵심가치에 기초하여 조직문화를 만들어가고 있다. 특히 IKEA는 채용의 다양성을 강조하여, 여성과 남성의 비율을 균형 있게 유지하는 정책을 채택하고 있다. 표에 나타난 바와 같이 직원들과 관리자 계층에 있어 대부분 지점에서 남자와 여자의 비율을 엇비슷하게 맞추어 채용하고 있다.

또한 IKEA는 채용 시 성별뿐만 아니라 인종, 나이, 민족, 성적 취향 등 직원들의 다양성까지 고려하며 다양한 소수자 집단의 직원 대표성을 높이는 것을 목표로 하고 있다. 세계 최대 가구 소매업체인 이 회사는 직원들 간의 차이를 인정하는 것이 창의성에 기여하고 비즈니스 성장에 도움이 된다고 믿는다.

스웨덴 가구 체인인 IKEA는 채용 과정에서 지원자의 성격, 가치관, 태도 등을 파악하는 데 많은 시간과 에너지를 투자하며 IKEA 기업문화에 맞는 인재만을 채용한다.

출처 : IKEA homepage: jobs.ikea.com

개관

일반적으로 구성원들이 업무와 조직에 대해 가지고 있는 가치관은 자신의 행동뿐만 아니라 정서(행복, 건강, 번영을 의미)에도 영향을 미친다. 이 장에서는 업무방식에 따라 조직구성원들의 생각과 감정이 조직행동에 어떠한 영향을 미치는지에 초점을 맞추어 직무만족과 조직몰입의 특성에 대해 살펴볼 것이다. 이 장을 마치게 되면, 여러분은 업무와 연관된 정서와 생각들을 학습함으로써 조직행동을 이해하고 관리할 수 있게 된다.

가치관, 태도, 기분 및 감정

사람들이 업무와 조직에 대해 가지고 있는 생각이나 감정은 업무를 수행하는 데 있어서 중요한 영향을 미친다. 어떤 생각이나 감정은 직무나 조직의 근원적이고 다양한 측면을 반영하기 때문에 일 자체의 특성 및 의미와 밀접하게 연관되어 있다. 이러한 생각이나 느낌을 **가치관**이라고 하며 상대적으로 잘 변하지 않는다는 특성을 지닌다. 작업가치관과 직접적으로 관련된 것이 바로 **작업태도**이다. 작업태도는 가치관만큼 변하기 어려운 것은 아니다. **작업분위기 및 감정**은 시시각각 종업원들이

그림 3.1

직장에서의 가치관

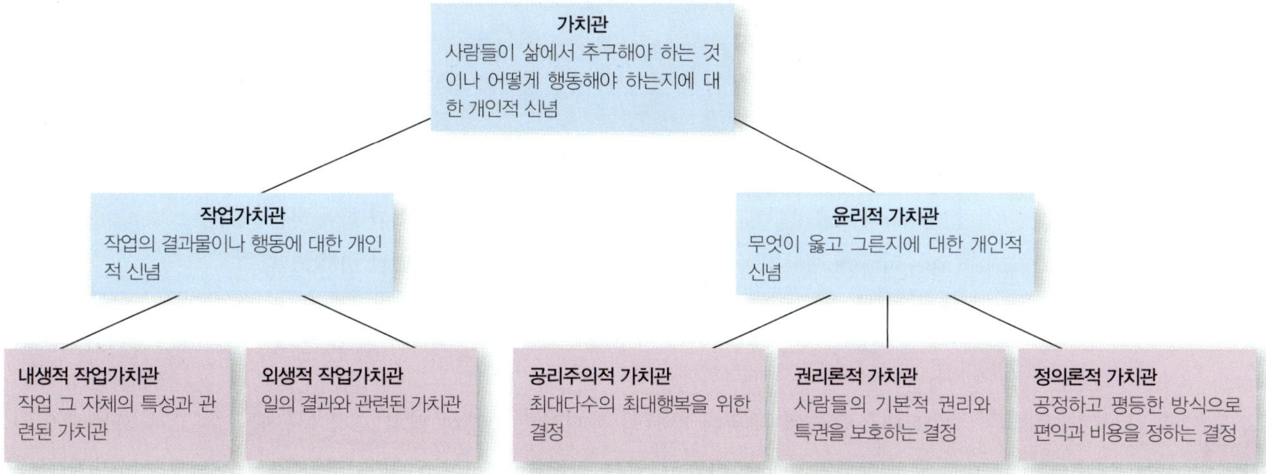

직무를 수행하면서 느끼는 것으로, 일을 경험하는 방식에 영향을 미친다. 그럼 작업경험에 영향을 미치는 요소들에 대해 살펴보자.

가치관의 특성

가치관(values)이란 인간이 생활 속에서 추구해야만 하는 것, 행동양식에 대한 개인적 신념이다.[1] 연구자들은 평화로운 삶, 아름다운 인생, 사회적 인정 등과 같은 다양한 가치관들을 규명해 왔다. 그중에서도 조직행동과 관련된 2개의 가치관이 있다. 바로 작업가치관과 윤리적 가치관이다(그림 3.1 참조).

가치관
삶에서 추구해야 하는 것, 어떻게 행동해야 하는지에 대한 개인적 신념

작업가치관

작업가치관(work values)은 종업원이 조직에 대해 기대하는 것, 행동하는 방식에 대한 개인적 신념이다. 사람들이 일을 통해 획득할 것이라고 기대하는 것은 가족의 안전과 함께 편안한 생활, 성취감 및 자존감, 사회적 인정 및 활기찬 삶 등일 것이다.[2] 이러한 가치관을 통해 사람들은 직장에서 열정적이고 창의적이고 자기관리를 잘하며 타인을 존중하는 행동을 해야만 한다고 생각하게 된다.[3] 따라서 작업가치관은 종업원이 가지는 전반적이고 지속가능한 느낌과 신념이라고 볼 수 있으며 일을 경험하는 방식에 크게 기여한다.

작업가치관
직원이 조직에서 어떤 결과를 기대해야 하는지, 그리고 조직에서 어떻게 행동해야 하는지에 대한 개인적 신념

그렇다면 작업가치관이 조직행동을 이해하고 관리하는 데 있어 중요한 이유는 무엇일까? 작업가치관은 사람들이 조직을 통해 혹은 조직에서 성취하고자 하는 것을 직접적으로 반영하기 때문이다. 예를 들어, 직무를 수행하는 데 있어 새로운 것을 학습하고 성장해나가는 것이 중요하다고 생각하는 사람들은 고속도로 요금소에서 징수원으로 일하는 것을 불행하게 생각할 것이다. 왜냐하면 요금을 징수하는 방법 외에 새로운 것을 학습할 기회가 거의 없다는 것을 알기 때문이다. 결국 일을 하면서 스스로 불행하다고 생각하는 징수원은 요금소를 지나치는 운전자들에게 불친절한 태도를 보이거나 다른 직업을 찾아 떠날 가능성이 높아진다.

조직행동 연구자들은 일반적으로 작업가치관을 두 가지로 분류한다 — 내생적 작업가치관과 외생적 작업가치관.[4]

내생적 작업가치관(intrinsic work values)이란 일 자체의 특성과 관련된 가치관이다. 도전의식을 가

내생적 작업가치관
일 그 자체의 특성과 관련된 작업가치관

표 3.1
내생적 · 외생적 작업가치관의 비교

내생적 작업가치관	외생적 작업가치관
흥미로운 일	높은 임금
도전적인 일	고용안정
새로운 것을 학습하는 것	복리후생
중요한 공헌을 하는 것	사회적 지위
조직에서 잠재성을 실현하는 것	사회적 교류
책임감과 자율성	가족과 함께 하는 시간
창의적인 것	취미를 위한 시간

Jupiterimages/Pixland/Thinkstock

직무 자체의 특성과 관련된 가치를 추구하는 종업원들은 내생적 작업가치관을 가지고 있다고 할 수 있다. 이러한 종업원들은 새로운 일에 도전하고 배우려 하며, 자신의 잠재력을 충분히 펼쳐 조직성과에 공헌을 하려 한다.

외생적 작업가치관
일의 결과와 관련된 가치관

지고 새로운 것을 배우며 자신의 잠재력을 충분히 펼쳐 조직에 공헌을 하고자 하는 종업원이 바로 내생적 작업가치관을 가지고 있는 사람들이다. 종업원은 개인적 성장을 도모하기 위한 기회들을 원한다. 동시에 자신의 모든 기술과 능력을 사용할 수 있고 책임감과 자율성이 부여된 일을 하길 원한다. 모험을 시도하고 창의적인 일을 즐기며 타인을 돕는 것을 희망하는 종업원들은 자신들이 새로운 비즈니스를 개척하든, 새로운 악단을 구성하든, 문제가 있는 10대들을 돕든 수행하는 업무가 자신에게 매우 중요하기 때문에 내생적 작업가치관에 만족하게 된다.

한편, 직무의 본질적인 특성들에 가치를 부여하기보다 일의 결과와 관련된 **외생적 작업가치관**(extrinsic work values)을 중요시하는 종업원도 있다. 외생적 가치를 가지고 있는 종업원이 일을 하는 가장 중요한 이유는 돈을 벌기 위함이다. 이들은 직업을 자신과 가족의 경제적인 안정을 제공하는 수단으로 여긴다. 일을 통해 얻게 되는 조직이나 사회에서의 지위, 사회적 교류, 가족들과 함께 누릴 수 있는 시간적 여유, 취미 생활, 자원봉사 참여 등이 또 다른 외생적 가치들이라 볼 수 있다.

일을 하는 것이 생계를 꾸려나가는 데 중요하기 때문에 대부분의 사람들은 일의 가치를 외생적인 측면에 두게 된다. 하지만 내생적 가치관을 중시하는 사람들도 증가하는 추세다. 사람에 따라 외생적 가치관과 내생적 가치관에 두는 비중이 같을 수는 없다. 가르치는 것을 좋아하는 초등학교 교사가 컴퓨터 회사의 영업사원처럼 높은 임금을 주는 일자리를 얻기 위해 자신의 일을 그만두게 되면, 내생적 가치관보다 일의 외생적 가치관을 더 강하게 가지고 있는 경우라고 볼 수 있다. 보수가 적은 사회운동가는 자신이 중요한 일을 하고 있다고 믿기 때문에 장애인 가족이나 아이들을 돕는 일을 한다. 이들은 일의 외생적 가치관보다 내생적 가치관을 더 강하게 가지고 있다고 볼 수 있다.

조직에서 큰 변화가 일어났을 때, 관리자는 종업원의 가치관에 대해 철저하게 파악할 필요가 있다. 관리자는 종업원이 업무에 더욱 흥미를 느끼도록 많은 의사결정 권한을 부여하고, 다양한 활동들을 할 수 있는 기회를 제공해줌으로써 종업원의 사기를 진작시킬 수 있다. 컴퓨터 회사의 관리자는 부하직원인 판매사원들에게 다양한 유형의 소비자들에게 전화를 걸도록 지시하고 판매와 관련된 자율권과 책임감을 부여함으로써 이들의 동기를 유발할 수 있다.

동기유발의 성공여부는 직무변화가 얼마나 종업원들의 가치관과 부합하는가에 달려 있다. 컴퓨터 판매사원이 일의 외생적 가치를 매우 중요하게 여긴 나머지 단지 금전적 보상에 의해서만 동기부여 되는 때에는 일을 아무리 흥미롭고 도전적으로 변화시켜도 아무 소용이 없다. 이러한 경우 관리자는 직원이 추가적인 금전적 보상보다 일 그 자체를 즐긴다고 생각하여 직무변화에 공을 들였다면 그 노력들은 결국은 역효과를 가져올지도 모른다. 일의 외생적 가치를 추구하는 종업원들은 일의 본질적인 변화보다는 고용안정이나 금전적 보상에 쉽게 반응하기 때문이다.

앞서 종업원들의 일에 대한 가치관은 성취하고자 하는 목표와 관련되어 있음을 알 수 있다. 따라서 관리자들은 직무 · 근로시간 · 직무환경 등에서 변화가 일어났을 경우 부하직원들이 추구하는 가치관들을 미리 고려해야 할 필요가 있으며, 조직에서 일어나는 변화나 사건에 대해 종업원들이 얼마나 다르게 반응할지를 예측한 후 조직행동을 관리해야 할 것이다.

윤리적 가치관

윤리적 가치관(ethical values)은 옳고 그름에 대한 개인적 신념을 의미하며 자신의 행위에 정당함을 부여하고 바람직한 의사결정을 내릴 수 있도록 한다.[5] 윤리적 가치관은 행위의 정당성의 여부가 분명하지 않은 상황에서 정의로운 결정을 내릴 수 있도록 도움을 주기도 한다. 특정한 윤리적 가치는 개인의 품행에 초점을 두고, 정직함 · 진실성과 같은 옳고 그름의 기준을 제공한다.[6]

윤리적 가치관
옳고 그른 것에 대한 개인적 신념

윤리적 가치관은 타인, 집단에 이익이나 해가 될 수 있는 의사결정을 해야 하는 경우 중요한 역할을 한다. 특히 윤리적 가치관은 특정 개인이나 집단에게는 도움을 주고, 다른 사람들에게는 해가 되는 경우 행동을 결정하는 중요한 가이드가 된다.[7] 예를 들어, 코닥과 같은 대기업은 자사의 상품과 서비스에 대한 수요감소가 문제가 될 때, 수천 명의 종업원들을 해고할 계획을 발표하고 이를 통해 기업의 주가를 다시 상승시킬 수 있었다.[8] 종업원 수를 감축시킴으로써 비용은 줄이고 수익성도 높일 수 있다고 믿었기 때문이다. 이러한 행동은 주가를 상승시키고 주주들에게 이로움을 줄 수 있지만 해고를 당하는 종업원들에겐 큰 상처를 주게 된다. 이런 경우 윤리적 가치관은 중요한 가이드가 될 수 있다.

공리주의적 가치(utilitarian values), **권리론적 가치**(moral right values), **정의론적 가치**(justice values)는 어떤 의사결정이나 행위가 타인에게 이로움이나 해로움을 줄 수 있는 가능성이 있을 때, 결정적인 가이드가 될 수 있다.[9] 공리주의적 가치는 최대다수의 최대행복을 이끄는 방향으로 의사결정이 내려져야 한다는 것을 주장한다. 권리론적 가치는 자유, 안전, 사생활 보호와 같은 개인의 인권이나 권리를 보호하는 방식으로 의사결정이 내려져야 함을 강조하는 가치이다. 정의론적 가치는 이익이나 비용분배에 대한 의사결정이 공정하고 부당하지 않은 방식으로 취해져야 함을 강조한다.[10]

공리주의적 가치
최대다수의 최대행복을 위한 의사결정이 내려져야 함을 강조하는 가치

권리론적 가치
자유, 안전, 사생활 보호와 같은 개인의 인권이나 권리를 보호하는 방식으로 의사결정이 내려져야 함을 강조하는 가치

정의론적 가치
이익이나 비용분배에 대한 의사결정이 공정하고 평등하고 부당하지 않은 방식으로 취해져야 함을 강조하는 가치

이러한 각각의 윤리적 가치는 어떤 행동이 윤리적인지 아닌지를 평가할 때 고려되어야 한다. 하지만 비록 윤리적 가치들이 의사결정을 내리기 위한 지침이 된다 하더라도 종업원들은 윤리적 딜레마에 자주 직면하게 된다. 왜냐하면 의사결정에 따라 사람들의 이해관계는 충돌할 수밖에 없기 때문이다. 어떻게 서로 다른 집단들에게 이익과 비용을 분배해야 할지, 어떤 권리들이 보호되어야 하는지, 공정한 윤리적 의사결정은 무엇인지 등의 가치관이 명확하지 않을 때가 많고 상황에 따라 달라질 수 있다.[11] 가령, 조직에 충성하는 종업원들에게는 어떤 종류의 고용안정성을 보장해주어야 할까? 기업은 자신의 주주들에게 어떤 혜택을 보장해주어야 할까? 이런 문제는 개인과 그가 속한 조직의 상황에 따라 달라지게 된다.

사람들은 가족, 동료, 학교나 종교기관 등을 통해 자신의 윤리적 가치관을 발전시켜 나간다.[12] 조직 내에서 윤리적 가치들은 종업원의 행동에 지침이 된다. 특히 전문영역을 가지고 있는 사람들은 '직업윤리'를 가지고 있다.[13] 가령 의사, 변호사, 대학교수들은 적절하거나 부적절한 행동과 관련된 직업윤리 의식이 투철하다.

개인윤리, 직업윤리, 사회적 윤리들은 모두 조직의 윤리적 강령에 기반한다. **윤리적 강령**(code of ethics)은 개인이나 집단의 이해가 첨예하게 대립되는 경우, 적절한 의사결정을 내릴 수 있도록 윤리적 가치와 신념에 근거해서 만든 일련의 공식적 규칙이나 기준이다.[14] 월드컴, 엔론, 타이코, 아델피아, 임클론[15]과 같은 기업에서 일어난 스캔들, 불법행위, 사기 등의 사건들은 종업원들이 윤

윤리적 강령
개인이나 집단의 이해가 첨예할 때 종업원들이 적절한 의사결정을 위해 사용할 수 있도록 옳고 그름에 대한 윤리적 가치나 신념에 근거해서 만든 일련의 공식적 규칙이나 기준

리적 방식으로 행동하고 윤리강령을 따르지 않았기 때문이다. 문제는 종업원들이 윤리강령을 준수하지 않고 감사기관, 주거래 은행, 분석가, 채권자들과 같은 외부의 기관들 역시 나서지 않고 침묵한다는 데 있다.[16] 하지만 엔론의 경우처럼, 내부고발자(Sherron Watkins)의 폭로에 의해 조직의 비리가 드러나는 경우도 있다.[17] **내부고발자**(whistleblower)는 조직의 불법적이고 비윤리적인 행위 등을 대중이나 다른 사람들에게 폭로하는 사람이다.[18]

내부고발자
조직의 불법적이고 비윤리적인 위법 행위 등을 대중이나 다른 사람들에게 폭로하는 사람

엔론에는 윤리강령 및 이해상충에 관한 정책 등의 시스템이 구축되어 있었고, 종업원들이 이를 제대로 준수했었더라면 고공행진을 하던 회사의 추락을 막을 수 있었을 것이다. 그러나 정작 감시 감독해야 할 의무가 있는 이사회는 재무제표에 담보증권을 공개하지 않아도 되는 부외자산 파트너십(off-balance-sheet partnerships) 강령 및 정책을 문제 삼지 않았다.[19] 이는 엔론이 몰락할 수밖에 없는 결정적인 원인이 되었다. 한편 타이코에서는 윤리적인 정책을 집행하는 담당 변호사가 기록 조작 혐의로 고소되었다. 엔론의 외부회계 감사법인 LLP의 Arthur Andersen은 엔론과 관련된 회계기록을 넘기지 않기 위해 관련된 모든 문서와 컴퓨터 파일을 파기한 혐의로 사법 당국에 고소되었다. Arthur Andersen은 엔론의 회계 감사뿐만 아니라 자문서비스도 병행하여 감사책임을 담당해야 했었으나 이를 철저하게 실행하지 못했다.[20]

2002년 미국의 연방정부는 사베인스 옥슬리법(Sarbanes-Oxley Act)을 통과시켰고 주식회사의 회계보고 책임과 의무를 가중시켰으며, 외부회계감사 기관의 독립을 요구했다.[21] 또한 내부고발자를 보호하고 (탈세 · 횡령 · 뇌물 등의) 지능 범죄에 대한 처벌수위를 강화하였다. 이 법은 1930년대 이후로 미국 연방법을 가장 극적으로 변화시킨 경우이다.[22]

사베인스 옥슬리법의 통과가 기업 윤리강령의 필요성을 과연 약화시켰을까? 절대 그렇지 않다. 오히려 이 법은 윤리적 강령을 엄격하게 준수하였다. 기업이 사기혐의로 기소되는 경우를 살펴보자.[23] 조직 내에서 사기나 뇌물행위 적발을 위한 윤리적 프로그램이 실행되고 있고, 종업원들에게 윤리적 행위를 하도록 요구한다면 법원은 처벌의 수위를 낮추게 된다. 마찬가지로 포드나 존슨앤드존슨과 같은 많은 기업들은 Integrity Interactive Corp.나 Legal Knowledge Co.에서 제공하는 온라인 프로그램을 통해 종업원들의 윤리교육을 실행하고 있다.[24] 1988년에 설립된 National Whistleblower Association과 같은 많은 비영리조직들도 내부고발자들을 지속적으로 지원하고 있다.[25] 다행히도 기업의 불법행위 및 지능형 범죄에 대한 처벌, 사베인스 옥슬리법의 실행, 내부고발자의 보호 등에 대한 대중의 의식이 높아지면서 조직의 비윤리적인 행동이 감소하는 추세다.

따라서 창업을 하고 자신의 회사를 운영하게 되는 사업가들은 윤리적 가치를 준수하고 조직과 종업원들에게 윤리적 행위를 실천하도록 학습시켜야 한다.

작업태도의 특징

작업태도
현재 종업원들이 자신의 직무와 조직에 대해 가지고 있는 것으로 어떻게 행동할지에 대한 감정, 신념, 생각들의 집합

작업태도(work attitudes)란 종업원들이 직무와 조직에 대한 감정, 신념, 생각들의 집합을 통해 표출하는 행동방식을 말한다. 작업태도는 가치보다는 구체적이지만 오랫동안 지속되지 않는다. 왜냐하면 종업원들이 직무에서 경험하고 느끼는 것들은 시간이 지나면 변하기 때문이다. 예를 들어 종업원을 둘러싼 직무환경은 순환근무 혹은 승진유무 등의 다양한 이유로 바뀔 수 있고, 이에 따라 종업원들의 직무태도도 변할 수 있다. 반면 개인이 지니는 가치관은 쉽게 변하지 않으며 직업이나 조직을 바꾸더라도 유지된다. 조직행동에서 특별히 초점을 두고 있는 두 가지 작업태도는 직무만족과 조직몰입이다.

직무만족
사람들이 현재 자신의 직무에 대해 가지고 있는 감정이나 믿음의 총합

직무만족(job satisfaction)은 종업원이 현재 자신의 직무에 대해 가지고 있는 감정과 믿음의 총합이다. 종업원의 직무만족 정도는 '매우 만족'에서 '매우 불만족'까지 그 범위를 나눌 수 있다. 종업원들은 직무 전반에 대한 태도뿐 아니라 맡고 있는 일의 유형, 동료, 상사, 부하, 임금 등 직무의

다양한 측면들에 대해 각기 다른 태도를 보일 수 있다.

조직몰입(organizational commitment)은 종업원들이 조직 전반에 대해 가지고 있는 감정과 신뢰의 총합이다. 조직몰입의 수준은 '매우 높은 수준'에서 '매우 낮은 수준'까지 다양하다. 종업원들은 조직의 승진제도, 제품의 질, 윤리적 이슈에 대처하는 조직의 방식 등 다양한 측면을 고려하여 자신의 개인적 태도를 형성하게 된다.

조직몰입
종업원들이 조직 전반에 대해 가지고 있는 감정이나 신뢰의 총합

직무만족 및 조직몰입과 같은 작업태도들은 감정(정서적 요소), 신뢰(인지적 요소), 생각(행동적 요소)의 세 가지 요소로 구성되어 있다(그림 3.2 참조).[26] 정서적 측면에서 봤을 때 종업원 태도는 자신의 직무나 조직에 대해 가지고 있는 감정이며, 인지적 측면에서의 종업원 태도는 직무나 조직에 대한 신뢰를 의미한다. 행동적 측면에서의 종업원 태도는 직무나 조직에서 어떻게 행동해야 할지에 대한 종업원의 생각을 의미한다. 이러한 작업태도들은 지속적으로 상호작용을 하게 된다.

직무만족이나 조직몰입은 직무경험에 영향을 주는 핵심요인들이며, 조직행동을 이해하고 관리하기 위해 반드시 필요하다. 따라서 우리는 이 장에서 더 심도 있게 두 가지 작업태도에 대해 알아볼 것이다.

분위기 및 감정의 특징

작업분위기(work mood)는 종업원들이 직무를 수행하면서 느끼는 감정에 따라 달라진다. 직장에서 종업원들은 흥미와 열정을 보이기도 하고, 분노와 초조함을 느끼기도 하며, 피곤함과 나태함을 느낄 수도 있다. 작업분위기는 가치관이나 태도에 비해서 더 자주 변한다. 오늘 아침 이후, 혹은 어제와 비교했을 때 나의 기분이 어떻게 변화되고 있는지 곰곰이 생각해보자. 여러분은 작업분위기가 변화되는 이유에 대해서 답을 찾을 수 있을 것이다.

작업분위기
종업원들이 직무를 수행하면서 느끼는 감정

사람들은 직장에서 다양한 기분의 변화를 경험함에도 불구하고, 통상적으로 기분은 긍정적인 감정과 부정적인 감정 두 가지로 구분된다. 사람들은 긍정적인 기분일 때 일에 흥미를 느끼고, 열정적이 되며 기운이 넘치는 것을 볼 수 있다.[27] 반면 부정적인 기분일 때는 스트레스를 받게 되고, 때로는 좌절하며 적개심과 불안함을 느끼게 되는 것을 알 수 있다.[28] 가끔 종업원들은 매우 긍정적이지도 매우 부정적이지도 않은 기분을 느끼기도 한다. 이럴 때 나른하거나, 단조롭고, 활기가 없는, 혹은 차분하고 편안한 상태의 기분을 경험한다.[29] 종업원들의 성격과 직장의 상황적 요인들이 긍정적, 부정적 혹은 그저 그런 기분을 형성하는 데 영향을 준다.

긍정적 정서가 강한 종업원들은 직장에서도 긍정적 분위기를 형성하는 반면, 부정적 정서가 강한

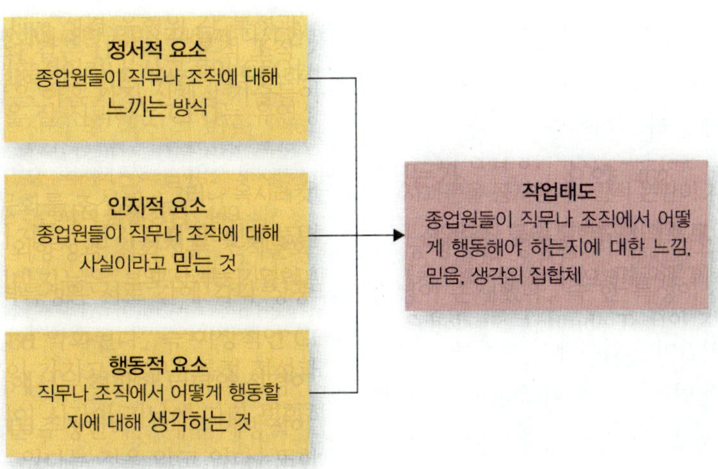

그림 3.2
작업태도의 요소

종업원들은 상대적으로 부정적인 분위기를 형성하게 된다. 조직의 다양한 상황적 요인들 또한 작업분위기에 영향을 미친다. 승진을 하거나 동료들과 친분을 나눌 수 있는 자리와 같은 매우 중요한 일, 혹은 마음에 드는 자리배치와 같은 사소해보이는 일들까지도 기분에 영향을 준다.[30] 잠시 여러분의 기분에 영향을 미치는 여러 가지 요소들을 생각해보자. 날씨, 학교나 집에서 느끼는 압박감, 삶의 행복 등을 상기시켜보자. 이러한 감정들은 일과 관련이 없어 보여도 실제로는 일을 하면서 느끼는 기분에 영향을 줄 수 있다. 결혼생활에서 오는 행복감은 직장 안팎에서 좋은 기분을 느끼게 하지만, 배우자와 다툰 이후의 우울함은 그날 업무에 지장을 초래할 수도 있다.

경멸적 행위
다른 사람에 대한 존중과 배려가 부족한 무례한 대인 간 행동

연구결과, 직장 내에서 빈번하게 발생하는 **경멸적 행위**(workplace incivility)나 상대방을 존중하지 않는 무례한 행동들은 종업원들의 부정적인 기분을 증폭시키는 것으로 나타났다.[31] 대면해서 풀어가야 할 소통들이 전화나 이메일로 대체되고 업무에 대한 압박감이 증가하는 분위기 속에서, 관리자나 종업원들 간에 예의를 지키고 존중하는 분위기는 약화되고 상대방의 무례한 행동에 대한 비난은 늘어난다.[32] 사무실 안에서 보여지는 경멸적 행위는 동료나 부하직원을 무시하거나 거친 말을 하는 것, 잠깐의 대화를 위한 시간조차 내지 않는 것, 목소리를 높이고, 빈정대고, 도움요청을 거부하고, 싸움을 하는 것까지 매우 다양하다. 이러한 경우 발생하게 되는 결과는 서로의 기분을 상하게 하는 것은 물론이고 직무만족과 조직몰입을 저해하기도 한다.[33]

많은 연구들은 종업원들의 기분이 조직행동을 이해하고 관리하는 데 중요한 요소임을 보여준다.[34] 이를테면 긍정적인 기분을 느끼는 종업원들은 주변 사람들, 고객들을 포함한 다양한 사람들을 잘 도와주고 지각이나 결근도 잘 하지 않는다.[35] 한 연구에서는 직장에서 긍정적 기분을 가진 영업사원들은 그렇지 않은 종업원에 비해 백화점에 온 소비자들에게 더 좋은 서비스를 제공하였다.[36] 또 다른 연구는 리더가 경험하는 긍정적 정서가 부하직원들의 성과와 밀접한 관련이 있다는 결과를 보고하였다.[37] 즉 기분이 창의성, 의사결정, 판단의 정확성과 같은 중요한 조직행동에 영향을 미치는 것으로 나타났다.[38]

최근 연구들은 기분의 영향이 상황이나 맥락에 따라서도 달라질 수 있다는 것을 주장한다.[39] 즉 사람들이 긍정적 기분을 느낄 때, 특이한 단어조합과 같은 창의적인 아이디어를 잘 생각해낸다는 것을 발견하였다.[40] 그 이유는 긍정적 기분이 사람들의 사고의 폭을 확장하는 데 기여하기 때문이다. 그러나 또 다른 연구들은 부정적 기분이 때로는 창의성을 증진시킬 수 있다고 보고하였다. 이를테면 직무상 창의적인 일에 매달려야 하고, 스스로 의사결정해야 하며, 아이디어를 고안해내야만 하는 압박에 시달릴 때 부정적인 기분은 종업원으로 하여금 더 분발하고 더 많은 노력을 기울여 창의적인 성과를 내도록 이끈다.[41] 긍정적 기분이나 부정적 기분 혹은 이 두 가지 기분 모두가 창의성을 증진시킬 수 있는지의 여부는 결과적으로 기분과 창의성의 관계가 추구하는 목표나 목적, 업무에 대한 분명한 피드백, 수행하는 과업의 특성 등과 같은 상황적 요인에 의해 좌우된다.[42] 긍정적 기분과 부정적 기분이 의사결정에 영향을 미친다는 연구 역시 앞선 논의와 맥을 함께한다. 이 두 관계는 결국 의사결정의 유형, 의사결정자의 목표, 의사결정자에게 이용 가능한 정보의 유형 같은 상황적 요인에 따라 달라진다.

작업분위기는 조직행동에 지대한 영향을 미치기 때문에 조직의 관리자들은 종업원들의 긍정적 기분을 유발시키기 위해 많은 노력을 기울여야 한다. 조직은 종업원에게 기분 좋게 일할 수 있는 쾌적한 사무실을 제공하고, 유머와 칭찬을 아끼지 않으며, 사회적 교류를 위해 많은 기회들을 제공해야 한다. 작업분위기는 연구자들뿐만 아니라 실무자들에게도 주된 관심의 대상이다. 모든 종업원들은 특정 시간이나 업무에서 부정적 기분을 경험할 가능성이 항상 존재하기 때문에 그러한 상황들이 가져올 수 있는 결과를 이해하고, 효과적인 행동으로 이어질 수 있도록 하는 것이 중요하다.

감정은 그 자체로 종업원의 행동이나 사고를 중단시키거나 방해하지는 않는다. 그러나 감정은

기분보다는 훨씬 더 강렬하다. **감정**(emotions)은 구체적인 사건이나 원인에 대한 한 순간의 느낌이며, 사고 과정의 흐름을 끊거나 행동에 영향을 준다. 감정이 어떤 일이 일어났거나 일어날 수도 있다는 것을 알려주는 기능을 한다는 점을 미루어봤을 때, 개인의 행복(well-being)까지도 영향을 줄 수 있다고 볼 수 있다.[43] 따라서 감정은 우리에게 주의를 기울일 필요가 있거나 해야 할 일을 알려주는 역할을 한다. 이를테면, 새로 뽑힌 직원의 4분기 실적이 저조해서 곧 해고될 것이라는 정보를 접하게 되었을 때 사람들은 이러한 잠재적 위협에 어떻게 대처해야 할지를 생각하게 되고, 때론 지속적인 업무수행을 방해하기도 한다. 연구자들은 화, 혐오, 슬픔, 두려움, 놀람, 자부심, 행복 등의 감정이 보편적이면서 비언어적으로 표출되는 기본적인 감정들임을 밝혀냈다.[44,45]

감정
강렬하며 구체적인 사건이나 원인에 대한 한순간의 느낌

시간이 지나면서 감정은 기분으로 나타난다.[46] 관리자가 동료들 앞에서 종업원을 면박하고 경멸적인 행위를 일삼는다면 부하직원들은 처음에는 굉장한 수치심과 분노의 감정을 느낄 것이다. 그러나 시간이 지날수록 그 강한 감정은 앞으로의 생각이나 감정 및 행동에 녹아들어가면서 누그러지게 된다. 또 다른 예를 살펴보자. 메리와 폴 푸트만 부부는 직장이 서로 다른 주(states)에 위치해 있어 주말부부로 지낸다. 이들 부부는 원거리 결혼생활을 정리하고 서로 같이 있을 수 있는 곳으로 직장을 옮기고자 한다. 그들은 적당히 괜찮은 자리가 생기면 둘 중 누구라도 먼저 옮기기로 합의하였다. 곧 폴은 학수고대하던 메리의 직장 근처의 회사에 자리가 났다는 전화를 받았다. 폴은 메리에게 전화해 이 사실을 알렸으며 둘은 뜻밖의 행운에 기뻐하였다. 하지만 얼마 지나지 않아, 폴은 다시 자리로 돌아갔고, 내일까지 상사에게 보고하기로 한 서류를 작성해야 한다는 사실을 깨닫게 되었기 때문이다. 그래도 폴은 그날 내내 좋은 기분에 휩싸여 있었으며, 심지어 밀린 일에도 불구하고 흥이 나 있었다.

직업에 따라서 종업원들이 특정한 기분이나 감정을 표현 혹은 억제하는 것이 중요할 때가 있다. 웨이터, 승무원, 치어리더들은 열정적이고 즐거운 기분과 감정들을 표현하고 분노나 적개심 같은 부정적 기분들은 억제하는 일을 당연하게 여긴다. 그러므로 이들은 까다로운 손님을 대하거나 비행지연, 가정문제 등 다양한 이유로 고민에 빠져 있더라도 즐겁고 기쁜 것처럼 보여야 한다. 그러한 상황에서 기분 좋은 척 행동하는 것은 매우 힘들고 스트레스를 받는 일이다. 실제 감정을 숨기고 다른 감정을 표현해야 하는 것은 꽤 어려운 일일 수 있다. 여러분도 하고 있는 일과 관련해서 일어날 수 있는 상황을 생각해보자.

감정노동(emotional labor)은 종업원이 직무에 대한 기분 및 감정에 대한 표현을 관리하고 통제하기 위해 들이는 노력이나 일을 의미한다.[47,48] 감정노동에는 감정규칙과 표현규칙의 두 가지 유형이 있다. 감정규칙은 특별한 상황에서 적절하거나 부적절한 감정을 알려준다.[49] 예를 들어 장례식을 진행하는 사람들은 슬퍼하는 가족들 앞에서 즐거워해서는 안 되며, 조직의 관리자들은 부하직원의 승진사실을 접했을 때 화를 내서는 안 된다. 표현규칙은 특정한 상황에서 감정을 어떻게 표현하여야 하는지를 알려준다.[50] 교수들은 지루하지 않게 강의해야 하기 때문에 열정적인 감정을 얼굴과 목소리 톤으로 전달해야 하지만 뛰거나 고함을 지르는 것은 바람직하지 않다. 감정지능이 높은 종업원들은 감정규칙과 표현규칙을 잘 수행할 가능성이 높다.

감정노동
종업원이 직무에 대한 자신의 기분 및 감정의 경험과 표현을 관리하고 통제하기 위해 들이는 노력이나 일

감정노동은 많은 조직과 다양한 직업에서 일어난다. 예를 들어, 종업원들은 아무리 기분이 안 좋더라도 동료들 앞에서 울어서는 안 된다고 다짐한다. 그러나 직업마다 매일매일 요구되는 감정노동의 정도는 다르다. 특히 대중, 학생, 동료, 고객, 소비자와 많은 상호작용이 필요한 직업은 그렇지 않은 직업들보다 더 많은 감정노동이 요구된다.

감정의 부조화(emotional dissonance)는 종업원들이 자신이 실제로 느끼는 감정과 상충된 감정을 표현해야 할 때 나타난다.[51] 가령, 웨이터는 까다로운 고객을 대하면 화가 나더라도 실제로는 즐겁고 친절한 척해야 한다. 감정의 부조화는 스트레스의 주요한 원인이며 자주 경험할수록 더 심각해

감정의 부조화
종업원들이 자신이 실제로 느끼는 감정과 상충된 감정을 표현해야 할 때 일어나는 내적인 심리상태

바텐더와 같이 높은 수준의 대인 상호작용을 해야 되는 종업원들은 감정노동을 수행한다. 고객응대 시에 본인이 느끼는 감정과 관계없이 특정한 방식으로 행동해야 한다.

진다.[52] Steffanie Wilk와 Lisa Moynihan은 콜센터 직원들을 대상으로 한 연구에서, 상사가 직원들에게 고객이 아무리 무례하더라도 친절하고 상냥하게 행동할 것을 강요하게 되면 종업원들은 감정적으로 소진되고 지치게 된다는 사실을 밝혀냈다.[53]

감정노동은 최상의 고객서비스 제공을 위해 꼭 필요한 부분이고 잘 관리만 되면 과도한 스트레스로 연결되지 않을 수 있다. 훌륭한 음식과 최상의 고객서비스로 유명한 더 인 앳 리틀 워싱턴[54]의 창업자이자 수석요리사 Patrick O'Connell은 고객에게 훌륭한 저녁식사를 제공해 고객들이 기분 좋게 식당을 나갈 수 있게 하는 것이 자신들과 직원들의 의무라고 생각한다.[55] 직원들은 자신의 감정을 잘 관리하는 것은 물론이고 고객들의 감정까지 관리해야 한다.

저녁파티가 레스토랑에서 열리게 되면 점장은 1점에서 10점 척도로 현재 고객들의 마음상태를 알아보는 '기분평가'를 활용한다. 7점 이하의 경우 파티가 즐겁거나 행복하지 않았다는 것을 의미한다. O'Connell은 손님들이 9점에서 10점 정도의 평가를 매기고 레스토랑을 나서기를 바라기 때문에 종업원들에게 이를 위해 가능한 모든 것을 하라고 독려한다. 이를테면, 고객을 대상으로 한 주방투어, 고객 테이블에 주방장이 직접 방문하는 일, 맛있는 다과나 음료수 제공 등이 고객들의 기분을 최고로 만들기 위한 노력이다.[56] 고객들이 지친 일상과 치열한 업무에서 벗어나 피곤함을 털어버리고 즐거운 기분을 느낄 수 있도록 하는 것은 직원들의 서비스에 달려 있다.

이를 위해 레스토랑 직원 개개인은 다양한 음식과 와인의 종류부터 음식의 장단점 그리고 레스토랑에 대한 비평 등을 아우르는 광범위한 정보를 학습해두어야 한다. 모든 직원들은 결코 "안 됩니다" 혹은 "잘 모릅니다"를 말해서는 안 된다고 주의를 받는다.[57] O'Connell은 실제로 고객에게 서비스를 제공하기 전 직원들을 교육시키고 경험을 쌓을 기회를 제공한다. 신입직원은 고객의 다양한 질문들과 답변 요령을 수개월 동안 교육받게 된다. 그 후 직원들은 고객의 질문에 만족스런 답변을 할 수 있을 때야 비로소 일을 시작할 수 있다. O'Connell은 최상의 고객서비스를 제공하기 위한 방법이 고객을 감사하는 마음으로 대하고 고객으로부터 외면받지 않도록 노력하는 것이라고 밝혔다. 다른 레스토랑들에 비해 이곳의 이직률이 매우 낮다는 점을 고려했을 때 종업원들 역시 고객서비스에 대한 교육과 실천에 호응하는 분위기다.[58]

가치관, 태도 그리고 감정 및 기분의 관계

가치관, 태도, 감정과 기분은 직장생활을 하면서 느끼는 다양한 생각과 정서를 아우른다. 직장생활의 경험을 결정하는 이러한 요인들은 서로 영향을 주고받는 관계에 있다. 작업가치관은 가장 안정

그림 3.3

가치관, 태도, 감정 및 기분 간의 관계

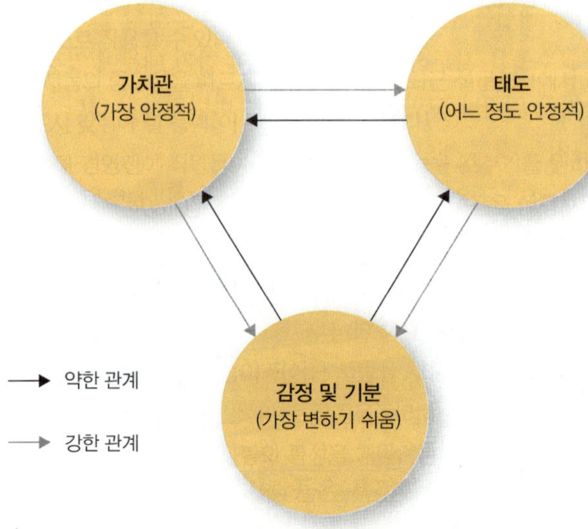

적이고 오랫동안 지속되기 때문에 직무태도, 감정 및 기분에 지대한 영향을 미친다. 가령, 꿈과 야망을 중시하는 사람은 승진의 기회를 제공하지 않는 직장에 대해서 부정적인 태도를 가질 수 있다.

작업태도는 작업분위기와 감정에 따라 달라질 수 있다. 자신의 일에 만족하고 사람들과 교류하는 것을 즐기는 영업사원은 좋은 기분으로 직장생활을 할 수 있다. 이런 경우 작업태도(직무만족)는 작업분위기와 감정에 긍정적인 영향을 미치게 된다.

시간이 지나면 일에 대한 태도, 감정 및 기분이 변하게 마련이며 가치관 역시 변할 수 있다. 생계유지를 위해 일을 하며 자아실현과는 관계가 없다고 생각하는 가치관을 가진 사람의 경우, 자신이 하는 간호사 일이 보상도 좋고 즐겁고 만족스럽다는 생각을 하게 되면 가치관이 바뀔 수도 있다. 결국 이 사람은 자신의 일에 대한 가치관을 바꿔 타인을 돕는 것이 중요하다는 신념을 갖을 수

현대의 조직행동

구글의 g-Pause 마음챙김 프로그램

마음챙김(mindfulness)은 실제로 더 똑똑하게 일하는 데 도움이 될 수 있을까? 마음챙김은 바닥에 앉아서 다리를 꼬고 만트라를 외우는 것만이 아니다. 현명하게 활용하면 직장에서의 경험, 다른 사람과의 관계, 심지어 전반적인 웰빙을 향상시킬 수 있는 도구이다. 마음챙김은 친절과 호기심을 갖는 태도를 유지하는 동시에 생각, 감정, 기분을 매 순간 인식하는 것이다. 구글은 지난 10년간 직원들을 위해 g-Pause라는 내부 프로그램을 실시하고 있다. g-Pause 이니셔티브는 전 세계 64개 사무실에서 350명 이상의 자원봉사자가 가이드 명상 수행, 이벤트 및 워크숍을 주최하면서 만들어졌다. g-Pause 프로그램을 통해 구글 직원은 감성지능을 개발하고, 웰빙을 향상시키고, 팀 효율성을 개선하고, 존중과 포용의 문화를 지원할 기회를 얻는다.

그렇다면 이런 관행이 실제로 구글이라는 직장에 어떤 영향을 미칠 수 있었을까? 이 질문에 답하기 위해 구글의 웰빙 학습 전략 책임자인 루치카 시크리와 함께 앉아, 일상 생활에서 사용할 수 있는 몇 가지 팁을 공유했다.

"생각을 정리하세요." 루치카는 우리의 마음이 정보 과부하, 산만함, 복잡한 작업으로 끊임없이 혼란에 빠진다고 말한다. 그 결과 일의 우선순위가 불명확해지고 집중력이 부족해지기 쉽다. 이때 간단한 명상(5분 정도라도)을 수행하면 마치 '눈'이 살포시 내려앉듯이 마음이 정리되고 사물을 더 명확하고 생생하게 볼 수 있게 된다. 마음이 명확해지면 업무의 우선순위를 효과적으로 지정하고, 문제를 더 잘 해결하고, 새로운 전략을 파악하여 문제를 해결하는 데 도움이 된다.

루치카는 마음챙김이 우리의 직장 문화와 팀 효율성에 직접적이고 긍정적인 영향을 미친다고 말한다. "마음챙김을 하면 어려운 대화를 할 때 도움이 될 수 있습니다. 현재에 집중하고 따라서 자신과 상대방의 관점을 보다 적극적으로 받아들이고 외부 또는 내부 자극에 더 효과적으로 대응할 수 있기 때문입니다." 루치카는 구글에서 수행한 연구를 인용했는데, 이 연구에 따르면 대부분의 고성과 팀은 심리적 안전을 업무 환경의 핵심 요소로 가지고 있다. 그래서 팀원들이 서로 앞에서 위험을 감수하면서도 안전감을 느낀다고 한다. 그녀는 "안전하다고 느끼고 서로 신뢰하는 팀은 실제로 더 많은 성취감을 느끼고 더 많은 일을 합니다"라고 말한다.

구글에서는 Headspace와 같은 앱으로 마음챙김을 간단히 수행할 수 있게 하고 있다. 이 앱은 바쁜 일정에서 할 수 있는 간단한 가이드 명상을 제공한다. 앱을 이용하면 대중교통을 이용하면서 혹은 집에서 마음챙김 수행을 손쉽게 할 수 있다.

마음챙김은 자기를 돌아보는, 자기인식을 높이고 개인적인 필요를 더 명확하게 파악하는 데 도움을 준다. 루치카는 90분마다 우리의 마음과 몸은 회복을 위한 휴식이 필요하다고 말한다.

출처 : Christin Parcerisa, Can mindfulness actually help you work smarter?, Life at Google, 10. 24. 2019.

있다. 반면 직장에서 상사의 부도덕과 무례함으로 기분이 상하고 자주 분노를 느끼는 사람들은 자신의 직업에 만족하지 못한다. 다시 말해서, 일관된 기분과 감정은 장기간에 걸쳐 형성된 태도와 가치관에도 영향을 줄 수 있다는 것이다.[59]

신뢰
상대방(개인이나 집단)에 의해 위험에 빠지거나 해를 입지 않을 것이라는 믿음

조직의 종업원들은 중요한 가치관을 공유하고 긍정적인 태도를 견지하며 좋은 기분을 경험할 때 서로를 잘 신뢰하게 될 것이다.[60] **신뢰**(trust)란 상대방(개인이나 집단)에 의해 위험에 빠지거나 해를 입지 않을 것이라는 믿음이다.[61] 결국 신뢰는 종업원 간 협력을 도모하고 창의적인 정보공유를 증진시키는 데 기여할 수 있다. 종업원과 관리자 사이의 신뢰 부족은 조직에서 흔히 겪는 문제 중 하나이다.[62] 최소한 관리자들은 종업원들이 일로 인해 삶의 행복이 위협받지 않을 것이라는 믿음을 가지도록 해야 한다.

직무만족

직무만족(현재 자신의 직무에 대한 느낌과 믿음의 총합)은 조직행동 분야에서 중요하게 연구되어 온 작업태도 중 하나이다. 실무자와 연구자들은 왜 직무만족을 중요하게 생각할까? 직무만족은 조직에서 종업원의 행동에 큰 영향을 미치고 종업원의 행복에 기여할 수 있기 때문이다.

직무만족의 결정요인

사람들이 직무에 만족하거나 불만족하게 되는 원인은 무엇일까? 성격, 가치관, 작업환경, 사회적 영향력이라는 4개의 요인들은 직장인의 직무만족 수준에 영향을 준다.

성격

생각이나 행동을 일관된 방향으로 이끄는 성격은 직무만족을 결정하는 중요한 요소이다. 개인의 성격은 직무에 대한 생각과 느낌의 정도에 영향을 준다.[63] 예를 들어, Big Five 성격요인 중 외향성이 높은 사람은 낮은 사람보다 더 높은 수준의 직무만족을 경험한다.[64]

성격이 직무만족을 결정하고 유전적인 요인에 의해 형성된다고 가정한 연구자들은 유전자가 직무만족에 영향을 줄 수 있는가에 대해 연구했다. 미네소타대학의 Richard Arvey와 그의 동료들은

그림 3.4
직무만족의 결정요인

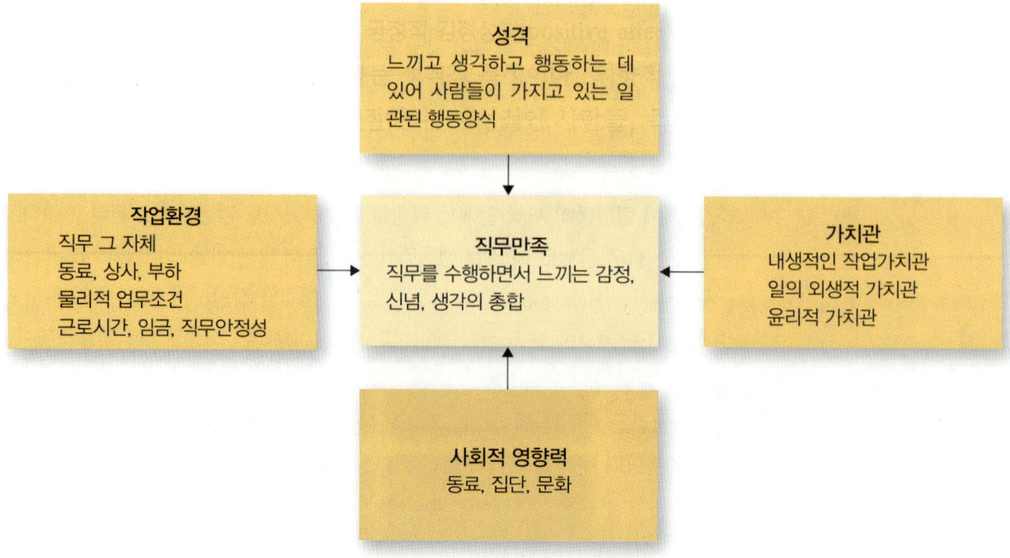

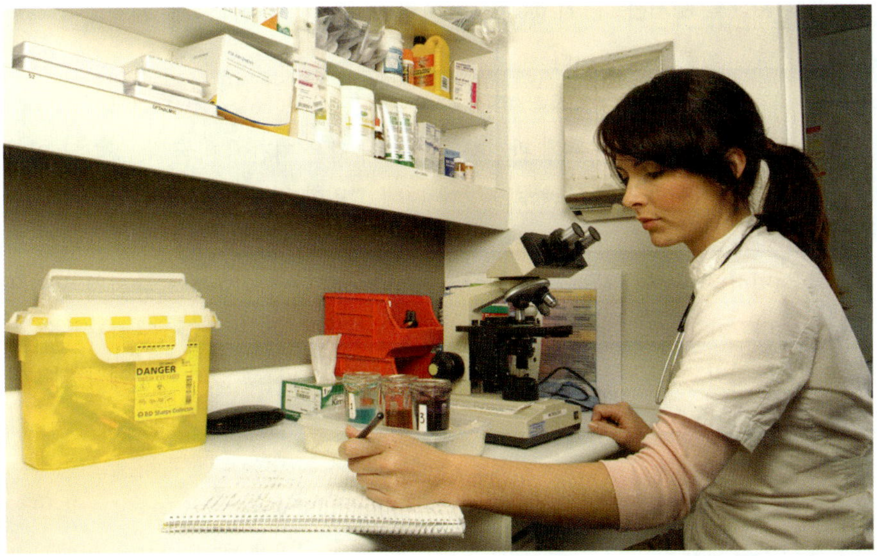

Dean Golja/Photodisc/Thinkstock

성격은 특정 직업을 선택하게 하고, 가치관은 직무만족과 관련성이 높다. 연구원과 같은 특정 직업들은 그들이 하는 업무로 인해 직무만족을 얻을 수 있다.

종업원의 직무만족 수준이 그들의 부모로부터 유전되는지를 조사하였다.[65] 그들은 일찍이 떨어져서 자란 34쌍의 쌍둥이를 조사하였다. 쌍둥이들의 유전자 구성은 동일하나 자라면서 다른 환경적 영향에 노출되었다. 각각의 쌍둥이 쌍에 대해 연구자들은 직무만족 수준이 동일한지를 측정하였다.

연구자들은 자신들의 연구에서 성격이 쌍둥이들 간의 직무만족 수준의 차이를 30% 정도 설명할 수 있는 것으로 나타났다고 밝혔다. 또 다른 흥미로운 발견은 쌍둥이들이 가진 직업은 업무의 복잡성, 운동능력, 육체적 요건 측면에서 서로 유사하였다. 이는 사람들이 자신의 유전자 구성에 맞는

당신이 경영전문가

정서적 몰입의 증진

주앙 킨테로는 한 소비재 상품 회사의 부서 관리자이다. 킨테로의 부서는 최근 종업원의 10%를 감축하는 구조조정을 감행하였다. 킨테로는 해고된 종업원들이 다른 회사에 자리를 얻을 수 있도록 최선을 다했다. 해고에 앞서 미리 종업원들에게 이 사실을 알렸으며, 해고된 종업원들이 새로운 직업을 찾을 때까지 회사에서 머무를 수 있도록 공간을 마련하였다. 또한 직업 상담사를 고용해 퇴직자들이 좋은 기회를 찾고 이력서를 준비할 수 있게끔 도왔다. 그리고 솔직하게 모든 종업원들에게 왜 구조조정과 해고가 필요했는지를 설명하였다. 해고 전, 킨테로 부서는 만족과 몰입이 상당히 높은 편이었다. 회사가 수행한 이전의 연간 설문조사에서 킨테로의 부서는 항상 종업원 만족과 몰입수준에서 상위랭킹을 차지했다. 그러나 그는 이런 상황이 변화될 것임을 우려하기 시작했으며, 불안은 현실로 나타났다. 부서의 종업원들 일부와 면담한 결과, 회사에 대한 종업원들의 직무만족과 정서적 몰입수준이 감소하기 시작했음을 감지하였다. 한 달 전의 연간 설문조사에서 킨테로의 부서는 정서적 몰입이 최하위 4분위수를 기록했다. 킨테로는 낮은 기록을 공개하는 것이 두려웠다. 그는 왜 종업원들의 태도가 1년 동안 그렇게 많이 변하게 되었는지 이해할 수가 없었다. 도대체 어떻게 이 문제에 접근해야 할지도 알 수 없었다. 결국, 조직행동 전문가를 찾아서 도움을 요청하고자 했다. 왜 이 부서의 정서적 몰입수준이 떨어지게 되었으며, 어떻게 하면 이전의 높은 수준으로 되돌릴 수 있을 것인가?

직업을 구한다는 것을 보여주는 예이다. 다시 말해 부분적으로 유전적 요인에 의해 형성되는 성격이 특정한 직업을 선택하도록 이끈다는 것이다.

이러한 발견이 관리자들에게 의미하는 것은 무엇인가? 연구자들이 제안하는 것은 직무만족은 어느 정도 종업원의 성격에 의해 결정되기 때문에 관리자나 조직이 짧은 기간에 바꿀 수 없다는 것이다. 그렇다면 관리자들이 부하직원들의 직무만족 수준에 대해 고민할 필요가 없으며, 직무만족수준을 향상시키기 위해 노력하는 것은 무의미하다는 것일까? 전혀 그렇지 않다. 유전적인 요인이 직무만족의 30% 정도를 설명한다는 사실은 매우 놀랍다. 그러나 직무만족의 70%는 유전적 요인에 의해 설명되지 않는 것이다. 이 70%의 직무만족에 관리자들은 영향을 줄 수 있다. 관리자들은 종업원들에게 긍정적 영향을 미치고 변화를 가능하게 할 수 있는 힘을 가지고 있기 때문에 종업원의 직무만족을 높일 수 있도록 노력해야 한다.

가치관

가치관은 직장에서 요구되는 행동방식과 일을 통해 창출해야 하는 성과에 대한 믿음을 반영하고 있기 때문에 직무만족수준에 영향을 줄 수 있다. 이를테면, 직무특성과 관련된 강력한 내생적 작업가치관을 가지고 있는 사람은 흥미 있고 개인적으로 의미를 부여할 수 있는 일에 더 만족한다. 이들은 남들과 비슷한 임금을 받지만 더 오랜 시간 일을 한다. 일의 결과와 관련된 외생적 작업가치관을 가진 사람은 그렇지 않은 사람보다 단조롭더라도 임금을 더 많이 주는 직무에 만족한다.

작업환경

작업환경
직무 그 자체, 모든 업무환경, 직무와 고용된 조직의 모든 측면들

직무만족의 가장 중요한 원천은 **작업환경**(work situation)이라고 볼 수 있다. 작업환경은 과업특성, 종업원이 업무를 위해 만나게 되는 소비자 · 부하 · 상사 등과 같은 사람들, 작업장의 소음 · 분주함 · 온도 등과 같은 주변 환경적 요소뿐 아니라, 직무안정성 · 임금 및 복지 · 공정성 등과 같은 종업원에 대한 대우 등을 말한다. 직무와 회사는 작업환경의 한 부분이며 직무만족에 영향을 줄 수 있다.[66] 이 장에서 고려하고 있는 직무만족의 이론들은 구체적인 상황적 요소들이 직무만족에 영향력을 미치는 방식에 초점을 두고 있다.

일하는 어머니들을 위한 상위 100개 회사를 게재하고 있는 워킹마더 매거진에 따르면, 근무유연성은 일하는 어머니들의 직무만족 수준에 큰 공헌을 한다고 한다.[67] 유연성은 여러 가지 형태를 취할 수 있는데, 단축근무나 유연한 근무시간부터 아픈 아이를 돌보기 위한 장기휴가 등이 있다. 이케아 직원인 신디 클라크는 이케아의 탄력적 근무제도에 매우 감사하고 있다. 그녀는 아들 라이언이 태어났을 때 주 3일 근무로 전환했으며,[68] 아이가 백혈병 진단을 받았을 때 아들을 돌보기 위해 6개월의 장기휴가를 사용하였다. 신디는 아들이 회복할 때까지 회사가 그녀를 기다려줄 것이며 다시 직장으로 돌아갈 수 있다는 것을 알고 있었다.[69]

대부분의 사람들은 임금이 낮고 해고의 위협이 항시 존재하는 일보다 안정적이고 임금이 높은 일에 더 만족한다. 직무불만족의 원인은 고용안정성의 부족과 조직의 구조조정이나 해고 등으로 인해 늘어난 업무량 등에 있다. 해고는 종업원뿐 아니라 가족들을 불행하게 만든다. 조직이나 관리자들이 부당하게 해고를 감행하게 되면 해고를 당하는 사람이나 살아남아 일하는 사람 모두에게 심각한 영향을 미친다. 따라서 해고는 인간적인 측면을 고려했을 때 제고되어야 할 문제다. 예를 들어 조직은 직업을 잃게 되는 사람들에게 연민을 느끼고 퇴직연금을 제공하며 새로운 직업을 찾을 수 있게끔 적극적으로 도와주어야 한다.

때때로 사람들은 직장에서의 문제로 직무에 만족하지 못한다. 업무와 책임이 과중될 때 더욱 그러하다. 또는 비효율적인 프로세스 및 절차를 사용해야 하거나, 문제를 편리하게 해결하거나 보

다 효율적이고 효과적인 방법을 선택할 수 있는 자율성이 부족하거나, 조직이 사업 기회를 잡기 위해 더 적극적인 방법을 채택하지 않는 것에 좌절할 수 있다. 최근 연구에서는 불만족이 실질적으로 조직의 변화와 개선을 촉진한다는 점이 밝혀졌다. 예를 들어 라이스대학교의 Jing Zhou와 Jennifer George는 149명의 석유시추장비 생산공장 종업원들을 조사한 결과 직무불만족이 업무의 창의성에 긍정적인 영향을 준다고 주장하였다. 종업원은 동료들로부터 유용한 피드백을 받거나 협력적인 동료를 만날 때, 또는 종업원의 창의성을 조직이 지원해준다고 인식할 때 직무만족이 높아졌다.[70]

사회적 영향력

사회적 영향력
개인과 집단이 인간의 태도와 행동에 미치는 영향력

직무만족의 결정요인 중 하나는 **사회적 영향력**(social influence) 혹은 개인과 집단이 사람의 태도와 행동에 미치는 영향력이다. 개인이 속해 있는 조직의 동료와 집단, 개인이 성장하고 자란 문화권 등은 모두 종업원의 직무만족 수준에 잠재적으로 영향을 미치게 된다.

동료로부터 받는 사회적 영향력은 종업원의 직무만족을 좌우하는 데 중요한 요인이 될 수 있다. 왜냐하면 동료는 항상 주변에 머물러 있고, 유사한 직무·교육적 배경 등 공통적인 특징을 가지고 있기 때문이다. 동료들은 특히 새로 고용된 종업원의 직무만족 수준에 강력한 영향력을 미칠 수 있다. 이들은 조직이나 직무에 대한 자신의 생각이나 의견을 새롭게 형성하는 단계에 있기 때문에 어떻게 행동하는 것이 좋은지, 혹은 어떤 것이 잘못된 것인지에 대해 정확하게 판단하지 못할 수 있다. 만약 새로 고용된 종업원들이 직무에 만족하지 못하는 동료들과 함께 지내게 된다면 직무에 만족하는 동료들과 함께 있을 때보다 불만족을 느끼게 될 가능성이 더 커질 것이다.

또한 종업원들이 속한 집단 역시 직무만족 수준에 영향을 준다. 아이들이 존재하는 '가족'이라는 집단이 단적인 예이다. 아이들이 성인이 되었을 때 자신의 직무에 얼마나 만족하는지는 가정환경에 따라 크게 달라질 수 있다. 부유한 가정에서 자란 종업원들은 초등학교 교사라는 직업에 불만을 가질 가능성이 크다. 왜냐하면 높은 생활수준을 누리고 살았던 그가 초등학교 교사 월급으로는 생활을 유지하기 힘들기 때문이다. 하지만 어릴적 서민적 환경에서 자란 교사의 경우 더 높은 임금을 원할 수도 있겠지만, 지나치게 자신의 직업에 불만을 가지게 될 가능성은 적다.

다양한 집단들이 직무만족에 영향을 미치게 된다. 특정 종교집단에 속한 종업원들은 주말에 일해야 하는 직업에 만족하지 못할 가능성이 높다. 또한 노동조합은 종업원들의 직무만족에 강력한 영향력을 미치는 집단이다.

개인이 성장하면서 접하게 되는 문화 역시 종업원의 직무만족 수준에 큰 영향을 준다. 미국과 같이 개인의 성취와 업적을 강조하는 문화에서 자란 종업원들은 목표달성과 그에 따른 충분한 보상을 제공하는 직무에 만족할 가능성이 높다. 한편, 일본과 같이 주변 사람들에게 좋은 모습을 보이려는 문화 속에서 종업원들은 경쟁과 성취를 강조하는 직무에 불만족할 가능성이 크다(제15장 국가문화에서 더 자세히 논의할 것이다).

실제로 문화는 직무만족뿐 아니라 종업원들의 태도에도 영향을 준다. 미국인 강사는 지식과 위트를 담은 농담을 하면서 수업을 시작하는 반면, 일본인 강사는 자신의 부족한 부분에 대해 미안해하고 사과하며 수업을 시작할 가능성이 높다. 미시간대학의 Hazel Markus 박사와 오리건대학의 Shinobu Kitayama 박사는 이러한 대조적인 강사의 스타일이 미국인과 일본인이 각자 가지고 있는 태도를 반영한 것이며, 이는 각 나라의 문화적 가치에 기인한다고 밝혔다.[71]

미국 문화에 길들여진 미국인 강사는 자신을 독립적이고 자율적이며 성취를 지향하는 사람으로 여긴다. 이러한 사고방식은 자신과 학생들을 기분 좋게 하고 편안하게 만들어준다. 반면 일본 문화는 타인과의 상호의존성을 추구한다. 따라서 일본인 강사는 자신의 의무를 다하되, 다른 사람들과 긴밀하고 좋은 관계를 가지는 것에 강의의 초점을 둔다. 이러한 일본 문화로 인하여 일본인 강사는 되도록 존재가 부각되지 않는 수업 스타일을 보여준다. 이처럼 학생들과의 관계를 중시하는 일본인 강사의 사례에서, 개인은 사회나 시스템의 일부로서 특수한 문화적 가치를 갖게 된다.

Markus와 그의 동료들은 태도에 문화가 미치는 효과를 더 자세히 알아보기 위해 몇 가지 흥미로운 연구를 진행했다. 그들은 일본, 미국인 학생들에게 '나는 누구인가'에 관한 설문문항을 사용하여 자신을 표현해줄 것을 요청하였다. 미국인들은 활기차고 똑똑한 개인의 성격을 나타내는 설문항목에 응답하는 경향이 컸다. 그러나 일본 학생들은 '한 집안의 둘째 아들'과 같이 자신이 감당해야 하는 역할 측면에서 자신을 설명하려는 경향을 보여주었다. 즉 미국인들은 자신을 개인적인 성격측면에서 규정하는 반면, 일본인들은 자신을 '가족의 일원'과 같은 사회적 측면에서 규정하는 경향을 보였다.[72] 이는 개인이 접해왔던 문화와 사회가 삶의 태도에 어떠한 영향을 줄 수 있는지를 보여주는 연구이다.

직무만족에 관한 이론들

직무만족에 관해서는 많은 이론들과 모형들이 있다. 이들 각각은 성격, 가치, 작업환경, 사회적 영향력 등 직무만족을 결정하는 네 가지 주요한 요인들 중 한 가지 이상을 반영한다. 즉 이들 이론들은 개인이 직무에 만족하거나 불만족하도록 유도하는 요인들이 무엇인지를 구체적으로 규명한다. 여기서 우리는 구성요소 모형(the facet model), Herzberg의 동기-위생 이론(Herzberg's motivator-hygiene theory), 불일치 모형(the discrepancy model), 안정적 상태 이론(the steady-state theory) 등 네 가지 주요 이론들을 학습하게 된다. 이러한 이론적 접근들은 상호보완적으로 작용하며, 각각은 관리자가 부하들의 직무만족수준을 높이기 위해 고려해야 할 요인과 이슈를 알려주어 직무만족에 필요한 요인들을 이해하는 데 도움을 준다.

직무만족의 구성요소 모형

직무구성요소
직무만족에 영향을 주는 요소

직무만족의 구성요소 모형은 종업원의 작업환경과 관련된 요소들에 초점을 맞춰 세분화하고 종업원들이 어느 정도로 각각의 요소들에 만족하는지를 보여준다. 연구자들이 관심을 보이는 **직무구성요소**(job facets)들은 표 3.2에 나타나 있다. 전반적인 직무만족은 직무구성요소들에 대한 종업원의 만족 점수를 합산함으로써 결정된다.

자녀를 가진 종업원들의 경우, 재택근무를 할 수 있거나 직장에 자녀를 데려올 수 있는 가정친화적 정책이 직무만족에 중요한 공헌을 할 수 있다.

종업원들은 자신의 직무만족 수준에 대해 생각할 때 여러 가지 측면들을 고려한다. 직무구성요소 모형은 직무가 다양한 방식으로 종업원들에게 영향을 준다는 것을 알려주기 때문에 유용하다. 관리자들이 작업환경에 대한 직무만족을 평가하고자 할 때 꼭 명심할 것은 직무만족에 영향을 줄 수 있는 다양한 요인들을 모두 고려해야 한다는 점이다.

예를 들어, '조직이 얼마나 가정친화적인 정책을 구축하고 있는가'는 종업원들에게 매우 중요한 직무구성요소라고 볼 수 있다. 다양한 노동 분야의 증가, 여성 종업원들의 증가, 맞벌이 부부 및 일과 가정 간에 균형을 맞춰야 하는 한 부모 가정의 증가를 고려했을 때 조직의 가정친화적인 정책과 복지는 종업원들에게 점점 더 중요해지고

표 3.2
직무만족을 결정하는 데 있어 특정한 역할을 하는 직무구성요소

출처 : D. J. Weiss et al., Manual for the Minnesota Satisfaction Questionnaire, 1967. Minnesota Studies in Vocational Rehabilitation: XXII. Copyright © 1967 Vocational Psychology Research, University of Minnesota. 허락하에 복제.

직무구성요소	설명
능력활용	직무를 통해 종업원들이 자신의 능력을 활용할 수 있는 정도
성취감	직무로부터 종업원들이 성취감을 느끼는 정도
활동성	직무에서 바쁘게 움직이는 정도
진급	승진의 기회를 갖는 것
권한	다른 사람에 대한 통제력을 갖는 것
회사정책과 제도	제도와 정책이 종업원들에게 즐거움을 주는 정도
보상	종업원들이 직무를 통해 받는 임금
동료들	직장에서 서로 어울리는 사람들
창의성	새로운 아이디어를 자유롭게 제시할 수 있는 것
독립성	혼자 일을 수행하는 능력
도덕적 가치관	자신의 양심에 반하는 것을 하지 않으려는 신념
인정	일에 대한 칭찬
책임	의사결정 및 행위에 책임을 지는 것
안정성	안정적인 직업을 가지는 것
사회적 서비스	다른 사람들을 위한 일을 할 수 있는 것
사회적 지위	함께 일하는 공동체에서의 인정
인간관계 관리	자신의 상사의 인간관계 기술
기술적 관리	직무와 관련된 기술에 대한 관리
다양성	직무에서 다양한 업무를 행하는 정도
작업환경	근무시간, 온도, 설비, 근무지 등의 업무환경

있다.[73]

구성요소 모형을 활용할 때 관리자들이 고려해야 하는 또 다른 문제는, 특정 요소가 일부 종업원들에게 더 중요할 수 있다는 점이다.[74] 이를테면, 가정친화적 정책은 타인과 서로 돕고 의존하는 것을 추구하는 종업원들에게는 가치 있을 수 있지만, 독립적인 것을 중요시하는 종업원들에게는 덜 중요할 수 있다. 맞벌이 부부와 통근거리가 먼 종업원들에게 텔레커뮤팅과 재택근무는 매력적일 수 있지만 동료들과 함께 어울리며 사회적 관계를 추구하는 젊은 종업원들에게는 그렇지 않을 수 있다. 외생적 작업가치관이 강한 싱글 여성들에게는 보상과 안정성이 직무만족의 핵심적 요소들이 될 수 있다. 한편 은퇴 후 연금을 받고 있는 예비역 장성들은 강한 내생적 작업가치관을 가지고 있을 가능성이 높기 때문에 자신의 능력을 적극 활용하여 성취감을 느끼고 창의적인 업무에 몰두하거나 더 나은 직장으로 재취업했을 때 큰 만족감을 느끼게 될 것이다.

직무만족에 관한 Herzberg의 동기-위생 이론

직무만족의 초기 이론 중 하나인 Frederick Herzberg의 동기-위생 이론은 직무만족에 있어 직무의 특정 구성요소에 초점을 둔다. Herzberg의 이론에서는 모든 종업원들이 동기욕구와 위생욕구 모두를 가지고 있다고 설명한다.[75] 동기욕구란 직무 자체와 관련된 것으로 직무가 자신에게 얼마나 흥미롭고 도전적인지에 관한 것이다. 일의 흥미성, 직무에 대한 자율성 및 책임감과 같은 직무구성요소

그림 3.5

직무만족에 대한 두 가지 견해

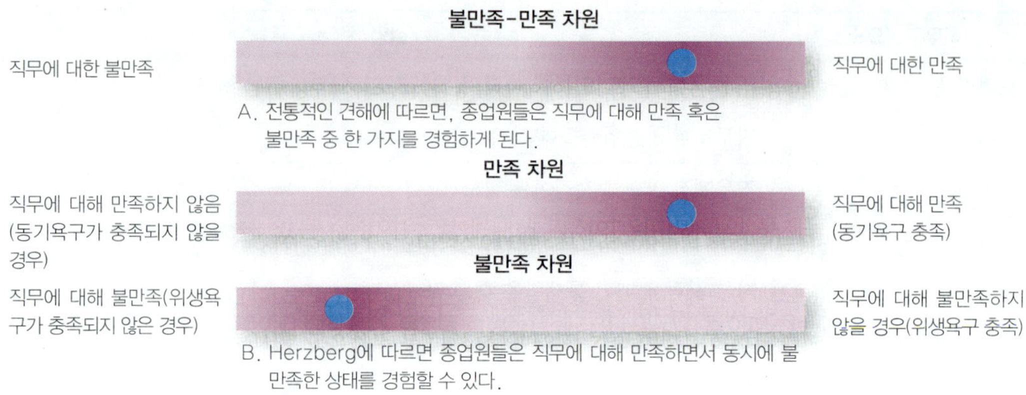

가 동기욕구를 만족시킬 수 있다. **위생욕구**는 육체적 물리적인 작업환경과 관련되어 있다. 이를테면 작업환경수준, 감독의 정도, 임금수준, 직무안정성 등이 위생욕구를 충족시킬 수 있다.

Herzberg는 동기욕구 및 위생욕구와 직무만족 간의 이론적 관계를 제시했다.

1. 위생욕구는 일과 관련된 환경요소로 종업원이 불만족을 느끼지 않도록 하기 위해 필요한 요소이다. 위생욕구는 높은 수준의 동기를 유발하지는 않지만 부족할 경우 종업원들의 불만족을 증가시킨다.
2. 동기욕구는 직무내용과 관련하여 만족을 증가시키는 요인이다. 동기욕구가 충족되지 않아도 불만족은 생기지 않지만 이 요소를 개선하면 종업원은 일에 대해 만족하며 더 높은 성과를 창출할 수 있다.

Herzberg에 따르면, 종업원들은 직무만족과 직무불만족을 동시에 경험할 수 있다고 한다. 종업원들은 동기욕구를 충족하게 되면 직무에 만족하게 된다. 직무에서 흥미와 도전의식을 느낄 수 있지만 위생욕구(고용의 안정성이 매우 낮은 경우)가 충족되지 않을 경우 쉽게 불만을 가지게 된다. 전통적인 견해에 따르면, 만족과 불만족은 단일한 연속선의 양극단에 위치해 있으며, 종업원들은 만족 혹은 불만족 중 하나를 경험하게 된다고 한다. 그림 3.5(a)는 이러한 전통적인 견해를 설명하고 있다. 그러나 Herzberg는 만족과 불만족이 서로 독립된 차원으로 분류되며, 한 차원은 만족과 만족하지 않는 경우, 또 다른 차원은 불만족과 불만족하지 않는 경우로 구성된다고 설명한다. 그림 3.5(b)는 Herzberg의 견해를 설명하고 있다. 종업원의 직무만족은 동기욕구가 얼마나 충족되는지에 따라 결정되며, 직무불만족은 위생욕구의 충족 정도에 따라 달라짐을 보여준다.

많은 연구들이 Herzberg의 이론을 검증해 왔다. Herzberg는 스스로 이론을 지지하는 초기 연구들을 수행했다. 그는 자료를 수집하기 위해 **중요사건기법**(critical incidents technique)을 사용하였다. Herzberg와 동료들은 종업원들을 대상으로 인터뷰를 하면서 그들에게 직무를 수행함에 있어 특별히 좋은 기분을 느꼈을 때와 나쁜 기분을 느꼈을 경우를 설명해달라고 부탁하였다. 종업원들의 반응을 취합한 후, 그는 다음과 같은 점을 발견하였다. 종업원들이 직무에 대해 좋은 감정을 느낀 경우는 대부분 직무 자체와 관련된 것(동기욕구)이었던 반면 직무에 대해 좋지 않은 감정을 느낀 경우는 거의 작업환경과 관련된 것(위생욕구)들이었다. 이러한 연구결과는 Herzberg의 이론을 충분히 지지하는 걸로 보여진다.

그러나 Herzberg의 이론을 검증하기 위해 다른 방법을 사용한 연구자들도 있다.[76] 그들은 이 이론이 지지되지 않았음을 밝혀냈다. 그렇다면 왜 중요사건기법을 사용한 연구들은 Herzberg의 이론을 지지하였을까? 사람들은 자신에게 일어난 좋은 일들을 자신의 공으로 돌리는 반면, 나쁜 일들에 대해서는 타인이나 외부요소에 책임을 전가하려는 경향이 있기 때문이다. 좋은 일들은 자신이 수행하는 직무와 관련지어 설명하려 한다. 반면 작업환경들은 대부분 종업원의 통제를 벗어나 있고 이러한 상황에서 일어난 나쁜 일은 그 결과를 작업환경의 탓으로 돌리려고 하는 것이다.

일부 연구들이 Herzberg의 이론을 지지하지 못했음에도 불구하고 Herzberg의 동기욕구와 직무 자체에 대한 관심은 연구자 및 실무자들로 하여금 직무설계의 중요성과 조직행동에 미치는 효과에 관심을 기울이게 만들었다. 그러나 Herzberg가 제안한 이론은 여전히 충분히 지지되지 못했음을 인식할 필요가 있다.

직무만족의 불일치 모형

직무만족의 불일치 모형은 비교적 단순하다. 직업에 대한 만족수준을 판단하는 과정에서 종업원들은 자신의 직무를 몇 가지 이상적인 직무와 비교한다는 것이다.[77] 이상적인 직무란 직무가 마땅히 갖춰야 할 점, 자신이 특별히 기대하는 점, 이전의 직업과 유사한 부분들을 가지고 있는 것 등을 의미한다. 직무만족의 불일치 모형에 따르면 이상적인 직무에 대한 기대가 높을수록, 특정 직무가 기대에 미치지 못할수록 종업원들은 불만을 가지게 된다. 특히 대학을 갓 졸업한 사람의 경우, 첫 번째 직무에 대해 많은 기대를 가지게 된다.[78] 직무만족의 불일치 모형에 따르면 이들은 새로운 직무가 자신들의 높은 희망사항을 충족시켜주지 못할 경우 직무불만족을 경험할 가능성이 높아진다는 것이다.

일부 연구자들은 직무만족의 구성요소와 불일치 모형의 통합을 시도하였다.[79] 이를테면 표 3.2에서 설명한 직무구성요소들에 대한 질문을 통해 비교분석 할 수 있다. 직무가 당연히 갖춰야 할 구성요소들을 제시하고 실제 맡은 직무는 어느 정도로 이상적인 요건들을 갖추고 있는가에 대해 종업원을 대상으로 질문할 수 있다. 이 두 가지 값들의 차이가 바로 직무의 구성요소에 대한 종업원들의 직무만족 수준에 영향을 준다. 가령, 직무에는 마땅히 많은 자율성이 보장되어야 한다고 생각하는 종업원이 있다. 하지만 실제 직무에서 자율성이 상당히 제한되어 있다면 종업원은 직무불만족을 느끼게 된다. 이런 방식으로 직무구성요소들 각각에 대해 직무만족의 수준을 측정한 후 이를 종합하면 전체 직무만족 수준을 산출할 수 있게 된다.

불일치 모형들은 사람들이 비교를 통해 평가한다는 점을 고려했기 때문에 유용하게 활용될 수 있다. 어떤 직무가 핵심적인 요소들을 갖추고 있느냐 없느냐보다 더 중요한 것은 직무가 종업원들이 이상적으로 생각하는 구성요소들에 비하여 어떤 상태에 있는가이다. 관리자들은 이러한 비교를 전제로 한 후 종업원들에게 직무에서 기대하는 바를 질문해야 한다. 이러한 정보수집을 통해 관리자들은 종업원들의 직무만족 수준을 높일 수 있는 실질적인 도움을 받을 수 있다.

직무만족의 안정적인 상태 이론

안정적인 상태 이론은 모든 종업원들이 '안정적인 상태' 혹은 '평형수준'이라 불리는 평균적인 직무만족 수준을 유지하려 한다는 점을 보여준다. 다양한 상황적 변수나 사건들이 안정적인 상태에 일시적인 변동을 줄 수는 있겠지만 결국 시간이 지나면 직무만족 수준은 원래의 평형수준으로 돌아오게 된다는 것이다(그림 3.6 참조).[80] 예를 들어 진급하거나 임금이 인상되는 경우, 일시적으로 종업원들의 직무만족 수준은 높아질 수 있지만 나중에는 평형수준으로 돌아오게 된다. 직무만족 수준이 시간이 지나면 안정성을 유지하려 한다는 발견은 '안정적인 상태'에 관한 연구자들의 견해를 뒷받침한다.[81] 직무만족에 대한 성격의 영향력 역시 안정적인 상태로의 접근으로 볼 수 있다. 즉 직무만족의 중요한 결정요인인 성격도 시간이 지나면 안정적으로 가는 경향이 있기 때문에 직무만족 역시 시간의 흐름에 따라 어느 정도 안정적으로 정착될 것이라고 기대해볼 수 있다.

안정적인 상태 이론은 관리자들이 종업원들의 직무만족 수준을 고양시키고자 작업환경의 변화를 시도할 때, 일시적인 직무만족을 목표로 하는지 장기적인 직무만족을 목표로 하는지를 우선 결

그림 3.6

안정적인 상태로서의 직무만족

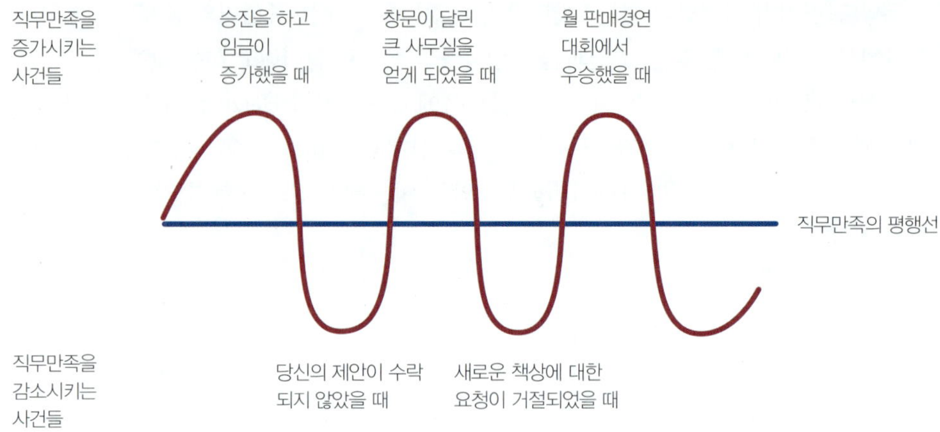

정할 필요가 있다는 점을 시사한다. 이와 관련하여 연구자들은 직무특성 자체가 변할 경우 직무만족수준은 일시적으로 높아질 수 있지만 곧 이전의 수준으로 돌아간다는 것을 발견하였다.[82] 직무만족의 증가를 유지하기 위한 효과적인 방법을 찾기 위해서 관리자들은 종업원들의 직무만족 수준이 평형수준으로 돌아가는 데 소요되는 시간을 고려할 필요가 있다. 직무구성요소들에 따라 만족도의 지속여부 정도가 다를 수 있기 때문이다.

직무만족의 측정

관리자들이 종업원들의 직무만족 수준을 측정하기 위해 몇 가지 방법을 사용한다. 대부분 종업원들이 몇 개의 직무구성요소들에 대해 불만족을 표시하였고, 그 결과 전반적인 직무만족 수준이 낮아졌다는 사실을 파악하게 되면 관리자는 어느 작업환경을 변화시켜야 할지 수월하게 결정할 수 있다. 특히 연구자들은 직무만족의 원인과 결과에 대해 더 많이 알기 위해 이러한 측정방식을 사용하는데, 이 방식은 종업원들에게 직무에 대한 여러 질문에 응답하도록 요구한다. 가장 잘 알려져 있는 측정도구는 구성요소 접근에 기반한 미네소타 직무만족 질문지(Minnesota Satisfaction Questionnaire),[83] 안면척도(Faces Scale),[84] 직무기술지수(Job Descriptive Index)[85] 등이다. 이들 측정도구 중 첫 2개의 샘플 문항들이 그림 3.7에 제시되어 있다.

그림 3.7

직무만족도 측정기준의 샘플 항목

출처 : (A) D. J. Weiss et al., Manual for the Minnesota Satisfaction Questionnaire, 1967, Minnesota Studies in Vocational Rehabilitation: XXII. Copyright© 1967 Vocational Psychology Research, University of Minnesota. Reproduced by permission. (B) R. B. Dunham and J. B. Herman, "Development of a Female Faces Scale for Measuring Job Satisfaction." *Journal of Applied Psychology 60* (1975): 629–31. Copyright © 1975 by the American Psychology Association. Reprinted with permission.

A. Sample items from the Minnesota Satisfaction Questionnaire

Employees respond to each of the items by checking whether they are:

- ☐ Very dissatisfied
- ☐ Dissatisfied
- ☐ Can't decide whether satisfied or not
- ☐ Satisfied
- ☐ Very satisfied

On my present job, this is how I feel about . . .

1. Being able to keep busy all the time.
2. The chance to be "somebody" in the community.
3. The way my job provides for steady employment.
4. My pay and the amount of work I do.
5. The freedom to use my own judgment.
6. The chance to work by myself.
7. The chance to develop close friendships with my co-workers.
8. The way I get full credit for the work I do.
9. The chance to help people.
10. My job security.

B. The Faces Scale

Employees select the face that best expresses how they feel about their job in general.

직무만족의 잠재적인 결과

앞서 우리는 직무만족이 조직행동에서 매우 중요하고 연구가 활발하게 진행된 분야라고 언급한 바 있다. 이는 직무의 만족수준이 종업원 개인뿐 아니라 동료, 관리자, 집단, 팀, 조직 모두에게 큰 영향을 미치기 때문이다. 직무만족은 성과, 결근, 이직, 조직시민행동, 종업원의 행복감 등에 영향을 줄 수 있다.

직무만족이 직무성과에 영향을 미치는가?

일반적으로 사람들은 직무만족이 직무성과와 매우 밀접한 관련이 있다고 생각한다. 직무에 만족할수록, 종업원들은 더 높은 수준의 성과를 창출해낼 수 있다고 믿는다. 많은 연구자들은 이러한 믿음이 사실인지 증명하기 위해 실증분석을 행하였다. 하지만 놀랍게도 직무만족은 직무성과에 결정적인 영향을 미치는 요소가 아니라는 것이 발견되었다. 기껏해야 미미한 영향을 준다는 것이다. 최근 어떤 연구는 직무만족 수준이 구성원들의 성과수준을 단지 2%만 설명할 수 있다는 놀라운 결과를 보여주었다.[86] 또 다른 연구 역시 직무만족 수준이 종업원의 성과의 대략 3% 정도를 지지한다는 결과를 보여주었다.[87] 실무적인 측면에서 검토해보았을 때 직무만족 수준이 직무성과에 중대한 영향을 미치지 않는다는 결론을 내릴 수 있다.

비록 이러한 발견이 통상적인 생각에 반하는 결과일 수 있지만 직무만족이 직무와 관련된 행동에 영향을 미칠 수 있다는 사실은 변함이 없다. 연구들은 종업원이 자율적으로 행동할 수 있을 때 그리고 직무만족이 조직에서 요구하는 행동과 관련이 있을 때에만 직무성과에 영향을 미칠 수 있다고 설명한다.

그렇다면 종업원은 직무만족도에 따라 성과수준을 변화시킬 수 있을까? 조직은 종업원의 직무에 대한 호불호와 상관없이 의무를 부여하고 상당한 시간과 비용을 투자한다. 또한 종업원이 규칙과 절차를 잘 준수하도록 요구하고 성과를 창출하는 종업원에게는 보상하고, 그렇지 않은 종업원은 불이익을 주거나 해고한다. 이러한 규칙들, 절차들, 보상들, 처벌들은 종업원이 적정한 수준의 성과를 내도록 유도하는 상황적인 압력들로 작용한다.

예컨대 레스토랑의 주방장이 자신의 일에 불만이 생겨 음식의 질을 낮추거나 준비를 게을리한다면 그걸 알아챈 소비자들은 더 이상 그 레스토랑을 찾지 않게 될 것이다. 결국 레스토랑은 문을 닫거나 사장은 그 주방장을 해고하고 다른 사람을 채용하게 될 것이다. 또한 소방관들이 자신의 직무만족 수준에 따라 위급한 상황에 대처를 매번 달리한다면 그 직업을 계속 유지하기가 힘들게 된다. 불만이 가득한 어떤 비서가 자신이 처리해야 할 문서작업을 게을리한다면 그녀는 문책당하거나 해고될 수 있고 승진은 꿈도 못 꿀 것이다.

직무태도가 행동에 영향을 미치기 위해서는 태도가 반드시 요구되는 행동(직무성과)과 연관되어야 한다. 가끔 종업원들의 직무만족이 직무성과와 관련이 없는 경우가 있다. 만약 어떤 안전요원이 일이 정말 수월한 나머지 외부활동이 가능할 정도로 충분히 여유롭고 편하다는 이유 때문에 직무에 만족한다고 가정해보자. 그가 직무에 만족하는 이유가 업무의 수월함에 있기 때문에 그의 직무만족은 높은 수준의 성과를 이끌어내지 못할 것이다.

조직의 강한 상황적인 압박이 종업원들로 하여금 특정한 방식으로 행동하도록 강제할 수 있고 종업원의 직무만족 수준 또한 자신의 직무와 직접적인 관련이 없을 수 있기 때문에 직무만족은 결정적으로 직무성과와 관련된다고 볼 수 없다. 그러나 일부 연구들은 다른 의견을 제시한다. 종업원들이 창출한 성과에 대해 공정하고 충분하게 보상을 받게 되면 직무성과가 직무만족을 이끌어낼 수도 있다는 것이다. 직무성과, 보상, 공정성의 중요성과 관련된 이슈는 제6장과 제7장의 '동기부여 부분'에서 자세하게 다룰 것이다.

표 3.3
결근의 결정요인

출근 동기에 영향을 미치는 요인	출근 능력에 영향을 미치는 요인
직무만족	질병 및 사고
조직의 결근 정책	교통문제
기타 요인들	가족부양책임

결근

종업원의 결근(absenteeism)은 조직에 많은 비용을 발생시킨다. 미국에서 하루 대략 100만 명의 종업원들이 결근하는 것으로 나타났다. 미국 기업들은 연간 결근비용으로 약 40억 달러를 부담한다.[88] 결근을 줄이기 위한 노력의 일환으로 많은 연구자들이 결근과 직무만족의 관계에 관심을 가지는 것은 당연한 일이다. 연구들은 직무만족이 결근과 약한 부(−)의 관계를 가진다고 밝혔다. 즉 자신의 직무에 만족하는 종업원일수록 그렇지 않은 경우보다 자주 결근하지 않는 것으로 나타났다.[89]

Richard Steers와 Susan Rhodes는 이러한 결과를 설명하는 데 도움을 주는 모형을 제시하였다.[90] 그들은 종업원들의 출근이 업무에 대한 동기뿐 아니라 능력과도 관련이 있다고 설명하였다(표 3.3 참조). 일을 하러 갈 수 있는 능력은 질병 및 사고 그리고 교통문제, 가족부양 책임 등 다양한 요소에 의해 영향을 받는다. 결근에 영향을 줄 수 있는 이러한 요인들로 인해 직무만족과 결근의 관계가 비교적 약하게 나타났다고 볼 수 있다. 직무만족은 단지 출근하고자 하는 동기에 영향을 주는 많은 요인들 중의 하나일 뿐이다.[91]

조직은 종업원의 결근을 원천적으로 막을 수 없다. 단지 그것을 관리하고 통제할 수 있을 뿐이다. 출근정책이 매우 엄격하다고 해서 종업원들에게 아픈 와중에도 출근해야 한다고 강요해서는 안 된다. 높은 스트레스를 받는 직업의 경우 어느 정도 결근은 용인되어야 한다. 제너럴푸즈 같은 회사는 자체적으로 결근정책을 구축하였다. '정신건강의 날' 및 '개인휴식일' 등을 지정해 그 필요성을 널리 알리고 있다. 종업원들은 자율적으로 휴가를 사용할 수 있다. 또한 기업은 종업원들의 결근에 대해 불이익을 주지 않을뿐더러 이러한 결근을 병가나 연간휴가에서 차감하지도 않는다.

이직

이직
종업원이 고용된 조직으로부터 영구적으로 떠나는 것

이직(turnover)은 종업원들이 근무하던 조직을 영구적으로 떠나는 것을 의미한다. 직무만족은 이직의도와 어느 정도 부정적인 관계가 있는 것으로 나타났다. 직무에 만족할수록 이직할 가능성은 낮아지는 것이다. 그러나 불만족하는 종업원들도 조직을 떠나지 않을 수 있으며 직무에 만족한다 해도 다른 조직으로 이동할 수 있다. 일시적으로 조직으로부터 이탈하는 결근과 달리 이직은 영구적인 이탈이며, 종업원들의 삶에 큰 영향을 미칠 수 있다. 그러므로 이직에 대한 결정은 종업원들이 쉽게 내린 판단이 아니라 심사숙고의 과정을 거친 결과라 볼 수 있다.

이직을 결정하는 과정에서 과연 어느 시점에서 직무만족이 개입될까? Bill Mobley의 이직과정모형에 따르면 직무만족은 이직과정의 시발점이 된다고 한다(그림 3.8 참조).[92] 직무에 매우 만족하는 종업원들은 함부로 이직을 생각하지 않지만 직무에 불만족하는 경우 불만족감은 이직을 떠올리게 할 수 있다는 것이다.

즉 직무불만족은 이직을 유발하는 원인이 된다. 이 시점에서 종업원들은 새로운 직업으로부터 얻을 수 있는 혜택과 조직을 떠남으로써 부담해야 하는 비용을 비교하게 된다. 이러한 비용들은 근무한 기간과 관련된 연공으로부터 받는 혜택, 연금과 의료보험의 손실, 고용안정성 등을 말한다. 혜택과 비용을 비교 후 종업원들은 이직 여부를 결정한다. 이직의도는 실제로 이직행동을 이끌어

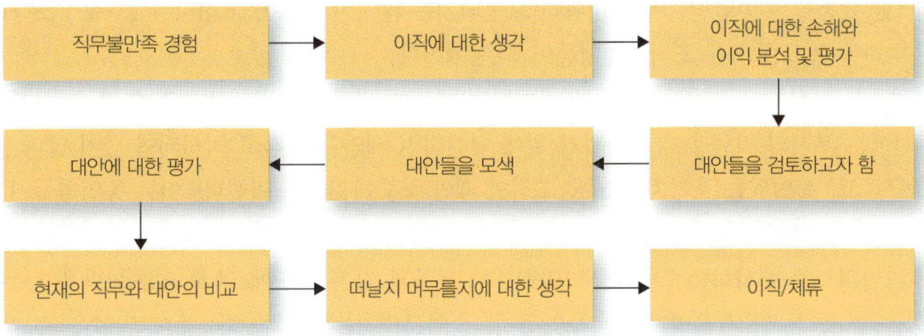

그림 3.8

Mobley의 이직과정모형

출처 : Adapted from "Intermediate linkages in the relationship between job satisfaction and employee turnover." Mobley, William H. *Journal of Applied Psychology, Vol 62(2)*, Apr 1977, 237–240. Copyright © 1977 by the American Psychological Association. Reprined with Permission.

낼 수 있다. 비록 직무만족 수준이 이직을 결정하는 계기를 제공하고 이직의도를 유발시키지만 실제로 이직을 결정할 때에는 다양한 요인들이 작용한다.

결근의 경우와 마찬가지로 관리자들은 이직을 최소화해야 할 행동으로 여긴다. 종업원이 이직하면 새로운 직원을 선발, 교육시켜야 하고 상당한 비용이 늘기 때문이다. 게다가 이직은 기존 종업원들의 업무체계를 혼란스럽게 만들기도 한다. 이직으로 인해 중요한 프로젝트가 연기되기도 하고 이직한 종업원이 팀의 일원일 경우 팀 활동에 문제를 야기하기도 한다.

이직에 수반되는 비용이 문제가 될 수도 있지만 조직에 혜택을 가져다줄 수도 있다. 첫째, 이직이 비용을 유발할지, 이익이 될지는 누가 떠나느냐에 달려 있다. 저조한 성과를 내는 종업원이 조직을 떠나고 우수한 성과를 내고 있는 종업원들이 조직에 머무는 것은 이상적인 상황이다. 이 경우 관리자들은 이직률을 감소시키려고 하지 않아도 된다. 둘째, 조직은 떠난 사람을 대신해 도전적이고 참신한 아이디어를 가진 종업원을 채용하면 조직에 창조적인 기여를 할 계기가 될 수도 있다. 셋째, 사람들이 자발적으로 조직을 떠난다는 측면에서 이직은 노동력의 규모를 줄일 수 있는 쉽고 자연스러운 방법이다. 이는 경기가 침체되었을 때 강제로 노동력을 감축시켜야 하는 수고를 덜어주기 때문에 조직 입장에서는 반가운 혜택이 될 수 있다. 마지막으로 조직 내부의 승진을 추구하는 기업의 경우, 상위직급의 이직은 하위직급의 종업원이 승진할 수 있는 기회를 마련해준다. 그러므로 결근처럼, 이직은 반드시 감소시키거나 없애야 할 행동이 아니라 상황에 맞게 관리되어야 할 행동이다.

조직시민행동
조직이 종업원들에게 요구하지는 않지만 조직의 생존과 유효성을 높이기 위해 필요한 행동

조직시민행동

우리는 직무만족이 직무성과에 결정적인 영향을 미치지 않는다는 것을 알 수 있었다. 하지만 어떤 연구들은 직무만족이 직무에서 요구되지 않은 행동특성들과도 관련이 있음을 보여준다. **조직시민행동**(organizational citizenship behavior, OCB)은 의무를 넘어선 자발적 행동이다. 즉 조직의 종업원들에게 강요되지는 않지만 조직의 생존과 유효성을 위해 필요한 행동이다.[93] 조직시민행동의 예는 동료를 돕고, 방화·절도·문화파괴행위·재난들을 예방하고, 건설적인 제안을 하며, 자신의 기술과 능력을 계발하고, 사회나 국가에 기여하려는 행동들을 포함한

Michael Blann/Lifesize/Thinkstock

종업원들이 자발적으로 서로를 도울 때, 이들은 조직시민행동을 하고 있는 것이다.

다. 이러한 행동들은 종업원들에게 명확히 요구되지는 않지만 매우 중요하다. 새로운 정보기술을 학습해야 하는 동료를 돕는 조직시민행동이 좋은 예이다.

종업원들은 자신들이 조직시민행동에 관여할지 여부에 대해 자율권을 가지고 있다. 대부분의 직무기술서에는 부서의 기능을 향상시키기 위해 혁신적인 제안을 하라고 적시되어 있지 않다. 그럼에도 불구하고, 종업원들은 가치 있고 창조적인 제안들을 하려고 노력한다. 이는 종업원들이 자신들의 직무에 만족했을 경우 더 빈번해진다. 이러한 조직시민행동들은 강요되는 것이 아니라 종업원들이 자발적으로 행사하는 것이다. 따라서 직무만족과 같은 태도에 의해 영향을 받을 가능성이 높다고 볼 수 있다. 앞서 우리가 살펴보았듯이, 작업분위기는 이러한 행동들에 영향을 줄 가능성이 높다. 긍정적인 기분에 휩싸여 있는 종업원들은 동료를 돕거나 새로운 아이디어를 제시하는 등 조직시민행동을 할 가능성이 높다.[94]

인디애나대학의 Dennis Organ은 직무에 만족하는 종업원일수록 조직시민행동을 할 가능성이 높다고 주장하였다.[95] Organ은 대부분의 사람들이 조직과 동료들 간 공정한 교환관계가 형성되기를 원하기 때문에, 직무에 만족한 종업원은 조직으로부터 받은 도움을 갚기 위해 다양한 형태의 조직시민행동에 몰두하게 된다는 것이다.

다양한 형태의 조직시민행동은 조직이 종업원들에게 공식적으로 요구한 행동이 아니기 때문에 보상이나 인센티브 시스템에 의해 인정되지 않는다. 대부분 관리자들은 이러한 종업원들의 행동을

국내 사례 **현대의 조직행동**

맥도날드의 감정노동 보호

맥도날드는 고용노동부가 주최하고 안전보건공단이 주관한 '감정노동 근로자 건강보호 우수사례 발표대회'에서 우수사례로 선정되었다. 맥도날드는 고객을 응대하는 직원들의 심리 건강을 보호하고, 안전하고 일하기 좋은 근무 환경을 조성하기 위해 다양한 노력을 기울여왔다.

맥도날드는 정규직·비정규직 구분 없이 맥도날드에 근무 중인 전 직원을 대상으로 2015년부터 직원 케어 프로그램(Employee Assistance Program, EAP)을 운영해 오고 있다. 직원이 업무상 블랙 컨슈머를 응대하거나 고객으로부터 폭언 등의 사건·사고로 심리적 충격을 받은 경우, 외부 기관의 전문상담 서비스를 통해 직원의 심리 회복을 지원하는 이 프로그램은 실시 후 만족도가 5점 만점에 4.6점에 달할 정도로 직원들로부터 좋은 평가를 받고 있다.

맥도날드는 드라이브 스루 주문 창구, 계산대 등 고객에게 잘 보이는 곳에 매장 직원 보호 스티커를 부착하고, 언어 폭력으로부터 콜센터 직원들을 보호하기 위한 사전 안내 멘트를 운영하는 등 고객 응대 직원 보호를 위한 안내 조치를 실시하고 있다.

이와 함께 분기별 세션과 포럼, 매장 별 크루 미팅, 직원 설문조사 등을 통해 직원들이 더 즐겁게 일할 수 있는 일터가 될 수 있도록 개선점을 모색하는 기회를 주기적으로 마련하고 있다. 뿐만 아니라 매장 내 직원의 감정 노동 및 근무 중의 고충 해결을 위한 상담 창구를 상시 운영해 직원의 고충이 실질적인 해결을 위한 구체적인 실행까지 이어질 수 있도록 하고 있다.

맥도날드 관계자는 "맥도날드의 가장 귀중한 자산은 고객들에게 편의성 높은 서비스와 맛있는 식사를 제공하기 위해 매일 노력하는 직원들"이라면서 "내 매장 근무 직원과 고객이 상호간 존중하는 문화를 강화하기 위한 새로운 캠페인을 도입할 계획으로, 앞으로도 보다 직원들이 안전하고 즐겁게 일할 수 있는 근무 환경 구축에 다각적인 노력을 기울일 계획"이라고 밝혔다.

출처 : '맥도날드, 감정노동 근로자 건강보호 우수기업 표창', 뉴데일리경제, 2020. 07. 10.

잘 모르거나, 이러한 행동을 하는 것을 보고도 대수롭지 않게 생각하는 경향이 있다. 그러나 이러한 인식의 부족이 조직시민행동을 간과해도 된다는 것은 아니다.

아이오와 대학병원은 보상 프로그램을 통해 조직시민행동을 인정하고 있다.[96] 이 대학병원은 종업원, 환자, 방문객, 자원봉사자, 그리고 학생에게 자발적이고 열정적으로 우수한 서비스를 제공하여 조직의 성과를 창출한 사람이 있다면 추천하게 하고 공로상을 주는 제도를 운영한다.[97] 이 대학병원의 보건담당 인정위원회는 매달 지명된 모든 대상자들을 검토한 후, 1명의 후보자를 선택해 CEO가 인정하는 이달의 종업원(CEO Above & Beyond of the Month)으로 선정한다.[98] 병원은 이렇게 임명된 사람에게 특별 시상식을 통해 증명서와 배지를 부여하고 사내게시판과 병원 소식지에 그 공적을 공개한다. 연말에 모든 월별 수상자들을 축하하기 위해 오픈하우스리셉션이 열린다.[99]

종업원 복지

종업원 복지(employee well-being)는 직무만족을 높인다. 결근 및 이직과는 달리, 종업원 복지는 조직보다는 종업원에게 초점을 맞춘다. 오늘날 종업원들이 직장에서 보내는 시간을 보면 매우 놀랍다. 종업원들이 주 5일 근무에 매일 8시간씩 일하고 1년에 2주의 휴가를 사용한다면 대략 1년에 2,000시간을 직장에서 보내게 된다. 대략 40년(25세~65세) 동안 일한다고 생각하면 생애에 걸쳐 종업원은 8만 시간을 일을 하면서 보내게 되는 것이다. 조직생활을 하는 동안 직무에 불만을 안고 살게 되면 종업원은 불행할 수밖에 없다.[100] 이러한 관찰과 일치하게 연구자들은 직무만족이 전반적인 삶의 안녕감에 공헌한다고 제안한다. 텍사스대학의 Benjamin Amick에 따르면 더 높은 수준의 직무만족이 육체적 · 정신적 건강에 기여하고, 건강검진 비용을 감소시킴으로써 종업원들이 돈을 저축할 수 있게 돕고 생산성도 향상시킨다고 한다.[101]

종업원 복지
종업원들이 얼마나 행복하고 건강하고 번영하는지를 나타냄

조직몰입

직무만족이 직무에 대해 가지는 구체적인 느낌이나 믿음과 관련되는 반면, 조직몰입은 고용되어 있는 조직에 대한 종업원의 전반적인 느낌 및 믿음이다. 연구자들은 조직몰입을 정서적 몰입과 유지적 몰입의 두 가지 유형으로 구분한다.[102] **정서적 몰입**(affective commitment)은 종업원들이 조직의 일원이라는 것에 행복감을 느끼고 조직을 믿고 좋은 감정과 애착심을 가지며, 조직을 위해 일하려는 의도를 가진 상태를 의미한다. **유지적 몰입**(continuance commitment)은 종업원들이 자발적으로 조직에 몰입하기보다는 조직을 떠나는 데 드는 비용(연공, 고용안정성, 연금, 의료혜택의 손실 및 기타 등)이 더 크기 때문에 조직에 머물러야 할 때 나타난다.[103] 보통 정서적 몰입이 유지적 몰입보다 개인과 조직에 더 긍정적인 결과를 가져다준다.

정서적 몰입
종업원들이 조직의 일원이라는 데 행복감을 느끼고, 조직을 믿고 좋은 감정과 애착을 갖고 조직을 위해 좋은 일을 하고자 하는 의도를 가질 때 존재하는 몰입

유지적 몰입
조직을 떠나는 비용이 너무 크기 때문에 조직에 머물러야 할 때 존재하는 몰입

정서적 몰입의 결정요인

조직의 성격과 상황적인 요인들이 정서적 몰입수준에 영향을 미칠 수 있다. 이를테면, 사회적으로 책임감 있는 행동을 하고 사회에 기여하는 조직을 위해 종업원들은 더 몰입하게 된다. 벤앤제리 홈메이드 아이스크림 회사는 사회적으로 책임감 있는 기업정책을 추구한다. 환경을 보호하고 지역사회를 돕는 프로그램을 활성화시킴으로써 종업원들의 몰입을 촉구한다.[104] 유기농 미용제품을 제조하고 판매하는 더바디샵은 환경과 동물의 권리를 보호하는 데 앞장섬으로써 종업원들의 몰입을 유도한다. 조직이 종업원들에게 관심을 보이고 가치 있게 대할수록 종업원들은 믿고 조직에 몰입할 수 있다. 조직이 종업원과 사회에 몰입하지 않는다면, 종업원들 역시 조직을 위해 몰입하기를 기대해서는 안 된다.

국내 사례 현대의 조직행동

SK 이노베이션의 행복경영

SK이노베이션 구성원의 행복도 점수(단위 : 점)

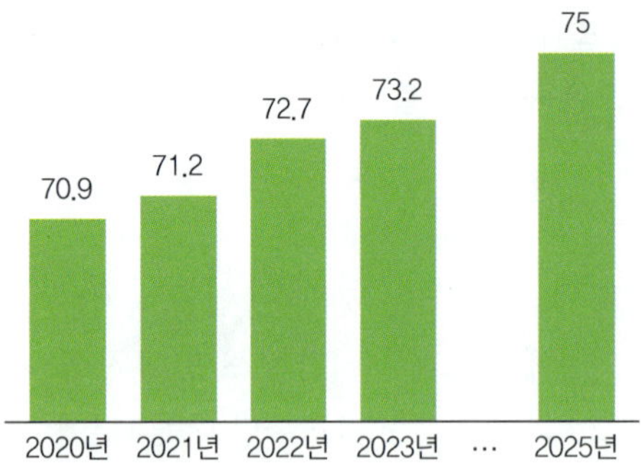

※ 100점 만점 기준. 2023 · 2025년은 목표

자료 : SK이노베이션 ESG리포트

SK이노베이션이 2025년 구성원(직원) 행복도를 75점(100점 만점)으로 끌어올리겠다고 공언했다. 직원 행복도를 조사해 공개적으로 밝히는 곳은 국내에서 이 회사가 유일하다. ESG(환경·사회·지배구조) 경영 트렌드에 맞춰 S(사회) 부문을 강화하기 위한 방법의 하나로 직원 행복을 챙기겠다는 취지다.

SK이노베이션의 ESG리포트에 따르면 이 회사의 직원 행복도 점수는 2022년에 72.7점이었다. 2023년에는 73.2점, 2025년엔 75점으로 올리겠다는 목표다. SK이노베이션은 국내 9,000여 명 직원을 대상으로 반기마다 기업문화 및 행복 설문조사를 실시하고 있다. 질문 항목은 각각 100여 개로 문항당 1~5점의 점수를 매길 수 있다. 회사는 이 조사들의 평균을 내 행복도 점수를 공개한다.

이 점수는 SK이노베이션 8개 자회사의 최고경영자(CEO) 성과를 측정하는 비중에서 3%를 차지한다. 2022년 2.5%에서 더 높아졌다. CEO가 직접 직원들의 회사 생활과 행복도를 챙기라는 의미다. SK그룹은 다른 기업과 달리 임직원 대신 '구성원'이라는 호칭을 쓴다. 수평적인 기업 문화를 조성하고 창의성을 존중하기 위해서다.

행복 설문조사는 삶에 얼마나 만족하고 있는지, 유의미한 삶을 살고 있다고 느끼는지, 긍정 또는 부정적인 감정을 느끼는지 등 4개 영역으로 나뉘어 있다. 기업문화 설문조사는 회사 생활이 전반적으로 행복한지, 앞으로 회사에서 더 행복할 수 있는지 등에 대해 답하도록 구성되었다. 기업문화 설문조사는 의무 참여가 아님에도 설문 응답률이 70%를 넘을 정도로 호응을 받고 있다.

회사 관계자는 "도입 과정에서 시행착오도 있었지만 최근엔 필수 지표로 자리 잡고 있다"고 설명했다.

출처 : 'SK이노베이션 행복경영 강화', 한국경제, 2023. 07. 30.

정서적 몰입의 잠재적인 결과

관리자는 조직에 몰입한 종업원일수록 더 열심히 일할 것이라고 믿는다. 또한 최근 연구들은 정서적 몰입이 직무성과와 약하게 정(+)의 관계를 가지고 있다는 사실을 발견했다.[105] 그러나 직무만족과 마찬가지로, 정서적 몰입은 조직시민행동과 높은 관련성을 가지고 있는 것으로 보인다. 조직시민행동이 자발적이기 때문에 조직을 향한 종업원들의 태도와 밀접하게 관련될 수 있다. 정서적 몰입이 높을 때, 종업원들은 조직을 위해 조직시민행동을 하게 된다.[106] 그러나 유지적 몰입이 높을 때는 경우가 다르다. 몰입이 조직에 대한 믿음보다는 필요성에 근거하기 때문에 자발적인 행동을 할 가능성이 낮아지게 된다.

정서적 몰입은 또한 결근이나 태만 등과 약한 부(-)의 관계를 갖는다.[107] 또한 정서적 몰입과 이직 간에는 강한 부(-)의 관계를 보인다. 조직에 몰입한 종업원일수록 조직을 떠날 가능성이 더 낮다. 즉, 조직에 대해 긍정적인 태도를 가지고 있기 때문에 떠나려고 하지 않는다.[108]

요약

가치관, 태도, 기분과 감정은 조직행동에 중요한 영향을 미친다. 가치관(삶에서 추구해야 하는 것과 어떻게 행동해야 하는가에 대한 종업원의 개인적 신념)은 직무 관련 행동을 결정하는 중요한 요소이다. 직무만족과 조직몰입은 조직시민행동, 결근, 이직 등과 같은 행동의 이해와 관리에 중요한 핵심 작업태도이다. 작업분위기와 감정 또한 조직행동의 중요한 결정요인이다. 이 장에서 다룬 주요 내용은 다음과 같다.

1. 조직행동에서 가장 중요한 두 가지 가치는 작업가치관과 윤리적 가치관이다. 작업태도는 가치관들보다 구체적이고 덜 지속적이다. 그리고 사람들이 현재의 조직 내에서 가지고 있는 총체적인 느낌, 믿음, 생각 등으로 정의된다. 가치나 태도보다 가변적인 작업분위기와 개인의 감정은 사람들이 실제로 직무를 수행하는 동안에 형성된다. 따라서 가치, 태도, 분위기, 감정은 타인에게 영향을 미칠 수 있는 잠재력을 가지고 있다.
2. 작업가치관은 종업원이 직무로부터 기대하는 결과 및 조직 내에서 요구되는 행동방식에 대한 개인적 신념이다. 작업가치관은 크게 내생적 작업가치관과 외생적 작업가치관으로 분류된다. 내생적 작업가치관은 직무 자체의 특성들과 관련 있으며, 일을 통한 흥미 · 도전의식 · 성취감 등을 의미한다. 일의 외생적 가치관은 생계의 안정을 도모하고, 사회에서는 자신의 위치를 높이려는 것 등으로 일의 결과와 관련된 가치관이다.
3. 윤리적인 가치관은 옳고 그름에 대한 종업원의 개인적 신념이다. 이는 공리주의적 가치, 권리론적 가치, 정의론적 가치라는 세 가지 유형으로 구분된다. 공리주의적 가치는 의사결정이 최대다수의 최대행복을 기반으로 행해지기를 강조한다. 권리론적 가치는 의사결정에 의해 영향을 받는 사람들의 권리를 보호하는 방향으로 내려져야 한다는 점을 강조한다. 정의론적 가치는 의사결정과 관련된 종업원들의 비용과 편익이 정당하고, 공평하고, 치우침 없는 방식으로 배분되어야 한다는 점을 강조한다.
4. 작업태도는 직무만족과 조직몰입의 두 가지 유형으로 분류된다. 직무만족은 사람들이 직무에 대해 현재 가지고 있는 총체적인 느낌과 믿음을 말한다. 조직몰입은 조직 전반에 대해 종업원이 가지고 있는 총체적인 느낌과 믿음을 일컫는다. 작업태도는 정서적 요소(자신의 작업에 대해 느끼는 방식), 인지적 요소(자신의 작업에 대해 믿고 있는 것), 행동적 요소(자신이 작업에서 어떻게 행동해야 할지에 대해 생각하는 것)로 구성되어 있다.
5. 사람들은 직장에서 다양한 감정을 경험한다. 이러한 정서는 보통 긍정 및 부정적 감정으로 구분된다. 사람들이 긍정적인 감정을 느낄 때, 그들은 흥분과 열광을 느끼고 활기차게 업무에 임할 수 있다. 반면 종업원들이 부정적인 감정을 느낄 때에는 비탄, 두려움, 냉소, 적개심, 불안감, 초조함 등을 느끼게 된다. 작업분위기 및 감정은 성격과 상황적 요인에 의해 영향을 받으며 결과적으로 결근, 고객과 동료를 돕는 행동, 창의성, 리더십 등에 영향을 미친다. 감정노동은 종업원들이 직무를 수행하면서 느끼는 정서와 감정을 의도적으로 표현하거나 관리해야만 하는 노동을 말한다.
6. 직무만족은 조직행동 분야에서 가장 중요하고 체계적으로 연구되어온 작업태도 중 하나이다. 직무만족은 성격, 가치, 작업환경, 사회적 영향력 등에 의해 영향을 받는다. 직무만족의 구성요소 모형, 불일치 모형, 안정적 상태 이론 등은 직무만족을 이해하고 관리하는 데 도움을 주는 이론들이다.
7. 종업원이 직무만족 정도에 따라 성과의 수준을 자유롭게 변화시킬 수 없고, 때로는 직무만족이 성과와 관련이 없는 경우도 많기 때문에 직무만족은 성과와 강한 관련성을 가지고 있지 않

은 것으로 나타났다. 직무만족은 결근과는 약한 부(-)의 관계를 가지고 있다. 또한 직무에 만족하는 종업원일수록 조직을 떠날 가능성이 낮다. 자신의 직무에 만족하는 종업원일수록 자발적인 조직시민행동을 할 가능성이 높아진다. 직무만족은 종업원의 복지에도 긍정적인 효과를 미치게 된다.

8. 조직몰입이란 전반적으로 조직에 대해 종업원이 가지고 있는 총체적인 느낌과 믿음이다. 정서적 조직몰입은 종업원들이 조직의 구성원이라는 사실에 행복감을 느끼고, 조직이 추구하는 것에 대해 믿음이 있을 때 형성된다. 즉, 정서적 몰입은 조직이 사회적인 책임을 다하고 조직이 종업원들에게 헌신하고 몰입한다는 것을 증명해보일 때 나타난다. 정서적 몰입이 높은 종업원들은 조직을 떠날 가능성이 낮으며 조직시민행동을 할 가능성이 높다. 반면, 유지적 몰입은 종업원들이 조직을 떠나기에는 너무 큰 비용이 들기 때문에 조직에 몰입해야 하는 경우에 존재한다.

토론사례

세일즈포스의 직무만족 개선 프로그램

세일즈포스는 전 세계적으로 유명한 클라우드 기반 고객관계관리(CRM) 소프트웨어 회사로, 직원 만족도를 높이기 위해 다양한 혁신적인 프로그램과 정책을 도입한 것으로 잘 알려져 있다. 이 회사는 직원들이 직무에서 높은 만족도를 느끼고, 사회적 책임감을 통해 더 큰 의미를 찾을 수 있도록 하는 문화를 구축해 왔다. 세일즈포스의 직무 만족도 향상 전략은 주로 사회적 책임 프로그램, 포용성과 다양성, 그리고 직원들의 자율성 보장에 중점을 두고 있다.

1. 사회적 책임 프로그램

세일즈포스는 직원들이 사회에 기여할 수 있는 기회를 제공함으로써 직무 만족도를 높이는 데 주력하고 있다. 특히 '1-1-1 모델'로 알려진 사회적 책임 프로그램은 세일즈포스의 대표적인 이니셔티브이다. 이 모델은 세일즈포스의 자원(수익의 1%, 제품의 1%, 직원의 1%의 시간)을 사회에 환원하는 것을 목표로 한다. 이 프로그램을 통해 직원들은 매년 7일의 유급 봉사활동 시간을 가지며, 자신이 선택한 사회적, 환경적, 교육적 활동에 참여할 수 있다.

이러한 프로그램은 직원들에게 직무 외적인 성취감을 제공하며, 자신이 사회에 긍정적인 영향을 미치고 있다는 느낌을 강화한다. 연구에 따르면, 사회적 책임 활동에 참여하는 직원들은 그렇지 않은 직원들에 비해 더 높은 직무 만족도를 느끼며, 이는 직무에 대한 헌신도와 회사에 대한 충성도로 이어진다고 한다.

2. 포용성과 다양성

세일즈포스는 포용성과 다양성을 중요시하며, 이를 통해 다양한 배경과 경험을 가진 직원들이 서로 협력할 수 있는 환경을 조성하고 있다. 세일즈포스는 직원들의 소속감과 포용성을 높이기 위해 다양한 직원 자원 그룹(Employee Resource Groups, ERGs)을 운영하고 있다. 이러한 그룹에는 여성, LGBTQ+ 커뮤니티, 베테랑, 장애인 등 다양한 배경을 가진 직원들이 참여할 수 있으며, 이들이 직장에서 소외되지 않도록 돕는 역할을 한다.

이러한 포용성과 다양성에 대한 접근은 직무 만족도뿐만 아니라 직원들의 참여도와 창의성에도 긍정적인 영향을 미친다. 연구에 따르면, 포용적인 직장 문화는 직원들이 자신의 역할에서 더 큰 만족감을 느끼게 하며, 팀 내 협업과 혁신을 촉진한다고 한다.

3. 직원들의 자율성 보장

세일즈포스는 직원들에게 자율성을 부여하는 문화를 구축하여, 각자가 자신의 방식으로 업무를 수행할 수 있도록 장려한다. 예를 들어, 세일즈포스는 원격 근무와 유연 근무제를 통해 직원들이 자신의 일정과 업무 스타일을 조정할 수 있도록 한다. 이는 직원들이 일과 삶의 균형을 유지하면서도 업무에서 더 높은 생산성과 창의성을 발휘할 수 있도록 돕는다.

또한 세일즈포스는 직원들이 자신의 커리어 목표를 달성할 수 있도록 다양한 교육 프로그램과 자기 계발 기회를 제공한다. 직원들은 세일즈포스의 교육 플랫폼인 Trailhead를 통해 다양한 기술과 지식을 습득하고, 자신의 역량을 강화할 수 있다. 이러한 자율성은 직원들이 자신의 경력을 주도적으로 관리할 수 있게 하며, 이는 직무 만족도에 긍정적인 영향을 미친다.

이와 같이 세일즈포스의 직무 만족도 개선 전략은 사회적 책임 프로그램, 포용성과 다양성, 그리고 직원들의 자율성 보장에 중점을 두고 있다. 이러한 전략들은 직원들이 직무에서 더 큰 만족감을 느끼고, 회사에 대한 충성도를 높이는 데 중요한 역할을 하고 있다.

토론문제

1. 세일즈포스의 1-1-1 모델은 직원들에게 사회적 책임감을 부여하여 직무 만족도를 높이고 있다. 그러나 이러한 사회적 책임 프로그램이 실제로 모든 직원에게 동기부여가 되는지, 그리고 이 모델이 다른 산업이나 기업에서도 효과적으로 적용될 수 있는지에 대해 토론해보자.
2. 세일즈포스는 포용성과 다양성을 강조하여 다양한 배경을 가진 직원들이 소속감을 느낄 수 있는 환경을 조성하고 있다. 포용적인 문화가 직무 만족도와 성과에 미치는 영향에 대해 토론해보고, 다른 기업들이 포용성을 증진시키기 위해 어떤 전략을 사용할 수 있는지 토론해보자.

제 4 장

지각, 귀인 및 다양성 관리

개관

단원 목차

요약

학습목표

이 단원을 학습한 후 다음을 이해할 수 있다.

- 지각이 왜 주관적인 요소인지 설명할 수 있다.
- 지각자, 지각대상 및 상황적 요소들이 지각에 어떠한 영향을 미치는지 설명할 수 있다.
- 도식은 지각에 유익하기도 하지만 방해가 될 수도 있다는 점을 설명할 수 있다.
- 편향은 부지불식간에 대인지각에 영향을 미친다는 점을 설명할 수 있다.
- 귀인이 중요한 이유와 어떤 방식으로 오류를 일으키는지를 설명할 수 있다.
- 다양성 관리가 왜 중요한지를 이해할 수 있다. 조직 내 모든 사람들이 평등한 대우를 받을 수 있도록 보장해주는 방법과 그로 인해 조직이 기대할 수 있는 이점들을 설명할 수 있다.
- 성희롱의 종류 및 조직이 성희롱을 방지하기 위해 취해야 할 방법을 설명할 수 있다.

비싼 제품을 먼저 보여줘라

대조효과란 같은 내용이라도 비교되는 대상에 따라 다르게 인식되는 효과를 말한다. 대조효과를 세일즈에 적절히 활용하면 소비자가 판매 제품의 가격을 더욱 저렴하게 인식하도록 만들 수 있다. 제품에 대한 기대치를 올린 다음, 할인 판매를 하거나 경쟁 상품 중 비싼 제품을 먼저 보여주는 방법 등은 지각의 대조효과를 이용한 사례라 할 수 있다.

또 다른 예를 들어보자. 신차를 주문했다. 시장에서 인기 많은 제품이라 차량을 받는 데 석 달이 걸린다고 한다. 기다리는 시간이 지루했지만 이제 그 시간은 한 달도 채 남지 않은 것 같다. 그때 영업 매니저에게서 아래와 같은 메일이 왔다.

"고객님, 잘 지내고 계시죠? 배송과 관련해 중대한 변동 사항이 생겨 연락드립니다. 코로나 19로 공장의 생산이 원활하지 못해 배송이 평소보다 훨씬 지연되고 있습니다. 본사에 문의해보니 배송에 한 달 이상의 시간이 소요되는 경우도 많다고 합니다. 그런데 다행히 고객님 차는 2주 정도만 더 기다리면 받으실 수 있다고 합니다. 단, 아래에 있는 계약 변경에 동의를 해주셔야 합니다."

안도의 한숨을 내쉬며 나도 모르게 어느 새 '동의' 버튼을 누르고 있다. 다른 차를 알아보라는 아내의 말은 귀에 들어오지 않는다.

위의 사례는 로버트 치알디니 교수의 세계적 베스트셀러『설득의 심리학』에 나오는 대조효과 사례에 관한 것이다. 대조효과란 같은 내용이라도 비교되는 대상에 따라 다르게 인식되는 효과를 말한다. 위의 고객이 차량을 받는 데 2주를 더 기다려야 하는 것을 오히려 다행이라고 생각하고 대수롭지 않게 여기게 된 것은 대조효과, 즉 대조의 차이 때문이다. 대조하지 않고 그냥 2주를 더 기다리라고 했으면 어땠을까? 다행은 고사하고 짜증이 나지 않았을까? 비교 대상이 고객의 생각을 바꾼 것이다.

대조의 차이가 우리의 인식에 미치는 영향을 조금 더 살펴보자. 아래 2개의 네모 중 어느 것이 어두워 보이는가?

이번에는 다음 그림의 가운데 있는 빨간 점들을 주의해서 잘 보자. 어느 점이 더 크다고 생각하는가? 유명한 헤르만 에빙하우스 교수의 착시 그림이다. 앞서 얻은 학습 효과에 따라 머리로는 분명히 A와 B의 빨간 점이 모두 같은 크기라는 것을 안다. 그럼에도 불구하고 눈으로 보기에는 여전히 B에 있는 가운데 동그란 점이 더 커보이지 않는가?

가운데 점의 크기가 비교 대상의 크기에 따라 다르게 인식되는 이유는 빨간 점을 둘러싼 배경과의 대조효과 때문이다. 사실 빨간 점의 크기는 A와 B 간에 동일한 상태이다. 이는 대조효과로 인해 큰 점들의 옆에 있는 빨간 점이 더 작게 보이고, 작은 점들의 옆에 있는 빨간 점이 더 크게 보이는 이유 때문이다.

출처 : '비싼 제품을 먼저 보여줘라', 동아비즈니스리뷰, 2021년 1월 issue 2.

개관

같은 능력을 갖춘 두 사람이라 할지라도, 한 조직 내에서 서로 다르게 인식되는 경우가 종종 있다. 명백한 이유가 있는 것은 아니지만, 1명이 다른 1명에 비해 훨씬 뛰어나다고 느껴지기도 한다. 가령, 비즈니스 환경 속에서 여자와 소수집단은 상대적으로 가끔 무능력하다고 여겨진다. 객관적인 기준에서는 똑같은 능력을 갖추고 있는데도 말이다.

이와 같이 동일한 현상에 대해 사람들은 다르게 인식할 수 있다. 예컨대 당신이 참석한 그룹 미팅을 상기해보자. 같은 미팅에 참석했던 사람들이지만 분명 그 미팅에 대해서 서로 다른 생각을 갖고 있을 것이다. 어떤 사람은 미팅에서 나온 최종 결과가 여러 사람의 의견을 고르게 반영한 합리적인 의사결정이라 여기는 반면, 다른 사람은 힘 있는 특정 개인이 주도한 의사결정이라고 생각할 수도 있다. 한편 그 미팅이 합리적이고 활발한 자리였다고 생각하는 사람이 있는 반면, 시끄럽고 무질서했다고 평가를 내리면서 모욕적이고 불쾌한 경험이었다고 여기는 사람도 있을 것이다. 이처럼 사람들은 동일한 사람, 물건, 사건에 대해 서로 다르게 이해한다.

이 장에서 우리는 사람들이 지각과 귀인을 통해 알게 된 정보를 어떻게 이해하고 해석하는지에 대해 배우게 된다. 사람들은 왜 똑같은 자질을 갖춘 조직구성원이나 같은 물건을 구매하러 온 고객들을 서로 다르게 인식하는지, 같은 미팅에 참석한 사람들이 왜 그 미팅에 대해 서로 다른 생각을 하게 되는지, 한 편의 영화를 감상한 두 사람이 왜 서로 다른 평가를 내리는지 등의 문제에 대해 고찰해볼 것이다. 또한 다양한 노동력을 효과적으로 관리하기 위해서 지각과 귀인의 역할에 대해 중점적으로 다루게 될 것이다. 아울러 관리자들이 타인을 지각하고 판단하는 방식에 주력함으로써 인력관리 능력을 향상시킨 사례도 보여줄 것이다.

조직행동을 이해하고 관리함에 있어서 지각과 귀인은 핵심적인 역할을 한다. 조직 내의 모든 결정과 행동(예를 들면 다양성 관리)들은 조직구성원들이 주변 사람들과 사건들을 이해하고 인식하는 방식에 따라 달라진다. 관리자들은 상황에 대한 이해를 기반으로 다양한 의사결정을 내린다. 이를테면 관리자는 채용, 해고, 전근, 승진 또는 조직구성원들의 성과와 동료에 대한 배려심 및 이타심을 향상시키는 방법 등을 결정한다. 지각과 귀인이 이러한 이해에 영향을 미친다는 사실과 그 방법을 구체적으로 알고 있다면, 관리자들은 더욱 정확한 의사결정을 내릴 수 있게 된다. 지각과 귀인에 대한 이해는 조직구성원들이 주변 사람들과 원활하게 소통할 수 있도록 도와주고 나아가서 생산성도 향상시키는 긍정적인 역할을 하게 된다.

지각의 본질

지각(perception)이란 개인이 감각기관(시각, 청각, 촉각, 후각, 미각)을 통해 얻은 정보를 선택, 조직, 이해하는 과정을 말한다. 사람들은 이를 통해 주변 환경과 사건들, 인물들에 대한 생각을 구성·조합하여 해석할 수 있다. 지각은 아래와 같은 세 가지 요소로 구성된다(그림 4.1).

지각
개인이 감각기관을 통해 얻은 정보를 선택, 조직, 이해하는 과정

1. 지각자(perceiver)는 본인이 관찰한 것 혹은 감각기관을 통해 기억된 자극을 이해하려고 노력하는 사람을 말한다.
2. 지각대상(target of perception)은 지각자가 이해하고자 하는 모든 것들을 일컫는다. 대상은 타인, 집단 내의 구성원, 사건, 상황, 생각, 소리, 혹은 지각자가 주목하고 있는 모든 것을 포함한다. 조직행동에서는 주로 대인지각이나 타인을 지각의 대상으로 간주하고 있다.
3. 상황(situation)은 지각이 발생할 수 있는 모든 환경을 말한다. 예컨대 회의, 복도, 커피 자판기 등은 모두 '상황'이라고 볼 수 있다.

앞서 서술한 세 가지 요소들은 모두 지각에 영향을 미칠 수 있다.

하지만 지각이 단순한 현상에 불과하다고 생각하는 사람도 있다. 이들은 객관적인 현실, 즉 관찰자 혹은 서술자의 외부에 또 다른 현실이 존재한다고 믿는다. 이런 사람들은 감각기관이 손상되지 않는 이상(즉 또렷하게 보고, 정확하게 듣고, 정신이 온전한) 지각은 단지 객관적인 사실에 대한 이해에 불과하며, 본인들의 지각은 현실이 투영된 것이라고 여긴다. 단지 지각대상자 자신은 본질을 이해하고 있다고 확신하며(그림 4.1) 이것이 진실인 것처럼 행동한다.

하지만 지각하는 노력과 과정을 통해 반드시 **정확한 지각**(accurate perceptions), 즉 지각대상의 본질과 근접한 지각이 형성되는 것은 아니다. 아무리 철저하게 '객관적'인 것을 추구하는 사람이라 할지라도 현실을 대할 때 주관적인 해석과 이해를 배제하기는 어렵다. 즉 본인의 생각, 감정, 경험에 따라 상황을 이해하기 때문에 사람들의 이해와 해석은 서로 다를 수밖에 없다. 보는 시각에 따라 현상을 다르게 해석할 수 있다는 것이다.

정확한 지각
지각대상의 본질과 근접한 지각

'지각이 결코 정확할 수 없다'는 사실은 조직행동을 이해하고 관리함에 있어 중요한 의미를 가진다. 관리자가 내리는 모든 결정(이를테면 구성원의 채용, 해고, 보상 등)은 의사결정자의 지각을 기반으로 한다. 정확하게 지각하는 것은 의사결정의 전제 조건이다. 만약 지각이 정확하지 않다면 관리자나 조직구성원은 잘못된 의사결정을 내리게 되고, 이는 관련된 구성원뿐 아니라 조직에도 부정적인 영향을 미칠 것이다. 그렇다면 왜 전반적인 조직행동, 특히 조직의 다양성 관리에 있어 정확한 지각이 결정적인 영향을 미치는가? 이 문제는 동기와 성과, 공정성과 형평성(fairness and equity), 윤리적 행위(ethical action)와 밀접하게 연관되어 있다.

동기와 성과

제1장에서 학습했던 관리자의 역할들을 상기해보자. 그중 하나가 바로 조직구성원이 역량을 충분

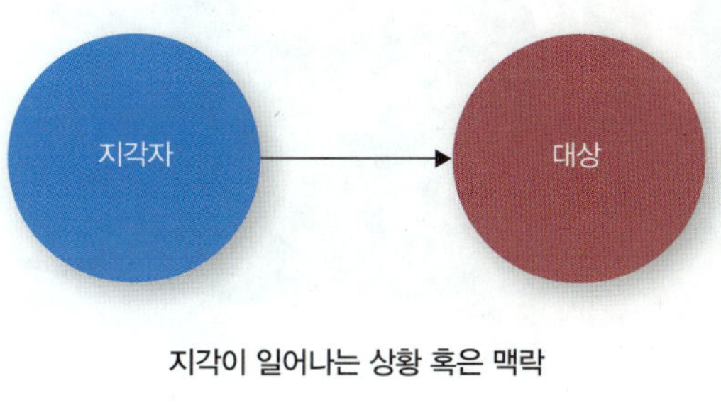

그림 4.1
지각의 구성요소

히 발휘하여 조직의 목표를 달성할 수 있도록 동기를 부여하는 일이다. 관리자는 종업원이 훌륭한 성과를 창출할 수 있도록 사기를 진작시켜야 한다. 동기와 성과가 조직에 중요한 역할을 하기 때문에, 제6장과 제7장에서는 동기와 성과의 관계 및 기타 조직행동적 요소들에 대해 살펴보고자 한다. 직원들에게 동기를 부여하기 위해서 관리자는 종업원의 상황과 생각을 이해하고 그들을 정확하게 인식할 필요가 있다. 관리자의 지각이 정확할수록 종업원에게 동기를 부여하는 일은 훨씬 더 수월해질 것이다. 만약 관리자가 어떤 종업원의 성격이 독립적이고 감시를 매우 싫어한다는 사실을 잘 알고 있다고 가정해보자. 그렇다면 관리자는 그 종업원을 위해 자율적인 시간과 공간을 보장해주기 위해 노력할 가능성이 높다. 마찬가지로 어려운 과제를 두려워하고 시도하기를 두려워하는 종업원은 능력이 문제라기보다는 자신감이 부족(제2장에서 다룬 성격유형 중의 하나임)해서라는 사실을 잘 알고 있다고 가정해보자. 종업원에 대해 정확한 인식을 갖고 있는 관리자는 종업원이 감당할 만한 적정한 수준의 업무를 맡기게 될 것이다. 그리고 도와주고 용기를 북돋아주기 위해 최선을 다할 것이다. 정확한 지각은 관리자들이 조직 내 종업원들을 단결시키고 조직 공동의 목표를 달성하기 위해 협업하게끔 도모한다.

공정성과 형평성

1명의 관리자가 20명의 종업원으로 구성된 집단을 관리하는 상황을 생각해보자. 관리자는 6개월마다 각 종업원의 성과를 평가하고 보너스를 결정해야 한다. 관리자가 의사결정을 내리기 위해 가장 필요한 것은 우선 각 종업원의 성과를 정확하게 지각하는 것이다. 만약 관리자의 지각이 부정확하다면, 의사결정에 따른 결과에 문제가 발생할 가능성이 커지고 종업원들은 불공평한 대우를 받았다고 생각할지 모른다. 예컨대 분기 실적이 뛰어난 종업원이 그보다 못한 종업원에 비해 적은 보너스를 받았다면, 당연히 그는 결과가 불공평하다고 여길 것이다. 따라서 조직구성원들에게 공평하게 처우하는 것은 일에 대한 의욕을 고취시키는 데 필수적이다. 관리자의 부정확한 지각이 작용하면, 성과는 뛰어나지만 그만큼의 보상을 받지 못하는 종업원은 실망하고 의욕을 상실하게 된다. 조직을 위해 바친 노력을 인정받지 못하는데 왜 열심히 일하려고 하겠는가? 만약 여성들이 남성들에 비해 일을 못한다는 편견 때문에 여성이 승진할 기회를 남성에게 빼앗겼다면, 그녀는 상당히 부

iStockphoto.com

글로벌 경제시대에 기업들에게 글로벌 인재를 끌어들이고 관리하는 일은 필수적이다.

당한 대우를 받았다고 분노할 것이다. 나아가 이렇게 불만을 가진 구성원들의 능력은 의욕상실로 충분히 발휘되지 못하고 조직 전체는 큰 손실이 될 것이다. 일부 여성들은 좀 더 공정한 대우를 찾아서 이직할 수도 있다. 이는 조직에 심각한 손실이 된다. 따라서 이러한 문제를 예방하기 위해 관리자가 정확하게 지각하는 것은 매우 중요하다.[1]

글로벌 인재들을 끌어들이고 유지하기 위해서는 종업원들의 국적이나 인종이 아닌 기여도, 성과, 능력에 대한 정확한 지각을 확립하는 것이 매우 필요하다. 효과적으로 글로벌 노동력을 확보하기 위하여 모든 조직구성원들이 평등한 대우를 받을 수 있도록 보장해주어야 한다. 이를테면 일본 기업에서 근무하는 미국인 관리자의 성과가 매우 높고 본인 역시 임원까지의 승진을 기대하고 있다는 상황을 가정해보자. 미국인 관리자가 살펴본 결과, 역대 기업의 임원 자리를 차지한 사람은 항상 일본인이었고 본인의 능력이나 실적과 상관없이 일본인이 아니라는 이유만으로 승진할 기회가 아예 없다는 판단을 내렸다면, 그는 아마 다른 기업을 찾아 떠나게 될 것이다. 이 경우 기업의 관리층은 외국인 종업원에 대해 부정확한 지각(편견)을 갖고 있다고 추정할 수 있다. 다른 예로 인도 아웃소싱 기업에서 근무하던 라틴계 종업원은 외국인이라는 이유만으로 성과나 공헌에 상관없이 승진할 기회가 없다는 사실을 깨닫고 이직을 결심하기도 한다.[2] 이러한 예들을 살펴보았을 때, 글로벌 인재를 끌어들이고 관리하기 위해서는 종업원의 출신 국가에 연연해선 안 되며 그들의 능력과 성과를 정확하게 평가하고 자국민 종업원과 같이 공평하게 대우해주어야 한다는 것을 알 수 있다.

윤리적 행위

노동력은 점점 다양해지고 있다. 이에 조직구성원들은 서로 다른 연령, 인종, 성별, 민족성 등을 가진 사람들과 적극적으로 소통하고 상호작용해야 할 필요가 있다. 다양한 구성원들의 기질과 능력, 기술, 성과 등을 정확하게 파악하는 것은 법적 요건일 뿐 아니라, 윤리적 요건이기도 하다. 구성원들에게 적절한 기회와 보상을 제공해주고 차별을 방지하기 위해서는 구성원들에 대해 관리자가 정확하게 지각해야 한다. 지각이 무엇이고 어떻게 형성되는지, 지각이 환경의 영향을 받는다는 것을 알고 있는 관리자라면 구성원들의 직무만족을 유발시킬 것이며, 조직 역시 혜택을 기대할 수 있을 것이다.

지각자의 특징

여러분은 사람들이 동일한 인물이나 사건에 대해 서로 다른 생각을 한다는 사실을 지각한 적이 있는가? 심지어는 상반된 이해를 하기도 한다.

이는 사람이 가진 고유한 기질과 특징이 지각하는 데 영향을 미칠 수 있음을 말해준다. 과거경험과 지식(도식), 욕구와 수요(동기상태), 감정(기분)은 현실의 상황을 지각하는 데 도움을 준다(그림 4.2). 지금부터 사람이 가지고 있는 특성들이 어떻게 지각에 영향을 미치는지 살펴보기로 한다.

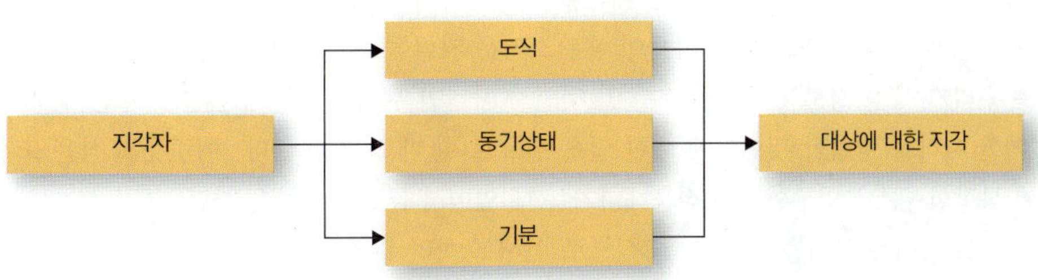

그림 4.2
지각에 영향을 미치는 지각자의 특성

도식 : 지각자의 지식기반

트라이시스템 엔지니어링 기업의 존 커닝햄이라는 프로젝트 관리자는 새로운 관리자(퇴역한 공군 대령)를 채용하게 되었다. 커닝햄은 사전에 새로운 관리자에 대한 충분한 정보를 얻을 수 없었다. 그는 관리자가 '전직 공군대령'이라는 정보에 근거하여 지각을 하게 된다. 하지만 정보는 매우 불충분했고, 이를 근거로 속단하는 것은 위험한 일이었다. 군대에서 복역했다는 사실만으로 커닝햄은 새 관리자가 우두머리 행세를 하는 것을 좋아하고 독단적인 사람이라고 추론해버렸다.

커닝햄의 경우와 마찬가지로 우리는 대부분 제한된 정보를 통해 세상을 이해한다. 사람들은 대개 과거의 경험이나 다양한 출처로부터 얻어낸 지식에 근거하여 새로운 인물이나 상황(지각대상)을 이해하고 해석한다. 이러한 과거경험은 **도식**(schema)으로 체계화된다. 여기서 도식이란 사람들의 기억 속에 저장되어 있는 추상적인 지식구조를 일컫는다. 이를 통해 인간은 주어진 지각대상의 정보를 체계화하고 이해할 수 있게 된다.[3] 지각대상(예컨대 전직 군인)에 대한 도식이 머릿속에 형성된 이상, 이와 관련된 새로운 대상은 그 도식에 따라 활성화된다. 지각대상과 연관된 정보는 도식에 저장된 정보와 일치하는 방향으로 처리된다. 이렇듯이, '도식'은 우리가 대상을 지각하는 방식에 영향을 미치게 된다.

도식
기억 속에 저장되어 있는 추상적인 지식구조를 말하는데, 이를 통해 인간은 주어진 지각대상의 정보를 체계화시키고 이해함

인간은 도식을 통해 주변 세계를 파악한다. 낯선 사람들로 가득한 파티에 참석했던 기억을 떠올려보자. 당신은 어떤 타인과 이야기를 나눌지 결정했는가? 아마도 과거경험에 의해 형성된 도식을 통해서 각 부류의 사람들의 특성과 어떻게 그들과 시간을 보냈는지에 따라 결정했을 것이다.

군인 출신 관리자에 대한 커닝햄의 도식은 "군인 출신 관리자는 우두머리 행세하는 것을 좋아하고 성격이 독단적일 것"이라는 것이다. 관리자가 군인 출신이라는 이유만으로, 커닝햄은 관리자가 독단적인 사람이라고 지각한다. 대부분의 지각자들은 자신의 기대가 반영된 현실을 바라보게 되는데, 이러한 기대치 역시 도식에 의한 것이다.[4]

도식은 우리가 타고난 감각자극에 집중할 것인지 아니면 무시할 것인지를 결정할 때에도 큰 영향을 미친다. 사람들은 기억 속에서 활성화된 도식과 일치하는 정보에 주의를 기울이는 반면, 도식과 어긋나는 정보는 무시하려는 경향이 있다. 커닝햄 역시 이미 가지고 있는 기억 속의 도식으로 새로운 관리자가 독단적이라는 정보(가령 그는 부임하자마자 사무실의 구조를 바꾸어놓았다)에 대해서 민감한 반응을 보였다. 반면 도식에 어긋나는 정보(그는 다른 사람의 의견에 귀를 기울인다)에 대해서는 무시하는 경향을 보였다.

도식과 일치하는 정보에는 주의를 기울이는 반면 어긋나는 정보는 무시함으로써 도식은 더욱 심화되기 때문에 도식은 쉽게 변할 수 없게 된다.[5] 기존의 도식과 상충되는 수많은 정보가 축적되고 충돌이 일어나야 고질적인 도식에도 변화가 일어날 것이다. 그리고 사람들은 지각대상을 다르게 인식할 수 있게 될 것이다.

도식은 순기능적인가?

사람들은 도식 때문에 타인에 대해 부정확한 지각을 하게 되고 틀린 판단을 내릴 수 있다. 이러한 현상은 그 지각대상에 대한 정보가 제한되어 있을 때 나타난다. 인간은 수많은 감각 자극 및 잠재적 지각에 노출되어 있기 때문에 모든 대상들을 정확하게 인식하고 이해하기란 불가능한 일이다. 이러한 측면에서 볼 때 도식은 사람들이 혼란스러운 자극들을 제거하는 데 도움을 줄 수도 있다. 도식은 우리가 특정 정보에 주의를 기울일 것인지 아니면 무시할 것인지 혹은 모호한 정보에 대해서 어떠한 지각을 형성할 것인지에 대한 답을 필요로 할 때 도움을 준다. 이렇듯 도식은 조직구성원들이 복잡한 내부 · 외부환경에 적응해나가는 데 있어서 긍정적 역할을 한다.

하지만 도식에는 역기능도 있다. 도식으로 인해 오히려 부정확한 지각을 형성할 수도 있다. 커

닝햄의 관리자는 전혀 독단적이지 않을뿐더러 오히려 친절하고 유능하며 천재적인 관리자일지도 모른다. 하지만 자신의 머릿속에 있는 군인 출신 관리자에 대한 도식으로 인해 관리자를 부정적으로 바라보게 되는 것이다.

부정확한 지각 역시 지각대상에 대해 역기능으로 작용할 수 있다. 사업을 하다 보면 일부 사람들은 여성에게 '아내, 어머니, 딸'이란 호칭을 붙여준다.[6] 이러한 도식을 가진 남성이 조직 내에서 여성을 만난다면 도식이 활성화되어 그 여성을 실제보다 무능력하다고 지각할 것이다. 이러한 부정확한 지각은 여성의 향후 커리어나 승진, 혹은 새로운 사업을 시작하는 데 있어 매우 불리한 요소로 작용하게 될 수 있다.

도식이 지각을 이끌어간다는 점에 있어서 매우 유용한 것은 사실이지만 우리는 과거경험에 의해 속단하는 것을 피해야 할 것이다. 부정확하거나 틀린 결론을 내릴 수도 있기 때문이다.[7] 위의 사례에서 커닝햄은 관리자에 대한 정확한 지각을 형성하기 위한 정보가 부족했다. 적어도 그는 관리자가 전 직장에서 어떻게 행동했는지에 대해 충분한 정보를 수집한 후 결론을 내렸어야 했다.

고정관념 : 역기능적인 도식의 예

고정관념
특정 집단의 전형적 특징에 대해 가지는, 일련의 단순화되고 부정확한 신념

고정관념(stereotype)은 특정 집단의 전형적 특징에 대해 가지는 일련의 단순화되고 부정확한 신념을 일컫는다. 우리는 인종, 성별, 민족, 나이 등에 기반한 고정관념과 이러한 고정관념이 가진 위험까지 예상할 수 있다.[8] 고정관념을 역기능적 도식이라고 보는 이유는 고정관념이 대개 개인의 이익, 믿음, 능력, 행동 등에 대한 부정확한 혹은 불충분한 정보에 기반하기 때문이다.

고정관념화된 집단의 개인을 만나는 순간, 지각자는 개인이 고정관념과 관련된 특징을 갖고 있다고 생각한다.[9] 지각자는 고정관념과 일치한 정보에 주의를 기울이는 반면, 이와 어긋나는 정보에 대해서는 무시하는 경향을 보인다. 객관적인 현실(개인이 객관적으로 어떤 사람이냐)과 주관적인 현실(지각자가 생각하는 개인) 사이에는 항상 차이가 있게 마련이다. 이로 인해 고정관념은 지각자, 지각대상, 조직에 피해를 가져다주기도 한다.

인종, 성별, 나이 등에 대한 고정관념은 때때로 사회나 조직에서 '차별'과 같은 문제를 발생시킨다. 예를 들어 Margaret Jackson이란 오스트레일리아 콴타스 항공 회장이 LA 공항 안전검사대를 지나고 있는 상황을 생각해보자. 보안요원이 그녀의 캐리어 디자인에 주목하더니 몸수색을 진행하였다.[10] Jackson 본인이 오스트레일리아 콴타스 항공 회장이라고 말하자, 그 보안요원이 의심스러운 눈치로 말한다. "하지만 당신은 여자잖아요."[11]

바로 이러한 고정관념의 부정적 영향 때문에 법률에서는 인종, 성별, 혹은 나이에 따른 차별을 금지하고 있다. 차별을 행하는 조직들은 고소를 당하기도 한다. 인간의 수명 연장 및 노동력의 노령화 문제로 인해, 최근 연령차별 문제로 인한 소송 건수가 점차 늘어나고 있는 추세이다.[12] 21세기 후반의 경기불황 때 해고당한 일부 여성 및 고령 노동자들은 자신들이 차별 때문에 부당하게 해고당했다고 생각하였다.

직원들은 다른 유형의 집단에 대해서 고정관념을 형성하지 않도록 주의해야 한다. 그러기 위한 방법 중 하나는 바로 성과에 영향을 미치는 요소들(즉 나이, 인종, 성별 등)을 우선 고려하는 것이다. 나이, 인종, 성별로 차별하는 것은 불법인 동시에 윤리적이지 않다. 또한 성과와 관련 없는 요소들, 예컨대 성적 취향·종교·장애·출신 국가 등으로 차별하는 것 역시 부조리한 일이다. 뉴욕에서 발생한 9·11 테러 사건 이후 일부 아랍인과 중동 출신 사람들은 직장 내에서 차별의 희생자가 되곤 하였다.[13]

국내 사례 현대의 조직행동

홈쇼핑 속에 나타난 고정관념

완도 활전복을 파는 홈쇼핑의 한 장면을 보자. 비닐 장갑을 낀 여성 호스트가 활전복을 썰어내며 말한다. "호텔 가셔서는 드실 수 있는데, 이게 너무 비싸서 엄두가 안 나는 가격이죠. 한번 드셔 보세요." 옆에선 남성 호스트는 전복에 초장을 듬뿍 묻혀 입에 넣고는 엄지 손가락을 치켜든다.

방송 내내 전복을 씻고, 썰고, 손질하는 건 여성 호스트였다. 남성 호스트는 주로 완성된 요리를 시식하고 맛 평가를 했다. 홈쇼핑 채널 속 여성들은 여전히 요리하고 청소하고 빨래하는 모습으로 등장하는 등 성 역할 고정관념을 고착화한다는 지적이 나왔다.

서울YWCA는 8일 주요 홈쇼핑 채널 7개를 모니터링한 '2019 대중매체 양성평등 내용분석 – 홈쇼핑 모니터링'을 발표했다. 해당 모니터는 2019년 10월 23일부터 10월 31일까지의 방송분 중 채널별 8~10시간 분량을 대상으로 실시했다.

서울YWCA는 "지난해 9월 방송통신심의위원회는 상품소개 및 판매방송 심의에 관한 규정 제33조(차별금지 등) 2항을 신설해 판매방송에서 성차별을 조장하는 내용을 규제하기로 했다"며 "그 전에는 성평등 관련 별도 규정이 없었던 만큼, 홈쇼핑에 이 규정을 적용해 분석한 것은 이번이 처음"이라고 밝혔다.

성평등/성차별 사례 수 (단위 : 건)

<table>
<tr><th colspan="4">구분</th><th>사례 수</th><th>합계</th></tr>
<tr><td colspan="4">성평등 사례</td><td>1</td><td>1</td></tr>
<tr><td rowspan="5">성차별 사례</td><td rowspan="3">젠더(성별) 고정관념 조장</td><td rowspan="2">성차별적 고정관념에 근거해 균형성을 확보하지 못한 사례</td><td>가정 내 성역할 구분을 강조한 사례</td><td>10(47.6%)</td><td rowspan="5">21</td></tr>
<tr><td>전문가 남성과 비전문적 여성 등 성차별적으로 직업을 구분한 사례</td><td>1(4.8%)</td></tr>
<tr><td colspan="2">여성성, 남성성과 관련된 고정관념을 소상하는 사례</td><td>4(19%)</td></tr>
<tr><td colspan="3">외모에 대한 평가</td><td>5(23.8%)</td></tr>
<tr><td colspan="3">성적 대상화</td><td>1(4.8%)</td></tr>
</table>

출처 : 서울YWCA 제공

총 60시간의 홈쇼핑 방송을 모니터링한 결과 성평등적 사례는 1건에 불과했다. 반면 성차별적 사례는 21건으로 성평등적 방송에 비해 성차별적 방송이 월등히 많았다. 성차별적 방송의 경우 '성별 고정관념을 조장하는 방송 사례' 15건(71.4%), '외모에 대한 평가'가 5건(23.8%), '성적 대상화'가 1건(4.8%)으로 나타났다.

성별 고정관념을 조장하는 사례로는 가정 내 성역할 구분을 강조하는 사례가 10건으로 가장 많았다. 서울YWCA는 "홈쇼핑에서 가전이나 식품을 판매할 때 여성은 음식을 준비하거나 청소하는 등 가사의 전담자로 등장하는 사례가 많았기 때문"이라고 설명했다.

우리는 성역할에 대한 고정관념을 자신도 모르게 보여주는 경우가 흔하다. 고정관념은 인간이 가진 지각오류 중의 하나로서 의식적으로 관리하지 않으면, 차별적 행동으로 이어지기가 쉽다.

출처 : '여자는 손질하고 요리하고, 남자는 먹기만. 홈쇼핑 속 성평등 갈 길 멀다', 경향신문. 2020. 01. 08.

지각자의 동기상태

지각자의 동기상태
지각하는 당시 지각자의 수요, 욕구, 가치

지각자의 동기상태(perceiver's motivational state)란 지각하는 당시 지각자의 수요, 가치, 욕구를 일컫는다. 이 역시 대상에 대한 지각에 영향을 미친다. 이러한 동기상태 때문에 지각자들은 본인이 원하는 것을 보고 듣고 믿게 된다. 사례를 통해 동기상태가 미치는 영향을 살펴보자. 실험 참가자들에게 아무 의미 없는 추상적인 그림을 보여준 후 그들에게 무엇을 보았느냐고 물어보았다. 참가자들이 느끼는 그림의 이미지는 결국 그들의 동기상태에 의해 결정된다는 것을 알 수 있다. 당시에 허기졌던 사람은 그림에서 음식이 가장 먼저 눈에 들어왔을 것이다. 그는 실제로 추상적인 그림에서 음식의 이미지를 보았다고 대답하였다.[14]

도식과 마찬가지로 동기상태 역시 부정확한 지각과 의사결정을 발생시킬 수 있다. 열심히 일하고 성과까지 훌륭한 종업원이 관리자와는 사이가 나쁘다고 가정해보자. 그 종업원을 눈에 든 가시 같은 존재로 여기는 관리자는 어떤 수단과 방법을 써서라도 그를 다른 부서로 이동시키거나, 회사에서 내보내기 위해 애쓸 것이다. 팀 프로젝트에서 종업원의 성과를 평가할 때 어떤 일이 벌어질지는 불 보듯 뻔하다. 설사 그 종업원이 높은 점수를 받아야 할 자격이 있을지라도 관리자는 낮은 점수를 줄 것이다.

조직구성원은 본인의 욕구와 수요가 자신의 지각에 영향을 미치고 심지어 부정확한 의사결정을 제공함으로써 조직에 해를 끼칠 수 있음을 알아야 한다. 관리자들은 실제로 경험하고 관찰한 것에 기반한 것을 지각함으로써 부정적인 영향을 방지할 수 있다. 관리자들은 본인 동기를 정확하게 인식하는 것이 우선 필요하다. 타인이 실제적으로 어떻게 행동하고 있는가에도 집중해야 하며 섣부른 추측은 삼가해야 한다.

지각자의 기분

지각자의 기분(perceiver's mood)이란 지각 당시 지각자가 느끼는 정서를 말한다. 이 역시 어떤 대상을 지각하는 데 영향을 미친다. 제3장에서 우리는 이미 직무에 대한 정서가 조직행동에 어떠한 영향을 미치는지를 학습한 바 있다. 당사자가 느끼는 기분은 대상에 대한 지각에도 영향을 미친다.[15]

지각자의 기분
지각 당시 지각자가 느끼는 것

마리 플래너건은 의류기업의 디자이너이다. 늦은 오후 새로운 여성복 디자인 작업을 마친 그녀는 기분이 들떠 있었고, 다음 날 관리자 필 크라우스에게 스케치를 보여주고 칭찬받기를 기대했다. 하지만 다음 날, 복도에서 플래너건과 마주친 크라우스는 쌀쌀한 표정이었고, 그녀에게 인사말조차 건네지 않았다. 플래너건은 비서로부터 그의 기분이 매우 좋지 않은 상태라는 말을 전해 들었다. 그녀는 당장 크라우스에게 완성된 스케치를 보여주고 싶었지만, 그의 기분이 좋아질 때까지 기다리기로 마음먹었다. 크라우스가 기분이 언짢다는 이유로 자신의 작품이 훌륭하다는 것을 알고도 트집을 잡을까 두려웠던 것이다. 플래너건은 개인의 기분이 지각과 판단에 영향을 미친다는 사실을 잘 알고 있었다. 사람들은 기분이 좋을수록 동료, 관리자, 직원 심지어 직무에 대해 더욱 긍정적으로 생각하는 경향이 있다.[16]

대상 및 상황의 특징

앞서 지각이란 개인이 감각기관을 통해 입력한 정보를 선택, 조직, 이해하는 과정을 말하며 사람들은 이를 통해 주변 세계를 이해하고 해석한다. 이렇게 입력된 정보는 지각대상과 상황에 따라 다르게 활용될 수 있다. 즉 지각대상과 상황적 요소가 지각에 영향을 미치게 된다(표 4.1).

그렇다면 지각대상은 어떻게 지각에 영향을 미치는가? 비슷한 능력을 갖춘 2명의 입사지원자들을 예로 들어보자. 비슷한 조건임에도 불구하고 한 지원자는 다른 지원자에 비해 면접관에게 매우 좋은 인상을 남겼다. 왜냐하면 그는 자발적으로 본인이 성취한 과거 업적들을 빼놓지 않고 말하였고, 시종일관 자신감 있는 모습을 보였기 때문이다. 반면 다른 1명은 자신감이 없어 보였고, 질문을 받고 나서야 과거 성과에 대해 언급하였다. 이러한 상이한 행동을 보인 두 입사지원자는 면접관에게 상반된 인상을 남겼다.

표 4.1
지각에 영향을 미치는 요소

지각자의 특징	대상의 특징	상황의 특징
도식 : 지각자의 지식구조	모호성 : 분명하지 않거나 명확하지 않아 사람, 장소, 물건에 대해 정확히 알 수 없는 것	추가적 정보 : 지각자가 대상을 해석하는 데 활용하는 추가적인 상황 정보
동기상태 : 지각 당시 지각자의 수요, 욕구, 가치	사회적 지위 : 사회 혹은 조직에서의 개인의 실제적, 혹은 지각된 지위	가시성 : 대상이 사람들 혹은 물건들 사이에서 돋보이는 정도
기분 : 지각 당시 지각자가 느끼는 정서	인상관리 : 자신에 대한 타인의 지각을 통제하려는 노력	

다음은 상황이 지각에 영향을 미치는 사례이다. 친구(대상)가 해변가(상황)에서 정장을 입고 있는 모습을 보았다고 상상해보자. 당신은 아마 친구가 일을 끝내고 휴식을 취하러 왔다고 생각할 것이다. 이번에는 그 친구가 수영복을 입고 직장(다른 상황)에 나타났다고 생각해보자. 아마 당신은 그 친구가 정신적으로 이상하다고 생각할지도 모른다.

이 장에서는 지각대상의 모호성, 사회적 지위, 인상관리에 대해 소개하려고 한다. 그리고 이러한 것들이 어떻게 지각자에게 추가적 정보를 제공하며, 지각자가 어떻게 지각대상에 관한 지각을 형성하는지, 또 어떠한 영향을 받는지에 대해서도 살펴볼 것이다. 관리자와 구성원은 '다양한 대상 및 상황적 요소들이 지각에 어떻게 영향을 미치는지'를 알고 있어야만 사람, 물건, 사건에 대해 정확한 판단을 할 수 있다.

지각대상의 모호성

모호성이란 '명확하게 무엇을 나타내는지 알기 어려운' 것을 말한다. 지각자가 모호한 대상에 대해 명료한 판단을 내리기란 쉬운 일이 아니다. 대상이 모호할수록 정확하게 지각하는 일 역시 어려워질뿐더러, 그에 대한 사람들의 지각은 엇갈릴 수 있다.

예컨대 패스트푸드 브랜드의 차기 지점 위치를 4명의 관리자가 공동으로 결정한다고 하자. 그 중 어떤 선택지(대학가 주변)는 매우 훌륭한 대안인 반면, 다른 선택지는 정반대일 수 있다(교통이 혼잡하여 접근이 어렵다). 이러한 두 선택지는 상대적으로 명확하게 판별되는 대상이라고 볼 수 있다. 따라서 4명의 관리자들은 정확하게 지각할 수 있고, 서로의 의견에 쉽게 동의할 수 있다.

따라서 지각대상의 본질이 명확할수록, 전혀 다른 가치관을 가진 지각자라 할지라도 그 본질에 근접하는 지각을 하게 된다. 그러나 대상이 애매한 경우 정확한 판단을 하기 위해서는 많은 이해와 능동적인 구성(체계화)이 필요하다. 앞서 언급한 '최적의 지점을 결정하는 것'은 대상이 애매한 경우도 있다. 점차 번창하고 발전가능성이 큰 시내 쇼핑몰에 새로운 레스토랑을 열어야 할 것인가, 아니면 한적하고 작은 도시의 외곽에 열어서 고객을 유인할 것인가? 이러한 모호한 사항에 대해 판단하는 것은 명확한 선택사항에 비해 시간도 오래 걸리고 오류를 범할 가능성이 크다. 게다가 이는 관리자들 사이에서 의견이 분분하게 만든다.

대상이 모호할수록 지각하는 과정에서 착오가 생길 확률도 높아진다. 그러므로 지각대상이 모호할 경우 구성원들은 본인들의 의사결정에 대해 서로의 의견과 정보를 공유하고 이해함으로써 정확한 판단을 하도록 노력해야 한다. 앞서 언급한 레스토랑의 새로운 지점을 결정하는 경우에도 4명의 관리자는 우선 가능한 많은 양의 정보를 수집할 필요가 있다. 즉 부근 경쟁사들의 성과, 식사시간의 교통 상황, 해당 지역의 인구증가율, 잠재고객들의 소비양식 등 다양한 정보를 수집하고 상황을 충분히 이해할 수 있을 때 비로소 정확한 지각과 의사결정을 할 수 있을 것이다.

사회적 지위

사회적 지위(social status)란 사회 혹은 조직에서 개인의 실제 혹은 지각된 지위를 일컫는다. 대부분의 사람들은 높은 사회적 지위에 오른 사람일수록 더욱 똑똑하고, 믿음직스럽고, 아는 것이 많고, 책임감이 강할 것이라고 믿는다. 그래서 조직에서 높은 사회적 지위를 가진 사람들에게 중요한 책임을 맡기는 경향이 있다. 높은 사회적 지위에 오른 사람들에 대한 대중의 신뢰는 상대적으로 높기 때문이다. 본인이 맡은 업무에 대해 지식과 경험이 아무리 많다 할지라도 사회적 지위가 낮다면 신임을 얻기가 어렵다.

사회적 지위
사회 혹은 조직에서 개인의 실제 혹은 지각된 지위

여성 및 소수집단의 노동자에게 백인 남성과 똑같은 권리를 제공하고, 합법적인 사회적 지위를 보장해주기 위해 많은 조직들은 법률에 의한 '차별금지(affirmative-action) 프로그램'을 도입하고 있다.[17] 하지만 아이러니하게도 이러한 프로그램의 도입은 예방하고자 했던 지각문제 및 고정관념을 오히려 조장하는 결과를 발생시켰다. 차별금지에 의해 고용되었다는 사실 자체로 여성 및 소수집단 노동자는 상대적으로 낮은 능력을 가진 것으로 폄하되고 있다. 즉 이들은 능력이 아닌 성별 혹은 집단의 특성 때문에 고용되었다는 것이다.

대상의 인상관리

인상관리(impression management)란 '타인의 지각이나 인상에 영향을 주기 위해 시도하는 노력'이다.[18] 지각자가 능동적으로 현실을 체계화시켜 지각을 형성하는 것과 마찬가지로 지각대상 역시 좋은 인상을 만들기 위해 노력한다.

인상관리
다른 사람의 지각이나 인상에 영향을 주기 위해 시도하는 노력

조직 내 구성원들은 다양한 인상관리 전술을 사용함으로써 다른 사람의 인식에 영향을 미친다.

Digital Vision Thinkstock

세심하고 자율적인 상사를 둔 종업원이 상사의 배려와 자율성을 모방하는 것은 종업원이 인상관리 전술을 사용하는 것이라 할 수 있다.

표 4.2
인상관리 기술

기술	설명	사례
행동일치	지각대상이 지각자의 행위를 모방하는 것	관리자가 겸손하고 부드러운 사람인 것을 인지하고 자신도 겸손하고 부드럽게 행동하는 경우
자기선전	지각대상이 본인의 긍정적인 면을 과시하려는 노력	관리자에게 과거의 성과를 상기시키고 성과가 높은 동료들과 어울리는 경우
규범순응	지각대상이 조직 내에서 암묵적으로 합의된 규칙대로 행동하는 것	하루 일과를 마쳤음에도 불구하고 저녁 늦게까지 남아 있는 경우. 늦게까지 남아 있는 것이 기업의 암묵적인 규범이기 때문임
아첨	대상이 지각자를 칭찬하는 것. 이 기술은, 아첨이 지나치지 않고 지각자의 중요한 면에 대해서 칭찬할 때 가장 효과적임	골치 아픈 문제를 잘 처리한 관리자에게 칭찬을 하는 것
일관성	대상의 믿음과 행동 사이의 일치. 즉 대상의 언행이 일치하는 것	다른 인종인 동료 사이의 갈등을 훌륭하게 해결하여 조직 내에서 찬사를 받고 있는 직원의 경우, 그는 관리자와 이야기할 때도 두 눈을 똑바로 바라보고 진지한 표정을 하고 있음

출처 : Based on C. N. Alexander, Jr., and G. W. Knight, "Situated Identities and Social Psychological Experimentation," *Sociometry* 34 (1971): 65–82; S. T. Fiske and S. E. Taylor, *Social Cognition* (Reading, MA: Addison-Wesley, 1984); K. J. Gergen and M. G. Taylor, "Social Expectancy and Self-Presentation in a Status Hierarchy," *Journal of Experimental Social Psychology* 5 (1969): 79–92; D. Newston and T. Czerlinsky, "Adjustment of Attitude Communications for Contrasts by Extreme Audiences," Journal of Personality and Social Psychology 30 (1974); 829–37; B. R. Schenkler, *Impression Management: The Self-Concept, Social Identity, and Interpersonal Relations* (Monterey, CA: Brooks/Cole, 1980); M. Snyder, "Impression Management," in L. S. Wrightsman (Ed.), Social Psychology in the Seventies (New York: Wiley, 1977).

특히 자신의 성과를 평가하고, 승진여부를 결정할 수 있는 권한을 가진 지각자와 상호작용할 경우, 인상관리 전술을 사용할 가능성이 더욱 높다.[19] 종업원이 관리자에 대해 인상관리를 하는 경우가 그 반대의 경우보다 훨씬 많다는 것만 봐도 알 수 있다. 하지만 실질적으로 인상관리는 조직 내 모든 관계자(동료, 관리자, 종업원)와 외부의 이해관계자(공급자, 소비자 및 기타) 사이에서 양방향으로 일어난다. 표 4.2는 일반적인 인상관리 전술을 설명하고 있다. 이러한 전술에는 행동일치(behavior matching), 자기선전(self-promotion), 규범순응, 아첨, 일관성 유지 등의 방법이 있다.

구성원들이 규범이나 비공식적인 규칙을 준수하는 것은 매우 기본적인 인상관리 기술 중 하나이다.[20] 이를테면, 회사 규정 퇴근시간인 6시 이후에도 남아서 일하는 것, 미팅에서 다른 사람과 반대 의견을 제시하여 탁월한 사람처럼 보이는 행동, 의상을 잘 갖춰 입는 것 등이 대표적인 예이다.

규범에 순응하거나 인상관리 행동을 하는 정도는 사람들마다 다르다. 제2장에서 '자기감시 동기가 강한 사람일수록 적절하게 행동하려는 의지가 높다'고 언급한 바 있다. 마찬가지로 자기감시 동기가 높은 사람은 그렇지 않은 사람에 비해 규범순응 등 인상관리 행위에 더욱 신경을 쓰는 경향이 있다.

국가 간 업무에 관여하는 사람들이 규범에 순응하는 것은 결코 쉬운 일이 아니다. 어떤 나라에서는 적절하거나 당연하다고 여겨지는 행동이, 다른 나라에서는 모욕감을 줄 수도 있기 때문이다. 가령 미국에서 "okay"를 나타내는 몸짓은 브라질 · 가나 · 그리스 · 터키 등의 나라에서는 무례하다고 여겨지며, 프랑스와 벨기에에서는 "0(zero)" 혹은 "쓸모없다"의 뜻을 나타내기도 한다. 다른 예로 미국에서는 부인의 안부를 묻는 일이 당연하게 여겨지지만, 아랍 국가에서는 매우 무례한 행동으로 여겨진다.[21]

Jupiterimages/ Bananastock/ Getty Images/ Thinkstock

그룹 내에서 유난히 눈에 띄게 행동하는 직원은, 돋보이길 좋아하는 사람으로 고정관념화될 가능성이 매우 높다. 남성 동료들은 이 직원이 모든 여성들을 대표할 것이라고 생각한다. 단지 그녀가 홍일점이라서 돋보이기 때문이다.

속이고 기만하는 일 역시 인상관리 기술의 한 유형이지만 그리 흔하게 사용되진 않는다. 몸에 깊이 배어 있는 도덕 혹은 윤리의식 때문에 대다수 사람들은 일부러 거짓말을 하거나 거짓 정보를 전달하는 것을 꺼린다.[22] 또한 거짓말은 들통 날 가능성도 크다. 성실하지도, 똑똑하지도 않은 사람이 채용과정에서 특정 학교 출신이거나 전에 어떤 기업에서 일을 했었다고 거짓말하는 것이 그 예이다. 대다수의 인상관리는 본인의 능력·성과·경험에 대해 거짓말하는 것이 아니라, 긍정적인 메시지를 전달하려는 시도에서 비롯된다. 그리고 사람들은 혜택을 기대할 수 있을 때 인상관리를 하게 된다. 가령 취직기회, 승진, 연봉인상, 다른 사람에게 남기는 훌륭한 인상 등이 기대하는 혜택이라고 볼 수 있다.

상황으로부터 얻는 정보

지각자와 대상이 처한 입장 혹은 상황 역시 대상을 지각하는 데 많은 정보를 제공한다. 예를 통해 살펴보자. 마르시 슬론은 큰 백화점에서 영업담당 관리자로 취직했다. 그 백화점은 고객서비스의 질을 제고하는 일에 가장 주력하고 있는 시점이었기 때문에 슬론의 관리자는 고객서비스 관리에 초점을 두라고 직원들에게 재차 강조했다. 출근 첫날 슬론은 조용히 영업사원들의 행동을 관찰하고 평소에 어떤 수준의 고객서비스를 제공하는지 살폈다.

슬론이 관찰한 결과, 4명의 영업사원들이 제공한 고객서비스의 질은 모두 달랐다. 하지만 최종 결론을 내릴 때, 슬론은 본인이 관찰했던 영업사원들의 행동뿐 아니라 그 당시 상황도 반영을 하였다. 가장 중요한 요소 중의 하나는 바로 관찰할 당시의 백화점의 상황이었다. 슬론은 백화점이 그다지 붐비지 않는 오전타임에 두 사람을 관찰하였다. 두 사람은 각자 2명의 고객을 상대했다. 그중 1명이 월등히 고객에게 친절했고 많은 서비스를 제공했다. 또 다른 두 사람에 대해서는 늦은 오후, 즉 백화점이 가장 붐비는 시간대에 관찰하였다. 두 사람 모두 수많은 고객들을 상대해야 했다. 그 상황에서 상대적으로 덜 바쁜 직원이 고객들에게 더욱 세심한 서비스를 제공하였다. 이와 같은 상황에서는 슬론이 전적으로 본인이 관찰한 행위에 기반하여 직원들이 제공하는 서비스의 질을 평가해서는 안 된다. 슬론은 상황에서 비롯되는 추가적 정보도 함께 고려해야 한다.

집단 내에서 돋보이는 것 : 상황적 가시성의 효과

가시성
대상이 사람들 혹은 사물들 사이에서 얼마나 뚜렷하게 드러나는가

상황이 지각에 미치는 영향을 고려함에 있어서 특히 중요한 요소가 바로 대상의 **가시성**(salience)이다. 가시성이란 '대상이 사람들 혹은 사물들 사이에서 얼마나 뚜렷하게 드러나는가'이다. 당신은 가시성의 효과를 경험한 적이 있을 것이다. 교수들로 가득한 방에서 유일하게 학생으로 참석한 적이 있는가? 여성만으로 구성된 그룹에서 유일한 남성이었던 경험이 있는가? 혹은 백인들로 가득한 방 안에서 유일한 흑인이었던 적이 있는가? 가시성을 가진 개인은 특히 눈에 잘 띄고 자의식이 강하다는 특성을 가진다. 이러한 개인은 모든 사람들이 본인을 관찰하고 있다고 생각한다. 실제로도 그렇다. 그룹 혹은 방 안의 사람들은 가시성이 강한 개인에게 더욱 많은 관심을 보이는데 그들이 눈에 잘 띄기 때문이다. 그러나 가시성은 대상이 어떻게 지각되는지에 대해 아무런 영향도 미치지 않아야 한다. 한 남자가 여성들로 가득 찬 방이나 혹은 남성들로 가득 찬 방 안에 있는지를 막론하고, 동일한 사람이라는 사실은 변하지 않는다. 하지만 지각이 지극히 주관적인 과정이기 때문에 현실은 그렇지 않다. 지각의 주관성 때문에 가시성은 그 대상이 어떻게 지각되는가에 큰 영향을 미칠 수밖에 없다. 표 4.3에서는 대상이 드러나는 경우들을 나열하고 있다.

조직 내에서 가시성이 초래하는 결과는 무엇인가? 메리 슈워츠가 경험한 바를 생각해보자. 그녀는 작은 컨설팅 기업의 유일한 여성 파트너이다. 비록 남성 동료들은 그녀를 평등하게 대해주고, 친하게 지냄에도 불구하고 가시성이 주는 영향을 경험하곤 한다. 이러한 영향에는 극단적인 평가와 고정관념이 포함된다.

극단적인 평가

최근 메리 슈워츠는 기업에 큰 공을 세운 바 있다. 이 때문에 무안할 정도로 칭찬 세례를 받았다. 그런데 집안일로 중요한 미팅에 참석하지 못하게 되자, 모든 사람으로부터 질타를 당했던 경험을 하였다.

슈워츠의 사례는 결코 그녀만의 일은 아니다. 개인은 보통 사회구성원들로부터 극단적인(긍정적이기도, 부정적이기도 한) 평가를 받는다. 또한 가시성이 높은 개인들은 동료들 혹은 그들이 속한 그룹에 큰 영향력을 미치고 있다고 인식된다.[23]

표 4.3
가시성의 원인

원인	설명	사례
신기함	대상을 주어진 상황에서 특이하게 보이도록 만드는 모든 것	특정 상황에서 유일하게 특정한 나이, 성별, 인종인 경우. 예컨대 모든 사람이 정장을 입고 있을 때, 혼자만 청바지를 입고 있는 경우
색다름	밝음, 어두움, 변화, 움직임, 앉음, 서 있음, 혹은 복잡성 등 기질 때문에 배경에서 돌출되어 보이는 것	유난히 주목을 받거나, 그룹 내 사람들보다 활동적이거나, 눈에 띄는 밝은색 옷을 입고 있는 경우
타인의 기대에서 벗어남	일상에서 벗어나는 행동 혹은 모습	평소에 수줍음을 많이 타던 사람이 갑자기 파티에서 눈에 띄는 행동을 하거나 영업사원이 고객을 모욕하는 경우

출처 : Based on S. T. Fiske and S. E. Taylor, *Social Cognition* (Reading, MA: Addison-Wesley, 1984); R. M. Kanter, *Men and Women of the Corporation*(New York: Basic Books, 1977); L. Z. McArthur and E. Ginsberg, "Causal Attribution to Salient Stimuli: An Investigation of Visual Fixation Mediators," *Personality and Social Psychology Bulletin 7* (1981): 547–53; L. Z. McArthur and D. L. Post, "Figural Emphasis and Person Perception," Journal of Experimental Social Psychology 13 (1977): 520–35; C. Wolman and H. Frank, "The Solo Woman in a Professional Peer Group," *American Journal of Orthopsychiatry* 45 (1975): 164–171.

고정관념

슈워츠는 남성 동료들이 자신을 '전형적인 여성'으로 여긴다고 느낀 적이 있다. 남성 동료들은 슈워츠에게 여성 동료를 대하는 방법에 관해 '여성적인 시각'에서 조언을 구하곤 했다. 슈워츠는 동료들에게 '여성이라 해서 모두가 같은 생각을 가지고 있는 것이 아니며, 그녀는 오히려 여성 고객이나 여성 동료들에 비해 남성 동료들과 비슷한 점이 많다'는 점을 알려주고 싶었다.

슈워츠와 같이 가시성이 높은 개인들은 '가시적인 요소'가 무엇이든 간에 고정관념으로 받아들여진다.[24] 어떤 사람이 지각자들의 눈에 띄는 경우, 그 사람의 생각·느낌·행동은 그 사람이 속한 집단의 특성에 근거해서 평가된다. 다시 말해 개인은 그들이 속한 그룹을 대표한다는 식으로 인식된다.

조직현장의 윤리

해비타트 인터내셔널의 성공에는 장애인들이 있었다

Habitat International Inc.

해비타트 인터내셔널의 사회적 책임과 다양성에 대한 노력은 테네시 채터누가의 장애인들에게 취직기회를 제공했을 뿐만 아니라 기업을 번창하게 했다. 해비타트 종업원들의 75%가 장애인이다.

해비타트 인터내셔널은 실내·실외 카펫 및 유리를 생산하고, 홈데포와 로우스를 포함한 대형주택기업에 제품을 공급하는 기업이다. 이 기업은 30여 년 전 CEO인 David Morris와 아버지 Saul에 의해 건립되었다.[30] 해비타트의 성공비법은 수많은 사람들에게 감명을 주었다. 해비타트의 제품 결함률은 0.5% 이하 이고, 30여 년의 역사상 총 20개 미만의 카펫만이 규격을 벗어났을 정도이다. 성수기인 1월부터 6월까지 매일 1만 5,000장의 카펫이 생산되는데도 말이다.[31]

처음으로 직원들에게 기업 성공의 최고 비법이 '책임감'이라는 사실을 일깨워준 사람은 바로 Morris이다. 흥미로운 것은, 해비타트 직원의 75%(여기에는 일부 관리자도 포함된다)가 신체적 혹은 정신적 장애를 앓고 있다는 것이다.[32] 생산성이 높기로 정평이 난 팀 내의 팀원들은 다운증후군, 정신분열증, 뇌성마비 등의 장애를 앓고 있었다.[33] 30여 년 동안 해비타트는 노숙자, 회복 중인 알코올 중독자, 영어를 모르는 외국 망명자 등에게 다양한 취직기회를 제공하였다. 게다가 해비타트의 직원은 타사에 비해 비슷하거나 더 높은 연봉을 받는다. 이러한 이유 때문에 해비타트는 낮은 결근율과 이직률을 자랑한다. 해비타트는 항상 직원들에게 효율적인 작업을 수행하는 데 필요한 편의시설을 제공하기 위해 최선을 다한다. 기업과 직원 사이에 '윈-윈 상황'이 발생하는 것이다.[34]

비록 사회에 대한 책임감 및 윤리적 행위로 인해 해비타트가 어느 정도 이익을 얻었지만, 회사가 지불한 대가 역시 만만치 않다. 몇년 전, 한 유통 기업의 대표가 노골적으로 해비타트의 장애인 직원을 비하하는 발언을 한 사건이 있었다. 이에 회장 Morris는 크게 분노하였다. 상대 기업에서는 직접 사과문까지 요구하면서 다시는 이런 일이 발생하지 않을 것이라는 보장을 받아냈다. 하지만 그 후 비슷한 일이 또다시 발생했고 Morris는 그 기업과의 거래를 전면 취소했다. 이로 인한 손실이 매우 컸고, 불황에서 벗어나는 데는 몇 년이 더 걸렸지만 Morris는 결코 후회하지 않았다.[35] 장기적으로 해비타트의 사회적 책임 및 다양성 관리 노력은 기업을 크게 번창하게 만들었을 뿐만 아니라 테네시 채터누가의 장애인들에게 소중한 일자리를 주었다.[36]

이렇게 고정관념화된 상황으로 인해 지각대상의 행동은 오히려 악영향을 받기도 한다.[25] 스탠퍼드대학 심리학자인 Claude Steele의 연구에 따르면, 가시성이 높은 사람들이 자신과 관련된 고정관념을 염두에 두고 일하는 경우 성과가 저하된다고 한다.[26] 원인은 그들이 고정관념에 따라서 평가될까 봐 걱정하기 때문이며 그 결과 업무 시 주의가 분산되기 때문이다.[27] 바로 '고정관념 위협(stereotype threat)'이라고 불리는 현상 때문에 가시성을 가진 개인의 성과는 저하될 수 있다.[28]

인종에 따른 가시성은 지각에 특히 중요한 작용을 한다. 오늘날 관리자 중에 흑인 및 기타 소수집단 사람들이 과거에 비해 많이 증가한 것은 사실이지만, 여전히 많은 흑인 관리자들이 상대적인 가시성과 고정관념으로부터 자유롭지 못하다. 한 연구결과에 따르면, 45%의 소수자 관리자들이 직장에서 문화적 혹은 인종과 관련된 농담을 들은 적이 있으며, 44%의 소수자 관리자들은 불평등한 대우로 분노한 적이 있다고 한다. 그런가 하면 절반 이상의 관리자들이 조직 내부에 소수자에 대한 일종의 '유리천장'이 있다고 믿는다는 연구도 있다.[29] 또 다른 연구결과는 "약 절반의 소수자 직원들이 유색인종이기 때문에 충분한 기회를 부여받지 못하고 있음을 보고했다." 그러므로 흑인 직원들의 성과와 연봉이 비례관계에 있지 않다는 사실과 백인들에 비해 낮은 연봉을 받는 현실은 그다지 놀라운 일이 아니다.[37] 그나마 다행인 것은 이러한 상황이 점차 호전되고 있으며 점차 많은 조직들이 가시성과 고정관념 때문에 발생하는 부정적인 영향을 방지하기 위해 최선을 다하고 있다는 점이다. 이를테면 관리자들의 보너스를 다양성 증진 정도와 연관시키는 경우가 있다.[38]

가시성과 고정관념으로 인한 피해를 경험한 또 다른 집단은 바로 장애인들이다. 현재 미국의 노동인구 중에는 약 2,000만이 넘는 장애인이 있는데, 이 중 37.5%의 사람만이 직장을 갖고 있다.[39] 대부분의 장애인들은 취직하기를 간절히 원하고 있다.[40] 미국의 노동인구 중에서 장애인이 차지하는 비율이 갈수록 높아지고 있는 데에는 여러 가지 원인이 있다. 그러한 원인으로 노령화, 의학 발달, 이라크 전쟁 등을 꼽을 수 있다.[41] 1990년에 미국 의회는 장애인보호법을 통과시켰고 1992년부터 시행하기 시작했다. 이 법에 따르면 조직은 반드시 장애인들이 이용가능한 건물과 사업장을 마련해야 하며, 장애인들을 위한 편의시설을 제공해야 한다.[42] 하지만 최근 장애인들의 취직률은 오히려 낮아지고 있다. '조직현장의 윤리'에서 알 수 있듯, 해비타트 인터내셔널은 테네시 재터누가의 장애인들에게 소중한 취직기회를 부여하여 사회적 책임을 다 하고 있다. 이로 인해서 회사가 번창하는 계기도 마련되었다.[43]

대인지각에서의 편향 및 문제점

우리는 지금까지 지각이란 무엇인지, 지각이 왜 그리고 어떻게 형성되는지, 지각이 조직과 구성원에게 어떤 영향을 미치는지에 대해 학습하였다. 특히 정확한 지각의 중요성에 대해 알게 되었다. 정확한 지각은 관리자들이 직원의 성과를 객관적으로 평가하고 공평하면서도 윤리적인 의사결정을 내릴 수 있도록 도와준다. 또한 정확한 지각은 조직구성원들이 서로를 이해하고, 고객을 포함한 기업 외부의 사람들과도 효과적으로 교류할 수 있도록 만든다.

당신은 조직구성원들이 지각에 대한 지식을 습득하면 자신의 지각을 바로 개선할 수 있고, 타인(지각대상)을 있는 그대로 이해할 것이라고 믿을지도 모른다. 하지만 대인지각에서의 편향성 때문에 사람들은 정확하게 지각하는 것에 한계[44]가 있으며 지각에 대한 지식이 있다고 해도 극적인 향상을 기대하기는 힘들다.

편향
지각대상에 관해 오류적인 지각을 형성하는 쪽으로 정보를 이용, 이해하는 체계적인 성향

편향(bias)이란, 지각대상에 관해 부정확한 지각을 형성하는 방향으로 정보를 이용·이해하려는 성향을 일컫는다. 대인지각에서 편향이 존재하는 이상 지각자는 대상에 대해 잘못된 지각을 형성하게 된다. 지각이 부정확하다면, 의사결정 역시 부적합할 가능성이 커진다(예컨대 능력이 부족한

표 4.4

대인지각에서의 편향 및 문제점

편향	설명	사례
초기효과	대상을 지각 평가함에 있어서 처음에 들어온 정보가 가장 중요한 역할을 하는 것	면접관들은 면접 시작 후 단 몇 분 내에 입사지원자가 적합한지를 결정함
대조효과	다른 대상에 대한 지각이 현 대상에 대한 지각에 영향을 미치는 것	평균적 성과를 기록한 직원이 최하위권의 성과를 기록한 팀에 속해 있을 때와 최상위권의 팀에 속해 있을 때 서로 다른 평가를 받음
후광효과	대상에 대한 전반적인 인상이 그 외 모든 특징에 대한 지각에 영향을 주는 것	어느 한 직원을 전반적으로 좋게 생각하는 관리자는 그 직원이 사실은 착오와 지각을 자주 하는데도 일을 꼼꼼히 하고 시간을 잘 지킨다고 생각함
유사효과	지각자는 자신과 유사하다고 생각하는 사람을 그렇지 않은 사람에 비해 더욱 긍정적으로 평가한다는 것	관리자는 자기와 비슷한 직원을 더욱 긍정적으로 평가함
엄격화, 관대화, 중심화 경향	어떤 지각자는 지나치게 엄격하고 어떤 지각자는 지나치게 관대함. 대다수 지각자는 평균에 치우치는 성향을 보임	직원의 성과를 평가함에 있어서, 어떤 관리자는 지나치게 엄격한 평점을 주는가 하면 지나치게 관대하게 평가하는 관리자도 있음. 또 어떤 관리자들은 모든 직원에게 평균점수를 주기도 함
예측치의 효과	성과의 선행요인이 될 수 있는 항목에서 지각대상자가 성과를 냈다는 사실을 알게 되면 그 대상에 대한 지각에 영향을 받게 됨	한 학생의 SAT 점수가 매우 높다는 것을 알면 교수는 그 학생이 실제보다 더 똑똑하다고 생각함

직원이 승진하고, 유능한 입사지원자가 면접관으로부터 낮은 점수를 받는 것). 편향의 존재를 의식하고 있는 구성원일수록 부정적 행동과 잘못된 의사결정을 예방할 수 있다. 앞서 고정관념이 지각에 미치는 영향에 대해 설명한 바 있다. 표 4.4에서 초기효과, 비교효과, 후광효과 및 기타 편향들을 살펴보자.

초기효과

속담 중에 "책 표지만 보지 말고 속 내용을 보라"는 말이 있다. 당신은 첫인상의 중요성을 경험한 바 있을 것이다. **초기효과**(primacy effect)란 대상에 관한 첫 정보가 이후 지각에 있어 가장 중요한 역할을 하고, 이로 인해 형성되는 편향적인 지각을 말한다.

초기효과
대상에 관한 첫 정보가 이후 지각에 있어서 가장 중요한 역할을 하고, 이로 인해 생기는 편향적인 지각

초기효과는 면접할 때 가장 많이 발생한다. 기존의 연구들에 의하면 수많은 면접관들이 만난 지 몇 분 내에 입사지원자가 적합한지의 여부를 결정한다고 한다. 남은 시간 동안에는 초기의 판단과 관련된 정보에만 집중하고 초기 판단에 어긋나는 정보는 무시함으로써 본인의 생각을 확고히 한다고 한다. 지원자들은 너무 긴장한 탓에 면접 초반에 실력을 제대로 발휘하지 못할 수도 있다. 하지만 초기효과 때문에 면접관들은 처음 몇 분 동안의 판단으로 유능한 지원자를 놓치게 되는 상황이 발생한다.

초기효과는 한 조직에서 장기간 근무한 구성원을 지각하고, 평가할 때 문제가 될 수 있다. 한 직원이 입사 초기에는 높은 성과를 보였지만 그 후 점차 실적이 저하되고 있는 상황을 생각해보자.

지원자들은 많이 긴장한 탓에 면접 초반에 실력을 제대로 발휘하지 못하는 경우가 있다. 하지만 초기효과로 인해 면접관들은 최초 몇분간의 관찰을 통해 유능한 지원자를 놓치게 되는 상황이 발생한다.

초기효과 때문에 관리자는 그 직원의 성과에 문제가 생겼다는 것조차 인식하지 못할 수 있다. 관리자의 평가는 그 직원의 초기 실적에 기반한 것이기 때문이다. 이러한 잘못된 지각이 발생하면 관리자는 구성원에게 정작 필요한 피드백이나 가르침을 전달할 수 없게 된다. 초기효과에 의한 오류를 염두에 두고 있다면 관리자는 첫인상을 통해 지각에 영향을 주는 오류를 예방할 수 있을 것이다. 예컨대 신입사원이 문신이나 피어싱을 했다고 해서 그의 외모에 대한 첫인상이 그 사람의 능력이나 성실성 평가에 영향을 미쳐서는 안 될 것이다.

대조효과

대조효과
대상에 대한 지각이 그 상황에 처한 기타 대상에 대한 지각으로 인해 편향이 생기는 것

대조효과(contrast effect)란 대상에 대한 지각이 그 상황 속 기타 대상에 대한 지각으로 인해 편향이 생기는 것을 말한다. 예컨대 평균 정도의 성과를 보이는 직원은 높은 성과를 보이는 집단에 속해 있을 때보다 평균 이하의 성과를 보이는 집단에 속해 있을 때 더 나은 평가를 받는다. 이를테면 평균 이하인 입사지원자 2~3명을 면접한 뒤 평균 정도의 실력을 갖춘 지원자를 봤을 때 면접관의 평가는, 평균 이상의 지원자 2~3명을 면접한 뒤에 내리는 평가보다 높을 것이다.

후광효과

후광효과
대상에 대한 전반적인 인상이 다른 특정 분야에 대한 지각에도 영향을 미치는 것

후광효과(halo effect)는 대상에 대한 전반적인 생각이 그 대상의 구체적인 특성(특정 분야)을 평가하는 데 영향을 미치는 현상을 말한다.[45] 어떤 직원을 전반적으로 좋게 생각하는 관리자는 그 직원이 실수와 지각을 자주하는 것을 모르고 당연히 일을 꼼꼼히 하고 시간을 잘 지킨다고 생각한다. 이러한 후광효과 때문에 그 직원은 성과를 향상하기 위해 필요한 피드백을 얻을 수 없게 된다. 반면에 어느 직원을 전반적으로 좋지 않게 평가하는 관리자는 그 직원이 팀 업무에서 협조적이지 못하거나 사적으로 전화하는 데 시간을 많이 낭비한다고 생각할 수도 있다.

유사효과

대다수의 사람들은 자기와 비슷한 느낌을 주는 사람을 좋아한다. 하지만 이러한 '유유상종'의 성향은 조직 내에서 심각한 문제를 발생시킬 수 있다. 사람들은 무의식적으로 자신과 유사하다고 생각하는 사람을 그렇지 않은 사람에 비해 더 긍정적으로 평가하려는 경향이 있다. 예를 들어 성과를

평가할 때 관리자는 자기와 비슷한 직원을 실제 성과에 비해 더 좋게 평가한다.[46] 마찬가지로 면접관도 본인과 비슷한 지원자들을 그렇지 않은 지원자에 비해 더 긍정적으로 평가할 가능성이 크다. 이러한 유사효과로 인해 여성 및 소수집단의 직원들은 경력에서 큰 피해를 보기도 한다. 이를테면 남성 CEO는 후계자로 같은 남성 후보자를 고려하고 여성 후보자를 아예 염두에 두지 않을 가능성도 있다.[47]

조직 내 구성원의 다양성이 날로 높아지는 지금, 유사효과는 반드시 극복해야 할 편향 중의 하나이다. 여성 인력, 소수집단 구성원, 장애인들로 구성된 사업장에서 구성원들은 본인과 유사하지 않은 사람들과 상호작용해야 할 일이 급증하고 있다. 따라서 다른 사람을 평가할 때 사람들은 객관성을 유지하고 유사효과의 함정에 빠지지 않도록 주의해야 한다.

조직구성원들은 특히 다른 문화권의 사람들과 교류할 때 유사효과에 빠지지 않도록 주의해야 한다. 예를 들어 세계적 기업인 독일의 지멘스, 일본의 도시바, IBM의 전문가들이 혁신적인 컴퓨터 칩을 발명하기 위해 IBM 뉴욕에 함께 모여서 일할 때도 유사효과의 함정에 빠질 수 있다. 오로지 같은 출신 문화권의 사람들과 교류하고자 하는 연구자가 있기 때문이다. 가령 어떤 일본인 연구자는 단지 독일과 미국인 연구자들이 그들과 '많이 다르다'는 이유 때문에[48] 같은 일본 출신의 연구자들과 협업하기를 원한다.

엄격화, 관대화 및 중심화 경향

직원의 성과를 평가할 때, 관리자는 지나칠 정도로 엄격하게 평가를 하는가 하면 반대로 관대하게 평가하는 경우도 있다. 어떤 관리자들은 모든 직원에게 평균점수를 주기도 한다. 세 가지 상황 모두 다음과 같은 이유로 문제가 될 수 있다. 첫째, 관리자는 직원들의 성과 차이에 대해 정확하게 지각하고 있지 못하다는 것이다. 결과적으로 높은 성과를 올린 직원들은 그에 따른 인정과 격려를 받지 못하고, 별다른 성과가 없는 직원들 역시 개선에 필요한 건설적인 피드백을 받지 못하게 된다.

둘째, 서로 다른 관리자 밑에서 일하고 있는 직원들의 성과를 비교 평가하기 어려워진다는 것이다. 엄격한 관리자로부터 낮은 평가를 받은 직원의 성과는 관대한 관리자로부터 평균 혹은 높은 평가를 받은 직원의 성과와 비교했을 때 실질적으로 별 차이가 없기 때문이다. 이러한 편향은 연봉 인상이나 승진에 있어 오류를 발생시키는 원인이 된다. 비슷한 현상은 학교에서도 자주 발생한다. 동일한 과목에 대해 대부분의 학생들에게 A학점을 주는 교수가 있는가 하면, 평균적으로 C+학점을 주는 교수도 있다. A학점을 받는 학생들은 기뻐하겠지만 다른 학생들은 적절한 평가를 받지 못했다고 불평할 것이다.

예측치의 효과

입사지원자 중 누구를 최종 채용할 것이고, 신입사원 및 기존 멤버들에게 어떤 책임과 업무를 맡길 것이며, 누구를 승진시킬 것인가 등의 사안을 결정하기 위해서는 직원들의 향후 성과를 예측할 수 있는 정보가 필요하다. 이러한 미래 성과를 예측할 수 있는 선행변수에는 학력, 과거경험, 표준화된 시험성적, 업무와 관련된 성과 등이 있다.

동료, 관리자 혹은 조직 내 구성원들이 선행변수를 통해 특정 직원의 성과를 예측할 경우, 이러한 정보는 그 사람에 대한 지각에도 영향을 미치게 된다. 이러한 영향이 바로 **예측치의 편향**(knowledge-of-predictor bias)이다.

예측치의 편향
성과의 선행요인이 될 수 있는 항목에서 지각대상자가 어떠한 성과를 이루었다는 사실을 알게 되면 그 대상에 대한 지각에도 영향을 미치는 상태

지각대상자의 과거 성과 정보는 그 대상을 파악할 때 큰 영향을 줄 수 있다. 가령 한 학생의 학업성과 예측치인 SAT 점수나 GMAT 점수가 매우 높다는 것을 알게 되면 교수는 그 학생이 실제보다 더 똑똑하다고 생각할 수 있다. 반대로 이러한 편향 때문에 점수가 낮은 학생들은 불이익을 당

자기실현적 예언
지각자의 기대로 인해 예언하는 바가 현실이 되는 것

하기도 한다.

예측치의 효과는 '자기실현적 예언'으로 이어지기도 한다. **자기실현적 예언**(self-fulfilling prophecy)이란 '지각자의 기대로 인해 예언하는 바가 현실로 나타나는' 것을 의미한다.[49] 대표적인 예로 1960년대 학교에서 발생한 사건을 들 수 있다. 학기 초에 교사들은 일부 학생들에게 '무한한 잠재력'을 소유하고 있으며 적당한 관심만 가져준다면 훗날 큰 성과를 이룰 수 있다고 용기를 주었다. 사실 이 학생들은 무작위로 발탁되었기 때문에 기타 학생들에 비해 특별한 것이 없었다. 하지만 그해 말 재평가한 결과, 잠재력이 무한하니 열심히 하라고 용기를 얻은 학생들은 전년에 비해 성적이 대폭 상승했을 뿐만 아니라 표준화된 IQ 테스트 점수도 높게 기록되었다.[50] 무엇이 이러한 변화를 유발시켰을까? 아마도 교사가 '무한한 잠재력'을 갖고 있다고 믿는 학생들에게 더 많은 관심과 격려, 피드백을 줌으로써 그들에 대한 기대치를 높였기 때문일 것이다. 이 모든 요소들은 성적향상의 선행변수라고 할 수 있다. 선행요인에 대한 지식으로 인해 행동이 변화되며 최종적으로 기대가 실현되기도 한다. 한 연구에 따르면 면접관이 단순한 몸짓언어로 면접자에게 부정적인 평가를 하고 있다는 정보를 전달할 경우, 해당 면접자는 실제로 실력 발휘를 못하게 될 가능성이 크다고 한다.[51] 이런 경우에는 면접자뿐만 아니라 조직도 손해를 보게 된다. 면접자는 취직 기회를 잃고 조직은 유능한 인재를 잃기 때문이다.

자기실현적 예언은 사업현장에서 나타나기도 한다. 높은 기대치를 부여하고 항상 존중해주는 관리자의 지시를 받는 건축 팀은 책임감이 강하고 높은 업무수행능력을 보일 것이다. 반대로 관리자가 별다른 기대도 하지 않고 무시하는 태도를 보인다면 팀원들은 성실하게 행동하지 않을뿐더러 성과 역시 높지 못할 것이다.

귀인이론

지각 프로세스를 통해 사람들은 주변 환경과 사람을 이해하고자 한다. 하지만 단순한 이해만으로는 충분하지 않다. 예를 하나 들어보자. 오전 9시 수업 전에 맥주를 마시는 친구를 본다면, 당신은 그를 알코올 중독자라고 생각할 것이다. 그리고 당신은 '그가 왜 그런 행동을 할까?' 하는 생각을 하게 될 것이다. 이와 같이 특정 행위의 원인을 추리하는 과정을 **귀인**(attribution)이라고 한다.

귀인
특정 행위의 원인을 추리하는 과정

귀인이론
사람이 어떤 행동을 했을 때 그 사람이 왜 그러한 행동을 하였는지 그 원인을 규명해볼 수 있게 설명한 일련의 이론

귀인이론(attribution theory)은 사람이 어떤 행동을 했을 때, 그 사람이 왜 그러한 행동을 했는지 그 원인을 규명해보는 이론을 말한다. 귀인이론은 사람들이 왜 그런 행동을 했는지, 그리고 사람의 행동을 변화시키기 위해서 어떻게 해야 하는지 등의 문제에 초점을 두고 있다. 라이스페이퍼 프로덕츠에 새로 입사한 생산직원 라일리를 상상해보자. 기타 동료들에 비해 라일리의 업무속도는 매우 느리다. 이에 관리자는 '왜'라는 인과관계를 생각하게 될 것이다. 귀인이론은 라일리가 업무 진행이 느린 원인을 그녀의 행위를 통해 추리할 것이다.

조직 내의 모든 의사결정과 행위는 행동에 대한 귀인을 기반으로 하고 있다. 이러한 귀인이 정확할 때에만(다시 말해 행위의 진정한 원인을 규명했을 때) 비로소 올바른 의사결정을 내리고 합리적인 행동을 취할 수 있게 된다. 면접에서 유능하지만 말이 없고 질문을 하지 않는 지원자가 최종 합격될지의 여부는 면접관이 지원자의 소극적인 행위에 대해 어떻게 귀인하는가에 달려 있다. '지원자가 너무 긴장한 탓인지, 아니면 직무에 관심이 없어서인지?'를 살펴볼 것이다. 만약 면접관이 후자 때문이라고 판단한다면, 합격시키지 않을 가능성이 매우 크다. 만약 지원자가 극도로 긴장한 것이 원인이라면 면접관의 불합격 판정은 훌륭한 인재를 놓치는 손실을 초래할 것이다.

마찬가지로 직원의 성과에 대한 관리자의 반응도 귀인에 의해 달라진다. 직원의 높은 성과를 그의 출중한 능력 덕분이라 여기는 관리자는 그에게 도전적인 업무를 맡기고 승진의 기회를 줄 것이

다. 하지만 이를 단지 운이 좋은 경우로 여긴다면 직원의 신분에는 큰 변화가 없을 것이다. 어떤 경우든 잘못된 귀인은 심각한 문제를 초래할 수 있다. 직원은 자신에게 걸맞지 않은 도전적인 업무로 인해 성과가 낮아질 수 있다. 성과가 낮은 직원들에 대해 만약 관리자가 이를 전문지식이 결여되었기 때문이라고 추론하게 되면 훈련 기회를 부여할 것이다. 하지만 해당 직원이 게으른 것이 원인이라고 생각하면, 성과를 개선시킬 수 없게 된다.

조직구성원들 사이의 원활한 소통은 귀인이 얼마나 정확한가에 따라 달라진다.[52] 어느 날, 한 동료가 당신에게 몇 마디 잔소리를 했다고 가정하자. 만약 동료가 개인적인 집안일 때문에 예민해진 나머지 그러한 행동을 했다고 추론한다면 당신과 동료의 관계는 나빠지지 않을 것이다. 그러나 만약 동료가 당신을 싫어해서 그러한 행동을 한 것으로 오해한다면 당신은 그 동료를 피하거나 냉정하게 대할 것이다. 이로 인해 둘 사이의 관계는 회복이 불가능한 상황까지 이를 수도 있다.

내부적 귀인과 외부적 귀인

사람들은 타인의 행위에 대해 내부적 혹은 외부적 귀인을 하게 된다(그림 4.3 참조). **내부적 귀인**(internal attribution)이란 행위의 원인을 행위자의 내부적 요인에 돌리는 것을 말한다. 라이스페이퍼 프로덕츠에서 근무하는 마틴 라일리의 관리자는 그녀의 낮은 성과를 (1) 역량 부족 (2) 노력 부족 (3) 약한 성취동기 등으로 돌릴 수 있다. 이처럼 능력, 노력, 성격은 가장 대표적인 내부적 귀인 요소들이다.

내부적 귀인
행위의 원인을 행위자의 내부적 요인에 귀인하는 것

하지만 아무리 사람이 본인의 의지대로 행동한다 할지라도 외부환경의 영향 역시 간과할 수 없다. **외부적 귀인**(external attribution)이란 행동의 원인을 행위자가 아닌 외부적 요소에 돌리는 것이다. 가장 보편적인 외부적 귀인으로는 업무환경, 업무난이도, 행운, 기회, 타인 등을 꼽을 수 있다. 최근 큰 거래를 성사시킨 영업사원을 예로 들어보자. 그가 성공한 원인은 그 기업이 독특한 제품을 공급하는 기업이기 때문일 수도 있고 협상 당시 거래 상대방의 기분이 좋아서일 수도 있다. 만약 그의 성공을 첫 번째 원인 때문이라고 판단한다면, 업무를 진행하기에 수월한 환경 덕분이라고 생각할 것이다. 반면 두 번째 원인 때문이라고 판단한다면 행운 덕분이라고 여기게 될 것이다.

외부적 귀인
행위의 원인을 행위자의 외부적 요소로 귀인하는 것

내부적 귀인을 하느냐, 외부적 귀인을 하느냐는 구성원에게 큰 영향을 미친다. 앞서 언급한 영업사원의 성공사례에서, 만약 관리자가 외부적 귀인 즉 업무가 쉽거나 뜻밖의 행운 때문에 성공했다고 판단한다면, 그 영업사원에게 다른 업무를 맡기거나 혹은 그를 승진시키는 경우는 발생하지 않을 것이다. 하지만 만약 관리자가 영업사원의 능력이 뛰어나 성공을 이루었다고 판단한다면, 아마도 승진대상에 그 영업사원을 포함시킬 것이다. 만약 영업사원의 성공이 외부적 운 때문이라면 능력도 뛰어나고 어려운 업무를 맡고 있는 다른 직원에게 불이익이 될지도 모른다.

귀인은 사람들의 후속 행위에도 영향을 미친다. 어떤 업무를 잘 수행해내지 못한 직원이 있다고

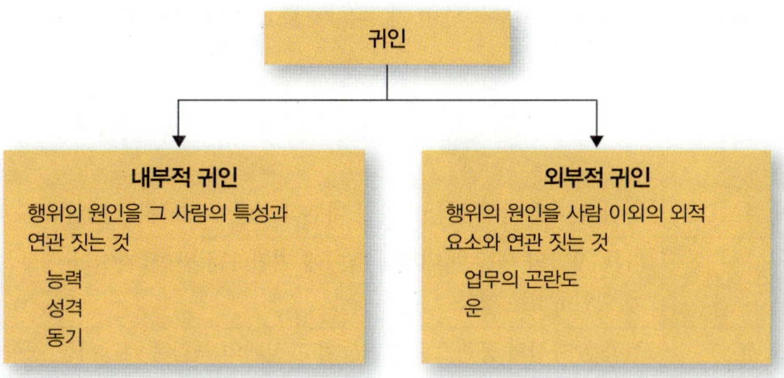

그림 4.3
귀인의 종류

가정하자. 만약 본인의 실패를 능력의 부족으로 돌린다면, 이후 동일한 업무를 피하거나 최소한의 노력만 하려고 할 것이다. 능력이 부족하기 때문에 부정적인 결과만 초래할 것이라고 믿기 때문이다. 반면에 만약 실패를 노력이 부족한 탓이라고 생각한다면 동일한 업무를 다시 맡게 될 경우 훨씬 많은 노력을 할 가능성이 크다. 어떤 사람이 본인의 성공을 단지 운이 좋은 덕이라고 생각한다면, 이후 그의 성과는 향상되지 못할 것이다. 하지만 만약 성공을 본인의 능력이나 노력으로 돌린다면 자신감을 높여 뛰어난 성과를 창출하는 데 큰 도움이 될 것이다.

귀인오류

자신 혹은 타인의 행동에 대한 귀인은 향후 행동에 큰 영향을 미치며 편향 때문에 오류가 발생할 수 있다. 근본적 귀인오류, 행위자-관찰자 오류, 자존적 귀인오류(표 4.5 참조)에 대한 설명이다.

근본적 귀인오류

근본적 귀인오류
행위에 대해, 외적 원인이 아닌 내적 원인에 지나치게 귀인하는 경향

행동은 내부 및 외부요인들이 결합된 산물이다. 하지만 가끔은 상황적 요소가 행동의 원인이 되기도 한다. 아무리 능력 있고 의욕이 많은 사람이라 할지라도 필요한 자원이 부족한 상태에서는 높은 성과를 내기 어렵다. 레스토랑 웨이터가 아무리 최선을 다한다 할지라도 음식 맛이 없으면 고객이 만족할 수 없는 것과 같다. 이렇게 외부요인이 행위를 결정하는 경우가 있지만, 사람들은 모든 외부적 요인들을 내부적인 이유로 돌리려는 오류를 범하기도 한다. 이러한 성향을 **근본적 귀인오류**(fundamental attribution error)라고 말한다.[53]

근본적 귀인오류를 유발시키는 원인은 무엇인가? 학자들은 크게 두 가지 이론에 기반을 두고 분석하였다. 첫째 이론은 대상의 행동에 초점을 맞추고 있다. 즉 사람들이 행동을 관찰할 때 개인의 성향에 집중하고 처한 상황에 대해서는 과소평가한다는 것이다. 다시 말하면, 행위자의 내부적 특성에 중점을 두고 그 사람이 처해 있는 상황에 대해서는 큰 관심을 두지 않는다는 것이다. 두 번째 이론에 의하면 단지 행동을 유발하는 상황적 요인에 대해 잘 모르기 때문에 근본적 귀인오류를 범하게 된다고 한다.

타인의 행동을 내부적 요인으로 과도하게 돌리려는 이러한 성향 때문에 관리자들은 직원을 판단할 때 성격, 동기 등 행위자의 내부적 특성에 집중하게 된다. 직원들 역시 마찬가지다. 기업의 경제사정 때문에 직원 중 30%를 해고시켜야만 하는 관리자의 난감한 입장을 생각해보자. 해고 당한 직원들은(아마 남아 있는 사람들도 마찬가지겠지만) 관리자가 오로지 눈앞의 이익만 생각하여 타인의 생사는 안중에도 없다고 비난할 수 있다.

다양성을 관리함에 있어서 근본적 귀인오류는 반드시 피해야 한다. 여러 가지 고정관념으로 인해 조직구성원들의 행동을 성별, 나이, 인종 등 내부적 요인으로 귀속시키려는 오류를 범할 수 있다. 나이 많은 직원이 컴퓨터 프로그램을 잘 다루지 못하는 상황에서 관리자는 나이가 들면 새로운 지식을 습득하기 어렵다는 고정관념을 가지고 그 직원의 미숙함을 나이 탓으로 돌리는 오류를 범할 수 있다. 사실은 컴퓨터 메모리가 부족하여 새로운 프로그램이 작동되지 못하는 외부적 요인이

표 4.5
귀인오류

편향	설명
근본적 귀인오류	행위에 대해 외적 원인이 아닌 내부적 원인에 지나치게 귀인하는 경향
행위자-관찰자 오류	다른 사람의 행동은 내부적 원인에 귀인하는 반면, 자신의 행동은 외부적 원인에 귀인하려는 경향
자존적 귀인오류	성공은 자신의 공헌으로 받아들이고 실패의 책임은 부정하는 경향

당신이 경영전문가

동료 돕기

후안 코토는 동료 중의 1명인 로저 브라이스와 함께 자주 일한다. 두 사람은 다이아몬드 퍼니처의 고객서비스 부서에서 일하고 있다. 그들의 주요 업무는 지불관리, 신용카드 승인, 가구 배송, 고객불만대응, 반품관리 등이다. 코토와 브라이스는 상시적으로 고객서비스 관리를 담당하는 유일한 정규직원이다.

고객들은 자주 지점장에게 브라이스에 대한 불평을 털어놓았고 지점장은 그럴 때마다 그와 대화를 나누어야 했다. 하지만 브라이스도 이에 대해 불만이 많았다. 코토는 이러한 상황이 지속돼봤자 어느 누구에게도 도움이 안 될 것이라는 사실을 알고 원인 탐색에 나섰다. 코토와 브라이스는 거의 똑같은 작업을 하고 똑같이 노력하는데 왜 항상 고객들은 브라이스에게만 불평을 할까? 관찰 끝에, 코토는 브라이스가 고객불만처리에 있어서 항상 고객들을 탓하는 것을 발견했다. 예를 들어, 한 고객이 주문한 가구가 약속한 날짜에 배송되지 않았다고 불평했다. 기록을 체크한 브라이스는 배송일이 고객이 생각하는 날짜가 아니며 혹시 고객이 잘못 기억한 게 아닌가라는 식으로 대응했다.

코토는 조직행동 분야의 전문가인 당신을 찾아와서 조언을 구하고 있다. 브라이스가 왜 이러한 문제에 관해 고객을 탓하는 것일까? 그를 도와 업무성과를 제고시킬 수 있는 방법은 없을까?

원인인데도 말이다.

행위자-관찰자 오류

행위자-관찰자 오류(actor-observer effect)란 다른 사람의 실수나 실패는 내부적 요인에 귀인하는 반면(근본적 귀인오류) 자신의 실수나 실패는 외부적 요인에 귀인하려는 경향을 일컫는다.[54] 행위자는 자신의 행동이 그 당시 상황에 의해 변할 수 있다고 여기지만, 제삼자는 상황보다는 행위자의 내적 성향을 보다 더 중요하게 생각하고 그것에 의해 사건의 원인을 설명하고자 한다.

행위자-관찰자 오류
다른 사람의 행동은 내부적 요인에 귀인하는 반면, 자신의 행동은 외부적 요인에 귀인하는 경향

왜 이러한 편향이 생겨나는 것인가? 한 이론에 따르면 사람들이 스스로가 처한 외부환경은 잘 파악하고 있기 때문에 자신보다 상황이 중요하다고 판단한다고 한다. 하지만 타인이 처한 상황이나 그들이 대처해야 할 외부적 환경에 대해서는 제대로 아는 바가 없기 때문에 내부적 요인이 그들의 행동을 유발했다고 여긴다는 것이다.

자존적 귀인오류

당신이 방금 승진했다고 상상해보자. 당신은 이러한 결과가 본인의 출중한 능력이나 노력 덕분이라고 자랑스러워할 것이다. 이번에는 동료 중 1명이 당신 대신 승진했다고 상상해보자. 당신은 관리자가 그를 편애했거나 심지어 어떤 정치적인 이슈가 작용했다고 생각할 수도 있다. 이러한 현상은 **자존적 귀인오류**(self-serving attribution)의 전형적인 예이다. 즉 자신의 성공은 스스로의 공헌으로 받아들이고 실패의 책임은 부정하는 경향을 일컫는다.[55] 지금까지 이 분야의 많은 연구결과에 의하면 성공을 자신의 공헌으로 받아들이는 것이 책임을 부정하는 것보다 일반적인 경향을 보인다.[56] 또한 사람들은 실패의 원인을 스스로 통제할 수 있을 때만(예를 들어 앞으로 좀 더 노력하거나 계획을 좀 더 잘 세우는 것) 비로소 실패의 책임을 인정한다고 한다.[57]

자존적 귀인오류
성공은 자신의 공헌으로 받아들이고 실패의 책임은 부정하는 경향

자존적 귀인오류는 친구, 배우자, 나아가 조직에 대한 지각을 할 때에도 발생한다.[58] 사람들은 배우자에게 일어나는 긍정적인 일들에 관해서는 내부적 요인으로 귀인하려는 반면, 부정적인 일들

에 대해서는 외부적 요인으로 돌리려 한다.[59] 마찬가지로 당신의 기업이 유나이티드 웨이에 큰 기여를 했다면, 아마도 이를 높은 사회적 책임감(내부적 요인)으로 귀인하려 할 것이다. 하지만 만약 기업이 환경오염의 주범으로 비난을 받고 있다면 쓰레기 처리비용이 지나치게 많이 든다거나, 혹은 환경보호 접근성이 너무 낮다는 등 외부적 요인을 탓할 가능성이 높다.

다양한 노동력에 대한 효과적인 관리

이 장에서 우리는 다양한 노동력을 효과적으로 관리하는 데 있어서 정확한 지각과 귀인의 필요성, 그리고 그와 관련된 이슈들에 대해 학습하였다. 하나의 조직이 공평하고 윤리적인 의사결정을 내리고 경쟁력을 갖추기 위해서는 다양한 노동력을 효과적으로 관리하려는 노력이 필요하다. 이를 위해 (1) 다양성에 대한 최고경영자들의 책임을 강화하는 것 (2) 다양성 훈련 (3) 교육 (4) 멘토링에 대해 살펴본다. 그리고 조직에서 성희롱을 예방하고 단절하는 방법을 소개하고자 한다.

다양성에 대한 최고경영자들의 책임을 보장하기

다양한 노동력을 효과적으로 관리하기 위해서는 최고경영자들의 책임의식이 중요하다. 그들은 높은 권한, 권력, 지위를 가지고 있기 때문이다. 최고경영자들이 다양성에 대한 책임을 진다면 조직 내 구성원들도 함께 책임을 느끼고 도울 것이다.

최고경영자가 책임을 지면 직원들은 행동을 더욱 정확히 지각하고 귀인을 형성하며, 진정한 모습을 이해하려고 할 것이다. 또한 최고경영자는 조직 내 구성원들로 하여금 다양한 노동력에 대해 정확히 지각하고 귀인을 형성하도록 도울 수 있다. 관리자들이 다양성을 지지하고 인정하면 직원들도 비슷한 태도를 보이게 될 것이고, 이로 인해 고정관념의 부정적인 효과는 어느 정도 감소될 수 있다.

다양성 훈련

훈련은 다양성 관리를 용이하게 한다. 현재 여러 가지 다양성 훈련 프로그램들이 존재한다. 그중 일부에 대해 언급하면 아래와 같다.

1. 부정확한 지각과 귀인오류를 초래하는 고정관념에 대해 솔직히 털어놓고 그 틀을 깨는 프로그램
2. 조직구성원들로 하여금 서로 다른 배경, 경력, 가치를 이해하도록 하는 프로그램
3. 조직구성원들에게 다양성으로 인한 갈등과 모순 해결의 방법을 제시하는 프로그램
4. 서로에 대한 이해를 강화하는 프로그램

다양성 훈련은 몇 시간 혹은 며칠이 소요될 수 있고, 다양성에 관한 전문지식을 가진 컨설턴트나 조직 내 구성원이 주도할 수 있다. 규모가 작은 기업들은 외부 컨설턴트에 의존할 수 있지만, 대부분의 큰 기업들은 담당 관리자를 별도로 둔다.[60]

다양성 훈련은 아래와 같은 항목들을 비롯해서 다양한 내용을 포함한다.

1. 역할극(role-play) : 참가자들로 하여금 다양한 직원들을 대하는 적절하거나, 부적절한 행동을 각각 연기하도록 함
2. 자기인식활동(self-awareness activities) : 참가자들로 하여금 자신들이 가진 편견과 고정관념을 알 수 있도록 함

3. 인식활동(awareness activities) : 참가자들로 하여금 자신과 다른 생활방식, 문화, 성적 취향, 성별을 갖고 있는 사람들에 대해 알아보도록 함

미국에서 가장 큰 규모를 자랑하는 생명보험회사인 푸르덴셜에는 특별한 다양성 관리 프로그램이 있다. 바로 관리자들을 다른 조직으로 파견시켜 몸소 소수집단의 구성원으로 살아보도록 하는 것이다.[61] 이를 통해 푸르덴셜의 관리자들은 소수집단 사람들의 고충을 직접 체험하고 이해한다고 한다. 펜실베이니아 주 뉴호프에 자리 잡고 있는 시몬스 어소시에이츠는 '특별 감성'이라는 세션을 포함한 다양성 컨설팅 서비스를 직원에게 제공한다. 이 세션을 통해 참가자들은 특정 그룹 사람들에게 무례가 될 수 있는 표현, 단어, 상황, 시나리오에 대해 교육받는다. 예를 들어 흑인 10대 남성들은 'boys'라고 불리는 것에 대해 불쾌감을 느낀다고 한다. 이런 세션을 통해 참가자들은 타인에게 무례한 말이나 행동을 했음에도 불구하고 문제점이 되리라는 것을 인식조차 못하는 상황을 예방할 수 있다.[62]

이렇게 효과적인 다양성 훈련 프로그램이 있는가 하면 조직 내부 사람들 사이의 지각이나 서로간 지켜야 할 행동에 대해 아무런 도움이 안 되는 프로그램도 있다. 트레이닝 프로그램은 지속적, 반복적으로 실행될 때 유효해진다. 프로그램의 효과성을 보장하기 위해서는 반드시 후속활동을 통해 목적이 달성됐는지 판단해야 한다. 뿐만 아니라 다양성을 존중하는 부가적 활동을 통해 보완해야만 훈련 프로그램의 효과를 최대한 발휘할 수 있게 된다. 예를 들어 새너제이에 위치한 IBM의 시스템 스토리지 부서는 1년 중 하루를 '다양성의 날(Diversity Day)'이라고 지정했다. 그날 모든 직원들은 민족 전통 의상을 입고 동료들과 함께 전통 음식을 나누어 먹는다.[63]

교육

효과적인 다양성 관리는 다양한 조직 내 구성원 및 고객들과 교류하고 협력하기 위한 전문적 지식을 전제로 한다. 켄터키 주 정부는, 청각장애를 갖고 있는 사람들에게 취직 기회를 마련해주거나 청각장애 시민들이 주 정부에서 제공하는 서비스와 프로그램을 충분히 활용하는 데 한계가 있음을 깨달았다. 미국의 장애인보호법에서는 조직에게 장애인(시각장애인, 청각장애인을 포함)의 요구를 파악하고 그들을 위한 편의시설을 마련하도록 명시적으로 요구하고 있다.[64]

다각도의 연구 끝에, 켄터키 주 정부는 청각 · 시각장애인들(그들 모두 고객인 동시에 잠재적 직원들임)을 위한 3단계 실천 프로그램을 개발했다. 첫째, 프로그램에 출석한 주 정부 직원들은 청각장애 문화와 배경에 관한 일일 교육 프로그램에 참여한다. 둘째, 직원들은 기본적인 수화 (미국 청각장애인 사이에서 가장 많이 쓰이고 있는 수화)에 관해 4일 동안 교육받는다. 셋째, 7일동안의 고급 수화교육 워크숍에 참가한다.[65]

멘토링 프로그램

멘토링(mentoring)이란 유경험자인 멘토가 상대적으로 경험이 적은 대상자(멘티)에게 지도와 조언을 통해 실력과 잠재력을 향상시켜 조직의 성장을 돕고자 하는 시스템이다. 하지만 유사효과 및 고정관념 때문에, 일부 백인 상급자(senior)들은 젊은 소수인종 직원들에 대한 멘토링을 꺼린다고 한다.

멘토링
유경험자인 멘토가 상대적으로 경험이 적은 대상자(후배)에게 지도와 조언을 통해 실력과 잠재력을 향상시켜주고 조직의 성장을 돕고자 마련된 시스템

인종이 다른 멘토-멘티의 관계는 흔하지 않다. 노스캐롤라이나대학의 경영학 교수 Benson Rosen의 연구결과에 따르면, 일부 백인 관리자들은 소수인종 직원들을 대할 때 불편함을 느낀다고 한다. 또한 소수인종 직원들을 행사에 초대하지 않거나 백인 멘티에 비해 건성으로 피드백을 주는 행동을 하기도 한다. 네브래스카에 위치한 큰 기업에서 근무하고 있는 젊은 흑인 변호사 라본 스테

공식적 · 비공식적 멘토링을 통해 신입사원은 업무수행에 필요한 기능을 배워 나간다.

니스는 백인 남성 관리자들과 교류하는 일이 어렵다고 느끼고 있으며, 그들 중 스테니스의 멘토가 되기를 자청하는 사람도 없었다. 이러한 현상은 결코 백인 남성이 소수집단 직원의 멘토를 하지 않는다거나 소수집단 직원들이 백인 관리자의 도움을 꺼린다는 것을 의미하지는 않는다. 다만 조직 내 모든 구성원(인종, 성별, 혹은 기타 특징들을 막론하고)들은 유사효과로 인해 자신과 비슷한 사람들의 도움을 받으려 하는 경향이 있다. Rosen 교수는 그의 연구에서 백인 여성들이 백인 남성들에 비해 소수집단의 남성이나 여성 후배들의 멘토가 되어주는 것을 더 좋아한다고 밝힌 바 있다.[66]

소수집단 관리자들을 대상으로 한 연구에서는 70% 이상의 관리자들이 자신에게 비공식적인 멘토가 있었으며 멘토가 자신의 커리어에 도움을 주었다고 생각한다는 결과를 보고하고 있다.[67] Lloyd David Ward는 메이택 기업의 전직 회장인 동시에 미국의 큰 기업에서 CEO직을 맡은 흑인이다. P&G에 있을 당시 그의 멘토는 나이가 많은 흑인 엔지니어였다. 정신과 의사이자 컨설턴트인 Price Cobbs 박사도 그의 멘토였는데, Lloyd는 그로부터 피부색 때문에 차별받을 때 느끼는 분노를 통제하는 방법에 대해 배웠다.[68] 코카콜라 전 회장인 Donald R. Keough는 퇴직 전, 부사장 Carl Ware의 멘토이기도 했다.[69]

멘토는 관리자나 임원에게만 중요한 존재가 아니다. 국제물류회사인 UPS의 신입사원들은 멘토로부터 시간을 엄수하고, 복장에 신경을 쓰는 등의 기본적인 기술을 배운다.[70] 멘토는 사업을 시작하려는 사람에게도 매우 유익한 존재이다. Bernadette Williams는 i-strategy.coms이란 기업을 창립한 흑인 사업가이다. 그는 소수집단인 여성들이 창업할 때 반드시 멘토를 모실 필요가 있다고 말한다. 그녀의 이러한 생각은 수많은 연구들에 의해 입증되었다.[71] 멘토가 모든 직원들에게 중요하고 의미 있는 것은 사실이다. 그중에서도 여성이나 소수집단 직원들이 유사효과, 고정관념, 차별의 부정적인 영향에서 벗어나는 데 있어서 멘토가 특히 중요한 역할을 발휘한다.[72]

멘토링 프로그램은 공식적일 수도 있고 비공식적일 수도 있다. 후배들은 자신과 비슷하거나 혹은 다른 성향을 가진 멘토로부터 모두 도움을 받을 수 있다. 효과적인 멘토링은 상호존중과 이해를 전제로 하며, 멘토는 반드시 후배가 멘토링을 통해 얻게 될 혜택들을 고려해야 한다. 하워드 & 어소시에이츠의 다문화 컨설턴트 Maureen Giovanni에 의하면, 멘토와 후배가 서로 특정한 면에서 경험과 지식 등의 차이가 있을 때 상호학습효과가 더욱 뚜렷하게 나타난다고 한다. 멘토는 후배의 배경이나 경험에 대해 배울 수 있고 후배는 선배로부터 조직의 규율과 조직에서 성공하는 방법에 관한 정보를 습득할 수 있다.[73] 이러한 상호학습과정을 통해, 멘토와 멘티 두 사람 모두 다른 부류의 사람들과 교류하는 능력을 향상시킬 수 있다. 푸르덴셜의 관리자들은 다른 멘토와 팀을 이루어 그룹 간의 차이 및 서로 다른 그룹들이 풀어가야 할 문제 등에 대해 배운다. 반대로 관리자들은 다양성에 얼마나 많은 관심을 보였는지에 대해 다방면에 걸쳐 평가를 받는다(예를 들어 민족 전통 마케팅에 얼마나 많은 돈을 투자했는가, 혹은 회의나 연설에서 다양성 이슈를 얼마나 적절히 포함시켰는가 등).[74]

다양성에 대한 최고경영자의 책임을 보장하는 것, 다양성 훈련, 교육, 멘토링은 조직에서 효과적인 다양성 관리를 위한 방법 중 일부에 불과하다. 앞서 언급했듯 효과적인 다양성 관리는 지각대상의 나이, 인종, 성별, 민족, 종교, 성적 취향 혹은 기타 특징과 상관없이 가능한 정확한 지각과 귀인을 전제로 한다.

성희롱

광범위한 연구조사 끝에, 미군은 성희롱이 모든 계급에서 발생하는 문제점이라고 지적하였다.[75] 국회 및 미국국방부에서 위탁하고 Defense Task Force에서 실시한 연구결과에 의하면, 성희롱 및 폭력은 미국육군사관학교 및 해군사관학교에서도 흔히 발생하는 현상이라고 한다.[76] 하지만 안타깝게도 성희롱은 군대뿐만 아니라 많은 조직 내에서 발생하는 문제이기도 하다. 셰브런과 포드 모두 성희롱 문제로 인해 곤혹스러웠던 적이 있었다.[77] 성희롱은 크게 거래형 성희롱과 적대적 환경 성희롱으로 구분된다. 전자는 가장 흔하고 전형적인 직장 성희롱이다. **거래형 성희롱**(quid pro quo sexual harassment)은 성희롱자가 직원에게 이익을 주거나(예 : 승진, 보너스, 권한) 불이익을 피하는 것(예 : 강등, 해고, 승진중단, 혹은 원치 않는 책임과 전근)을 조건으로 성적 행위를 강요하는 것을 일컫는다.[78] **적대적 환경 성희롱**(hostile work environment sexual harassment)은 거래형 성희롱에 비해 더욱 은밀하게 일어난다. 이는 직원이 성적 모욕감, 혐오감, 적대감을 느낄 때 발생한다. 적대적 환경 성희롱의 예로는 음란물, 성적 농담, 외설적 말, 외모에 대한 평가, 성적인 메시지 전달 등이 있다.[79] 적대적 환경 성희롱은 명백히 불법행위이며 직원들의 효율적인 업무처리능력을 방해한다. 셰브런에서는 4명의 종업원들이 회사 메일로 포르노 영상물을 전달받거나 알래스카의 직원에게 포르노 비디오를 전해달라고 강요받은 적이 있다. 이로 인해, 셰브런에서는 총 220만 달러의 소송비를 배상해야만 했다.[80] 포드 역시 성희롱으로 인해 소송에 휘말린 적이 있다. 일리노이의 공장에서 일하고 있던 두 직원은 수년간 직장에서 본인들의 의사에 반하는 신체접촉, 마사지, 성적 별명, 음란한 낙서와 동영상 및 기타 적대적 환경 성희롱에 노출되었다고 호소했다. 이로 인해, 포드는 1,750만 달러의 소송비를 내야만 했다.[81] 적대적 환경 성희롱은 종업원들이 성적인 메일, 포르노 동영상을 주고받음으로써 발생할 수도 있다. 다우케미컬, 제록스, 뉴욕타임스, 에드워드존스, 퍼스트유니언은행에서는 모두 기업 메일을 통해 성적 메시지를 전달한 직원들을 해고한 바 있다.[82] 한 연구조사에 의하면 조사된 근로자 중 70% 이상은 성적인 내용이 담긴 메일을 전달하거나 받은 적이 있다고 응답했으며, 60% 이상의 사람들은 모욕적이거나 부적절한 메일을 보낸 적이 있다고 대답했다.[83]

거래형 성희롱
성희롱자가 종업원에게 이익(예 : 승진, 보너스, 권한)을 주거나 불이익(예 : 강임, 해고, 승진중단, 혹은 원치 않는 배치와 전근)을 피하게 하는 것을 조건으로 성적 언동을 강요하는 것

적대적 환경 성희롱
근로자가 성적 모욕감, 혐오감 및 적대감을 느끼는 환경을 조성하거나 유지하는 것

현재까지의 연구결과를 살펴보면 성희롱은 수많은 조직 내에서 발생하고 있으며,[84] 피해자의 직무만족도, 스트레스, 생활만족도, 정신적 건강에 악영향을 미친다는 결론을 내릴 수 있다. 성희롱의 피해자들은 지각이나 결근, 특정 업무나 환경에 대한 거부 또는 기타 일자리를 알아보는 등 현재의 직장을 떠날 가능성이 그렇지 않은 사람들에 비해 훨씬 높다.[85] 또한 성희롱 피해자들은 관리자나 동료에 대해 훨씬 부정적인 태도를 보이기도 한다.[86] 흥미롭게도 어떤 연구결과에 따르면 본인이 직접 성희롱을 경험했는지 여부와는 상관없이, 성희롱이 발생하는 조직이나 그룹에 속해 있다는 사실만으로도 직원들의 직무만족감, 동료 및 관리자에 대한 만족감이 훨씬 저하되며 극도의 스트레스를 받게 된다고 한다.[87]

모든 조직에는 성희롱을 단절, 예방하기 위한 도덕적 책임 및 법률적 책임이 있다. NBC를 비롯한 많은 조직들은 성희롱 관련 부문을 다양성 훈련과 교육 프로그램에 포함시켰다.[88] 성희롱 문제를 해결하기 위해 조직은 아래와 같은 조치들을 고려해볼 수 있다.[89]

1. 최고경영자가 지지하는 성희롱 정책을 개발한다. 이 정책은 아래와 같은 조항을 포함하는 내용을 명시해야 한다. (1) 거래형, 적대적 환경 성희롱에 대한 설명 및 금지사항 명시 (2) 금지되는 행위의 예 (3) 성희롱 고발 절차 (4) 성희롱 처벌 조치 (5) 성희롱 예방교육을 전면적으로 실시하고 지지하는 조직의 입장을 명시한다.
2. 조직의 성희롱 정책을 전 직원들에게 전달하고 교육시킨다. 직원들이 조직의 성희롱 정책에 대해 충

분히 숙지할 필요가 있다.

3. 공평한 절차를 통해 성희롱 고소에 대해 충분히 조사한다. 공평한 절차는 (1) 중립적인 제삼자가 조사해야 하고 (2) 신속히 그리고 철저하게 조사해야 하고 (3) 피해자들을 보호하고 공평하게 대해야 하며 (4) 성희롱 혐의 가능성이 있는 사람들도 일단 공평하게 대해야 한다.
4. 성희롱이 발생된 증거가 확보되었을 때에는 가능한 올바른 조치를 취해야 한다. 이때 올바른 조치란 성희롱을 중단시키는 것이다.
5. 모든 조직구성원들에게 성희롱에 관한 훈련 및 교육을 제공한다. 듀폰, NBC, 코닝, 디지털 이퀴프먼트, 미국육군 그리고 미국해군을 포함한 많은 조직들은 이미 이러한 프로그램을 실행하고 있다.[90] 또한 신입사원들과 인턴들에게까지 성희롱 정책을 알리고 있는 기업들이 늘어나고 있다. 텔레비전과 라디오 광고 전문회사인 카츠 미디어 그룹에서는 신입사원 오리엔테이션 교육 프로그램에 25분짜리 성희롱 프로그램 비디오를 포함시켰다.[91] 존스홉킨스대학의 성희롱 방지 및 해결 책임자 Christine Walters는 대학의 모든 신입직원들에게 입사 시 성희롱이 될 수 있는 행동에 대해 교육한다고 한다.[92]

요약

조직 내 모든 의사결정과 행동은 사람들이 주변 세계 및 상대방을 이해하는 방식에 따라 영향을 받는다. 이런 면에서 볼 때 지각과 귀인은 매우 중요한 주제들이다. 지각은 개인이 감각기관을 통해 입력한 정보를 선택, 조직, 이해하는 과정을 가리킨다. 귀인은 행동의 원인에 대한 해석이자 설명이다. 지각과 귀인은 조직 내 구성원들이 어떻게 또는 왜 그렇게 행동하고, 타인의 행동에 대해서 어떻게 반응하는지를 설명해준다. 이 장에서 다룬 주요 내용은 다음과 같다.

1. 지각은 개인이 감각기관을 통해 입력한 정보를 해석하고 이를 통해 주변 세계를 이해하고 해석하는 과정을 가리킨다. 지각의 세 가지 구성요소에는 지각자, 지각대상, 상황이 있다. 합리적인 의사결정을 내리고, 종업원들이 높은 성과를 창출하도록 동기부여를 하며, 공평성과 형평성, 윤리를 유지하기 위해서는 반드시 정확한 지각을 전제로 해야 한다.
2. 지각자의 지식기반은 도식으로 체계화되어 있다. 도식은 사람들의 기억 속에 저장되어 있는 추상적인 지각구조를 일컫는데, 이를 통해 인간은 주어진 지각대상의 정보를 체계화시키고 이해한다. 도식은 쉽게 변화하지 않으며 기능적 혹은 역기능적으로 작용할 수도 있다. 고정관념은 역기능적인 도식이다. 왜냐하면 고정관념으로 인해서 하나의 특성(예 : 인종, 나이, 성별 등)을 갖고 있는 대상이 모든 전형적 특성을 다 갖고 있을 것이라는 잘못된 판단으로 이어지기 때문이다. 도식 외에 지각자의 동기상태와 기분 역시 지각에 영향을 미칠 수 있다.
3. 대상의 특징 역시 지각에 영향을 미친다. 애매한 대상일수록 사람들은 이에 대해서 저마다 다르게 지각할 가능성이 높다. 대상의 사회적 지위 역시 지각에 영향을 미칠 수 있다. 또한 인상관리를 통해 지각대상은 자신에 대한 타인의 지각에 영향을 미칠 수 있다.
4. 상황은 추가적 정보를 제공하는 것을 통해 지각에 영향을 미친다. 그중 가장 중요한 요소 중 하나가 바로 대상의 가시성이다. 즉 가시성은 사람들 혹은 물건들 사이에서 지각자의 눈에 띄는 정도라고 할 수 있다.
5. 대인지각에서의 편향과 문제점에는 초기효과, 대조효과, 후광효과, 유사효과, 엄격화, 관대화, 중심화 성향, 예측치 효과가 있다. 이러한 편향으로 인한 지각은 잘못된 의사결정으로 이어질 수 있다.
6. 귀인은 조직 내에서 발생하는 행동들에 있어서 중요한 선행요인이다. 조직의 구성원들이 어

떻게 타인의 행동에 대해 반응하는지는 행동 원인에 의해서 결정되기 때문이다. 귀인이론은 사람들이 자신 혹은 타인의 행동 원인을 어떻게 설명하는가에 초점을 맞추고 있다. 보편적인 내부적 귀인으로는 능력 · 노력 · 성격을 예로 들 수 있고, 외부적 귀인으로는 업무의 난이도와 행운 등이 있다. 지각과 마찬가지로 귀인 역시 여러 가지 편향 때문에 부정확할 수 있다. 이러한 편향에는 근본적 귀인오류, 행위자-관찰자 오류, 자존적 귀인오류 등이 포함된다.

7. 조직 내에서 정확한 지각과 귀인을 형성하고 다양한 노동력을 효과적으로 관리하기 위해서는 다양성에 대한 최고경영자의 책임을 확보하는 것, 다양성 훈련, 교육, 멘토링과 같은 조치가 필요하다. 또한 조직들은 거래형 성희롱과 적대적 환경 성희롱을 단절하고 예방하기 위해 최선을 다해야 할 것이다.

토론사례

내로남불 부르는 귀인오류

처음 말을 하기 시작한 아이들이 가장 많이 하는 말은 "왜?"이다. 일부 심리학자들은 호기심을 인간의 본능으로 분류하기도 했다. 그러나 우리는 어른이 된 지금도 끊임없이 원인을 찾으려고 한다. 어떠한 일이나 행동에 대해 원인을 파악하는 것은 미래를 예측할 수 있다는 의미이며, 이는 생존 가능성을 높일 수 있기 때문이다. 이처럼 자신이나 타인의 행동에 대해 원인을 찾으려고 하는 것을 '귀인'이라고 한다. 하이더(Heider)는 행동의 원인을 어느 차원에서 찾는지에 따라 내부 귀인과 외부 귀인으로 구분했다. 내부 귀인은 행동의 원인을 성격, 기질 등 사람의 내부적인 차원에서 찾는 것이며, 외부 귀인은 환경, 상황 등의 외부적인 차원에서 찾는 것이다.

실제로 일어나는 귀인 과정은 무의식적이고 자동적이고 빠르다. 특히 예상치 못한 일이거나, 부정적이고 불행한 일에 대해서는 더 빠르게 일어난다. 위험에 대한 원인을 빠르게 판단해야 생존 가능성이 높아지기 때문이다. 이렇게 귀인 과정이 자동적이고 빠르게 일어나다 보니 오류와 편향이 나타나기 쉽다. 오류(error)는 지각상의 착오를 말하며, 편향(bias)은 특정 집단에 대해 한쪽으로 치우친 의견이나 견해를 갖는 태도다.

대표적인 오류는 기본적 귀인오류다. 근본적 귀인오류(Fundamental Attribution Error)는 타인의 행동을 설명할 때 상황과 같은 외부 요인들의 영향은 과소평가하고, 성격 같은 내부 요인들 영향은 과대평가하는 것이다. 때로는 범죄 피해자들이 이런 오류를 범한다. 명절에 집을 비운 사이 도둑을 맞은 사람에게 문단속을 제대로 하지 못했다거나, 성범죄 피해자들에게 옷을 야하게 입었다고 말하는 것 모두가 귀인오류에 해당한다.

이런 오류는 자신보다 남에게 더 많이 발생한다. 즉 자신의 행동에 대한 귀인과 타인의 행동을 관찰했을 때 나타나는 귀인이 다르다는 것이다. 행위자-관찰자 오류(Actor-Observer Bias)는 자신이 행위자일 때는 자신의 행동에 대해 외부 귀인을 하고, 관찰자인 경우에는 행위자의 행동에 대해 내부 귀인을 하는 것을 말한다. '내로남불(내가 하면 로맨스, 남이 하면 불륜)' 같은 태도가 이에 해당한다. 예를 들어 운전할 때 자신이 과속하면 급한 일이 있기 때문이라고 생각하지만, 자신을 추월해 과속하는 차를 보면 그 운전자의 성격이 급하거나 난폭하기 때문이라고 생각하는 것이다. 행위자-관찰자 오류는 타인에 대한 정보가 부족해서 나타나기도 한다. 타인의 상황이나 환경에 대한 정보를 얻는 것은 비교적 어렵기 때문에 타인의 행동에 대해서는 내부 귀인을 하기 쉽다는 것이다.

자존적 귀인오류(Self-Serving Bias)는 일이 잘되면 자신이 잘해서이고, 일이 잘못되면 타인의 탓이라고 판단하는 것을 말한다. 쉽게 말해 '잘되면 내 덕, 안 되면 남 탓'을 하는 것이다. 멜빈 러너의 공정한 세상 가설(Just-world hypothesis)에 따르면 사람들은 자신이 얻은 것은 그에 합당한 이유가 있기 때문이라고 믿는다. 즉 세상은 공평하며 우리가 우리 삶을 통제할 수 있다고 믿기 때문에 나의 성공은 내가 잘했기 때문이라는 내부 귀인을 하게 되는 것이다. 이와 반대로 자신의 자존감(self-esteem)이 위협받는 상황에서는 자존감을 높이거나 유지하려는 동기를 갖게 된다. 실패에 대해서는 외부 귀인을 함으로써 다음에 환경이 변화한다면 좋은 결과를 얻을 수 있을 것이라는 희망을 통해 자존감을 지키는 것이다. 그러나 매번 상황 탓만 하게 되면 자신의 문제점을 객관적으로 파악하지 못해 실패를 반복할 수도 있으니 주의해야 한다.

편향은 집단 차원에서도 발생한다. 궁극적 귀인오류(Ultimate Attribution)는 외집단의 악행은 내부 귀인을 하고, 선행은 외부 귀인을 하는 것이다. 외집단 사람이 나쁜 일을 했다면 역시 저들은 그런 사람들이라고 말하지만, 착한 일을 했다면 저들이 착해서가 아니라 누구라도 그 상황에서는 그렇게 행동했을 거라며 큰 의미를 두지 않는다. 반대로 내집단에서 누군가 나쁜 일을 했다면 집단의 특성이 아니라 개인의 특성으로 치부한다. 이것이 내집단 편향이다.

이처럼 귀인 과정은 자동적이고 빠르게 나타나 행동의 원인을 파악하고 판단하는 데 도움을 주지만 그만큼 오류와 편향이 생기기 쉬우므로 주의해야 한다.

토론문제

1. 근본적 귀인오류, 행위자-관찰자 편향, 자존적 귀인오류, 궁극적 귀인오류 등을 나타내는 사례들을 우리 주변 생활에서 각각 1개씩 찾고, 그 오류가 발생하는 과정을 설명해보자.
2. 위의 지각오류가 항상 부정적인 경우가 아닌 긍정적인 결과로 이어지는 사례도 있는지 설명해보자.

제 5 장

학습과 창의성

개관

단원 목차

요약

학습목표

이 단원을 학습한 후 다음을 이해할 수 있다.

- 학습의 의미를 정확하게 알고, 조직 내 학습이 중요한 이유를 설명할 수 있다.
- 바람직한 행동을 하도록 강화, 소거, 벌의 방법을 효과적으로 활용하고 비효율적 행동은 줄이는 방법을 이해한다.
- 대리학습에 필요한 조건을 설명할 수 있다.
- 배운 것을 습득하는 과정에서 자기통제와 자기효능감의 역할과 중요성에 대해서 알 수 있다.
- 창의성, 창의적 과정의 특성, 창의성의 결정요인을 이해함으로써 조직 내 학습을 촉진하는 방법을 알 수 있다.
- 학습조직의 의미를 알 수 있다.

스타벅스를 1등으로 만든 숨은 공신은?

스타벅스의 세심한 교육

전국 매장 수 1,813개, 함께 일하는 파트너 약 2만3천 명. 커피 프랜차이즈 가운데 매출 1위 자리를 지키고 있는 스타벅스 이야기다.

스타벅스가 국내 커피 프랜차이즈 1위로 올라설 수 있었던 배경에는 매장 직원을 일컫는 '파트너'의 친절한 고객 응대를 빠뜨릴 수 없다. 스타벅스가 파트너들을 어떻게 교육하는지 살펴보았다.

스타벅스를 운영하는 SCK컴퍼니에 따르면 SCK컴퍼니는 전국 스타벅스 매장에 신입 파트너들을 보내기 전에 항상 서울 중구 소공동에 있는 '스타벅스 아카데미센터'에서 이들을 미리 교육한다. 스타벅스 아카데미센터가 있는 곳은 원래 SCK컴퍼니가 사무실로 사용했던 곳이다. 하지만 SCK컴퍼니 본사가 서울 중구 회현동으로 옮겨가면서 사무실로 쓰던 공간을 스타벅스 아카데미센터로 바꿨다.

스타벅스가 파트너들을 미리 교육하는 이유는 고객 경험의 핵심이 매장에서 일하는 파트너로부터 나오기 때문이다. 파트너의 서비스에 따라 매장의 고객 경험 만족도는 크게 갈린다. 파트너들을 교육시키는 아카데미센터야말로 스타벅스를 매출 1등으로 만든 '숨은 공신'이라는 뜻이다. 스타벅스 아카데미센터 복도에 서서 주변을 둘러보니 다른 사무실들과 다른 것이 없어 보였다. 출입문이 달린 여러 개의 방이 있을 뿐이다. 하지만 문을 열고 들어가니 마치 스타벅스 매장에 온 것 같은 느낌이 들었다. 복도 분위기와는 180도 달랐다.

각 방들에는 다양한 교육 공간이 마련되어 있다. 스타벅스 바리스타들을 교육시키는 커피교육장에는 스타벅스 매장에서 사용하는 것과 동일한 에스프레소 머신이 준비되어 있다. 스타벅스가 운영하는 특화 매장인 리저브 매장에서 사용하는 에스프레소 머신 '블랙이글'도 있다. 블랙이글은 비싼 에스프레소 머신들 가운데 1,2위를 다투는 것으로 알려져 있다. SCK컴퍼니는 스타벅스 파트너들이 커피교육장에서 최상의 커피를 추출하기 위해 끊임없이 연구하고 노력한다고 설명했다.

스타벅스 리저브 매장에서 일할 파트너들을 교육시키는 공간은 따로 마련되어 있다. SCK관계자는 "리저브 매장은 특화 매장으로 고객과 마주하면서 커피와 관련된 이야기를 들려주는 등 개별 서비스가 이뤄지기 때문에 더 세심한 교육이 필요하다"며 "그런 특성에 맞게 리저브 교육장을 꾸몄다"고 말했다. 리저브 교육장에 놓여 있는 의자는 스타벅스에 와 있는 것 같은 느낌이 들 정도로 비슷했다. 아카데미센터 한 켠에는 '스타벅스 DT(드라이브 스루)' 매장을 그대로 옮겨 놓은 공간도 있다. 화상 시스템을 통한 주문에서부터 결제까지 모든 과정을 실습할 수 있다.

아카데미센터에서 가장 인상 깊었던 점은 어느 공간을 가든 스타벅스 매장을 그대로 옮겨 놓은 인테리어로 꾸몄다는 점이다. 현장에 투입할 파트너들이 매장 분위기에 미리 익숙해질 수 있도록 회사 차원에서 많은 배려를 했다는 점을 보여준다. 아카데미센터에서 교육 기간을 채웠다고 바로 매장 파트너로 배정되는 것은 아니다. SCK컴퍼니는 교육이 끝나면 신입 파트너가 자격을 갖췄는지 평가하고, 신입 파트너들은 아카데미센터 인증을 받아야만 매장에서 파트너로 일할 수 있다.

SCK컴퍼니 관계자는 "신입 파트너뿐만 아니라 부점장, 점장 승진 시에도 아카데미센터에서 교육을 받아야 한다"며 "매장과 유사한 최고의 환경에서 최고의 파트너들로 교육시켜 고객에게 최상의 경험을 제공할 수 있도록 하겠다"고 말했다.

출처 : "스타벅스를 1등으로 만든 숨은 공신, '스타벅스 아카데미센터' 가보니", Business Post, 2023. 05. 19.

개관

학습이란 일생 동안 끊임없이 이루어진다. 조직 내에서 종업원은 경력을 쌓아가는 과정에서 타인과 효과적으로 소통하는 방법, 다방면의 일을 해낼 수 있는 기술을 터득하게 된다. 학습은 특히 신입사원에게 필요하긴 하지만(제9장에서 자세히 다룰 것이다), 경력이 있는 종업원들에게도 요구되는데, 조직 내에서 한 번도 접해보지 않았던 일을 수행해야 할 때가 있기 때문이다. 게다가 급변하는 조직환경에 적응하기 위해서 종업원들은 지속적으로 학습해야 한다. 이를테면 지식, 기술, 시장, 경쟁사, 고객선호도의 변화는 끊임없는 학습을 요구하는 환경적 요인들이다.

이 장에서는 조직 내에서 활용되는 다양한 학습방법을 알아보고자 한다. 조직구성원들이 보여주는 학습장애를 분석해보고, 학습을 장려하기 위한 방법을 살펴본다. 조직구성원들이 다른 구성원들을 관찰하면서 배우는 과정과 창의적인 아이디어를 활용하여 지속적인 학습을 권장하는 과정을 살펴보고자 한다.

학습의 본질

학습
경험의 결과로부터 나타나는 지식 또는 행동의 변화, 혹은 지식을 습득하는 과정

학습(learning)은 경험의 결과로부터 나타나는 지식 또는 행동의 변화, 혹은 지식을 습득하는 과정을 일컫는다.[1] 하지만 학습을 정의하기 이전에 몇 가지 고려해야 할 요소들이 있다. 첫째, 학습은 변화를 동반한다. 당신이 제2외국어를 배운다고 가정해보자. 그 언어를 사용하는 현지인과 자연스레 대화하기 위해서는 의사소통하는 법에 대한 지식이 필요하며, 평소에 사용하지 않던 특이한 제스처를 취하기도 한다.

둘째, 지식이나 행동의 변화는 영구적이진 않더라도 상당히 오랜 시간 지속된다. 단어를 찾으면서 외국인과 대화할 때는 '학습한다'고 표현하지 않는다. 왜냐하면 이 경우 지식이나 행동의 변화는 장기적이고 지속적이지 않기 때문이다.

셋째, 학습은 경험의 축적과 연습의 결과로 나타난다. 이를테면 제2외국어를 학습할 때에는 발음, 어휘의 반복적인 사용, 문법의 연습이 필요하다. 마찬가지로 연습과 경험을 통해 종업원들은 새로운 소프트웨어 프로그램을 익히고, 재무분석가들은 세법을 배우며, 엔지니어들은 효율성이 높은 자동차를 설계하는 법을 배우게 된다.

결과를 통한 학습

행동도 결과의 함수이다. 대부분의 사람들은 자신의 행동에 대한 피드백을 통해 학습한다. 심리학자인 Skinner는 특정 행동의 결과에 흥미를 느끼고 연구를 하였다.[2] Skinner가 발표한 **작동적 조건화**(operant conditioning) 이론은 학습자가 행동에 대한 결과, 즉 영향력을 인식할 때 학습이 이루어진다는 이론이다(그림 5.1 참조).[3] 즉 사람들은 어떤 특정 행동에 따른 결과를 예측할 수 있으며, 이러한 예측을 기반으로 자신이 원하는 것을 획득하기 위해 특정 행동을 하거나, 원치 않는 결과를 피하기 위해 행동을 조율한다는 것이다. 가령 고객들에게 만족할 만한 서비스를 제공하면 회사로부터 보너스를 받을 수 있다고 가정하자. 이런 형식의 학습을 '작동적 조건화'라고 하는데, 원하는 결과를 얻기 위해 특정 행동을 하면서 학습하는 형태이다.

작동적 조건화
어떤 특정 행동에 따른 결과를 예측할 수 있으며, 이러한 예측을 기반으로 자신이 원하는 것을 획득하고자 특정 행동을 하거나, 원치 않는 결과를 피하기 위해 행동을 조율한다는 것

또 다른 예를 생각해보자. 열심히 공부하면 좋은 성적을 받는다는 것은 당연하다. 또한 학기 중에 꾸준히 공부하면 시험기간에 많이 힘들지 않을 것이다. 이처럼 주어진 상황에 어떠한 행동을 '작동'시켜야 하는지는 기대하는 결과에 따라 달라질 수 있다. 조직 내에서 '작동적 조건화'는 업무 행동(예 : 업무성과, 결석, 지각 등)과 이로부터 초래되는 결과에 초점을 둔다. 급여, 칭찬과 같은 긍정적 결과와 질책과 같은 부정적 결과는 행동의 결과들이며, 이러한 결과에 따라 특정 행동이 유발된다.

행동과 결과 간의 관계에서 자극(antecedents)은 '작동적 조건화'에 중요한 역할을 한다. 자극은 지시 · 규칙 · 목표 · 다른 사람들의 조언 등 특정 행동을 자극하는 것을 말하는데, 구성원은 자극에 따라 행동을 하며 결과가 긍정적이라 생각하면 동일한 자극과 동일한 행동을 반복하게 된다. 따라서 관리자는 조직에서 구성원들이 해야 할 행동과 하지 말아야 할 행동을 명확히 구분해주어야 한다.[4] 예를 들어 어떤 조직에서 '세 번 지각을 하게 되면 휴가를 한 번 쓸 수 없다'는 규칙이 있다고 가정하자. 이러한 규칙을 명확히 적용한다면 관리자는 종업원들의 지각을 줄일 수 있을 것이다.

'작동적 조건화'는 성과창출을 위해 조직이 행동과 결과를 어떻게 연계시켜야 하는지를 알려준다. 작동적 조건화를 실행하려면 우선 종업원들이 정시에 출근하도록 권장해야 한다(자극). 혹은

그림 5.1
작동적 조건화

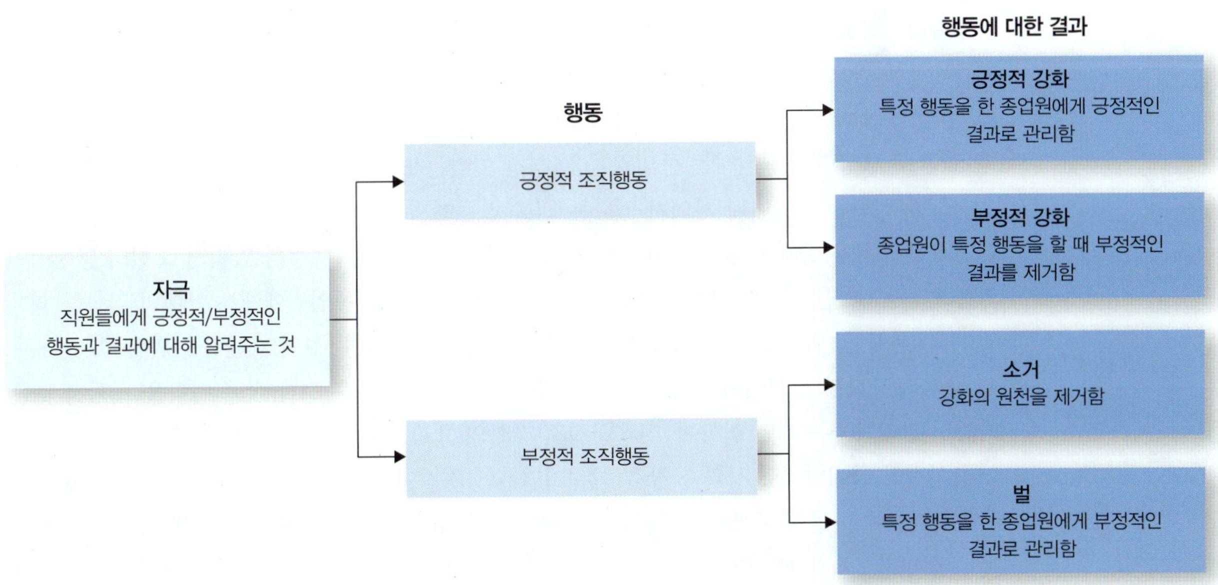

웹 서핑을 오래한다든지 개인적인 전화통화를 하는 등의 바람직하지 못한 행동도 명확히 금지시켜야 한다(자극). 자극을 준 이후에는 '작동적 조건화'를 기반으로 긍정적 행동을 보상하고, 부정적 행동에 불이익을 주어야 한다. 이러한 작동적 조건화를 실행하는 방법에 대해 살펴보자.

긍정적 강화와 부정적 강화를 통해 바람직한 행동을 유발하기

강화
행동에 따라 나타나는 결과를 확인함으로써, 긍정적 행동을 더 많이 하게 되는 과정

작동적 조건화에서 **강화**(reinforcement)는 특정 행동에 따른 결과를 확인함으로써 긍정적인 행동을 많이 하도록 유도하는 것을 의미한다. 관리자들은 부하직원들이 지속적으로 긍정적인 행동을 하도록 격려하고, 원하는 결과를 유발할 수 있는 환경과 기회를 제공해주어야 한다. 예를 들어 부하직원들이 더 많은 상품을 판매하기 원한다면, 그에 대한 충분한 보상과 쾌적한 업무환경을 제공해줄 필요가 있다.

바람직한 행동을 명확하게 하기

강화를 하기 위해서는 우선, 조직이 원하는 바람직한 행동을 파악할 수 있어야 한다. 안전하게 장비를 사용하거나 고객에게 양질의 서비스를 제공하는 등의 행동 패턴은 쉽게 파악이 되지만(그림 5.1 참조) 바람직한 행동을 정확하게 알아내는 것이 쉬운 일은 아니다.

가령 적극적으로 수업에 참여하는 것을 강조하는 교수가 있다고 가정하자. 교수는 학생들이 수업에 빠지지 않게, 출석률이 높은 학생에게 5%의 가산점을 준다는 조건을 내걸었다. 그 결과 학생들의 출석률은 높아졌지만, 실질적인 수업 참여도는 높아지지 않았다. 이는 교수가 실제 수업 참여가 아닌 단순 '출석'만 강조했기 때문이다. 교수는 정확하게 자신이 필요로 하는 행동을 정의하지 못했던 것이다.

바람직한 행동이 정확하게 정의된다면, 두 번째 단계에서는 그 행동을 어떻게 강화할지를 결정해야 한다. '작동적 조건화'에는 '긍정적/부정적 강화 방법'이 있다.[5]

긍정적 강화

긍정적 강화
특정 행동을 한 종업원에게 긍정적인 결과로 보상함으로써 그 행동을 계속하도록 격려하는 것

긍정적 강화(positive reinforcement)는 어떤 행동을 한 종업원에게 긍정적인 결과를 경험하게 해서 그 행동의 확률을 높이는 것이다. 즉 긍정적 강화를 통해 종업원들의 행동을 변화시킬 수 있는 것이다. 긍정적 강화를 사용하기 전에 관리자들은 종업원들이 원하는 결과가 무엇인지 살펴볼 필요가 있다. 더 높은 연봉, 보너스, 승진, 업무변화, 칭찬, 조기 퇴근, 상 등과 같은 보상이 긍정적 강화를 위한 수단이 될 수 있다. 관리자들은 부하직원들이 이러한 보상을 받기 위해 바람직한 행동을 하는지 살펴봄으로써, 어떠한 보상을 제공할 것인지 결정할 수 있다. 조직에서는 구성원의 동기부여 방법으로 '보상'을 채택한다. 하지만 강화는 종업원에 따라 다르게 적용되어야 한다. 예를 들어 '금전'으로 보상받기를 원하는 종업원들은 '칭찬'이라는 보상을 그다지 달가워하지 않을 것이다.

긍정적 강화는 개인마다 차이가 있다는 점을 염두에 두어야 한다. 예를 들어 부유한 종업원에게 금전적인 보상은 긍정적 강화의 효과가 크지 않지만, 흥미 있는 업무를 맡기면 오히려 긍정적인 효과를 얻을 수 있을 것이다. 반면 재정적으로 부족함을 느끼는 종업원에게는 반대의 결과를 얻게 될 것이다. 유사한 예로 A학점을 원하는 학생은 '개근을 하게 되면 5%의 가산점을 얻을 수 있다는 점'에 긍정적 강화를 느끼겠지만, B 또는 C학점에 만족하는 학생은 그다지 큰 매력을 느끼지 못한다. 따라서 관리자들은 개인 취향에 따라 긍정적 강화의 효과가 달라질 수 있음을 주목해야 한다.

창의적인 아이디어로 성과를 창출하는 기업은 긍정적인 행동을 이끌어내기 위해 다양한 강화를 활용한다. 예를 들어 콜게이트파몰리브의 경우, 관리자의 연봉은 '관리자 인센티브 보상 플랜'으로 책정된다. 관리자의 연봉 인상은 관리자의 목표달성 여부에 달려있는데 목표달성을 위해 필요

ⓒCreatas Images/ Thinkstock

기업은 종종 종업원들에게 동기를 부여하는 긍정적 강화물로 상과 명패를 사용한다. 그러나 사람마다 강화물이 다르다. 예를 들어 금전적 동기부여 종업원들은 명패를 받는 것보다 보너스를 받는 것을 더 선호한다.

한 것 중 하나가 다양성을 인정하는 것이다. 콜게이트는 다양성을 높이기 위해 여성에게 남성과 동일한 기회를 부여하고 흑인과 남미인들의 고용률을 높이며, 그들에게 비중 있는 기회를 부여하도록 노력해왔다.[6]

부정적 강화

부정적 강화(negative reinforcement)는 종업원이 긍정적 행동을 했을 때, 과거의 부정적인 결과를 제거함으로써 긍정적인 행동의 확률을 높이는 것이다. 부정적인 결과의 제거는 '부정적 강화요인'이라고 불린다. 예를 들어 회계사가 보고서를 늦게 제출하는 것에 대해 관리자가 계속 불평을 한다면 관리자의 불평을 듣지 않기 위해 회계사가 제때 보고서를 내게 되고, 이때 불평은 부정적 강화요인이 된다. 회계사는 보고서를 제때 제출함으로써, 불평이라는 부정적인 결과를 제거하게 되는 것이다. 긍정적 강화와 마찬가지로 관리자들은 개인에게 어떤 요인이 부정적 강화요인으로 인식되는지를 살펴볼 필요가 있다.

부정적 강화
종업원이 긍정적 행동을 할 때마다 과거의 부정적인 결과를 줄여줌으로써 미래의 긍정적 행동을 늘려나가는 방법

학습을 장려하기 위해 긍정적 강화와 부정적 강화를 사용하는 경우 긍정적 행동을 이끌어내기 위해 '강화의 수준'을 조절하는 것도 중요하다.[7] 예를 들어 어떤 종업원에게 임금인상은 긍정적 강화요인이 될 수 있겠지만, 인상률이 매우 적어 만족하지 못하면 조직이 기대하는 긍정적인 행동을 이끌어낼 수 없을 것이다. 마찬가지로, 개근 시 부여되는 5% 가산점은 자주 결석하는 학생에게 충분한 강화요인이 되지 않는다. 교수의 불평과 질책 또한 학생들을 수업 토론에 참여하도록 유도하는 데에는 부정적 강화요인이 되지 않을 수 있다.

강화의 적절한 사용

일반적으로 종업원의 행동을 변화시키기 위해서 긍정적 강화가 부정적 강화보다 더 널리 활용된다. 부정적 강화가 때로는 의도하지 않은 부작용을 유발하고, 유쾌하지 않은 환경을 조성하기 때문이다. 이를테면 종업원들은 불평과 질책을 일삼는 관리자를 좋아하지 않는다. 긍정적 강화와 부정적 강화가 긍정적인 행동을 야기하는 데 동일한 역할을 한다 할지라도 긍정적 강화를 지속적으

로 활용할 때, 더 높은 성과 향상을 기대할 수 있을 것이다.

조직 내에서 강화를 사용할 때 관리자들이 염두에 두어야 할 사항들이 있다. 어떤 행동이 다른 행동에 비해 높은 수준의 강화를 받고 있다면, 종업원들은 그 행동에 더 많은 관심을 갖게 된다. 예를 들어 판매원이 커미션 단위로만 임금을 받는다면 종업원들은 판매율을 높이는 것에만 초점을 두려고 할 것이다. 그렇게 되면 장기간 거래하는 고객의 만족도를 향상시키는 일(확인, 안부 전화를 걸고 지속적으로 서비스를 제공하는 것)에는 실패할 수 있다.

강화주기

강화를 사용하는 관리자들은 '연속적 강화(continuous reinforcement)'와 '간헐적 강화(partial reinforcement)' 중 어느 것을 사용할지 결정해야 한다. 강화를 연속적으로 사용한다는 것은 종업원이 바람직한 행동을 할 때마다 강화하는 것이다. 반면 간헐적으로 강화한다는 것은 종업원의 바람직한 행동을 주기적으로 강화하는 것이다. 연속적 강화는 간헐적 강화보다 더 빠른 학습효과가 있다. 그러나 강화가 축소되거나 중단되는 경우에 연속적으로 강화되던 행동은 간헐적으로 강화되던 행동보다 더 빨리 사라지게 된다.

종업원이 안전도구를 사용하도록 유도하고자 하는 관리자는 연속적 강화를 사용하게 된다. 하지만 계속해서 종업원의 안전도구 사용 여부를 감시한다면 정작 본인의 일을 하지 못하게 되고, 결국 종업원에 대한 강화를 축소 또는 중단하게 될 것이다.

간헐적 강화를 이용하고자 하는 관리자들은 네 가지 종류의 주기법을 선택할 수 있다.[8] 고정간격법(fixed interval)은 특정 시간을 정해놓고 보상을 부여하는 것을 말한다. 보험회사 직원이 특정 달에 많은 매출을 올렸다면 그달 마지막 금요일 점심시간에 관리자가 근사한 레스토랑에서 식사를 제공한다고 가정해보자. 관리자가 점심식사를 사주는 일은 종업원의 업무수행 여부에 따라 달라지게 된다. 종업원의 매출실적이 높은 달에는 관리자가 점심식사를 제공하겠지만, 높지 않은 달에는 제공하지 않으려 할 것이다.

변동간격법(variable interval)은 보상을 주는 시간이 일정하지 않은 경우를 말한다. 예컨대 세차장 주인은 종업원의 일하는 모습을 오랜 시간 동안 자세히 관찰하고 강화를 하지는 않는다. 따라서 업무를 충실히 수행한 종업원에게 보상하거나 칭찬해주는 주기는 불규칙할 수밖에 없다. 일주일에 한 번씩 칭찬해주는 종업원이 있는가 하면, 3주나 한 달에 한 번씩 칭찬해주는 종업원도 있을 것이다.

고정비율법(fixed ratio)은 어떤 행동이 일정한 횟수만큼 반복되었을 때 강화를 하는 방식이다. 가령 부품 하나를 제작할 때마다 5달러씩 받는 직원의 경우 고정비율법이 적용되고 있는 것이다. 링컨일렉트릭에서는 생산단가별 연봉을 지급하고 있는데, 이 경우 고정비율법을 따른다고 볼 수 있다.[9]

변동비율법(variable ratio)은 개인의 행동에 변화가 나타났을 때, 강화하는 것을 말한다. 예를 들어 관리자가 며칠간 야근한 종업원을 조기 퇴근시키는 경우가 있는데, 이때 적어도 3일 이상 야근을 해야 이러한 강화를 받을 수 있다고 하자. 즉 정해진 업무량은 없지만 종업원이 하는 행동과 태도에 따라서 강화주기가 달라질 수 있는 것이다.

행동형성

조직구성원이 어떻게 행동해야 하는지를 미처 인식하지 못하거나, 경험하지 못했던 상황이 닥친 경우에 의도하지 않은 행동을 할 수도 있다. 버스 운전자를 훈련시키는 상황을 생각해보자. 처음 배우기 시작할 무렵에 신입 운전자는 버스 운전을 제대로 하지 못한다. 그러나 바람직한 행동(교통체증일 때 안전하게 버스 운전을 하는 방법 등)을 할 수 있도록 강화를 제공할 수 있다. 이를테면 처음 버스 운전을 하게 되면 커브 도는 일이 힘들 수 있다. 차체가 커서 넓게 돌게 되는 경향이 있기 때문에 많은 연습이 필요하다. 이러한 경우에 기존 운전자가 신입 운전자의 올바른 조작에 대해 칭찬해줌으로써 긍정적 강화를 할 수 있다.

지속적인 강화와 향상된 긍정적인 행동은 **행동형성**(shaping)으로 나타날 수 있다.[10] 행동형성은 종업원이 복잡한 일련의 행동을 학습해야 할 때 특히 필요하다. 종업원이 긍정적인 행동을 전혀 하지 못할 때라도 관리자들이 바람직한 행동을 계속 유도하고 강화하면, 적절한 수준의 성과를 낼 수 있는 기술과 경험을 습득하게 된다.

행동형성
계속적인 강화를 통해 바람직한 행동에 근접하도록 하는 것

소거와 벌

관리자는 종업원이 부정적 행동을 하지 않길 바란다. 기업에서 발생하는 부정적 행동은 무단 결근, 근무 시간 중 인터넷 사용, 불도저나 크레인 같은 중장비의 무단 이용, 성희롱 등을 들 수 있다. 이러한 부정적 행동은 소거와 벌로 줄일 수 있다.

소거

작동적 조건화의 원리에 따르면 모든 행동은 강화에 의해 조정된다. 관리자가 종업원의 부정적 행동을 줄이고 싶다면 현재 종업원을 강화하는 요인이 무엇인지 살펴보고, 강화를 적용하는 과정이 필요할 것이다. 이렇듯 강화요인을 없애서 특정 행동이 적게 발생할 수 있도록 하는 과정을 **소거**(extinction)라고 한다.

소거
강화의 원천을 제거하여 점차 바람직하지 못한 행동에 대한 학습을 줄여나가는 것

샘이라는 직원이 관리자를 만날 때마다 농담을 하는 상황을 가정해보자. 처음에 관리자는 샘의 농담이 악의가 없고 재미있는 사람이라 여겼지만, 농담으로 인해 회의 시간이 두 배 이상 길어지고, 회의 안건을 논의할 시간이 짧아진다는 것을 깨닫게 되었다. 또한 샘은 회의 중에 중요한 논의 사안들을 잘 기억하지 못하였다. 관리자는 지금까지 샘의 농담에 웃어줌으로써 그의 행동에 긍정적 강화를 제공했다는 것을 깨닫고는 그다음 회의부터 샘을 정중하게 대하고 농담에 웃지 않았다. 샘은 잠깐 혼란스러운 듯 보였지만, 곧 농담을 멈추고 회의에 집중하게 되었다.

이 사례는 소거가 부정적 행동을 줄일 수 있는 좋은 방법이 될 수 있다는 것을 보여준다. 관리자는 샘에게 직접 이야기하거나 혹은 회의 자리에서 그의 행동을 나무랄 수도 있었다. 하지만 샘의 긍정적 강화를 제거함으로써 감정을 덜 상하게 하고 좋은 관계도 유지할 수 있었던 것이다.

벌

관리자들은 어떤 부정적 행동이 사라질 때까지 기다릴 만한 여유가 많지 않다. 또한 매우 위험한 요소가 내재되어 있기 때문에 당장 중단시켜야 하는 경우도 있다. 이를테면 성희롱이 발생하는 상황, 위험한 장소에서 기계를 조작하는 일 등은 관리자가 부정적 행동이 소거되기를 마냥 기다릴 수만은 없다. 이런 경우에 관리자는 **벌**(punishment)을 통해 부정적 행동을 제거할 수 있다.

벌
바람직하지 않은 행동이 발생할 때 부정적인 결과를 관리하는 것

'작동적 조건화' 이론에서는 벌과 부정적 강화가 혼동될 수 있다. 종업원과 관리자들은 이 두 방식이 비슷하거나 동일한 결과를 가져온다고 생각하는 경우가 많다. 그러나 두 가지 측면에서 양자는 확연히 구분된다. 첫째, 벌은 부정적 행동의 확률을 줄이는 데 목적이 있는 반면, 부정적 강화는 긍정적 행동의 확률을 증가시키는 데 주안점을 둔다. 둘째, 벌은 부정적 행동으로부터 발생한 결과를 관리하는 것에 목적을 둔다. 반면, 부정적 강화는 긍정적 행동에 따른 부정적인 결과를 감소시키고자 한다. 즉 행위자의 입장에서는 원치 않는 결과가 발생하는 것을 피하고자 하는 것이다. 표 5.1은 긍정적 행동을 촉진시키고 부정적 행동을 감소시키기 위한 '작동적 조건화'의 효과를 보여준다.

표 5.1
작동적 조건화의 기술

기술	결과 관리	행동의 효과	사례
긍정적 강화	긍정적 결과는 긍정적 행동을 했을 때 나타남	긍정적 행동을 할 확률 증가	앞장서서 주변 정리를 한 종업원은 칭찬을 받음
부정적 강화	부정적 결과는 긍정적 행동을 했을 때 감소함	긍정적 행동을 할 확률 증가	주변 정리를 할 때까지 종업원에게 잔소리를 하다가 정리하는 행동을 시작하면 잔소리를 멈춤
소거	긍정적 결과는 부정적 행동을 할 때 감소함	부정적 행동을 할 확률 감소	종업원과 상사가 중요한 일을 의논할 때, 종업원이 버릇없이 농담을 하면 상사는 웃지 않음
벌	부정적 결과는 부정적 행동을 할 때 나타남	부정적 행동을 할 확률 감소	종업원과 상사가 중요한 일을 의논할 때, 종업원이 버릇없이 농담을 하면 상사는 야단을 침

관리자들이 어떤 사건에 대해 '벌'이라고 여기는 기준은 제각기 다르다. 단 한 번 지각했다는 이유로 상사에게 혼이 난 종업원은 이것이 벌이라고 생각하고 다음에는 늦지 않도록 노력할 것이다. 그러나 같은 경우라도 그것이 벌이라 생각하지 않은 종업원은 또 지각할 가능성이 크다. 기업에서 많이 사용하는 벌의 형태는 질책, 연봉삭감, 휴가박탈, 정직 처분 등이 있다. 조직에서는 부정적 행동을 줄이기 위해 점진적인 벌칙을 사용하는데, 이는 종업원이 부정적 행동을 많이 할수록 벌의 강도를 점차 높이는 체제이다.

벌은 예상치 못한 부작용을 가져올 수 있기 때문에 꼭 필요한 경우에만 사용해야 한다. 종업원의 자존감을 상하게 할 뿐 아니라 벌하는 사람 혹은 조직에 악감정을 가지게 하여 보복적 행동을 유발시킬 수도 있다. 따라서 처벌을 할 때 관리자는 종업원의 부정적 행동을 줄이는 것에 중점을 두면서도 종업원이 부정적인 감정이나 적개심을 가지지 않도록 주의해야 한다.

다음은 벌이 본래 의도한 효과를 나타내면서 부작용이 발생하지 않도록 돕는 가이드라인이다.

- 처벌을 할 때 사적인 감정을 개입시켜서는 안 된다. 당신은 종업원이 아닌, 종업원이 한 부정적 행동을 처벌해야 한다.
- 종업원들이 왜 벌을 받는지 알게 하려면, 부정적 행동이 발생하는 즉각 벌을 주어야 한다.[11] 가능하다면 벌과 함께 긍정적 행동이 어떤 것인지를 현장에서 바로 알려주는 것이 좋다.
- 다른 종업원 앞에서 혼내선 안 된다. 경각심을 주기 위해 종업원들 앞에서 처벌하는 것이 효과적으로 보이지만, 벌을 받는 당사자는 수치심에 자존감이 떨어질 수 있으며, 동료들과 불편해질 수 있다. 벌은 종업원의 부정적 행동을 제거하는 것이지 자존감을 떨어뜨리기 위한 수단이 아니라는 점을 명심하라.

관리자들이 위의 지침을 따르지 않는다면 벌은 처벌받는 종업원, 처벌을 하는 관리자, 동료 직원들, 나아가 조직 전체에 해로운 영향을 줄 수 있다.

행동수정기법

행동수정기법
조직이 원하는 행동을 유발하기 위해 '작동적 조건화'의 원리를 체계적으로 적용함

행동수정기법(organizational behavior modification, OB-MOD)은 종업원들의 긍정적 행동을 촉진하기 위해 체계적으로 '작동적 조건화'를 실행하는 방법으로, 이러한 과정을 통해 종업원들의 행동을 바람직하게 변화시킬 수 있다. 행동수정기법(OB-MOD)은 은행, 백화점, 공장, 병원, 건설현장 등과 같은 다양한 조직에서 생산성, 정확성, 업무안전, 고객서비스와 같은 중요 업무를 개선하

는 데 큰 기여를 한다.[12] 이를 성공적으로 활용하기 위해 조직은 '변화시키고자 하는 행동의 정의, 측정, 분석, 중재, 평가'라는 다섯 단계를 거친다.[13]

학습이 필요한 행동을 규정함

행동수정기법은 다른 사람에 의해 관찰될 수 있으며, 업무를 수행하기 위해 중요하고, 측정할 수 있는 행동을 대상으로 한다. 출석, 시간엄수, 안전장비 사용, 판매목표, 고객서비스 수준, 생산성, 품질관리 등이 포함된다.[14] 작업행동은 업무와 조직성과와 관련이 있다.

예를 들어 시카고의 트리하우스 탁아소 원장은 시간엄수를 탁아소 발전을 위한 결정적인 요소로 정의하였다. 시티투어 버스 운전자들은 안전한 운전을 위해서, 병원 관계자들은 환자들의 예약 및 입원절차를 신속하고 정확하게 수행하도록 하기 위해 행동수정기법(OB-MOD)을 이용하였다. 또한 은행에서는 종업원이 고객과 눈을 마주치고 고객의 이름을 부르는 등의 친절한 서비스를 제공하도록 하기 위해서, 포도밭의 농부들과 공장 직원들은 생산성 향상을 위해 사용하였다.[15]

행동의 빈도 측정

어떤 행동을 취하기 전에, 정의한 행동이 발생하는 빈도를 확인하는 것이 필요하다. 예를 들어 트리하우스의 원장은 2주 동안 센터 직원의 시간을 체크했고, 직원들이 일주일에 세 번 정도 늦는다는 것을 알았다. 행동의 빈도수를 파악한 후에는 행동의 전 단계와 후속 단계를 파악하는 것이 중요하다.

행동의 전 단계와 후속 단계 분석

트리하우스 탁아소의 원장은 교대근무를 위해 종업원들이 정시에 출근해야 한다고 규정했지만, 종업원들의 행동을 확인할 만한 장치가 마련되지 않았었다. 공개적으로 지각한 종업원을 질책하느라 다른 종업원들의 퇴근이 늦어지게 되었고, 퇴근이 늦어진 종업원들은 추가근무를 해야 하는 상황에 대해 불평하였다. 이 사건을 통해 원장은 종업원들로 하여금 근무시간을 지키게 할 만한 긍정적 강화가 없음을 깨달았다.

행동의 빈도를 변화시키기 위한 개입

개입은 긍정적 강화, 부정적 강화, 소거, 체벌 등 '작동적 조건화'의 방식을 종업원들에게 적용하는 것을 말한다. 일반적으로 부정적 강화보다 긍정적 강화가, 소거가 벌보다 선호도가 높은 방법이다. 트리하우스의 내부 회의에서 원장은 아이들을 잘 돌보기 위해서 시간엄수가 얼마나 중요한지와 교사 1명당 배정되는 아이의 수와 다른 직원들을 배려하는 것(지각하면 다른 교사가 추가근무를 해야 하는 것)의 중요성에 대해서 강조하였다. 원장은 또한 센터의 게시판에 '시간엄수로부터 얻을 수 있는 이점'을 게시함으로써 긍정적 강화를 활용하였다. 이와 더불어 원장은 두 가지 방법의 긍정적 강화를 사용하였다. 첫 번째, 매주 정시에 도착한 종업원들에게 언어적 칭찬을 하였다. 두 번째, 매달 완벽하게 시간엄수를 한 종업원들에게 다음 달에 반차를 주었다.

개입의 효과성 평가

마지막 단계로 개입이 성공적이었는지 확인하기 위해 변화 행동의 빈도를 측정해보아야 한다. 만약 행동이 성공적으로 변화되었다면 개입방법을 그대로 지속해야 한다(예를 들어 바람직한 행동을 권장하기 위해 전 단계로부터 적용했던 자극과 긍정적 강화를 지속적으로 적용한다). 만일 행동이 성공적으로 변화되지 않았다면 관리자들은 개입방법을 재검토해볼 필요가 있다. 즉 초기에 의도했던 행동을 다시 생각하고 개입방법을 변경해야 한다. 트리하우스의 경우, 원장은 2주 간격으로 종업원의 지각 여부를 측정하였고, 2주 동안 지각한 직원이 없어 만족하였다.

연구결과에 의하면 행동수정기법(OB-MOD)은 새로운 조직문화를 형성하는 데 매우 도움이 된다.[16] 최근 행동수정기법(OB-MOD)에 대한 연구는 종업원의 업무수행을 평균 17% 정도 향상시켰음을 보여주고 있다. 신용카드로 비용처리를 하는 대기업 부서에 관한 Alexander Stajkovic과 Fred Luthans의 최근 연구에 따르면, 행동수정기법(OB-MOD)은 직무역량을 37%까지 향상시켜 준다고 한다.[17] 이러한 결과는 금전적 인센티브를 포함한 강화가 이루어졌을 경우이다. 상사의 피드백에 의한 긍정적 강화가 종업원의 업무수행을 20% 증가시켰고, 사회적 인정과 칭찬이 업무능력을 24%까지 향상시켰다.[18]

행동수정기법에 대한 도덕적 논란

조직 내에서 행동수정기법(OB-MOD)을 사용하는 것에 대해 논쟁이 발생할 수 있다. 행동수정기법(OB-MOD)이 종업원 관리에 유용하다는 지지자들의 의견은 행동수정기법(OB-MOD)이 생산성을 향상시키고 사고, 소비, 결근율을 감소시킨다는 연구를 뒷받침한다. 반면 행동수정기법(OB-MOD)을 반대하는 사람들은 이것이 사람을 조작한 결과라고 주장한다. 개인의 행동선택에 있어 자유를 구속하고 종업원을 조정한다는 것이다. 또한 이와 같은 방식으로 종업원들을 다루는 것은 시간이 지남에 따라 상황변화에 적절하게 대응할 수 있는 주도권을 강탈할 수 있다고 주장한다.

행동수정기법에 의해 학습한 종업원은 동료를 돕는다거나 새로운 아이디어를 고안하는 등 본인의 업무와 관련 없는 조직행동을 스스로 하지 않으려는 문제가 있다. 이러한 행동들은 종종 사전에 배정되지 않으며 적절하게 강화되지 않기 때문이다. 자발적인 행동은 조직의 생존과 효과에 필수적이긴 하지만 자발적으로 수행되기 때문에 조직의 공식적인 보상시스템이 적용되지 않을 수 있다. 종업원이 작동적 조건화의 원리에 따라 행동하는 경우에 강화되지 않은 행동은 하지 않을 수 있다.

행동수정기법(OB-MOD)의 도덕적 딜레마에 대해서는 명확한 답이 없다. 단지 행동수정기법(OB-MOD)을 반대하는 입장에 대한 반론이 있을 뿐이다. 행동수정기법(OB-MOD)이 개인 선택의 자유를 제한한다는 비판에 대해 지지자들은 궁극적인 선택이 개인에게 달려 있으며 작동적 조건화는 개인마다 다른 강화요인을 갖고 있다는 점을 상기시킴으로써 이에 반박할 수 있다. 당연히 관리자는 이러한 논쟁을 염두에 두고 개인의 관점을 고려해야 할 것이다. 또한 행동수정기법(OB-MOD)은 노동법을 위반하는 사항을 초래해서는 안 된다. 예를 들어 캘리포니아 주의 노동법에서는 초과근무에 대한 수당을 지급해야 함을 명시하고 있으며, 생산단가별로 수당이 지급된다면 가능한 빨리 생산품을 만들도록 권고하고 있다.[19]

타인을 통한 학습

작동적 조건화는 기업 내 학습에 영향을 미치는 요인을 충분히 설명해주지만, 이를 완벽하게 이해하는 데는 한계가 있다. 따라서 **사회인지이론**(social cognitive theory)을 통해 조직구성원이 어떻게 학습하는지 보다 정확하게 살펴보고자 한다. 사회인지이론의 창시자인 Albert Bandura는 "학습하는 방식을 이해하기 위해서는 개인의 감정과 생각, 사회적 환경(그림 5.2 참조)을 인지해야 한다"고 말했다. 즉 인지적 학습이론에서는 인지과정을 통한 개인 학습의 중요성을 강조한다.[20]

사회인지이론
사고, 감정, 사회적 환경이 모두 학습에 영향을 미친다는 학습이론

인지과정(cognitive processes)이란 개인 안에서 발생하는 일련의 사고과정으로, 개인은 특정 행동을 해야 하는 이유를 밝히기 위해 인지과정을 겪게 된다. 예를 들어 사람들은 왜 특정 행동을 했

인지과정
사고과정

그림 5.2

사회인지이론

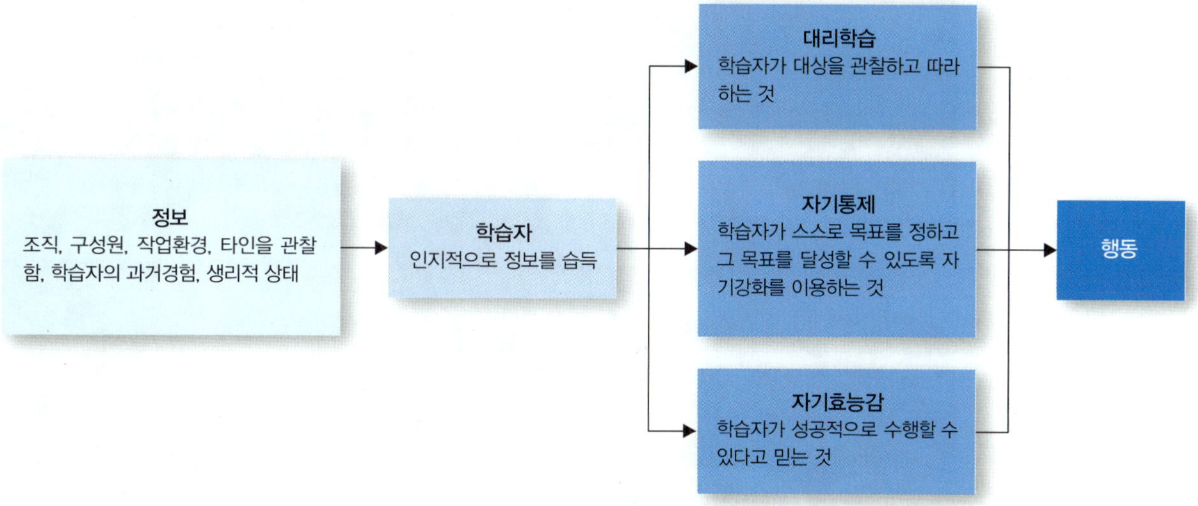

는지에 대한 인지적 과정을 하게 된다(제4장 참조). 사회인지이론의 관점에서 종업원은 적극적으로 그들을 둘러싼 사회환경의 정보를 처리한다.[21]

당신이 열심히 공부한 양에 비해 학점이 낮게 나온 상황을 가정해보자. 반면 친구는 공부하는 시간이 길지 않았음에도 평균 B+ 이상의 학점을 받았다. 당신이 친구 정도의 IQ를 가지고 있다는 전제 하에 친구의 공부 방법을 분석해본다. 당신은 친구가 수업 시간에 열심히 듣고, 중요한 부분을 표시하며, 주요 포인트를 정리하고, 질문이 있으면 교수를 찾아가는 등의 행동을 하는 것을 확인하였다. 이제 당신도 친구와 똑같은 방법을 사용하면 B+학점을 받을 수 있다고 생각하게 된다. 이는 다른 사람을 관찰함으로써 터득하는 학습법이라고 볼 수 있다. [공부를 잘하고 싶은 바람 → 하지만 공부하는 양에 비해 학점이 낮은 나의 현실 → 반면 비슷한 조건에서 상대적으로 학점이 높은 친구 → 친구를 관찰하고 모방하면 될 것]이라는 결심을 하게 되는 경로가 이른바 '사회적 학습 과정'인 것이다.

다른 사람(모델)의 행동을 관찰함으로써 학습하는 것을 **대리학습**(vicarious learning)이라고 한다. 학습자는 자신의 상황과 조건이 적합하다는 전제하에 모델의 행동을 관찰한 후 모방하고자 한다.

대리학습
한 개인이 타인의 행동을 관찰함으로써 학습하는 것

다음은 대리학습을 수행하기 위해 필요한 선행조건들이다.[22]

- 학습자는 모델의 행동을 관찰해야 한다.
- 학습자는 모델의 행동을 정확하게 인지해야 한다.
- 학습자는 모델의 행동을 기억해야 한다.
- 학습자는 그 행동을 수행할 때 필요한 지식이나 능력이 있어야 한다.
- 학습자는 모델의 행동을 모방함으로써 강화요인을 얻어야 한다. 즉 보상을 받음으로써 동기부여가 되어야 한다.

대리학습은 다른 사람(모델)의 행동을 관찰하고, 효과를 인식하며, 행동을 따라 하는 것이다. 조직에서 행해지는 학습의 상당 부분은 대리학습으로 이루어지는데, 특히 신입사원을 교육하는 일은 대부분 대리학습을 통해 진행된다. 이전의 학습은 주로 경험 있는 선임자의 행동을 설명하고, 후임자가 답습하는 방식으로 이루어졌다. 단적인 예로 레스토랑에서는 선임자들이 고객에게 서비스하는 영상을 보여준다. 이를 통한 학습효과를 얻기 위해서는 선임자가 고객에게 최상의 서비스

Erik Snyder/Digital Vision/Thinkstock

대리학습은 다른 사람(모델)의 행동을 관찰하고, 효과를 인식하며, 행동을 따라하는 것이다.

를 제공하는 '모범적인 장면'을 학습자에게 보여주어야 한다.

대리학습은 조직 내 일상업무에서도 중요한 역할을 한다. 종업원들은 지속적으로 다른 사람들을 관찰하면서 필요한 행동을 기억하려고 노력한다. 이런 행동은 매우 사소한 일에서부터 시작된다. 가령 점심식사 시간은 얼마나 소요되는지, 임원들 앞에서 프레젠테이션 할 때는 어떤 방식으로 하는 것이 가장 좋은지, 회의장에서는 어떻게 행동해야 되는지 등이 있다. 최근 연구에서는 종업원들이 동료의 창의적인 행동을 관찰함으로써, 일하는 방식을 새롭게 배운다고 한다.[23]

대리학습은 복잡하고 비용이 많이 드는 업무를 습득하기 위해서도 이용된다. 작동적 조건화를 통한 학습은 시행착오의 결과라고 볼 수 있다. 학습자는 보상을 받기 위해 다양한 행동을 시도하게 되고, 보상을 받지 못하는 일은 무시하게 된다. 그러나 이러한 시행착오가 허용되지 않는 경우도 있다. 가령 인턴에게 심장절개수술을 맡길 수는 없다. 사람의 생명을 담보로 시행착오를 감행해선 안 되기 때문이다. 이런 상황에서는 대리학습이 꼭 필요하다. 필요한 지식, 기술, 능력을 모두 갖춘 학습자는 경험이 많은 다른 사람들의 행동을 관찰함으로써 어렵고 복잡한 행동을 습득하게 된다.

기업 내에서 모방할 수 있는 사람(모델)은 많지만 모두를 모방할 수는 없다. 성공적인 대리학습을 수행하기 위해 관리자들은 학습에 적합한 좋은 모델이 무엇인지 선정해야 한다. 모방하기 좋은 사람들은 다음과 같은 특징들이 있다.

(1) 다른 사람에 비해 경쟁력이 있고 전문가라고 평판이 나 있다.
(2) 고위직에 있다.
(3) 학습자가 바라는 보상을 받는 종업원이다.
(4) 긍정적인 행동을 하는 종업원이다.[24]

자율학습

자기통제
외부적 압력이 없이도 스스로 특정 행동을 학습하려는 의지

사회인지이론에서는 사람들이 **자기통제**(seif-control)를 통해 외부의 압력 없이도 스스로 배울 수 있다는 것을 보여준다. 다음은 자율학습을 위해 필요한 조건들이다.[25]

글로벌 관점

비자(Visa)의 일상 속 학습 프로그램

독일 심리학자 헤르만 에빙하우스의 망각 곡선(the forgetting curve)에 따르면, 인간은 처음으로 정보를 접한 후 빠르게 그 정보에 대한 기억을 잊어버린다. 속도가 급하향 곡선으로 감소하는데, 이 속도를 늦추기 위해 에빙하우스는 주기적인 학습을 습관화해야 한다는 결론을 내렸다. 즉 망각 곡선을 이겨내기 위해서는 유의미하면서도 쉽게 습득할 수 있는 맞춤형 교육이 직원들의 일상생활에 자연스럽게 녹아들 수 있어야 한다.

이러한 방식으로 활용되는 것이 워크플로우이다. 일반적으로 사회적 학습 및 정식 교육을 통해 배운 지식의 습득률은 각각 20%와 10%인 반면, 일상 속 워크플로우에서 경험적 학습을 통해 얻은 지식의 습득률은 무려 70%에 달하기 때문이다.

비자도 직원들의 지속적인 일상적 학습 상태를 만들기 위해 노력하고 있다. 비자대학교를 설립해, 전 세계 각지에 근무하는 2만 명가량의 직원들에게 일상 속 학습 프로그램을 제공하고 있다. 망각 곡선을 이겨내기 위해 유의미하면서도 쉽게 습득할 수 있는 맞춤형 교육이 직원들의 일상생활에 자연스럽게 녹아들 수 있도록 하는 것이다.

비자의 학습 조직화 글로벌 헤드에 따르면, 비자대학교는 직원들이 '교제하고, 협력하며, 맞춤 콘텐츠를 추천받기' 위해 통과해야 하는 첫 관문이다. 비자는 자체 개발 및 외주 제작을 통해 8만 개 이상의 콘텐츠를 보유하고 있는데, 비자대학교는 이를 보관하는 중심 허브의 역할을 한다.

2020년 3월에 런칭한 이 플랫폼은 코로나 19 상황의 재택근무 정책에 힘입어 4개월 만에 직원의 65%가 사용하는 이례적인 높은 참여도를 보였다. 비자의 학습 사업이 성공한 이유는 직원 개개인의 관심사를 반영한 콘텐츠를 제공함과 동시에 이를 업무 시간에 사용할 수 있도록 장려했기 때문이다. 또한 보다 단일화된 사용자 환경(user experience, UX)을 제공함으로써 팬데믹 기간에 직원들을 단합하는 구심점으로 작용할 수 있었다.

출처 : "[2022 성공 전략] 지속적인 직원 '학습'이 기업의 '미래'를 만든다", Boston Consulting group, 2022. 01. 10.

1. 발생할 확률이 적은 행동을 해야 한다. 확률이 적은 행동이란, 하고 싶지 않은 행동을 의미한다. 이 조건을 통해 일을 즐기는 사람과 자기통제를 하는 사람이 구분된다. 예를 들어 간사인 실비아 크래노는 지난 6주 동안 그래픽 작업에 필요한 소프트웨어를 책상 위에 방치하고 있었다. 그녀는 새로운 프로그램 배우는 것을 꺼렸고, 상사는 학습을 강요하지 않았다. 크래노에게 있어서 새 프로그램을 익히는 일은 확률이 적은 행동인 것이다. 그러나 하기 싫어도 참고, 주말에 나와서 그 프로그램을 익히고자 하는 경우를 자기통제라고 할 수 있다.
2. **자기강화**(self-reinforcers)는 자신에게 주는 결과물이자 보상을 말하는 것으로 학습자에게 꼭 필요하다. 이를테면 자신에게 선물을 사준다든지, 좋아하는 음식을 먹는다든지, 영화를 본다든지, 잠을 더 잔다거나 친구들과 어울리는 것 등이 대표적인 예이다. 이러한 자기강화는 어떤 일을 마무리한 데서 오는 성취감으로부터 기인한다. 과거에 크래노는 유난히 어려운 업무를 달성했을 때, 새로운 CD를 구입하거나 친구와 점심식사를 하는 것으로 스스로에게 보상을 주었다.

자기강화
개인이 스스로에게 주는 보상

3. 학습자는 자기강화가 될 수 있도록 목표를 세워야 한다. 이런 목표는 기본적으로 과거 자신의 경험과 타인의 경험, 사회적으로 정립된 규율 등에 따라 달라지게 된다. 크래노의 목표는 소프트웨어 프로그램을 익혀서 혁신적인 프로그램을 만드는 것이다.
4. 학습자는 목표가 달성되면 강화요인을 실행에 옮길 수 있어야 한다. 크래노는 혁신적인 프로그램을 활용할 수 있게 될 때 비로소 친구와 점심을 먹으러 갈 것이다.

국내 사례 현대의 조직행동

학습공동체를 통해 학습하다

LG에너지솔루션의 자율형 소모임 커뮤니티 '피어 플러스(Peer Plus)'가 높은 참여율을 기록하면서 임직원들로부터 큰 호응을 얻고 있다. 2023년 9월 LG에너지솔루션의 피어 플러스 프로그램 도입 이후 2024년 7월까지 총 138개 소모임이 형성되었으며, 모임에 참여한 임직원 수는 1,200명에 달한다. 주제도 다양한데 어학 공부, 프로그래밍, 인공지능(AI), 배터리 개발 등 개인 역량 강화와 회사 성장에 도움이 되는 주제를 중심으로 소모임이 만들어졌다.

'안 되면 네 탓, 잘 되면 내 탓'이라는 뜻의 소모임 '안니잘내'에는 46시리즈 배터리 개발 조직의 저연차 직원들이 참여하고 있다. 이들은 업무에 필요한 학술 데이터와 논문을 함께 공부하며 '일잘러'(일 잘하는 사람)로 올라서기 위해 머리를 맞대고 있다.

가상 공장 구축을 위한 메타버스 스터디 모임 '메타'는 오창공장 에너지플랜트 방문자를 위한 가상공간 길 안내 시스템 '메타버스 길 안내', 가상환경에서 로봇과 설비를 구축한 '메타 랩(LAB)' 등을 만들었으며, 이를 통해 익힌 기술을 현업에 활용하고 있다.

이외에도 신재생에너지 수요 예측과 데이터 기초 활용을 위한 모임, 양극재 스터디 모임, 산업안전기사 및 전기기사 자격증 준비 모임 등도 활발한 활동을 이어가고 있다.

LG에너지솔루션은 이들 소모임에 대한 비용 지원을 포함해 우수 모임 시상, 창의적 활동 사례 전파 등 다양한 지원을 하고 있다. 주기적으로 교류회를 마련, 모임 간 협업 기회도 제공한다. 나아가 학습 콘텐츠 제공, 1:1 커리어 프로그램, 구성원이 직접 성장 스토리를 전하는 '커리어 콘서트' 등 커리어 설계와 역량 강화를 위한 다양한 프로그램을 운영하고 있다.

이는 김동명 LG에너지솔루션 최고경영자(CEO) 사장이 강조하는 '프로페셔널리즘'과도 연관이 있다. 김동명 사장은 올해 상반기 구성원들에게 보내는 CEO 메시지를 통해 "가치 있는 결과를 끌어내기 위해서는 집요하게 몰입하는 자기 동기부여 문화가 조성되어야 한다"며 "이를 통해 대체 불가능한 차별적 고객가치를 제공하는 기업이 될 수 있도록 모두가 노력해야 한다"고 당부했다.

LG에너지솔루션 관계자는 "과거 임직원 교육은 회사가 주도하는 방식이었다면 최근에는 업무의 복잡성이 커지고 구성원들의 배경이 다양해진 만큼 구성원 스스로 커리어를 설계하고 필요한 역량을 키우는 자기 동기부여 중심으로 변화하고 있다"고 전했다.

출처 : "'개인역량 강화로 동기부여를'…LG엔솔 사내 소모임 '활발'", 연합뉴스, 2024. 08. 16.

모든 종업원의 조직생활은 자기통제 및 자기강화와 관련이 있다. 이는 일상적인 업무(짬짬이 이메일 체크하는 일)부터 복잡하고 어려운 업무(직원들에게 부정적인 피드백을 제공하는 일)까지 다양하다. 관리자들은 종업원에게 자기통제를 할 수 있도록 지도해줄 필요가 있다. 하지만 어떤 종업원이 업무에 특별한 관심이나 혹은 열심히 할 의지를 보인다면 관리자들은 애써 종업원의 행동이나 결과를 감시하는 태도를 취할 필요가 없다. 왜냐하면 종업원들이 알아서 자신의 행동에 책임을 지기 때문이다. 관리자들은 자기통제를 하는 종업원을 감시하고 조정하기보다는 도움이 필요한 다른 종업원들에게 관심을 쏟아야 한다. 즉 지도편달이 필요한 종업원들에게 노하우를 지속적으로 제공해줄 체제가 구축되어야 한다. 자기통제를 통해 자신의 행동을 관리하는 종업원들은 종종 자기관리를 할 수 있다고 말한다. 그러나 종업원이 진정한 자기관리를 하기 위해서는 코칭과 지도가 필요할 수도 있다. 관리자는 교육과 지원을 제공해야 하며, 종업원은 자기관리기술을 개발해야 한다. 내셔널 세미컨덕터와 같은 기업들은 이런 필요를 알아내고 자기관리를 가르치는 프로그램을 개발하였다.[26]

Siri Stafford/Photodisc/Thinkstock

종업원이 자신의 업무에 신경을 쓰고 잘 처리할 수 있는 경우, 자기통제를 잘한다고 볼 수 있다. 종업원이 자기통제를 잘하게 되면, 관리자는 종업원을 감시하는 일을 중단해도 차질이 없다.

스스로의 학습능력에 대한 믿음 : 자기효능감의 역할

자기효능감
어떤 행동을 성공적으로 수행할 수 있을 것이라고 자신에게 부여하는 신념

사회인지이론은 학습과정에서 **자기효능감**(self-efficacy; 특정한 업무를 잘 수행할 수 있을 것이라고 스스로에게 부여하는 신념)의 중요성을 강조한다.[27] 가령 혼자서 새로운 컴퓨터 프로그램을 익힐 수 있을 것이라고 믿는 종업원이 있는 반면, 기초적 교육 프로그램 없이는 새로운 컴퓨터 프로그램을 익힐 수 없을 것이라고 생각하는 종업원도 있다. 자기효능감은 학습에 있어서 강력한 효과를 보여주는데, 이는 종업원들이 목표를 달성하기 위해 부단히 노력하도록 하는 촉진제 역할을 하기 때문이다.[28] 자기효능감은 종업원들이 학습하는 데 있어 다음과 같은 영향을 미친다.[29]

1. **자기효능감은 개인이 스스로 정한 목표와 행동에 영향을 준다.** 자기효능감이 낮은 종업원은 업무에 대한 자신감이 낮기 때문에, 업무수행 방법을 적극적으로 배우려고 하지 않을 것이다. 이런 종업원은 스스로 낮은 목표를 설정한다. 반면 자기효능감이 높은 종업원은 높은 목표를 설정한 뒤, 업무학습법을 익히려고 부단히 노력하게 된다. 선행연구에서는 자기효능감과 업무수행능력 간에 비례적 관계가 있음을 보여준다. 종업원들은 본인이 수행할 수 있다고 믿는 일을 배우려 한다는 것이다.
2. **자기효능감은 개인이 업무에 대해 기울이는 학습노력에 영향을 준다.** 자기효능감이 높은 직원들은 대부분 새로운 업무를 익히기 위해 애쓰는데, 이는 자신들의 노력이 결실을 맺을 것이라고 믿기 때문이다. 반면 자기효능감이 낮은 종업원들은 복잡하거나 어려운 행동을 익히기 위해 많은 노력을 하지 않는다. 이들이 게으르기 때문이 아니라 자신이 노력하는 만큼 성과가 나오지 않을 것이라고 생각하기 때문이다.
3. **자기효능감은 개인이 지속적으로 노력하는 일에 영향을 준다.** 자기효능감이 높은 종업원들은 주어진 업무를 수행할 수 있을 것이라고 굳게 믿기 때문에 일시적인 어려움에 봉착했을 경우에도 참고 노력하는 경향이 있다. 반면 자기효능감이 낮은 종업원들은 어려운 업무를 수행할 수 없을

종업원이 특정 업무에 대해 일을 잘 해낼 것이라고 스스로 믿게 되면, 적극적으로 업무를 배우려고 노력할 것이다.

것이라고 단정 짓고, 난제를 해결하려고 하기보다는 포기하거나 회피하려는 경향이 있다. 이런 이유로 Albert Bandura와 Ed Locke는 자기효능감이야말로 성공적으로 업무를 수행하기 위한 필수적인 요인이라고 주장하였다.[30]

자기효능감의 근원

자기효능감은 학습의지와 업무수행에 강한 영향을 미친다는 것을 알 수 있다. Bandura는 자기효능감의 네 가지 원천에 대해 다음과 같이 정리했다.[31]

1. 과거경험은 자기효능감을 형성하는 중요 원천이 될 수 있다. 과거에 업무를 성공적으로 수행한 종업원은 실패한 경험이 있는 종업원에 비해 높은 자기효능감을 가지게 된다. 관리자는 특정 업무에 대해 성공할 수 있다는 확신을 부여함으로써 자기효능감이 낮은 종업원들을 격려할 수 있다. '작은 성공'이 자기효능감을 부여하고, 미래에 더 중요한 업무성과를 낼 수 있도록 돕는 것이다.
2. 대리학습도 자기효능감을 형성하는 데 중요한 원천이 될 수 있다. 동료가 특정 업무수행 시 성공하는 것을 관찰함으로써 자기효능감을 높일 수 있다. 이는 관찰대상이 본인과 비슷한 수준의 업무능력을 갖고 있을 때 효과를 극대화할 수 있다. 하지만 동료의 실패는 오히려 역효과를 야기할 수도 있다.
3. 구두로 하는 칭찬, 즉 특정 업무를 성공할 수 있는 능력이 있음을 종업원에게 확신시키는 것도 자기효능감을 높이는 한 방법이다. '종업원이 어려운 업무를 수행했을 때 구두로 칭찬해주는 일이 종업원으로 하여금 더 어려운 업무를 수행할 수 있도록 한다'는 연구도 있다.[32]
4. 관리자가 종업원의 심리상태를 파악하는 일도 자기효능감을 형성하는 데 도움을 준다.[33] 가령 높은 수준의 성과를 내야 할 부담을 떠안거나 실패가 예상되는 경우, 심장박동이 빨라지고 얼굴에 땀이 나고 홍조가 나타나거나 두통이 발생하는 등의 생리현상이 나타날 수 있다. 과중한 업무 혹은 초과근무에 대한 부담은 오히려 저조한 성과를 내게 하고, 자기효능감 또한 급격히 낮아지게 된다.

마이클 푸린스키의 경우를 예로 들어보자. 그는 중요한 취업면접을 앞두고 있었다. 지원한 직장에 들어가기를 간절히 원했기 때문에 면접을 준비하는 데 많은 시간과 비용을 투자했다. 정장도 새로 마련했고 기업에 대해 많은 정보를 수집했으며, 예상 질문도 준비했다. 면접 당일, 그는 자신만만했고 흥분된 상태였다. 일찍 면접장에 도착한 그는 대기실에 있는 비즈니스 위크를 꺼내 읽었다. 하지만 대기시간 동안 면접이 자기에게 얼마나 중요한지를 깨닫게 되면서 초조해졌다. 심장이 빠른 속도로 뛰면서 얼굴이 달아올랐고 손에는 땀이 나기 시작했다. 자신만만했던 그는 갑자기 불안해지고 의기소침해졌다. 면접에서 좋은 모습을 보여주기는 어렵겠다는 불길한 예감도 들었다. 불행히도 곤두박질친 자기효능감으로 인해 그는 면접관들 앞에서 극도로 불안한 모습을 보였고 결국 취업에 실패하였다.

실습을 통한 학습

경험학습
학습 주제를 직접 체험하면서 배우는 것

종종 새롭거나 어려운 업무를 직접 수행함으로써 학습의 효과를 크게 볼 수 있다. **경험학습**

Lisafx|Dreamstime LLC - Royalty Free

종업원들이 직접 업무를 경험하는 일은 기술적, 신체적, 예술적인 업무뿐 아니라 기술을 개발하는 것까지 가능하게 한다.

(experiential learning)이라고 불리는 이 방식은 학습해야 할 업무에 학습자가 직접 투입되어 실행하는 과정이 전제된다.[34] 항공교통 관제사가 되는 방법을 생각해보자. 우선 항공교통에 대한 참고 문헌을 읽을 수도 있고, 미국 연방 항공국의 규정을 익힐 수도 있다. 비행기 조종사들에게 조언을 구할 수도 있다. 그러나 이런 행동에만 의존하는 것은 매우 위험한 일이다. 그는 안전을 책임져야 하기 때문이다. 항공교통을 감독하기 위해서는 직접 그 업무를 수행해볼 필요가 있다. 시뮬레이션을 통해 실전에서 쓰는 장비를 조작함으로써 학습할 수도 있다.

이러한 실전 학습법은 도시계획사, 의사, 간호사와 같이 정확성과 안전성을 요하는 직업군에서 특히 필수적이다. 또한 대인관계를 중시하는 직업군에서도 적극 활용된다.

창의성과 계속학습

창의성(creativity)이란 새롭고 유용한 아이디어를 생성해내는 것을 의미한다.[35] **새롭**다는 것은 참신한 사고방식을, **유용하**다는 것은 업무와 개인의 복지에 기여함을 뜻한다. 창의성을 가진 사람들은 지속적으로 학습하려는 경향을 보인다. AIDS를 유발하는 HIV 바이러스 백신의 발견, 새로운 부엌 선반 디자인 개발, 폭스바겐 비틀의 새로운 자동차 디자인 등이 대표적인 예이다. 포스트잇 같이 자유롭게 탈부착가능한 제품의 개발, 맥도날드와 같은 패스트푸드점에서 샐러드를 파는 일, 유연근무제 등은 창의성의 산물이라고 볼 수 있다. 창의성은 기존에 없던 대안을 만들어내고 지속적인 학습을 이끌어간다는 점에서 매우 중요한 특성이라 볼 수 있다.

창의성
새롭고 유용한 아이디어를 만들어내는 것

혁신(innovation)은 창의적인 아이디어를 성공적으로 실행한 결과물이다.[36] 3M이 '포스트잇'을 생산하여 판매에 성공했을 때, 혹은 애플이 처음으로 개인 컴퓨터를 디자인하고 개발하였을 때를 '혁신'이라고 표현할 수 있다. 지속적인 혁신은 독창적인 제품과 서비스를 제공함으로써 고객의 쇼핑 시장을 주도하고 있다.

혁신
창의적 아이디어를 성공적으로 실행한 결과물

국내 사례 **현대의 조직행동**

HR 혁신 사례로 선정된 SK 교육플랫폼 '써니'

SK그룹의 사내교육 플랫폼 '써니'(mySUNI)가 글로벌 인적자원 관리(HR) 업계로부터 인재 육성 성과를 인정받아 북미 최대 HR 행사에 사례 발표자로 초청되었다. 미국 라스베이거스에서 열린 북미 최대 HR 분야 콘퍼런스 '언리시 아메리카(Unleash America) 2023'에 초청받아 HR 혁신 세션 발표를 맡았는데, 언리시 아메리카에 한국 기업이 초청되기는 처음이다.

써니는 미래 역량 추구, 전 구성원의 참여, 지속적 전환, 외부 확대 등 4개 주제로 혁신 성과를 발표했다. 발표자로 참석한 써니 담당자는 "써니 콘텐츠의 핵심은 불확실한 환경 변화 대응력과 경쟁력을 갖추는 미래 역량 개발"이라며 "이를 위해 DT(디지털 전환), ESG(환경·사회·지배구조), 지정학 등 2,000여 개 강좌를 제공하고 있다"고 설명했다. 짧은 영상 중심 콘텐츠로 접근성을 높이는 마이크로 러닝 기반 플랫폼, 자기주도적 학습 환경 조성을 위해 개인별 수강 데이터를 관리할 수 있는 학습 관리 시스템(LMS) 등 써니의 다른 특성도 소개되었다.

컨퍼러스 참석자들은 현업에 종사하는 SK그룹의 사내 전문가들이 써니 강사로 참여하는 등 자체 제작 콘텐츠 비중이 86%에 달하고, 웹 기반의 다양한 실습 방법을 개발해 온라인 교육의 한계를 보완하는 점 등에 큰 관심을 보였다. 마크 콜먼 언리시 최고경영자(CEO)는 "전사 차원에서 미래 경쟁력을 위해 HR 혁신을 추진하는 SK 사례가 매우 흥미롭다"며 "앞으로 SK가 다양한 글로벌 HR 커뮤니티에 사례를 공유할 수 있도록 지원하고 싶다"고 말했다.

써니는 지속가능한 성장을 위해서는 구성원 역량을 강화할 과감한 투자가 필요하다는 최태원 SK그룹 회장의 주문에 따라 2020년 설립되었다. 첫해 인공지능(AI), 디지털 전환 등 8개 분야 450개 강좌로 시작해 지금은 14개 분야에서 2,000여 개 강좌를 운영하고 있다. 참여 인원은 그룹 전체 구성원의 70%에 해당하는 8만 1천 명에 달한다. 반도체 분야 비즈니스 모델 발굴에 대한 통찰을 제공하는 '미래반도체', 수소에너지 등 친환경 역량 확보를 위한 '그린' 분야를 신설하는 등 그룹 미래사업 영역에 대한 맞춤형 인재 육성도 지원한다.

써니는 미래 역량 강화는 글로벌 기업 HR의 공통 과제이기에, 구성원 성장 지원을 넘어 비즈니스 혁신을 가속하는 파트너로서 진화하고자 한다.

출처 : 글로벌 HR업계가 주목한 SK그룹 사내교육 플랫폼 '써니', 연합뉴스, 2023. 05. 04.

창의성의 과정

창의성을 형성하는 과정은 완전히 새롭거나 다른 무언가를 만들어내기 때문에 매우 독창적으로 보인다. 그러나 창의성 역시 수개의 학습과정을 거치게 된다(그림 5.3 참조).[37] 우선 문제 또는 기회를 인식하고 관련 정보를 수집하는 단계가 있다. 첫 단계에서 사람들이 문제라고 생각하는 것이 실제로는 문제가 아닐 수 있음을 염두에 두어야 한다. 이를테면 수십 년 전, 정보가 부족해 '왼손잡이는 바람직하지 않다'는 문제를 제기한 교육자들이 있었다. 그래서 선천적인 왼손잡이 아이들은 글

그림 5.3

창의성을 형성하는 과정

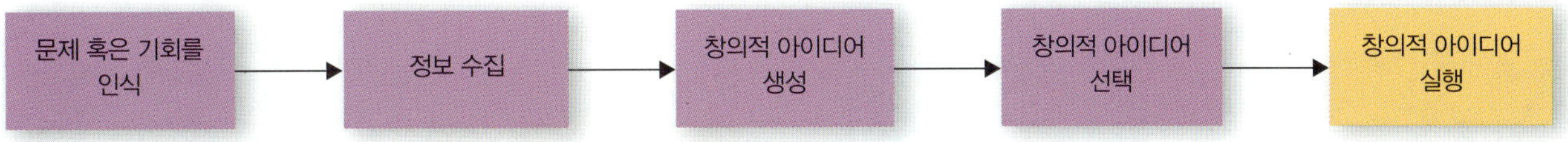

쓰는 법을 배울 때, 오른손으로 글씨를 쓰도록 강요받았다. 하지만 오늘날 왼손잡이는 개인의 성향일 뿐이다. 흔히 '문제'라고 여기는 것들은 상황에 따라 전혀 '문제'가 아닐 수도 있기 때문에 항상 다른 각도에서 재검토해볼 필요가 있다. 의사결정자가 창의적인 아이디어를 낼 수 있는지는 장담하기 어렵고, 상황에 따라 달라질 수 있기 때문에 창의성이 형성되는 과정은 정확히 예측하기 어렵다. 첫 번째 단계는 문제를 정의하는 일이다. 예를 들어 최근 리얼리티 TV 쇼에서 자주 거론되는 '햇빛에 자주 노출되면 암이 발생할 가능성이 높아진다'는 것을 문제를 정의한 것으로 볼 수 있다. 문제를 정의하면 창의성을 발휘할 수 있는 잠재적 기회가 마련된다. 첫 번째 단계는 문제를 정의하고 창의성의 가치를 가름해보는 단계이다.[38]

두 번째 단계는 '관련 정보의 수집단계'이다. 어떤 종류의 정보를 수집할 것인지에 따라 학습이 달라질 수 있다. 정보수집 과정에서 학습자는 문제 혹은 기회를 너무 넓거나 좁은 의미로 설정해서는 안 된다. 이러한 경우에 진행을 중단하고 1단계로 돌아가서 문제 혹은 기회를 재정의해야 한다.

세 번째 단계는 '아이디어의 생성'이다. 정보를 수집한 후 문제 혹은 기회에 대해 독창적이고 잠재적인 반응을 이끌어낼 필요가 있다. 이 과정에서는 다소 설득력이 없거나 엉뚱한 것처럼 보이는 아이디어라도 자유롭게 제안하는 용기가 필요하다.

네 번째 단계는 생성된 아이디어 중 '유용해보이는 것을 선택'하는 일이다. 학습자는 자신이 중요하다고 여기는 기준을 설정한 후, 아이디어를 평가한다. 새로운 타입의 디지털카메라 별로 연간 판매수익의 정도, 새로운 프로그램에 필요한 컴퓨터 메모리 용량 등이 평가기준이 될 수 있다. 두 번째 단계에서 수집한 정보가 아이디어의 유용성을 평가하는 데 도움이 될 수 있다.

마지막 단계는 '채택된 아이디어의 실행'이다. 이 단계에서는 혁신이 필요하다. 과연 기업은 선택한 아이디어를 성공적으로 실행할 수 있을까? 이를 위해서는 앞서 살펴본 각 단계들이 반드시 순서대로 진행되어야 하는 것은 아니며, 각 단계가 모두 필요한 것이 아님을 염두에 두어야 할 것이다.

한국의 가전업체인 삼성의 개발 팀에서는 새로운 제품과 서비스를 만들어낸다. 빠른 속도와 견고함을 갖춘 새로운 제품을 지속적으로 만들어내는 것이 삼성의 성공 비결이다. 삼성전자는 VIP 센터(가치 혁신 프로그램 센터)를 통해 한발 더 앞서 나가고 있다.[39] 상당수의 제품들이 VIP 센터에서 만들어지고 있다. 연구자·기술자·제품 디자이너들이 이 센터에 모여서 아이디어 회의를 통해 제품을 논의하고, 디자인 문제를 해결하며 가격을 조정하여 혁신적인 제품을 탄생시킨다.[40]

VIP 센터에는 훈련실이 따로 마련되어 있다. 여기에는 작업실뿐 아니라 부엌, 사우나 시설이 있는 휴식공간, 당구장, 헬스장 등의 운동공간도 있다. 또한 5층에는 42개의 방이 구비된 기숙사도 있다. 기숙사가 있다는 것은 시시때때로 창의적인 제품에 대해 이야기할 수 있다는 것을 의미한다. 실제로 종업원들은 프로젝트를 맡거나 해결해야 할 문제가 있을 경우, 밤늦게까지 VIP 센터에 남아 있는 경우가 많다.[41]

창의성 높은 종업원의 특성

조직 내에서 창의성을 생성하기 위해 파악해야 할 것은 개인 특성과 역량, 업무지식, 내재적 동기

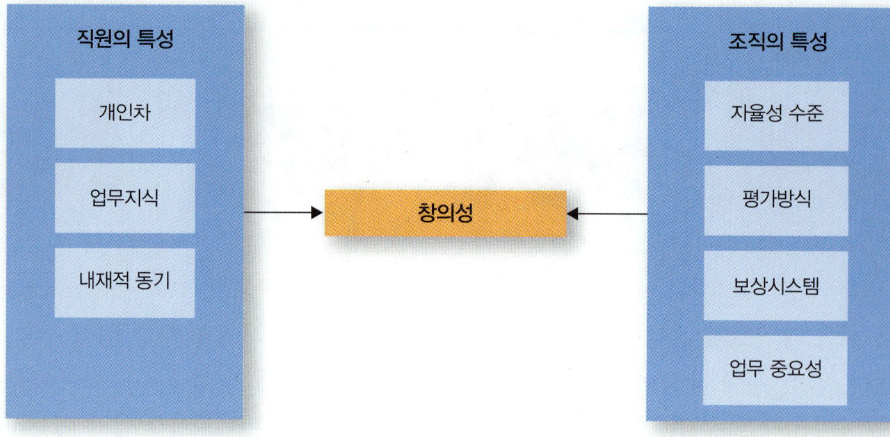

그림 5.4
창의성의 결정요인

이다(그림 5.4 참조). 하지만 이 요소들이 창의성에 기여한다고 해서 어떤 개인이나 집단이 항상 창의적이라는 것은 아니다. 또한 이런 요소들을 갖추고 있지 않거나 부족하다고 해서 그 개인이나 집단이 창의적이지 않다고 말할 수도 없다. 창의성은 이러한 요소 외에 다양한 대인관계나 상황 속에서 우연히 발생할 수도 있기 때문이다.

개인차

제2장에서 개인의 특성에 따라 문제해결방식이 달라지고, 조직행동을 이해하고 관리하는 일에 큰 영향을 미친다는 것을 학습한 바 있다.[42]

'Big Five 성격검사'는 개인의 경험을 기반으로 개발되었다. 이는 개인이 가진 창의성과 다양한 반응, 관심 정도, 위험을 부담하고자 하는 의지 등을 측정한다. 개인의 경험이 창의성에 어떤 영향을 미칠까? 우선 경험은 종업원들이 새로운 아이디어를 만들어낼 수 있는 원천이 된다. 또한 종업원들이 독창적인 아이디어를 제안할 때 고려해야 할 위험요소를 알려준다.

창의성에 기여하는 개인 특성은 **통제위치**와 **자존감**이다(제2장 참조). 통제위치란 주어진 환경 속에서 자신의 삶을 통제할 수 있다고 믿는 정도를 가리킨다. **내재론자**는 환경과 자신에게 발생할 일을 스스로 조정할 수 있다고 믿는 사람이다. **외재론자**는 외부의 요인이 자신의 운명을 결정한다고 믿는 사람이다. **내적 통제위치**는 창의성을 발휘하는 데 상당한 기여를 한다. 개인이 창의성이 필요한 업무를 충분히 해결가능하다고 믿기 때문이다.[43] 반면 **외적 통제위치**는 창의성을 발휘하는 것을 방해한다. 창의성을 요하는 일은 노력보다는 외부환경에 의해 결정된다고 믿기 때문이다.[44]

자존감이란 스스로를 믿는 정도 및 자신을 가치 있는 존재로 여기는 정도로 정의될 수 있다.[45] 자존감은 창의성을 개발하고 위험을 감수할 수 있는 자신감을 부여한다.

창의성을 발휘하는 데 도움을 주는 인지능력은 다양하다. 이를테면 지능은 다른 사람들이 생각하지 못하는 것을 상상하고 조합하는 능력과 관련되어 있다. 또한 수리적 능력(숫자와 관련된 문제를 해결하는 속도와 정확성)은 생산과정에서 다양한 변화가 발생할 때, 원가를 조정하는 창의적인 업무에 도움을 줄 수 있다.

업무지식

업무지식은 개인이나 집단이 수행해야 할 업무에 대한 모든 정보·기술·지식 등을 의미하며, 창의적 활동의 기반이 된다.[46] 업무지식이 없으면 건축가는 새로운 건물 디자인을 고안해내기 어렵고, 의사는 관절염 치료법을 생각해내지 못할 것이다. 또한 비서의 경우 효율적이고 유용한 파일시스템을 고안하는 것이 힘들게 된다. 창의적인 아이디어를 이끌어내기 위해 건축가는 건물 디자인과 건축 원리를 이해해야 하며, 의사는 일반적인 의료 지식은 물론 관절염에 대해서도 잘 알아야 한다. 또한 비서는 파일에 담을 정보와 관리 방법 등을 알고 있어야 한다.

내재적 동기

제6장에서 내재적 및 외재적 동기에 대해 살펴볼 것이다. 내재적으로 동기부여된 종업원에게 있어서는 일 자체가 큰 즐거움이다. 이들은 자신의 직업을 사랑하며 일의 성과가 좋았을 때 혹은 창의적인 아이디어가 생겼을 경우에 매우 만족한다. 반면 외재적 요인에 의해 동기부여 된 종업원들은 높은 수준의 업무를 수행할 수 있을지는 몰라도 연봉, 보너스, 승진과 같은 외재적 요인들을 더 중시한다. 즉 긍정적인 강화로 인해 동기부여가 된다.

일반적으로 종업원들은 내재적으로 동기부여 될 때 열정적이 되고 창의성을 잘 발휘하게 된다.[47]

창의성에 기여하는 조직의 특성

창의성 수준은 조직의 환경에 따라 달라질 수 있다. 창의성에 영향을 주는 네 가지 환경적 특성으로 자율성 수준, 평가방식, 보상시스템, 업무 중요성이 있다(그림 5.4 참조).

자율성 수준

창의성을 연구하는 70% 이상의 연구자들은 창의성에 영향을 미치는 결정적 요인 중 하나로 '자율성'을 꼽았다.[48] 자율성이란 자유롭고 독립적인 의사결정을 할 수 있고, 스스로 자신을 통제할 수 있는 능력을 의미한다. 조직 내에서 허용되는 자율성의 수준이 높으면 종업원은 창의성을 발휘할 충분한 여유와 재량을 갖게 된다.

평가방식

연출가가 희곡을 쓰는 데 시간이 너무 많이 걸린다는 등의 공연한 불평을 한다면, 셰익스피어는 기분이 어떨까? 아마도 이러한 연출가의 행동 때문에 걸작품을 만드는 동안 심하게 스트레스를 받을 것이다.

보통 창의적인 사고를 하는 사람들은 자신의 업무방식을 타인에게 인정받고 싶어한다. 하지만 과도한 피드백과 비판은 종업원들로 하여금 창의적 아이디어를 제안하길 두렵게 만든다.[49] 관리자가 종업원이 낸 아이디어에 대해서 비난을 일삼는다면, 종업원은 거의 아이디어를 제안하지 않으려 할 것이다. 그러나 만일 관리자가 종업원의 아이디어에 관심을 갖고 긍정적인 피드백을 한다면 종업원은 동기부여가 되어 더 많은 성과를 창출할 수 있을 것이다.

보상시스템

창의적인 아이디어를 제공하는 종업원들은 합당한 보상을 받고 싶어 한다. 그러나 종업원들이 완벽하게 업무를 수행하는 경우에만 보상이 주어진다면 과연 창의성을 마음껏 표출할 수 있을까? 아마도 창의적인 아이디어를 생성하고 실행하는 과정에서는 위험을 감수하려고 하지 않을 것이다.[50] 창의성은 기존의 관습을 탈피하여 완전히 새로운 것을 모색한다는 점에서 다소 엉뚱할 수도 있고, 실패할 확률도 크기 때문이다.

따라서 창의성을 장려하기 위해, 기업의 보상시스템은 종업원들이 보여주는 창의성을 감안하여야 한다. 남들과 다른 아이디어나 성과를 창출하는 경우, 노력을 인정하고 합당한 보상을 제공해야 할 필요가 있다. 하지만 보상을 통해 종업원들의 행동이 조정 혹은 감시당해선 안 되며, 종업원이 제안한 창의적 아이디어가 부적합하다고 해서 불이익을 주어서도 안 된다.[51] 오히려 창의적인 종업원이 위험을 감수하고, 실패했을 때 좌절하지 않도록 독려해주어야 한다.

앞서 학습했던 행동수정기법(OB-MOD)은 창의성과 관련된 업무나 상황에서는 적용하기 부적합할 수 있다. 행동수정기법은 긍정적인 행동을 분명하게 규정짓기 때문에 새롭거나 평범하지 않은 행동을 허용하지 않는다. 바람직한 행동을 유도하기 위해 개발된 '작동적 조건화'의 원칙도 마찬가지로 창의성을 발휘하는 데 저해요인이 된다. 하지만 작동적 조건화의 원칙은 '안전장치'와 같이 특정 행동의 학습을 장려하는 데 활용될 수 있다. 예를 들어 용접공이 얇은 철 실린더를 용접하려고 하는데, 작업장이 매우 어둡고 위험한 곳이라고 가정해보자. 이 경우 용접공은 새로운 업무에 도전하기 위해 창의성과 자율성을 발휘하는 것보다 당장 안전수칙을 지키는 것이 더 중요할 수 있다. 이 경우 작동적 조건화는 용접공으로 하여금 보호장비를 걸치도록 하는 행동을 강화할 수 있다.

업무 중요성

창의적인 사람은 내재적 보상을 받고 싶어 한다. 일에 대한 자부심을 가지면 이것이 자신의 삶에 큰 비중을 차지하기 때문에 열정적으로 임하게 된다. 이러한 과정이 창의성을 발휘하는 데 큰 도움을 줄 수 있다.[52]

성격과 상황의 상호작용

제2장에서 학습한 개인의 특성과 환경 간의 관계가 종업원의 행동에 어떠한 영향을 미쳤는지를 상기해보자. 최근 연구들은 이러한 영향에 창의성이 개입된다는 사실을 밝혀냈다. 이를테면 개인의 특별한 경험이 성격을 형성하고, 형성된 성격이 직장에서 창의성을 발휘하는 능력에 영향을 미친다는 것이다.[53] 또한 환경적 조건이 더해진다면 시너지 효과를 창출할 수 있게 된다.[54]

학습조직

학습조직
끊임없이 변화하고 직원들에게 동기부여하는 능력을 가진 조직

개인이 조직의 효율성에 기여하기 위해 학습하는 것처럼, 조직 역시 급변하는 환경에 적응하기 위해 학습을 해야 한다. **학습조직**(organizational learning)은 지속적으로 학습할 수 있는 지식과 기술을 가지고 있고 이를 직원들과 공유할 수 있으며, 새로운 아이디어는 성공리에 실행될 수 있도록 노력한다.[55] 학습조직은 성과창출을 위해 새로운 방법을 모색하는 종업원들을 위해 반드시 필요하다.

학습이론가인 Peter Senge는 학습조직에 필요한 다섯 가지 활동을 다음과 같이 정리하였다.[56]

- 종업원이 높은 자기효능감을 가질 수 있도록 격려하라. 조직의 효율성을 향상시키는 방법을 연구하기 위해, 종업원들은 가장 먼저 자신의 능력에 자신감을 가질 필요가 있다.
- 업무를 제대로 이해하기 위해 총체적인 계획을 개발하라. 종업원들이 비용을 줄이거나 소득을 증가시키기 위한 방법을 습득하려면 본인의 업무에 대한 평가가 가능해야 하고, 본인의 업무가 다른 사람의 일과 조직 전체에 미치는 영향에 대해서도 파악할 수 있어야 한다.
- 팀 단위의 학습을 장려하라. 함께 고민하게 되면 더욱 쉽게 창의적인 아이디어가 떠오르게 된다.[57] 팀 구성원들끼리 새로운 방식을 찾을 수 있는 것이다. 예를 들어 대화와 격려를 통해 소극적인 구성원의 자기효능감을 높여줄 수 있다.
- 비전을 공유하라. 공동 목표에 대한 종업원들의 지침이 필요하다. 점점 더 많은 기업들이 비용은 절감하면서 효율성을 높이는 방법을 찾고자 한다. 오늘날 국제 시장에서 경쟁우위를 갖추기 위해 가장 필요한 것은 창의성이라고 해도 과언이 아니다. 이를 위해 종업원들이 공유된 비전을 가지고 조직 목표를 향해 나아가도록 해야 한다.

- 상호작용하는 시스템을 구축하라. 조직은 대인관계를 기본으로 다른 모든 부분에 영향을 미친다. 조직의 구성원들은 이 점을 감안하여 개인의 가치관과 행동, 팀의 행동이 조직의 다른 부분에 어떤 영향을 줄 것인지를 고려해야 한다.

학습조직에서 가장 중요하게 다루는 분야는 '지식관리(knowledge management)'이다. 지식관리란 조직구성원이 가지고 있는 지식을 자본화하는 능력이다. 여기서 지식은 직무기술서에 기록하거나 문서화되지 않는다. 대신 실제 업무를 수행하는 것과 밀접하게 관련되어 있다.[58] 종업원은 업무를 수행하는 동안 지식관리를 통해 정보를 공유함으로써 문제해결 능력을 키워나간다.

제록스 제품을 수리하는 고객서비스 직원에 관한 연구는 지식관리의 중요성을 잘 보여준다. 언뜻 기계를 수리하는 일은 간단해보인다. 기계에 나타나는 오류 번호를 통해 어디에 문제가 생겼는지 알 수 있고, 문제해결을 위해서 어떤 방법을 적용해야 하는지 매뉴얼에 자세히 설명되어 있기 때문이다. 하지만 인류학자인 Julian Orr가 직원들이 수행하는 업무를 관찰했을 때, 이 일은 결코 쉬운 일이 아니었음을 깨달았다.[59] 기계 작동에 돌발변수가 종종 발생하는 것을 볼 수 있었던 것이다. 이는 매우 특이해서 매뉴얼이 해결해줄 수 없는 문제들이었다. 공기의 온도와 습도, 기계에 영향을 주는 세세한 부품들까지 모두 문제를 일으킬 수 있는 잠재적인 요인들이었다. 직원들은 실제로 많은 시행착오들을 거치면서 다양하고 갑작스러운 문제들을 어떻게 처리할 것인지 몸소 익히게 된다. 게다가 직원들은 식사시간, 휴식시간 등 비공식적 모임을 통해 짬짬이 정보공유를 위한 시간을 가진다. 이와 같이 특정 업무를 직접 수행함으로써 실질적인 지식을 습득하게 되고 이를 공유함으로써 지식관리는 이루어지고 있다.[60]

요약

조직구성원들은 다양한 방법으로 학습할 수 있다. 이 장에서는 학습에 관련된 핵심적인 사안들을 정리하였다.

1. 학습은 경험의 결과로부터 나타나는 지식 또는 행동의 변화, 혹은 지식을 습득하는 과정을 일컫는다.
2. 작동적 조건화 이론에서는 학습자들이 자신이 바라는 결과를 얻기 위해 행동하고 그렇지 않은 결과를 유발시키는 행동은 피한다고 말한다. 학습의 선행사건은 종업원들에게 어떠한 행동이 바람직한지 알려준다.
3. 작동적 조건화 이론에서 제시한 긍정적 행동을 학습하는 두 가지 방법은 긍정적 강화와 부정적 강화이다. 긍정적 강화는 특정 행동을 한 종업원에게 긍정적인 보상을 제공함으로써 그 행동의 확률을 높인다. 부정적 강화는 특정 행동으로 인해 부정적인 결과를 경험하게 될 때, 그 결과를 제거함으로써 긍정적 행동의 확률을 높이는 것을 말한다.
4. 강화는 주기에 따라 '연속적 강화'와 '간헐적 강화'로 나눌 수 있다. 강화를 연속적으로 사용한다는 것은 종업원이 조직에서 추구하는 행동을 보여줄 때마다 강화요인을 부여한다는 것이다. 반면 강화를 간헐적으로 사용한다는 것은 종업원이 바람직한 행동을 반복하여 보여주게 되면 때때로 강화요인을 제공한다는 것이다.
5. 작동적 조건화에서는 부정적 행동을 감소시키는 두 가지 방법이 있는데, 소거와 벌이다. 강화요인을 없애서 그 행동이 미래에 덜 발생하도록 하는 과정을 소거라고 한다. 벌은 바람직하지 않은 행동을 제거하기 위해 사용된다. 벌은 예상치 못한 부작용을 가져올 수 있기 때문에 꼭 필요한 경우에만 사용해야 한다.

6. 행동수정기법(OB-MOD)은 중요한 조직행동을 관리하기 위해 '작동적 조건화'의 원리를 체계적으로 적용하는 것을 말한다. 이는 관찰을 통해 측정가능한 행동을 관리할 때 가장 유용하게 사용된다.
7. 대리학습이 성공적으로 이루어지기 위해서 학습자는 모델의 행동을 정확하게 기억하고 그 행동을 모방할 수 있을 정도의 기술과 능력을 갖추고 있어야 한다. 또한 모델은 그 행동에 대해 학습자가 동경하는 강화를 받아야 한다. 보통 모델이 되는 사람은 경쟁력이 있거나 전문가이며, 높은 지위에 있고, 긍정적인 강화를 받는 사람이다.
8. 자기통제란 '그렇게 행동하도록 강요받지 않아도 행동을 수행하는 방법을 스스로 배우는 것'으로 종업원이 자신의 업무에 신경을 쓰고 잘 처리할 수 있는 경우에 해당된다. 종업원들이 자기통제를 잘하게 되면, 관리자는 종업원 감시를 중단해도 차질이 없다. 자기효능감은 '어떤 행동을 성공적으로 수행할 수 있을 것'이라는 신념으로 자신에게 주는 결과물이자 보상으로 학습자에게 꼭 필요하다. 자기효능감은 어려운 업무를 수행할 때 종업원의 노력 수준과 지속성에 영향을 준다. 과거의 성과, 다른 사람에 대한 관찰, 칭찬과 심리상태, 생리적인 상황 등이 자기효능감을 결정하는 요인이 된다.
9. 창의성을 발휘함으로써 지속적인 학습이 가능하다. 창의성은 새롭거나 유용한 아이디어를 생성하는 것이다. 혁신은 창의적인 아이디어를 성공적으로 실행하는 것이다. 창의성의 형성과정은 '문제 혹은 기회의 인식 → 관련 정보수집 → 아이디어 생성 → 아이디어의 실행'으로 구성된다. 창의성에 영향을 주는 상황적인 특성으로는 종업원의 자율성, 기업에서 사용하는 보상시스템과 평가, 업무 중요성의 인식 등이 있다.
10. '학습조직'이란 끊임없이 변화하고 종업원들에게 동기부여 하는 능력을 가진 조직으로 특히 조직구성원이 가지고 있는 지식을 자본화하는 능력인 '지식관리'를 강조한다.

토론사례

LG CNS는 생성형 인공지능(AI)으로 기업 내부의 유용한 지식과 데이터를 찾는 'AI를 활용한 KM 혁신' 서비스를 시작했다. KM은 '지식관리(Knowledge Management)'를 뜻한다. 해당 서비스를 통해 사업 혁신(assetization)을 이루겠단 취지다. 여기서 혁신은 기업의 밸류체인(value chain) 전체 단계에서 도출되는 모든 아웃풋(output)을 표준화해, 새로운 비즈니스의 인풋(input)으로 활용하도록 돕는 LG CNS만의 체계를 의미한다.

2023년 10월, 개시를 알린 'AI를 활용한 KM 혁신' 서비스는 사내 임직원들이 업무에 필요한 지식을 찾기 위해 채팅 창에 자연어로 질의하면, 생성형 AI가 사내 데이터를 분석해 최적의 답변을 제공하는 기능을 갖췄다. 사람이 정해 놓은 시나리오 기준으로 답변하는 기존 AI 챗봇과는 다르게, 방대한 데이터를 통해 AI가 직접 답변을 생성할 수 있도록 고도화되었다. 이를 통해 임직원들은 업무 진행 과정에서 궁금한 점이 생겼을 때, 담당자를 찾거나 여러 사내 시스템을 일일이 확인해야 하는 번거로움을 덜고, 생성형 AI 검색으로 수 초 내에 답변을 얻을 수 있게 되었다. 'AI를 활용한 KM 혁신' 서비스에는 AI·데이터·클라우드·스마트 시티, 스마트 물류·스마트 팩토리·보안 등 디지털전환(DX) 신기술 분야 각종 지식은 물론 사업 방법론, 연구개발(R&D) 산출물, 기술 노하우 등이 포함된 약 52만 페이지 분량의 데이터가 탑재되어 있다.

LG CNS는 마이크로소프트와 협력을 통해 'AI를 활용한 KM 혁신' 서비스에 '애저 오픈AI'(Azure OpenAI)의 GPT-4를 적용했다. 챗GPT는 포털 등 외부에 공개된 데이터만 학습한 LLM(Large Language Model)인 반면, 'AI를 활용한 KM 혁신'에 적용된 챗GPT는 기업 내부 데이터 기반의 답변을 생성한다는 것이 차별점이다. 정보 탐색이나 요약 등의 기능도 이용 가능하다. 답변과 함께 출처와 답변 내용이 포함된 문서 전체를 받을 수도 있다. 만약 사내 데이터에 답변할 내용이 존재하지 않을 경우, 챗GPT는 외부 지식을 활용한 답변도

제공한다.

LG CNS는 기업 내부 데이터 분석을 위해 자체 기술 '오케스트레이터(Orchestrator)'를 사용한다. '오케스트레이터'는 임직원 질의에 대한 답변과 유사도가 높은 톱5 자료, 페이지 등을 찾아내 챗GPT에 제공한다. 이후 챗GPT가 자료를 분석해 답변을 제공하는 방식이다. '오케스트레이터'는 내부 데이터 중에 보안사항은 비식별화하는 등 보안 정보의 외부 유출을 방지하는 기능을 탑재했다.

해당 서비스 구현에 앞서, LG CNS는 곳곳에 흩어진 사내의 다양한 지식 데이터를 한곳에 모았으며 이는 각종 산출물이 한 번 업로드된 후 방치되거나, 조직 내 전문가들의 역량 대부분이 조직 자산으로 이어지지 못한 채 소멸되는 등의 페인 포인트(Pain Point)를 해결하기 위한 것이었다.

이와 더불어 생성형 AI가 정확도 높은 답변을 하도록 하기 위해 사내에 지식 데이터를 풍성하게 축적하는 노력도 했다. LG CNS는 신규 지식 데이터 축적과 조직 내 전문가들의 지식과 경험을 임직원 모두가 활용할 수 있도록 웹3.0 기반의 지식마켓 '브레인즈(BRAINS)'를 구축하고, 임직원이 다양한 분야의 지식을 올리고 구매할 수 있는 장을 마련했다. 브레인즈에서는 임직원들이 지식의 유용성을 기준으로 비밀 투표를 진행하고, 선택된 지식을 올린 임직원에게 보상까지 제공하는 지식펀딩 서비스를 제공한다.

현재 LG CNS는 사내에서 'AI를 활용한 KM 혁신'과 '브레인즈'를 선 적용해 신기술 테스트베드로 운영하고 있다. 기술 검증 후, 기업 고객 대상의 서비스를 시작할 계획이다. 생성형 AI, 웹3.0 등 LG CNS의 DX 신기술 역량을 통해 기업 내부에 보유한 자산을 기반으로 필요한 지식을 빠르게 활용할 수 있는 체계를 확장해 나가고자 한다.

출처 : "LG CNS, 생성형 AI 기반 '지식 관리' 서비스 도입", 이코노미스트, 2023.10.24.

토론문제

1. AI 기반의 지식관리가 조직문화와 협업방식에 어떤 영향을 미칠 것인가?
2. 생성형 AI를 활용한 지식관리 체계에서 발생할 수 있는 문제점은 무엇이며, 이를 최소화하기 위해서는 어떻게 해야 할 것인가?

제 6 장

동기부여의 본질

개관

단원 목차

요약

학습목표

이 단원을 학습한 후 다음을 이해할 수 있다.

- 조직 내에서 동기부여가 중요한 이유와 외재적 동기부여와 내재적 동기부여의 차이를 알 수 있다.
- 동기부여를 욕구이론과 관련지어 이해할 수 있다.
- 유의성, 수단성, 기대가 왜 동기부여의 핵심적인 요인들인지를 설명할 수 있다.
- 공정성의 중요성과 불공정성의 위험성을 알 수 있다.
- 조직공정성이 중요한 이유와 이를 향상시킬 수 있는 방법을 알 수 있다.

홈플러스의 다양한 동기부여는 성장의 동력

홈플러스의 스타어워즈

2019년부터 시작된 홈플러스의 '스타어워즈(STAR Awards)'는 재무적 성과와 비재무적 성과로 나누어 모범적인 성과를 기록한 개인이나 조직을 시상하는 제도로 분기에 1회씩 연 4회를 진행하고 있다.

하늘의 빛나는 별과 같은 가시적인 재무 성과를 보여준 개인이나 단체에게는 '홈플스타'상을, 그 외 서비스, 문화실천, 운영효율화 등 모범이 되는 사례를 보여준 팀에는 '홈플히어로'상을 수여한다. 단순한 성과 개선만이 아닌, 성공 사례의 확대와 긍정적 조직문화 형성, 그리고 구성원의 성취감 향상이 목적이다. 홈플러스의 스타어워즈는 이제 홈플러스 직원이라면 누구나 한번은 받아보고 싶은, 홈플러스만의 독특한 조직문화로 자리 잡았다.

2011년부터는 나눔플러스 기금을 마련하여, 사내에 어려움이 있는 직원에게 도움을 주기 위한 활동도 병행 중이다. 질병, 자연재해, 주거 환경 변화 등 갑자기 예고 없는 어려움을 겪는 직원을 위해 매달 대상자를 선정하여 약 200만 원의 지원금을 지급한다. 그간 꾸준한 지원을 통해 2023년 9월까지 500여 명의 직원이 혜택을 받았으며, 누적 지원금액은 6억 6천만 원이 넘었다.

2023년부터는, 한 달에 한 번 홈플러스 매장에 TV 속 연예인들이 이용한다는 커피차를 닮은 푸드트럭이 깜짝 방문하고 있다. 푸드트럭에는 연예인 사진 대신, 홈플러스의 이제훈 대표의 사진과 감사 인사, 격려 문구가 적혀있다. 홈플러스에서 점포 소통 확대와 직원 사기 진작을 위해 실시한 '황금마차' 캠페인의 일환이다. 푸드트럭에는 커피나 음료는 물론 핫도그, 도넛, 샌드위치 및 분식 등 다양한 먹거리가 마련된다. 직원들은 업무시간에 자유로이 동료, 선후배와 함께 삼삼오오 푸드트럭을 이용하며 단순한 간식 시간이 아닌 또 다른 소통의 공간으로 활용한다. 홈플러스는 소통과 칭찬, 고객 서비스 등에 높은 평가를 받은 점포 1곳을 매월 선정하는데, 방문했던 점포에서 직원들의 폭발적인 반응이 있었고, 이에 힘입어 푸드트럭 방문 매장을 월 5곳으로 확대 운영 예정이다.

이런 사례들은 사내 웹진이나 영상, 홈플라디오 등을 통해 공유되고, 점포와 본사 간의 물리적 거리를 뛰어 넘어 소문이 나면서, 직원들에게 또 다른 동기부여가 되고 있다.

출처 : 홈플러스, 다양한 포상 동기부여 노사 소통 성장동력, Business Korea, 2023.10.19.

개관

종업원을 동기부여 하는 것은 조직의 효율성을 높이는 데 있어 매우 중요하기 때문에 조직행동론에서 비중 있게 다룬다.[1] 좋은 성적을 받기 위해 얼마나 열심히 공부할지, 연구과제를 위해 얼마나 많은 시간과 노력을 들일지는 얼마나 동기부여 되었는지에 따라 달라진다. 마찬가지로 동기부여는 조직에서 종업원이 자신의 목표를 성취하기 위해 어느 정도로 노력할지를 결정한다. 예를 들어 비슷한 역량을 가졌음에도 불구하고 어떤 사람은 좋은 성과를 원하고 노력하는 반면, 다른 사람은 그렇지 않은 것처럼 보이는 것은 동기부여 때문이다. 동기부여를 학습하면 B학점에 만족하는 학생과 A학점을 받기 위해 열심히 노력하는 학생의 심리상태를 알 수 있다.

이 장에서는 작업동기에 대해 학습하게 된다. 특히 동기부여와 성과 간의 관계, 내재적 동기부여와 외재적 동기부여의 차이를 이해하는 데 주안점을 둘 것이다. 작업동기와 관련된 여러 가지 이론들(욕구이론, 기대이론, 공정성이론, 조직공정성이론)도 알게 될 것이다. 이러한 이론들은 사람들이 조직에서 특정한 행동을 하는 이유를 설명하고 종업원의 동기부여와 성과를 향상시키기 위한 방법들을 제안한다. 그리고 관리자들에게 종업원들이 조직의 공동 목표를 달성하는 데 방해가 되는 행동을 피하고 도움이 되는 행동을 이끌어낼 수 있는 방안을 제시한다.

작업동기란 무엇인가

동기부여라는 용어는 흔히 사용되고 있지만 정확한 개념이 정립되어 있지 않다. 수십 년 동안 많은 연구자들이 140개 이상의 정의를 내렸다.[2] 일부 저명한 학자들조차 '동기부여'를 정의하는 데 어려움을 느끼기도 한다.[3]

작업동기
조직에서 종업원의 행동 방향, 노력 수준, 역경에서도 노력의 지속성을 이끄는 심리적인 원동력

동기부여는 종업원이 '왜 그렇게 행동하는지'를 설명해준다. 따라서 **작업동기**(work motivation)는 '조직에서 종업원의 행동방향, 노력수준, 역경 속에서도 지속적으로 노력하게 만드는 원동력'으로 정의할 수 있다.[4] 이는 개인의 심리상태이기 때문에 우리가 지금까지 학습해 왔던 많은 조직행동론의 주제들[성격과 능력(제2장), 가치와 태도 및 정서(제3장), 인지와 귀인(제4장)]과 연관 지을 수 있다.

작업동기를 구성하는 세 가지 핵심요소는 행동방향, 노력수준, 지속성수준(표 6.1)이다.

표 6.1
작업동기를 구성하는 요소

요소	정의	예
행동방향	종업원이 조직에서 업무를 수행하기 위해 선택하는 행동	엔지니어가 새로운 제품의 생산비용을 낮추기 위해, 디자인을 변경하게끔 관리자를 설득하는 일
노력수준	선택한 행동을 성공적으로 수행하기 위해 얼마나 노력할 수 있는가?	엔지니어는 해당 디자인의 문제점들을 정리한 뒤, 복도에서 우연히 만난 관리자에게 조심스럽게 이 이슈를 다시 언급해서 제안이 받아들여지기를 바라는가?
지속성수준	어려운 문제에 봉착했을 때에도 종업원은 자신이 선택한 행동을 성공적으로 수행하기 위해 지속적으로 노력할 것인가?	관리자가 엔지니어의 의견에 동조하지 않고 제품 디자인의 변경은 시간낭비라고 지적했을 때, 엔지니어는 자신의 뜻을 관철시키기 위해 지속적으로 노력할 것인가, 아니면 포기할 것인가?

행동방향

업무를 성공적으로 수행하기 위해 종업원은 어떻게 행동해야 하는가? 특정 직무를 실행하는 과정에서 종업원의 행동은 바람직할 수도, 그렇지 않을 수도 있다. **행동방향(direction of behavior)**이란 업무수행에 필요한 많은 잠재적인 행동들 중 종업원이 선택한 행동을 의미한다. 투자은행의 주식 중개인이 주가를 불법으로 조작하는 일, 혹은 관리자가 부조리한 방법으로 승진하는 것, 엔지니어가 생산비용을 낮추기 위해 제품의 디자인 변경을 제안하는 일 등이 대표적인 예이다.

종업원은 조직의 목표달성에 도움이 되는 행동을 함으로써 동기부여 될 수 있다. 하지만 반대의 현상이 나타날 수도 있다. 관리자는 종업원의 행동이 조직에 긍정적인 영향을 미칠 수 있도록 도모해야 한다. 이를테면 관리자는 종업원이 정시에 출근하고 업무를 책임감 있게 완성하고 창의적인 아이디어를 이끌어낼 수 있도록 동기부여 할 필요가 있다.

노력수준

종업원은 자신이 선택한 행동을 수행하기 위해 얼마나 노력하는가? 조직은 종업원들이 업무에 몰두할 수 있도록 지속적으로 동기부여 해야 한다. 엔지니어가 디자인 변경안에 대해 회의적인 태도를 보이는 관리자를 설득하는 상황을 상상해보자. 그는 당당하게 디자인 변경의 필요성을 관리자에게 제안할까? 아니면 디자인 변경을 포기하고 제품이 가진 문제점들과 새로운 변경사항에 관한 보고서를 준비할까? 이러한 상황에서는 엔지니어의 동기부여 수준이 큰 역할을 한다. 즉 디자인을 변경시키고자 하는 의욕이 높을수록 엔지니어는 관리자를 설득하기 위해 더 열심히 노력하게 될 것이다.

지속성수준

어려운 문제에 직면하는 경우, 종업원은 자신이 선택한 행동을 성공적으로 마무리하기 위해 얼마나 노력을 할 것인가? 앞서 살펴보았던 사례에서, 엔지니어의 관리자는 제품 디자인 변경이 단지 시간낭비라고 여기고 있다고 가정해보자. 이러한 상황을 아는 엔지니어는 디자인 변경을 요구할 것인가? 아니면 자신의 신념을 포기할 것인가? 마찬가지로 공장에서 중요한 기계가 고장났다면 종업원들은 일을 멈추고 기술자가 와서 고쳐주기를 기다리고 있을까? 아니면 기계를 고치려고 직접 시도해보거나 다른 사람들에게 알릴까? 이처럼 동기는 지속성도 가지고 있어야 한다. 종업원이 문제를 해결하기 위해 얼마나 지속적으로 노력을 할 것인지가 중요하다.

동기부여와 성과의 구분

동기부여는 종업원이 어떠한 업무를 선택할지, 그리고 그것을 얼마나 열심히 수행할지를 결정하는 중요한 요인이다. 실제로 관리자와 종업원은 정확하게 두 개념을 구분하는 데 혼란스러워하지만, 명확하게 구분된다. 성과란 자신의 행동결과에 대한 평가라고 볼 수 있으며, 종업원이 주어진

Doug Kanter\Getty Images, Inc – Bloomberg News

스타벅스는 종업원들의 학습, 주인의식, 동기부여에 관한 역할모델이라고 볼 수 있다. 심지어 파트타임 직원들도 스타벅스에서는 스톡옵션과 건강보험서비스, 광범위한 교육훈련을 받을 수 있다.

국내 사례 현대의 조직행동

카카오스타일의 동기부여 활동

패션 플랫폼 '지그재그', 4050 패션 플랫폼 '포스티', 패션 큐레이션 서비스 '패션바이카카오'를 운영 중인 카카오스타일이 일부 직원에 스톡옵션을 부여키로 했다. 카카오스타일은 제3자 배정증자 방식으로 51억 원 규모의 유상증자를 하기로 결정했다. 카카오스타일이 이처럼 유상증자에 나선 이유는 직원 160명에 대해 스톡옵션을 부여하기 위해서다. 신주 1만 7,000주로 1주당 액면가는 500원, 신주 발행가액(행사가격)은 30만 원이다. 구체적인 스톡옵션 부여 대상과 주식 수는 주주총회에서 최종 확정될 예정이다.

카카오스타일 관계자는 "우수 인재 영입과 유지를 위해서 정례적으로 스톡옵션을 부여하고 있다"며 "매년 기업 성장에 대한 기여도가 높았거나, 향후 기여 가능성이 높은 구성원에게 동기부여 측면에서 부여하고 있다"고 설명했다.

카카오스타일은 지난해 연결 기준 매출 1,018억 원을 기록해 전년 652억 원 대비 56.1% 성장했다. 패션 플랫폼으로 시작한 지그재그는 라이프스타일 플랫폼으로의 전환을 선언하고 패션부터 뷰티·캠핑·운동·반려동물용품 등 다양한 카테고리의 상품을 판매하고 있다. 특히 2022년 4월에 오픈한 뷰티 전문관인 '뷰티관'의 거래액은 1년 새 3배가량 증가했다. 오픈 당시 200여 개였던 입점 브랜드 수도 1년 만에 1,000개로 증가했으며, 구매자 수도 12배 늘었다.

출처 : "동기부여 · 인재확보" 카카오스타일, 직원 160명에 '스톡옵션', 뉴시스, 2023. 04. 18.

일을 얼마나 잘 수행했는지의 여부와 관련된다.[5] 하지만 동기부여는 종업원의 직무성과에 기여하는 많은 요인들 중 하나일 뿐이다. 예를 들어 TV 드라마 작가에게 성과란 시청자가 즐거워하고 몰입하는 정도를 보여주는 시청률이 될 수 있다. 의사에게 성과란 환자에게 질 좋은 의료서비스를 제공하는 정도이다.

그렇다면 동기부여와 성과는 어떤 관계가 있을까? 모든 조건이 동일하다고 가정했을 때, 동기부여가 매우 높은 작가는 그렇지 않은 작가보다 더 나은 대본을 쓸 것이라고 기대한다.[6] 그러나 개인의 성격이나 능력, 업무난이도, 자원 활용도, 업무환경, 운이나 기회 등과 같은 많은 변수들이 성과에 영향을 미치게 된다. 따라서 동기부여 되는 정도는 성과에 항상 비례하지 않는다. 가령 높은 창의력을 지닌 작가의 경우 동기부여가 낮더라도 탁월한 작품을 만들어낼 수 있다. 그리고 소말리아에 있는 의사의 경우 좋은 의료서비스를 제공하고자 하더라도 장비나 시설의 부족 등 열악한 여건으로 인해 원하는 서비스를 제공하기 어려울 수 있다.

요약하자면 동기부여는 성과에 영향을 미치는 많은 요인들 중 하나일 뿐, 결정적인 요소라고 볼 수 없다. 따라서 높은 동기부여 수준이 항상 높은 수준의 성과를 발생시키는 것은 아니다. 역으로 종업원이 높은 수준의 성과를 창출한다 해서 반드시 높은 동기부여를 가지고 있는 것도 아니다. 낮은 동기부여를 가진 종업원도 해당 분야에서 탁월한 능력을 지니고 있다면 높은 수준의 성과를 낼 수 있는 것이다. 관리자는 이러한 점을 염두에 두고 종업원의 특성과 기질을 파악할 필요가 있다. 만약 관리자가 종업원의 낮은 성과가 낮은 동기부여 때문이라고 여긴다면 그들은 실제로 문제되는 일(자원의 부족이나 잘못된 교육훈련 등)을 간과하고, 이를 바로잡을 수 있는 해결책을 찾는 데 실패할 수 있다. 마찬가지로 관리자들이 높은 성과를 낸 종업원들이 동기부여가 많이 되었다고 전제한다면 종업원의 남다른 능력을 간과하고 이를 활용할 수 없게 되는 것이다.

내재적 동기부여 및 외재적 동기부여

음악가들은 일 그 자체를 통해 동기부여 되고 즐거움을 느낀다.

동기부여에 대한 많은 논의 중 하나는 내재적 동기와 외재적 동기의 원천을 구분하는 것이다. **내재적으로 동기부여된 행동**(intrinsically motivated work behavior)을 하는 종업원은 자신이 원하는 일을 즐겁게 수행한다. 동기부여의 원천은 행동 그 자체에 있다.[7] 자신의 일을 사랑하고 즐기면서 오케스트라에서 연주하는 바이올린 연주자와 하루 12시간 이상 일에 몰두하는 백만장자 CEO는 내재적으로 동기부여 되었다고 볼 수 있다. 내재적으로 동기부여된 종업원들은 일을 통해 큰 성취감을 느끼며 가치 있는 일을 하고 있다고 여긴다. 중국의 전문가 집단을 대상으로 한 연구에서는 직무에 대한 기술개발 및 교육을 제공하는 일이 종업원들의 내재적 동기부여를 높이는 중요한 원천이라는 사실을 밝혀냈다. 중국인 관리자들을 대상으로 설문을 실시한 결과, 베이징의 콘페리 헤드헌팅 담당자 Grace Cheng은 직업을 바꾸는 데 있어 성장에 대한 잠재력이 돈보다 더 중요한 결정요인이라고 주장하였다.[8] 또한 환경보호가인 William McDonough 같은 사람은 자연보호라는 일 자체에 열정적이다.[9]

내재적으로 동기부여된 행동
자신이 좋아서 수행한 행동

외재적으로 동기부여된 행동(extrinsically motivated work behavior)은 물질적 및 사회적으로 원하는 이익을 얻거나 처벌을 피하기 위해 수행된다.[10] 즉 자기 자신과 일 자체가 아닌, 얻고자 하는 결과가 원천이 된다. 외재적 동기부여의 원천이 될 수 있는 보상의 예로는 임금, 칭찬, 직위 등이 포함된다. 종업원은 외재적으로 혹은 내재적으로, 아니면 두 가지 방식 모두로 동기부여 될 수 있다.[11]

외재적으로 동기부여된 행동
물질적 및 사회적 이득을 얻거나 처벌을 피하기 위해 수행되는 행동

종업원이 주로 외재적으로 동기부여 되면 일 자체로부터 즐거움을 느끼지 못하게 된다. 이 경우 조직은 종업원에게 좋은 환경과 업무에 걸맞은 충분한 보상을 제공할 필요가 있다.

우리는 여기서 내재적 및 외재적 동기부여와 제3장에서 학습했던 내생적 및 외생적 작업가치관 간의 관련성에 대해 의문을 제기할 수 있다. 내생적 작업가치관을 가지고 있는 종업원들은 자신의 일과 조직에 중요한 공헌을 할 수 있는 기회, 직장에서 자신의 잠재력을 충분히 펼칠 수 있는 기회를 원한다. 외생적 작업가치관을 가지고 있는 종업원은 일의 결과물(예를 들어, 돈을 많이 버는 일, 사회적 지위를 유지하는 일, 가족과 여가를 위한 시간을 마련하는 일 등)을 원한다. 이를 통해 강력한 내생적 작업가치관을 가지고 있는 종업원들은 내재적으로 동기부여 된 일을 하기를 원하는 반면, 외생적 작업가치관을 가지고 있는 사람들은 외재적으로 동기부여 된 일을 하기 원할 가능성이 높다는 것을 알 수 있다.

동기부여 이론

지금까지 동기부여의 개념, 원천, 업무수행과의 관련성에 대해 학습하였다. 그러나 종업원이 동기부여 되는 이유, 동기부여 상태를 유지할 수 있는 방법에 대해서는 고려하지 않았다.

작업동기에 관한 이론들은 종업원이 특정 행동을 하는 이유를 설명함으로써 이러한 의문들에 대한 해답을 제공할 것이다. 동기부여 측면에서 관리자들의 과제는 종업원이 조직에 공헌하도록 하는 것이다. 관리자는 종업원이 기술, 지식, 시간 및 경험 등을 적극적으로 투자하기를 바란다. 이러한 인적자원의 투자는 궁극적으로 조직성과에 긍정적인 영향을 미치기 때문이다. 종업원은 충분한 임금과 직무안정성과 같은 외재적 성과물, 일에 대한 성취감이나 즐거움 등과 같은 내재적 성

표 6.2
동기부여 등식

투입	성과	결과
노력, 시간, 교육, 경험, 기술, 지식, 직무행동 등	업무량과 질, 고객서비스 수준	임금, 고용안정성, 혜택, 휴가, 직무 만족, 성취감, 작업을 수행하는 기쁨

과물을 획득하고 싶어 한다. 관리자와 종업원의 이러한 관심사항은 동기부여와 밀접한 관련이 있다. 표 6.2에서 볼 수 있듯이, 투입(inputs)→성과(performance)→결과(outcomes)의 도식으로부터 이러한 관련성을 이해할 수 있다.

이 장에서는 욕구단계이론, 기대이론, 공정성이론, 조직공정성이론들을 소개하고 있다. 각 이론들은 조직에서 동기부여와 투입, 성과, 결과 간의 관계에 대해 다양한 의문들을 제기한다. 동기부여를 충분히 이해하기 위해서는 네 가지 이론을 모두 학습할 필요가 있다.

욕구이론

욕구이론은 '개인이 자신의 직무와 조직으로부터 어떠한 결과물을 얻기를 원하는가?'에 초점을 두고 있다. 욕구이론의 핵심은 직장에서 만족감을 느끼려는 종업원의 욕구에 있으며, 조직은 이를 만족시켜야 한다는 것이다.[12] 어떤 결과물이 종업원을 가장 잘 동기부여시킬 수 있는지를 알기 위해 관리자들은 우선 종업원의 욕구를 살펴보아야 한다.

종업원의 욕구가 확인되면 관리자는 종업원에게 바람직한 행동을 할 경우 그에 따른 보상을 얻을 수 있다는 점을 분명히 보여주어야 한다. 그러면 종업원은 자신의 노력을 투입한 만큼 욕구를 만족시킬 수 있게 된다.

욕구이론
동기부여의 원천으로서 종업원들의 욕구에 초점을 맞준 작업동기에 내한 이론들의 집합

욕구
생존과 번영의 핵심

욕구이론(need theory)은 실제로 동기부여에 대한 여러 가지 이론들로 구성되어 있다. 이러한 이론들은 동기부여의 원천으로서 종업원들의 욕구에 초점을 맞춰 동기부여를 설명하고 있다.

욕구(need)는 생존과 번영을 위해 꼭 필요한 것이다. 종업원을 동기부여시키는 것이 무엇인지 알기 위해 관리자는 우선 종업원이 직무에서 어떤 욕구를 만족시키고자 하는지 살펴보아야 한다. 왜냐하면 종업원이 지니고 있는 욕구는 각기 다르기 때문이다. 관리자는 종업원에게 조직의 목표를 위해 노력하게 되면 욕구를 충족할 수 있다는 것을 분명하게 알려주어야 한다. 우리는 다음의 Abraham Maslow와 Clayton Alderfer의 두 가지 이론을 통해 종업원들이 가지는 구체적 욕구와 욕구 간의 계층에 대해 학습할 것이다.

Maslow의 욕구계층설

심리학자 Maslow는 인간은 다섯 가지 보편적 욕구(생리적 욕구, 안전의 욕구, 사회적 욕구, 존경의 욕구, 자아실현의 욕구)를 가지고 있다고 주장하였다. 이러한 욕구들이 어떻게 충족될 수 있는지에 대한 설명은 표 6.3에 제시되어 있다. Maslow는 이러한 욕구들이 중요성에 따라 계층화되어 있다고 하였다.[13] 욕구를 단계적으로 충족시켜주어야만 종업원의 동기부여를 이끌어낼 수 있다는 것이다. Maslow는 일단 특정 단계의 욕구가 충족되면 더 이상 동기부여의 효과를 기대할 수 없다고 말한다.

조직은 Maslow의 욕구계층설(hierarchy of needs)에 근거하여 종업원들을 만족시킬 수 있는 방법들을 고안할 수 있다. 예를 들어 종업원의 뛰어난 업적에 대해 인정하고 충분한 보상을 제공함으로써 '존경의 욕구'를 만족시킬 수 있다.[14]

Maslow의 이론에 따르면, 만족되지 않은 욕구는 종업원에게 중요한 동기부여의 요인이 될 수

표 6.3
Maslow의 욕구계층설

욕구수준	개념	사례
상위욕구		
자아실현의 욕구 (self-actualization needs)	자신의 잠재력을 실현시키고 성장하고자 하는 욕구	조직 내에서 목적을 달성하기 위해 최대한의 능력을 발휘하는 경우
존경의 욕구 (esteem needs)	타인으로부터 존경, 인정, 관심을 받고자 하는 욕구. 자신의 능력에 대해 자신감을 가지고자 하는 욕구	성과물에 대해 인정을 받거나 승진하려고 노력하는 경우
사회적 욕구 (belongingness needs)	사회적 상호작용, 정서, 애정, 소속감 등에 대한 욕구	원하는 조직에 소속되고, 동료나 상사와 좋은 관계를 맺으려 하는 노력. 회사 야유회 및 행사 등과 같은 관계활동에 적극적인 경우
안전의 욕구 (safety needs)	신체적, 정서적인 위험으로부터 보호받고자 하는 욕구	고용안정을 보장받고 안전한 직무환경에서 일하고자 하는 욕구
생리적 욕구 (physiological needs)	음식, 옷, 안식처와 같은 인간이 생존하기 위해 반드시 필요한 욕구	종업원이 의식주를 해결할 수 있는 최저수준의 임금을 얻고자 하는 경우
하위욕구 (기본적이고 필수적인 욕구)		

있다고 한다.[15] 개인은 한 가지 욕구에 만족한 후에 상위계층의 욕구를 추구하게 된다.

동기부여에 공헌하는 욕구들을 구체적으로 단계화시킴으로써 관리자는 종업원을 동기부여시키기 위해 어떠한 노력을 해야 할지 파악할 수 있다. Maslow의 욕구이론이 시사하는 점은 종업원들의 욕구가 제각기 달라서 한 가지 동기부여 요인이 모든 사람에게 공통적으로 적용될 수 없다는 것이다. 따라서 관리자는 종업원 개개인이 추구하는 욕구가 무엇인지를 세심하게 살펴볼 필요가 있으며 개인들이 직무를 충실히 수행할 경우 그에 따른 욕구들이 충족될 수 있음을 확실하게 인지시켜야 한다.

Alderfer의 ERG 이론

Alderfer는 ERG 이론을 통해 '존재욕구(E)-관계욕구(R)-성장욕구(G)'를 설명하고 있다. ERG 이론은 욕구계층설에 기반하고 있지만 욕구를 3개의 계층으로 분류하였고 욕구의 계층 간 이동이 자유롭다는 것을 보여준다(표 6.4).[16]

Maslow는 하위욕구가 먼저 충족되어야 상위욕구로 진행된다고 주장한다. 종업원은 한 단계의 욕구에 의해서만 영향을 받는다는 것이다. Alderfer는 하위욕구가 충족되면 더 상위욕구를 추구한다는 Maslow의 주장에는 동의한다. 하지만 그는 상위욕구는 하위욕구가 충분히 달성되지 않더라도 동기부여 요인이 될 수 있다고 말한다. Maslow는 일단 하위욕구가 충족되면 더 이상 이 욕구는 동기부여 요인이 될 수 없다고 주장하는 반면, Alderfer는 개인이 상위욕구를 충족시키기 어려울 때 이미 충족된 하위욕구를 다시 추구하게 된다고 말한다.

사례를 통해 살펴보자. 존재욕구, 관계욕구가 충분히 충족되어 있는 제조회사의 중간관리자가 있다. 현재 그는 자신의 성장욕구를 충족시키기 위해 부단히 노력하고 있다. 그러나 그는 7년 동안 승진하지 못하자, 원하는 바를 얻기 힘들다는 현실을 알게 되었다. 이미 모든 측면에서 능숙한 업무처리능력을 가지고 있지만 신입사원 때처럼 새롭고 흥미 있는 일을 시도하기에는 과도한 업무량

표 6.4

Alderfer의 ERG 이론

욕구수준	개념	사례
상위욕구		
성장욕구 (growth needs, G)	지속적인 자기계발과 발전에 대한 욕구	계속적으로 업무기술과 능력을 향상시키고 창의적인 일을 추구하는 경우
관계욕구 (relatedness needs, R)	좋은 인간관계를 형성하고자 하는 욕구. 가치관이나 감정을 공유하고 원만한 소통을 하고자 하는 욕구	동료, 상사, 부하들과 좋은 관계를 유지하면서 정확한 피드백을 얻고자 하는 경우
존재욕구 (existence needs, E)	의식주, 고용안정, 안전한 작업환경을 추구하는 욕구. 인간의 생존에 필수적인 기본적 욕구	생계유지수단으로서 충분한 노동의 대가를 받고 안전한 업무환경에서 근무하고자 하는 경우
하위욕구		

과 시간 등 많은 제약이 뒤따랐다. 이 경우 중간관리자의 성장욕구는 현재의 위치에서는 만족되기 어렵다고 볼 수 있다. Alderfer는 성장욕구에 대한 좌절이 관계욕구와 같은 하위욕구를 충족시키고자 하는 동기를 유발한다고 하였다. 이를테면 이 관리자는 자신의 문제를 해결하기 위해 지속적으로 상사와 동료로부터 건설적인 피드백을 구하고 원만한 대인관계를 형성하기 위해 노력한다.

연구결과

Maslow와 Alderfer의 이론들은 인간의 욕구에 대한 초창기 이론으로 연구자들로부터 상당한 관심을 받았다. 이 이론들은 논리적이고 직관적인 호소력이 있어 많은 경영실무자들이 선호했음에도 불구하고 현실적인 한계점들 때문에 연구자들에게는 큰 지지를 얻지 못했다.[17] 우선 특별한 방식으로 계층화되어 있는 욕구들을 모든 사람들에게 적용하는 점에서 설득력을 잃고 있다. 그리고 모든 사람들이 정해진 순서의 욕구에 따라 동기부여된다고 기대하는 것 또한 비현실적이다. 즉, 하위 수준의 욕구가 충족되어야 상위 수준의 욕구가 작동된다는 것은 비현실적이라 할 수 있다.

그럼에도 불구하고 Maslow와 Alderfer의 욕구이론은 미국 직장인 대부분에게 적용 가능하다는 연구결과가 있다. 다만, 미국과 문화적 토양이 다른 국가에서 이루어진 해외 연구에 있어서는 이와는 다른 결과가 보고될 수 있다. 욕구이론의 연구는 아직 공고하게 지지되고 있지 못하지만, 동기부여 현상에 대한 중요한 시사점을 주고 있는 것만은 확실하다.

기대이론

기대이론
종업원들이 어떻게 대안적인 행동들을 선택하고 노력의 수준을 결정하는지에 관한 동기부여 이론

기대이론(expectancy theory)은 종업원이 업무를 수행하는 과정에서 어떠한 행동들을 취하는지, 어느 정도의 노력을 투입하는지에 초점을 맞추고 있다.[18] 다시 말해서 기대이론은 종업원들이 어떻게 대안적인 행동들을 선택하고 노력의 수준을 결정하는지를 설명한다.

기대이론은 동기부여와 관련된 두 가지 질문에 근거하고 있다. 첫째, 종업원은 직무를 수행하기 위해 노력하면 목표한 성과를 달성할 수 있을 것이라고 믿는가? 기대이론에 따르면 “종업원은 주어진 성과를 달성할 수 없다고 생각하면, 조직을 위해 자신의 노력을 최대한으로 투입하지 않으려 한다.” 따라서 종업원이 노력을 투입하는 만큼 원하는 성과평가를 받을 수 있을 거라는 믿음이 기대이론에서 중요한 요소라고 볼 수 있다. 조직이 종업원의 성과를 인정하는 과정에서 성과 이외의 요소인 상사와의 관계 · 성격 · 성장배경 등을 고려한다면, 종업원은 노력한 만큼의 성과를 인정받지 못하

게 된다. 이 경우 종업원은 최고의 노력을 기울이지 않으려 할 것이다.[19]

둘째, 조직이 원하는 수준의 성과를 달성했을 때 종업원은 자신이 원하는 보상(예를 들어 임금, 고용안정성, 성취감, 기타 등)을 얻을 수 있다고 믿는가? 기대이론의 또 다른 핵심요소는 "성과달성을 통해 자신이 원하는 보상을 받을 수 있는 경우에만 최선을 다한다"는 것이다. 물론 이러한 보상은 개인에게 충분히 매력적이어야 한다.[20]

기대이론에서는 두 가지 질문에 대해 확신을 가지는 경우에만 종업원이 최대한의 노력을 투입한다고 본다. 따라서 관리자는 특정 수준의 성과를 달성하도록 종업원을 동기부여 하고자 한다면 종업원이 노력한 만큼의 성과를 인정받을 수 있도록 해야 한다. 그리고 종업원이 노력해서 특정한 수준의 성과를 달성했을 때 자신이 원하는 보상을 얻게 될 것이라는 믿음을 주어야 한다.

병원에서 일을 하게 된 신입 간호사의 사례를 살펴보자. 그들은 낯선 환경에서 업무를 수행하기 위해 어떤 행동을 선택하게 될까? 환자들과 때때로 잡담을 하면서 자유롭게 근무할까? 아니면 환자들을 사무적으로 대할까? 담당 의사에게 환자의 증상과 고충에 대해 세세하게 보고할까? 아니면 차트만 작성하여 보여줄까? 동료들의 업무가 과중할 때 도와줄 것인가? 아니면 방관할 것인가?

간호사가 어떤 행동을 취할지 결정한 이후에는 어느 정도의 노력을 투입해야 하는지 가늠해보아야 한다. 휴식시간도 없이 환자를 돌봐야 하는가? 아니면 근무시간에만 집중하면 될까? 까다로운 환자가 왔을 때 회피해야 할까, 도맡아 치료해줘야 할까? 의사의 오진에 대해 용기를 내서 지적해야 할까? 모른 척해야 할까?

이러한 선택들은 종업원이 무엇을, 얼마나 열심히 해야 할지를 결정하기 때문에 조직의 성과에 지대한 영향을 미친다. 기대이론에서는 종업원들이 다양한 의사결정을 하는 과정을 설명함으로써 관리자들이 종업원들을 관리하는 데 도움을 준다.

기대이론은 Victor Vroom에 의해 1960년대에 개발된 이론으로서, 이론에 따르면 사람들은 본질적으로 긍정적인 결과(보너스, 보상, 승진)를 얻고자 하며 부정적인 결과(회고, 왕따, 문책)를 회피하고자 한다는 점을 전제로 한다.[21] 직무를 수행하는 과정에서 어떠한 행동을 취할지, 얼마나 열심히 해야 할지를 결정하기 위해 자신의 직무 · 능력 · 원하는 결과에 대한 정보를 이용한다는 것이다.

기대이론은 종업원의 동기부여를 결정하는 세 가지 주요한 요인들로 유의성, 수단성, 기대의 개념을 강조한다.[22]

유의성 : 보상이 종업원에게 얼마나 매력적인가

종업원은 자신의 직무를 수행하면서 임금, 안정성, 복지, 성취감, 원만한 인간관계, 승진과 같은 다양한 결과물(보상)을 획득한다. 개인마다 원하는 보상은 다르다. **유의성**(valence)이란 개별 종업원들이 보상에 대해 매력을 느끼거나 바람직하다고 생각하는 정도를 의미한다. 유의성은 그 강도나 크기에 따라서 긍정적 혹은 부정적으로 평가된다. 어떤 결과물의 유의성이 긍정적이라면 종업원들은 그것을 획득하길 원할 것이다. 반면 어떤 결과물의 유의성이 부정적이라면 종업원들은 그 보상을 획득하지 않으려 할 것이다. 대부분의 종업원들에게 임금은 긍정적인 유의성을 가질 것이고, 해고는 부정적인 유의성을 가질 것이다.[23] Maslow와 Alderfer의 욕구이론에서 종업원은 자신에게 매력적이고 가치가 있다고 생각하는 욕구를 충족시키기 위해 직무에 몰입한다고 한다.

유의성
개인이 평가하는 결과물의 바람직한 정도

주의할 점은 조직은 개인이 필요로 하는 보상을 제공해야 하는 것이다. 조직은 때때로 대부분의 종업원들이 임금과 같은 보상만을 원한다고 착각하기 쉽다. 하지만 개인이 원하는 욕구와 보상은 다르다. 관리자는 종업원이 어떤 보상을 바라는지 인식하고 종업원마다 보상에 대한 다른 유의성을 가지고 있다는 점을 인지해야 한다.

현대의 조직행동

월마트의 교육 인센티브를 통한 동기부여 활동

대형 유통업체 월마트는 리브 베터 유(Live Better U, LBU) 프로그램에 지난 5년간 10억 달러를 투자하고 있다. 이들은 미국 내 월마트 및 샘스클럽에 종사하는 직원 약 150만 명을 위해 학비와 교재비를 100% 지원하고 있다. 이 프로그램의 최종 목적은 인재 영입 프로세스를 개선함과 동시에 인재 유출을 최소화하는 것이다.

LBU 프로그램은 2018년 처음 시행되었으며, 3년 후인 2021년 루미나 재단(Lumina Foundation)에서 해당 프로그램이 실질적인 성과를 얻었는지를 평가했다. 평가 결과, 참여한 학습자 수는 2018년 4,000명에서 2021년 30,000명으로 증가했으며, 같은 기간 제공된 교육 프로그램 개수도 50개에서 100개로 증가했다.

평가 결과에 따르면 월마트가 LBU 프로그램을 실시한 이후, 월마트의 인재 유출이 획기적으로 감소하였고, 교육은 학습자의 승진에 긍정적인 영향을 미쳤다. 학습 참여자가 월마트에 계속 남아있을 확률은 비참여자에 비해 4배나 높았으며, 승진할 확률도 2배가량 높았다. 더불어 LBU 프로그램에 참여한 직원들의 사내 업무 수행 평가 점수는 프로그램 등록 후 6개월 만에 약 10% 상승했으며, 이를 통해 생산성 역시 증가했음이 확인되었다.

출처 : "지속적인 직원 '학습'이 기업의 '미래'를 만든다", Boston Consulting Group, 2022. 01. 10.

수단성 : 직무성과와 보상 간에는 어떤 연관성이 있는가

앞서 바람직한 행동을 통해 얻게 되는 보상이 동기부여의 측면에서 종업원에게 얼마나 중요하게 작용하는지 살펴보았다. 기대이론은 보상이 종업원이 바람직한 행동을 하게끔 유도하고 직무성과에 직접적으로 영향을 준다는 것을 보여준다.

수단성
동기부여에 있어 종업원의 행동이 특정한 결과물의 성취를 이끌 수 있는가에 대한 인식

수단성(instrumentality)이란 종업원이 조직에서 원하는 실적을 올리게 되면 곧 임금인상이나 승진과 같은 보상으로 연결된다는 믿음을 갖게 하는 것이다. 이러한 믿음이 현실화될 때 비로소 종업원은 최선을 다해 직무에 몰입하게 된다.[24]

유의성과 마찬가지로 수단성도 크기나 강도에 따라 긍정적 혹은 부정적으로 측정될 수 있다. 특정 수준 이상의 직무성과에 따라 종업원이 획득할 수 있는 보상 간의 연관성을 수단성이라 하는데 그 수준은 −1에서 1 사이의 값을 갖는다. 수단성이 −1이라는 것은 조직이 원하는 수준의 성과를 달성한다 해도 종업원 보상을 전혀 제공받을 수 없을 뿐만 아니라 오히려 벌칙에 해당되는 징계를 받을 가능성을 의미한다. 반면 수단성이 +1이라는 것은 같은 상황에서 언제나 보상을 제공받을 수 있다는 것을 의미한다.

예를 들어 광고 팀의 직원이 올해 거래처와 새로운 계약 3개를 체결하는 데 성공하였다면 직원은 분명히 50%의 보너스 인상(수단성 +1)을 받을 수 있을 것이며 모두가 꺼린다는 지방발령(수단성 −1)을 받지 않을 것이라고 확신할 수 있다. 즉 수단성이 −1과 +1의 값을 가진다는 것은 성과와 결과물 간에 완전한 관계가 있다고 믿는다는 것을 뜻한다. 반면 수단성이 0이라는 것은 종업원이 성과와 보상 간에 아무 관계도 없는 것으로 인식하고 있다는 것을 의미한다. 광고회사 종업원의 사례를 다시 살펴보자. 그녀는 자신이 특정한 수준의 성과를 수행한다면 어느 정도 승진할 수 있는 가

David Sacks/Lifesize/Thinkstock

기대이론에 따르면 부동산 중개업자의 동기수준은 높은 수준의 노력이 높은 성과로 이어진다는 믿음에 따라 결정된다.

능성(수단성 0.3)이 있다고 믿고 있으며, 더 큰 사무실을 얻을 수 있는 가능성(수단성 0.5)도 높다고 보고 있다. 하지만 요즘 받고 있는 치과 치료의 결과는 자신의 업무성과와는 아무 관련이 없다고 믿는다(수단성 0).

어떤 직무행동에 몰두해야 할지, 또 어느 정도로 열심히 일해야 할지를 결정하는 데 있어 광고회사 종업원은 유의성과 수단성을 모두 고려해야 한다. 이렇듯 수단성과 유의성은 종업원을 동기부여하는 데 큰 영향을 준다.

수단성이 실제로 높거나 혹은 종업원들이 높다고 인식할 경우 수단성은 매우 효과적인 동기부여 요인이 된다. 관리자는 종업원에게 높은 수준의 성과를 이루면 실제로 원하는 보상을 얻을 수 있다는 것을 인지시켜줄 필요가 있다. 이러한 이유로 많은 기업들이 종업원의 보상과 성과를 연동시키고 있다.

종업원은 아무리 열심히 일해도 자신이 기대하는 보상을 얻을 수 없다고 생각하면 최선을 다하지 않게 된다. 따라서 수단성을 높이기 위해서는 실제로 보상이 실적에 따라 제공된다는 것을 명확히 해야 한다.

기대 : 노력과 직무성과 간에는 어떤 연관성이 있는가

종업원은 높은 성과를 이루면 원하는 보상을 받을 수 있다는 것을 알고 있음에도 최선을 다하지 않을 수 있다. 수단성이나 유의성이 높음에도 불구하고 동기부여가 낮은 이유를 이해하기 위해 '기대'에 대해 학습할 필요가 있다.

기대(expectancy)란 자신의 노력이 특정한 수준의 성과를 이끌어 낼 수 있다는 믿음이다. 기대는 투입되는 노력이 특정한 수준의 성과를 이룰 수 있는 가능성을 뜻하며 −1에서 1까지의 값을 가진다. −1이란 노력을 할수록 기대하는 성과를 낼 확률이 반대로 줄어든다는 점을 의미한다. 기대가 0이라는 것은 종업원이 자신의 노력을 통해 특정 수준의 성과를 달성할 수 없다고 믿는 경우이다. 반면에 기대가 1이라는 것은 종업원이 자신의 노력으로 특정한 수준의 성과를 이룰 수 있다고 확신하는 상황이다.

기대
자신의 노력이 특정한 수준의 성과를 이끌어낼 수 있다고 믿는 정도

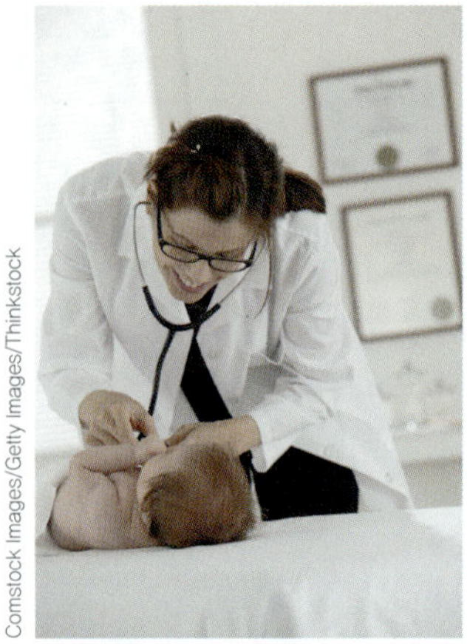

소아과의사의 동기수준은 기대, 유의성, 수단성이 모두 높은 경우에 높아진다.

열심히 노력했을 때 높은 수준의 성과를 낼 수 있다고 믿는 경우 종업원의 기대는 높아진다.[25] 하지만 앞서 살펴보았던 광고회사의 경우, 실적을 높임으로써 임금인상과 승진의 기회를 획득할 수 있다 해도 업무처리능력 부족으로 종업원이 노력해도 성과를 달성하기 힘들다고 여긴다면 최선을 다하지 않을 것이다. 마찬가지로 학생이 아무리 특정한 과목의 이수를 원한다 할지라도 열심히 해 봤자 낙제할 것이라고 믿는다면 열심히 공부할 의욕을 상실하게 된다. 이렇듯 기대는 자신의 노력이 특정한 수준의 성과를 낼 수 있다고 확신하는 것과 관련되어 있다. 이 점은 제5장에서 논의한 자기효능감의 개념과 유사하다고 볼 수 있다.

자신의 노력만으로 성과를 높일 수 없다는 기대를 가진 종업원들에게 관리자는 용기를 주고 격려할 필요가 있다. 조직은 종업원의 기술과 능력을 향상시킬 수 있는 최적의 환경을 제공함으로써 기대를 높일 수도 있다. 가령 엔터프라이즈 렌터카, 컨테이너스토어, 사우스웨스트 항공과 같은 기업들은 종업원의 기대를 촉진시키기 위해 교육이 필요하다고 주장한다.[26]

유의성, 수단성, 기대의 통합적 효과

종업원이 조직 내에서 바람직한 행동을 하고, 높은 수준의 성과를 이루기 위해서는 다음과 같은 조건들이 필요하다(그림 6.1).

- 유의성은 반드시 높아야 한다 : 종업원은 조직이 제공하는 보상에 매력을 느껴야 한다.
- 수단성은 반드시 높아야 한다 : 종업원은 원하는 보상을 얻기 위해 어떻게 행동해야 하는지 명확하게 인식해야 한다.
- 기대는 반드시 높아야 한다 : 종업원은 열심히 노력하면 높은 수준의 성과를 이룰 수 있다고 믿어야 한다. 기대이론은 다음과 같은 공식으로 표현할 수 있다.

$$\text{동기부여(M)} = \text{수단성(I)} \times \text{유의성(V)} \times \text{기대(E)}$$

이러한 유의성, 수단성, 기대의 세 가지 요인들 중 하나가 0이라면 동기부여는 전체적으로 0이 될 것이다. 이 공식을 통해 우리는 수단성, 유의성, 기대 중 어느 하나라도 0에 수렴하는 값을 가지게 되면 동기부여는 되지 않는다는 점을 알 수 있다.

조직이 원하는 높은 성과는 종업원이 무엇을 얼마나 열심히 하는지에 달려 있다. 기대이론에 따르면 종업원은 업무를 수행하는 과정에서 자신에게 다음과 같은 질문을 던진다고 한다.

- 보상을 받을 경우, 그것이 나에게 충분히 매력적일까?
- 높은 수준의 성과를 낸다면 그에 합당한 보상을 받게 될까?
- 내가 열심히 노력한다면 높은 수준의 성과를 낼 수 있을까?

그림 6.1
기대이론

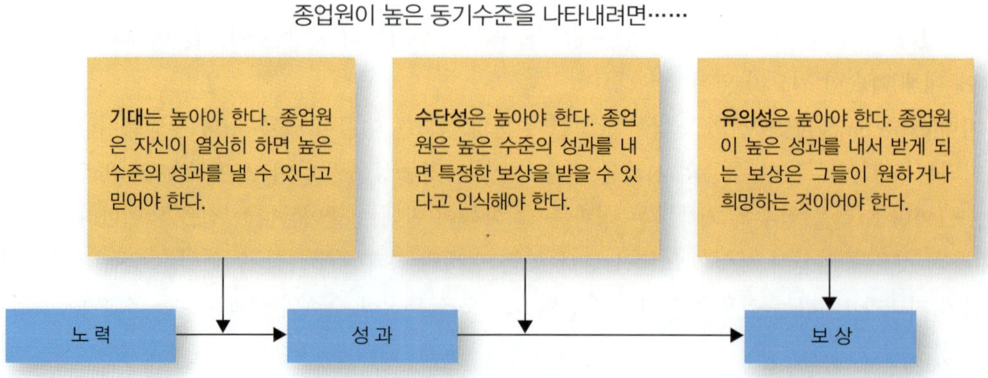

종업원이 이 세 가지 질문들에 "그렇다"라고 대답할 수 있을 때만 이 일을 하기 위해 최대한 동기부여 된다.

이러한 기대이론은 동기부여에 가장 많이 적용되는 이론이며 다소 비판도 있지만[27] 현재까지 많은 연구자들로부터 지지를 받고 있다.[28]

공정성이론

작업동기의 공정성이론은 1960년대에 Stacy Adams에 의해 개발되었다. 공정성이론은 종업원이 직무나 조직으로부터 얻은 결과와 자신이 직무나 조직에 공헌하거나 투입한 노력 간의 관계에 기반한다.[29] 결과는 임금, 복리후생, 직무만족, 직위, 승진기회, 고용안정성 등 종업원이 조직으로부터 획득하길 원하는 모든 것을 뜻한다. 투입이란 특별한 기술, 훈련, 교육, 직무 경험, 직무에 대한 노력, 시간 등 종업원이 공헌했다고 믿는 모든 노력을 의미한다. 따라서 **공정성이론**(equity theory)은 주로 투입과 결과 간의 관계에 초점을 맞추고 다음과 같은 질문을 제기한다. "산출된 결과물은 내가 투입한 노력과 비교했을 때 적절한 수준이라고 생각하는가?" 공정성이론에 따르면, 직업동기를 결정하는 데 있어 중요한 것은 객관적 수준의 결과/투입 비율이 아니다. 실제로 중요한 것은 종업원이 느낀 자신의 **결과/투입 비율**(outcome/input ratio)과 다른 사람의 결과/투입 비율을 상호 비교한 것이다.[30]

공정성이론
종업원의 투입과 결과에 대한 공정성인식에 초점을 둔 작업동기이론

결과/투입 비율
종업원이 직무나 조직으로부터 얻은 결과와 자신이 공헌하거나 투입한 노력 간의 비율

여기서 '다른 사람'은 자신과 유사하다고 여기는 그룹 혹은 종업원을 의미한다. 공정성이론은 종업원 자신의 경험을 다른 사람의 상황(결과/투입)과 비교하여 공정성을 판단한다는 이론이다. 종업원은 자신의 투입과 결과를 평가하고, 자신의 것을 다른 사람의 비율과 비교하여 비슷한 수준이라고 생각하면 공정성이 존재한다고 생각한다.[31]

조직이 필요로 하는 투입을 종업원이 하도록 동기부여시키기 위해서 관리자는 투입에 근거한 결과, 즉 보상을 관리할 필요가 있다. 관리자는 다른 종업원들의 결과/투입 비율이 대략적으로 동일한지를 확실히 해서 더 많이 투입한 사람에게 더 많은 보상을 줄 수 있도록 해야 한다.

공정성

개인의 결과/투입 비율과 비교대상의 결과/투입 비율이 비슷하게 되면 공정성(equity)이 존재한다(표 6.5)고 볼 수 있다. 따라서 종업원은 비율의 비교를 통해 공정성의 여부를 결정할 수 있다.

2년 동안 같은 회사에서 근무해온 2명의 애널리스트 사례를 살펴보자. 2년의 계약이 끝나는 시점에서 애널리스트 A는 승진이 되었지만 B는 승진하지 못했다. 두 애널리스트들은 이 상황을 공정하다고 인식할 것인가? 대답은 "그렇다"고 볼 수 있다. 애널리스트 A와 B가 생각하기에 그들의 결과/

표 6.5
공정성과 불공정성의 조건

	개인 비교대상	사례
공정성	결과/투입 = 결과/투입	애널리스트 A가 비교대상보다 승진이나 임금인상 등에서 더 나은 보상을 얻고자 한다면 더 많은 시간과 노력을 투입해야 한다.
과대보상 불공정성	결과/투입 > 결과/투입	애널리스트 A는 비교대상만큼 직무에 노력을 투입하였는데, 비교대상보다 더 많은 보상을 받았다.
과소보상 불공정성	결과/투입 < 결과/투입	애널리스트 A는 비교대상보다 더 많은 노력을 투입하였지만 비교대상과 동일한 보상을 받았다.

투입 비율이 비슷하거나 적절하다고 생각한다면 공정성은 존재하는 것이다. 특히 애널리스트 A가 B보다 평균적으로 더 많은 시간을 업무에 투자했다면 이 결과는 공정하다고 인정하게 될 것이다. 애널리스트 A가 추가적으로 투입한 시간이나 노력이 결과(승진)를 도출한 것으로 볼 수 있기 때문이다.

따라서 자신의 것과 비교대상의 결과/투입 비율이 동일하다고 인식할 때 종업원은 그 현상을 유지하거나 더 많은 보상을 얻기 위해 자신의 투입을 증가시키려는 동기를 가지게 되는 것이다.

불공정성

불공정성(inequity)은 결과/투입 비율이 불균형적일 때 발생한다. 불공정성은 종업원의 긴장과 불편한 감정을 일으켜 결과–투입 비율의 균형을 회복하게 만든다.

과대보상 불공정성
개인이 자신의 결과/투입 비율이 비교대상의 결과/투입 비율보다 더 크다고 인식할 때 존재하는 불공정성

과소보상 불공정성
개인이 자신의 결과/투입 비율이 비교대상의 결과/투입 비율보다 더 작다고 인식할 때 존재하는 불공정성

불공정성의 대표적인 두 가지 유형은 과대보상 불공정성과 과소보상 불공정성이다(표 6.5). **과대보상 불공정성**(overpayment inequity)은 개인이 자신의 결과/투입 비율이 비교대상의 결과/투입 비율보다 더 크다고 인식할 때 발생한다. 반면 **과소보상 불공정성**(underpayment inequity)은 자신의 결과/투입 비율이 비교대상의 결과/투입 비율보다 더 작다고 인식할 때 발생한다.

큰 빌딩의 관리인으로 일하는 스티브와 마이크의 경우를 살펴보자. 스티브는 항상 정시에 직장에 출근하며 자신이 맡은 곳을 철저하게 관리하는 성실한 종업원이다. 반면 마이크는 항상 늦고 식사시간이 길며, 자신이 맡은 곳을 대충 관리한다. 공정성이론에 따르면 두 종업원이 서로를 비교대상으로 삼고 정확하게 지각하는 경우, 마이크는 과대보상 불공정성을 느껴야만 한다. 마이크는 자신이 수행한 업무량에 비해 많은 보상을 받는다고 생각한다면 당연히 죄책감이나 긴장감이 들 것이다. 따라서 그는 공정성을 회복하기 위해 더 노력하게 될 것이다. 대조적으로 스티브는 과소보상 불공정성을 인식하게 된다. 마이크보다 자신이 더 많은 공헌을 했음에도 불구하고 같은 수준의 보상을 받았기 때문에 불만을 가지게 되며 공정성을 회복하기 위해 자신의 노력을 감소시킬 수도 있다.

공정성을 회복하기 위한 방법

스티브와 마이크가 처한 상황에서 공정성을 회복시킬 수 있는 몇 가지 방안들이 있다.[32]

1. 종업원은 자신의 투입과 결과를 변화시킬 수 있다. 종업원이 과소보상 불공정성을 인식했을 때, 투입을 감소시킴으로써 공정성을 회복할 수 있다. 건물 관리인의 사례에서 스티브는 직장에 늦게 출근하거나 점심시간을 오래 갖거나 덜 일함으로써 자신의 투입을 감소시켜 공정성을 회복할 수 있다. 또한 과소보상을 받은 종업원은 임금인상 혹은 처우개선 등을 요구함으로써 자신의 결과를 변화시킬 수 있다.
2. 종업원은 비교대상의 투입 혹은 결과를 변화시키기 위해 노력한다. 스티브는 상사에게 마이크가 늦게 출근하며 불성실하다고 털어놓는다. 스티브는 상사가 마이크에게 정시에 출근하고 일을 제대로 하라고 압박하며 임금삭감을 언급함으로써 마이크의 투입과 결과를 변화시켜주기를 원하는 것이다. 한편 마이크는 스티브에게 대충 넘어가고 쉽게 일을 하자고 제안할 수도 있다. 즉 마이크는 스티브에게 투입을 낮출 것을 제안할 수도 있을 것이다.
3. 종업원은 자신 혹은 비교대상의 투입과 결과에 대한 인식을 바꿀 수 있다. 마이크는 자신의 투입에 대한 인식을 바꿈으로써 공정성을 회복할 수 있다. 그는 자신이 맡은 구역이 스티브의 구역보다 더 넓고 청소하기가 힘들다고 생각하거나 스티브가 더 일을 빠르게 한다고 생각할 수 있다. 이를 통해 자신의 결과/투입 비율과 스티브의 결과/투입 비율이 결국 실질적으로 동일하다고 생각할 수 있는 것이다. 이러한 사례를 통해, 과대보상 불공정성을 인식한 종업원은 공정성 회복을 위해 실제적인 투입이나 결과를 변화시키는 대신 자신의 인식을 바꿀 수도 있다.
4. 종업원은 비교대상을 바꿀 수도 있다.[33] 애초 비교대상과 적절한 비교가 어려울 때 다른 사람을 선

택할 수 있다. 스티브는 마이크가 회사 간부의 친척이라는 것을 들었던 것을 기억하고서 마이크와 자신을 비교하기에는 적절한 대상이 아니라고 판단할 수 있다. 반면 마이크는 스티브가 자신과는 비교가 안 되는 탁월한 업무처리와 성실함을 겸비한 관리인이라고 여기고 스티브가 아닌 자신과 비교가 될 만한 다른 관리인을 찾을 수 있다.

5. 종업원은 자신이 조직을 떠나거나 비교대상을 떠나게 만들 수도 있다. 과소보상 불공정성을 느끼는 상황에서 조직을 떠나거나 조직 내 다른 부서로 이동하는 것은 흔한 일이다. 따라서 스티브는 스스로 이직하거나 아니면 마이크가 해고될 수 있는 방법을 찾을 것이다.

불공정성의 효과와 연구결과

과소보상 불공정성과 과대보상 불공정성은 조직, 관리자, 종업원에게 역기능적으로 작용한다. 과대보상의 경우 종업원은 공정성을 회복하기 위해 자신의 투입을 증가시키고자 노력해야겠지만, 일반적으로는 투입과 결과에 대한 자신의 인식을 바꾸는 방향으로 동기부여 된다. 과소보상의 경우 능력 있고 인정받는 종업원들은 자신들의 투입을 줄이거나 조직을 떠나고자 할 것이고, 이것은 조직에 역기능을 초래한다. 게다가 종업원이 불공정한 대우를 받고 있다고 느낄 때, 조직 내에서 절도행위를 하는 등 비윤리적인 행동을 할 수도 있다.[34]

종합해보면 동기부여는 종업원들이 조직에 투입한 것에 비례하여 결과가 공정하게 분배될 때 가장 높아질 것이다. 높은 수준의 노력을 투입하고 그에 따른 많은 보상을 받을 수 있을 때 종업원은 열심히 일하려 한다. 반면에 낮은 투입을 통해 낮은 수준의 보상을 받는 종업원은 자신들의 투입을 증가시켜야만 원하는 결과를 얻을 수 있다는 사실을 알아야 한다.

기대이론과 마찬가지로 공정성이론 또한 널리 알려진 동기부여이론이며 상당한 관심을 받아 왔다. 공정성이론을 비판하는 연구들도 있지만 대부분의 연구들은 공정성이론을 지지한다.[35]

조직공정성이론

조직공정성(organizational justice)은 종업원이 조직의 전반적인 공정성에 대해 가지고 있는 지각을

조직공정성
종업원이 자신의 조직에 대해 가지는 전반적인 공정성인식

국내 사례 현대의 조직행동

MZ세대의 동기부여

기업 10곳 중 9곳은 MZ세대(밀레니얼·Z세대) 직원들에게 동기를 부여하는 데 어려움을 겪는다는 설문 결과가 나왔다. 2021년 9월, 사람인은 기업 403개 사를 대상으로 'MZ세대 직원 동기부여 현황'을 조사하였는데 85.1%(343개 사)가 '동기부여가 어렵다'고 답했다고 밝혔다.

동기부여가 어려운 이유로 조사 대상 기업 중 71.7%가 MZ세대 직원들이 장기근속 의지가 적고 애사심이 약한 점을 꼽았다. 다른 이유로는 '이전 세대에 비해 원하는 보상 수준이 높음'(47.8%), '일정 수준의 성취만 달성하고자 함'(40.5%), '수직적 조직문화를 못 견딤'(34.1%), '협동심, 배려 등이 약함'(28.6%) 등을 이유로 들었다.

기업들은 MZ세대에게 동기부여를 하지 못한 결과로 MZ세대 직원들의 퇴사가 발생(57.7%)하고 있으며, 이로 인해 '조직문화 퇴행 및 결속력 약화'(43.1%), '업무성과 저하'(33.8%) 등이 야기된다고 답변했다.

출처 : 기업 85% "MZ세대 직원 동기부여 어려워", 매일경제, 2021. 09. 23.

의미하며 종업원의 동기부여, 태도, 행동의 중요한 결정요인으로 인정받고 있다.[36] 조직공정성이론은 단일 이론이 아니라 조직의 공정성에 대한 특성, 결정요인, 결과 등에 초점을 둔 다양한 이론들의 집합이다. 이러한 집합적인 이론들에 근거하여 연구자들은 분배공정성, 절차공정성, 관계공정성, 정보공정성의 네 가지 형태를 제시하였다.[37]

조직공정성이론은 동기부여에 대해 다음과 같은 질문을 하고 있다. 투입과 성과를 평가하기 위해 사용되고 있는 절차나 분배의 결과가 공정한가? 종업원들을 존중과 배려심을 가지고 대하는가? 관리자들은 자신들이 내린 의사결정이나 그 의사결정에 이르는 과정에 대해 적절한 설명을 하고 있는가? 조직공정성이론은 종업원들이 조직에서 결과를 분배하는 절차가 공정하지 않거나 관리자가 공정하게 대하고 있지 않다고 생각하면, 자신들의 노력이나 시간 등을 투입하려 하지 않는다고 말한다. 이러한 절차는 투입수준을 평가하고 성취된 성과수준을 결정하여 결과를 실제로 분배하는 과정에 대한 것이다.

종업원이 절차가 불공정하다고 인식하거나 공정한 대우를 받지 못하고 있다고 생각하면 표 6.2의 동기부여 등식에 제시된 모든 관계가 약화(즉 투입을 평가하고 성과를 결정하고 궁극적으로 결과를 분배하는 관계가 약화)되어 동기부여에 어려움을 겪을 수밖에 없다.

조직공정성의 형태

분배공정성
조직의 결과 분배에 있어서 인지된 공정성

절차공정성
결과의 분배에 대한 의사결정 절차에 있어서 인지된 공정성

앞서 설명한 공정성이론은 종업원의 동기부여 촉진을 위해 결과분배의 공정함을 강조한다는 점에서 조직의 분배공정성이론으로도 알려져 있다.[38] 조직의 결과분배가 공정해야 한다고 인식하는 **분배공정성**(distributive justice)은 조직공정성이론에서 중요한 요소이다.[39] 분배공정성을 측정하는 샘플 측정설문은 표 6.6에 제시되어 있다.

절차공정성(procedural justice)은 결과를 분배하기 위한 의사결정에 적용된 절차, 즉 수단들이 공정한가에 대한 종업원의 인식 정도를 의미한다.[40] 어떻게 성과수준이 평가되는지, 어떻게 이견이나 의견충돌이 다뤄지는지(예를 들어 관리자의 평가에 대해 종업원이 동의하지 않을 경우), 어떻게 결과가 분배되는지에 대한 절차적 의사결정 과정 등을 포함한다. 공정성이론과 마찬가지로 절차공정성이론에서도 종업원의 인식은 매우 중요한 요소이다. 종업원이 절차공정성에 대해 어떻게 반응하느냐는 개인의 인식에 따라 달라진다.[41]

절차공정성이론은 종업원이 분배 의사결정 과정 절차가 공정하다고 인식했을 경우 더 높은 수준의 성과를 달성하기 위해 노력한다는 것을 보여준다.[42] 다시 말해서 자신의 성과가 정확하게 평가된다고 생각할 경우 동기부여가 잘된다는 것이다. 역으로 상사가 종업원의 공헌을 제대로 모르거나 기분에 따라 평가한다고 생각하면 종업원은 제대로 동기부여 되지 않는다.

종업원은 조직의 분배결정과정에 직접 참여하거나 자신의 의견이 반영되었을 때 절차공정성이 높다고 인식한다.[43] 한 회사에서 재고물량 수준을 20% 감축해 비용절감을 하자는 목표가 주어졌고 이를 달성하기 위해 종업원들이 열심히 노력하는 상황을 생각해보자. 한 종업원은 실제 재고물량을 20%까지 줄이기 위해 최선을 다했으나 재고비용이 20%나 증가하여 성과를 달성하지 못했다. 이런 경우 종업원이 재고를 성공적으로 줄이기 위해 열심히 노력했음에도 불구하고 재고비용이 증가할 수밖에 없었던 상황적 원인을 상사에게 설명할 기회가 주어지고 받아들여진다면 종업원의 절차공정성인식은 개선될 것이다.

절차공정성은 분배절차와 과정이 종업원들 모두에게 일관성 있게 적용되고(예 : 같은 직무를 가진 모든 종업원들은 동일한 절차를 통해 성과가 평가되는 경우), 정확한 정보에 근거하며(예 : 정확한 판매수치와 같은 양적인 자료), 절차가 왜곡되지 않는다면(예 : 상사가 개인적 친분이나 호감도에 근거해 종업원들을 평가하지 않는 경우) 매우 높은 공정성을 갖추고 있다고 볼 수 있다.[44] 더불어 조직에서 사용된 절차가 조직의 윤리적 규율을 준수했다는 사실과 이미 결정된 사항들에 대

표 6.6

조직공정성의 네 가지 형태에 대한 측정설문

아래의 1~5점 척도를 사용하여 각 질문에 응답하라.

	설문항목	전혀 그렇지 않다	별로 그렇지 않다	보통이다	조금 그렇다	매우 그렇다
다음은 여러분의 결과 및 보상에 대한 생각을 묻고 있다.						
1	업무에 쏟은 노력에 걸맞은 보상 및 처우가 이루어진다.	①	②	③	④	⑤
2	완수한 일에 대해 적절한 보상 및 처우가 이루어진다.	①	②	③	④	⑤
3	조직에 공헌한 정도에 걸맞은 보상 및 처우가 이루어진다.	①	②	③	④	⑤
4	성과에 합당한 보상 및 처우가 이루어진다.	①	②	③	④	⑤
다음은 여러분의 결과 및 보상이 결정되는 절차에 대한 질문이다.						
5	보상 및 처우의 결정과정에서 나의 의견을 표현할 수 있다.	①	②	③	④	⑤
6	보상 및 처우의 결정과정에 나의 의견이 반영된다.	①	②	③	④	⑤
7	보상 및 처우의 결정과정은 일관성 있게 이루어진다.	①	②	③	④	⑤
8	보상 및 처우의 결정과정은 편향 없이 이루어진다.	①	②	③	④	⑤
9	보상 및 처우의 결정은 정확한 자료에 근거한다.	①	②	③	④	⑤
10	보상 및 처우의 결정에 대해 이의를 제기할 수 있다.	①	②	③	④	⑤
11	보상 및 처우의 결정과정은 윤리적 기준에 맞게 이루어진다.	①	②	③	④	⑤
다음은 절차 수행을 담당했던 상사에 대한 질문이다.						
12	나의 상사는 나를 함부로 대하지 않는다.	①	②	③	④	⑤
13	나의 상사는 나를 인격적으로 대한다.	①	②	③	④	⑤
14	나의 상사는 나를 존중한다.	①	②	③	④	⑤
15	나의 상사는 나에게 부적절한 발언을 하지 않는다.	①	②	③	④	⑤
다음은 절차수행을 담당했던 상사가 의사결정과 관련될 정보를 제공해 주는지에 대한 질문이다.						
16	나의 상사는 나와 진솔한 의사소통을 한다.	①	②	③	④	⑤
17	나의 상사는 보상 및 처우의 결정에 대해 충분히 설명한다.	①	②	③	④	⑤
18	보상 및 처우의 결정에 대한 상사의 설명은 합리적이다.	①	②	③	④	⑤
19	나의 상사는 보상 및 처우의 결정에 대해 세부적인 사항들을 시의적절하게 알려준다.	①	②	③	④	⑤
20	나의 상사는 상대의 입장을 고려하여 의사소통한다.	①	②	③	④	⑤

점수 매기기 : 분배공정성 = 1~4번 문항들의 합
절차공정성 = 5~11번 문항들의 합
관계공정성 = 12~15번 문항들의 합
정보공정성 = 16~20번 문항들의 합

출처 : Copyright © 2001 by the American Psychological Association. Adapted with permission. The official citation that should be used in referencing this material is Colquitt, J. A. (2001). On the dimensionality of organizational justice: A construct validation of a measure. Journal of Applied Psychology, 86(3), 386.400. doi: 10.1037/0021-9010.86.3.386. No further reproduction or distribution is permitted without written permission from the American Psychological Association.

Keith Brofsky/Valueline/Thinkstock

관리자가 종업원들을 함부로 대하지 않고 존중할 때 관계공정성을 촉진시킬 수 있다.

해서도 종업원의 의견이 반영되어 변경될 수 있는 기회가 주어진다면, 조직공정성은 더욱 높아질 것이다.[45] 절차공정성에 대한 측정설문은 표 6.6에 제시되어 있다.

관계공정성(interpersonal justice)은 종업원이 결과를 분배하는 상사나 관리자로부터 받는 인간적 처우와 관련이 있다.[46] 관리자는 관계공정성을 촉진시키기 위해 종업원을 배려하고 존중하며 예의를 갖추어 대해야 한다.[47] 관리자는 종업원들을 헐뜯거나 무시하는 발언을 삼가야 한다.[48] 관계공정성의 측정설문은 표 6.6에 제시되어 있다.

정보공정성(informational justice)은 관리자들의 의사결정과 그와 관련된 절차를 종업원들에게 설명하는 정도를 일컫는다.[49] 예를 들어 관리자는 자신이 부하직원의 시간 · 노력 · 교육 · 이전의 직무경험 등의 투입을 어떻게 반영하였으며, 성과에 대한 평가는 어떻게 내렸는지, 결과분배에 대한 결정은 어떻게 내렸는지를 종업원에게 설명할 수 있다. 관리자는 결과를 분배하기 위해 사용된 절차를 적절한 방식으로 투명하게 공개해야 한다. 설명이 충분히 구체적이며, 종업원을 충분히 납득시킬 수 있을 때 정보공정성에 대한 종업원의 인식이 높아지기 때문이다.[50] 정보공정성에 대한 측정설문은 표 6.6에 제시되어 있다.

관계공정성
종업원들이 자신의 관리자 혹은 성과분배자로부터 받는 인간적 처우에 대한 공정성 인식

정보공정성
관리자들의 의사결정과 그와 관련된 절차를 종업원들에게 설명하는 정도로 종업원이 인식하는 공정성

조직공정성의 결과

조직공정성에 대한 인식은 종업원의 동기부여, 태도 및 행동을 결정하는 데 큰 영향을 미친다.[51] 연구자들은 기대이론이나 공정성이론에 있어서 절차공정성이 주는 시사점을 고려함으로써 몇 가지 이점을 얻을 수 있다.

기대이론에 따르면 종업원이 자신의 노력을 통해 조직이 원하는 성과를 달성할 수 있으며, 더불어 임금인상이나 승진과 같은 보상을 획득할 수 있을 것이라고 믿을 때 최선을 다해 일하려고 한다고 한다. 그러나 절차공정성 자체에 문제가 있고 그에 대해 종업원들도 불공정하다고 인식하는 상황을 생각해보자. 이를테면 성과평가시스템이 불공정하고 왜곡되어 있다고 생각하며 열심히 일한 만큼의 성과평가를 받을 수 없다면, 종업원들은 자신들이 아무리 노력해도 불공정한 성과평가시스템 때문에 원하는 성과평가를 받기 힘들다고 생각할 것이다. 이런 경우 종업원들은 최선을 다해 업무에 임하려 하지 않을 것이다.

공정성이론의 관점에서 봤을 때, 종업원은 자신이 바라는 결과를 얻을 수 있다는 확신이 없는 상황에서 자신의 노력이나 시간을 투입하기를 꺼릴 것이다.

절차공정성인식은 임금이나 복지와 같은 결과물이 상대적으로 낮을 때 또는 종업원들에게 분배해야 할 보상이 적을 때 특히 중요하게 작용한다. 종업원이 높은 수준의 결과물을 얻었을 때에는 분배에 사용된 절차가 실제로 공정한지 여부에 상관없이 공정하다고 인식할 것이다. 반면 종업원은 낮은 수준의 보상이나 결과물에 대해서는 분배절차가 정말로 공정할 때에만 인정하려 할 것이다.[52]

일반적으로 조직공정성은 직무만족, 조직몰입, 직무성과, 조직시민행동과 긍정적인 관계가 있으며 결근이나 이직의도와는 부정적인 관계를 가지는 것으로 알려져 있다.[53] 연구에 의하면 조직공정성인식이 낮을 때, 역기능적 작업행동이 발생할 가능성이 증가된다고 한다.[54] **역기능적 작업행동**(counterproductive work behaviors)은 조직의 가치와 규범을 위반하고 개인과 조직 전체에 해로운 영향을 미칠 수 있는 잠재적 행동이다.[55] 이러한 행동은 시간 죽이기와 같은 상대적으로 가벼운 위반행동부터 절도, 언어 및 물리적 모욕 등과 같은 심각한 위반행동들을 포함한다.[56]

역기능적 작업행동
조직의 가치와 규범을 위반하고 개인과 조직 전체에 해로운 영향을 미칠 수 있는 잠재력을 가진 종업원의 행동

요약

작업동기를 뒷받침해주는 네 가지 핵심이론들은 욕구이론, 기대이론, 공정성이론, 조직공정성이론이다. 이들 이론들은 조직에서 종업원을 동기부여 하고 관리하는 데 유용하다. 이 장에서 다룬 주요 내용은 다음과 같다.

1. 작업동기란 조직구성원의 행동방향, 노력수준, 문제해결 과정에서 필요한 지속성에 관한 내적 추진력이다. 동기부여는 성과와 구분되는 개념으로, 개인의 능력이나 업무의 난이도 등 여러 요인들이 성과에 영향을 미친다.
2. 내재적으로 동기부여 된 행동은 자신이 좋아서 하는 행동을 일컫는다. 외재적으로 동기부여 된 행동은 물질 및 사회적 보상이나 처벌을 피하기 위해 수행하는 행동을 의미한다.
3. 욕구이론, 기대이론, 공정성이론, 조직공정성이론은 동기부여를 이해하는 데 상호보완적으로 작용한다. 각 이론들은 동기부여의 특징, 관리 등에 대해 제기될 수 있는 문제와 답을 동시에 제공해준다.
4. 동기부여의 욕구이론은 종업원이 직무에서 기대하는 욕구가 무엇인지를 알려준다. 두 가지 주요 욕구이론은 Maslow의 욕구계층설과 Alderfer의 존재-관계-성장이론이다.
5. 기대이론은 종업원이 직무에 몰입하기 위해 어떠한 행동을 얼마나 열심히 할 것인지 그 결정 과정을 보여준다. 기대이론에서 세 가지 주요한 개념은 종업원에게 어떤 결과가 얼마나 매력적인가에 관한 유의성, 특정한 수준의 성과가 특별한 결과의 성취를 이끌 수 있는가에 대한 수단성, 노력이 특정한 수준의 성과를 야기할 수 있는지에 대한 기대 등이다. 유의성, 수단성, 기대는 통합적으로 동기부여에 영향을 미친다.
6. 공정성이론은 종업원이 자신의 결과/투입 비율(자신의 직무로부터 받는 결과와 자신이 조직에 공헌한 투입의 비율)을 비교대상의 결과/투입 비율과 비교한다. 비율이 동일하지 않을 때 종업원은 긴장하고 공정성을 회복하고자 노력하게 된다. 이러한 비율이 동일할 때 종업원은 현재의 결과와 투입 비율을 유지하거나 혹은 더 좋은 결과를 얻기 위해 자신의 투입을 증가시키려 한다.
7. 조직공정성이론은 전반적인 조직에 대한 종업원의 인식과 관련이 있다. 조직공정성의 네 가지 형태는 분배공정성, 절차공정성, 관계공정성, 정보공정성이다. 조직공정성에 대한 인식은 종업원의 동기부여, 태도, 행동에 다양한 영향을 미친다.

토론사례

대기업에 다니는 20·30대 MZ세대 직장인을 중심으로 터져 나오는 성과급 논란이 매년 반복되고 있다. 기업으로선 많게는 수천억 원까지 쓰고도 직원들에게 항의를 받으니 답답할 노릇이다. "성과가 다른데 똑같이 줬다", "사업부별로 차별했다", "경쟁사보다 적게 줬다", "성과급 책정 기준을 공개하라" 등 불만 사유도 제각각이다.

몇 년 전까지만 해도 성과급 액수는 같은 부서 직원끼리도 공유하지 않는 분위기였다. 그러나 MZ세대 회사원들은 사내외 익명 커뮤니티를 통해 통장에 찍힌 액수를 공개한다. 이처럼 과거와 다른 MZ세대 직장인 행태의 중심에는 과거와 달라진 보상에 대한 '공정성'이 있다.

삼성전자 DS 부문 메모리사업부 소속 직원 A씨는 설 연휴 직전인 지난달 말 특별보너스 등을 포함해 월 기본급의 1,000%에 달하는 성과급을 받았다. 그는 "고성과를 냈으니 그에 걸맞은 성과급을 받는 건 당연하다"고 말했다. LG화학 석유화학 부문에 재직 중인 직원들도 상여금을 제외한 월 기본급의 8.5배에 해당하는 성과급을 받았다. 세금을 떼고도 1,000만 원이 넘는 돈이 입금되었지만, 회사 내부에서는 불만의 목소리가 터져 나왔다. 한 LG화학 직원은 "1인당 영업이익을 계산해보면 삼성전자·SK하이닉스보다도 많은데 회사가 너무 짠 것 아니냐"고 토로했다.

LG전자에 다니는 9년 차 직장인 B씨는 다른 반도체 기업 신입사원 연봉이 1억 원에 달한다는 이야기를 들을 때면 스스로가 초라하게 느껴진다. 그가 속한 사업부는 영업이익을 내지 못해 3년 연속 성과급 없이 격려금 100만 원만 받았다. B씨는 "미래 성장 산업을 담당한다고 하지만, 성과급 시즌이 되면 상대적 박탈감이 커진다"며 "지금 같은 보상 체계가 유지되면 인력 유출이 지금보다 더 심해질 것"이라고 지적했다. '상대적으로 너무 적다'는 말도 단골로 나오는 볼멘소리다. 20대 후반 LG에너지솔루션 선임 C씨는 "기본급의 350~500%에 상여금이 함께 지급되었지만 세금을 떼고 나면 1,000만 원도 안 된다"며 "LG화학에 남은 동기들은 최대 1,500만 원까지 받은 것으로 알고 있다"고 말했다. 그는 이어 "우리사주는 1년 뒤에나 팔 수 있어 내부에서 조삼모사 아니냐는 불만이 나온다"며 "일괄적인 절대평가 체제로 인해 개인 성과가 제대로 평가받지 못하고 있다"고 덧붙였다.

'왜 개인별·사업부서별로 차등이 없냐'는 주장도 최근 많이 늘었다. 회사가 여러 사업 부문으로 구분된 회사에 다니는 D씨는 "왜 적자를 낸 부문까지 챙겨주는지 모르겠다"면서 "회사의 성과급 지급 기준이 능력주의가 아닌 온정주의에 기반을 두니, 일 잘하는 직원들이 공정한 보상을 찾아 이직하는 것 아니냐"고 분개했다.

그렇다면 실적이 미진했던 사업부에 근무하는 회사원들은 '제로(0) 성과급'을 받아들일까. 여러 사업 부문으로 이뤄진 곳에 다니는 E씨는 회사가 적지 않은 영업이익을 냈음에도 보너스 없이 한 해를 시작하고 있다. 그가 소속된 부문만 빈손이었다. 영업이익 규모가 회사가 설정한 목표치에 다다르지 못했기 때문이다. E씨는 "고성과 부문의 저성과자가 저성과 부문의 고성과자보다 더 많은 연봉을 받는 게 과연 공정한 것이냐"고 반문했다.

임원이란 이유로 고액 연봉을 받는 것도 MZ세대 직장인 눈엔 불공정으로 보인다. 현대자동차는 과거 전성기 시절에 못 미치는 실적을 내면서 성과급 규모가 축소되어 왔다. 그러면서 2020년 현대차 직원 연봉은 전년 대비 8.3% 줄었다. 그런데 몇몇 임원 연봉이 크게 늘자 젊은 직원들이 공개적으로 불만을 제기하고 나섰다. 이에 정의선 회장이 2021년 3월 "성과 보상에 대한 변화가 있을 것"이라고 말했고, 장재훈 사장도 "보상체계 기준을 만들고, 2022년부터 실적이 확정되는 대로 성과급을 지급하겠다"며 수습에 나서기도 했다.

출처: "이러니 일 잘하는 직원 다 떠나지"…성과급에 뿔난 사연은, 매일경제, 2022. 02. 09.

토론문제

1. 성과급을 어떻게 지급해야 공정하다고 생각하는가?
2. MZ세대가 성과급의 공정성과 투명성을 강조하는 경향은 조직에 어떠한 영향을 미치게 되는가?

제 7 장

동기부여를 위한 작업환경 만들기

개관

단원 목차

요약

학습목표

이 단원을 학습한 후 다음을 이해할 수 있다.

- 직무설계를 위한 과학적 관리 접근법의 장점과 단점을 이해할 수 있다.
- 직무설계가 동기부여를 하기 위한 작업환경을 만들 수 있도록 직무특성모델을 이해할 수 있다.
- 사회정보처리모델의 의미를 이해한다.
- 조직목표가 어떻게, 왜 구성원들에게 동기부여 하는지를 이해할 수 있다.
- 목표설정이론과 동기부여 작업환경에 영향을 미치는 목표의 종류를 설명할 수 있다.

회사가 방해하지 않을수록 직원들은 더 놀라운 일을 해낸다

넷플릭스는 어떻게 우수한 인재들을 모으고, 성장시키는가?

미국 실리콘밸리에선 기존 비즈니스 모델이 붕괴되었을 때 '넷플릭스트(Netflixed, 넷플릭스당하다)'란 말을 쓴다. 넷플릭스의 혁신에 밀려나는 기업이 그만큼 많다는 것이다. 1997년 온라인 주문 방식의 DVD 대여업으로 시작한 넷플릭스는 창업 10년 뒤인 2007년부터 인터넷 동영상 스트리밍(실시간 재생) 서비스에 투자해 시장의 판도를 바꿔놨다.

영국 경제주간지 이코노미스트는 "갑자기 모든 기업이 넷플릭스가 되려 한다"고 전했다. 케이블TV 가입비를 내거나 티켓을 사서 영화를 보는 대신 언제 어디서든 인터넷을 통해 스마트TV · 스마트폰 등 원하는 기기로 영화와 드라마를 보는 것이 대세로 자리 잡았기 때문이다.

넷플릭스가 스트리밍 서비스로 빠르게 전환하고, 오리지널 콘텐츠를 폭넓게 확보한 '퍼스트무버(선도자)'가 된 비결은 뭘까. 제시카 닐 넷플릭스 최고인재책임자(CTO)는 "직원들이 역량을 최대로 발휘할 수 있도록 기업을 운영하는 문화가 넷플릭스의 혁신을 이끈 핵심 전략"이라고 말했다.

넷플릭스는 기업이 큰 변화를 겪을 때 인력 관리 측면에서 염두에 두어야 할 것이 문화라고 보고 있다. 넷플릭스에서의 문화는 우리가 어떻게 일하는지에 대한 전략으로, 문화를 '기업을 운영하는 뼈대(operational framework)'로 생각하는 것이다. 넷플릭스 문화의 주요 원칙은 '우리가 할 수 있는 한 최고의 인재를 채용하고, 그들에게 필요한 수단을 제공한 뒤 그들이 최고의 성과를 낼 수 있도록 방해하지 않는 것'이다. 이를 '자유와 책임'이라고 부른다.

넷플릭스는 최고의 인재들이 계속 회사를 다니면서 행복하게 일할 수 있게 하기 위해 어려운 문제를 해결할 수 있도록 충분한 자율성을 주고, 솔직하게 대하며, 그에 걸맞게 보수도 주고자 한다. 즉 재능 있는 사람들을 뽑고 그들에게 자유와 책임을 부여한다는 것이다. 넷플릭스에는 엄격한 규율과 쓸데없는 절차가 없다. 예를 들어 비용을 처리할 때 직원들이 회삿돈을 자기 돈처럼 쓰면 된다는 철학이 있다. 직원들이 훌륭한 결정을 하고 좋은 판단력이 있다고 믿는 것이다. 그러면 직원들이 힘을 발휘해 스스로를 제어하는 동시에 창의적으로 일하게 된다고 믿는다.

대부분의 기업이 변칙을 만들지 않으려고 통제하고자 한다. 그러나 넷플릭스는 아직 일어나지도 않은 일에 대비한 절차를 마련하는 것은 의미가 없다고 생각한다. 직원 대부분이 책임감을 느끼고 올바른 방식으로 일하면 되기 때문에, 경영진은 큰 맥락만을 제시하고 나머지는 직원들에게 맡긴다. 직원들을 방해하지 않을수록 더 놀라운 일을 해낸다고 믿는 것이다.

넷플릭스는 인재가 곧 전략이라고 믿고 있다. 인재를 끌어들이고, 지속적인 동기부여를 하며, 문화를 만들기 위해 노력했다. 문화에 있어서도 넷플릭스는 하나의 문화를 고수하려고 하지 않는다. 오히려 회사가 성장함에 따라 문화를 진화시키려고 한다. 미국 로스앤젤레스와 실리콘밸리, 싱가포르 그리고 서울 등 곳곳에 상주하는 팀이 있는데, 그들이 각자의 방식대로 일할 수 있고 문화와 규모, 팀원의 인적 구성에 따라 각각의 특성을 가지고 있다. 하지만 더 매력적인 점은 그들이 모두 넷플릭스의 문화와 가치 체계에 뿌리를 두고 있다는 것이다. 즉 일본에 있는 사무실과 LA에 있는 사무실의 일하는 방식이 약간 다를 수 있지만, 결국 하나의 지향점을 향하고 있다는 것이다. 이는 모두가 일하는 방식을 개선하기 위해 협력해나가기 때문에 가능한 일이다.

출처 : "회사가 방해하지 않을수록 직원들은 더 놀라운 일을 해낸다", 한국경제, 2018.10.19.

개관

우리는 제6장에서 동기부여의 본질에 대해 학습하였다. 이러한 기초를 토대로 이 장에서 조직이 직무를 설계하는 방식 및 목적을 설정하는 방식을 통해서 동기부여에 적합한 작업환경을 만드는 것을 논의할 것이다. 조직과 구성원이 추구하는 목표는 구성원들의 동기부여에 큰 영향을 미친다.[1]

그림 7.1에 소개된 동기부여 방정식에 따르면 직무설계와 목표설정은 구성원들에게 동기를 부여하는 중요한 요인이 된다.

직무설계 : 초기의 접근방법

직무설계
특정 과업을 특정 직무와 연결하고 그러한 과업을 수행하기 위해 어떤 기술, 설비, 절차가 필요한지 결정하는 과정

직무설계(job design)는 조직 내에서 구성원이 맡은 직무의 내용을 결정하고, 그러한 직무를 수행하기 위해 어떠한 기술, 절차, 설비 등이 필요한지 결정하는 과정이다. 가령 비서가 맡은 직무의 내용을 생각해보자. 걸려오는 전화를 받는 일, 서류 정리하는 일, 이메일과 보고서 쓰는 일, 회의와 일정관리 등이 있다. 비서가 이러한 과업을 완수하기 위해서는 공식적인 문서를 작성하고 컴퓨터 프로그램을 자유자재로 다루는 능력, 친절하게 전화 받는 법, 회의 일정을 파악하고 관리하는 일정노트 등이 필요할 것이다.

일반적으로, 관리자들은 구성원들이 일 자체를 즐기며 원하는 결과를 얻을 수 있도록 직무를 설

그림 7.1
동기부여 수단

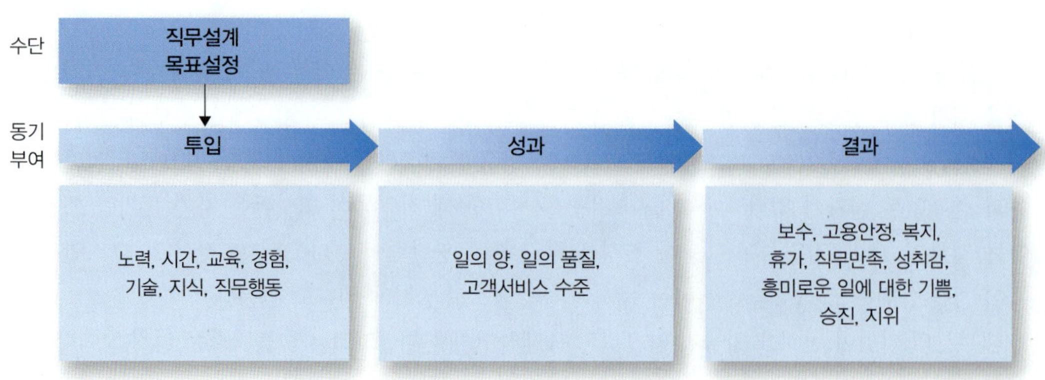

계하고자 노력한다. 이러한 직무설계는 구성원들이 투입하는 노력의 수준에 큰 영향을 미치기 때문이다. 이는 구성원들을 동기부여 하여 높은 수준의 투입을 하도록 유도하고 조직의 생산성과 효율성을 극대화시키는 데 주목적이 있다.

다음에는 직무설계에 대한 초기 접근법인 과학적 관리, 직무확대, 직무충실에 대해 살펴볼 것이다. 이러한 접근법은 구성원들의 동기와 성과를 높이기 위해 직무를 어떻게 설계할 것인지 뿐 아니라, 기존에 있는 직무를 어떻게 재설계할 것인가에 대한 방향도 제시하고 있다.

과학적 관리

1911년, Frederick W. Taylor는 직무설계의 초기 접근법 중 하나인 과학적 관리의 원칙을 출판했다.[2] Taylor는 구성원들이 태만해지고 그들이 달성해야 할 만큼의 높은 성과를 내지 않는다는 것에 주목하였다. **과학적 관리**(scientific management)는 직무단순화와 전문화를 강조하는 원칙과 실무적 규칙들로, 조직의 생산성과 구성원 개인의 성과를 높이기 위해 Taylor에 의해 개발되었다. Taylor는 직무를 수행하는 데에는 가장 좋은 방법이 있으며, 관리자의 책무는 이 방법이 무엇인지를 결정하는 것이라고 주장했다. 그는 직무단순화와 전문화가 관리자들이 해야 할 일이라고 믿었다. **직무단순화**(job simplification)란 식별가능한 작은 과업으로 직무를 분할하는 것이다. **직무전문화**(job specialization)는 구성원들이 작고, 단순한 작업을 집중적으로 담당할 때 발생한다.

과학적 관리
직무단순화와 전문화를 강조함으로써 개별 구성원들의 성과를 향상시키기 위해 고안된 일련의 원칙과 실무적 규칙들

직무단순화
직무를 작은 식별가능한 과업으로 분할하는 것

직무전문화
구성원들을 작고, 단순한 작업들에 할당하는 것

많은 패스트푸드 레스토랑들이 직무단순화와 전문화의 원리를 적용한다. 서브웨이(샌드위치 체인점)가 샌드위치를 준비하는 방식이 대표적인 사례이다. 한 사람이 샌드위치 위에 고기를 올리면, 다른 사람은 다른 재료(상추, 토마토, 소스)를 올리고, 또 다른 사람은 고객으로부터 돈을 받는다. 단순화와 전문화 시스템 덕분에 서브웨이는 짧은 시간 안에 고객이 원하는 다양한 샌드위치를 만들 수 있다. 직무설계의 효과는 1명 또는 여러 명의 구성원이 일을 할 수 없는 상황(예 : 전화를 받고 있거나, 공급품을 보충하고 있을 때)에 어떤 일이 발생하는지 관찰하면 잘 알 수 있다. 이러한 상황에서 서브웨이의 직원들은 자신의 일과 잠시 일을 하지 못하는 동료의 일까지 해야 한다. 그러면 고객에게 서비스를 제공하는 시간이 지연된다. 가령 샌드위치 재료를 올리는 구성원이 계산업무까지 하게 되면, 그 구성원은 고객의 돈을 받고 난 후 샌드위치 위에 재료를 올리기 전에 다시 손을 씻어야 할 것이다.

과학적 관리를 지지하는 사람들은 각자가 담당하는 과업을 가장 효과적으로 수행하기 위해 시간 및 동작에 관한 연구를 하였다. **시간 및 동작연구**(time and motion studies)는 어떤 과업을 수행하기 위해 정확히 얼마나 시간이 소요되며, 가장 좋은 방법은 무엇인지를 다룬다. 예를 들어 그 과업을 수행하는 데 어떤 신체동작이 가장 효율적인지를 알아내는 것이다. 이에 따라 구성원들은 담당할 과업을 가장 효율적으로 수행하는 방법에 대해 교육받는다.

시간 및 동작연구
특정 과업을 수행하는 데 소요되는 정확한 시간과 최적의 방법에 대한 연구

예를 들어 서브웨이의 직원들은 빵을 정확하게 자르는 법, 빵 위에 고기를 올리고 다른 재료를 추가하는 방법 등에 대해 교육받는다. 이러한 과업들은 비교적 단순하기 때문에 직원들은 빨리 습득할 수 있다. 관리자들은 시간 및 동작연구를 통해 각각의 과업을 수행하는 데 정확히 어느 정도의 시간이 걸리며 평균적으로 얼마나 많은 산출물이 나와야 하는지 알고 있다. 그렇기 때문에 직원들로 하여금 일정 수준의 성과를 만들어내기를 원한다. 예컨대 한 서브웨이의 매장에서 관리자들은 시간당 얼마나 많은 샌드위치를 만들어야 하고, 고객에게 어떤 수준의 서비스를 제공해야 하는지 기준을 만들어놓는다. 그리고 직원에게 정확히 어떠한 업무를 수행해야 하고 완수하는 데 어느 정도의 시간이 소요되는지 명시함으로써, 그 직원의 투입물이 용인할 만한 성과를 산출할 것이라고 기대한다.

과학적 관리의 직무설계에서 보상은 종업원들을 동기부여시키는 수단으로, 성과와 밀접하게

Frederick W.Taylor는 직무설계의 개척자로서, 조립생산라인의 전문화를 추구하였다. 그가 고안한 시간 및 동작연구는 생산성을 극적으로 변화시켰으나 비인간적인 작업장을 만들었다고 비판받았다.

관련된다. 이를테면 종업원은 컴퓨터 프린터에 8개의 방음기를 부착할 때마다 5달러씩을 받을 수 있다.

특히 자동차 조립라인에서, 조립작업을 정해진 시간 동안 반복적으로 시행하는 것은 과학적 관리의 방법으로 조직의 생산성과 효율성을 극대화시킨다. 하지만 이러한 과학적 관리원칙에 의한 직무설계는 상당한 부작용을 유발한다. 외재적으로 동기부여된 행동은 보상을 얻거나 처벌을 피하기 위해 취하는 행동이며, 내재적으로 동기부여된 행동은 자신의 이익을 위한 행동이라는 것을 앞서 학습한 바 있다. 내재적으로 동기부여된 구성원들은 업무 자체에 즐거움을 느낀다. 하지만 과학적 관리는 효율적인 생산성 관리에만 주력했지, 구성원들의 내재적 동기를 간과하였던 것이다.

과학적 관리 하에서 일하는 구성원은 업무의 단순함과 반복성 때문에 매너리즘에 빠지기 쉽다. 그들은 점차 일에 대한 관심과 흥미를 잃어가고 지루함과 소외감을 느끼게 되었으며, 새로운 기술을 배우고 스스로를 발전시킬 기회를 가지지 못하게 된다. 그 결과 조직의 생산성과 효율성은 감소하게 된다. 이러한 문제들은 외재적으로 구성원의 동기를 부여하고, 종업원을 통제하려는 인간관에서 비롯된다. 이러한 문제점은 서브웨이와 다른 패스트푸드 레스토랑의 높은 이직률을 발생시키는 결정적인 요인이다. 구성원들은 보다 흥미롭고 동기부여가 되는 일을 찾기 위해 직장을 떠난다.

직무확대와 직무충실

직무확대
동일한 난이도와 책임감을 가지도록 하면서 구성원들이 수행하는 과업의 수를 늘리는 것. 수평적 직무부과라고 불림

과학적 관리로 인해 발생하는 문제들에 대응하기 위한 노력 중 하나는 '직무확대'이다.[3] **직무확대**(job enlargement)란 구성원들이 수행하는 과업의 수와 범위를 늘리는 것이다. 직무확대는 구성원이 담당하고 있는 기존 업무에 비슷한 난이도의 과업을 추가함으로써 다양성을 증가시킨다. 직무의 내용은 확대되지만 난이도는 일정하기 때문에 수평적 직무부과(horizontal job loading)라고도 불린다. 예를 들어 컴퓨터 프린터에 종이선반대를 부착하는 조립라인 구성원이 소음기와 토너 카트리지까지 부착하도록 직무를 확대할 수 있다. 그 구성원은 비슷한 수준의 난이도를 가진 다양한 과업을 수행하게 된다.

직무확대의 지지자들은 과업의 수와 다양성을 증가시킴으로써 구성원의 내재적 동기를 높일 수 있다고 생각했다. 직무확대는 IBM, 메이택, AT&T를 포함하는 많은 회사에서 모범적으로 시행되었지만 그리 성공적이지 않았다.[4] 왜냐하면 직무는 양적으로 확대될 뿐, 여전히 단순하고 구성원

들이 가진 자율성과 다양성을 고려하는 데 한계가 있었기 때문이다. 도리어 수행해야 할 업무량만 늘어난 결과를 만들었다.

직무확대의 이러한 한계점에 대응하기 위해 1960년대에 '직무충실화' 이론이 제시되었다. **직무충실**(job enrichment)은 직무를 수직적으로 확장시키는 방법으로, 구성원들에게 더 많은 재량권을 부여하는 데 초점을 둔다. 즉 구성원들에게 상사의 책임을 일부 위임하여 업무에 대해 막중한 책임감과 영향력을 행사할 수 있도록 한다. 따라서 구성원들은 업무를 자율적이고 책임감 있게 수행하게 되고, 이를 통해 자신의 역량을 개발할 수 있는 기회도 얻게 된다. Herzberg의 동기-위생이론은 직무충실화 이론의 기반이 되었다. Herzberg의 이론에 따르면 직무에 대한 구성원의 자율성과 책임감을 증가시키는 것은 구성원의 욕구를 만족시킬 수 있으며, 구성원들은 이러한 욕구가 충족될 때에 비로소 직무에 만족하고 성실히 업무에 임할 수 있다.

직무충실
구성원들이 자신의 직무에서 보다 많은 책임감과 통제력을 갖도록 하는 것. 수직적 직무부과라고 불림

관리자들은 다음과 같은 방법으로 직무충실을 행할 수 있다.[5]

- 구성원들이 스스로 업무계획을 세우도록 허용하라. 예컨대 비서들이 문서작성 · 정리 · 회의 준비 등의 다양한 과업을 언제, 어떠한 방식으로, 어느 정도의 시간을 할애하여 수행할지에 대한 결정권을 갖도록 하라.
- 구성원이 자신의 일을 감독, 통제할 수 있도록 하라. 비서에게 광고책자의 초안 오류를 확인, 전달하는 일 대신 최고 품질의 오류가 없는 광고책자를 만들어내도록 하는 책임을 부여하라.
- 구성원이 새로운 기술을 배우는 것을 허용하라. 비서에게 부기와 다른 기본적 회계 절차를 배울 수 있도록 기회를 부여하라.

직무확대와 마찬가지로 직무충실도 구성원들의 내재적 동기를 증가시키는 데 목적이 있다. 구성원들이 직무에 대해 더 많은 책임감과 권한을 가지고 있다고 생각한다면 적극적이고 도전적으로 업무에 임할 수 있게 된다. 이러한 동기부여는 조직의 효율성을 높이는 데 기여한다.[6]

하지만 모든 구성원들이 직무충실로 부여된 추가적인 책임을 감당하기 원하는 것은 아니다. 과중한 부담은 오히려 비용을 증가시키고 생산성을 낮추는 등의 부작용을 초래할 수도 있다. 이를테면 서브웨이가 고객이 원하는 많은 양의 샌드위치를 만들 수 있었던 것은 직무단순화와 전문화된 시스템에 기반했기 때문이다. 서브웨이 직원들에게 직무의 양과 책임을 가중시키면 고객에게 서비스를 제공하는 시간이 지연되고, 그 결과로 조직의 생산성과 효율성은 감소될 수 있을 것이다. 이렇듯 직무충실화의 효과에 대한 연구결과는 엇갈린다.

직무설계 : 직무특성모델

직무특성모델(job characteristic model)은 1970년대에 Richard Hackman과 Greg Oldham이 개발한 이론으로, 직무충실 개념에 근거하여 구성원의 내재적 동기를 높이는 직무특성을 구분해준다. 또한 직무특성모델은 이러한 특성들이 구성원의 심리상태를 자극하여 어떠한 결과를 창출하는지를 설명하였다.[7] Richard Hackman과 Greg Oldham의 직무특성모델은 다섯 가지 핵심직무특성을 제시하고 있다.

직무특성모델
직무를 내재적으로 동기부여시킬 수 있게 만들고 이에 따라 직무설계를 가능하게 하는 모델

핵심직무특성

직무특성모델에 따르면, 모든 직무는 내재적 동기부여에 영향을 미치는 다섯 가지(기술 다양성, 과업 정체성, 과업 중요성, 자율성, 피드백)의 핵심특성을 가진다고 한다. 각 차원에 해당하는 점수가 높을수록 높은 내재적 동기수준을 가진다고 볼 수 있다.

이 기계공들은 기술과 재능에서 높은 다양성을 사용하기 때문에 더욱 내재적으로 동기부여된다.

1. **기술 다양성**(skill variety)은 직무를 수행하는 구성원이 얼마나 다양한 기술과 능력, 재능을 활용하는지를 뜻한다.

   높은 다양성 : 최근 ICT의 확산으로 비교적 단순업무 위주였던 공장에서도 기술의 다양성을 요구하고 있다. 공장에서 일하는 구성원들은 제품을 만드는 기술뿐만 아니라 컴퓨터 프로그램, 통계, 품질관리와 같은 다양한 기술을 습득하고 활용해야 한다.

   낮은 다양성 : 서브웨이 음식점에서 일하는 직원들은 상대적으로 낮은 기술 다양성을 가진다. 직원들은 빵을 정확하게 자르는 법, 고기와 야채 등의 재료를 올리는 법을 익히게 된다.

2. **과업 정체성**(task identity)은 전체 업무 중 특정 구성원이 수행하는 업무의 비중을 일컫는다. 즉 한 구성원이 업무의 모든 과정을 수행하면 정체성이 높은 것이다.

   높은 정체성 : 자포스의 C.L.T. 직원들은 고객들의 요구와 문제들을 해결해줌으로써 좋은 관계를 형성하는 데 주력한다. 그들은 고객들이 서비스에 만족하고 행복해할 때까지 처음부터 끝까지 책임을 진다. 또 다른 예로 고객이 원하는 맞춤 목재 캐비닛과 가구를 만드는 목수는 높은 과업 정체성을 가진다. 목수는 캐비닛과 가구를 처음부터 끝까지 디자인하고 조립, 설치해야 하기 때문이다.

   낮은 정체성 : 컴퓨터 프린터를 조립하는 공장 직원이 종이선반대만 붙인다면 그들의 과업 정체성은 낮다고 볼 수 있다.

3. **과업 중요성**(task significance)은 직무가 다른 사람들의 일과 생활에 영향을 미치는 정도를 의미한다.

   높은 중요성 : 의료 연구진과 의사들의 직무는 사람들의 건강과 행복을 책임지는 일이기 때문에 높은 과업 중요성을 가진다. 또한 C.L.T. 직원들은 자신의 직무가 자포스의 고객과 회사 전체에 매우 중요하다고 생각한다.

   낮은 중요성 : 세차가 끝난 차를 말리는 일은 과업 중요성이 상대적으로 낮다고 볼 수 있다. 왜냐하면 이러한 직무는 다른 사람들에게 큰 영향을 미치지 않기 때문이다.

4. **자율성**(autonomy)은 구성원들에게 직무를 계획하고 어떻게 그것을 수행할 것인지에 대해 자유와 독립, 재량권을 허용하는 정도이다.

   높은 자율성 : 앞서 넷플릭스의 종업원들은 높은 자율성을 가진다는 것을 확인할 수 있었다.

   낮은 자율성 : 국세청에서 세금신고서를 분류하는 구성원들은 낮은 수준의 자율성을 가진다. 왜냐하면 그들의 업무는 고정되어 있고, 지침에 따라 일정한 속도로 진행하기만 하면 되기 때문이다.

5. **피드백**(feedback)이란 구성원들에게 직무수행의 결과를 명확히 알려주는 정도를 의미한다. 피드백을 많이 받게 되면 구성원은 보다 더 정확하고 성실하게 일하게 될 것이다.

   높은 피드백 : 공장에서 컴퓨터 부품을 만들고 조립하는 직원의 경우, 컴퓨터가 제대로 작동하는지 직접 확인함으로써 피드백을 얻을 수 있다.

   낮은 피드백 : 뉴욕 시립도서관에서 책을 정리하는 사서들은 일을 하는 중에 피드백을 받지 못하고, 심지어 실수를 해도 알아채지 못하는 경우가 다반사이다.

기술 다양성
어떤 직무가 구성원에게 요구하는 기술, 능력, 재능의 다양성

과업 정체성
처음부터 끝까지 전체 업무 중 특정 과업의 비중

과업 중요성
직무가 다른 사람들의 일과 생활에 영향을 미치는 정도

자율성
구성원들에게 어떻게 일을 계획하고 수행할 것인지에 대한 자유와 독립을 허용하는 정도

피드백
구성원들에게 직무수행의 결과에 대한 명백한 정보를 주는 정도

직무특성모델은 직무의 다섯 가지 핵심차원에 대한 구성원의 인식이 내재적 동기를 결정하는 중요한 요인임을 강조하였다. 이를테면 두 사람이 같은 영화를 보거나 같은 회의에 참여할 수는 있지만, 경험한 것에 대한 인식은 서로 다를 수 있다. 어떤 사람이 흥미로웠다고 생각하는 영화를 다른 사람은 지루했다고 여길 수도 있다. 한 사람은 회의가 시끄럽고 무질서했다고 생각할 수 있는 반면, 다른 사람은 논리적이었고 활발한 토론이 오갔다고 인식할 수도 있다. 마찬가지로 같은 직무를 맡아도 서로 다르게 인식할 수 있는 것이다. 예를 들어 동일한 업무라도 한 구성원은 높은 과업 중요성을 가진다고 인식할 수 있지만, 다른 구성원은 중요성이 거의 없다고 생각할 수도 있다.

또한 구성원들은 일에 대해 더욱 흥미와 관심을 가지기 위해 직무 자체를 바꾸거나 직무에 대한 인식 혹은 주변 사람들을 바꾸기도 한다. 주도적으로 자신의 직무와 연관된 과업들을 수정하려고 애쓰거나, 직무를 보는 시각을 변화시키고, 직무를 수행하는 동안 상호작용하게 되는 사람을 바꾸는 일을 **직무수정**(job crafting)이라고 한다.[8]

직무수정
구성원들이 주도적으로 자신의 직무와 연관된 과업들을 수정하려고 애쓰거나, 직무를 보는 시각을 바꾸고, 그들이 직무를 수행하는 동안 상호작용하는 사람을 바꾸는 것

잠재동기점수

핵심직무특성에 대한 구성원들의 인식을 측정하기 위해 Hackman과 Oldham은 직무진단 설문을 개발하였다. 구성원들이 자신의 직무에 대해 점수를 부여하면, 잠재동기점수의 계산이 가능해진다. **잠재동기점수**(motivating potential score, MPS)란 내재적 동기부여를 향상시키기 위해 직무의 전반적인 잠재성을 측정하는 도구이다. MPS는 첫 세 가지의 핵심특성(기술 다양성, 과업 정체성, 과업 중요성)의 평균에 자율성과 피드백 점수를 곱한 값이다. 첫 세 가지의 핵심특성은 1점에서 7점까지 받을 수 있다. 가능한 가장 낮은 MPS는 1(1×1×1)이고, 가능한 가장 높은 MPS는 343(7×7×7)이다. 실제로 Hackman과 Oldham이 관찰한 가장 낮은 MPS 점수는 타이핑 조직에서 일하는 타이피스트의 7점이었다. 타이피스트는 타이핑 업무가 과부하 되었을 때 타자기 앞에서 하루 종일 일해야 한다. 경영컨설턴트의 점수는 300점으로 가장 높았다. Hackman과 Oldham은 미국 기업의 잠재동기점수의 평균치가 128점이라고 제시하였다.[9]

잠재동기점수
내재적 동기부여를 기르기 위한 직무의 전반적인 잠재성을 측정하는 도구

직무진단설문은 직무재설계를 필요로 하는 핵심특성을 알아내기 위해서도 활용된다. 그림 7.2는 조경 회사에서 일하는 정원사의 설문결과를 보여준다. 이 정원사는 주택가나 상가 주변에 조경 서비스를 제공하는 일을 맡고 있는 3명의 직원 중 1명이다. 그는 상위 감독관으로부터 개별과업(잔디 깎기, 화단 정리하기, 나무 심기 등)을 할당받는다.

그림 7.2에서 알 수 있듯이 정원사의 과업 정체성과 자율성은 상대적으로 낮으며, 직무재설계의 대상이 되고 있다. 현재 감독관은 직무와 연관되지 않은 과업을 각 직원에게 할당하지 않고 있다. 하지만 과업 정체성과 자율성을 증가시키기 위해서 감독관은 직원에게 과업을 할당하는 방법을 바꿀 수 있다. 감독관은 각 직원이 특정 조경 직무에 더 많은 책임을 지게 할 수 있고, 기본적인 지침을 제공한 후에 그 일을 수행하는 방법도 스스로 결정하도록 허용할 수 있다. 예를 들어 정원사는 화단을 정리하고 배치하는 일까지 책임을 질 수 있다(그 결과 과업 정체성이 높아진다). 감독관이 정원사에게 고객이 어떠한 것을 좋아하고 싫어하는지 언급하면, 정원사는 재량껏 화단을 설계하고 배치할 수 있다(그 결과 자율성이 높아진다). 이러한 변화의 결과로 정원사 직무의 MPS는 20.4에서 100으로 증가되었다(그림 7.2 참조).

직무는 다섯 가지 핵심직무특성(표 7.1)과 MPS 수준을 높이기 위해 다양한 방법으로 재설계될 수 있다. 가장 흔한 직무재설계 방법은 표 7.2에 제시되어 있다.

중요 심리상태

Hackman과 Oldham이 제시한 핵심직무특성들은 다음과 같은 구성원의 심리상태에 영향을 준다.

표 7.1

Hackman과 Oldman의 직무진단 설문을 통한 다섯 가지 핵심직무 특성

기술 다양성

1. 당신의 직무는 얼마나 다양한가? 즉, 직무가 당신에게 다양한 기술과 재능을 사용하여 얼마나 다양한 일을 하도록 요구하는가?

1	2	3	4	5	6	7
매우 적음. 직무는 내게 지속적으로 동일한 업무를 하도록 요구함			중간 정도의 다양성			매우 많음. 직무는 내가 다양한 기술과 재능을 사용하도록 요구함

2. "직무는 내게 많이 복잡하거나 높은 수준의 기술을 사용하도록 요구한다." 이 문장이 얼마나 당신의 직무를 정확하게 묘사하는가?

1	2	3	4	5	6	7
매우 정확하지 않음	대부분 정확하지 않음	약간 정확하지 않음	모르겠음	약간 정확함	대부분 정확함	매우 정확함

3. "직무는 꽤 단순하고 반복적이다."* 이 문장이 당신의 직무를 얼마나 정확하게 묘사하는가?

1	2	3	4	5	6	7
매우 정확하지 않음	대부분 정확하지 않음	약간 정확하지 않음	모르겠음	약간 정확함	대부분 정확함	매우 정확함

과업 정체성

1. 당신의 직무는 어느 정도로 명확히 구분가능한 단위의 일로 구성되어 있는가? 즉, 당신의 일은 최종 제품이나 서비스 제공의 일부분인가? 또는 당신은 전체 일 중에 작은 부분만을 수행하고, 나머지 일은 다른 사람이나 자동화된 기계에 의해 마무리되는가?

1	2	3	4	5	6	7
나의 직무는 전체 일 중에 작은 일부일 뿐임. 나의 행동의 결과는 최종 제품이나 서비스에서 확인되지 않음			나의 직무는 전체 일 중에 중간 정도의 '부분'임. 그러나 최종 제품이나 서비스에 내가 어느 정도 기여하고 있는지 확인됨			나의 직무는 처음부터 끝까지, 일의 모든 것을 수행하는 것임. 나의 행동의 결과는 쉽게 최종 제품이나 최종 서비스에서 확인됨

2. "나의 직무는 내가 시작한 일을 끝까지 마무리할 기회를 준다." 이 문장이 당신의 직무를 얼마나 정확하게 묘사하는가?

1	2	3	4	5	6	7
매우 정확하지 않음	대부분 정확하지 않음	약간 정확하지 않음	모르겠음	약간 정확함	대부분 정확함	매우 정확함

3. "나의 직무는 일의 처음부터 끝까지, 일의 전체를 수행할 기회를 주지 않는다."* 이 문장이 당신의 직무를 얼마나 정확하게 묘사하는가?

1	2	3	4	5	6	7
매우 정확하지 않음	대부분 정확하지 않음	약간 정확하지 않음	모르겠음	약간 정확함	대부분 정확함	매우 정확함

과업 중요성

1. 일반적으로 당신의 직무는 얼마나 중요한가? 즉, 일의 결과는 다른 사람의 생활이나 복지에 크게 영향을 주는가?

1	2	3	4	5	6	7
그렇게 중요하지 않음. 내가 수행한 일의 결과는 사람들에게 중요하지 않음			중간 정도로 중요함			매우 중요함. 내가 수행한 일의 결과는 다른 사람에게 중요함

2. "내가 직무를 어떻게 수행하는지가 많은 사람들에게 영향을 줄 수 있다." 이 문장이 당신의 직무를 얼마나 정확하게 묘사하는가?

1	2	3	4	5	6	7
매우 정확하지 않음	대부분 정확하지 않음	약간 정확하지 않음	모르겠음	약간 정확함	대부분 정확함	매우 정확함

3. "나의 직무는 아주 중요한 일은 아니다."* 이 문장이 당신은 직무를 얼마나 정확하게 묘사하는가?

1	2	3	4	5	6	7
매우 정확하지 않음	대부분 정확하지 않음	약간 정확하지 않음	모르겠음	약간 정확함	대부분 정확함	매우 정확함

자율성

1. 당신은 직무수행에 있어 얼마나 많은 자율성을 가지는가? 즉, 당신은 어떻게 일을 할지 스스로 결정할 수 있는가?

1	2	3	4	5	6	7
매우 적음. 나는 어떻게, 언제 일을 할지 개인적인 발언을 거의 허용받지 못함			중간 정도의 자율성. 많은 것들이 표준화되어 있고, 내가 통제할 수 없음. 하지만 나는 일부에 대해서는 결정을 할 수 있음			매우 많음. 나는 어떻게, 언제 일을 할지에 대해 거의 완전한 책임을 가짐

2. "나는 어떻게 일을 할지에 대해 상당한 독립성과 자유의 기회를 가진다." 이 문장이 당신의 직무를 얼마나 정확하게 묘사하는가?

1	2	3	4	5	6	7
매우 정확하지 않음	대부분 정확하지 않음	약간 정확하지 않음	모르겠음	약간 정확함	대부분 정확함	매우 정확함

3. "나는 일을 하는 데 개인적인 계획이나 판단을 사용할 기회가 있다."* 이 문장이 당신의 직무를 얼마나 정확하게 묘사하는가?

1	2	3	4	5	6	7
매우 정확하지 않음	대부분 정확하지 않음	약간 정확하지 않음	모르겠음	약간 정확함	대부분 정확함	매우 정확함

피드백

1. 일을 하면서 당신은 성과에 대한 정보를 얼마나 많이 제공받는가?

1	2	3	4	5	6	7
매우 적음. 직무 자체는 내가 얼마나 잘하고 있는지를 알려주지 않음			보통. 가끔 일의 성과를 알 수 있음			매우 많음. 지속적으로 내가 얼마나 잘하고 있는지를 알 수 있음

2. "직무를 하면서 내가 얼마나 잘하고 있는지를 알 수 있는 기회가 있다." 이 문장이 당신의 직무를 얼마나 정확하게 묘사하는가?

1	2	3	4	5	6	7
매우 정확하지 않음	대부분 정확하지 않음	약간 정확하지 않음	모르겠음	약간 정확함	대부분 정확함	매우 정확함

3. "직무 자체는 내가 일을 잘하고 있는지 아닌지에 대한 단서를 거의 제공하지 않는다."* 이 문장이 당신의 직무를 얼마나 정확하게 묘사하는가?

1	2	3	4	5	6	7
매우 정확하지 않음	대부분 정확하지 않음	약간 정확하지 않음	모르겠음	약간 정확함	대부분 정확함	매우 정확함

점수화 : 세 가지 핵심특성에 대한 점수를 구하기 위해 각각의 응답 점수의 평균을 구한다.

*이 질문은 다음과 같이 계산한다 : 1=7, 2=6, 3=5, 5=3, 6=2, 7=1

잠재동기점수 = (기술 다양성 + 과업 정체성 + 과업 중요성)/3 × 자율성 × 피드백

그림 7.2

직무진단설문의 예

직무재설계 전 : 정원사

MPS = [(3.5 + 1 + 4)/3] × 1.2 × 6 = 20.4

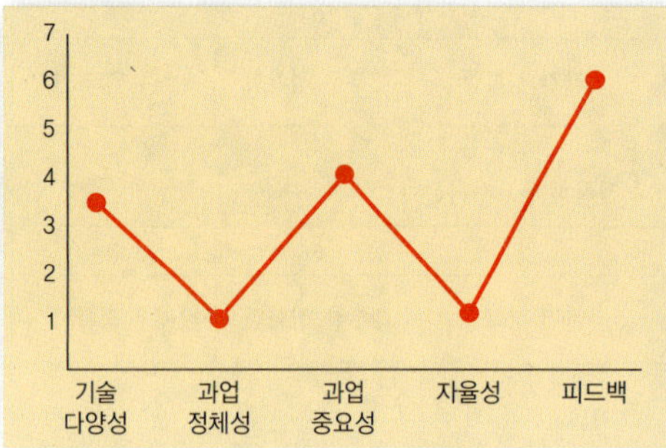

직무재설계 후 : 정원사

MPS = [(3.5 + 5 + 4)/3] × 4 × 6 = 100

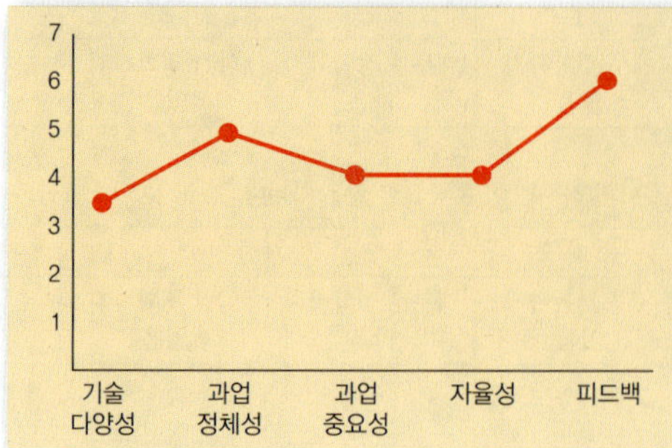

현대의 조직행동

유니레버의 U-Day

유니레버에는 148,000명 이상의 직원이 근무하고 있으며, 전 세계 수천 명의 직원이 간접고용 방식으로 근무하고 있다. 호주 및 뉴질랜드 유니레버의 HR 책임자인 Anish Singh은 유니레버가 일(work), 일터(workplace), 인력(workforce)이라는 세 가지 관점을 통해 일의 미래를 바라보고 있으며, 기업의 세 가지 주요 목표는 각 영역에서의 일의 미래와 관련이 있다고 말한다. Singh은 "조직의 목표를 달성하기 위해 2025년까지 직원들에게 미래 적합 기술을 리스킬링하거나 업스킬링하고, 2030년까지 유연한 고용 대안을 제공하기 위한 새로운 모델을 개척하며, 1,000만 명의 젊은이들이 필수 기술을 갖출 수 있도록 지원하고자 한다"고 말했다.

이를 위하여 유니레버는 직원들의 업스킬링, 리스킬링, 경력 목표 달성을 지원하기 위한 이니셔티브인 U-Day를 도입했다. 유니레버는 조직 내 각 역할을 단순한 직책이 아닌 기술의 집합체로 생각하기 시작했고, U-Day는 경력 개발과 학습 기회에 더 많은 역량을 집중하고 싶다는 직원들의 피드백에 따라 만들어졌다. U-Day는 2+2+1의 개념으로, 팀과의 협업 및 연결을 위한 2일, 심층적인 업무와 집중을 위한 2일, 자기 주도적인 학습과 개발을 통한 놀이와 혁신을 위한 1일로 이루어져 있다.

U-Day는 비즈니스 전반에서 긍정적인 반응을 얻었지만, 이를 완전히 수용하기 위한 조직의 지원이 필요한 '올인 접근 방식'의 필요성을 절감하고 있다. 도입 초반에는 일부 U-Day 참가자들이 나머지 팀원들과 같은 방식으로 일하지 않음에 따라, 자기개발의 우선순위를 정하기가 어려웠다. 유니레버는 이를 극복하기 위해 참가자들의 라인 관리자와 협력하여 직원들이 U-Day를 최대한 활용할 수 있도록 지원하게 했다. 작업 방식을 간소화하고, 우선순위를 관리하며, 방행 요소를 제거하는 실질적인 '방법'을 제공하기 위하여 유니레버는 마이크로소프트와 행동과학 컨설팅 회사인 인벤티움의 도움을 받았고, 그 결과 유니레버의 생산성은 16% 증가했다.

유니레버는 투입 시간이 아닌 결과물을 기반으로 한 성과에 초점을 맞추고 있다. 이를 촉진하기 위해 모든 직원이 창의성, 혁신, 전략적 사고가 필요한 업무에 집중할 수 있도록 오후 12시부터 5시까지는 회의가 없는 'Deep Work Fridays'를 도입했으며, 뉴질랜드에서는 주 4일 근무제를 시범운영하고 있다. 이 결과 직원 몰입(employee engagement) 증가, 이직률 감소, 생산성 증가와 같은 긍정적인 영향이 나타났다. 유니레버의 관계자는 "우리는 가치 창출을 제한하고 속도를 늦추는 장벽을 없애고, 영향력을 창출하고 결과를 제공하는 데 에너지를 집중하고 있다"라고 말했다.

출처 : 'Unilever is turning the work week towards skills building', Financial Review, 2022. 04. 27.

표 7.2
MPS를 증가시키기 위한 직무재설계 방법

변화	증가된 핵심직무차원	예
구성원이 직무의 처음부터 끝까지 책임지도록 직무를 통합함	기술 다양성 과업 정체성 과업 중요성	생산직 근로자가 핸들만 붙이는 것이 아니라 자전거 전체를 조립하는 데 책임이 있음
직무를 자연스런 직무단위로 묶어서 구성원들이 일의 부분만 하는 것이 아니라 중요한 활동의 전체를 수행하는 데 책임을 지도록 함	과업 정체성 과업 중요성	컴퓨터 프로그래머가 몇 개의 다른 부서로부터의 단편적 일을 하는 대신 한 부서의 모든 프로그래밍 요구를 수행함
구성원들이 자신의 고객이나 고객사와 상호작용하는 것을 허용하고, 이러한 관계를 관리하고 고객들의 만족을 책임지도록 함	기술 다양성 자율성 피드백	복사기를 배송하는 트럭 운전수가 설치 및 고객교육, 청구서관리, 고객불만대응까지를 처리하도록 함
구성원들이 자신의 일을 스스로 통제할 수 있고 높은 수준의 책임을 가지도록 수직적 업무부과를 함	자율성	기업 마케팅 분석가가 마케팅 계획을 짜고 언제든 그것을 변경하고 업데이트 할 수 있도록 함. 단, 오류를 검토하고 상위 관리자에게 이를 보고함
구성원들이 자신의 직무를 어떻게 수행하고 있는지 알 수 있도록 피드백을 제공함	피드백	보험 설계사는 매달 처리한 불만 건수와 함께 회사가 고객 만족도를 측정하기 위해 실시하는 제품 판매 후 설문조사에 대한 고객 반응을 피드백 받음

출처 : Based on J. R. Hackman, "Work Redesign," in J. R. Hackman and J. L. Suttle, eds., Improving Life at Work (Santa Monica, CA: Goodyear, 1976).

1. **일의 의미성**(experienced meaningfulness of the work)이란 구성원들이 자신의 직무를 중요하고, 가치 있고, 의미가 있다고 느끼는 정도이다.
2. **직무결과에 대한 책임**(experienced responsibility for work outcomes)은 구성원들이 자신의 직무를 수행하기 위해 필요한 책임감 혹은 의무감을 느끼는 정도이다. 이러한 심리적 상태는 핵심직무특성인 자율성을 기반으로 한다.
3. **결과에 관한 지식**(knowledge of results)이란 구성원들이 수행한 직무에 대한 효과성을 아는 정도이다. 이것은 핵심직무특성인 피드백을 기반으로 한다.

일의 의미성
구성원들이 자신의 직무가 중요하고, 가치 있고, 의미가 있다고 느끼는 정도

직무결과에 대한 책임
구성원들이 자신의 직무를 수행하기 위해 필요한 책임감 혹은 의무감을 느끼는 정도

결과에 대한 지식
구성원들이 수행한 직무에 대한 효과성을 아는 정도

그림 7.3에서는 다섯 가지 핵심직무특성, 세 가지 중요 심리적 상태, 직무와 개인적 결과 간의 관계를 제시하였다.

직무 및 개인적 결과

Hackman과 Oldham은 더 나아가 중요 심리적 상태가 구성원과 조직에 다음과 같은 결과를 발생시킨다고 하였다.

1. 내재적 동기의 개선 : 직무설계의 중요한 결과물 중 하나는 구성원들의 동기부여가 높아지는 것이다. 직무가 다섯 종류의 핵심직무특성에서 높은 점수를 받을 경우, 구성원들은 세 가지의 중요한 심리상태를 경험하게 되고, 나아가 내재적 동기부여를 경험하게 된다. 높은 수준의 내재적 동기부여가 되면 구성원들은 일 자체를 즐기게 된다.

그림 7.3

직무특성모델

출처 : Adapted from J. R. Hackman and G. R. Oldham, Work Redesign. Copyright © 1980. Printed and electronically reproduced by permission of Pearson Education, Inc., Upper Saddle River, New Jersey.

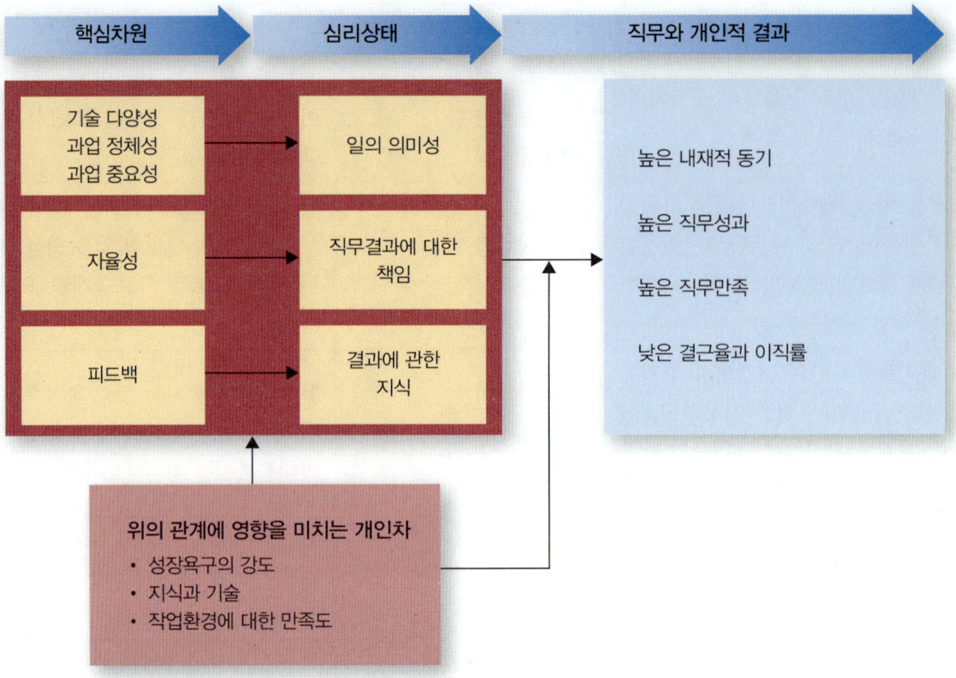

2. 직무성과의 개선 : 핵심직무특성의 점수가 높은 직무는 구성원으로부터 세 가지의 중요 심리상태를 이끌어내고, 이러한 긍정적인 감정은 개인의 직무성과를 향상시킨다.
3. 직무만족도의 개선 : 구성원들이 중요 심리상태를 경험하고 개인적인 성장과 직무개발의 기회가 증가하면 높은 직무만족도를 경험하게 된다.
4. 결근율과 이직률의 개선 : 구성원들이 자신의 직무에 만족하게 되면 결근과 이직이 줄어들 것이다.

직무특성모델에서 개인적 차이의 역할

직무특성모델에서는 직무설계에 따라 개인적 차이가 발생한다는 것을 전제한다. 이러한 개인적 차이가 직무설계와 어떻게 상호작용하는지 살펴보기 위해 백화점에서 근무하는 3명의 판매관리자를 예로 들어보자. 여성 구두 판매 관리자인 메리 카타라노는 유통 및 다양한 분야에 대해 꾸준히 연구하고 경력이 많은 유능한 관리자이다. 남성 구두 매장을 관리하는 론 리차드는 직무에 적응하느라 상위감독관이 부여한 업무를 간신히 수행하고 있다. 로베르타 도란은 마케팅 석사학위를 가지고 있으며 중국 영업파트를 담당하고 있다. 도란은 유능한 관리자임에도 불구하고 상대적으로 낮은 연봉에 항상 불평을 하고 있다.

최근 백화점 측은 각 관리자 직무의 잠재동기점수를 높이기 위해 각각의 직무를 재설계했다. 과거 관리자들의 주된 책임은 판매 팀을 감독하는 것이었다. 하지만 재설계 후 관리자들은 물품을 직접 구매하고 판매원을 직접 채용·해고함으로써 기술 다양성과 과업 중요성을 높였다. 또한 각자 부서의 수익성에도 책임을 짐으로써 과업 정체성과 자율성, 피드백을 향상시켰다.

카타라노, 리차드, 도란이 재설계된 직무에 대해 서로 다르게 반응하는 것은 예상가능한 일인데, 직무특성모델은 그 이유를 설명해주고 있다. 즉 핵심직무특성과 중요 심리상태 간의 관계, 중요 심리상태와 결과물 사이의 관계에서 개인적 차이가 조절변수의 역할을 하고 있다는 점을 알 수 있다(그림 7.3 참조). 직무특성모델에서는 조절변수로 작용하는 개인적 특성을 성장욕구의 강도, 지식과 기술, 작업환경에 대한 만족도로 분류하고 있다.

Jupiterimages/Creatas/Thinkstock

높은 성과는 스스로 강화될 수 있다. 프리랜서와 같은 작업자는 내재적 동기가 높은 사람들이다.

1. 성장욕구의 강도란 구성원의 직무가 자신의 성장, 학습과 계발에 기여하기를 바라는 정도를 가리킨다. 구성원이 가진 성장욕구가 높을수록 두 관계(핵심직무특성–중요 심리상태, 중요 심리상태–결과)가 강해진다. 특히 높은 수준의 핵심직무특성과 중요 심리상태 간에는 강한 반응이 일어난다. 사례에서 메리 카타라노는 직무재설계에 대해 가장 호의적으로 반응할 것으로 예상된다. 이는 직무에 대해 배우려는 열정이 높기 때문이다.
2. 지식과 기술은 구성원들이 직무를 효과적으로 수행할 수 있도록 돕는 수단이다. 핵심직무특성을 통해 원하는 성과를 창출하기 위해서는 그에 필요한 지식과 기술이 반드시 요구된다. 사례에서 현재 직무에 적응 중인 리차드는 직무가 재설계되면 당황하게 될 것이다. 왜냐하면 새로운 직무를 받아들이기에는 아직 지식과 기술이 부족하기 때문이다.
3. 보수, 고용안정성, 동료 · 상사와의 관계 같은 작업환경에 대한 구성원 만족도 또한 직무특성모델에서 조절변수로 사용될 수 있다고 한다. 구성원들이 몸담고 있는 작업환경에 불만족하게 되면 많은 양의 에너지를 불만족을 해결하는 데 쓸 것이고 자연히 내재적 동기는 낮아질 것이다.[10] 직무환경에 대한 만족도가 높아질수록 표 7.2에 있는 관계가 명확하게 나타날 것으로 추론된다. 사례에서 도란의 연봉에 대한 불만족은 직무재설계를 통해 더욱 심해질 것이다. 왜냐하면 그녀가 맡은 책임은 증가함에도 불구하고 추가적 보상은 주어지지 않을 것이기 때문이다. 도란은 직무변화 이후 보수에 대해 더 많은 불만을 가지고 더 많은 시간을 불평하는 데 보내며 다른 일을 찾게 될지도 모른다.

직무특성모델에 관한 연구들

Richard Hackman과 Greg Oldham이 처음 제안한 이후로 직무특성모델에 영향을 주는 많은 요인들이 발견되었다. Fried와 Ferris는 많은 연구들을 바탕으로 직무특성모델을 재정립하였다.[11] 그들의 구체적인 연구결과는 다음과 같다.

1. Hackman과 Oldham에 의해 제안된 다섯 가지 핵심직무특성이 직무설계를 완벽하게 설명하는 것은 아니다.
2. 많은 연구에서 직무특성이 구성원의 내재적 동기와 직무만족에 강한 영향을 미친다는 것을 보여주었지만, 실제로 직무행동(성과, 결근, 이직 등)에 미치는 효과는 그리 크지 않은 것으로 나타났다.
3. Hackman과 Oldham이 제안한 곱셈 계산보다 직무특성점수를 단순히 합산하는 것이 더 나은 방법이 될 수 있다.

직무특성이론에 대한 많은 연구들을 정리해보면 다음과 같은 결론을 내릴 수 있다.[12] 구성원들은 모델에서 제시된 다섯 가지 핵심직무특성의 수준이 높은 직무를 맡게 되면 내재적 동기와 직무만족도가 향상될 가능성이 커지게 된다. 따라서 효과적인 직무설계는 조직생활의 질을 높여 결근율과 이직률을 낮추는 데에도 기여하게 된다. 또한 관리자들도 감시와 통제에 필요한 시간을 줄일 수 있고, 그만큼 자신에게 투자할 수 있는 시간을 많이 확보하게 된다. 그럼에도 불구하고 핵심직무특성의 수준이 높아질수록 실제로 성과가 높아지는지에 대해서는 뚜렷한 결론을 내리지 못하고 있다.

직무설계 : 사회정보처리모델

사회정보처리모델
다른 사람들과 구성원의 과거경험에 기인한 정보가 그들의 직무에 대한 인식과 반응에 영향을 준다는 접근법

직무특성모델은 1978년 Gerald Salancik과 Jeffrey Pfeffer에 의해 제안된 사회정보처리모델에 의해 보완되었다.[13] **사회정보처리모델**(social information processing model)에 따르면, Hackman과 Oldham이 제시한 핵심직무특성 외에 다른 요인들이 구성원의 반응에 영향을 줄 수 있다고 한다. Salancik과 Pfeffer는 구성원이 직무설계를 어떻게 인식하고 반응하는지는 다른 사람들로부터 얻은 사회정보와 구성원 자신의 과거행동에 영향을 받는다고 주장하였다. 다음 사례를 통해 사회정보처리모델을 설명해보자.

조셉 도허티와 로버트 칸투는 최근 컬럼비아대학교 법학과를 졸업하였고, 명망 있는 월스트리트 법률사무소에서 일하게 되었다. 그들은 법률 부서에서 많은 연구를 하고 그 결과를 파트너에게 보고한다. 두 사람에게 주어진 직무설계와 보상(보수와 비금전적 혜택)은 비슷하다. 그들은 일주일에 60에서 70시간 정도의 업무시간을 가지고, 연간 10만 달러를 받게 된다. 그 외 그들에게 주어진 작업조건들이 유사함에도 불구하고 두 사람의 직무에 대한 반응은 완전히 다르다. 도허티는 이렇게 흥미롭고 도전적인 일자리를 얻었다는 사실을 믿을 수가 없다. 그는 일 자체를 큰 즐거움으로 여기고 업무에 투자하는 긴 시간과 노력을 당연하게 생각한다. 그에게 높은 연봉은 그야말로 금상첨화이다.

반면, 칸투는 대학에서 4년을 보내고 로스쿨 3년을 보낸 것이 법률 사무소 파트너들의 잔심부름을 하기 위한 것은 아니라고 불평한다. 실질적인 업무는 자신이 수행함에도 불구하고 파트너들이 고객들과 직접 접촉하고 성과를 낸다는 사실에 분개한다. 그는 아무리 높은 연봉을 받는다 해도, 자신이 투입하는 능력과 노동에 상응하지 않는다고 말한다.

이와 같이 도허티는 높은 수준의 내재적 동기부여가 있고 직무에 매우 만족하고 있다. 반면 칸투의 동기(내재적, 외재적)는 낮고 불만족도는 매우 높다. 그들이 비슷한 능력과 작업조건을 가졌음에도 불구하고 이렇게 다른 반응을 보이는 이유는 무엇일까?

사회환경의 역할

사회적 환경은 종업원들에게 일과 그 결과에 대한 평가정보를 제공한다.

Salancik과 Pfeffer가 개발한 사회정보처리모델은 도허티와 칸투의 반응이 다른 이유를 설명하고 있다. 첫째, 구성원에게 직무설계와 결과물 간의 관계에서 사회환경이 미치는 영향력을 제시한다. 여기서 사회환경은 일을 하면서 관계를 맺게 되는 다른 구성원들을 의미한다. 즉 동료, 관리자, 다른 그룹의 구성원 등을 포함하는 개념이다. 둘째, 사회정보처리모델은 이러한 사회환경이 구성원들에게 직무결과를 어떻게 평가해야 하는지에 대한 정보를 제공한다.

도허티와 칸투는 다른 작업집단에 속해 있고, 그들 각각에게는 3명의 동료들이 있다. 도허티의 작업집단에는 신입사원 1명과 그 회사에서 몇 년 동안 근무한 2명의 유능한 동료가 있다. 유능한 동료들은 도허티와 신입사원에게 고된 업무에서 오는 매너리즘을 극복하고 자율적으로 연구에 임하는 방법을 알려주었다. 게다가 직무를 잘 수행한다면 투자한 시간이 결코 헛되지 않고 가치 있는 경험이 될 것이라고 조언해주곤 하였다. 이 2명의 동료는 자신의 직무에 매우 만족했고 내재적으로 충분히 동기부여 되었으며, 승진을 앞두고 있었다. 이러한 분위기는 도허티와 신입사원에게 긍정적인 영향을 주었다. 즉 도허티의 사회환경은 그의 직무에서 얻게 될 가치 있는 경험과 자율성을 중시하고, 이러한 요소를 갖춘 직무는 높은 수준의 내재적 동기와 만족감을 제공하고 있었다.

칸투의 작업집단 역시 1명의 신입사원과 그 회사에서 몇 년 동안 근무한 2명의 능숙한 동료로 구성되어 있다. 2명의 능숙한 동료들은 현재 이직을 고려하고 있다. 그들은 법률 사무소에서 겪은 불합리한 경험들에 대해 불만을 토로하면서 칸투와 다른 신입사원에게 향후 몇년간 파트너의 노예가 될 것이라고 경고하였다. 또한 그들이 처음 입사했을 때 했던 대부분의 일이 법학 학위를 가진 사람이 하기엔 너무 단순했고 그동안 투입한 시간과 노력이 헛된 것이라고 분개하였다. 이러한 사회환경에서 칸투가 느끼는 직무불만족과 내재적 · 외재적 동기의 결핍은 놀라운 일이 아니다. 사례를 통해 알 수 있듯이 도허티와 칸투가 경험한 서로 다른 사회환경은 두 사람의 조직생활과 작업성과를 좌우할 만큼 큰 영향력을 가진 요소라고 볼 수 있다.

임시근로자에 대한 의존도가 높아지는 것은 일터의 사회적 환경이 변화하고 있다는 것을 의미한다. **임시근로자**(contingent workers)는 회사가 일시적으로 필요한 노동력을 조달하기 위해 고용하는 근로자를 말한다.[14] 임시근로자는 고용이 불안하고 회사에 대한 헌신도가 떨어지게 되는데 이는 고용 자체가 제한된 기간만 지속되기 때문이다.[15] 임시근로자는 정규직 근로자와 다른 사회 환경에 노출되어 있다.

임시근로자
회사가 일시적으로 필요한 노동력을 조달하기 위해 고용하는 근로자

과거경험의 역할

사회정보처리모델은 도허티와 칸투가 유사한 직무에 대해 관점의 차이를 보이는 또 다른 이유를 제시하였다. 구성원이 과거에 겪은 경험들은 현재의 직무와 앞으로 발생할 직무결과에 큰 영향을 미친다. 도허티는 로스쿨을 졸업하기 위해 많은 비용과 시간을 투자하였다. 6만 달러 상당의 학자금 대출과 3년 동안의 생활비를 보충하기 위해 낮에는 공부하고 밤에는 웨이터 일을 하였다. 이러한 빈틈없는 일정 때문에 그는 평범한 학창시절을 만끽하지 못하였다.

반면 칸투는 로스쿨을 졸업하기 위해 대출을 받거나 일을 해 본 적이 없다. 그의 아버지는 변호사였고, 칸투가 자신의 뒤를 이을 훌륭한 변호사가 될 것이라 믿어 의심치 않았다. 사실 칸투는 로스쿨에 뜻이 없었다. 다만 학부 전공인 인류학 분야로는 마땅한 직업을 찾을 수 없었기 때문에 로스쿨을 선택한 것이었다. 그의 부모는 그가 컬럼비아 로스쿨에 가기로 결심한 것에 대해 크게 기뻐하였고 높은 학비와 생활비를 기꺼이 지원해주었다.

도허티는 스스로 변호사의 길을 선택하였기 때문에 로스쿨을 다니는 동안 많은 희생을 감수해왔다. 게다가 앞으로 등록금 때문에 생긴 빚을 청산해야 할 것이다. 그렇지만 그의 내재적 동기는

매우 높고 직업에 대한 태도도 긍정적이다. 그는 그동안 겪은 고난과 역경이 변호사가 되기 위해 마땅히 치러야 할 대가라고 생각한다.

하지만 졸업 후 꿈이 없었고 부모로부터 꾸준히 변호사가 되라는 압박을 받아왔던 칸투는 로스쿨을 다니기 위해 굳이 희생을 감수해야 할 필요가 없었다. 따라서 변호사가 되어서도 업무스트레스를 받아들이지 못하고 있다.

이처럼 사회정보처리모델은 직무설계에 대한 구성원들의 반응에 영향을 주는 두 번째 요인으로 구성원의 과거경험을 제시한다. 특히 이러한 경험들이 자유롭게 선택되었고 희생을 담보할 때 그들이 내리는 현재 직무평가, 내재적 동기수준, 직무만족수준을 결정하는 데 큰 영향을 주게 되는 것이다.

요약하자면 사회정보처리모델은 구성원들이 자신의 직무설계에 어떻게 반응하는지를 이해하기 위해 사회환경과 과거경험의 중요성을 제시한다.[16] 이는 같은 직무와 보상을 받는 2명의 구성원이 매우 다른 수준의 동기와 만족도를 보이는 이유를 설명해준다.[17] 연구자들은 직무의 객관적인 특성과 구성원의 사회환경, 과거경험이 상호작용하여 동기수준과 만족도에 영향을 준다는 것을 발견하였다. 특히 사회환경은 구성원들이 제한된 정보를 가지고 있고 새로운 직무를 맡게 될 때 강력한 정보원천이 될 것이라고 밝혔다. 하지만 일단 구성원들이 직접 직무를 수행하면서 요령을 터득한다면 사회환경보다도 직무의 실제 설계가 더 중요한 요인이 될 수도 있다.

직무설계이론 요약

과학적 관리, 직무확대, 직무충실, 직무특성모델, 사회정보처리모델 등은 직무동기를 이해할 때 중요하게 고려된다. 각 접근법의 주요한 특징과 목적은 표 7.3에 제시되어 있다.

과학적 관리는 직무단순화와 전문화를 추구하고, 조직의 성과를 극대화하는 것을 목적으로 한다. 과학적 관리는 암묵적으로 외재적 동기가 성과를 결정하는 주된 요인이라고 전제한다. 하지만 구성원의 내재적 동기는 고려하지 않는다는 단점이 있다. 이 이론의 지지자들은 임금이 성과급 형태로 성과와 연동될 때 구성원들은 높은 동기부여를 받는다고 말한다. 과학적 관리 원칙에 의해 설계된 직무들은 다소 반복적이고, 단조로우며, 불만족스러운 경향이 있다.

직무확대와 **직무충실화**는 내재적 동기를 촉진하기 위해 과학적 관리에 의해 만들어진 직무확장에 초점을 둔다.

과학적 관리원칙에 의한 직무설계로부터 발생하는 여러 문제에 대응하기 위해 Hackman과 Oldham은 직무특성모델을 제안하였다. **직무특성모델**은 높은 내재적 동기를 이끄는 직무차원을 제시한다. 구성원들은 내재적으로 동기부여 되었을 때 일 자체를 즐기게 되고 그럼으로써 노력과 시간을 투입한다. 이 이론에 따르면 다섯 가지의 핵심직무특성에 따라 직무가 어떻게 설계되는지가 구성원의 내재적 동기, 직무성과, 직무만족, 결근율과 이직률 등에 영향을 줄 수 있다고 한다.

사회정보처리모델은 구성원들의 직무에 대한 생각은 직무의 객관적 특성뿐 아니라 사회환경과 구성원 자신의 과거경험에 의해서도 영향을 받는다고 주장한다.

이렇듯 직무설계에 대한 다양한 접근법들의 기본 목적은 구성원들이 동기부여 되어 직무에 충실할 수 있도록 방향을 제시하는 데 있다. 이를테면 외재적 동기를 강조하는 과학적 관리와 같은 접근법은 효율성의 관점에서 직무설계를 지지하고, 보수와 성과를 밀접하게 연관시킨다. 내재적 동기를 강조하는 직무특성모델과 같은 방법들은 직무 자체를 흥미롭게 설계할 때 유용하다.

표 7.3
직무설계의 접근법

접근법	주요 특성	동기
과학적 관리	직무단순화 전문화 시간 및 동작연구 성과급제	외재적
직무확대	수평적 업무부과(난이도와 책임 정도의 변화 없이 과업의 개수를 증가시킴)	내재적
직무충실	수직적 업무부과(책임 정도를 증가시키고 구성원들에게 성장에 대한 기회 제공)	내재적
직무특성모델	핵심직무차원 기술 다양성 과업 정체성 과업 중요성 자율성 피드백 잠재동기점수(MPS) 중요 심리상태 일의 의미성 직무결과에 대한 책임 결과에 관한 지식 직무 및 개인적 결과 내재적 동기부여 직무성과 직무만족 결근과 이직	내재적
사회정보처리모델	사회환경의 중요성 강조(직무의 어떤 측면을 고려해야 하고, 직무를 어떻게 평가할 것인지) 과거경험의 영향 강조(직무와 결과가 어떻게 인식되는지에 대한)	외재적, 내재적

조직목표

구성원들은 **조직목표**(organizational objectives)를 항상 염두에 두고 업무에 임한다. 조직목표는 구성원에게 업무에 임하는 목적과 의미를 제공하고 조직으로 하여금 동기부여 할 수 있는 근무환경을 조성하게 하는 원천이 된다.

조직목표
조직의 중요한 목표(무엇을 의미하고 무엇을 달성해야 하는지)

사회적 정체성 이론(social identity theory)은 조직목표가 구성원들에게 동기를 부여하는 이유를 설명해준다. 이 이론은 구성원들이 조직과 동일시할 때, 자신과 조직을 운명공동체로 여기고 조직의 일원으로서 자신을 정의하게 된다고 한다.[18]

사회적 정체성 이론
개인이 자신을 규정하는 과정에서 조직과 집단의 역할을 설명해주는 이론

대부분의 사람들은 긍정적인 동일시를 선호하는 경향이 있다. 이를테면 구성원들은 의심스럽고 불안정한 제품을 만드는 조직보다 정확하고 안전하며 고객의 삶을 향상시킬 수 있는 제품을 만드는 조직과 자신을 동일시하려고 한다.[19]

따라서 긍정적인 가치관과 목표를 가진 조직에서 일하는 구성원들일수록 조직에 긍정적인 기여를 할 수 있도록 동기부여가 용이해진다. 왜냐하면 구성원은 소속되어 있는 조직이 곧 자신이라는 가치관을 가지고 있기 때문이다.

자신을 조직과 동일시하는 행위는 구성원들로 하여금 고난과 역경의 시간을 극복하고 목표와 동기를 잃어버리지 않도록 도와준다. 구성원들은 개인 혹은 집단의 작은 목표를 실현하는 일이 궁극적으로 조직의 목표 달성에 기여한다는 것을 알기 때문이다. 따라서 구성원이 자신의 목표를 달성하려고 애쓰는 행위는 결국 동기부여된 작업환경을 조성하는 데 중요한 역할을 한다. 목표설정이론은 이를 자세히 설명하고 있다.[20]

목표설정

목표
개인이 달성해야 할 것을 목적으로 삼는 행위

목표(goal)란 구성원이 행동을 통해 달성해야 할 것을 말한다.[21] 다른 접근법들과 마찬가지로 목표설정이론에서도 직무에 대한 종업원의 투입을 늘리기 위해 어떻게 동기부여 할 것인가를 연구한다[22](그림 7.1 참조). 목표설정이론은 특히 구성원들의 투입이 일정수준 이상의 결과를 만들어낼 수 있도록 하는 데 주안점을 둔다.

Edwin Locke와 Gary Latham에 의하면 구성원들이 직무에서 달성하고자 하는 목표는 그들의 동기수준과 성과를 결정하는 데 큰 영향을 준다고 말한다. 가령 딜라드 백화점의 판매원들에게는 주별 혹은 월별로 달성해야 할 목표가 있고, 전화 교환원에게는 매일 응대해야 할 고객 수가 정해져 있다. IBM, 크라이슬러, 애크메 메탈 같은 조직의 CEO들도 성장, 수익성, 품질에 대해 정해진 목표를 달성하려고 노력한다.

목표설정이론
동기부여와 성과를 촉진하는 가장 효율적인 목표유형을 규명하고 왜 그 목표가 그러한 효과를 갖는지를 설명해주는 이론

이렇듯 **목표설정이론**(goal-setting theory)은 높은 수준의 동기와 성과를 창출하기 위해 개인에게 어떠한 목표가 가장 효과적인지를 밝히고 그 이유를 설명한다.[23]

어떤 종류의 목표가 높은 동기와 성과를 이끌어낼까

사람들은 '실적을 최대한 높여라'는 막연한 목표보다, 구체적인 목표가 주어질 때 더 동기부여가 된다. 가령 판매원에게는 일주일에 600달러 정도의 제품을 판매하는 목표, 전화 교환원에게는 한 시간에 20통의 전화를 받는 목표, CEO에게는 월수입과 연간 수익을 10% 높이는 목표 등이 구체적이라고 볼 수 있다. 이처럼 구체적인 목표가 설정될 때 구성원들은 목표가 없거나 막연한 목표를 가진 동료보다 훨씬 높은 성과를 낼 수 있다.

또한 구성원들은 평이하거나 쉬운 수준의 목표보다 어려운 목표가 주어질 때 더 높은 동기와 성과를 보여준다. 왜냐하면 사람은 목표가 어려울수록 좀 더 오랜 시간 치밀한 전략을 짜고 직무에 집중하려는 경향이 있기 때문이다.

목표설정이론에 대한 연구결과를 보면 목표의 구체성과 난이도가 성과에 큰 영향을 미친다는 사실을 알 수 있다. 이러한 결과는 많은 연구에 의해 지지되고 있다.[24] 대부분의 연구가 미국에서 수행되었지만 캐나다, 카리브 해, 영국, 이스라엘, 일본 등 다른 문화권 나라에서도 동일하게 구체적이고 어려운 목표가 높은 수준의 동기와 성과를 이끌어낸다는 사실이 밝혀졌다.[25]

이처럼 구체적이고 어려운 목표는 누가 설정하건 간에 조직과 개인이 높은 동기와 성과를 창출할 수 있도록 기여한다.[26] 관리자가 부하들에게 목표를 제시해준다면, 구성원들은 그 목표를 수용하고 달성할 수 있도록 최선을 다하는 것이 중요하다.[27] 가끔 구성원들의 수용도를 높이기 위해 관리자와 부하가 함께 목표를 설정하기도 한다.

구체적이거나 어려운 목표를 설정하기만 하면 항상 높은 성과가 나타날까? 목표의 구체성과 난이도를 감당할 수 있는 전제조건이 필요하다. 자신이 성공적으로 업무를 수행할 수 있을 것이라고 확신하는 일, 즉 구성원은 높은 수준의 자기효능감을 가져야 한다. 자기효능감은 동기를 형성하는 원천이기 때문이다. 자기효능감이 높은 구성원은 어려운 목표를 달성할 수 있을 것이라고 믿고,

이러한 믿음은 목표를 수용하고 업무에 전념할 수 있게끔 한다. 또한 목표를 실행하는 동안 구성원들에게 자율성을 부여한다면 자기효능감을 높이는 데 큰 도움이 된다. 매사추세츠 니덤에 있는 쌍방형 미디어 기업 테크타깃의 구성원들은 분기별로 부여받은 목표를 달성하기 위해 스스로 시간을 계획하는 등 자율성과 유연성을 부여받는다.[28]

마지막으로 구성원들은 설정된 목표에 따른 업무결과에 대해 자주 피드백을 받으면 더 열심히 일하게 된다.[29] 왜냐하면 피드백을 받음으로써 지금까지 업무가 제대로 진행되고 있는지를 파악하고 문제가 있다면 신속하게 대응하고 올바로 고쳐나갈 수 있기 때문이다.

왜 목표가 동기와 성과에 영향을 줄까

'최선을 다하라'는 식의 추상적 목표보다 구체적이고 어려운 목표가 구성원들로 하여금 높은 성과를 이끌어낸다는 것을 학습하였다. 이에 관한 다음의 사례를 살펴보자.

식품가공기업에는 디저트 담당부서와 이를 냉동보관 하는 부서가 있다. 두 부서 모두 작년에 비해 운영비가 초과되고 있는 실정이다. 따라서 올해의 핵심목표는 운영비를 절감하는 것이었다. 디저트 담당 관리자인 메리 피터슨은 그녀의 감독관과 함께 올해의 목표를 달성하기 위한 전략을 짰다. 둘은 운영비의 10%를 낮추기로 했다. 한편 냉동보관부서 관리자인 앨리슨 리오스 또한 같은 이유로 부사장을 만났고, 운영비를 25% 감축하기로 결심했다. 그해 말 피터슨은 목표를 달성했지만 리오스는 실패하였다. 하지만 리오스는 비용의 23%를 절감했기 때문에 리오스의 성과는 피터슨의 성과보다 훨씬 높았다고 볼 수 있다.

왜 리오스가 세운 어려운 목표가 피터슨보다 높은 성과를 내도록 동기부여 했을까?

리오스는 어려운 목표를 받고서 피터슨보다 비용절감에 더 주의를 기울이고 더 많이 노력해야 한다고 스스로를 동기부여 했기 때문이다. 그 결과 리오스는 목표달성을 위해 치밀한 계획을 세웠고 피터슨보다 더 많은 시간과 노력을 투입하였다. 그 과정에서 힘든 일도 많았지만 리오스는 좌절하지 않았다. 목표가 높으니 목표성취를 위해 오랜 시간 분투하는 것은 당연하다고 여겼기 때문이다. 노력의 결과 그녀는 효율적인 유통시스템을 개발하였고 부서의 제품설비를 업그레이드 할 수 있었다.

반면 피터슨은 리오스만큼 많은 노력을 들이지 않고도 수월하게 재고를 줄일 수 있다고 생각했다. 그는 재고관리체제만 재정비하면 목표를 성취할 수 있다고 확신하였기 때문에 장기간 계획을 세우지 않았다.

리오스와 피터슨 모두 비용절감을 위해 재고관리절차를 바꿨고, 원재료와 완제품의 재고를 줄이는 데 초점을 맞추었다. 원재료 재고를 낮추는 것은 완제품 재고를 낮추는 것보다 훨씬 쉬운 일이다. 피터슨은 완제품 재고는 현 상태로 유지하고 단지 원재료 재고를 줄임으로써 자신의 목표를 달성하고자 했다. 리오스 역시 완제품 재고를 줄이는 문제에 봉착했지만 그것을 해결하기 위한 계획을 세우고 임무를 완성하기까지 끈질기게 노력하였다.

요약하자면 구체적이고 어려운 목표가 구성원의 동기와 성과를 높이는 이유는 다음과 같다.

- 구성원들의 관심과 행동을 목표와 관련된 일에 집중하도록 만든다.
- 구성원들이 더 열심히 노력을 하도록 만든다.
- 구성원들이 자신의 목표를 달성하기 위한 활동계획을 개발하도록 한다.
- 구성원들이 어려움에 직면했을 때에도 포기하지 않도록 동기를 부여한다.[30]

보통 구체적이고 어려운 목표를 가진 구성원들이 타인을 돕게 되면 업무에 방해를 받기 때문에 조직시민행동과 같은 희생을 기피하려 하는 경향이 있다. 하지만 가끔은 설정된 목표와 관련이 없는 활동을 수행함으로써 조직 전체의 효율성과 성과를 높일 때도 있다.[31] 예컨대 새로 개발된 전화 기록부를 사용하는 법을 동료에게 알려주는 데 15분을 소요해버린 전화 교환원은 시간당 20통의 전화 서비스 목표를 달성하는 데 실패할 수도 있다. 하지만 조직 전체의 측면에서는 설정된 목표와 관련이 없는 그녀의 행동이 도움이 될 수 있다. 따라서 구성원들은 목표달성에 급급하여 비윤리적이거나 이기적인 행동을 하지 않도록 주의해야 한다.

목표설정이론의 한계

목표설정이론이 많은 연구자들의 지지를 받고 있다 하더라도 현실에 적용할 때는 한계가 있다. 이와 관련된 연구들은 구체적이고 어려운 목표가 설정되더라도 특정 상황에서는 구성원의 동기와 성과를 효과적으로 이끌어낼 수 없다고 주장한다.

1. 구성원들에게 높은 수준의 성과를 내기 위해 필요한 기술과 능력이 결여되었을 경우

글로벌 관점

IBM의 HR 이니셔티브

IBM은 2014년부터 AI 도구를 사용하여 직원을 평가하고 내부 모빌리티 및 경력 향상을 준비하는 HR 이니셔티브를 설계했다. IBM은 컴퓨터 칩 제조 및 저가형 하드웨어 판매부터 클라우드 컴퓨팅, 기술 서비스 및 인지 솔루션에 대한 투자까지 비즈니스를 재창조하는 과정 중에 있는데, 이를 위해 인재 풀을 강화하고자 한다.

목표 달성과 경영전략에 필요한 기술을 갖추는 것의 중요성을 누구보다 잘 알고 있는 IBM은 직원 전문성 향상에 초점을 맞추고 있다. "우리가 기대하는 가장 큰 기회 영역은 기술과 기술 관리의 성장"이라고 말하고 있다. 이를 달성하기 HR 부서는 IBM 전역의 부서와 협력하여 어떤 기술이 필요한지, 현재 내부 직원 중에서 누가 전문성을 갖추고 있는지, 특정 기술을 가진 직원이 얼마나 필요한지, 기술 격차를 줄이기 위해 어떤 교육을 받아야 하는지 등을 평가하고 있다.

이와 더불어 경영진은 향후 5~10년 내에 AI와 자동화가 모든 일자리를 어떤 식으로든 변화시킬 것이라고 믿기 때문에, 이 기술을 사용하여 IBM의 인력에 대한 정보를 활용하고 있다. 대표적으로 Blue Matching 프로그램이 있다. IBM의 5만여 명의 직원은 예측 분석을 사용하여 직원의 거주지, 급여 등급, 직무 역할, 경력 및 기타 요인을 기반으로 현재 사용 가능한 직무 목록을 생성하는 이 프로그램에 등록되어 있다. 직원이 해당 서비스를 신청하면 매주 이동 가능한 직무의 채용 공고를 확인할 수 있으며, 지금까지 1,500명의 IBM 직원이 새로운 직무로 이동하였다.

또 다른 AI 지원 프로그램인 CogniPay는 성과 데이터, 직무의 타사 임금 수준, 기술에 대한 수요를 평가하여 관리자가 더 나은 보상을 제공할 수 있도록 지원한다. 또한 분석에는 전문성에 대한 내부 예측 수요와 동일한 기술을 가진 직원들의 자발적 이직률도 포함되는데 관리자가 CogniPay 추천에 따라 행동한 결과, IBM은 이직률이 50% 감소한 것으로 추정하고 있다.

AI와 IBM의 Watson 분석은 직원들이 기술 격차를 파악하는 데 도움을 주는 IBM 프로그램인 Watson Career Coach의 가상 커리어 어드바이저인 Myca를 지원하는 데에도 사용되고 있다. Citizens 은행은 직원을 위해 경력코치(Career Coach)를 사용하여 새로운 직업을 제안하고 직원의 경력 관심사에 따라 교육, 시청할 동영상, 읽을 자료를 추천해준다.

IBM에 따르면 CogniPay, Blue Matching, Career Coach와 같은 도구를 통해 작년에만 1억 달러 이상의 비용을 절감할 수 있었으며, 직원들을 효과적으로 동기부여하여 설정한 목표를 달성할 수 있도록 하였다.

출처 : "IBM Transforms Its Approach to Human Resources with AI", SHRM, 2019. 05. 20.

구성원들에게 제조비용을 계산할 때 특정 컴퓨터 프로그램을 사용하도록 목표를 설정해줄 수 있다. 그러나 구성원들이 그 프로그램을 사용하는 법을 전혀 모르는 경우에는 그들로부터 높은 동기와 성과를 이끌어내기 힘들 것이다.

2. 구성원들이 수용하기 힘든 복잡하고 어려운 과업을 부여하는 경우

   복잡하고 어려운 직무에서 좋은 성과를 이끌어내기 위해 구성원들은 초기 단계에서 과업을 습득하기 위해 노력하게 된다. 이러한 시행착오와 학습 과정이 반복될수록 성과 달성까지의 시간은 지연된다.[32] 구성원들이 자신의 직무에 완벽하게 적응한 후에야 비로소 성과를 기대할 수 있을 것이다. 미네소타대학의 Ruth Kanfer와 Philip Ackerman은 항공교통 관제사가 되기 위해 복잡하고 어려운 과업을 학습한 공군인력의 목표설정과 성과간의 관계를 연구하였다.[33] 교육 초반에는 신병들이 항공교통 감독보다 목표 자체에 집중하였기 때문에 성과가 저조하였다. 하지만 신병들이 일정 수준 이상 과업에 익숙해지면서부터 복잡하고 어려운 목표를 통해 기대하던 성과를 달성하였다.

3. 구성원들이 창조적일 필요가 있을 경우

   우리는 제5장에서 창의성에 대해 학습한 바가 있다. 구성원들에게 이전에 없던 독특하고 기발한 것을 개발하도록 하는 경우, 구체적이고 어려운 목표설정을 통해 높은 성과를 기대하기는 현실적으로 힘들다.[34] 구성원들이 창조적인 일을 다루게 되면 관리자들조차 구성원들이 무엇을 창조하게 될지 모르기 때문에, 구체적이고 어려운 목표가 우선순위로 놓일 수 없게 된다. 실제로 구성원에게 창의성이 요구되는 업무가 주어질 때, 쉽고 보편적인 목표를 설정하는 이 창의력을 고무시키는 데 더 효과적이라는 연구결과도 있다.

목표에 의한 관리

목표에 의한 관리(management by objective, MBO)란 관리자들이 목표를 설정하기 위해 그들의 감독관을 주기적으로 만나고, 이전에 설정한 목표가 얼마나 달성되었는지를 평가하는 관리방식이다.[35] MBO의 목적은 모든 목표설정이 조직의 효과에 기여했음을 확인하는 것이다. 대부분의 MBO 프로그램은 관리자들을 위해 활용되지만 때로는 관리자가 아닌 구성원들을 동기부여시키기 위해 활용되기도 한다. 비록 MBO 프로그램의 형식과 내용은 조직에 따라 다르지만, 대부분 프로그램은 다음과 같은 세 단계의 과정을 거친다[36](그림 7.4 참조).

목표에 의한 관리(MBO)
관리자들이 목표를 설정하기 위해 그들의 감독관을 주기적으로 만나고, 이전에 설정한 목표가 얼마나 달성되었는지를 평가하는 관리방식

1. 목표설정 : 관리자와 감독관은 만나서 6개월 또는 12개월 등의 특정 기간 동안 관리자가 달성하려는 목표를 함께 정한다. 앞서 제시된 사례에서, 냉동보관 관리자인 리오스는 그녀가 보고해야 할 부사장을 만났고, 그와 함께 새해에 운영비를 25% 줄여야 한다는 목표를 설정하였다.
2. 실행 : 관리자는 목표달성에 소요되는 기간과 관리방법을 자율적으로 결정할 수 있는 권한을

그림 7.4
목표에 의한 관리 시 필요한 기본 절차

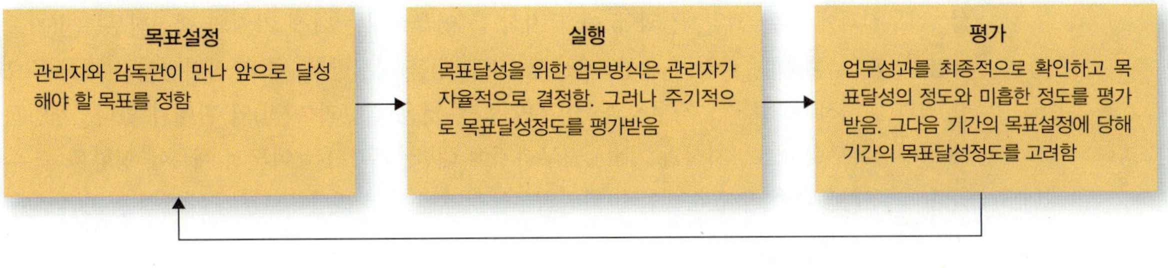

부여받는다. 목표달성을 위한 업무진행과정은 관리자와 그의 감독관에 의해 주기적으로 평가되고 논의된다. 앞서 제시된 사례에서 리오스는 보다 효율적인 유통시스템을 개발하고, 제조시설을 업그레이드 하는 일 등 비용을 줄이기 위한 방법을 모색했고 또 수행했다. 이러한 과정에서 그녀는 직접 의사결정을 하고 실행하였으며, 주기적으로 감독관을 만나 진행상황을 검토받곤 하였다.

3. 평가 : 일정 기간이 지나면, 관리자와 감독관은 다시 만나 목표달성정도를 최종적으로 평가하고 목표가 달성되지 못한 경우 그 이유를 모색하며 목표를 재설정하게 된다.

MBO 프로그램의 성공은 설정된 목표의 적절함과 난이도에 의해 결정된다. 이를테면 목표는 운영비를 절감하거나 판매를 증진시키고, 부서 제품의 수익률을 높이는 것과 같은 관리자의 핵심성과차원에 초점을 맞춰야 한다. 또한 목표는 구체적이고 어려워야 한다. 마지막으로 MBO가 효과적으로 운영되기 위해서는 관리자와 감독관 간에 신뢰가 반드시 전제되어야 한다. 만약 관리자가 감독관을 신뢰하지 않는 경우, 관리자가 실수를 하거나 성과를 높이지 못한다면 감독관이 인센티브를 주지 않을 것이라고 불안해할 것이다. 이러한 상황을 피하기 위해 관리자는 달성하기 수월한 목표를 설정하려고 할 것이다. 따라서 관리자와 감독관은 MBO 프로그램을 효과적으로 활용하기 위해 서로 믿고 이해하며 협업해야 한다.

동기부여의 도구인 목표설정과 직무설계

직무설계와 목표설정 모두 구성원들의 동기를 높이기 위한 방법들이다. 어떻게 하면 부하들이 더 좋은 성과를 낼 수 있을까? 부하들에게 특정 직무를 할당하는 가장 좋은 방법은 무엇일까? 어떻게 하면 부하들이 직무에 대해 관심을 갖도록 할 수 있을까? 성과와 품질을 어떻게 향상시킬 수 있을까? 동기방정식(투입물→성과→결과물), 직무설계와 목표설정은 구성원들이 조직성과에 기여하기 위해서 어떻게 동기부여 할 것인가에 초점을 둔다(그림 7.1 참조).

요약

직무설계와 목표설정은 구성원들을 동기부여 할 수 있는 작업환경을 조성한다. 직무를 설계하고 목표를 설정하는 방법은 구성원의 동기와 성과, 조직의 목표달성에 상당한 영향을 미친다. 이 장에서 다룬 주요 내용은 다음과 같다.

1. 직무설계에 대한 초기의 체계적인 접근법 중 하나는 과학적 관리이다. 이는 직무단순화와 전문화를 강조한다. 과학적 관리는 구성원의 외재적 동기와 효율적인 제조과정에 초점을 두고 있다. 하지만 한편으로 직무불만족을 야기한다.
2. 직무확대와 직무충실화는 각각 수평적, 수직적 직무확대에 초점을 둔다. 각 시도는 구성원들의 내재적 동기수준을 높임으로써 과학적 관리에 의한 문제를 극복하고자 한다.
3. 직무특성모델은 내재적 동기에 초점을 맞춘다. 이 이론은 세 종류의 중요 심리상태(일의 의미성, 직무결과에 대한 책임, 결과에 대한 지식)를 이끌어내는 다섯 가지의 핵심직무특성(기술다양성, 과업 정체성, 과업 중요성, 자율성, 피드백)을 제시한다. 중요 심리상태는 다시 주요한 결과(내재적 동기부여, 직무성과, 직무만족도, 낮은 결근과 이직)와 관계가 있다. 개인적 차이(성장욕구의 강도, 지식과 기술, 직무환경에 대한 만족도)는 이론적 예측에 영향을 줄 수 있다. 연구자들은 이론에서 제안된 핵심직무특성과 중요 심리상태로부터 내재적 동기와 직무

만족이 발생한다고 말한다. 하지만 이러한 관계가 직무성과에 언제나 적용되는 것은 아니다.

4. 사회정보처리모델은 사회환경이 직무설계와 성과에 어떻게 영향을 미치는지를 보여준다. 사회환경이 제공하는 정보는 구성원의 동기에 영향을 미친다. 과거경험은 종업원들의 동기수준과 직무에 대한 관점에 영향을 미친다.
5. 목표설정이론에 따르면 쉬운 목표, 평이한 목표, 막연한 목표 혹은 목표가 없는 것보다 구체적이고 어려운 목표가 높은 동기와 성과를 이끌어낸다고 한다. 구체적이고 어려운 목표는 구성원의 주의를 목표와 연관된 활동으로 집중시키고 꾸준히 노력하도록 만들며 구성원들이 행동계획을 개발하도록 함으로써 동기와 성과에 영향을 준다. 하지만 구성원들이 상당한 양의 교육과 학습을 필요로 하는 복잡하고 어려운 과업을 수행할 때, 구성원들이 그 과업에 익숙해질 때까지는 구체적이고 어려운 목표가 설정되어서는 안 된다.

토론사례

많은 회사들이 직원들의 성과평가에 OKR(Objective and Key Result) 개념을 도입하고 있다. OKR은 성과관리 도구로서 피터 드러커의 저서 『경영의 실제』에서 처음 제시된 MBO(Managed by Objective and Self-control, 목표와 자기통제에 의한 경영)에서 파생된 개념으로, 목표를 제시(또는 스스로 설정)하고 자기 관리를 통해 자율적으로 달성하도록 하는 방식이다.

2020년대에 들어서 기업 규모를 막론하고 국내 HR업계에는 OKR이 대유행처럼 번지고 있다. 그러나 서구권에서는 이미 21세기 초입부터 OKR이 대세로 자리 잡았으며, 특히 구글의 경우 설립 초기인 1999년부터 OKR을 공식 성과관리 도구로 사용해오고 있었다. 구글은 강점인 데이터 수집과 처리능력을 충분히 활용하여 데이터 기반의 현황 파악과 평가를 진행해왔다. 1년에 두 번, 공식적인 리뷰와 동료들의 평가로 구성된 성과관리 제도를 운영했다. 구글 본사의 HR팀은 글로벌 리더 및 파트너와 협력하여 직원들이 최고의 업무를 수행할 수 있도록 프로세스 발전시켰다. 직원 피드백부터 시작하여 리서치 결과, 업계 모범 사례, 그리고 공정한 보상을 위해 많은 내용을 검토했다. 구글의 성과평가 제도는 실리콘 밸리는 물론 전 세계 IT 기업들을 중심으로 선진 사례로 소개되었다.

그랬던 구글이, 2022년 5월 새로운 평가제도의 도입를 전사에 공지했다. 바로 'GRAD(Google Reviews And Development)'이다. 평가는 연 1회 시행으로 줄였고, 동료평가의 비중을 줄이고 관리자 평가의 비중을 높였다. 기존 OKR 중심의 제도에서는 자신의 평가를 위해 관리자와 동료에게 코멘트를 요청하여 많은 내용을 채워 넣어야 했으나, 이러한 과정에 투입되는 리소스를 대폭 줄인 것이 눈에 띈다. 평가는 1년에 한 번이지만 평가자와 피평가자는 수시로 역할과 업무 프로세스에 대해서 논의해 한 번뿐인 평가에 정당성을 부여한다. 또한 그간 최고 등급이었던 '탁월한 영향력' 상위에 '변화를 가져오는 영향력' 등급을 신설하면서, 직원들 간의 경쟁 심리를 강화했다. 관리자의 피드백은 여전히 부정적 내용을 지양하고 개선을 중심으로 기술하도록 하고 있지만 그것만으로 공동체 의식과 혁신 추구라는 가치가 계속 유지될 수 있을지는 미지수이다.

출처 : 인사담당자들이 Google의 2024년을 주목하는 이유, 사람인 HR 매거진, 2023. 11. 13.

토론문제

1. 구글이 OKR 중심의 성과평가에서 GRAD로 전환한 것이 직원 동기부여와 성과 관리 강화에 적합하다고 볼 수 있는가?
2. GRAD의 상위 등급으로 '변화를 가져오는 영향력'이 신설된 것은 조직 내 어떠한 영향을 미칠 수 있는가?

제 8 장

스트레스 관리, 일과 삶의 균형

개관

단원 목차

스트레스의 특성
스트레스의 원인
스트레스의 관리

요약

학습목표

이 단원을 학습한 후 다음을 이해할 수 있다.

- 조직구성원의 스트레스 경험을 이해하고 이것이 개인별 차이에 의해 어떠한 영향을 받는지 설명할 수 있다.
- 조직구성원의 스트레스가 조직에 미치는 긍정적, 부정적 영향력을 확인한다.
- 스트레스가 구성원의 개인적 삶, 그들의 직무, 작업그룹과 조직, 일과 삶의 균형 추구, 환경에서 오는 불확실성에 의해 발생할 수 있음을 확인한다.
- 구성원의 문제중심 전략 및 감정적 대응 전략을 설명할 수 있다.

워라벨이 보장되는 기업

워라벨 안 좋은 회사 싫어서 연봉 낮춰 이직

직장인 세대교체가 이뤄지고 삶의 가치에 대한 판단 기준이 달라지면서 선호하는 기업에 대한 기준도 함께 바뀌고 있다. 연봉도 중요하지만 '워라벨(일과 삶의 균형)'을 침해하는 연봉은 기꺼이 포기하고 말겠다는 것이 최근 젊은 직장인들이 직장선택 기준이다.

전국경제인연합회가 2023년 4월에 MZ세대 827명을 대상으로 설문조사한 결과, 가장 들어가고 싶은 기업은 '워라벨이 보장되는 기업'(36.6%)'인 것으로 나타났다. 점차 강조돼 오던 워라벨이 전통적으로 직장선택의 가장 중요한 기준이 되던 '월급(29.6%)'이나 '정년보장(16.3%)'을 역전한 것이다.

MZ세대의 직장선택에 있어 워라벨은 상당히 중요하다. 심지어 워라벨 때문에 연봉을 낮추는 경우도 있다. 한 외국계 기업 6년 차 사원인 이모 씨는 "이전 직장의 워라벨이 너무 안 좋아 연봉을 낮추고 이직했다"며 "지금은 보통 8시부터 일하고 5시에 퇴근해 운동을 하거나 사람들을 만나며 시간을 보낸다"고 전했다.

30대 초반의 한 대리급 직장인은 "일과 삶의 분리가 어렵고, 삶에서 업무의 비중이 과도한 정도가 한계점에 이를 때마다 이직을 고려하고 있다"며 "(이직 고려 시) 타 직장의 복지, 개인 시간 확보, 상대적으로 낮은 업무강도 등이 검토하게 되는 요소"라고 밝혔다.

'워라벨'이 월급보다 주 고려대상으로 떠오르는 주된 이유는 돈을 꼭 직장으로만 벌어야 한다는 인식이 깨지고 있기 때문이라는 의견도 있다. PD 직군의 33세 직장인은 "예전엔 일부 소수만 했던 주식 투자나 부동산 투자 같은 것도 시중에 정보가 많아지고, 인터넷도 발달해 접근성이 좋아졌다"며 "노동을 통해서 얻는 소득이 실질적으로 중요하지 않은 시대인 거 같다"고 전했다.

워라벨이 좋지 않으면 어차피 퇴사하게 된다는 점을 고려할 때 워라벨 좋은 회사 다니는 것이 오히려 경제적일 수 있다는 의견도 있었다. 한 MZ세대 직장인은 "돈도 돈이지만 워라밸이 좋아야 근속 연수가 길어진다고 생각한다"며 "워라밸이 좋은 직장을 오래 다니며 꾸준히 버는 것이 1~2년 높은 연봉을 받고 빨리 퇴사하는 것보다 경제적으로 이득이라는 판단"이라고 설명했다.

최근 젊은 직장인들이 워라벨을 중요시 여긴다는 것이 대충 일을 하거나 성과를 등한시하겠다는 것을 의미하는 것은 아니다. 다만 야근, 연차 사용의 어려움 등 회사와 관련 없는 자신만의 시간을 활용하는 데 있어 영향을 받는 것에 대해 경계하는 분위기가 강해진 것이 워라벨 문화의 핵심이다. 일과 개인의 삶 영역이 완벽히 분리돼야 하고, 서로 불필요한 간섭이 없어야 한다는 것이다.

이런 분위기 속에서 기업들의 문화도 빠르게 변화하고 있다. 이재용 삼성전자 회장은 삼성증권을 찾아 "열정적으로 일하고 쉴 때는 가족, 지인들과 편안하게 쉬자"며 직원들을 격려하기도 했다. 대한민국 대표기업 오너까지 나서서 워라벨을 강조하고 다니는 형국이다. 10대 그룹 임원은 "수십 년간 이어져 온 관습이 있지만, 매년 새로운 직원들이 들어오는 만큼 문화가 빠르게 바뀌어

나간다"며 "지금은 오래 직장생활을 한 사람들도 그런 문화에 적응해가고 있다"고 전했다. 4대 그룹 과장급 인사는 "요즘은 장기휴가는 물론, 심지어 본인이 필요하면 당일에 휴가를 내기도 하고 이에 대해 나는 물론 부장도 아무런 코멘트도 하지 않는다"며 "서로 피해를 주지 않으면 된다는 분위기로 최근 몇 년 새 회사 문화가 확 바뀌고 있다"고 말했다.

출처 : "'워라벨' 안 좋은 회사 싫어서 연봉 낮춰 이직했다", 시사저널e, 2023.04.18.

개관

앞서 우리는 조직 내 작업이 개인에게 다양한 영향을 미친다는 점을 학습하였다. 제3장에서는 조직 내에서 구성원들이 경험하는 일들이 직무만족도, 조직몰입 등과 같은 요소들에 어떠한 영향을 미치는지 배웠다. 또한 제5~7장을 통해서 조직의 여러 형태들, 예를 들어 직무설계, 목표설정 등이 개인의 동기와 성과에 어떻게 영향을 미치는지 알 수 있었다. 이번 장에서는 조직 내에서 구성원들이 경험하는 것들이 개인에 미치는 영향 중 스트레스, 일과 삶의 균형에 관해 알아보고자 한다.

스트레스는 구성원 개인이 일의 내적 · 외적인 부분을 어떻게 느끼는지에 따라 영향을 받는다. 스트레스는 많은 사람들이 관심을 갖는 주체이며, 대부분의 사람들이 한 번쯤 겪어본 적이 있는 현상이다.[1] 예를 들어 누구나 한 번쯤 불면증, 근심, 불안과 초조, 두통, 복통 등을 경험한 적이 있을 것이다. 미국 심리학회가 실시한 최근 조사에서도 응답자 중 80%가 경제적 문제 때문에 스트레스를 경험했다고 한다.[2] 미국수면재단의 조사결과에서도 응답자 중 25% 이상이 경제적 상황으로 인해 수면에 방해를 받은 적이 있다고 응답하였다.[3] 스트레스로 인해 조직이 부담해야 하는 비용은 매년 10억 달러 이상으로 생산성 저하, 결근, 이직, 스트레스 관련 질병이 주를 이룬다. 따라서 스트레스를 관리하는 일은 조직구성원의 행복뿐 아니라 조직의 효과성을 높이기 위해 꼭 필요하다.

이번 장에서는 스트레스가 개인과 조직에 어떠한 영향력을 미치는지 학습할 것이다. 우선 스트레스를 유발시키는 요인을 밝히고, 조직구성원이 스트레스에 효과적으로 대처하기 위해 취할 수 있는 관리방안들을 모색할 것이다. 이러한 학습과정을 통해 스트레스가 구성원 개인에게 어떠한 영향을 미치는지 알 수 있을 것이며, 스트레스를 효율적으로 관리하는 방법도 이해할 수 있을 것이다.

스트레스의 특성

당신이 스트레스를 마지막으로 경험한 것은 언제인가? 아마 당신은 시험 혹은 과제 제출일을 이틀 남겨놓은 시점에서 아직 시작도 못한 경험이 있을 것이다. 또는 하루에 세 과목의 시험을 치러야 했던 적이나 룸메이트와 잘 어울리지 못한 경험이 있을 수 있다. 졸업 시점에 좋은 직업을 찾지 못할 것이라고 걱정을 했던 경험은 없었는가? 한꺼번에 너무 많은 일들을 처리하려 했다가 큰 부담을 가진 적은 없었는가? 힘들지만 도움이 될 만한 기회가 있을 때 당신은 어떻게 반응하는가?

스트레스
사람들은 그들이 직면한 기회와 위협을 매우 중요하게 인식함과 동시에 스스로 이를 통제하고 관리할 수 있는 능력이 없다고 판단할 때 높은 스트레스를 경험함

스트레스(stress)는 인간이 어떠한 문제를 중요하게 생각하지만 이에 효율적으로 대처할 수 없다고 인식할 때 발생한다.[4] 기회에 잘 부응하지 못할 것이라는 염려는 갈등을 유발한다. 스트레스에 대한 정의들은 이러한 면에 착안하고 있다.

첫째, 스트레스는 기회와 위협을 동시에 경험하게 한다. 이때 기회(opportunity)란 개인에게 이익을 가져다줄 가능성을 의미한다. 반면에 위협(threat)은 개인에게 해를 가져다줄 가능성을 뜻한다.[5] 새로운 기술을 배우고, 좋은 직업을 얻을 수 있는 기회는 개인의 자기효능감(제5장 참조)이 부

족한 경우 스트레스로 작용하게 된다. 구성원으로 하여금 업무를 제대로 수행할 수 없다는 두려움을 느끼게 하는 것이다. 이를테면 조직이 근로자의 수를 감축하면 구성원은 재정적 불안정, 심리적 불안감, 경력개발의 위협으로부터 오는 스트레스를 경험한다.

스트레스의 두 번째 측면은 위협과 기회를 경험하는 것이 개인에게 매우 중요하다는 점이다. 이때 중요하다는 의미는 개인이 행복하고 건강하며 번영하는 삶이 중요하다는 뜻이다. 개인이 일상 속에서 접하는 많은 일들은 크게 기회와 위협으로 구분될 수 있다. 이 중 개인에게 상대적으로 중요한 일들이 스트레스와 연관된다. 예를 들어 지각하지 않기 위해 교통체증을 뚫고 운전하는 것은 위협에 속하지만 사람들은 이를 스트레스를 유발할 정도로 중요한 문제로 생각하지 않는다. 그러나 만약 아침 8시에 상사 앞에서 중요한 프레젠테이션이 예정되어 있지만, 7시 50분까지 도로에서 꼼짝 못하고 있다면 교통체증은 매우 중요한 스트레스 요인이 될 수 있다. 프레젠테이션이 지체되면 상사에게 좋지 않은 인상을 심어줄 것이기 때문에, 교통체증은 개인의 안녕에 부정적 영향을 미칠 수밖에 없다.

작업장 내 폭력은 개인에게 큰 위협으로 작용하는 스트레스 중 하나이다. 이러한 현실이 개인에게 위협이 될 경우 이를 이떻게 극복해나가야 할 것인가?

스트레스의 세 번째 측면은 불확실성(uncertainty)이다. 기회와 위협을 동시에 경험하는 개인은 스스로가 직면한 문제에 적절하게 대처할 수 있을지 확신이 없다. 만약 확신하게 되면 스트레스를 경험하지 않을 것이다. 무릎수술을 하게 된 정형외과 의사의 경우, 과거에 유사한 수술을 여러 번 한 경험이 있고 성공적으로 수술을 마무리할 수 있을 것이라는 확신이 있다면 스트레스를 거의 받지 않을 것이다. 그러나 건강 상태가 좋지 않은 노인의 고관절수술 등과 같이 이전에 경험하지 못한 복잡한 수술은 의사에게 수술의 성공을 확신하도록 하지 못할 것이다. 그래서 의사는 수술 전에 스트레스를 경험하게 될 것이다.

스트레스의 마지막 측면은 스트레스가 지각에 기인한다는 점이다. 개인이 스트레스를 경험하는 것은 개인 스스로가 잠재적인 기회와 위협을 어떻게 지각하는지, 그리고 문제에 대처할 수 있는 자신의 역량을 어떻게 지각하는지에 따라 달라진다. 어떤 구성원은 직무이동을 학습 또는 경력개발을 위한 기회로 인식할 수 있는 반면, 또 다른 구성원은 같은 직무이동을 하나의 실패 상황으로 인식할 수 있다. 마찬가지로 높은 자기효능감을 가진 구성원은 추가적 책임을 부여받는 것에 대해 긍정적으로 생각할 수 있지만, 능력이 부족하고 자기효능감이 낮은 구성원은 부담감을 느낄 수도 있다.

개인별 차이와 스트레스

스트레스에 대한 정의에서 알 수 있듯이 스트레스 경험은 개인이 주어진 기회와 위협을 얼마나 중요하게 생각하는지, 그러한 기회와 위협에 얼마나 효율적으로 대처할 수 있는지에 따라 달라진다. 스트레스란 개인이 경험하는 상대적인 감정이기 때문이다. 대부분의 학생들은 학우 앞에서 프레젠테이션하는 것을 두려워한다. 하지만 일부 학생들은 자신의 지식과 재치를 뽐낼 수 있는 기회라고 여기기도 한다. 유사한 예로 간호사들이 후천성면역결핍증후군(AIDS)에 걸린 환자를 간호하게 되면 감염에 대한 두려움과 환자가 사망할 것이라는 걱정으로 과도한 스트레스를 경험하게 된다. 반면에 다른 간호사들은 이러한 업무가 오히려 자신의 지식과 경험을 증명할 기회라 여기고 최선을 다해 환자들을 돌본다. 이렇듯 조직은 구성원이 동일한 수준의 스트레스에 어떻게 반응하는지를 염두에 두어야 한다. 어떤 구성원에게는 대수롭지 않은 일들이 다른 구성원에게는 강력한 스트레스로 작용한다는 점을 알아야 한다.

우리는 제2장에서 개인이 다른 사람과 차이를 보이는 데 영향을 미치는 두 가지 요인을 학습했다. 성격과 능력의 차이, 조직행동을 이해하고 통제하는 능력의 차이를 학습하였다. 개인별 차이는 조직구성원들이 스트레스 잠재요인을 인식하는 수준과 경험하는 정도 및 스트레스를 효율적으로 관리하는 능력에 영향을 미친다.

성격

우리가 제2장에서 배운 '성격'은 동일한 환경에 노출된 구성원이 실제로 스트레스를 받는 정도에 차이를 보이는 이유를 설명한다. 예를 들어 Big Five 성격 중 **신경증 성향**, **부정적 감정상태**를 가진 구성원은 자신과 조직, 담당업무, 심지어 동료들에 대해서까지 부정적인 태도를 보이기 쉽다. 이러한 구성원은 불확실한 근무조건과 업무변화 등을 위협으로 느끼는 경향이 강하며, 자신들이 위협과 기회를 관리하기에 부적절하다고 생각한다. 따라서 부정적 감정의 수준이 높을수록 더 많은 스트레스를 경험하게 된다.[6]

한편 Big Five 성격 구성요소 중 높은 **외향성** 또는 **긍정적 감정상태**를 가진 구성원은 다른 사람들과 어울리는 것을 즐긴다. 이런 구성원들은 내향성이 강한 사람에 비해서 빈번한 프레젠테이션을 요구하는 업무, 매일 새로운 사람들과 미팅을 가져야 하는 업무에서 상대적으로 스트레스를 덜 받는다. 판매직이나 서비스직에 종사하는 구성원들이 대표적인 예이다.

경험에 대한 개방성은 Big Five 모델의 마지막 성격으로 구성원이 스트레스를 경험하는 정도에 영향을 미친다. 대부분의 사람들은 급격한 환경변화를 겪거나 위험을 감수하는 과정에서 스트레스를 받게 마련이다. 심지어 잘나가는 사업가들도 회사를 경영하는 데서 발생하는 문제들과 제조과정의 혁신 단계에서 많은 스트레스를 경험한다. 보통 구성원 개인의 개방성 수준이 높을수록 이러한 변화에 대해 스트레스를 덜 받는 경향을 보인다.

제2장을 통해서 우리는 조직행동을 이해하고 관리하는 데 또 다른 종류의 성격특질들이 있음을 학습하였다. 예를 들어 높은 **자아존중감**을 가진 구성원은 양이 많고 도전적인 업무를 맡더라도 그렇지 않은 구성원보다 스트레스를 덜 받을 것이며, 스스로 직면한 스트레스에 효과적으로 대처할 수 있을 것이다. 또 다른 예로, **유형 A 구성원**은 **유형 B 구성원**과 서로 다른 수준의 스트레스를 경험하게 된다. 유형 A 구성원들은 성취욕구가 강하고 적대적이며 경쟁적인 성격을 가진다. 그들은 항상 시간에 쫓기고 참을성이 없어서 짧은 시간 안에 많은 업무를 해내고자 하는 욕구가 강하다. 반면 유형 B 구성원들은 상대적으로 느긋하며 덜 주도적이다. 초기에 학자들은 유형 A 구성원들이 유형 B 구성원들에 비해 더 많은 스트레스를 경험할 것이라고 생각했다. 그러나 최근 연구에 따르면 유형 A 중에서도 높은 적대성을 가진 사람들이 스트레스를 많이 받는다는 사실을 밝혀냈다. **통제위치**에 따른 성격적 차이 또한 스트레스에 많은 영향을 준다. 내적 통제위치를 보이는 조직구성원은 스스로에게 발생한 일들에 주력하기 때문에 외적 통제위치를 가진 구성원들에 비해 스트레스를 덜 받는다. 그러나 만약 어떠한 사건이 개인이 감당할 수 있는 범위를 크게 벗어나면(예를 들어 회사가 부도났을 경우) 내적 통제위치를 가진 개인 또한 상황을 통제할 수 없다는 사실을 인식하면서 높은 스트레스를 경험하게 될 것이다.

능력

이와 같이 개인이 가지는 다양한 성격은 스트레스에 영향을 미칠 수 있다. 또한 스트레스는 개인별 능력의 차이에 따라서도 영향을 받는다. 조직구성원은 부여된 직무를 수행하는 데 필요한 능력을 갖고 있지 않을 경우 스트레스를 경험한다. 이러한 경우 새로운 기술을 습득하고 역량을 높일 수 있는 교육에 참여하는 것이 많은 도움이 된다. 일반적으로 개인이 자신의 업무를 수행하는 데 기술과 능력이 부족하다고 인식할 때, 자기효능감(제5장 참조)을 높일 수 있는 여러 방안들을 단계적으로 시행함으로써 스트레스를 줄여나갈 수 있다.

구성원의 스트레스에 영향을 주는 또 다른 요인은 능력과 관련된 과거경험이다. 사람들은 특정 업무와 관련한 경험이 있는 경우 그렇지 않은 경우에 비해 스트레스를 덜 받게 된다. 이는 구성원들이 새로운 직무를 맡게 될 때 예민해지고 신경질적으로 변하는 이유를 설명해준다. 업무경험이 부족한 경우 불확실성과 함께 스트레스가 높아지게 된다. 예를 들어 은행에 새로 부임한 상사는 부하직원들의 업무스케줄을 조정할 때 어떻게 조율해야 할지, 혹은 그룹미팅을 가질 때 어떻게 하면 더 효율적으로 진행할지, 능력은 있지만 성과가 낮은 직원들을 어떻게 동기부여 할지 등에 대해 불확실성이 높은 상태이다. 이러한 유형의 불확실성은 상사에게 높은 스트레스를 유발할 수 있지만 상사의 관련 경험이 축적됨에 따라 스트레스는 서서히 줄어들게 된다.

스트레스의 결과

스트레스를 느끼는 정도는 개인마다 다르기 때문에 구성원은 동일한 스트레스 요인(예를 들어, 프레젠테이션을 하는 것 또는 해고당하는 것)으로 인해 발생하는 결과도 다른 양상을 보인다. 이들은 생리적(physiological), 심리적(psychological), 행동적(behavioral) 결과로 구분된다. 그리고 각각의 결과들은 개인 · 그룹 · 조직수준에서의 복지, 성과, 효율성 등에 영향을 미친다.

생리적 결과

당신은 극도의 스트레스를 받고서 밤잠을 못 이룬 경험이 있는가? 수면장애는 많은 생리적 결과 중 하나이다. 또 다른 종류의 생리적 결과로는 다한증, 감정적 동요, 떨림, 두근거리는 심장, 혈압 상승, 두통, 어지러움, 메스꺼움, 복통, 요통, 심부전, 면역체계 기능저하 등을 들 수 있다.[7]

스트레스와 생리적 결과의 관계는 매우 복잡하다. 학자들은 두 요소 간의 관계를 이해하기 위해 지금까지 많은 노력을 기울이고 있다.[8] 사람들은 동일한 수준의 스트레스에 대해 두통, 복통과 같은 서로 다른 생리적 반응을 보인다.[9] 고혈압, 심혈관 질환, 심장마비 등의 결과는 상당 기간 스트레스를 경험했을 경우 유발될 수 있다.

소진
심리적, 정서적, 신체적 탈진

Comstock\Thinkstock

불면증은 스트레스로 인한 수많은 생리적 결과 중 하나이다.

심리적 결과

스트레스로 인해 유발되는 대표적인 심리적 결과로서 피곤함을 들 수 있다. 이때 개인은 불쾌함, 근심, 걱정, 화, 분노, 적대감 등과 같은 부정적 감정을 경험한다. 그리고 이러한 느낌과 감정들은 개인의 행복을 저해한다.[10]

또 다른 심리적 결과로 개인이 스트레스를 경험할수록 더욱 부정적 태도를 갖는 현상을 들 수 있다. 스트레스가 누적된 구성원은 직무와 조직의 여러 현상들에 대해 더욱 부정적인 시각으로 바라보기 때문에 낮은 직무만족도와 조직몰입도를 보인다. 그럴수록 구성원은 인정을 받지 못하고 자신의 업무가 개인적 삶을 방해하고 있다고 생각하는 경향을 보인다.

심리적, 정서적, 신체적 탈진을 뜻하는 **소진**(burnout)은 스트레스로 인해 유발되는 특별한 심리적 결과로서 하루 온종일 스트레스를 받는 조직구성원들이 경험하게 된다. 특히 소진은 구성원이 다른 구성원들에게 도움을 주고, 그들을 극진히 보호해야 할 의무가 있을 때 발생하기 쉽다.[11] 예를 들어 간호사, 의사, 사회복지사, 교사, 변호사, 경찰관 등은 그들의 직무특성상 소진을 느낄 가능성이 높다.

소진증상을 보여주는 주요 신호는 낮은 성취감, 정서적 탈진, 비인격화(depersonalization)가 있다.[12] 소진된 구성원은 자신들이 다른 사람들을 돕고 있지 않다고 생각하며 꼭 달성해야 할 업무를 완수하지 못했다고 자책한다. 이들은 절망적이고 도움이 필요한 사람들을 다루는 과정에서 지속적으로 스트레스를 받고 이로 인해 감정적인 소진상태를 경험한다. 탈진한 구성원은 자신의 도움이 필요한 사람들을 비인격화시키며 그들을 인간이 아닌 업무 또는 사물로 간주한다. 예를 들어 탈진한 사회복지사는 새로운 가정이 필요한 고아들을 불쌍한 아이가 아닌, 처리해야 할 업무목록 중 하나로 여길 수 있다. 이러한 심리적 결과는 탈진한 사회복지사로 하여금 아이에게 차갑고 사무적으로 대하게 하는 행동을 유발시킨다.

행동적 결과

관리자들이 가장 관심 있게 생각하는 것은 아마도 스트레스가 업무성과에 미치는 잠재적 영향일 것이다. 스트레스와 업무성과 간의 관계는 역U자형(inverted U)으로 요약될 수 있다(그림 8.1 참조). 특정 수준(A 수준)에 이르기까지 스트레스는 성과를 높이는 데 기여하지만, 그 수준을 넘어선 스트레스는 오히려 성과를 저해한다는 것이다. A 수준에 이르는 스트레스는 조직구성원이 높은 성과를 창출하는 데 도움을 주기 때문에 **긍정적 스트레스**(positive stress)라고 말할 수 있으며, 이를 넘어선 스트레스는 성과를 저해하기 때문에 **부정적 스트레스**(negative stress)라고 표현할 수 있다. 뉴욕에 위치한 스트레스 관리상담센터에서 일하는 Allen Elkin 박사에 의하면 사람들은 각자에 맞는 가장 생산적이고 동시에 지나친 부담이 되지 않는 적정 수준의 스트레스를 받아야 한다고 한다. Elkin 박사는 적정 수준의 스트레스를 찾는 것이 기타나 바이올린의 튜닝 작업에 비유할 수 있다고 한다. 만약 줄이 너무 느슨하면 제대로 된 소리가 나지 않을 것이며 줄이 너무 팽팽하면 끊어지고 말 것이다. 적정한 수준으로 튜닝 되었을 때 비로소 아름다운 음악을 만들 수 있다는 것이다.

스트레스가 긍정적으로 작용할 수 있다는 것은 제6~7장에서 다루었던 동기이론과 도구(tool)들에 의해 설명될 수 있다. 이러한 이론들과 도구들은 동기와 성과수준을 높이는 데 기여함과 동시에 스트레스 수준을 높이는 데에도 영향을 미친다. 예를 들어 조직구성원에게 달성하기 힘든 목표를 설정해주고 그들이 설정된 목표를 달성했을 경우에만 두둑한 보너스를 받을 수 있다고 하면, 개

그림 8.1

스트레스와 성과 간 역U자 관계

A 수준에 이르기까지의 스트레스는 개인으로 하여금 높은 성과를 창출하도록 유도하기 때문에 긍정적인 영향을 준다. 그러나 A 수준을 넘어선 스트레스는 부정적 스트레스로서 오히려 성과를 저해한다.

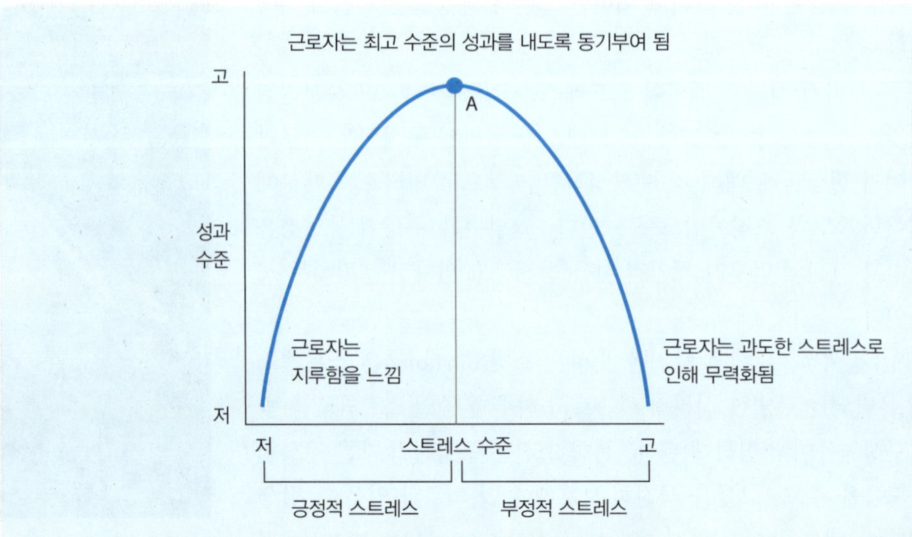

인은 일정 수준의 스트레스를 받게 된다. 그러나 이러한 경우의 스트레스는 구성원들이 목표를 달성할 수 있도록 힘을 북돋아주기 때문에 긍정적인 영향을 미친다. 이와 유사하게 시험 날짜가 다가오고 있다는 사실은 스트레스를 유발시키지만, 이는 학생들로 하여금 열심히 공부하도록 유도하기 때문에 긍정적인 영향을 미친다고 말할 수 있다. 마지막 사례에서와 같이 많은 연주자 또는 운동선수가 경험하는 일정 수준의 스트레스(또는 무대 공포증)는 아드레날린 수치를 높이고 최대한의 노력을 기울일 수 있도록 한다.[13] "압박을 느끼는 중에도 최선을 다했다"는 표현은 긍정적 스트레스가 개인으로 하여금 목표달성을 하고 최고 수준의 성과를 내는 데 영향을 미쳤다는 것을 잘 나타내고 있다.

그러나 지나치게 높은 수준의 스트레스는 성과를 저해할 수 있다. 심각한 시험 불안증에 시달리는 학생은 시험 전에 숙지했던 정보들을 상기하는 데 어려움을 겪을 수도 있다. 이들의 스트레스와 근심은 시험 문제에 집중하는 것을 방해하기도 한다. 마찬가지로, 지나치게 높은 수준의 스트레스는 조직구성원이 자신의 직무를 효율적으로 수행하는 데 부정적인 영향을 미친다. Barbra Streisand가 27년 동안 그래왔던 것처럼, 부정적 스트레스가 누적된 연예인은 생방송에 나가는 것을 매우 꺼릴 수 있다.[14] 세계적인 스피드 스케이터 Dan Jansen은 높은 (부정적) 스트레스로 인해 세 번의 올림픽에서 수상할 수 없었다. 심리학자 James E. Loehr의 도움으로 역기능적 수준의 스트레스를 관리할 수 있게 됨으로써 비로소 금메달을 수상할 수 있게 되었다.[15]

개인별 차이 역시 스트레스와 성과 간의 관계에 영향을 미친다. 일부 조직구성원들은 자신의 성격과 능력 덕분에 높은 수준의 스트레스를 감당할 수 있게 되고, 이로 인해 높은 성과도 창출하게 된다. 높은 수준의 스트레스라도 긍정적으로 작용할 수 있다. 그러나 같은 수준의 스트레스가 성과에 부정적 영향을 미치는 경우도 있다. 다시 말해 구성원 개인의 성과를 결정하는 스트레스 수준은 개인의 성격과 능력에 의해 좌우되는 것이다.

업무성과를 낮추거나 높이는 것 외에 또 다른 행동적 결과로서 대인관계의 회피, 결근, 이직 등을 들 수 있다.[16] 지나치게 높은 수준의 스트레스(부정적 스트레스)를 경험할 때, 개인은 평소와 달

Larry Busacca\Getty Images-WireImage.com

업무와 관련된 스트레스는 적정 수준을 유지한다면 긍정적일 수 있다. Taylor Swift와 같은 연주자는 많은 관객 앞에서 악기를 연주함으로써 스트레스를 연주 능력의 향상으로 바꿀 기회를 얻게 된다.

리 다른 조직구성원들(동료, 부하직원, 상사, 고객)을 보살피고 이해하는 데 어려움을 겪게 된다. 평소에 유순하고 우호적인 동료가 갑자기 화를 낸다면 이는 그가 매우 높은 수준의 스트레스를 경험하고 있음을 나타내는 것이다. 높은 수준의 스트레스를 경험하는 구성원은 배우자와 가족들과도 불편한 관계를 가질 것이다.

지나친 스트레스는 구성원들의 결근과 이직을 유발시킨다. 최근 연구결과에 따르면 많은 간호사들이 높은 스트레스와 소진을 경험하고 있으며 다른 직업을 갖거나 간호사를 아예 그만두는 것을 계획하고 있다는 사실이 밝혀졌다.[17]

일본의 경우 대부분의 근로자가 과도한 업무량을 스트레스의 주요 원인으로 꼽고 있는데 이러한 부정적 스트레스로 인한 행동적 결과를 과로사(karoshi)라고 표현한다.[18] 2000년대 후반에 토요타의 최고 엔지니어가 과로사 한 사건이 있었다. 해당 엔지니어가 심장마비로 죽기 두 달 전 그는 매달 80시간을 초과근무하였다.[19] 야간근무, 주말근무, 심지어 해외로 여행을 갔을 때도 일을 손에서 놓지 않았다. 1년 후 일본 정부의 한 연구에서 6명 중 1명이 1년에 최소 3,100시간(주당 60시간, 1년의 52주)을 일한다는 것이 드러났으며, 의사들은 이러한 스케줄이 과로사를 유발한다고 주장하였다. 과로사는 비단 일본에만 국한된 것이 아니다. 영국 의사회 조사결과에 따르면, 한 젊은 영국 의사는 86시간을 지속적으로 일하는 도중에 사망했으며 이를 과로에 의한 사망이라고 표현하였다.[20] 불행히도 이러한 업무과중은 일본을 포함하여 전 세계적으로 확대되고 있는 추세이다. 일본의 건강·노동·복지 부처는 2002년에 발생한 317명의 근로자 사망이 과도한 업무에 의한 것이라고 발표하였다.[21] 그러나 관련 전문가들은 실제 수치가 이보다 훨씬 높을 것이라 예상하며 특히 전문직종에서 이러한 현상이 두드러질 것이라고 주장한다.[22] 일본 노동조합연합회의 연구에 따르면, 일본 남성의 33% 이상이 30대 초반에 주당 58시간의 업무를 담당한다고 한다.[23] 그리고 영국, 호주, 미국 역시 주당 노동시간이 점차 증가하는 경향을 보이고 있다.[24]

스트레스의 원인

스트레스 요인
스트레스 근원

과연 스트레스를 유발하는 요인은 무엇인가? 다섯 가지의 주요 잠재적 **스트레스 요인**(stressor) 또는 스트레스 근원은 개인의 삶(personal life), 업무책임(job responsibilities), 작업그룹과 조직에서의 멤버십, 일과 삶의 균형(work-life balance), 환경적 불확실성이다. 잠재적 스트레스 요인이 실제 스트레스 요인으로 작용하는 것과 조직구성원이 경험하는 스트레스가 긍정적인지 또는 부정적인지는 개인별 차이와 스트레스 요인을 개인이 어떻게 인식하고 해석하는지에 달려 있다. 잠재적 스트레스 요인들은 무한한 조합을 이루며 생리적, 심리적, 행동적 결과를 발생시킨다(그림 8.2 참조). 이러한 스트레스 요인들의 조합효과는 한 개인이 경험하는 전반적 스트레스 수준을 결정하는 데에도 영향을 미친다. 또한 각각의 스트레스 요인은 개인이 스트레스를 느끼는 수준을 결정하게 된다.

그림 8.2
스트레스의 요인과 결과

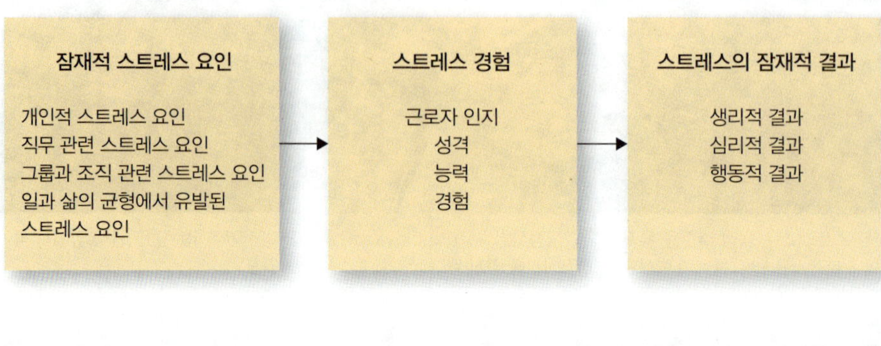

개인적 스트레스 요인

직무 외적으로 일어난 일은 직무 내적으로 일어난 일 못지않게 개인의 복지, 태도, 행동, 성과에 영향을 미친다. 예의 바르고 친절한 판매사원이 아침에 부인과 크게 다투었을 경우, 그는 무례한 고객에게 평소와는 다르게 화를 낼 수 있다. 유사하게 평소에 매우 사교적인 마케팅 관리자는 그녀의 10대 아들이 일으킨 마약문제에 온 신경이 곤두서서 동료들을 피할 수도 있다. 메리어트 인터내셔널은 레스토랑과 호텔 종업원을 대상으로 한 연구에서 개인과 가족 관련 문제가 종업원의 이직에 큰 영향을 미친다는 것을 밝혔다.[25] 가족에 대한 책임과 가정에서의 삶은 종업원의 직무 내·외적에서 중요한 관심의 대상이다.

이러한 개인적 스트레스 요인을 결정하는 또 다른 관점은 생활 속에서 일어나는 사건들에 대해 중요성을 지각하는 정도이다.[26] 삶의 주요 사건들은 스트레스와 복지에 심각한 영향을 미칠 수 있다. 이를테면 가족 혹은 사랑하는 이의 질병, 죽음, 이혼 등을 포함한다. 하지만 삶의 주요 사건들은 스트레스를 유발하지만 개인에게 긍정적 '기회'로 인식될 수 있으며 이는 결혼, 집 구매, 임신, 이사 등을 포함한다. 이와 비교하여 삶의 사소한 사건들 역시 스트레스 원인으로 작용할 수 있다. 대표적인 예로 과속딱지, 인척 또는 자식을 보살피는 문제, 휴가를 떠나는 것 등을 들 수 있다.

스트레스를 받은 개인이 일반적으로 어떠한 감정을 느끼는지는 스트레스 요인이 얼마나 많이 발생하였는지, 이러한 요인이 개인에게 얼마나 중요한 것인지 뿐 아니라 주어진 기간 내에 얼마나 많은 스트레스 요인이 동시다발적으로 발생하였는지에 따라 영향을 미친다.[27] 가령 대학을 갓졸업한 사람들은 때때로 매우 높은 수준의 스트레스를 경험한다. 이들은 짧은 기간 동안 긍정적 또는 부정적 스트레스를 유발할 수 있는 많은 삶의 변화들(이사, 오래된 친구를 잃는 것, 새로운 친구를 만드는 것, 결혼, 새로운 직업을 찾음과 동시에 경제적으로 독립하는 것)을 경험하기 때문이다. 비록 개별적 사건들은 약한 수준의 스트레스를 유발할지 모르나, 이것들이 한꺼번에 발생한다면 높은 수준의 스트레스 요인으로 작용할 가능성이 있다.

연구자들은 스트레스를 유발할 가능성이 있는 삶의 사건들과 그 영향력의 정도를 설문지로 만들었다. 스트레스의 전반적 수준은 특정 기간(예를 들어 지난 3년간) 동안에 발생하였던 수많은 사건들과 중요도에 의해 결정된다. 그리고 이러한 스트레스의 전반적인 수준은 앞서 언급하였던 스트레스의 부정적 결과와 어느 정도 관련성을 갖는 것으로 보인다.[28] 설문지의 항목은 표 8.1에 명시되어 있다.

표 8.1
일상에서 발생하는 사건들의 스트레스 체크리스트 (예시)

	지난 3년간 발생했는가?		현재 나에게 영향을 미치는가?		
	아니요	예	부정적으로	그렇지 않다	긍정적으로
1. 학교를 다니기 시작하거나 오랜만에 새로운 교육을 받기 시작함	아니요	예	−3 −2 −1	0	+1 +2 +3
2. 처음 접하는 업무	아니요	예	−3 −2 −1	0	+1 +2 +3
3. 더 나은 쪽으로의 업무변화	아니요	예	−3 −2 −1	0	+1 +2 +3
4. 좋지 않은 쪽으로의 업무변화	아니요	예	−3 −2 −1	0	+1 +2 +3
5. 기존 업무보다 더 좋지도, 나쁘지도 않은 쪽으로의 업무변화	아니요	예	−3 −2 −1	0	+1 +2 +3
6. 상사와의 갈등	아니요	예	−3 −2 −1	0	+1 +2 +3
7. 업무에서의 강등	아니요	예	−3 −2 −1	0	+1 +2 +3

(계속)

	지난 3년간 발생했는가?		현재 나에게 영향을 미치는가?		
	아니요	예	부정적으로	그렇지 않다	긍정적으로
8. 승진기회가 박탈되었다는 생각	아니요	예	−3 −2 −1	0	+1 +2 +3
9. (강등이나 상사와의 갈등을 제외한) 업무환경의 악화	아니요	예	−3 −2 −1	0	+1 +2 +3
10. 업무에서의 중요한 성공 경험	아니요	예	−3 −2 −1	0	+1 +2 +3
11. 이전 직무에서의 해고	아니요	예	−3 −2 −1	0	+1 +2 +3
12. 현재 직무에서의 승진	아니요	예	−3 −2 −1	0	+1 +2 +3
13. 새로운 사업이나 전문직으로의 전환	아니요	예	−3 −2 −1	0	+1 +2 +3
14. 사업적 손실이나 실패 경험	아니요	예	−3 −2 −1	0	+1 +2 +3
15. 업무량의 급격한 증가	아니요	예	−3 −2 −1	0	+1 +2 +3
17. 동료와의 갈등	아니요	예	−3 −2 −1	0	+1 +2 +3
18. 부하직원과의 갈등	아니요	예	−3 −2 −1	0	+1 +2 +3
19. 고객이나 거래처와의 갈등	아니요	예	−3 −2 −1	0	+1 +2 +3
20. 배우자가 첫 직장생활을 시작	아니요	예	−3 −2 −1	0	+1 +2 +3
21. 배우자가 조건이 안 좋은 직무로 이동	아니요	예	−3 −2 −1	0	+1 +2 +3
22. 배우자의 승진	아니요	예	−3 −2 −1	0	+1 +2 +3
23. 배우자가 직장에서 강등됨	아니요	예	−3 −2 −1	0	+1 +2 +3
24. 배우자의 해고	아니요	예	−3 −2 −1	0	+1 +2 +3
25. 주택을 저당 잡힘	아니요	예	−3 −2 −1	0	+1 +2 +3
26. 자동차, 가구 등 목돈 지출이 필요한 제품의 할부 구매 시작	아니요	예	−3 −2 −1	0	+1 +2 +3
27. 저당이나 대출로 인한 압류	아니요	예	−3 −2 −1	0	+1 +2 +3
28. 기대하던 임금 혹은 연봉 상승을 얻지 못함	아니요	예	−3 −2 −1	0	+1 +2 +3
29. 강등 없이 임금 혹은 연봉 삭감	아니요	예	−3 −2 −1	0	+1 +2 +3
31. 도둑질 당함	아니요	예	−3 −2 −1	0	+1 +2 +3
32. 법정 소송 사건에 연루	아니요	예	−3 −2 −1	0	+1 +2 +3
33. 애완동물이 생김	아니요	예	−3 −2 −1	0	+1 +2 +3
34. 애완동물의 죽음	아니요	예	−3 −2 −1	0	+1 +2 +3
35. 계획하던 휴가를 가지 못함	아니요	예	−3 −2 −1	0	+1 +2 +3
36. 집 리모델링	아니요	예	−3 −2 −1	0	+1 +2 +3
37. 약혼	아니요	예	−3 −2 −1	0	+1 +2 +3
38. 파혼	아니요	예	−3 −2 −1	0	+1 +2 +3
39. 배우자가 병을 앓음	아니요	예	−3 −2 −1	0	+1 +2 +3
40. 아이가 생김	아니요	예	−3 −2 −1	0	+1 +2 +3
41. 자녀의 대학 입학	아니요	예	−3 −2 −1	0	+1 +2 +3
42. 배우자 외 가족과의 심각한 언쟁	아니요	예	−3 −2 −1	0	+1 +2 +3

출처 : R. S. Bhagat, S. J. McQuaid, H. Lindholm, and J. Segouis. "Total Life Stress: A Multimethod Validation of the Construct and Its Effectson Organizationally Valued Outcomes and Withdrawal Behaviors," Journal of Applied Psychology 70 (1985): 202–14; A. P. Brief, M. J. Burke, J. M. George, B.
S. Robinson, and J. Webster, "Should Negative Affectivity Remain an Unmeasured Variable in the Study of Job Stress?" Journal of Applied Psychology 73(1988): 193–98; B. S. Dohrenwend, L. Krasnoff, A. R. Askenasy, and B. P. Dohrenwend, "Exemplification of a Method for Scaling Life Events: The PERI LifeEvents Scale," Journal of Health and Social Behavior 19 (1978): 205–29; J. H. Johnson and I. G. Sarason, "Recent evelopments in Research on Life Stress." InV. Hamilton and D. M. Warburton (eds.), Human Stress and Cognition: An Information Processing Approach (New York: Wiley, 1979), 205–36.

직무 관련 스트레스 요인

삶의 다양한 사건들이 잠재적인 스트레스 요인이 될 수 있는 것처럼, 개인의 직무에서 유발된 스트레스 요인 또한 다양하다. 이와 관련하여 이 장에서는 여섯 가지 직무 관련 스트레스 요인을 다루고자 한다. 이러한 요인들로는 역할갈등, 역할모호성, 업무과중, 업무과소, 도전적 업무 및 승진, 조직구성원의 경제적 복지에 영향을 미칠 수 있는 조건 등이 있다.

제1장에서 우리는 역할을 개인이 그룹 또는 조직 내에서 맡고 있는 직책에 따라 개인에게 요구되는 일련의 행동과 업무들이라고 정의하였다. **역할갈등**(role conflict)은 개인에게 기대되는 행동과 업무가 서로 모순된 상태에서 유발된다.[29] 사회복지사는 자신이 (1) 담당하고 있는 아이들을 부모에게 돌려보낼지 여부를 결정하는 데 많은 시간과 노력을 기울임과 동시에 (2) 매달 담당하고 있는 아이들을 두 배로 늘려야 할 때 역할갈등을 경험한다. 그리고 중간관리자는 자신의 상사가 생산수준을 늘릴 것을 기대하는 반면, 부하직원들이 업무과중으로 인해 불만을 토로할 때 역할갈등을 경험한다.

역할갈등
역할갈등은 개인이 수행하도록 기대되는 행동이나 업무가 서로 모순적일 때 발생

역할모호성(role ambiguity)은 조직이 구성원들에게 무엇을 기대하는지 확실히 알지 못하고 어떻게 업무를 수행해야 할지 알 수 없을 때 발생한다.[30] 이러한 역할모호성은 새로운 구성원들에게 강력한 스트레스 요인이 될 수 있다. 새로운 구성원은 자신이 무엇을 해야 할지 또는 어떻게 일을 해야 하는지에 대해 명확하게 알지 못한다. 그러나 대부분의 구성원들 역시 한두 번쯤은 역할모호성을 경험하는데, 이는 경쟁우위를 유지하고 급변하는 상황에 대처하기 위해 조직이 빈번하게 업무책임을 바꾸기 때문이다. 예를 들어 포드 자동차 회사는 고급 자동차에 대한 고객의 요구와 근로자의 자율성에 대한 요구가 증가하는 것에 대응할 필요가 있음을 인식하였다. 이러한 변화에 발맞추기 위해 포드는 공장을 재조직화함으로써 구성원들이 개인이 아닌 팀으로 일할 수 있도록 하였다. 이로 인해 일부 관리자들은 팀 내에서 새롭게 부여되는 업무책임을 맡게 되었고 역할 모호성을 경험하였다.

역할모호성
조직구성원이 그들에게 요구되는 바를 정확히 인지하지 못하거나 업무를 어떻게 수행해야 할지 확신할 수 없을 때 발생함

때때로 구성원들은 **업무과중**(overload) 즉, 지나치게 많은 업무를 담당해야 하는 상황으로 인해 스트레스를 경험한다.[31] 워싱턴에 위치한 U.S. 뱅크의 인적자원개발 부회장인 로버트 카키우치는 부과된 업무를 완수하기 위해 종종 야간과 주말 심지어 휴일에도 근무를 했다. 정리해고로 인해 카키우치의 부서원이 70명에서 6명으로 줄었음에도 불구하고 은행의 다른 부서에 그가 제공해야 하는 인적자원관리 서비스는 전혀 줄어들지 않았기 때문이다.[32] 카키우치는 소식이 정리해고 전에 부서에 요구했던 많은 양의 업무를 남은 직원들이 동일하게 수행하도록 요구받았기 때문에 업무과중을 경험하였다.[33] 나딘 빌라드는 하퍼 콜린스 출판사의 수출 업무를 담당하는 관리자로서 그녀는 매일 15시간 이상의 노동과 주말에 집에서도 일을 하는 등 높은 업무과중을 경험하였다.[34] 가정노동학회가 실시한 연구에 따르면, 2000년대 맞벌이 부부들은 1970년대의 맞벌이 부부들이 주당 81시간의 노동을 했던 것에 비해 10시간 더 많은, 주당 91시간의 노동을 하고 있는 것으로 드러났다.[35] 업무의 과중으로 인한 높은 스트레스가 부정적이고 성과를 저해하는지의 여부는 구성원의 성격특질과 능력에 달려 있다.

업무과중
너무 많은 업무들을 수행해야 하는 상황

업무과중은 중간 또는 최고관리자들이 주로 경험한다.[36] 미국경영자협회의 연구결과에 따르면, 41%의 중간관리자가 업무과중을 경험한다고 응답하였다. 또한 시애틀의 컨설팅 기업인 프라이어리티 매니지먼트에서 실시한 연구에 의해서도 중간관리자가 업무과중으로 인해 더 오랜 시간 노동한다는 사실이 규명되었다.[37] 그리고 앞서 우리는 이러한 업무과중이 일본에서 과로사까지 유발할 수 있는 심각한 문제임을 알 수 있었다.

수행해야 할 업무의 양이 부족할 경우 **업무과소**(underload)가 발생하는데 이것도 역시 조직구성원에게 스트레스 요인으로 작용할 수 있다. 당신이 최근 지루하다고 느낀 적이 언제인가? 아마도

업무과소
너무 적은 업무들을 수행해야 하는 상황

역할과중은 중간계층 이상의 경영진이 주로 경험하는 직무 관련 스트레스 요인이다.

당신은 작업속도가 매우 더딜 때, 혹은 도서관에서 공부를 할 때 지루함을 느꼈을 것이다. 그리고 재미없는 영화를 볼 때 이러한 감정을 느꼈을 수 있다. 지금부터 당신이 주 5일 동안 하루 8시간씩 매우 지루한 업무를 수행하는 것을 상상해보자. 당신은 아마도 단순히 지루하기 때문에 스트레스를 받게 될 것이다. 직무특성모델(제7장 참조)에서 확인할 수 있듯이, 대부분의 구성원들은 업무에서 다양한 기술을 활용하길 원하고 핵심적이고 가치 있는 일을 하고 싶어 한다. 그림 8.1에서 확인한 바와 같이 일정한 수준의 스트레스는 긍정적이며 높은 수준의 동기와 성과를 유발한다.

승진과 도전적 업무 역시 업무를 효율적으로 수행할 수 있을지 확신이 없는 구성원과 낮은 자기효능감을 가진 구성원에게는 스트레스 요인으로서 작용할 수 있다. 예전에 부하직원을 관리해본 경험이 전혀 없는 구성원이 관리직으로 승진하게 되면, 성공적인 업무달성 여부에 대해 불확실성을 느끼게 되고 이로 인해 스트레스를 받게 된다.

구성원의 **경제적 복지**와 **고용안정** 또한 강력한 스트레스 요인으로 작용한다.[38] 소득이 매우 낮을 때 혹은 해고 또는 다운사이징의 위협을 받을 때, 고용보장을 받지 못하거나 임금이 삭감될 때 구성원과 가족의 재정적 안정은 위협을 받게 된다.

수많은 연구들은 조직이 정리해고를 감행할 경우 구성원들이 받는 스트레스가 구성원과 가족들에게 우울, 자살, 가정폭력, 가족의 와해와 같은 물리적·정신적 질병을 발생시킨다는 것을 보고하였다.[39] 정리해고는 살아남은 구성원에게도 강력한 스트레스로 작용한다.[40] 살아남은 구성원들은 죄책감, 분노, 불안, 외로움 등을 느끼며 그들 역시 다음 정리해고 대상자가 될 수 있다는 두려움을 느낀다고 한다. 휴스턴 정유 회사에서 11년 동안 근무한 46세의 지질학자는 정리해고에서 살아남았으며 12명의 동료로 이루어진 그룹의 리더로 승진되었다. 관리직으로서 그녀의 첫 번째 업무는 그룹 내에서 6명의 지질학자들을 해고하는 것이었다. 이로 인해 그녀는 매우 극심한 스트레스를 받았고, 불면증과 거식증에 시달렸다고 한다.[41]

소득이 개인과 그 가족구성원에게 얼마나 중요한지를 생각해볼 때, 급여수준을 높일 수 있는 여러 기회들은 급여상승 조건을 만족시킬 수 없는 구성원들에게 강력한 스트레스 요인으로 작용할 수 있다.[42] 자동차 판매사원들은 철저히 수수료에 의존하기 때문에 가족을 부양할 수 있는 능력은 자동차를 얼마나 많이 판매하는지에 달려 있다. 이로 인해 그들은 상당한 스트레스를 경험하게 된다. 구성원들은 직무에 높은 자율권이 부여되고, 열심히 노력한 만큼 많은 수수료를 벌 수 있다는 점에 만족한다. 그러나 이러한 업무는 그의 노력뿐만 아니라 경제상황, 기업지원 할인, 광고 등과 같이 통제할 수 없는 외부요소들에 의해서도 많은 영향을 받기 때문에 스트레스를 피할 수 없게 된다.

앞서 살펴보았던 사례들에서는 잠재적 스트레스 요인들을 다루고 있다. 그러나 이외에도 많은 요인들이 존재하며 그중 일부는 이전 장에서 다룬 바 있다. 예를 들어 조직 내에서 차별과 성적 학대(제4장 참조)로 발생하는 스트레스는 매우 치명적일 수 있다.[43]

비록 우리가 이 장의 마지막에서 구성원과 조직이 어떻게 스트레스에 대처하는지를 다룰 예정이지만, 이쯤에서 직무 관련 스트레스 요인들이 조직구성원들로 하여금 높은 스트레스를 유발하고 복지와 성과를 저해하는 것을 막기 위해 관리자들이 취할 수 있는 몇몇 방안들을 단계적으로 살펴볼 필요가 있다.

- 관리자들은 구성원들을 위해 갈등을 유발할 수 있는 환경을 만들지 않도록 노력해야 한다. 관리자들이 부하직원에게 바라는 바가 조직구성원(고객, 동료, 다른 관리자들)들이 바라는 바와 모순되지 않도록 해야 한다.
- 역할모호성은 구성원에게 요구되는 기대를 분명히 하고 구성원들이 어떻게 업무를 수행해야 하는지, 어떠한 변화들이 발생할지를 명확히 함으로써 줄일 수 있다.
- 관리자들은 부하직원들이 업무과중을 경험하지 않도록 노력해야 하며, 지나치게 많은 업무와 책임은 업무재설계를 통해 수정해야 한다.
- 업무과소가 문제일 때, 관리자들은 업무를 재구성함으로써 직무특성모델의 다섯 가지 구성요소(기술 다양성, 과업 정체성, 과업 중요성, 자율성, 피드백)를 향상시켜야 한다.
- 조직구성원이 승진 또는 새로운 업무로 인해 스트레스를 경험할 때 관리자는 구성원의 자기효능감, 즉 구성원이 업무를 성공적으로 수행할 수 있을 것이라는 믿음을 높이기 위해 노력해야 한다. 우리는 앞서 제5장에서 자기효능감을 높일 수 있는 방법들을 알아보았다. 그러한 방법들에는 작은 성공을 칭찬하기, 동료 간 상호작용을 촉진하는 환경 만들기, 기대 수준 높이기, 부하직원의 능력에 대한 강한 자신감 표현하기 등이 있다.
- 조직은 정리해고와 다운사이징으로 인해 발생하는 경제적 어려움과 그로부터 파급되는 부정적 효과를 감소시키기 위해 신속한 퇴직자 공고, 공정한 퇴직금 지불, 카운셀링 서비스 등을 제공해야 한다. 이러한 방법들은 정리해고에서 살아남은 직원들의 스트레스를 줄이는 데 영향을 미칠 수 있다.
- 조직구성원이 성과급제도 등에 의해 스트레스를 받게 되면, 관리자는 구성원의 자기효능감을 높이기 위해 노력해야 한다.

그룹과 조직 관련 스트레스 요인

높은 수준의 스트레스를 유발하는 요인은 작업그룹과 조직수준에서도 발생할 수 있다. 예를 들어 그룹수준에서 오해와 갈등, 대인관계에서의 의견충돌은 조직구성원들에게 부정적 스트레스 요인으로 작용한다. 제9장과 제10장에서 우리는 조직이 그룹을 활용하는 데에서 오는 이익에 대해 학습하고, 조직이 직면하는 특정 문제들과 이를 완화하기 위한 방법들을 다룰 것이다.

세계화가 진행되면서 많은 조직들은 다양한 국적의 직원들로 그룹을 형성하고 여러 문화가 섞인 팀(cross-cultural team)을 운영하고 있다. 이러한 문화적 다양성으로부터 발생한 오해와 갈등은 팀 내에서 스트레스 요인으로 작용한다. 예를 들어 3개의 기업들(독일의 지멘스 AG, 일본의 도시바 기업, IBM)에서는 다양한 문화가 혼재되어 있다. 3개 기업의 연구자들은 IBM이 위치한 뉴욕 주의 이스트피시킬에서 새로운 컴퓨터 메모리칩을 발명하기 위해 함께 일하게 되었다. 3개의 각기 다른 문화권에서 온 100명 이상의 과학자들은 Triad라고 불리는 프로젝트를 함께 수행하였다. 관리자들은 초반에 과학자들이 다양한 문화적 배경으로 인해 함께 일하는 데 어려움을 겪을 것이라고 예상하였다. 그들은 오해와 갈등이 과학자들에게 심각한 스트레스로 작용할 것이라고 우려하였다. 예를 들어 지멘스에서 온 독일 과학자들은 도시바에서 온 동료들이 회의 중 눈을 감고 있는 것을 보고 자고 있는 것이라고 생각하며 경악하였다(사실상 일본의 많은 근로자들은 업무과중으로 인해 회의 석상에서 자주 그러한 모습을 보이지만 이는 도시바에서 온 동료들에게는 해당되지 않는 것이었다). 또 다른 예로 IBM 출신의 미국 과학자들은 독일과 일본 동료들이 계획을 세우고 아이디어를 검토하는 데 너무 많은 시간을 할애한다고 생각하였고, 프로젝트를 실행시키는 데에는 소홀히 한다고 보았다. 이러한 문화적 가치관의 차이는 많은 스트레스를 유발시켰다.

그러나 다양한 문화가 섞인 팀에서 생길 수 있는 잠재적 오해는 국제간 합작기업들에게 많은 이점을 가져다주기도 한다. 이러한 이점으로는 프로젝트 또는 문제에 대한 다양한 관점들, 다양한 기술과 전문성 향상 등을 비롯하여 조직구성원이 새로운 업무방식에 노출됨으로써 얻을 수 있는 많은 정보 등을 들 수 있다. 문화 충격에서 오는 과도한 스트레스를 경험하지 않으면서 다양한 이점들을 얻기 위해, 개인과 그룹은 문화적 다양성을 고려할 필요가 있다.

불편한 작업조건은 그룹과 조직 전체에 또 다른 스트레스 요인으로 작용한다. 과도한 소음, 높은 온도, 부실하게 구성된 작업설비들은 구성원들에게 큰 스트레스를 발생시킨다. 최근 발생한 2,000건 이상의 소송은 부실한 컴퓨터 키보드에 관한 건이었으며 그중 일부는 이스트먼 코닥, IBM, AT&T와 같이 우수한 기업에서 근무하는 근로자들이 제기한 것이었다. 이를 통해 부실한 작업설비가 근로자로 하여금 높은 수준의 정신적 고통은 물론이고 손과 팔목의 부상 등과 같은 신체적인 피해를 겪게 한다는 것을 보여주고 있다.[44]

불편한 작업조건은 켄터키에 위치한 버번 증류회사인 짐빔의 클러몬트가 구성원들이 원할 때 화장실을 사용하는 것을 제한한 정책에서 발생하였다. 공장 근로자들은 8시간 30분 동안의 근로시간 중 화장실을 사용할 수 있는 기회가 네 번의 휴식시간으로 제한되며, 심지어 하루에 단 한 번만 정해진 시간 외에 화장실을 이용할 수 있는 회사 정책에 불만을 표출했다.[45] 조직구성원들은 이러한 정책이 자신들에게 불편함과 높은 스트레스를 유발하며, 일부 구성원에게는 의학적 문제를 일으킨다는 것을 확인하였다. 그 후 의사의 처방을 받은 구성원들은 정책을 준수하지 않아도 되었으며, 원할 때 자유롭게 화장실을 이용할 수 있게 되었다.[46]

원자력 발전소에서 근무하는 일, 독성 화학 물질과 위험한 기계를 다루는 일, 후천성면역결핍증후군과 같은 전염병을 가진 사람과 함께 하는 일 등 잠재적 위험이 높은 직무들 역시 스트레스와 부상자를 유발한다.[47] 서캐디언 테크놀로지스의 연구결과에 따르면, 미국의 택배운송회사인 UPS에서 근무하는 비행사들은 매번 15%에서 31%의 위험을 경험한다고 한다. 비행사 노동조합은 이러한 위협적 작업조건이 여러 시간대를 넘나들어야 하는 비행으로부터 기인한다고 주장하였다.[48] 위험한 작업조건은 부상을 유발하기도 한다. 미시간대학의 공중보건학과에서 실시한 연구에 따르면, 미시간에서 근무하는 구성원들은 작업을 하는 도중 발생한 부상으로 인해 1년에 약 8억 9,000만 달러를 지출한다고 한다.[49]

기업인수합병 또한 조직의 스트레스 요인으로 작용한다. 특히 인수된 기업의 구성원들은 이로 인해 극심한 스트레스를 받는다. 그들은 스스로를 이등시민(seco-class citizens)이라고 생각하며, 곧 해고당할 수 있다는 두려움을 갖고 있다. 그리고 이러한 두려움은 종종 인수가 완료되고 난 후,

스트레스는 위험한 근로조건에서 발생할 수 있다.

모기업이 두 기업 간 시너지로 인한 효과를 누리고 시행착오를 줄이기 위해 조직을 재구조화하면서 현실화된다.[50] 인수된 기업의 구성원들은 해고를 당할 가능성이 높으며 살아남은 이들도 당분간만 일을 더 하도록 요구받을 수 있다. 이러한 현상은 펩시가 켄터키 프라이드 치킨의 프랜차이즈를 인수할 때 발생하였다.[51] 새롭게 합병된 조직의 구성원들은 미래에 대한 불확실성과 두 조직 간에 발생할 수 있는 잠재적 문화 충돌로 인해 스트레스를 경험하였다고 한다.

우리는 이 장의 마지막에서 구성원과 조직이 스트레스를 대처하는 방법을 다룰 예정이다. 그러나 이쯤에서 그룹과 조직수준에서 관리자와 조직이 취할 수 있는 방안들을 단계적으로 제시해보고자 한다. 첫째, 작업그룹의 관리자들은 구성원들이 팀을 구성하여 함께 일하고 효율적으로 소통할 수 있도록 교육해야 한다(이 책의 제16장에서 우리는 팀 구축 전략들에 대해 이야기하고 있다). 둘째, 조직은 구성원에게 편안한 작업환경을 제공해야 한다. 셋째, 조직은 구성원이 직무와 관련하여 불필요한 위험에 노출되지 않도록 하고, 부상 발생 위험을 최소화하기 위해 모든 안전조치를 취해야 한다. 넷째, 조직이 인수합병과 같은 주요 변화를 겪을 경우,[52] 조직은 구성원들에게 조직변화가 어떻게 진행되고 그것이 구성원들에게 어떠한 영향을 미칠 것인지에 대해 정확한 정보를 적시에 제공해야 한다. 이러한 대안들이 구축되었을 때, 구성원들은 잠재적 스트레스 요인에 대응할 수 있게 될 것이다.

일과 삶의 균형에서 유발되는 스트레스 요인

공장 근로자, 접수 담당자, 관리자, 간호사, 트럭 운전수로 일하는 사람들은 동시에 환자, 배우자, 어느 부모의 아이들, 지역사회의 자원봉사자, 특정 취미를 가진 사람들이기도 하다. 뉴욕에 위치한 비영리조직인 가정노동학회의 조사에 따르면, 미국 근로자의 85%가 가족구성원의 생계를 책임진다고 한다.[53] 20년 전 근로자들의 평균 노동시간에 비해 요즘 근로자들이 더욱 장시간 노동을 하고 있다는 사실은 일과 삶의 균형을 추구한다는 것이 매우 어려운 일임을 의미한다.[54] 사람은 일과 삶 사이에서 갈등을 느낄 때 스트레스를 받는다. 예를 들어 유명 컨설팅 법률 회사에서 근무하게 된 신입 회계사와 변호사는 많은 시간을 업무에 할애해야 한다. 오랜 시간 근무하는 것은 그 자체로 스트레스를 유발하지만, 일이 개인의 삶에서 보장받고 싶은 욕구와 충돌할 때 더욱 심해진다. 많은 조직구성원들은 배우자와 어린 자녀들을 두고 있다. 또한 쇠약해진 부모들을 보살펴야 하며, 지역 봉사단체의 장으로서 활동하기도 한다. 이러한 활동들이 업무와 충돌할 때, 감당하기 힘든 스트레스로 작용하게 된다. 편부모 가정의 근로자는 가족에 대한 책임을 공유할 수 있는 배우자가 없기 때문에 더 많은 부담을 갖게 된다.[55]

양육해야 할 아이가 없는 근로자들 역시 업무의 부담감이 가족에 대한 책임과 갈등을 일으키면 스트레스를 받는다. U.S. 웨스트 커뮤니케이션에 근무하는 소프트웨어 디자이너 관리자인 Faith Merrens는 이를 가리켜 "아이를 양육하는 것은 일의 생산성을 유지하는 것과 관련된 가장 큰 이슈"라고 말하였다.[56] 그녀의 부하직원 대부분은 아이를 보살피기 위해 근무시간을 줄여야만 했으며, 심지어 Merrens와 그녀의 상사 역시 아픈 자녀들을 위해 휴가를 써야 했다.

조직 내에는 '샌드위치 세대'라 불리는 많은 근로자들이 존재한다.[57] 이러한 근로자들은 아이를 양육해야 할 의무와 나이 든 부모를 부양할 책임을 동시에 가진다.[58] 아이와 부모에 대한 책임은 과도한 업무량과 충돌하게 되고, 이로 인해 많은 스트레스를 받는다. 우리는 이 장의 마지막 부분에서 조직이 이러한 갈등을 줄이기 위해 취할 수 있는 방안들을 논의할 것이다.

업무와 개인의 삶 사이의 또 다른 갈등은 개인이 자신의 삶의 가치에 반하는 일을 하도록 지시받거나, 조직과 개인이 서로 다른 윤리적 가치관을 가지고 있을 때 발생한다. 예를 들어 개인 병원의 응급실에서 의료보험이 없는 환자를 돌려보내는 상황이나 은행의 대출업무를 담당하는 직원이 지불 능력이 없다는 이유로 주택담보대출(mortgage)의 대상에서 제외하는 일 역시 높은 스트레스를 유발시킬 것이다. 마찬가지로 보험회사에서 고객이 특정 질병을 가졌다는 이유로 의료보험을 취소하거나 보험가입을 거부하는 것은 매우 어려운 일일 것이다. 환경주의자가 재활용을 하지 않는 기업에서 일을 하는 것, 판매사원이 제품의 품질이 낮다는 것을 알고 있음에도 물건을 판매해야 하는 경우 역시 개인으로 하여금 높은 스트레스를 발생시킬 것이다.

환경적 불확실성

조직구성원은 조직환경의 불확실성 또는 환경에서 발생하는 위기로 인해 스트레스를 경험하기도 한다. 2001년 9월 11일 미국에서 발생한 비극적인 테러는 미국과 전 세계를 충격의 도가니에 빠뜨렸다. 연구에 따르면 직접적으로 공격당한 근로자들과 공격의 대상이 된 사람들이 심각한 스트레스를 받았다고 한다. 이러한 사건은 살아남은 사람들과 아무런 피해를 보지 않은 수백 마일 떨어져 있는 사람들에게도 역시 큰 스트레스로 작용하였다. 불행히도 이러한 스트레스 요인은 지속적으로 발생한다. 연구자들은 비록 이러한 테러의 위협이 스트레스 요인으로 작용하고는 있지만, 이것이 사람들이 조직과 직무에 갖는 태도와 가치관을 변화시킬 것 같지는 않다고 주장하였다.[59]

또 다른 스트레스 요인은 아프가니스탄과 이라크와의 전쟁, 세계적 불황을 포함한 환경을 들 수 있다. 사기와 기만에 연류된 최고경영팀의 스캔들,[60] 15명의 사망자와 100명의 부상자를 낸 텍사스 시티의 BP 정유 공장의 폭발과 같은 비극적 사건들,[61] 자연환경의 오염과 독소배출 등의 사건은 일부에 불과하다. 2010년에 루이지애나 해안선으로부터 1마일가량 떨어진 BP의 마콘도 유전이 폭발하면서 딥워터 호라이즌의 유전 굴착 장치가 파괴되었다. 11명의 근로자가 사망하였으며 하루 동안 수천 배럴의 기름이 멕시코 만으로 유출되면서 해안과 물고기, 야생동물들을 위협하였다.[62] 이와 같이 환경에 대한 불확실성으로부터 발생하는 스트레스는 개인의 행복에 큰 영향을 미친다. 또한 이러한 스트레스 요인은 대부분 개인이 통제할 수 없는 스트레스이다.

비록 개인은 테러, 전쟁, 질병 등에 대한 통제력이 거의 없지만 이러한 환경적 스트레스 요인을 어떻게 받아들여야 할지는 선택할 수 있다. 이에 대해서는 글로벌 관점을 통해 살펴보도록 하자.

스트레스의 관리

개인이 스트레스를 지각하는 정도는 스트레스를 어떻게 관리하고 대처하는지에 달려 있다. 대처방법은 크게 문제중심의 대응과 감정적 대응으로 구분된다. **문제중심의 대응**(problem-focused coping)은 개인이 스트레스 요인을 직접적으로 다루고 그에 따른 행동을 취하는 것을 말한다.[63] 예를 들어 해고에 직면한 조직구성원은 다운사이징을 할 계획이 없는 조직들을 대상으로 구직 활동을 함으로써 문제중심적 해결방법을 시도할 수 있다. 문제중심의 대응이 성공적으로 이루어지면, 개인은 스트레스를 유발하는 기회와 위협을 효과적으로 다룰 수 있게 된다.

문제중심의 대응
개인이 스트레스 요인을 직접적으로 관리하기 위해 취할 수 있는 단계들

감정적 대응(emotion-focused coping)은 개인이 스트레스로 인한 감정을 관리하고 이에 대처하는 것을 의미한다.[64] 예를 들어 해고에 직면한 개인은 규칙적인 운동 또는 명상 등을 통해 자신의 느낌과 정서를 완화할 수 있다. 감정적 대응이 성공적으로 이루어지면, 위협과 기회에서 비롯된 부정적 느낌과 정서를 통제할 수 있다.

감정적 대응
개인이 스트레스로 인한 부정적 감정과 정서를 관리하기 위해 취할 수 있는 단계들

연구자들은 인간이 두 가지의 전략을 함께 사용함으로써 스트레스 요인을 관리한다고 주장한다.[65] 개인은 문제중심과 감정적 대응방법을 통해 스트레스 요인에 대처할 수 있게 되고 조직은 구성원으로 하여금 스트레스 요인에 대처할 수 있도록 많은 도움을 제공한다.

개인을 위한 문제중심의 대응전략

문제중심의 대응전략은 스트레스를 직접 조정하는 것을 말한다. 대학 졸업 예정자들은 구직 면접에 대비하여 기업 관련 정보를 수집하고 친구들과 모의 면접을 진행할 수 있다. 또한 관리자들은 면접 또는 전근 등과 같은 특정 스트레스 요인을 관리하기 위해 시간 관리, 멘토로부터 도움 얻기, 역할협상 등의 방법을 활용할 수 있다.

시간관리

업무과중에 대한 대표적인 대처방법은 **시간관리**(time management)이다. 시간관리의 기술들은 개인으로 하여금 제한된 시간 내에 많은 업무를 수행할 수 있도록 돕는다. 시간관리는 일반적으로 다음과 같은 조치들을 포함한다.

시간관리
조직구성원들로 하여금 가장 중요한 업무를 확인하고 이를 작업스케줄에 알맞게 배치하게끔 하는 우선순위 설정의 기술

- 조직구성원은 하루 동안 개인이 해야 할 업무목록을 작성한다.
- 작성한 업무목록을 토대로 가장 중요하고 필수적으로 처리해야 할 일들과 상대적으로 덜 중요하고 미룰 수 있는 일들을 분류하여 우선순위를 정한다.
- 구성원은 이러한 업무들을 수행하는 데 요구되는 시간을 예상하고 이에 맞추어 하루의 업무를 계획한다.[66]

시간관리는 개인을 위한 대처전략이며, 조직은 구성원이 효율적으로 시간관리를 할 수 있도록 도울 수 있다. 코네티컷 주의 스탬퍼드에 위치한 미드웨스트바코의 고객 사무용품 부서 내 시간관리 전문가인 발레리 노살은 직원들이 자신들의 시간을 좀 더 잘 관리할 수 있도록 도와준다.[67] 그녀는 조직구성원에게 주도적일 필요가 있다고 강조하면서 우선순위와 한계를 설정하도록 제안하였다. 과중한 업무량으로 인해 많은 구성원들은 쉴 새 없이 일해야 했으며 업무를 완수하지 못하는 경우가 다반사였다. 이러한 문제를 극복하기 위해 구성원들은 업무들의 우선순위를 설정함과 동시에 노동과 휴식이 균형을 이루도록 시간표를 작성하였다. 노살은 구성원들에게 운동과 가족을 위

글로벌 관점

일상의 외로움을 호소하고 있는 직장인

전 세계 직장인 5명 중 1명은 일상에서 외로움을 호소하고 있는 것으로 나타났다. 평소 직장생활을 하며 다양한 사람과 만나고 대화를 나누지만, 사회적 고립감과 외로움을 느끼는 직장인이 적지 않은 것이다. 특히 한국의 경우 직장생활과 업무에 제대로 몰입하지 못하는 경우가 많은 것으로 조사되었다. 업무 수행 중 몰입감을 갖는다고 답한 직장인의 비율은 한국이 13%로 세계 평균은 물론 동아시아 평균(18%)을 크게 밑돌았다.

갤럽은 '2024 글로벌 직장 현황 보고서'를 통해 전 세계 직장인 20%가 외로움을 경험한다고 밝혔다. 남녀 성별 간 격차는 없었으나 35세 미만 직장인(22%)이 35세 이상 직장인(19%)보다 외로움을 느끼는 비율이 더 높았다. 나이가 어릴수록 사회 경험이 적어 직장 내 네트워크가 적다 보니 외로움을 느끼는 경우가 더 많았던 것으로 풀이된다.

근무지에 따라 직장인이 느끼는 외로움 정도가 크게 달랐던 것으로 드러났다. 근무일 내내 직장이 아닌 원격으로 근무하는 경우 응답자의 25%가 외로움을 느낀다고 밝혔다. 이는 현장에서만 근무하는 직장인보다 9%포인트나 높았다. 현장과 원격 근무를 동시에 하는 하이브리드 직장인은 21%가 외로움을 느낀다고 답했다. 원격근무 비중이 클수록 직장 동료와 만날 기회가 점이 부족해 이러한 결과가 나온 것으로 해석된다. 실제 팬데믹(세계적 대유행) 기간 중 원격근무가 보편화된 기업에서는 직원들이 외로움을 호소하는 문제가 불거지면서 이를 해소하기 위한 식사 모임 등을 별도로 만들어 직원 개개인의 외로움 문제가 업무 효율에 타격을 주지 않도록 노력을 기울이기도 했다.

갤럽의 수석 사이언티스트인 리사 버크먼 하버드대 교수는 9년간의 연구 결과를 바탕으로 사회적 고립과 만성적 외로움이 신체·정신 건강에 치명적인 타격을 준다고 분석했다. 공동체와 사회적 유대가 부족할 경우 신체 건강이나 사회·경제적 지위 등과 무관하게 사회적으로 타인과 만남이 잦은 사람들보다 사망 위험이 2배 높은 것으로 나타났다.

특히 직장에서 직원들이 느끼는 외로움 정도는 자기 일에 적극적으로 임하고 소속감을 느끼는 '업무 몰입도(employee engagement)'와도 연관성이 높았다. 직장에 몰입하지 못한다고 느끼는 직장인의 경우 외롭다는 응답률이 31%로 몰입감을 느끼는 직장인(17%)의 두 배에 달하는 수준이었다. 갤럽은 "회사에서 자신의 의견이 존중받는다고 느끼거나 매일 최선을 다해 업무를 하고 있다고 생각하는 직원이 외로움을 느낄 확률이 낮았다"고 설명했다.

업무 몰입도는 조직을 운영하는 경영진이 관심을 기울여야 할 핵심 요인 중 하나다. 이번 조사에서 스스로 업무에 몰입하고 있다고 답한 직장인의 비율은 23%로 최고 수준을 기록했다. 다만 여전히 62%는 스스로 업무에 몰입하고 있지 않다고 답했다. 그중 15%는 몰입감을 가질 의지조차 없다고 했다. 갤럽은 몰입을 느끼지 못하는 직장인 규모를 고려하면 전 세계가 8조9000억 달러(약 1경2253조 원)의 생산성 손실이 발생하고 있다고 추정했다.

한국의 경우 회사에서 업무 수행 중 몰입감을 갖는다고 답한 직장인의 비율이 13%로 세계 평균은 물론 동아시아 평균(18%)을 크게 밑돌았다. 동아시아 중에서도 일본과 홍콩은 몰입감을 느낀다고 답한 직장인이 각각 6%로 매우 낮았다.

출처 : "노는 직장인 많다"…韓 13%만 "업무 몰입" 평균보다 낮아, 아시아경제, 2024. 06. 12.

한 시간이 매우 중요하며, 업무압박에 의해 포기해서는 안 된다는 것을 강조하였고, 이를 고려하여 시간표를 작성할 것을 제안하였다.[68] 왜냐하면 우선순위를 설정하지 않는 것과 일과 삶의 균형을 고려하지 않는 것은 개인에게 불행과 업무의 비효율성을 유발하기 때문이다.

적은 시간 내에 많은 일들을 수행해야 하는 압박 때문에 어떤 구성원은 미팅 중 과제 작성, 전화 업무 중 전자 메일 쓰기, 다른 동료들과 대화하면서 메일을 확인하는 등 한 번에 두 가지 또는 그 이상의 업무를 함께 수행하는 멀티태스킹을 하고 있었다. 과연 이러한 멀티태스킹으로 시간을 절약할 수 있을까? 연구자들은 멀티태스킹이 개인이 복잡한 업무 또는 활동을 수행하는 데 방해가 된다고 주장한다.[69,70] 예를 들어 당신이 스피커폰으로 당신의 상사와 통화하면서 전자 메일을 작성하는 일은 모두 언어의 사용을 요구한다. 따라서 하나의 업무가 다른 하나를 방해할 수 있으며 결국 비효율성을 유발하게 된다. 그러나 문서 복사와 동료와의 대화를 동시에 수행하는 일은 당신으로 하여금 온전히 대화에 몰두했을 때에 비해 집중력을 떨어트릴 수 있으나 실행가능한 일이다.[71]

멘토의 도움 구하기

제4장에서 우리는 많은 경험을 가진 구성원(멘토)이 상대적으로 적은 경험을 가진 구성원(멘티)에게 조언과 가이드라인을 제공할 수 있음을 학습하였다. 멘토로부터 도움을 구하는 것은 역할갈등, 역할모호성, 업무과중, 도전적 업무와 승진 등과 같은 스트레스를 줄이기 위한 문제중심의 대응전략이다. 예를 들어 멘토는 업무과중을 느끼는 멘티에게 업무의 중요도에 따른 우선순위 설정과 추가 업무에 대해 실질적으로 조언을 해줄 수 있다. 아울러 조직의 공식적 멘토링 프로그램은 새로운 구성원이 목표를 달성하는 데 필요한 가이드라인과 조언을 얻는 데 많은 도움을 준다.

역할협상

역할협상(role negotiation)이란 개인이 역할갈등, 역할모호성, 업무과중 또는 업무과소를 줄이기 위한 목적으로 역할을 변화시키는 과정을 말한다.[72] 때때로 추가적 업무요구에 대해 '안 된다(NO)'고 대답하는 것은 업무과중을 관리하기 위한 역할협상의 효율적 전략이 될 수 있다. 이는 일-가정의 병립 과정에서 유발되는 스트레스에 대응할 수 있는 효율적 문제중심의 메커니즘이기도 하다.

역할협상
구성원이 개인의 역할갈등, 역할모호성, 업무과중 또는 업무과소를 줄이기 위해 적극적으로 역할변화를 시도하는 일련의 과정

개인을 위한 감정적 대응전략

스트레스를 유발하는 문제와 기회에 대해서 개인은 자신의 느낌과 정서를 관리해야 한다. 이 장에서 우리는 네 가지 감정적 대응전략으로서 운동, 명상, 사회적 지지, 전문가 상담에 대해 살펴볼 것이다.

운동

오늘날 운동이 각광받고 있는 이유는 운동이 감정적 대응을 위한 효율적 전략이기 때문이다. 조깅, 에어로빅, 테니스, 걷기 등은 조직의 말단사원부터 최고경영팀에 이르기까지 많은 구성원들이 하는 운동이며, 심지어 미국의 대통령 또한 감정적 대응전략으로서 운동을 활용하고 있다. 규칙적 운동은 스트레스를 감소시키고 심장 기능을 높이며 복지를 증진하는 데 기여한다.

요가는 최근 스트레스를 완화하고 집중력을 높이는 방법으로 인기를 얻고 있다. 요가 저널에 따르면, 미국의 1억 5,000만 인구가 요가를 하며 3억 5,000만 이상이 향후 12개월 내에 요가를 할 계획이 있다고 한다.[73] 요가의 특정 자세를 유지하고 호흡을 통제하는 과정을 통해서 개인은 차분함을 유지하고 스트레스를 완화시킬 수 있다. 몇몇 조직은 선택적 요가 강좌를 제공함으로써 구성원이 스트레스를 이겨낼 수 있도록 돕는다. 예를 들어 뉴욕에 위치한 카츠 미디어와 워싱턴에 위치한 로만지노 스튜디오는 구성원을 위한 요가 강좌를 제공하고 있다.[74] 9월 11일 테러 참사 이후로 주당 80시간 이상의 노동을 해야 하는 뉴욕 주 소방서 소속 상담사들은 요가가 소방수들이 343명의 동료들을 잃은 것에서 오는 스트레스를 완화하는 데 도움을 준다고 이야기하였다. 한 부서에서 30년 이상 직무경험을 가지고 상담 그룹의 관리자로 근무하는 빌 크로포드는 요가의 헌신적 추종자이다. 그는 "요가는 집중력을 높이고 하루 동안 받은 스트레스를 떨쳐내고 긴장을 완화시키는 데

도움을 준다"고 말한다.[75]

명상

근로자들이 스트레스를 관리하는 또 다른 방법에 명상이 있다. 명상에는 다양한 형태들이 있으며 그중 일부는 전문적 교육을 통해 습득할 수 있다. 일반적으로 명상은 조용한 환경에서 편안한 자세로 앉아 특정 시각적 이미지와 음성에 정신을 집중하여 하루 동안의 걱정과 근심을 털어버리는 것을 목적으로 한다.[76]

불교의 승려들은 명상 전문가들이며 명상을 통해 자기성찰을 하는 수준에 이르기도 한다. MIT의 신경과학자들은 명상의 효능을 이해하기 위해 Dalai Lama를 만났으며 그를 통해 뇌의 역할과 힘을 밝혀냈다.[77] 이와 유사한 목적으로 프랑스인 승려 Matthieu Ricard 역시 위스콘신대학의 신경과학자들과 만남을 가졌다. 이를 통해 과학자들은 불교로부터 가르침을 얻을 수 있기를 원했고 불교인들 역시 과학으로부터 배움을 얻기를 희망하였다.[78]

사회적 지지

사람들은 혼자서 해결하기 힘든 문제에 직면하면 타인으로부터 도움을 구한다. 이러한 사회적 지지에 대한 욕구는 문제에 직면했을 때 또는 스트레스를 경험할 때 더욱 강렬해진다. 친구, 친척, 동료, 그리고 나를 아끼는 다른 사람들로부터 얻는 사회적 지지와 문제에 대한 논의, 조언 얻기 등은 감정적 대응전략이며 나아가 단순히 곁에 같이 있어주는 것 자체만으로도 훌륭한 대응전략이 될 수 있다.[79] 당신이 의지하는 많은 사람들, 그들과의 사회적 교환관계는 스트레스를 완화시키는 데 큰 도움을 준다. 개인이 받은 사회적 지지에 대해 얼마나 만족감을 느끼는지를 측정하는 질문은 표 8.2에 명시되어 있다.

전문가 상담

때때로 조직구성원은 스스로를 관리하는 데 어려움을 겪는다. 이러한 경우 상담전문가의 도움을 구하기 위해 노력한다. 훈련된 심리학자와 정신과 의사는 근로자가 스트레스 요인들에 효율적으로 대처할 수 있도록 도와준다.

역기능적 전략

앞서 논의한 네 가지 유형의 감정적 대응전략은 새로운 문제 또는 다른 스트레스 요인을 발생시키지 않으면서 개인의 스트레스 수준을 완화시켜주는 방식이다. 이 점에서 이들 전략은 기능적이라고 할 수 있다. 그러나 기능적인 역할을 하지 못하는 감정적 대응전략도 있다. 이를테면 개인이 높은 수준의 스트레스를 감당하지 못하여 과식과 음주를 일삼고 약물을 복용하는 경우이다. 이러한 대응전략은 이전의 스트레스를 줄일 수 있지만 부작용으로 과체중, 약물중독 등의 새로운 문제를 발생시킨다. 필립스 석유 회사의 일부 근로자들은 해고로 인해 받은 스트레스를 풀기 위해 술에 의존하기 시작했다.[80] 이러한 유형의 대응전략은 역기능적이라 비판, 알코올 또는 약물의존 등의 문제를 유발하고 개인의 역량을 최대한 발휘할 수 없도록 한다.

조직을 위한 문제중심의 대응전략

관리자와 조직은 스트레스 요인이 되는 위협과 기회에 대처하기 위해 몇 가지 전략을 취할 수 있다. 조직이 할 수 있는 문제중심의 대응전략은 직무재설계, 직무순환, 불확실성 감소, 고용안정, 직장 내 탁아소 운영, 가정친화적 복지 제공, 유연한 노동스케줄, 업무공유, 재택근무 등을 들 수 있다.

표 8.2
사회적 지지에 대한 만족도 측정

설명 : 다음의 질문은 당신을 도와주거나 지지하는 사람들에 대한 질문이다. 각각의 질문은 두 부분으로 나누어져 있다. 첫 번째 부분에는 당신이 도움이나 지원을 기대할 수 있는 사람들을 적는다. 사람들의 이름과 그들과의 관계를 적는다(예시 참고). 각각의 숫자 옆에 1명 이상의 사람을 적어서는 안 된다.
두 번째 부분에서는 당신이 받고 있는 지원에 대해 얼마나 만족하는지를 표시하면 된다. 만약 질문에 대해 아무런 지지를 받지 못한다면 '아무도 없음'에 체크하면 된다. 그러나 현재 당신의 만족도 수준에는 표시해야 한다. 각각의 질문에 9명 이상의 사람을 적으면 안 된다. 모든 질문에 최선을 다해 답하고, 모든 답은 비밀로 유지된다.

예시 : 당신이 곤경에 처했을 때, 당신에게 신뢰할 수 있는 정보를 주는 사람은 누구인가?

아무도 없음	1. T.N.(남동생)	4. T.N.(아버지)	7.
	2. L.M.(친구)	5. L.M.(사장)	8.
	3. R.S.(친구)	6.	9.

얼마나 만족하는가?

6	⑤	4	3	2	1
매우 만족	만족	조금 만족	조금 불만족	불만족	매우 불만족

1. 당신이 필요할 때 정말로 의지할 수 있는 사람은 누구인가?

아무도 없음	1.	4.	7.
	2.	5.	8.
	3.	6.	9.

2. 얼마나 만족하는가?

6	5	4	3	2	1
매우 만족	만족	조금 만족	조금 불만족	불만족	매우 불만족

3. 당신이 긴장하거나 스트레스를 받을 때 가장 편안하게 만들어주는 사람은 누구인가?

아무도 없음	1.	4.	7.
	2.	5.	8.
	3.	6.	9.

4. 얼마나 만족하는가?

6	5	4	3	2	1
매우 만족	만족	조금 만족	조금 불만족	불만족	매우 불만족

5. 당신이 최악 혹은 최고의 상황에 놓였을 때, 전적으로 당신을 받아들이는 사람은 누구인가?

아무도 없음	1.	4.	7.
	2.	5.	8.
	3.	6.	9.

6. 얼마나 만족하는가?

6	5	4	3	2	1
매우 만족	만족	조금 만족	조금 불만족	불만족	매우 불만족

7. 당신이 문제상황을 겪는 것과 상관없이 당신을 가장 신경 써주는 사람은 누구인가?

아무도 없음	1.	4.	7.
	2.	5.	8.
	3.	6.	9.

(계속)

8. 얼마나 만족하는가?

6	5	4	3	2	1
매우 만족	만족	조금 만족	조금 불만족	불만족	매우 불만족

9. 당신이 우울하거나 기분이 좋지 않을 때, 당신의 기분을 좋게 해주는 사람은 누구인가?

아무도 없음	1.	4.	7.
	2.	5.	8.
	3.	6.	9.

10. 얼마나 만족하는가?

6	5	4	3	2	1
매우 만족	만족	조금 만족	조금 불만족	불만족	매우 불만족

11. 당신이 필요로 할 때 정말로 의지할 수 있는 사람은 누구인가?

아무도 없음	1.	4.	7.
	2.	5.	8.
	3.	6.	9.

12. 얼마나 만족하는가?

6	5	4	3	2	1
매우 만족	만족	조금 만족	조금 불만족	불만족	매우 불만족

13. 당신이 속상할 때 위로해줄 수 있는 사람은 누구인가?

아무도 없음	1.	4.	7.
	2.	5.	8.
	3.	6.	9.

14. 얼마나 만족하는가?

6	5	4	3	2	1
매우 만족	만족	조금 만족	조금 불만족	불만족	매우 불만족

점수 : 짝수문항의 점수(2,4,6,8,10,12문항)를 평균하면 사회적 지원 정도를 측정할 수 있음.

출처 : Scale obtained from I. G. Sarason, Psychology Department NI-25, University of Washington, Seattle, WA 98195. Reprinted with permission. Scaledescribed in I. G. Sarason, B. R. Sarason, E. N. Shearin, and G. R. Pierce, °A Brief Measure of Social Support: Practical and Theoretical Implications, ¡ ± Journalof Social and Personal Relationships 4 (1987): 497-510.

직무재설계와 직무순환

때때로 직무재설계는 높은 수준의 역할갈등, 역할모호성, 업무과중 또는 업무과소로 유발된 부정적 스트레스를 감소시키는 데 기여하고 작업조건을 향상시킨다. 직무특성모델(제7장 참조)은 직무에서 필수적으로 고려해야 하는 요소들, 예를 들어 기술 다양성, 과업 정체성, 과업 중요성, 자율성, 피드백 등을 잘 서술하고 있다. 자율성을 높이는 것은 역할갈등을 해소하기 위한 효과적 대안일 수 있으며, 피드백을 제공하는 일은 역할모호성을 감소시킬 수 있다. 업무과중에 관한 문제가 발생했을 시 담당자는 필수적으로 완수해야 하는 업무들을 제한해줌으로써 문제를 해결할 수 있다. 또한 구성원이 담당해야 할 업무가 너무 적을 때에는 기술 수준과 다양성을 높이고, 과업 정체성과 중요성을 강조해줌으로써 부정적 결과를 방지할 수 있다. 불편하고 위험한 작업조건 역시 필수적으로 처리해야 하는 요소이다. 또한 불필요한 출장과 직무순환을 줄이는 일 역시 스트레스를 완화시키며, 이는 특히 구성원이 맞벌이 부부 또는 편부모 가정일 경우에 매우 중요하게 작용한다.

직무재설계가 불가능할 경우 **직무순환**(job rotation), 즉 구성원을 정기적으로 다른 직무에 배치하는 것은 스트레스 완화에 도움을 준다. 예를 들어 의사들은 병원의 응급실에서 다양한 직무로 순환을 경험하면 이를 통해 스트레스 수준을 낮추고 다양한 경험을 쌓을 수 있게 된다.

직무순환
구성원들에게 규칙적으로 다른 직무를 배정하는 것

불확실성 감소

조직구성원들은 자신에게 부여된 업무를 어떻게 수행할지, 모순되는 목표 또는 요구에는 어떻게 대처할지, 또는 업무의 우선순위를 어떻게 설정할지와 관련해서 불확실성을 느끼고 스트레스를 받는다. 또한 직장과 가정에서 상충된 역할에 어떻게 대처할지를 잘 알지 못할 경우에도 마찬가지다.

조직 내에서 불확실성을 감소시킬 수 있는 하나의 방안은 구성원들을 직무와 관련된 의사결정에 참여시키는 것이다. 구성원은 의사결정에 참여함으로써 조직 내 업무와 변화에 대해 많은 정보를 얻고,이러한 변화에 어떻게 대응할지 알 수 있게 된다. 우리는 제11장과 제14장에서 의사결정 과정에의 참여를 심도 있게 다루고 있다. 제14장에서 다룬 바와 같이 참여는 구성원에게 의사결정을 할 수 있는 권한을 제공하고 이로 인해 생기는 결과에 책임을 부여함으로써 구성원을 동기부여 한다.

불확실성을 감소시킬 수 있는 또 다른 방법은 조직 내 커뮤니케이션의 활성화이다. 조직구성원들은 적시에 정확한 정보를 얻고자 한다. 그리고 이러한 과정은 구성원이 그들 자신과 조직 전체에 어떠한 의미를 갖는지 정확히 이해함으로써 더욱 촉진된다. 제13장에서는 훌륭한 커뮤니케이션이 조직행동을 이해하고 관리하는 데 얼마나 중요한 영향을 미치는지 논의한다.

고용안정

고용안정은 종업원이 가족의 생계를 유지하는 데 중요한 역할을 한다. 고용안정된 종업원은 생계를 위한 재정적 압박에서 비롯되는 스트레스가 감소된다.

경제적으로 힘든 시기에 조직은 구성원들에게 고용안정에 대한 확신을 줄 수 없게 된다. 과거 IBM을 비롯한 기업들은 경제불황으로 인해 다수의 구성원들을 해고하였다. 그럼에도 불구하고 이러한 기업들은 해고가 구성원과 그들의 가족에게 주는 부정적 요소들을 효과적으로 관리하였다. 조직이 정리해고를 해야 할 순간이 되면, 관리자들은 구성원에게 조직의 미래에 대해 솔직하게 정보를 제공해야 하며, 해고 대상자들이 다른 대안을 찾을 수 있도록 최선의 노력을 기울여야 한다. 그리고 가능하다면 재취업 상담을 통해 구성원들이 대안을 찾고 취업에 필요한 추가적 교육을 받을 수 있도록 해야 한다. 더불어 조직은 구성원들에게 해고에 대한 정당한 퇴직 급여를 제공해야 한다.

직장 내 탁아소와 가족친화적 복지

안전하고 우수하며 믿을 수 있는 탁아소를 찾는 것은 많은 부모들의 관심 대상이다. 조직은 구성원들이 일과 가정의 양립과정에서 느끼는 스트레스를 줄이기 위해 다양하고 혁신적인 방법들을 고안하였다.

직장 내 탁아시설을 활용함으로써 근무 중에 자녀를 돌볼 수 있게 되었다.

유연한 작업스케줄과 직무공유

일부 조직들은 개인의 일과 가정 간에 갈등을 효율적으로 다루기 위해 구성원에게 유연근무제를 제공하고 있다. 이는 특히 근로자의 아이 또는 부모가 아플 때 유용하다.

직무공유가 이루어질 때, 하나의 작업을 담당하는 2명 또는 그 이상의 구성원들은 작업량과 업무시간을 어떻게 분담할지 논의하게 된다. 이를 통해 1명의 구성원이 오전에 업무를 수행하고 다른 구성원이 오후에 업무를 수행하도록 정할 수 있으며 격일근무 또는 월요일, 수요일, 금요일에 한 구성원이 업무를 수행하고 다른 구성원이 화요일, 목요일에 근무하는 식으로 스케줄을 정할 수 있다. 또는 각각의 구성원은 전체 업무에 대한 책임을 공유할 수 있으며 부분적으로 특정 업무에 대한 책임을 맡을 수도 있다. 이러한 직무공유는 근로자로 하여금 회사와 가정 간 갈등을 줄이는 데 도움을 주지만, 조직과 구성원 간에는 솔직한 커뮤니케이션과 이해가 전제되어야 한다.

일의 유연성을 높인다는 명목으로 조직들은 비정규직 근로자와 단기 기간제 근로자들을 고용하고 있다. 비정규직 근로자는 조직으로부터 받은 업무를 완수하게 되면, 당분간 일을 쉴 수도 있고 다른 일을 찾아볼 수도 있지만 노동력의 유연화는 대체로 고용안정을 위협하고 있다. 비정규직은 다른 정규직 직원들이 받는 혜택에 비해 차별받는다는 생각을 가질 수 있어 스트레스를 받을 수 있다.

재택근무

재택근무
조직이 재택근무 정책을 적용할 때, 구성원들은 조직 내에서 근무하거나 집에서 근무를 할 수 있음

조직이 **재택근무**(telecommuting) 정책을 활용할 때, 구성원들은 회사 내에서 근무를 하는 것 외에 집에서도 근무를 할 수 있다.[81] 어떤 재택근무 계약은 일주일에 3일은 자택에서, 남은 이틀은 회사에서 근무한다는 조항을 명시한다. 또한 대부분 자택에서 근무하며 특별한 미팅이 있을 때만 회사를 방문할 수도 있으며 필요에 따라서 자택에서만 근무하는 것을 선택할 수도 있다. 정보기술의 발전은 재택근무자로 하여금 동료, 상사, 고객들과 지속적으로 연락을 주고받고 의사소통하는 것을

가능하게 하였다.

재택근무는 구성원에게 직무에 대해 높은 유연성을 제공하고 통근에 소요되는 시간을 절약하게 하며 더 많은 자율성을 제공한다. 한편 일부 재택근무자들은 자신들이 고립되었다고 생각하며, 업무가 항상 지척에 있기 때문에 조직에서보다 더 오래 근무하는 등 부작용을 경험하기도 한다. 이렇게 재택근무는 조직 내 근무자들에게 긍정적 또는 부정적인 영향을 미칠 수 있다. 긍정적 측면에서 재택근무는 조직이 가치 있고 역량 있는 근로자를 확보하는 데 도움을 주며 높은 성과와 지각과 같은 부정적 결과를 줄인다. 반면 재택근무의 부정적 측면으로는 재택근무자와 현장근무자 간의 상호작용을 어렵게 하고 높은 긴장상태를 유발하는 등의 문제를 들 수 있다.[82]

연구자들은 근로자들이 재택근무를 매우 높이 평가하고 있다고 말한다. 한 연구에 따르면 재택근무자들은 높은 수준의 만족도를 느낀다고 한다.[83] 재택근무자들이 현장근무자들에 비해 낮은 역할갈등, 역할모호성을 경험하고 높은 조직몰입과 상사에 대한 만족을 느낀다는 것이 규명되었다. 한편 재택근무자는 동료들과의 상호작용 및 승진의 기회 등에 대해서는 상대적으로 낮은 만족도를 보인다.[84] 다른 관련 연구에서는 조직이 재택근무자들에 대한 지원을 아끼지 않으며 근무자의 복지를 관리하게 되면 근로자들이 스트레스를 덜 받는다는 것을 확인한 바 있다.[85]

현재 미국 내 수백만 근로자들은 적어도 부분적으로 재택근무를 하고 있고, 앞으로 더 많은 조직들이 재택근무 정책을 도입할 것으로 보인다.[86]

국내 사례 **현대의 조직행동**

직원 만족도가 높은 기업의 특징은?

기업 정보 플랫폼 잡플래닛이 공정거래위원회가 지정한 대규모 기업집단 소속 기업 2,886개 사를 대상으로 게재된 리뷰 21만 건 이상을 분석하여 저연차 직원이 일하기 좋은 기업 10곳을 선정했다.

2022년 상반기에 남겨진 기업 평가를 기반으로 7년 차 미만 저연차 직원들의 만족도를 측정한 결과, 1위는 SK텔레콤, 2위 SK 하이이엔지, 3위 NH투자증권, 4위 SK이노베이션, 5위 스노우, 6위 카카오뱅크, 7위 네이버, 8위 카카오, 9위 기아, 10위 넥슨코리아가 선정되었다. 측정 기준은 총 만족도, 급여·복지, 워라밸, 사내문화, 경영진, 승진 기회·가능성 등 5개 항목을 더해 10점 척도로 표기했다.

7년 차 미만 직원들의 만족도가 높은 기업들의 공통적인 키워드는 '교육', '기회', '복지'로 나타났다. "직원들에 대한 교육이 뛰어나서 배울 점이 많음"(NH투자증권), "저년 차라도 실무자의 역할이 크기 때문에 업무 역량을 늘릴 수 있음", "책임이 따르지만 자유롭게 일할 수 있는 부분이 가장 큰 메리트"(카카오뱅크), "다양한 업무 기회들이 열려 있는 회사", "수많은 글로벌 유저에 서비스해 볼 수 있는 기회가 있는 기업", "주도적으로 일하며 성장할 수 있는 회사"(스노우) 등이 언급된다.

최고 수준의 복지도 만족도 높은 기업의 특징이다. "원격근무, 거점오피스, 자율출퇴근제 등 자율적인 근무"(기아), "코로나 대응 등 상황에 맞는 복지 제도를 발 빠르게 제공, 워라밸을 위한 복지도 다양"(스노우), "휴가 눈치 안 봄. 5시 퇴근. 계약직 복지만 놓고 봐도 다른 증권사보다 나은 수준"(NH투자증권) 등 워라밸과 유연성을 위한 복지가 장점으로 언급된다.

회사의 성장에 의미를 두는 특징도 있다. "모든 사업 부문이 꾸준히 성장하고 있다"(NH투자증권), "함께 이뤄내는 재미가 있는 회사"(카카오뱅크), "웹툰과 함께 네이버 계열사 중 차세대 성장동력을 보여주는 회사"(스노우) 등이 고연차에 비해 회사의 성장세를 자랑스러워하는 모습을 보이고 있다.

출처 : "연봉 · 워라밸 · 동료 수준까지 모두 완벽"…요즘 뜨는 '신의 직장', 한경, 2022. 08. 29.

조직이 할 수 있는 감정적 대응전략

조직은 구성원들이 스트레스로 인한 부정적 느낌과 정서를 효과적으로 관리하는 데 도움을 주기 위해 직장 내 운동 시설, 조직적 지원, 근로자 지원 프로그램, 휴가 등을 제공한다.

직장 내 운동 시설

운동의 긍정적 효과를 알게 되면서 제너럴푸즈와 SAS 인스티튜트와 같은 많은 조직들은 직장 내 운동 시설을 완비하고 구성원이 점심시간 전후로 이를 자유롭게 사용할 수 있도록 권장하고 있다.

조직적 지원

조직적 지원
조직이 구성원의 복지를 보살피고 불평불만에 귀를 기울이며, 개인에게 문제가 발생했을 시 도움을 주기 위해 노력하고 모든 구성원을 동등하게 대우하는 정도

조직적 지원(organizational support)은 조직이 구성원의 복지를 관리하고 개인에게 문제가 발생했을 시 도움을 주며 구성원 모두를 동등하게 대우하는 정도를 의미한다.[87] 구성원은 조직이 개인의 안녕에 관심을 가진다고 인식하게 되면 스트레스를 덜 받는다.[88] 예를 들어 조직으로부터 높은 관리와 지원을 받는 간호사는 후천성면역결핍증후군 환자들을 대할 때 상대적으로 스트레스를 덜 받는다.[89] 또한 조직적 지원은 다운사이징 또는 해고로 인해 발생한 부정적 감정을 완화하는 데 영향을 미친다. 구성원이 갖는 조직적 지원에 대한 인식을 측정하는 요소들은 표 8.3에 명시되어 있다.

2000년대 후반에 발생한 불경기로 인해 해고와 실업률이 증가하자 조직들은 구성원의 스트레스를 완화하기 위해 노력하고 있다.

근로자 지원 프로그램
기업에서 지원하는 프로그램으로서 근로자들이 알코올, 약물남용과 가족 관련 문제와 같은 스트레스 요인을 효율적으로 대처할 수 있도록 상담을 비롯한 전문적 도움을 제공하는 것

근로자 지원 프로그램

많은 조직들은 구성원들이 감당할 수 없는 스트레스에 직면한다는 것을 알게 되었다. 이에 따라 IBM, 제너럴 모터스, 캐터필러와 같은 기업들은 **근로자 지원 프로그램**(employee assistance

---

국내 사례 **현대의 조직행동**

임원 승진? NO!

MZ세대 직장인 절반 이상은 회사생활을 하며 임원 승진 생각이 없는 것으로 나타났다. 업무량과 재직기간 관련 조사에서도 남들만큼 일하고, 남들만큼 다니는 것으로 충분하다는 답변이 많았다.

취업 플랫폼 잡코리아가 최근 MZ세대 직장인 1,114명을 대상으로 설문조사한 결과, 회사 생활의 목표와 관련해 응답자의 절반이 넘는 54.8%는 '임원 승진 생각이 없다'고 답했다. 임원 승진을 희망하지 않는 이유로는 '책임을 져야 하는 위치가 부담스러워서'(43.6%)라는 응답이 가장 많았다. 이어 '임원 승진이 현실적으로 어려울 것 같아서'(20.0%), '임원은 워라밸(일과 생활의 균형)이 불가능할 것 같아서'(13.3%) 등 순이었다.

또 승진에 대해서는 '남들과 비슷하게 승진하면 된다'는 의견이 50.8%로 절반 이상이었다. 반면 '빨리 승진하고 싶다'는 응답 비율은 27.3%였다. 업무량에 대해서는 '남들만큼 일하는 것으로 충분하다'(55.5%), 회사생활 기간에 대해서는 '남들만큼 다니는 것으로 충분하다'(46.5%)는 답변이 많았다.

현재 근무 중인 직장 만족도와 관련해선 '그다지 만족스럽지 못하다'(42.8%), '전혀 만족할 수 없다'(9.7%) 등 불만족을 표시한 응답이 만족한다는 답변보다 많았다. MZ직장인들이 생각하는 이상적인 회사생활 기간은 평균 9.1년으로 조사되었다.

출처 : MZ 직장인 55% "임원 승진? NO!…남들만큼만 해도 충분", 한경비즈니스, 2023. 05. 13.

표 8.3

조직적 지원에 대한 인식 설문

아래 표에 있는 각각의 항목에 동의하거나 동의하지 않는 정도에 따라 조직에 대한 구성원 인식을 측정할 수 있다.

1	2	3	4	5	6	7
매우 부정	부정	조금 부정	중립	조금 동의	동의	매우 동의

*표시된 문항은 다음 점수를 따른다 : 1=7, 2=6, 3=5, 4=4, 5=3, 6=2, 7=1

문항							
1. 조직은 나의 기여를 가치 있게 여긴다.	1	2	3	4	5	6	7
2. 만약 조직이 더 낮은 연봉으로 나를 대체할 사람을 뽑을 수 있다면 그렇게 할 것이다.*	1	2	3	4	5	6	7
3. 조직은 나의 노력에 대해 감사해하지 않는다.*	1	2	3	4	5	6	7
4. 조직은 나의 목표나 가치를 중요하게 생각한다.	1	2	3	4	5	6	7
5. 조직은 나의 불만사항을 무시할 것이다.*	1	2	3	4	5	6	7
6. 조직은 나에게 영향을 미치는 의사결정을 할 때 나의 주요 관심사를 무시한다.*	1	2	3	4	5	6	7
7. 내가 곤경에 처했을 때 조직은 나를 도와줄 것이다.	1	2	3	4	5	6	7
8. 조직은 나의 복지에 정말로 신경을 쓴다.	1	2	3	4	5	6	7
9. 내가 최선을 다해 업무를 하더라도, 조직은 이를 잘 모를 것이다.*	1	2	3	4	5	6	7
10. 내가 조직의 도움을 필요로 할 때 조직은 나를 도와줄 것이다.	1	2	3	4	5	6	7
11. 조직은 나의 업무만족도에 신경을 쓰고 있다.	1	2	3	4	5	6	7
12. 만약 기회가 주어진다면, 조직은 나를 이용할 것이다.*	1	2	3	4	5	6	7
13. 조직은 나에게 아주 적은 배려만 보일 것이다.*	1	2	3	4	5	6	7
14. 조직은 나의 의견에 신경을 쓴다.	1	2	3	4	5	6	7
15. 조직은 나의 업무적 성과에 대해 자부심을 갖는다.	1	2	3	4	5	6	7
16. 조직은 나의 업무를 가능한 흥미롭게 만들어준다.	1	2	3	4	5	6	7

program)을 통해 스트레스 요인에 대처할 수 있도록 노력하고 있다. 미국인적자원관리협회에 따르면 대략 70%의 기업이 근로자 지원 프로그램을 시행하고 있다고 한다. 근로자 지원 프로그램은 근로자에게 심리전문가의 무료 상담을 제공하는 것에서부터 조직구성원과 그들의 가족, 심지어 비행 청소년들에게 알코올 · 약물남용과 관련된 문제들을 해결하도록 지원하는 것에 이르기까지 다양하다. 예를 들어 챔피언 인터내셔널은 근로자의 가족들에게 약물남용 대응 워크숍을 제공하고 있다.

그러나 이러한 근로자 지원 프로그램이 효율적으로 작동하기 위해서는 근로자들의 직무와 경력에 피해가 가지 않도록 확실한 비밀 보장이 전제되어야 한다.[90]

근로자 건강 관리 프로그램은 근로자 지원 프로그램의 특별한 유형으로 조직구성원의 복지를 도

그림 8.3
조직의 스트레스 대응전략

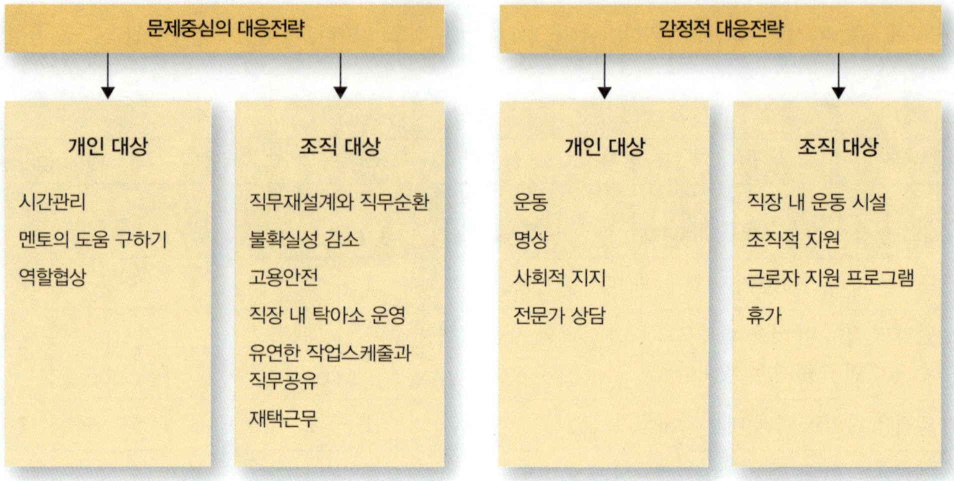

모하고 건강한 라이프스타일을 촉진하기 위해 만들어졌다. 이러한 프로그램들은 체중감량, 금연, 식사 습관과 영양 증진, 고혈압과 같은 잠재적 건강 문제들을 조기에 예방함으로써 구성원의 복지에 기여한다.[91] 대기업 중 81%는 이러한 근로자 건강 관리 프로그램을 갖추고 있는 것으로 확인되었다.[92] 예를 들어 듀퐁은 구성원이 점심식사 시간과 출근 전, 퇴근 후에 수강할 수 있는 4주에서 10주간의 강좌를 운영한다. 이 강좌에서는 금연, 다이어트, 건강한 식습관, 요통 등과 관련된 주제를 다룬다.[93]

휴가

조직구성원은 휴가를 통해 직무와 관련된 스트레스에서 벗어날 수 있다. 휴가는 기업들이 가장 널리 사용하는 스트레스 대응전략 중 하나이다.

사람들은 일반적으로 문제중심의 대응전략과 감정적 대응전략 모두를 사용하면서 스트레스를 관리한다. 대응이 성공적으로 이루어졌을 때, 구성원은 스트레스로 인한 부정적 정서와 느낌을 경험하지 않고 기회와 위협에 대해 효율적으로 대응할 수 있게 된다. 그림 8.3은 개인과 조직이 사용할 수 있는 다양한 스트레스 대응전략을 소개하고 있다.

요약

스트레스는 개인의 복지와 성과에 영향을 미친다. 스트레스는 개인의 일뿐 아니라 삶 전체와 높은 연관성이 있기에 스트레스 연구들은 직무와 삶의 관계를 규명하기 위해 노력해 왔다. 이 장에서 다룬 주요 내용은 다음과 같다.

1. 사람들은 자신이 직면한 기회와 위협을 매우 중요하게 인식함과 동시에 스스로 이를 효율적으로 통제할 수 있는 능력이 없다고 판단할 때 높은 스트레스를 받는다. 기회는 개인에게 혜택을 가져다줄 가능성이 있는 것들을 의미하며, 위협은 개인에게 해를 끼칠 가능성이 있는 것들을 의미한다. 스트레스는 개인의 성격, 능력, 인식 등에 의해 영향을 받는 지극히 개인적인 경험이기 때문에 어떤 사람에게 스트레스로 작용하는 요인이 다른 사람에게는 스트레스로 인식되지 않을 수 있다.
2. 스트레스는 생리적, 심리적, 행동적 문제를 발생시킨다. 스트레스와 생리적 결과 간의 관계

는 매우 밀접하게 연관되어 있으며 심혈관 질환, 심장마비와 같은 중대한 생리적 문제들은 개인이 오랜 기간 동안 높은 수준의 스트레스를 경험하였을 때 발생한다. 스트레스의 심리적 결과는 부정적 감정, 기분, 부정적 태도, 소진 등을 포함한다. 스트레스의 행동적 결과로는 낮은 업무성과, 대인관계의 문제, 결근, 이직 등을 예로 들 수 있다.

3. 타인을 지원하는 근로자는 종종 소진을 경험한다. 소진의 세 가지 신호는 낮은 개인 성취도, 감정고갈, 비인격화이다.
4. 일정 수준의 스트레스는 높은 작업성과를 유발하기 때문에 긍정적이다. 그러나 일정 수준을 넘어선 스트레스는 작업성과를 낮추는 등 부작용을 유발한다. 높은 스트레스로 인한 행동적 결과는 억압된 대인관계와 결근, 이직 등을 들 수 있다.
5. 잠재적 스트레스 요인은 근로자 개인의 삶, 직무책임, 그룹과 조직 내의 멤버십, 일과 삶의 균형, 환경적 불확실성 등이다. 근로자 개인의 삶에서 유발되는 스트레스는 삶의 중대한 사건들과 일상적 사건들로부터 온다. 직무 관련 스트레스는 역할갈등, 역할모호성, 업무과중, 업무과소, 도전적 업무, 승진, 개인의 경제적 복지에 영향을 미치는 조건들로부터 발생한다. 그룹과 조직 관련 스트레스 요인은 오해와 갈등, 조직 내 의견의 불일치, 불편한 작업환경, 위험한 근로조건 등이다. 일과 삶의 균형에서 기인한 스트레스 요인은 근로자의 업무역할이 개인의 삶과 갈등을 유발할 때 발생한다. 환경적 불확실성에 의한 스트레스 요인은 테러 위협, 자연환경의 훼손, 질병의 확산 등과 같이 조직이 환경에 대응하는 과정을 통해 발생한다.
6. 스트레스에 대응할 수 있는 여러 방안들이 있다. 문제중심의 대응전략은 개인이 스트레스 요인을 직접적으로 관리하기 위해 취할 수 있는 단계들이며, 감정적 대응전략은 개인이 스트레스로 인한 부정적 감정과 정서를 관리하기 위해 취할 수 있는 단계들을 의미한다. 대부분의 경우, 개인은 스트레스 요인에 대처하기 위해 두 가지 대응전략을 함께 사용한다.
7. 개인을 위한 문제중심의 대응전략의 예는 시간관리, 멘토의 조언 구하기, 역할협상 등이며 감정적 대응전략으로는 운동, 명상, 사회적 지지, 전문가 상담 등을 예로 들 수 있다. 반면에 조직을 위한 문제중심의 대응전략은 직무재설계, 직무순환, 불확실성 감소, 고용안정, 직장 내 탁아소 운영, 가족친화적인 복지, 유연한 작업스케줄, 직무공유, 재택근무 등을 들 수 있다. 또한 조직을 위한 감정적 대응전략으로 직장 내 운동 시설, 휴가, 조직의 지원, 근로자 지원 프로그램이 있다.

토론사례

애플의 인공지능(AI) 기술 개발자였던 이언 굿펠로우는 2022년 5월 퇴사했다. 전 세계에서 머신러닝에 정통한 핵심 인물 중 한 명인 30대 스타엔지니어가 퇴사한 이유는 무엇일까. 애플이 2022년 4월 일주일에 하루 이상 사무실로 출근하라고 했기 때문이다. 팀 쿡 애플 최고경영자(CEO)는 재택근무 기간 중 대면 협업의 필요성을 깨달았다고 사무실 출근의 이유를 설명했다. IT 전문매체 더버지의 조이 쉬퍼 기자가 트위터에 공개한 내용에 따르면 굿펠로우는 자신의 퇴사 소식을 전하기 위해 직원들에게 보낸 메모에서 "더 많은 유연성이 우리 팀에 가장 좋은 정책이었다고 믿는다"면서 쿡 CEO의 결정에 반발해 퇴사한다고 밝혔다. 구글에서 힘들게 끌어왔던 인재가 애플을 떠나 구글의 AI 자회사인 딥마인드로 이동한 순간이었다.

굿펠로우의 사례에서 보듯 근무 환경의 변화가 인재의 행보를 결정짓는 상황이 되었다. 코로나19 이전까지 사무실에 출근하는 것은 직장인이 당연히 따랐던 규칙이었다. 하지만 재택근무를 경험한 지금 직원들은 경영진에게 사무실로 나가야 할 이유가 무엇인지 묻고 있다. 재택근무의 생산성을 둘러싸고 경영진과 직원들의 견해차가 큰 상황에서 사무실 현장에서 '묘한 힘겨루기'가 벌어지는 것이다. 재택근무와 사무실 근무를 섞은 하이브리드 근무의 경우 출근 일수를 놓고 줄다리기까지 하는 모양새다.

특히 2022년은 미국에서 재택근무를 하던 기업들의 '사무실 복귀(Return To Office, RTO)' 선언이 쏟아졌던 해다. 경기 침체 우려가 커지고 금리 인상, 인플레이션 급등과 같은 상황에 처하자 생산성을 높여야 한다고 판단한 일부 기업이 기존의 업무수행 방식을 되살리기 위해 사무실에 출근하라고 요구한 것이다. 그러나 앞서 사례에서 본 것처럼 기업이 직원을 사무실로 복귀시키는 과정이 순탄치만은 않다.

사무실 출근의 필요성을 강조하는 일명 '사무실파'는 대면 협업을 강조한다. 재택근무 기간이 길수록 상사, 동료와 한 공간에서 함께 일하며 얻는 효율성과 생산성이 사라진다고 지적한다. 이들은 사무실 출근은 얼굴을 보며 관계를 맺고 직장에 소속감을 갖고 실시간으로 소통하며 얻는 생산성 향상 효과도 기대할 수 있다고 본다.

재택근무 여파로 코로나19 기간 중 어려움을 겪었던 교육 문제에 대한 지적도 나온다. 그동안 신입이나 젊은 직원은 사무실이라는 환경에서 상사에게 업무를 배우며 성장해왔다. 비언어적인 교육, 그야말로 보고 배우는 업무가 있는데 비대면 환경에서는 이러한 교육이 현실적으로 이뤄지기 어렵다는 지적이다. 2022년 1월 열린 세계경제포럼(WEF·다보스포럼)에 참석한 제이미 다이먼 JP모건 최고경영자(CEO)도 CNBC방송과의 인터뷰에서 재택근무가 젊은 직원, 자발성, 관리 측면에서 제대로 작동하지 않는다고 평가했다.

사무실 복귀를 거부하는 일명 '재택근무파'는 새로운 근무 형태의 유연성이 필요하다고 강조한다. 직원 개개인의 특성에 따라 일에 집중할 수 있는 공간과 시간의 차이가 있는 만큼 근무 환경이 유연하면 각자가 본인에게 적절한 환경을 만들어 업무 효율을 높일 수 있다고 주장한다. 노트북 하나면 업무가 가능한 직무의 경우 근무 환경을 사무실로 고정하지 않아도 성과를 낼 수 있고 코로나19 기간 중 실적이 좋아진 것 등이 증거라고 주장한다.

사무실에 출근하더라도 업무하는 방식이 재택근무와 큰 차이가 없는데 굳이 사무실에 나가야 하느냐는 의문도 제기한다. 지난해 5월 애플이 최소 주 3일 사무실 출근을 지시하자 직원들은 '애플투게더'라는 단체를 만들어 사무실 출근에 반대하는 청원서를 제출하였다. 미 경제매체 비즈니스인사이더 등에 따르면 애플투게더는 "지난 2년간 업무가 가능하다는 것을 보여주었다"면서 직속 상사와 근무 방식을 논의해 결정할 수 있도록 해달라고 요구했다. 직원의 반발에 부딪힌 애플은 올해 미국의 익명 직장평가 플랫폼 글래스도어에서 '2023년 일하기 좋은 100대 직장'에서 2009년 이후 처음으로 제외되었다.

출처 : "사무실 출근하라"지침에 사직…재택근무發 '인재이동' 현실화, 아시아 경제, 2023. 02. 13.

토론문제

1. 대면 협업과 유연한 근무 환경 중 장기적으로 조직과 개인에게 더 큰 가치를 제공하는 것은 어느 것인가?
2. 기업이 우수 인재를 유치하고 조직의 지속가능한 성장을 도모하기 위해서는 생각해볼 수 있는 방안은 무엇인가?

제 9 장

작업집단과 팀의 본질

학습목표

이 단원을 학습한 후 다음을 이해할 수 있다.

- 작업집단의 여러 가지 유형들을 설명하고 집단과 팀이 어떻게 다른지 설명할 수 있다.
- 작업집단의 특징을 이해하고 집단구성원의 행동에 미치는 작업집단의 영향력을 설명할 수 있다.
- 집단이 역할, 규칙, 규범을 통해서 어떻게 구성원을 통제하는지에 대해 설명할 수 있다.
- 집단에서 순응과 일탈이 모두 요구되는 이유를 알아보고, 집단의 목표가 조직의 목표와 일치하는 과정이 어떻게 이루어질 수 있는지를 설명할 수 있다.
- 사회화 과정을 이해하고 사회화 전략이 제도적 또는 개별적 역할에 어떠한 영향을 미치는지 이해할 수 있다.

팰컨 9 로켓의 혁신적 개발팀

스페이스X의 팰컨 9 로켓 개발은 우주 탐사 산업의 새로운 장을 여는 혁신적인 프로젝트로 평가받고 있다. 이 프로젝트는 기술적인 측면뿐만 아니라 팀 구성과 운영 면에서도 많은 혁신을 이뤄냈다. 팰컨 9 팀의 성공은 뛰어난 인재의 집결, 독특한 조직문화, 리더십, 그리고 실패를 두려워하지 않는 정신에서 비롯된 결과였다.

팰컨 9의 성공은 우주산업 전반에 걸쳐 비용 효율성을 극대화하고, 민간 우주 탐사의 가능성을 한층 더 확장시킨 대표적인 사례로 평가받고 있다. 이 혁신적인 로켓의 개발 과정은 엔지니어링의 도전 과제, 팀의 협력, 그리고 일론 머스크의 비전을 중심으로 전개되었는데 그 비결은 다음과 같다.

1. 프로젝트의 시작과 목표

   스페이스X는 2002년 일론 머스크에 의해 설립되었다. 그의 목표는 인간을 화성에 보내는 것이었다. 이를 실현하기 위해서는 비용을 크게 줄일 수 있는 재사용 가능한 로켓이 필요했다. 팰컨 9은 이러한 비전을 구체화하기 위한 첫 단계로 설계되었다. 이 로켓은 지구 궤도에 화물과 사람을 안전하게 운반할 수 있도록 고안되었으며, 로켓의 재사용을 통해 발사 비용을 획기적으로 절감하는 것을 목표로 했다.

2. 기술적 도전과 해결

   팰컨 9의 개발 과정에서 가장 큰 기술적 도전 중 하나는 로켓의 1단계를 지구로 안전하게 되돌려 재사용하는 것이었다. 이 문제를 해결하기 위해 스페이스X는 로켓의 첫 번째 단계를 착륙시키는 다양한 방법을 시도했다. 처음 몇 차례의 시도는 실패했지만, 스페이스X는 실패를 통해 학습하고 설계를 개선해 나갔다. 2015년 12월, 팰컨 9의 1단계가 최초로 성공적으로 착륙하면서, 재사용 가능한 로켓의 시대가 열렸다. 이 성공은 우주 발사 비용을 획기적으로 낮출 수 있는 가능성을 열었으며, 이후로 스페이스X는 수십 번의 로켓 착륙에 성공하게 되었다.

3. 로켓 개발팀의 구성과 운영방식

   무엇보다 팰컨 로켓의 개발은 혁신적 개발팀의 구성과 운영에서 가능하였다. 개발팀의 성공 비결을 살펴보면 다음과 같다.

   - 다양한 분야의 전문 인재 구성

     팰컨 9 개발 팀은 항공우주 공학, 소프트웨어 개발, 재료 공학, 시스템 엔지니어링, 품질 관리 등 다양한 분야의 전문가들로 구성되었다. 스페이스X는 기존의 항공우주 산업에서 일했던 경험이 있는 인재들을 적극적으로 영입했으며, 동시에 신선한 아이디어를 가져올 수 있는 젊은 엔지니어들도 채용했다.

팀의 다양한 구성은 로켓 개발의 모든 단계에서 혁신을 가능하게 했다. 예를 들어, 로켓의 구조적 설계와 관련된 결정은 재료 과학자들과 구조 공학자들 간의 긴밀한 협력에 의해 이루어졌다. 이들은 로켓의 무게를 최소화하면서도 극한의 환경에서 견딜 수 있는 강도를 유지하는 데 필요한 혁신적인 재료와 설계를 도입했다.

- 수직 통합 전략

스페이스X는 로켓 개발의 모든 중요한 부품을 내부에서 직접 설계하고 제작하는 수직 통합(vertical integration) 전략을 채택했다. 이는 로켓 개발 과정에서 발생할 수 있는 기술적 문제를 빠르게 해결하고, 비용을 절감하며, 일정에 따라 프로젝트를 진행할 수 있게 하는 중요한 요소였다.

팰컨 9 팀은 엔진, 추진 시스템, 전자 장치, 소프트웨어, 그리고 로켓 구조 자체를 포함한 모든 주요 부품을 내부에서 직접 개발했다. 이를 위해 팀 내의 다양한 부서들이 긴밀하게 협력하여 로켓의 성능을 최적화할 수 있도록 했다. 또한 이 전략은 팀이 로켓 개발의 모든 측면을 완전히 통제할 수 있게 하여, 외부 공급업체에 의존하지 않고도 혁신적인 솔루션을 신속하게 도입할 수 있도록 했다.

- 유연하고 혁신적인 조직문화

스페이스X는 실리콘 밸리의 스타트업 문화와 유사한 혁신적인 조직문화를 가지고 있다. 이 문화는 팰컨 9 개발 팀의 성공에 중요한 기여를 했는데, 이를테면 실패를 두려워하지 않고, 빠르게 배우며, 지속적으로 개선하는 것을 장려하는 것 등이 강조되었다.

팰컨 9 팀은 실패를 학습의 기회로 삼았다. 초기 개발 단계에서 수차례 로켓 착륙 시도가 실패했음에도 불구하고, 팀은 각 실패에서 교훈을 얻어 문제를 해결하고 설계를 개선했다. 이러한 실패를 받아들이고, 그로부터 배우는 문화는 팀이 혁신을 지속할 수 있는 원동력이 되었다.

또한, 스페이스X는 팀원들에게 높은 수준의 자율성을 부여했다. 이는 각 팀원이 자신의 역할에 대해 강한 책임감을 가지게 하고, 문제 해결을 위한 창의적인 접근 방식을 장려했다. 예를 들어, 엔지니어들은 로켓 설계의 특정 부분에 대해 독립적으로 연구하고, 새로운 아이디어를 시험할 수 있는 자유를 가졌다.

- 강력한 리더십과 비전

일론 머스크의 리더십과 비전은 팰컨 9 개발 팀을 이끄는 주요 동력이었다. 머스크는 재사용 가능한 로켓을 통해 우주 탐사 비용을 획기적으로 낮추고, 인류가 화성으로 나아가야 한다는 비전을 제시했다. 이 명확한 비전은 팀 전체에 영감을 주었으며, 그들이 직면한 기술적 도전과 실패를 극복하는 데 필요한 동기를 부여했다.

머스크는 기술적 세부사항에 깊이 관심을 갖고, 팀이 직면한 문제를 함께 해결하려 했다. 이는 그가 단순한 경영자가 아닌, 기술적 리더로서 팀의 일원이 되었다는 것을 의미하였다. 그의 리더십 스타일은 기술적 혁신을 이끄는 동시에 팀원들에게 큰 책임감을 부여하는 것이었다.

- 민첩한 개발 과정

스페이스X의 팰컨 9 개발 팀은 전통적인 항공우주 산업의 관행에서 벗어나, 보다 민첩한(agile) 개발 방식을 채택했다. 이는 개발 주기를 짧게 가져가고, 빠른 프로토타이핑과 테스트를 통해 빠르게 피드백을 수집하며, 이를 바탕으로 제품을 개선하는 방식이었다.

팀은 단기 목표를 설정하고, 각 단계를 신속하게 진행하면서도, 필요할 경우 설계를 수정하고 개선하는 과정을 반복했다. 이러한 접근 방식은 개발 속도를 높이는 동시에, 최종 제품의 품질을 보장할 수 있었다. 팰컨 9의 성공적인 1단계 착륙은 이러한 민첩한 개발 과정의 산물이었다.

- 외부 협력과 열린 혁신

  스페이스X는 내부 개발에 집중하는 것 외에도 외부 기관과의 협력을 적극적으로 활용했다. 특히 NASA와의 협력은 팰컨 9의 개발과 상용화에 큰 도움이 되었다. 스페이스X는 NASA의 자문을 받아 기술적 도전을 해결하고, 정부의 지원을 통해 초기 개발 비용을 줄일 수 있었다.

  또한, 스페이스X는 기술 개발 과정에서 공개된 정보를 활용하고, 다른 연구 기관 및 대학과의 협력을 통해 혁신적인 아이디어를 채택했다. 이는 팰컨 9의 개발 과정에서 새로운 기술과 방법론을 도입하는 데 중요한 역할을 했다.

- 지속적인 개선과 학습

  팰컨 9 개발 팀은 로켓의 성능을 지속적으로 개선하고 있다. 초기 모델에서부터 현재의 블록 5(Block 5) 모델에 이르기까지, 스페이스X는 매번 발사 후 데이터를 분석하여 성능을 개선하는 작업을 반복해왔다. 이러한 지속적인 개선 과정은 팰컨 9이 오늘날의 높은 신뢰성과 성능을 갖추게 한 핵심 요소가 되었다.

결과적으로 스페이스X의 팰컨 9의 개발팀은 다분야의 전문가들로 구성된 강력한 팀, 자율성과 책임감을 강조하는 조직문화, 실패를 두려워하지 않는 정신, 그리고 강력한 리더십과 비전을 통해 혁신을 이루어냈다. 이 팀의 성공은 우주 탐사 산업에서의 새로운 표준을 제시했으며, 스페이스X가 미래의 우주 탐사에서 선두를 차지할 수 있는 기반을 마련했다. 이러한 혁신적인 팀은 팰컨 9의 성공뿐만 아니라, 스페이스X가 앞으로도 계속해서 우주 탐사의 선두주자로 남을 수 있게 하는 중요한 원동력으로 작용할 것이다.

개관

앞의 장에서 우리는 다양한 개인적 특성들(성격, 능력, 가치, 태도, 기분, 인식, 귀인)과 조직적 특성들(보상, 벌, 진급 관행, 목표 등)이 구성원들이 느끼고, 생각하고, 행동하는 것에 어떻게 영향을 미치는지, 나아가 궁극적으로 조직의 성공적인 목표달성에 어떠한 영향을 미치는지에 대해 학습하였다. 조직구성원들은 보통 집단이나 팀 단위로 함께 일을 한다. 집단이나 팀은 작업단위로 사용되는데, 이는 조직구성원 1명이 달성할 수 없는 일을 집단이나 팀 단위로 보다 수월하게 달성할 수 있기 때문이다. 예를 들어 집단에 속한 구성원들이 함께 일하는 경우, 개인은 하나의 특정한 업무에 집중할 수 있고 결과적으로 높은 성과를 낼 수 있다. 이는 "집단이 부분의 합보다 크다"는 유명한 속담을 통해서도 알 수 있다.

집단은 조직의 기본 구성단위이다. 대학의 효율적 기능이 교내에 존재하는 다양한 집단(경영학이나 심리학과와 같은 학과, 학생 단체와 운동 팀, 학생자치위원회나 교수평의회와 같은 운영 단체)의 성과에 의존하는 것과 같이 시스코나 야후를 포함한 다른 수많은 조직들의 효율성은 조직 내 집단의 성과에 따라 달라진다.

그러나 조직에서 집단을 활용하는 것은 때때로 조직에 매우 어려운 도전과제가 되기도 한다.[1] 이는 집단에 속한 개인이 여러 사람들과 함께 일할 경우, 혼자서 독립적으로 일을 처리할 때와는 다른 행동양상을 보이기 때문이다.[2] 집단은 조직에 상당한 기여를 하기도 하지만 효율적으로 기능하지 못할 때 오히려 조직에 큰 피해를 주기도 한다.[3]

우리는 모든 조직 내에서 집단이 매우 중요한 역할을 수행한다는 것을 고려하여 제9장~10장에

Pixland\Thinkstock

이와 같은 작업 팀에서 구성원들은 높은 수준의 상호작용을 하고 긴밀하게 협력함으로써 공동의 목표를 이룬다.

걸쳐 작업집단과 팀의 성격과 기능에 대해 다루고자 한다. 이를 위해 먼저 집단이란 무엇인가, 집단이 어떻게 형성되고 발전되는가, 작업집단의 주요 특징은 무엇인가, 집단의 일원으로 일을 하는 것이 구성원 개인의 행동에 어떠한 영향을 미치는가를 설명할 필요가 있다. 또한 집단이 어떻게 집단 구성원들의 행동을 통제하는지, 집단이 어떠한 사회화 과정을 거쳐 새로운 집단구성원을 효율적인 구성원으로 만드는지를 설명할 것이다. 제9장에서는 작업집단이란 무엇인가와 작업집단이 가지는 특징들에 대해 서술하고 있다. 이러한 설명을 바탕으로 제10장에서는 집단이 높은 수준의 성과를 창출할 수 있고 조직목표를 달성하게 하는 요소들에 대해 학습할 것이다.

집단의 정의

집단이란 단순히 조직구성원 개개인이 모여 있는 형태를 말하는 것인가? 만약 그렇지 않다면 단순한 개인들의 모임과 집단의 차이점은 무엇인가? 집단에 대한 두 가지 기본 정의는 다음과 같다.

1. 집단의 구성원들은 서로 상호작용을 한다. 즉 1명의 집단구성원은 나머지 집단구성원 모두에게 영향을 미치고 나머지 집단구성원 또한 각각의 구성원에게 영향을 미친다.[4]
2. 집단의 구성원들은 공동의 목표달성에 대한 믿음을 가진다. 즉 구성원들은 자신이 집단에 소속되어 있다는 것을 인지함으로써 특정한 목표성취나 욕구를 충족시킬 수 있다는 확신을 갖게 된다.[5]

집단
특정한 목표달성이나 욕구충족을 위해 2명 이상의 사람들이 모여 상호작용하는 모임

결과적으로 **집단**(group)이란 특정한 목표달성이나 욕구충족을 위해 2명 이상의 사람들이 모여 함께 상호작용하는 모임이라고 정의할 수 있다.

그러나 집단구성원들이 하나 또는 그 이상의 목표를 공유하고 있다는 것이 구성원 개개인의 목표가 모두 동일하다는 것을 의미하지는 않는다. 예를 들어 한 조직 내에서 새로운 제품에 대한 작업을 진행하기 위해 4개의 각기 다른 부서(연구개발, 판매, 제조, 엔지니어링)로부터 직원 1명씩을 차출하여 하나의 집단을 구성하였다고 가정하자. 이때 집단구성원들은 최선을 다하여 최고의 제품

을 개발하고자 하는 공동의 목표를 가지고 있을 것이다. 그러나 연구개발부서에서 차출된 구성원은 '최고의 제품'을 가장 혁신적인 제품이라고 정의할 수 있으며, 판매부서에 소속되어 있던 구성원은 가격에 민감한 고객들에게 호소할 수 있는 제품을 최고의 제품이라고 정의할 수 있다. 또한 제조업에 근무했던 구성원은 가장 적은 비용으로 생산할 수 있는 제품을 최고라고 생각할 것이며, 엔지니어링 분야에서 차출된 구성원은 튼튼해서 믿을 수 있는 제품을 최고의 제품이라고 정의할 것이다. 비록 집단의 구성원들이 최고의 제품을 고객들에게 제공한다는 공동의 목표를 가지고 있다 할지라도 최고의 제품이 과연 무엇을 뜻하는가에 대한 합의는 매우 어려운 작업이 될 수 있다. 이 때 **집단의 목표**(group goal)에 대해서는 집단의 전 구성원 또는 대부분의 구성원이 동의할 수 있어야 할 것이다.

집단의 목표
집단구성원 전원 혹은 대부분이 공동의 목표에 동의하는 것

작업집단의 유형

조직 내에는 많은 유형의 집단이 존재하고 각각의 유형은 조직의 효율성을 결정하는 데 중요한 역할을 한다. 집단의 유형에 대한 분류법 중 하나는 집단의 공식성과 비공식성이다. 관리자들은 조직이 세운 목표를 달성하는 데 도움을 줄 수 있는 **공식적 작업집단**(formal work groups)을 수립한다. 이러한 공식적 작업집단의 목표는 조직의 필요에 의해 결정된다. 공식적 작업집단의 예로는 소비자제품 기업의 제품품질관리위원회와 건강관리기관(HMO)의 소아과부서, 법률 기관 내의 성차별 금지를 위한 특수집단 등이 있다. 제품품질위원회의 경우 제품의 질을 향상시키는 것, 소아과부서의 경우 건강관리기관에 등록된 아이들에게 의료서비스를 제공하는 것, 법률 기관의 특수집단의 경우 성차별을 금지시키는 것이 각 해당 조직의 목표라고 할 수 있으며 기업의 관리자들은 특정한 조직목표를 달성하기 위해 집단을 조직한다.

공식적 작업집단
소식이 세운 목표를 달성하는 데 도움을 주는 관리자에 의해 조직된 집단

이에 반해 **비공식적 작업집단**(informal work groups)은 조직 내에서 자연스럽게 생겨나는데 집단의 일원으로서 함께 일하는 것이 구성원들의 목표를 달성하거나 욕구를 충족하는 데 도움이 될 것이라고 믿기 때문이다. 5개의 각기 다른 공장의 노동자들이 매주 목요일 저녁에 모여 볼링을 치며 소속에 대한 욕구를 충족하고 우정을 도모하는 것은 비공식적 작업집단의 예라고 할 수 있다.

비공식적 작업집단
조직의 구성원이 목표를 달성하거나 욕구를 충족하는 데 도움이 될 것이라고 인식하면서 자연스럽게 생기는 집단

공식적 작업집단의 유형

공식적 작업집단의 네 가지 주요 유형은 지휘집단, 특별업무집단, 팀, 자율경영팀이 있다(그림 9.1 참조). **지휘집단**(command group)이란 같은 상사에게 업무보고를 하는 부하직원들의 집단을 말한다. 지휘집단은 조직 내의 기본적인 보고 관계에 기반을 두고 있으며 조직도에서 흔히 부서(마케팅, 판매, 회계 등)로 표현된다. 건강관리기관(HMO)의 소아과부서, 제약회사의 연구개발 부서, 대학교의 재정지원부서는 지휘집단의 예라고 할 수 있다. 지휘집단은 조직 내의 많은 작업들을 완수할 수 있게 하는 견인차 역할을 수행한다. 따라서 지휘집단은 조직이 목표를 달성하는 전 과정에

지휘집단
같은 상사에게 업무보고를 하는 부하직원들의 공식적 업무집단

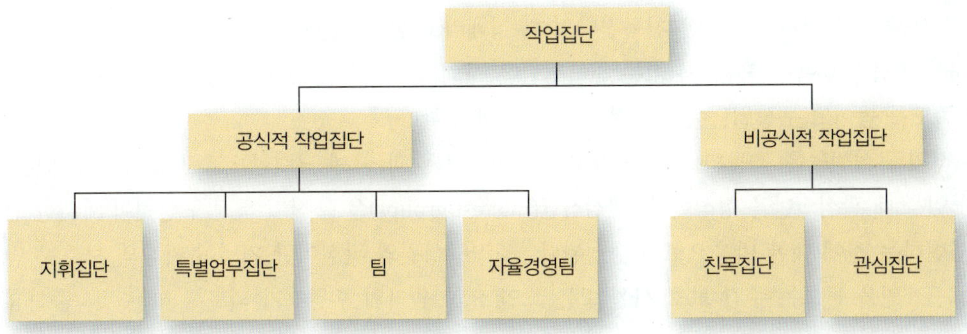

그림 9.1
작업집단의 유형

큰 영향을 미친다. 지휘집단의 상사 또는 리더는 집단의 효율성을 결정하는 데 중요한 역할을 수행하는데 이러한 상사의 영향력은 제11장에서 리더십에 대해 다루며 설명할 것이다.

특별업무집단
특별업무수행을 위해 조직되어 함께 특정목표를 달성하는 공식집단

특별업무집단(task force)이란 특별업무수행을 위해 구성되는 조직으로 목표로 한 업무를 달성하고 나면 해체되는 집단을 말한다. 법률 기관에서 성차별을 금지하기 위해 생겨난 조직이나 소비자제품 기업의 제품품질관리위원회는 특별업무집단의 유형에 속한다. 가끔 특별업무집단이 장기적인 문제해결이나 긴 시간이 요구하는 업무를 부여받은 경우, 특별업무집단은 해체되는 대신 주기적으로 집단구성원을 교체하는 방식을 취한다. 구성원의 교체를 통해 집단의 목표나 문제해결에 새로운 통찰력을 제공하고 기존의 집단구성원을 업무에 복귀시킴으로써 본연의 업무에 충실할 수 있게 한다. 때때로 특별업무집단은 상임위원회(standing committees) 또는 업무집단(task groups)으로 표현된다. 소비자제품 기업은 새로운 제품을 개발하거나 기존의 제품을 보완하는 주요 업무를 수행하기 위해 제품품질을 담당하는 상임위원회를 항시 운영하고 있다.

팀
공동의 목표를 달성하기 위해 긴밀하게 협동하는 공식집단

공식적 집단의 유형인 **팀**(team)은 집단 내 구성원들이 공동의 목표를 달성하기 위해 높은 수준의 상호작용을 하고 긴밀하게 협동하는 조직을 뜻한다. 도입사례에서 로켓개발 팀에 대해 살펴본 바와 같이, 팀 구성원 개인의 역량과 경험은 팀의 효율성이 극대화될 때 최대로 발휘된다. 이를 통해 팀은 개인이 독립적으로 일하거나 다른 작업집단이 해결할 수 없는 업무를 수행할 수 있다. 미국의 대표적인 항공우주기업 보잉은 새로운 종류의 비행기를 디자인하고 개발하기 위해 다기능팀(cross-functional team)을 활용한다. 다기능팀이란 제품디자인, 엔지니어링, 제조업과 같은 각기 다른 기능부서로부터 집단구성원을 차출하여 형성된 집단을 말한다. 일부 조직에서는 팀을 운영하는 과정에서 많은 문제를 겪게 되는데, 이는 중요 사안에 대한 구성원들의 동의를 도출하는 데 상당한 시간이 필요하기 때문이다. 단순히 여러 사람들이 함께 무리 지어 일하는 것은 팀이라고 표현할 수 없다. 왜냐하면 팀이란 구성원들의 긴밀한 상호작용과 공동의 목표에 대한 강력한 몰입을 특징으로 하기 때문이다.

자율경영팀
팀의 목표를 달성하고 수행할 수 있도록 공동책임을 지는 사람들로 구성된 공식집단

팀을 이끌 관리자나 팀 구성원이 할당되지 않은 팀을 **자율경영팀**(self-managed work teams)이라고 한다. 자율경영팀의 특징은 구성원들이 팀의 목표완수에 대한 책임을 진다는 데 있다. 더불어 자율경영팀은 집단이 목표달성을 위해 해야 할 일들을 정하고 집단구성원 개인에게 업무를 할당함과 동시에 적절한 수준의 성과를 내지 못하는 구성원에 대한 교육, 구성원 간의 조율, 구성원의 고용, 해고에 관한 모든 리더십 관련 업무들을 스스로 처리한다.[6] 자율경영팀이 조직과 그 구성원들에게 엄청난 효과를 줄 수 있다는 것이 알려지자 기업에서 자율경영팀은 많은 각광을 받고 있다. 이에 대한 자세한 논의는 다음 장에서 다룰 것이다.

비공식적 작업집단의 유형

친목집단
업무상뿐만 아니라 업무 외적으로도 함께 어울리는 사람들로 구성된 비공식집단

비공식적 작업집단의 주요 유형에는 친목집단과 관심집단이 있다. **친목집단**(friendship groups)은 조직 내 구성원들로 이루어진 집단으로, 구성원들은 업무뿐만 아니라 업무 외적으로도 함께 시간을 보내고 어울린다. 함께 볼링을 치러 가는 공장 노동자들의 집단이나 주요 회계 법인에서 함께 점심식사를 하는 회계사 집단은 친목집단의 한 형태라고 할 수 있다. 사회적 상호작용(제8장 참조)에 대한 종업원의 욕구를 충족시키는 친목집단은 사회적 지지의 중요한 원천이며 조직구성원의 업무만족도를 높이고 구성원들이 긍정적 정서를 느끼게 한다.

관심집단
공동의 목표를 가지거나 여러 사람들과 함께 노력함으로써 달성할 수 있는 목표가 있을 때 구성되는 비공식집단

조직의 구성원들은 공동의 목표를 가지거나 여러 사람과 함께 노력함으로써 달성할 수 있는 목표가 있을 때 관심집단을 형성한다. **관심집단**(interest groups)은 조직의 특정 구성원이 어떠한 관심을 표현하는 것에 대한 반응으로써 형성된다. 조직구성원의 관심이란 기업이 가족의 보호를 받지 못하는 개인을 돌보는 주간 보호 시설 또는 노인 요양 센터의 후원자가 되도록 하는 것, 출산휴가

기간을 늘리는 것, 적극적인 환경보호 활동을 하도록 하는 것을 포함하여 크게는 지역사회에 이바지하는 것까지 다양하다. 관심집단은 조직구성원이 의견을 제시할 수 있도록 하며 조직을 변화시키는 중요한 자극제로 사용된다.

제9장과 이어질 제10장의 내용에서 본 저서가 다루는 많은 개념들은 공식적 집단과 비공식 집단 모두에 적용할 수 있으나 실제 조직에서 관리자의 역할이 중요시되는 것은 공식적 집단이기 때문에 향후 내용은 조직의 공식적 집단에 초점을 맞출 것이다.

시간에 따른 집단의 발전 : 5단계 모델

모든 집단은 조직구성원들의 이직 · 채용 · 승진 또는 집단의 업무나 목표에서의 변화, 구성원들이 타인과 상호작용을 통해 얻는 경험 등 시간에 따른 변화를 경험한다. 일부 학자들은 집단이 시간에 따라 어떠한 단계를 거쳐 변화하는지 규명하기 위해 노력해 왔다. 집단과 집단의 구성원들은 각 발전 단계에 따라 각기 다른 어려움에 직면하기 때문에 어떻게 변화하는지를 이해하는 것은 매우 중요하다. 집단이 높은 효율성으로 최고의 성과를 내기 위해서는 각 단계별 도전과제들을 효과적으로 관리하는 것이 중요하다. 당신이 지난 수업 시간에 수행했던 마지막 그룹 프로젝트를 상기해보자. 아마도 당신이 속한 그룹의 첫 번째 미팅은 마지막 미팅이나 그사이에 발생한 다른 미팅들과는 크게 다른 양상을 보였을 것이다. 발전의 각 단계에서 집단은 서로 다른 도전과제에 직면한다. 이와 유사하게 조직의 작업집단은 첫 번째 만남을 기점으로 발전하기 시작하고 시간에 따른 변화들을 경험하게 된다.

집단발전 모델 중 가장 널리 알려진 모델은 Bruce W. Tuckman의 5단계 모델이다[7](그림 9.2 참조). Tuckman이 형성(forming)이라 명명한 1단계는 일종의 오리엔테이션 단계로, 이때 집단 구성원은 상대방을 알아가고 집단의 목표를 명확히 하기 위해 노력하는 과정을 거쳐 공유된 합의를 형성하며 집단 내에서 필요한 적절한 행동을 규정한다. 구성원 스스로가 집단의 일원이라는 것을 명확하게 인식하면 형성 단계는 종료된다.

2단계인 갈등(storming)은 그 이름에서도 유추할 수 있듯이 상당한 갈등이 형성된다. 구성원은 집단에 의해 통제되는 것에 저항하며 누가 집단의 리더가 되어야 하는지 또는 선택된 리더가 얼마나 권한을 가질 것인지에 대해 의견충돌을 경험한다. 이 단계는 구성원이 집단의 통제에 더 이상 저항하지 않으려 하거나 누가 리더가 될 것인지에 대한 상호합의가 형성될 때 종료된다. 또한 집단 구성원이 목표를 달성하는 데 함께 협력하는 것이 최고의 이익을 가져다줄 수 있을 것이라고 생각할 때 종료된다.

3단계인 규범형성(norming)에서는 구성원들은 스스로가 집단에 소속되어 있다고 느끼기 시작하며 깊은 유대관계를 형성하게 된다. 집단 내에서 우정이나 동지애가 형성되며 집단목표에 대한 공유 의식이 발달한다. 이 단계가 끝나갈 무렵 집단의 구성원들은 집단 내 행동지침에 동의한다.

4단계는 수행(performing)으로 이 단계에 이르면 구성원들은 업무를 수행하기 시작하고 목표달

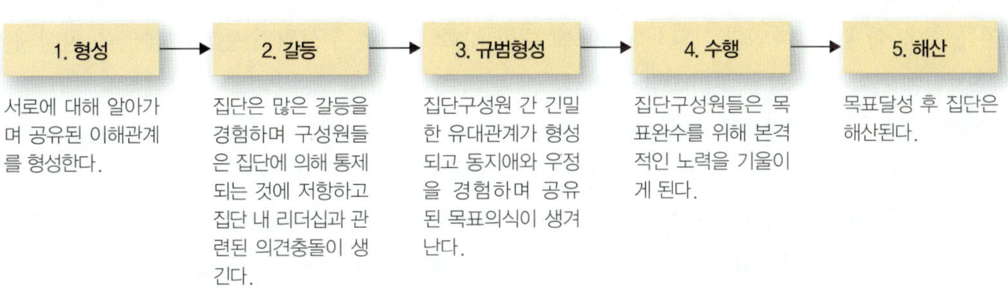

그림 9.2
Tuckman의 집단발전 5단계 모델

성을 위해 노력을 기울인다. 본격적인 작업착수의 단계로서 이상적인 집단에서는 이 단계에 이르는 시간이 그리 오래 걸리지 않는다. 그러나 때로는 2~3년에 걸쳐 길게 소요되기도 하는데 특히 자율경영팀의 경우가 그러한 예이다.[8]

Tuckman 집단발전의 마지막 5단계는 해산(adjourning)이며 이때 업무를 완수한 집단은 해체되는 과정을 거친다. 그러나 조직 내에서 계속 존재해야 하는 집단은 이 단계를 거치지 않으며 종종 4단계인 수행 단계에 머물러 있기도 한다. 그러나 특별업무집단의 경우는 대부분 업무완수 후 해체되는 5단계를 거친다.

'형성－갈등－규범형성－수행－해산'의 5단계 모델은 직관적으로 타당성이 있다고 생각되지만, 연구에 따르면 모든 집단이 5단계를 거치는 것은 아니다. 또한 모든 집단이 Tuckman이 주장한 집단의 발전 순서에 따르는 것도 아니며, 한 번에 하나의 단계를 거치는 것도 아니다. 사실상 일부 집단은 집단형성의 모든 단계에서 상당히 높은 수준의 갈등을 경험하기도 하고 '갈등' 단계에만 머물러 있기도 한다.[9] 조직행동 연구자 Connie Gersick의 특수집단 연구에 따르면 목표달성의 마감시간이 정해져 있는 경우 집단은 5단계를 모두 거치지 않는다. 오히려 집단은 업무가 거의 진척되지 않는 초기 단계와 급격히 작업수행이 이루어지는 집단활동 단계를 번갈아 경험하게 된다.[10] 집단의 발전 단계가 주어진 마감시간에 의해 영향을 받는다는 것은 매우 흥미로운 연구결과라고 할 수 있다. 연구대상이 된 모든 집단은 초반에 아무런 업무진척이 없는 무기력함을 경험한다고 보고되었다. 예를 들어 집단에게 업무를 부여하고 6개월의 시간제한을 설정한다고 가정해보자. 집단은 초반 3개월 동안 아무런 업무진척을 보이지 않는 무기력 상태에 놓이며 만일 3개월의 시간제한을 설정하면 이러한 무기력 상태는 1개월 반 동안 지속되는 경향을 보인다.

수많은 연구들에 의해 모든 집단이 시간에 따른 변화를 경험하지만, 이미 결정된 순서에 따라 단계를 하나씩 순차적으로 경험하는 것은 아니라는 것이 밝혀졌다.

작업집단의 특징

작업집단은 유형을 제외한 다른 면에서도 많은 다양성을 지닌다. 지금부터는 구성원의 행동과 집단의 전반적 성과에 영향을 미치는 집단의 다섯 가지 특징을 이야기하고자 한다. 다섯 가지 주요 특징은 집단의 크기, 구성, 기능, 지위, 효율성이다. 그리고 이어서 집단이 구성원에게 미치는 영향력으로서 사회적 촉진에 대해 다룰 것이다.

집단의 크기

집단의 크기는 집단의 목표달성을 위해 함께 일하는 고정적 구성원의 수로 측정한다. 집단은 3명의 적은 인원에서부터 20명이 넘는 많은 인원으로 다양하게 구성될 수 있다.[11] 집단의 크기는 집단 구성원들의 행동방식에 영향을 미치는 주요 결정요인으로 작용한다. 집단의 크기가 작은 경우 구성원들은 서로를 잘 파악할 수 있고 매일 규칙적으로 일정 수준의 상호작용을 하게 된다. 이러한 집단에서 구성원들은 정보를 쉽게 공유할 수 있으며 집단에 대한 개인의 기여도 인식, 집단의 목표 확인을 더욱 쉽게 할 수 있다. 집단의 목표에 대한 강한 인식은 구성원의 동기와 몰입을 향상시키고 구성원은 높은 수준의 직무만족감을 경험하게 된다.

반면에 규모가 큰 집단의 구성원들은 자주 만나기 어렵기 때문에 구성원 모두가 잘 알고 지내기 힘들다. 규모가 큰 집단에서 구성원들의 낮은 상호작용은 정보공유를 어렵게 하며, 구성원들은 각자 기여도의 중요성을 상대적으로 낮게 인식하기 때문에 집단에 대해 가지는 동기나 몰입도가 낮은 결과를 가져온다. 이러한 이유로 인해 규모가 큰 집단의 구성원들은 작은 집단에 비해 만족감이

Thinkstock/Jupiterimages/Getty Images/BananaStock

조직은 노동의 분업화의 이익을 달성하기 위해 집단을 이용한다.

낮다.[12]

그러나 규모가 큰 집단의 여러 가지 단점들은 장점과 비교하여 생각해보아야 한다. 규모가 큰 집단의 장점은 첫째, 집단의 목표달성에 필요한 많은 자원의 보유를 들 수 있다. 자원에는 집단구성원의 기술, 능력, 축적된 업무경험과 지식 등이 포함된다. 규모가 큰 집단의 두 번째 장점은 **노동의 분업화**(division of labor)로부터 얻어지는 이익이다. 노동의 분업화는 집단구성원 개인에게 처리해야 할 업무를 나누어 할당하는 것을 뜻한다. 구성원은 특정 업무에 집중할 수 있을 때 해당 업무수행에 대한 높은 수준의 기술을 습득하게 된다. 사실상 전체 조직과 집단이 존재하는 이유 중 하나는 노동의 분업화를 가능하게 하기 때문이다.

노동의 분업화
집단구성원 개인에게 처리해야 할 업무를 나누어 할당하는 것

집단의 크기를 결정할 때 조직은 규모가 큰 집단이 가질 수 있는 단점들과 기술이나 자원 등을 포함한 장점들 간에 균형을 맞추어야 한다. 집단의 구성원이 증가함으로써 생기는 단점으로는 의사소통과 구성원 간 협동과정에서 발생하는 문제가 대표적이다. 예를 들어 집단의 규모가 커지면 구성원은 문제해결절차에서의 변화를 감지하기 어렵다. 40명의 인원으로 구성된 집단의 복잡한 의사소통 절차와 4명의 인원으로 구성된 집단의 의사소통 절차를 생각해보면 그 차이를 잘 알 수 있다. 또한 집단의 규모가 커질수록 구성원 간의 협력은 더욱 어려워진다. 리서치 프로젝트를 맡은 20명으로 구성된 학생 집단과 5명으로 구성된 집단을 생각해보면 그 차이를 명확히 알 수 있다. 인원이 많은 집단에서는 자칫 잘못하여 하나의 과업에 2명의 학생이 할당될 수 있고 2명의 학생이 각각 제출한 프로젝트 보고서는 관점의 차이로 인해 서로 다른 내용일 수 있다. 규모가 큰 집단에서의 학생들은 다른 구성원들과 자신들의 업무내용을 공유하지 않으려 할 가능성이 있다. 일반적으로 규모가 큰 집단에서 갈등이 생길 가능성이 더 높으며 불필요한 노력의 반복, 낮은 동기형성 등의 위험이 존재한다. 이러한 몇 가지 문제점들은 다음 장에서 더 자세히 논의될 예정이다. 표 9.1은 규모가 큰 집단과 작은 집단의 장점들을 서술하고 있다.

표 9.1
집단의 크기에 따른 이점

규모가 작은 집단의 이점	규모가 큰 집단의 이점
• 집단구성원 간 상호작용이 매우 빈번하다. • 집단구성원들에게 정보의 공유와 확산이 용이하다. • 집단구성원이 집단에 대한 자신들의 기여도를 쉽게 인식할 수 있다. • 집단구성원은 집단의 목표를 달성하도록 동기를 부여받고 이에 대한 몰입도를 높이게 된다. • 집단구성원이 높은 만족을 경험한다.	• 집단은 구성원의 기술, 능력, 지식, 경험 등을 포함한 목표달성에 필요한 많은 자원들을 보유한다. • 집단은 노동을 분업화함으로써 구성원이 특정 업무에 집중할 수 있게 하고 이를 통해 성과를 극대화할 수 있다. • 집단구성원이 특정 업무에 집중하게 되면 구성원은 이 분야에 대한 높은 기술을 습득하게 된다.

집단의 구성

집단의 구성이란 한 집단을 이루는 구성원들의 특성을 말한다.[13] 도입사례에서 다루어진 스페이스X의 경우를 생각해보자. 스페이스X는 각기 다른 기능부서, 사업분야의 배경을 가진 구성원들로 집단을 형성하고, 때로는 다양한 국적을 가진 구성원들로 집단을 조직한다. 집단의 구성은 집단구성원들이 서로 얼마나 유사한지 또는 이질적인지를 기준으로 나누어진다.

동질적 집단
구성원들이 많은 공통특성을 가지는 집단

동질적 집단(homogeneous group)의 구성원들의 특성은 높은 유사성이다. 특성이란 인구통계적 특징(성별, 인종, 사회경제적 배경, 문화, 나이, 교육 수준, 조직 내의 근무기간 등), 성격특질, 기술, 능력, 신념, 태도, 가치, 작업경험의 유형 등을 포함한다. 미국의 북동지역 출신으로 아이비리그 대학을 졸업하고 삶에서 직업의 가치를 아주 높게 여기며 같은 뉴욕 법인 회사에 근무하는 백인들의 집단은 동질적 집단의 대표적인 예라고 볼 수 있다. 그러나 비록 같은 뉴욕 법인 회사에 근무한다 하더라도 각기 다른 주의 사립대학 출신으로 다른 문화, 직업의 중요성에 대한 인식을 가진 다양한 인종의 남녀로 이루어진 집단은 이질적 집단에 속한다. **이질적 집단**(heterogeneous group)의 구성원들은 서로 많은 공통 특성을 공유하고 있지 않다. 이질적 집단의 특징은 다양성으로 표현될 수 있고 동질적 집단은 유사성으로 특징지을 수 있다.

이질적 집단
구성원들이 공통 특성을 적게 가지는 집단

집단의 구성과 집단 내 구성원이 보이는 행동, 집단의 성과와의 관계는 매우 복잡하다. 한편으로 사람들은 자기 자신과 높은 유사성을 보이는 사람들과 어울리는 것을 선호한다. 동질적 집단의 구성원들은 이질적 집단의 구성원에 비해 정보를 쉽게 공유하고 갈등을 덜 경험하며 적은 의사소통만으로도 쉽게 문제를 해결할 수 있다. 이러한 이유로 사람들은 이질적 집단에 비해 동질적집단이 높은 수준의 목표달성과 조직성과를 보일 것이라 예측한다. 또한 동질적 집단의 구성원들이 서로 어울리는 것을 더욱 좋아할 것이기 때문에 우리는 일반적으로 동질적 집단의 동기와 만족도가 더욱 높을 것이라 생각한다.

반면에 다양한 배경, 경험, 성격, 능력, 다양하고 풍부한 세계관을 가진 사람들로 구성된 이질적 집단은 동질적 집단에 비해 양질의 의사결정을 창출할 가능성이 있다. 이질적 집단의 구성원들은 다양하고 많은 수의 인적자원들을 보유하고 있기 때문에 더욱 높은 성과를 도출해낼 수 있다. 이러한 다양성은 구성원들이 서로의 의견과 현재 일을 처리하는 방법에 대해 많은 이의를 제기할 수 있는 환경을 형성하기 때문에, 도출된 최종 결과물의 질은 더욱 높아진다. 예를 들어 집단 내 구성원끼리 높은 유사성을 가지는 변호사 집단에서는 서로 쉽게 의사소통을 하고 각자의 의견에 적게 이의를 제기하게 된다. 그러나 이들은 다른 인종 출신이나 여성 의뢰인을 다루는 것에 어려움을 겪을 수 있다. 반대로 높은 수준의 이질성을 띠는 변호사 집단의 구성원들은 의사소통이나 특정 사안에 대해 합의하는 것이 어려울 수 있지만 다양한 인종 또는 문화적 배경을 가진 의뢰인과 소통하는 것이 더욱 용이할 수 있다.

표 9.2
집단 구성의 장점

동질적 집단의 장점	이질적 집단의 장점
• 집단구성원들이 서로 잘 어울릴 수 있다. • 집단구성원들은 낮은 수준의 갈등을 경험하고 쉽게 정보를 공유하며 의견을 조율해야 하는 문제에 직면할 가능성이 낮다.	• 집단은 다양한 특징을 가진 구성원들로 인해 폭넓은 관점을 가지게 되기 때문에 좋은 의사결정을 내릴 수 있다. • 집단은 높은 성과를 창출할 수 있는 다양한 자원을 가진다.

이질적 집단에서 예상되는 여러 한계를 극복하고 장점을 극대화하기 위해서는 집단구성원들 서로가 다르다는 것을 인지하고 타인의 관점을 수용해야 하며, 집단의 성과를 높이고 목표를 달성하기 위해 다양한 관점을 잘 활용할 줄 알아야 한다.[14] 표 9.2는 이질적 집단과 동질적 집단에서 예상되는 장점들을 설명하고 있다.

1960년대 베이비 붐 세대 출신의 수백 명에 달하는 노동자들은 기업의 다운사이징과 해고로 인해 밀려나고 적은 수의 중간관리자들만이 기업에 살아남게 되었으며 상대적으로 경험이 적은 젊은 노동자들이 기업에 대거 채용되었다. 이러한 상황에서 기업은 관리자가 지난 몇십 년간의 조직생활에서 얻은 숙련된 기술과 지식, 전문성 등을 젊은 세대의 노동자들과 공유할 수 있도록 많은 이질적 집단을 활용하고 있다.[15] 우리가 흔히 형식지(explicit knowledge)라고 부르는 종류의 지식은 서면, 매뉴얼, 지침서나 기업의 웹사이트 또는 인트라넷을 통해 여러 구성원들에게 확산되기 용이하다. 그러나 암묵지(tacit knowledge)라고 불리는 종류의 지식은 전이가 쉽지 않다. 미국의 항공우주 관련 기업인 노스럽그러먼의 지식경영부서 담당자 Scott Schaffar는 암묵지를 "우리의 머릿속에 존재하는 지식이며 창의적인 문제해결방법뿐만 아니라 사실, 이야기, 편견, 오해, 통찰력, 동료와 지인 네트워크 등을 포함한 모든 종류의 지식"이라고 설명하였으며 암묵지는 오랜 기간의 경험을 통해 축적된다고 주장하였다.[16]

일부 조직에서는 나이가 있는 조직구성원이 퇴직함과 동시에 잃게 되는 암묵지를 조직 내에서 전파하고 공유하기 위해 다양한 지역과 연령을 가진 직원으로 이질적 집단을 조직하여 집단구성원이 서로가 가진 전문성을 공유하도록 촉진한다.[17] 예를 들어 노스럽그러먼은 다양한 기능부서 출신으로 커뮤니티를 구성함으로써 개인이 가진 아이디어와 전문성을 공유하게 하고 있다. 기업은 신입사원이 소속된 커뮤니티에 퇴직한 프로젝트 관리자를 투입하여 관리자가 가진 전문성을 다른 구성원들이 습득하게 도울 수 있으며 경험이 풍부한 엔지니어들과 대학을 막 졸업한 엔지니어를 하나의 커뮤니티에 소속시켜 신입 엔지니어들이 작업과 관계된 암묵지와 형식지를 흡수할 수 있게 한다.[18]

제너럴일렉트릭은 액션러닝팀(action learning team)이라 불리는 조직을 구축하였는데 이 조직은 판매, 마케팅, 재무, 생산, 법률 사무 분야 출신으로 특정 사안이나 문제 및 프로젝트에 관계된 다양한 경험을 가진 조직구성원들로 구성되어 있다.[19] 이 액션러닝팀이 특정한 프로젝트를 맡게 되면 구성원들은 기존에 자신들이 경험하지 않았던 분야의 노하우를 습득할 수 있고 다양한 피드백을 받는 과정을 통해서 상대적으로 '큰' 프로젝트를 처리하는 것에 대한 경험을 축적하게 된다.[20] GE의 최고교육책임자인 Bob Corcoran은 액션러닝팀을 일컬어 "조직원들이 많은 배움을 얻게 하고… 나이 든 관리자가 조직을 떠날 때 당신이 '이런, 알렉스 선배가 이런 일을 처리할 줄 아는 유일한 선배였는데'라고 말할 확률을 줄여준다"라고 말하였다.[21] 물론 나이 든 구성원 또한 젊은 팀구성원으로부터 배움을 얻는다. 이질적 집단은 조직 내에서 지식이 사라지는 것을 방지하고 암묵지의 공유를 촉진하는 데 용이하다.[22]

현대의 조직행동

엑센추어의 액션러닝팀

액센추어는 글로벌 컨설팅 기업으로, 다양한 산업 분야에서 고객에게 혁신적인 솔루션을 제공하는 것으로 유명하다. 액센추어는 내부적으로도 높은 수준의 인재 개발을 위해 다양한 프로그램을 운영하며, 그중에서도 액션러닝(Action Learning)팀 활동은 중요한 역할을 한다. 액션러닝팀은 실제 비즈니스 문제를 해결하는 과정을 통해 학습을 촉진하는 방법론으로, 액센추어의 조직문화와 잘 맞아떨어지는 학습 방식이다.

액센추어의 액션러닝 프로그램은 주로 실질적인 비즈니스 문제를 해결하기 위한 프로젝트 팀을 구성하는 방식으로 진행된다. 이러한 프로그램은 액센추어의 직원뿐만 아니라 고객사의 직원들도 참여할 수 있는 형태로 이루어진다. 일반적으로 팀은 다양한 배경과 경험을 가진 구성원들로 이루어지며, 이들은 협력하여 특정한 문제를 분석하고 해결 방안을 도출해낸다.

프로그램의 프로세스를 살펴보면 다음과 같다. 첫 단계는 문제 선정이다. 이때 문제는 고객사의 중요한 비즈니스 이슈이거나, 액센추어 자체의 내부 프로젝트일 수 있다. 예를 들어, 한 고객사가 디지털 트랜스포메이션을 추진하고자 할 때, 고객사는 자사의 디지털 역량을 강화하고, 시장에서의 경쟁력을 높이기 위해 액센추어에 도움을 요청할 수 있다. 이 경우, 액센추어의 액션러닝팀이 해당 프로젝트를 맡게 된다.

예를 들어, 액센추어의 한 액션러닝팀은 글로벌 금융 서비스 회사와 함께 디지털 트랜스포메이션 프로젝트를 진행한 사례가 있다. 이 회사는 기존의 비즈니스 모델을 디지털 중심으로 전환하고, 고객 경험을 개선하며, 운영 효율성을 높이기 위한 전략을 필요로 했다. 액센추어의 액션러닝팀은 이 문제를 해결하기 위해 다양한 단계의 작업을 수행했다.

앞서 설명한 것과 같이 첫 번째 단계는 문제 정의 및 목표 설정이었다. 액션러닝팀은 고객사의 현재 상황을 분석하고, 주요 문제점을 파악했다. 이 과정에서 팀원들은 고객사의 기존 시스템, 시장 위치, 경쟁 환경 등을 면밀히 분석했다. 이후 팀은 디지털 트랜스포메이션의 목표를 구체화하고, 이를 달성하기 위한 핵심 과제를 도출하였다.

두 번째 단계는 해결 방안 도출 및 제안이었다. 팀은 다양한 디지털 기술과 혁신적인 비즈니스 모델을 연구하고, 고객사의 니즈에 맞는 맞춤형 솔루션을 개발했다. 예를 들어, 팀은 고객사에 맞는 클라우드 기반 솔루션, 데이터 분석 도구, 자동화 기술 등을 제안하고, 이를 통해 운영 효율성을 극대화할 수 있는 방안을 마련했다. 또한, 팀은 이러한 기술들이 어떻게 고객사의 비즈니스 목표와 전략에 부합하는지를 명확히 설명하며, 구현 계획을 제시했다.

세 번째 단계는 실행 및 피드백 단계였다. 액센추어의 팀은 제안된 솔루션을 실제로 구현하는 과정을 감독하며, 고객사와 협력하여 계획된 디지털 트랜스포메이션을 실행했다. 팀은 이 과정에서 발생한 문제들을 즉시 해결하며, 지속적으로 피드백을 반영해 프로젝트를 최적화했다. 또한, 실행 결과를 분석하여 향후 개선할 부분과 성공 요인을 도출했다.

이와 같은 액센추어의 액션러닝팀은 여러 가지 면에서 큰 효과를 발휘했다. 첫째, 팀원들은 실제 문제를 해결하는 과정을 통해 실질적인 경험을 쌓게 되었다. 팀원들은 이론적인 지식뿐만 아니라, 문제 해결 과정에서의 협업, 의사결정, 리더십 등의 역량을 강화할 수 있었다. 둘째, 액센추어와 고객사 모두에게 유의미한 비즈니스 성과를 창출할 수 있었다. 액센추어는 이 과정을 통해 고객에게 실질적인 가치를 제공하며, 고객사는 이를 통해 비즈니스 목표를 달성할 수 있었다. 이러한 액센추어의 액션러닝팀의 활동은 단순한 학습 활동이 아니라, 실제 비즈니스 성과를 창출하는 중요한 전략적 도구임을 보여준다.

출처 : Accenture. (2019). Leadership development through action learning: Accenture's approach to building future leaders. Accenture Insights.

집단의 기능

집단의 기능(group function)은 조직의 목표를 완수하는 데 집단이 기여할 수 있는 업무를 뜻한다. 예를 들어 제조부서는 조직이 판매하는 제품(자동차, 텔레비전 등과 같은)을 생산하는 책임을 맡는 지휘집단으로서의 기능을 수행한다. 이러한 제조부서의 기능은 적은 투자로 많은 이익을 가져다줄 수 있는 제품을 만들고 적정한 품질수준을 유지하는 것이다.

집단의 기능
조직의 목표를 완수하는 데 집단이 기여할 수 있는 업무

제조부서 내에는 특정 제조과정을 담당하는 수많은 소규모 집단들이 존재한다. 자동차 제조공장의 경우, 어느 한 집단은 자동차의 차체를 생산하는 업무를 맡고 있으며 다른 집단은 그 차체에 트랜스미션을 부착하는 업무를 담당하고 또 다른 집단은 차체에 페인트를 칠하는 업무를 담당한다. 전체 조직은 각자가 맡은 업무를 수행하는 기능을 가진 여러 소집단들이 긴밀하게 연결된 상태라고 볼 수 있다.

집단의 기능은 집단구성원들에게 조직의 목표달성에 기여하는 작업들에 관한 노하우를 전수함으로써 구성원의 행동에 영향을 미칠 수 있다. 또한 집단구성원들에게 의미와 목적을 부여한다.[23] 구성원이 자신이 속한 집단이 다른 집단에 어떠한 영향력을 미치는지 알게 되면 높은 수준의 성과를 창출하기 위한 동기가 형성된다. 한 개인의 업무가 타인의 삶이나 업무에 얼마나 영향을 미치는지를 설명하는 과업 중요성(제7장 참조)은 개인의 내재적 동기에 영향을 미치고 나아가 집단의 기능에도 영향을 미친다. 집단구성원들의 동기를 향상시키기 위해 관리자는 구성원의 활동이나 행동에 대한 평가를 제공하고 집단의 기능이 전체 조직에 얼마나 중요한 기여를 하는지를 지속적으로 상기시킬 필요가 있다.

집단의 지위

조직의 일부 집단들이 수행하는 작업은 다른 집단에 비해 조직의 성공에 더욱 중요한 영향을 미친다. **집단의 지위**(group status)는 특정 집단이 조직에 미치는 영향력의 중요도에 대한 암묵적인 동의라고 할 수 있다. 우리는 흔히 최고경영팀의 지위가 조직 내에서 제일 높을 것이라고 예상하는데 그 이유는 최고경영팀이 조직의 목표와 그 목표를 어떠한 방법으로 성취할 것인지에 대한 계획을 수립하기 때문이다. 물론 분기별 손익계산서와 대차대조표를 작성하는 회계부서의 업무도 기업의 성과에 매우 중요한 영향을 미친다. 그러나 조직 전체의 성과에 대한 기여도로 봤을 때 회계부서의 업무는 최고경영팀의 업무에 비해 상대적으로 덜 중요하다고 여겨진다. 이러한 경우 회계부서의 지위는 최고경영팀에 비해 낮다고 할 수 있다. 집단의 기능이나 해당 집단에서 수행하는 업무가 조직에 더 큰 영향을 미칠수록 조직 내 해당 집단의 지위는 높아진다. 높은 지위를 가진 집단에 속한 구성원은 성과창출에 대한 동기부여를 더 많이 받게 되는데 이는 해당 구성원이 자신이 속한 집단의 업무가 조직 전체의 성과에 중요한 영향을 미친다는 것을 알고 있기 때문이다.

집단의 지위
특정 집단이 조직에 미치는 영향력의 중요도에 대한 암묵적인 동의

집단효능감

앞서 제5장에서 자아효능감이 조직 내 개인의 행동을 결정하는 주요 요인이라는 것을 배웠다. 집단과 팀은 집단효능감에 대한 인식을 가진다.[24] **집단효능감**(group efficacy)이란 집단구성원들이 공동의 목표를 성공적으로 달성할 수 있는 능력을 가지고 있다는 것에 대한 믿음이다.[25] 그렇다면 집단의 구성원들은 어떻게 믿음을 공유하는가? 집단효능감에 기여하는 요소로는 집단구성원의 능력 · 지식 · 기술을 포함한 집단의 구성조건, 구성원들이 정보를 공유하고 함께 일하고자 하는 의지, 집단이 작업을 완수하기 위해 필요한 자원을 보유하고 있는지의 여부, 목표달성을 위한 효율적 전략수립 등이 있다.[26]

집단효능감
집단구성원들이 공동의 목표를 성공적으로 달성할 수 있다는 믿음

John Cogill\Getty Images-Bloomberg

구글의 공동 창업자인 Larry Page와 Sergey Brin은 구글의 최고경영팀의 일원이다. 최고경영팀은 조직 내에서 특히 높은 지위를 가지는데 이는 해당 집단이 조직에 미치는 영향력이 높기 때문이다.

집단효능감은 집단구성원들이 서로에 대한 이해의 폭을 넓혀가고 집단의 기능을 이해하며 목표 달성을 위해 필요한 작업과 집단의 역량을 알게 되면서 시간에 따라 점차 발전하게 된다.[27] 앞서 집단의 발전 단계에 대해 공부하면서 집단이 가진 역량을 최대한으로 발휘하기 위해서는 시간이 필요하다는 것을 알 수 있었다. 집단효능감이란 집단이 형성됨과 동시에 생겨나는 것이 아니라 구성원들이 함께 일을 하고 시간이 지나면서 생기는 공유된 믿음이다. 예전에 한 번도 경기를 같이 치러 본 적이 없는 선수들로 구성된 축구팀의 집단효능감은 다른 리그와 경기를 갖거나 연습 리그를 치르기 전에는 형성될 수 없다. 또한 소프트웨어 패키지를 생산하기 위해 새롭게 구성된 컴퓨터 프로그래머 집단의 구성원은 집단이 처음 형성된 단계에서는 집단의 역량에 대해 올바른 인식을 갖기 힘들다. 그러나 축구 리그가 함께 연습을 하고 게임에서 패배 또는 승리하는 경험을 쌓거나 컴퓨터 프로그래머들이 자신들이 가진 아이디어를 공유하고 전략을 수립하며 함께 코드를 작성하게 되면서 집단구성원들은 집단효능감에 대한 공유된 믿음을 형성하게 된다.

구성원이 집단효능감에 대한 인식을 공유하면서 형성된 효율성은 집단의 미래에 중대한 영향을 미친다.[28] 집단효능감은 구성원이 집단에 대해 가지는 열망, 구성원 개인의 노력 수준, 업무를 대하는 태도, 역경에 처했을 때 이를 해결하고자 하는 구성원의 노력 등에 영향을 미칠 수 있다.[29] 높은 수준의 집단효능감을 가진 컴퓨터 프로그래머는 낮은 수준의 집단효능감을 가진 구성원에 비해 업무에 더 많은 노력을 기울이게 되고 문제가 발생했을 때 이를 해결하고자 부단한 노력을 기울이게 되고 집단의 목표를 달성하기 위해 더욱 노력한다.

집단효능감을 향상시키는 방법은 여러 가지가 있다. 예를 들어 집단이 어떠한 특정 기술이나 역량이 부족하면 이를 보완하기 위해 여러 대책을 강구할 수 있다. 필요한 기술을 가지고 있는 새로운 구성원을 충원할 수 있으며 기존의 구성원을 교육시킬 수 있고 외부로부터 도움을 요청할 수도 있다. 그리고 만약 집단구성원이 효율적으로 일을 하지 못한다면 교육이나 개발을 통해 해결할 수도 있다(제10장과 제16장 참조). 또한 집단이 적절한 업무전략을 수립하는 데 어려움을 겪고 있는 경우 구성원들은 현재 수행하고 있는 전략을 재점검하거나 하지 말아야 할 일에 대한 재평가를 실시할 수 있다. 이러한 과정을 통해 전략을 수정한 후에는 업무를 수행하기 이전 전략에 대해 다시 한번 고려하고 업무가 끝난 후에는 새롭게 채택한 전략이 얼마나 효율적인지에 대한 평가를 할 수 있다. 만약 집단 내 의사소통에 문제가 있다면 구성원은 의사소통의 질을 높이기 위해 추가적인 노력을 기울일 수 있다(제13장 참조). 개인의 성과에 자아효능감이 중요한 결정요소인 것과 같이 집단의 성과에 집단효능감은 중요한 영향을 미친다.[30]

사회적 촉진

1명의 비서가 방 안에서 혼자 타이핑을 할 때와 한 공간에서 3명의 다른 비서가 함께 타이핑할 때 타이핑하는 속도는 다를까? 또한 컴퓨터 프로그래머가 복잡한 프로그램에서 에러를 찾는 일을 혼자 할 때와 다른 프로그래머들이 함께 있는 공간에서 동일한 작업을 수행할 때 그 진행 속도는 다를까? 사회적 촉진 현상에 대한 연구는 이러한 문제에 대한 답을 제공한다.

사회적 촉진(social facilitation)은 타인의 존재가 개인의 성과에 영향을 미치는 현상이다. 다른 집단구성원의 존재는 집단 내 개인을 자극하게 되는데 이때 개인은 타인이 자신의 성과를 평가할 수 있다는 인식을 하게 되고 개인이 수행하는 업무의 질에 따라 타인에게 긍정적 또는 부정적인 인상을 줄 수 있다고 생각하게 된다.

사회적 촉진
타인의 존재가 개인의 성과에 영향을 미친다는 것으로, 비교적 쉬운 업무는 성과를 높이고 어려운 작업은 성과를 낮춤

사회적 촉진은 두 가지 형태로 나타난다. 관객효과(audience effects)는 개인의 성과에 타인의 시선이 미치는 효과를 말한다. 이때 타인은 소극적인 관중(passive spectators)으로서 개인이 수행하고 있는 업무에 함께 참여하지 않고 단순히 지켜보는 사람을 뜻한다. 공통행동효과(co-action effects)는 역시 다른 집단구성원의 존재가 개인의 성과에 미치는 영향력을 의미하는데 이때 다른 집단구성원은 개인이 수행하는 업무에 동일한 수행원의 자격으로 함께 참여한다.

사회적 촉진의 두 가지 유형에 대한 연구는 상반된 연구결과를 보이는데 그림 9.3에 이에 대한 내용이 정리되어 있다. 비서는 혼자 독립적으로 일할 때보다 다른 구성원들이 존재할 때 더 높은 성과를 보인다. 그러나 컴퓨터 프로그래머는 혼자 일할 때보다 여러 구성원과 함께 일을 할 때 에러를 찾는 데 더 많은 시간이 든다. 이러한 차이점은 왜 발생할까?

다른 집단구성원의 존재가 개인에게 자극제로 작용하는 경우를 살펴보자. 만약 개인이 수행해야 하는 업무가 과거에 이미 여러 번 수행해본 익숙한 업무라면 집단은 개인의 성과를 향상시킨다.[31] 가령 글자를 타이핑하는 것은 비서에게 아주 익숙한 업무라고 할 수 있다. 비서는 어떻게 하면 일을 효율적으로 할 수 있는지에 대해 정확하게 알 수 있으며, 업무를 수행하는 과정에서 많은 고민을 하지 않는다. 이러한 경우 다른 집단구성원의 존재는 비서에게 자극제로 작용하여 비서의 성과를 높이게 되고 결과적으로 비서는 더 많은 분량을 타이핑할 수 있게 된다. 일반적으로 한 개인이 수행해야 하는 업무에 매우 익숙한 경우, 타인의 존재는 개인의 성과를 향상시킨다.

그러나 개인이 다른 집단구성원의 존재에 의해 자극을 받았다 할지라도 개인의 업무가 복잡하고

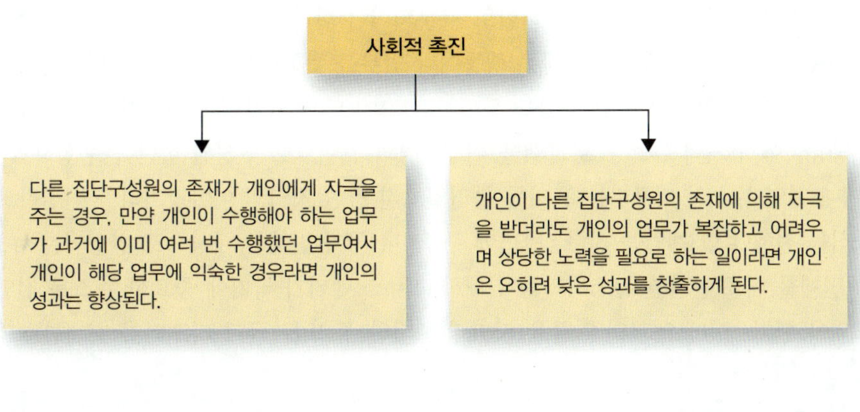

그림 9.3
사회적 촉진

어려우며 예전에 경험해보지 못한 새로운 것이라면 개인은 오히려 낮은 성과를 창출하게 된다.[32] 복잡한 컴퓨터 프로그램에서 에러를 찾는 일은 어려운 작업에 속한다고 할 수 있다. 프로그래머는 에러를 찾기 위해 많은 시간과 노력, 주의를 기울여야 한다. 이러한 경우 타인의 존재는 오히려 개인의 주의를 분산시킬 가능성이 높다. 일반적으로 개인이 타인의 존재에 의해 자극을 받았다 할지라도 수행해야 할 업무가 어렵다면 개인의 성과는 저하된다.

사람들이 타인의 존재가 자신의 주의를 분산시키고 업무에 방해가 된다고 판단하면 개인은 사무실의 문을 닫거나 전화기를 자동응답으로 전환시키고 혼자 조용히 일할 곳을 찾으려 노력할 것이다.

조직은 사회적 촉진의 장점을 극대화시키고 단점을 줄이기 위해 특별한 가구를 주문할 수도 있다. 가구나 사무실의 구조는 조직구성원이 독립적으로 혼자 일할 수 있는 장소를 제공하면서도 여러 사람들과 집단으로 함께 일할 수 있는 만남의 기회를 제공하기도 한다. 애트나 생명보험 본사의 직원들은 자율경영팀으로 구성되어 있다. 팀 구성원은 타인과 미팅을 가지고 함께 노력을 기울일 수 있으며 동시에 각기 다른 보험약관에 대한 이익과 손해를 계산하는 등의 복잡한 일에 집중하기 위하여 독립적인 공간에서 일을 할 수도 있다. 애트나는 문제를 해결하기 위해 사무용 가구 전문업체인 스틸케이스로부터 새로운 '팀' 가구를 구매하였다.[33] 이 가구로 전체 사무실을 '지역(neighborhoods)'이라 불리는 여러 공간으로 나눌 수 있었다. 각 지역의 중심에는 여러 구성원들이 함께 만나서 회의를 할 수 있는 탁자가 놓여 있다. 그리고 구성원 개인의 업무구역은 이 탁자를 중심으로 분산되어 있어서 자신의 업무를 수행하는 데 필요한 프라이버시를 보장받을 수 있다.[34]

집단은 어떻게 구성원을 통제하는가 : 역할과 규칙

어떤 형태의 집단(공식적 또는 비공식적, 지휘집단 또는 자율경영팀, 규모가 큰 집단 또는 작은 집단, 동질적 집단 또는 이질적 집단)이든지 집단이 목표를 달성하기 위해서는 일정한 **통제(control)**가 필요하다. 여기서 통제란 집단구성원들의 행동을 규제하는 것을 말한다. 이를테면 집단이 우수한 컴퓨터 프로그램을 만드는 업무를 할당받았을 때, 우수한 서비스를 소비자에게 제공할 때, 제품의 질을 높이고자 할 때, 비용을 감소하고자 할 때 구성원의 행동을 통제하는 것은 매우 중요하다. 효율적인 집단이란 구성원의 행동을 잘 통제하고 행동의 결과가 옳은 방향으로 나아갈 수 있게 하는 집단을 말한다. 예를 들어 한 레스토랑에서 남녀로 구성된 웨이터 집단은 고객들에게 바르고 정중한 서비스를 제공하고 각자 맡은 테이블에서 식사를 하는 손님의 시중을 잘 들어야 하며 순서에 맞게 음식을 내오고 적절한 시간에 손님에게 계산서를 제공해야 한다. 집단이 구성원의 행동을 통제하는 메커니즘에는 역할, 규칙, 규범 세 가지가 있다.

역할

집단이나 조직에서 발생하는 노동은 역할로 구분되어야 한다. 우리는 제1장에서 역할이 조직이나 집단 내 지위에 맞게 개인에게 요구되는 행동이나 업무를 뜻한다는 것을 공부하였다. 집단이 작업을 나누어 구성원 개인에게 특정 과업을 부여하면 그에 따른 역할이 형성된다. 예를 들어 작은 텔레비전 방송국에서 저녁 뉴스 프로그램을 위해 4명의 인원으로 구성된 집단을 구성하였다고 가정하자. 이때 지역 뉴스의 리포터는 흥미를 불러일으킬 만한 지역의 이야깃거리를 편집하고 지역 현장의 소식을 전해야 할 책임을 진다. 반면에 주(州)나 국가 전체를 대상으로 방영되는 뉴스의 리포터는 주 전체를 대표할 만한 뉴스거리를 취재하고 뉴스 앵커가 국가에 중요한 뉴스를 전달할 수 있도록 도와야 한다. 이때 앵커의 역할은 지역 리포터와 주 또는 국가 리포터가 취재한 소식 중에서 매일 밤 시청자에게 전달할 뉴스를 선별하고 이를 효과적으로 전달하는 것이다. 반면에 편집자의 역할이란 이러한 일련의 과정을 감독하고 뉴스가 효율적이고 효과적으로 전달될 수 있도록 시간을 배분하며 뉴스 내용의 경중에 따라 의미 있는 전달 순서를 정하고 현장 리포팅의 양을 정하는 것이라 할 수 있다.

앞서 여러 번 언급한 바와 같이 때때로 조직은 다기능팀의 형태를 가진다. 다기능팀에서 구성원 개인의 역할은 집단의 프로젝트에 대해 자신이 속한 기능부서의 관점을 피력하는 것이다.

집단 내에서 각각의 역할에는 특정한 책임과 의무가 동반된다. 역할수행자(특정 역할을 할당 받은 개인)에게 요구되는 행동은 역할수행자의 책임(responsibilities)이다. 예를 들어 뉴스 팀에서 앵커의 책임은 뉴스를 준비하고 전달하는 것이다. 각각의 역할수행자들은 권한(rights) 또는 특권(privilege)을 가지는데 이때 권한이란 역할에 할당된 자원을 사용할 권리를 말한다. 자원은 사람, 돈, 전문화된 장비 또는 기계 등을 포함한다. 뉴스 팀의 지역 뉴스 리포터는 지역의 촬영진과 해당 설비를 사용할 권리를 가지고 있으며 뉴스를 취재하는 데 필요한 일정한 금액을 받을 수 있다.

역할은 여러 가지 이유로 개인의 행동에 대한 통제를 가능하게 한다. 첫째, 역할은 구성원들이 어떠한 업무를 수행해야 하는지에 대한 정보를 제공한다. 둘째, 역할은 집단의 구성원들이 어떠한 특정 행동을 취해야 하는지에 대한 설명을 제공함과 동시에 다른 집단의 구성원들이 구성원의 행동을 평가할 수 있는 기준으로 사용된다. 마지막으로 관리자는 구성원 개인에게 할당된 역할에 맞추어 성과에 대한 보상을 어떻게 할지 결정할 수 있다.

한편 구성원과 관리자들은 집단 내에서 **역할관계**(role relationships)를 정의하게 된다. 역할관계란 구성원들이 특정한 목표달성을 위해 다른 구성원들과 상호작용하는 방법을 말한다. 역할관계는 직무기술서에 공식적으로 명시되기도 하며 다른 구성원들과 함께 일을 하는 과정에서 시간이 지남에 따라(예를 들어 집단발달 단계의 '갈등'이나 '규범형성' 단계에서) 비공식적으로 생겨날 수도 있다.

역할관계
구성원들이 특정한 목표달성을 위해 다른 구성원들과 상호작용하는 방법

뉴스 팀에서 앵커가 지역 리포터, 주 그리고 국가 대상 리포터와 가지는 역할관계는 보통 이 세 집단구성원의 직무기술서에 공식적으로 명시되어 있다. 앵커와 2명의 리포터는 그날 밤 어떤 뉴스를 전달할 것인지에 대한 상의는 할 수 있지만 뉴스 전달에 대한 최종 결정권은 전적으로 앵커에게 주어진다. 앵커는 지역 뉴스를 취재하는 데 상당한 자치권을 가지고 있는 지역 뉴스 리포터와 비공식적 역할관계를 수립할 수도 있다. 이러한 비공식적 역할관계는 앵커가 지역 뉴스 리포터의 기술과 열정을 어떻게 판단하느냐에 따라 결정된다.

집단구성원 개인에게 할당되는 역할의 대부분은 확실하게 명시되어 있지 않으며 다른 조직구성원들과 상호작용하는 과정에서 시간이 지남에 따라 자연스럽게 형성되는 경우가 많다. 예를 들어 집단의 한 구성원이 집단의 성과에 대한 대부분의 책임을 담당하고 있고 책임을 잘 완수하면 비공식적인 리더로서 인정받게 된다. 그리고 관리자들은 비공식적 리더가 업무를 효과적으로 잘 처리한다는 것을 알게 되면 집단의 공식적 리더가 집단을 떠나거나 승진 또는 대체되었을 때 비공식적 리더를 공식적 리더로 승진시키기도 한다. 이렇게 개인의 역할로서 명시되어 있지 않지만 특정 업무에 대한 책임을 잘 완수함으로써 역할을 만들어가는 과정을 **역할형성**(role making)이라고 한다. 반면에 **역할수용**(role taking)이란 개인에게 할당된 역할에 맞는 책임을 수행하는 과정을 말한다. 역할수용은 공식적인 조직에서 개인이 역할을 맡는 일반적인 과정이다.

역할형성
개인의 역할로 명시되어 있지는 않지만 특정 업무에 대한 책임을 잘 완수함으로써 역할을 만들어가는 과정

역할수용
개인에게 할당된 역할에 맞는 책임을 수행하는 과정

역할형성에 대한 예시는 다음과 같다. 뉴스 팀의 앵커는 지역 뉴스 리포터가 저녁 뉴스에서 전달할 뉴스를 취재하는 업무를 수행하는 데 탁월하다는 것을 알게 되었다. 리포터에 대해 신뢰를 가지게 된 앵커는 그녀의 의견에 항상 귀를 기울이게 되었고 이러한 과정에서 방송국 관리자 또한 지역 뉴스 리포터의 솔선수범과 높은 성과에 대해 알게 되었다. 시간이 흐른 후 앵커가 더 큰 도시의 좋

현대의 조직행동

아마존의 집단규범

아마존은 세계에서 가장 성공적인 기업 중 하나로, 혁신적이고 효율적인 비즈니스 모델을 통해 글로벌 시장에서 막대한 영향력을 발휘하고 있다. 이러한 성공의 이면에는 조직 내 다양한 혁신적 사고와 효과적인 의사결정을 가능하게 하는 팀내 규범이 자리하고 있다. 그중에서도 '다이버전스(Divergence)와 컨버전스(Convergence)'라는 규범은 아마존의 팀들이 창의적인 아이디어를 탐색하고, 이를 체계적으로 수렴하여 실행 가능한 결정을 내리는 데 중요한 역할을 하고 있다.

'다이버전스'와 '컨버전스'는 팀이 의사결정을 내릴 때의 두 가지 중요한 규범이다.

- 다이버전스 : 이 단계에서는 팀원들이 가능한 한 많은 아이디어와 관점을 자유롭게 제안하는 과정이 이루어진다. 다이버전스는 창의적 사고를 극대화하고, 문제에 대한 다양한 접근 방식을 탐색할 수 있게 한다. 이 단계에서는 아이디어의 질보다는 양이 중요시되며, 모든 제안이 존중받고 검토된다. 목표는 새로운 가능성을 탐구하고, 기존의 사고방식에서 벗어나 다양한 해결책을 모색하는 것에 있다.
- 컨버전스 : 다이버전스 단계에서 수집된 다양한 아이디어와 제안을 바탕으로, 컨버전스 단계에서는 이 아이디어들을 평가하고, 가장 효과적이고 실현 가능한 해결책을 선택하는 과정이 진행된다. 이 단계에서는 논리적 분석과 비판적 사고가 강조되며, 실질적인 의사결정을 통해 실행 가능한 계획을 수립하게 된다. 컨버전스는 팀이 구체적이고 목표 지향적인 결론을 내리는 데 중점을 둔다.

아마존은 다양한 팀 내 의사결정 과정에서 다이버전스와 컨버전스 규범을 적극 활용하고 있다. 예를 들어, 다음과 같은 사례에서 팀 내 의사결정 규범은 팀의 창의적 사고와 전략적 의사결정을 이끌어내는 데 중요한 역할을 한다.

사례 1 : 새로운 배송 서비스 개발

아마존의 한 팀은 새로운 배송 서비스 개발을 추진할 때, 먼저 다이버전스 단계에서 다양한 아이디어를 수집했다. 이 과정에서 팀원들은 기존의 배송 방식을 혁신적으로 개선할 수 있는 여러 가지 방안을 제안했다. 예를 들어, 드론을 활용한 배송, 지역 상점과의 제휴를 통한 신속 배송, 무인 차량을 이용한 자동화 배송 등의 아이디어가 제시되었다. 이 단계에서는 어떤 아이디어든 자유롭게 제시할 수 있었으며 모든 의견이 존중되었다. 이 과정에서 기존의 틀을 깨는 혁신적인 아이디어들이 많이 나왔고, 이는 아마존이 다양한 가능성을 고려하게 만드는 원동력이 되었다.

이후 컨버전스 단계에서는 다이버전스 단계에서 나온 아이디어들을 평가하는 작업이 이루어졌다. 이 단계에서 팀원들은 각 아이디어의 실행 가능성, 비용 효과성, 고객 만족도에 미치는 영향 등을 종합적으로 검토했다. 예를 들어, 드론 배송 아이디어의 경우, 기술적 가능성과 법적 규제, 비용 대비 효과 등을 분석했고, 무인 차량 배송은 비용 절감과 자동화 가능성 측면에서 심도 있게 논의되었다. 최종적으로 팀은 무인 차량을 이용한 자동화 배송 방안을 선택하여 파일럿 프로젝트로 진행하기로 결정했다. 이 과정에서 다이버전스와 컨버전스 규범은 창의적인 아이디어를 체계적으로 평가하고, 실질적인 결과를 도출하는 데 중요한 역할을 했다.

사례 2 : 고객 경험 개선 프로젝트

또 다른 사례로, 아마존의 고객 경험 개선 프로젝트에서 다이버전스와 컨버전스 규범이 활용된 사례가 있다. 이 프로젝트의 목표는 고객들이 아마존 웹사이트에서 더 쉽고 빠르게 원하는 제품을 찾고 구매할 수 있도록 하는 것이었다.

다이버전스 단계에서 팀은 고객 경험을 개선할 수 있는 다양한 방법을 제안했다. 여기에는 웹사이트 인터페이스 개선, 인공지능 기반 추천 시스템 강화, 고객 리뷰 시스템 개선, 고객 맞춤형 프로모션 제공 등이 포함되었다. 이 과정에서는 모든 팀원이 자신의 아이디어를 자유롭게 제시할 수 있었으며, 아이디어의 독창성에 초점을 맞추어 최대한 많은 가능성을 탐구했다.

컨버전스 단계에서는 제시된 아이디어들을 하나씩 검토하고, 가장 효과적이고 실행 가능한 방안을 선택하는 작업이 진행되었다. 각 아이디어의 장단점, 비용, 구현 가능성, 고객 반응 등을 고려하여 최종 결정을 내렸다. 최종적으로 팀은 인공지능 기반 추천 시스템을 강화하고, 개인화된 쇼핑 경험을 제공하는 방안을 채택했으며, 이는 이후 아마존의 고객 경험을 크게 향상시키는 결과로 이어졌다.

아마존의 다이버전스와 컨버전스 규범은 다음과 같은 효과를 가져왔다. 우선 문제를 창의적으로 해결하는 데 기여했다. 특히 다이버전스 단계에서는 다양한 아이디어가 자유롭게 제시되므로, 팀이 창의적으로 사고하고 문제를 해결할 수 있는 다양한 접근 방식을 탐색할 수 있었다.

둘째, 의사결정의 효율성을 증대시켰다. 컨버전스 단계에서는 수집된 아이디어들을 체계적으로 평가하여, 가장 실현 가능하고 효과적인 해결책을 도출할 수 있었다. 이는 팀의 의사결정 과정이 효율적이고 체계적으로 이루어지도록 도와주었다.

결과적으로 아마존의 다이버전스와 컨버전스 규범은 창의적인 아이디어의 발굴과 체계적인 의사결정을 가능하게 하는 중요한 도구로 작용했다. 이 규범은 아마존의 혁신 문화를 강화하고, 팀이 복잡한 문제를 효과적으로 해결하며, 지속적으로 새로운 가치를 창출하는 데 큰 역할을 했다.

출처 : Stone, B. (2013). The everything store: Jeff Bezos and the age of Amazon. Little, Brown and Company.

은 직장으로 전근을 갔을 때 방송국 관리자는 리포터를 앵커로 승진시키기로 결정했다. 이와 같은 사례를 통해서 알 수 있듯이 역할형성은 집단의 목표달성을 위해 혁신적인 방법을 찾으려 함께 노력하는 과정에서 발생하기도 한다.

명시된 규칙

효율적인 집단은 구성원의 행동을 통제하기 위해 규칙을 서면으로 작성하기도 한다. 이렇게 명시된 규칙은 구성원에게 요구되거나 혹은 금지되는 특정한 행동들을 말한다. 예를 들어 뉴스 팀의 경우에 매해 연초에 각자 개인에게 1년 동안 할당되는 3주간의 휴가를 언제 사용할 것인지를 결정해야 하는 규칙이 있었다. 뉴스 팀에게 요구되는 또 다른 규칙으로는 구성원 1명이 어느 특정한 날 휴가를 신청한 경우 다른 구성원들은 해당일에 절대 휴가를 신청할 수 없다는 것과 한 번에 신청할 수 있는 휴가 기간이 절대 일주일을 넘지 않아야 한다는 것이었다. 이러한 규칙은 집단구성원들이 매일 제공되는 뉴스를 위해 철저하게 사건을 취재하고, 시청자에게 지속적으로 소식을 전해주는 데 도움이 되었다. 이러한 과정을 거치면서 뉴스 팀은 자신들이 정한 규칙의 유효성을 실험하며 계속적으로 지속될 수 있는 규칙을 수립하였다.

표준운영절차(standard operating procedures)라고 불리는 일부 집단의 규칙들은 특정 업무를 수행하기 위한 최고의 방법을 명시하고 있다. 표준운영절차는 집단의 업무가 올바르고 효율적으로 수행되는 데 도움을 준다. 예를 들어 규칙은 뉴스 앵커가 저녁 뉴스에 관한 자신의 계획을 편집자에게 언제 어떠한 방식으로 상의를 해야 하는지 정확히 명시하고 있고, 편집자는 이러한 대화를 통해서 프로그램이 방영되기 전에 뉴스를 수정하고 포맷을 검토할 수 있는 충분한 시간을 가질 수 있다. 징거맨스 커뮤니티 오브 비즈니스(ZCoB)는 자신들만의 표준운영절차를 수립하였다. ZCoB의 절차는 매우 효율적이어서 다른 기업에서 이를 배우기 위해 ZCoB의 교육 센터로 직원들을 보내기도 한다.

규칙은 집단의 통제를 돕고 구성원의 행동이나 성과를 관리하는 데 매우 유익하다.

- 규칙은 집단과 조직의 효율성에 기여하기 위해 구성원들이 어떠한 행동을 취해야 하는지를 서술하고 목표달성과 성과를 저해시키는 행동들을 명시한다.
- 규칙은 구성원과 관리자가 언제 그리고 어떻게 자신에게 할당된 업무에서 성과를 도출할 수

있는지를 명시하기 때문에 규칙수행자의 행동을 효과적으로 통제한다.

- 규칙에 명시된 개인의 행동강령을 토대로 집단의 구성원들은 개인의 성과수준을 평가받을 수 있다.
- 집단 구성원에 변화가 생겼을 때 새로 영입된 구성원은 규칙에 따라 자신이 수행해야 하는 업무를 수행할 수 있다.

집단은 모든 발달 단계에서 규칙을 수립할 수 있다. 집단의 생성 초기에 형성된 규칙은 집단의 작업, 목표, 조직목표의 변화에 따라 자주 변화하거나 철회된다. 이때 좋은 집단은 변화의 필요성을 인식하고 집단의 규칙이나 역할을 변화하고자 노력한다.

집단은 어떻게 구성원을 통제하는가 : 집단규범

규칙과 역할은 집단구성원과 관리자들이 해야 할 일을 명시하고 있기 때문에 집단 내에서 어떠한 행동을 취해야 하는지 통제하는 데 도움을 준다. 규범(norms) 또한 비슷한 목적을 지닌다.[35] 규범은 구성원에게 요구되는 행동을 암시한다. 그러나 집단이나 조직의 구성원에게 요구되는 행동들에 대한 공식적인 기술서로서 명백하게 쓰여진 규칙과는 달리 **집단규범**(group norms)은 태도에 대한 비공식적 규칙이라고 할 수 있다. 이때 집단규범은 문서로 분명하게 명시되지 않는 경우가 많다.

집단규범
대부분의 구성원들이 중요하게 생각하는 태도에 대한 비공식적 규칙

구성원은 집단 내에서 용인되는 일반적인 행동에 대한 정보를 공유하고 주변의 모든 구성원들은 집단의 규범을 따르는지를 관찰한다. 바로 이러한 점으로 인해 규범은 집단을 통제하게 하는 기능을 한다. 집단은 규범에 맞게 올바르게 행동한 구성원에게 보상을 제공하고 규범을 저해하는 행동을 한 구성원을 처벌함으로써 조직구성원에게 규범을 강요할 수 있다.[36] 집단규범을 따르는 것에 대한 보상은 다른 구성원으로부터 우호적인 대우를 받는 것, 칭찬, 도움이 필요할 때 타인으로부터 도움을 받는 것, 보너스나 특전 같은 유형의 보상들을 모두 포함한다. 일탈행동에 대한 처벌로는 다른 구성원들의 무시, 비판과 질책, 특정 특혜로부터의 제외를 포함하며 심하게는 집단으로부터 쫓겨나는 것까지 있다.

분주한 레스토랑의 웨이터들 사이에서도 비공식적인 규범이 형성된다. 다른 웨이터의 테이블이나 주방에 주문하는 순서를 가로채지 않는 것을 포함하여 다른 웨이터가 담당하는 테이블의 손님이 계산서를 기다리고 있을 때 이를 해당 웨이터에게 알리는 것을 예로 들 수 있다. 규범은 손님에게 최고의 서비스를 제공한다는 목표를 효과적으로 달성하게 하고 웨이터는 이를 준수함으로써 가능한 많은 팁을 벌어들일 수 있다. 매우 바쁜 낮 시간대에 다른 웨이터의 테이블을 가로채는 등 규범을 따르지 않는 구성원은 동료로부터 많은 질책을 받는다. 그리고 규범을 지키지 않는 일탈행위가 지속되면 해당 웨이터는 집단으로부터 쫓겨나는 처벌을 받기도 한다. 예를 들어 더 많은 팁을 벌기 위해 지속적으로 동료의 테이블을 가로채는 웨이터는 레스토랑 관리자의 주의를 끌게 되고 결국 해고될 가능성이 높다. 반면에 집단규범을 따르는 웨이터들은 집단에 남아 한 일원으로서 인정받거나 특전을 받는 것과 같은 보상을 누린다. 특전은 레스토랑 관리자 또는 동료로부터의 칭찬이나 손님에게 더 많은 팁을 받는 것이다.

공식적인 규칙, 역할과 같이 규범 또한 집단과 조직의 성과를 달성하는 데 도움이 되고 구성원의 행동에 영향을 준다.[37] 규범이 존재하면 특정 상황에서 어떻게 행동을 취해야 하는지 생각하기 위해 시간을 소비하지 않아도 된다. 규범은 구성원이 취할 수 있는 적절한 행동과 조치에 대한 지침을 제공한다. 또한 사람들이 규범을 공유하게 되면 다른 사람들이 특정 상황에서 어떠한 행동을 취하고 어떤 조치를 내릴지를 예상할 수 있게 된다. 이러한 상황은 집단구성원들 간의 상호작용을 높이며 결과적으로 서로에 대한 오해를 줄이는 데 기여한다.

집단구성원들은 왜 규범을 준수해야 하는가

개인이 집단의 규범을 준수해야 하는 이유로는 세 가지를 이야기할 수 있다. 집단규범을 따라야 할 첫 번째 이유는 **강제적 순응**(compliance) 때문이다. 강제적 순응이란 보상을 얻고 처벌을 피하기 위해 규범에 동의하는 것을 말한다.[38] 규범을 준수할 때 개인은 규범에 의해 암시된 행동이 그 자체로 중요하고 의미가 있다는 것을 인정하는 것이다. 개인은 규범을 따르는 것이 개인에게 특정한 혜택을 가져다주고 이를 거스르면 일정한 손실을 유발할 것임을 알고 있다. 예를 통해 규범이 어떻게 운용되는지를 살펴보자. 화학 회사의 사내 감사부는 자선 단체인 유나이티드웨이에 매년 기부를 한다. 집단의 한 일원인 메리 켈리는 자선 단체의 기부금 운용에 의구심을 제기한 신문 기사들을 읽은 후 유나이티드웨이에 대해 비판적인 입장을 가지게 되었다. 그럼에도 불구하고 켈리는 기부를 멈추면 동료들이 자신에 대해 좋지 않은 인상을 갖거나 자신을 피하게 될까 두려워서 항상 유나이티드웨이에 기부를 한다.

강제적 순응
보상을 얻고 처벌을 피하기 위해 규범에 동의하는 것

규범순응의 두 번째 이유는 **동일시**(identification) 때문이다. 사람들은 같은 규범을 따르는 사람들과 어울리게 되고 단순히 다른 사람들이 규범을 따르기 때문에 자신 또한 규범을 준수하려고 노력한다. 감사부서의 새로운 일원인 존 비커즈는 같은 부서에서 오랜 기간 일했으며 파격적인 승진을 한 랄프 디아즈와 스티브 캐션을 존경한다. 유나이티드웨이에 기부할 시기가 다가오자 비커즈는 디아즈와 캐션과 함께 점심을 하며 자연스레 유나이티드웨이에 대한 의견을 묻게 되었다. 디아즈와 캐션은 모두 매우 의미 있는 일이라고 생각한다며 매해 기부금 모금 기간에 둘 다 꾸준히 기부를 해왔다고 대답했다. 이 말을 들은 비커즈는 다가오는 캠페인 기간에 기부를 꼭 해야겠다고 다짐했다.

동일시
다른 사람들이 규범을 따르기 때문에 자신 또한 규범을 준수하려고 노력하는 것

집단규범을 준수해야 하는 세 번째이자 가장 강력한 근거는 **내면화**(internalization) 때문이다. 내면화는 구성원이 규범에 의한 행동이 옳은 행동이라고 믿는 것을 뜻한다. 강제적 순응에 대한 디아즈와 캐션의 사례는 내면화의 결과라고 할 수 있다. 그들은 유나이티드웨이의 명분을 진심으로 믿고 따른다. 규범은 강제적 순응이 내면화될 때 집단구성원에게 가장 강력한 영향을 미친다.

내면화
구성원이 규범에 의한 행동이 옳다고 믿는 것

특별한 예외

대부분의 경우 구성원들은 집단규범을 준수하지만 일부 집단구성원들은 아무런 처벌을 받지 않고 이를 어기는 것을 허락받는다. 특혜를 받는 개인은 일반적으로 과거에 집단에 큰 기여를 한 구성원들이다. 집단에 평균 이상의 기여를 제공한 구성원들은 처벌받지 않고 집단규범을 어길 수 있는 권리인 **특별한 예외**(idiosyncrasy credit)을 얻게 된다.[39]

특별한 예외
집단에 많은 기여를 한 구성원들에게 부여되는 것으로 처벌받지 않고 집단규범을 어길 수 있는 예외를 인정하는 것

앞서 언급한 레스토랑의 일화를 다시 한번 살펴보자. 이 레스토랑에서 웨이터로 근무하고 있는 존 피터즈는 레스토랑에서 가장 오랫동안 근무한 직원으로 집단 내 분쟁 조정이나 새로 들어온 웨이터들을 교육하는 업무까지 도맡아 담당하고 있다. 매우 바쁜 날에 피터즈는 주방으로 들어가는 다른 구성원의 주문을 가로채는 '실수'를 여러 번 저질렀다. 그러나 이러한 행동에 대해 동료들로부터 아무런 질책을 받지 않았다. 집단에 대한 피터즈의 직무범위를 넘어선 기여는 약간의 집단규범을 위반하는 것을 허락하는 특별한 예외를 부여했기 때문이다. 이와 유사하게 집단 내에서 매우 높은 수준의 기술을 가진 컴퓨터 프로그래머가 동료 또는 상사와 잦은 언쟁을 벌이지만 이 일로 인해 절대 질책을 받지 않는 것 또한 특별한 예외를 부여받은 경우라고 할 수 있다. 비록 그의 행동이 다른 구성원들에게 예의 바르고 사려 깊게 행동해야 한다는 집단규범을 저해하지만 프로그램에서 항상 버그를 찾아내는 기술로 인해 행동은 용인된 것이다.

순응과 일탈의 장단점

현재까지 진행된 집단규범에 대한 논의를 토대로 모든 상황에서 규범에 순응하는 것이 무조건 좋은 것이라는 인상을 받았을지 모른다. 규범이 집단의 통제를 돕고 구성원의 행동에 영향을 미쳐 집단의 목표달성을 가능하게 하면 순응하는 것은 좋은 것이라 이야기할 수 있다. 그러나 만약 집단의 규범이 부적절하고 비윤리적인 경우에는 어떠할까? 또는 한때 적절했던 규범이 상황이 변화하면서 부적절해진다면 이러한 경우에도 규범에 순응하는 것이 옳은가? 항상 고객을 예의 바르게 대하고 작업환경을 깨끗하게 유지하는 것과 같은 규범들은 조직의 효율성을 증대시키지만 일부 집단규범들은 오히려 조직에 부정적인 영향을 미친다.

집단 구성원에 대한 연구를 살펴보면, 확립된 규범이 오히려 조직의 성과를 저해하는 경우를 자주 발견할 수 있다. 조립라인의 노동자 집단은 각각의 작업이 완수되는 속도를 통제할 수 있는 규범을 수립한다. 손이 빠른 노동자, 즉 물건을 '너무 많이' 생산하는 사람들은 '생산성 증대자(rate buster)'라고 불린다. 이와는 반대로 매우 느리게 또는 집단의 규범에서 정한 속도보다 느리게 일을 처리하는 사람은 '게으름뱅이(goldbricker)', '태만한 사람(slacker)', 또는 '사기꾼(chiseler)'이라고 불리게 된다.[40] 이때 조직의 다른 구성원들은 '생산성 증대자'와 '태만한 사람'에게 같은 질책을 가할 수 있다. 왜냐하면 생산성 증대자는 집단규범에 비해 너무 많은 생산품을 다음 조립라인에 넘김으로써 집단의 작업에 혼란을 끼칠 수 있기 때문이다.

이러한 과정은 조직의 모든 수준에서 발생할 수 있다. 조직의 중간관리자 집단은 최고경영팀이 제안한 생각이 옳든 그르든 간에 무조건 그 생각에 동의하라는 "긁어 부스럼 내지 말자"는 규범을 채택할 수 있다. 이 집단에 새로 영입된 중간관리자는 최고경영팀의 의견에 의의를 제기하는 행동이 최고경영팀뿐만 아니라 동료 관리자들에게도 분노를 사게 될 것이라는 것을 인식하게 되면서 긁어 부스럼 내지 말자는 기존의 집단규범을 빨리 습득하게 된다. 이러한 규범이 존재하는 집단에서의 중간관리자는 조직의 성공을 위해 변화가 필요하다는 것을 깨달았을 때에도 이에 대한 목소리를 내는 것을 주저하게 된다. 순응은 집단행동의 역기능을 지속시키기 때문에 규범으로부터의 일탈이 필요하게 된다.

일탈행동
규범에 대한 저항

규범에 대한 저항을 의미하는 **일탈행동**(deviance)은 집단구성원들이 규범을 어길 때 발생한다. 흔히 집단은 세 가지 중에 한 가지 방법으로 일탈행동을 다스린다.[41] 먼저 집단은 일탈자에게 왜 현재의 규범이 중요한가를 설명하고 일탈자가 집단규범에 저항하는 유일한 사람이라는 것을 지적하며 일탈행위를 질책하거나 처벌하는 것으로 일탈자의 행동을 바꾸려고 노력한다. 두 번째, 레스토랑에서 동료의 테이블을 가로채는 웨이터에게 했던 것처럼 나머지 집단의 구성원들이 일탈자를 거부하고 방출하려는 시도를 할 수 있다.[42] 세 번째, 집단은 일탈자의 행동에 의문을 품고 이에 자극을 받아 실제로 규범을 변화시키려는 노력을 기울일 수 있다. 집단의 규범이 부적절한 경우 일탈자의 행동은 집단 내에서 변화를 촉진하는 역할을 하게 된다.

순응행동과 일탈행동의 균형 이루기

매우 비논리적으로 들리겠지만 집단은 높은 수준의 성과를 창출하고 목표를 완수하기 위해 순응과 일탈을 동시에 필요로 한다. 레스토랑의 일화에서 살펴본 바와 같이, 테이블과 음식의 주문 순서를 가로채지 않고 고객이 계산서를 받고자 할 때 담당 웨이터에게 이를 알려주는 것은 집단의 목표를 완수하는 데 도움을 준다. 그러나 이 레스토랑에서 고객의 불평, 불만을 처리하는 집단규범은 최근에 와서 많은 변화를 겪었다.

과거에는 고객이 음식에 대해 불평을 하면 웨이터는 레스토랑 관리자에게 이를 알리는 것이 조직의 규범이었다. 그러면 관리자는 항상 고객에게 사과를 하고 고객이 선택할 수 있는 다른 대안을 제시하곤 했다. 그러던 어느 날 샐리 슈마커의 한 고객이 불만을 제기하였다. 슈마커는 이를 관리자에게 알리는 대신에 혼자 처리하기로 결정하고 관리자가 항상 했던 것처럼 고객에게 다른 메뉴를 선택하도록 제안하였다. 그날 이후로 슈마커는 담당고객이 불만을 제기할 때마다 혼자서 문제를 해결했다. 시간이 지나면서 레스토랑의 다른 동료들이 슈마커의 행동을 알아차리게 되었고 동료들은 왜 관리자를 거치지 않는지를 물었다. 이에 슈마커는 불만족을 느끼는 고객을 관리자를 거치지 않고 직접 상대함으로써 좀 더 빠르게 대응할 수 있게 되고 모든 문제가 발생할 때마다 관리자를 귀찮게 하지 않아도 된다고 대답하였다. 이러한 설명을 들은 동료들은 그녀의 행동이 적절하다고 생각하였다.

그 후 수석 웨이터인 존 피터즈는 다른 웨이터들이 음식에 불만을 제기하는 고객을 직접 상대하고 새로운 메뉴를 제안하는 것이 관리자에게도 편한 방법이라는 것을 말하기 위해 관리자와 대화를 시도하였다. 이야기를 들은 관리자는 왜 자신이 스스로 그것을 생각해내지 못했을까 의아해할 정도로 매우 좋은 생각이라고 판단하였다. 다음 날 관리자는 웨이터들에게 슈마커가 이미 하고 있는 것처럼 앞으로 고객의 불만을 스스로 처리하라고 말하며 대신 요리사에게 고객이 제기한 불만사항을 확실하게 전달하는 것만 명심하라고 지시하였다.

레스토랑의 웨이터들이 고객의 불평과 불만을 관리자에게 전해야 했던 집단규범이 부적절했던 것에는 두 가지 이유가 있다. (1) 먼저 이러한 일 처리는 불만을 가진 고객을 방치하고 이는 집단구성원이 고객에게 좋은 음식과 우수한 서비스를 제공한다는 레스토랑의 목표를 달성하는 것을 저해한다. (2) 또한 웨이터들은 고객으로부터 제기된 불만을 관리자에게 전하기 위해 관리자를 찾는 데 많은 시간을 소요하여 다른 고객들의 시중을 들 기회와 많은 팁을 받는 것을 방해한다. 이러한 규범으로부터의 일탈행동은 조직이 기존의 규범을 재점검하고 변화를 시도하는 것을 촉진하는 실용적 역할을 한다.

이 이야기가 보여주는 것처럼, 순응은 집단이 업무완수를 위해 구성원을 통제하는 데 필요하며 **일탈행동**은 집단구성원으로 하여금 기존의 규범이 적절한지에 대한 재점검을 하는 데 필요하다. 그림 9.4는 집단의 목표달성과 집단 내 순응과 일탈행동 수준과의 관계를 나타낸다. A는 낮은 수준의 순응과 높은 수준의 일탈행동을 가진 집단을 나타낸다. 이 집단은 구성원의 행동을 통제하는 데 많은 어려움을 겪고 결과적으로 목표달성에 실패한다. B는 순응과 일탈행동이 알맞은 균형을 이루고 있는 상태이다. 이에 속한 집단은 목표달성을 위한 구성원의 행동통제에 도움이 되는 규범에 대한 순응과 현재의 규범이 적절한지를 주기적으로 재점검할 수 있는, 알맞은 수준의 일탈행동을 가진다. C는 순응도가 매우 높은 집단을 나타내며 여기에 속한 집단은 높은 순응도로 인해 낮은 성과를 낸다. 이때 집단구성원들은 규범으로부터 일탈하는 것을 극도로 꺼리기 때문에 집단은 부적절한 규범을 지속하게 된다.

일탈행동은 집단의 변화와 개선에 촉매제로 작용할 수 있기 때문에 집단이 어떻게 일탈행동에 대응하느냐는 효율성을 결정하는 데 중요한 영향을 미친다. 일부 연구결과에 따르면 집단은 구성원이 규범을 어기도록 내버려두거나 다른 대다수의 구성원들과 다른 관점을 가지고 논쟁을 일으키는 구성원이 그 입장을 고수하게 함으로써 이익을 얻을 수 있다.[43] 일탈자나 반대자들의 행동이 정당성을 인정받을 때 기존의 규범은 비효율적인 것이 되고 집단이 고수하던 입장 또한 부적절한 것이 된다. 이러한 경우 집단은 일탈자의 의견에 귀를 기울이고 그들의 주장을 고려해봄으로써 효율성을 증대시킬 수 있다. 만약 일탈자의 입장이 부적절한 것으로 증명되었다 하더라도 일탈자의 의견을 경청하고 그들의 관점에 대해 논의하는 과정은 필요하다.[44] 특히 집단이 맡은 업무가 창의성을 요구할 때에는[45](제5장 참조) 구성원이 가지는 다양한 관점이 색다르고 이상해보인다 할지라도 이를 표현하게 하고 경청하는 것이 매우 중요하다.

그림 9.4

집단 내의 순응/일탈행동 수준과 집단의 목표달성과의 관계

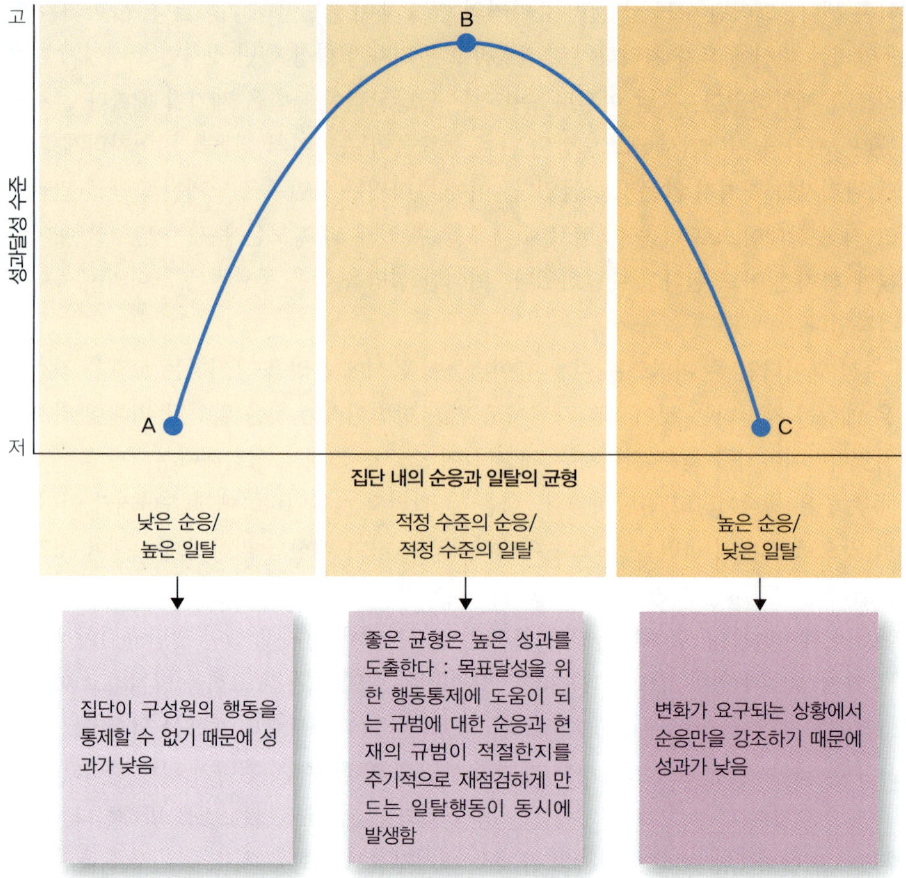

어떤 나라의 문화는 순응을 매우 강조한다. 이러한 문화에서 집단구성원들은 기존의 규범을 고수하려 하고 변화를 두려워한다. 이러한 현상은 일본과 같은 나라에서 전통적으로 만연해 왔다.[46]

집단규범이 조직에 유익하게 기능하도록 만드는 법

앞서 제시한 레스토랑 일화를 살펴보자. 이때 웨이터 집단의 목표는 레스토랑의 목표와 일치하기 때문에 집단에 유익한 역할을 하는 규범은 조직에도 유익하게 작용한다. 이와 유사하게 고객이 불만을 제기할 때 관리자를 소환하는 것과 같은 역기능적으로 작용하는 규범은 조직에도 부정적 영향을 미치게 된다. 집단과 조직의 목표가 긴밀하게 연결될 때 집단이 목표달성을 위한 목적으로 개발한 규범은 조직에도 긍정적 영향을 미치게 된다. 이러한 경우 구성원들은 집단과 조직에 역기능적으로 작용하는 규범을 없애기 위해 함께 노력하게 된다.

그러나 집단의 목표가 항상 조직의 목표와 일치하는 것은 아니다. 예를 들어 라디오를 조립하는 집단구성원의 목표는 각 구성원이 작업을 수행하는 데 들이는 노력을 최소화하는 것일 수 있다. 이 목표를 달성하기 위해 노동자는 하루에 50개 이하의 라디오를 조립하는 것을 규범으로 채택한다. 집단구성원에게 하루에 75개의 라디오를 조립하는 것은 그다지 어렵지 않은 일이나 이러한 성과목표는 구성원의 일부가 추가적 노력을 하게 만든다. 집단의 목표는 조직의 목표와 다르기 때문에 이때 집단의 규범은 조직에게 확실히 역기능적으로 작용한다. 그러나 이 규범은 집단의 구성원들에게는 기능적으로 작용하며 집단구성원이 너무 많은 노력을 들이지 않고 수립한 목표를 달성하는 것을 돕는다.

그렇다면 관리자는 어떻게 집단의 규범을 기능적이면서도 조직의 목표와 일치하게 만들 수 있을

현대의 조직행동

폭스바겐 배출가스 조작 사건 : 순응과 일탈

2015년, 폭스바겐은 전 세계적으로 큰 논란을 일으킨 배출가스 조작 사건에 연루되었다. 이 사건은 폭스바겐이 디젤 엔진 차량의 배출가스 테스트에서 불법 소프트웨어를 사용해 시험 결과를 조작한 것으로, 환경 규제를 우회하려는 시도로 시작되었다. 폭스바겐은 미국 환경보호청(EPA)에 의해 이 사실이 밝혀지면서 전 세계적으로 신뢰에 큰 타격을 입었으며, 수십억 달러의 벌금을 부과받았다.

이 사건은 폭스바겐의 엔지니어들이 디젤 엔진 차량의 배출가스를 저감시키는 데 기술적 어려움을 겪으면서 시작되었다. 폭스바겐은 'Clean Diesel'이라는 마케팅 캠페인을 통해 디젤 엔진의 친환경성과 성능을 강조했으나, 실제로는 배출가스 기준을 충족하기 어려웠다. 이에 따라, 엔지니어들은 차량이 테스트 모드에서만 배출가스를 줄이도록 하는 소프트웨어를 개발했다. 이 소프트웨어는 차량이 시험 환경임을 인식하면 배출가스 배출량을 줄였지만, 실제 주행 시에는 규정된 기준보다 훨씬 많은 오염 물질을 배출했다.

이러한 행위는 폭스바겐의 윤리적 기준과 법적 규제를 명백히 위반한 것으로, 경영진의 일부와 엔지니어들이 조직의 이익을 위해 규칙을 어긴 대표적인 일탈행동이다. 그러나 이 사건에서 주목할 점은, 폭스바겐 내부에서 많은 직원들이 이 문제를 알고 있었음에도 불구하고, 대부분이 이에 대해 침묵을 지켰다는 점이다. 이는 조직 내 강한 순응 압력과 관련이 있다.

폭스바겐은 독일을 대표하는 기업으로, 높은 성과와 혁신을 요구받는 기업 문화가 자리잡고 있었다. 이러한 문화는 직원들에게 엄청난 성과 압력을 가했다. 특히 배출가스 문제를 해결하지 못하면 경쟁에서 뒤처지고, 회사의 목표를 달성하지 못할 것이라는 두려움이 있었다. 경영진은 엔지니어들에게 배출가스 규제를 충족시키면서도 성능을 유지해야 한다는 모순된 요구를 했고, 엔지니어들은 이를 해결할 방법을 찾기 위해 불법적인 방법을 사용하게 되었다.

직원들은 이러한 문제를 인지했음에도 불구하고 조직의 기대와 압력에 순응했다. 이는 집단사고(Groupthink)의 한 예로 볼 수 있으며, 집단사고는 팀 내에서 비판적 사고가 억제되고, 집단의 결정을 따르는 경향이 강해지는 현상을 말한다. 폭스바겐의 많은 직원들이 이러한 순응 압력에 의해 문제를 지적하거나 내부 고발을 하지 않았다.

이 사건은 폭스바겐에 심각한 결과를 초래했다. 회사는 수십억 달러의 벌금을 부과받았고, 수백만 대의 차량이 리콜되었다. 또한, 이 사건은 폭스바겐의 브랜드 이미지에 큰 타격을 입혔으며, 고객과 주주들의 신뢰를 잃게 만들었다. 폭스바겐은 이후 내부 통제 시스템을 개선하고, 윤리적 경영을 강화하기 위한 다양한 조치를 취했다.

폭스바겐 배출가스 조작 사건은 조직 내 일탈행동과 순응의 복잡한 상호작용을 잘 보여주는 사례이다. 이 사건에서 조직의 압력과 목표 달성에 대한 강한 집착이 어떻게 직원들의 윤리적 판단을 왜곡시키고, 불법적인 행동에 동조하게 만들 수 있는지를 알 수 있다. 이는 또한 조직이 윤리적 기준을 확립하고, 직원들이 문제를 제기할 수 있는 안전한 환경을 조성하는 것이 얼마나 중요한지를 알려준다.

출처 : Volkswagen: The scandal explained. BBC News., 2015. 12. 10.

까? 조직은 구성원이 조직목표를 달성했을 때 보상받을 것이라는 것을 구성원에게 인식시킴으로써 이를 해결할 수 있다. 레스토랑의 일화에서 살펴본 바와 같이 집단의 구성원은 고객에게 좋은 서비스를 제공한다는 레스토랑의 목표를 달성하는 과정에서 더 많은 팁을 받는 것을 통해 보상을 얻는다. 또 다른 방법으로는 개인 또는 집단의 성과에 기초하여 집단구성원에게 보상을 제공하는 방법이 있다.

반면에 라디오를 조립하는 공장의 노동자들은 조직이 정한 성과목표를 달성한다고 하더라도 눈에 띄는 유형의 보상을 제공받지 못한다. 구성원들은 아무리 많은 라디오를 조립한다고 하더라도 시급에 의한 일정한 금액만을 받는다. 이때 노동자들은 조직이 정한 목표를 달성한다 하더라도 아무런 추가 혜택을 받지 못하기 때문에 노동자 집단의 목표(노력 소모를 최소화하는 것)는 조직의 목표(성과)와 일치하지 않게 된다. 이러한 상황에서 집단의 규범(생산 제한)은 집단구성원에게는 기능적이지만 조직에는 역기능적으로 작용한다.

개인이 조직성과에 미치는 기여도나 성과수준을 측정하고 평가하는 것이 어려울 때 월급과 같은 노동에 대한 보상을 어떻게 집단구성원에게 배분해야 할지 결정하기 어렵다. 기본적으로 구성원이 받는 보상은 집단의 성과수준에 의해 결정되어야 한다. 다시 말해 집단이 효율적으로 운영되며 조직의 전반적 목표달성에 기여를 했을 때 구성원은 합당한 보상을 제공받아야 한다는 것이다. 집단의 구성원이 높은 성과창출에 대한 보상을 받게 되면 이것이 곧 집단의 목표가 되고 이를 달성하기 위한 규범이 수립된다. 만약 라디오 조립라인의 공장 노동자들이 더 많은 라디오를 조립하는 것에 대한 합당한 보상을 받을 수 있었다면 집단의 목표는 생산을 저해하는 것이 아닌 높이는 방향으로 수정되었을 것이며 이 목표달성을 위한 새로운 규범이 만들어졌을 것이다.

사회화 : 집단구성원은 어떻게 역할, 규칙, 규범에 대해 학습하는가

집단이 구성원의 행동을 통제하는 능력은 새롭게 영입된 구성원이 집단의 역할, 규칙, 규범을 어떻게 습득하는지에 달려 있다. 처음 집단에 영입된 신입사원은 그들에게 요구되는 바와 자신이 무엇을 할 수 있는지, 할 수 없는지에 대한 정보를 갖고 있지 않다.[47] 예를 들어 어느 비서 집단의 신입사원은 전날에 점심시간을 좀 더 길게 갖는 대신 이를 다음 날 보충하면 된다는 것과 오전 9시부터 오후 5시까지 일하는 대신 8시 30분부터 4시 30분까지 일하는 것이 가능하다는 것을 알지 못한다. 외부인이었던 신입사원은 집단의 역할 · 규칙 · 규범에 대해 배우고, 집단의 다른 구성원들이 내부인으로 인식하기 시작하면 비로소 진정한 집단의 일원이 된다. 이렇게 신입사원이 집단의 역할, 규칙, 규범에 대해 배우는 과정을 **사회화**(socialization)라고 한다.

사회화
신입사원이 집단의 역할, 규칙, 규범에 대해 배우는 과정

신입사원은 기존의 집단구성원들이 어떻게 행동하는지를 관찰하고 그들의 행동으로부터 무엇이 적절하고 부적절한지 유추하는 과정을 통해 집단이 구성원의 행동을 어떻게 통제하는지 배운다. 이러한 과정은 신입사원에겐 매우 당연하게 받아들여질 수 있으나 집단의 관점에서는 높은 위험을 수반한다. 왜냐하면 자칫 잘못하여 신입사원이 나쁜 관습을 관찰하고 배울 가능성이 있기 때문이다. 앞선 예시에서 특별한 예외를 허락받은 컴퓨터 프로그래머가 구성원 간 협력을 도모하는 규범을 어기고 이기적 태도를 취할 수 있다는 사례를 이야기하였다. 그러나 이때 프로그래머의 이기적인 행동을 관찰한 신입사원은 이러한 행동이 집단에서 용인되는 것으로 오해할 수 있고 나아가 이것이 집단의 규범에 순응하는 것이라고 오해할 수 있다.

사회화와 역할지향

John Van Mannen과 Edgar Schein은 집단이 구성원들을 사회화시키는 여러 방법들을 서술하면서 사회화 모델을 개발하였다. 집단이 신입사원을 어떻게 사회화하는지는 신입사원이 습득하는 역할지향에 영향을 미친다.[48] **역할지향**(role orientation)이란 집단의 구성원이 다양한 상황에 반응하는 특징적 방식을 의미한다. 집단구성원이 상부의 명령이나 지시에 복종적으로 행동하거나 문제해결을 위한 방법을 찾을 때 창의적이고 혁신적으로 대처하는 것은 역할지향의 예라고 할 수 있다.

역할지향
집단의 구성원이 다양한 상황에 반응하는 특징적 방식

제도적 역할지향
신입사원이 유사한 상황에 처한 기존의 집단구성원이 반응하는 것과 같은 방식으로 상황에 대처하는 법을 배우는 방식

Van Mannen과 Schein은 신입사원의 교육과 역할지향에 영향을 미치는 상반된 6개 쌍의 사회화 전술을 규명하였다. 서로 다른 전략의 조합은 제도화와 개별화의 두 가지 역할지향을 이끈다. **제도적 역할지향**(institutionalized role orientation)에서 신입사원은 유사한 상황에 처한 기존의 집단구성원

현대의 조직행동

마이크로소프트의 새로운 팀원 온보딩 프로그램

포춘 500대 기업 중 14위에 선정된 마이크로소프트는 190개국에 진출한 미국의 기술 대기업으로 우뚝 서 있다. 1975년에 설립된 마이크로소프트는 워싱턴 주 레드몬드에 본사를 두고 Windows 운영 체제, 비즈니스 소프트웨어, Windows 응용 프로그램 및 플랫폼과 같은 다양한 기술 분야에서 전문성을 인정받고 있다. 이 회사는 2022년 현재 221,000명의 직원을 보유하고 있으며, 이는 전년 대비 22.1% 증가한 놀라운 수치이다.

마이크로소프트에 입사하는 신입사원은 모두 온보딩 프로세스를 거쳐 성공적인 출발을 위한 발판을 마련한다. 다음에서는 마이크로소프트 온보딩 프로세스의 다섯 가지 특징적인 요소를 살펴본다.

1. 온보딩 여정의 시작과 에코시스템으로의 통합
   마이크로소프트의 온보딩 프로세스는 사전 입사 절차를 신중하게 완료하는 것으로 시작된다. 이 단계에서 신입 사원은 회사의 에고시스템에 원활하게 통합된다. 이메일, 채팅 플랫폼, 프로젝트 관리 시스템, 지세한 지침 매뉴얼과 같은 필수 커뮤니케이션 도구에 대한 액세스 권한이 부여된다. 이러한 조치들은 특히 가상 온보딩 환경에 유용하며, 원활하고 효과적인 커뮤니케이션 채널을 보장한다. 실제로 이 기능은 직원들이 물리적으로 멀리 떨어져 있는 경우에도 작동한다. 또한 마이크로소프트는 원격 근무 직원에게 포괄적인 설정 지침 매뉴얼과 함께 마이크로소프트 서피스 디바이스를 적시에 제공하여 직원들의 호평을 받고 있다.
2. 첫 90일 동안의 육성
   마이크로소프트는 초기 90일의 중요성을 인식하고 신입 사원이 자신의 직업 선택에 확신을 가질 수 있도록 하는 데 중점을 둔다. 이 기간 동안 마이크로소프트는 직원들이 제품, 서비스, 비즈니스 운영, 회사 문화, 역할 및 기대치에 대한 포괄적인 지식을 갖추도록 최선을 다한다. 이 과정을 원활하게 진행하기 위해 마이크로소프트는 다양한 온보딩 회의를 자동화하고 진행 상황을 모니터링하며 직원 핸드북과 같은 필수 리소스에 대한 액세스 권한을 부여한다. 이러한 기술 중심 접근 방식을 통해 신입사원은 업무 시스템과 회사에 대해 풍부한 정보와 자료를 탐색한다.
3. 팀 구성원들과의 만남과 인사를 통한 관계 형성
   마이크로소프트의 개방적이고 포용적인 문화는 모든 신입사원을 따뜻하게 맞이하는 모습에서 잘 드러난다. 마이크로소프트는 관계 구축의 중요성을 인식하고 팀 빌딩 활동과 사교 행사를 조직한다. 그 목적은 직원 간의 소개를 촉진하고 동료애를 증진하는 것이다. 주목할 만한 행사 중 하나는 관리자와 팀원들이 함께 신입사원을 환영하는 현장 첫날 축하 행사이다. 이 환영식은 기존 직원과 이제 막 마이크로소프트에서 여정을 시작한 직원 간의 간극을 좁힐 수 있는 기회로 활용된다. 이러한 행사는 상호작용을 촉진하고 조화로운 분위기를 조성함으로써 신입사원이 자신의 역할에 빠르게 적응하고 팀에 가치 있는 기여자가 될 수 있도록 원활하게 적응하는 데 기여한다.
4. 버디(buddy) 프로그램을 통한 육성 지원
   마이크로소프트에서는 온보딩 프로세스의 중요한 구성 요소로 '버디 프로그램'을 시행하고 있다. 이 프로그램은 조직 내 숙련된 직원이 '버디'로 지정되어 신규 입사자를 지원하고 안내하는 프로그램이다. 버디는 회사 문화, 규범 및 프로세스를 탐색하는 데 도움을 주는 멘토 역할을 한다. 버디 프로그램을 통해 배정된 직원은 신입사원에게 미팅 일정을 잡고, 회사의 가치를 익히며, 보고 관계를 명확히 하여 원활한 커뮤니케이션 채널을 확보할 수 있도록 지원한다. 이러한 맞춤형 안내는 신입사원이 회사에 원활하게 적응하는 데 기여한다. 또한 생산성을 향상시키고 신입사원들의 만족감을 높여준다. 전반적으로 마이크로소프트의 버디 프로그램은 신입사원이 자신의 역할에서 성공할 수 있도록 풍성하고 만족스러운 경험을 제공하는 것을 목표로 한다.
5. 개인의 성장을 위한 맞춤형 교육
   마이크로소프트에서 신입 직원은 일대일 맞춤형 교육과 코칭을 통해 여정을 시작한다. 이 교육은 신입사원이 자신의 역할과 책임으로 원활하게 전환할 수 있도록 세심하게 설계되어 있다. 마이크로소프트는 각 개인의 역할과 직책의 구체적인 필요와 요구 사항을 충족하도록 이러한 교육 세션을 세심하게 맞춤화한다. 따라서 마이크로소프트는 역할별 교육에 집중함으로써 직원들이 각자의 직책에서 탁월한 역량을 발휘하는 데 필요한 업무도구, 지식 및 모범 사례를 제공받을 수 있다. 이 교육의 목표는 성과 기대치를 충족할 뿐만 아니라 이를 뛰어넘는 데 필요한 기술과 전문성을 갖추도록 하는 것이다.

마이크로소프트는 새로 채용된 인재들이 신속하게 팀에 적응하고, 마이크로소프트의 문화와 작업 방식을 이해하도록 돕기 위해 체계적인 온보딩 프로그램을 운영해왔다. 마이크로소프트의 온보딩 프로그램은 새로운 팀원이 조직의 문화에 빠르게 적응하고 사회화되는 과정을 도와준다.

출처 : Gerguri, Fatjona, 'exploring onboarding process at 마이크로소프트', Employee Experience Magazine, 2023. 06. 01.

이 반응하는 것과 같은 방식으로 상황에 대처하는 법을 배우게 된다. 제도적 역할지향은 기존의 역할, 규칙, 규범에 순응하고 복종하게 한다. 제도적 역할지향은 기존의 일을 처리하는 방식에 따르는 것을 강조하기 때문에 제도적 지향성을 가진 신입사원은 역할형성보다 역할습득을 더 많이 경험하게 된다.

개별적 역할지향
개인이 기존의 집단이 행하던 방식에 변화를 시도하는 창의적인 태도와 실험적 정신을 보이는 것

개별적 역할지향(individualized role orientation)에서 개인은 기존의 집단이 행하던 방식에 변화를 시도하는 창의적인 태도와 실험적 정신을 갖추도록 교육받는다.[49] 개별적 역할지향성을 가진 집단구성원은 기존의 역할, 규칙, 규범으로부터 여전히 배워야 할 것이 있음을 알지만 그들의 행동을 통제하는 기존의 방법이 수정될 필요가 있다고 주장한다. 그리고 이때 만약 더욱 효과적으로 행동하고 일을 처리하는 방법이 증명되면 집단은 이에 맞추어 기존의 방법을 바꾸려 노력하게 된다. 개별적 역할지향의 구성원들은 역할습득보다 역할형성에 더 많이 참여하는 경향이 있다.

사회화 전술

표 9.3은 Van Mannen과 Schein에 의해 규명된 사회화 전술을 요약하고 있다. 집단과 조직은 욕구와 목표에 따라 6개의 전술을 모두 사용하거나 6개 전술 중 몇 가지만을 선별하여 사용할 수 있다.

Getty Images, Inc–Liaison

개별화된 역할지향이 요구되는 경우에 조직에 새로 들어온 직원들은 기존 역할, 규칙과 규범을 준수해야 하지만 신입이 기존 집단에 변화를 시도하는 창의적 태도와 실험 정신을 갖추는 것 역시 중요하다.

당신이 경영전문가

목표 조정

마시 롱은 대도시를 대상으로 다양한 종류의 혈액 테스트를 수행하는 진단 연구소의 소장이다. 의사가 특정한 혈액 테스트를 수행하기 위해 환자가 진료를 받을 수 있는 기회를 제공할 때, 환자가 테스트를 의뢰할 수 있는 수많은 연구소 중 하나이다. 연구소는 지역에서 가장 많이 사용되는 의료보험을 채택하고 있으며 주변의 많은 의료기관들과 긴밀한 관계를 맺고 있다. 몇몇 의료기관은 담당 환자들의 검사를 독점적으로 롱의 연구소에 의뢰하며, 환자들 역시 롱의 연구소를 고집한다. 마시 롱은 연구소 직원들의 성과에 대체적으로 만족하고 있으나 최근 들어 몇몇 의사로부터 직원이 예외적인 경우나 특별한 요구에 대해 유연하게 대처하지 못한다는 불평을 전달받았다. 예를 들어, 특정 혈액 테스트를 실시하는 데 보통 3일의 시간이 소요되지만 급하게 필요할 경우 하루나 이틀 안에 검사 결과를 얻을 수 있는데 연구소의 직원들은 의사들이 타당한 이유를 제시해도 빠른 검사를 거부한다는 것이다. 또한 한 환자가 여러 건의 혈액 테스트를 의뢰했을 때 만약 그중 몇몇 검사가 다른 검사들보다 더 오래 걸린다면 연구소 직원들은 모든 검사 결과가 나올 때까지 기다린 후에 환자에게 검사 결과를 보내주었다. 때때로 환자와 의사들은 검사 결과를 빨리 받아볼 수 있길 원했고 연구소의 정책은 요구를 수용하도록 정해져 있었다. 그러나 몇몇 의사들은 부분 검사 결과를 받기 위해 여러 번 연구소 직원에게 요구를 해야 한다며 롱에게 불만을 제기했다. 롱은 항상 그녀의 직원들에게 환자와 의사의 요구에 재빠르게 반응해야 하며 최고 수준을 유지하는 범위 내에서 가능한 빨리 검사 결과를 얻을 수 있도록 노력해야 한다고 말해 왔다. 롱은 직원들이 유능하지만 고객의 요구에 최대한 빨리 반응하려 노력하지 않는다는 것을 깨닫게 되었다. 롱이 직원 회의 자리에서 이 문제를 반복적으로 강조했음에도 불구하고 의사와 환자들의 불만은 끊임없이 제기되었다. 이런 경우에 롱은 고객의 특별 요구를 중재해야 할 의무를 가진다.

당신은 유명한 조직행동 전문가이고 현재 롱은 이 문제에 대해 도움을 요청해 왔다. 연구소 직원들이 어떻게 의사와 환자들의 욕구와 특별 요구에 유연하고 빠르게 반응하도록 만들 수 있을까?

표 9.3
집단구성원의 역할지향을 형성하는 사회화 전술

제도적 역할지향을 촉진하는 사회화 전술	개별적 역할지향을 촉진하는 사회화 전술
집단전술	개별전술
공식적 전술	비공식적 전술
순차적 전술	무작위 전술
고정 전술	가변 전술
연속적 전술	분리적 전술
외부인 전술	내부인 전술

집단과 개별전술

집단전술(collective tactics)이 사용될 때 신입사원은 각기 다른 상황에 대처하는 표준화되고 높은 유사성을 가진 반응들을 습득하기 위해 공동의 학습경험을 겪게 된다. 예를 들어 백화점에 고용된 영업사원 모두는 2주간의 교육 프로그램에 참석하면서 집단적 사회화를 경험한다. 그들은 고객에게 인사를 건네는 올바른 방법, 판매나 반품된 물건을 처리하는 과정, 고객의 불만을 처리하는 방법을 보여주는 비디오를 함께 시청한다.

개별전술(individualized tactics)이 사용될 때, 신입사원은 집단 내에서 어떻게 행동해야 하는지를 개별적으로 교육받는다. 교육이 개인을 대상으로 이루어지기 때문에 신입사원 각각의 학습경험은 서로 다를 수 있고 신입사원은 업무를 처리하면서 접하게 되는 다양한 상황에 각기 다른 행동방식으로 대처하도록 요구받는다. 예를 들어 화장품 판매사원 집단에 입사한 신입사원 각각은 서로 다른 화장품 브랜드(에스티 로더, 랑콤 등)를 담당하게 되고 기업의 대표로부터 각각의 화장품 라인에 관한 적절한 지식을 전수받으며 각 화장품 라인이 타깃으로 하는 고객유형에 대한 개별적인 교육을 받는다.

집단전술은 제도적 역할지향성을 이끌어내는 반면, 개별전술은 개별적 역할지향성을 이끌어낸다.

공식적, 비공식적 전술

전술이 공식적일 때 신입사원은 교육 기간 동안 기존의 집단구성원들로부터 분리된다. 새로운 판매사원이 백화점의 트레이닝룸에서 2주간의 교육을 받는 경우가 이에 속한다. 2주간의 교육 기간 동안 신입사원은 연수가 끝난 후 만나게 될 기존의 집단구성원들과 상호작용하는 것이 금지된다.

전술이 비공식적일 때 신입사원은 직접 업무를 처리하면서 관련 지식을 습득한다. 많은 레스토랑에서 신입웨이터가 숙련된 웨이터들과 함께 업무를 수행하게 되고 이를 통해 신입사원을 사회화시키는 것이 대표적이다.

공식적 전술은 제도적 역할지향을 이끌어내는 반면, 비공식적 전술은 개별적 역할지향을 이끌어낸다.

순차적 또는 무작위 전술

순차적 전술(sequential tactics)하에서 신입사원은 앞으로 수행하게 될 새로운 행동들의 순서에 대한 분명한 정보를 제공받는다. 동물병원에 입사한 신입수의사가 처음 2주간은 정기 검진을 하는 수의사를 보조하는 작업을 하게 되는 경우가 이에 속한다. 2주가 지난 후 신입수의사는 동물의 몸무게를 재는 일이나 주사를 놓는 일을 하게 될 것이고 한 달이 지난 후에는 수술을 집도하는 수의사를 보조하게 될 것이다.

무작위 전술(random tactics)이 사용될 때, 사회화 과정의 순서는 신입사원의 흥미나 필요에 의해 결정되고 이에 대한 순서는 존재하지 않는다. 고객의 주문에 맞추어 가구를 제작하는 집단에 합류한 목공 견습생에게 다양한 유형의 가구를 만드는 데 필요한 교육의 순서는 전적으로 견습생에게 달려 있다.

순차적 전술은 제도적 역할지향을 이끌어내고 무작위 전술은 개별적 역할지향을 이끌어낸다.

고정 또는 가변 전술

고정 전술(fixed tactics)은 신입사원에게 교육과정의 각 단계를 완수해야 하는 시간표에 대한 정확한 정보를 제공한다. 수의사 사무실의 보조 인력을 사회화하는 과정은 고정 전술에 기반하고 있다. 이때 보조 인력은 교육과정에서 다음 단계로 넘어가기 전 2주의 시간이 필요하다는 것을 잘 알고 있다.

가변 전술(variable tactics)은 신입사원을 교육하는 과정에서 언제 특정 단계에 돌입하게 되는지 정보를 주지 않는 것을 말한다. 이때 사회화의 속도는 신입사원 개인의 역량에 달려 있다. 목공의 사회화 과정은 가변 전술을 사용한다. 견습생은 다양한 유형의 가구를 만들 수 있게 되기까지 얼마나 긴 시간이 소요되는지에 대한 정보를 듣지 못한다.

고정 전술은 제도적 역할지향을 이끌어내고 가변 전술은 개별적 역할지향을 이끌어낸다.

연속적 또는 분리적 전술

연속적 전술(serial tactics)이 사용될 때, 기존의 집단구성원들은 직접 신입사원을 사회화하는 과정에 참여한다(레스토랑의 웨이터가 신입웨이터를 교육하는 사례를 생각해보자).

분리적 전술(disjunctive tactics)이 사용될 때, 신입사원은 그들 자신만의 행동양식을 개발하고 생각해내야 한다. 이때 기존의 숙련된 구성원은 신입사원에게 무엇을 해야 할지 이야기해주지 않는다. 새로운 교수가 어떻게 학생들을 가르치고 연구를 하는지를 습득하는 것은 분리적 사회화의 과정이라고 할 수 있다. 부서나 집단의 숙련된 교수들은 교수법과 연구를 하는 방법에 대한 교육이나 지침을 신입교수에게 제공하지 않는다.

연속적 전술은 제도적 역할지향을 이끌어내고 분리적 전술은 개별적 역할지향을 이끌어낸다.

외부인 또는 내부인 전술

외부인 전술(divestiture tactics)이 실행될 때 신입사원은 집단의 다른 구성원들의 대인관계 기술에 대해 매우 부정적인 인상을 받게 된다. 이러한 전술하에서 신입사원들은 무시받거나 놀림거리가 된다. 기존의 집단구성원들은 신입사원이 집단의 역할, 규칙, 규범을 습득하기 전까지 그들을 정중하게 대우하지 않으며 친절하게 대하지도 않는다. 외부인 전술의 전통적인 예로는 군대의 신병훈련소의 사례가 있다. 신병훈련소에서 신병은 집단에서 살아남기 위한 요령을 터득하기 전까지 무시를 당하기도 하고 괴롭힘의 대상이 된다.

내부인 전술(investiture tactics)이 사용될 때, 신입사원은 다른 집단구성원들로부터 즉각적이고 긍정적인 사회적 지지를 경험한다. 간호사 집단에 신입간호사가 입사하였을 때 새로운 환경에 잘 적응할 수 있도록 도움을 주고 환대를 받는 듯한 느낌을 가지도록 기존의 간호사들이 엄청난 노력을 기울이는 것을 그 예로 들 수 있다.

외부인 전술은 개인보다 집단을 강조하며 내부인 전술은 개인을 존중한다.

앞선 내용을 요약하자면 집단적, 공식적, 순차적, 고정적, 연속적, 외부인 전술들이 신입사원이 제도적 역할지향을 발달시킬 수 있도록 돕는 반면에 개별적, 비공식적, 무작위, 가변, 분리적, 내부인 전술들은 신입사원이 개별적 역할지향을 발전시킬 수 있도록 한다.[50] 그렇다면 조직에서 사회화 모델은 어떤 중요점을 시사할까?

군대에서 사용되는 사회화 전략을 생각해보자. 다른 여러 명의 군인들(집단적)과 소대에 입소한 신병은 기존의 군인들과 분리되어(공식적), 예정된 훈련과 교육과정을 이수해야 하고(순차적), 그 교육과정에 얼만큼의 시간이 소요되는지 그리고 각 교육과정에 맞게 어떠한 행동을 해야 하는지를 정확히 알고 있으며(고정), 신병을 사회화시키는 업무를 담당하는 소대의 병장과 같은 선임의 가르침 아래(연속적), 수행해야 할 의무를 인식하고 진정한 군인으로 거듭나기 전까지 조직으로부터 아무런 대우를 받지 못한다(외부인). 이러한 사회화 경험의 결과로 신병은 성공의 지표가 되는 집단의 역할, 규칙, 규범에 순응하고 복종하는 제도적 역할지향을 발달시킨다. 이러한 기준에 따라 업무를 수행할 수 없는 혹은 수행하지 않을 신병은 자발적으로 군대를 떠나거나 제대를 권유받게 된다.

군대의 경우처럼 집단구성원에게 강력한 수준의 통제를 가하는 집단은 거의 없지만 다른 집단 또한 군대에서 사용하는 전략과 유사한 사회화 전략을 사용한다. 디즈니랜드는 방문자에게 최고의 재미를 선사하는 유익하고 깨끗하며 활기차고 친근한 분위기의 테마파크라는 것에 자부심을 가지고 있다. 3만 명이 넘는 구성원으로 이루어진 이 조직은 어떻게 모든 조직구성원을 조직의 기준에 부합하게 행동하도록 만들 수 있을까? 디즈니 또한 제도적 역할지향을 촉진할 수 있는 사회화 과정을 사용하고 있으며 이를 통해 조직구성원의 단합을 유도하고 있다.

디즈니는 조직의 모든 구성원들이 각자의 업무에 대한 책임을 지는 것을 포함하여 맡은 역할을 잘 수행하고 방문자가 좋은 시간을 보낼 수 있도록 특별한 노력을 기울이는 등 정해진 규범에 따르기를 원한다. 제도적 역할지향은 구성원들이 디즈니 방식대로 업무를 처리할 수 있게 하고 기업이 지속적 경쟁우위를 유지할 수 있도록 한다.

디즈니에 새로 입사한 사원들이나 그들이 '배역(cast members)'이라 부르는 사람들은 45명 정도 규모의 집단에 소속되어 디즈니 대학에서 공식적 교육을 받는다. 그들의 집단적 사회화는 일정한 순서를 가지고 진행된다. 하루 또는 반나절 동안 지속되는 트레디션 I 프로그램(Traditions I program) 기간 동안 신입사원은 디즈니의 언어나 안전, 예의, 쇼 또는 엔터테인먼트, 효율성으로 이루어진 디즈니의 네 가지 원칙에 대해 학습한다. 이와 더불어 방문자의 질문이 아무리 어려울지라도 답변을 제공해야 한다는 것과 어떻게 대답을 제시할 수 있는지에 대해 배운다.

'배역'이 트레디션 I을 완수하게 되면 사람들은 향후 근무해야 할 관광지(어드벤처랜드 또는 판타지랜드 등)로 이동하여 추가 사회화 과정을 경험하게 된다. 이 과정은 하루 또는 반나절 동안 진행되며 이때 '배역'은 특정 관광지에서 요구되는 규칙들을 습득한다. 마지막으로 신입사원은 향후 담당해야 할 업무에 직접 투입되어 경험이 풍부한 선배 '배역'들로부터 교육을 받는다(연속적 전략). 마지막 사회화 과정을 완수하고 새로운 배역들이 자신의 역할, 책임과 특권, 역할관계 등에 대한 학습을 하는 과정은 총 2주 반 정도가 소요된다. 신중하고 잘 계획된 사회화 과정은 새로운 배역들이 디즈니 방식으로 일을 처리하는 것을 학습하는 데 도움을 준다.[51]

그렇다면 신입사원이 현재의 상황을 습득할 수 있도록 집단은 항상 제도적 역할지향만을 장려해야 하는가? 아니면 신입사원에게 할당되는 업무를 처리하기 위해 창의성과 혁신성이 요구되는 상황에서 집단은 개별적 역할지향을 발달시키도록 장려해야 하는가? 이 문제에 대한 해답은 집단과 조직의 목표에 따라 달라진다.

제도적 역할지향의 장점은 집단구성원들 간 동질성을 유발하기 때문에 그 자체로 단점으로 작용할 수 있다. 만약 집단의 모든 구성원이 사회화의 영향으로 인해 세상을 보는 동일한 관점을 공유하고 현재의 역할, 규칙, 규범에 높은 충성도를 가지면 집단은 변화를 꾀하고 문제해결을 위한 창의적 방법을 생각해내는 데 어려움을 겪을 수 있다. 조직을 둘러싼 환경의 변화란 고객요구의 변

Ann Johansson\AP Wide World Photos

디즈니는 수천 명의 구성원들을 사회화시킨다. 디즈니 대학에서는 새로운 배역이 디즈니 웨이에 따라 행동할 수 있도록 세심하게 훈련한다.

화, 노동력의 변화와 다양성, 기술이나 경제적 상황의 변화를 모두 포함한다. 마케팅부서나 자율경영팀, 연구개발부서, 소비자제품을 생산하는 기업, 자동차 생산기업, 컴퓨터 제조업체 등은 기업풍토의 급격한 변화에 재빠르게 대처해야 한다. 이러한 집단이나 조직들은 개별적 역할지향의 사회화 과정을 통해 이익을 얻을 수 있기 때문에 개별적, 비공식적, 무작위적, 가변적, 분리적, 내부인 전략을 사용해야 한다. 예를 들어 마이크로소프트는 이러한 종류의 전략을 주로 사용하여 개별적 역할지향을 개발하고자 노력한다. 마이크로소프트는 조직 내 다양한 집단의 효율성이 디즈니랜드의 경우와 같이 표준화된 개인의 행동에 의존하는 것이 아니라 앞서 언급한 전략들을 효율적으로 사용하는 것에서 발생한다고 여긴다. 왜냐하면 소프트웨어 문제를 처리하기 위해서는 항상 새롭고 기존의 방법에 비해 더욱 향상된 해결방법을 고안해야 하기 때문이다.

사회화는 조직이 어떠한 목표(최고 수준의 재정상태를 유지하는 것, 하루에 75개의 라디오를 조립하는 것, 새로운 소프트웨어를 개발하는 것 등)를 수립하든지 이에 관계없이 구성원의 행동을 통제하는 데 기여함으로써 조직의 성과달성에 영향을 미친다. 집단의 구성원들이 기존의 작업방식에 순응하기를 요구할 때나 기존 방식을 벗어나 다른 방법으로 행동할 것을 요구하는 경우에도 조직은 의도한 행동을 촉진하기 위해 집단구성원의 행동을 통제할 필요성이 있다.

요약

작업집단은 조직의 기본 구성단위이다. 작업집단은 구성원의 행동을 통제하기 위해 역할, 규칙, 규범을 사용하고 신입사원이 효율적인 집단구성원으로 성장할 수 있도록 몇 가지 사회화 전략을 사용한다. 집단의 목표와 조직의 목표가 일치할 때 집단은 조직의 효율성에 기여할 수 있다. 이 장에서 다룬 주요 내용은 다음과 같다.

1. 조직 내에서 무작위로 선발된 개인의 집합과 작업집단의 구분은 두 가지 속성을 기준으로 나누어볼 수 있다. 작업집단의 구성원들은 (1) 다른 구성원들과 상호작용을 하며 (2) 공동의 목표달성에 대한 인식을 가진다. 작업집단은 공식성과 비공식성에 따라 다양한 형태로 나타난다. 공식적 작업집단은 지휘집단, 특수업무집단, 자율경영팀을 예로 들 수 있으며 비공식적 작업집단은 관심집단과 친목집단 등이 있다. 팀은 공동의 목표를 달성하기 위해 구성원들 간 긴밀한 상호작용을 하는 집단이다.
2. 집단은 시간의 흐름에 따라 발달한다. 집단발달의 5단계 모델에 의하면 집단은 형성, 갈등, 규범형성, 수행, 해산의 다섯 가지 연속적 단계를 거치며 변화한다. 그러나 일부 연구에 따르면 5단계의 집단발달이 모든 집단에게 동일하게 적용되는 것은 아니며 집단의 발달도 항상 이 순서를 따르는 것은 아니다.
3. 집단의 다섯 가지 주요 특징은 크기, 구성, 기능, 지위, 효율성이다. 각각의 특징 모두 집단이 목표를 완수하는 전 과정과 집단의 높은 성과에 영향을 미칠 가능성이 있으며 궁극적으로 조직이 목표를 완수하는 것을 돕는다. 사회적 촉진은 다른 집단구성원의 존재가 구성원 개인의 성과에 미치는 영향을 의미하는데 개인이 익숙한 업무를 처리할 때는 타인의 존재가 개인의 성과를 높이는 데 일조하지만 어려운 업무를 수행해야 하는 경우에는 오히려 성과를 저해하는 결과를 낳는다.
4. 집단의 유형이나 특징과 관계없이 모든 집단은 구성원의 행동을 효과적으로 통제해야 하며 이를 통해 목표를 달성할 수 있다. 역할과 규칙은 집단구성원의 행동을 통제하는 데 사용된다.
5. 역할이란 구성원이 집단이나 조직 내에서 차지하고 있는 자리에 합당한 성과를 창출하도록 개인에게 요구되는 행동이나 업무를 의미한다. 역할은 그에 맞는 특정한 책임과 의무를 가진

다. 역할관계는 집단이나 조직의 구성원이 부여받은 특정한 역할을 수행하기 위해 다른 구성원들과 상호작용하는 방식을 말한다. 집단구성원은 역할형성이나 역할습득을 통해서 역할을 수립할 수 있다.

6. 서면으로 쓰여진 규칙은 집단구성원들에게 요구되거나 금지되는 행동들을 명시한다. 또한 규칙은 특정한 업무가 어떠한 방식으로 수행되어야 하는지에 대한 정보를 제공한다.
7. 집단은 규범을 수립하고 이를 구성원에게 강요함으로써 구성원의 행동을 통제할 수 있다. 집단규범은 집단 내에서 행해지는 행동들에 대한 공유된 기대이다. 집단규범에 순응하는 세 가지 이유로는 강제적 순응, 동일시, 내면화가 있다.
8. 높은 성과를 창출하기 위해서 집단은 규범에 대한 순응과 일탈을 모두 필요로 한다. 규범은 집단의 목표가 조직의 목표와 일치할 때 높은 집단성과를 창출하는 데 기여한다. 집단과 조직의 목표를 일치시키기 위해 집단구성원은 높은 집단성과를 창출하였을 때나 조직의 목표달성에 기여했을 때 이에 따른 적절한 보상과 혜택을 보장받아야 한다.
9. 집단의 구성원은 사회화 과정을 통해서 집단의 역할, 규칙, 규범을 습득한다. 집단적, 공식적, 순차적, 고정적, 연속적, 외부인 전술은 신입사원이 제도적 역할지향을 발달시키고, 개별적, 비공식적, 무작위, 가변, 분리적, 내부인 전술은 신입사원이 개별적 역할지향을 발전시킬 수 있도록 한다.

토론사례

웰스파고 계좌 개설 스캔들

웰스파고는 2016년 대규모 계좌 개설 스캔들로 인해 전 세계적으로 큰 논란에 휩싸였다. 웰스파고는 미국을 대표하는 대형 은행 중 하나로, 오랜 기간 동안 안정적이고 신뢰할 수 있는 금융기관으로 인식되어 왔다. 그러나 이 사건은 웰스파고의 내부 운영과 조직문화에 심각한 문제가 있음을 드러냈으며, 비유리적 행동이 어떻게 대규모 스캔들로 이어질 수 있는지를 잘 보여주는 사례로 남았다.

이 사건의 핵심은 웰스파고의 직원들이 고객의 동의 없이 수백만 개의 허위 계좌를 개설하고, 불법적으로 신용카드를 발급한 것이다. 이러한 행위는 은행이 직원들에게 부과한 과도한 영업 목표와 이 목표를 달성하지 못할 경우 해고 등 불이익을 받을 수 있다는 압박이 결합되어 발생했다.

웰스파고는 고객과의 관계를 강화하고, 고객당 다양한 금융 상품을 판매하여 수익성을 극대화하려는 목표를 가지고 있었다. 이를 위해 은행은 고객에게 여러 개의 계좌를 개설하도록 장려했고, 직원들에게도 이와 같은 목표를 강하게 압박했다. 하지만 이러한 목표는 현실적이지 않았고, 직원들은 이를 달성하기 위해 불법적인 방법을 사용하게 되었다.

웰스파고의 일부 직원들은 고객의 동의 없이 가짜 계좌를 개설하고, 신용카드를 발급하는 등의 불법 행위를 저질렀다. 이로 인해 고객들은 자신도 모르는 사이에 여러 개의 계좌를 가지게 되었으며, 불필요한 수수료를 부담하거나 신용 점수에 영향을 받는 등의 피해를 입었다. 이 사건이 밝혀지기 전까지, 약 5,300명의 직원들이 이 불법 행위에 연루된 것으로 알려졌다. 은행의 경영진은 이러한 불법 행위가 조직 내에서 발생하고 있다는 사실을 알았음에도 불구하고, 이를 방치하거나 묵인한 것으로 알려졌다.

결과적으로 웰스파고의 계좌 개설 스캔들은 은행에 막대한 재정적, 법적, 그리고 명예상의 손실을 초래했다. 미국 소비자금융보호국(CFPB)은 웰스파고에게 1억 8,500만 달러의 벌금을 부과했으며, 은행은 고객들에게 수백만 달러의 보상금을 지급해야 했다. 또한, 수많은 고객들이 소송을 제기했으며, 웰스파고의 주가는 급락했다. 이러한 재정적 손실 외에도, 웰스파고의 신뢰도는 심각하게 훼손되었으며, 은행의 고객 수는 크게 감소했다.

웰스파고의 CEO였던 존 스텀프는 이 사건에 대한 책임을 지고 사임했으며, 은행의 여러 고위 경영진도 자리를 떠났다.

토론문제

1. 일반적으로 조직구성원이 윤리적 기준에서 일탈하게 되는 배경에는 어떤 원인들이 있는가?
2. 웰스파고 은행 같은 조직구성원의 일탈 행동에 대해서 이를 방지할 수 있는 방법들은 무엇인가?

제 10 장

효과적인 작업집단과 팀

개관

단원 목차

요약

학습목표

이 단원을 학습한 후 다음을 이해할 수 있다.

- 집단프로세스의 손실과 이득의 원인을 알아보고, 어떻게 집단과 팀의 동기부여에 영향을 줄 수 있는지 이해할 수 있다.
- 집단 내에서 사회적 태만이 일어나는 원인을 이해하고, 방지하기 위한 대책을 설명할 수 있다.
- 업무상호의존성의 세 가지 형태를 파악하고, 팀의 업무성과와 관련지어 설명할 수 있다.
- 집단응집력이 업무성과에 영향을 미치는 방법을 알아보고 응집력 수준에 따라 팀의 업무성과의 정도가 달라짐을 설명할 수 있다.
- 조직 내 집단을 네 종류로 분류하고, 집단이 조직목적을 달성하는 데 어떻게 영향을 미치는지에 설명할 수 있다.

Badger Maps 영업팀의 크로스 트레이닝

Badger Maps는 주로 영업팀을 위한 지도 기반 소프트웨어를 제공하는 테크놀로지 회사이다. 이 회사는 영업사원들이 지도 위에서 효율적으로 고객 방문 계획을 세우고, 경로를 최적화하며, 시간을 절약할 수 있도록 돕는 솔루션을 개발했다. Badger Maps의 주요 기능은 지도 위에 고객의 위치를 시각화하고, 가장 효율적인 경로를 자동으로 생성하는 것이다. 이를 통해 영업사원들은 하루에 더 많은 고객을 방문할 수 있고, 불필요한 이동 시간을 줄일 수 있다.

Badger Maps는 스티븐 벤슨에 의해 설립되었으며, 초기에는 영업사원들이 방문 계획을 효율적으로 세울 수 있도록 돕는 데 중점을 두었다. 이후 빠르게 성장하여, 현재는 다양한 업계에서 영업팀이 사용하는 필수 도구로 자리 잡았다. 특히 영업사원들에게 시간과 비용을 절약할 수 있는 실질적인 솔루션을 제공함으로써 큰 인기를 얻고 있다. Badger Maps는 여러 차례 혁신적인 스타트업으로 선정되었으며, 고객들로부터 높은 평가를 받고 있다.

Badger Maps의 팀 크로스 트레이닝 프로그램은 회사 내에서 협업과 생산성을 극대화하기 위한 중요한 전략적 이니셔티브였다. 이 프로그램은 팀내 직원들이 각자의 전문성을 심화하면서도 다른 팀원의 역할을 이해하고 수행할 수 있는 능력을 개발할 수 있도록 설계되었다. 이러한 크로스 트레이닝 프로그램은 특히 고객 관계 부서에서 큰 성공을 거두었으며, 회사 전반의 성과 향상에 크게 기여했다.

Badger Maps는 고객 관계 부서에서 팀원들이 서로의 역할을 교차 학습하는 것을 목표로 한다. 이 프로그램의 핵심 아이디어는 팀 내에서 각 구성원이 특정 역할에 전문화되는 동시에 다른 팀원의 역할도 충분히 이해하고 수행할 수 있도록 교육하는 것이다. 이를 통해 팀원들은 서로의 업무를 보다 깊이 이해하고, 필요할 때는 서로를 지원할 수 있는 역량을 갖추게 되었다. 크로스 트레이닝의 실행방법은 다음과 같다.

1. 역할 정의 및 전문화 : 프로그램의 첫 단계는 각 팀원의 역할을 명확히 정의하고, 해당 역할에 필요한 핵심 기술과 지식을 전달하는 것이다. 이를 위해 각 팀원은 자신의 역할에 대해 전문적인 교육을 받았으며, 자신이 담당하는 업무에서 중요한 요소들을 파악하고 이를 다른 팀원들과 공유하는 시간을 가졌다. 이 과정에서 각 팀원은 자신의 전문 분야를 심화하며, 동시에 이를 어떻게 다른 팀원들에게 교육할지 고민하게 된다.
2. 크로스 트레이닝 세션 : 역할 전문화가 이루어진 후, 팀원들은 서로의 역할에 대해 교차 학습을 진행한다. 이 과정에서는 각자가 맡은 역할에 대한 지식을 공유하고, 다른 팀원들에게 필요한 기술과 정보를 제공한다. 이러한 크로스 트레이닝은 단순히 지식 전달에 그치지 않고, 실제로 다른 팀원의 역할을 수행해보는 실습도 포함하고 있다. 이를 통해 팀원들은 자신이

맡지 않은 역할에 대해서도 실질적인 이해를 높일 수 있다.

3. 성과와 피드백 : 크로스 트레이닝 프로그램이 종료된 후, Badger Maps는 성과를 측정하고 피드백을 받는 과정을 진행한다.

크로스 트레이닝의 효과를 파악하기 위해서 고객 응대와 관련된 다양한 지표들을 프로그램 전후로 비교한 결과, 특히 고객 만족도에서 큰 향상이 발생한 것으로 확인되었다. 또한 팀원들 간의 협업이 원활해지고, 업무의 연속성이 강화되었다는 평가도 나왔다. 이러한 결과는 팀원들이 자신이 맡지 않은 업무에 대해서도 이해하게 되었으며, 필요할 때는 다른 팀원의 역할을 대신할 수 있는 능력을 갖추게 되었기 때문인 것으로 추론된다.

결과적으로 Badger Maps의 팀 크로스 트레이닝 프로그램은 팀워크를 강화하고, 생산성을 극대화하는 데 크게 기여한 사례로 평가받고 있다. 팀원들이 서로의 역할을 이해하고, 다양한 기술을 습득함으로써 팀 내 협업이 강화되고, 고객 만족도가 크게 향상되었다. 이러한 프로그램은 다른 조직에서도 벤치마킹할 가치가 있는 성공적인 팀 빌딩 사례로 보인다.

출처 : Branislav Moga, Real Life Examples of Successful Teamwork, 2017.05.24. activecollab.com

개관

제9장에서는 작업집단의 본질과 집단구성원들의 행위를 통제하는 방법과 집단과 조직의 목표를 달성하기 위해 새로운 구성원들의 사회성을 향상시키는 방법에 대해 학습했다. 이 장에서는 작업집단에 대해 배우고 집단의 업무성과를 높일 수 있는 방안을 강구할 것이다. 제9장에서 배웠듯이 효과적인 작업집단은 높은 수준의 업무성과를 달성하고 조직이 목표달성을 하는 데 일조한다.

효과적인 작업집단을 구성하고 집단구성원들이 원활하게 협력하기 위해서는 몇 가지 요인들이 필요하다. 이 장에서는 앞서 학습한 내용을 다시 확인하고 집단이 개인보다 높은 업무성과를 낼 수 있는 환경을 모색하고자 한다. 또한 집단 내에서 발생하는 갈등과 문제점들이 어디에서 기인하는지를 확인한 후 집단이나 조직의 성과가 낮은 이유를 찾아볼 것이다. 마지막으로 작업집단의 네 가지 주요 형태(최고경영팀, 자율경영팀, 연구개발팀, 가상팀)에 대해 구체적으로 살펴보고자 한다. 이러한 학습과정을 통해 당신은 다양한 구성의 팀을 어떻게 활용하면 성과를 높일 수 있는지를 알게 될 것이다.

프로세스 손실, 프로세스 이득, 집단효과

효과적인 작업집단은 조직목표를 달성하는 데 중요한 역할을 한다. 결과는 완제품, 이를테면 완벽하게 작성된 보고서 혹은 품질 좋은 자동차 등과 같은 유형물 혹은 고객만족이 될 수도 있다. 이러한 성과로는 작업프로세스를 향상시키기 위한 제안, 고장 난 기계에 대한 보고, 고객을 만족시키기 위한 방법, 스트레스를 받는 동료를 도와주는 것 등과 같은 조직행동이 있다. 효과적인 작업집단은 문제점 혹은 **프로세스 손실**을 최소화함으로써 높은 성과를 달성할 수 있다. 또한 구성원들이 함께 일하는 과정에서 조화로운 분위기를 만들 수 있는 방안을 모색함으로써 작업집단은 시간이 지남에 따라 잠재적 성과를 높일 수 있다.

잠재적인 성과란?

잠재적 성과
어떤 집단이 특정 시기에 달성할 수 있는 최고 수준의 성과

관리자들은 가능하면 모든 집단이 더 높은 성과를 내기 원한다. 이를 집단의 **잠재적 성과**(potential performance)라고 부른다.[1] 잠재적 성과는 작업집단의 능력을 최대한 반영한 성과이기 때문에 중요한 개념이다. 하지만 미리 측정하는 것이 어렵고 환경에 따라 변한다는 문제점이 있다. 토요타와 같은 자동차 회사는 생산라인 종업원들의 생산성을 높이기 위해 다양한 방법을 도입하고 있는데, 혁신적 방법 중 하나는 집단의 잠재적 성과수준을 지속적으로 증가시키는 것이다. 집단의 능력이 종종 과소평가된다는 것을 깨달은 관리자들은 집단이 잠재적 성과를 지속적으로 증가시킬 수 있도록 한다.

조직의 목표를 달성하기 위해서는 관리자들과 작업집단이 실제 성과가 잠재적 성과에 근접하도록 노력해야 한다. 그러나 현실적으로는 많은 경우에 각 집단의 실제 성과가 잠재적 성과에 크게 미치지 못하고 있다. 가령 6명의 영업사원으로 구성된 집단이 있다고 가정해보자. 이 집단의 규모는 작지만 독자적인 의류매장을 갖추고 있다. 매장도 깨끗하고 종업원들은 고객에게 항상 친절하다. 그러나 최근 집단의 실제 성과가 잠재적 성과에 크게 미치지 못하고 있다. 상품을 구매한 고객들이 줄줄이 반품을 하고 있으며 창고에는 재고가 가득 차 있다. 이 집단의 실제 성과는 왜 잠재적 성과에 미치지 못하며 이를 해결하기 위해서는 어떻게 해야 할까? 이 장에서는 이러한 점을 학습하고자 한다.

프로세스 손실과 업무성과

프로세스 손실
환경과 동기부여의 문제로 인해 집단이 겪는 손실

프로세스 손실(process iosses)은 환경과 동기부여 문제로 인해 업무성과 향상에 어려움을 겪는 것을 의미하며 집단의 잠재적인 업무성과에 실제 업무성과가 미치지 못하도록 하는 요인이다.[2] 예를 들어 상품의 생산라인과 관련된 다양한 업무와 재화, 서비스의 과정이 집단구성원들에게 분배될 때와 구성원들의 업무가 합쳐져서 하나의 생산품을 완성하게 될 때 문제가 발생한다. 몇몇 구성원들이 다른 사람들보다 천천히 작업을 한다면 완제품의 품질은 떨어지게 된다. 마감기한에 맞추기 위해 업무를 서둘러야 하기 때문이다. 그림 10.1은 실제 업무성과와 잠재적인 업무성과의 관계 및 프로세스 손실의 관계를 보여준다.

앞서 설명한 6명의 종업원으로 구성된 집단은 카운터를 지키고 드레스룸을 깨끗하게 유지하는 과정에서 협력의 문제를 겪었다. 특정 고객이 매장에 방문한다는 것을 알고 있던 종업원은 고객에게 어울리는 옷을 골라 카운터에 전시한다. 하지만 이전 고객이 입었던 옷들은 여전히 드레스룸에 남아 있다. 카운터를 깨끗하게 정리하고 선반을 정리하는 것이 종업원들의 의무인데 이는 다른 종업원이 고객을 위해 별도로 빼놓은 옷을 다시 제자리에 가져다두는 실수를 범하지 않기 위해서이

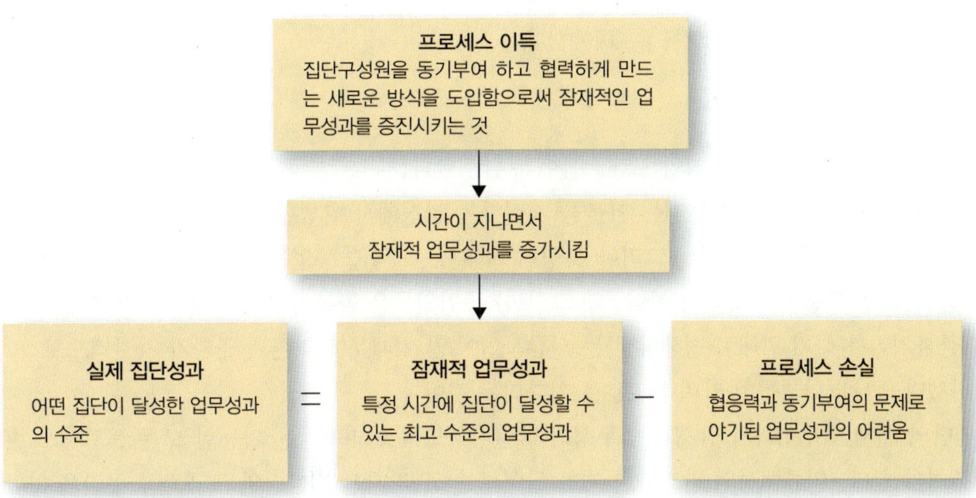

그림 10.1
실제 업무성과와 잠재적 업무성과의 관계

현대의 조직행동

팀은 항상 생산적인가?

팀 조직을 구성할 때는 반드시 긍정적인 효과만 있는 것은 아니다. 팀 조직이 가진 부정적 효과, 즉 '프로세스 손실(process loss)'은 팀의 잠재적 성과를 방해하는 요소들을 말한다. 이러한 프로세스 손실은 다양한 형태로 나타날 수 있으며, 몇 가지 잠재적 요인들을 살펴보면 다음과 같다.

1. 의사결정 지연
   팀 내에서 모든 구성원의 의견을 듣고 합의에 도달하려는 과정에서 의사결정이 지연될 수 있다. 이는 '합의에 의한 의사결정' 과정에서 자주 발생하며, 각 구성원이 다양한 의견을 제시하고 논의가 길어지면서 결론을 내리기까지 시간이 많이 소요된다. 예를 들어, 제품 개발 팀에서 여러 부서의 의견을 조율하다 보면, 시장에 제품을 출시하는 시기가 늦어질 수 있다.
2. 사회적 태만
   팀원이 여러 명일 경우, 개인은 자신의 기여가 팀 전체 성과에 미치는 영향이 적다고 느껴 노력 수준을 낮추는 현상이 발생할 수 있다. 이러한 사회적 태만(social loafing)은 팀의 전체적인 성과를 저해하고, 특정 구성원들에게 불필요한 부담을 가중시킬 수 있다. 예를 들어, 대형 프로젝트에서 일부 팀원들이 자신의 역할을 소홀히 하면, 프로젝트 완료 시간이 지연되거나 품질이 떨어질 수 있다.
3. 집단사고
   팀 내에서 구성원들이 지나치게 동조하려는 경향이 강할 때 집단사고(groupthink)가 발생할 수 있다. 집단사고란 개인의 의견이 집단 내에서 무시되거나 제약되는 현상이다. 이는 팀이 비판적 사고 없이 한 가지 의견에 동의하게 만들고, 창의적이고 혁신적인 아이디어가 제시되지 않게 만든다. 예를 들어, 한 팀이 새로운 마케팅 전략을 수립할 때 다양한 구성원의 의견을 들어보지 않고 팀 리더의 생각에만 동의하면, 시장에서 실패할 가능성이 높아진다.
4. 책임 불명확성
   팀 구성원 간에 역할과 책임이 명확하지 않으면, 책임 불명확성(responsibility ambiguity)이 발생할 수 있다. 이는 특정 업무가 누가 담당해야 하는지 명확하지 않게 되어 업무가 지연되거나, 중요한 작업이 누락되는 결과를 초래할 수 있다. 예를 들어, 프로젝트에서 각 단계별로 누가 결정을 내려야 하는지가 불명확하면, 작업이 지연되거나 중복 작업이 발생할 수 있다.

이처럼 팀 조직에서 발생할 수 있는 프로세스 손실은 다양한 형태로 나타나며, 이를 관리하지 않으면 팀의 성과가 크게 저하될 수 있다. 팀 리더와 조직은 이러한 손실을 최소화하기 위해 역할의 명확한 정의, 효과적인 의사소통, 그리고 팀 구성원들의 적극적인 참여를 유도해야 한다.

다. 이런 협력의 문제가 카운터와 드레스룸에서 발생한다.

특히 이 집단의 동기부여 문제는 환불을 처리하는 과정에서 발생한다. 종업원들은 고객의 환불처리 과정에 대한 책임이 있다. 그러나 분명히 그 일을 도와줄 종업원이 있음에도 옷을 환불하러 온 고객들은 오랫동안 기다려야 한다. 왜 그럴까? 종업원들은 환불과정에 대해 커미션을 받지 못하고, 환불처리를 하기 위해 수행해야 하는 서류작업이 많기 때문에 다른 누군가가 자발적으로 그 일을 하겠다고 나타나기를 바라며 1~2분을 기다리는 것이다.

집단의 실제 업무성과가 잠재적 업무성과와 일치하도록 관리자들은 가능한 모든 프로세스 손실을 줄여야 한다. 의류매장의 관리자를 예로 들어보자. 관리자는 카운터와 드레스룸 공간을 하나씩 비워서 특별한 종류의 옷들만을 진열한다든지 고객들이 입어본 옷은 고객이 돌아간 뒤 바로 정리하는 것을 원칙으로 하는 프로세스를 규정할 수 있다. 카운터에 남아 있는 옷이나 드레스룸에 걸려 있는 옷들이 눈에 띄었을 때 관리자는 종업원들에게 정리하도록 지시한다. 혹은 종업원들이 환불하는 옷을 얼마나 처리하였는지 조사하여 인센티브를 줄 수도 있다. 그렇게 하면 종업원들이 환불하고자 하는 고객을 바로 응대할 가능성이 높아질 것이다. 물론 프로세스 손실은 집단구성원들 간의 갈등에서도 발생할 수 있다. 구성원끼리 서로 일을 잘 못한다고 비난하고 인격적으로 충돌할 때 프로세스 손실이 발생할 수 있다. 이러한 손실 또한 관리자들이 해결해야 할 사항들이다.

프로세스 이득과 업무성과

관리자는 업무성과를 방해하는 프로세스 손실을 줄임과 동시에 집단의 잠재적인 업무성과를 증가시켜야 한다. 이를 위해 조직구성원을 동기부여하고 협력을 얻어낼 방안을 강구해야 한다. 집단구성원들을 동기부여하거나 협력을 도모하기 위해 새로운 방법을 도입함으로써 잠재적인 업무성과를 증진시키는 것을 **프로세스 이득**(process gains)이라고 한다.[3] 일본의 관리자들은 자동차나 전자제품 등을 생산할 때 생산라인의 업무성과를 지속적으로 증대시키는 프로세스 이득을 추구한다. 프로세스 이득은 문제를 해결하기 위한 혁신적 방법을 생각하여 집단을 리드하고 생산비용을 줄이는 새로운 방법을 찾을 때 가능하다.[4]

프로세스 이득
집단구성원들을 동기부여 하거나 협력하게 하는 새로운 방법의 도입을 통하여 잠재적인 업무성과를 증가시키는 것

의류매장의 관리자는 프로세스 손실을 줄임으로써 매장을 깨끗하게 유지하고 환불과정이 효과적으로 처리될 수 있도록 할 수 있다. 하지만 관리자가 구성원들의 잠재적 업무성과가 더욱 높아질 수 있다는 것을 믿고 역량을 인정해주며 알맞은 새로운 방법을 찾는다면 판매를 더욱 촉진할 수 있다. 프로세스 이득을 성취하고 잠재적인 업무성과를 이끌기 위해 관리자는 종업원 집단을 동기부여해야 한다.

백화점의 관리자도 구성원에게 동기부여를 함으로써 프로세스 이득을 취할 수 있다. 예를 들어 한 백화점 관리자는 분기마다 매장별 경쟁을 유도하였다. 가장 멋있고 혁신적인 디스플레이를 한 매장은 직원휴게실에 담당 종업원의 사진을 걸어두도록 했다. 또한 선정된 매장의 종업원은 매장 물품을 구입할 수 있는 250달러 상당의 상품권을 받게 되었다. 이러한 조치로 제품 디스플레이가 개선되었고 종업원들은 예전보다 도전적인 태도를 갖게 되었다.

때때로 프로세스 이득은 더 창의적이고 위험을 감수하고자 하는 구성원을 장려함으로써 달성될 수 있다.[5] 예를 들어 기업의 재무부서는 일반적으로 위험을 감수하고자 하려는 의지가 적은 것으로 알려져 있는데 이 때문에 많은 기업에서는 변화를 주고자 한다. 한 기업은 Bill Murray와 John Belushi라는 동문 명단을 가지고 있는 유명한 세컨드시티코미디극단의 독립 계약자인 Rob Nickerson을 고용하여 1만 5,000달러를 지불하고 재무팀 조직원들이 창의성을 개발할 수 있는 즉흥 코미디 훈련을 실시하였다.[6] 조직원들은 훈련받는 동안 창의성을 개발하기 위해 팀으로 활동하였다. 세컨드시티코미디는 AT&T, 모토로라, 크래프트 푸드, 액센추어와 같은 회사에서 매년 500회 이상 코미디를 통해 팀워크를 기를 수 있는 워크숍을 실시한다.[7]

thinkstock/George Doyle/Stockbyte

집단구성원의 동기부여에 의지하는 프로세스 이득이나 손실의 결과는 줄다리기 게임에서처럼 사람들이 그 일을 마치기 위해 상호작용할 때 나타난다.

다음 부분에서는 집단의 다양한 성격에 대해 알아보고자 한

현대의 조직행동

캐털란트과 온콜리틱스 바이오텍의 협업팀

캐털란트와 온콜리틱스 바이오텍의 협업은 신약 개발의 복잡한 과정에서 다기능팀(Cross-Functional Team)이 어떻게 중요한 역할을 하는지를 보여주는 좋은 사례이다. 이 두 회사는 항암제인 Reolysin의 상업화를 목표로 긴밀하게 협력했으며, 이 과정에서 다양한 전문가들이 모여 다기능팀을 구성하여 여러 가지 도전 과제를 극복했다.

협업의 배경과 목적은 다음과 같다. 온콜리틱스 바이오텍은 혁신적인 항암제 Reolysin을 개발하고 있었으며, 이를 상업화하기 위해 캐털란트와 파트너십을 맺었다. Reolysin은 인간의 암세포에 선택적으로 감염되어 암세포를 파괴하는 변형된 야생형 레오바이러스를 기반으로 한 치료제이다. 이 치료제의 상업화는 복잡한 제조 공정과 엄격한 규제 요건을 충족해야 했기에, 이를 성공적으로 수행하기 위해서는 다양한 분야의 전문가들이 협력해야만 했다.

캐털란트와 온콜리틱스 바이오텍은 신약 개발의 여러 단계에서 다기능팀을 조직했다. 이 팀에는 기술 개발, 제조 공정, 품질 관리, 규제 준수, 프로젝트 관리 등의 분야에서 전문가들이 참여했다. 다기능팀은 각 단계에서 발생할 수 있는 문제를 사전에 예측하고, 이를 해결하기 위한 전략을 수립하는 역할을 담당했다.

Reolysin의 제조는 매우 복잡한 공정이었으며, 특히 다중 성분의 폴리머 기반 제형을 멸균하여 조합하는 과정이 중요한 과제였다. 이 과정에서 다기능팀은 기술 이전 문서를 상세히 작성하여 모든 제조 단계와 규격을 명확히 하고, 각 단계에서 발생할 수 있는 문제를 사전에 해결했다. 이를 통해 제조 공정이 원활하게 진행될 수 있도록 했다.

또한 다기능팀은 제조 공정에서 발생할 수 있는 품질 문제를 최소화하기 위해 철저한 품질 관리 프로세스를 수립했다. 예를 들어, 모든 공정 단계에서 필요한 온도, 시간, 제어 사항을 전자 문서로 기록하여 투명성을 높였다.

프로젝트의 성공을 위해 다기능팀은 정기적인 회의를 통해 각 단계의 진행 상황을 공유하고, 주요 의사결정을 신속하게 내렸다. 이를 위해 캐털란트와 온콜리틱스 바이오텍의 고위 관리진이 포함된 프로젝트 운영위원회를 구성하여, 주요 전략적 결정을 논의하고 실행할 수 있도록 했다. 이러한 구조는 의사결정 속도를 높이고, 프로젝트의 효율성을 극대화하는 데 기여했다.

결과적으로 캐털란트와 온콜리틱스 바이오텍의 다기능팀은 Reolysin의 상업화를 위한 중요한 여러 목표를 달성했다. 이들은 제조 공정의 복잡성을 효과적으로 관리하여, 제품의 일관된 품질을 유지하고, 규제 요건을 충족시켰다. 그 결과, Reolysin은 임상시험에서 성공적인 결과를 도출했으며, 현재 상업적 제조 단계에 도달했다. 이 협업의 주요 교훈은 다기능팀이 신약 개발의 복잡한 도전 과제를 효과적으로 해결하는 데 매우 중요한 역할을 한다는 점이다. 다양한 전문 지식을 가진 팀원들이 협력함으로써, 각 단계에서 발생할 수 있는 문제를 사전에 예측하고 해결할 수 있고 정기적인 의사소통과 협업을 통해 프로젝트의 효율성을 높이고, 목표를 신속하게 달성할 수 있다.

출처 : Dali, M., Stamato, H. J., Stewart, A., Behling, R. W., & Raglione, T. 'Optimizing knowledge creation at Bristol-Myers Squibb – a case study within pharmaceutical development'. Journal of Pharmaceutical Innovation. Vol. 10(1). 2014.

다. 집단성격은 프로세스 이득을 증가시키거나 손실을 감소시킴으로써 업무성과에 영향을 줄 수 있다. 효과적인 작업집단을 만들고 유지하기 위한 관리자의 주요 목표는 (1) 실제 업무성과가 잠재적 업무성과와 비슷한 수준이 될 수 있도록 프로세스 손실을 줄이는 것 (2) 잠재적 업무성과의 수준을 지속적으로 증가시킬 수 있는 프로세스 이득을 창출하는 것이다.[8]

사회적 태만 : 집단의 동기부여와 업무성과에서의 문제

집단에서 특정 구성원의 성과에 대한 기여도는 관리자에게 쉽게 보여지지 않을 뿐 아니라 쉽게 정의할 수도 없다. 이를테면 쇼핑몰에서 푸드코트를 청소하는 직원의 사례를 들어보자. 청소직원들에게는 각자의 청소구역이 할당되지 않는다. 이는 전체 청소원이 쇼핑몰을 다니면서 보는 즉시 지저분한 테이블을 청소하는 것이 더 효과적이라는 이유 때문이다. 이 경우 관리자는 누가 얼마나 청소를 했는지 알 길이 없다. 이와 같이 개인의 성과가 쉽게 드러나지 않는 집단 내에서는 개인의 사회적 태만이 발생한다. **사회적 태만**(social loafing)은 사람들이 개인으로 일할 때보다 집단 내에서 일할 때 노력을 덜하게 되는 현상을 뜻한다.[9]

사회적 태만
혼자 일할 때보다 집단으로 일할 때 노력을 덜하게 되는 경향

사회적 태만은 작업집단의 효과에 심각한 영향을 줄 수 있고 프로세스 손실을 가져올 수 있다. 여기에는 두 가지 이유가 있다. 첫째, 앞 단원에서 배운 학습과 동기부여에 대해 논의했던 것을 떠올려보자. 개인성과의 수준에 따라 구성원들에게 칭찬과 보상이 주어질 때 동기부여, 노력의 정도, 성과가 높아진다는 것을 배웠다. 종업원은 개인의 업무수행이 쉽게 정의되지 못하거나 쉽게 눈에 띄지 않기 때문에 긍정적인 결과(칭찬 등)를 받지 못하거나 부정적인 결과(질책 등)를 받지 못한다는 것을 알고 있다. 즉 업무수행과 결과 간의 관계가 끊어지기 때문에 종업원의 동기부여는 개인으로 일할 때보다 집단으로 일할 때 더 낮아진다. 결과적으로는 맡은 일에 대해 열심히 노력하지 않는다.[10]

둘째, 사회적 태만은 집단의 특정 구성원이 자신이 하는 일이 덜 중요하거나 인정을 받지 못한다고 믿을 때 부각된다. 이런 믿음은 개인의 동기부여를 저조하게 만든다.[11] 예를 들어 종업원이 자신의 할 일을 마쳤고 나머지 테이블 정리나 청소는 다른 구성원들이 해야 할 일이라고 생각하고 일찍 퇴근할 수 있다. 수업시간에 팀 프로젝트를 하는 경우 사회적 태만을 경험한 적이 있는가? 때때로 1~2명의 학생은 해야 할 일을 안 할 수 있다. 그들은 일을 얼마나 열심히 수행했든 간에 다른 집단 구성원들과 동일한 점수를 받을 것이라 생각한다. 또는 자신의 노력 없이도 집단이 잘할 수 있다고 생각할 수 있다.

사회적 태만은 집단이나 팀에 있어 심각한 문제가 될 수 있는데 이는 프로세스 손실을 가져오기 때문이다. 사회적 태만이 일어날 때 실제 집단성과는 잠재적 성과보다 낮아진다. 집단의 일부 구성원들이 해야 할 만큼의 일을 하지 않기 때문이다. 집단 내 1~2명이 행하는 사회적 태만은 다른 구성원들에게도 영향을 미쳐 일을 하고 싶지 않게 만들며 결과적으로 집단의 성과는 급격히 낮아진다. 이런 형태의 프로세스 손실은 **편승효과**(sucker effect)의 결과이다. 편승효과란 다른 구성원의 사회적 태만을 관찰한 구성원이 동일하게 일을 태만히 하게 되는 현상이다.[12,13] 편승효과는 공정성 이론으로 설명이 가능하다. 불공평하게 대우를 받는다고 생각한 구성원이 자신의 투입 대비 결과 비율을 다른 구성원들의 투입 대비 결과 비율과 비교함으로써 공평하게 대우받으려고 하기 때문이다(제6장 참조).

편승효과
집단구성원의 사회적 태만을 본 다른 구성원이 동일하게 업무에 태만하게 되는 편승행위

집단규모와 사회적 태만

여러 연구에서 집단규모가 커지면 집단구성원들의 노력이 감소한다는 점이 확인되었다.[14] 사회적 태만이 증가하는 이유는 집단구성원이 많아지면 각 구성원들의 업무를 정의하고 성과를 평가하는 데 어려움을 겪기 때문이다. 한 관리자가 챙겨야 하는 구성원이 많아질수록 관리자가 각 구성원의 업무수행을 평가하는 데 시간이 걸린다. 집단규모가 커질수록 구성원들은 자신의 노력이 집단의 성과에 크게 기여하지 못한다고 생각할 수 있다. 다른 형태의 프로세스 손실도 집단규모가 커질수록 증가한다.[15] 제9장에서 배웠듯이 집단규모가 커질수록 프로세스 손실을 야기하는 갈등과 협력의 문제는 비례하여 나타난다. 프로세스 손실은 잠재적인 성과와 실제성과 사이의 차이를 크게 만든다.[16]

사회적 태만을 줄이는 방법

관리자들은 집단성과에 기여하는 각 구성원들의 개인적인 업적을 명확하게 정의하고 구성원들이 집단에 중요한 역할을 하고 있다고 믿게 하며 집단규모를 최대한 작게 유지함으로써 사회적 태만을 줄이거나 제거할 수 있다.

개인의 기여도를 구분할 것

사회적 태만을 제거하기 위한 방법은 집단성과에서 각 구성원들의 개인적인 기여를 명확하게 구분하는 것이다.[17] 예를 들어 음식점의 구역을 나누어 각 종업원들이 청소하도록 가정해보자. 비록 잠재적인 업무성과를 이루지는 못하겠지만 개인은 자신의 업무를 확인할 수 있다. 각 종업원들이 수행한 업무는 맡은 구역의 청결도로 확인할 수 있다. 하지만 협력의 부족으로 중요한 프로세스 이득을 잃을 수 있다. 때때로 개인의 업무기여를 정의하기 어려운 경우에는 다른 집단구성원들의 동료평가 또는 성과평가시스템을 통해서 평가할 수 있다. 예를 들어 교수들은 팀 프로젝트를 수행하는 집단 내 구성원들이 다른 구성원들의 기여도를 평가하고 그 평가를 기본으로 학생들의 학점을 산정함으로써 집단 내에서의 사회적 태만을 줄이고자 노력한다.

각 개인이 집단에 중요한 기여를 했음을 인식하게 할 것

관리자가 개개인의 집단구성원들을 관찰하여 기여도를 평가하는 것이 불가능한 집단도 있다. 가수들은 상업 광고나 영화에 나오는 노래를 같이 부를 때 이때 개인의 기여도가 어느 정도인지 파악하기 어렵다. 실제로 각 가수의 기여도(노래의 질)는 전체 성과와 구별할 수가 없다.

각 구성원의 기여도를 전체 집단의 성과와 구별하기 어려운 경우 관리자들은 각 구성원들이 집단의 성과에 중요한 기여를 하고 있다고 느끼게 함으로써 사회적 태만을 줄일 수 있다.[18] 개인이 수행하는 업무를 가치 있고 중요하다고 느끼게 하는 것이 사회적 태만을 줄이고 작업집단의 효과를 증대시키는 두 번째 방법이다. 즉 가수에게 주기적으로 그들이 가진 특별한 재능을 칭찬하고 집단에 기여하고 있다는 것을 알려줌으로써 사회적 태만을 줄일 수 있다. 가령 깊고 낭랑한 목소리를 가진 가수에게는 광고나 영화의 매력을 높였음을 알려줄 수 있다. 각 구성원의 가치와 기여의 중요성을 강조하는 또 다른 방법은 개인들이 집단의 성공 또는 실패가 자신에게 크게 달려 있음을 믿게 하는 것이다.

샌프란시스코 49ers와 스탠퍼드대학 풋볼팀의 촉망받는 감독이었던 Bill Walsh는 각 선수들이 팀에 중요한 기여를 하고 있다는 것을 느끼게 해줌으로써 사회적 태만을 줄였다. Walsh 코치는 이렇게 말했다. "팀에서 성장하고 뛰고 있는 각 선수들에게 감사를 표해야 한다. 그리고 그가 승패를 가름하는 중요한 위치에 놓일 수 있다는 것을 알게 해야 한다. 어떤 선수에게는 일생에 한 번 주어진 경기일 수도 있고 어떤 선수에게는 매번 주어지는 경기일 수 있다. 요지는 모두의 역할이 매우 중요하다는 것이다. 모든 선수들은 각자 특정 역할과 책임이 있다. 각 선수들에게 그들이 맡은 역할이 중요하다는 것을 알려줘야 한다. 즉 각자가 창의적인 아이디어를 내고 해결방안을 찾아 그것을 표현하는 것이 중요하다."[19] 선수 각 개인이 팀의 성공에서 자신의 역할을 중요하게 생각하도록 만드는 Walsh의 능력은 다년간 풋볼 코치로서의 경험에서 나온 것이다. 이러한 능력은 크고 작은 조직에서 팀의 관리자가 리더십 능력을 발휘하기 위해 사용할 수 있는 중요한 능력이다.

사회적 태만을 줄일 수 있는 또 다른 방법은 각 구성원에게 집단에 속하게 된 이유를 상기시키는 것이다. 특정 임무를 띤 집단을 구성할 때, 관리자는 각기 다른 배경과 전문기술을 가진 구성원을 선택한다(제9장 참조). 구성원들이 가진 특정 기술이 있었기에 특별업무집단에 참여할 수 있었다는 것을 상기시켜 관리자들은 구성원이 집단에 중요하고 가치 있는 기여를 한다는 것을 느끼게 한다.

최대한 집단규모를 작게 할 것

사회적 태만을 제거하기 위한 세 번째 방법은 집단의 규모를 가능한 작게 유지하는 것이다.[20] 사회적 태만은 집단이 커질수록 빈번하게 일어나는데 그 이유는 자신의 업무가 제대로 정의되지 않고 불필요하다고 느끼거나 집단 내의 다른 구성원들과 업무가 중복된다고 생각하기 때문이다. 20~30명 정도로 구성된 집단도 심각한 동기부여 저하와 협력의 문제를 겪을 수 있다. 따라서 관리자들은 집단의 적정 규모가 어느 정도인지 고민해야 한다. 집단의 규모는 구성원들이 수행하는 업무가 얼마나 복잡하고 어려운지에 달려 있다. 집단이 커질수록 프로세스 손실이 커진다면 관리자들은 집단의 규모를 제한하거나 집단의 행위를 통제하는 방법을 강구할 필요가 있다.

집단의 규모를 줄이는 방법은 업무를 명확하게 구분하여 두 집단이 효과적으로 자신들이 맡은 업무를 수행하도록 하는 것이다. 남성 의류매장의 경우, 매장의 모든 업무를 6명의 종업원들이 돌아가면서 하는 것보다는 2명에게 폴로와 타미힐피거와 같은 브랜드 상품을, 다른 2명에게는 조금 비용이 낮은 브랜드 상품을, 나머지 2명에게는 환불하는 일과 다른 두 집단을 보조하는 일을 하게 하는 것이 효율적이다. 조직을 여러 개의 다양한 집단으로 구성하는 이유는 프로세스 손실을 줄이기 위함이다.

업무의 성격이 집단성과에 영향을 미치는 방법

사회적 태만으로 야기되는 프로세스 손실은 집단구성원들의 개인적 기여도가 잘 확인되지 않거나 덜 중요하다고 느낄 때 가장 빈번하게 일어난다. 그러나 어떤 집단에서는 수행하는 업무의 성격에 따라 프로세스 손실이 나타나기도 한다. 특정 업무의 성격상 개인의 성과기여도를 확인하기 어렵기 때문에 기여도를 바탕으로 구성원들에게 보상을 해주는 것이 쉽지 않은 경우에 특히 프로세스 손실이 일어난다. 결과물을 배분하고 집단구성원들에게 부여하는 보상을 결정하기 위해 업무의 성격이 명확하게 설명되어야 한다.

James D. Thompson이 제시하는 집단업무의 모델을 바탕으로 관리자들은 다음의 사항들을 정리할 수 있다.

(1) 프로세스 손실을 야기하는 업무의 성격
(2) 집단구성원들에게 높은 동기부여를 하기 위해 결과나 보상을 배분하는 가장 효과적인 방법

Thompson의 모델은 **업무상호의존성**(task interdependence)에 바탕을 두고 있다. 업무상호의존성은 집단 내에서 구성원의 업무가 다른 구성원들이 하는 일에 영향을 미치는 정도를 뜻한다.[21] 집단 내 업무상호의존성이 높아질수록 업무를 수행하기 위해 협력해야 하는 집단구성원들 간의 상호작용의 강도도 함께 높아진다.[22] Thompson은 업무상호의존성 유형을 세 가지로 정의한다 — 집합적 상호의존성, 순차적 상호의존성, 교호적 상호의존성.[23]

업무상호의존성
집단 내에서 한 구성원의 업무가 다른 구성원들이 하는 일에 영향을 미치는 정도

집합적 상호의존성

어떠한 집단의 업무가 **집합적 상호의존성**(pooled task interdependence)과 관련이 있다는 것은 각 집단구성원들이 각각 집단성과에 독립적인 기여를 한다는 것을 의미한다. 각 구성원들의 기여가 명확하게 구분되어 있기 때문에 쉽게 정의되고 평가될 수 있다. 집합적 상호의존성과 관련된 집단업무에서 집단의 성과는 각 구성원들의 업무성과들의 합으로 정의할 수 있다.[24] 집합적 상호의존성은 그림 10.2a에 나와 있다. A, B, C 구성원들은 집단성과에 독립적으로 기여하며 이들의 기여를 합하면 집단의 성과를 측정할 수 있다.

집합적 상호의존성
집단구성원 각자가 구분된 일을 하고 집단성과에 독립적으로 기여할 때를 일컫는 업무상호의존성

그림 10.2
업무상호의존성의 세 가지 형태

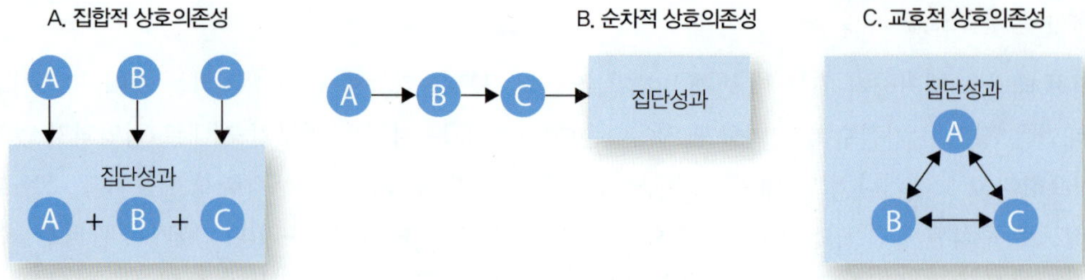

집합적 상호의존성이 강한 업무의 예로는 타이피스트, 음식점 종업원, 물리치료사, 출판사의 영업부서 등이다. 이때 집단성과는 각 집단구성원의 성과를 합하면 나타난다. 타이핑한 업무의 양, 자신이 서빙한 고객의 수, 돌본 환자의 수, 책 판매량 등이 그 예이다.

집합적 상호의존성으로 인한 프로세스 손실의 주된 원인은 노력이 중복되는 경우이다. 2명의 웨이터가 동일한 손님에게서 주문을 받거나 2명의 타이피스트가 같은 보고서를 타이핑하는 경우가 대표적인 사례이다. 이러한 협력의 문제는 집단구성원들에게 주의해서 업무를 분배하고 명확하게 알려주는 것으로 해결할 수 있다.

동기부여의 문제는 집단구성원의 개인성과를 평가하고 개인성과에 따라 보상을 함으로써 쉽게 해결할 수 있다. 개인성과에 따른 보상분배는 학습과 동기부여의 이론이 제시하는 것처럼 높은 동기부여를 유발할 수 있다. 실제로 집합적 상호의존성에 기반을 둔 업무는 개인의 기여도에 따라 개별적으로 측정하고, 보상할 수 있기 때문에 동기부여로 인해 발생하는 프로세스 손실 확률이 낮다.

순차적 상호의존성

순차적 상호의존성
집단구성원들이 미리 정해진 순서로 특정 행동을 수행해야만 하는 경우를 일컫는 업무상호의존성

순차적 상호의존성(sequential task interdependence)에 기반을 둔 집단업무는 집단의 전체 업무를 달성하기 위해 미리 정해진 순서대로 집단구성원이 수행할 특정 행위를 요구한다. 따라서 첫 번째 집단 구성원의 성과가 두 번째 구성원이 얼마나 잘할 수 있는지를 결정하고, 두 번째 구성원의 성과는 세 번째 구성원의 성과를 결정한다. 즉 각 구성원의 성과는 자신 앞의 구성원이 얼마나 업무를 잘 수행했는지에 달려 있다. 그림 10.2b에서 구성원 A의 성과가 구성원 B의 능력에 영향을 주고 구성원 B의 성과가 구성원 C의 능력에 영향을 준다는 것을 알 수 있다. 순차적 상호의존성의 예는 자동차, 텔레비전, 서브웨이 샌드위치를 만드는 과정에서 나타나는 생산라인 등이 있다. 즉 집단구성원의 성과는 일련의 행위의 결과이다.

순차적 상호의존성의 경우 집단구성원 각자의 행위를 구분하는 것은 어렵다. 각 구성원들이 하나의 완제품을 만드는 데 기여하기 때문이다(반대로 집합적 상호의존성의 경우, 각 집단구성원들은 자신의 완제품에 기여하고 집단성과는 각 구성원의 기여도를 합친 결과로 나타난다). 개인의 성과를 구분하는 것이 어려운 또 다른 이유는 업무 초기에 구성원이 실수한 부분이 다른 구성원들에게 지대한 영향을 줄 수 있기 때문이다. 예를 들어 자동차 생산라인의 구성원이 차축을 정확하게 맞추지 못하면 그 뒤에 작업하는 구성원들은 바퀴를 잘 맞추지 못할 것이고 브레이크 성능이 제대로 작동되지 않을 것이다. 비슷하게 한 구성원이 청바지의 허리 부분을 제대로 바느질하지 못하면, 바로 이어서 작업하는 구성원은 벨트 고리의 위치를 제대로 잡지 못할 것이다.

집단구성원들의 행위가 순차적으로 상호의존적인 경우, 가장 업무능력이 낮은 구성원의 업무수행능력이 전체 집단성과를 결정하게 된다. 이를테면 평면 LCD TV를 생산하는 과정에서 TV는 정해진 속도의 생산라인을 따라 움직인다. 각 구성원들은 그 라인을 따라 TV가 이동할 때 해야 할 업무를 수행한다. 생산라인은 가장 느리게 작업하는 구성원의 속도에 맞춰 이루어지기 때문에 집

단의 성과는 업무능력이 가장 낮은 구성원의 성과에 의해 결정된다. 따라서 프로세스 손실이 나타날 잠재성은 집합적 상호의존성보다 순차적 상호의존성에서 더 높아지게 된다. 동기부여와 사회적 태만 문제는 동일한 제품에 대해 모든 집단구성원들이 함께 일을 하기 때문에 나타날 수 있으며 그럴수록 각 구성원들의 개인적인 성과수준을 측정하기가 점점 어려워진다.

조직은 순차적 상호의존성과 관련된 동기부여와 사회적 태만 문제를 어떻게 극복할 수 있을까? 첫 번째 방법은 집단구성원들의 행동을 가까이에서 관찰하는 것이다. 생산라인의 경우 주로 많은 관리자들을 고용한다. 두 번째 방법은 비슷한 업무역량을 가진 구성원들로 집단을 구성하여 상호의존성에서 나타나는 부정적인 효과를 제거하는 것이다. 그렇게 한다면 높은 성과를 올리는 구성원들이 성과가 낮은 구성원들로 인해 방해받는 일은 없을 것이다.

동기부여 문제를 해결하는 세 번째 방법은 집단의 성과수준에 따라 집단구성원들에게 보상하는 것이다. 한 구성원의 사회적 태만은 집단성과에 영향을 주고 집단구성원들이 받을 보상을 낮춘다. 이 방법을 통해서 집단구성원들은 서로를 관찰하고 통제할 수 있게 된다. 가장 능력 있는 구성원은 자신보다 못한 다른 구성원들을 도와주고 결과적으로 집단의 성과는 시간이 지나면서 높아진다. 집단에 바탕을 둔 보상은 구성원들 간의 호의를 이끌어낼 수 있기 때문에 관리자들은 팀 구성원들을 교육시켜야 하고, 가장 능력 있는 구성원들은 집단성과가 높아질수록 더 많은 보상을 보장받아야 한다. 일본 기업들은 집단성과를 지속적으로 창출하기 위해 순차적 상호의존성의 장점을 이용할 방법을 강구해 왔다.

협력 문제로 야기되는 프로세스 손실은 업무가 연속적으로 상호의존적일 때에도 나타난다. 생산라인의 초반에 구성원이 작업을 더디게 하거나 일을 멈추어야 하는 경우, 잘못된 부분을 바로잡기 위해서 전체 생산라인은 중단해야만 한다. 이러한 협력의 어려움을 어떻게 해결할 수 있을까? 성실성과 정확성에 따라 구성원에게 보상할 수 있으며, 생산프로세스에서 어떤 작업을 맡더라도 수행할 수 있도록 구성원들을 교육시킬 필요가 있다.

많은 기업들은 제품과 서비스를 생산하고 판매하기 위해 구성원을 집단과 팀으로 조직한다. 팀워크가 구성원의 생산성과 효율성을 눈에 띄게 향상시키기 때문이다. 높은 성과를 달성하는 팀의 생성 여부는 관리자들이 구조와 팀 구성원들의 행위를 통제할 수 있느냐에 달려 있다. 노스캐롤라이나의 히커리에 설립된 히커리 스프링스는 효과적인 집단과 팀을 이루는 것과 관련해서 많은 이슈를 설명하고 있다.

히커리 스프링스는 침대 스프링, 발포단열패드, 철사, 천 등과 같은 매트리스 부품 제공업체이다.[25] 매트리스 제조를 위한 부품 제공업체들 간의 경쟁은 치열했고 사업의 경쟁력을 잃을까 두려워 가격을 올리지 못하고 있는 상황이었다. 히커리 스프링스의 사장인 Edward Weintraub은 비용을 줄이고 생산력을 높이는 방법을 찾기 위해 전력을 다했다. 그가 만들어낸 혁신 중 하나는 구성원들의 협력 방식을 바꾸는 것이었다. 침대 프레임을 제작하는 것은 L자의 철사를 사이즈에 맞춰 자르고 구멍을 뚫고 리벳(못)을 삽입하여 프레임에 색을 입히고 다리바퀴와 프레임을 박스에 넣어 배송준비를 한다. 히커리 스프링스 구성원들은 각자 자기 업무를 일련의 순서로 진행하곤 하였다. 생산과정에서는 병목현상이 자주 발생했는데 생산과정의 구성원들이 다른 구성원들보다 빠르게 일을 처리하기 때문이었다. 이러한 일이 생길 때 구성원들끼리 서로 돕는 것을 권장하기 위해서 Weintraub은 구성원들을 우선 팀으로 나누었다. 각 팀원들은 침대 프레임을 제작하고 포장하는 데 필요한 행위에 대해 책임을 지게 되었다. 팀원들의 협력을 도모하기 위해 맡은 업무수행에 따라 시간당 15달러를 지불하는 것 외에도 미리 정해놓은 생산목표를 달성할 경우 25%의 보너스를 지불하였다. 보너스를 받기 위해 팀원들은 이유를 막론하고 뒤처지는 다른 구성원들을 도와야만 했다. 따라서 못을 박거나 포장하는 구성원들이 뒤처지면 구멍을 뚫는 구성원들은 팀원들이 집단보너스를 달성할 수 있도록 재빨리 행동했다.

팀원들은 새로운 집단시스템에 적응해야 했고 자신을 통제하기 위해 팀을 잘 관리하는 법을 익혔다. 이러한 변화는 생산력을 증대하기 위한 새로운 방법 즉, 프레임을 제작하는 기계의 디자인 향상과 생산과정을 더 효율적으로 조직하는 방법들에 대해 관리자들이 고민하는 것을 해소하였다.[26] 히커리 스프링스의 자율경영팀은 지속적인 생산성의 이득을 가져왔고 기업의 성장을 가능하게 하였다.

교호적 상호의존성

교호적 상호의존성
집단구성원들끼리 전적으로 서로에게 의지할 때 나타나는 업무상호의존성

집단구성원들 모두의 행동이 전적으로 서로에게 의지하여 각 구성원의 성과가 집단의 나머지 다른 구성원들의 성과에 영향을 주는 것을 **교호적 상호의존성**(reciprocal task interdependence)이라 한다. 그림 10.2c는 A의 행위가 B의 행위에 영향을 주고, B의 행위가 C의 행위에 영향을 준다(이는 순차적 상호의존성의 경우와 같다). 그러나 C의 행위가 A와 B의 행위에도 영향을 주고, A의 행위가 C의 행위에도 영향을 주며, B의 행위가 A의 행위에 영향을 준다. 이런 업무의 예는 최첨단기술 연구개발팀, 상위운영자 팀, 병원의 응급실 구성원들과 수술실 구성원들을 들 수 있다. 태블릿 컴퓨터, 제약, 또는 환자치료와 같은 새로운 성공적인 상품과 같은 결과를 도출하기 위해 팀 구성원들은 모두 합력하여 일을 하며 자주 대화하고 공동의 업무를 달성하기 위해 서로 의지해야 한다.

프로세스 손실이 일어날 확률은 교호적 상호의존성일 때 가장 높다. 동기부여, 협력과 관련된 문제가 일어나기 쉽기 때문이다. 사회적 태만과 같은 동기부여의 문제는 팀의 결과물이 진행 중이고 모든 팀원들 간에 복잡한 상호작용으로 나타날 때 개인의 성과수준을 구분하는 것이 어렵기 때문에 발생한다.

집단의 행위가 교호적으로 상호의존적일 때 프로세스 손실을 최소화하려면 관리자들은 어떻게

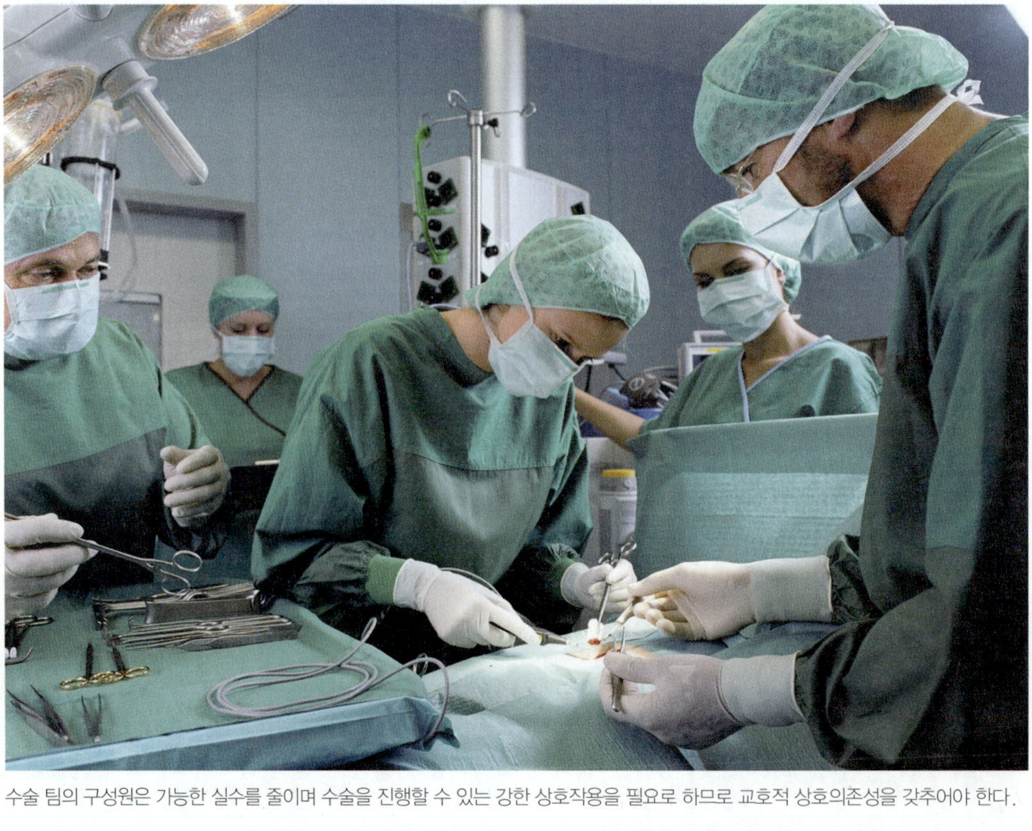

Thinkstock/Jochen Sands/Digital Visi

수술 팀의 구성원은 가능한 실수를 줄이며 수술을 진행할 수 있는 강한 상호작용을 필요로 하므로 교호적 상호의존성을 갖추어야 한다.

해야 할까? 집단을 가능한 최소 인원으로 구성하고 각 팀원들이 집단에 중요하고 확실한 기여를 하도록 해야 한다. 또한 팀원들이 집단의 목표를 달성하는 데 개인적인 책임감을 가지도록 동기부여를 해야 한다.[27] 사회적 태만을 줄이기 위해 관리자들은 전체 집단의 성과에 기반을 두어 팀원들에게 보상해야 한다. 봉급을 올려주고 인센티브를 제공하여 시간이 지날수록 개인의 성과도 향상되도록 각 팀원들의 사기를 북돋아야 한다.

교호적 상호의존성의 성격을 보여주는 사례로 장난감을 만드는 작은 기업의 상위관리자들을 들 수 있다. 이 팀은 마케팅과 영업, 생산, 연구개발, 재무를 담당한 부사장들로 구성되어 있으며, 리더는 사장이다. 기업의 성과는 다양한 분야의 관리자들이 서로 얼마나 협력하느냐에 달려 있고 관리자 개인의 성과를 평가하는 것은 어렵다. 이러한 상황에서 사회적 태만의 가능성이 높지만 실제로 자주 발생하지는 않는다. 왜냐하면 (1) 집단의 규모가 상대적으로 작고 (2) 부사장들은 담당 분

현대의 조직행동

스쿼드 팀을 통한 수평 조직화

오렌지라이프는 전통적인 보험업계에서의 경직된 조직문화를 탈피하고, 혁신과 효율성을 극대화하기 위해 애자일(Agile) 팀 조직을 도입한 사례로 주목받고 있다. 애자일 팀을 조직하는 과정에서 오렌지라이프는 기존의 수직적인 조직 구조에서 벗어나, 스쿼드(Squad)라고 불리는 소규모 자율팀을 운영하기 시작했다.

애자일 팀은 업무에 따라 기능 중심으로 나눴던 기존 조직의 틀을 부수고 부서간 경계를 허무는데서부터 시작한다. 마케팅·영업·운영 등 각각 하나의 기능조직이었던 것을 나눠 10명가량의 소그룹인 스쿼드로 재구조화한다. 마케팅·영업·운영 등이 한데 모인 멀티기능(cross-funcion) 형태의 조직이 새롭게 구성되는 것이다. 각각의 스쿼드는 자율성과 업무 수행방식에 대한 전권을 부여받는다. 업무를 처음부터 끝까지 책임지는 것이다. '임원-부서장-중간관리자-직원'으로 이어졌던 수직적인 직급체계가 수평적인 시각에서 이뤄진다. 그동안 전혀 만나지 못했던 조직의 사람들이 함께 아이디어를 나누고 업무 수행을 위해 토론을 하면서 새로운 시각과 아이디어를 얻는다. 현재 오렌지라이프에는 총 15개로 이뤄진 스쿼드가 있다. 이들은 '4050인입 스쿼드(40~50대 고객 유치 목표)'처럼 각 조직의 목표를 반영해 이름을 만들었다. 스쿼드는 수시로 필요에 의해 만들어지거나 없어질 수 있다. 또한 전략적으로 스쿼드 간의 인력 이동은 언제든지 가능하며 자유롭다. 이같은 스쿼드 조직은 코디네이터 역할을 하는 PO(Product Owner)를 자체적으로 선출하는데 현재 대리급이 맡은 조직도 있다. 과제를 수행하기 위해 아이디어를 내고 어떻게 실행할지 직원들이 직접 결정하게 된다. 책임이 따르는 만큼 다양한 목소리를 내고 듣는다. 변화에 민첩하고 유연하게 대응할 수 있다. 여러 스쿼드가 모인 조직은 다시 트라이브(Tribe)로 묶이며 마케팅, 운용본부를 해체하고 고객 행동흐름을 기준으로 신규고객 유치를 위한 고객인입트라이브, 기존 고객 만족도 제고를 위한 고객유지트라이브, 고액자산가를 위한 트라이브 총 3개의 트라이브를 신설했다. 본사 직원 500명 중 재무·리스크·채널 관리 등을 제외한 200명이 애자일 소그룹에 배치되었다.

오렌지라이프가 애자일 팀을 도입한 이후에 긍정적인 변화들이 많다. 관리하고 감시하지 않아도 스스로 선순환적으로 바뀌는 것들이 많아졌다. 과거보다 보고서를 만들고 리포트하고 이런 업무들은 사라지고 구조적으로도 단순화되었으며. 아래에서 위로 올라오는 수직적인 구조가 아니라 임원들이 오히려 찾아다니며 물어야 하는 상황이 되었다. 직원들 역시 스스로 뭘 하면 되는지 분명하고 명확하게 알고 그 일을 추진하기 위해 계속해서 논의한다. 실행력과 추진력이 엄청 빨라졌다. 이는 조직 내 모두가 느끼는 부분이다. 그러나 애자일 조직에 대해 막연한 환상을 가지면 안 된다. 프리라이더가 없는 것은 아니다. 팀별로 평가가 이뤄지기 때문에 이전보다 프리라이더가 더 많아질 수도 있는 환경이다.

출처 : '애자일조직 도입 1년, 리더가 느낀 점은', Naver 포스트, 비즈워치, 2019. 05. 02.

야에서 전문가이기 때문에 기업의 성공에 자기가 꼭 필요한 존재라고 생각하며 (3) 집단구성원들의 봉급이 기업의 전체 성과에 달려 있기 때문이다.

교호적 상호의존성의 성격을 가진 업무를 수행하는 작업집단과 팀은 협력하는 과정에서 갈등을 경험하게 된다. 이는 집단상호작용의 내재적인 측정이 불가능하기 때문이다. 연속된 업무로 구성된 경우와 달리 업무가 상반되게 구성된 경우의 집단행동에는 정해진 순서가 없다. 상위관리자 팀은 매일 협력에 문제를 겪는다. 새로운 공룡 보드의 판매가 예상을 초월했을 경우 마케팅, 생산, 재무 담당자들은 비용을 낮추면서 다른 장난감 생산에 방해가 되지 않도록 이 보드의 생산을 늘리는 방법을 생각해내야 했다. 그러나 생산관리자는 해외에 있는 공장을 둘러보기 위해 대만, 중국, 싱가포르로 한 달간의 출장을 간 상태였고 집단은 계획을 짜는 일에 어려움을 겪었다. 결과적으로 판매가 부진해졌다.

복잡한 업무가 진행될 때 협력상 발생하는 문제들을 어떻게 해결할 것인가? 첫 번째 방법은 집단규모를 상대적으로 작게 유지하여 협력할 수 있는 사람의 수를 줄이는 것이다. 두 번째 방법은 집단구성원들을 서로 근접하게 위치시켜 한 구성원이 다른 구성원의 도움이 필요할 때 쉽게 도움을 줄 수 있도록 하는 것이다. 세 번째 방법은 스마트폰이나 넷북 등의 디지털 의사소통 기계를 이용하여 멀리 있는 팀 구성원들이 지속적인 의사소통을 할 수 있게 하는 것이다. 마지막으로 협력상 발생하는 어려움을 겪을 때 필요하다면 집단구성원들이 서로 도울 수 있는 집단분위기를 조성하는 것이다.

앞서 살펴보았듯이 업무의 상호의존성은 집합적에서 순차적으로, 순차적에서 교호적으로 변화할수록 증가하며, 이로 인해 잠재적인 프로세스 손실의 가능성도 증가하게 된다. 집단구성원들의 상호작용 정도가 높아짐과 동시에 집단의 주요 업무에서 자신들의 전문성에 초점을 두기 때문이다. 그렇게 되면 프로세스 이득에 대한 잠재성과 더불어 시너지의 잠재성이 나타나게 된다. **시너지**(synergy; 프로세스 이득의 한 형태)는 집단구성원들 개개인의 노력이 합쳐져 더 크고 향상된 성과와 결과가 나타날 때 발견할 수 있다.

시너지
집단구성원들이 각자 일할 때보다 함께 일할 때 발생하는 프로세스 이득

장난감 회사의 상위관리자들은 최근 여행용 장난감을 개발하였다. 이는 아이들에게 폭발적인 인기를 얻었고 기업의 수익은 높아졌다. 성공적인 런칭은 마케팅, 생산, 연구개발, 재무 담당 관리자들이 협력하였기 때문에 가능한 일이었다. 이들의 교호적 상호의존성은 단기간에 성공을 가져왔다. 만일 관리자들이 독립적으로 결정을 내렸거나 순차적인 결정과정을 거쳤다면 새로운 장난감을 성공적으로 개발하지 못하고 단기간에 시장에 내놓지 못했을 것이다. 비슷한 경우로 히커리 스프링스는 각 구성원들이 각자 일하는 것보다 팀으로 협업할 때 더 높은 성과를 얻을 수 있었다.

전체적으로 프로세스 이득에 대한 잠재력은 업무상호의존성이 높아질 때 함께 높아지는 경향이 있다. 또한 업무상호의존성이 높아지면 프로세스 손실 역시 높아진다. 실제로 조직의 성과이득은 업무상호의존성을 선택하는 관리자들의 능력에 달려 있다. 즉 관리자는 업무상호의존성에 의해 생산되는 제품과 관련된 동기부여 및 협력의 문제를 최소화할 수 있어야 한다.

집단응집력과 성과

수행할 업무의 종류에 관계없이 작업집단은 또 다른 관점에서 분류될 수 있다. 이는 집단이 얼마나 구성원들에게 매력적인지에 달려 있다. 집단이 구성원들에게 매력이 있을 때, 사람들은 멤버십에 가치를 부여하고 팀 구성원으로 남기 위해 노력한다. 집단구성원들이 느끼는 집단의 매력을 **집단응집력**(group cohesiveness)이라고 한다.[28] 응집력이 높은 집단은 구성원들에게 매력적이고 응집력이 낮은 집단은 매력이 떨어진다. 따라서 응집력이 낮은 집단의 구성원들은 새로운 팀으로 가거나 이직

집단응집력
집단구성원들이 집단에 대해 느끼는 매력

하게 된다. 결과적으로 집단응집력은 작업집단에 있어서 중요한 요소인데, 이는 집단의 성과와 효과에 영향을 미치기 때문이다.

집단응집력에 영향을 주는 요인

집단응집력에 영향을 주는 다섯 가지 요인이 있다. 집단의 규모, 집단구성원들의 동질성, 집단 간의 경쟁, 집단의 성공, 집단의 유일성(그림 10.3 참조)이다.[29]

집단의 규모

제9장에 학습했듯이 집단의 규모가 커질수록 집단구성원의 만족도는 낮아진다. 이런 이유로 인해 큰 규모의 집단은 화합하지 못하는 경향이 있다.

규모가 큰 집단에서는 특정 구성원들만 집단의 의사결정에 영향력을 미치고 다른 구성원들의 참여 기회는 적을 수밖에 없다. 규모가 큰 집단에서는 구성원들 간 충돌이 일어날 가능성이 많고 구성원들은 서로 가깝게 지내기가 어렵다. 작거나 중간 규모의 집단은(3~15명 정도의 구성원) 응집력이 강해지는 경향이 있다.

집단구성원들의 동질성/다양성

사람들은 주로 자신과 성향이 비슷한 사람과 잘 어울리고 대화하려는 경향이 있다. 또한 자신과 닮은 사람들에게 더 긍정적인 생각을 가진다(제4장에서 다룬, 나와 비슷한 사람들에 대한 성향을 참조). 집단구성원들이 경험, 가치, 성향 등에 관해 이야기할 때 또는 비슷한 사람들끼리 구성되었을 때 집단의 응집력이 더 높아지는 경향이 있다. 동일한 전공을 가진 구성원들이 모여서 생긴 특정 업무집단(예를 들어 엔지니어 집단)은 다른 전공을 가진 구성원들이 모여서 이루어진 집단(엔지니어, 회계, 재무분석사, 생화학자)보다 응집력이 높다. 그러나 동일한 성향의 집단 내에서는 지켜야 할 규칙이 있다. 제9장에서 살펴보았듯이, 다양성(혹은 이질성)은 집단 내에 다양한 자원과 관점을 제공하기 때문에 이점이 될 수 있다(기술, 능력, 경험 등의 다양한 정보를 제공할 수 있다).[30] 만일 집단구성원들의 다양성이 집단의 목표를 달성하는 데 도움이 된다면 동질성보다 이질성이 집단의 응집력을 더 높일 수 있다.[31]

집단 간 경쟁

조직 내에서 집단 간의 경쟁은 집단응집력을 높인다. 이는 집단의 목표를 달성하기 위해 각 집단구성원들이 협력하기 때문이다.[32] 기업에서는 종종 집단 간의 경쟁을 부추겨서 집단응집력을 높이곤 한다.[33] 영업집단은 매달 어느 집단의 영업실적이 높은지, 생산집단은 제품의 품질을 높일 수 있는

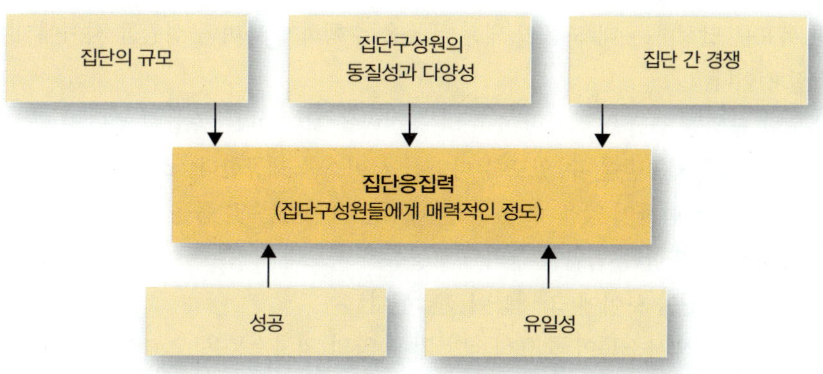

그림 10.3
집단응집력의 결정요인

집단이 어느 집단인지, 기업관리를 담당하는 집단은 가장 출근율이 높은 집단이 어디인지에 주목한다. 선의의 경쟁은 집단의 인지도를 높여주고, 우수한 집단을 알리는 역할을 한다. 때때로 한 기업 내의 집단은 다른 기업의 집단들과 경쟁한다. 집단 간의 적정한 경쟁은 각 집단의 응집력을 키워주지만, 심한 경쟁은 성과를 높이는 데도 방해가 된다. 경쟁이 심해지면 집단들은 서로를 견제하기 때문이다.[34]

성공

"성공이 성공을 부른다"라는 속담이 있다. 집단이 성공할 때 그 집단은 구성원들에게 자랑이 되고 집단의 응집력은 커진다.

유일성

집단의 유일성은 그 집단에 소속되는 것이 얼마나 힘든가 하는 정도를 말한다. 집단의 유일성은 집단 이외의 사람들이 집단구성원을 바라보는 관점과 기업 내에서 차지하는 집단의 지위(제9장 참조) 및 집단구성원들의 특권에 의해 좌우된다. 집단구성원들이 어려운 초기 과정을 겪어야만 할 때나 집단구성원이 되기 위해 어려운 훈련을 받아야 할 때 집단구성원이 된다는 것은 더욱 굉장한 일이 된다.[35] 예를 들어 소방관이 되고자 하는 사람들은 엄격한 체력 기준을 통과해야 하고 혹독한 훈련 기간을 겪어야 한다. 소방관들의 집단응집력이 높은 이유는 그 집단의 구성원이 되는 것이 어려운 일이기 때문이다. 대학의 남학생 클럽, 여학생 클럽, 축구팀, 치어리더 팀들의 응집력이 높은 것도 같은 이유에서이다. 이 집단들은 결과적으로 높은 지위를 갖게 되고 다른 사람들의 부러움의 대상이 되며 특권과 권리가 주어진다.

집단응집력의 결과

집단응집력은 관리자들이 지향해야 할 목표일까? 높은 응집력이 오히려 문제가 되지는 않는가? 제9장에서 논의했던 집단표준에서 살펴본 바에 따르면, 기업의 집단응집력으로 인한 결과는 집단의 결과가 기업의 결과를 지지하는 정도에 달려 있다. 제9장에서 본 레스토랑의 경우를 상기해보자. 종업원의 목표(손님에게 좋은 서비스를 제공하여 많은 팁을 받는 것)가 손님의 만족도를 높이고자 하는 레스토랑의 목표와 일치함을 학습하였다. 집단응집력의 효과를 측정하기 위해 집단과 기업의 목표가 일치하는 경우와 그렇지 않은 경우를 살펴보자.

집단의 목표가 조직의 목표와 일치할 때의 결과

집단과 조직의 목표가 일치하는 경우에 집단응집력으로 인한 첫 번째 결과는 **집단의 참여도**와 **집단 내 의사소통의 수준**에서 나타난다.[36] 응집력이 높아질수록 구성원들은 집단에 더 활발하게 참여하고 상호 간 의사소통도 원활하게 이루어진다. 이러한 결과는 조직에 이득이 된다. 구성원들은 집단과 조직의 목표를 달성하는 데 도움이 되는 행동을 수행하게 되며 구성원들 사이에서 정보공유가 잘 이루어질 것이다.

레스토랑 종업원 집단은 적당한 수준의 응집력을 보여준다. 종업원 집단의 구성원들은 고객들이 좋은 서비스를 제공받을 수 있도록 다양한 서비스를 제공한다. 소금과 후추, 설탕통을 채워놓는 일 혹은 많은 사람들이 앉을 수 있는 큰 테이블 세팅하는 일 등을 서로 도우면서 레스토랑을 깨끗하게 유지한다. 또한 종업원들 간의 정보공유가 빠르다. 예를 들어 관리자에게 들어오는 불만이 있으면 즉시 종업원들 사이에 그 내용이 전달된다.

구성원들 간의 의사소통이 중요하지만 많은 양의 의사소통은 오히려 근무시간을 낭비하게 한다. 특히 업무와 관련 없는 축구 게임이나 '아메리칸 아이돌'에 관한 대화를 하는 것이 업무를 방해할 수도 있다. 즉 집단의 참여도를 높이고 정보공유를 조장하는 적당한 수준의 집단응집력은 집단과 조직에 도움이 된다. 하지만 너무 높은 응집력은 구성원들이 수다를 떨며 시간을 보낼 수 있으므로 도움이 되지 않는다.

응집력으로 인해 발생하는 두 번째 결과는 집단표준을 따르는 수준이다.[37] 집단응집력이 높아지면 집단표준에 순응하는 경향 또한 증가한다. 증가된 응집력은 집단과 조직에 중요한 기능을 하는데 응집력이 집단과 조직의 목표달성을 위해 구성원들의 행동을 통제하고 지시할 수 있기 때문이다. 그러나 높은 응집력이 구성원들의 일탈을 허락하지 않는다면 역할을 하지 못하게 된다. 제9장에서 논의했듯이 일탈은 제대로 기능하지 않는 표준을 제거하는 역할을 하지만 과도한 순응은 집단이 변화하는 것을 거부하게 만든다.

적정한 수준의 응집력은 집단이 목표달성을 위해 요구되는 순응의 수준을 알려주지만 일탈의 기회도 주게 된다. 지나친 응집력은 변화와 성장의 기회를 박탈할 수 있다. 종업원의 행동을 통제할 수 있는 순응의 정도를 레스토랑의 사례에서 볼 수 있다. 그러나 제 기능을 못하는 표준이 있다면 이를 따르지 않는 것을 두려워할 필요는 없다(종업원 자신들이 해결할 수 있는 고객들의 불만을 관리자에게 전달하는 것과 같은 불필요한 표준들).

응집력으로 나타나는 세 번째 결과는 집단과 조직의 목표가 집단의 목표달성을 도울 수 있다는 것이다.[38] 응집된 집단은 목표달성에 매우 효율적이다. 멤버십에 가치를 두는 구성원은 집단의 목표 달성을 돕는 역할을 한다. 즉 구성원은 적극적으로 협업하고 필요할 때 서로를 도와주며 집단이 효율적으로 움직일 수 있도록 행동하며 결과적으로 조직에 도움이 된다. 그러나 집단응집력이 지나치게 강화될 경우, 구성원은 집단이 조직의 일부라는 사실을 잊어버린 채 집단의 목표달성만을 지향하게 될지 모른다. 이런 상황이 발생하면 집단들끼리의 협력이 잘 이루어지지 않는데, 구성원들이 자기가 속한 집단에만 집중하기 때문이다. 다시 말하면 적정 수준의 집단응집력은 목표달성을 이룰 수 있도록 돕기 때문에 집단과 조직에게 유리하다. 하지만 응집력이 너무 높으면 집단구성원이 집단 이외의 사람들과 협력하는 것을 꺼리기 때문에 조직에 악영향을 미칠 수 있다.

지금까지 적정 수준의 집단응집력은 집단의 효율에 기여한다는 것을 학습하였다. 응집력의 수준이 적정 수준에 미치지 못할 때 (1) 집단구성원의 집단참여도가 낮고 (2) 서로 대화를 하지 않으며 (3) 집단은 구성원들의 행동에 영향을 주기가 어렵고 (4) 집단은 목표달성에 실패하기 쉽다. 반면에 그 수준이 적정 수준을 넘어서게 되면, 즉 응집력이 과도하게 높은 경우에는 (1) 구성원들의 대화로 인해 시간이 낭비될 수 있고 (2) 변화가 많은 경우 적응하기 어려우며 (3) 조직의 목표달성을 위해 다른 집단들과 협력하는 것보다 집단의 목표달성을 더 중요시할 수 있다.

적정 수준의 집단응집력은 집단과 조직에 만족할 만한 성과를 가져온다. 적정 수준의 집단응집력은 (1) 구성원들 간의 적절한 대화수준과 참여를 유도하고 (2) 일탈을 허용하면서도 순응할 수 있도록 구성원 행동을 통제하는 능력을 주며 (3) 다른 집단과 조직을 희생하지 않으면서 집단의 목표달성의 중요성을 강조함으로써 성과를 높인다.

작업집단의 응집력 수준을 알려주는 지표는 다음과 같다.

- 적정 응집력의 지표 : 구성원들이 적극적으로 협력하고 의사소통이 원활하며 집단참여도가 높다. 집단은 구성원들의 행동을 통제할 수 있고 목표를 달성할 수 있다.
- 낮은 응집력의 지표 : 집단 내의 의사소통이 느리고 집단이 구성원의 행동을 거의 통제하지 못하며 목표달성을 하지 못한다.
- 높은 응집력의 지표 : 직장 내 구성원들 간의 사회성이 높으며 집단의 순응력이 높아서 일탈을 용납하지 못한다. 조직의 목표나 다른 집단의 목표를 희생하면서 집단의 목표를 달성한다.

표 10.1
집단과 조직의 목표가 일치할 때 높은 응집력의 결과

높은 응집력의 결과	장점	단점
높은 참여도와 의사소통	구성원들은 집단과 조직의 목표에 필요한 행동을 한다. 집단 내에 정보가 빠르게 공유되고 이직률이 상대적으로 낮다.	집단구성원들의 사회성이 높아서 업무에 집중하지 못하고 업무와 관계없는 수다로 시간을 낭비한다.
집단표준에 대한 높은 순응력	집단의 목표달성을 위한 구성원들의 행위통제가 가능하다.	집단순응력이 높아서, 변화에 저항이 강하며 불필요한 표준을 제거하지 못한다.
집단의 목표달성	집단의 목표를 달성하며 효율성을 높인다.	구성원들은 서로 협력하지 못한다.

표 10.1은 집단과 조직의 목표가 일치할 때 높은 응집력의 장단점을 요약하여 보여준다.

집단목표가 조직의 목표와 일치하지 않을 때의 결과

앞서 말한 응집력에 대한 연구는 집단과 조직의 목표가 일치할 때 나타나는 결과다. 그렇다면 집단의 목표가 조직의 목표와 다른 경우에는 어떤 결과가 나타날까?

제9장에서 노력을 적게 들이는 것을 목표로 했던 라디오 조립자의 사례를 생각해보자. 집단의 목표가 조직의 목표와 일치하지 않을 때 조직에 미치는 영향은 대부분 부정적이다. 이러한 경우 조직의 목표를 제쳐놓고, 집단의 목표달성에 주력하기 때문에 정작 조직에는 좋은 영향을 주지 못한다.

라디오 조립자 집단은 적정 수준의 응집력을 보여주었다. 그러나 이 집단의 목표는 조직의 성과목표와 일치하지 않았다. 결과적으로 집단의 적절한 응집력 수준은 조직에게는 치명적인 악영향을 미칠 것이다. 집단 내의 의사소통 수준은 높았지만 축구나 야구 점수 등 업무와 관련 없는 대화를 야기했다. 집단표준에 대해 적절한 순응력은 구성원들의 결과를 통제했지만 집단은 하루에 75개까지도 만들 수 있는 라디오를 최대 50개만 생산하게 되었다. 결론적으로 집단은 최대 50개의 라디오 생산의 목표를 달성하기에 효과적이었다.

표 10.2는 집단과 조직의 목표가 일치하지 않을 때 집단의 높은 응집력이 보여주는 결과를 나타낸다.

중요한 조직의 집단들

조직 내에서 집단이 겪는 문제와 도전과제들, 작업집단의 효과에 영향을 주는 요인들에 대해 학습하였다. 다음으로 작업집단의 네 가지 형태에 대해 알아보자. 최고경영팀, 자율경영팀, 연구개발팀, 가상팀으로 분류될 수 있다. 조직 내의 다른 중요한 집단들도 존재하지만(전체 부서, 생산라인

표 10.2
집단과 조직의 목표가 일치하지 않을 때 높은 응집력의 단점

높은 응집력의 결과	단점
집단의 높은 참여도와 원활한 의사소통	업무와 관계없는 대화로 인한 시간낭비
집단표준에 대한 높은 순응력	조직에 도움이 되지 않는 집단구성원들의 행동
집단의 목표달성	조직의 목표를 제쳐놓고 집단의 목표달성

또는 특별부서 등) 앞서 언급한 네 가지 유형의 집단들이 조직의 성과에 높은 영향을 줄 수 있기 때문에 이에 중점을 두고 학습할 것이다.

최고경영팀

조직의 **최고경영팀**(top management team)은 CEO에게 보고하는 경영진들로 구성되어 있다. 최고경영팀(조직의 CEO와 이사회가 선택한)은 조직성과에 지대한 영향을 미치는데, 이는 구성원들이 조직의 전체 목표를 결정하고 목표달성을 위한 행동과 방법을 계획하기 때문이다. 최고관리자들은 팀 구성원들 간의 밀접한 상호작용을 요구하므로 이 조직은 교호적 상호의존성의 성격을 가지게 된다.

최고경영팀
CEO에게 보고하는 최고관리자들로 구성된 팀으로 구성원들은 조직의 목표달성을 위해 계획을 세우고 조직이 해야 할 일을 결정함

교호적 상호의존성으로 인한 프로세스 손실을 줄이기 위해 CEO가 해야 할 일은 무엇인가? 첫째, 조직의 규모를 최대한 작게 유지한다(대부분의 최고경영팀은 5~7명으로 구성되어 있다). 둘째, 조직의 구성원들은 집단에 대한 개인의 기여가 팀과 조직의 성공에 중요한 역할을 한다는 것을 알고 있어야 한다. 셋째, 집단구성원들은 정직하고 의사소통을 원활하게 할 수 있어야 한다. 넷째, CEO는 조직구성원들이 다른 분야의 전문성과 정보가 필요할 때마다 쉽게 소통할 수 있도록 해야 한다.

최고관리자의 의사결정의 질은 팀 구성원들의 개인적인 성향과 배경에서 나온다.[39] 이를테면 다양하고 이질적인 구성원들(마케팅, 재무, 생산 담당자들)로 구성된 팀에서 나온 의사결정은 가장 좋은 결정일 것이다. 팀 구성원들의 다양성은 기술, 지식, 전문성, 경험적인 면에서 적절하게 상호보완되고 전체 조직의 행동을 이끌 수 있다. 또한 관리자들이 각기 다른 관점과 정보를 공유할 때 조직은 집단사고의 문제점을 극복할 수 있다. 집단사고는 관리자가 사건이나 정보를 비슷한 관점에서 해석하도록 다른 관리자에게 강요할 때 나타난다(제14장 참조).[40] 마지막으로 최고경영팀은 성과에 대한 칭찬과 보상과 같은 인적자원 관리법을 사용함으로써 조직의 성과에 영향을 미친다.[41]

자율경영팀

자율경영팀(self-managed work team)의 구성원들은 팀을 관리할 수 있는 자율성을 가지고 있으며 팀이 업무를 효율적으로 수행하게 하는 결정권을 가지고 있다(제9장 참조). 이들은 조직의 모든 수준에서 찾아볼 수 있다.

조직은 전통적인 형태의 집단 또는 개인보다 자율경영팀을 이용하면 직업만족도를 높이고 높은 수준의 업무성과를 낼 수 있다.[42] 이때 개인이 맡은 업무를 개별적으로 수행하고 개인이 통제하며 모든 책임을 지므로 개인들은 일을 더 잘 수행할 수 있다.[43]

자율경영팀의 운영 사례로 다음의 경우를 생각해보자. AT&T 신용회사의 신용거래는 개인 프로세스를 통해 이루어진다. 신용거래의 연장 또는 거부 과정은 많은 단계를 거친다. 신용신청서를 리뷰하고 고객의 신용등급을 확인하며 고객에게 신용거래가 통과 혹은 거부되었는지를 통보한 후 고객에게 지불한 금액을 환급받는다. 구성원 각각이 이와 같은 업무를 하나씩 맡는다. 결과적으로 각 업무를 맡은 집단들은 각 개인이 AT&T의 1등급 고객을 향해 세운 조직의 목표달성에 어느 정도 기여를 하는지 알기 어렵다. 이러한 상황을 방지하기 위해 AT&T는 각 개인의 업무를 조합하여 팀에게 모든 행위 즉 신청서 검사부터 환급금 확인까지의 과정에 대한 책임을 부여하였다. 자율경영팀으로 전환한 후, 고객에게 신용거래 결과를 통보하는 것이 과거 시스템보다 훨씬 빨라졌으며 평가 신청서도 두 배나 많아졌다.[44]

직무설계의 직무특성모형(제7장 참조)은 자율경영팀이 동기부여, 성과, 만족도 면에서 어떻게 더 높은 수준을 이끌어낼 수 있는지 보여준다. 이 모형에서는 기술의 다양성, 업무의 정체성, 업무

an1236/Infinite Collection/fotolia

자율경영팀의 구성원들은 자율성을 가지며 자기 자신을 관리하고 팀 목표를 달성하기 위해 필요한 업무를 수행하는 방법을 결정한다. 이 사진은 자동차 본체를 조립하는 팀의 모습이다.

의 책임성, 자율성, 피드백이 높을 때 동기부여가 되며 결과적으로 성과와 만족도가 높아짐을 알 수 있다.[45] 앞서 언급한 기준을 모두 만족하는 개인의 직무모형을 찾는 것은 힘든 일이다. 예를 들어 AT&T 신용회사에서 지원서를 검토하는 것은 고도의 기술력을 요하지 않는다. 지원자가 합격인지 불합격인지를 알 수 없기 때문에 업무명확성이 낮고, 지원한 직무가 고객들에게 어떤 영향을 줄지 모르기 때문에 업무의 특수성도 낮으며 자율성 또한 낮다. 기술의 다양성은 증가하는데 이는 구성원들이 다양한 행위를 수행하기 위해 기술을 사용하기 때문이다. 업무정체성과 업무책임성은 고객에게 신용을 제공하는 데 일조함으로써 자신들의 행위가 고객만족에 어떠한 영향을 끼치는지 알게 된다.

자율경영팀이 효과적으로 운영되기 위해서는 몇 가지 조건이 만족되어야 한다.[46]

1. 집단은 반드시 자율적으로 경영되어야 한다. 집단 내에서는 과거에 관리자들이 행했던 업무들에 대해 자율성과 권한이 부여되어야 한다. 즉 집단이 목표를 결정하고 달성하기 위해 수행하는 과정 및 업무에 구성원을 적절하게 배치하는 일 등에 대해서 자율성과 권한이 있어야 한다. 자율경영팀을 이용하게 되면 중간관리자의 수가 줄어들 수 있다.
2. 자율경영팀은 집단구성원들이 수행해야 하는 업무가 복잡하고 완성품의 결과에 대해서 책임을 감당해야 하는 경우에 더욱 효과적이다. '복잡한'이란 의미는 팀의 목표를 달성하기 위해 업무를 수행하는 과정이 다양한 단계를 거쳐야 한다는 것을 의미한다. '완제품'이라는 것은 고객의 신용을 연장하거나 거부하는 것과 같은 분명한 결과를 의미한다.
3. 조직의 관리자는 자율경영팀을 효율적으로 활용하고 적극적으로 지원해야 한다. 자율경영팀이 관리자에게 자율성을 주지 않거나 팀원들에게 가이드 혹은 지침을 주지 않을 때에는 실패하기도 한다. 관리자는 자율경영팀의 자문역할을 해야 하고 필요한 경우에는 방향을 잃지 않도록 이끌어야 한다. 자율경영팀의 구성원들 간 의견이 다른 경우 관리자가 의견차이를 공정하게 받아들일 수 있도록 돕는 역할을 해야 한다.[47]
4. 성공적인 자율경영팀의 구성원은 팀의 목표달성을 위해 필요한 기술을 가진 팀원을 신중하게 선발해야 한다.[48]
5. 팀 구성원들은 원활하게 협력할 수 있고 팀의 일부로 지각할 수 있어야 한다. 팀 내에서도 모든 팀원들이 잘 어울리는 것은 아니며 책임을 지고 싶어 하지 않는다.[49]

제너럴밀스, 페덱스, 샤패럴스틸, 3M, 에트나 생명보험, 존슨빌푸드 등의 많은 조직은 자율경영팀을 성공적으로 이용해 왔다.[50] 그러나 어떤 경우에 자율경영팀이 성공하고 실패하는지에 대한 연구가 필요하다. 일부 연구에서는 자율경영팀의 구성원들이 서로를 교육하는 것을 간과하는 것으로 나타났다. 즉 업무를 수행하지 못한 구성원을 혼내거나 보상을 하지 않는 등 훈육을 제대로 하지 않는 경우가 있다.[51] 이렇게 되면 자율경영팀의 구성원 중 일부는 맡은 업무를 제대로 수행할 수 없게 된다. 또 다른 연구에서는 자율경영팀의 성공은 구성원들이 팀에 얼마나 가치를 두는지 또는

조직 내에서 집단이 어느 정도의 지위에 있는지에 달려 있다고 한다.[52]

연구개발팀

연구개발(R&D)팀
새로운 상품을 개발하기 위해 구성된 팀은 교차기능을 하고 최첨단 기술산업에 많이 이용됨

연구개발팀[research and development(R&D) teams]은 조직에서 신상품 개발을 담당하며, 주로 전자 · 약품 · 컴퓨터 등과 같은 첨단기술산업에 이용된다.[53] 어떤 연구개발팀은 교차기능을 하는데 각 구성원들은 신상품을 개발하고 출시하기 위해 필요한 각기 다른 기능 또는 분야를 담당한다. 가령 정교한 전자노트패드를 개발하기 위해 조사, 엔지니어링, 제작, 재무, 마케팅, 영업부서로부터 구성원들을 모집할 것이다(그림 10.4 참조). 앞서 언급한 능력을 가진 구성원을 모집한 팀은 성공적인 신상품을 개발하기 위해 좋은 조건을 가진다.

스컹크 워크
신상품의 디자인을 개발하고 조직 내의 혁신을 장려하기 위해 구성된 연구개발팀

신상품의 디자인을 연구하고 조직 내의 혁신을 도모하는 연구개발팀을 **스컹크 워크**(skunk works)라고 한다. 이 집단은 엔지니어링과 조사 및 재무, 마케팅 등의 구성원들로 구성되어 있다. 스컹크 워크는 종종 조직의 다른 부서들과 떨어져 업무를 하는 경우가 있다. 자신들만의 연구실을 갖는다는 것은 혁신(또는 프로세스 이득)을 위해 필요한 집중적인 의사소통을 위한 기회를 제공하고 일상적 문제에 시달리지 않도록 집단을 보호할 수 있다. 스컹크 워크의 구성원들은 개발하는 상품에 대한 자부심이 강하고 상품의 성공 또는 실패에 큰 책임감을 느낀다.

포드 자동차 회사는 새로운 머스탱 쿠페와 컨버터블을 개발하기 위해 스컹크 워크를 만들었다. 포드 관리자들이 새로운 머스탱을 개발하는 비용이 10억 달러 정도 된다고 했을 때, 흥미롭게도 포드의 최고관리자들은 프로젝트를 거의 포기하려 했다. 하지만 프로젝트는 스컹크 워크로 넘어갔다. 스컹크 워크가 개발을 마쳤을 때 개발 비용은 7억 달러에 불과했고, 포드가 신차를 개발할 때 걸리는 평균 기간보다 25%나 단축할 수 있었다. 이 신차로 인해 포드는 경쟁력을 갖게 되었다.

머스탱을 성공시킨 스컹크 워크의 창시자인 John Coletti는 머스탱을 적시에 개발하는 것이 비용을 절감한다는 것을 깨달았다. 그리고 개발을 위해서는 팀에게 스스로 결정할 수 있는 권리를 주고, 포드의 일반적인 개발 과정 매뉴얼을 따르지 않는 것이 필요하다고 생각했다. 이 개발팀을 이끈 Will Boddie는 팀원들끼리는 서로 친하게 일하는 것이 필요한 반면, 포드로부터는 다소 떨어져 지낼 필요가 있다는 것을 깨달았다. 이는 포드의 개발 과정과 단계가 가진 제약에서 벗어나기 위함

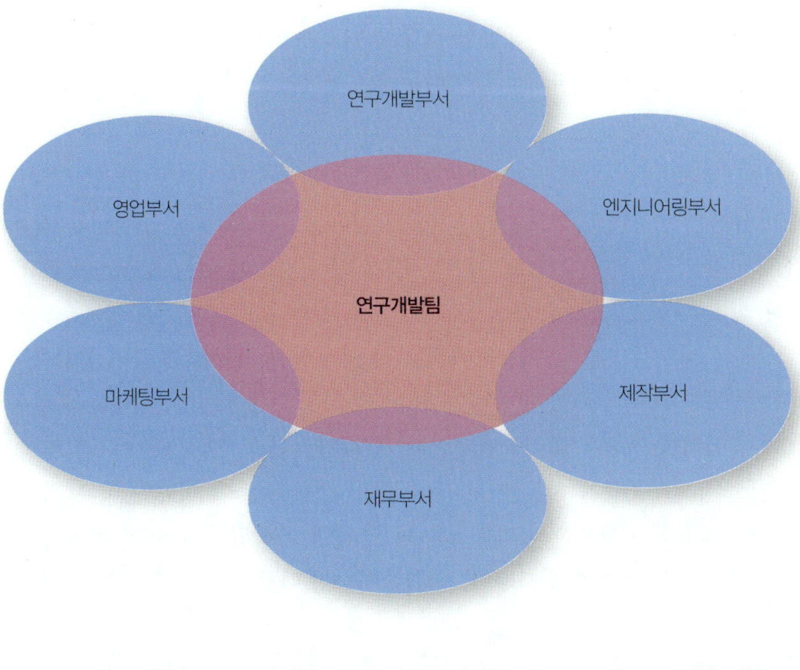

그림 10.4
연구개발팀의 교차기능

Mario Tama/Getty Images, Inc-Liaison

포드는 '극적인' 팀을 조직하여 전통적인 머스탱 컨버터블에 새로운 비전을 제시했다. 집단은 '스컹크 워크'로 알려져 있으며 빈 가구 창고에 틀어박혀 임무를 수행하였다.

이다. 미시간 주 앨런파크의 가구 창고는 스컹크 워크의 본거지가 되었고 팀 구성원들은 머스탱을 연구하기 위해 좁은 사무실로 이동하였다. 팀은 초안 작성자부터 엔지니어와 스타일리스트, 회계담당자 등으로 구성되었다.

이 팀의 발전은 머스탱 컨버터블의 원형을 테스트하는 과정에서 발생한 예상치 못한 문제로 인해 진행되었다. 기관장인 Michael Zevalkink가 원형을 테스트했을 때, 차가 움직이고 흔들렸다. 엔지니어들은 문제를 해결하기 위해 1년 동안 연구했지만 '교정된' 차를 실험했을 때, 여전히 흔들리는 문제가 발생했다. 포드의 중역들도 그 문제를 알아차렸지만 스컹크 워크의 자율성과 독립성을 지켜주겠다는 약속을 저버리지는 않았다.

8주 동안 머스탱 컨버터블을 다시 연구했고(연구자들은 창고 바닥에서 잠을 자면서까지 일을 하였다), 자동차의 버팀대와 유리를 교체함으로써 문제를 해결하였다. 그러나 Will Boddie는 여기에서 만족하지 않았다. 주차장에 있던 새로운 메르세데스 컨버터블을 발견했을 때, 그는 "머스탱 컨버터블은 왜 저렇게 부드럽게 나가지 않을까?"에 대해 생각했다. 그리고는 메르세데스 컨버터블을 구입한 후 분해하여 연구하였다. 이 연구의 결과로 머스탱의 앞 펜더 뒤에 25파운드 실린더를 붙이게 되었다(이는 메르세데스 컨버터블에서 사용된 것과 유사한 방법이다).[54]

스컹크 워크는 짧은 시간 내에 새로운 머스탱을 개발하는 데 성공하였고 개발 비용도 감축하게 되었다. 팀 구성원들이 자율성을 가지고 의사결정을 내리고, 머스탱에 혁신을 주고자 하는 목적을 이루기 위해 애썼기 때문이다. 스컹크 워크의 자율성과 상대적인 고립으로 인해 문제를 올바르게 직시하고 빠르고 효과적인 변화를 시도할 수 있었다.

연구개발팀으로서의 스컹크 워크의 접근은 새롭고 혁신적인 제품을 개발하는 데 상당히 성공적이었다. 물론 신상품 개발에 조직 내 각 부서 구성원들의 참여가 필요하지만 스컹크 워크의 효과는 여전히 돋보였다. 예를 들어 머스탱을 개발한 스컹크 워크는 400명의 구성원을 '청크팀'으로 나누고 각 팀은 자동차의 '청크', 즉 각 파트를 개발하는 업무를 하였다.[55]

가상팀

가상팀
상당한 양의 의사소통과 상호작용이 대면보다는 전자적으로 일어나는 팀

가상팀(virtual teams)은 컴퓨터의 하드웨어와 소프트웨어를 이용하여 팀 구성원들 간 의사소통이 일어나는 팀을 말한다.[56] 서로 다른 장소, 혹은 시차가 있는 장소에 있는 팀원들이 함께 일하게 될 때 가상팀을 이용한다.[57]

가상팀의 구성원은 새로운 기술을 이용하여 정보를 공유하고, 의사소통하며 목표를 이룬다. 가상팀이 사용하는 정보기술에는 두 가지 형태가 있다. 동시성 기술은 팀 구성원들이 실시간으로 의사소통할 수 있다. 이러한 기술은 비디오컨퍼런스, 텔레컨퍼런스, 메시지, 전자회의 등에 적용된다.[58] 비동시성 기술은 의사소통을 하는 데 시간이 걸린다. 예를 들어 이메일, 전자게시판, 웹사이트 등의 이용은 의사소통이 지체되는 결과를 낳는다.[59] 많은 가상팀들이 두 가지 기술을 모두 사용하는데 팀이 수행하는 업무의 성격에 따라 사용하는 기술이 다르다. 가상팀 내에서 업무의 독립성

수준에 따라서도 사용하는 기술이 다르다. 예를 들어 교호적 상호의존성을 요구하는 팀은 집합적 상호의존성을 요구하는 팀에 비해 동시성 기술을 더 많이 요구한다. 이로 인해서 팀원들의 상호작용과 연락을 더 많이 요구하는 관계형성과 웹 기반의 소프트웨어의 개발은 오늘날 더 중요해지고 있다. 많은 조직들이 집단 간의 상호작용을 통해 이점을 발견하였기 때문이다.[60]

Lee Sproull 연구자에 따르면 조직은 앞으로 가상팀에 더 많이 의존하게 되는데 이는 세계화 수준이 높아지기 때문이다. 팀원들이 각각 다른 나라에서 근무하게 되면 가상팀은 더욱 필요해진다.[61] 가상팀은 조직이 지식 · 기술 · 경험이 다양한 팀원을 요구하며, 팀원들이 어디에 있든지 관계없이 즉각적으로 목표를 달성하게 한다.

가상팀도 일반적인 팀들이 직면하는 문제를 겪게 된다. 예를 들어 사회적 태만이나 순응과 일탈 간의 조화를 유지하는 것 등이다. 또한 거의 접촉이 없었던 팀원들끼리 신뢰를 쌓고 팀원들 간의 협력을 갖게 하는 일도 경험할 수 있다.[62] 도전과제를 해결하기 위해 어떤 가상팀은 집단 레크리에이션 활동을 계획한다. 예를 들어 스키 여행을 가서 팀원들이 서로를 알게 되고 이해하게 되면 상호신뢰하게 되는 경험을 하게 한다.[63] 또한 면대면 회의를 통해 주기적으로 의사소통하는데 이는 신설된 가상팀의 경우에 더욱 중요하다.[64]

HP의 경우를 생각해보자. HP는 전자와 컴퓨터 기술로 유명한 회사로 유연성과 다양성을 만족시키는 IT를 개발하는 데 우위를 차지하고 있다.[65] 따라서 새로운 IT를 이용하여 재택근무를 가능하게 하는 텔레커뮤팅과 가상팀은 HP에서 가능한 일이다. 바바라 레치아는 인사관리 부서에서 근무하는데 레치아가 속한 팀의 다른 멤버는 캘리포니아 주의 팰로앨토에 있는 본사에서 근무한다. 레치아는 캘리포니아 주의 산타로사에 있는 집에서 근무하며 레치아와 동료는 이메일과 문자메시지로 의사소통한다.[66] 레치아는 온라인상으로 일하는 것을 좋아하지만 가끔은 외로움을 느끼고 다른 팀원들로부터 고립되는 느낌을 받는다. 재택근무를 시작할 때는 한 달에 한 번 정도 팰로앨토의 사무실을 방문하곤 했었다. 하지만 곧 회사와 팀과 단절되는 느낌을 받았다. 그녀는 일주일에 한 번 정도 본사를 방문하고 중요한 회의에는 직접 참석하려고 한다. 때로는 상관과 면대면으로 대화하는 것이 중요하다는 것을 알았고, 대화과정에서 중요한 이슈와 결정에 대해 상관이 어떻게 느끼는지를 알게 되었다.[67] 이와 동시에 팀원들과도 사회적인 만남의 시간을 가지는 것이 중요하다. 오전 미팅 이후에 점심을 함께 하며 동지애를 느낄 수 있었고, 팀원들과 친해질 수 있었으며, 사회적 관계를 통해 만족감을 느낄 수 있었다.[68]

가상팀에 대한 연구는 아직 초기 단계지만 선행된 연구를 통해 가상팀의 구성원들이 면대면으로 만날 때 업무를 더 잘 수행하는 반면, 경험과 협력성이 다소 낮다는 것을 알 수 있다.[69] 주기적인 면대면 미팅과 계획된 레크리에이션 및 사회활동을 통해 가상팀의 협력을 개발할 수 있다.

요약

집단과 조직의 효과성은 프로세스 손실을 피할 수 있게 하며 프로세스 이득을 가져온다. 집단목표와 조직의 목표를 동일시하고 집단협력의 적정 수준을 지키게 한다. 특히 조직에 있어 네 가지 형태의 집단이 중요한데 이는 최고경영팀, 자율경영팀, 연구개발팀, 가상팀이다. 이 장에서 다룬 주요 내용은 다음과 같다.

1. 실제 집단의 업무수행성과는 잠재적인 수행성과보다 낮을 수 있는데 이는 집단 내의 협력과 동기부여의 문제로 인해 프로세스 손실이 발생하기 때문이다. 반면에 프로세스 이득은 집단의 잠재적인 업무성과가 증가하는 효과를 가져온다.
2. 프로세스 손실을 야기하는 사회적 태만은 집단구성원들이 개인으로 일할 때보다 집단으로 일

할 때 일을 태만히 하는 성향을 말한다. 사회적 태만은 두 가지 이유에서 발생한다. (1) 집단 내에서 개인이 잘한 업무에 대해 긍정적인 보상을 받지 못하거나 잘 수행하지 못한 업무에 대해 부정적인 처벌을 받지 않을 때이다. 사회적 태만은 개인의 업무가 쉽게 구별되지 못하거나 제대로 평가할 수 없을 때에도 일어난다. (2) 집단 내 구성원이 자신의 일이 중요하다고 느끼지 않거나 집단에 기여하지 못한다고 느낄 때 나타난다. 사회적 태만은 개인의 업무를 구별할 수 있고 하는 일이 중요하다는 것을 알게 될 때, 집단의 규모를 작게 유지할 때 제거될 수 있다.

3. 집단의 업무는 집단구성원들 간의 독립적인 특성에 따라 구분된다. Thompson은 업무상호의존성에 대해 세 가지 형태를 말했다(집합적, 순차적, 교호적 상호의존성). 프로세스 손실과 프로세스 이득을 야기하는 것은 관련 업무유형에 따라 달라지며 집단구성원들 간의 독립성 정도에 따라 달라진다.
4. 집단의 응집성은 집단구성원들에게 집단이 얼마나 매력적인가 하는 것에 달려 있다. 집단의 규모, 집단구성원들의 동질성/다양성, 집단 간 경쟁, 성공, 유일성이 집단응집성수준을 결정한다. 집단응집성의 결과는 집단 내 구성원들의 참여도와 의사소통 수준, 집단의 표준에 대한 순응, 집단의 목표달성에 영향을 준다. 집단의 목표가 조직의 목표와 일치하면 집단응집성은 높은 수준의 업무성과로 이어진다. 집단의 목표와 조직의 목표가 불일치하면 집단응집성은 부정적인 결과를 초래한다.
5. 조직의 성과에 영향을 주는 작업집단의 네 가지 형태에는 최고경영팀, 자율경영팀, 연구개발팀, 가상팀이 있다.

토론사례

카맥스는 미국의 대표적인 중고차 판매 기업으로, 변화하는 시장 환경에 신속하게 대응하고 고객 중심의 혁신을 실현하기 위해 다기능팀(Cross-Functional Teams)을 적극 활용하고 있다. 카맥스의 다기능팀은 회사의 조직 구조와 운영 방식에서 중요한 역할을 하며, 다양한 부서 간의 협력을 통해 더 나은 결과를 도출하는 데 기여하고 있다.

카맥스의 다기능팀은 소규모로 구성되며, 보통 7명에서 9명의 팀원으로 이루어져 있다. 이러한 팀은 다양한 부서의 전문가들로 구성되어 있으며, 제품 관리자, 수석 엔지니어, 사용자 경험(UX) 전문가 등이 필수적으로 포함된다. 이처럼 다양한 배경을 가진 팀원들이 함께 모여 특정 프로젝트나 문제를 해결하기 위해 협력하는데, 다기능팀의 목적은 각 부서의 고유한 전문지식을 결합하여 문제를 다각도로 분석하고, 창의적인 해결책을 도출할 수 있는 능력을 제공하는 데 있다.

카맥스의 다기능팀들은 각 팀이 자율적으로 운영되며, 경영진으로부터 명확한 목표만을 전달받고, 이를 달성하는 방법은 팀이 스스로 결정한다. 이로 인해 팀은 빠르게 변화하는 고객의 요구에 맞춰 신속하게 대응할 수 있으며, 혁신적인 아이디어를 실험하고 실행할 수 있는 자유를 가진다. 이러한 자율성과 권한 부여는 팀원들이 더 큰 책임감을 가지고 업무에 임하게 하며, 결과적으로 더 높은 성과를 가능하게 한다.

카맥스의 다기능팀은 고객의 기대를 충족시키기 위한 혁신적인 접근 방식을 채택하고 있다. 팀은 고객과의 직접적인 상호작용을 통해 피드백을 받고, 이를 바탕으로 제품과 서비스를 지속적으로 개선해 나간다. 예를 들어, 카맥스의 기술 조직은 전통적인 계획 수립 방식을 폐기하고, 실시간으로 고객의 요구를 반영하는 방식으로 전환했다. 이를 통해 고객이 원하는 기능을 빠르게 구현하고, 시장에서의 경쟁력을 강화할 수 있다.

카맥스의 CIO인 샤밈 모하메드는 "우리는 팀에게 목표를 알려주지만, 그것을 달성하는 방법은 그들이 결정한다"고 설명하며, 이러한 자율성이 팀의 창의성을 극대화하는 데 기여하고 있다고 강조했다. 팀은 고객과의 상호작용을 통해 실험적 접근 방식을 사용하며, 이를 통해 고객이 원하는 결과를 빠르게 도출할 수 있다.

카맥스의 다기능팀은 다양한 부서 간의 협력을 촉진하여 조직의 통합성을 강화한다. 이는 마케팅, IT, UX

등 다양한 부서의 전문가들이 한 팀으로 모여 프로젝트에 집중함으로써, 각 부서가 가진 전문성을 결합하여 더 나은 결과를 도출하기 위함이다. 이러한 협업은 서로 다른 부서 간의 소통을 원활하게 하고, 전체적인 프로젝트 진행 속도와 품질을 향상시키는 데 중요한 역할을 한다. 또한, 다기능팀의 구성원들은 서로의 업무를 깊이 이해하게 되어 보다 효율적인 업무 수행이 가능하다.

또한 카맥스의 다기능팀은 실험과 학습을 통해 지속적인 개선을 추구하는 문화를 가지고 있다. 팀은 실패를 두려워하지 않고, 새로운 아이디어를 실험하며, 이를 통해 얻은 교훈을 바탕으로 문제를 해결해 나간다. 이러한 접근 방식은 특히 기술 변화가 빠르게 진행되는 환경에서 중요한 경쟁 우위를 제공할 수 있다. 팀은 고객과의 상호작용을 통해 얻은 피드백을 신속하게 반영하여 제품을 개선하고, 시장의 요구에 부합하는 혁신적인 솔루션을 개발할 수 있다.

결과적으로 카맥스의 다기능팀은 전통적인 조직 구조를 넘어서는 혁신적인 운영 모델을 제공하고 있다. 이러한 다기능팀의 성공 사례는 다른 기업들에게도 귀감이 될 수 있으며, 특히 빠르게 변화하는 현대 비즈니스 환경에서 경쟁력을 유지하는 데 중요한 역할을 할 수 있다. 실제로 카맥스의 다기능팀은 회사가 중고차 시장에서 리더십을 유지하는 데 중요한 기여를 하고 있다.

토론문제

1. 다기능팀과 전통적인 조직단위 간의 차이점은 무엇인가?
2. 다기능팀을 성공적으로 운영하기 위해서는 어떤 조건들이 충족되어야 하는가?

제 11 장

리더와 리더십

개관

단원 목차

리더십의 정의
리더십 초기 이론
Fiedler의 리더십 상황적합이론
리더십에 대한 현대적 관점
조직 내에서 리더십은 언제나 중요한가
리더십 연구의 새로운 주제들
리더십 접근법의 개요

요약

학습목표

이 단원을 학습한 후 다음을 이해할 수 있다.

- 리더십이 무엇인지, 어느 시점에서 리더가 효과적인지, 공식적 리더와 비공식적 리더의 차이를 설명할 수 있다.
- 리더십과 긴밀하게 관련된 특성과 리더와 관련된 행동, 리더십의 특성모형과 행동모형의 한계에 대해 정의 내릴 수 있다.
- 리더십의 상황적합모형이 어떻게 다른지를 설명하고, 네 가지 상황적 접근법들을 구분할 수 있다.
- 리더십을 대체할 수 있는 작업상황에서 왜 리더십이 항상 중요한 과정이 아닐 수 있는지에 대해 설명할 수 있다.
- 변혁적 리더십이 어떻게 발휘될 수 있는지에 대해 토론하고, 리더의 감정이 부하들에게 어떠한 영향을 미치는지에 대해 설명하며, 성별이 리더십 유형에 어떠한 영향을 미칠 수 있는지에 대해 이해할 수 있다.

인도 출신 나델라 CEO, 어떻게 MS 춤추게 했나?

공감의 리더십으로 MS를 소생시킨 나델라

인도 출신의 사티아 나델라는 취임 10년 후 마이크로소프트를 세계에서 가장 가치 있는 기업으로 만들었다. 그는 자신의 책 '히트 리프레시(Hit Refresh)'에서 리더의 공감 능력을 중시했다. "나는 공감 능력이 리더의 가장 중요한 덕목이라고 생각한다. 공감 능력은 자신이 이끄는 구성원들의 자신감을 키우기 때문이다." 〈사티아 나델라 페이스북〉

사티아 나델라는 사막에서 길을 잃고 죽어가던 마이크로소프트(이하 MS)를 소생시킨 '공감의 리더십'으로 큰 주목을 받고 있다. 나델라는 취임 5년 후인 2019년에 MS의 시가총액 1조 달러를 넘기더니, 2024년 1월엔 3조 돌파라는 기념비적인 고지에 올려놓았고, CEO에 오른지 10년 만인 2024년 2월에는 MS를 세계 시총 1위에 올려놓았다.

인도 태생의 나델라는 1988년 인도 마이팔 공대를 졸업하고 미국으로 건너가 위스콘신대 컴퓨터 과학 석사 학위 취득, 시카고대 MBA 수료를 거쳐 1992년에 MS에 입사했다.

2014년 2월에 나델라가 MS의 세 번째 CEO로 취임할 때, MS는 내외부적으로 상황이 최악이었다. 외부적으로는 애플과 구글이 스마트폰으로의 전환을 주도하면서 MS의 PC 관련 실적이 저조했고, 막 출시된 윈도우8도 관심을 끌지 못했으며, 블루칩이던 MS의 주가마저 몇 년째 제자리걸음 상태였다.

주위 시선도 곱지 않았다. MS의 대중적 이미지가 지나치게 '공격적'으로 비친 것이다. MS는 운영체계와 소프트웨어 시장에서 독보적 존재였지만 그 반대로 잔인하게 시장을 독점하고 있다는 비판이 많았다.

내부 사정도 시급하긴 마찬가지였다. 나델라는 "조직문화가 끔찍했다"며 "회사는 병들어 있었다. 직원들은 원대한 계획과 훌륭한 아이디어가 있음에도 경쟁에서 뒤처지는 상황에 신물이 난 상태였다"고 했다. 노키아 인수로 인한 실패 후유증을 털어내는 것도 급선무였다. 사실, MS 입장에서 전임 CEO 스티브 발머의 노키아 휴대전화 부문 인수(2013년 9월)는 큰 패착이었다. 윈도우를 장착한 윈도우폰 출시를 야심차게 노렸지만 애플의 아이폰과 구글의 안드로이드폰에 빼앗긴 시장을 되찾기엔 너무 늦었다. 나델라가 CEO에 취임한 몇 달 뒤 노키아 인수 협상이 마무리되었는데, 결국에는 1만 8천 명에 가까운 휴대폰 사업 직원들이 일자리를 잃는 결과를 초래했다.

나델라와 2대 CEO 발머는 비즈니스 방식에서 뚜렷한 차이를 보였다. 우선 윈도우 전략이다. 발머가 MS의 '돈줄'인 윈도우에 계속 집착한 반면, 나델라는 당장의 손실에도 불구하고 윈도우와 결별하고 클라우드와 AI 비즈니스로 전환했다. 아마존과 경쟁하는 클라우드 플랫폼 애저(Azure)를 앞세운 클라우드 비즈니스 확장과 챗GPT를 만든 오픈AI에 대한 투자(오픈AI의 지분 49% 보유)가 그것이다. 뿐만 아니라 나델라는 링크드인을 인수(2017년)하면서 소셜미디어로, 액티비전 블리자드 인수(2022년)를 통해 게임 산업으로도 영역을 넓혔다.

윈도우에 이어 파트너십 전략에서도 차이를 보였다. 발머가 구글, 델 등 치열하게 경쟁을 벌이던 기업들을 계속 '적'으로 둔 것과는 반대로, 나델라는 그들과 파트너 생태계를 구축하며 상생으로 나아갔다. 그 예로 2020년, 델의 자회사인 VMware(클라우드 전문 기업)의 CEO 팻 겔싱어는 MS의 애저 클라우드에 자사의 소프트웨어를 제공하면서 이를 '중동 평화 조약(Middle East peace treaty)'과 같은 상황이라고 평가했다. 이처럼 나델라는 경쟁자도 파트너로 돌려세울 수 있다는 유연한 사고를 지향했다.

출처 : "인도 출신 나델라 CEO, 어떻게 MS 춤추게 했나?", Business Post, , 2024. 02. 27.

개관

한 조직 내에서 일이 잘 안 풀리면 주로 리더에게서 그 원인을 찾게 된다. 마찬가지로 조직의 성과가 높아지면 사람들은 리더가 일을 잘하고 있기 때문이라고 생각하는 경향이 있다. 그동안 리더십 행동의 특성과 근원을 설명하기 위해 리더가 차이를 가져오고 구성원과 집단 및 조직 전체에 중대한 영향을 미친다는 공통적 믿음에 대해 연구자들은 많은 조사를 하였다. 연구자들은 주로 두 가지 리더십 이슈에 초점을 맞추어 왔는데 다음과 같다. (1) 어떤 특성이 그들을 리더로 만들까? (2) 어떤 리더들은 왜 다른 리더에 비해 더 성공적이거나 효과적일까? 리더나 리더십의 종류는 매우 다양할 뿐만 아니라 상황이 변화하고 시간이 지남에 따라 리더십에 대한 가장 효과적인 접근법도 변화하기 때문에 질문에 대해 대답하는 것은 쉽지 않다.

이번 장에서는 이러한 두 가지 사안들이 중요하게 다뤄질 것이며 조직 내에서의 리더십 특성에 대해서 알아볼 것이다. 첫째, 리더십에 대한 정의를 내리고 조직 내에 존재하는 다양한 유형의 리더들에 대해서 논의할 것이다. 둘째, 어떤 구성원들이 리더가 되며, 또 어떤 성격적인 특성과 상황적 특성들이 동료들보다 더 많은 성과를 내게 하는지에 대해 알아볼 것이다. 다음으로는 리더십을 대체하거나 리더십의 효과를 중화시키는 요인들에 대해서 알아볼 것이다. 즉 상황적 요인들은 리더가 조직구성원에게 동기부여하거나 협조하게 할 수도 있지만 반대로 리더의 효과성을 저하시킬 수도 있다. 마지막으로 리더십 이론과 연구의 새로운 주제들에 대해 알아볼 것이다. 변혁적 리더십과 카리스마적 리더십, 부하직원들에 대한 리더의 감정 효과, 성별과 리더십이 그것이다. 이 장이 끝날 때쯤에는 어떻게 그리고 왜 리더가 조직행동에 지대한 영향을 주는지에 대해 이해할 수 있게 될 것이다.

리더십의 정의

어떤 사람의 행동을 관찰할 때 누가 리더인지 쉽게 알아차릴 수 있음에도 불구하고 리더십에 대한 명확한 정의를 내리는 것은 쉽지 않다. 연구자들조차도 어떤 개인적 특성이 리더십을 가장 잘 설명하는지에 대해 일관되게 이야기하지 못한다. 하지만 일반적으로 두 가지가 가장 중요한 요소로 간주된다.[1] 첫째, 리더십은 한 집단이나 조직의 다른 구성원에게 영향을 미치는 것과 관련이 있다. 둘째, 리더십은 집단이나 조직의 목표달성을 돕는 것과 관련이 있다. 이런 두 가지 주요 특성을 종합해보면, **리더십**(leadership)이란 개인이 집단이나 조직이 목표를 달성할 수 있도록 다른 구성원에게 영향력과 통제력을 행사할 수 있는 능력이라고 정의 내릴 수 있다.[2] 집단이나 조직의 **리더**(leader)는 영향력과 통제력을 행사할 수 있는 사람을 의미한다. 즉 리더 효과성이란 리더가 실제로 얼마나 집

리더십
한 개인이 집단이나 조직이 목표를 달성할 수 있도록 다른 구성원에게 영향력과 통제력을 행사할 수 있는 능력

리더
집단이나 조직이 목표를 달성할 수 있도록 구성원들에게 영향을 미칠 수 있는 개인

단이나 조직의 목표달성을 도왔는지 나타낸다.[3] 효과적인 리더는 조직의 목표달성을 돕는 데 반해, 효과적이지 못한 리더는 그렇게 하지 못한다.[4]

리더는 우리가 앞서 논의했던 조직행동의 다양한 측면을 형성하며 영향을 미친다 — 태도(제3장), 학습(제5장), 동기부여(제6장, 제7장), 스트레스(제8장), 작업집단 효과성(제9장, 제10장). 연구에 따르면 리더는 부하직원들이나 추종자들의 동기부여와 성과, 결근, 이직, 의사결정의 질과 같은 다양한 방식으로 행동에 영향을 미친다고 한다[여기서 부하직원들(subordinates)과 추종자들(followers)이라는 단어는 모두 리더에 의해 영향을 받는 집단이나 조직의 구성원들을 의미한다].[5]

어떤 리더는 공식적이거나 합법적인 권한을 갖게 된다. **공식적 리더**(formal leader)란 목표를 달성하기 위해 조직 내 다른 구성원들에게 영향을 미칠 수 있는 합법적인 권한을 부여받은 관리자를 의미한다.[6] 이러한 합법적인 권한은 리더에게 돈과 자본을 포함한 조직의 자원들과 구성원의 능력과 기술을 통제하고 잘 활용할 수 있는 권력을 의미한다. 반면 **비공식적 리더**(informal leader)는 다른 구성원들에게 영향을 미칠 수 있는 합법적인 권한은 없지만 개인적인 기술과 자질을 통해 조직 내에서 영향력을 행사하게 되며 때로는 공식적 리더만큼 영향력을 갖는다. 주의해야 할 점은 모든 관리자가 리더는 아니다. 왜냐하면 모든 관리자가 따르는 부하직원들이 있는 건 아니기 때문이다.[7] 예를 들어 회계 장부를 책임지는 레스토랑의 회계 관리자가 관리자이기는 하지만 리더는 아니다.

Eric Risberg\AP Wide World Photos

슈왑의 CEO인 David Pottruck은 공식적인 지도자로서 조직의 구성원에게 영향을 미칠 수 있는 합법적 권한을 가지고 조직목표를 달성하기 위해 회사의 자원을 사용한다.

비공식적 리더의 능력은 주로 그들이 가지고 있는 특별한 기술이나 재능들로부터 나온다. 조직의 구성원들이 알아주는 기술은 조직의 목표를 달성하는 데 도움이 된다. 예를 들어 레스토랑에 있는 8명의 웨이터들에게는 모두 훌륭한 고객서비스를 제공하는 업무가 할당되어 있다. 많은 경험과 대인적 기술들을 가지고 있는 (따라서 가장 많은 팁을 받는) 웨이터가 주로 그 집단의 비공식적 리더가 되는 경우가 많다. 다른 웨이터들은 이러한 기술들이 어떻게 고객을 만족시키는 데 사용되는지를 학습하고 모방할 수 있을 것이다. 종종 비공식적 리더는 구성원 간의 갈등이 깊어지는 것을 막으며 다른 웨이터들은 비공식적 리더의 충고를 받아들일 것이다. 왜냐하면 변화된 행동이 레스토랑을 더욱 일하기 좋은 환경으로 만들어주기 때문이다.

공식적 리더
목표를 달성하기 위해 조직 내에서 다른 구성원들에게 영향을 미칠 수 있는 합법적인 권한을 부여받은 관리자

비공식적 리더
다른 구성원에게 영향을 미칠 수 있는 합법적인 권한은 없지만, 개인적인 기술과 자질을 통해 조직 내에서 영향력을 행사하는 관리자

리더는 자신에게 직접 보고하는 구성원들, 직접적으로 통제하는 구체적인 집단이나 팀에서 일하는 사람들, 심지어 조직 전체에서 일하는 사람들의 행동과 믿음에 영향을 미치고 조절한다. 이번 장에서 소개하는 리더십에 대한 다양한 접근법은 사람들은 어떻게 리더가 되며 왜 어떤 리더는 다른 리더에 비해 사람들과 집단에 영향을 미치는 더 효과적인 행동을 하는지에 대해 설명하고 있다.

리더십 초기 이론

이번 장에서 우리가 다룰 리더십에 대한 다양한 접근은 상호보완적이다. 어떤 이론도 홀로 효과적인 리더가 되거나 효과적인 리더로서 행동할 수 있는 방법에 대해 설명해줄 수 없다. 리더십에 대

한 각각의 접근은 어떻게 효과적인 리더가 될 수 있는지에 대한 이해를 돕는다. 리더십의 두 가지 초기 관점은 바로 특성적 접근과 행동적 접근이다.

리더십의 특성이론

리더십 초기 연구들은 리더와 부하직원을 구분시키고, 효과적인 리더와 그렇지 못한 리더를 구분시켜주는 개인적 특성을 찾아내려 노력했다. 제2장에서 학습하였듯이 특성이란 개인이 어떠한 방식으로 느끼고 생각하고 행동하는 특정한 경향성을 의미한다. 리더십 특성에 대한 연구는 1930년대에 시작되었는데 수많은 연구 끝에 다음과 같은 특성들이 효과적인 리더십과 강한 관계를 가지고 있다고 보았다.[8]

- 지성(intelligence) – 리더가 복잡한 문제들을 해결할 수 있도록 도움
- 업무 관련 지식(task-relevant knowledge) – 리더가 집단과 조직의 목표를 달성하기 위해서는 어떤 일을 어떻게 수행해야 하는지, 어떤 자원이 필요한지를 아는 것
- 지배성(dominance) – 다른 사람에게 영향력을 행사하고 통제하고자 하는 개인의 욕구(need), 부하직원의 노력과 능력이 집단과 조직의 목표달성으로 이어지게 함
- 자신감(self-confidence) – 리더가 부하직원들에게 영향을 주어 장애물이나 어려움을 극복할 수 있도록 동기부여 함
- 에너지/활동 수준(energy/activity levels) – 높은 에너지 수준은 리더가 일상 속에 마주치는 많은 요구나 활동을 해결하는 것을 도와줌
- 스트레스에 대한 참을성(tolerance for stress) – 어떤 복잡한 의사결정 상황에서도 존재하는 불확실성이나 모호함을 해결하는 리더의 능력을 증가시킴
- 진실성과 정직함(integrity and honesty) – 리더가 언제라도 윤리적으로 행동할 것이며 부하직원들이 믿고 의지할 가치가 있다는 것을 나타내주는 지표
- 감정적 성숙함(emotional maturity) – 리더가 지나치게 자기중심적이지 않으며 자신의 감정을 다스릴 수 있고 비판을 받아들일 수 있음을 보여줌[9]

특정한 접근법을 사용하여 리더십을 바라볼 때 반드시 알아야 하는 중요한 요소가 있다. 몇 가지 특성들은 무엇이 우선인지 확실하지 않다. 리더가 선천적으로 적절한 리더십 특성을 가지고 있는 것인가? 아니면 제2장에서 배운 것처럼 성격 특성이 오랜 시간에 걸쳐 변하듯이 리더십 특성을 장기적으로 개발하게 되는 것인가? 이 질문에 대해 대답하기란 쉽지 않다. 효과적인 리더십 특성을 가지고 있는 사람은 그렇지 않은 사람들보다 더 쉽게 훌륭한 리더가 될 수 있을 것이다. 하지만 적절한 특성을 가지고 있는 많은 개인이 모두 리더가 되는 것은 아니라는 상반된 결과가 있다. 이 때문에 연구자들은 효과적인 리더십에 기여할 수 있는 성격과 상황적인 요인들을 찾고자 한다.

리더십의 행동이론

리더의 성격적 특성들을 살펴보는 대신 연구자들은 실제로 리더가 무엇을 하는가, 즉 효과적인 리더에 의해 수행되는 특정한 행동들에 초점을 맞추기 시작하였다. 오하이오주립대학의 연구자들은 리더가 부하직원들에게 영향을 미치는 주요 방식 중 하나는 개인적이고 일상적인 결정과 행동을 통한 것임을 주장하며 리더의 행동적 접근방법을 개척하였다.[10] 즉 어떤 리더의 행동이 구성원, 집단, 조직의 목표달성을 돕는지 밝혀내고자 하였다.

오하이오대학의 연구자들은 리더가 할 것이라 생각되는 약 1,800개의 구체적인 행동들 — 예를 들어 부하직원들을 위한 목표설정, 부하직원들에게 해야 할 일을 지시하는 것, 친절하게 행동하는

것, 부하직원들이 행복하도록 돕는 일 등 — 의 리스트를 만들었다.[11] 그 후 연구자들은 이러한 행동을 측정할 수 있는 척도를 개발하고 수천 명의 구성원에게 적용해보았다. 구성원들은 자신의 리더가 이 다양한 리더의 행동들을 얼마나 잘 수행하였는지에 대해 대답하였다. 분석결과, 연구자들은 대부분의 리더 행동들이 다른 연구들에서와 같이 **배려행동** 또는 **구조주도행동**이라는 두 가지 행동과 관련되어 있음을 발견하였다.[12]

배려행동

배려행동
리더가 부하직원들과의 관계를 가치 있게 여기고 믿으며 존중한다는 것을 보여주는 행동

배려행동(consideration)이란 리더가 부하직원들과의 관계를 가치 있게 여기고 믿으며 존중한다는 것을 보여주는 행동을 의미한다. Stanley Gault는 굿이어 타이어의 CEO가 된 첫날 배려행동을 보여주었다. 화려한 사무실로 옮겨가면서 그는 캐비닛의 열쇠 꾸러미를 받았다. 하지만 Gault는 캐비닛을 잠그지 않음으로써 자신이 열쇠를 원하지 않으며, 부하직원들을 신뢰한다는 것을 보여주었다. Gault에게 열쇠를 제공한 직원은 많은 사람들이 매일 사무실을 들락거릴 것이고, 청소부가 들어올 것이므로 열쇠를 사용하지 않는 것에 대해 다시 한 번 생각해보기를 권하였다. 그러나 Gault는 "이 회사는 신뢰를 바탕으로 운영되어야 하기" 때문에 열쇠는 필요 없다고 대답하였다.[13] 배려행동은 다가가기 쉽도록 친절해지는 것, 집단구성원들을 공평하게 대하는 것, 부하직원들에게 어떤 결정을 한 이유와 그 결과가 어떻게 될 것인지에 대해 설명하는 것들을 포함하고 있다.

배려행동을 실천하고 있는 리더는 부하직원의 복지와 안녕에 신경 쓰고 있으며 어떻게 느끼고 무엇을 생각하는지에 대해 관심을 가지고 있음을 보여준다. 종합증권회사 찰스 슈왑의 전 최고관리자인 David Pottruck은 상사가 배려행동을 하지 않을 때 부하직원들이 어떻게 반응하는지 살펴봄으로써 배려행동의 중요성을 깨닫게 되었다.[14] Pottruck은 처음에 굉장히 직접적이고 경쟁적인 리더십 접근법을 가지고 있었으며 부하직원들을 고려하는 행동을 거의 하지 않았다. Pottruck이 그의 결정을 부하직원들에게 강요하고 의견을 수용하지 않았기 때문에 부하직원들이 자신을 불신하고 함께 근무하는 것을 선호하지 않는다는 것을 알게 됐을 때 슈왑은 Pottruck에게 경고를 주었다.[15]

현대의 조직행동

스타벅스의 임직원 밀착형 리더십

2022년 스타벅스 CEO 자리에 오른 락스만 나라심한은 직접 바리스타 과정을 경험하는 등 임직원 밀착형 리더십을 보였다. 그 결과는 취임 1년 만에 실적으로 나타났는데, 스타벅스는 분기별 매출이 11.4% 증가해 93억 7,000만 달러에 달했으며, 미국 밖에 있는 국가에 1만 5,000개의 새로운 지점을 추가할 계획을 발표했다.

CEO 취임 이후 나라심한은 스타벅스 기업과 매장 내 직원들과의 관계를 우선시하겠다는 의도를 분명히 했다. 이를 위해 취임 첫해에는 스타벅스 파트너들과 함께 바리스타로서 훈련을 받으며 40시간을 보냈다. 그는 많은 스타벅스 음료를 마셔볼 수 있었으며, 바리스타로서 스타벅스의 전체 메뉴를 준비하는 법을 배웠다.

이 기간 동안 나라심한은 스타벅스에 진심으로 몰입하는 시간을 가질 수 있었으며, 스타벅스의 문화를 이해하고, 커피를 즐길 수 있는 기회를 가질 수 있었다. 미국 전역의 매장에서 근무한 이러한 경험은 나라심한에게 스타벅스 직원이라는 진정한 인식을 가질 수 있게 되는 중요한 계기가 되었다.

출처 : "스타벅스 CEO 나라심한의 성공비결…'임직원 밀착형 리더십'", Fortune KOREA, , 2023. 11. 27.

전문가의 도움을 받아 Pottruck은 배려행동을 우선으로 하는 방향으로 리더십 유형을 변화시키기 시작했다. 부하직원에게 주도성을 강요하는 대신 문제를 설명하고 협조를 구함으로써 존중한다는 것을 보여주었다. 예를 들어 슈왑이 토요일에도 지점을 오픈하기로 결정하였을 때, 지점 관리자들에게 왜 이렇게 흔하지 않은 방법이 필요한지와 부하직원들의 삶에 가져올 부담을 알고 있음을 설명하였다. Pottruck이 보여준 배려행동은 구성원들이 저항을 느끼는 대신 이 변화가 얼마나 중요한지를 인식하게 하고 변화를 도와주는 쪽으로 이끌었다.[16] Pottruck은 배려행동을 수행할 수 있는 성격적 능력(personal ability)이 어떻게 협동심(collaboration)과 팀워크를 독려할 수 있으며 성과를 높일 수 있는지에 대해서 깨달았다.

구조주도

구조주도
리더가 부하직원들과 팀이 일과 업무를 적절하고 효과적으로 수행할 수 있도록 관여하는 행동

구조주도(initiating structure)란 리더가 부하직원들과 팀이 일과 업무를 적절하고 효과적으로 수행할 수 있도록 관여하는 행동을 의미한다. 부하직원에게 개별적 업무를 일임하고, 미리 계획하여 목표를 설정하고, 어떤 팀 구성원이 어떤 업무를 수행해야 하는지를 결정하며, 부하직원들이 업무를 완수하도록 독려하는 것들 모두 구조주도행동이라고 할 수 있다.[17]

하위레벨에 있는 리더 또한 구조주도행동에 관여할 수 있다. 예를 들어 웨이터 집단의 공식적 또는 비공식적 리더는 해야 할 일이 매우 많다. 가령 단체 손님이 하나의 테이블을 차지할 경우, 시간이 넉넉한 웨이터들이 함께 돕도록 동기부여 하는 집단행동을 독려함으로써 구조주도행동에 관여할 수 있다. 또한 웨이터들의 개인적 생활에 관심을 가지고 생일을 축하하기 위해 작은 파티를 열어 주는 등의 배려행동를 수행할 수 있다.

배려행동과 구조주도행동은 서로 보완적이지만 독립적인 리더의 행동들이라는 것을 유념할 필요가 있다. 리더가 두 가지 타입의 행동 모두에 관여할 수 있기 때문에 보완적이다. 또 리더가 배려행동과 구조주도행동에 얼마만큼 관여하고 있는지에 대해 아무것도 설명해줄 수 없기 때문에 서로 독립적이다(반대의 경우도 가능).

행동적 접근법 : 리더의 보상행동과 처벌행동

배려행동과 구조주도행동에 관여하는 것뿐만 아니라 리더는 부하직원에게 다른 방식으로 행동하여 영향을 미칠 수도 있다. 제5장에서 언급했던 것처럼 강화는 원하는 행동의 가능성을 증가시킬 수 있고, 처벌은 원하지 않는 행동이 일어날 가능성을 낮출 수 있다는 것을 떠올려보자. 조직에서 리더인 관리자들은 강화와 처벌을 관리하는 역할을 한다.

리더의 보상행동
리더가 바람직한 행동을 하는 부하직원에게 긍정적인 강화를 하는 것

리더의 보상행동(leader reward behavior)은 부하직원이 바람직한 행동을 하도록 긍정적으로 강화시키고자 할 때 일어난다.[18] 부하직원이 일을 잘했을 때 알아차리고 보상이나 칭찬 또는 임금인상이나 승진과 같이 좀 더 물질적인 혜택을 제공하는 리더는 보상행동을 하고 있다고 할 수 있다. 리더의 보상행동은 구성원들이 더욱 높은 성과를 창출할 수 있도록 도와준다. CEO들은 협력을 촉진하기 위해 성과가 탁월한 팀에 인센티브를 제공할 수도 있고, 목표를 달성한 모든 직원의 연봉을 인상하는 보상행동을 할 수 있다.[19] 왜 이런 행동에 대해 보상하는가? 그렇게 하는 것이 구성원들이 변화하는 소비자의 요구를 살피고 회사의 제품과 서비스를 개선하는 방법을 개발하도록 돕는다는 것을 깨달은 것이다.

리더의 처벌행동
리더가 바람직하지 않은 행동을 하는 부하직원에게 부정적으로 반응하는 것

리더의 처벌행동(leader punishing behavior)은 리더가 바람직하지 않은 행동을 하는 부하직원을 질책하거나 부정적으로 반응하고자 할 때 나타난다.[20] 공장의 관리자는 업무현장에서 안전 안경을 쓰지 않거나 다른 안전절차를 위반하는 부하직원들에게 처벌행동을 하게 된다. 시스코에서는 공통행동방식을 따르지 않는 관리자와 조직원에게 낮은 성과평가를 준다. 따라서 기업에서 원하는 행

동을 할 수 없거나 변화할 의지가 없는 사람들은 새로운 일자리를 찾는 것이 더 나을 수 있다.

리더의 행동측정

많은 연구들이 앞서 서술된 리더의 행동을 측정할 수 있는 심리적 척도를 개발하고자 노력해 왔다. 리더십 행동서술 질문은 부하직원들에게 리더나 상사가 얼마나 배려행동과 구조주도행동에 관여하고 있는지에 대해 물어본다. 리더 스스로에 의해서 작성되는 리더십 의견 질문은 리더에게 다양한 배려행동과 구조주도행동들 중 어떤 것이 더욱 좋은 리더십을 가져올 수 있는지에 대해서 묻는다.[21] 표 11.1은 그러한 척도들의 한 예로 부하직원들에 의해 작성된 것이다. 경영 컨설턴트들은 어떻게 하면 보다 효과적인 리더가 될 수 있는지를 가르치기 위해 다양한 리더십 모델에서 배려행동과 구조주도행동을 측정한다. 예를 들어 Blake와 Mouton의 관리격자(Managerial Grid)[22]와 Hersey와 Blanchard의 모델[23] 모두 리더가 얼마나 사람(배려행동) 또는 생산(구조주도행동)에 신경을 쓰는가에 대해 측정하고자 한다. 그러나 이 모델들은 학문적 연구에 의해 지지되지 않으며 믿을 만한 척도라고 여겨지지는 않는다.

특성적 접근과 행동적 접근에서 놓친 것은 무엇인가

리더십에 대한 특성적 접근과 행동적 접근이 다름에도 불구하고 전자는 효과적 리더가 어떤 사람인지에 대해 초점을 맞추고 후자는 그들이 무엇을 하는지에 주목하고 있다. 이러한 접근들은 공통점을 가지고 있다 — 각각의 접근은 리더십이 이루어지는 상황에 대해 거의 고려하지 않는다. 제2장에서 언급한 것처럼, (특성과 태도와 같은) 개인적 특성이 (관리자가 가지고 있는 공식적 권한의 양이

표 11.1
리더의 보상과 처벌행동에 대한 측정

리더의 부하직원들은 아래의 각 항목에 동의하거나 동의하지 않는 정도를 표시할 수 있다.

1 = 매우 동의하지 않음	2 = 동의하지 않음	3 = 조금 동의하지 않음	4 = 보통
5 = 조금 동의함	6 = 동의함	7 = 매우 동의함	

1. 나의 상사는 내가 업무를 잘할 때마다 긍정적인 피드백을 주었다.
2. 나의 상사는 나의 업무실적이 특별히 좋을 때만 인정을 해준다.
3. 나의 상사는 나의 업무의 질이 개선될 때마다 그것을 알아봐주었다.
4. 나의 상사는 내가 평균적인 업무보다 잘할 때 칭찬을 해주었다.
5. 나의 상사는 내가 뛰어난 업무성과를 보일 때 개인적으로 칭찬을 해주었다.
6. 나의 상사는 내가 업무를 잘했을 때 자신의 상사 또는 조직에 이를 알렸다.
7. 만약 내가 일을 잘하면 나의 상사가 나에게 보상을 해줄 것을 안다.
8. 나의 상사는 내가 지속적으로 평균 이상의 업무능력을 보였을 때 가능한 모든 긍정적 혜택을 베풀어줄 것이다.
9. 나의 업무성과가 좋았을 때도 상사는 이를 파악하지 못하고 지나치는 경우가 종종 있다.
10. 내가 업무를 잘 수행한 경우에도 내 상사는 칭찬을 하지 않는 경우가 자주 있다.
11. 만약 내 능력에 비해 업무성과가 부족하면 상사는 나를 못마땅해한다.
12. 나의 상사는 업무성과가 받아들일 만한 기준에 미달했을 때 불만을 표출한다.
13. 나의 상사는 내가 업무를 잘 수행하지 못한 것을 바로 알아차린다.
14. 나의 상사는 내가 업무를 기준보다 못했을 때 질책한다.
15. 내가 평균보다 낮은 성과를 보이면 나의 상사는 그것을 바로 지적한다.

* 이 표시가 되어 있는 문항은 점수를 반대로 계산한다(예 : '매우 동의함'=1점).
결과 : 1~10항목의 총점은 '리더의 보상행동' 점수
1~15항목의 총점은 '리더의 처벌행동' 점수

출처 : P. M. Podsakoff, W. D. Todor, R. A. Grover, and V. L. Huber, "Situational Moderators of Leader Reward and Punishment Behaviors, Fact or Fiction?" Organizational Behavior and Human Decision Processes, 1984, 34, pp. 21–63.

나 부하직원들의 업무 자체나 양과 같은) 조직적 특성과 갖는 상호작용(예를 들어 리더십과 성과와 같은)과 함께 조직 내에서 개인의 구체적 행동을 결정짓는다는 것을 상기해보자.

특성적 접근은 효과적인 리더의 개인적 특성에 대해 정의 내리는 것의 중요성에 초점을 두고 있다. 하지만 효과적인 리더가 되기 위한 사람의 능력에 상황이 어떠한 영향을 미치는지에 대해서는 고려하지 않는다. 즉 어떠한 상황에서는 효과적인 리더십을 가져올 수 있는 리더십 특성들이 다른 상황에서는 효과적인 리더십으로 이어지지 않을 수도 있다. 예를 들어 지배성이라는 특성은 미식축구 코치를 미식축구 팀의 효과적인 리더로 만들 수도 있을 것이다. 하지만 의학 실험실에서 고참 연구자가 지배성을 발휘한다면, 자율적이고 독립적으로 일하는 것을 좋아하는 부하직원들이 조정당하고 압박당한다고 받아들여 효과적이지 못한 리더십이 될 수도 있다.

유사하게 행동적 접근법은 효과적인 리더십을 가져올 수 있는 행동을 정의 내리고자 하지만 상황적 특성들이 어떻게 행동에 영향을 미치는지는 고려하지 않고 있다. 행동적 접근은 내재적으로 (집단의 특성과 구성 또는 행해지는 업무의 특성과 같은) 상황과 상관없이 특정 리더십 행동들이 언제나 부하직원들의 높은 수준의 만족과 성과로 이어질 것이라고 가정하고 있다. 하지만 상황적 특성들 또한 부하직원들의 반응에 큰 영향을 미칠 수 있다. 특수하게 설계된 집을 짓는 목수들의 집단성과를 생각해보자. 만약 리더가 목수들이 더 효과적으로 협동할 수 있도록 건설적인 구조주도행동에 관여하면 성과는 더 증가할 것이다. 집을 더 빨리 지을 수 있고 보너스를 받게 될 것이다. 반대로 같은 일을 반복적으로 하는 가구 조립라인 노동자들의 집단은 어떻게 일을 하는지 정확하게 알고 있을 것이다. 그렇기 때문에 갑자기 구조주도행동을 하는 리더가 반복적으로 무엇을 할지 지시하는 것에 대해 집단구성원들은 불쾌해할 수 있고 이러한 행동은 그들의 만족과 성과를 감소시킬 수 있다.

요약해보면 특성적 접근과 행동적 접근은 효과적인 리더들이 어떤 특성들을 가지고 구체적인 행동을 하는지(표 11.2 참조) 밝힘으로써 리더십에 대한 이해를 높인다. 하지만 리더십에 대한 보다 나은 이해를 위해서는 상황적 특성들이 미치는 영향 또한 고려해야 할 것이다.

Fiedler의 리더십 상황적합이론

리더십의 상황적합이론
리더의 효과성은 리더의 개인적 특성과 상황에 의해 영향을 받는다는 리더십 이론

특성적 접근과 행동적 접근은 어떻게 구체적인 상황이 리더의 효과성에 영향을 미치는지를 고려하지 않고 있다. 효과성은 (1) 개인의 구체적인 특성들과 (2) 자신이 속한 특정 상황 모두에 의해 영향을 받는다는 것을 알아차림으로써, Fred Fiedler는 **리더십의 상황적합이론**(contingency theory of leadership)을 발전시켰다.[24] Fiedler의 이론은 리더십을 이해하기 위한 다양한 접근들 중 하나로서, 두 가지 중요한 이슈들을 해결하고자 하였다. (1) 두 리더가 모두 충분한 자격을 갖췄음에도 불구

표 11.2
리더십의 본성 : 특성과 행동의 역할

접근	전제	문제점
특성적 접근	효과적인 리더는 그룹이나 조직목표를 달성하게 도와주는 확실한 자질이나 특성을 가진다.	일부 효과적인 리더는 이러한 특성을 모두 가지지는 않으며, 이러한 특성을 가진 리더라도 효과적이지 못할 수 있다.
행동적 접근	효과적인 리더는 행동에 대한 보상이나 처벌과 같은 확실한 행동을 수행한다.	리더의 행동과 부하직원의 성과만족 간의 관계는 명확하게 구분되지 않는다. 행동적 접근은 리더십이 발생하는 상황적인 요인을 무시한다.

하고 특정 상황에서는 왜 한 리더가 다른 리더보다 더 효과적일 수밖에 없는가? (2) 왜 동일한 리더가 특정 상황에서는 효과적이었다가 다른 상황에서는 그렇지 못하는가?

리더십의 유형

특성이론과 같이 Fiedler의 이론은 개인적 특성이 리더의 효과성에 영향을 미친다는 것을 보여주며 특히 리더십의 유형에 따라 어떻게 개인이 리더십과 관련된 업무에 접근하는지에 대해 관심을 가졌다. Fiedler는 두 가지 리더십 유형인 관계 지향적 유형(relationship-oriented)과 업무 지향적 유형(task-oriented)에 대해 정의 내리고 리더들은 두 유형 중 하나로 구분될 수 있다고 주장하였다.

관계 지향적인 리더는 부하직원들에게 호감을 얻고 싶어 하며 부하직원들과 잘 지내고 싶어 한다. 즉 관계 지향적 리더의 첫 번째 관심사는 좋은 관계를 만드는 것이고 두 번째 관심사는 업무가 확실하게 수행되도록 하는 것이다. 시우다드후아레스 지역 멕시코 Bermúdez 산업 단지에 위치한 미국 공장들(마킬라도라)를 관리하고 있는 켄 플랭클린은 멕시코인 부하직원들을 관리하는 경우 관계 지향적 유형이 특히 중요하다고 여겼다. 그는 매일 아침 6시에 직원들이 출근할 때면 개인적으로 인사하고 반겨주면서 일과를 시작한다.[25]

반면 업무 지향적인 리더는 부하직원들이 높은 수준의 성과를 내고 최선을 다해 업무를 수행하기를 바란다. 첫 번째 관심사는 업무완수이며, 부하직원들이 일을 확실하게 끝내도록 촉구한다. 그들에게 있어서 부하직원들과 좋은 관계를 맺는 것은 두 번째 관심사이다.

Fiedler에 의하면 관계 지향적 유형이나 업무 지향적 유형 모두 성격적 특성으로 간주한다. 리더의 유형은 쉽게 변하지 않는다. 관계 지향적 리더는 업무 지향적으로 바뀌도록 교육받을 수 없으며 그 반대의 경우도 마찬가지다. 또한 리더의 유형은 특정 상황이 변했다고 해서 쉽게 변할 수도 없다. 리더는 특정 상황에서 관계 지향적이었다가 다른 상황에서는 업무 지향적일 수 없다는 이야기이다. 즉 리더는 모든 리더십 상황에서 같은 유형을 고수할 것이다.

리더가 관리해야 하는 상황이 무엇이냐에 따라서 어떠한 리더십 유형이 가장 효과적인지 결정된다. 리더의 성격을 변화시키는 것은 어렵기 때문에 조직은 리더가 부하직원들을 도울 수 있게 하고 조직 전체의 목표를 달성할 수 있게 하기 위해서 다음 두 가지 중 하나를 반드시 수행하기 원한다. 조직은 반드시 리더가 가장 효과적일 수 있는 특정 상황에 그 리더를 관여시키거나 또는 반대로, 리더의 특성과 부합되도록 특정 상황을 변화시켜야 한다는 것이다.

Fiedler는 리더 유형을 측정하기 위해 고유의 척도를 고안했다. **최소 선호 동료 측정**[least preferred co-employee(LPC) scale] 설문은 리더에게 그들이 가장 선호하지 않는 동료 구성원[co-employee)이나 동료(coworker)(LPC), 즉 함께 일하기 어렵다고 판단되는 사람에 대해 생각해보게끔 질문하는 방법이다. 리더는 얼마나 친절하고 열정적이며 유쾌한지 등의 다양한 차원에서 LPC에 대한 점수를 산정한다. 대체로 리더가 자기의견에 반대하는 구성원을 어떻게 대우하느냐에 따라 리더의 유형이 구분된다. 관계 지향적 리더들(또는 높은 LPC 리더들)은 가장 선호하지 않는 구성원에 대해서도 상대적으로 긍정적인 용어로 묘사하였으며, 장점에 대해 말할 수 있었다. LPC와 업무 관련된 문제를 분리하여 생각할 줄 알았으며 전반적으로 긍정적인 평가를 하였다. 반대로, 업무 지향적인 리더들(또는 낮은 LPC 리더들)은 가장 선호하지 않는 구성원에 대해 부정적으로 평가하였다. 그들은 LPC가 단점을 보완할 수 있는 요소들을 거의 가지고 있지 않다고 믿었다. 따라서 전반적으로 매우 좋지 않은 인상을 가지고 있으며, 무시하는 경향이 있었다.

최소 선호 동료 측정
가장 함께 일하기 어려운 동료에 대한 리더의 반응을 측정하여 리더십 스타일을 평가하는 방법

Fiedler는 리더들이 가장 선호하지 않는 동료들에 대해 설명하는 방식이 리더들의 접근방식을 간파할 수 있게 해준다고 생각하였다. 특히 관계 지향적 리더들은 자신의 부하직원들, 심지어 LPC에 대해서도 긍정적으로 생각하기 위해 노력하였다. 왜냐하면 긍정적인 관점이 좋은 작업관계와 행동

들을 불러일으키기 때문이다. 반대로 업무 지향적 리더는 함께 일하기 어려운 동료들에 대해 부정적으로 생각하였다. 이는 그들의 행동이 구성원 간에 갈등을 일으킨다든지, 과정 지체를 야기함으로써 업무완수를 방해할 수 있기 때문이다.

상황적 특성

Fiedler는 리더십이 상황의 유리성(favorability)에 따라 달라진다고 제안하였다. 즉 상황이 리더가 높은 성과를 내고 목표를 달성하게끔 부하직원들의 행동을 유도하고 관리하는 데 있어서 중요한 요소임을 강조한다. 유리한 상황에서는 그렇지 않을 때보다 리더가 부하직원들에게 더욱 수월하게 영향을 미칠 것이다. Fiedler에 따르면 리더-구성원 관계, 과업구조, 지위권력 이 세 가지 특성들을 가진 상황들이 리더십을 발휘하는 데 유리하다고 주장하였다.

리더-구성원 관계

리더-구성원 관계
리더와 부하직원들과의 관계

리더-구성원 관계(leader-member relation)가 좋은 경우, 부하직원들은 리더에게 고마움을 느끼고 신뢰하며 충성심을 가지기 때문에 리더십을 발휘하기에 유리한 조건이 된다. 하지만 리더와 부하직원들의 관계가 좋지 않은 경우, 부하직원들은 리더를 꺼리거나 불신하며 이러한 상황은 리더십을 발휘하기에 매우 불리하다. 다음과 같은 상황들을 생각해보자. 로버트 홀캔은 한 차량정비소의 기술자 집단의 리더이다. 그는 다른 기술자들과 잘 어울리며 자주 함께 식사를 하러 가곤 한다. 홀캔의 리더십 상황에서 리더-구성원 관계는 좋다고 볼 수 있다. 반대로 메리 레스터는 작은 인문대학의 영문과 학과장이다. 그 학과의 다른 교수들은 레스터를 가식적이고 믿을 수 없는 사람이라고 생각한다. 레스터의 리더십 상황에서 리더-구성원 관계는 나쁘다고 볼 수 있다.

과업구조

과업구조
한 집단이 수행하는 업무가 얼마나 명확하게 정의될 수 있으며 이해될 수 있는지를 의미함

과업구조(task structure)란 집단이 수행하는 업무가 얼마나 명확하게 정의될 수 있으며 이해될 수 있는지를 의미한다. 집단이 달성해야 하는 구체적인 목표를 가지며 이런 목표를 달성하기 위해 어떻게 행동해야 하는지 알고 있을 때 과업구조는 높다고 볼 수 있다. 집단의 목표가 모호하거나 명확하지 않고 구성원들이 목표를 달성하기 위해 어떻게 과업을 수행해야 하는지 확신이 없을 때 과업구조는 낮다고 할 수 있다. 과업구조의 수준이 높을수록 리더십 상황은 보다 유리하다.

기술자들의 수장인 홀캔에게 과업구조는 높다고 할 수 있다. 왜냐하면 차량정비소의 목표는 고객의 자동차를 안전하게 그리고 제때 맞춰서 고치는 것이기 때문이다. 또한 숙련된 기술자들은 차를 고치기 위해 어떻게 해야 하는지 잘 이해하고 있다. 반면 레스터에게 과업구조는 낮다. 영문과 내에서 주력해야 하는 연구와 교육에 대해 갈등과 혼란이 존재한다. 영문과 교수들은 무엇이 더 중요한지에 대해 다른 의견을 가지고 있으며, 교수들의 연구와 교육성과를 어떻게 평가할지에 대해 서로 동의하지 못하고 있다. 부서의 일 또는 성과가 무엇인지(교육 또는 연구)가 분명하지 않기 때문에 과업구조는 낮다고 볼 수 있다.

지위권력

지위권력
리더가 가지는 공식적인 권한의 양

지위권력(position power)이란 리더가 가지고 있는 공식적인 권한의 양을 의미한다. 이를테면 한 리더가 부하직원들의 수당을 올려주고 보너스를 지급해주거나 수당을 삭감하는 등의 방식으로 부하직원에게 보상하거나 처벌할 수 있는 권리를 가지고 있다면, 지위권력은 높다고 할 수 있다. 만약 리더가 부하직원에게 보상하거나 부하직원을 처벌함에 있어서 할 수 있는 일이 거의 없다면, 지위권력은 낮다고 할 수 있다. 리더십을 위한 상황은 지위권력이 높은 경우에 더 유리하다고

할 수 있다.

차량정비소에서 홀캔은 낮은 지위권력을 가지고 있다. 왜냐하면 기술자들이 받는 보상에 대해 낮은 통제력을 가지고 있기 때문이다. 차량정비소의 주인이 보수, 복지, 다른 보상을 결정하며 홀캔은 이 과정에서 하는 일이 별로 없다. 반대로 레스터는 영문과의 수장으로서 높은 지위권력을 가지고 있다. 매년 영문과는 교수들의 임금인상을 위한 일정 금액의 예산을 가지고 있고 레스터가 교수들 사이에서 이 예산을 어떻게 분배할지 결정하게 된다. 또한 교과과정에서 누가 어떤 수업을 언제 가르칠지를 결정한다. 학과의 구성원들은 레스터와 대면하기를 꺼린다. 왜냐하면 자신이 원하지 않는 수업시간(금요일 오후 3시부터 5시 수업)을 배정받을까 봐 두렵기 때문이다.

상황적합모델

리더와 구성원의 좋고 나쁜 관계, 높고 낮은 과업구조, 높고 낮은 지위권력 사이에서 가능한 모든 조합들은 여덟 가지 리더십 상황으로 나뉘게 된다. Fiedler는 상황을 여덟 가지로 구분하였다(그림 11.1 참조). Fiedler의 이론에 따르면 상황 I, II, III는 리드하기에 굉장히 유리하다. 상황 IV, V, VI, VII은 적당히 리드하기에 유리하다. 그리고 상황 VIII은 리드하기에 매우 유리하지 않다.

기술자들의 수장인 홀캔은 좋은 리더-구성원 관계, 높은 과업구조, 낮은 지위권력(그림 11.1의 상황 II)을 가지고 있으며, 이 상황은 리드하기에 매우 유리한 상황이라 할 수 있다. 레스터 교수는 반대로 나쁜 리더-구성원 관계, 낮은 과업구조, 높은 지위권력(그림 11.1의 상황 VII)을 가지고 있으며, 이는 리드하기에 적당히 유리한 상황이라 할 수 있다.

홀캔 또는 레스터가 보다 효과적인 리더가 될 수 있는지를 확인하기 위해서 홀캔과 레스터의 리더십 유형과 상황적 유리성에 대해 살펴볼 필요가 있다. 리더십 효과성에 대한 요소 각각의 영향력은 서로에 의해 달라진다. 리더십 유형을 정의하기 위해서 두 사람 모두에게 가장 선호하지 않는 동료에 대해 묘사하도록 요청하였다. 홀캔은 동료에 대해 매우 부정적으로 묘사한다. 그는 한 기술자가 기본적으로 멍청하며 함께 지내기 어렵다고 생각하고 있다. 이런 묘사를 통해 홀캔이 업무 지향적인 또는 낮은 LPC 리더임을 알 수 있다. 반면 레스터는 그녀가 가장 선호하지 않는 동료를 긍정적인 단어를 통해 묘사하였다. 그 교수와 함께 일하는 데 많은 문제를 가지고 있음에도 불구하

상황적 특성	I	II	III	IV	V	VI	VII	VIII
리더-구성원 관계	좋음	좋음	좋음	좋음	나쁨	나쁨	나쁨	나쁨
과업구조	높음	높음	낮음	낮음	높음	높음	낮음	낮음
지위권력	높음	낮음	높음	낮음	높음	낮음	높음	낮음

여덟 가지 상황

매우 호의적인 상황 → 매우 비호의적인 상황

- 리드에 매우 호의적인 상황
- 리드에 보통 정도로 호의적인 상황
- 리드에 매우 비호의적인 상황

그림 11.1

리더십 상황에 대한 호감도

출처 : Adapted from F. E. Fiedler, A Theory of Leadership Effectiveness (New York: McGraw-Hill, 1967). Copyright © 1967 Fred E. Fiedler. Reprinted with permission.

고 지적이고 유쾌한 사람이라고 생각하고 있었다. 이러한 묘사를 통해 레스터가 관계 지향적인 또는 높은 LPC 리더임을 알 수 있다.

Fiedler의 이론에 따르면 업무 지향적인 리더들은 매우 유리하거나 또는 매우 유리하지 않은 상황에서 가장 효과적이며, 관계 지향적인 리더들은 적당히 유리한 상황에서 가장 효과적이라고 한다(표 11.3 참조). 따라서 홀캔과 레스터의 리더십 상황은 리더십 유형이 다른 것처럼 서로 다름에도 불구하고, 동일하게 효과적인 리더라고 할 수 있다. 홀캔은 매우 유리한 상황에서 업무 지향적인 리더이며 레스터는 적당히 유리한 상황에서 관계 지향적인 리더이기 때문이다.

왜 업무 지향적인 리더는 매우 유리하거나 매우 유리하지 않은 상황에서 가장 효과적일까? 그리고 왜 관계 지향적인 리더들은 적당히 유리한 상황에서 가장 효과적일까? 업무 지향적인 리더들의 가장 큰 관심사가 업무완수이고, 두 번째 관심사가 좋은 인간관계라는 것을 상기해보자. Fiedler는 사람들이 보통 스트레스 상황에 있을 때, 첫 번째 관심사에 집중한다고 제안하였다. 리드하기에 매우 유리하지 않은 상황은 대부분의 리더에게 스트레스를 주는 상황이고 업무 지향적인 리더들은 첫 번째 관심사인 업무완수에 초점을 맞추게 될 것이다. 이는 최소한 집단이 업무를 수행할 가능성을 증가시키기 때문에 매우 유리한 상황이라 볼 수 있다. 상황이 매우 좋은 경우, 집단이 목표를 달성할 것임을 알고 있는 업무 지향적인 리더들은 두 번째 관심사인 좋은 인간관계에 초점을 맞추게 된다. 왜냐하면 리더들은 그 일이 완수될 것임을 알고 있기 때문이다. 적당히 유리한 상황에서 관계 지향적 리더들은 인간관계와 업무완수 모두에 초점을 맞출 수 있게 된다.[26] 어떤 리더십 전문가들은 이러한 설명들과 Fiedler의 모델에 대해 의문을 제시한다. 연구논문들은 이 이론을 지지하기도 하지만 (대부분의 이론이 그러하듯이) 더 개선될 필요가 있다고 제안한다.[27]

요약하자면, Fiedler는 리더십 유형이 비교적 고정되거나 지속되는 것으로 간주하였다. 리더들은 관계 지향적으로 또는 업무 지향적으로 교육될 수 없으며, 상황에 따라서 자신의 유형을 바꿀 수 없다. 상황적합이론은 리더들이 효과적일 수 있는 상황에 배정되어야 한다고 주장하였다. 만약 그렇지 못했다면 상황이 리더에 맞게 바뀌어야 한다고 주장하였다. 첫 번째의 경우 업무 지향적인 리더는 반드시 매우 유리하지 않은 상황이나 아니면 매우 유리한 상황에 배정되어야 하며, 관계 지향적인 리더는 반드시 적당히 유리한 상황에 배정되어야 한다. 두 번째의 경우, 리드를 위한 상황의 유리성을 증가시키기 위해 리더가 구체적인 목표 달성을 위해 부하직원들의 행동을 관리하는 규칙을 제공함으로써 과업구조 수준을 높이는 것도 가능하다. 조직이 상황의 유리성을 높일 수 있는 또 다른 대안은 리더의 지위권력을 높이기 위해 리더에게 부하직원들의 보수, 보너스, 승진 등을 결정할 수 있는 공식적인 권한을 부여하는 것이다.

표 11.3
Fiedler의 리더십 상황적합이론

리더십 유형	리더의 본성	더 효과적인 상황유형
관계 지향적 리더십	부하직원들이 자신을 좋아하길 원하고 그들과 잘 지냄 최우선순위 : 부하직원과 좋은 관계 형성 두 번째 우선순위 : 업무를 잘 수행함	리드에 보통 수준의 호의 (그림 11.1에서 IV, V, VI, VII)
업무 지향적 리더십	부하직원들이 높은 수준으로 업무를 수행하길 바라며 할당된 업무를 모두 수행하길 바람 최우선순위 : 업무를 잘 수행함 두 번째 우선순위 : 부하직원과 좋은 관계 형성	리드에 매우 호의적이거나 비호의적인 경우 (그림 11.1에서 I, II, III, VIII)

리더십에 대한 현대적 관점

리더십에 대한 일부 새로운 이론 또는 접근법은 리더십에 대한 새로운 사안을 다루고 있다. 이들은 Fiedler의 모델처럼 리더의 특성과 리더십을 발휘해야 하는 상황 모두를 고려하는 상황적합적 접근을 바탕으로 하고 있다.

경로-목표이론은 어떻게 리더가 부하직원들에게 높은 수준의 성과를 내도록 동기부여 하고 만족하게 할 수 있는지에 대해 설명하고 있다. Vroom과 Yetton 모델은 리더가 의사결정을 하는 데 있어서 얼마나 부하직원들을 관여시켜야 하는지 설명하고 있다. 리더-구성원 교환이론은 리더들이 구성원 개개인을 동등하게 신뢰하지 않는 대신 각각의 부하직원과 다른 종류의 차별적인 관계를 맺는다는 사실을 설명하고 있다. 각 관점들은 조직 내에서 무엇이 리더십을 효과적으로 만드는지에 대해 이해할 수 있도록 도와준다.

경로-목표이론 : 어떻게 리더는 부하직원들을 동기부여 하는가

저명한 리더십 연구자인 Robert House는 리더가 조직 내에서 하고자 하는 많은 부분이 부하직원들의 동기부여와 관련이 있음을 깨달았다. House의 **경로-목표이론**(path-goal theory)은 리더가 부하직원들에게 집단과 조직의 목표를 달성하도록 동기부여 하는 방법들과 이를 위해 부하직원들을 어떻게 관여시킬 수 있는지에 대해 설명하고 있다(표 11.4 참조).

경로-목표이론
리더가 부하직원들에게 집단과 조직의 목표를 달성하도록 동기부여 하는 방법과 이를 위해 부하직원들을 어떻게 관여시킬 수 있는지에 대한 설명이론

경로-목표이론에서 효과적인 리더는 부하직원들을 동기부여 하기 위해 세 가지 원칙을 따른다고 주장한다. 이러한 원칙들은 동기부여의 기대이론을 바탕으로 한다(제6장 참조). 즉 효과적인 리더들은 작업목표를 달성하고 높은 수준의 성과를 낼 수 있는 부하직원들에게 집중적으로 동기부여 해왔다.

1. 부하직원들이 작업상황에서 얻고자 하는 결과가 무엇인지를 결정하라. 예를 들어 부하직원이 어떤 욕구를 만족하고 싶어 하는지 또는 어떤 목표를 달성하고자 하는지 등의 정보를 얻고 나면 리더는 반드시 원하는 결과를 부하직원에게 부여하거나 혹은 부여할 수 없는 능력에 대해 통제력을 가져야 한다.[28] 큰 법률 회사 내 5명의 변호사로 구성된 집단의 관리자는 부하직원들이 가장 원하는 결과인 임금인상과 흥미로운 사건을 맡을 수 있는 기회를 결정하였다. 관리자는 사건과 고객의 배정권은 통제하고 있었지만, 임금인상에 대한 결정권은 그의 상사가

Daniel Acker\Getty Images-Bloomberg

Richard Parsons이 씨티그룹의 회장이 되었을 때 참여적 접근을 통해 씨티그룹 관리자가 조직 전반에 걸쳐 협력할 수 있도록 격려했다.

표 11.4
경로-목표이론

- 효과적인 리더는 그룹과 조직의 목표를 달성하기 위해 부하직원을 동기부여시킨다.
- 효과적인 리더는 부하직원들에게 원하는 것을 줄 수 있는 통제권을 지니고 있음을 확신시킨다.
- 효과적인 리더는 부하직원들이 높은 수준의 성과를 보이거나 목표를 이루었을 때 그들이 원하는 것으로 보상해준다.
- 효과적인 리더는 부하직원들이 그들의 목표를 이루거나 높은 수준의 성과를 보일 수 있다는 능력에 대한 믿음을 가지도록 돕는다.
- 효과적인 리더는 부하직원들의 성향과 일에 대한 선호도를 고려하여 부하직원들을 대하고 행동을 독려한다.

가지고 있었다. 관리자는 부하직원들을 동기부여 하기 위해 임금인상이 중요하다는 것을 깨닫고 난 후 부하직원들의 임금인상권을 자신이 갖는 것이 얼마나 중요한지에 대해 상사와 논의하였다. 상사는 관리자에게 예산 내에서 부하직원들의 임금인상을 결정할 수 있는 권한을 부여하였다. 이런 경우 관리자는 부하직원들이 원하는 결과에 대해 통제력을 가졌다고 할 수 있다.

2. 부하직원들이 높은 성과를 내거나 목표를 달성한 것에 대해 원하는 것으로 보상하라. 법률 회사 내에서 일하는 관리자는 부하직원들에게 두 가지 중요한 목표를 제시하였다. 모든 일을 제한된 시간 내에 완수하는 것과 사건에서 승소하는 것이다. 부하직원들이 이러한 목표를 달성했을 때 높은 수준의 성과를 낸다고 볼 수 있다. 목표를 달성하도록 동기부여 하기 위해서 관리자는 매달 흥미로운 사건을 할당하고 임금을 인상하여 부하직원의 목표달성 정도를 반영하도록 해야 한다. 6개월 동안 언제나 시간을 엄수하고 모든 사건에서 승소한 부하직원은 가장 높은 임금인상액을 받을 뿐만 아니라 자신이 원하는 사건을 분배받을 수 있었다.
3. 부하직원들이 자신의 목표를 달성하고 높은 성과를 낼 수 있다고 믿게끔 하라. 리더는 부하직원들에게 목표를 달성할 수 있는 경로를 보여주는 과정에서 나타날 수 있는 장애물을 제거하고, 부하직원들이 자신의 역량에 대해 자신감을 갖게 함으로써 이 원칙을 실천할 수 있다. 법률 회사 관리자는 자신의 부하직원이 회사의 기대에 부응하지 못하고 자신감도 낮다는 것을 알아차렸다. 그는 노력하였지만 항상 주어진 예산을 초과하였고 사건에서 승소할 수 있다는 자신감마저 상실하였다. 관리자는 부하직원이 담당하고 있는 다양한 사건들의 청구대상시간을 조정하고 승소하기 위한 핵심 사안들을 설명해주었다. 부하직원은 관리자의 충고를 따랐고 함께 다양한 사건들로부터 발생한 문제 해결 방법을 찾아낼 수 있었다. 목표달성을 위한 경로를 확실히 하고 어려움들을 극복하게 도와줌으로써 상사는 부하직원의 기대감과 동기부여를 높일 수 있었고, 실제로 더 많은 사건에서 승소하였으며 제한된 시간 내에 모든 업무를 완수할 수 있었다.

House는 리더가 부하직원들을 동기부여 하기 위해 보여줄 수 있는 네 가지 행동타입을 다음과 같이 정의하였다.

- 지시적 행동(directive behavior) : 구조주도행동과 유사한 지시적 행동은 부하직원들에게 어떤 과업이 수행되어야 하며 그 과업들이 어떻게 수행되어야 하는지를 알려주는 행동이다.
- 지원적 행동(supportive behavior) : 배려행동과 유사한 지원적 행동은 리더가 부하직원들의 안위를 신경 쓰고 부하직원들을 돌봐주고 있음을 알려주는 행동이다.
- 참여적 행동(participative behavior) : 부하직원들이 자신에게 영향을 미칠 의사결정 과정에 참여하도록 하는 행동이다.
- 성취 지향적 행동(achievement-oriented behavior) : 부하직원이 최선을 다하게끔 한다. 이는 부하직원들에게 어려운 목표를 설정해주고 높은 수준의 성과를 기대하며 부하직원들의 능력에 대한 신뢰를 표현하는 행동들을 말한다.

어떻게 부하직원들을 동기부여 할지 혹은 부하직원들이 어떠한 행동을 보일 것인지를 결정하는 데 있어 리더는 부하직원과 수행하는 일의 본질적 특성을 고려해야 한다. 만약 부하직원이 스트레스를 많이 받고 있는 상황이라면 지원적 행동을 보이는 리더가 효과적일 것이다. 반면 승소하는 데 있어 어려움을 겪고 있는 변호사와 같이 복잡하고 어려운 프로젝트를 수행하고 있을 때에는 지시적 행동을 보이는 리더가 효과적일 것이다. 앞에서 학습한 바와 같이, 부하직원들이 수월한 과업을 수행하고 있을 때 그들은 이미 능숙한 상태라고 볼 수 있으므로 구조주도행동이나 또는 지시적 행동은 필요하지 않다. 이미 어떻게 해야 하는지 알고 있기 때문에 지시받는 것을 좋아하지 않으며 오히려 역효과를 가져올 수도 있다. 리더의 의사결정을 부하직원들이 수용하는 것 자체가 목적인 경우에는 참여적 리더십 행동이 효과적이다.

요약해보면 경로-목표이론은 리더가 부하직원들을 어떻게 동기부여 해야 하는지를 구체화함으로써 조직 내의 효과적 리더십 활용에 대해 도움을 준다. 앞서 논의한 바와 같이 동기부여는 조직의 성과를 결정하는 핵심적인 요인이며 부하직원을 동기부여시키는 능력은 리더의 효과성을 발휘하는 데 있어서 중요한 요인이라 할 수 있다.[29]

Vroom과 Yetton의 모델 : 의사결정에 부하직원들의 참여 수준을 결정하기

조직 내에서 리더가 해야 하는 핵심적인 업무 중 하나는 의사결정을 하는 것이다. 올바른 결정은 조직의 목표달성을 돕는다. 하지만 잘못된 결정은 목표달성을 방해한다. 1970년대에 Victor Vroom과 Philip Yetton에 의해 개발된 **Vroom과 Yetton의 모델**은 리더가 의사결정을 할 수 있는 다양한 방법들을 설명하고 부하직원들이 의사결정 과정에 참여할 때 필요한 원칙을 제안한다.[30]

Vroom과 Yetton의 모델
리더가 의사결정을 할 수 있는 다양한 방법과 부하직원들이 의사결정 과정에 참여할 때 필요한 원칙들을 제안한 이론

부하직원이 의사결정과 문제해결에 참여하도록 함으로써 리더의 효과성을 강화시킬 수 있다.[31] 참여는 부하직원이 직접 영향을 미치거나 도움을 필요로 하는 결정을 내릴 때 효과적이며 더 나은 결정을 내리기 위해 필요한 정보를 리더와 더 많이 공유할 수 있도록 한다. 따라서 시간이 지남에 따라 참여는 부하직원의 기술과 역량을 증가시키고 결과적으로 더 나은 성과와 직업만족을 가져온다.[32]

그럼에도 불구하고 구성원들이 참여하는 경우 많은 문제들이 발생한다. 가장 큰 문제는 부하직원들이 의사결정에 참여하면 결정이 이뤄지기까지 더 많은 시간이 소요된다는 점이며, 이로 인해 다른 과업을 하는 데 쓸 수 있는 시간이 줄어들게 된다는 것이다. 또 다른 문제점은 부하직원들이 수행과정에서 의견불일치로 인한 갈등이 발생하거나 더 나아가 리더와 업무 자체에 대해 불신을 할 수 있다는 것이다. 구성원들 사이의 이런 갈등은 조직성과의 저하를 가져올 수 있으며, 이는 특히 집단 상황에서 더욱 극대화될 수 있다.

의사결정 과정에서의 장점과 단점 모두를 고려하여 Vroom과 Yetton 모델은 리더들이 부하직원들의 참여를 허락하는 시기와 수준에 대해 구체적으로 연구하였다. 참여의 적정 수준을 결정하기 위해 Vroom과 Yetton 모델은 리더들에게 개인이나 집단의 의사결정이 이루어질 필요가 있는지 여부를 판단하는 기준을 제시하였다. 개인적 결정은 1명의 부하직원과 관련되어 있다. 이를테면 앞서 언급한 법률 회사 관리자가 자신의 능력에 대해 자신감이 없는 부하직원을 어떻게 동기부여시킬 수 있을지에 대해 의사결정을 해야 하는 경우이다. 집단의사결정은 부하직원들로 구성된 집단에 의해 이루어지며, 가령 법률 회사 관리자가 어떻게 집단구성원들 간에 수당을 분배할지 결정하는 과정이 이에 해당된다.

개인 또는 집단의 의사결정을 하는 리더는 다음의 네 가지 의사결정 유형 중에서 선택할 수 있다.

- 독재적 유형(autocratic) : 리더는 부하직원들로부터 어떤 의견도 구하지 않고 독자적으로 의사결정을 한다.
- 협의적 유형(consultative) : 부하직원들이 참여하지만, 리더가 결정을 내린다.
- 집단적 유형(group) : 집단이 결정을 내리며 리더는 집단구성원들 중 하나일 뿐이다.
- 위임적 유형(delegated) : 리더는 오롯이 부하직원들이 의사결정을 하도록 한다.

Vroom과 Yetton 모델은 상황과 관련된 부하직원들의 특징에 대해 질문을 하고 그 대답에 따라 위의 의사결정 유형 중 하나를 선택하도록 한다. 이 경우 구성원들에 의해 수행되는 과업의 속성,

현대의 조직행동

엉클 니어리스트의 스토리와 진정성

자본 집약적이고, 규제가 심하고, 경쟁이 치열하고, 남성이 주도하는 주류 산업에서 흑인 여성이자 업계 외부인인 폰 위버는 2017년에 프리미엄 미국 위스키 브랜드인 엉클 니어리스트를 출시하기 위해 수많은 장애물을 성공적으로 극복했다.

위버는 업계 내 성별과 인종적 장벽을 극복하며 브랜드를 성공적으로 성장시켰을 뿐만 아니라 미국에서 가장 빠르게 성장하고 가장 많은 상을 받은 위스키 브랜드가 되었다. 2017년 7월에 출시된 엉클 니어리스트는 2년도 안 되어 50개 주와 12개국으로 확장되었고, 2018년과 2019년 사이에만 판매량이 3배 가까이 증가하였다. 2023년에는 코냑사업으로의 확장을 발표하며 브랜드의 장기적인 비전을 제시하고 있다.

CEO 겸 설립자인 폰 위버의 리더십은 진정성과 강력한 스토리텔링을 통해 소비자와의 관계를 강화하는 데 중점을 두었다. 그녀는 미국적 스타일을 반영하는 직원들을 고용하고, 모두가 즐길 수 있는 브랜드를 만들기 위해 노력했으며, 특정 소비자가 아닌 모든 소비자를 대상으로 접근했다.

엉클 니어리스트에는 스토리가 있다. 1850년대에 노예였던 네이선 니어리스트 그린은 어린 잭 다니엘에게 테네시 위스키를 증류하는 방법을 가르쳤다. 남북 전쟁이 끝난 후, 다니엘은 자유인이 된 그린을 첫 번째 수석 증류 전문가로 고용한 것이 잭 다니엘 기업의 시작이었다. 그러나 노예였던 네이선 니어리스트 그린의 스토리는 1세기가 지날 때까지 거의 알려지지 않았다. 이 이야기를 세상에 들고나온 것이 엉클 니어리스트 프리미엄 위스키이다.

폰 위버는 니어리스트 그린의 유산을 강조하며, "아프리카계 미국인이거나 혹은 백인 남성에게만 국한되었던 산업에서 성공으로 가는 길을 찾아낸 여성이라면, 위에서 다른 사람들이 올라올 수 있도록 돕는 것이 그들의 책임입니나"라고 말한나. 엉클 니어리스트의 최고경영진은 위스키 산업에서 최초로 전원 여성으로 구성되었으며, 그들은 '강하고 헌신적이며 단호한 여성이 의사결정권자 입장에서 무엇을 할 수 있는지 보여주는 모범'이 되고자 한다. 전 세계에서 흑인 여성의 목소리를 위한 끊임없이 성장하는 공간을 개척하고 있다.

그녀의 사례는 어려운 환경 속에서 리더십의 힘으로 성과를 이끌어낸 예로, 특히 리더가 자신의 신념과 전략적 사고를 통해 도전 과제를 극복하는 모습을 보여준다.

출처 : "CEO Fawn Weaver and her all–female leadership team are piloting one of America's fastest-growing whiskey companies to historic growth", CNBC, 2021. 03. 08.

과업의 상호의존성 정도, 생산되는 결과물, 기술 수준과 같은 구성원들의 특성들이 반드시 고려되어야 한다. 따라서 이 모델은 Fiedler와 House의 모델과 같은 상황적합이론 유형의 접근법이지만 올바른 의사결정의 유형 선택에 그 초점을 맞추고 있다. 오늘날 부하직원들을 의사결정에 참여토록 하는 것은 매우 중요한 이슈이다. 왜냐하면 많은 회사들이 의사결정 권한과 관련하여 구성원들이 스스로 관리하는 작업 팀으로 조직화했기 때문이다(제9장 참조).[33]

리더-구성원 교환관계이론
리더와 부하직원 사이에서 개발될 수 있는 다른 종류의 리더십에 대한 설명으로 주로 리더와 부하직원 상호 간 얻을 수 있는 것에 초점을 두는 이론

리더-구성원 교환관계이론 : 리더-부하직원의 관계

리더는 부하직원을 동등하게 대하지 않는다. 리더는 각각의 부하직원들과 차별적 관계를 맺게 된다. **리더-구성원 교환관계이론**(leader-member exchange theory)은 리더와 부하직원 사이에서 개발될 수 있는 차별적 리더십을 설명하고 있는데, 주로 리더와 부하직원 상호 간 얻을 수 있는 관계에

초점을 두고 있다. 즉 리더와 부하직원 간의 짝관계에 초점을 두고 있는데, 이러한 짝관계(dyad)가 리더와 구성원 사이에서 일어나는 상호작용을 통해 독특한 관계로 발전되는 과정을 설명한다.[34]

각각의 관계가 독창적임에도 불구하고 리더-구성원 연계에서 발전될 수 있는 두 가지 관계를 보여준다(그림 11.2 참조). 어떤 짝관계에서 리더는 부하직원들과 상호신뢰, 헌신(commitment), 관심(involvement)으로 특징지어지는 특별한 관계가 형성된다. 이러한 관계 속에서 리더와 부하직원은 서로에게 강력한 영향을 미친다. 리더는 부하직원과 많은 시간을 보내며 부하직원은 자율적으로 일할 수 있는 자유를 보장받게 된다. 따라서 부하직원은 만족하며 보다 높은 성과를 내게 된다. 리더와 이런 특별한 종류의 관계를 발전시킨 부하직원은 내집단(in-group)으로 불리게 된다.[35] 내집단의 부하직원들과 리더의 관계는 신뢰와 헌신, 관심으로 특징지어진다.

하지만 리더와 전통적인 관계를 맺는 부하직원들도 있다. 외집단(out-group) 부하직원과 리더의 관계는 리더의 공식적 권한과 규칙에 대한 복종을 바탕으로 이뤄지고 있다. 이러한 짝관계에서는 리더는 부하직원에게 영향력을 행사하기 위해 공식적인 권한과 조직 내 지위에 의존하고 있으며 부하직원은 자율적으로 업무에 임할 수 없고 리더의 지시와 규칙들에 따라야 한다.[36] 부하직원은 리더로부터 거의 영향을 받지 않으며 리더는 부하직원에게 자율권을 주지 않는다. 이러한 짝관계는 리더와 부하직원 사이의 비인격적, 동떨어진, 또는 냉정한 관계로 특징지어질 수 있다. 자신의 리더와 이런 종류의 관계를 가지고 있는 부하직원들은 외집단이라고 불린다. 그들은 내집단에 있는 부하직원들보다 상대적으로 덜 만족해하며 낮은 수준의 성과를 내는 경향이 있다.

Thinkstock/Jupiterimages/Getty Images/Comstock

리더-구성원 교환이론에 따르면 시간이 지남에 따라 리더와 부하직원 사이의 개인적인 관계는 따뜻하고 친밀한 관계 혹은 냉정하고 거리를 두는 관계로 발전하는데 이는 각각 내집단과 외집단으로 설명할 수 있다.

리더와 상사와의 관계 또한 내집단 또는 외집단 관계로 분류될 수 있는 짝관계라 할 수 있다. 상사와 높은 수준의 관계를 가지고 있는 리더는 자신의 부하직원과도 보다 높은 수준의 관계를 갖게 되는 경향이 있다. 더 나아가 일본의 한 연구는 상사와 높은 수준의 관계를 가지고 있는 리더는 조직 내에서도 더 빨리 승진하는 경향이 있다는 것을 보여주고 있다.[37]

연구들은 리더들이 가능한 많은 부하직원들과 특별한 관계를 갖게 되는 것이 바람직하다고 제안한다. 왜냐하면 내집단 내의 부하직원들이 외집단의 부하직원들보다 보다 높은 수준의 만족도와 성과를 내고 높은 충성심을 보이기 때문이다.[38] 또한 내집단과 외집단 사이의 뚜렷한 구분이 바람직하지 않을 수 있다고 제안하는데 외집단에 속해 있는 부하직원들이 상대적으로 내집단보다 열등

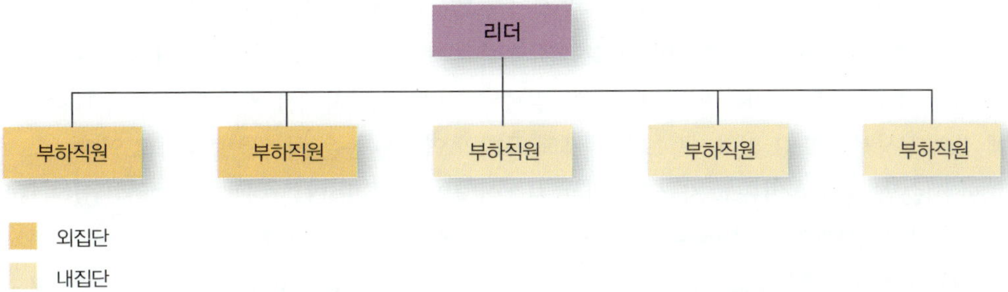

그림 11.2
리더-구성원 교환관계이론

한 상태와 차별적 대우를 싫어할 수 있기 때문이다.[39]

요약하자면 경로-목표이론은 리더가 어떤 결과물이 부하직원들을 동기부여시킬 것인지에 초점을 맞출 필요가 있으며 부하직원들이 목표를 달성하고 높은 수준의 성과를 냈을 경우 이러한 결과물들을 분배할 필요가 있다고 제안한다. 또한 리더십 유형을 부하직원과 상황의 특성에 맞춰서 적용할 필요가 있다고 주장하고 있다. Vroom과 Yetton의 모델은 의사결정상황의 특성과 부하직원의 특성에 따라 리더들이 어느 정도의 수준으로 부하직원을 의사결정에 참여하도록 허락해야 하는지에 초점을 맞추고 있다. 마지막으로 리더-구성원 교환관계이론은 리더들이 가능하면 많은 부하직원들과 높은 수준의 관계를 맺어야 한다고 제안한다. 리더는 가능한 큰 내집단과 작은 외집단을 가져야 한다.

조직 내에서 리더십은 언제나 중요한가

대부분의 연구는 리더들이 조직성과에 영향을 미친다고 제안한다. 그러나 어떤 연구자들은 항상 그런 것은 아니라고 주장한다. 리더십은 항상 개인 · 집단 · 조직이 높은 성과를 내고 목표를 달성하며 조직 효과성을 증가시키는 데 도움이 되는가? 연구자들은 리더십이 조직구성원들에게 책임지는 '누군가'가 있다고 생각하게 함으로써 안정감을 느낄 수 있게 하지만 리더십은 실체가 아닌 상상의 일부일 수 있다고 주장한다.[40] 또한 리더가 부하직원의 태도와 행동에 영향을 미치지 않는 경우도 허다하다고 주장한다. 이를테면 리더가 무엇을 하든 구성원들은 자신의 업무에 만족하지 못하고 낮은 성과를 낸다. 또는 리더의 구체적인 접근법은 부하직원의 동기부여와 성과에 거의 또는 아무런 영향도 미치지 못하는 경우도 많다는 연구도 있다. 부하직원들은 리더의 행동과 상관없이 자신의 역량을 통해 목표를 달성하거나 높은 성과를 낼 수 있다는 것이다.

자신의 행동을 통제하는 직원의 사례로 유명한 상황극 코미디 극작가 제이슨 잭슨을 들 수 있다. 잭슨은 방해를 거의 받지 않는 자신의 집에서 일하는 것을 선호한다. 주로 이메일을 사용하며 우편물을 찾기 위해 일주일에 한두 번 정도 사무실에 들를 뿐이다. 그는 분기별로 열리는 미팅에서만 상사를 만난다. 그럼에도 불구하고 업무에 만족하며 꾸준히 상위 10위권 안에 듦으로써 높은 성과를 내고 있다.

아웃소싱과 재택근무가 증가하면서 잭슨과 같은 상황은 더욱 늘어나며 이런 경우 리더가 미치는 영향은 미미하다고 볼 수 있다. 조직행동 연구자인 Steven Kerr과 John Jermier는 조직 내에서 리더의 영향력과 리더십의 중요성을 제한할 수 있는 리더십인 '대체재'와 '중화제'가 있을 수 있다고 제안하였다.[41]

리더십 대체재

리더십 대체재
공식적 리더에 대한 필요를 대체하고 리더십이 필요 없게 만들 수 있는 것

리더십 대체재(leadership substitute)란 공식적 리더에 대한 필요를 대체하고 리더십이 필요 없게 만들 수 있는 것을 의미한다. 부하직원들, 일, 집단, 조직의 특성들 모두 리더십의 대체재가 될 수 있는 가능성을 가진다. 가령 잭슨과 같은 경우 성격적 특성과 업무의 특성이 리더십 대체재로 작용하고 있다. 잭슨은 총명하며 훈련되어 있고 높은 수준의 내재적 동기를 가지고 있다(제6장에서 언급한 것처럼 내재적으로 동기부여 된 종업원은 일을 즐기며 일 그 자체를 위해 일한다). 따라서 잭슨에게 강요할 상사는 필요 없다. 즉 그의 내재적 동기와 역량은 높은 성과를 보장하고 있다.

또한 잭슨의 일이 흥미롭고 자극적이라는 사실이 리더십의 또 다른 대체재라 할 수 있다. 이로 인해 그는 높은 성과와 직무만족을 가질 수 있었다. 잭슨의 상사는 이러한 강력한 리더십 대체재로 인해 성과를 내도록 강요하고 행복하게 하기 위해 노력하거나 심지어 정기적으로 만날 필요조

차 없다. 운이 좋게도 잭슨의 상사는 이것을 알고 있으며 잭슨이 자율적으로 업무를 하도록 하였다. 그 대신 잭슨의 상사는 다른 중요한 의사결정과 개인적 리더십이 필요한 또 다른 부하직원들에게 집중할 수 있는 시간을 얻게 된다.

리더십 중화제

하먼 인터내셔널 인더스트리즈의 CEO인 Sidney Harman은 부하직원들을 매일 만나지 못하게 되면 회사 전체에 큰 위협이 될 것이라는 것을 불현듯 깨달았다. Harman의 스피커, 오디오 장비와 주요 기기들은 캘리포니아에서 생산되지만, Harman은 워싱턴에 있는 사무실에서 회사를 운영하고 통제하고자 하였다. 그러나 회사가 수백만 달러의 손해를 입기 시작하면서 Harman은 멀리 떨어진 사무실에서 생산공장이 있는 캘리포니아로 옮겨왔다. 1년 내로 Harman은 다시 수익을 내기 시작했으며 그전보다 더 많은 수익을 내기 시작했다. 수익의 원인은 사무실의 이전 때문일까?[42]

Harman은 자신이 멀리 떨어져 있을 때 부하직원들의 성과에 많은 영향을 미칠 수 없다고 믿었다. 리더가 매일 업무를 관리할 수 없는 상황은 관리자들이 낮은 성과에 만족하도록 만들었다. 뿐만 아니라 부하직원들에게는 도움이나 충고를 요청할 수 있는 대상이 없었다.[43] Harman이 부하직원들과 분리된 채 물리적으로 먼 거리에 떨어져 있었던 것은 효과적으로 부하직원들을 리드할 수 있는 능력을 중화시켰던 것이다.

리더십 중화제(leadership neutralizer)란 리더가 부하직원들에게 영향을 미치는 것을 가로막는 요인을 말한다. 이는 리더의 노력을 무용지물로 만들고 리더십을 무력화시킨다. 리더는 성과에 대해 거의 아무런 영향도 미칠 수 없고 리더의 자리를 대신할 수 있는 것조차 없다. 부하직원, 일, 집단, 조직의 특성들은 모두 잠재적 리더십 억제제라 할 수 있다. 예를 들어 부하직원들이 내재적 동기부여가 결여되어 있고 지루한 업무를 수행하고 있다면 높은 성과를 내도록 동기부여 하기 위해 수당과 같은 외재적 보상을 이용하는 것이 필요하다. 하지만 보통 이런 부하직원들의 리더는 수당과 같은 보상에 대한 통제력을 가지고 있지 못하며 그로 인해 부하직원들에게 영향을 미치고자 하는 리더들의 노력은 중화된다.

리더십 중화제
리더가 부하직원에게 영향을 미치는 것을 가로막는 요인

예를 들어 통근철도의 차표 수거 부서 리더인 엘리자베스 윌리엄스는 부하직원들에게 영향을 미치고 더 높은 성과를 내도록 동기부여 할 방법이 거의 없다. 차표 수거원의 수당과 혜택들은 근속 연수를 바탕으로 책정되어 있으며, 근로 계약서에는 취해서 출근한 경우와 같이 사규를 확연히 위반한 사항에 대해서만 징계 혹은 해고할 수 있게 되어 있다. Harman처럼 윌리엄스는 부하직원들을 자주 볼 수 없었다. 차표 수거원들은 기차에서 일하고 있으나 그녀는 그렇지 않았다. 이러한 강력한 중화제들 때문에 윌리엄스는 차표 수거원들에게 거의 영향력을 미칠 수 없었고, 차표 수거원들은 종종 혼잡한 출퇴근 시간에 차표를 수거하는 데 실패하였다. 왜냐하면 번잡한 손님들 사이로 가고 싶지 않았기 때문이다. 마치 Harman과 그의 관리자들과의 물리적 거리가 재정적 손실로 이어진 것처럼 리더십 중화제들은 철도회사가 차표를 판매하지 못함으로써 입는 손해와 직결되었다.

이러한 사례들을 통해 리더십 대체재는 조직을 위해 꽤 유용하다는 것을 알 수 있다. 왜냐하면 대체재를 통해 리더들은 시간을 보다 효율적으로 다른 활동에 쓸 수 있기 때문이다. 하지만 중화제는 문제를 발생시킬 수 있는데 부하직원들에게 영향을 미칠 수 있는 리더의 능력을 감소시키기 때문이다. 대체재와 중화제가 존재한다는 사실은 어떤 상황에서는 개인적 리더십이 부하직원들의 태도와 행동에 영향력을 덜 미칠 수도 있다는 것을 의미한다. 하지만 연구들은 중화제가 존재할 때도 효과적인 리더들은 차이를 가져올 수 있으며 부하직원들의 태도와 행동, 성과에 큰 영향을 미칠 수 있다고 제안하고 있다.[44]

리더십에 대한 로맨스

어떤 연구자들은 제4장에서 언급한 귀인오류와 고정관념으로 인해 가끔은 부하직원들과 외부 관찰자들이 리더를 지나치게 긍정적 또는 '로맨틱'한 존재로 생각한다고 한다. 예를 들어 인지적 오류로 인해 사람들은 성과에 대한 리더의 중요성을 지나치게 강조하는 반면, 대체재와 중화제 같은 상황적 특성들의 중요성은 간과한다고 할 수 있다. 즉 부하직원들은 리더들이 성과를 높이고 차이를 만들 수 있는 능력이 있다고 믿고 싶어 하며 리더들이 실제로는 가지고 있지 않은 능력이나 차이점을 가진 것처럼 생각한다. 이것이 바로 리더십에 대한 로맨스이다.[45] 설사 이러한 믿음들이 '진짜'가 아니라 할지라도 부하직원과 관찰자들이 리더의 성과를 인지하는 방식에 영향을 미치게 된다.[46]

리더십 연구의 새로운 주제들

학문적 연구와 대중적 관심에서 리더십이란 주제가 중요하다는 것을 고려할 때, 효과적인 리더십에 대한 새로운 콘셉트와 이론들이 계속 제안되고 논의된다는 것은 놀랍지 않은 사실이다. 따라서 지금부터 변혁적 리더십과 카리스마적 리더십, 부하직원들에 대한 리더의 감정, 성별과 리더십과 같은 최근 연구주제들에 대해서 논의하고자 한다.

변혁적 리더십과 카리스마적 리더십

변혁적 리더십
부하직원들이 리더를 신뢰하고 조직 목표달성을 위한 행동을 하며 높은 성과를 내고자 하는 의욕을 갖게 하는 리더십

카리스마 리더
자신감 있고 열정적인 리더는 미래에 조직이 나아갈 비전을 제시하여 부하직원으로 하여금 존경을 이끌어냄

리더십 연구자인 Barnard Bass는 리더들이 극적으로 부하직원들과 조직의 행동에 영향을 미치고 변화시킬 수 있다는 이론을 제안했다.[47] Bass에 따르면, **변혁적 리더십**(transformational leadership)은 리더가 세 가지 방식으로 부하직원들을 변화시킴으로써 부하직원들이 리더를 신뢰하고 조직 목표달성을 위한 행동을 하며 높은 성과를 내고자 하는 의욕을 갖게 한다고 한다(그림 11.3 참조).

1. 변혁적 리더는 부하직원들에게 업무와 책임감 있게 수행하는 것의 중요성을 강조한다.
2. 변혁적 리더는 부하직원들이 개인적 성장, 발전, 달성에 대한 욕구를 가지도록 만든다.
3. 변혁적 리더는 부하직원들이 개인적인 목표나 이득보다 조직을 위해 일하도록 동기부여 한다.[48]

변혁적 리더들은 어떻게 부하직원들을 변화시키는가? 변혁적 리더는 **카리스마 리더**(charismatic

그림 11.3
변혁적 리더십

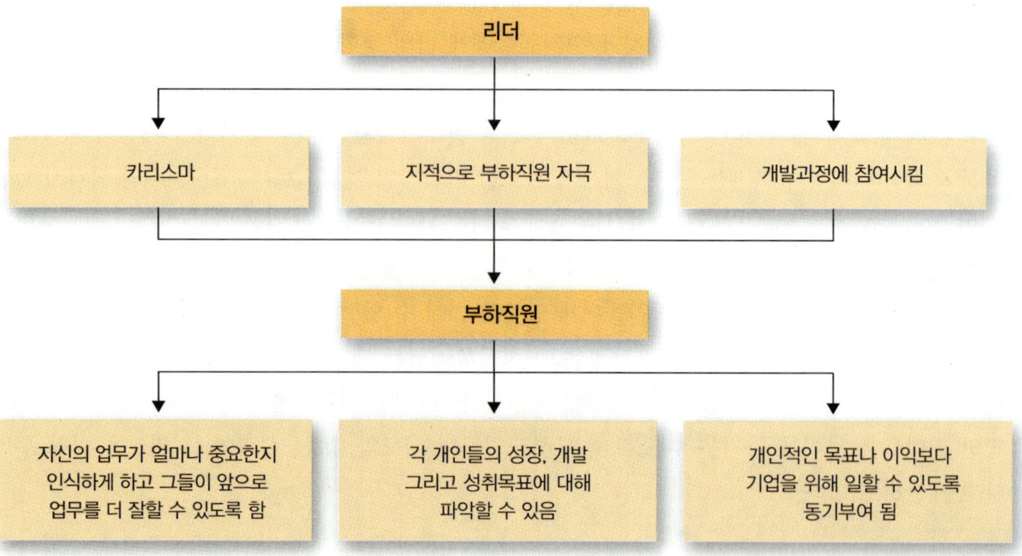

leader)라고도 일컫는데, 이는 현재보다 미래에 조직이 나아질 수 있는 비전을 제시하기 때문이다.[49] 카리스마 리더들은 비전에 대해 부하직원들과 투명하게 의사소통하는 경향이 있다. 리더의 흥미와 열정은 부하직원들이 적극적으로 이런 비전을 지지하도록 이끈다.[50] 비전을 전달하기 위해 리더들은 높은 수준의 자신감과 자부심을 보이는 경향이 있으며 더 나아가 이런 특성들은 부하직

국내 사례 현대의 조직행동

관행적 사고를 파괴하는 소통의 리더십

최태원 SK그룹 회장 겸 대한상공회의소 회장이 6월 프랑스 파리 이시레물리노의 한 스포츠센터에서 열린 2030 부산세계박람회 공식 리셉션에서 환영사를 하고 있다.

재계 총수 회동에서 큰형님 역할을 해온 최태원 SK그룹 회장은 정부와 정치권에 재계 목소리를 전달하고 각종 현안을 해결하는 데 구심점 역할을 맡고 있다. 최 회장은 공식 석상에서 근엄하고 진지한 모습과는 다르게 MZ세대와 소통을 넓히면서 소탈하고 친근한 모습으로 유명하다.

최태원 회장은 SK그룹 회장뿐 아니라 대한상공회의소 회장과 2030부산엑스포 공동유치위원장까지 맡으며 동분서주하고 있다. 평소 경영 철학인 '사회적 가치' 실현을 위해 솔선수범을 넘어 희생하는 모습이다.

부산엑스포 유치를 위해서는 다리를 다쳐 기브스를 하고 목발을 짚은 채, 민간경제대표단 자격으로 프랑스 파리 유치전에 참석했다. 당시 다리가 불편함에도 불구하고 자신 있게 부산엑스포 유치를 호소하는 최 회장의 모습은 현지에서도 화제가 되었다. 연이어 한-일 관계 해빙기를 맞아 12년 만에 열린 한일 상공회의소 회장단 회의에 참석해 상호 경제협력을 강화하기로 약속하고, 부산엑스포 유치에 일본의 협력을 당부했다.

정부와 기업의 가교 역할을 해야 하는 전국경제인연합회가 해체 위기에 몰리자, 대한상공회의소를 짊어진 최 회장의 존재감이 더욱 부각되었다. 훌륭한 기업인을 넘어 재계의 중심축으로 자리잡기 시작했다. 실제 지난해 5월 조 바이든 미국 대통령 방한 때 기업인 양국 교류 행사 등 그동안 국가적 재계 행사를 주도했다.

재계에서는 최 회장이 2021년 회장을 맡은 이후 대한상의 위상과 영향력이 한층 높아졌다고 평가한다. "대한상의는 중소기업과 대기업을 다 포함하다 보니 의견을 조율하기가 쉽지 않은데, 최 회장이 큰 리더십을 발휘하고 있다"며 "다른 경제단체와의 관계에서도 서로 보완적으로, 경제단체 간에 화목한 관계를 유지하면서 경제에 이바지하기 위해 많은 노력을 기울이고 있다"는 의견이다.

이처럼 하나도 힘든 역할을 세 가지나 척척 해내는 능력을 두고, 주변에서는 그 원천을 최 회장의 '관행적 사고를 파괴하는 소통의 리더십'에서 찾고 있다. 최 회장은 "세상의 변화가 너무 빨라 회사도 과거의 성장 공식이 통하지 않고, 개인의 성장 방법도 정해진 답을 구하기 어려워졌다"며 "끊임없이 스피크 아웃(적극적인 의견 개진) 하라. 적극적으로 의견을 내야 문제를 모으고 해결책을 찾을 수 있다"고 끊임없는 소통의 중요성을 강조하고 있다.

스피크 아웃은 최 회장이 2019년 구성원들과 한 100번의 '행복 토크'를 진행하며 가장 많이 당부했던 말이다. 구성원들이 적극적으로 목소리를 내야 올바른 혁신의 방향을 찾을 수 있고, 구성원의 성장과 행복 증진도 담보할 수 있다는 이유 때문이다. 구성원들이 적극적으로 목소리를 내야 올바른 혁신의 방향을 찾을 수 있다는 것이 그의 평소 지론이다.

최 회장은 지난달 10일 올해 입사한 SK그룹 신입사원과 가진 '회장과의 대화'에서도 "의견이 있을 때 주변 분위기를 해칠 것을 걱정하지 말라. 내 의견이 좋은 의견인지 집중하는 게 더 중요하다"고 조언했다. 최 회장은 평소 근엄하고 진지한 모습과 달리 SNS상에서 친근하게 다가가면서 MZ세대에게 '태원이 형'으로 불리고 있다.

출처 : "위기 때 빛난 '최태원 리더십'…'소통' 가장 중요", 이투데이, 2023. 08. 30.

원들이 자신의 리더를 존중하고 존경하게 만든다.[51]

변혁적 리더는 집단과 조직의 문제가 무엇인지 인식하고 문제를 새로운 시각으로 바라보도록 지적인 자극을 주어 부하직원들에게 영향을 미치게 된다.[52] 리더가 영향을 미치기 전에 부하직원들은 심지어 문제가 존재하는지조차 모를 수도 있다. 이런 경우, 부하직원들은 그 문제가 직접적으로 자신에게 영향을 미치지 않는다고 여길 것이다. 변혁적 리더는 부하직원들이 문제를 중요하게 인식하고 해결하는 것에 대해 책임감을 느끼도록 이끌어준다.[53]

개발적 배려
부하직원을 지지하고 격려하며 새로운 기술과 역량을 습득하여 성장할 수 있는 기회를 제공하는 리더의 행동

거래적 리더십
부하직원의 좋은 성과에 대해서는 보상을 하고 수준 이하의 성과에 대해서는 경고, 질책하는 방법으로 동기부여 하는 리더십

또한 변혁적 리더들은 개발적 배려행동을 통해 부하직원들에게 영향을 미친다.[54] **개발적 배려**(developmental consideration)는 앞서 논의한 (리더가 그의 부하직원들의 행복을 고려하는) 배려행동뿐만 아니라 부하직원들을 지지하고 격려하며 새로운 기술과 역량을 습득하게 하여 성장할 수 있는 기회를 제공하는 행동을 말한다.[55] 신뢰를 쌓는 것 역시 변혁적 리더십에서 핵심적인 활동이다.[56]

변혁적 리더십은 종종 **거래적 리더십**(transactional leadership)과 구분된다. 거래적 리더십은 리더가 부하직원들에게 좋은 성과에 대해서는 보상을 하고 실수와 수준 이하의 성과에 대해서는 경고, 질책하는 방법으로 동기부여를 할 때 나타난다.[57] 변혁적 리더들 또한 거래적 리더십을 보일 때가 있다. 하지만 변혁적 리더들은 부하직원들이 리더의 비전을 지지하고 조직의 이익을 위해 개인적 관심을 버리며 조직의 문제를 해결하는 데 책임감을 갖도록 유도함으로써 한 단계 더 나아갈 수 있다. 따라서 부하직원들은 거래적 리더십보다 변혁적 리더십하에서 더 크게 성장하고 발전하게 된다.

몇몇 연구에서는 변혁적 리더십이 부하직원들의 동기부여, 직무만족, 성과에 긍정적인 영향을 미친다고 주장한다.[58] 그 이유는 창의적이고 위험을 감수하면서도 세운 목표를 달성하고자 하는 명확한 비전을 보이는 변혁적 리더의 특성 때문이다. 결과적으로 부하직원들은 변혁적 리더의 행동을 자신들의 행동의 본보기로 삼는다. 즉 비전을 받아들이고 목표를 달성하기 위해 힘들고 어려운 일들을 극복하고자 하는 의지, 즉 위험을 감수하는 업무행동(risk-taking work behavior)을 더 많이 하게 된다.[59]

다수의 학문적 연구들 역시 이 연구의 유용성을 지지한다.[60] 부하직원들이 상상해본 적 없는 목표를 달성하도록 독려하는 것은 변혁적 리더가 비전을 제시하는 과정에서 나타난다. 다양한 국가, 계급체계, 직업에 대해 이뤄진 연구들에서 이러한 점이 일관성 있게 지지되고 있다.

당신이 경영전문가

스스로를 리드하는 방법

모든 사람은 각자의 성격, 가치, 신념, 태도 그리고 세상을 보는 방법을 가진다. 다양한 리더십 접근법이 어떻게 당신의 업무행동과 태도에 영향을 미칠 수 있는지에 대한 통찰력을 기르기 위해 본 단원에서 학습한 이론을 활용하여 다음의 질문에 대해 생각해보자.

1. 조직원들이 가장 높은 수준에서 성과를 낼 수 있도록 영향을 미치기 위해서 리더는 어떠한 개인 특성을 보유해야 하는가?
2. 본 단원에서 배운 리더십 접근법 중 어느 이론이 가장 높은 성과를 내는 데 도움이 되는가? 왜 그렇게 생각하는가?
3. 당신이 리더가 된다면 리더로서 어떤 이론 및 접근법을 채택하고 싶은가?

더 나아가 "성공만큼 또 다른 성공을 보장하는 것도 없다"라는 주장을 하면서 변혁적 리더들은 성공을 통해 부하직원들의 신뢰나 믿음을 얻을 수 있다고 말한다.[61] 리더는 부하직원들이 문제가 생겼을 때 혁신적이고 창의적으로 다시 도전할 수 있도록 용기를 준다. 부하직원들은 리더를 신뢰하게 되면서 절차적 공정성에 대한 인식을 새롭게 하고(제6장 참조) 결과적으로 성과를 높이는 조직시민행동(제3장 참조)을 하게 된다.[62] 따라서 변혁적 리더십의 긍정적인 효과들은 조직 전체로 전해지게 된다. 조직의 모든 구성원들은 변혁적 리더의 비전을 받아들이게 되며 이를 지속하고 발전시키는 데 도움이 되는 가치와 규칙들을 받아들여 강력한 조직문화를 만들어내게 된다(제15장에서 더 논의될 것임).

리더의 감정

메간 켈리와 레이첼 페인스타인은 뉴욕의 중간 규모의 은행에서 근무한다. 다른 근무시간에 다른 상사 아래에서 일을 하지만 매우 가까운 친구 사이이기 때문에 자주 만나 일과 상사에 대해 이야기를 나누곤 한다. 켈리는 최근에 자신의 상사인 밥 그리피스가 항상 우울해보인다고 페인스타인에게 불만을 토로했다. 모든 일이 순조롭게 진행되고 있음에도 불구하고 그녀의 상사는 거의 웃지 않으며 세상의 모든 짐을 홀로 짊어지고 있는 듯한 모습을 보이곤 한다. 그리피스가 모든 은행원들을 공평하게 대하는 유능한 상사임에도 불구하고 켈리는 페인스타인의 부서로 이직하기로 결심했다. 페인스타인의 상사인 산티아고 라미네즈에 대한 이야기를 들은 것이 결정적인 이직의 계기가 되었다. 그는 항상 밝고 기분이 좋다고 한다. 뿐만 아니라 그리피스와는 다르게 상대방과 농담도 주고받고 잘 웃으며 다른 직원들과의 소통도 원활하다고 하였다.

켈리의 사례를 통해 부하직원들은 무기력하고 우울해보이는 리더보다는 밝은 분위기의 리더와 일하기를 선호한다는 것을 알 수 있다. 마찬가지로 리더가 직장에서 행복하고 열정적이며 생산성을 높일 때, 부하직원들이 더 많은 노력을 기울이기를 기대한다. 하지만 놀랍게도 리더의 감정이 부하직원들에게 미치는 영향에 대한 연구는 매우 소수다. 어떤 리더가 다른 리더들에 비해 더 효과적일 수밖에 없는 이유를 설명할 때 리더의 감정이 중요한 역할을 한다는 결과가 밝혀짐에 따라 이에 대한 연구도 점점 증가하고 있는 추세이다. 예를 들어 긍정적 감정을 가진 리더가 미치는 효과에 대한 연구에서는 긍정적 감정을 가진 관리자들이 그렇지 않은 관리자들에 비해 더 나은 고객서비스를 제공하고 낮은 이직률을 보인다는 것을 밝혀냈다.[63]

리더가 경험하는 감정뿐만 아니라 리더의 감성지능의 수준(제2장 참조) 또한 리더 효과성에 큰 영향을 미친다. 감성지능은 리더가 조직을 통해서 전달하는 협동적 비전을 개발하도록 도우며 모든 관리자와 부하직원들이 그것을 달성하기 위해 더 열정적으로 일할 수 있도록 격려한다. 또한 감성지능은 조직을 위해 의미 있는 정체성을 개발하는 것뿐만 아니라 신뢰와 협동의 분위기를 조성한다. 최종적으로 감성지능은 급변하는 환경 속에서 리더들이 경쟁력 있게 살아남도록 돕는 역할을 한다.[64]

성별과 리더십

조직 내에는 주로 여성이 남성보다 협조적이고 업무를 잘 관리하며 직장 동료들과 좋은 관계를 유지한다는 고정관념이 있다. 이렇게 관계 중심적인 여성에 대한 고정관념과는 반대로 남성은 여성보다 직접적이고 업무에 몰입하는 일 중심적인 경향을 보인다고 한다. 이렇게 여성 리더는 남성 리더에 비해 배려행동을 더 많이 보이며 남성 리더는 여성 리더보다 구조주도적 성향을 보인다고 쉽게 생각한다. 우리는 성별이 리더십에 큰 영향을 미칠 것이라 예상할 수 있다. 그러나 최근의 한 연구는 완전히 상반된 결과를 발견하였다. 이 연구는 조직 내에서 리더의 위치에 있는 남성과 여성이 비슷한 방식으로 행동한다는 것을 밝혀냈다. 다시 말해 여성이 더 많은 배려행동을 보이지 않는 것처럼 남성 역시 더 많은 구조주도행동을 보이지 않았던 것이다.[65]

한 가지 독특한 점은 여성이 좀 더 민주적인 방식으로 리드하는 경향을 보였고 남성들은 보다 독재적인 방법으로 리드하는 경향을 보였다는 점이다.[66] 리더가 민주적일 때 부하직원들을 의사결정에 적극적으로 참여시키고 부하직원들의 의견을 다양한 형태로 찾아보려는 경향을 보인다. 독재적인 리더는 부하직원들이 의사결정에 참여하는 것을 꺼리고 자신만의 방식으로 업무를 진행하고 싶어 하는 경향을 보인다. 조직 내에서 리더십을 발휘해야 하는 상황에서 왜 여성들은 남성들보다 민주적인 방식을 보이는가? 연구자들은 이에 대해 두 가지 다른 설명을 제시하였다.[67]

첫째, 여성의 대인적 기술(다른 사람들과 상호작용하는 방식)이 남성들보다 낫기 때문이다. 민주적 또는 참여적이기 위해서 리더는 능숙한 대인적 기술을 가질 필요가 있다. 부하직원들이 자신의 의견을 표현하는 것을 독려하기 위해서 리더는 부하직원들이 느끼는 고충과 감정을 이해할 수 있어야 한다. 부하직원들의 아이디어나 제안된 문제해결 방안들을 거절하면서도 그들과 좋은 관계를 유지하기 위해서는 어느 정도의 세심함이 필요하다. 이러한 성격적 측면에서 여성들은 남성들보다 더 나은 대인적 기술을 가지고 있다고 볼 수 있다.

둘째, 리더인 여성이 남성들보다 부하직원들로부터 더 많은 저항에 직면하기 때문이다. 사람들이 여성 리더를 남성 리더보다 더 엄격하게 평가하는 경향도 같은 이유로 설명할 수 있다.[68] 성별에 대한 고정관념(제4장 참조)을 통해 조직구성원들은 남성보다 여성 리더에게 덜 복종하려는 경향을 보인다는 것을 알 수 있다. 가령 오랜 시간 남성 상사 아래서 일을 해온 엔지니어링 회사의 55세 남성 직원은 여성 상사에게 찾아가서 직접 보고하는 것을 꺼릴 수 있다. 하지만 이러한 부하직원의 저항 심리를 헤아린 여성 상사는 어쩌면 그를 의사결정 과정에 참여시키고 다양한 형태로 그의 의견을 들어보려는 노력을 함으로써 이를 극복할 수도 있다. 오늘날 조직 내에서 리더가 되는 여성들이 증가함에 따라 부하직원들에게 어떠한 처우가 필요한지를 이해하는 것이 매우 중요해졌다. 매우 흥미롭게도 최근의 많은 연구들은 어떤 면에서는 여성이 실제로 더 나은 리더십 기술을 가지고 있음을 주장한다. 이를테면 동료들과 상사 및 부하직원들로부터 평가를 받을 때 여성 리더들은 의사소통, 경청, 작업의 질, 다른 사람을 동기부여 하는 측면에서 훨씬 더 좋은 평가를 받는다는 것을 밝혀냈다.[69] 따라서 여성 리더들이 부하직원들의 고충을 더 잘 들어주고 이해하며 그들을 참여시키는 데 적극적이라는 점에서 상대적으로 대인적 기술이 부족한 남성들을 도울 수 있게 된다.[70] 마찬가지로 남성들이 업무적인 네트워크를 넓히고 기술을 연마하는 측면에 있어서 상대적으로 부족한 여성들을 도울 수 있게 된다.

윤리적 리더십

2000년대 미국의 대기업을 이끌던 최고경영자들과 관리자들은 종종 비윤리적인 행동 때문에 질책을 받아왔다. 월드컴의 전 CEO Ebbers, 파산한 엔론의 전 리더들인 Ken Lay, Andrew Fastow와 Jeff Skilling은 이익을 좇는 데 주력하였다. 이러한 리더의 범죄행동의 결과로 기업이 파산했을 때 직원들은 일자리를 잃었다. 이런 결과를 피하기 위해 기업들은 최고경영자들이 윤리적이며 정직한 사람들이라는 것을 확인하는 데 더욱 주의를 기울이고 있다. 많은 기업들은 CEO가 학위나 경력을 속이며 이력서를 '과장했다'는 사실에 충격을 받았다. 결과적으로 기업을 운영하는 관리자들의 윤리성은 점점 더 감시의 대상이 되고 있다.

오늘날 기업의 리더들은 윤리적으로 행동하며 사회적 책임을 지는 차원에서 고객, 투자자, 조직원들뿐만 아니라 그들의 행동에 영향을 받는 모든 이들의 이익을 보호해야 할 의무가 있다. 윤리적이고 투명한 리더의 모습을 모범으로 삼은 부하직원들은 조직을 신뢰하고 충성을 다해 일할 수 있다. 부하직원들이 높은 수준의 윤리적 기준들을 받아들임으로써 공평하고 정직한 방식으로 행동하고자 하는 욕망에 대한 인식은 조직 전체를 통해 전해지고 사회적으로 책임을 지는 문화를 형성하게 된다(이것에 대해서는 차후 제15장에서 더 자세히 논의할 것임).

리더십에 대한 이러한 접근방식은 사우스웨스트 항공과 구글과 같은 성공한 기업들에서도 발견할 수 있다. 예를 들어 사우스웨스트는 '직원이 먼저, 소비자는 그다음'이라는 접근방식을 추구하고 있다. 이것은 "만약 시니어 경영자들이 직원을 대함에 있어서 진실과 성실함에 가치를 두고 그들의 욕구를 충족시키기 위해 신경 써서 관리한다면 직원들 또한 이에 보답하기 위해 승객을 대하는 데 있어서 최선을 다할 것이다"라고 믿는 창립자들의 믿음에 기반을 둔다.[71]

리더와 부하 사이에 신뢰를 구축하는 일은 윤리적 리더십에서 매우 중요하다. **신뢰**(trust)란 개인 또는 집단이 다른 사람의 선의에 대해 믿음 또는 자신감을 갖고자 하는 의지를 의미한다. 간혹 선의로 인해 피해를 볼 수도 있다. 왜냐하면 선의를 가진 사람들을 속이는 행동을 할 수도 있기 때문이다. 구성원들은 장기적인 목표를 달성하는 과정에서 단기적인 개인목표를 방해하는 요소가 생길지라도 자신의 성과에 대해 충분한 보상을 받을 수 있을 것이라고 믿어야 한다. 이것이 조직과 리더에 대한 신뢰이다. 신뢰는 집단과 구성원들 간 원만한 대인관계와 업무활동을 위해 꼭 필요한 요소이다. 팀의 구성원들이 다른 팀의 구성원들 또한 윤리적이고 신뢰를 저버리지 않는 행동을 할 것이라고 믿을 때에만 상호협력하려는 의지를 갖게 된다. 즉 윤리적 리더십이 구성원 간 신뢰를 형성하는 것을 돕고, 모든 부서들이 공통된 목표를 위해 최선을 다할 때 원하는 성과를 획득할 수 있을 것이다.

신뢰
개인 또는 집단이 다른 사람의 선의에 대해 믿음 또는 자신감을 갖고자 하는 의지

리더십 접근법의 개요

본 단원에서는 조직에서의 효과적인 리더십을 이해하기 위한 여러 가지 방법을 학습하였다. 효과적인 리더십을 위한 리더십 접근법은 서로 상호보완적이며 각각의 관점은 서로 다른 측면을 반영하고 있다. 효율적인 리더십을 이해하는 접근방식은 표 11.5에 요약되어 있다.

표 11.5
효과적인 리더십을 이해하는 접근방식

접근방식	집중 내용
특성적 접근	효과적인 리더십을 보여주는 리더의 특성은 무엇인가
행동적 접근	효과적인 리더십을 보여주는 리더들이 하는 행동은 무엇인가
Fiedler 상황적합이론	상황의 특성에 맞춰 어떤 (관계 지향적 혹은 업무 지향적) 리더십이 효과적인가
경로-목표이론	효과적인 리더는 어떻게 부하직원을 동기부여 하는가
Vroom과 Yetton의 모델	리더가 언제, 어떤 경우에 부하직원의 결정에 참여해야 하는가
리더-구성원 교환관계이론	리더가 부하직원과 어떻게 인간관계를 형성해야 하는가
대체재와 중화제	언제 리더가 필요 없는가 그리고 언제 리더로부터의 영향을 받지 않게 되는가
변혁적 리더십과 카리스마 리더십	리더들이 어떻게 부하직원의 변화를 크게 이끌어낼 수 있는가
리더의 감정	리더들의 기분이 그들의 리더십 효과성에 어떠한 영향을 미치는가
성별과 리더십	남녀 리더들의 유사점과 차이점

요약

조직 내 모든 리더들은 부하직원, 집단, 조직 전체가 목표를 달성하고 성과를 개선하는 것을 도울 수 있다. 이 단원에서 논의된 리더십에 대한 접근법은 어떠한 방식으로 리더가 부하직원들에게 긍정적인 영향을 미치며, 어떠한 조건하에서 리더들이 효과적일 수 있는지 이해하는 데 도움을 준다. 이 장에서 다룬 주요 내용은 다음과 같다.

1. 리더십은 집단 또는 조직구성원이 공동의 목표를 달성할 수 있도록 돕기 위해 다른 구성원들에게 미치는 영향력을 의미한다. 공식적 리더는 남들보다 막중한 업무적인 책임과 더불어 다른 사람들에게 영향을 미칠 수 있는 공식적 권한을 가진다. 비공식적 리더는 공식적 권한은 가지고 있지 않지만 특별한 기술이나 재능을 가지고 다른 사람들에게 영향을 미친다.
2. 리더십에 대한 특성적 접근법에 따르면, 좋은 리더는 총명하고 지배적이며 자신감이 넘치고 스트레스를 잘 견디며 정직한 성향을 지닌 것으로 나타났다. 하지만 이러한 특성 자체가 리더의 성공을 보장하지는 않는다. 반대로 이러한 특성을 가지지 못했다고 해서 실패한 리더라고 할 수 없다.
3. 리더가 하는 행동은 배려행동과 구조주도행동 두 가지로 분류된다. 배려행동이란 리더가 부하직원들을 신뢰하고 존중하며 그들과의 좋은 관계에 가치를 둔다는 것을 의미한다. 구조주도행동은 부하직원들이 목표를 달성하고 높은 수준의 성과를 내게 돕는 모든 행동들을 말한다.
4. Fiedler의 상황적합이론에서는 리더 효과성이 리더의 유형과 상황적 특성 모두에 의해 달라질 수 있다고 주장한다. 리더는 관계 지향적 유형이나 업무 지향적 유형을 가진다. 리더-구성원 관계, 과업구조, 지위권력을 포함한 상황적 특성들은 어떤 상황에서 리더십이 효과적일 수 있는지를 결정한다. 관계 지향적 리더는 적당히 유리한 상황에서 매우 효과적이다. 업무 지향적 리더는 매우 유리한 상황 또는 매우 유리하지 않은 상황에서 가장 효과적이다. 리더는 쉽게 자신의 리더십 유형을 바꿀 수 없다. 따라서 Fiedler는 리더에 적합하게 상황을 변화시키거나 그 상황에서 가장 효과적일 수 있는 리더를 배정하도록 권고하고 있다.
5. 경로-목표이론에 따르면 효과적인 리더는 부하직원들이 높은 성과를 내거나 목표를 달성했을 때 원하는 결과를 제공함으로써 동기부여한다. 효과적인 리더는 부하직원들이 자신의 업무목표를 달성할 수 있고 높은 성과를 낼 수 있다고 믿게 만들며 부하직원들의 역량에 대해 자신감을 갖도록 유도한다. 리더는 부하직원들의 특성과 수행하는 업무의 종류에 따라 그들이 관여하는 행동의 유형을 조정할(지시적, 지원적, 참가적, 성취 지향적으로) 필요가 있다.
6. Vroom과 Yetton의 모델은 리더가 부하직원들이 의사결정에 어느 정도 참여해야 하는지를 보여주고 있다. 부하직원들이 참여하는 수준은 의사결정, 부하직원들, 의사결정을 하기 위해 필요한 정보 등에 따라 달라진다.
7. 리더-구성원 교환관계이론은 리더-구성원 간의 짝관계에 초점을 맞추고 있다. 리더는 부하직원들과 각각 다른 종류의 관계를 맺는데, 높은 수준의 짝관계에 있는 부하직원들은 내집단의 구성원들이라 할 수 있다. 반면 낮은 수준의 짝관계에 있는 부하직원들은 외집단을 구성하게 된다.
8. 가끔 리더십은 조직에서 별로 효과가 없는 것처럼 보이는데 이는 대체재와 중화제의 존재 때문이다. 리더십 대체재는 공식적 리더의 역할을 대신하는 어떤 것을 의미한다. 대체재는 리더십을 필요하지 않게 만드는데 그 이유는 리더십 영향력을 대신 차지하기 때문이다. 리더십 중화제는 리더가 영향력을 미치지 못하게 막고 리더의 노력을 무력화시키는 것을 의미한다. 중화제가 있을 때 리더십을 회피하려는 현상이 나타난다. 이때 리더는 거의 아무런 영향을 미치

지 못하며 아무것도 리더의 자리를 차지하지 못한다.

9. 변혁적 리더십은 업무에 대한 부하직원들의 인지정도와 개인적인 성장, 업무완수에 대한 개인의 욕구를 증진시키고 부하직원들이 조직의 이익을 위해 일할 수 있도록 동기부여 한다. 리더는 카리스마적인 성격을 가지고 부하직원들을 자극하며 배려행동을 함으로써 변화시키려 한다. 거래적 리더십은 리더가 높은 성과에 대해서는 보상을 하고 낮은 성과에 대해서는 질책하는 것으로 부하직원들을 동기부여 할 때 발생한다.
10. 직장에서 리더의 감정과 감성지능의 수준은 리더 효과성에 영향을 미칠 수 있다. 선행연구는 리더가 직장에서 좋은 감정을 갖는 경향이 있을 때 부하직원들이 더 높은 성과를 낼 수 있으며 이직할 확률이 낮아진다고 제안하고 있다.
11. 여성과 남성은 조직 내에서 리더십 행동(배려행동과 구조주도행동)에 큰 차이를 보이지 않을 수 있다. 하지만 여성 리더들은 남성에 비해 보다 더 민주적이거나 참여적인 방식을 보인다.
12. 윤리적 리더십은 높은 성과로 이어질 수 있고 모든 이해관계자들의 만족과 행복을 보호할 수 있는 신뢰를 조직구성원들 사이에 형성하도록 돕는다.

토론사례

최고경영자 역할 분담하는 네이버, 강력한 리더십으로 바꾸는 카카오

네이버와 카카오가 위기에 대응하고 미래 성장에 대비해 새로운 리더십 진용을 짰다. 네이버는 최수연 대표이사와 함께 '대표' 직함을 쓰는 경영진을 중용하면서 4인 대표 체제를 갖추고, 카카오는 김범수 창업자가 경영 전면에 나서면서 그동안의 자율경영 체제를 접고 위기 대응에 총력전 체제에 돌입했다.

- 대표 4명으로 늘린 네이버

네이버는 최근 단행한 조직개편에서 '대표' 직함을 쓰는 임원 1명을 추가해 4인 대표 체제를 구축했다. 기존에 뉴스 서비스를 이끌었던 유봉석 전 서비스운영총괄 부사장이 총선을 앞두고 네이버의 위기를 돌파할 정책·RM(위기관리) 대표를 맡으면서다. 이에 따라 네이버는 대표이사를 맡고 있는 최수연 대표를 비롯해 채선주 대외·ESG 대표, 한성숙 유럽개발대표(전 네이버 대표), 유봉석 정책·RM 대표로 새롭게 대표 진용을 꾸렸다.

하지만 네이버는 이번 개편 이후에도 최 대표의 리더십에는 큰 변화가 없다고 설명했다. 오히려 '선택과 집중'이란 방향성을 전보다 뚜렷이 제시한 것이라고 설명했다. 배경은 무엇일까. 기존 네이버의 대외·리스크 담당조직은 대부분 최 대표 산하에 있고 채 대표가 일부 분담해 조력하고 있었다. 그런데 네이버의 사업이 국내뿐 아니라 글로벌 시장으로 확장을 거듭하면서, 최 대표가 이런 영역을 계속해서 맡으면 모든 업무에서 최고의 결과를 내놓기 어려운 구조가 되었다.

따라서 최 대표가 국내외 사업 확장과 투자 활동 등 '팀 네이버' 전체를 이끌고 미래를 개척하는 영역에 집중하려면, 대외 커뮤니케이션과 리스크 관리 등의 영역은 '대표' 명함을 가진 다른 인물이 분담해줘야 한다는 판단이 나왔다. 네이버 뉴스 서비스를 국내 최대 여론의 장으로 올려놓은 유 대표는 그런 점에서 적임자로 낙점돼 대표를 맡았다는 얘기다. 유 대표는 PR(대외 커뮤니케이션)뿐 아니라 대관, 법무, 개인정보, 정책 등 대외 조직들을 맡아 통합적 관점에서 회사 정책·리스크를 집중 관리하는 역할을 맡게 된다.

대외·ESG 정책을 맡고 있는 채 대표 역시 네이버의 지속가능한 발전, 또한 이와 관련한 대외 커뮤니케이션을 맡고 있다. 1981년생 젊은 최고경영자인 최 대표의 커뮤니케이션 역량을 보완해주는 역할이기도 하다. 최 대표보다 10살이 많고 커뮤니케이션 영역에서 오랜 경험을 쌓은 채 대표는 이달 초에도 사우디아라비아에 머물며 현지에서 진행되는 국가 차원의 디지털 트윈 사업에 적극적으로 임하고 있다. 지난해 10월 네이버는 사우디 자치행정주택부(MOMRAH)로부터 국가 차원의 디지털 트윈 플랫폼 구축 사업을 맡아, 수도 리야드 등 5개 도시를 대상으로 사업을 진행한다고 밝힌 바 있다.

한 대표는 그간의 경험과 역량을 토대로 네이버의 유럽 사업을 지원하는 역할을 맡고 있다. 네이버는 2019

년 아시아와 유럽을 잇는 글로벌 AI 연구 벨트를 만들겠다는 계획을 발표했는데 한 대표 주도로 진행했던 프로젝트다.

결과적으로 네이버의 이번 개편은 한쪽으로 쏠리기 쉬운 CEO들의 업무부담을 나누는 데 방점이 찍혀있다. 네이버 창업자인 이해진 GIO(글로벌투자책임자)는 회사의 글로벌 투자와 경영 인사이트를 제시하는 조력자 역할만 하고 주요 업무는 전문경영인들에게 나눠 맡기는 방식을 택했다.

– 창업자 역할 커진 카카오

카카오는 네이버와 사정이 다르다. 지난해 말 김범수 창업자가 카카오 경영쇄신위원장을 맡는 등 경영 일선에 전격 복귀했고, 최근엔 새로운 CA(Corporate Alignment)협의체 구성을 발표했다. CA협의체는 카카오그룹의 독립기구로 카카오 그룹 내부의 이해관계를 조율하고 컨센서스를 형성하는 조직이다.

CA협의체는 기존의 자율 경영 기조에서 벗어나 새로운 카카오로 변하기 위해 김 창업자와 정신아 대표이사 내정자가 공동 의장을 맡는 구조다. 카카오는 그동안 회사를 성장하게 만든 자율경영 체제가 오히려 많은 문제를 일으키게 되었다고 판단하고, 김 창업자를 중심으로 강한 리더십 체계를 처음으로 구축하게 되었다. 카카오는 에스엠엔터테인먼트 경영권 인수 경쟁 과정에서 시세조종 혐의를 받아 경영진이 잇따라 수사를 받았다.

카카오, 카카오게임즈, 카카오모빌리티, 카카오뱅크, 카카오벤처스, 카카오브레인, 카카오스타일, 카카오엔터테인먼트, 카카오엔터프라이즈, 카카오인베스트먼트, 카카오페이, 카카오픽코마, 카카오헬스케어 등 13개 계열사 최고경영자(CEO)는 경영쇄신위원회, 전략위원회 등 다양한 위원회 가운데 최대 세 곳에 참여해 각자의 의견을 제시하는 역할을 맡는다.

물론 이들 계열사 CEO의 경영 범위가 의견을 제시하는 수준에 그치는 것은 아니지만, 기존보다 자율성이 제한될 가능성이 다분하다는 관측이다. 회사 관계자는 “현재 카카오가 직면한 위기를 돌파하는 방법은 자율경영보단 통제라는 판단을 한 것”이라며 “그렇다고 김범수 창업자와 정신아 신임 대표가 공동의장이라고 해서 그룹의 모든 의사결정을 모두 이끄는 구조도 아니다”라고 말했다.

김 창업자를 구심점으로 하면서 정 신임 대표라는 새로운 리더십을 세워 기존과 완전히 다른 모습으로 카카오를 끌어가겠다는 의지가 표현된 것이라는 설명이다. 정 대표이사 내정자도 “CEO들의 위원회 참여를 통해 그룹의 의사결정 맥락 이해를 높이고, 높아진 해상도를 바탕으로 내부 통제를 강화하게 될 것”이라며 “그동안의 느슨한 자율경영 기조를 벗어나 구심력을 높이겠다”고 말했다.

출처 : “네이버 · 카카오 ‘엇갈리는 CEO 리더십’”, Bizwatch, 2024. 01. 09.

토론문제

1. 네이버와 카카오의 리더십 중 어떤 리더십 구조가 현대 기업 경영에서 더 효과적이라고 생각하는가?
2. 리더십 개편 혹은 설계 시 중요하게 고려해야 되는 요소는 무엇인가?

제 12 장

권력, 정치, 갈등과 협상

개관

단원 목차

요약

학습목표

이 단원을 학습한 후 다음을 이해할 수 있다.

- 권력의 특성을 이해하고, 왜 조직정치가 존재하는지, 그것이 어떠한 방식으로 조직과 구성원들에게 도움이 되거나 해를 끼치는지 설명할 수 있다.
- 사람들이 조직정치에 참여하기 위해 활용할 수 있는 공식적 권력과 비공식적 권력의 근원을 구별하고 기능부서 권력과 사업부 권력의 근원의 차이도 이해한다.
- 조직환경에서 조직갈등의 특성과 갈등의 주된 원인을 토론한다.
- 갈등과정이 작동하는 방식을 보여주는 모형을 기술한다.
- 협상이 갈등과정을 관리하기 위하여 어떻게 사용되는지 이해하고 사람과 집단 사이의 논쟁을 어떻게 해결하는지를 설명할 수 있다.

정치적 의도가 있는 노동계의 현대차 압박

전동화 시대 전환으로 악화된 노조 권력 유지 '미끼'로

현대차그룹

정의선 현대자동차그룹 회장(왼쪽 다섯째)을 비롯한 주요 참석자들이 지난 2022년 10월 25일(현지 시간) 미국 조지아 주 브라이언 카운티에서 개최한 전기차 전용 공장 '현대차그룹 메타플랜트 아메리카(HMGMA)' 기공식에서 공장 건설을 알리는 첫 삽을 뜨고 있다.

미국 자동차 업계가 노조 문제로 대혼돈에 빠질 위기에 처했다. 진출한 현대자동차 · 기아에도 영향이 미칠 전망이다. 2023년 8월, 전미자동차노조(UAW)가 제너럴모터스(GM), 포드, 스텔란티스 등 미국의 빅3 완성차 업체와의 협상 결렬로 파업을 예고한 상황에서 '무노조' 현대자동차에 대한 압박이 가중되고 있다.

미국 자동차 노동계가 '무노조'인 현대자동차 미국 현지법인을 압박하는 배경에는 내연기관 자동차 산업 태동 때부터 지켜왔던 권한을 전기자동차 시대에도 유지하려는 의도에서 비롯된 것으로 분석된다. 전기차는 내연기관 자동차에 비해 생산공정이 단순하고 적용 부분품 수도 줄기 때문에 그만큼 공장에서 일하는 노동자 수는 물론 부분품 · 원재료를 공급하는 협력업체 수와 규모 또한 줄어든다. 여기에 생산 자동화 시스템을 적용하면 고용 인력 수는 더 줄어든다. 다수의 회원 수를 기반으로 힘을 기르는 노동단체에게는 불리하다.

이로 인해 미국은 물론 한국 등 전 세계 자동차 부문 노동단체는 대규모 전기차 공장이 들어선다고 해도 과거만큼 고용 창출이 늘지 않고, 지역경제에 미치는 파급효과가 줄어든다며 급격한 전동화에 반대해 왔다.

이런 가운데 '노조 대통령'을 자임하며 자국 노동자에게 '좋은 일자리'를 제공하겠다는 조 바이든 대통령이 노조에 힘을 실어주는 모양새가 됐다. 바이든 대통령은 인플레이션감축법(IRA), 칩4(CHIP4) 동맹 등을 통해 삼성 · SK · 현대차 · LG 등 한국 기업은 물론 다수의 해외 기업들의 미국 내 투자를 유치하는 성과를 거뒀다.

하지만 외국 기업의 투자 확대가 노동자들에게 무조건 반가운 것만은 아니다. 미국의 현행 노동법 · 제도에서 예외 조항을 받을 수 있는 여지가 많으므로 차별을 감내해야 하는 노동자들이 많을 수 있다고 여긴다. 따라서 미국 노동계는 현지 외국 기업들이 정부로부터 얻어낸 예외 조치를 적용하지 못하게 하거나 제한하기 위해 견제에 나섰다는 게 국내 산업 전문가들의 설명이다.

실제로 미국 노동총연맹산업별조합회의(AFL-CIO)와 전미자동차노조(UAW) 등 대형 노조들이 지역·환경 관련 시민단체와 함께 현대차 미국법인에 서한을 보낸 시점이 이러한 의도를 겉으로 드러낸 증거다.

이 서한은 미국 3대 자동차 제조사인 GM과 포드, 스텔란티스의 노동자 15만 명이 가입된 UAW의 파업 찬반 투표가 97%라는 압도적인 찬성률로 통과된 직후 현대차 미국법인에 전해졌다. 월스트리트저널(WSJ) 보도에 따르면, 포드는 시간제 근로자 98%와 급여 근로자 99%, GM은 96%, 스텔란티스는 95%가 파업을 승인했다. 노조는 향후 4년간 임금 인상률 40%와 전기차 생산 확대에 따른 일자리 보장 등을 요구하고 있는 상태로 다음 달 14일까지 임금협상이 타결되지 않으면 본격적으로 파업에 들어갈 방침이다.

WSJ는 미국 빅3 완성차 업체 임금 상승이 현대차·기아 미국법인에도 영향을 미칠 것으로 내다봤다. 완성차 산업의 임금 폭등은 배터리 산업 등 다른 제조업 산업군으로 이어질 가능성이 크다고 전망했는데, 같은 날 뉴욕타임스(NYT)가 노동계의 현대차 미국법인 서한 발송을 보도했다.

NYT는 노동계의 현대차 압박에는 정치적 의도도 숨어 있다고 추측했다. 이들이 현대차를 바이든 대통령의 일자리 창출 공약으로 막대한 이익을 얻어낸 '비노조' 자동차 제조사라고 일컬으면서 현대차를 먼저 타깃으로 한 뒤, 이를 발판으로 사우스캐롤라이나주의 BMW나 앨라배마주의 메르세데스-벤츠 등 다른 자동차 기업에도 노조 형성 등 세력 침투를 기도할 생각이라고 한 것이다. BMW나 벤츠 역시 미국에 자동차 공장을 지으면서 그 장소를 노조에 적대적인 (남부) 지역을 골랐다.

따라서 NYT는 노동계의 현대차 압박이 바이든 대통령에게 정치적인 파장을 몰고 올 수 있다고도 했다. 현대차 공장이 있는 곳 중 조지아주는 지난 대통령 선거에 이어 내년 대선에서 아주 중대한 경합주가 될 가능성이 크고, 여기서 세계적인 자동차 기업 중 하나인 현대차를 대상으로 특정한 요구가 나왔기 때문이라는 것이다.

이와 관련, 마이클 스튜어트 현대차 미국법인 대변인은 성명을 통해 "회사의 최우선 정책은 직간접으로 고용하고 있는 11만4000여 명의 안전과 복리"라고 강조했다. 협의에 응할지는 별다른 논평이 없었다. 현대차 한국 본사는 미국법인 차원에서 대응해야 할 이슈라면서 공식적인 입장은 내지 않고 있다.

자동차 업계는 그러나 이번 미국 노동계의 압박에 대한 현대차의 대응이 어떤 결론이 나더라도 부담이 될 것으로 보고 있다. 한국에서 노조 문제로 발목을 잡혀온 만큼, 현대차는 미국과 중국 등에서는 특별한 노사 갈등을 일으키지 않았다. 하지만 이번 합의 결과는 역시 전동화로 촉발된 노동계와의 갈등이 벌어지고 있는 유럽연합(EU) 등 현대차·기아가 진출하고 있는 다른 국가에서도 요구받을 가능성이 크므로 쉽게 해결할 수 있는 문제가 아니라는 게 업계의 시각이다.

출처 : "전기차 전환에 갈등 촉발…UAW 현대차 美법인 압박 가중", 글로벌 이코노믹, 2023. 08. 28.

개관

이 장에서는 권력, 정치, 갈등과 협상이 조직성과에 미치는 영향에 대해 살펴볼 것이다.

우리는 권력과 정치의 특성, 그것들이 어떻게 조직에 도움이 되고 해를 끼치는지, 개인과 기능부서 및 사업부의 권력은 어디에서 오는지 등을 논의할 것이다. 또한 관리자들이 조직자원에 대한 통제권을 얻기 위해 사용할 수 있는 정치적 전략을 살펴보고자 한다. 그 후 조직갈등과 갈등의 근원에 대한 연구, 전형적인 갈등이 작용하는 방식 및 갈등을 관리하기 위하여 조직에 도움이 되는 전략을 살펴 볼 것이다. 마지막으로 정치적 투쟁과 갈등을 해결하는 도구로서 협상의 역할에 대하여 논의하고자 한다. 이 장을 통해 왜 권력과 정치와 갈등이 조직생활에 중심적 역할을 수행하는지 그리고 이러한 과정에 대하여 관리하고 협상하는 것을 배운 관리자들의 능력이 조직의 효과성을 어떻게 개선시킬 수 있는지에 대하여 이해하게 될 것이다.

권력과 정치의 본질

조직 속의 개인활동은 항상 감독되고 통제되는 법이다. 구성원들은 공동의 목적과 목표를 달성하기 위하여 함께 일한다. **권력**(power)이란 다른 개인이나 집단이 스스로 하지 않았을 일을 하도록 만드는 개인이나 집단의 능력을 일컫는다. 권력은 조직의 목표와 활동을 통제하거나 지시하는 가장 근본적인 수단이라고 볼 수 있다.[1]

권력
다른 개인이나 집단으로 하여금 그들이 하지 않았을지도 모르는 어떤 것을 하도록 만드는 개인이나 집단의 능력

관리자들은 조직목표가 무엇이 되어야 하는지, 그것을 달성하기 위하여 무엇을 해야 하는지 서로 의견이 다를 경우가 많다. 관리자들은 자신의 관심사를 관철시키기 위해 권력을 사용한다.[2] **조직정치**(organizational politics)는 관리자가 자신의 권력을 증가시키고 그들 자신 혹은 소속된 집단이 선호하는 목적을 추구하기 위하여 행하는 활동이다.[3] 모든 수준의 관리자들은 승진하기 위해 조직의 의사결정이 자신의 주장과 부합되도록 구성원들을 정치적인 행위에 관여시키게 된다.

조직정치
관리자가 권력을 증가시키고 그들 개인 혹은 소속된 집단이 선호하는 목적을 추구하는 것과 관련된 활동

조직의 이해관계를 넘어 개인이나 집단의 이익을 지키기 위해 권력과 정치를 사용하는 것이 올바른 일인가? 이 질문에 대해서는 다양한 답변을 할 수 있다. 권력과 정치라는 개념은 종종 부정적인 의미를 내포한다. 조직의 자원을 사용하려는 누군가의 의도와 관련되어 있기 때문이다. 특히 다른 사람의 피해를 감수하면서 자신의 이해관계와 목적을 달성하기 위해 권력을 사용하게 될 때 문제가 된다. 권력과 정치를 자신의 이해관계를 달성하는 데에만 사용하는(정확히 말하면 남용하는) 관리자들은 다른 사람들에게 해를 끼칠 가능성이 있다.

그러나 한편으로 권력과 정치가 조직에 도움이 되는 경우도 존재한다. 첫째, 각기 다른 관리자나 집단이 문제에 대하여 다양한 해결방안을 지지하고 이 해결방안을 이루기 위하여 자신의 권력을 사용할 때, 적절한 행위절차에 따라 제기되는 논쟁은 조직의사결정의 질을 향상시키는 데 도움이 될 수 있다.[4] 다시 말해서 **정치적 의사결정**(political decision making)이란 조직이 추구하는 목적과 그것을 달성하는 방법에 대하여 적극적으로 이의를 제기할 수 있는 의사결정 과정을 의미하는데, 이는 조직자원을 보다 효과적으로 활용하는 데 도움이 될 수 있다. 둘째, 다양한 관리적 관점을 고려할 수 있다면 이는 조직이 변화하는 환경에 적응하는 과정에서 도움이 될 수 있다. 비슷한 이해관계를 가진 관리자 집단의 **연합**(coalition)이 조직의 구조를 변화시키거나 새로운 전략의 사용을 촉진시키고자 할 때 권력의 사용은 조직성과를 향상시키는 방식으로 작용하게 된다.[5]

정치적 의사결정
조직이 추구하는 목적과 그것을 달성시키는 방법에 대하여 적극적으로 반대함으로써 형성되는 의사결정

연합
비슷한 이해관계를 가지고 그들의 목적을 달성하기 위하여 압력을 가하는 관리자의 집단

조직정치는 이 장의 후반부에서 더욱 심도 있게 논의할 것이다. 여기서 중요한 것은 권력과 정치가 두 가지 주된 방식으로 조직에 도움이 될 수 있다는 것이다. (1) 관리자는 사람과 자원을 통제하기 위하여 권력을 사용할 수 있고, 이는 조직의 현재 목표를 달성하기 위해 서로 협동하게 만든다. (2) 관리자들은 권력을 정치적으로 사용하거나 새롭고 더 적절한 조직목표를 추구하기 위한 의사결정 과정에 영향을 미치기 위해 사용할 수도 있다. 이 경우 조직은 권력을 남용하여 조직에 해를 끼치는 관리자들로부터 구성원을 보호해야 한다. 그럼에도 불구하고 권력의 사용은 조직이 효과적으로 기능하는 데 필수불가결하다. 따라서 조직에서 개인이나 집단이 가장 좋은 성과를 내도록 장려하기 위해 권력을 분배하는 법과 권력구조 혹은 권력의 균형을 이루는 법 등에 대한 이슈는 매우 중요하다.[6]

조직의 공식적인 권력구조는 연간 보고서나 웹사이트에 빈번하게 나타나는 조직도나 직급표로

그림 12.1
개인적 권력의 근원

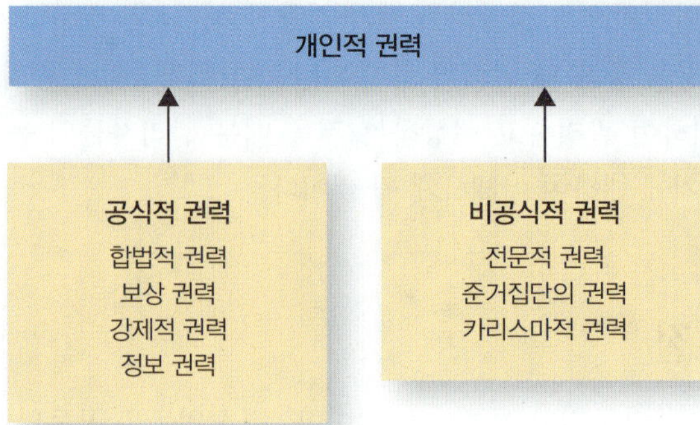

나타난다. 도표는 최고, 중간, 하위수준의 관리자들이 가지는 합법적인 권위 혹은 공식적인 권력을 보여준다. 그러나 권력이 어떻게 공식적으로 혹은 비공식적으로 얻어지는지를 이해하기 위해서는 조직의 권력이 어디에서 오는지, 즉 권력의 근원을 확인할 필요가 있다. 관리자들이 권력의 근원을 이해하게 되면 조직성과를 향상시키고 잠재적인 부작용을 최소화하기 위하여 권력을 얻고 사용하는 기술을 개발할 수 있을 것이다. 권력이 어디에서 비롯되고 어떻게 사용되는지 이해하는 것은 조직의 의사결정에 영향을 미치는 개인적인 권력기반을 형성하는 데 도움이 된다. 이는 조직의 위계 내에서의 출세를 의미한다.

공식적인 개인적 권력
조직의 위계질서 내 개인의 지위로부터 나오는 권력

합법적 권력
조직의 목적을 달성하기 위하여 조직의 자원을 통제하고 사용하는 권력

개인적 권력의 근원

조직구성원들은 다른 사람들이나 집단을 통제하는 어떤 능력을 가진다. 일부는 다른 사람들보다 더 많은 권력을 가지기도 한다. 조직구성원들은 어디에서 권력을 획득하며, 어떻게 권력을 얻을 수 있는가? 연구자들은 공식적 권력과 비공식적 권력을 구분한다(그림 12.1 참조).[7]

Comstock\Thinkstock

공식적 권력의 일환으로 개인은 회사를 운영하고 모든 수준의 관리자를 고용하고 해고할 권한을 가지고 있다.

공식적인 개인적 권력의 근원

공식적인 개인적 권력(formal individual power)이란 조직의 위계질서 내 개인의 지위에서 발생하는 권위에 기반한다. 개인이 조직에서 어떤 지위를 수용할 때 협의된 과업과 의무를 수행하는 것에 대한 책임을 떠맡는다. 대신에 조직은 그들에게 직무와 관련된 과업과 의무를 달성하기 위하여 조직구성원들과 자원을 사용할 수 있는 권력을 공식적으로 부여한다. 예를 들어 회사의 운영방식을 변경하거나 관리자들을 고용 또는 해고할 수 있다. 공식적 권력은 관리자의 합법적, 보상, 강제적, 정보 권력의 함수로 나타낼 수 있다.

합법적 권력

합법적 권력(legitimate power)이란 관리자에게 조직의 목적을 달성하기 위하여 조직의 자원을 통제하고 사용하는 합법적인 권위를 부여하는 것이다.[8] 예를 들어 모든 조직 자원에 대한 통제권한을 가진 CEO의 합법적 권력은 회사 주인인 주주들의 관심사를 대변하는 조직의 이사회로부터 부여된다. 그 대가로 CEO는 조직의 위계질서하에서 자신보다 아래에 있

는 관리자들에게 합법적인 권력을 부여할 수 있는 권리를 갖는다. 상위관리자들은 하위관리자들에게 부하직원들에 대한 고용과 해고, 감시 등에 대한 권위를 부여한다. 한편 상위관리자들은 부하직원에 대하여 해고, 좌천, 혹은 부하직원의 조직자원에 대한 통제권을 회수할 권리 즉 부하직원의 권위를 빼앗을 수 있는 권력을 갖는다.

합법적 권력은 조직 내에서 개인적 권력이 발생하는 궁극적인 원천이 된다. 어느 날 GE의 Jeff Immelt나 에이본의 Andrea Jung과 같은 CEO가 500명의 개인 직원과 전용 제트기, 기사가 딸린 리무진, 뉴욕에 있는 회사 소유의 펜트하우스에 대한 이용권을 가지게 될지도 모른다. 그러나 CEO가 회사의 이사회에 의해 조직에서 쫓겨나면 모든 자원들은 사라지게 된다. 관리자의 합법적 권한과 권위가 크면 클수록 성과향상을 위하여 조직의 자원을 사용하는 것에 대한 관리자의 책임은 더 증가한다. 이는 성과가 나쁜 CEO가 종종 단기간에 교체되는 이유이다.

보상 권력

보상 권력(reward power)이란 임금인상, 승진, 칭찬, 흥미로운 업무 등 부하직원들에게 보상이 되는 것들을 제공할 수 있는 권력이다. 부하직원이 해당 보상의 가치를 어떻게 평가하느냐에 따라 관리자는 보상 권력을 활용해 그들의 행동에 영향을 미치고 이를 통제할 수 있다. 제5장에서 구성원의 행동에 영향을 미치는 긍정적인 강화 등 행동을 향상시킬 수 있는 중요한 방법들에 대하여 논의하였다. 제6장과 제7장에서는 어떻게 보상이 동기부여와 성과향상에 영향을 미치는지에 대해서 다루었다.

보상 권력
임금인상, 승진, 칭찬, 흥미로운 업무 등 부하직원들에게 보상이 되는 것들을 줄 수 있는 권력

조직이 구성원에게 제공하는 금전적 보상은 예산의 제약을 받는다. 임금인상이나 승진과 같은 외재적 보상이 희소하게 될 때 칭찬이나 관심 있는 직무의 할당과 같은 내재적 보상은 더 중요한 의미를 갖는다. 관리자가 직면하는 지속적인 도전과제는 가시적인 보상을 지불하는 회사의 능력이 제한되는 경우에도 부하직원을 동기부여 하는 것이다.

강제적 권력

강제적 권력(coercive power)이란 처벌을 주거나 주지 않을 수 있는 권력이다. 처벌은 정직부터 좌천, 계약 종료, 달갑지 않은 업무의 할당, 심지어 칭찬이나 호의의 철회까지 다양하다.

강제적 권력
처벌을 주거나 주지 않을 수 있는 권력

보상하거나 처벌하는 능력은 상급자에게 엄청난 권력을 부여하기 때문에 종종 남용되기도 한다. 제5장에서 논의했던 것과 같이 벌은 부작용을 갖기 때문에 신중하게 사용해야 한다. 대부분의 조직에서 구성원들이 언제 어떻게 보상을 받거나 벌을 받는지에 대하여 분명하게 정의된 규칙을 가지고 있는 것은 이러한 이유 때문이다. 보상 권력과 강제적 권력의 사용법에 대한 분명하고 상세하게 기술된 규칙과 절차는 상급자가 합법적 권력으로 자신의 추종자를 돕거나, 반대 세력 혹은 단순히 좋아하지 않거나 자신에게 동의하지 않는 사람을 해치는 데 임의로 사용하는 것을 방지한다.[9] 예를 들어 조직의 심의위원회나 승진위원회는 구성원의 장점과 지식에 기반하여 승진을 결정할 뿐이지 인맥에 따라 승진시키는 것이 아니다.

제6장에서는 조직에서 동기부여를 결정하는 데 있어 공정성에 대한 인지의 중요성을 논의하였다. 사람들은 실제로 받는 어떤 보상이나 처벌 그 자체로 평가하기보다는 자신이 받은 보상이나 처벌을 다른 사람들과 비교하려고 한다. 만약 다른 사람과 비교하여 불공정하게 대우받았다고 느낀다면 나쁜 성과를 내거나 직무에 불만족하고 일을 그만둘지도 모른다. 보상과 처벌을 공정하고 정당하게 부여하는 능력은 매우 중요한 관리적 기술이다. 조직은 관리자들이 이러한 기능을 잘 수행하도록 돕기 위해 글로 문서화된 규정을 제공한다.

정보 권력

정보 권력
정보에 접근할 수 있고, 이를 통제할 수 있는 데에서 나오는 권력

정보 권력(information power)이란 조직의 중요한 사실 · 자료 · 의사결정에 접근할 수 있고, 이를 통제할 수 있는 데에서 나오는 권력이다.[10] 관리자들이 중요한 정보에 더 많이 접근하고 통제하면 할수록 정보 권력은 더 커진다. 그리고 더 많은 정보를 보유할수록 관리자들은 부하직원이 직면하고 있는 문제를 해결하기 쉬워지기 때문에 부하직원들은 관리자를 더 신임하게 된다. 이것이 관리자가 부하직원과 정보를 공유하는 것을 꺼리는 이유이기도 하다. 관리자는 부하직원이 관리자의 정보에 접근할 수 있다면 부하직원의 행동을 통제하는 자신의 권력을 상실할 수 있음을 두려워한다.

개별 관리자가 정보를 독점하는 것이 자신에게 이익이 된다 할지라도 가장 효과적인 조직은 구성원들과 정보를 공유하는 것이다. 실제로 구성원들에게 권한을 이양하는 것의 효과를 깨달은 관리자들은 계획적으로 권한을 분권화시키고 모든 사람들이 정보에 더 쉽게 접근할 수 있도록 만든다. 부하직원들에게 조직성과에 대하여 더 많은 책임을 부여할 때 종종 더 좋은 성과를 창출하는 계기가 된다.[11] 그러나 비윤리적이고 불법적으로 구성원에 의해 사용되는 정보를 어떻게 통제할 것인가에 대해서는 고려해보아야 한다.

비공식적인 개인적 권력의 근원

집단이나 부서에 소속된 일부 관리자들은 동일한 역할을 수행하거나 동일한 수준에 있을지 모르지만, 일부는 다른 사람들보다 더 많은 권력을 가진다. 또한 어떤 하위관리자들은 종종 상급자만큼 혹은 그보다 더 많은 권력을 가진 것처럼 보이기도 한다. 이를 어떻게 설명할 것인가? 권력은 구성원들이 조직에서 가지고 있는 공식적인 역할이나 지위에 기인할 뿐만 아니라 성격, 기술, 역량으로부터도 기인한다. 개인의 특성에서 나오는 권력은 **비공식적인 개인적 권력**(informal individual power)이라고 부르며, 연구자들은 중요한 세 가지 원천을 전문적, 준거집단, 카리스마적 권력 세 가지로 구분하였다.[12]

비공식적인 개인적 권력
성격이나 기술, 역량과 같은 개인적 특성에 기인하는 권력

전문적 권력

어떤 집단에서 일부 구성원은 다른 구성원들보다 더 높은 수준의 성과를 낼 수 있는 기술과 자질을 가지고 있다. 엔지니어의 집단에서 몇몇의 구성원들은 직면한 문제에 대해 비용이 덜 들고 단순한 해결책을 찾아내는 데 유능한 것처럼 보인다. 또는 동일하게 선별된 영업사원의 집단에서 몇몇 직원은 새로운 거래처를 선점하고, 확장하는 것처럼 보인다. 구성원들은 조언이 필요할 때 이런 사람들을 찾고, 의지하게 된다. 이러한 의존은 해당 개인에게 전문적 권력을 부여한다.

전문적 권력
특출한 능력이나 전문성을 가지는 데에서 나오는 비공식적 권력

전문적 권력(expert power)이란 어떠한 과업이나 역할을 수행하는 데 있어 특출한 능력이나 전문성을 가짐으로써 나오는 비공식적 권력이다. 일반적으로 전문적 권력을 가진 사람은 권위의 위계에서도 높이 승진하기 때문에 비공식적 권력은 결국 공식적 권력을 가져다준다. 그러나 전문적 권력을 가진 개인은 주로 개성이 강한 독립적인 사람들이다. 이들은 공식적인 권위를 갖는 것에 거의 혹은 아예 관심이 없는 경우가 많으며 자율성과 독립성에 큰 가치를 둔다. 공식적 권력을 지닌 관리자는 전문적 권력을 가진 부하직원에게 자율성을 부여하고 좋은 업무적 관계를 발전시키기 위해 노력해야만 한다. 또한 공식적 리더와 전문적 권력을 가진 비공식적 리더는 프로젝트의 선정과 진행과정에서 대립각을 세움으로써 갈등이 일어날 수도 있다.

준거집단의 권력

준거집단의 권력
다른 사람들이 자신을 좋아하고, 칭찬하고, 존경해주는 데에서 기인하는 비공식적 권력

다른 사람들이 좋아하고 칭찬하고 존경하기 때문에 집단에서 영향력과 권력을 얻은 구성원들은 **준거집단의 권력**(referent power; 영향력)을 가졌다고 일컫는다. 친화성, 외향성, 성실성의 성격적

특성이 높은 구성원에 대해 사람들은 호감을 보이고 칭찬을 한다(제2장 참조). 개인적 평판이나 명성은 구성원이 준거집단의 권력을 가졌다는 하나의 신호이다. 유명한 영화배우와 운동선수는 회사의 제품을 광고하는 데 고용된다. 마케팅 전문가들은 준거집단의 권력으로 인해 추종자들이 그 제품을 사고 싶어 한다는 것을 믿기 때문이다. 준거집단의 권력을 가진 사람들은 '그 사람'이기 때문에 사람들이 좋아한다. 단지 다른 사람들에게 영향을 미치고 자원을 가지며 목표를 달성하기 위한 전문성이나 능력을 가졌기 때문은 아니다. 테니스 스타인 Serena Williams도 그러한데 2004년 테니스 제품홍보를 위하여 나이키와 5,000만 달러 상당의 계약 협상을 하였다. Williams의 지속적인 성공으로 모델과 기업 모두 좋은 성과를 거둘 수 있었으며, 그녀의 이름을 딴 Serena Willianms 디자인 크루의 컬렉션은 2024년 가을에도 여전히 큰 인기를 얻고 있다.

카리스마적 권력

카리스마적 권력(charismatic power)이란 개인의 독특한 성격, 신체적 강점 혹은 다른 사람들이 자신을 따르고 믿게 하는 능력에 기인한 준거집단 권력의 강력한 형태이다.[13] 제11장에서 어떻게 변혁적 리더(카리스마적 권력을 가진 리더)가 추종자들의 충성심과 존경을 불러일으키는지에 대해서 논의하였다.[14] 추종자들은 리더의 비전을 공유하고 리더에 의해 설정된 목표에 따라 즐겁고 열정적으로 일한다. 카리스마적 권력이 존재할 때 합법적 권력, 보상 권력, 강제적 권력은 더 이상 의미가 없다. 왜냐하면 추종자들이 카리스마적 리더에게 권력의 고삐를 잡을 권리를 쥐여주고 조직의 비전과 목적 및 구성원이 어떻게 행동해야 할지를 규정하는 결정권 역시 부여하기 때문이다.

카리스마적 권력
개인의 독특한 성격, 신체적 강점 혹은 다른 사람들이 자신을 따르고 믿게 하는 능력에 기인한 준거집단 권력의 강력한 형태

많은 카리스마적 리더는 조직을 혁신하고 높은 위치로 조직을 이끌 수 있다. 초기 마이크로소프트의 Bill Gates나 애플의 Steve Jobs, 아마존의 Jeff Bezos가 카리스마적 리더로 간주된다. 그러나 카리스마적 권력은 이면에 문제점을 가지고 있다. 카리스마적 리더의 추종자들은 맹목적으로 리더를 따르고, 리더는 조직을 위해 가장 좋은 것을 알고 있다고 믿는다. 때문에 추종자들은 자신의 행동에 개인적인 책임을 지려 하지 않는다. 또한 카리스마적 권력이 악의적인 비전을 가진 리더에 의해 남용될 때에도 리더의 지시에 저항할 수 없게 된다. 이러한 상황은 겉보기에는 매우 성공적인 성과기록을 가진 기업인 엔론에서 발생하였다. 회사의 성공은 CEO인 Kenneth Lay와 CFO인 Andrew Fastow의 리더십에 지나치게 기인하였다. Fastow와 Lay의 추종자들은 맹목적으로 카리스마적 리더의 지시에 따랐다. 전문성이나 카리스마라기보다 '사기'를 통해 엔론이 이익을 취한다는 것이 밝혀졌을 때 회사는 부도가 났다. 대부분의 구성원들은 직업을 잃었고 Fastow는 2004년에 10년형을 선고받았으며, Lay는 2006년, 수감되기 전에 심장마비로 사망하였다. 어떤 연구자는 카리스마적 리더십이 오직 확인과 균형이 존재할 때에만 이점이 있다고 주장한다. 이는 카리스마적 CEO의 공식적 권력을 제한하는 것으로 이사회의 힘 있는 구성원이나 강력한 최고경영팀이 CEO가 중요한 결정이나 전략에 대해서 재검토하도록 압박하고 중재할 수 있을 때 가능해진다.[15]

Mj Kim\Getty Images, Inc – Liaison

카리스마적 권력은 개인의 독특한 성격, 신체적 강점 혹은 다른 사람들이 자신을 믿고 따르게 하는 능력에 기인한다. 패션디자이너인 Tom Ford는 카리스마적 권력을 가진 대표적인 인물이다.

기능부서 권력과 사업부 권력의 근원

공식적인 개인적 권력, 특히 합법적 권력이 조직 내 권력의 원천이라 할지라도 특정한 기능부서(예 : 생산부서, 마케팅부서, 인사부서 등)나 사

업부(예 : 공공사업부, 의류사업부 등)에 속하는 관리자들은 개인적 권력을 향상시키는 또 다른 권력의 근원에 주력한다. 이어질 논의에서 기능부서나 사업부는 그들이 수행하는 과업이 다른 부서나 기능의 행동을 통제하거나 그들에게 의존하게 만드는 능력을 가질 때 권력을 가진다. 이는 조직 자원의 공유 증가를 가능하게 하기 때문이다(그림 12.2 참조).[16]

불확실한 상황을 통제할 수 있는 능력

상황(contingency)이란 사건이나 문제를 의미하며, 사건이나 문제는 조직이 그 발생을 가정하고 미리 사람과 자원을 대비해두어야 할 필요성을 제기한다. 예를 들어 BP는 불확실하지만 사고가 발생할 것에 대비하여 바다에서 발생할 수 있는 대규모 원유 유출을 막기 위한 대응책을 마련하고자 했다. 멕시코의 걸프만에서 딥워터 호라이즌의 석유 시추기 폭발이 있은 후 BP 관리자들은 곧 엄청난 자연재앙을 유발하는 상황을 관리할 수 없다는 것을 알아차렸다. 담당 사업부는 문제가 되는 상황이나 문제를 관리하는 데 있어서 불확실성을 감소시키기 위해 다른 사람에게 권력을 행사하게 된다.[17] 예를 들어 마케팅부서는 종종 제조부서에 대해 권력을 가진다. 마케팅은 제품(즉, 제조과정에서 발생하는 상황)에 대한 잠재적 수요를 예측할 수 있기 때문이다. 수요를 예측하는 능력은 올바른 생산계획을 수립하여 비용을 최소화시킴으로써 제조과정에서 발생하는 불확실성을 감소시킨다. 비슷하게 공무부서와 법무부서는 문제가 발생한 이후에 다른 부서들이 가진 문제까지 해결할 수 있다. 일반적으로 조직의 문제를 해결할 수 있고 조직이 경험하는 불확실성을 감소시킬 수 있는 사업부는 조직에서 가장 많은 권력을 가진다.[18] 가령 오늘날 IT를 통제할 수 있는 능력은 권력을 얻을 수 있는 방법 중 하나이다.[19] IT는 관리자가 시의적절하게 정보에 접근할 수 있는 중요한 역할을 한다. 그러나 IT는 관리자 집단과 정보의 부족함을 느끼고 의사결정에 피해를 받는다고 느끼는 집단 간 갈등을 유발시킬 수 있으므로 신중하게 사용되어야 한다.

대체불가능성

기능부서나 사업부가 대체불가능(irreplaceable)할 때, 즉 다른 어떤 기능부서나 사업부도 그들의 활동을 수행할 수 없을 때 권력을 얻는다.[20] 예를 들어 프랑스 담배 공장에서 Michael Crozier는 상대적으로 낮은 지위의 보수관리 기술자가 공장에서 큰 권력을 가지고 있음과 공장 관리자들로부터 상당한 대우를 받고 있음을 알아차렸다.[21] Crozier가 발견한 기술자의 권력의 근원은 '대체불가능성'이었다. 비록 기술기능이 공식적인 위계에서는 낮다고 하더라도 기술자 그룹은 기계가 고장 났을 때 어떻게 고칠 수 있는지를 알고 있는 유일한 종업원 집단이다. 따라서 기술자들은 마음만 먹으면 중요한 기계의 수리를 상당히 지연시키는 등 제조기능에 문제를 일으킬 수 있었다. 기술자들은 대체불가능한 구성원의 지위를 유지하기 위하여 자신의 지식을 철저하게 비밀로 하고 기록하는 것을 거부하였다.

그림 12.2

기능부서 권력과 사업부 권력의 근원

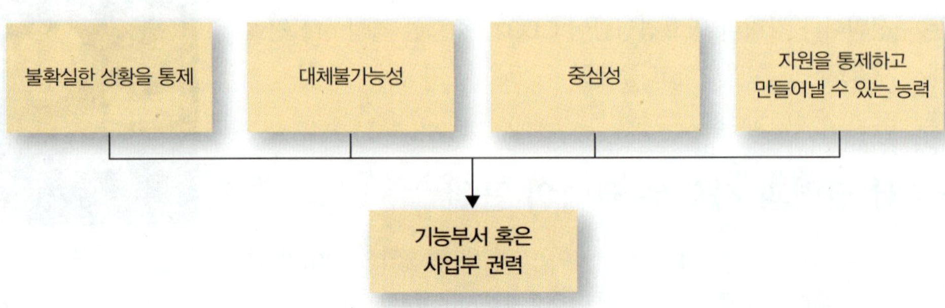

모든 기능부서와 사업부는 어느 정도 대체불가능하다. 대체불가능성의 정도는 전문성을 얼마나 쉽게 대체할 수 있는지에 따라 달라진다.[22] 오늘날 많은 조직들이 해외의 저비용 회사에 생산을 외주하면서 기술자의 권력은 축소되거나 사라졌다. 그러나 고품질의 연구개발 정보는 접근 권한을 얻기가 쉽지 않기 때문에 연구개발기능은 종종 제조기능보다 대체불가능성이 높다.

중심성

기능부서나 사업부의 권력은 조직의 중심성(centrality)과 관련이 깊다. 즉, 부서의 업무가 전체 조직에 얼마나 중요하고 필수적인지, 다른 기능부서에서 나오는 중요한 정보에 접근할 수 있는 권한의 정도에 따라 달라진다.[23] 중심기능부서는 다른 기능부서들이 의존하고 있는 기능부서를 말한다. 중심기능부서는 많은 정보에 대한 접근 권한을 가지고 있기 때문에 자연히 권력을 가지게 된다.[24] 예를 들어 새로운 제품을 개발하는 연구개발 기능부서는 높은 수준의 중심성을 가진다. 기술부서, 마케팅부서, 제조부서 모두 새로운 제품이 출시되면 광고 또는 생산을 해야 하므로 신제품의 품질과 세부사항을 이해해야 하기 때문이다. 또한 연구개발부서는 다른 기능부서와 교류하면서 새로운 제품이나 방식에 대한 고객의 욕구 등 가치 있는 정보를 얻게 된다. 이러한 정보는 비용을 줄이고 다른 기능부서들이 의존하도록 만드는 데 사용된다. 많은 조직들은 다른 기능부서의 권력과 중요한 정보를 서로 공유하도록 하고, 특정 부서에 권력이 집중되는 것을 줄이기 위해서 교차기능팀(cross-functional team)을 활용하기도 한다. 특정 부서의 중심성 때문에 중요한 정보를 감추거나 통제하는 능력을 갖게 되면 관리자가 비윤리적이고 불법적으로 행동할 가능성이 있기 때문이다.

자원을 통제하고 만들어낼 수 있는 능력

조직에서 자원을 통제하고 만들어낼 수 있는 능력은 기능부서 혹은 사업부 권력의 또 다른 근원이자 최고경영자 권력의 근간이다.[25] 기능부서와 사업부 간의 조율을 추구하고 돈과 기금과 같은 보상을 지원하거나 철회할 능력이 있는 관리자는 엄청난 권력을 가지며 이러한 능력은 중요하다. 왜냐하면 사업부의 예산이 많을수록 해당 사업부는 고용할 수 있는 사람이 많아지고 연구개발이나 마케팅에 사용할 수 있는 돈도 더 많아지기 때문이다. 이 모든 것들은 사업성공 가능성을 높여준다. 반대로 사업부가 자금 부족에 시달리게 되면 숙련된 기술자를 고용할 수도 없고 새로운 기술을 활용할 여력도 없게 되어 장기적인 관점에서 잠재적인 성과가 낮아진다.

자원을 통제하는 것만큼 확보하는 것 역시 중요하다. 가장 높은 매출과 이익을 기록한 사업부는 보통 조직에서 가장 중요한 부서가 된다. 종종 새로운 CEO와 관리자는 자원을 창출하는 데 가장 성공적이었던 사업부에서 승진한다. 과거 IBM의 경영자는 회사 이익의 대부분을 차지하는 중앙처리장치 사업부 출신이었다. 오늘날 IBM 대부분의 이익은 컴퓨터 서비스 사업부에서 나오고 있기 때문에 점점 더 이 사업부 출신의 관리자들이 새로운 CEO로 발탁되고 있다. 이와 유사하게 마이크로소프트나 애플의 최고경영자 역시 가장 혁신적이고 이윤이 많이 남는 제품을 개발한 사업부에서 나온다.

조직의 권력구조를 완전히 이해하기 위해서 관리자는 각기 다른 권력의 근원과 그것을 가지고 있는 사람들을 분석할 필요가 있다. 개인적 권력의 근원은 권력의 가장 중요한 결정요인이다. 따라서 관리자는 조직에서 기능부서 혹은 사업부 관리자의 상대적인 권력을 측정할 때 기능부서 또는 사업부 권력의 원천 또한 이해해야만 한다.[26]

조직정치 : 권력의 사용

조직정치는 관리자가 권력을 증대시키기 위해 참여하는 활동이다. 일단 권력을 얻으면 관리자는 권력을 사용하여 의사결정에 영향을 미친다. 조직에서 자신의 개인적 또는 기능부서·사업부의 이해관계에 유리한 목표를 추구하고자 한다.[27]

많은 관리자들이 (그리고 향후 관리자가 될 사람들이) 조직정치에 참여하는 이유는 더 높은 수준의 급여를 받고 희소한 자원을 필요로 하기 때문이다.[28] 위계조직에서 관리자들이 더 높은 계층으로 올라갈수록 승진하는 것이 어려워진다. 왜냐하면 점점 더 적은 수의 사람만이 상위수준으로 올라갈 수 있기 때문이다. 희소한 직무를 얻기 위해 경쟁하고 이를 통해 더 높은 급여와 복리후생을 받고 승진할 기회를 증대시키려면 자신의 권력과 영향력을 증진시켜야 한다.[29] 그러나 조직이 지속적으로 조직 내 정치를 경계하지 않으면 조직정치는 감당할 수 있는 수준을 넘어서게 되고 조직이 고유의 목적을 추구하는 것을 방해할 수 있다.[30] 이러한 이유로 권력과 정치의 '게임'이 어떻게 작용하는지 이해하는 최고경영자야말로 정치의 긍정적인 측면을 촉진시키고 부정적인 측면을 예방할 수 있다.[31]

조직이 정치를 어떻게 관리하는지 이해하기 위해서 관리자들이 개인적 권력 및 기능부서나 사업부의 권력을 증대시키려 할 때 사용하는 전술을 관찰할 필요가 있다.[32]

개인적 권력을 증대시키는 전술

관리자들은 권력을 증대시키기 위하여 다양한 정치적 전술을 사용하는 의사결정의 전문가가 됨으로써 자신의 목적을 얻어내는 기회를 높일 수 있다.[33] 이제 일반적으로 사용되는 전술에 대하여 논의해보자(그림 12.3 참조).

기능부서 및 사업부 권력의 원천을 타진

기능부서와 사업부가 비공식적 권력을 갖는 방식은 관리자들이 개인적 권력을 키우려고 사용할 수 있는 몇 가지 전술을 포함한다. 첫째, 관리자는 대체불가능성을 높일 수 있다.[34] 예를 들어 IT 시스템에 대한 깊이 있는 지식이나 조직에서 다른 관리자들이 직면하는 불확실성을 제한해줄 수 있는 조직에 특화된 지식을 개발할 수 있다. 둘째, 관리자는 조직 내에서 점점 더 중요해지는 특정 기술이나 전문지식을 개발할 수 있다. 이를 통해 자신이 처한 중요한 상황요인을 통제할 수 있게 된다.[35] 셋째, 관리자는 많은 관리자들과 교류하며 상당한 책임을 수용함으로써 조직 내 중심에 있으

그림 12.3
개인적 권력을 증대시키기 위한 정치적 전술

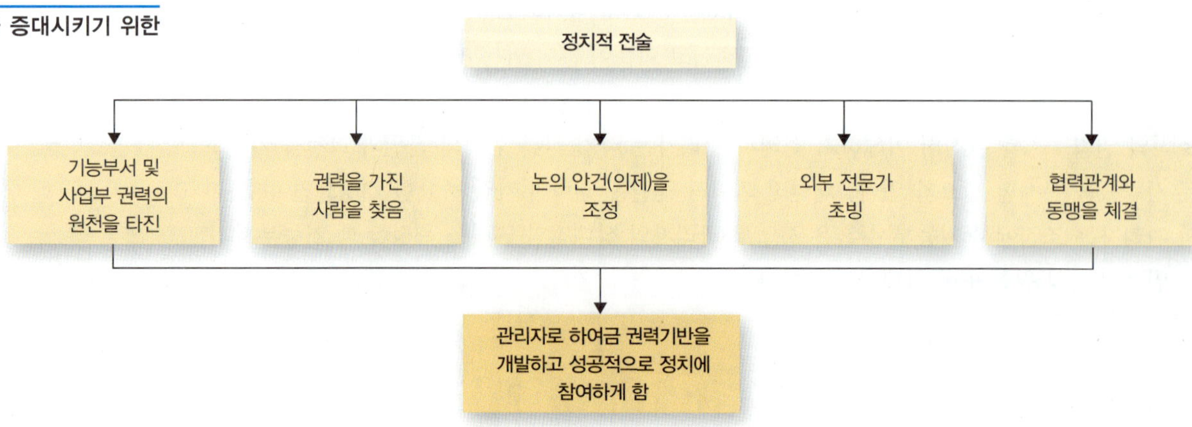

려고 노력할 수도 있다. 정치적으로 영리한 관리자는 사람과 정보 모두를 구축한다. 그리고 조직 내에서 자신의 승진과 같은 개인적인 목표를 추구할 때 사용할 수 있는 개인적인 연결 네트워크를 만들기도 한다.[36]

권력을 가진 사람을 찾음

개인적 권력을 증진시키는 또 다른 방법은 조직 내에서 누가 권력을 가지고 있는지 파악하는 능력을 기르는 것이다. 열정을 가진 관리자가 권력을 가진 사람을 파악하고, 그에게 영향을 미쳐 좋은 인상을 남기는 방법을 알게 된다면 이는 큰 힘이 된다. 또한 권력과 영향력이 커지고 있는 특정 관리자들을 지지하고 그들에게 꼭 필요한 사람이 됨으로써 승진할 확률이 높아지게 된다. 조직에서 각기 다른 관리자들의 상대적인 권력을 측정하고자 할 때 고려해야 할 다섯 가지 요인은 다음과 같다.[37]

1. 권력의 원천(sources of power) : 권력은 조직에서 많은 원천을 가진다. 관리자나 하위부서의 권력은 합법적인 권위나 희소한 자원의 보유, 또는 전문성에 기인한다. 관리자들은 각기 다른 권력의 근원을 정확하게 파악하고자 한다. 그리고 최고의 위치에 오를 기회가 가장 높은 관리자를 따르는 선택을 할 수 있다.
2. 권력의 결과(consequences of power) : 가장 많은 권력을 가진 사람들은 조직으로부터 혜택을 가장 많이 받는 사람들이다. 예를 들어 관리자들은 예산기획 과정에서 자원을 두고 서로 경쟁한다. 따라서 희소한 자원의 접근권을 얻어내는 능력은 관리자가 얼마나 많은 권력을 가졌느냐의 판단기준이 된다.
3. 권력의 상징(symbols of power) : 명예와 지위에 대한 많은 상징들은 권력과 관련되어 있다. 예를 들어 직무명(job titles)은 소중한 자산이다. 부사장이나 최고운영자의 지위에 있는 관리자는 승진여부를 결정하는 자리에 있는 사람들이다. 회사의 제트기나 기사가 딸린 자동차를 쓰고 좋은 전망을 보유한 사무실, 개인 비서를 두며 정해진 주차 공간을 갖는 것도 권력에 대한 또 다른 표시이다.
4. 개인적 평판(personal reputations) : 관리자의 평판과 조직 안에서 동료들에 의해 관리자가 받게 되는 존경 또한 의사결정에 영향력을 가지는 권력의 지표가 된다. 특정한 관리자나 그들의 특별한 성취(혹은 실패)에 대한 이야기들은 어떤 관리자의 평판이 좋아지거나 나빠지는지를 판단하는 기준이 된다.
5. 대표자로서의 지위(representational indicators) : 개인이 갖는 조직 내 역할의 수나 책임의 범위 또한 권력의 지표이다. 회사 운영위원회와 같은 영향력 있는 위원회에 소속된 관리자는 의사결정에 대한 개인의 영향력을 보여준다. 조직 내에서 핵심적 역할을 맡거나 중요한 정보에 접근할 수 있는 관리자는 더 많은 권력을 보유하게 된다.

이러한 다섯 가지의 요인에 주목하면 조직에 새로 들어온 사람들이라도 어떤 관리자나 집단이 가장 많은 권력을 가지고 있는지를 평가할 수 있다. 이를 통해 어떤 사람들과 집단이 의사결정 과정에 영향을 미치는지, 조직자원을 누가 더 많이 공유하게 될지, 또는 자원이 희소할 때 누가 삭감되는 것을 막을 수 있는지를 예측할 수 있다.

관리자들이 조직의 권력구조를 정확하게 평가하고 일정 정도의 개인적 권력을 획득하면 그 권력을 향상시키기 위해 또 다른 전술을 사용할 수 있다.

논의 안건을 조정

의사결정에 영향을 미치기 위한 중요한 전술은 의제를 조정하는 것이다. 이는 어떤 특정한 이슈와 문제가 의사결정자들의 관심을 받아야 하는지를 결정하는 것을 말한다. 다시 말해서 논의 안건의 범위를 한정하여 특정한 이슈가 토론 대상이 될 수 있도록 함으로써 가장 권력 있는 사람의 지지를 용이하게 획득하게 된다. 의제를 통제할 수 있는 권력을 획득하기 위해 관리자들은 위원회에 속하기를 원한다. 그들은 어떤 이슈를 상정할지 결정할 수 있기 때문이다. 의제 자체를 통제하여 자신들이 원하는 대안이 선택될 가능성에도 영향을 미친다. 예를 들어 권력을 가진 관리자들은 자신들이 원하지 않는 이슈를 의제로 상정하지 않음으로써 공식적인 논의를 막거나 '더 중요한 이슈'로 논의를 진행하도록 영향을 줄 수 있다.

외부 전문가 초빙

목표에 대한 첨예한 의견충돌은 조직이 변화나 재구조화(restructuring)를 겪고 있을 때 발생한다. 이때 관리자들은 모든 하위부서가 자신들의 이해관계를 지키기 위해 싸우고 있다는 것을 알고 있다. 기능부서의 관리자들 또한 변화로부터 혜택을 보기 원한다. 기능부서가 선호하는 행동은 다른 사람들이 보기에 정치적으로 동기부여 되었고 자기 중심적이라고 인식될 가능성이 높다. 그래서 관리자들은 종종 불완전한 관찰자이지만 외부 전문가를 조직 내부로 초빙한다. 기능부서의 관리자들은 전문가의 '객관적인' 관점을 통해 자신의 입장을 지지하고 다른 사람들로부터 보호받고자 한다.

협력관계와 동맹을 체결

최고경영자들은 의사결정 과정에서 원하는 방향으로 영향을 미치고 자신의 주요 관심사와 목표를 달성하고 필요한 권력을 가지기 위해 상호연합을 추구한다. 연합은 서로 간의 동의에서 출발한다. 기능부서 A는 기능부서 B가 관심을 가지는 이슈에 있어서 기능부서 B를 지지하기로 동의하고, 기능부서 B는 기능부서 A가 관심을 가지는 이슈에 대하여 기능부서 A를 지지하는 것이다. 연합을 구축하는 기술은 조직정치에서 중요하다. 왜냐하면 각기 다른 기능부서나 사업부의 관심사들은 상황이 변함에 따라 빈번하게 변화하기 때문이다. 따라서 연합은 그들의 구성원에 의한 적극적인 유지 노력이 있어야만 한다.

주요 사업부의 관리자와 연합 및 협력관계를 구축하는 능력은 관리자에게 개인적, 기능적, 사업부적 의제를 개진할 수 있는 권력기반을 제공한다. 고위경영자들은 CEO와 이사회의 이사들과 개인적 관계를 형성하는 것이 매우 중요하다. 심지어 CEO들조차도 고위경영자들과의 경쟁에서 이사회의 지지가 필요하다. 이사회의 지지 없이는 CEO들도 고위경영자 중의 누군가에 의해 자신의 자리가 대체될 수 있기 때문이다.

조직정치 관리하기

권력활동은 효과적인 의사결정을 하기 위해 꼭 필요하다. 따라서 최고경영자들이 성과와 효율을 향상시키기 위해서 조직정치를 사용하는 것은 매우 중요하다. 조직정치의 관리는 CEO의 주요 책임 영역이다. 이 역할은 모든 관리자들을 통제할 수 있는 합법적인 권력을 가져야만 하기 때문이다. CEO만이 관리자들 간의 정치적 투쟁 및 경합의 결과에 영향을 끼칠 수 있기 때문에 조직에 해가 되기보다는 오히려 도움이 될 수 있다. 그러나 만약 CEO의 영향력이 약하다고 인식되면 다른 최고경영자들은(이들 또한 어느 정도의 전문적, 준거집단의, 카리스마적 권력을 가지고 있는 사람들이므로) 이해관계자들에게 로비하고 자원에 대한 통제권을 획득하기 위해 경쟁한다.

권력투쟁은 조직의 강점을 무너뜨리고 자원을 낭비하며 조직이 목적을 달성하는 데 집중하는 것을 방해한다. 권력투쟁을 방지하기 위해서 조직은 조직 내 권력투쟁의 균형을 맞추고 조작할 능력을 지닌 강력한 CEO가 필요하다. 그래야만 어떤 관리자나 관리자들의 연합도 조직의 미래 효율성

국내 사례 현대의 조직행동

삼성전자 노조와 오랜 갈등을 끝내고 미래 동행 암시

삼성전자가 노동조합과 오랜 갈등을 끝내고 미래 동행까지 암시했다. 삼성전자는 2024년 11월 14일 전국삼성전자노동조합(전삼노)과 임금협약 잠정합의안을 도출하고, 21일까지 노조 찬반 투표를 통해 최종 결정할 예정이다.

삼성전자 노사는 지난 1월 16일 2023년과 2024년 임금교섭을 병합해 협상을 진행해왔다. 좀처럼 입장 차이를 좁히지 못하며 파업으로까지 치달았지만, 주가가 4만 원대까지 곤두박질치는 위기 상황을 겪으며 공감대를 찾은 것으로 추정된다.

이번 합의안은 양측 요구를 균형 있게 수용했다는 평가다. 지난 3월 발표한 기존안과 같이 임금인상 5.1%와 장기근속 휴가 확대 등에 패밀리넷 200만 포인트 지급을 더했다. 특히 삼성전자는 노조가 아닌 노사협의회를 통한 임금 조정을 하지 않기로 했다. 전삼노가 여전히 과반에 한참 미치지 못하는 조합원을 확보하고 있지만, 사측이 앞으로는 노조를 교섭 대상으로 인정한다는 의미다.

실제로 이번 합의안에는 노조 조합원에 대한 교육 시간 역시 유급으로 보장한다는 내용을 담기도 했다. 삼성전자는 "이번 임금협약 타결을 노사 화합의 계기로 삼아 사업 경쟁력 강화에 집중하겠다"는 입장이다. 전삼노는 "단체교섭 및 곧 다가올 '25년 임금교섭에서도 좋은 결과를 이끌어내겠다"는 의지를 밝혔다.

다만 이번 합의에 단체교섭은 포함되지 않았다. 그동안 임금협상과 따로 진행해왔는데, 여전히 입장 차이를 좁히지 못하는 것으로 알려졌다. 쟁점은 성과급이다. 삼성전자는 초과이익성과급(OPI)이라는 이름으로 투자를 제외한 이익으로 추정되는 경제적 부가가치(EVA)를 기준으로 지급한다는 방침을 지켜왔다. 그러나 노조 측은 영업이익에 따라 성과급을 지급해야 한다며 오랫동안 주장하고 있다. SK하이닉스가 2021년 성과급 기준을 EVA에서 영업이익으로 변경하면서 요구는 더욱 거세지고 있다. 아울러 인사 평가와 휴가 등 사내 복지, 그리고 최근 논란이 된 방사능 피폭 사고와 관련한 재발 방지책 등이 단체협약을 통해 논의되고 있다.

삼성전자 사측과 노조는 앞으로도 단체협약 협상을 이어갈 예정이다. 노조는 내년 초에는 협상을 마무리한다는 계획이지만, 쟁의권을 다시 확보해야 하는 탓에 협상력을 유지하기는 어려울 전망이다. 때문에 내년 임금협상과 단체협약을 함께 추진할 가능성이 높게 점쳐진다.

출처 : "삼성전자, 전삼노와 임금 협상 합의하고 노조 존재 인정…성과급 등 단체협약은 내년으로", 전기신문, 2024. 11. 15.

을 위협할 만큼의 강력한 지위를 가지지 못한다. 동시에 강력한 CEO는 중요한 책임을 하위 관리자에게 위임하는 것을 두려워하지 않아야 한다. 권한위임을 통해 낮은 직급의 관리자들이 더 높은 조직성과를 창출하기 위한 의사결정을 할 수 있는 능력을 발휘할 수 있다. 권력이 균형을 이룰 때 정치적 과정의 결과로 만든 의사결정이 조직의 장기적인 이해관계에 더욱 호의적이 될 수 있다.[38]

요컨대 권력과 정치는 조직 내 많은 종류의 의사결정에 영향을 끼치기 때문에 구성원들은 권력과 정치가 그들 주변에서 일어나는 것들에 어떠한 영향을 미치는지 알 필요가 있다. 주변에서 일어나는 것들이란 일종의 규칙이나 승진, 보상이 분배되는 방식 등에 관한 것이다. 기능부서, 사업부, 조직적 수준에서 권력의 원천을 분석하고 권력을 가진 사람을 규명하며 리더십에 대하여 권력을 가진 사람들이 어떻게 접근하는지를 관찰함으로써 권력과 정치의 영향을 파악할 수 있다. 승진의 기회를 높이기 위해서 대부분의 관리자들은 눈에 잘 띄고 개인적 권력을 증대시킬 수 있는 권력기반을 개발하고자 노력한다.

조직갈등이란 무엇인가

조직갈등
개인이나 집단의 목표중심적 행동이 다른 사람이나 집단의 목표중심적 행동을 막을 때 발생하는 투쟁

조직정치는 개인이나 집단의 관심사에 기반하여 발생한다. 보통 다른 사람이나 집단에 비용이 드는 의사결정이나 어떤 목표에 영향력을 행사함으로써 갈등을 유발한다. **조직갈등**(organizational conflict)이란 개인이나 집단의 목표중심적 행동이 다른 사람이나 집단의 목표중심적 행동을 방해할 때 발생하는 자기관심사적 투쟁이다.[39]

조직성과에서 갈등의 효과는 상당한 주목을 받아왔다. 과거 연구자들은 조직성과를 낮춘다는 이유로 갈등을 부정적으로 보았다.[40] 이 관점에 따르면 갈등은 관리자가 사람이나 기능부서 혹은 사업부 간의 협력을 통해 기업 목표를 달성할 수 있는 효과적인 조직구조를 설계하지 못했기 때문에 발생한다. 그러나 갈등에 대한 최신 관점은 갈등을 주의 깊게 관리하고 협상을 통해 논의할 수 있다면 조직성과를 더 향상시킬 수 있다는 점을 강조한다.[41]

그림 12.4는 조직성과에 대한 갈등의 효과를 보여준다. 초기의 갈등은 조직성과를 향상시킬 수 있다. 왜냐하면 갈등은 조직의 의사결정에서 약점을 노출시켜 조직이 변화를 추구하도록 만들기 때문이다. 관리자는 조직의 권력구조를 재편하고 조직의 필요에 가장 적합하도록 권력의 균형을 만들어나간다. 그러나 그림 12.4의 A점이 되는 어느 한 수준부터 갈등의 증가는 성과를 낮추게 만든다. 왜냐하면 관리자들 사이의 갈등은 통제의 범위를 벗어나고 이익 집단 간의 경쟁으로 조직을 분열시키기 때문이다.[42]

최고경영자의 역할은 갈등수준이 A점을 넘지 않도록 조절하고, 갈등이 조직성과에 긍정적으로 기여할 수 있도록 그 흐름을 관리하는 것이다. 따라서 갈등을 관리한다는 것은 정치를 관리하는 것처럼 조직을 더 효과적으로 만들고 조직의 의사결정과 자원배분을 향상시키는 것이다.[43]

조직정치의 근원

개인이나 집단 간의 갈등에는 많은 원인이 내재되어 있다. 관리자는 갈등이 발생했을 때, 이를 통제하거나 해소할 수 있어야 한다. 개인 간 혹은 집단 간의 갈등이 발생하는 원천은 크게 차별화, 과업관계, 자원의 희소성으로 구분할 수 있다.[44]

차별화

조직구조의 차별화(differentiation)는 구성원들과 과업이 각각의 사업부나 기능부서 등 하부조직으로 나뉘어져 있는 경우에 발생하며 이를 통해 제품이나 서비스를 더 효과적으로 생산할 수 있게 된다. 각 집단은 자신의 과업에 더욱 집중할 수 있고 이를 통해 지속적으로 성과를 창출할 수 있다. 그러나 조직이 사업부나 기능부서에 따라 분화되면 갈등이 초래된다. 왜냐하면 서로 다른 하

그림 12.4
조직성과에 대한 갈등의 효과

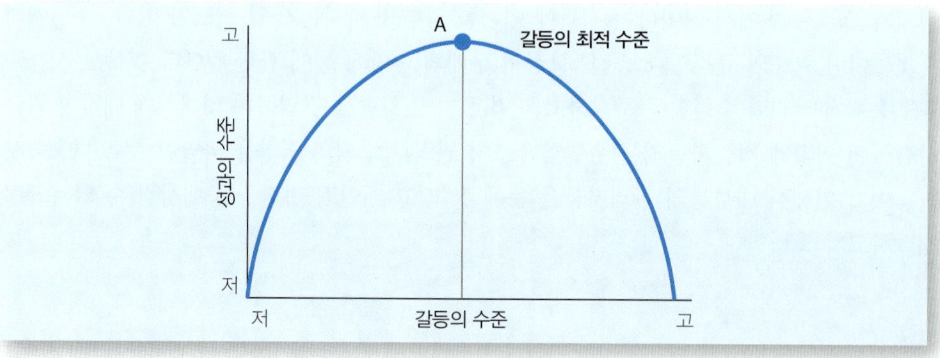

부 조직들이 각기 독특한 기능적 특성(functional orientation)을 가지게 되고 입장의 차이가 발생하기 때문이다.

기능부서 간 특성 차이

기능부서는 조직성과를 창출하는 방식에 있어 다른 성향과 관점을 가진다.[45] 조직성과를 증대시키기 위해 각 기능부서의 관점은 각각의 과업, 직무, 우선순위, 목표 등의 차이로 인해 서로 달라지게 된다. 예를 들어 제조부문은 일반적으로 단기 비용중심의 효율성을 지향한다. 연구개발부문은 장기적 관점에서 혁신적 기술 개발을 목표로 하고, 마케팅은 고객의 필요를 충족시키는 방식을 규명하고 찾아내려는 성향이 강하다. 따라서 제조부문은 회사의 문제를 해결하는 데 비용을 더 절감할 수 있도록 설비에 돈을 투자하는 반면, 연구개발부문은 제품혁신에 돈을 투자하기를 원하고, 영업은 수요를 늘릴 수 있는 광고비를 증가시키기를 원한다.

각각의 기능부서가 다른 성향과 우선순위를 갖기 때문에 이러한 차이는 부정적인 갈등을 유발할 수 있다. 갈등이 발생하면 조직의 응집력과 기능 간의 통합이 저해될 뿐만 아니라 성과도 낮아진다.

지위모순

회사의 운영에 있어 가장 핵심적이고 중요한 활동을 하는 기능부서는 스스로 다른 기능부서보다 더 중요하다는 생각을 갖고, 조직 내에서 더 높은 지위에 있거나 더 명예롭다고 믿는다. 그 결과 다른 기능부서의 희생으로 자신들의 목표를 달성하려고 하며 기능부서 간 갈등이 초래된다. 최고경영자들은 이러한 갈등이 발생하지 않도록 주의해야 한다. 또한 조직변화의 관점에서는 특정 기능부서나 사업부의 권력과 그 관리자가 자신들의 지위가 상승하고, 더 높은 보상을 받을 만하다고 믿는 현상이 발생한다.[46] 이들은 자신의 높은 지위를 과시하기 위해 다른 기능부서의 요구에 신속히 대응하지 않으며, 이러한 태도는 부서 간 갈등을 유발할 수 있다.[47]

과업관계

과업관계는 사람과 집단 사이의 갈등을 만들어낸다. 이는 조직 내 과업이 밀접하게 연결되어 있고 상호영향을 주기 때문이다. 권한의 중복, 과업 간의 의존성, 모순적인 평가제도 등이 기능부서나 사업부 간의 갈등을 자극한다.[48]

권한의 중복

만약 각기 다른 두 기능부서나 사업부가 동일한 과업에 대한 권한을 주장하는 경우 갈등이 발생한다. 이러한 혼동은 막 성장하기 시작한 조직에서 흔히 일어나는데 이는 최고경영자가 각 집단의 과업관계와 책임을 명확히 해줄 여유가 없기 때문이다.[49] 그 결과 기능부서나 사업부는 자원에 대한 통제권을 놓고 싸우게 된다. 개인적 수준에서도 관리자들은 권한의 범위를 놓고 갈등이 생긴다. 특히 관리자가 다른 사람의 권한이나 자원을 차지하려고 하는 경우에 갈등은 더욱 증폭된다. 예를 들어 젊은 관리자가 상사의 인기를 가로채기 시작하였다면 상사는 그에게 상대적으로 중요도가 낮은 업무를 배정하거나, 업무를 수행하기 위해 필요한 자원을 고의로 배정하지 않음으로써 대응할지도 모른다.

과업의존성

제품이나 서비스의 생산 및 개발은 한 기능부서에서 다른 기능부서로 흘러가는 업무흐름에 따라 달라진다. 각 기능부서의 업무는 다른 기능부서의 투입을 바탕으로 생겨난다.[50] 만약 한 기능부서가 업무를 잘 수행하지 못하면, 다음 단계로 이어지는 기능부서의 능력을 저하시켜 갈등이 생길 가능성이 높아진다.[51] 예를 들어 생산라인에서 비용을 감소시키는 제조부문의 능력은 연구개발부문이 얼마나 잘 제품을 설계해서 더 싸게 만들 수 있게 해주었는지, 혹은 영업부문이 매력적인 대형 소비자의 주문을 얼마나 잘 확보하여 많은 생산(이는 낮은 생산비용 — 규모의 경제 — 을 의미한다)을 가능하게 해주었는지에 의존하게 된다. 한 기능부서가 좋은 성과를 내는 데 실패하면 모든 기능부서가 어렵게 되는 것이다.

갈등이 잠재되어 있는 정도는 기능부서나 사업부의 상호의존성이 증가함에 따라 확대된다. 따라서 과업의존성이 집합적 의존성에서부터 순차적 의존성이나 교호적 의존성으로 증가됨으로써(제10장) 기능부서나 사업부 사이의 잠재적 갈등은 더욱 커지게 된다.[52]

국내 사례 | 현대의 조직행동

SK하이닉스 '성과급 논란' 달래기

SK하이닉스가 초과이익배분금(PS) 제도를 개선하고 임직원에게 자사주를 지급하기로 했다. '성과급 논란'에 대한 임직원들의 불만을 잠재우기 위한 것으로 풀이된다. SK하이닉스는 2021년 2월, 경기 이천 본사에서 중앙노사협의회를 열고 PS 제도 개선, 우리사주 지급 등에 대해 노사 합의를 이뤘다고 밝혔다. SK하이닉스 사측은 이번 협의회에서 세 가지 사안을 노조에 제안했고, 노조가 이를 화답했다.

SK하이닉스는 우선 논란이 된 PS(초과이익 분배금) 산정의 기준 변경을 제안했다. PS 산정 기준 지표를 기존 경제적 부가가치(EVA)에서 '영업이익과 연동하는 것'으로 변경하기로 했다. 그동안 직원들 사이에서 EVA 지표에 대한 불만이 이어지자, 수치가 명확하게 공개되는 영업이익을 통해 예측 가능성을 높이고자 했다.

SK하이닉스는 또 이사회 승인을 전제로 우리사주를 발행해 구성원들에게 매입할 수 있는 권리를 주기로 했는데 대략 기본급 200%에 해당되는 혜택을 지급하기로 했다. 회사는 "우리사주를 구성원들에게 부여함으로써 회사의 미래성장을 함께 도모하자는 의미"라고 설명했다. 아울러 사측은 사내 복지포인트인 '하이웰포인트'를 전 구성원에게 300만 포인트 지급하기로 합의했다.

이석희 SK하이닉스 사장은 "지금까지 충분히 소통하지 못했던 점에 대해 진심으로 사과드린다"며 "무엇보다 중요한 것은 구성원과 회사의 신뢰인 만큼 앞으로 경영의 방향 역시 '공정함'과 '투명함'에 집중하겠다"고 말했다.

김해주 SK하이닉스 이천노조위원장은 "회사와 구성원이 상호 발전하는 새로운 길을 열었다"고 했고, 강국모 청주노조위원장은 "상처를 치유하고 다함께 미래를 향해 나아가겠다"고 응답했다.

이번 노사 합의에 따라 그동안 이어져 온 성과급 논란은 일단락될 가능성이 있다고 회사는 설명했다. SK하이닉스 직원들은 지난해 영업이익이 전년대비 84%나 증가한 5조 원 이상을 달성했음에도 목표 이익을 초과달성했을 때 지급하는 초과이익배분금(PS)이 20% 수준으로 책정되자 불만을 토로했다.

앞서 SK하이닉스 직원들은 반도체 슈퍼사이클이 있었던 2017년과 2018년 각각 연봉의 70%와 75%를 성과급으로 받았다. 2019년에는 실적이 크게 하락했음에도 연봉의 20%를 수령했다.

이에 최태원 SK그룹 회장은 SK하이닉스에서 받은 연봉을 반납하고, 이석희 사장도 PS 책정 방식을 설명하면서 진화에 나섰다. 이 같은 임직원 달래기에도 불만이 계속되자, 일각에선 인력 이탈 사태가 벌어질 수 있단 우려마저 제기된 바 있다. 최근 경쟁사인 삼성전자 반도체 부문, 마이크론 등이 경쟁적으로 대규모 경력직 채용에 나서 이직을 생각하는 직원들이 늘 수 있다는 것이다.

출처 : "SK하이닉스 '성과급 논란' 달래기…'기본급 200% 우리사주 지급'", 서울파이낸스, 2021. 02. 05.

공정하지 못한 평가제도

어떤 기능부서는 보상을 받고 어떤 기능부서는 보상받지 못하는 불공정한 평가제도는 갈등을 야기한다.[53] 전형적인 문제는 비용과 고객불만족을 일으킨 영업과 생산부서를 다른 부서와 동일하게 평가하는 것이다. 누가 고객불만을 일으킨 장본인이고 일정을 지연시킨 원인제공자인지를 가리지 않는 것은 평가제도에 문제가 될 수 있다. 기능부서 간의 과업관계가 복잡할수록 성과에 대한 각 기능부서의 개별적 기여도를 평가하여 보상하는 것은 더욱 어려워지며, 갈등이 일어날 가능성이 그만큼 높아진다.

자원의 희소성

희소한 자원을 획득하기 위한 경쟁은 갈등을 유발한다.[54] 자원 할당에 대한 갈등은 사업부들 간 혹은 사업부와 회사의 최고경영팀 사이에서 일어난다. 예산 싸움은 자원이 희소할 때 더 치열해진다. 또 조직 내 집단들은 회사가 희소한 자원을 배분하는 방식에 관심을 갖는다. 주주는 배당금의 규모에 매우 신경을 쓰며 조직원들은 임금과 복리후생을 극대화하기 바란다. 희소한 자원을 두고 경쟁하는 관리자들은 최대한의 임금인상을 얻기 위해 서로 경쟁한다.

조직갈등에 대한 Pondy 모형

이런저런 종류의 갈등은 조직에서 불가피하게 발생하고 성과를 낮추기 때문에 갈등이 발생할 때 관리자들이 어떻게 대처하는지는 매우 중요하다. Louis Pondy는 일반적으로 인정받는 조직갈등의 모형을 제안하였다. 이 모델은 갈등을 5개의 순차적 단계로 보고 역동적인 과정을 보여준다(그림 12.5 참조).[55] 그리고 관리자들은 조직 내에서 갈등이 어떻게 혹은 왜 일어나는지의 문제보다 Pondy의 모형을 사용하여 갈등을 분석하고 그것을 관리 및 해결하려는 시도를 해야 한다고 주장한다.

잠재된 갈등

Pondy 모형의 첫 번째 단계는 실제적인 갈등이 없는 잠재된 갈등(latent conflict)상태이다. 갈등이 일어날 잠재성만 존재할 뿐이다. 그러나 앞서 논의한 갈등의 원천이 되는 요인들은 갑작스럽게 혹은 점진적으로 갈등을 유발할 수 있다.

그림 12.5
조직갈등에 대한 Pondy의 모형

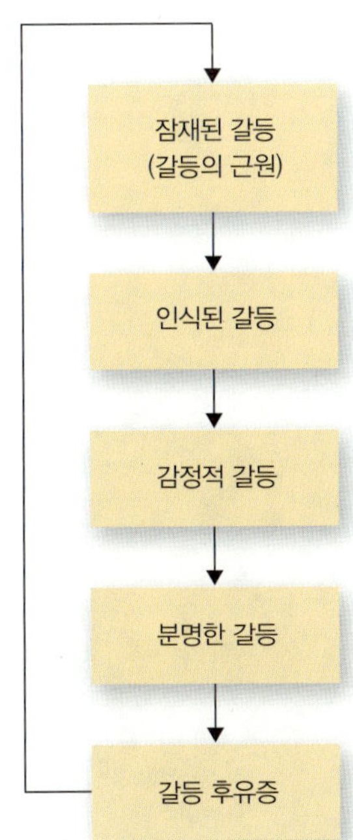

인식된 갈등

인식된 갈등(perceived conflict)의 단계는 한쪽 당사자인 개인이나 집단이 다른 쪽 당사자의 행동에 의해 자신의 목표가 좌절되었음을 알아차렸을 때 시작된다. 각 당사자는 갈등의 원인을 찾고 왜 갈등이 일어나게 되었는지를 정의한다. 그 후 갈등을 야기한 사건을 분석하고 다른 당사자들과 경험한 문제를 설명하는 시나리오를 구축한다. 예를 들어 회사의 제조부서는 조립과정에서 불량투입물로 인하여 생산문제가 일어났다는 것을 밝혀낼 수 있다. 제조부서의 관리자들은 왜 불량품이 사용되었는지에 대하여 의구심을 가지며 조사한 결과, 자재관리부서가 고품질의 자재 구입 대신에 저비용의 공급자로부터 자재를 구매하기로 결정했음을 알아내게 된다. 이러한 결정은 투입비용을 줄이고 자재관리부서의 성과를 높이지만, 생산비용을 높이고 제조부서의 성과를 낮춘다. 제조부서는 자재관리부서가 자신의 목표와 이해관계를 침해했다고 여기게 된다.

인식된 갈등 단계에서 갈등은 주로 문제의 근본 원인에 대한 논의를 하면서 증가된다. 자재 관리부서가 구매 거래 변화를 시도한 결과, 제조부서는 자재관리부서에 대하여 CEO나 그들의 이야기를 들어줄 사람에게 불평을 하게 된다. 자재관리부서는 저가의 자재가 품질을 저하시키지 않았다고 주장하며 오히려 제조부서가 소속된 직원들에 대한 훈련을 적절히 시키지 못하였다고 불평한다. 당사자들은 갈등을 인식하되 그 원인은 다르게 인지한다.[56] 따라서 두 부서가 탁월한 품질의 제품생산이라는 동일한 목표를 가지고 있음에도 불구하고 왜 제품의 품질이 떨어지게 되었는가에 대해서 매우 다른 설명을 내놓게 되는 것이다.

감정적 갈등

감정적 갈등(felt conflict)의 단계에서 갈등의 당사자들은 서로 상대방에 대하여 부정적이고 적대적인 감정을 키운다. 예를 들어 집단이나 부서 간 교류를 끊고 자신의 이익만 중시하며 서로 문제의 원인이 상대방에게 있다고 주장하게 된다. 갈등이 증가함에 따라 집단 간의 협동과 조직효과도 감소한다.[57] 예를 들어 자재관리부서와 제조부서가 자재와 최종 제품의 품질에 대해 싸우는 중이라면 새로운 제품개발에 속도를 내는 것은 불가능하다.

갈등 중에 있을 때 당사자들은 서로 싸우고 자신의 관점만을 주장하기 때문에 토론은 점점 더 균형을 잃어간다. 예를 들어 상대적으로 단순한 종류의 갈등이라 할 수 있는 룸메이트 간의 갈등을 생각해보자. 룸메이트 A는 사용한 그릇을 설거지통에 두고 주방 싱크대를 청소하지 않았다. 게으른 룸메이트가 청소하게 만들기 위해서 룸메이트 B는 우선 지저분한 주방에 대해 농담을 하기 시작한다. 만약 그래도 룸메이트 A의 행동이 변하지 않으면 슬슬 룸메이트 B는 불평을 하기 시작할 것이다. 그래도 상황이 나아지지 않으면 두 룸메이트는 싸우기 시작할 것이고 서로를 너무 적대하여 절교하게 될 뿐 아니라 따로 나가서 살 장소를 물색하기에 이를 것이다. 처음 시작된 문제는 아주 작은 것이었지만 룸메이트 A가 그것을 해결하기 위한 행동을 취하지 않음에 따라 문제는 감당하기 어려울 정도로 증폭되는 것이다. 정말로 사소하고 흔한 일이지만 관리자가 가능한 한 빨리 갈등을 해결해야 되는 이유가 여기에 있다.

분명한 갈등

분명한 갈등(manifest conflict)의 단계에서 갈등의 당사자들 간에 생기는 적대성은 공격적인 행동을 유발시킨다. 이것은 두 당사자 모두에게 해가 되고 서로의 목표를 좌절시키는 것을 알더라도 공격적인 행동을 멈추지 않는다. 분명한 갈등은 다양한 형태로 나타난다. 논의와 언쟁의 과열, 심지어 개인이나 집단 간의 신체적 폭력 등이 그 예이다. 관리자들이 자신의 관심사를 관철시키려고 폭력을 구사하게 된 싸움은 흔한 사례 중 하나이다. 최고경영팀의 내분은 관리자들이 조직 내 다른 사람들의 희생이나 피해에도 불구하고 자신의 경력만을 추구하기 때문에 발생하는 공격성의 한 형태이다. Lee Iacocca가 포드에 있을 때 Henry Ford 2세는 새로운 포드의 CEO로 제너럴 모터스의 대표를 데려오기로 결정하였다. 그러나 1년간 Iacocca는 자신이 확실하게 최고의 지위에 올라가기 위해 새로운 CEO의 몰락을 유도하였다. 그러나 결국 Henry Ford가 이를 알아차리고 그를 강제 퇴출시키면서 Iacocca는 조직정치에서 패배하게 된다. Henry Ford는 Iacocca가 자신의 권력을 가져가서 크라이슬러의 CEO가 되는 것을 두려워했다.

학생과 교사, 죄수와 간수, 노조와 경영진과 같이 집단 사이에 나타나는 분명한 갈등을 흔히 볼 수 있다. 예를 들어 노사 분규에서 경영진과 노조는 자주 태업이나 파업, 혹은 파업 참가 노조원을 영구적으로 교체하기 위한 신규 노동인력의 채용, 심지어 신체적인 위협 등과 같은 전술을 구사하여 상대방을 공격한다.

분명한 갈등은 사람이나 부서 사이에서 협동이 의도적으로 부족한 경우에도 발생한다. 이는 조직에 있어 장기적으로 손실을 발생시키는 중대한 문제이다. 만약 조직구성원이 서로 협동하지 않

Digital Vision\Thinkstock

관리자들 사이에서 분명한 갈등의 형태가 증가하고 있다. 어떤 관리자는 통제하에서 치열한 논쟁을 펼치며 의사결정에서 이기는 자체를 목적으로 한다.

으면 부서 간 통합은 줄어들고 조직의 고유한 목적은 달성되기 어려워진다. 분명한 갈등 중 특히 역기능을 초래하는 것은 한 당사자가 수동적으로 행동함으로써(즉, 아무 행동도 하지 않음으로써) 상대방의 목표를 좌절시키는 경우이다. 영업과 생산 간의 갈등 상황을 가정해보자. 영업부서는 중요한 고객의 주문을 맞추기 위해 제품생산을 필사적으로 서두를 필요가 있다. 하지만 제조부서는 무엇을 하는가? 일단 영업부서의 요청에 빠르게 반응하여 비공식적으로 동의하지만 결국 아무것도 하지 않는다. 영업부서에서 왜 제품생산이 지연되는지 알아보고자 급하게 문을 박차고 들어오면 제조부서에서는 이렇게 말한다. "아, 그게 지난주 금요일까지를 의미한 것이었군요. 저는 이번 주 금요일이라고 생각했어요." 일반적으로 분명한 갈등이 증가할수록 조직의 효과성은 더 저하된다. 왜냐하면 관리자와 하위부서 간의 협동과 통합이 줄어들기 때문이다.

관리자는 분명한 갈등의 부작용을 막기 위해 할 수 있는 모든 것을 시도할 필요가 있다. 관리자는 부정적인 감정과 행동이 갈등의 당사자들에게서 발생하기 전에 가능한 한 일찍 개입해야 한다. 만약 관리자들이 이 단계에서 일어나는 의사소통과 협동의 실패를 막을 수 없다면 갈등은 마지막 단계로 치닫게 된다. 바로 갈등의 후유증 단계이다.

갈등 후유증

조직 내의 갈등은 특정한 방식으로 해소된다. 누군가가 해고되거나 역기능을 갖는 집단이 해체되거나 조직과 사업부가 개편되는 방식이 그 예이다. 얼핏 갈등이 잠시 사라진 것 같아 보일지라도 근본적인 갈등의 원천은 나중에 더 큰 문제를 불러일으킬 가능성이 있다. 제조부서의 초기 '혼동'에 화가 나 있는 영업부서가 제조부서에 다시 생산일정을 변경해서 고객의 시급한 제품주문을 처리해달라고 요청하였다고 가정하자. 이러한 기능부서 간의 갈등은 어떻게 해결되어야 할까? 아마도 부서 간 경계심과 신뢰 부족이 합의를 어렵게 만들 것이다. 이제 초기 요청을 한 후에 영업과 제조부서의 관리자들이 상호 간의 차이를 인지할 수 있었고 절충과 협업을 통해 논쟁을 원만하게 해결할 수 있는 방법을 찾았다고 가정해보자. 이러한 경우 영업부서가 제조부서에게 특별히 요청하게 되면 관리자들은 두 기능부서가 서로 가지고 있는 각각의 필요를 충족시킬 해결방안을 찾고자 함께 일해야 한다.

모든 갈등의 에피소드는 두 당사자가 미래에 불가피하게 또다시 새로운 갈등을 겪게 될 가능성을 높이는 갈등 후유증(conflict aftermath)을 남긴다. 만약 갈등이 절충과 협업을 통해 분명한 갈등의 단계로 진행되기 전에 일찍 해결이 되면 갈등 후유증은 미래의 긍정적인 작업관계를 촉진한다. 그러나 갈등이 이 과정의 후반부까지 해결되지 않으면 이미 발생한 나쁜 감정과 언쟁이 당사자들의 미래 작업관계를 나쁘게 만드는 갈등 후유증을 만들어낸다. 분명한 갈등이 빈번하게 일어나면 상대방이 고의로 문제를 일으킨다는 불신으로 가득 찬 조직문화를 만든다. 따라서 당사자들은 협동적이지 못한, 전투적인 마음가짐으로 협상을 시작하게 된다.

협상 : 갈등 해결하기

경영관리의 중요한 책임 중 하나는 갈등에 처한 당사자들 즉, 부하직원, 기능부서, 또는 사업부가 스스로 직면한 문제를 해결하기 위해 협동하는 방법을 찾도록 돕는 것이다. 목표를 달성하려면 관리자는 개인이나 집단 간의 갈등을 해결하거나 당사자들이 절충을 할 수 있도록 분위기를 순조롭게 만들며 도와야 한다.[58] 절충(compromise)은 각 당사자가 주고받는 교환관계(give-and-take exchange)에 기꺼이 참여하고 해결방안이 합의될 때까지 서로 양보할 수 있을 때 가능하다. 갈등에 처한 당사자들이 서로가 수용할 수 있는 해결방안을 모색하고자 협동할 때 회사는 목표를 보다 효과적으로 달성할 수 있게 된다.

협상
갈등적인 이해관계를 가진 당사자가 그들의 차이를 해결하려는 시도로 서로 만나고 제안 및 수정제안, 양보 등을 하는 일련의 과정

협상(negotiation)은 갈등 관계의 당사자들이 의견차이를 해결하기 위해 만나고 제안(offer) 및 수정제안(counteroffer), 양보(concession) 등을 하는 일련의 과정을 의미한다.[59] 협상은 관리자들이 갈등에 처한 개인이나 집단 사이에서 절충 가능성을 높일 수 있는 중요한 기술이다.[60] 협상을 하기 위해 갈등에 직면한 당사자들은 모두가 수용할 수 있는 해결방안에 다다르기 위해 자원을 배분하는 여러 가지 방식을 논의하게 된다.

갈등 당사자들은 종종 협상 과정에서 경쟁 혹은 대립관계에 마주한다. 상대방이 불공정한 이익을 이미 가지고 있거나 혹은 얻어갈 것이라고 생각하기 때문이다.[61] 그 결과 강경한 태도를 유지하고 비현실적인 요구를 하며 목표를 달성하기 위해서 사용할 수 있는 모든 권력을 이용한다. 관리자는 각 당사자들이 협상 과정을 경쟁적이거나 '승-패(win-lose)' 상황으로 보지 않도록 도와야 한다. 오히려 각 당사자가 협상을 모든 당사자에게 이익이 되는 '승-승의 해결방안(win-win solution)'으로 만들 수 있도록 해야 한다. 협상은 관리자가 갈등을 해결하기 위해 사용할 수 있는 중요한 도구이다. 협상은 역기능을 유발시키는 경쟁보다 서로 협동하고 성과를 향상시키기 위한 일종의 해결방법이다.

개인수준의 갈등 관리

개인 간 갈등 관리는 갈등에 처해 있는 사람들의 태도나 행동을 변화시키는 것과 직접적인 관련이 있다.[62] 만약 갈등이 성격충돌로 발생하였거나 당사자들이 다른 사람들의 관점을 이해하지 못해서 일어난 것이라면 조직은 외부의 조력자를 활용하여 충고나 상담을 할 수 있다. 교육, 민감성, 의식에 대한 훈련은 사람들이 싫어하는 사람을 이해하고 상대방과 관계를 유지하도록 돕는다. 한편 갈등이 직원 간의 다양성, 즉 어린 사람이 나이 많은 사람을 감독한다거나 여성 관리자가 남성밖에 없는 작업 팀을 감독하는 경우와 같이 작업인력의 다양성 때문에 일어난다면 조직은 구성원들이

국내 사례 현대의 조직행동

연달은 조직 내 갈등…
혼돈의 카카오

카카오

김범수 카카오 경영쇄신위원장이 카카오판교아지트에서 열린 4차 공동체 경영회의에 참석해 다른 참석자의 발언을 듣고 있다.

각종 사법 리스크로 창사 이래 최대 위기를 맞은 카카오가 이번에는 허술한 내부 경영 시스템과 내홍으로 또다시 도마 위에 올랐다. 김범수 카카오 창업자가 직접 쇄신 작업에 나섰지만, 공사 업체 선정 비리 의혹을 비롯해 조직 내 갈등 상황이 고스란히 외부에 노출되면서 내실보다는 외형 확장에 집중한 카카오식 성장 모델의 문제점이 다시 한번 드러났다는 평가가 나온다.

정보기술(IT)업계에 따르면 카카오 노조는 '카카오 데이터 센터 안산'과 2025년 준공 예정인 대규모 복합문화공간 '서울 아레나' 공사 업체 선정 과정에서 비리가 접수돼 내부 감사가 진행되자 경영 쇄신을 요구하기 위해 노조원들을 대상으로 설문조사에 나섰다. 현재 카카오의 문제점을 파악하고 필요한 쇄신 조치에 대한 노조원들의 의견을 취합하고 있다. 카카오 사정을 잘 아는 한 관계자는 "임원의 법인카드 유용 문제 이후 경영진에서 쇄신안을 발표한다고 한 상황에서 또 다른 비리 사건이 터지자, 경영쇄신을 요구하는 성토 글들이 외부 커뮤니티에 하루 만에 수십 건씩 올라올 정도로 분위기가 격앙돼 있다"고 말했다.

특히 이같은 내홍은 카카오 준법·윤리 경영을 감시할 외부 기구인 '준법과 신뢰위원회'의 유일한 내부 위원인 김정호 CA 협의체 경영지원총괄이 자신의 소셜네트워크서비스(SNS)에 카카오의 경영 행태를 폭로하는 글을 올리면서 더욱 촉발되었다. 김 총괄은 자신의 폭언 사건에 대해 해명하는 글을 28일 자신의 SNS에 올린 데 이어 이날도 임직원 골프 회원권 매각 과정에서 불거진 잡음과 관련된 글을 추가로 올렸다. 김 총괄은 "'카카오는 망한다면 골프 때문일 것'이라는 소문이 파다했지만 파악해보니 100여 명의 대표이사들은 골프 회원권이 없었는데 특정 부서만 투어프로 수준으로 골프를 치고 있었다"면서 "골프 회원권을 75% 정도 통째로 매각하겠다고 보고한 뒤 (김 창업자는) 비상경영회의 때 프리젠테이션 발표도 하고 정식 결재를 올려 달라고 했지만 이후 두 달간은 정말 전쟁 수준의 갈등이 있었다"고 토로했다.

폭로글로 논란이 확산하자 카카오 일부 임원들은 오히려 김 총괄이 명예훼손과 (기업) 보안을 위배했다는 취지의 메일을 전 직원에게 발송해 맞불을 놓으면서 극심한 내홍을 여실히 드러냈다.

이처럼 잡음이 끊이지 않으면서 업계 전문가들은 내실을 다지기보다는 문어발식 외형 확장에 치중해 온 카카오의 허술한 경영 시스템이 고스란히 드러났다는 평가가 나온다. 네이버와 쌍벽을 이루는 플랫폼 기업이라는 평가가 무색할 정도로 내부 통제 등 경영 시스템이나 조직문화가 제대로 갖춰지지 않다 보니 임직원의 모럴 해저드(도덕적 해이)를 넘어 조직 내 갈등으로 번졌다는 지적이다.

이에 준법신뢰위 출범과 맞물려 내부 시스템과 조직문화를 재정비하는 것을 최우선 쇄신 과제로 삼아야 한다는 지적이다. 김 창업자도 27일 열린 제5차 공동체 비상 경영회의에서 "관리 프로세스에 느슨한 부분이 있는지 철저히 돌아보고, 전 공동체 차원에서 준법·인사·재무 등 측면에서 밀착 관리할 수 있는 방향으로 제도를 개편하기를 강력히 권고한다"고 당부했다. 여은정 중앙대 경영학과 교수는 "카카오가 사업 성과에만 드라이브를 걸다 보니 성장 속도와 별개로 조직문화나 내부통제, 지배구조가 제대로 정립되지 않았다"면서 "내부적으로 시스템을 정비할 필요가 있다"고 말했다.

출처 : "이번엔 비리 의혹에 내홍까지…혼돈의 카카오", 서울경제, 2023. 11. 29.

Lifesize/SiriStat포드/Thinkstock

갈등이 발생하는 경우, 관리자는 양 당사자가 '윈-윈' 상황으로 인식할 수 있도록 도움을 줄 수 있다.

차이점을 받아들이고 갈등을 피하도록 교육과 훈련의 방법을 찾아보아야 한다.

만약 갈등이 구성원 간 입장의 불일치 때문에 일어난다면 관리자는 구성원들 사이의 논쟁을 해결하기 위해 단계별로 협상을 활용할 수 있다. 협상은 갈등이 감정적 갈등이나 분명한 갈등 단계에 도달하기 전에 감소시킬 수 있다. 이 과정의 각 단계는 다음과 같다.[63]

1. 관리자는 갈등에 처한 두 구성원을 만나고 그들의 행동이 업무를 수행하는 방식이나 부서 내 다른 사람들에게 영향을 미치는 양상을 분명하게 알려준다. 그 후 개별 구성원이 갈등에 대한 자신의 생각과 감정을 표현하도록 요청한다. 갈등을 공개하는 것은 관리자와 두 구성원들이 갈등의 사실과 각자의 입장을 이해할 수 있게 한다.
2. 관리자는 두 당사자들 사이의 논쟁을 문서로 요약한다. 논쟁의 가장 중요한 요인을 규명하기 위해 양측의 사례를 주의 깊게 살피고 관련 보고서를 작성한다. 예를 들어 이슈가 열심히 일하지 않고 수준 이하의 작업을 수행하는 어떤 구성원에 대한 것이라면 사건의 해당 구성원에 대해서 신중한 기술이 이루어져야 한다.
3. 관리자는 중립적인 제3자처럼 행동하면서 각각의 구성원과 보고서에서 다룬 사실에 대해 토론한다. 관리자는 개별 구성원이 받아들일 수 있는 해결방안을 찾아내기 위해 사실관계를 검토해보아야 한다. 사실에 근거하여 갈등의 당사자가 일반적인 해결방안에 대해 수용할 수 있을 때까지 구성원 양쪽의 입장을 살펴야 한다.
4. 관리자는 두 당사자가 합의에 이르도록 논의할 수 있게 자리를 마련하고 토론에 집중할 수 있는 여건을 제공해주어야 한다. 각 당사자는 관리자와 연관된 문제의 해결을 위해 노력할 것에 동의해야 한다.

만약 갈등이 협상을 통해 성공적으로 해결되지 못한다면 또 다른 방안은 사람들을 분리시키는 것이다. 관리자는 갈등이 있는 구성원을 서로 마주치지 않거나 아니면 상대편의 관점을 더 잘 이해할 수 있는 새로운 업무로 옮겨줄 수 있다. 새로운 팀이나 부문으로 이동시키기 위해 직무순환과 배치 전환 등을 해주고 논쟁이 된 이슈에 대하여 새로운 관점을 갖도록 도와주어야 한다. 승진 역시 태도를 변화시키는 데 활용될 수 있다. 관리자는 문제의 소지가 있는 노조원을 감독자의 자리에 있게 함으로써 태도를 변화시킬 수 있다. 또한 문제의 소지가 있는 제조부서의 관리자를 교육이나 공장 보안, 기타의 자리로 이동시킴으로 문제를 해결할 수 있다. 이러한 방법은 갈등을 겪는 당사자들을 갈등 상황에서 영구적으로 벗어나게 한다.[64] 마지막으로 조직이 갈등에 관여된 사람을 해고할 수 있고 그런 갈등의 부작용을 겪은 경험이 없는 사람으로 대체할 수도 있다. 해고 혹은 이동은 갈등을 제거하기 위해 CEO부터 하위 관리자에 이르기까지 적용되는 일반적인 방법이다.

집단수준의 갈등 관리

집단수준의 갈등 관리는 갈등에 처한 집단이나 부서의 태도와 행동변화를 그 목적으로 한다.[65] 관리자는 물리적으로 작업집단을 분리하거나 서로 대면하여 상호작용할 기회를 주지 않음으로써 직접적 갈등이 유발될 잠재성을 아예 제거해버릴 수 있다. 집단 사이의 조화는 관리자가 집단을 물리적으로 구분한 후 그들의 활동을 조화시킬 책임감을 심어주는 것을 통하여 실현가능해진다. 때때로 관리자는 집단의 활동을 조화시키거나 양자에게 공통의 목표를 부여하는 것을 통해 갈등을 통제할 수 있다. 이는 갈등 당사자가 분리되어 있지만 동시에 공동의 목표를 달성하도록 하는 방법이다.

그러나 이러한 해결방안은 오직 일시적인 방안으로 그칠 수 있다. 만약 근본적인 원인이 해결되지 않으면 갈등은 절대로 해결될 수 없고 성과 역시 나쁜 채로 지속될지 모른다. 따라서 대부분의 조직은 이러한 갈등의 원천을 집단수준의 협상을 통하여 해결하고자 한다.

집단 사이의 직접적인 협상은 **제3협상자**(third-party negotiator)가 있든 없든 가능하다. 제3협상자란 흥정이나 협상을 잘 다루는 외부인을 의미한다.[66] 제3자는 논쟁 중인 당사자들이 당면한 문제에 대한 해결방안을 더 잘 찾을 수 있도록 협상 과정을 설계한다.[67] 갈등 당사자들의 성과에 책임을 가진 관리자는 (CEO들까지도) 제3자로서 행동하는 경우가 흔하다. **조정자**(mediator)의 역할을 수행하는 제3자는 중립적인 입장을 취하고 상호 간의 차이를 줄이기 위해 당사자들이 상호작용하게 한다. 만약 여전히 당사자들이 공정한 해결방안을 찾지 못하면, **중재자**(arbiter)라고 알려진 제3자가 개입할 수도 있다. 중재자는 조정자와는 달리 당사자들이 반드시 수용해야만 하는 해결방안을 부과할 권한을 가진다. 중재자는 증거를 고려하여 당사자들이 거부할 수 있는 해결안을 제시할 권한을 가진다.

제3협상자
흥정이나 협상을 잘 다루는 기술을 가진 외부인

조정자
갈등 당사자들이 차이를 줄여 화해할 수 있도록 노력하는 중립적인 제3자

중재자
논쟁에 대하여 반드시 이행해야 하는 해결방안을 부과할 수 있는 권한을 가진 제3자

협상의 다섯 가지 형태는 갈등에 처한 당사자들이 상호 간의 차이를 해소하기 위하여 취할 수 있는 방법들이다. 절충, 협동, 양보, 회피, 경쟁이 그것이다(그림 12.6 참조).[68] 그림 12.6의 가로축은 개인이나 집단이 자신의 목표를 달성해야 하는 동기가 얼마나 큰지를 보여준다. 세로축은 개인이나 집단이 상대방이나 집단의 목표성취를 돕는 것을 얼마나 고려하고 있는지를 나타낸다. 이 모형은 다섯 가지 협상 방식 각각이 갈등 과정에서 어떻게 영향을 미치는지 설명해준다.

그림의 가운데에 위치한 것이 절충이다. 절충은 보통 양 당사자가 받아들일 수 있는 해결방안에 이르고자 하는 동기를 가진 협상에서 나타난다. 때때로 당사자들이 논쟁 중에 있다 하더라도 각자는 해결방안을 찾기 위해서 협동한다. 왜냐하면 이들은 자신의 목표를 만족시키는 것뿐 아니라 상대의 목표 역시 고려하고자 하는 동기를 가졌기 때문이다. 협동은 조직에 이익이 되는데 그 이유는 당사자들이 모두에게 더 이익이 되는 해결방안을 지속적으로 찾기 위해서 당장 함께 일하고자 하는 동기를 가지고 있기 때문이다. 절충과 협동은 논쟁 중에 있는 당사자들이 서로의 차이와 갈등을 해결하고 서로의 성과를 더 높이기 위한 방식을 찾도록 도와준다.[69]

그림 12.6
갈등을 다루는 방식

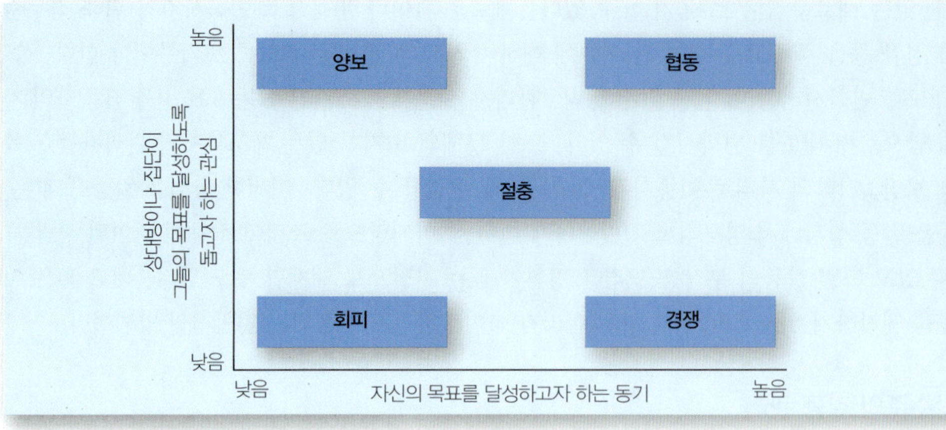

양보는 한 당사자가 다른 당사자와 비교하여 자원이나 권력이 부족함을 깨달은 나머지 다른 당사자에게 자신의 목표를 얻기 위해 제시하는 해결방안이다. 회피는 두 당사자가 문제의 실제 원인을 찾는 것을 거부하고 마치 아무 문제가 없는 것처럼 행동하는 경우이다. 이는 양자가 분명한 갈등에 접어들 필요가 없다는 것을 의미한다. 그러나 이러한 회피의 결과는 협동의 부족과 낮은 성과로 나타난다. 양보와 회피라는 해결방안은 모두 불만족스러운 방법이다. 양보는 한 집단이 다른 집단으로 하여금 요구를 받아들이도록 권력을 사용하는 것을 의미한다. 권력의 사용은 협동을 이끌 수 없을 뿐 아니라 더 약한 당사자가 상대방을 속일 기회만을 호시탐탐 노리게 만든다. 그래서 양보는 다시 갈등을 야기할 가능성이 높다. 유사한 경우로 회피는 당사자들이 협력하지 않고 서로 의사소통하지 않은 상태로 남아 있기 때문에 갈등이 해결되지 않은 채 지속된다. 그리고 약한 당사자는 자신의 권력과 지위를 향상시키기 위해 어떤 도구라도 찾으려고 노력하게 될 것이다.

경쟁은 갈등을 가시화하고 증가시킨다. 갈등의 당사자는 자신의 목표에만 집중하고 다른 사람의 입장을 고려하거나 설명을 들어보려고 하지 않는다. 갈등이 경쟁으로 변하거나 양보와 회피가 갈등 관리의 전형적인 유형이 되면 갈등은 Pondy의 모델에서 제시한 분명한 갈등 단계로 진행된다. 그래서 관리자들은 분명한 갈등 단계에 이르기 전에 반드시 당사자들로 하여금 절충안을 찾도록 도와주어야만 한다.

절충하기

관리자들이 절충이나 협동을 이끌어내기 위해 협상 과정을 구성할 때는 다음과 같은 다섯 가지 전술이 가능하다 — 공통의 목표를 강조하라, 사람이 아닌 문제에 집중하라, 요구사항이 아니라 관심사항에 집중하라, 상호이익을 얻을 수 있는 기회를 창조하라, 무엇이 공정한지에 집중하라.

공통의 목표를 강조하라

공통의 목표는 모든 당사자가 갈등의 근원이 무엇인지에 상관없이 동의할 수 있는 목표를 말한다. 조직의 효과성을 높이는 것, 고객에 대해 신속히 대응하는 것, 경쟁우위를 획득하는 것 등 회사의 모든 구성원들이 강조할 수 있는 많은 공통된 목표가 있다. 공통의 목표를 강조하는 것은 갈등 당사자들이 큰 그림을 마음에 담고 의견이 일치하지 않음에도 불구하고 조직의 성공을 위해서 함께 일하고자 하는 태도를 갖게 한다.

사람이 아닌 문제에 집중하라

갈등 속의 사람이나 집단은 상대방의 단점이나 약점을 찾아내려는 충동에 휩쓸릴지도 모른다. 따라서 문제에 대해 공격하는 것이 아니라 사람 자체를 공격하기 시작한다. 예를 들어, 상대방이 저지른 실수에 대하여 이야기하다 보면 상대방의 성격이나 개인적 습관까지 비판하게 된다. 이러한 행동은 협상을 통한 절충을 어렵게 만든다. 갈등에 있는 모든 당사자들은 문제나 갈등의 원인에만 집중해야 한다. 상대방을 개인적으로 공격하고 깎아내리려는 행동은 반드시 피해야만 한다.

요구사항이 아니라 관심사항에 집중하라

요구사항은 어떤 사람이 원하는 것이다. 그러나 관심사항은 왜 그 사람이 그것을 원하게 되었는지에 대한 것이다. 두 사람이 갈등 관계에 있을 때 양자의 요구사항을 동시에 충족시키는 것은 매우 어렵다. 그러나 양자가 근본적으로 가진 관심사항은 충족될 수 있고 그것들이 충족되었다는 것은 협상이 가능하다는 것이다.

상호이익을 얻을 수 있는 기회를 창조하라

갈등에 처한 당사자들이 자신의 관심사항에 집중하면 서로에게 이익이 되는 창조적인 해결방안을 달성할 수 있는 가능성은 높아진다. 윈-윈 시나리오는 일련의 대안을 미리 고정해두는 것이 아니라 당사자들이 분배할 수 있는 '파이(pie)'를 확대시킨 후 새로운 대안을 찾는 것을 의미한다.

무엇이 공정한지에 집중하라

무엇이 공정한 것인지에 집중한다는 것은 공정성이론의 원칙과 일맥상통한다. 공정성이론이란 회사에서 직원들의 기여나 투입에 따라 결과의 공정한 분배를 강조하는 이론이다. 갈등 당사자들이 서로 다른 대안을 선호할 가능성은 매우 높다. 개별 당사자는 자신의 관심사에 가장 적합한 대안을 원한다. 공정성과 형평성을 강조하는 것은 당사자들이 문제에 대한 가장 좋은 해결방안을 상호합

구성원이 공동의 이익에 초점을 맞추게 되면 이후에는 서로를 만족시키고 이익이 되는 창의적인 해결방안을 모색해야 한다.

의하에 결정하는 것이다.

관리자들이 위의 다섯 가지 전략을 추구하고 조직의 다른 구성원들이 그렇게 행동하도록 격려하면 협상은 효과적으로 갈등을 해결하는 데 도움을 준다. 그러면 관리자는 성과를 높이고 사람이나 집단, 조직에 해를 끼치는 파괴적인 갈등을 피할 수 있다.

노사협상

가장 일반적인 협상의 형태 중 하나는 단체교섭(contract talks)이다. 노사협상은 노동조합과 사용자 측 사이에 발생한다. 경제불황 때문에 올해에는 사용자 측이 더 유리한 입장에 있다고 생각해보자. 사용자와 노조가 협상을 위해 앉았을 때, 사용자는 노조를 밀어붙여서 노조가 빈손으로 돌아가게 하였다. 다음 해에 경기가 회복되었고 협상은 다시 시작되었다. 이번에 노조의 태도는 어떠하겠는가? 아마도 노조는 할 수 있는 모든 수단을 동원하여 사용자를 이기고 모든 것을 얻으려 할 것이다. 입장이 서로 정반대가 된 것이다.

두 당사자가 서로 지속적인 협상 관계에 있을 때 양자는 조직의 성과를 위해서 서로의 차이를 최소화하고 공동의 목표를 강조하는 장기적인 관점을 채택할 필요가 있다. 이는 노사 간의 협상에서도 마찬가지이다. 노사협상에는 각기 다른 두 프로세스가 동시에 진행되고 있다는 것을 아는 것이 중요하다. 첫째는 **분배적 협상**(distributive bargaining)이다. 이것은 당사자들이 자원을 어떻게 분배하고 누가 무엇을 얼마나 많이 가질지에 대해 결정하는 협상이다.[70] 둘째는 **태도적 구성**(attitudinal structuring)이다. 이는 당사자들이 상대방의 태도에 영향을 미치고자 노력하는 것이다. 예를 들어 사용자와 노동조합의 당사자들은 모두 더 많은 자원을 차지하기 위해 공격적인 태도로 행동하고자 결정했을지 모른다. 아니면 좋은 관계를 유지하기 위하여 상대를 회유하는 태도로 행동할지도 모른다.[71]

노동조합과 사용자 측의 협상자들은 서로 장기간의 관계를 구축하고 어려운 상황에 빠졌음을 알더라도 협동하고자 노력해야 한다. 상대방의 권력을 무너트리거나 모든 것을 잃게 만드는 파괴적인 갈등은 후유증을 낳게 된다. 협상은 교환관계에서 자신의 입장을 이해가능하도록 만드는 과정이다. 당사자들이 얻을 수 있는 것과 얻을 수 없는 것을 발견하기까지 오랜 기간이 걸릴 수도 있다. 협상의 본질은 노사 간의 협상뿐만 아니라 기업의 대표 관리자와 사업부 관리자 사이 혹은 관리자와 부하직원 사이에서 급여나 승진에 대해 논의하는 것에서도 역시 동일하다.

요약하면, 협상은 작업장과 조직환경에서 갈등을 해결하고 관리하는 중요한 수단이다. 관심사항이나 태도의 차이로 인해 자원을 둘러싼 경쟁이 발생하면서 조직 내 갈등은 피할 수 없다. 그러나 갈등의 결과가 유익하도록 조직관리자들은 갈등을 관리하는 방법과 갈등을 해결할 수 있는 적절한 방법을 배워야만 한다. 협상을 통해 갈등을 관리하는 것은 조직의 모든 관리자들에게 중요한 역할이다.

요약

권력, 정치, 갈등, 협상을 이해하고 관리하는 것은 관리자의 업무이다. 조직은 공통의 목표를 달성하기 위하여 함께 협력하는 사람들로 이루어져 있다. 자원이 희소할 때 사람이나 집단은 서로 경쟁해야만 하고 일부는 자신의 목적을 달성하는 반면 다른 일부는 달성할 수 없게 된다. 조직에서 관리자들은 자원에 대한 경쟁이 자유롭고 공정하도록 해야 하는 책임을 갖고 있다. 더불어 관리자들은 자원에 대한 권력을 가진 사람들이 장기적인 관점에서 조직의 구성원 모두에게 이익이 되도록 유도할 책임이 있다. 또한 관리자는 갈등을 관리할 책임도 갖고 있다. 갈등이 조직의 장기적인 성장을 보장하고 정치와 갈등이 조직에 해가 되기보다는 이익이 되도록 만들기 위해서 권력은 균형을 유지해야 한다. 이번 장에서는 다음의 내용을 공부하였다.

1. 권력은 다른 개인이나 집단이 스스로 하지 않았을지도 모르는 것을 하도록 만드는 개인이나 집단의 능력이다. 정치는 관리자가 자신의 권력을 증가시키고 개인 혹은 자신이 소속된 집단이 선호하는 목적을 추구하도록 만드는 활동이다. 권력과 정치는 조직에 해가 될 수도 득이 될 수도 있다.
2. 공식적인 개인적 권력의 원천은 합법적 권력, 보상 권력, 강제적 권력, 정보 권력을 포함한다. 비공식적인 개인적 권력의 원천은 전문적 권력, 준거집단의 권력, 카리스마적 권력을 포함한다.
3. 기능부서 · 사업부 권력의 원천은 불확실한 상황을 통제할 수 있는 능력, 대체불가능성, 중심성, 자원을 통제하고 창출시킬 수 있는 능력을 포함한다.
4. 관리자들은 개인적 권력을 향상시키기 위해서 다양한 정치적 전술을 사용할 수 있다. 이러한 전술로는 스스로를 대체불가능하고 중심에 있게 만드는 것, 환경과 자원을 통제하는 것, 권력을 가진 사람을 파악하는 것, 의제를 통제하는 것, 외부 전문가를 초빙하는 것, 협력관계와 동맹을 체결하는 것 등이 있다. 긍정적인 효과를 얻기 위해 정치를 관리한다는 것은 조직에서 권력의 균형을 이루는 것과 권력을 가진 사람을 억제하는 것을 말한다.
5. 갈등은 개인이나 집단의 목표중심적 행동이 다른 사람이나 집단의 목표중심적 행동을 가로막을 때 발생한다. 갈등이 조직에 해가 될지 득이 될지의 여부는 어떻게 관리되는지에 달려 있다.
6. 갈등의 주요한 세 가지 원천은 차별화, 과업관계, 자원의 희소성이다. 갈등이 발생했을 때 이들은 일련의 단계를 거치면서 변화한다. Pondy의 갈등 모형에서 이 단계들은 잠재된 갈등, 인식된 갈등, 감정적 갈등, 분명한 갈등, 갈등 후유증의 단계들을 말한다.
7. 협상은 개인과 집단수준 모두에서 갈등을 관리하고 해결하는 중요한 수단이다. 협상을 통해 합의에 이르는 능력은 구성원들에게 필요한 중요한 기술이다.

토론사례

'한국의 구글' 아니었나, 직원과 회사와의 갈등

2021년 5월, 업무 스트레스를 호소하며 스스로 목숨을 끊은 네이버 직원에 대한 추모 물결이 이어지고 있다. '한국의 구글'로 일컬어지는 아이티 기업들이 직장 갑질이 만연한 한국 기업 풍토에 새 문화를 제시해주길 바랐던 이들을 중심으로 좌절감과 분노를 토로하는 목소리도 크다.

국내 대표 아이티 기업 네이버와 카카오에선 올 초부터 성과급과 조직문화 등을 둘러싼 사내 갈등이 연이어 터지고 있다. 이런 맥락에서 이번 사건은 '네이버와 카카오는 정말 자유롭고 수평적인 회사인가'란 질문을 던진다.

"더 이상 수평적이지 않다." 2014년 네이버에 입사했다가 현재는 카카오로 이직한 ㄱ씨(34)의 답은 분명했다. 그는 자신이 아이티 업계에 몸담은 지난 8년 동안 아이티 산업이 양적 성장 속에서 조직문화도 질적으로 달라졌다고 말한다. ㄱ씨는 "네이버는 점점 조직이 경직되고 수직적으로 변하는 것 같다"며 "'내가 알던 네이버가 맞나?' 싶은 일들이 벌어지곤 한다. 그 단적인 사례가 이번 사건"이라고 말했다.

카카오도 점점 '카카오다움'이 사라지고 있다고 했다. "'서로 신뢰하고 충돌하고 합의된 결과에 모두가 헌신한다'는 카카오의 핵심 가치 중에서 현재 남아있는 것은 충돌뿐인 것 같다"며 "(회사는) 직원들이 의견을 개진하면 들어주는 척만 하고 (직원들은) 바뀌는 건 없다고 느낀다. 직원들끼리는 '신·충·헌(신뢰, 충돌, 헌신)

은 옛말'이라고 한다"고도 했다.

네이버 7년 차 기획자 ㄴ씨(30)도 "네이버가 점점 대기업으로 변한다"고 생각한다. 새로운 시도를 장려하기보다는 재무 성과를 낼 수 있는 사업이 상명하달되는 경우가 갈수록 늘고 있다는 취지다. ㄴ씨는 "실무자들의 의견을 고려하지 않고 의사결정권자들이 정한 방향대로 움직이다가 이도 저도 아닌 결과물이 나와버리는 상황들을 몇 차례 겪었다. 실무자들이 의견을 내도, 위에서 전혀 다른 방향으로 지시하고 사업 내용이 확 바뀌는 일도 있다"며 "2010년대 중반 입사 당시에는 동료들과 정말 가족처럼 일했고, 빨리빨리 새로운 서비스를 내놓으며 '치고 나간다'는 느낌을 받았다. 하지만 지금은 수직적인 기업에 속한 조직의 일부라는 생각이 더 많이 든다"고 털어놨다.

앱 출시 일정을 무리하게 당겨서 잡고, 결함이 많은 상태로 출시되어 평점이 떨어지면 업무 압박이 더 심해지는 악순환도 있다고 한다. ㄱ씨는 "웹툰처럼 이제 막 시장을 개척하는 서비스들은 덜 하지만, 이미 시장이 형성된 서비스들은 기존 사업자들이 '점유율 나눠 먹기'를 해야 해서 담당자들의 스트레스가 더 크다. 모든 영역에서 네이버와 카카오가 서비스 경쟁하는 상황도 영향을 미치는 것 같다"고 말했다.

이들은 이번 사건의 주요 배경으로 꼽히는 '끼리끼리 문화'도 실제 존재한다고 입을 모았다. 네이버 직원들은 여러 차례 문제 제기가 있던 인물이 임원으로 채용되면서 이번 사건이 일어났다고 보고 있다.

ㄴ씨는 "이전 부서에서 문제가 있는 인사가 내부 인맥 덕분에 조직장으로 오는 일을 겪었다"며 "친소관계를 바탕으로 문제 인물이 의사결정권자가 되는 일은 네이버의 고질적 문제"라고 지적했다. 네이버와 카카오를 모두 경험해본 ㄱ씨도 "두 회사 모두 창업자와 가까운 이들이 친소관계에 의해 임원이 되는 경우가 있는 것 같다"고 했다. 그는 "'창업자 패밀리'로 여겨지는 이들이 요직에 앉는 일을 볼 때 의구심이 들곤 한다"며 "대외적으로 (회사는) 일을 잘해서 자리를 맡겼다는 설명하지만, 정말 인사이트와 비전이 있는 사람인건지 물불 안 가리고 사람을 쥐어짜서 성과를 냈던 건지 잘 모르겠다"고 말했다.

네이버는 최근 이해진 창업자를 중심으로 하는 '이너서클'의 충성경쟁이 점점 더 심해지고 있다는 얘기도 나온다. 최휘영(YTN 출신), 김상헌(판사 출신) 씨 등 이전 대표는 외부 인사라 창업자 그룹과의 긴장 관계를 가지며 일을 했는데, 이해진 창업자가 발탁한 내부 인사인 한성숙 대표이사가 취임한 뒤로는 창업자와 가까운 경영진들의 힘이 더욱 세지고 있다는 얘기다. 카카오는 회사 곳곳에 포진한 김범수 이사회 의장의 '패밀리'가 '실세'라는 이야기가 나온 지 오래다.

학벌주의 지적도 있다. 아이티 업계는 개발자는 서울대·카이스트·포항공대 출신이, 기획자는 서울대 출신이 주도권을 쥐고 있어서 채용이나 인사를 할 때 이들 학교 출신이 유리하다는 것이다.

임원이 아닌 실무진 수준에서도 친소관계에 의한 의사결정이 너무 자주 이뤄져 문제라고 느꼈다는 전직 카카오 직원도 있었다. 카카오의 한 계열사에서 근무하다 1년 만에 퇴사한 ㄷ씨(28)는 "특정한 사업을 맡을 담당자로 입사했는데, 막상 출근을 해보니 전혀 다른 방향으로 사업이 바뀌었다. 그 이후에도 사업 내용이 수시로 변했다. 알고 봤더니 대표와 그 주변 사람들이 비공식적으로 소통하면서 사업이 휘청이는 것이었다"며 "카카오에 대한 기대가 컸지만 1년 동안 업무성과를 쌓지 못하다 결국 이직을 했다"고 말했다.

두 회사가 직원들의 목소리에 귀를 기울이지 않는다는 지적도 있었다. 특히 네이버는 사내 문제 제기 창구인 '위드유'가 사실상 작동을 하지 않는다는 얘기가 나온다. 직원들 사이에는 "성희롱 등 직장 내 괴롭힘이 발생하면 위드유 제보보단 경찰 신고"라는 인식이 있다고 한다. ㄴ씨도 "회사 조직을 모니터링하는 제도나 기관이 무늬만 존재하는 상황이라 이 기관들이 제 역할을 하도록 개선하는 것이 무엇보다 필요하다"고 말했다.

ㄱ씨는 제자리에서 묵묵히 일하는 직원들을 잊어선 안 된다고 강조했다. "코로나19 이후로 대부분의 산업이 어려움을 겪고 있지만 아이티 업계는 너도나도 오고 싶어서 줄을 선 곳이죠. 그러다 보니 회사가 '일할 사람은 널렸으니 불만이 있으면 나가라. 얼마든지 대체 인력을 뽑을 수 있다'고 생각하는 것 같아요. 직원들의 불만이나 문제 제기를 무시하는 것 같다고 느껴지는 게 사실입니다. 최근 네이버와 카카오의 여러 문제가 불거지고 있지만, 제 경험에 비추어보면 두 회사에는 아무리 일이 많아도 맡은 일을 즐겁게 열심히 하려는 직원들이 여전히 많습니다. 그런 사람들이 있었기 때문에 지금의 네이버, 카카오가 자리를 잡을 수 있었던 것 같아요. 열심히 일해온 직원들을 잊지 않아야 두 회사가 더 멀리 갈 수 있을 것 같다는 생각이 듭니다."

출처 : '한국의 구글' 아니었나…전 · 현직 직원들이 말하는 네이버 · 카카오, 한겨레, 2021. 05. 31.

토론문제

1. 조직구성원 간 신뢰를 회복하고, 건강한 조직문화를 만들기 위한 방안은 무엇인가?
2. 네이버와 카카오의 사례에서 보이는 '수평적 조직문화의 약화'와 '내부 인맥 중심 의사결정' 문제를 해결하기 위해 어떠한 변화가 필요한가?

제 13 장

조직에서의 효과적인 의사소통

학습목표

이 단원을 학습한 후 다음을 이해할 수 있다.

- 의사소통의 네 가지 주요 기능을 설명하고, 여러 의사소통 네트워크 유형들을 구분할 수 있다.
- 의사소통 과정의 단계들과 성공적인 의사소통을 위해 필요한 사항들에 대해 설명할 수 있다.
- 의사소통을 방해하는 요인들과 의사소통의 효과성을 높일 수 있는 방법에 대해 설명할 수 있다.
- 의사소통 매체의 유형을 정의하고, 정보의 풍부성과 관련하여 어떻게 다른지를 설명할 수 있다.
- 설득적인 의사소통의 중요성을 이해하고, 다른 사람들에게 영향력을 미칠 수 있는 설득적인 메시지를 만드는 방법에 대해 설명할 수 있다.

BMW 차량 화재 사고에 대한 의사소통 지연, 의사소통은 왜 중요한가?

2018년, 한국에서 BMW 차량에서 주행 중 화재가 잇달아 발생하면서 큰 사회적 논란을 불러일으켰다. 문제의 원인은 BMW 차량에 장착된 EGR(배기가스 재순환 장치)의 결함이었다. EGR 시스템은 배기가스를 재활용해 배출 가스를 줄이는 환경 보호 장치로, BMW의 디젤 차량에 주로 장착되어 있었다. 그러나 결함으로 인해 EGR 쿨러에 누수가 발생했고, 이로 인해 고온의 배기가스가 쿨러 내에 쌓인 탄소 퇴적물과 결합하면서 화재가 발생하게 되었다.

이 결함은 BMW가 전 세계에 판매한 일부 디젤 차량에 공통적으로 나타났으나, 특히 한국에서 문제의 심각성이 크게 드러났다. 2018년 한 해 동안 BMW 차량에서 약 40여 건의 주행 중 화재가 발생했으며, 대부분의 차량은 520d와 같은 디젤 모델이었다. 이 사건은 화재 사고의 빈도와 심각성으로 인해 소비자와 언론의 집중적인 관심을 받았고, 한국 내 BMW 차량 소유주들 사이에서 불안감이 크게 확산되었다.

BMW는 처음에는 문제의 원인을 명확히 밝히지 못했고, 화재 사고가 잇달아 발생하는 동안에도 공식적인 대응이 지연되었다. 이에 따라 소비자들은 리콜을 기다리는 동안 화재 위험에 노출된 상태에서 차량을 운행해야 했다. 이 문제는 언론을 통해 대중에 널리 알려지면서 큰 파장을 일으켰고, BMW는 여론의 압박과 한국 정부의 개입으로 인해 결국 2018년 7월에 리콜을 발표하게 되었다. BMW는 약 10만 6천 대의 차량을 리콜 대상으로 지정하고, 문제가 된 EGR 모듈을 교체하는 작업을 진행한다고 밝혔다.

리콜 발표에도 불구하고, 화재는 계속해서 발생했다. 리콜 절차가 신속하게 진행되지 않아 차량 소유주들이 불안 속에 차량을 운행해야 했고, 일부는 리콜 대기 중에도 화재 사고를 겪었다. 리콜 이후에도 추가적인 화재 사고가 발생하자, BMW의 대응이 미흡하다는 비판이 더욱 거세졌다.

BMW 차량 화재 사건이 계속되자 한국 정부도 적극적으로 개입했다. 국토교통부는 BMW에 대한 긴급 안전 점검을 지시했으며, BMW 차량 소유주들에게도 즉시 점검을 받을 것을 권고했다. 특히 한국 정부는 BMW 차량 소유주들이 리콜 전에 화재 사고를 겪을 위험을 줄이기 위해 긴급 안전 조치와 더불어 일부 모델에 대해 운행 제한 명령을 내리기도 했다. 국토부는 BMW의 초기 대응이 미흡하다고 판단하고, 화재 원인 및 리콜 절차의 적절성에 대한 본격적인 조사를 진행했다.

조사 결과, BMW는 결함을 사전에 인지하고도 리콜을 지연한 정황이 드러났다. BMW 본사는 이미 2016년부터 해당 문제를 파악하고 있었으나, 대규모 리콜 조치는 2018년이 되어서야 시행되었다. 이러한 BMW의 늦은 대응은 한국 내 소비자들의 불만을 더욱 증폭시켰으며, BMW에 대한 신뢰도가 급격히 하락하는 결과를 초래했다.

BMW 화재 사고로 인해 많은 소비자들이 피해를 입었다. 주행 중 발생한 화재로 인해 차량이

전소되거나 심각한 손상을 입은 사례가 다수 보고되었으며, 이로 인해 물리적·정신적 피해를 겪은 소비자들이 법적 대응에 나섰다. 특히 차량 화재로 인해 발생한 재산 피해뿐만 아니라, 사고의 위험성과 BMW의 대응에 대한 불만이 주요 소송 사유였다.

리콜이 발표된 후에도 대기 시간이 길어지면서 많은 BMW 차량 소유주들은 불안한 상태로 차량을 운행해야 했다. 이로 인해 일부 소비자들은 리콜 기간 동안 차량 운행을 포기하거나, 리콜 전에 화재 위험성을 감수하며 운행을 계속할 수밖에 없는 상황에 처했다. 또한, BMW 차량의 중고차 가치가 급락하면서 소비자들의 경제적 손실도 발생했다. BMW 차량이 화재 문제로 인해 안전하지 않다는 인식이 확산되면서 중고차 시장에서 BMW 차량의 수요가 급감했고, 이로 인해 중고차 가격이 크게 하락했다.

BMW는 한국에서의 화재 사고 이후 전 세계적으로 EGR 결함이 보고되자, 글로벌 리콜을 확대하기로 결정했다. 2018년 BMW는 전 세계적으로 약 160만 대의 차량을 리콜 대상으로 지정했고, 유럽, 아시아, 북미 등지에서 대규모 리콜 작업을 진행했다. 한국에서는 리콜 대상 차량의 EGR 모듈을 교체하는 작업이 계속되었으며, BMW는 추가적인 안전 조치를 통해 문제를 해결하려고 노력했다.

그러나 이 과정에서 BMW가 문제를 인지한 시점과 리콜 발표 시점 간의 간격이 있었던 점이 논란이 되었다. 소비자들은 BMW가 문제를 더 일찍 인지하고도 리콜을 지연시켰다는 점에서 BMW의 책임을 강하게 물었으며, BMW는 이에 대해 공식 사과와 함께 피해 보상을 위한 조치를 취했다.

BMW 화재 사건은 한국 내 자동차 리콜 절차와 소비자 보호 정책에 중요한 영향을 미쳤다. 이 사건을 계기로 한국 정부는 자동차 결함 신고 시스템을 강화하고, 리콜 절차의 투명성과 신속성을 확보하기 위한 제도적 개선을 추진하게 되었다. 국토부는 자동차 제조사들이 결함을 인지했을 때 신속하게 리콜을 실시하도록 하는 법적 절차를 마련하고, 리콜이 지연될 경우 제조사에 대한 강력한 제재를 가하는 방안을 도입했다.

또한, 이 사건은 BMW의 글로벌 브랜드 이미지에도 큰 타격을 입혔다. 한국에서의 화재 사고로 인해 BMW는 큰 신뢰 손실을 겪었으며, 브랜드 충성도가 높은 고객층마저 이탈하는 상황이 발생했다. BMW는 이 사건 이후 고객 신뢰 회복을 위해 다양한 마케팅 및 서비스 개선 조치를 도입했으며, 대규모 리콜을 통해 문제 해결에 나섰다. 하지만 화재 사건의 여파는 장기간 이어졌고, BMW는 향후에도 차량 안전 문제에 대해 더욱 철저한 검증과 관리를 해야 한다는 교훈을 얻게 되었다.

2018년 BMW 차량 화재 사고는 자동차 제조사의 결함 관리와 리콜 절차의 중요성을 다시금 부각시킨 사건이었다. BMW의 초기 대응 부족과 리콜 지연으로 인해 많은 소비자가 경제적·정신적 피해를 입었고, 이 사건은 자동차 결함 관리와 소비자 안전 보호 체계를 개선하는 계기가 되었다. BMW는 전 세계적으로 대규모 리콜을 시행하며 문제 해결에 나섰으나, 한국 내 소비자들에게는 큰 불신을 남겼다. 이 사건은 자동차 제조사들이 결함 문제에 대한 신속하고 투명한 의사소통의 중요성을 강조하며, 향후 리콜 관리 체계가 더욱 강화되는 계기를 마련했다.

개관

BMW 사례에서 알 수 있듯이 기업은 반드시 기업의 행동에 의해 영향을 받는 사람들과 집단(BMW)에게 발생할 수 있는 문제에 대해 빠르고 정확하게 의사소통해야 한다. 의사소통은 조직이 관리해야 하는 중요한 조직행동으로 개인, 집단, 조직성과에 매우 큰 영향을 미친다.[1] 고성과조직(high-performing organization)은 의사소통을 효과적으로 한다. 또한 조직목표 달성을 위해 구성원이 필요로 하는 정보를 필요시 제공한다. 반대로 조직의 낮은 성과는 주로 조직과 조직구성원 및 소비자 등과 같은 조직 외부에 있는 사람들 및 집단에게 정보를 제대로 전달하지 않는 소통의 문제에서 발생한다.

의사소통이 개인, 집단, 조직효과성에 영향을 미칠 수 있는 방법은 다양하다. 이번 장에서는 의사소통 과정의 특성과 기능에 초점을 맞추고자 한다.[2] 첫째, 의사소통에 대해 정의하고 의사소통이 조직구성원에 의해 사용되는 방식에 따라 어떻게 구성원들의 행동과 성과에 영향을 주는지 알아볼 것이다. 둘째, 조직 내에서 이뤄지는 의사소통의 공통 또는 특정 패턴에 대해 알아볼 것이다. 셋째, 의사소통 과정 모델을 설명하고 공통적인 의사소통 문제와 이를 피할 수 있는 방법에 대해서 논의할 것이다. 더불어 의사소통 과정의 핵심요소인 의사소통 매체 및 방법에 대해 알아볼 것이다. 마지막으로 설득적 의사소통의 단계에 대해 논의할 것이다. 이 장이 끝날 때쯤 당신은 왜 의사소통이 조직행동과 성과에 중요한 영향을 미치는지에 대해서 이해할 수 있을 것이다.

의사소통이란 무엇인가

의사소통을 결정짓는 특징 중 하나는 다른 사람과 정보를 공유하는 것이다.[3] 언스트앤영 회계법인의 회계사는 다양한 상황에서 상사와 의사소통한다. 예를 들어 중요한 감사 프로젝트가 얼마나 빠르게 진행되고 있는지 상사에게 알려줘야 할 때, 혹은 휴가를 요청할 때, 복잡한 납세 신고를 도와주는 최신식 소프트웨어 패키지 구입을 제안할 때 의사소통이 필요하다.

하지만 정보의 공유만으로 의사소통이 이뤄지지는 않는다. 의사소통을 결정짓는 두 번째 특성은 공통의 이해에 도달하는 것이다.[4] 정보의 공유는 사람들이 이 정보가 무엇을 의미하는지에 대해 동의하지 않는 이상 조직에서 많이 이루어지지 않는다. 예를 들어 언스트앤영의 회계사가 상사에게 감사 프로젝트에 어떤 문제가 생겼으며, 처음 계획보다 시간이 더 걸릴 것이라는 것을 알려야 하는 상황을 가정해보자. 상사는 기존의 비슷한 감사에 비해 조금 더 시간이 걸릴 뿐이라고 생각할 수 있다. 그러나 담당회계사는 감사하는 기업의 최고경영팀이 고의적으로 비합법적인 회계 관습들을 숨기고 있다고 의심할 수 있다. 이러한 상황에서 효과적인 의사소통은 이루어지기 힘들다. 왜냐하면 상사는 부하직원이 당면하고 있는 문제의 근원이나 심각성을 이해하지 못하기 때문이다. 다시 말해서 공통의 이해가 달성되지 못했다. 이는 회계사와 상사 모두의 효과성을 감소시킨다. 회계사는 어려운 상황을 다룰 줄 아는 상사의 전문적인 도움을 받지 못하며, 상사는 어렵고 특별한 케이스의 감사 프로젝트 해결을 위해 부하들과 긴밀하게 일하지 못했다.

이런 경우의 **의사소통**(communication)은 공통의 이해에 도달하기 위해 2명 이상의 개인 또는 집단 간의 정보를 공유하지 못한 경우이다. 공통의 이해에 도달하는 것은 사람들이 서로에게 동의해야 한다는 의미가 아니라 타인 또는 집단이 무엇을 말하고자 하는지 비교적 정확하게 알고 있어야 한다는 것이다.[5] 의사소통은 의사결정에 관여하고 있는 대상들이 핵심적이고 중요한 정보를 서로 나누고자 하며, 정보가 무엇을 의미하는지 모두가 이해하고자 할 때 효과적이며 유용하다. 사람들이 정확한 의사결정을 하기 위해 필요한 정보를 받지 못했거나 자신이 전달받은 정보가 왜 중요한지 제대로 이해하지 못하면 의사소통은 비효과적이라고 할 수 있다.[6]

의사소통
2명 이상의 개인 혹은 집단 간에 정보를 교환하고 이를 통해 공통의 이해에 도달하는 것

의사소통의 기능

효과적인 의사소통은 매우 중요하다. 의사소통이 조직행동의 모든 부분에 영향을 미치기 때문이다.[7] 예를 들어 조직구성원들은 효과적으로 의사소통할 때 비로소 서로의 성격, 태도, 가치를 이해할 수 있다. 또한 조직 내에서 구성원들이 자신에게 무엇을 기대하고 있는지를 명확하게 알고 있을

그림 13.1
의사소통의 기능

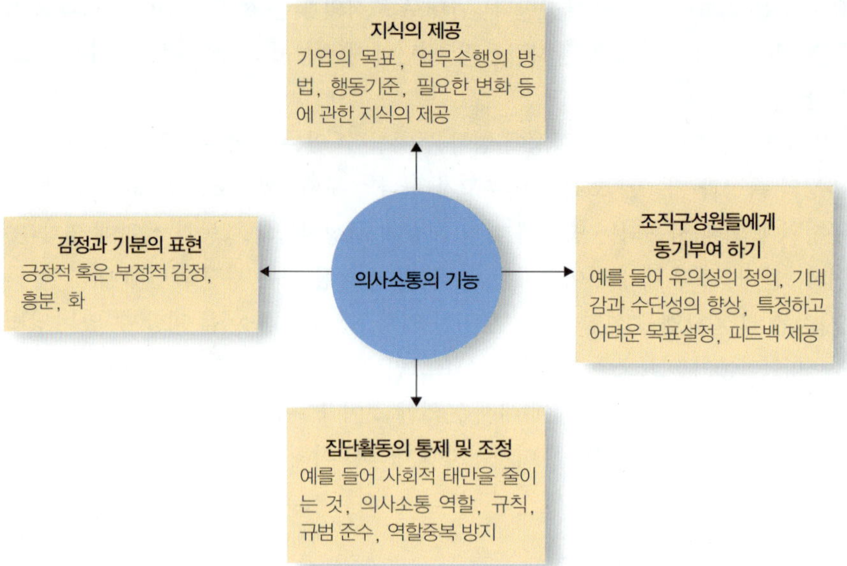

때 확실한 동기부여가 된다. 뿐만 아니라 효과적인 의사소통이 이루어질 때 업무를 수행하는 데 있어 필요한 능력에 대해 자신감을 가질 수 있다. 마지막으로 리더는 효과적인 의사소통이 이루어질 때 구성원들에게 영향력을 미칠 수 있으며, 구성원을 설득할 수 있다.

조직에서 동기부여가 낮은 구성원들 혹은 이직률이 높은 문제가 발생할 때 의사소통은 실패의 원인이 될 수 있다. 예를 들어 비서는 새로운 장부정리 기술을 고안하거나 콘퍼런스를 계획하는 업무에 있어 동기부여가 낮을 수 있다. 왜냐하면 스스로 비서라는 업무가 발전성이 없는 직업이라 생각할 수 있기 때문이다. 실질적으로 비서는 회사 내에서 성장할 수 있는 몇몇 기회들이 있음을 알아야 한다. 비슷한 사례로 더 큰 경쟁사로 매각된 소프트웨어 회사는 이직률이 3배나 되었다. 이는 다른 곳으로 이직할 기회가 많은 고성과자들이 최악의 경우를 상상하며 다른 일자리를 찾아보기 시작하였고, 다른 구성원들이 이를 빠르게 따라 했기 때문이다.

관리자와 구성원들 간의 효과적인 의사소통은 이러한 문제가 발생하는 것을 방지하며, 필요한 지식을 제공한다. 또한 조직구성원들을 동기부여하고, 집단활동을 통제 및 조정하며, 기분과 감정의 표현을 권장한다(그림 13.1 참조).

지식의 제공

의사소통의 기본적인 기능은 조직 내 구성원들이 일을 효과적으로 수행할 수 있도록 필요한 정보를 제공하는 것이다.[8] 예를 들어 업무를 수행하는 데 있어 좋은 방법과 중요한 의사결정 사안에 대해 정보를 제공함으로써 조직구성원들이 높은 수준의 성과를 내는 데 필요한 정보를 습득할 수 있다.

의사소통의 중요성은 개인이 새로운 직장에 다니기 시작했을 때 가장 잘 드러난다. 제9장에서 배웠던 것처럼 새로운 직장을 다니기 시작한 사람들은 무엇을 해야 하는지, 어떻게 해야 하는지, 업무기준이 무엇인지에 대해 심각한 불확실성과 마주하게 된다. 이러한 불확실성은 동료·상사·소비자·고객 등 다른 사람들과의 의사소통을 통해 줄일 수 있으며, 기존 직원들은 신입사원이 업무를 효과적으로 수행하는 데 필요한 정보를 제공한다. 의사소통은 조직 내 모든 부분에서 새로 들어온 사람이 사회화되어가는 과정의 핵심역할을 한다. 갭을 유명하게 만든 사람인 Mickey Drexler는 부진을 면치 못하고 있던 의류회사인 제이크루의 CEO가 되었을 때 회사의 회생을 돕기 위해 먼저 어려움에 빠진 회사를 이해하고자 했다. 이를 위해 제일 먼저 한 일은 업무 첫 주 동안 많은 직원들과 의사소통하는 것이었다. Drexler는 '타운 홀' 미팅 시리즈를 구성하였으며, 직원들의 지위고하를 막론하고 제이크루의 문제에 대해 이야기를 나누었다. 그 결과 제이크루는 오늘날 높은 성과를 내는 회사가 되었다.

지식공유를 위해 의사소통을 활용하는 것은 조직의 모든 수준에서 중요한 일이다. 조직에서 가장 경험이 많은 구성원이라 할지라도 환경변화가 제품에 어떠한 영향을 주는지에 대해 알아야 한다. 변화하는 소비자 욕구에 대응하여 제품을 변화시키는 것처럼 구성원의 업무책임도 조직에 영향을 주는 상황에 따라 변화하게 된다. 구성원의 새로운 업무와 업무책임에 대해서 확실하게 의사소통하는 관리자는 구성원들이 조직의 목표달성을 위해 무엇을 해야 하는지 확실하게 알 수 있게 한다.

Cecilia Lim\iStockphoto.com

근무시간 중의 웹서핑, 쇼핑, 주식, 포르노와 소셜네트워킹 사이트 방문은 기업에 수십억 달러에 이르는 생산성 감소를 야기한다.

오늘날 종업원들은 인터넷상에서 업무수행에 도움이 되는 다양한 종류의 정보를 얻을 수 있다. 또한 웹사이트를 통해 근무시간 동안 휴가 계획을 세우고, 쇼핑을 하며, 주식 거래를 하고, 페이스북과 같은 SNS 사이트로 사회네트워크 활동을 할 수 있게 되었다. 하지만 조직 차원에서는 윤리적 딜레마를 가져왔는데, 조직 내에서 점점 커지고 있는 문제가 바로 종업원들이 직장에서 웹서핑에 많은 시간을 보내고 있는 것이다. 종업원들이 근무시간 동안 업무와 관련이 없음에도 불구하고 가장 많이 접속하는 사이트 중 하나가 포르노 사이트이다. 직장에서 인터넷을 하는 것은 생산성 감소로 이어지며, 그 비용은 수십억 달러에 달한다.

이러한 트렌드는 조직에 수많은 윤리적 딜레마들을 가져온다. 종업원들은 자신의 사생활에 가치를 두고 있으며, 인터넷 접근은 일종의 특전이 될 수 있다. 종업원들이 업무시간에 인터넷을 할 때 업무성과는 낮아질 수 있다. 뿐만 아니라 기업들은 지적 재산권 침해부터 직장 내 괴롭힘, 성희롱 혐의와 같은 잠재적인 법적 문제에 노출될 수 있다.[9] 이러한 생산성의 감소와 법적 위험은 점점 더 많은 기업들이 종업원의 이메일과 메시지 등 인터넷 활동을 감시하게 하는데, 조사에 따르면 종업원의 인터넷 활동 감시 수준은 거의 80%에 달한다고 한다. 몇몇 기업은 특정 웹사이트에 접근하는 것을 막는 방화벽을 만들기도 했다. 만약 종업원들이 인터넷 사용 규칙을 어겼을 경우 해고를 당할 수도 있는데, 이런 일은 지난 10년 동안 수천 명의 종업원들에게 발생했다.

조직구성원에게 동기부여 하기

제6장과 제7장에서 배운 것처럼 동기부여는 조직성과의 핵심적인 결정요인이며, 의사소통은 조직구성원들이 목표를 달성하도록 동기부여 하는 데 있어 중점적인 역할을 한다. 기대이론(제6장 참조)에서 배운 것처럼 관리자들은 다음과 같이 행동한다.

- 구성원들이 업무에서 어떤 결과를 얻기 위해 노력해야 하는지 결정해준다. 이는 다양한 성과들의 유의성(valence)을 의미한다.
- 업무성과를 달성하는 것이 높은 수준의 성과를 내는 것에 달렸다는 것을 종업원들이 확실하게 인지하도록 한다. 즉 수단성이 높음을 확실하게 한다.
- 종업원들이 높은 수준의 성과를 낼 수 있다고 믿도록 한다. 기대감을 높여야 한다.

관리자가 종업원의 유의성을 평가하는 유일한 방법은 종업원과 원하는 것이 무엇인지 대화하는 것이다. 관리자는 종업원이 높은 수준의 성과를 낼 수 있으며, 성과에 대한 보상을 받을 것이라는

조직현장의 윤리

땅콩회사의 의사소통이 문제를 일으켰다

피넛 코퍼레이션 오브 아메리카(PCA)의 회장인 Stewart Parnell은 고향인 버지니아의 린치버그에서 사람들에게 자신의 땅콩버터 제조산업의 좋은 일들에 대해서만 말하기를 즐겼다. 땅콩버터는 버지니아, 조지아, 텍사스에 있는 3개의 공장에서 제조하였다. PCA에서는 켈로그와 네슬레를 포함한 200개의 회사들에서 만들어지는 케이크, 사탕, 과자, 땅콩 크래커, 아이스크림, 스낵 믹스, 애완용 사료 등 3,900개 이상의 제품재료로 쓰이는 땅콩버터의 산업용 규모 용기를 생산하였다. 땅콩버터는 미국 전역에 퍼져 있는 학교 급식 시스템과 식료품 아울렛으로 배달되었으며, 그곳에서 수백만 개의 땅콩버터와 젤리 샌드위치를 만드는 데 사용되었다. 또한 Parnell은 뛰어난 사업가로서 가치 있는 것들에 대해 후원을 하는 너그러운 후원자라는 명성을 가지고 있었다. 하지만 2009년 전국적으로 확산된 살모넬라균 중독 사건의 원인이 조지아의 블레이클리에 있는 공장에서 생산된 땅콩버터라는 것이 미국식품의약청에 의해 밝혀지자 그의 친구들과 고객들은 큰 충격에 빠졌다. PCA의 오염된 땅콩버터는 미국 전역에서 600종류의 질병을 일으켰으며, 9명이 사망하는 사태를 가져왔다. Parnell의 제품을 사용했거나 판매했던 200개의 식품 제조업체들은 1,900개 이상의 땅콩버터 제품들을 회수하도록 강압을 받았다. PCA가 땅콩버터의 공급 중 2%밖에 차지하지 않았음에도 불구하고, 전국적으로 가장 큰 식품 회수 규모였다. 전국적인 발병의 결과로 땅콩버터 판매는 24% 감소했으며 전체 산업 손실은 10억 달러에 달했다. 어떻게 이런 비극과 재앙이 발생할 수 있었을까? 알고 보니 이 재앙의 주요 원인은 소유주이자 경영자인 Parnell의 비윤리적이고 비합법적인 행동이었다. 2009년 미국식품의약청이 실시한 PCA 조지아 공장 조사에서 식품 안전과 부적절한 청결 그리고 위생 절차와 관련된 심각한 문제들이 발견되었다. 또한 2007년과 2008년에 이뤄진 제품 자체 테스트에서 제품들이 살모넬라균에 오염되었다는 것이 발견되었던 12가지 이상의 예시를 보여주는 내부 회사 문건들도 발견되었다. 이전에도 공장의 더러운 표면, 끈적끈적한 기름 잔여물, 먼지가 쌓인 공장 도처, 쥐들이 들어가기에 충분히 큰 창고 문틈들이 있었으며, 2009년에도 공장의 통상적인 청결 절차와 관련된 주요 문제들이 발견되었다. 하지만 PCA 관리자들은 공장을 청결하게 유지하거나 식품을 안전하게 보호하기 위한 그 어떤 관리도 실시하지 않았다. 사실 Parnell의 식품 안전에 대한 저조한 관심은 감시관이 PCA의 버지니아 공장에서 생산된 제품들에서 독성 곰팡이를 발견했었던 1990년으로 거슬러 가도 알 수 있다. 곰팡이가 있는 제품을 회수했지만 Parnell은 제품이 감염되었던 두 공장들과 사적으로 조용히 해결했었다. 미국식품의약청 조사를 통해 Parnell이 이윤 극대화에만 집중했으며, 땅콩 제품들의 가격이 떨어지기 시작했을 때에만 전전긍긍했었고, 식품 안전에 대한 장기간의 부주의가 운행 중인 공장들 내에서 일어나 왔었음이 밝혀졌다. Parnell은 운영비용을 줄이기 위해 공장 관리자에게 이미 오염됐다고 밝혀진 제품들을 배로 운송하도록 지시하였으며, 위생 조사관에게 "바닥에 있는 가공되지 않은 땅콩을 돈으로 바꿀 수 있도록" 해달라고 간청했다. 또한 관리자들에게 살모넬라균 검사가 사업을 어렵게 했으며, 어떻게든 조지아 공장의 검사일정에 대한 정보를 얻어서 당일에는 깨끗한 상태로 있었어야 했다고 불평하였다.

Mark Wilson\Getty Images, Inc – Liaison

PCA의 오너이자 회장인 Stewart Parnell은 미연방의회에너지 상무위원회에서 선서를 하고 있다.

조지아 공장과 관련된 문제들이 밝혀진 후, 공장은 문을 닫았으며 다른 PCA 공장들은 엄중히 검사되었다. 2009년 5월, 텍사스 검역관은 Parnell에게 텍사스 공장을 닫으라고 하였다. 또한 "죽은 쥐, 쥐의 배설물, 새의 깃털을 따라" 퍼진 살모넬라균이 검출됐다고 밝혀진 제품들을 회수하였다. PCA의 오염된 제품으로 인해 발생한 죽음과 질병 때문에 이루어진 수많은 법정 공방들 끝에 PCA는 미국 파산법 아래 보호 신청에 이르게 되었고, 회사는 현재

폐소된 상태이다. 회사의 비윤리적이고 비합법적인 관리 관행들은 결국 사업을 망하게 했다. 2010년 1월, 연방조사가 이뤄지고 있음에도 불구하고 Parnell을 대상으로 한 형사고발이 이뤄지지는 않았다. 2010년에는 123명의 희생자와 생존자 가족들과 PCA를 담당하고 있는 파산법원은 Parnell 그룹이 거의 대부분을 잃었기 때문에 PCA의 보험 증권들로부터 1,200만 달러를 받기로 합의했다.

확신을 갖도록 종업원과 의사소통을 할 필요가 있다.

종업원을 동기부여하는 의사소통의 역할을 이해하기 위해 제7장에서 배운 목표설정이론을 생각해보자. 목표설정이론은 종업원이 구체적이고 어려운 목표를 가지고 있으며, 얼마나 잘하고 있는지 피드백을 받을 때 높은 수준의 성과를 낼 것이라고 예측하고 있다. 관리자는 종업원과 어떤 목표를 추구해야 하는지, 어떻게 목표달성을 할 수 있는지에 대해 의사소통을 한다.

집단활동 통제 및 조정

제9장과 제10장에서 배운 것처럼 조직은 구성원의 행동을 통제함으로써 업무가 올바른 방식으로 수행되도록 해야 한다. 예를 들어 자율경영팀의 핵심사안은 혼자 일할 때보다 그룹으로 일할 때 일의 속도를 늦추는 사회적 태만을 감소시키는 것이었음을 떠올려보자. 만약 조직구성원이 사회적 태만을 하게 되면 관리자는 해당 구성원과의 의사소통을 통해 이를 예방해야 한다. 즉 조직은 역할, 규칙, 규범 준수의 중요성에 대해 구성원과 지속적으로 의사소통함으로써 상당한 통제력을 가질 수 있다. 이와 같이 조직구성원들 간의 업무의존성이 증가함에 따라 조직목표를 달성하기 위한 구성원의 노력을 높이기 위해 관리자는 더 많은 의사소통을 시도해야 한다.[10] 예를 들어 의사소통이 증가하면 조직 내 업무의 중복을 막을 수 있으며, 다른 구성원의 목표달성에 방해가 되는 성과가 낮은 구성원을 구별할 수 있다.

감정과 기분의 표현

의사소통의 중요한 기능은 사람들이 자신의 감정과 기분을 표현할 수 있게 해주는 것이다.[11] 이러한 감정과 기분은 일반적일 수도 있고, 구체적일 수도 있으며, 작업장 내에서 발생할 수도 있고, 작업장 밖에서 발생할 수도 있다. 제3장에서 언급한 바와 같이 **작업분위기**는 조직구성원들이 업무를 수행하면서 매일매일 경험하는 것임을 상기해보자. 조직과 종업원이 공통의 이해에 도달하기 위해 서로의 감정상태를 표현하는 방법과 의사소통 방법을 배운다면 종업원들은 목표를 더 잘 달성할 수 있을 것이다. 직장에서 종업원들이 경험하는 감정은 업무행동뿐만 아니라 다른 사람들과 업무상황에 대한 인지와 평가에도 영향을 미친다.[12]

예를 들어 한 전자기기 매장의 관리자가 판매를 증가시킬 수 있는 혁신적인 방법을 제안한 종업원에게 화를 내었을 때, 종업원의 얼굴을 살펴볼 줄 알아야 한다. 만약 종업원이 상처받은 표정이라면 넘지 말아야 할 선을 넘었음을 알 수 있다. 관리자는 종업원의 감정을 살펴 소통해야 한다. 관리자 본인의 기분이 좋지 않은 상태라면 의사소통하는 것을 다음으로 연기해야 한다. 이렇듯 감정을 고려한 의사소통은 작은 사건이 큰 문제로 확산되는 것을 방지한다.

즐겁거나 화가 나는 등 업무에서 발생한 감정에 대해 서로 이야기하는 것은 업무에 도움이 된다. 승진했다는 것을 조금 전에 알게 된 종업원은 너무 기쁜 나머지 상사와 함께 깊이 있는 업무토의를 할 생각을 못할 수 있다. 이런 경우에 상사에게 자신의 감정상태에 대해 말하고, 잠시 대화를 미루는 것이 합리적인 행동이라 할 수 있다. 감정과 기분에 관한 의사소통은 조직구성원들 간의 이해를 높여주며, 함께 일하고 목표를 달성하는 데 있어 구성원의 능력을 향상시킬 수 있다.

종합해보면 효과적인 의사소통은 관리자와 종업원이 효과적인 업무수행을 위해 필요한 정보를 확보하게 한다. 의사소통은 종업원들이 추구해야 할 목표를 이해하게 하며, 어떻게 하면 업무수행을 잘할 수 있는지 관리자의 피드백을 전달하는 핵심적인 역할을 한다. 종업원들은 업무를 보다 효과적으로 조정하고, 중복을 방지하며, 사회적 태만을 제한하기 위해 효과적으로 의사소통하도록 권장되어야 한다. 마지막으로 오해를 방지하기 위해서 관리자는 자신의 감정과 기분에 대해 종업원들과 의사소통해야 하며 종업원들도 그렇게 할 수 있도록 권장해야 한다.

조직 내 의사소통 네트워크

위계질서상 다른 위치의 종업원들과의 의사소통 그리고 다른 부서 종업원들과의 의사소통, 같은 조직 내의 의사소통은 다양하게 되풀이되며, 예측가능한 형태로 나타난다. 집단 혹은 조직 내에서 정보가 흐르는 통로들의 집합은 **의사소통 네트워크**(communication network)라고 불린다. 의사소통 네트워크는 집단수준과 조직수준에서 모두 존재한다.

의사소통 네트워크
집단 혹은 조직 내에서 정보가 흐르는 통로들의 집합

집단 의사소통 네트워크

제9장과 제10장에서 논의했던 것처럼 자율경영팀, 최고경영팀, 다른 유형의 작업집단은 조직에서 중요한 역할을 한다. 이러한 집단을 개발하는 커뮤니케이션 네트워크의 종류에는 수레바퀴형, 사슬형, 원형, 전체 연결형 네트워크 등이 있다(그림 13.2 참조).

수레바퀴형 네트워크(wheel network) 내에서 대부분의 정보는 집단의 한 중심 구성원을 통해 이동하게 된다. 중심 구성원은 다른 집단의 구성원으로부터 정보를 받으며, 다시 그들에게 정보를 전달해주는 유일한 구성원이기도 하다. 다른 구성원들은 서로 직접적인 의사소통을 하지 않는다. 수레바퀴형 네트워크는 집합적 상호의존성이 있을 때 즉 각각의 집단구성원이 독립적으로 일하고,

그림 13.2
집단 의사소통 네트워크

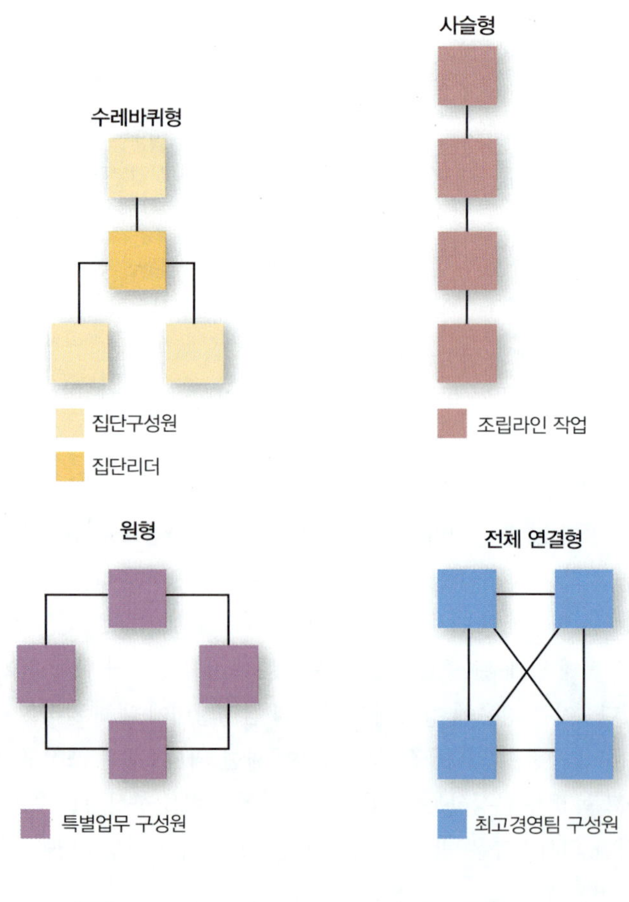

집단성과는 개인성과의 총합인 경우에 흔히 나타난다. 이러한 예로는 구성원들이 서로 직접적으로 의사소통을 할 필요가 없는 지리적으로 다른 지역들을 담당하고 있는 영업사원 그룹이 있다. 집단의 공식 리더는 업무수행에 필요한 정보에 대해서만 의사소통을 하며, 이런 종류의 집단업무를 할 때 빠르고 효율적이기 때문에 효과적인 의사소통 방식이라 할 수 있다.

사슬형 네트워크 의사소통은 집단구성원 한 사람에서 그다음 사람으로 미리 정해진 차례에 따라 이루어지게 된다. 사슬형 네트워크는 **순차적 상호의존성**이 있을 때 즉 집단구성원들이 정해진 순서에 의해 구체적인 작업행동을 수행할 때 나타난다. 예를 들어 이는 인접한 집단구성원들 간에만 의사소통할 수 있는 연속적인 조립라인 작업의 경우에 해당된다. 또한 사슬형 네트워크는 위계구조가 상하로 한 레벨에서 다음 레벨로 이어지는 의사소통에서도 나타난다.

원형 네트워크(circle network)는 집단구성원들이 경험, 관심사, 또는 전문분야부터 사무실 위치 또는 집단모임 시 누구 옆에 앉느냐와 같이 어떤 공통적인 특징을 공유하고 있는 구성원들과 의사소통할 때 발생한다. 예를 들어 종업원은 사무실에서 옆자리에 있는 종업원과 의사소통하고자 하며, 한 테이블에 앉을 때도 양옆에 앉은 사람들과 이야기를 나누는 성향이 있다.

전체 연결형 네드워크(all-channel network)에서 구성원은 다른 모든 집단구성원들과 의사소통한다. 전체 연결형 네트워크는 일반적으로 **교호적 상호의존성** 관계일 때 나타난다. 예를 들어 종업원의 업무성과가 다른 종업원의 성과에 달려 있을 때와 같이 각 개인의 행동은 조직의 다른 구성원들의 행동에 영향을 미친다. 전체 연결형 네트워크는 업무 자체에 복잡한 특성을 가지고 있는데 예를 들어 고기술 연구개발팀, 최고경영팀, 응급실과 수술팀 등이 있다.

조직 의사소통 네트워크

조직 내 의사소통 네트워크 내에서 공식적인 보고관계를 요약하고 있는 조직도는 또 다른 유형의 소통 네트워크를 형성하고 있다. 공식적 보고관계는 조직의 위계질서에 의해 확립된 명령계통에서 발생한다. 위계질서는 부하직원이 특정 상사에게 보고하는 것과 그 상사가 또 다른 상사에게 보고하는 것 등 명령 연결고리의 처음부터 끝까지를 결정한다. 그림 13.3의 간단한 조직도 안에서 볼 수 있듯이 의사소통은 부하에서 상사로 혹은 상사에서 부하로, 조직 위계질서의 상하관계를 따라 이뤄지게 된다.

새로 들어온 사람들은 몇 주 또는 몇 달 동안 조직도를 보지 못하는 경우도 있다. 후에 조직도를 보게 되면 평소에 익숙했던 의사소통 패턴이 조직도에 의해 구체화된 공식적 의사소통 패턴과 다르다는 사실에 놀라는 경우가 있다. 일상적 의사소통 패턴과 조직도상의 공식적 패턴의 불일치가 나타나기 때문이다. 이는 의사소통이 조직도에 그려진 것처럼 공식적 상하 방식으로 이루어지는 대신 현재 논의되고 있는 사안, 목표, 문제 주변에서 이루어지기 때문이다. 비공식적 의사소통과 중요한 정보의 공유는 조직구성원이 업무를 효과적으로 수행하는 것을 도와준다.

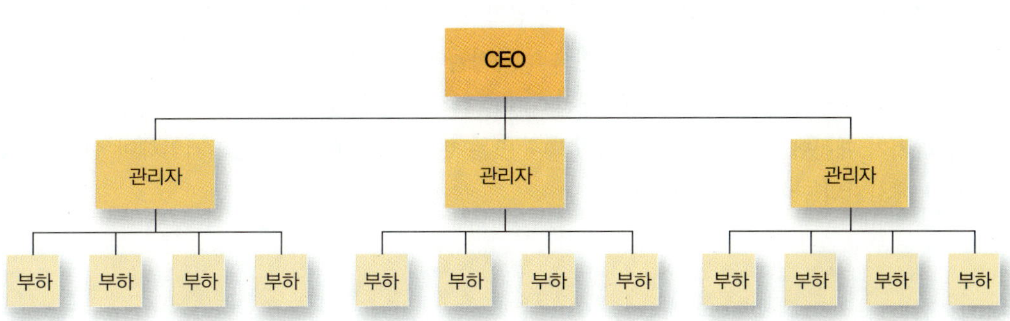

그림 13.3
조직도

그림 13.4

조직의 실제 의사소통 패턴의 예

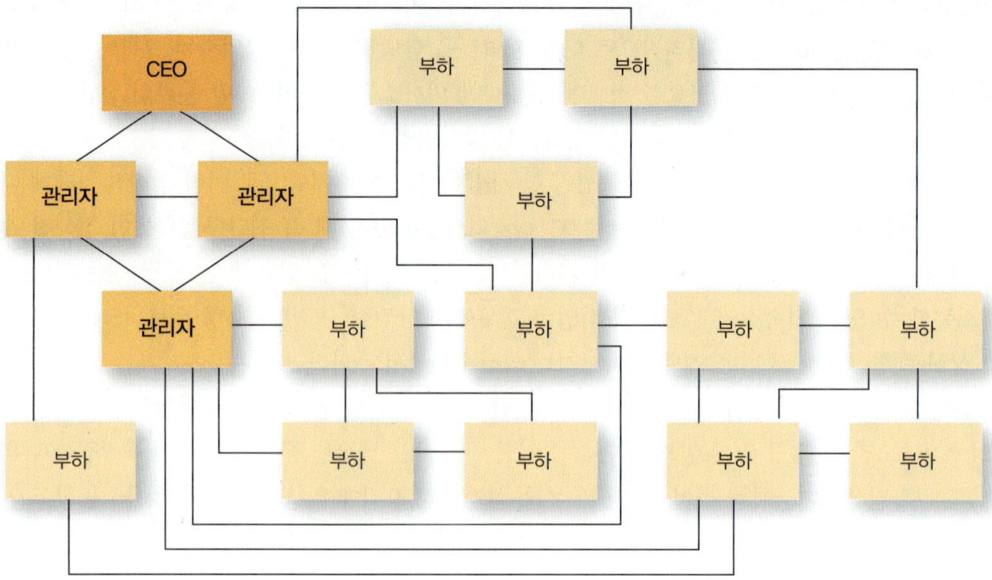

조직 내에서의 실제 의사소통 패턴은 그림 13.3의 공식적 조직도보다는 그림 13.4 같은 비공식적 네트워크처럼 보일 수 있다. 조직도상에서 보이는 관계들은 어느 정도 안정적으로 보여도 그림 13.4 같은 실제 의사소통 패턴은 조직환경의 변화에 따라 변화한다. 조직구성원들은 정보의 종류에 따라 새로운 의사소통 패턴을 개발하며, 새로운 사람들은 중요한 정보를 공유하기 위해 참여하게 된다.[13]

의사소통 전문가인 David Krackhardt와 Jeffrey Hanson은 조직 내에 최소한 세 가지 비공식적 의사소통 네트워크들이 있다고 제시하였다. 이는 조언 네트워크(advice network), 신뢰 네트워크(trust network), 의사소통 네트워크(communication network)이다. **조언 네트워크**는 낮은 제조원가를 제공하는 나라가 어디인지, 또는 어떤 사람이 복잡한 소프트웨어 문제를 해결할 수 있는가와 같이 기술적인 정보획득을 위한 의사소통 통로를 제공해준다. **신뢰 네트워크**는 어떤 사람 혹은 집단이 갈등 상황에 있는지 또는 조직정치 상황이 어떠한지, 어떤 구성원이 제품회수와 같은 잠재적 위기 상황을 극복할 수 있는 능력을 가지고 있는지 등과 같이 미묘하거나 민감한 정보를 얻을 수 있는 의사소통 통로를 제공해준다. **의사소통 네트워크**는 회계 절차상의 변화와 관련된 정보를 어떻게 얻을 것인지 또는 다가오는 회사 야유회에 관한 정보는 어떻게 얻을 것인지 등과 같이 일상적인 업무와 관련된 것들을 얻기 위한 의사소통 통로를 제공한다.[14]

의사소통 과정

의사소통의 과정은 의사소통 네트워크를 통해 얻고자 하는 정보의 종류가 무엇이든지 또는 목적이 무엇이든지 상관없이 그림 13.5와 같은 연속적 과정들에 의해 모형화될 수 있다.[15] 효과적인 의사소통은 교환되는 정보를 명확하게 하고 개선시키기 위해 구성원들 사이에 앞뒤로 전달되는 정보에 따라 달라지기 때문에 그 과정이 순환적이거나 또는 현재진행형이라는 것을 기억해야 한다. 우선 전달자와 메시지의 단계를 논의해보자.

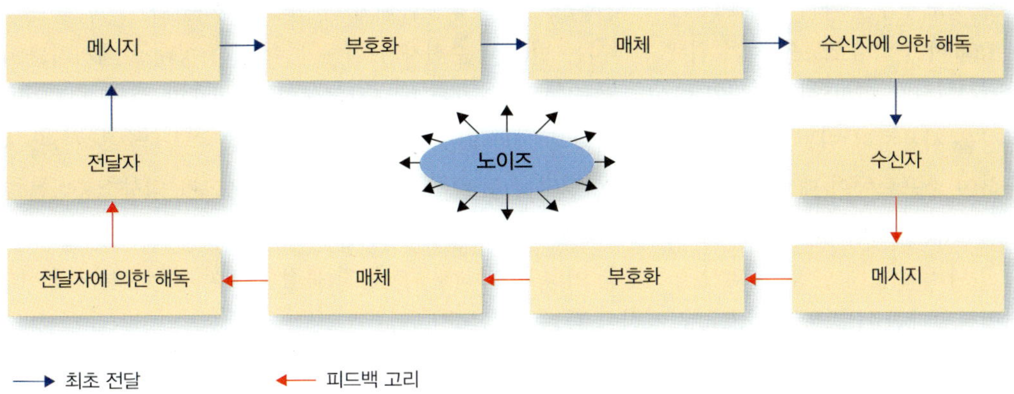

그림 13.5
의사소통 과정

전달자와 메시지

전달자(sender)는 앞에서 논의한 네 가지 의사소통의 기능 중 하나 이상을 수행하기 위해 다른 개인, 집단, 조직과 정보를 공유할 필요가 있거나 공유하기 원하는 주체이다. **수신자**(receiver)는 정보가 향하는 개인, 집단, 조직을 의미한다. 예를 들어 상사가 부하에게 성과에 대한 정보를 보내고 싶을 수 있으며, 다양성에 관한 특별업무팀은 최고경영자에게 소수집단이 마주하고 있는 승진의 유리천장에 대해 의사소통할 필요가 있다. 또는 기업이 새로운 폐기물 처리 규정에 따르기 위해 해야 할 사항에 대해 환경보호국과 의사소통할 필요가 있다.

전달자
다른 개인, 집단, 조직과 정보를 공유할 필요가 있거나 공유하기 원하는 개인, 집단, 조직

수신자
정보가 향하는 개인, 집단, 조직

메시지(message)는 전달자가 다른 사람들과 공유할 필요가 있거나 공유하기 원하는 정보를 의미한다. 효과적인 의사소통은 최대한 명확하고 완전한 메시지의 여부에 달려 있다. 메시지가 쉽게 해석되거나 이해할 수 있는 정보를 가지고 있을 때 그 메시지는 명확하다고 할 수 있다. 명확성은 메시지의 내용과 관계가 있다. 내용이 성과 피드백에 관한 것인지, 프로젝트팀의 결과 혹은 성과와 관련된 것인지, 조직의 새로운 규정에 대한 반응 여부에 관한 것인지 메시지가 명확해야 한다. 메시지는 전달자와 수신자가 공통의 이해를 달성하는 데 있어 필요한 모든 정보를 가지고 있을 때 완전하다고 할 수 있다. 간혹 의사소통 과정 내의 문제는 갑자기 나타나기도 한다. 그 이유는 전달자 또는 수신자가 메시지 내용이 무엇인지에 대해 확신이 없거나 모호하다고 생각하기 때문이다. 예를 들어 상사가 부하에게 최근 수행한 과제의 성과에 대해 적절하지 못한 피드백을 줄 수 있다. 왜냐하면 상사에게 전달된 메시지 정보가 부족했거나 부하가 수행한 모든 것들을 보고하는 데 실패했기 때문이다.

메시지
전달자가 다른 사람들과 공유할 필요가 있거나 공유하기 원하는 정보

부호화

전달자가 수신자에게 전달하기 위한 정보, 즉 메시지를 결정하면 의사전달 과정의 다음 단계는 **부호화**(encoding)이다. 즉 메시지를 단어 혹은 수신자가 이해할 수 있는 상징이나 언어로 바꾸는 단계이다. 메시지 부호화의 예로는 (1) 부하가 성과를 내는 방법과 성과가 증진될 수 있는 방법에 대한 아이디어를 단어로 바꾼 것, (2) 연구와 매주 회의 결과를 단어와 함께 통계로 요약하는 것, (3) 정부 감독관에게 조직의 폐기물 처리 과정을 보여주는 도표 등이 있다.

부호화
메시지를 수신자가 이해할 수 있는 상징이나 언어로 바꾸는 것

아이디어를 단어와 상징에 포함시켜 부호화하는 것은 매우 간단해보임에도 불구하고 많은 종업원들이 이에 필요한 기본적인 글쓰기 능력과 의사소통 기술이 부족한 것을 종종 발견하게 된다. 따라서 부호화를 개선하기 위한 몇 가지 과정이 필요하다. 미네소타의 미니애폴리스에 있는 퍼스트뱅크 시스템즈와 같은 기업은 사원부터 관리자에 이르는 종업원들이 기술역량 개선교육(skills-upgrading classes)을 통해 문법에 관한 지식을 개선하도록 했으며, 델과 HP는 소비자들과 효과적

으로 정보공유를 하기 위해 어떻게 전화 혹은 이메일에 응답해야 하는지 교육시켰다.[16]

효과적인 의사소통을 하기 위해 전달자는 반드시 수신자가 이해할 수 있는 형태로 메시지를 구축해야 한다. 또한 아이디어가 단어로 바뀔 때 전달자는 반드시 수신자가 이해할 수 있는 단어와 문장을 사용하고 있는지 신경 써야 할 것이다. 컴퓨터 기술자가 전혀 이해할 수 없는 용어들을 사용하여 소프트웨어 패키지 사용 방법을 설명하는 것을 들어본 적이 있는가? 그가 의사소통하는 데 실패한 것은 아마 고객에게 필요한 지식을 제공하는 대신 혼란을 가중시켰기 때문일 것이다. 의사를 만나러 갔는데 만약 그 의사가 질병을 어떻게 치료해야 하는지 복잡한 의학 용어들을 사용하여 설명하였다면 이 또한 혼란스러운 경험이 될 수 있을 것이다.

전문용어

전문용어
집단구성원들 간의 의사소통을 수월하게 하기 위해 개발한 특정 용어 또는 언어

위의 두 사례에서 보았듯이 의사소통의 실패는 전문가, 직업 또는 다른 집단의 구성원들이 자신들끼리의 의사소통을 수월하게 하기 위해 개발한 특정 용어를 의미하는 **전문용어**(jargon)를 고객과의 의사소통에서도 그대로 사용할 경우에 발생한다. 컴퓨터 전문가, 외과의사, 변호사등 대부분의 직장에서 숙련된 종업원 또는 전문가들은 그들만의 전문용어를 가지고 있다. 전문용어는 직업 내에서 의사소통을 용이하게 해주는데 해당 구성원들 사이에서 부호화를 간단하게 해주기 때문이다. 상징들의 복잡한 집합체(complex array of symptoms)와 다양한 원인들을 묘사하기 위해, 간호사는 위장장애(gastroenteritis)라는 의학용어를 사용할 수 있고, 다른 의료인들은 그 질병을 치료하기 위해 어떻게 해야 하는지를 바로 알 수 있다.

전문용어로 부호화된 메시지들은 전달자와 수신자가 같은 직장 또는 같은 전문분야의 구성원일 때 효과적이다. 전문용어가 문제가 되는 경우는 메시지의 수신자가 전달자의 전문분야와 다르거나 또는 조직의 외부에 있을 때다. 이런 경우 전문용어의 사용은 비효과적인 의사소통으로 이어진다.

가끔 개별 기업들이 자신들만의 전문용어를 가지기도 한다. 예를 들어 마이크로소프트의 경우, 종업원의 지식과 능력은 '대역폭(bandwidth)'이라 불린다. 월마트의 경우 새로운 종업원들에게 웃는 법과 소비사에게 높은 수준의 서비스를 제공하도록 훈련시키는 것은 '월마트화되다(Walmartized)'라고 한다. 또한 인텔 경영진은 통신이나 휴대폰 소프트웨어와 같은 새로운 산업분야에 진입해서 경쟁하는 것을 인텔라이즈(Intellize)라고 한다.

매체

매체
부호화된 메시지가 수신자에게 전달되는 통로

메시지가 부호화되고 나면 하나 이상의 **매체**(medium; 또는 미디어)를 통해 수신자에게 전달된다. 매체는 부호화된 메시지가 수신자에게 전달되는 전달경로(conduit) 또는 전달통로이다. 매체는 정보를 전달할 때 동시에 사용될 수 있는 문서화된 단어, 텔레비전, 이메일, 트위터 등의 통로들이다.

언어적 의사소통

언어적 의사소통
음성 또는 서면으로 단어를 이용하여 정보를 공유하는 것

언어적 의사소통(verbal communication)은 음성 혹은 서면으로 단어를 이용하여 정보를 공유하는 것을 의미한다. 단어로 부호화된 메시지를 위한 매체는 대면적 구두 의사소통, 전화를 통한 구두 의사소통, 휴대전화, 스카이프와 같이 인터넷을 이용하는 의사소통 등을 포함한다. 문서화된 의사소통은 이메일이나 팩스를 통해 전자적으로 전달될 수 있는 메모, 편지, 보고서의 사용을 통해 이루어진다. 오늘날에는 음성을 문서화된 단어로 바꿀 수 있고, 반대로의 전환도 가능하게 하는 많은 컴퓨터 프로그램들이 존재한다.

언어적 의사소통의 매체는 장점과 단점을 가지고 있다. 언제 무엇을 사용할지 결정할 때 정확한 규칙은 없지만 매체를 고르는 두 가지 지침이 있다.

첫째는 전화에 대답하거나 이메일에 답하는 것처럼 수신자가 관심을 가지고 평상시에 확인할 수 있는 매체를 선택하는 것이다. 사람들은 의사소통 매체에 대한 선호도가 다르다. 예를 들어 제이크루 CEO인 Mickey Drexler는 구두 대면 의사소통을 선호한다. 보스턴에 본사를 둔 패스트푸드 체인인 오봉팽의 회장은 이메일이나 보고서와 같이 서면으로 된 형태의 피드백을 받기 원한다.[17] 수신자가 선호하는 매체를 무시하는 전달자는 어려움을 겪게 된다. 예를 들어 만약 중요한 메시지를 서면화된 이메일로 전달하면, 수신자는 점심시간 동안 중요한 메시지가 왔다는 것을 모를 것이다. 또한 중요한 메시지를 구두로 전달받는 것에 익숙한 수신자는 중요한 메시지를 전달하고 있는 이메일을 무시하거나 그 중요성을 인지하지 못할 수도 있다.

매체를 선택하는 데 있어서 따라야 할 두 번째 지침은 전달자가 수신자에게 전달하고자 하는 메시지에 적합한 것을 고르고 필요하다면 복수의 매체를 이용하는 것이다. 일반적으로 생각했을 때 구성원의 해고나 승진, 승급, 또는 다른 작업장으로의 이동에 관한 정보 같이 개인적이고 중요한 메시지를 의사소통할 때는 구두 혹은 가능하다면 대면적 의사소통이 필요하다. 만약 전달자가 의사소통하고자 하는 메시지가 싱가포르에 새로운 공장을 세우는 제안과 같이 복잡하다면 문서들로 구체화된 서면 의사소통이 가장 적합할 것이다. 또한 메시지가 중요할 때 전달자는 파워포인트 발표뿐만 아니라 서면 의사소통으로 구두 의사소통의 부족한 부분을 메울 필요가 있다.

비언어적 의사소통

단어만이 사람들과 의사소통하고 정보를 공유할 수 있는 매체는 아니다. 의사소통은 언어적 요소뿐만 아니라 비언어적 요소도 가지고 있다. **비언어적 의사소통**(nonverbal communication)은 얼굴 표정(미소와 찡그림), 신체적 언어(포즈와 제스처), 심지어 옷차림의 느낌(우아한 정장 차림과 청바지에 티셔츠 차림)을 이용하여 정보를 공유하는 것을 말한다.[18] 선행연구들을 통해 수신자가 전달자의 목소리와 자세, 얼굴 표정, 보이는 분위기와 기분같이 전달자의 메시지 전달 방식에 많은 관심을 둔다는 것을 알 수 있다. 추가적인 비언어적 근거들은 분명한 혹은 숨겨진 의미나 메시지의 중요성을 해석하는 걸 돕는다. 따라서 상사가 부하직원에게 조용히 "이 과제를 5시까지 마치도록 노력해주세요"라고 말했다 하더라도 비언어적 단서들이 부하에게 상사가 화가 났고, 그 과제가 반드시 완성되어야 하며, 그렇지 않으면 큰 어려움에 빠질 수 있다는 것을 이야기해줄 수 있다. 혹은 회의가 끝난 후 문을 쾅 닫고 회의실을 떠나는 동료나 상냥하게 떠나는 동료 모두 부호화된 메시지를 보내고 있다.

비언어적 의사소통
얼굴 표정, 신체적 언어, 옷차림의 느낌을 이용하여 정보를 공유하는 것

위에서 언급한 바와 같이 메시지가 전달되는 방식에 영향을 주는 중요한 비언어적 단서는 조직에서 사람들에 의해 받아들여지는 옷차림이나 특정 사람이 옷을 입는 방식 등이 있다. 어떤 조직은 공식적이고 위계적인 업무상황을 나타내는 하얀 셔츠와 블라우스, 파란색 정장, 그리고 검정 구두의 스타일을 고집한다. 오늘날 많은 기업들은 종업원과 관리자들이 서로 동료라는 점을 강조하기 위해 '비즈니스 캐주얼'의 옷차림이나 격식을 차리지 않은 옷을 권장하기도 한다. 조직구성원들과 최고경영자의 옷차림은 조직의 가치와 규범에 대해 많은 것을 전달해준다. 예를 들어 Steve Jobs는 애플의 개발자 콘퍼런스 연례 발표 때 청바지에 검정 티셔츠를 입었는데, 이를 두고 애플 구성원들의 옷차림이 자유로울 것이라고 상상할 수 있다. 그러나 주요 은행의 고위관리자들은 여전히 파란 정장과 검정 구두를 신으며 구성원들도 비슷한 옷차림을 고수한다. 이는 다른 사람들의 돈에 대해 신중하고 조심스럽다는 것을 알려주기 위한 것이다. 리더는 늘 카리스마, 스타일, 체격에 맞는 좋은 옷을 입는 사람으로 여겨진다.[19] 물론 좋은 옷은 더 비싸지만(심지어 청바지 하나도 750달러나 할 수 있다) 오랫동안 보기 좋은 형태를 유지한다. 리더처럼 보이도록 옷을 입으면 사람들이 리더로 대하기 쉬우며 분위기와 자신감을 드러내 어쩌면 승진의 기회까지도 높일 수 있을 것이다.

Yuri_Arcurs/Jacob Wackerhausen/iStockphoto

메시지가 수신되는 방식에 영향을 미치는 중요한 비언어적 의사소통은 조직의 특정 인물 혹은 그룹 구성원의 옷차림이다. CEO들은 성공을 위해 옷차림을 활용하기도 하며, 왕실 구성원들은 수세기 동안 옷차림의 장점을 이해하고 이를 활용해 왔다.

보통 사람들은 언어적 의사소통보다 비언어적 의사소통을 통제하지 못하는 경향이 있기 때문에 얼굴 표정이나 신체적 언어는 상대방에게 중요한 정보를 숨기려 하거나 나쁜 상황을 '긍정적으로 보이려고' 하는 것을 드러나게 한다. 전달자는 자신이 싫어하는 어떤 이를 칭찬할 수는 있지만 상대방의 눈을 쳐다보는 것을 회피함으로써 진짜 감정을 숨길 수 없다. 또한 비언어적 의사소통은 의사소통에 대한 지원, 수용, 동지애 등을 표현하는 데 도움이 된다. 연구자들은 오랫동안 스트레스를 삼소시켜주고, 사람들이 서로 연결되어 있다고 느끼게끔 하는 소통의 형태로 포옹의 가치를 강조해 왔다. 갓난아기, 노인, 고아원 아이들을 대상으로 한 연구를 통해 적절한 때에 이뤄지는 포옹이 강력한 감정과 기분을 표출할 수 있기 때문에 신체적 접촉이 심리적 안녕감에 필수적이라는 것을 알 수 있었다. 때문에 정치인들과 유명인들은 다른 사람들의 감정에 영향을 미치는 방법으로 포옹과 접촉을 자주 사용한다.

지금까지 적절한 의사소통 매체를 선정하는 것과 관련된 몇 가지 중요한 사안들에 대해 알아봤다. 오늘날 언론인과 의사소통 전문기업은 고객에게 메시지를 효과적으로 전달할 방법에 대해 조언을 해준다. 옳은 매체를 선택하는 것은 매우 중요하므로, 이 장의 뒷부분에서 정보의 풍부성과 의사소통에서 IT의 중요성에 관한 추가적인 사안들에 대해 더 알아보도록 할 것이다.

수신자 : 해독과 피드백 고리

해독
전달자의 메시지를 해석하거나 이해하려는 노력

전달자들이 수신자가 이해할 수 있도록 적절한 매체를 사용하여 아이디어와 메시지를 확실하게 전달할 수 있는 능력을 가져야 하는 것처럼 수신자들 역시 메시지를 이해할 수 있는 능력을 가져야 한다. **해독**(decoding)은 전달자의 메시지 안에 담겨 있는 정보의 유의성을 해석하고 이해할 수 있는 능력을 말한다. 연봉인상에 대한 정보나 구체적인 목표에 관한 정보와 같이 상대적으로 명백한 메시지의 해독은 비교적 명확하다. 하지만 어떤 메시지는 애매모호하며 다양한 방식으로 해석될 수 있어서 수신자가 해독하는 데 어려움을 겪을 수 있고, 메시지의 의미를 전달자의 의도와 다르게 생각할 수 있는 복잡하고 불완전한 정보를 가지고 있기 때문이다. 메시지가 애매모호할수록 수신자의 믿음과 기분이 해독에 영향을 미칠 수 있는 확률이 증가한다.

예를 들어 상사에게 판매 실적이 떨어졌다고 말했을 때 무엇이 상사의 실망스런 표정을 결정짓는가? 당신의 개인적 성과에 실망한 것인가, 아니면 판매 축소 자체에 대한 우려 때문인가, 혹은 더 나은 판매 캠페인을 고안하지 못한 개인적인 실패 때문인가? 단지 그날 연속적으로 너무 많은 나쁜 소식들을 접해서인가?

메시지를 해독하는 과정에서 수신자는 이어지는 의사소통이 가장 효과적일 수 있도록 메시지에 대한 가장 정확한 해석을 하고자 한다. 수신자가 메시지를 해독하는 순간까지 의사소통 과정은 정보의 공유에 기반하고 있으며, 최초 전달 구간 중 의사소통 과정의 절반 정도가 이루어졌을 뿐이다. 하지만 의사소통은 공통의 이해에 도달하기 위한 정보의 공유라는 점을 기억하라. 그림 13.5에서 볼 수 있듯이 의사소통 과정의 나머지 절반은 의사소통이 효과적일 수 있도록 하여 공통의 이해가 달성될 수 있도록 피드백 고리를 완성하는 것과 관련 있다.

메시지를 해독하고 난 뒤 수신자는 피드백 고리를 활성화시키기 위해 반응해야 하며 전달자에게 다시 어떤 메시지를 전달할 것인지 결정하게 된다. 수신자의 메시지는 "당신의 메모를 받았으며 이 사인을 논의하기 위해 한번 만날 필요가 있습니다"와 같이 메시지가 애매모호하기 때문에 추가적인 정보가 필요하다는 것일 수도 있다. 수신자가 적절한 반응을 보이도록 메시지는 최대한 명확하고 완전하게 부호화되어야 한다. 만약 최초의 전달자가 판단하기에 수신자가 초기의 메시지를 제대로 해석했으며, 공통의 이해에 도달했다면 의사소통 과정은 끝난 것이다. 하지만 만약 해독 과정에서 수신자가 메시지를 적절하게 해독하지 못했다면(처음에 충분한 정보가 제공되지 못했기 때문에) 의사소통 은 양쪽 모두가 공통의 이해에 도달했다고 느낄 때까지 계속되어야 한다.

의사소통 과정에서 피드백 고리는 메시지의 초기 전달만큼이나 중요하다. 피드백 고리는 메시지의 전달과 적절한 해석과 행동을 확실하게 한다. 따라서 효과적인 의사소통자는 의사소통 과정이 끝났다는 피드백을 확실히 받는다. 예를 들어 자동차 회사가 신차 홍보를 위해 자신의 기업과 계약여부를 확실히 해주길 바라는 광고회사 중역은 자동차 회사의 결정권을 가진 관리자에게 구체적인 제안을 할 수 있다. 제안을 위한 편지에서 광고회사 중역은 관리자가 궁금해할 사안에 대답하기 위해 2주 후에 전화하겠다고 말함으로써 피드백을 확실히 할 수 있다. 이후의 전화 통화에서 광고회사 중역은 관리자가 광고회사와 계약여부를 결정하기 전에 제안의 핵심사안들을 이해하고 있는지 확실히 알 수 있을 것이다.

효과적인 의사소통의 방해요소

노이즈(noise)란 의사소통 과정을 제약하거나 방해할 수 있는 것들을 말한다. 노이즈라는 용어는 이중적 의미, 악필, 전화를 못 받는 것, 과중한 업무, 수신자의 좋지 않은 기분상태 또는 인지적 오류의 작용(제4장 참조) 등을 말한다. 관리자와 IT 전문가가 마주할 수 있는 핵심문제들 중 하나는 효과적인 의사소통이 이루어지기 위해 가능한 이런 노이즈를 없애는 것이다.

노이즈
의사소통 과정을 방해하는 것

여기서 노이즈 때문에 생길 수 있는 조직 내의 여섯 가지 중요한 의사소통 문제들과 그것을 극복하고, 의사소통의 효과성을 증가시킬 수 있는 방법에 대해 알아보고자 한다. 이러한 방법으로는 필터링, 정보왜곡, 경청의 부족, 피드백의 부족 또는 부적절한 피드백, 소문들, 구성원의 다양성, 다문화적 언어 스타일의 차이(그림 13.6 참조) 등이 있다.

필터링과 정보왜곡

필터링(filtering)은 전달자가 생각할 때 수신자가 정보를 필요로 하지 않거나 또는 받고자 원하지

필터링
전달자가 생각할 때 수신자가 정보를 필요로 하지 않거나 또는 받고자 원하지 않을 것이라 판단하여 메시지의 일부를 제공하지 않는 것

그림 13.6

효과적인 의사소통의 방해요소

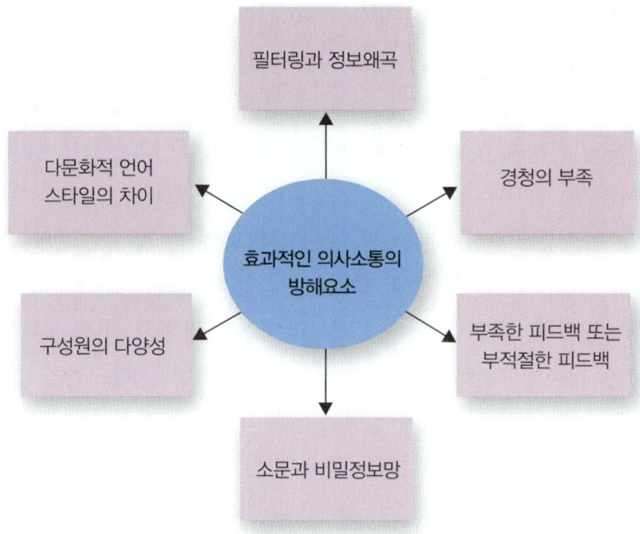

않을 것이라 판단하여 메시지의 일부를 제공하지 않을 때 발생한다. 누구도 나쁜 소식의 전달자가 되고 싶어 하지 않으며 특히 부하직원은 상사에게 부정적인 소식을 전하는 것을 꺼린다. 하지만 만약 부하직원이 부정적인 정보를 제공하지 않거나 메시지를 필터링한다면 상사의 문제해결 시간이 오래 걸릴 수 있으며 심지어 문제가 있었는지조차 모를 수 있다. 이렇게 되면 초기에 쉽게 해결할 수 있었던 사소한 문제가 큰 문제가 될 수 있다. 또한 상사도 부하직원과 의사소통을 할 때 해고나 임금의 감소가 곧 이뤄질 것이라는 것을 숨기는 등 정보를 여과시키기도 한다. 그 결과 부하직원은 부정적인 태도를 표현할 기회를 갖지 못하고 나중에 스트레스를 더 많이 받을 수 있다. 이로 인해 조직의 미래에 대한 불확실성이 증가한다. 필터링의 문제는 비행기 내 의사소통 사례를 다룬 현대의 조직행동과 같이 위기 상황에서 부정적 정보제공을 꺼리는 현상으로 표현될 수 있다.

Marty Lederhandler\AP Wide World Photos

형편없는 경청의 능력을 가진 사람이라 불리는 도널드 트럼프는 미국 대통령이 되고 싶은 야망에 관해 래리 킹에게 말하고 있다. 래리킹은 주의 깊게 듣고 있는 것 같다.

필터링과 관련된 문제는 **정보왜곡**(information distortion)이다. 정보왜곡은 메시지가 다양한 전달자들을 통해 수신자에게 전달될 때 발생하는 의미의 변화를 말한다. 예를 들어 '전화'라는 아이들 놀이와 같은 실험에서 보여주듯이 1명으로부터 시작되어 여러 사람을 거쳐 전달된 메시지는 최종 수신자에게 전달되었을 때 상당히 다른 뜻이 되어 있곤 한다. 이러한 메시지의 의미 변화는 우연한 변화들뿐만 아니라 전달자가 고의적으로 개입하거나 왜곡함으로 발생할 수 있다. 이는 성과를 더 나아보이게 하고 개인적인 목표를 먼저 달성하고자 할 때 종종 나타난다.

정보왜곡
메시지가 다양한 전달자들을 통해 수신자에게 전달될 때 발생하는 의미의 변화

필터링과 정보왜곡은 조직 내에 신뢰를 구축함으로써 피할 수 있다. 신뢰를 구축하는 한 가지 방법은 바로 나쁜 소식을 전하는 전달자를 비난하지 않는다는 규칙을 만드는 것이다. 조직구성원들이 스스로 통제할 수 없는 문제에 대해 비난받지 않는다는 것을 알게 되면 필터링과 정보왜곡은 훨씬 덜 발생한다.

경청의 부족

어떤 사람들은 다른 사람의 말을 듣는 것보다 말하는 것을 더 좋아한다. 많은 관리자들이 음성편지, 이메일, 인스턴트 메시지 등을 받는 것보다 보내는 것이 더 중요하다고 생각한다. 받는 메시지보다 보내는 메시지에 더 중요성을 부여한 결과는 관리자에게 있어 받는 정보의 중요성을 경시하는 경청자가 되게 하며 조직 내 의사소통의 문제를 초래할 수 있다. 정보가 쌓일수록 관리자와 구

국내 사례 현대의 조직행동

아시아나항공 샌프란시스코 착륙 중 사고 발생, 조종사 간의 의사소통이 중요

아시아나항공 214편이 샌프란시스코 국제공항 착륙을 시도하던 중 활주로 앞 방파제와 충돌하는 사고가 발생했다. 이 사고로 탑승객 307명 중 3명이 사망하고 187명이 부상을 입었다. 사고기는 인천에서 출발해 샌프란시스코로 향하던 보잉 777-200ER 기종으로, 비주얼 접근 방식으로 착륙을 시도하다 발생했다.

미국 국가교통안전위원회(NTSB)의 조사 결과, 사고의 주요 원인은 착륙 접근 중 항공기의 속도 관리 실패와 조종사 간의 의사소통 문제였다. 사고 당시 자동 속도 조절 장치가 제대로 작동하지 않았고, 조종사들은 수동으로 속도를 관리하는 데 실패했다. 특히 기장과 부기장 간에 속도와 착륙 절차에 대한 명확한 소통이 부족했던 것으로 밝혀졌다.

조종사들은 속도가 위험 수준으로 떨어진 상황을 충분히 인지하지 못했고, 실속 경고음이 울리자 뒤늦게 복행을 시도했으나 이미 늦은 상태였다. 항공기는 활주로에 도달하기 직전 방파제에 꼬리 부분이 부딪혔고, 그 충격으로 동체가 파손되며 활주로에 불시착했다.

사고 당시 기장은 보잉 777 기종을 수동으로 착륙하는 중이었으나, 경험 부족과 자동화 시스템에 대한 의존도가 높아 문제가 발생한 것으로 드러났다. 또한, 기장과 부기장 간의 수직적 의사소통 문화로 인해 적절한 경고와 대응이 이루어지지 않았다.

아시아나항공은 사고 이후 조종사 훈련 프로그램을 전면 재검토하고, 자동화 시스템 의존을 줄이는 방향으로 수동 비행 훈련을 강화했다. 또한, 조종사 간 원활한 의사소통을 장려하기 위한 Crew Resource Management(CRM) 교육을 확대했다. NTSB(미국 국가교통안전위원회)는 항공사들에게 자동화 시스템에 지나치게 의존하지 않도록 하고, 조종사들이 비상 상황에서 신속하게 대처할 수 있는 훈련을 강화할 것을 권고했다.

이번 사고는 항공기 자동화 시대에도 조종사들이 수동 조종 능력을 유지하고, 비상 상황에서의 의사소통이 얼마나 중요한지 다시 한 번 일깨운 사건으로 평가된다.

현대의 조직행동

청취 기술이 부족한 데서 초래되는 결과들

Marc Brownstein은 아버지가 은퇴한 후 고향인 필라델피아로 돌아가서 아버지가 설립한 광고회사 브라운스테인의 사장직을 이어받기로 결정하였다.[20] 25개월 후 Marc Brownstein은 자신의 결정으로 브라운스테인의 수익이 상승하였고 꾸준히 고객을 모으고 있으며 산업 내에서 인정을 받는 등 회사를 효과적으로 잘 이끌고 있다는 자신감을 가졌다. Brownstein은 리더십 기술을 강화하기 위해 단기간의 경영자 교육을 등록하기로 결정하였다. 이 과정에서 주어진 과제 중 하나는 관리자들이 사장의 성과를 평가하는 익명의 질문에 대답하도록 하는 것이었다.[21]

그 과정에서 Brownstein은 관리자들이 자신을 효과적인 리더라고 생각하지 않는다는 사실을 깨닫고 충격을 받았다. 관리자들은 Brownstein의 의도는 좋았지만 회사 내에서 의사소통에 실패했다고 불평하였다. 그들은 Brownstein이 회사현황과 고객정보 등 중요한 사항에 대한 정보를 제공하는 데 실패했으며 성과에 대한 피드백 제공에 실패했다고 주장하였다. 뿐만 아니라 직원들에게 과제를 내줄 때 직원들의 선호를 고려하지 않는 것처럼 보였으며 경청하는 능력도 부족했다고 주장하였다. 예를 들어 관리자가 Brownstein을 만나러 사무실을 방문했을 때 그는 종종 전화를 받기도 했다.[22]

Brownstein은 빨리 변화하지 않으면 능력 있는 직원들을 잃을 수 있다는 것을 깨달았다. 이미 회사의 이직률은 매우 높은 상황이었으며 이제야 그 이유를 알 수 있었다. 그는 자신의 의사소통 스타일을 바꾸기로 결정하였고 시작의 일환으로 모든 직원과 만나는 정기적 만남의 날을 만들었다. 이 자리에서는 어떤 주제도 평등하게 논의될 수 있었고 Brownstein은 관리자들의 말에 반드시 귀를 기울였다. 대화 중에 상대방에 집중하였으며 그동안에는 전화를 받지 않았다.

직원들은 즉각적으로 리더십 스타일의 변화를 감지하였다. 종업원들은 자신의 공헌이 인정받는다고 믿는 순간, 고객을 어떻게 관리해야 하는지 등 회사 일을 개선할 수 있는 방법을 제시하는 데 더욱 적극적인 태도를 가지게 되었다.[23] 의사소통이 개선됨에 따라 Brownstein은 리더는 부하직원의 말에 주의를 기울일 필요가 있다는 것과 직원들이 제공하는 피드백이 상사가 부하직원들에게 주는 피드백보다 더 중요하다는 것을 배웠다.

성원들은 어떻게 하면 더 잘 들을 수 있는지를 반드시 배워야 하며, 수신자로서 중요한 정보와 사소한 정보를 구분할 줄 아는 능력을 개발해야 한다.

구성원들은 더 나은 경청자 또는 수신자가 되는 방법을 배움으로써 일의 효율성을 높일 수 있다. 좋은 경청자가 되는 것은 전달자에게 전적인 관심을 기울이는 것으로 예를 들면 상대방의 눈을 보고 언어적 의사소통을 방해하지 않는 것이다. 좋은 경청자는 상대가 다음에 무엇을 이야기할지 생각하는 것보다 전달자에게서 받고 있는 정보와 전달자가 그것을 얼마나 중요하게 느끼는지에 초점을 맞춘다. 좋은 경청자가 되기 위해서는 질문을 하고 정보에 대한 이해를 확실하게 하기 위해 중요한 점들을 다시 한번 확인하며 반갑지 않은 정보를 받아들이고 차분하게 피드백하며 전달자의 주의를 산만하게 (예를 들면 시계를 쳐다본다거나 펜을 똑딱거린다거나 등의 행위) 행동하지 않아야 한다. 상사가 부하직원으로부터 최대한 많은 의미 있는 정보를 얻고자 할 때 좋은 경청자가 되는 것은 더욱 중요하다. 예를 들어 비행 승무원들을 대상으로 하는 FAA의 교육은 조종사들이 더 나은 경청자가 될 수 있도록 돕는 것이 목표이다. 좋은 경청자가 되는 것의 중요성을 배운 관리자 사례는 브라운스테인 그룹의 사례를 다룬 현대의 조직행동에 나와 있다.

부족한 피드백 또는 부적절한 피드백

의사소통이 잘 이루어지지 않는 것은 전달자가 피드백을 제공하는 데 실패하거나 적절하지 못한 방식으로 소통하기 때문이다. 특히 이러한 현상은 전달자가 부정적인 피드백을 주어야 할 때 발생한다. 전달자는 수신자가 부정적인 방식으로 반응할 것이라고 믿는 경우가 있다. 예를 들어 은행의 관리자는 부하직원이 고객과 긴밀하게 협력해온 대출 신청이 곧 거절당할 것임을 알지만 이를 알리기를 꺼릴 수 있다. 만약 부하직원이 화가 난 고객에게 나쁜 소식을 접하게 된다면 상사에 대한 부정적인 감정이 들 수도 있다. 좋은 피드백 기술을 개발함으로써 관리자와 직원은 그들이 받은 메시지에 대해 긍정적이든 혹은 부정적이든 보다 적절한 방식으로 대응할 수 있어야 한다. 그래야 상대방의 입장과 감정을 고려해볼 수 있을 것이다.

소문과 비밀정보망

소문(rumors)은 비공식적이고 승인되지 않은 정보로 가득한 사건에 대해 구성원들 사이에 공유되는 이야기이다. 소문은 보통 의사소통 네트워크 주변으로 빠르게 퍼지며 한번 시작되면 심지어 거짓일지라도 막기 어렵다. 소문은 해고가 임박할 때와 같이 조직구성원들에게 영향을 미칠 수 있는 부정적인 사건이거나 혹은 개인 일상과 관련된 스캔들과 같이 특정 조직구성원의 가십거리일수록 더욱 빠르게 퍼져나가는 경향이 있다. 소문이 빨리 퍼지는 이유 중 하나는 조직 일상생활의 지루함을 달래는 데 도움이 되기 때문이다.

소문
중요하거나 흥미로운 사건에 대해 조직구성원들 사이에서 공유되는 비공식적인 정보

소문은 **비밀정보망**(grapevine)을 통해서 퍼지곤 하는데 비밀정보망이란 조직 내에서 비공식적 정보가 전달되는, 비공식적 의사소통 경로를 의미한다.[24] 조직의 집단, 부서, 팀에서 어떤 이들은 모

비밀정보망
비공식적 정보가 전달되는 비공식적인 의사소통 경로의 집합

현대의 조직행동

치폴레 E. coli 사태, 미국 전역을 강타한 식품 안전 위기

2015년, 미국 전역에서 유명 멕시칸 패스트푸드 체인 치폴레(Chipotle)가 E. coli O26 감염 사태로 큰 타격을 입었다. 오리건 주와 워싱턴 주에서 처음 발생한 감염은 이후 캘리포니아, 뉴욕 등 14개 주로 확산되며, 총 60명 이상의 감염자가 발생했다. 일부 환자는 심각한 증세로 입원하기도 했으며, 치폴레는 대규모 위기에 직면했다.

초기 감염 사례가 보고된 직후 치폴레는 즉각적으로 43개 매장을 폐쇄하고, 식자재 출처를 조사하기 시작했다. 그러나 문제는 소비자와의 의사소통이 지연된 점이었다. 감염 원인에 대한 명확한 설명이 없었고, 정보 공개가 늦어지면서 소비자들의 불안은 커졌다. 치폴레는 신속한 대응 부족으로 인해 브랜드 신뢰가 급격히 하락하는 상황을 맞이했다.

사태가 확산됨에 따라 치폴레는 주가 급락과 더불어 수천만 달러에 달하는 경제적 손실을 겪었다. 매장 방문객 수는 급감했고, 치폴레는 위생 관리 및 안전 조치를 강화하기 위해 새로운 식품 안전 프로토콜을 도입했다. 이를 통해 공급망을 철저히 관리하고, 전반적인 운영 시스템을 재정비했다.

치폴레는 이번 사건을 계기로 식품 안전 관리를 대대적으로 개선했다. 매장에서 더 투명한 위생 관리를 시행하고, 고객 신뢰 회복을 위한 다양한 마케팅 캠페인을 전개했다. 무료 식사 쿠폰을 제공하며 고객들의 재방문을 유도하는 등 신뢰 회복을 위해 적극적으로 나섰다.

이번 사건은 외식업계에 식품 안전성과 위기 대응에서의 신속하고 정확한 의사소통이 얼마나 중요한지를 다시 한번 일깨워 준 사례로 남았다.

든 사람과 사건에 대해 다 아는 것처럼 떠들며 비공식적인 정보를 다른 이들에게 전달한다. 비밀정보망을 통해 퍼지는 소문은 사적이거나 핵심 구성원들의 직장생활에 대한 것 혹은 조직과 구성원들의 미래에 대한 것이다. 비밀정보망을 통해 퍼지는 소문이 일반적으로는 정확하지 않지만 가끔은 정확한 정보일 경우도 있다. 예를 들어 항공회사의 마케팅 관리자인 마이크 오코넬이 동료와 점심을 먹으며 곧 퇴사할 것이라 이야기하였다. 상사에게 이 주 전에 퇴사의사를 밝혔으며 곧 영국항공에서 일하게 될 것이라는 것도 함께 이야기하였다. 그날 오후 업무를 마칠 때쯤에 오코넬의 상사를 제외한 부서 내 모든 사람들은 그가 부서 내 누구에게도 말하지 않았음에도 불구하고 그의 계획에 대해 알고 있었다.

구성원의 다양성

한 집단 또는 조직구성원들이 서로 직접적으로 만날 수 없거나 각자 고유의 관점을 존중하거나 인정하는 데 실패할 때 다양성의 증가는 효과적인 의사소통의 방해요소가 될 수 있다. 이에 대응하기 위해 많은 조직은 종업원들이 의사소통하는 법을 배우고 함께 일할 수 있도록 다양성 교육 프로그램을 시행하고 있다. 예를 들어 델, 페덱스, 뱅크 오브 아메리카 같은 기업에서는 관리자와 직원이 다양한 구성원들의 태도와 믿음을 인정하고 서로 간의 갈등을 해소할 수 있도록 다양성 교육 프로그램을 사용하고 있다. 다양성 교육 프로그램에서는 어떤 것들이 이루어질까? 교육은 다양한 방식으로 행해진다. 동료들에게 개인적 경험과 어려움에 대해 알려주고 공유하는 소수집단을 갖도록 하기도 하며, 일정 기간 동안 성향이나 태도가 다른 사람들과 함께 일하도록 요청된다.

예를 들어 샌디에이고 경찰청의 새로운 경찰관은 '시민들과 함께 일하는 일주일' 프로그램에 배정된다. 백인 여성 경찰관이 모두 남자인 라틴아메리카계의 10대 아이들과 대화를 나누는데 이는 젊은 세대들이 사회를 어떻게 바라보는지에 대해 이해하고 그들과 어떻게 대화해야 하는지를 배우기 위함이다. 조직 내의 다양한 집단들과 구성원들이 효과적으로 의사소통하여 목표달성을 위해 함께 일하도록 돕는 것은 세계 속에서 다양성이 증가하는 한 반드시 해야 하는 일이다.

다문화 언어 스타일의 차이

언어 스타일
말하는 방식의 개인적 특성

다양한 문화에서 온 사람들이 만나게 되면 언어 스타일의 다양성 때문에 때로는 의사소통의 어려움이 발생할 수 있다. **언어 스타일**(linguistic style)이란 목소리의 톤, 속도, 침묵의 사용, 직설성 또는 간접성, 단어의 선택, 질문과 농담의 사용, 심지어 아이디어에 대한 칭찬을 받아들이고자 하는 의지 등 말하는 방식의 개인적 특성을 의미한다.[25]

예를 들어 한 문화권 안의 언어 스타일이라도 지역들 혹은 남성과 여성 간에 다를 수 있다. 하지만 다른 문화들 간에는 언어 스타일의 다름이 더 강할 수 있으며 잘못된 이해로 이어질 수 있다. 예를 들어 일본에서는 공식적으로 의사소통하려는 경향이 있으며 미국 직원들보다 상사에게 더 공손하다. 또한 일본인 직원들은 논의되고 있는 사안에 대해 조용히 생각하는, 대화 중의 긴 침묵을 신경 쓰지 않는다. 하지만 미국 직원들은 긴 침묵을 불편하게 여기며 무슨 말이든 해야 한다고 느낀다. 미국 직원들은 집단 중심인 일본 직원들보다 새로운 아이디어에 대한 개인적 칭찬을 더 받고자 한다.[26] 이러한 다문화적 차이는 다양한 나라에서 온 직원들의 접근방식이나 습관이 의사소통 과정에 어떤 영향을 주고 있는지 알지 못하기 때문에 의사소통의 어려움으로 이어질 수 있다.

적절한 의사소통 매체의 선택

의사소통의 어려움은 공통의 이해에 도달하기 위한 정보의 공유가 생각보다 어렵다는 점을 보여주고 있다. 주어진 메시지에 적합한 의사소통 매체를 고르는 것은 메시지가 전달되고 적절하게 이해되었다는 것을 확실하게 하기 위해 필수적일 뿐 아니라 전달자와 수신자 모두에게 상충관계(trade-offs)를 가지고 있다. 이러한 상충성을 점검하는 방법에는 다양한 매체가 가진 정보의 풍부성, 수신자와 전달자의 시간에 대한 요구, 그들이 남긴 문서를 살펴보는 것 등이 있다.

다음에서는 이러한 이슈들과 조직 내 의사소통을 위한 IT의 활용에 대해 알아보고자 한다.

정보의 풍부성

의사소통 매체가 가지고 있는 **정보의 풍부성**(information richness)은 모두 다르다. 즉 전달할 수 있는 정보의 양과 전달자와 수신자가 공통의 이해에 닿을 수 있도록 하는 정보의 양이 다르다.[27] 정보의 풍부성이 큰 매체는 더 많은 정보를 전달할 수 있으며 공통의 이해를 더욱 잘 만들어낼 수 있다. 조직구성원들이 사용할 수 있는 다양한 매체는 네 가지의 일반적인 유형으로 구분될 수 있다(그림 13.7 참조).[28]

정보의 풍부성
의사소통 매체가 전달할 수 있는 정보의 양과 전달자와 수신자가 공통의 이해에 도달할 수 있게 해주는 범위

대면 의사소통

대면 의사소통은 두 가지 이유로 정보의 풍부성이 크다. 첫 번째 이유는 대면 의사소통은 수신자에게 언어적 메시지를 제공할 뿐만 아니라 전달자의 신체적 언어와 얼굴 표현에 의해 전달되는 비언어적 메시지도 함께 제공하기 때문이다.[29] 의사소통의 비언어적 부분은 수신자에게 메시지를 해독하는 데 필요한 추가적인 정보를 제공한다. 건설회사에 다니는 기술자인 조앤 슈미트가 회사가 입찰 중인 브라질 고객의 프로젝트를 위한 계획에 대해 논의하고자 상사인 프레드 존스턴을 만났을 때, 존스턴은 책상에서 일어나 슈미트의 옆자리에 앉았다. 이와 같은 행동은 슈미트에게 정보를 제공했다고 볼 수 있다. 존스턴은 슈미트를 존중하고 있으며 입찰에 대한 논의에서 동등한 입장에 있다고 느끼기 원한다는 표현을 하였다. 또한 존스턴이 최근에 고용한 사회경험이 없는 회사 소유주의 아들이 입찰준비 팀의 구성원이 되었음을 언급했을 때 그녀의 얼굴을 쳐다보지 못한 것과 오므린 입술은 그가 이 상황을 기뻐하지 않는다는 것을 의미한다.

두 번째 이유는 대면적 의사소통이 수신자가 전달자에게 즉각적인 피드백을 줄 수 있기 때문이다. 전달자는 애매모호한 정보를 즉각적으로 명확히 할 수 있으며 의사소통 과정은 공통의 이해에 닿을 때까지 필요한 만큼 이루어질 수 있다.[30] 엔지니어링 회사에서 프레드 존스턴은 입찰이 준비되는 대상인 브라질 고객에게 꽤 익숙하였으며 다른 일반적인 경우보다 입찰 과정에 더 적극적으로 개입하는 것이 최선이라고 생각하였다. 예를 들어 그는 고객이 평소보다 자재명세서(materials specifications)와 품질 특성(quality parameters)에 더 많은 관심을 가지고 있다고 제안하였다. 하지만 조앤 슈미트는 존스턴의 제안에 당황하였다. 그녀는 그것이 왜 중요한지, 어떻게 할 수 있는지에 대해 확신을 가질 수 없었다. 그러나 20분 동안의 논의 끝에 슈미트는 존스턴의 제안이 비합리

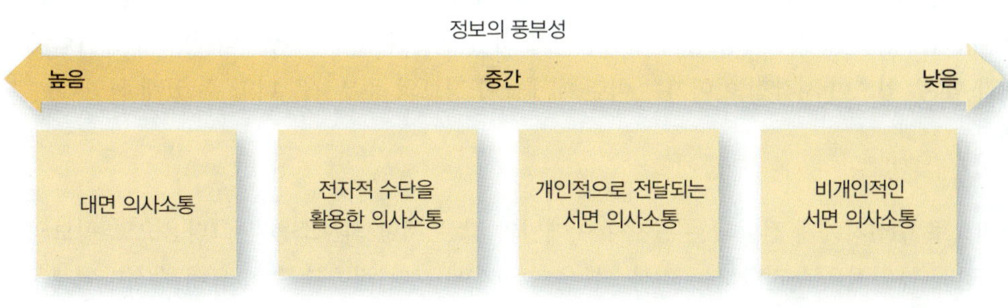

그림 13.7
의사소통 매체의 정보의 풍부성

Mediaphotos/Anastasia Pelikh/iStockphoto

대면 의사소통은 정보의 풍부성이 가장 높다. 상사와 팀 구성원들은 매일 하는 직원회의에서 메시지를 교환하고 하루의 직업성과를 위한 공통의 이해에 도달한다.

적이거나 어려운 것이 아니며, 건물 공사의 구체적 사안에 대해 고객으로서 더 많은 것을 알고자 한 것뿐임을 알게 되었다.

전자적 수단을 활용한 의사소통

전화 회선을 통해 전자 기계로 전달되는 언어적 의사소통은 두 번째로 정보의 풍부성이 큰 의사소통 매체이다. 전화 통화는 수신자에게 신체적 언어나 얼굴 표현과 같은 비언어적 정보를 제공하지 않지만 여전히 정보의 풍부성이 큰 자원이라 할 수 있다. 수신자는 메시지가 전달되는 목소리 톤을 해석할 수 있으며, 메시지의 어느 부분이 전달자가 강조하고자 하는지 알 수 있다. 왜냐하면 이런 종류의 언어적 의사소통은 수신자에게 개인적으로 전달되기 때문에 수신자는 더욱 집중하게 되기 때문이다. 전화 통화 역시 즉각적 피드백을 할 수 있기 때문에 잘못 이해된 부분은 빨리 수정될 수 있다. 이런 종류의 전자 기계를 통한 언어 매체에는 즉각적인 피드백을 허락하지 않는 보이스 메일을 사용하는 의사소통이 있다. 전달자는 수신자가 어떠한 매체를 이용하는지, 자주 메시지 체크를 하는지 확인해야 한다. 문자메시지는 오늘날 매우 널리 쓰이는데 문자는 서로에게 즉각적인 피드백을 제공하며 빠르게 공통의 이해에 도달할 수 있다.

1990년대 초반에 소개된 최초의 비디오 전화 역시 전화 건 사람이 '천천히' 통화하는 상대방을 볼 수 있게 해주었다. 비디오 전화나 채팅은 2010년 6월 휴대폰 제조회사인 HTC가 스프린트의 4G 네트워크를 통해 화상 통화를 가능하게 한 에보 4G 전화기를 소개하면서부터 현실이 되었다. 그 이후 애플은 아이폰4에서 화상 통화가 가능하게 하였다. 이는 광대역통신의 속도가 증가함에 따른 추세라 할 수 있으며 시각적 이미지는 이런 매체들이 정보의 풍부성을 더할 수 있게 하였다.

개인적으로 전달되는 서면 의사소통

개인적으로 수신자에게 전달되는 편지나 이메일과 같은 서면 의사소통은 그다음으로 정보의 풍부성이 크다. 개인적으로 전달되는 의사소통은 수신자에 보다 집중할 수 있으며 수신자에게 구체적

글로벌 관점

X(구 트위터), 2023년 대규모 광고주 이탈과 자유로운 표현

2023년, X(구 트위터)는 대규모 광고주 이탈을 겪으며 심각한 경제적 위기를 맞았다. 이 사태는 트위터를 인수한 일론 머스크가 플랫폼 운영 방침을 변경한 후 발생한 것으로, 혐오 발언과 극단적인 콘텐츠 증가가 광고주들 사이에서 큰 우려를 불러일으켰다. 트위터는 머스크가 인수한 이후 콘텐츠 규제가 완화되었고, 이에 따라 광고주들은 브랜드 안전에 대한 의구심을 갖게 되었다.

2023년 다수의 글로벌 브랜드가 트위터에서 광고를 철회하기 시작했다. 애플, 디즈니, IBM과 같은 주요 기업들은 트위터에서 광고를 중단하거나 감소시켰다. 이들의 이탈은 트위터의 주요 수익원인 광고 매출에 치명적인 영향을 미쳤다. 특히 광고주들은 트위터에서 자사 광고가 혐오 콘텐츠나 극단적인 게시물 옆에 노출되는 것을 우려했다. 이로 인해 광고주들은 트위터를 브랜드 안전을 보장하지 못하는 플랫폼으로 간주하게 되었다.

일론 머스크는 이러한 광고주들의 우려에 대해 강경한 입장을 보였다. 그는 한 회의에서 광고주들에게 "협박에 굴복하지 않겠다"는 발언을 하며, 자신이 플랫폼의 자유로운 표현을 보호하겠다는 의지를 밝혔으나, 이는 광고주들의 신뢰를 더욱 떨어뜨렸다. 특히 머스크는 광고주들의 요구를 "검열"로 해석하며, 더 이상 그들의 입장을 수용하지 않겠다는 메시지를 전했다.

이러한 대응은 오히려 광고주들의 반발을 샀으며, 트위터의 광고 매출 감소가 가속화되었다. 광고주들은 머스크가 플랫폼 내에서 혐오 발언과 같은 문제를 해결하지 않으면서, 브랜드 보호에 대한 보장을 제공하지 않는다고 판단하였다.

광고주들의 이탈로 인해 X는 심각한 재정적 타격을 입었다. 트위터는 머스크가 인수하기 전부터 광고 수익에 의존하는 구조였기 때문에, 주요 브랜드들의 철수는 기업의 생존을 위협하는 요소가 되었다. 2023년 중반까지 트위터의 광고 매출은 50% 이상 감소했으며, 이는 회사 운영에 큰 압박을 가중시켰다.

또한 트위터는 광고주들이 떠난 후 대체 수익원을 찾기 위해 구독 기반 모델로 전환하려 했지만, 이는 예상만큼 성공적이지 못했다. 광고 수익을 대체할 만큼의 구독자를 확보하지 못하면서, 트위터는 지속적인 재정 압박에 시달렸다.

이 사건은 기업이 소셜 미디어 플랫폼에서 운영 방침을 변경할 때, 광고주와의 의사소통을 소홀히 한 점에 대한 교훈을 남겼다. 광고주들이 플랫폼을 선택할 때, 그 플랫폼이 안전한 콘텐츠 환경을 제공하는지를 중요하게 생각한다는 점이 명확해졌다. 또한 기업이 위기 상황에서 광고주들과 명확한 소통을 하지 않고 강경한 태도를 취할 경우 더 큰 신뢰 손실을 초래할 수 있다는 점이 확인되었다.

이고 직접적인 정보를 제공할 수 있다. 따라서 수신자는 메시지를 개인화할 수 있게 되고, 중요한 것을 대부분 이해하게 된다. 피드백은 즉각적이지 않지만 수신자가 개인화된 반응을 형성할 수 있기 때문에 수신자가 메시지에 대해 반응하는 데 시간을 갖는 것이 중요할 때는 이런 점이 단점이 되지는 않는다.

비개인적인 서면 의사소통

정보의 풍부성이 가장 낮은 소통수단은 다수를 대상으로 한 서면 의사소통이다. 이런 형태의 의사소통은 기업 대표가 곧 닥칠 해고에 대한 소문을 없애길 원할 때와 같이 전달자가 수많은 수신자들인 경우이다. 이런 유형의 매체는 비개인적이기 때문에 피드백을 받기가 쉽지 않다. 이러한 이유로 전달자는 수신자가 같은 방식으로 정확하게 해석하여 공통의 이해에 도달할 수 있도록 모호하지 않은 확실한 표현을 쓰는 것이 중요하다.

이런 종류의 매체는 많은 정보가 전달되어야 할 때 유용하며 정보가 복잡할 때(마치 월별로 변화하는 기업의 판매실적처럼) 정보가 일정한 형식을 갖추어 반복되어야 수신자가 쉽게 이해할 수 있다.

매체 선정에 있어서의 상충관계

의사소통을 하기 위한 매체 선정에 있어서 중요한 상충관계는 정보의 풍부성과 매체를 사용하는 데 걸리는 시간의 양 사이에서 발생한다. 예를 들어 구두·대면적 의사소통은 정보를 풍부하게 가지고 있지만 많은 시간을 소비하게 된다. 메시지가 중요할 때나 전달자가 서면화된 메시지를 이해시킬 수 있을지 확신할 수 없을 때 구두로 의사소통하는 데 추가 시간을 쓰는 것이 필요하다. 하지만 "공휴일 전날 또는 금요일 오후 12시에 문을 닫습니다"와 같이 메시지가 확실하고 모호하지 않을 때는 이메일을 통한 의사소통이 가장 편리한 방법이다.

또 다른 상충관계는 정보의 풍부성과 종이문서나 전자문서를 사용하는 것, 즉 메시지가 문서 형태일 필요성 사이에서 발생한다. 메시지가 복잡하고 향후에 수정가능성이 있는 경우나 구체적인 시행수칙 또는 절차에 관한 정보를 가지고 있는 메시지의 경우는 종이문서나 전자문서로 남겨놓는 것이 필수적이다. 특히 서면적 의사소통은 나중에 일이 잘못되어 문제의 근원을 찾아야 할 경우와 같이 전달자가 메시지의 전달여부를 증명하길 원할 때, 법적인 이유로도 필요하다.

선진 IT 기술의 활용

IT의 발전은 조직구성원들에게 의사소통할 수 있는 새 매체를 만들어주었을 뿐만 아니라 전보다 더 많은 양의 정보에 보다 빠르고 쉽게 접근할 수 있도록 해주었다.[31] 조직은 직원들이 너무 많은 정보에 압도당하여 업무를 수행하지 못하고 이메일을 읽거나 전자 게시판을 찾는 데 많은 시간을 보내지 않도록 주의해야 한다. 직원들이 받는 이메일이나 문자메시지의 양은 지난 10년간 점점 증가하고 있다. 그렇기 때문에 직원들이 메시지의 우선순위를 정해 중요하고 관련 있는 정보만 전달하고 초점을 맞추도록 학습하는 것은 중요해졌다. 따라서 가장 시급한 메시지만이 전화나 개인적으로 전달되어야 한다.

하지만 이러한 문제에도 불구하고 IT는 눈에 띄게 정보의 의사소통 비용을 줄여 왔다.[32] 예를 들어 에트나 생명보험 같은 대부분의 기업에서 예전에는 종이에 적혀 있던 보험료율에 대한 매뉴얼들과 문서들은 웹사이트에 저장되어 있으며, 직원들은 문서가 어디에 있든지 접근할 수 있게 되었다. 이것은 비용을 낮출 뿐만 아니라 이 분야에 있는 보험회사들이 개인 보험료율 견적을 원하는 소비자의 요구에 더 빨리 대응하며 더 많은 고객을 확보할 수 있게 하였다.

인터넷과 인트라넷 응용

보다 복잡한 인터넷과 인트라넷의 발전은 급격하게 조직 내뿐만 아니라 조직 간의 의사소통 모두를 변화시켰다. 광역 서비스는 점점 더 많은 나라에서 가능해졌고 소셜 네트워킹, 정보탐색 등과 같은 인터넷 활용 역시 증가함에 따라 세계의 인터넷 사용자의 수는 급격히 증가하고 있다.

그 어느 때보다 컴퓨터 사용은 증가하였고, 광역 서비스에 대한 솔루션들은 직원들의 업무뿐만 아니라 부서 간의 일처리도 보다 효과적으로 만들었다. 전 세계적으로 흩어져 있는 조직구성원들이 온라인으로 실시간 의사소통을 활발히 할 수 있는 소프트웨어 프로그램과 응용 프로그램들이 증가하였으며, 이를 효율적으로 사용할 수 있게 되었다. 이렇게 기업 내에서 IT를 통한 의사소통 네트워크는 **인트라넷**(intranet)이라 부른다. 인트라넷은 조직의 기록, 디렉터리부터 매뉴얼, 제품설계서, 배달 스케줄까지 방대한 정보를 축적할 수 있으며 현재의 운영 및 금융 성과에 대한 정보를 모두 가지고 있다. 조직은 인트라넷을 통해 구성원들이 일하는 데 필요한 정보에 쉽게 접근할

인트라넷
전사적 컴퓨터 네트워크

수 있도록 할 뿐만 아니라 조직구성원들과 정보에 대해 효율적으로 의사소통하는 데 사용한다.

인트라넷은 공동의 문제해결을 활성화하기 위해서 직원들이 전자 매체를 통해 함께 일할 수 있도록 해준다.[33] 실시간으로 집단 구성원들과 심지어 다른 집단의 구성원들까지 공통의 이해에 도달하기 위해 소통하며, 문제를 해결하는 집단구성원으로서 인트라넷을 통해 메시지들을 모두 확인할 수 있다. 뿐만 아니라 빠른 속도의 광역 서비스 인터넷 연결이 가능해짐에 따라 조직은 원격화상회의를 사용하여 직원들이 실시간으로 서로 얼굴을 보고 의사소통할 수 있게 되었으며 정보의 풍부성이 증가하였다.[34] 예를 들어 일본 회사 히타치는 일본 내 29개의 연구실험실들 간의 의사소통 활성화를 위해서 원격화상회의를 사용한다. 다른 실험실에 있는 과학자들과 기술자들이 지식을 공유하고 공동 연구 프로젝트에 협력하기 위해 원격화상회의를 사용하는 것이다. 또한 원격화상회의는 한 집단 또는 조직의 구성원들이 여러 나라에 흩어져 있을 때 좋은 소통 수단이 된다.[35] 액센츄어, HP, IBM은 본사와 외국에 있는 관리자들 간의 의사소통을 활성화시키고 전 세계 고객들과 만나기 위해서 원격화상회의를 이용하는 기업들 중 하나이다. 하지만 그럼에도 불구하고 복잡한 문제를 해결해야 할 때는 대면적 의사소통이 여전히 필수적이다. 왜냐하면 대면적 의사소통은 정보가 풍부하기 때문이다. 예를 들어 BP의 CEO인 Tony Hayward는 2010년에 딥워터 호라이즌 굴착 장비가 폭발하자 전문가와 공무원들과 가까이에서 소통하기 위해 텍사스 휴스턴에 있는 BP의 미국 본사로 이동하였다.

요약하면 많은 연구들은 메시지가 중요하며 새로운 해결방안을 필요로 하고 앞으로 발생할 사건들을 다루기 위해 실시간으로 정보교환의 필요성이 높을 때 대면적 의사소통이 필요하다고 제안하고 있다. 뿐만 아니라 메시지가 중요하고 복잡할 때는 가능하면 빠르고 확실하게 정보를 교환하기 위해서 여러 가지 의사소통 매체를 사용하는 것이 최선이다. 예를 들어 서면적 의사소통은 복잡하고 구체적인 메시지를 전달할 때 유용하다. 또한 보다 반복적인 사안들의 경우에는 전자 매체를 통해 전달되는 구두 또는 서면적 의사소통이 대면적 의사소통만큼 효과적이며 시간과 돈을 절약할 수 있을 것이다.

설득적 의사소통

조직 내에서 서로를 이해하고 공통의 이해에 도달하는 것이 의사소통의 유일한 목적은 아니다. 한 집단이 다른 집단을 설득하고 영향을 미치고 싶어 하기도 한다. **설득적 의사소통**(persuasive communication)은 한 집단이 다른 집단(혹은 사람들)을 받아들이고 동의하게 하거나 또는 원하는 목적을 달성할 수 있다고 확신시키는 의사소통이라 할 수 있다. 설득적 의사소통에서 정보의 정확성보다 더 중요한 것은 다른 사람들에게 영향을 미치기 위해서 메시지를 어떻게 '형성'하고 '포장'하는지이다.

설득적 의사소통
한 사람 혹은 집단이 다른 사람 혹은 집단을 받아들이고 동의하게 하거나 목적 혹은 목표를 달성할 수 있도록 정보를 전달 또는 공유하는 것

설득적 의사소통은 다양한 다른 종류의 상황에서 중요하다. 우리는 제11장에서 어떻게 리더가 구성원에게 영향을 미치고 설득하려 하는지 그리고 구성원들 역시 리더에게 영향을 미치고자 한다는 것에 대해 논의하였다. 설득적 의사소통이 필요한 상황 중 하나는 한 집단이 다른 집단의 행동을 통제할 수 있는 공식적 권한이 부족할 때 일어난다. 이런 경우 비공식적 설득이 반드시 사용되어야 한다. 예를 들어 부서 또는 집단의 관리자가 다른 부서 또는 집단의 관리자에게 영향을 미칠 필요가 있다. 이때 관리자가 다른 관리자에 대한 권한을 가지고 있지 않기 때문에 상대방이 그들의 계획에 참여하고 따르게 하기 위해 영향을 미치고 설득할 필요가 있다. 또한 집단으로 일하는 직원들은 동료가 자신의 아이디어에 동의하도록 영향을 미치고 싶어 한다. 하지만 다른 동료에 대한 공식적 권한이 없기 때문에 자신의 의견을 따르게끔 동료를 설득할 필요가 있다. 심지어 전문성 또는

통제력을 가지고 있는 직원도 동료가 제안을 받아들이도록 영향을 미치기 위해서는 어떻게 설득할 수 있는지를 고민해야 한다.

각각의 경우 의사소통은 다른 사람들에게 영향을 미치고 설득하기 위해 사용되는 방법이다. 관리자의 우선 관심사는 계획이나 목표에 대한 지원을 얻기 위해 다른 사람들과 정보를 의사소통하는 것과 회의와 위원회에 직접 참석해 설득하는 것이다.

설득적 의사소통 모델

어떻게 설득적 의사소통이 경쟁력 있게 개발되는지 알아보기 위해서 앞서 제안된 의사소통 모델의 단계를 살펴보자. 설득적 의사소통이 어떻게 작용하는지에 대해 초점을 맞추고자 한다. 의사소통의 두 집단은 전달자와 수신자이다. 전달자의 역할은 메시지에 대한 수신자의 반응에 영향을 미치는 것이다. 즉 수신자가 메시지에 동의하고 그렇게 움직이도록 설득하는 것이다. 이때 다섯 가지 요인이 메시지가 어떻게 설득적으로 전달될 수 있는지를 결정한다. 다섯 가지 요인은 전달자의 특성, 적극적 청취, 메시지의 내용, 메시지가 전달되는 매체 및 채널, 수신자의 특성이다.

전달자의 특성

모두가 예상할 수 있는 것처럼 메시지는 믿을 수 있는 사람으로부터 보내졌을 경우에 더 설득적이다. 즉 수신자가 판단하기에 전달자가 전문성을 가지고 있으며 무엇이 추구해야 하는 올바른 목표이고 어떻게 추구하는지 알고 있다고 믿을 때 더욱 설득력을 가진다. 공식적 리더들은 공식적 권한이 있기 때문에 설득력을 가진다. 뿐만 아니라 전문성을 가지고 있는 리더들 역시 믿을 만하며 부하직원들의 공감을 이끌어낼 수 있다. 신뢰를 형성할 수 있는 다른 요인들은 도덕적 일관성과 감성지능이다. 만약 수신자가 전달자를 정직하며 믿을 만한 사람이라고 판단하면 수신자는 전달자에게 받은 정보가 사실이며 실행되어야 한다고 굳게 믿을 것이다. 다른 사람들의 감정과 기분을 이해할 수 있으며 다가갈 수 있는 사람들 즉, 공감을 잘하는 사람들 또한 믿음직스러우며 다른 사람들에게 영향을 미칠 수 있다. 감성지능은 좋은 영향을 미치기 위해 사용될 수 있다. 하지만 관리자가 고의적으로 다른 구성원들을 속여서 감성지능의 장점을 이용한 경우에는 해로울 수도 있다.

Gerorge F. Mobley\Getty – National Geographic Society

Lyndon Johnson 대통령은 설득적 의사소통의 대가였다. 그는 상원의원의 지지를 얻기 위해 언제 전화를 해야 하는지, 언제 방문해야 하며 심지어 언제 회유해야 하는지와 위협을 해야 하는지를 알고 있었다.

다른 사람을 설득할 수 있는 사람들은 일반적으로 좋은 화법과 경청 기술을 가지고 있다. 화자로서 의사소통의 효과성을 증가시키기 위해 단어를 어떻게 써야 하는지 알고 있다. 빨리 말하지 않으며 주장을 차근차근 전개하고, 청중들에게 자신의 계획이 옳다는 확신을 주기 위해 핵심내용을 반복해서 강조한다. 좋은 화자는 아이디어를 흥미롭게 만들고 이에 대한 지지를 얻을 수 있도록 사안을 보다 분명히 이해하도록 질문을 유도한다. 그들은 자신이 무엇을 하는지 알고 있고 접근방식이 옳으며 반드시 성공할 것이라는 확신을 심어주기 위해 전문성(referent power) 또는 감성지능을 사용한다.

적극적 청취

메시지의 수신자가 적극적인 청자라면 꾸준히 의사소통하는 정보의 의미와 활용, 전달자의 동기와 전달되는 메시지 속의 모호성이나 비일관성에 대해 계속적으로 평가를 한다. 전달자는 수신자에게 어떤 사안이 왜 중요한가에 대해 불완전한 설명을 제공하지 않도록 조심한다. 신뢰를 얻기 위해 전달자는 자신의 입장과 반대되는 부분을 포함한 논의의 모든 측면을 제시할 필요성을 깨닫고 있어야 한다. 전달자는 수신자를 설득하고 마음을 얻을 수 있는, 일관된 주장을 사용함으로써 의사소통하는 주제에서 벗어나지 않는다.

메시지의 유의성은 "이것은 우리 부서에 있는 모든 이들의 최고의 관심사이며 우리 회사의 미래에 핵심적인 것이다"라는 식의 감정적 접근을 함으로써 보다 더 강화될 수 있다. 즉 메시지의 내용은 수신자의 지적능력뿐만 아니라 감정과 기분에 다가가도록 구성되었을 때 보다 설득력이 있다.

의사소통의 도구

공식적으로 서면화된 편지와 이메일은 시간과 노력을 요구하는 실제적이고 구체화된 정보를 전달하는 데 적합하지만 대면적 또는 구두 의사소통은 설득적 의사소통을 할 때 최대한의 기회를 제공한다. 실제로 의사소통의 기계적 도구들은 관리자와 직원들이 직장 관계에서의 변화에 어떻게 반응할 것인지 판단하기 위한 정보를 모을 때 시작 단계에서 사용될 수 있을 것이다. 전달자와 수신자는 미래 필요한 행동에 대해 다른 사람들을 설득할 때 이런 정보를 사용한다. 최종 결정이 정해지기 전 몇 시간 혹은 며칠 동안 전달자와 수신자는 보다 더 설득적인 방식에 의존해야 한다. 따라서 마지막 단계에서 이메일의 수는 감소하며, 전화의 사용이 증가할 것이다. 서로 간의 의견 차이를 조율하기 위해서 즉각적 의사소통에 의존함에 함에 따라 대면적 만남이 이루어진다. 왜냐하면 대면적 소통이 대부분의 정보를 처리하고 최상의 공동 합의안에 도달하는 데 유용하기 때문이다.

설득적인 의사소통가들은 다양한 의사소통 도구들이 언제 그리고 어떻게 사용되어야 할지를 이해하고 있다. 언제 이메일을 보내고 보내지 말아야 하는지, 전화를 걸어야 할 때와 개인적으로 방문해야 할 때를 알고 있다. 대통령 Lyndon Johnson은 이러한 설득적 의사소통 방식의 대가였다. 상원의원들이 법안을 의결하도록 그는 처음에는 개인 보좌관을 상원의원들과 이야기하도록 보내면서 서면으로 된 서류들을 주었다. 그 후 그 사안과 더 나아가 자신의 상황에 대해 논의하기 위해 개인적이고 감정적인 메시지들을 사용하며 전화를 하였다. 대면 상황에서는 상원의원들의 어깨에 손을 얹거나 팔을 꼭 잡으며 얼굴을 가까이 대기도 하는 등 원하는 사안의 동의를 얻을 때까지 설득하였다. 이러한 신체적 접근은 권력을 가진 사람들 또는 그들이 원하는 것을 어떻게 얻어내야 하는지를 알고 있는 사람들 사이에서는 흔한 것이다.

수신자의 특성

수신자는 어떠한가? 수신자는 한편으로 자신의 고유 권한 내에서 전달자가 된다. 앞서 이야기한 정보의 상당 부분이 수신자에게도 적용된다. 예를 들어 수신자는 신뢰성을 높이고 감성지능을 사용하며 전달자에게 다시 메시지를 전달하는 데 있어 최고의 도구를 선택해야 한다. 특히 설득적인 의사소통이 이뤄질 때 나타나는 수신자의 특성은 다음과 같다.

첫째, 스스로 매우 경쟁적이고 높은 자신감을 가지고 있는 수신자들은 까다로우며, 자신의 믿음을 바꾸려 하는 경우가 적다. 수신자는 전달자가 개인적 관심에서부터 행동하는지 또는 다른 사람을 위해서 움직이는지를 보다 쉽게 판단하며, 전달자의 말에 어떻게 반응할 것인지를 정한다.

또한 그들은 권력을 가진 사람들의 계획이 잘못되었다고 반대하거나 의문을 던지며 왜 그 계획이 결함이 있는지 상대방에게 알리는 **선의의 비판자**(devil's advocate) 역할을 한다.

선의의 비판자
권력을 가진 사람들의 믿음에 의문을 제기하고 영향력 있는 시도에 저항하며, 행동의 계획과정에 결함이 있음을 다른 사람들에게 알리는 사람

요약하면 설득적 의사소통의 목표는 전달되는 메시지와 의사소통 방식의 종류를 이용하여 상대방에게 영향을 미치는 것이다. 효과적인 리더, 관리자, 상사 또는 비공식적 집단의 리더는 설득적 의사소통과 관련된 사안들을 이해하고 있어야 하며 개인 · 집단 · 조직의 목표를 달성하기 위해 설

득적인 의사소통을 활용할 수 있어야 한다.

위기 상황에서의 의사소통

앞에서 우리는 위기 상황이나 재앙에서의 의사소통이 조직의 위계질서 때문에 쉽게 이루어지지 못함을 언급하였다. 위기 상황이 발생하면 불확실한 상황에 관리자가 재빠르게 대응해야 한다. 발생한 문제의 해결책을 찾기 위해 집단 내에서 다른 관리자들과 집중적으로 일하는 것이 필요하다. 위기 상황에서 팀은 의사소통 네트워크의 기본이 되며 위기 상황을 대처하기 위해서는 팀 구성원들을 어떻게 꾸려서 대처할지가 중요하다. 최고경영팀은 정책 결정을 하고 이러한 결정을 구성원에게 빠르게 전달함으로써 조직 위계질서를 아래로 향하게 정보가 전달되도록 하여 모든 직원이 적절한 반응을 실행하도록 함께 일하게 한다.

대면적 의사소통은 이런 상황에서 가장 효과적인 의사소통 채널을 제공하는데 대면적 의사소통이 풍부한 정보의 전달을 활성화하기 때문이다. 이는 전문가를 위기가 발생한 곳으로 보내 상황을 신속하게 평가하고 정확한 정보를 제공하여 위기에 대응하게 하기 위함이다. 팀의 의사결정의 질은 팀이 획득한 정보와 함께 적절한 전문가를 신중하게 활용할 때 높아진다. 시간이 지남에 따라 위기가 진행되는 방식에 대한 최적의 조치는 다양한 시나리오들을 개발하는 것에서부터 시작된다.

정확하고 적절한 정보를 모으기 위해서는 둘 또는 그 이상의 다른 조직들이 반드시 협조해야 한다. 즉각적인 반응이 가능한 것은 서로 다른 조직의 관리자가 빠르게 동의하거나 상황에 대한 공통적인 이해에 도달했을 때이다. 그러나 NASA의 사례나 허리케인 카트리나에 의한 재난에서와 같이 미국 정부기관들은 엄청난 재앙과 마주쳤을 때 의사소통에 실패하는 경우가 흔하다. 여기에는 몇 가지 이유들이 있다.

첫째, 우리가 마지막 장에서 논의할 것처럼 관리자들은 일반적으로 누가 누구에게 보고해야 하

현대의 조직행동

사우스웨스트 에어라인스, 고객과의 소통을 통해 고객만족 경영

2023년, 사우스웨스트 에어라인스는 고객과의 효과적인 소통 전략을 통해 높은 고객 만족을 달성하며 주목받았다. 사우스웨스트는 고객의 편의를 극대화하기 위해 다양한 소통 채널을 제공하고, 실시간 문제 해결을 가능하게 했다. 실시간 채팅, 전화, 이메일뿐만 아니라 모바일 앱을 통해 고객이 필요할 때 언제든지 접근할 수 있는 소통 방식을 구축한 것이 성공의 핵심이었다.

특히 사우스웨스트는 모바일 앱을 통한 실시간 여행 정보 제공 및 가방 추적 기능을 통해 고객들이 여행 중 발생할 수 있는 불편함을 미리 예방하고, 문제가 발생하더라도 빠르게 해결할 수 있는 구조를 마련했다. 이러한 사전 대응 서비스는 고객의 불만을 줄이고 편리한 여행 경험을 제공하는 데 중요한 역할을 했다.

사우스웨스트는 또한 고객 맞춤형 서비스를 강화해 고객의 기대를 넘어서고자 했다. 실시간으로 여행 상태를 업데이트해주고, 고객이 필요로 하는 서비스를 미리 준비하는 등의 개인화된 경험을 제공함으로써 고객 만족도를 더욱 높였다. 이 같은 적극적인 소통 전략은 고객 충성도를 강화하고, 사우스웨스트가 J. D. 파워의 고객 만족도 조사에서 연속 1위를 차지하는 데 기여했다.

결국 사우스웨스트 에어라인스는 효과적인 소통이 고객 경험을 향상시키고 기업 성공에 중요한 역할을 한다는 점을 다시 한번 입증했다. 고객이 원하는 정보와 도움을 실시간으로 제공하며, 고객과의 신뢰 관계를 강화하는 데 성공한 사우스웨스트의 사례는 고객 중심 경영의 모범적인 예로 평가받고 있다.

David J. Phillip/AP Wide World Photos

연방비상관리협회(FEMA)의 의장이 뉴올리언스의 구호명령을 48시간이나 지체한 가장 큰 이유는 백악관으로부터 승인을 기다렸기 때문이다.

는가와 같은 공식적 보고 관계가 불확실한 경우, 누가 어떤 일에 대해 책임이 있는지와 같이 책임 소재가 애매모호할 때 갈등 상황에 놓이게 된다. 이 두 가지 모두 위기 상황에서 일어나기 쉬운 일들이다. 두 번째, 중요한 의사결정을 내려야 할 때 많은 관리자들은 남에게 책임을 전가하는 쪽으로 기울게 되며 마지막 결정을 내릴 때 위계질서상 위에 있는 누군가에게 결정을 미루려 한다. 이런 방식으로 관리자들은 만약 일이 잘못되더라도 비난을 피하려 한다. 세 번째, 좋은 정보를 모으는 것은 많은 시간이 걸리며 효과적으로 미리 수립된 계획이 있지 않는 한 관리자들이 위기 상황이나 재앙을 진단하고 여기에 대응하는 데는 시간이 많이 지연된다. 이는 허리케인 카트리나에 대해 연방재해관리본부(FEMA)가 뒤늦게 대응한 점에서 확인할 수 있다. FEMA의 의장이 대규모 구호명령을 실시하기까지 48시간이 지체된 이유는 백악관으로부터 승인을 기다리고 있었기 때문이다. 뿐만 아니라 루이지애나의 주지사와 뉴올리언스의 시장 모두 느리게 대응하였는데 이는 현장의 공무원들이 현지 상황의 실태를 전달하는 데 실패했기 때문이다. 다른 보고에서는 주지사 Kathleen Blanco가 늦은 반응을 한 이유가 갑자기 감당 못할 만큼 이메일을 받았기 때문이라고 말하고 있다.[36] 2010년, Obama 대통령은 멕시코 걸프만에서의 BP 원유 유출 사건에 대한 대응을 충분히 신속하게 했다고 평가받지 못했다.

요약

의사소통은 조직 내에서 가장 중요한 대인적 과정들 중 하나이다. 효과적인 의사소통은 개인, 집단, 조직이 목표를 달성하고 높은 수준의 성과를 낼 수 있게 해준다. 이 장에서는 다음의 주요 사안들을 살펴보았다.

1. 의사소통은 조직 내 둘 또는 그 이상의 개인 또는 집단들 간의 공통 이해에 도달하기 위해 정보를 공유하는 것을 의미한다. 의사소통은 조직에서 네 가지 주요 기능들을 수행하는데 이는

지식제공, 조직구성원의 동기부여, 개인적 노력의 통제와 조정, 감정과 기분의 표출 등이다.

2. 작업집단 내 의사소통 네트워크의 네 가지 유형은 수레형, 사슬형, 원형, 전체 연결형이다. 집단 내의 업무의존성의 정도가 증가함에 따라 집단구성원들 간의 의사소통 필요성은 같이 증가하게 된다. 한 집단의 업무가 집합적 상호의존성의 특성을 가지면 수레형 네트워크가 형성된다. 집단의 업무가 순환적 상호의존성을 가지고 있을 경우에는 사슬형 네트워크가 형성된다. 집단의 업무가 교호적 상호의존성을 가지고 있는 경우에는 전체 연결형 네트워크가 사용된다. 조직의 실제적인 의사소통 네트워크는 대부분 공식적인 조직도 내에 정확하게 표시되지 않는다. 조직이나 집단 내에서 의사소통의 필요성이 변하면 네트워크도 변화한다.
3. 의사소통 과정은 전달자의 메시지 부호화, 매체의 선택, 수신자에 의한 메시지 해독, 피드백 고리의 완성 등 여러 단계로 이루어져 있다. 집단구성원들에 의해 사용되는 특화된 언어인 전문용어는 집단 내 의사소통을 활성화시키지만 집단 외부와의 의사소통은 방해한다.
4. 필터링과 정보왜곡, 경청의 부족, 피드백의 부족 또는 부적절한 피드백, 소문과 언어 스타일, 다문화적 언어 스타일의 차이는 조직 내 비효과적인 의사소통으로 이어질 수 있다. 의사소통은 신뢰 구축과 열린 의사소통의 독려, 청취 기술 개선, 효과적인 피드백 기술 개발, 정확한 정보 전달을 위한 회사 TV 이용, 문화적 차이에 대한 이해 등에 의해 개선될 수 있다.
5. 의사소통 매체는 정보의 풍부성(전달할 수 있는 정보의 양과 전달자와 수신자 모두가 공통의 이해에 도달하도록 해줄 수 있는 잠재능력)이 다르다. 대면적 의사소통은 정보의 풍부성이 가장 큰 매체이다. 다음으로 전자적으로 전달된 언어적 의사소통이 있으며 개인적으로 전달된 서면 의사소통, 비개인적 서면 의사소통이 그 뒤를 잇는다. 매체의 선택에 영향을 미치는 다른 요인에는 전달자와 수신자가 정보를 전달하는 데 시간이 얼마나 걸리는지와 종이 또는 전자적 문서로 남기는지 여부 등이 있다.
6. 인터넷과 인트라넷을 사용한 광속의 컴퓨터 네트워크 개발 같은 IT 발전은 조직 내 뿐만 아니라 조직 간에 처리되는 정보의 양과 속도를 증가시켜 의사결정의 질을 개선하였다. IT를 통해 직원들에게 제공되는 정보의 양을 고려하면 조직은 구성원들이 과다한 정보로 인해 고생하지 않도록 적절한 소프트웨어를 사용하는 것이 중요하다.
7. 설득적 의사소통은 전달자가 바라는 방식으로 다른 이들이 행동하도록 영향을 미치기 위해 정보와 메시지를 전달하는 것을 말한다.

토론사례

도요타-제너럴 모터스 합작의 실패 : 문화적 차이와 의사소통

1984년, 도요타와 제너럴 모터스(GM)는 미국 캘리포니아 주에 위치한 NUMMI(뉴미) 공장에서 협력 프로젝트를 시작했다. 이 합작 사업은 일본의 효율적인 자동차 생산 방식을 도입해, GM이 운영하던 비효율적인 공장을 혁신하는 것을 목표로 했다. 그러나 두 회사 간 협력은 예상 외로 큰 어려움을 겪었고, 그 주요 원인은 문화적 차이에서 비롯된 의사소통 문제였다.

–문화적 차이로 인한 갈등

도요타는 일본식 경영 철학을 바탕으로 팀워크와 연속적인 개선(Kaizen)을 강조했다. 직원들이 생산 과정에서 발생하는 문제를 즉시 해결하고, 누구나 개선 사항을 제안할 수 있는 문화를 중요하게 생각했다. 도요타의 생산 라인에서는 문제가 생기면 누구든지 생산 라인을 멈추고 즉각 조치를 취할 수 있었다. 이는 회사가 전체적으로 협력해 생산성을 높이는 전략이었다.

반면, GM은 미국식 개인주의에 기반한 관리 구조를 가지고 있었다. GM의 직원들은 문제를 발견하더라도 상급 관리자에게 보고하는 구조에 익숙했으며, 문제를 스스로 해결하기보다는 위에서 지시가 내려오는 것을 기다리는 방식을 선호했다. 또한, GM의 작업자들은 생산 라인을 멈추는 것을 비효율적이라고 생각해, 도요타의 접근 방식에 적응하는 데 어려움을 겪었다.

도요타가 제안한 방식은 GM 공장의 근로자들에게 이질적이었고, 그 결과 의사소통의 부재로 이어졌다. GM 직원들은 도요타의 "모두가 문제를 해결할 수 있다"는 철학을 이해하지 못했고, 도요타 측에서는 GM이 왜 문제를 즉각적으로 해결하지 않는지 납득하지 못했다. 이로 인해 양측은 서로의 기대와 목표를 맞추지 못했고, 프로젝트는 원활하게 진행되지 않았다.

문화적 차이로 인해 발생한 의사소통의 문제는 시간이 지날수록 두 회사의 협력을 더욱 어렵게 만들었다. 도요타는 생산 공정을 개선하기 위해 끊임없이 혁신하려 했지만, GM의 기존 작업 방식과 문화는 이를 저항적으로 받아들였다. 결국 도요타의 기대에 미치지 못하는 성과와 GM 측의 불만이 겹치면서 NUMMI 프로젝트는 성공적이지 못한 사례로 남게 되었다.

2010년, GM은 재정 문제로 NUMMI 공장에서 철수했고, 도요타는 공장 운영을 종료했다. 이 프로젝트는 양측의 문화적 차이와 의사소통 문제를 적절히 해결하지 못해 실패한 사례로 평가되었다. 이후 이 공장은 테슬라에게 인수되었고, 도요타와 GM의 협력은 종료되었다.

이 사례는 국제적 협력에서 문화적 차이가 의사소통과 협력에 얼마나 큰 영향을 미칠 수 있는지를 보여준다.

토론문제

1. 문화적 차이가 의사소통에 미치는 영향을 줄이기 위한 방법은 무엇인가?
2. 도요타와 GM이 서로 다른 경영 철학을 극복하기 위해 할 수 있는 노력에는 무엇이 있는가?

제 14 장

의사결정과 조직학습

개관

단원 목차

요약

학습목표

이 단원을 학습한 후 다음을 이해할 수 있다.

- 예외적 사항에 관한 의사결정과 일상적 사항에 관한 의사결정을 분류하고 예외적 사항에 관한 의사결정이 왜 복잡하고 불확실한 절차인지 설명한다.
- 의사결정에 관한 두 가지 주요 모델의 비교를 통해서 더 현실적인 모델을 설명한다.
- 의사결정 오류의 원인에 대해 논의한다.
- 집단의사결정의 장점과 단점을 설명하고 이를 향상시킬 수 있는 기법에 대해 논의한다.
- 조직학습이 어떻게 의사결정을 향상시킬 수 있는지 논의하고 학습조직을 형성하기 위한 단계를 설명한다.

합리적이지 못한 인간의 의사결정

인간은 합리적이지 못한 판단과 의사결정을 내릴 때가 많다. 전략 역시 결국은 최고경영자의 의사결정이다. 제한된 합리성을 인정하고 의사결정 시 발생하는 오류를 막기 위한 틀을 수립한다면 좀 더 합리적인 전략을 만들 수 있다.

만약 여러분이 이코노미스트를 지금 구독한다고 가정해보자. 세 가지 옵션이 있다. 1) 인터넷 전용 1년 회원 → 5만 9천 원, 2) 잡지 전용 1년 회원 → 12만 9천 원, 3) 인터넷 + 잡지 1년 회원 → 12만 9천 원. 어떤 옵션을 선택하겠는가?

대부분 1번이나 3번을 선택할 것이다. 2번을 선택한 사람은 없을 것이다. 그렇다면 쓸데없는 2번 옵션은 왜 주었는가? 만약 2번 옵션을 제거한다면 결과는 어떻게 달라질까?

미국 듀크대학의 행동경제학 교수인 댄 애리얼리는 위와 같은 잡지 구독을 주제로 MIT MBA 학생 100명에게 같은 질문을 던졌다. 결과는 1번 16명, 2번 0명 그리고 3번이 84명이었다. 이번에는 2번 옵션을 제거하고 같은 질문을 다른 100명의 MBA 학생들에게 물었다. 기존 경제학적 관점에서 본다면 두 번의 실험 결과는 비슷하게 나와야 한다. 그러나 결과는 놀랍게도 1번 68명 그리고 3번 32명이었다. 3번을 선택한 사람이 2번 옵션의 유무에 따라 84명에서 32명까지 62%가 준 것이다. 그렇다면 왜 합리적일 것이라고 생각되는 MIT MBA 학생들 혹은 이 글을 읽고 있는 여러분이 위와 같은 오류를 범할까?

앞의 사례에서 발생하는 오류가 바로 비교(contrast)효과이다. 비교효과란 어떤 하나의 사물이 다른 비교 대상에 의해 강화되거나 반대로 약화되는 오류이다. 즉 사람들은 2번 옵션이 없는 상태에서는 1번 인터넷 전용과 3번 인터넷 + 잡지만을 비교 대상으로 삼는다. 그런데 3번과 같은 가격으로 더 적은 가치를 제공하는 2번 옵션이 등장함으로써 3번이 훨씬 가치가 높은 것처럼 느껴지게 되는 것이다. 또 다른 예제를 살펴보자.

글을 쓰다가 아이디어가 잘 나오지 않아 당분을 섭취하고 싶어진 사람이 평소 좋아하던 초콜릿을 사러 편의점을 찾는다. 가격을 봤더니 5천 원이다. 초콜릿을 사려고 하는데 우연히 친구를 만나 잠시 수다를 떤다. 대화 중에 그 사람이 고른 초콜릿이 걸어서 5분 거리에 있는 편의점에서는 2천 5백 원에 팔리고 있다고 한다. 집었던 초콜릿을 살며시 내려 놓고 5분 거리에 있는 편의점으로 걸어간다. 그런 후 며칠이 지나 최근 급격히 살이 찐 그 사람은 새로운 드레스 셔츠가 필요해서 매장에 간다. 맘에 드는 셔츠를 골라 가격을 보았더니 5만 원이다. 그때 또 우연히 그 친구를 만난다. 친구는 역시 친절하게 5분 거리에 있는 쇼핑몰에서 똑같은 제품을 4만 7천 5백 원에 팔고 있다는 정보를 준다. 그러나 그 사람은 그냥 5만 원에 셔츠를 사고 집으로 간다.

당연하다고 생각될 수도 있는 행동이지만 전통 경제학 관점에서는 전혀 그렇지 않다. 처음 언급했던 초콜릿을 사기 위해 다른 편의점을 향해 이동했을 때를 생각해보자. 그 사람은 이동함으로써 발생할 비용(시간, 노력, 번거로움 등)이 2천 5백 원보다 낮았기 때문에 이동하는 것으로 최종 의사결정을 내린 것이다. 마찬가지로 드레스 셔츠를 사기 위해 다른 매장으로 이동하는 비용도 기존과 같다. 따라서 전통적인 경제학 관점에서는 효용을 극대화하기 위해 반드시 이동해야 한다. 그런데 왜 그 사람은 다른 의사결정을 내렸을까?

크기(scale) 혹은 비율(ratio) 효과에 의한 오류를 범한 것이다. 2천 5백 원이라는 금액은 5천 원에 50%에 해당하지만 5만 원에는 5%밖에 안 되기 때문이다. 만약 50만 원 혹은 그 이상 되는 가격의 물건을 구매한다면 2천 5백 원의 두 배 혹은 그 이상을 할인해준다 해도 이동하지 않을 수도 있다. 이 외에도 많은 오류들이 의사결정 시에 발생하곤 한다. 이러한 실제 인간의 비합리성과 의사결정 시 발생될 수 있는 오류들을 발견 분석하고 더 나은 의사결정을 돕는 연구를 하는 학문이 행동경제학이다. 행동경제학은 전통적인 경제학에서 발생하는 여러 모순점들을 비판하면서 시작되었다. 전통경제학에서는 모든 가능한 대안들에 대한 정보를 사람들이 다 알고 있다고 가정한다. 그 대안들을 선택했을 때 미래 발생할 결과에 대해 정확한 기댓값도 알고 있기 때문에 의사결정을 할 때 최적의 대안을 선택할 수 있다. 그러나 실제 인간의 행동을 관찰하면 대부분의 경우 그렇지 못하다. 행동경제학은 인간의 실제적인 행동이나 판단에 관한 연구로서 인지심리학과 함께 발전해 왔다.

최근 경제 예측에 대한 정확성이 떨어지고 불확실성이 급격히 증대되는 상황에서 특히 이 학문이 각광을 받고 있다. 미국의 오바마 정권 역시 리처드 테일러, 카스 선스타인, 다니엘 카네만과 같은 행동경제학자들을 최고 자문위원(top adviser)으로 임명한 것도 같은 맥락에서 이해할 수 있다.

출처 : 이진상, "좀 더 합리적인 전략을 만들려면", Weekly Focus, LG경제연구원, 2009. 09. 02.

개관

의사결정은 조직의 핵심활동 중 하나이다. 올바른 의사결정이 직원과 집단 및 조직의 목표와 성과를 달성하게 하는 반면, 올바르지 못한 의사결정은 목표달성을 방해하고 성과를 저해한다. 양질의 의사결정은 조직이 시간의 흐름에 따른 변화에 빠르게 적응할 수 있도록 돕는다.

이번 장을 통해 우리는 조직 내에서 이루어지는 의사결정의 유형과 절차에 대해 알아본다. 그리고 양질의 의사결정과 윤리적 의사결정의 중요성에 영향을 미치는 몇 가지 주요 오류와 문제들에 대해 논의하고 집단의사결정에 관련된 문제들과 개인이 아닌 집단의 의사결정이 어떠한 장점과 단점을 갖는지 알아볼 것이다. 마지막으로 조직 내 의사결정의 질을 유지하고 향상시키기 위해 조직이 어떻게 조직학습을 지원할 수 있는지 알아볼 것이다. 이러한 논의를 통해서 의사결정이 개인, 집단, 조직의 성과를 높이고 목표를 달성하는 데 얼마나 중요한 요소인지 이해한다.

의사결정의 유형

이전 장에서는 조직구성원이 매일 마주하는 의사결정의 유형에 대해 논의하였다. 조직구성원은 관리자가 어떻게 하면 부하직원들에게 동기를 부여하고 보상할 수 있는지, 부하직원이 상사에게 중요한 정보를 전달하기 위해 사용하는 최선의 의사소통 매체는 무엇일지, 불만이 가득한 고객을 어떻게 응대해야 할지 등의 선택을 해야 한다. 그리고 이러한 선택들이 바로 의사결정의 핵심이라고 할 수 있다. 사실상 **의사결정**(decision making)은 조직구성원이 직면한 기회 또는 위험에 대응하기 위한 일련의 행동을 선택하는 과정이라고 할 수 있다. 좋은 선택은 개인, 집단, 조직을 효율적으로

의사결정
조직구성원들이 직면한 기회 또는 문제에 대응하기 위한 일련의 특정 행동을 선택하는 과정

만들며 나쁜 선택은 효율성을 저해하여 조직의 모든 수준에서 성과저하와 부정적 태도를 야기한다.

기회에 대한 의사결정은 조직구성원이 이익 또는 수익을 얻기 위한 선택과 행동을 취할 때 발생한다. 이러한 의사결정은 성공한 전자 기업의 상위관리자들이 유럽 국가에서 기업의 상품 판매여부를 결정하는 것부터 말단 직원이 새로운 기술과 기회를 배우기 위해 온라인 영업을 배울지 결정하는 것까지 다양하다. 많은 관리자들, 가령 에이본의 CEO Andrea Jung이나 애플의 CEO Steve Jobs는 성공한 기업의 관리자가 현실에 안주하거나 새로운 기회를 제대로 이용하지 못할 때 또는 변화된 조직상황을 제대로 이해하지 못할 때 위기에 처하게 됨을 보여준다. 그래서 에이본과 애플의 관리자들은 수익성 높은 새로운 상품을 소개하기 위해 끊임없이 노력하며 그러한 기회를 어떻게 확인하고 반응할지 많은 시간을 두고 고민한다.[1]

한편 개인, 집단 또는 조직의 목표달성과 성과가 위협받을 때에는 이러한 문제에 대응하기 위한 의사결정이 필요하다. 한적한 시골에서 좋은 의료 서비스를 제공하고 싶은 의사의 목표는 새로운 의료 장비를 구매하기 위한 재정적 자원을 확보하는 것이다. 또한 매달 품질관리 평가에서 우수한 결과를 얻고자 하는 생산집단의 목표는 몇몇 구성원들이 무임승차를 하려 할 때 위협받는다. 회사의 수익을 높이고자 하는 최고경영팀의 목표는 조직 내 갈등이 발생하고 의사소통에 문제가 생기면 어려움을 겪게 된다. 이러한 의사결정의 과정을 통해서 조직구성원들은 발생한 문제에 어떻게 대응할지 결정해야 한다.

이렇듯 잠재적 기회에 반응하는 것이나 문제를 해결하기 위한 결정을 내리는 것은 예외적 사항에 관한 의사결정과 일상적 사항에 관한 의사결정으로 구분될 수 있다(그림 14.1 참조).

예외적 사항에 관한 의사결정

예외적 사항에 관한 의사결정
새로운 기회와 문제들에 대응하기 위한 의사결정

조직구성원들은 새로운 기회 또는 발생한 문제를 해결하기 위한 선택을 해야 할 때 **예외적 사항에 관한 의사결정**(nonprogrammed decision making)을 할 수 있다.[2] 예외적 사항에 관한 의사결정은 옳은 결정을 하기 위해 필요한 추가 정보를 찾는 과정을 말한다.[3] 조직구성원들이 발생한 기회나 문제에 대한 경험이 없는 경우에는 어떻게 대처해야 할지 확신할 수 없게 되며 올바른 결정을 내리기 위해 도움이 될 만한 정보를 찾기 위해 노력한다.

예를 들어 텍사스의 작은 마을에 위치한 차오!라는 이름의 성공한 이탈리안 레스토랑 관리자 마이크 카스틸리오네는 멀지 않은 곳에 전국적 체인망을 가진 이탈리안 레스토랑인 올리브 가든이 오픈했을 때 문제에 직면했다. 올리브 가든이라는 강력한 라이벌의 등장은 마을의 유일한 이탈리안 레스토랑이었던 차오!에게는 골치 아픈 문제가 됨과 동시에 직원의 입장에서는 이직을 통해 새로운 경력을 쌓을 수 있는 기회가 생긴 것이다.

마이크는 올리브 가든이 레스토랑을 오픈할 것이라는 소식을 듣자마자 새로운 경쟁자에게 대응하기 위해 취할 수 있는 전략—음식 메뉴와 가격, 이에 반응할 고객의 유형, 음식의 질 등—을 찾기 위해 노력하였다. 또한 마이크는 인근 도시 휴스턴과 댈러스에 위치한 올리브 가든에 방문하여

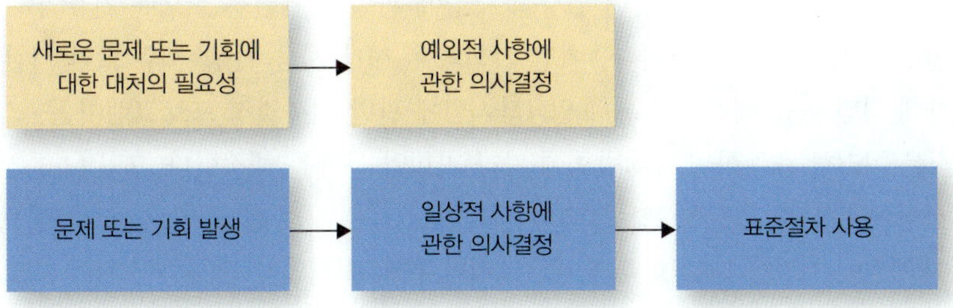

그림 14.1
예외적 사항에 관한 의사결정과 일상적 사항에 관한 의사결정

음식을 맛보고 분위기와 고객규모를 분석하였다.

이러한 탐색 행위 결과 마이크는 차오!의 음식 질이 더 높으며 가격은 두 레스토랑이 크게 다르지 않다는 결론에 도달하였다. 그러나 올리브 가든은 차오!가 판매하는 음식에 비해 훨씬 더 많은 메뉴 선택권을 제공하였으며 매 식사마다 수프와 샐러드를 무료로 제공하였다. 이에 마이크는 점심메뉴 세 가지와 저녁메뉴 네 가지를 새로 추가하였으며, 건강에 관심이 많은 고객을 위해 매 식사마다 하우스 샐러드를 무료로 제공하기로 하였다. 이러한 정보탐색 노력 결과 마이크는 경쟁자를 성공적으로 대응할 수 있는 방법을 선택할 수 있었고 차오!는 도태되지 않고 살아남을 수 있었다.

일상적 사항에 관한 의사결정

일상적 사항에 관한 의사결정
반복적으로 발생하는 기회나 문제에 대처하기 위한 의사결정

표준절차
조직구성원들이 특정한 유형의 기회와 문제에 맞닥뜨렸을 때 기계적으로 따라야 하는 일련의 표준화된 행동들

새로운 기회와 문제에 대처하기 위한 예외적 사항에 관한 의사결정과는 달리, 일상적이고 반복적으로 발생하는 문제에 대처하기 위해서는 **일상적 사항에 관한 의사결정**(programmed decision making)이 필요하다.[4] 일상적 사항에 관한 의사결정을 위해 조직구성원들은 **표준절차**(performance program)를 사용하는데 이는 특정한 유형의 기회와 문제가 발생하였을 때 기계적으로 따라야 하는 일련의 표준화된 행동에 관한 것이다.[5] 백화점의 경우 고객이 닳고 손상된 옷을 환불하려 할 때 판매 사원이 어떻게 대응해야 하는지 설명하는 표준절차를 구축해놓고 있다. 식료품점 또한 할인품목이 모두 소진된 경우 점원이 어떻게 행동해야 할지에 대한 표준절차를 가지고 있으며 대학은 졸업에 어려움을 겪는 학생을 교수가 어떻게 상담할지에 관한 여러 단계들을 표준절차로 규정하고 있다.

조직은 지속적으로 발생하는 동일하거나 유사한 종류의 기회와 문제에 대처하기 위해 표준절차를 구축한다. 표준절차가 완성되면 조직구성원들은 특정 문제가 발생했을 때 자동적으로 이를 실행하게 된다. 그들은 어떻게 대처해야 할지 생각할 필요가 없으며 관련 정보를 찾으려 노력할 필요도 없다. 조직의 규칙(제9장 참조)은 매우 중요한 표준절차 중 하나로서 조직구성원이 효율적이고 효과적인 의사결정을 하도록 돕는다.

지역 경제 발전으로 인해 마이크는 차오!의 직원들이 올리브 가든이나 다른 레스토랑에서 끊임없이 이직을 권유받는 문제를 지속적으로 경험하였다. 차오!의 직원들은 대부분 직무에 만족하고 있었으나 혹여 있을지 모를 더 많은 보수와 혜택을 얻기 위해 새로운 레스토랑에 면접을 보러 다니곤 했다. 또한 그들은 마이크에게 종종 찾아와 경쟁사가 그들에게 더 나은 혜택과 노동시간을 제안했다고 말했다. 이러한 일들이 발생하기 시작했을 때 마이크는 관련 정보의 부족으로 인해 예외적 사항에 관한 의사결정을 해야 했다. 그는 새로운 웨이터를 채용하고 교육하는 것에 얼마나 비용이 드는지, 차오!의 단골들과 좋은 관계를 유지하는 노련한 웨이터들을 보유하는 게 얼마나 중요한지에 대한 정보를 탐색하였다. 그리고 웨이터들이 경쟁사로부터 제안받은 조건들을 최대한 맞추어서 우수한 웨이터들을 보유해야 한다고 결정하였다.

이러한 결정을 내린 후, 마이크는 웨이터들이 찾아와 경쟁사가 더 나은 작업조건을 제시하였다고 말할 때마다 가능한 그 조건들에 맞추어주기 위해 노력했다. 반복적으로 발생하는 문제에 표준화된 대처방법 즉, 표준절차에 따라 일상적 사항에 관한 의사결정을 하게 된 것이다.

마이크의 일화를 통해 알 수 있듯이 일상적 사항에 관한 의사결정은 오랜 기간의 예외적 사항에 관한 의사결정 과정을 통해 확립된다. 어떤 기회와 문제가 처음 발생한 후 오랜 기간 지속적으로 반복 발생하게 되면 이를 해결하기 위해 일상적 사항에 관한 의사결정 프로그램이 구축되는 것이다. 그리고 조직은 이러한 표준화된 대처방법에 따라 기회와 문제를 해결한다(그림 14.1 참조).

일상적 사항에 관한 의사결정 프로그램이 구축된 조직은 정보를 찾기 위한 노력을 할 필요가 없게 되고 문제해결에 시간을 단축할 수 있다. 그러나 관리자는 일상적 사항에 관한 프로그램에 변화

현대의 조직행동

의사결정의 세 가지 함정

90년대 초부터 선진 기업들은 해외 시장개척을 위해 직/간접 투자, 전략적 제휴, 인수/합병, 생산/마케팅 기능 이전 등을 활발히 전개했다. 이들 기업 중 성공한 기업도 있으나 상당 수는 실패했는데, 그 주된 원인 중 하나는 진출 국가의 문화적 특성이나 현지인의 가치관/행동양식에 대한 충분한 사전 조사 없이 성급하게 진출한 것에 있다고 하겠다. 즉, 실패한 기업들은 진출 국가에 대한 면밀한 조사 없이, 자국에서의 사업 경험을 바탕으로 기존의 전략이나 관리시스템을 그대로 적용했던 것이다. 이러한 추측과 성공에 대한 막연한 기대에 의한 의사결정은 많은 기업들의 성공적인 해외 진출의 꿈을 접게 만들었다.

경영은 수많은 의사결정으로 이루어진다. 특히 기업 전체의 나아갈 방향을 결정하는 경영진의 의사결정은 기업의 생존과 멸망을 좌우할 정도로 매우 중요하다. 잘못된 의사결정으로 쇠락의 길로 접어드는 기업도 많이 있다. 이러한 잘못된 의사결정을 내리게 되는 원인 중 하나는 의사결정의 주체인 사람에게 있다. 아무리 많은 컨설턴트나 비즈니스 전문가들의 분석과 조언, 풍부한 정보, 체계적인 의사결정 시스템 등이 있더라도, 의사결정자의 왜곡되고 편협한 관점과 사고로 인해 잘못된 방향으로 판단하는 경우가 종종 있다. 다음에서는 잘못된 의사결정에 빠지게 되는 몇 가지 함정을 살펴보자.

함정 1 : 늘 하던 대로 자신에게 편한 방식을 고수한다
새로운 것을 찾기보다는 늘 하던 대로 자기에게 편한 방식을 고수하는 경우이다. 이러한 함정은 장기간 동안 어느 한 분야에만 몸 담았던 사람들에게서 자주 발생한다. 이들은 다양한 주장이나 관점을 받아들이기보다는 자신이 이미 머릿속에 가지고 있던 생각이나 틀에 맞는 자료나 정보만 선별적으로 흡수하며, 새로운 결정을 하는 것을 두려워하고 참신한 것의 도입을 꺼려 한다. 이러한 함정에 빠지는 경영진은 모든 데이터에 의심의 눈초리를 보내며, 특히 자신의 가치관/세계관에 반하는 정보에는 강한 거부감을 가지게 된다. 폴라로이드 사는 탁월한 사진 기술을 기반으로 한 전통적인 R&D 회사이었다. 그러나 너무 강한 R&D 회사라는 가치관은 기업 전체의 의사결정에 오히려 부정적인 영향을 미쳤다. 개발된 제품을 효과적으로 생산, 판매하기 위해서는 마케팅이나 자금 조달 등과 같이 다른 부문도 충분히 고려하여 의사결정을 내려야 했음에도 불구하고, 항상 R&D를 투자의 우선순위로 삼았다. 시장, 경쟁사, 고객의 변화나 추세는 그다지 중요한 점이 아니었다. 그 결과, 점차 매출이 감소하고 자금이 원활히 흐르지 않게 되어서 기업이 위축되는 결과를 초래했다.

함정 2 : 과거 자료나 추세만을 중시한다
사람의 특성 가운데 하나는 자신의 생각이 옳은 것인가를 가늠할 수 있는 기준점(프레임)을 찾는 것이라고 한다. 어떻게 행동해야 할지 막연하거나 불확실한 상황에서는 더더욱 그러할 것이다. 이러한 기준점은 심리적으로 편안함을 주고 판단의 척도로 사용될 수 있다는 장점이 있으나, 그런 것들에 너무 집착할 경우 잘못된 의사결정으로 흐를 수 있다. 기준점으로 많이 활용되는 가장 대표적인 예가 바로 과거의 자료나 추세를 통한 미래 예측이다. 예컨대, 마케팅/생산 계획, 연간 예산계획을 수립하는 보고서들을 보면, 항상 처음에 나오는 것이 바로 과거의 매출, 성장률, 수익성 등 추세와 관련된 자료들이다. 이러한 자료들은 경기를 예측하거나 향후 경영 여건을 가늠하는 데에는 상당 부분 도움을 줄 수 있다. 그러나 문제는 주어진 기준이나 프레임 외의 다른 요인에 대한 관심을 저하시킬 수 있다는 것이다. 또한, 그 기준이 정말 옳은 것인지에 대한 근본적 사고보다는 기준에 의한 의사결정 그 자체만을 주된 목적으로 삼는다면 보다 중요한 요인들을 간과하거나 창의적이고 혁신적 사고를 저해할 수 있다.

함정 3 : 눈으로 보는 것만이 현실이다
의사결정 과정에서 흔하게 빠져들 수 있는 함정은 눈으로 보이는 것만을 현실이라고 믿는 것이다. 두 눈으로 직접 보지 못하거나 경험하지 않은 것들은 현실에서 발생하지 않을 것이라는 착각이 바로 그것이다. 이런 함정에 빠질 경우, 현재 자신이 생각하는 틀 내에서 항상 보던 방식대로 사물을 바라보는 관점의 고착화가 발생하게 된다. 즉,

시장, 경쟁사 등 사업 환경을 전체적으로 바라보지 못하고 좁은 시야에서 보기 때문에, 의사결정에 필요한 충분한 정보를 얻지 못하게 된다. 또한, 과거의 패턴이나 추세에 입각하여 현실을 바라보며, 이미 자기에게 익숙한 과거의 대응 방식만을 선택하기도 한다. 이러한 현상은 다양한 산업/환경에서의 경험이 부족하거나 특정 분야에만 오래 일하여, 생각과 관점의 폭이 좁아진 사람에게서 주로 나타나게 된다. 1800년대 중반에 설립된 웨스턴 유니온 사는 송금 업무 전문 기업으로 기술과 규모에 따른 진입 장벽의 이점으로 1960년대까지 엄청난 수익을 내며 안정적으로 사업을 운영해왔다. 그러나 1960년대부터 텔렉스, 팩스, 일일 배달 등 대체재 산업이 등장했지만, 동사의 경영진들은 자사의 독점적 지위를 허물어뜨린 전신사업에 진입한 기업들과의 경쟁에 더욱 신경을 썼다. 그러는 동안에, 대체재 성격의 산업들이 급속히 발전하면서 1980년대에는 현금 유동성이 악화되는 등 기업 상황이 어려워져 결국 1987년 도산했다. 이는 기업이 속해 있는 현재 산업만을 전부로 여기고 주변 환경에 적절한 주의를 기울이지 않을 경우, 기업의 생존에 얼마나 큰 영향을 주는가를 잘 보여주는 예라 하겠다. 한편, 이러한 현재에 국한하지 않고 폭넓은 관점에서 의사결정을 하여 성공한 기업도 있다. 제과용 빵의 소다를 만드는 암앤해머 사은 누가 보더라도 시장이 점차 줄어 드는 사양산업이었다. 그러나 소다가 먼지흡수 기능이 있다는 사실이 발견된 이후, 동사는 세제, 카펫 클리너, 치약, 세수 용품 등 다양한 제품으로 사업을 확장하여 새로운 사업 성장기를 맞이하였다.

기업의 최고경영자나 일반 관리자 모두 다양한 형태의 의사결정 오류를 범한다. 따라서 합리적 의사결정을 내리려면 사람이 범하는 잠재적 오류에 대해 이해할 필요가 있다.

출처 : 최병권, "잘못된 의사결정에 빠지는 5가지 함정", LG주간경제, 2003. 08. 27.

가 필요한 순간을 깨달을 수 있어야 하며 변화에 필요한 적절한 단계를 취할 수 있어야 한다. 조직은 일상적 사항에 관한 프로그램을 변화하는 데 주저하게 되는데 이는 과거에 해왔던 방식대로 일을 처리하는 것이 새로운 절차를 고안하고 시도하는 것보다 쉽기 때문이다.

윤리적 의사결정

조직이 만족스러운 결정을 했는지 판단하는 기준의 하나는 윤리성이다. 윤리적 의사결정은 조직구성원과 조직의 활동으로부터 영향을 받는 사람들의 조화로운 삶을 증진시키고 피해를 줄인다. 윤리적 의사결정이 무엇을 뜻하는지 설명하는 것은 어렵지 않으나 조직의 윤리적 의사결정과 비윤리적 의사결정의 경계를 결정하는 것은 매우 어려운 작업이다. 예를 들어 제약회사가 가난한 사람을 대상으로 생명구제에 중요한 약을 매우 비싸게 판매한다면 이를 윤리적이라고 할 수 있을지 모른다. 회사는 약의 효과성을 향상시킬 수 있는 방법에 대해 연구하고 지속적으로 생산하기 위해 많은 자금을 필요로 한다. 그러나 한편으론 가능한 많은 사람들이 약을 사용할 수 있도록 해야 한다는 점에서 도덕적, 윤리적 책임이 있다고 할 수 있다. 쉐링푸라우가 후천성면역결핍증후군 예방약의 가격을 500% 인상하였을 때 많은 의사와 환자들은 이것이 환자들, 특히 약을 구매하기 힘든 가난한 이들에게 가혹한 처사라고 분노하였다. 이러한 비판에 대해 쉐링푸라우는 약에 대한 낮은 가격을 너무 오랜 기간 유지해 왔으며 기업에게는 가격을 인상할 수 있는 권리가 있다고 주장하였다.

일부 사람들은 자신, 혹은 조직에 혜택을 주기 위해 비윤리적 의사결정을 한다. 그러나 윤리적 의사결정을 하기 위해 노력하는 사람들조차 때로는 어려운 선택과 윤리적 딜레마를 경험하게 된다. 이러한 상황에서 윤리적으로 수용가능한 의사결정을 내리는 것은 매우 어려운 일이라 할 수 있다. 제약회사들의 비윤리적 의사결정은 여섯 곳의 제약회사가 비타민 A, B^2, C, E, 베타카로틴의 가격 담합을 모의했다고 고백하면서 세상에 드러났다. 이로 인해 스위스의 호프만 라 로슈는 5억 달러의 벌금을 냈으며 독일의 BASF 또한 2억 2,500만 달러의 벌금을 지불하였고 나머지 회사들 또한 많은 벌금을 지불해야 했다.[6] 어떻게 이런 일이 발생했던 것일까?

이들 기업의 비타민 담당 부서 고위관리자들은 부서 이익을 높이기 위해 약의 가격을 올리고 고객의 희생을 외면하며 비윤리적 행동을 감행하였다. 그들은 몇 번의 만남을 통해서 담합을 계획하고 오랜 기간 비밀을 유지하였다. 결국 최고경영팀들이 자국으로부터 기소됐으며 모두 일자리를 잃게 되었다. 특히 BASF는 전 세계 고객관리팀 구성원을 모두 교체하였다.[7]

이러한 큰 변화를 겪고 난 후 조직 내에서는 '윤리 담당자'를 둬야 한다는 목소리가 높아졌다. 윤리 담당자는 의사결정이 어떻게 이루어져야 하는지에 대한 새로운 윤리적 기준을 만드는 업무를 담당한다. 또한 비윤리적 행동에 대한 구성원의 불만에 귀를 기울이고, 윤리적 의사결정을 내리도록 교육하며 최고경영팀이 실수를 하지 않도록 조언하는 일을 한다.[8]

이와 유사하게 한국의 LG 디스플레이, 일본의 샤프, 타이완의 청화는 델, 애플, 모토로라 및 다른 기업에 판매하던 LCD 모니터 가격을 담합하여 올렸음을 인정하고 샌프란시스코의 미국 지방법원에서 판결한 대로 총 58억 5,000만 달러의 벌금을 지불하였다. 검사에 따르면 세 기업의 경영 간부들은 공모자들과 반복적인 만남을 통해서 LCD 모니터 가격을 담합하였다. 이로 인해 아이팟을 생산하는 애플, 휴대폰을 생산하는 모토로라, 모니터를 생산하는 델과 같은 소비자 기업은 물건 생산에 필요한 LCD 장치를 구매하기 위해 높은 금액을 지불해야만 했다. 이를 두고 법무부의 독점 금지 부서 소속 보좌관 Thomas Barnett은 "이러한 가격 담합은 컴퓨터와 휴대폰 및 가전제품을 사용하는 수많은 고객들에게 피해를 끼쳤으며 이에 대한 판결과 엄청난 벌금은 불법을 저지르는 기업이 어디에 위치하든 조사하고 강력히 제지할 것이라는 법무부의 의지를 반영한다"라고 이야기하였다.

의사결정 프로세스

조직 내 의사결정을 하는 과정에서 조직구성원들은 일반적으로 새롭고 중요한 정보에 대한 탐색을 요구하는 예외적 사항에 관한 의사결정을 한다. 따라서 예외적 사항에 관한 의사결정에 대해 더 자세히 알아보도록 하자. 우리가 사용하는 의사결정이란 용어는 특별히 예외적 사항에 관한 의사결정을 의미한다. 대표적 의사결정 프로세스 모델로는 전통적 의사결정 모델과 James March와 Herbert Simon의 관리적 의사결정 모델을 들 수 있다.

전통적 의사결정 모델

전통적 의사결정 모델(classical decision-making model)은 규범적 모델(prescriptive model)로 사람들이 어떻게 의사결정을 내리는지 설명한다.[9] 이 모델은 두 가지를 가정하는데 첫째, 사람들은 의사결정을 내릴 때 필요한 모든 정보에 대한 접근이 가능하며 둘째, 사람들은 기회와 문제에 대해 가능한 최선의 대처를 함으로써 의사결정을 내린다.[10] 전통적 의사결정 모델에 따르면 의사결정자들은 기회와 문제에 대처하기 위해 다음의 네 가지 단계를 따라야 한다.[11]

전통적 의사결정 모델
사람들이 의사결정을 하는 과정에서 모든 정보에 대한 접근이 가능하며 가장 최선의 대응과 해결을 할 것이라고 가정하는 것에서 출발한 규범적 의사결정 모델

1. 최종 선택을 위한 모든 대안적 행동경로에 대해 리스트를 작성한다. 이러한 대안적 행동들은 기회나 문제에 대한 각기 다른 반응을 나타낸다.
2. 각각의 대안이 가져오는 결과물에 대한 리스트를 작성한다. 이때 결과물이란 특정 대안이 선택되었을 때 발생할 수 있는 것을 뜻한다.
3. 각각의 대안들과 결과물에 대한 개인의 선호도를 고려하여 가장 선호되는 대안과 그렇지 않은 대안들로 순서를 작성한다.
4. 가장 선호되는 결과물을 가져오는 대안을 선택한다.

전통적 모델에 따르면 조직구성원들이 네 가지 단계를 따랐을 때 의사결정자의 선호를 고려하여 가장 최선의 결정을 내릴 수 있다.[12] 조직구성원들이 실제로 이러한 전통적 모델에 따라 의사결정을 하는가? 만약 그렇지 않다면 전통적 모델을 따를 때 더 나은 의사결정을 내릴 수 있을 것인가? 두 가지 질문에 대한 대답은 "아니다"이다. 전통적 의사결정 모델에는 몇 가지 근본적 문제들이 있기 때문이다.

전통적 의사결정 모델은 의사결정자가 최선의 의사결정에 필요한 모든 정보에 접근이 가능하다고 가정하기 때문에 비현실적이다. 실제로 사람들은 제한된 정보의 접근만이 가능하다.[13] 게다가 만약 필요한 모든 정보에 접근이 가능하다고 하더라도 정보를 처리하는 능력은 제한적이기 때문에 모든 정보를 소화하는 것은 불가능하다.

전통적 의사결정 모델이 현실적으로 불가능하다는 것을 확인하는 하나의 방법은 조직 내에서 일어나는 실제 의사결정을 앞서 알아본 4단계와 비교해보는 것이다. 먼저 의사결정자는 첫 번째 단계에서 언급한 것처럼 선택할 수 있는 모든 대안들에 대해 알지 못한다.[14] 예외적 사항에 관한 의사결정의 특징 중 하나는 의사결정자가 많은 양의 중요한 정보를 찾기 위해 노력해야 한다는 것이지만 그러한 노력을 통해서 모든 대안에 관한 정보를 남김없이 얻을 수 있는 것은 아니다.

예를 들어 포춘이 선정한 500대 기업에 뽑힌 식료품 회사의 마케팅 관리자 사라 헌터는 냉동디저트 판매 감소를 해결해야 하는 문제에 직면하였다. 그녀는 여러 대안을 탐색하는 과정을 통해서 세 가지 잠재적 해결방법을 도출하였다. 첫 번째 방법은 신문이나 잡지에 쿠폰을 동봉한 광고를 내는 것, 두 번째 방법은 주요 식료품점에 부탁하여 자사의 냉동식품을 고객이 쉽게 찾을 수 있는 위치(눈높이)에 배치하는 것, 마지막으로 피크타임에 텔레비전 광고를 하는 것이었다. 그러나 이러한 헌터의 정보탐색은 다른 가능성 있는 대안들 예를 들어 제품명 변경, 제품포장 디자인 변경, 포장을 변경하고 특정 고객에게 집중적인 마케팅을 실시하는 것(예를 들어 건강을 염려하는 어른들에게 피치 엔젤 케이크를 판매하거나 어린이에게 냉동 요거트 바를 판매하는 것), 제품라인을 폐기하는 것 등을 고려하는 데 실패하였다.

Vetta Collection/Pali Rao/iStockphoto

예외적 사항에 관한 의사결정은 중요 정보조사를 필요로 하다.

전통적 의사결정 모델의 두 번째 단계는 의사결정자가 각각의 대안들로 인한 결과물을 목록화하는 것이다. 그러나 첫 번째 단계와 같이 의사결정자는 어떤 대안을 선택했을 때 뒤따르는 모든 결과에 대해 알지 못한다.[15] 의사결정이 어려운 이유는 어떠한 대안을 선택했을 때 무슨 일이 발생할지 확신할 수 없기 때문이다. 헌터는 신문과 잡지 광고가 판매에 큰 도움이 될지 확신하지 못했다. 왜냐하면 그녀의 회사가 과거에 이 전략을 사용했을 때 그 결과가 항상 긍정적이지만은 않았기 때문이다. 헌터는 텔레비전 광고가 상품 판매를 늘릴 것이라는 것을 알지만 그 효과가 얼마나 지속될지 또는 그로부터 얻을 수 있는 수익이 투자한 비용을 넘어설지 확신하지 못한다.

전통적 의사결정 모델의 세 번째 단계에서 언급한 것처럼 의사결정자는 발생할 수 있는 일련의 결과물에 대한 선호도를 고려해야 한다. 전통적 모델은 의사결정자가 결과물을 자신의 선호도에 따라 선택할 수 있다고 가정한다.[16] 그러나 의사결정자가 자신이 무엇을 원하는지 항상 알고 있는 것은 아니다. 당신이 이제까지 해왔던 중요하고 어려웠던 결정들에 대해 생각해보라. 때때로 당신은 스스로가 무엇을 원하는지 몰라서 의사결정에 어려움을 겪었을 것이다. 위스콘신대학에서 회계학을 전공한 졸업 예정자는 위스콘신 은행과 뉴욕에 위치한 대형 회계기업으로부터 입사 제의를 받았다. 그러나 스스로가 가족과 친구들이 있는 위스콘신의 안전적 환경을 선호하는지 아니면 대도시의 화려함과 대형 회사에서 일할 수 있는 기회를 더 선호하는지 알지 못해서 결정에 어려움을 겪고 있다.

이렇듯 전통적 의사결정 모델의 세 가지 단계는 근본적 문제로 인해 (1) 조직구성원들이 최선의 의사결정을 내리는 것이 불가능하며, (2) 좋은 결정을 내렸다고 하더라도 결정을 내리는 데 사용한 시간과 노력, 비용은 결정의 가치를 상쇄할 수 있다.[17] James March와 Herbert Simon은 전통적 모델의 문제를 깨닫고 더욱 현실적인 의사결정 모델인 관리적 의사결정 모델을 고안하였다.[18]

March와 Simon의 관리적 의사결정 모델

전통적 모델은 최선의 의사결정이 어떻게 이루어져야 하는지를 정의했다는 점에서 규범적이다. 반대로, March와 Simon의 **관리적 의사결정 모델**(administrative decision-making model)은 서술적(descriptive)인데 이는 조직 내의 사람들이 실제로 어떻게 의사결정을 내리는지(actually make)를 설명한다.[19] March와 Simon은 불완전한 정보와 제한된 인지능력이 의사결정에 영향을 미침을 지적한다. 이로 인해서 의사결정자는 종종 최선이 아닌 만족할 만한 해결책을 선택한다.[20]

관리적 의사결정 모델
의사결정에 영향을 미치는 불완전한 정보와 심리적 · 사회적 과정과, 의사결정자의 인지적 능력을 강조하는 서술적 관점. 의사결정자들은 이러한 요인들로 인해 최상이 아닌 만족할 만한 의사결정을 하게 됨

관리적 의사결정 모델에 따르면, 의사결정자는 개인적 선호에 따라 기회와 문제에 어떻게 반응할지 정하게 되는데 개인적 선호의 고려는 상황에 대한 간소화된 관점을 가지게 한다. 의사결정자는 문제와 기회에 관련된 모든 정보를 고려하지 않으며, 가능한 모든 대안과 그에 따른 결과물 또한 고려하지 않는다. 헌터는 냉동디저트의 이름 변경이나 포장 디자인 변경, 또는 특정 고객을 대상으로 집중적 마케팅을 실시하는 것, 나아가 아예 제품생산을 중단하도록 회사에 건의하는 일은 고려하지 않았다. 그녀가 내린 상황에 대한 정의는 이러한 대안들을 고려하는 것에 적합하지 않았기 때문이다. 그녀는 고객들이 좀 더 매력적으로 느낄 수 있도록 제품을 변화시키는 것이 아닌 기존 제품들의 매출을 올리는 방향으로 상황을 정의하였다. 제품라인 전체를 포기하도록 회사에 건의하는 것은 아예 생각지도 않았는데 사실상 2년 뒤 회사는 제품생산에 대한 포기를 결정하였다.

전통적 모델은 의사결정자가 대안과 그에 따른 결과를 고려할 수는 있다고 말한다. 그러나 고려하는 정보는 개인적 또는 상황적 요인에 의해 영향을 받은 개인적 선호도에 기반을 둔다. 개인적 요인은 의사결정자의 성격 · 능력 · 지각 · 경험 · 지식을 포함하며, 상황적 요인은 의사결정자가 소속된 집단과 조직 및 조직적 · 국가적 문화를 포함한다.

헌터가 고려했던 대안들, 좀 더 일반적으로 말하자면 현 상황과 문제에 대한 정의는 두 가지 요인으로부터 영향을 받은 것이라 할 수 있다. 첫째는 '성공한' 제품의 매출을 상승시키는 것에 집중해 왔던 과거경험들이며, 둘째는 기존의 관행을 유지하려는 마케팅 부서이다. 예를 들어, 그녀가 일하는 부서는 제품포장 디자인 변경에 매우 보수적일 수 있으며 소수의 신제품을 개발하고 기존 제품에 대한 생산을 절대 포기하지 않는 식의 대처가 오랜 기간 동안 유지되어 왔을 수 있다.

만족스런 해결안

조직구성원은 의사결정 시에 최선의 결정(optimal decisions)을 내리는 것이 아니라 **만족스런 해결안**(satisficing) 수준에서 의사결정을 한다.[21] 즉 사람들은 사용할 수 있는 제한된 정보를 토대로 기회와 문제에 만족할 만한 대안을 찾고 선택하는 것이다. 의사결정자가 만족할 만한 결정을 내리는 방법은 수용가능한 선택에 대한 중요한 기준목록을 작성하고 이러한 기준을 만족시킬 수 있는 대안을 선택하는 것이다. 예를 들어 조직은 많은 지원자들 중에서 누구를 고용할지 결정하기 위해 지원자들이 필수적으로 갖추어야 할 항목들(대학 학위, 직무 관련된 경험의 유무, 대인관계 기술 등)에

만족스런 해결안
최고의 선택이 아니라 수용할 수 있을 만한 수준의 반응이나 해결책을 알아보고 선택하는 것

대해 리스트를 작성하고 이를 최적으로 만족하는 지원자를 선발하게 된다.

제한된 합리성

제한된 합리성
인지적 역량의 한계로 인해 제한된 합리적 사고를 하게 되는 것

전통적 의사결정 모델은 의사결정자의 인지적 한계를 가정하지 않는다. 그러나 March와 Simon은 의사결정자가 **제한된 합리성**(bounded rationality)에 의해 제한을 받는다는 것을 알게 되었다. 즉 사람이 문제해결을 위해 정보를 처리할 수 있는 능력은 제한적이라는 것이다. 관리자는 조직의 이익을 위해 최선의 결정을 내리고자 노력하지만 의사결정 능력은 인지적 역량에 의해 영향을 받는다.[22] 따라서 의사결정자가 의사결정에 관련된 모든 정보를 고려하고 이를 토대로 최적의 결정을 내리는 것은 불가능하며, 단지 선호를 토대로 의사결정을 하고 결과에 만족할 수밖에 없다.[23]

전통적 의사결정 모델에 비하여 March와 Simon의 모델은 왜 좋고 나쁜 의사결정들이 발생하는지 이러한 의사결정이 어떻게 증진될 수 있는지에 대해 더 설득력 있는 설명을 하고 있다. 좋은 의사결정은 의사결정자가 상황을 제대로 포착하고 필수적인 고려사항들에 지속적으로 주의를 기울일 때 발생하며, 나쁜 의사결정은 의사결정자가 상황을 잘못 정의하고 해석할 때 발생한다. 앞서 언급한 예시에서 헌터는 자신이 처한 상황을 어떻게 정의하였나? 회사의 위기를 극복하기 위해 제품에 변화를 주고 아예 제품을 처분하는 것이 아니라 기존 제품의 판매를 높여야 한다고 생각하였다. 이러한 상황에 대한 판단은 잠재력 있는 해결방법들을 고려할 수 없게 한다. 헌터는 두 가지의 대책을 실행해보고 실패하고 난 후에야 제품라인의 대대적 변화 또는 생산포기가 필요하다는 것을 깨달았다.

조직 내 다양한 구성원들은 서로 다른 성격, 능력, 지식, 전문성, 소속 집단의 성격 등에 따라 문제나 기회에 대해 서로 다른 정의를 내리게 된다. 따라서 의사결정자의 개인적 선호도가 상황에 대한 정의에 영향을 미친다는 것을 알 수 있다. 의사결정의 질을 향상시키기 위해서는 문제나 상황에 대한 정확한 정보에 집중해야 하며 의사결정의 오류가 어떻게, 왜 발생하게 되는지도 알고 있어야 한다.

의사결정 오류의 원천

의사결정자가 최선의 의사결정을 내리는 데 필요한 모든 정보를 획득하고 처리하는 것이 불가능하다는 것을 고려해볼 때, 최선의 대안을 선택하는 과정에서 일부 오류가 의사결정의 질을 저해할 수 있음을 알 수 있다. 부분적 오류의 원천은 만연하고 반복적이다.[24] 의사결정자는 이러한 오류를 자주 일으키고 그 결과, 덜 만족스러운 결정을 내리게 된다.[25] 두 가지 오류의 원천은 (1) 사람들이 의사결정을 내릴 때 사용하는 경험 법칙(rule of thumb) 또는 휴리스틱, (2) 비이성적으로 성과가 없는, 불만족스러운 활동을 끊임없이 계속하려는 사람들의 경향이다.

휴리스틱과 그 효과

휴리스틱
의사결정 과정을 단순화시키는 경험 법칙

사람은 살아가면서 매일같이 의사결정을 경험하며 복잡한 의사결정을 처리하기 위해 **휴리스틱**(heuristics)으로 알려진 경험 법칙을 사용하여 의사결정을 단순화시킨다.[26] 휴리스틱은 최선의 선택과 대안적 행동에 대한 선택을 용이하게 만들어 의사결정 절차를 개선시키기도 하지만 오히려 의사결정의 질을 저해하는 체계적 오류를 범하게 만들기도 한다.[27] 일반적인 휴리스틱 또는 경험 법칙의 예로서 세 가지를 이야기하면 다음과 같다(그림 14.2 참조).

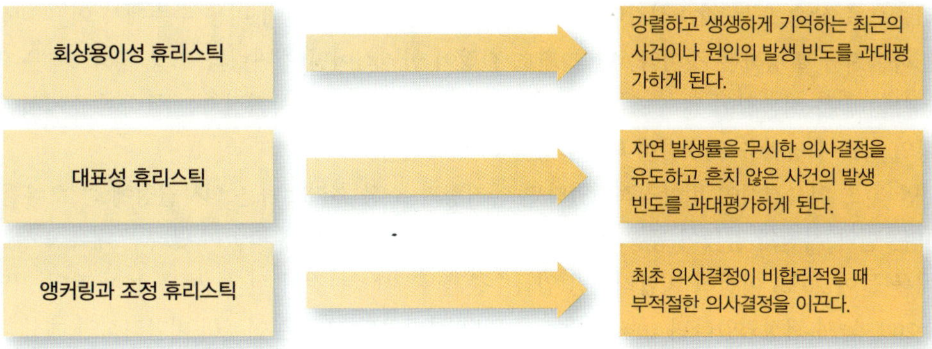

그림 14.2
휴리스틱과 편견의 결과

회상용이성 휴리스틱

의사결정을 할 때 조직구성원은 다양한 사건들이 얼마나 자주 발생하고 그로 인한 결과가 무엇일지 판단해야 한다. **회상용이성 휴리스틱**(availability heuristic)은 사건의 빈번한 발생과 그에 대한 기억을 떠올리는 것이 얼마나 용이한지에 따라 의사결정하는 경향으로, 즉 기억의 회상용이성에 의해 영향을 받는 현상을 말한다.[28] 사람들은 기억하기 쉬운 사건이 그렇지 않은 사건에 비해 더욱 빈번히 발생한다고 생각하며 그에 따른 잠재적 결과물 또한 발생가능성이 더 높다고 생각한다.

회상용이성 휴리스틱
기억하기 쉬운 사건이 그렇지 않은 사건에 비해 더 자주 발생하게 된다고 생각하는 것

회상용이성은 실제로 빈번히 발생하는 사건과 그에 따른 결과물을 쉽게 상기시키게 함으로써 의사결정을 도울 수 있다. 그러나 의사결정에 영향을 줄 수 있는 편견을 유발하기도 한다. 이러한 편견 중에 하나는 회상용이성에 의해 강렬하고 극단적인 사건과 원인의 발생 빈도수를 실제보다 높게 평가하는 것이다.[29] 또 다른 예로는 최근에 발생한 사건과 원인에 대한 생생한 기억으로 인해 발생 빈도수를 높게 평가하는 것이다.[30]

예를 들어 헌터는 냉동디저트의 판매를 어떻게 높일 수 있을지 고민할 때 잡지와 주말신문의 광고, 쿠폰을 통해 과일 주스 판매를 높인 대학 친구의 최근 사례를 떠올렸다. 최근에 친구가 큰 성공을 거둔 것으로 인해 헌터는 이러한 판매전략이 제품판매율을 증가시킬 수 있다고 과장되게 생각하였으며 동종의 광고와 쿠폰이 제품판매율 증진에 실패한 다른 사례를 무시하였다. 단순판단기준으로 인한 편견의 결과로 인해 헌터는 잡지 광고와 쿠폰이 냉동디저트의 판매율을 높일 것이라고 생각하였으며 이를 최선의 전략이라고 생각하게 되었다.

대표성 휴리스틱

대표성 휴리스틱(representativeness heuristic)은 미래에 발생할 사건이 과거에 발생했던 사건과 얼마나 유사한지에 의해 발생가능성을 예측하는 경향을 말한다.[31] 대표성 휴리스틱은 과거에 발생한 사건들과 유사한 성격을 가진 사건의 미래 발생가능성을 예측하는 데 사용되기 때문에 때때로 유용한 경험 법칙이 될 수 있다.[32] 그러나 이 휴리스틱은 의사결정자가 사건의 발생 빈도수에 대한 중요한 정보를 간과하게 만들기도 한다. 관리자들은 종종 이러한 사건의 발생 빈도수와 **자연 발생률**(base rate)을 과대평가 또는 과소평가하여 의사결정 오류를 발생시킨다. 자연 발생률은 사건의 실제 발생 빈도수를 의미한다.[33]

대표성 휴리스틱
과거에 발생한 유사한 종류의 사건으로 미래의 사건 발생가능성을 예측하는 경향

자연 발생률
사건의 실제 발생 빈도수

앵커링과 조정 휴리스틱

앵커링과 조정 휴리스틱(anchoring and adjustment heuristic)은 처음 내렸던 결정(닻, anchor)을 기준으로 약간의 조정(양이나 수준)을 통해 최종 의사결정을 하는 것을 말한다.[34] 임금에 대한 결정은 종종 직원의 현재 임금에서 몇 퍼센트의 조정이 이루어지느냐로 결정되며 예산 결정은 현재 예

앵커링과 조정 휴리스틱
임금이나 예산 또는 비용 수준 결정에서 최초 결정된 양(수준)을 기준으로 얼마나 많은 양의 변화가 이루어지는지에 대한 결정

산을 기준으로 상승 또는 감소시킨다. 또한 비용에 대한 결정은 현재 비용 수준에서 어떤 비용을 줄여야 하는지를 결정하는 것이다. 만약 최초 결정이 합리적이면 앵커링과 조정 휴리스틱은 의사결정을 하는 좋은 지름길이 될 수 있다. 이러한 휴리스틱을 통해 의사결정자는 현재 수준에서 필요한 조정의 정도나 양만을 고려하여 의사결정을 하려고 한다.

하지만 최초 의사결정이 비합리적이었다면 앵커링과 조정 휴리스틱은 의사결정에 큰 오류를 발생시킨다. 만약 직원의 임금이 동종 업계나 다른 회사의 수준에 비해 턱없이 낮다면 대폭 인상하더라도(예를 들어 20%) 여전히 비합리적인 임금수준을 유지하는 것이 된다. 예를 들어 만약 기업의 예산이 20% 높게 책정되었다면 10%를 낮추게 된다 하더라도 그들은 여전히 비합리적인 예산을 유지하게 된다.

집착적 몰입

집착적 몰입
의사결정자가 조직의 자원을 낭비하고 있는 비생산적인 행동이나 나쁜 의사결정에 추가의 노력, 시간, 자금을 투자하고 있는 경향

의사결정의 두 번째 오류 원천은 **집착적 몰입**(escalation of commitment), 즉 의사결정자가 조직의 자원을 낭비하고 있는 비생산적인 행동이나 나쁜 의사결정에 추가적으로 노력 · 시간 · 자금을 투자하는 경향을 말한다.[35] 일반적인 집착적 몰입 시나리오는 다음과 같다. (1) 의사결정자는 처음 내린 결정이 손해 또는 부정적인 결과물을 낳는 일련의 행동을 야기할 때 (2) 최초 의사결정을 수정하지 않고 이를 성공적으로 이끌기 위해 더 많은 노력과 시간, 자본을 투자하여 (3) 결과적으로 더 많은 손해를 경험하게 된다. 이는 집착적 몰입이 어떻게 잘못된 행동을 이끌어내는지 잘 보여주고 있다. 그림 14.3에는 이러한 과정이 나타나 있다.

헌터는 냉동디저트의 판매 증가를 위해 노력하는 과정에서 집착적 몰입을 경험하였다. 첫째, 헌터는 잡지와 신문에 광고를 게재하였다. 그리고 이러한 결정이 판매 증가에 도움이 되지 않고 많은 비용만을 낭비하게 되자 식료품점에 자사의 냉동식품이 좋은 위치에 진열되도록 부탁하였다. 사실상 제품의 위치를 바꾸는 것은 매우 어려운 일이지만 식료품점에 금전적 인센티브를 제공하면서 이 일을 진행시켰다. 그러나 이러한 전략 역시 제품판매 증가에는 도움이 되지 않는 것으로 드러났다. 이러한 상황에서 헌터는 최초의 의사결정을 다시 재고하지 않고 상사에게 디 비싼 텔레비전 광고를 할 것을 제안하였다. 상사가 이 제안을 거절하면서 그녀의 집착적 몰입은 중단되었다.

그림 14.3
집착적 몰입

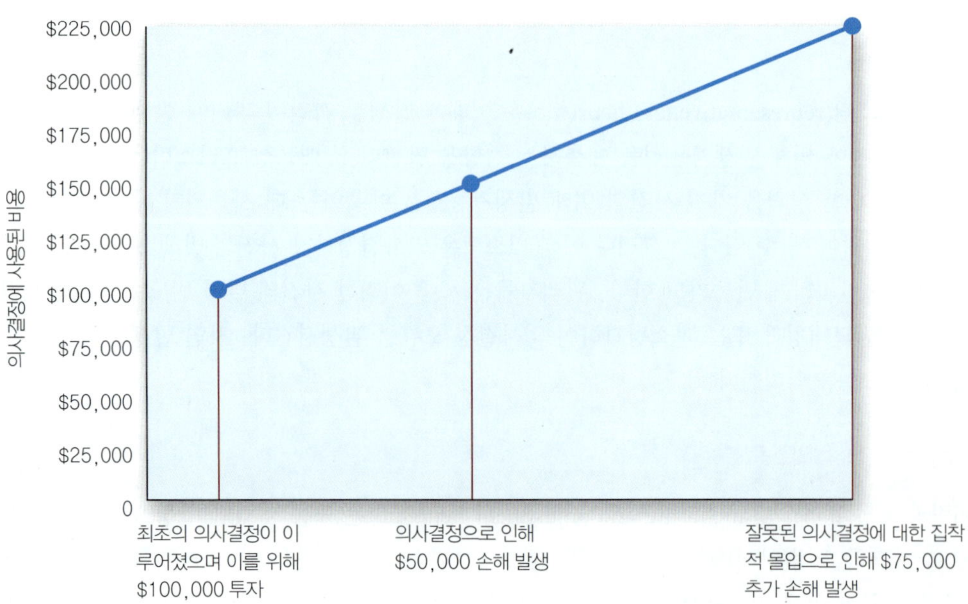

집착적 몰입은 기업에서 자주 발생하며 특히 최고경영팀과 사람들의 개인적 의사결정 과정에서 빈번히 발생한다. 새로운 프로젝트에 대한 믿음을 가지고 있는 최고경영팀과 특정 주식에 몰입도가 높은 투자자는 많은 돈을 잃을 것이 분명한 상황에서도 선택을 쉽사리 바꾸지 않는다. 그렇다면 왜 지식이 풍부한 의사결정자조차 집착적 몰입으로 인한 실패를 경험하게 되는 것인가? 여기에는 적어도 세 가지 원인이 존재한다.

많은 도박꾼들은 집착적 몰입을 경험하는데 이는 더 많은 자원을 투입함으로써 현재까지 발생한 손해를 만회할 수 있으리라 생각하기 때문이다. 이러한 믿음은 종종 개인의 재정적 파산을 낳는다.

1. 의사결정자는 종종 자신이나 다른 사람들이 잘못된 의사결정을 했다는 것을 인정하지 않으려 한다.[36] 의사결정자는 최초 결정이 부정적인 결과물을 양산하는 상황에서도 결정을 재고하려 하지 않으며 오히려 최초 결정이 "옳았다"라는 것을 확인하기 위해 더 많은 자원을 투자한다.
2. 더 많은 추가 자원을 투입함으로써 발생한 손실을 극복할 수 있을 것이라는 잘못된 믿음을 가지고 있다.[37] 헌터의 경우 신문과 잡지 광고, 지역 식료품점의 제품구성 변화가 성과를 가져오는 데 실패하였을 때 내린 결정은 무엇인가? 이미 많은 시간과 노력, 자본을 투자한 이후 이를 만회할 수 있는 길은 텔레비전 광고를 하는 것뿐이라고 생각하였다. 그러나 이렇게 이미 발생한 금액은 **매몰비용**(sunk costs)으로서 차후의 의사결정으로 인해 영향을 받는 것도 아니고 회복되는 것도 아니다. 따라서 헌터는 차후 의사결정에서 매몰 비용에 대한 고려는 배제해야 한다.

매몰비용
이후의 의사결정으로 인해 영향을 받지도 않으며 회복되는 것도 아닌 비용

3. 의사결정자는 긍정적인 상황(예를 들어 더 많은 수익을 벌어들이는 방법)보다 부정적인 상황(현재까지 발생한 손해를 만회하는 방법)에 대한 의사결정을 실시할 때 위험을 감수하려는 경향이 있다.[38] 헌터가 처음 텔레비전 광고에 대해 생각할 때 제품의 판매율이 증가할지 안 할지 모르는 불확실한 상황에 대해 지불해야 할 금액이 너무 높다고 생각하여 이를 반대하였다. 이 시점에 헌터는 제품 판매 증가에 어떠한 자원도 지불하지 않았기 때문에 텔레비전 광고를 긍정적인 상황으로 설정하였다. 그러나 처음 두 가지 전략이 실패하면서 텔레비전 광고는 제품판매 증가에 도움이 되지 않은 시간, 노력, 자원 등을 만회할 수 있는 부정적인 상황으로 설정되었다. 의사결정이 부정적인 상황으로 설정되자 헌터는 높은 광고 비용의 위험을 기꺼이 감수하고자 하였다.[39]

집착적 몰입과 휴리스틱의 사용으로 인해 유발된 오류는 조직의 잘못된 의사결정을 야기할 수 있다. 이러한 문제는 의사결정자가 종종 그들이 현재 잘못된 의사결정을 하고 있다는 사실을 인지하지 못한 상황에서 더욱 심각해진다. 또한 집착적 몰입은 의사결정자가 현재 자원을 낭비하고 있다는 것을 인지하지 못한 상황에서 발생한다. 의사결정자가 아주 노련하다고 하더라도 집착적 몰입의 결과로서 잘못된 의사결정을 할 가능성은 언제나 존재한다.

정보기술의 역할

IT의 사용은 종종 의사결정 과정에서 오류와 휴리스틱으로 인한 효과를 감소하는 데 도움을 준다.[40] IT 시스템은 관리자에게 더 많은 정보를 제공함으로써 의사결정 활동을 돕는다. 이와 같이 새로운

소프트웨어 프로그램은 향상된 기능으로 테이블과 차트를 만들어 데이터가 더욱 의미 있어지도록 한다. 이러한 일련의 기술은 단순판단과 유사사건에 의한 판단 오류를 줄이는 데 기여한다.[41]

또한 IT는 다른 수준의 조직관리자와 부서 간의 링크로 사용되어 오류를 감소시키는 역할을 하기도 한다. 예를 들어 조직 내 심각한 문제가 발생했을 때 그 문제에 대한 더 많은 객관적인 정보가 주어지면 집착적 몰입에 의한 오류가 감소할 수 있다. 서로 다른 관점을 갖고 있는 관리자들이 의사결정을 내리기 전에 각자가 가진 정보를 동시에 고려할 수 있게 하여 오류를 줄일 수 있는 것이다.

IT는 예외적 사항에 관한 의사결정을 프로그램화시키는 데 기여하기도 한다. 예를 들어 판매사

글로벌 관점

SAP의 ERP 시스템

SAP는 전사적 자원관리(ERP) 소프트웨어 생산업체로서 1973년에 세계 최초로 ERP 시스템을 개발하였다. ERP 소프트웨어에 대한 수요가 급증함에 따라 SAP는 IBM, HP, 액센추어, 캡 제미니의 컨설턴트들이 각자의 기업환경에 맞게 소프트웨어를 변화시키고 적용할 수 있도록 교육해야 했다.[42]

ERP 시스템이 인기를 끄는 이유 중 하나는 기업 내 다양한 기능부서들을 관리하고 결합할 수 있다는 것이다. SAP의 소프트웨어는 마케팅, 제조와 같은 기업의 핵심적 기능에 기여할 수 있는 모듈을 갖추고 있다. SAP에 의하면 이러한 모듈은 기업의 훌륭한 관행 또는 일상적 사항에 관한 의사결정과 같은 규칙들이 효과적으로 작용하는 데 도움을 주며 부서의 효율성과 효과성을 증진시킨다.[43] 또한 기업이 이 소프트웨어가 제대로 기능할 수 있도록 자사의 IT 시스템을 변경하게 되면 30~50%의 생산성이 증가되며 대기업의 경우 수백억의 비용을 절감할 수 있게 된다.

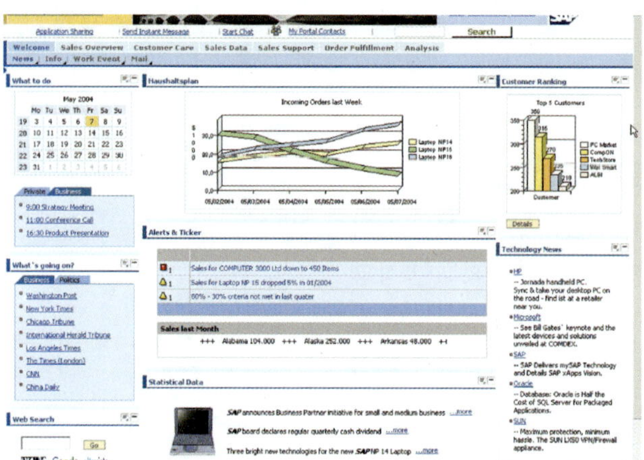

SAP America Inc.

SAP는 소프트웨어를 개발하는 독일 기업으로 30년 전부터 계획 프로그램을 개발하여 조직이 효과적으로 운영될 수 있도록 하였다. 소프트웨어는 기능부서들의 정보를 통합하여 의사결정을 증진시킨다.

SAP는 기능부서의 인트라넷에 설치할 수 있는 소프트웨어 모듈을 제공하며 기업은 기능부서의 데이터를 모듈에 입력할 수 있다. 예를 들어 판매부서는 모든 고객 관련 정보를 SAP의 판매 모듈에 입력하고 물품 관리부서는 제조업체에서 제공되는 물품 관련 특징들을 입력한다. 부서의 관리자는 모듈을 통해 부서 내에서 진행되고 있는 사항에 대해 실시간 피드백을 줄 수 있다. 이렇게 부서의 관리자는 SAP의 모듈에 부서의 활동에 관련된 정보를 입력하고 다른 조직구성원들이 입력한 사안에 대해 여러 가지 제안을 함으로써 의사결정 시스템으로 활용하게 되며 **예외적 사항에 관한 의사결정**의 질을 높일 수 있다. ERP 시스템의 효과는 이에 그치지 않는다.[44]

SAP의 ERP 시스템은 부서 간 구성원들이 원활히 의사소통할 수 있도록 한다. 모든 부서의 관리자들은 다른 부서의 의사결정에 쉽게 접근할 수 있으며 다른 부서의 관리자가 자기 부서에 영향을 미칠 수 있는 의사결정을 내린 경우 이를 확인하고 대응할 수 있다. 따라서 ERP 시스템은 관리자들 간 의사결정이 더 나은 협력을 이룰 수 있도록 하며 기업은 이를 통해 큰 경쟁적 이익을 얻을 수 있다. 게다가 기업의 메인프레임에 설치된 소프트웨어는 모든 부서의 정보를 취합하여 전사적 관점을 통해 부서의 활동이 원활히 이루어질 수 있도록 한다. 즉 최고 수준의 의사결정 시스템을 구축하는 것이다.[45] 기업은 ERP 모듈을 통해 부서 내에서 발생하는 문제를 진단하고 전사적 관점의 여러 해결방안을 고려할 수 있다. 그리고 최고경영팀은 이러한 정보를 통해 최선의 대안을 선택하여 의사결정 내림으로써 조직의 성과를 향상시킬 수 있게 된다.

원이 온라인 데이터베이스와 소프트웨어 프로그램을 사용하여 고객에게 맞춰진 해결방안에 빠르게 접근할 수 있게 되면 판매에 더 많은 시간을 투자하고 더 나은 고객서비스를 제공할 수 있게 된다. 조직의 모든 관리자들은 IT를 통해 조직성과를 향상시킬 수 있는 예외적 사항에 관한 의사결정에 많은 시간을 투자할 수 있게 된다. 글로벌 관점에서는 SAP의 전사적 자원관리 시스템이 어떻게 조직의사결정의 질을 향상시킬 수 있는지 보여주고 있다. **전사적 자원관리(enterprise resource planning, ERP) 시스템**은 멀티모듈 부서 간 소프트웨어를 기반으로 하는 전사적 인트라넷으로서 조직 내 다양한 활동과 실무 간 협력과 연결을 가능하게 한다.

집단의사결정

조직 내에서는 개인보다 집단에 의한 의사결정이 더 자주 발생한다. 집단은 의사결정 과정을 관리 감독하는 공식적 리더 또는 기능관리자를 둘 수 있다. 그러나 자율경영팀 또한 많은 의사결정 상황에 직면한다. 이 장을 통해 집단의사결정의 잠재적 장점과 단점, 결과물에 대해 알아보고자 한다(그림 14.4 참조).

집단의사결정의 장점

집단을 통한 의사결정에는 몇 가지 장점이 있다. 이러한 장점에는 구성원들의 기술과 전문성의 가용성과 다양성, 사실에 대한 기억 증가, 오류 수정과 의사결정의 수용성 증가 등이 있다.

구성원들의 지식과 기술의 가용성과 다양성

집단이 의사결정을 할 때에는 특정 기회와 문제에 대처하기 위해 각 구성원들이 가진 기술과 지식 및 통합된 전문성을 사용할 수 있다. 어떠한 결정에 있어서 개인 의사결정자는 좋은 의사결정을 내리는 데 필요한 모든 능력을 가지고 있지 않을 가능성이 크다. 예를 들어 제너럴일렉트릭이 켄터키의 루이빌 근처에 위치한 세탁기 제조업체의 시설을 현대화하기 위해 7,000만 달러를 투자할지 또는 다른 기업으로부터 세탁기를 구매하고 이를 GE의 브랜드로 판매할지 결정하는 과정에서 제조비용과 제품개발비용, 판매 등에 관여하기 위해 다양한 부서 출신들로 구성된 다기능팀이 구성되었다. 또한 GE는 만약 기업이 현대화된 프로그램을 채택하도록 결정하였을 때 비용 절감을 위해 직무에서 발생하는 변화에 노조 구성원들이 동의할지 알기 위해 다기능 팀에 노조 구성원들을 투입하였다. 모든 정보를 고려해본 결과, 집단은 현대화된 프로그램으로 변화를 결정하였고 이는 옳

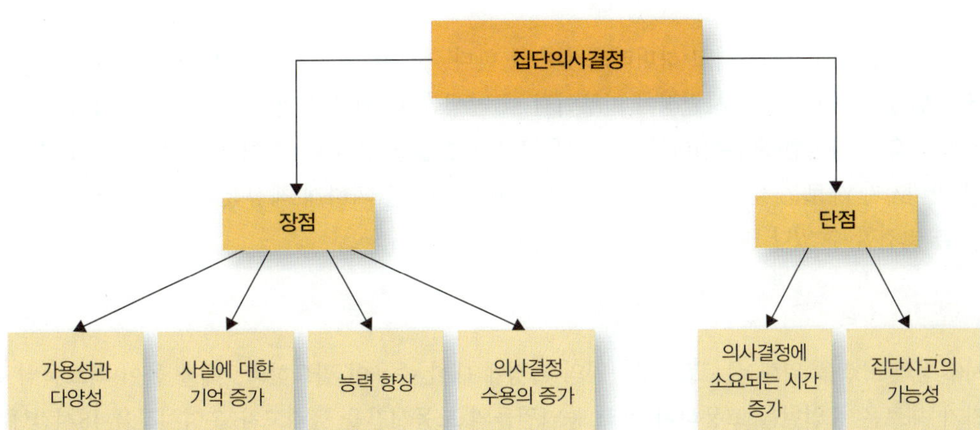

그림 14.4
집단의사결정의 장점과 단점

은 결정이라는 것이 드러났다.[46] 의사결정에 다양한 기능전문가들(예를 들어 마케팅, 재무, 엔지니어링, 생산, 연구개발)의 능력과 기술, 지식이 요구될 때마다 집단의사결정은 개인에 의한 의사결정에 비해 많은 장점을 가진다. 또한 ERP 시스템과 같은 IT는 집단구성원이 최선의 의사결정을 내리는 데 필요한 조직 전반에 걸친 정보를 제공한다.

집단의사결정의 정보처리 장점을 누리기 위해서는 집단구성원들의 다양성이 요구된다(제9장 참조). 또한 기능적 지식과 전문성에서의 다양성 외에 나이와 성별, 인종, 민족의 다양성이 요구되기도 한다. 다양성은 집단이 다양한 관점으로 상황을 분석할 수 있는 기회를 제공한다. 예를 들어 전통적으로 GM이나 포드와 같은 주요 자동차 생산업체의 새로운 자동차 디자인은 모두 남자로 구성된 집단이 하였다. 그러나 현재는 전 세계적으로 인기 있는 자동차를 개발하기 위해 팀에 여성을 투입하는 것이 필수적이며(오늘날 자동차 구매는 남성보다 여성에 의해 더 많이 이루어진다) 다른 나라 고객의 취향을 알기 위해 판매와 디자인 업무에 해외 출신의 전문가들을 영입하고 있다. 그들은 디자인 과정에서 새롭고 다른, 중요한 문화적 통찰력을 제공하였으며 그 결과 다른 나라의 자동차 구매고객과 여성들에게 어필할 수 있는 새로운 자동차 모델을 만들었다.[47] 유명한 의류업체인 갭은 다양한 고객욕구의 변화에 대응하기 위해 고객의 인구통계학적 특징을 반영할 수 있는 의상 디자이너와 판매사원을 영입하였다. 갭은 고객의 변화된 욕구를 잘 충족하기 위해 어떻게 옷을 재디자인해야 하는지 알기 위해 변화된 고객욕구를 조사할 목적으로 다양한 종업원들로 구성된 팀을 만들었다.[48]

그러나 다양한 작업집단이 의사결정의 질을 향상시키기도 하지만 오히려 문제를 발생시키는 경우도 있다. 집단구성원들의 다양한 배경 차이로 인해 서로 다른 관점을 가지고 있으며 이는 때때로 서로 간의 화합을 방해하는 역할을 한다. 많은 조직들은 이러한 어려움을 극복하기 위해 다양성 교육 프로그램을 실시하고 집단구성원들이 서로를 이해하고 효율적으로 협력하고 좋은 의사결정을 내릴 수 있도록 돕는다.

사실에 대한 기억의 증가

의사결정은 상당한 양의 정보를 고려해야 하기 때문에 사실에 대한 기억 측면에서 개인의 의사결정보다 집단의 의사결정이 유리하다.[49] 대부분의 사람들은 의사결정을 할 때 중요한 정보를 망각하기 때문에 종종 문제에 직면한다. 그러나 집단은 여러 구성원들의 기억에 모을 수 있기 때문에 정보에 대한 망각이 줄어들게 된다. 1명의 구성원이 잊어버린 정보는 다른 구성원들이 기억할 수 있기 때문이다. 예를 들어 GE는 현대적 프로그램의 실시 여부를 결정할 때 다양한 구성원들로 구성된 다기능팀을 형성함으로써 중요한 정보가 간과되지 않도록 하였다.

오류 발견 능력

아무리 노련한 의사결정자라고 하더라도 실수를 한다. 오류는 정보획득 단계 또는 대안의 평가 단계에서 발생하거나 최종 의사결정이 이루어질 때 발생한다. 집단이 의사결정을 할 때 몇몇 집단구성원들에 의해 발생한 오류는 다른 구성원들로부터 발견될 수 있다.[50] 예를 들어 만약 GE의 제조부서 관리자가 새로운 세탁기 제조설비에 대한 교체 비용을 과하게 책정했을 경우 다른 구성원들이 이를 발견할 수 있다.

의사결정의 수용 증가

의사결정의 실행을 위해서는 조직구성원의 결정에 대한 수용이 필요하다. 예를 들어 식료품점 관리자가 새로운 종업원을 고용하지 않고 종업원들의 노동시간을 늘리고자 운영시간을 18시간에서

24시간으로 확대하기로 결정했다고 가정하자. 이때 종업원들은 이러한 결정을 무조건 받아들여야 한다. 만약 종업원들 중 어느 누구도 오후 10시부터 오전 6시까지 근무 교대를 하려 하지 않는다면 결정은 실행될 수 없다.

종업원이 관리자의 의사결정을 수용할 가능성은 의사결정 과정에 참여를 했을 때 높아진다. 예를 들어 GE가 세탁기 제조설비를 현대화하는 데 7,000만 달러를 투자하기로 한 결정은 종업원의 직무에 대한 변화, 예를 들어 교차 훈련 등을 통해 다양한 업무를 수행할 수 있도록 하는 데 노조원의 동의가 있었기 때문에 실행될 수 있었다.[51] 이처럼 GE는 의사결정 과정에 노조원을 참여시킴으로써 종업원들이 작업관계에서의 변화를 받아들이고 찬성하도록 유도하였다.

집단의사결정의 단점

집단의사결정은 개인에 의한 의사결정에 비해 여러 장점을 가진다. 특히 의사결정이 복잡할 때, 많은 양의 정보를 요구할 때, 조직구성원들의 수용을 필요로 할 때와 같은 경우에 장점이 극대화된다. 그러나 집단 의사결정에는 단점도 존재한다. 시간의 소모와 집단사고를 예로 들 수 있다.

의사결정에 필요한 시간

혼자 의사결정을 한다면 금방 결정할 수 있는 사안을 집단의 한 일원으로서 의사결정에 참여할 때 지나치게 많은 시간을 허비했던 경험이 있는가? 집단의 의사결정이 갖는 단점은 결정에 많은 시간이 소비된다는 것이다. 집단은 개인에 비해 의사결정을 하는 데 많은 시간을 소비한다. 게다가 집단은 의사결정에 많은 시간을 할애하여 집단에 속한 개인의 수만큼 소중한 시간과 노력을 낭비하게 된다.

이러한 상황에서 개인의 의사결정은 집단에 비해 짧은 시간 안에 이루어질 수 있으며 그 결과물 또한 집단 못지않게 좋을 수 있다. 조직은 (1) 개인이 좋은 의사결정을 할 수 있는 역량을 보유하고 있을 때, (2) 개인이 필요한 모든 정보를 얻고 이를 정확히 처리할 수 있는 능력이 있을 때, (3) 개인의 의사결정이 조직 내 다른 구성원들로부터 수용을 필요로 하지 않을 때 집단의사결정보다 개인에 의한 의사결정을 사용해야 한다.

집단사고의 잠재성

집단사고(groupthink)는 강한 응집력을 가진 집단의 구성원들이 합의된 동의와 이해를 얻으려고 노력하거나 이를 위해 의사결정에 관련된 중요한 정보들을 정확히 처리하려 하지 않을 때, 혹은 집단 내 동의를 저해할 만한 정보를 고려하지 않으려 할 때 발생하는 잘못된 의사결정을 뜻한다.[52] Irving Janis는 그가 목격한 집단에 의한 의사결정의 패러독스를 표현하기 위해 1972년에 집단사고라는 단어를 창조했다. 때때로 매우 뛰어난 역량과 풍부한 경험을 가진 개인들로 구성된 집단은 옳지 못한 의사결정을 내린다.[53] 1964~1967년에 Lyndon B. Johnson 대통령과 정부 관료들이 내린 베트남 전쟁에 관한 결정, 1972년에 Richard M. Nixon과 관료들이 내린 워터게이트 침입에 대한 결정, 1986년에 NASA와 Morton Thiokol에 의해 결정된 챌린저 우주선 착공(이 우주선은 착륙하자마자 폭파되었으며 승무원은 전원 사망하였다) 등은 모두 집단사고에 의한 결과물이다. 의사결정에 참여한 모든 사람들은 자신과 동료들이 내린 형편없는 의사결정에 큰 충격을 받았다. Janis의 집단사고에 관한 연구는 주로 정부의 의사결정에 집중하였으나 이러한 집단사고는 다른 조직에서도 유사하게 발생할 수 있다.

집단사고
강한 응집력을 가진 집단의 구성원들이 합의된 동의와 이해를 얻으려고 노력하거나 이를 위해 의사결정에 관련된 중요한 정보들을 정확히 처리하려 하지 않을 때, 혹은 집단 내 동의를 저해할 만한 정보를 고려하지 않으려 할 때 발생하는 잘못된 의사결정

제10장에서 응집력이 강한 집단은 구성원들에게 매우 매력적으로 인식되고 사람들이 집단 멤버십을 매우 가치 있게 여기며 이를 얻고자 많은 노력을 기울인다는 것을 배웠다. 집단사고가 발생하

Bruce Weaver\AP Wide World Photos

집단사고는 의사결정자들이 집단이 선호하는 가정이나 가치에 관련된 정보를 처리하는 과정이나 사건에 대한 정확한 정보가 부족한 경우에 발생한다. NASA에서 이러한 집단사고가 발생하여 챌린저 우주선이 폭파되었다.

면 응집력이 강한 집단은 집단의 리더가 내린 결정을 신중히 고려하지 않은 채 일방적이고 절대적인 지지를 보인다. 이러한 절대적인 지지는 구성원이 자신이 속한 집단의 역량과 도덕적 수준에 대한 과장된 신뢰를 기반으로 한다. 그들은 집단이 실제보다 매우 강력하다고 생각하며 도덕적이고 윤리적인 문제를 일으킬 만한 결정을 절대 내릴 리 없다고 생각한다. 그 결과 집단은 점차 편협하게 변하고 결정이 잘못되었음을 알려줄 만한 정보를 무시하게 된다. 또한 만약 집단구성원들이 결정에 의구심을 갖는다 하더라도 이를 무시하려 하고 다른 구성원에게 알리지 않으려 할 가능성이 높다. 그 결과 집단은 결정 사안에 대해 절대적인 지지를 얻게 되고 구성원들은 논의가 필요한 부정적인 정보를 방어하기 위해 적극적인 노력을 기울이게 된다.[54]

집단의 리더는 집단사고를 방지하기 위해 다음과 같은 단계를 따라야 한다. 다음의 단계들은 좋은 의사결정을 내리는 데 기여할 수 있다.[55]

- 집단의 리더는 구성원들이 논의하고 있는 사안에 대해 과감한 비판을 촉진하고 의심이 들 만한 상황에서는 적극적으로 표현하며 그들 자신의 의견에 대한 비판을 수용하도록 장려한다.
- 리더는 집단구성원들이 모든 사안을 충분히 고려할 때까지 자신의 의견 또는 관점을 표현하지 않는다. 너무 빨리 제기된 리더의 의견은 다른 대안의 제안과 생산적인 토론을 저해할 수 있다.
- 집단의 리더는 구성원들로 하여금 집단 외부에 속한 사람들로부터 다양한 정보를 얻기 위해 노력하고 집단의 아이디어에 대해 외부인의 의견을 들을 것을 장려한다.

그림 14.5

집단사고

출처 : From Irvin L. Janis, Groupthink Psychological Studies of Policy Decisions and Fiascoes, 2nd ed. Copyright © 1982 Wadsworth, a part of Cengage Learning, Inc. Reproduced by permission.

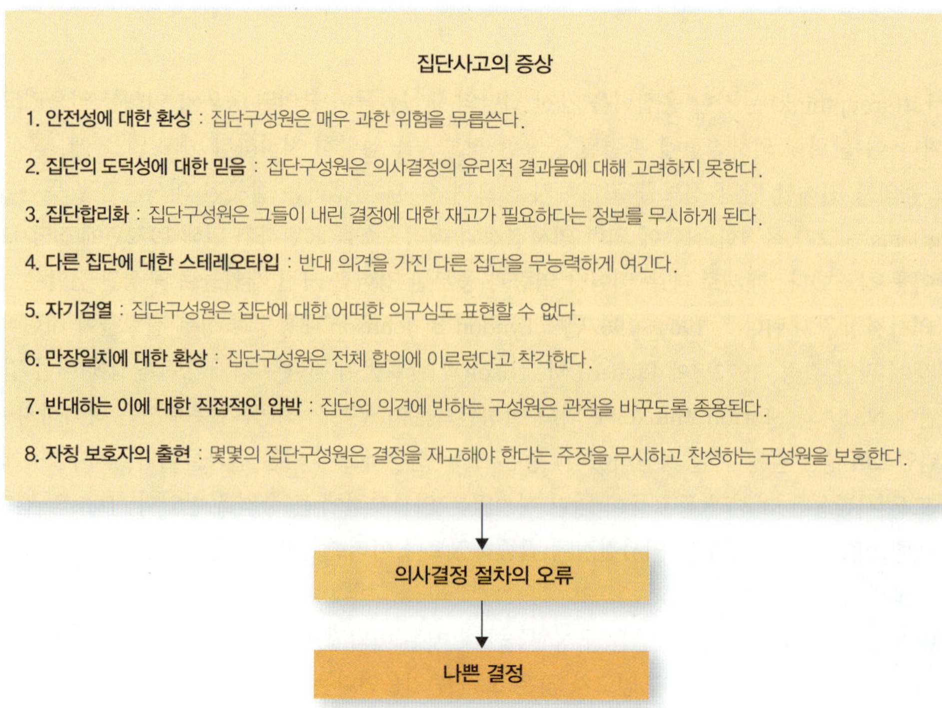

- 구성원들이 모여서 토론을 할 때 리더는 1명 또는 2명의 구성원에게 **악마의 변호인**(devil's advocate) 역할을 하도록 지시한다. 악마의 변호인이란 집단이 내린 결정에 대해 발생할 수 있는 잠재적 문제를 확인하고 비판하며 반대를 하는 역할을 말한다. 악마의 변호인은 그들이 제시하는 문제에 대해 확신이 없을 경우에도 지속적으로 문제를 제기해야 한다.
- 중요한 결정이 이루어진 상태에서 여유 있는 시간이 주어진다면 집단의 리더는 두 번째 미팅을 소집하여 구성원들로 하여금 집단이 내린 결정에 대한 일말의 의심이나 의혹 등에 대해 자유롭게 논의하도록 한다.

악마의 변호인
결정의 타당성을 확인하기 위해 반대의 입장에 서서 끊임없이 이의를 제시하는 사람

집단의사결정의 다른 결과물

다음은 장점 혹은 단점으로 쉽게 분류될 수 없는 의사결정의 결과물이다 — 책임의 확산, 집단양극화, 잠재적 갈등.

책임의 확산

집단결정은 책임의 확산으로 특징화된다.[56] 즉 집단구성원은 개인으로서가 아니라 집단의 일원으로서 결정에 대한 책임을 가진다. 의사결정이 옳았다고 밝혀지면 구성원 전원이 보상을 받지만 나쁘다고 밝혀진다 하더라도 개인만이 비난을 받진 않는다.

때때로 불확실성이 높은 상황에서 중요한 의사결정이 이루어지는 경우 만약 개인이 결정에 대한 모든 책임을 져야 한다면 높은 스트레스를 유발할 수 있다. 게다가 이러한 상황에서는 몇몇 사람들은 조직을 위한 최선의 결정이 아닌 비난받지 않을 대안을 선택하려 하는 경향을 보인다. 이러한 상황에서는 책임의 확산이 도움이 될 수 있다.

책임의 확산은 집단구성원이 의사결정의 결과물에 대해 개인적으로 책임을 지지 않아도 되는 상황에서 좋은 의사결정을 내리는 데 충분한 시간과 노력을 기울이지 않으려 할 때 부정적으로 작용한다. 이러한 결과물은 무임승차(제10장 참조)와 같은 현상으로 개인은 집단으로 일할 때 적은 노력을 기울이는 경향이 있다는 것을 보여준다.

집단양극화

집단의사결정의 또 다른 결과물은 집단이 개인에 비해 더욱 극단적인 결정을 내린다는 것이다. 이러한 경향을 집단양극화라고 한다.[57] 극단적 결정이란 중도적 접근이 아닌 너무 보수적이거나 너무 위험한 결정을 내리는 것을 말한다. 예를 들어 집단은 성공의 여부가 불투명한 신제품개발에 극단적으로 과도한 자원을 투자할 수 있으며 반대로 비용이나 불확실성 위험으로 인해 신제품개발을 포기할 수 있다.

집단에 의한 결정이 개인에 의한 결정보다 극단적인 이유는 무엇인가? 책임감의 확산이 원인이 될 수 있다.[58] 그러나 집단양극화는 적어도 두 가지의 다른 설명이 가능하다. 첫째, 집단구성원은 다른 구성원이 자신과 같은 관점을 가지고 있거나 어떠한 결정에 대해 지지를 보인다는 것을 확인하면 그들의 입장을 더욱 강력히 고수할 수 있게 된다.[59] 일정 수준의 자원을 투입하여 어떠한 신제품을 개발할 것을 지지한 한 집단구성원은 다른 집단구성원이 자신과 같은 의견을 가지고 있다는 것을 확인한 후 그 제품의 가능성에 대해 강한 확신을 가지게 된다. 그리고 이렇게 높아진 확신으로 인해 집단은 제품개발에 더 많은 자원을 투자하고자 하는 극단적인 의사결정을 내리게 된다. 둘째, 집단이 대안을 논의하는 과정에서 구성원들은 종종 선호하는 대안(예를 들어 왜 신제품이 '성공해야만 하는지')을 지지하는 설득적 발언을 한다.[60] 이러한 설득적인 논의로 인해 집단이 선택한 대안에 대한 확신은 증가하며 그 결과 결정은 더욱 극단적으로 변한다.

잠재적 갈등

집단의사결정에는 항상 갈등의 가능성이 존재한다. 집단구성원들은 서로 다른 기술과 전문성, 사건에 대한 서로 다른 경험을 가지고 있다. 이러한 차이로 인해 구성원들은 기회와 문제에 대해 다른 관점을 가지며 대처 반응에서도 차이를 보이게 된다. 게다가 특정 집단구성원은 어떠한 대안이 채택되었을 때 그로 인한 이익을 경험할 수 있는 위치에 있을 수 있으며 다른 구성원들에게 이익을 줄 수 있는 대안이 아닌 스스로에게 이익이 될 만한 대안을 지지하는 이기심을 가질 수 있다. 이러한 과정에서 발생한 갈등은 집단구성원들이 대안에 대해 철저한 평가를 하도록 유도하기 때문에 긍정적이다. 그러나 만약 개인 구성원이 최고의 의사결정을 하는 것보다 이익을 얻는 것에 지나친 관심을 보이면 갈등은 부정적으로 작용한다.

결론적으로 집단에 의한 의사결정은 다양한 기술과 지식이 필요하고 개인 의사결정자가 가질 수 있는 정보보다 더 많은 정보를 필요로 할 때 이루어진다. 그러나 비록 IT가 도움이 된다 하더라도 집단의사결정에는 많은 시간이 소비된다. 더불어 집단의사결정 시에 리더는 구성원들이 다른 구성원의 아이디어를 비판적으로 검토하고 다른 대안을 평가하도록 장려해야 하며 집단사고에 빠지지 않기 위해 다섯 가지 단계를 잘 따르도록 해야 한다.

위급한 상황에서의 의사결정

앞서 우리는 심리학자 Irvin Janis가 주장한 집단사고로 알려진 집단상호작용과 그로 인한 부정적 의사결정의 결과물에 대해 알아보았다. 집단사고는 의사결정팀이 내재된 가정에 대한 의문을 제기하지 않고 결정을 내림으로 발생한다. 일반적으로 팀의 행동은 결정권을 가진 사람을 중심으로 형성되면서 결정에 대한 사후 합리화를 하게 되고 결정에 의문을 제기할 만한 정보를 무시하고 피하게 된다. 특정 의사결정이나 목표에 대한 몰입은 일련의 '옳은' 행동에 대한 객관적이고 이성적인 평가보다 주관적이고 감정적인 기반을 통해 형성된다. 이는 곧 나쁜 의사결정을 초래한다.

집단사고 현상은 의사결정자가 사건에 대해 직접적이고 정확한 정보를 가지고 있지 않아서 개인적 선호도나 선호된 가정에 의해 정보를 처리하는 것과 같이 위급한 상황에서 더 빈번하게 발생한다. Janis는 집단의 다른 구성원들로부터 인정받고 사회적 지지를 받는 정부 관료들이 잘못된 정책결정을 이끄는 의사결정에 주목하였다. 일부 비평가들은 Bush 정부의 정보부가 이라크에서 발생할 수 있는 엄청난 피해를 예상할 수 있었음에도 불구하고 이라크에 대한 침공을 결정한 것 역시 집단사고에 의한 결과물이었다고 주장한다.

Janis가 관찰한 집단사고는 집단 내 합의에 대한 강력한 압력을 조성해 집단구성원들이 논쟁을 일으키지 못하고 설득력이 없는 주장에 의문을 제기하지 못하며 비판력 없는 생각을 하게 만든다. 특히 이러한 모든 조건들은 위급한 상황, 예를 들어 최고경영팀이 개인에게 책임을 전가하는 상황에서 자주 나타난다. 집단은 구성원 1명을 '희생양'으로 삼을 수 없도록 집단의 이익을 보호하는 방편으로 책임감을 공유한다.

따라서 이와 같은 상황에서는 위기에 대한 계획을 준비하고 이러한 계획을 비판적으로 분석하는 악마의 대변인과 같은 역할이 중요하다. 의사결정팀에서 1명의 구성원이 악마의 대변인 역할을 수행하거나 계획이 실패할 수 있는 모든 이유를 이야기할 때, 의사결정자는 제기된 일련의 위험을 간파할 수 있게 된다. 따라서 급작스러운 위기 상황에 대처하기 위해 최고경영팀을 구성하는 사람들은 의사결정 과정에서 악마의 대변인 전략을 도입하거나 다음에 소개되는 의사결정 기술을 채택해야 한다.

집단의사결정 기술

집단이 높은 수준의 성과와 긍정적 태도를 창출하고 잠재적인 집단의사결정의 단점을 극복하여 좋은 의사결정을 내릴 수 있도록 몇몇 기술들이 개발되었다. 이 장에서 우리는 그러한 기술들 중 브레인스토밍, 규범진단기법, 델파이기법을 논의하고자 한다.

브레인스토밍

집단은 때때로 기회와 문제에 대처함에 있어 다양한 대안들을 폭넓게 고려하지 않는다. 또한 다양한 대안들에 대한 고려 없이 의사결정을 내리기도 한다. **브레인스토밍**(brainstorming)은 자발적이고 참여적인 의사결정 기술로 집단이 의사결정을 하기 위해 다양한 대안들을 만들어내는 과정을 말한다.[61] 전형적인 브레인스토밍은 다음과 같이 이루어진다.

브레인스토밍
자발적이고 참여적인 의사결정 기술로 집단이 의사결정을 하는 데 필요한 다양한 대안들을 만들어내는 과정

1. 집단구성원들은 테이블에 앉아서 각자 문제와 기회에 대한 가능한 대안을 이야기한다.
2. 집단구성원들이 아이디어를 비판 없이 자유롭고 열린 마음으로 공유하도록 장려한다.
3. 집단구성원은 아이디어가 아무리 설득력 없어 보인다 하더라도 이를 공유해야 하며 최대한 많은 아이디어를 고안하고 다른 구성원들의 제안을 듣는다.
4. 집단구성원 중 1명은 토론 중에 나온 아이디어를 칠판이나 플립차트에 기록한다.

브레인스토밍을 통해 집단이 다양한 대안들을 고안할 수 있음에도 불구하고 연구결과들은 개인이 혼자 독립적으로 아이디어를 고안하는 것이 브레인스토밍 집단에 비해 더 많은 아이디어를 생각해낼 수 있다고 주장한다.[62] 예를 들어 새로운 컨버터블 오픈카의 이름을 고안하기 위해 브레인스토밍을 하는 마케팅 관리자 집단은 개별적으로 혼자 아이디어를 생각하는 관리자보다 더 적은 아이디어를 생산할지 모른다. 왜 이러한 결과가 발생하는가? 여기에는 다음의 이유가 있다. 첫째, 비록 브레인스토밍 집단의 구성원들은 아무리 설득력 없고 이상한 아이디어라도 서로 공유하도록 장려되고 이에 대한 비판도 금지하고 있지만 자신의 아이디어를 다른 구성원들과 공유하기를 꺼릴 수 있다. 둘째, **생산장애**(production blocking)의 발생이다. 생산성의 손실은 몇 가지 원인을 가진다.[63] 집단구성원들은 다른 이의 아이디어를 경청하느라 자신의 아이디어를 생각해내는 데 주의를 기울이기 어려워진다. 때문에 발언 기회를 얻기 전에 생각한 아이디어를 잊어버린다. 또한 한 번에 한 사람만 발언할 수 있기 때문에 많은 아이디어가 발표되는 것이 제한된다.

생산장애
브레인스토밍 집단의 생산성 저하는 브레인스토밍에 내재된 주의집중 방해와 한계로 인해 발생

전자 브레인스토밍은 이러한 문제들을 극복하는 데 도움을 준다.[64] 집단구성원들은 개인 컴퓨터를 사용하여 아이디어를 기록함과 동시에 다른 구성원이 제안한 대안을 컴퓨터 화면을 통해 확인할 수 있다. 전자 브레인스토밍은 브레인스토밍 집단이 오프라인에서 일대일로 만나 진행하면서 발생할 수 있는 생산성 저하를 방지하는 효과적 수단이다.[65]

규범진단기법

규범진단기법(nominal group technique, NGT)은 생산성 저하를 극복하는 데 활용될 수 있으며 집단의 의사결정을 신속히 이루어지도록 만든다.[66] 테이블에 앉은 집단구성원들은 한 구성원이 문제와 기회에 대해 이야기하는 것을 들은 후 일정한 시간(20분 혹은 30분) 동안 이에 대한 대안을 생각하고 이를 종이에 적는다. NGT는 각각의 구성원들이 대안을 생각하도록 개별적으로 브레인스토밍을 할 수 있게 해주기 때문에 생산성 저하를 막는다. 더불어 NGT가 사용될 때 집단구성원들은 아이디어가 아무리 설득력 없어 보일지라도 모든 아이디어를 종이에 적도록 장려된다. 이렇게 개별적으로 작업하는 것은 브레인스토밍 집단에서 발생하는 한계와 제약을 극복하기 위한 것이다.

규범진단기법
규범진단기법은 다음과 같은 단계를 거쳐 진행됨. 먼저 집단구성원들은 개별적으로 아이디어를 고안하고 이를 종이에 작성한 후 다른 구성원들과 함께 고안한 아이디어에 대해 이야기함. 각각의 아이디어는 집단의 다른 구성원들에 의해 논의되고 비판적으로 평가받음

모든 아이디어를 적은 후 구성원들은 돌아가면서 발표한다. 한 번에 하나의 아이디어를 발표하고 구성원 중 1명이 이를 칠판 또는 플립 차트에 작성한다. 이때 아이디어에 대한 토론은 이루어지지 않는다. 모든 아이디어를 칠판에 작성한 후에야 한 번에 한 아이디어씩 차례차례 논의하게 되며 이때 구성원들은 각각의 아이디어에 대해 질문하고 이의를 제기하며 비판적으로 평가하는 것이 허용된다. 각각의 대안들에 대해 충분한 논의를 거친 후 가장 선호되는 아이디어와 덜 선호되는 아이디어 순으로 순서를 매긴다. 집단 내에서 가장 높은 지지를 받은 아이디어가 선택되는 것으로 의사결정 절차는 종료된다.

NGT는 집단의 의사결정을 신속하게 하며(때때로 2~3시간 안에 이루어진다), 구성원들이 제안한 모든 아이디어가 고려될 수 있도록 한다. 그러나 이 방법은 많은 양의 정보를 필요로 하는 복잡한 의사결정이나 반복적인 집단미팅에서는 적절한 방법이 아니다. 또한 배심원 판결과 같이 제시된 대안에 대해 대부분의 집단구성원의 동의가 필요할 때 역시 적절한 방법이 아니다.

델파이기법

델파이기법
발생한 문제를 해결하기 위해 전문가에게 일련의 설문을 보내고 답변을 구하는 의사결정 기법으로 대면 없이 서면을 통해 이루어짐

델파이기법(Delphi technique)을 사용하여 집단구성원은 직접적인 대면 없이 의사결정을 할 수 있다.[67] 리더는 대처가 필요한 기회 또는 문제에 대하여 이를 서면으로 작성하여 전문가에게 전하고 필요한 조언을 구한다. 리더는 문제나 기회에 대해 서술하고 몇 가지 질문서를 전문가에게 전달하여 작성을 요청한다. 전문가로부터 답변이 도착하면 리더는 이를 요약하고 추가적인 의견을 요하는 질문을 포함하여 집단구성원들에게 전달한다. 이러한 절차는 대부분의 전문가가 우수한 결정이라고 동의할 때까지 반복적으로 진행된다.

델파이기법은 지역적으로 멀리 떨어져 있는 집단구성원 간 대면을 요구하지 않는다는 장점을 가진다. 그러나 주요 단점은 시간이 많이 소요된다는 점과 집단상호작용을 필요로 하지 않는다는 것이다. 또한 전문가가 빠른 시일 내에 답변을 할 수 있도록 협력이 요구되며 답변서를 신중히 살펴보기 위해 많은 시간을 필요로 한다. 이러한 단점은 마이크로소프트가 작업집단을 위해 개발한 새로운 컴퓨터 소프트웨어의 사용을 통해 어느 정도 극복될 수 있다.

전사적 품질관리에 사용되는 집단의사결정 기법

전사적 품질관리(TQM)[68]는 조직의 제품 또는 서비스의 품질과 생산의 효율성을 증가시키기 위해 개발된 철학이자 일련의 관행이다. 전사적 품질관리(제16장 참조)는 집단의사결정을 향상시키기 위해 사용되는 두 가지의 집단의사결정 기법인 벤치마킹과 임파워먼트를 요구한다. 이러한 기법의 목적은 집단구성원이 비용과 낭비를 감소할 수 있는 방법을 고안하고 소비자를 만족시킴으로써 최종 품질을 향상시키는 데 구성원의 지식 활용을 장려하는 것이다. 예를 들어 벤치마킹과 임파워먼트는 제조업체가 새로운 자동차의 결함을 줄이고 리콜을 방지하고자 할 때, 고객서비스 부서가 고객불평대응 시간을 줄이고자 할 때, 회계부서가 고객이 청구서를 좀 더 쉽게 읽게 하기 위해 노력하는 상황에서 사용될 수 있다.

벤치마킹

여러 대안들에 대한 평가를 할 때 집단구성원들은 목표를 정확히 인식하는 것에 대해 종종 어려움을 겪는다. 예를 들어 집단의 목표는 성과나 품질의 향상이지만 구성원들은 달성해야 하는 정확한 수준의 성과나 품질에 대해 알지 못한다. 이때 벤치마킹은 집단구성원들이 의사결정 시에 달성해야 하는 목표를 확인하는 데 도움을 준다. 벤치마크는 측정되거나 평가될 수 있는 것에 대한 기준이다.

벤치마킹(benchmarking)은 고객에게 높은 질의 상품 또는 서비스를 제공하는 고성과집단 또는 조직을 선정하고 이를 모델로서 사용하는 것을 말한다. 성과가 낮은 집단이 의사결정을 할 때 구성원들은 자신의 집단을 벤치마크 집단 또는 조직과 비교한다. 그리고 벤치마크 된 집단 또는 조직의 성과수준을 따라잡기 위해 어떻게 해야 할지 결정한다. 예를 들어 DHL 또는 UPS 같은 운송 기업의 집단은 고객서비스의 품질을 향상하기 위해 때때로 GPS 포지셔닝, 개인소지용(hand-held) 디지털 기기, 정렬 포장 기법을 사용하는 페덱스의 특정 운용 절차를 사용한다.

벤치마킹
고객에게 높은 품질의 상품 또는 서비스를 제공하는 고성과집단 또는 조직을 선정하고 이를 모델로서 사용하는 것

임파워먼트

전사적 품질관리의 원칙은 성과와 품질의 향상이 조직 내 모든 구성원들의 책임에 해당한다는 점과 일선의 종업원들은 이를 달성하기 위한 최적의 위치에 있다는 점을 강조한다. **임파워먼트**(empowerment)는 현장 종업원들에게 의사결정의 권한이나 그로 인한 결과물에 대한 책임을 부여

임파워먼트
낮은 수준의 종업원들에게 의사결정의 권한이나 그로 인한 결과물에 대한 책임을 부여하는 과정

국내 사례 현대의 조직행동

브레인스토밍식의 토론

국내 패션기업의 선두주자 J기업에서는 직원 모두가 매월 마지막 수요일에 열리는 '업적 평가회의'를 손꼽아 기다린다. 몇 년 전까지만 해도 업적 평가회의는 상사에게 꾸지람을 듣는 자리로 여겨지곤 했다. 하지만 어느 순간부터 자유로운 토론시간으로 분위기가 변화하기 시작했다. 회의시간에 가벼운 맥주가 곁들여지기도 하고, 할 말은 하도록 하자는 배려에서 심지어 회의할 때만큼은 '계급장'을 떼기도 한다. 한 달간 있었던 서로의 성공 및 실패 등 경험을 자유로이 나누다 보면 어느새 시간은 훌쩍 지난다.

이전까지만 해도 자신의 실패사례에 대해 이야기하는 것은 쉽지 않았다. 실패사례를 많은 사람들이 알게 되고 심지어 상사에게 꾸지람을 들을 것 같다는 걱정에 '실패사례'를 화두로 삼고 싶어 하지 않았다. 하지만 분위기가 달라지고 자유롭게 이야기를 나누다 보니 어느새 실패사례에 대한 분석도 깊이 이루어지게 되었다. 어느 겨울 집중 폭설로 협력업체의 기계설비가 파손돼 제품의 납기가 지연되는 일이 발생했다. 예전 같으면 책임을 회피하기 위해 자연재해로 치부하고 넘어갔을 일이었다. 하지만 부드러운 분위기 속에 머리를 맞대고 대화를 나누다 보니 협력업체가 풍수재해보험에 가입했으면 납기 지연에 따른 보상청구를 할 수 있다는 사실을 알 수 있었다. 뿐만 아니었다. 새로운 아이디어에 대한 토론은 더 나은 아이디어를 만들기도 했다. 지난 여름 영업 팀이 일기예보와 함께 날씨에 맞는 상품을 제안하는 엽서를 단골고객들에게 발송하였는데 판매실적을 두 배나 신장시켰다.

이는 조직 내 의사소통을 '훌륭한 일터 만들기' 캠페인의 첫 번째 과제로 삼는 데서부터 시작되었다. 자유로운 분위기에서 의사소통이 이뤄져야 직원 한 사람 한 사람의 역량을 최대한 끌어낼 수 있다는 판단에서다. 이를 위한 경영주제가 바로 '아이디어 경영'이었다. 기존의 관행을 깨고 새로운 방식으로 일해보자는 의미에서 회의에 맥주를 곁들여 살아 있는 커뮤니케이션 문화가 형성되었다. 결과는 성공적이었다. 아이디어는 꼬리에 꼬리를 물고 쏟아져 나왔다. 특히 사장과 직원들 간의 '도시락 간담회'도 성공을 이끄는 데 일조했다. 기존에는 직급 차이가 많이 나는 조직원들끼리 소통을 하기 힘들었다. 하지만 함께 도시락을 먹는 자리에서는 임원부터 말단사원까지 격의 없이 이야기를 나눈다. 현업 부서의 어려운 점과 건의 사항이 거침없이 쏟아져 나오고 그 자리에서 해결책을 도출하기도 한다.

변화하는 현대 사회에서 기업이 성과를 내기 위해서는 자유로운 분위기에서 직원 모두가 의견을 공유하여 의사결정을 내리는 브레인스토밍 등 다양한 커뮤니케이션 방법이 요구된다. 기업이 글로벌 경쟁력을 갖추기 위해서는 전 임직원이 한 방향으로 나아갈 수 있어야 하며 특히 조직 내 의사소통이 물 흐르듯 자연스러워야 한다.

출처 : 한국경제매거진.

하는 과정을 말한다. 임파워먼트는 종종 관리자가 자신의 의사결정 방식에 변화를 요구한다. 관리자는 혼자 의사결정을 내리고 어떻게 이를 수행해야 할지 고민하지 않고 종업원의 임파워먼트를 통해 종업원들이 스스로 의사결정하고 결과물에 책임감을 느낄 수 있도록 한다.

관리자와 종업원들이 의사결정에 대한 생각을 바꾸도록 하는 것은 매우 어려운 일이지만 그만큼 가치를 지닌다. 페덱스, 씨티은행, 제록스는 의사결정을 향상시키기 위해 임파워먼트를 사용하는 기업이다.[69] 제록스는 공급업체의 상품 품질향상을 위해 임파워먼트(그리고 다른 전사적 품질관리 관행들)를 활용하도록 요구해 왔다.[70] 예를 들어 제록스는 전자석 부품을 납품하는 트라이던트 의 관리자들에게 제품품질 향상을 위해 임파워먼트를 어떻게 사용할 수 있는지 교육하였다. 그 후 트라이던트의 임파워먼트 된 집단은 부품 주문 절차를 26개에서 12단계로 줄일 수 있었으며 고객의 주문 시간을 반으로 단축할 수 있었다. 또한 새로운 부품에 대한 디자인 기간을 60개월에서 16개월로 단축하였다.

조직학습

불확실한 상황에서 이루어지는 의사결정은 많은 오류를 유발하기 때문에 종종 실패로 끝나게 된다. 물론 앞서 언급한 애플의 의사결정은 조직이 관리자의 무모한 꿈을 극복하고 어떻게 성공할 수 있는지 보여주고 있다. 조직은 구성원이 기술적으로 옳은 결정을 할 때 생존하고 발전하며, 때론 기회와 운에 의해 영향을 받기도 한다. 그러나 성공적인 의사결정이 오랫동안 유지되기 위하여 조직은 더 나은 의사결정을 위한 능력을 배양해야 하며 의사결정 오류를 줄이기 위해 노력해야 한다.

조직학습
관리자들이 조직의 효율성과 효과성을 지속적으로 향상시키기 위해 조직구성원의 의사결정 능력을 높이는 방법을 찾는 과정

조직의 관리자들이 더 나은 의사결정을 할 수 있도록 돕는 방법 중 하나는 조직학습이다.[71] **조직학습**(organizational learning)은 관리자가 종업원의 의사결정 능력을 향상시키고 조직의 효율성과 효과성을 증진시킬 수 있는 방법을 찾는 과정이다.[72] 오늘날 사업환경의 변화로 인해 조직학습은 필수적이고 핵심적인 활동이 되었다. 이에 조직학습이 어떻게 이루어지는지에 대한 이해와 향상 또는 저해시키는 요소들에 대한 학습을 요구한다.

조직학습의 유형

탐색
조직구성원이 조직의 효과성을 증진할 수 있는 새로운 유형의 행동과 절차를 찾고 시도하는 것에 관련된 학습

James March는 의사결정을 개선하기 위해 조직학습의 두 가지 원리를 제안하였다.[73] 먼저 **탐색**(exploration)은 조직구성원이 효과성을 증진할 수 있는 새로운 유형의 행동과 절차를 찾는 것을 말한다. 탐색을 통한 학습은 제품과 서비스를 생산하고 판매하는 새로운 방법을 찾거나 다기능팀 또는 가상팀을 구축하는 것과 같이 종업원을 관리할 수 있는 새로운 방법을 고안하는 것과 관련 있다.

활용
조직의 효과성을 높이기 위해 기존의 행동과 절차를 향상시키고 개선하는 것과 관련된 학습

활용(exploitation)은 조직의 효과성을 높이기 위해 기존의 행동과 절차를 개선하는 것과 관련된 학습이다. 이는 현재의 공정 절차에 대한 지속적인 개선을 위한 전사적 품질관리 프로그램 또는 작업집단이 특정 업무를 효율적으로 수행하기 위한 일련의 규칙을 발전시키는 것과 같은 것이다.[74] 비록 두 원칙 모두 조직의 효과성 증대에 중요한 영향을 미치지만 활용에 비해 탐색은 더욱 급진적인 학습절차라고 할 수 있다.[75]

학습조직
탐색적이고 활용적인 조직학습이 이루어질 수 있는 가능성을 극대화하고 향상시키기 위해 노력하는 조직

학습조직(learning organization)은 탐색적이고 활용적인 조직학습을 극대화하고 향상시키는 조직을 말한다.[76] 그렇다면 관리자는 어떻게 학습하는 조직을 만들고 종업원이 끊임없이 변화하는 환경에 빠르고 적절히 대응하도록 유도할 수 있을까? 이는 조직의 모든 종업원들이 조직의 현재 활동을 분석하고 이에 대한 의문을 가질 수 있는 능력을 향상하며 효과성 증진을 위해 새로운 방법을 시도함으로써 이루어질 수 있다. 현대의 조직행동에서는 다른 조직이 이러한 활동을 할 수 있도록

현대의 조직행동

'학습하는 방법을 학습하도록' 도움을 주는 IDEO

IDEO의 창립자 Bill Moggridge는 1980년에 데스크톱 컴퓨터를 처음 디자인한 것으로 유명하다. 이제 그의 목표는 새롭고 향상된 컴퓨터를 개발함으로써 관리자들을 도와 새로운 기회를 찾고 이에 대한 적절한 대응을 할 수 있는 '창조적 자신감'을 배양하도록 하는 것이다.

유명한 디자인 엔지니어인 David Kelly와 Bill Moggridge에 의해 1991년 설립된 IDEO는 조직과 구성원들이 '독창적으로 생각하도록' 도움을 주는 조직이다. IDEO는 조직이 새로운 기회를 확인하고 대응하기 위해 필요한 기술과 IDEO가 '창조적 자신감'이라고 명명한 것들에 대한 개발을 도우며 이를 통해 고객의 욕구를 만족시킬 수 있는 새롭고 진보된 상품을 개발하도록 지원한다. IDEO의 표현에 의하면 기업이 "지속적 혁신에 요구되는 역량을 개발하고 조직문화를 변화할 수 있도록" 하기 위해 조직의 관리자, 엔지니어, 마케터들을 대상으로 기업이 지속적 우위를 차지할 수 있게 하는 기법을 가르친다.[77] 예를 들어 IDEO는 비집중적 집단기법(unfocused group techniques)을 만들어서 집중적 집단구성원들 간 주고받은 의견의 기록을 통해 집중적 집단미팅에서 '언급되지 않은' 것들을 찾아낸다. 또한 IDEO는 '숙련된 브레인스토밍'을 도입하여 고객인 조직의 종업원들이 창의적인 해결책을 촉진하기 위해 어떻게 브레인스토밍 세션을 실시해야 하는지 가르친다. IDEO의 제안은 새로운 아이디어를 많이 생각해내도록 하며 엉뚱한 생각을 격려하고 이에 대한 판단을 유보하도록 한다.[78]

IDEO의 목표는 고객인 기업이 어떻게 더 나은 의사결정을 할 수 있는지를 교육함으로써 혁신을 위한 역량을 향상시키는 것이다. 이렇게 향상된 의사결정은 엄청난 양의 신제품개발과 고객만족을 높이고 고객의 욕구를 만족하는(IDEO는 대부분의 기업이 이를 잘 인식하지 못하고 있다고 주장한다) 더 나은 방법을 창조한다. 따라서 IDEO는 조직이 미처 알지 못하는 고객의 실제 욕구를 어떻게 확인할 수 있는지 배우기 위해 여러 방법들을 사용한다. 고객의 욕구를 충족하기 위해 IDEO가 디자인한 상품의 예로는 애플의 컴퓨터 마우스와 '스탠드업' 치약, 핸드헬드 기기 등이 있다. IDEO는 고객의 욕구를 확인하기 위해 '깊이 잠수하는(deep dive)' 방법을 사용한다. 이 방법은 디자이너, 인류학자, 마케팅, 엔지니어링 연구자들로 구성된 직원들이 며칠 또는 몇 주에 걸쳐 특정 업무나 사건에 관한 사람들의 반응을 관찰하는 것을 말한다.[79] 예를 들어 '스탠드업' 치약은 욕실을 오랜 기간 관찰하고 '칫솔질 하기' 중 무엇을 제일 싫어하고 꺼리는지 묻는 과정을 통해 개발되었다. 치약에 관한 불평 중 하나는 내용물이 튜브로부터 새어 나와 이곳저곳에 묻는다는 것이었다. IDEO가 병원을 대상으로 프로젝트를 진행할 때 IDEO의 연구자들은 간호사 근무 교대 과정에서 관리가 이루어지지 않아 발생된 문제가 간호사와 환자들에게 어떠한 영향을 미치는지 직접 관찰하였다. 온종일 며칠에 걸친 교대 과정의 관찰을 통해 연구자는 교대가 일어날 때 치료와 처치, 환자 응대에서 많은 실수가 발생한다는 것을 알게 되었다. 그리고 이러한 문제에 도움이 되는 정보를 제공하여 문제발생 횟수를 줄이는 데 기여하는 새로운 소프트웨어를 개발하였다. IDEO는 이를 두고 그들이 "잠재된 욕구와 행동, 욕망 등을 밝혀냄으로써 사람들을 지원하는 새로운 방법을 확인"하기 위해 일한다고 표현하였다. 또한 이를 통해 기업이 새로운 제품, 서비스, 미디어의 개발을 촉진하며 나아가 종업원의 웰빙을 향상시킬 수 있는 업무공간의 변화 또한 할 수 있다고 말한다.[80] 분명히 새로운 기회와 문제를 확인하기 위해 사용하는 브레인스토밍과 다른 방법을 사용하여 '학습하는 것을 학습하는' 과정은 조직이 더 나은 의사결정을 하는 데 기여하고 나아가 장기적 성공을 경험할 수 있게 한다.

돕는 IDEO에 대해 이야기한다.

조직학습 원리

학습하는 조직을 만들기 위하여 관리자는 개인과 집단수준의 학습을 촉진해야 한다.[81] 학습하는 조직을 만드는 몇몇 원리는 Peter Senge에 의해 개발되었으며 다음에 자세히 서술되어 있다[82](그림 14.6 참조).

그림 14.6

조직학습의 원리

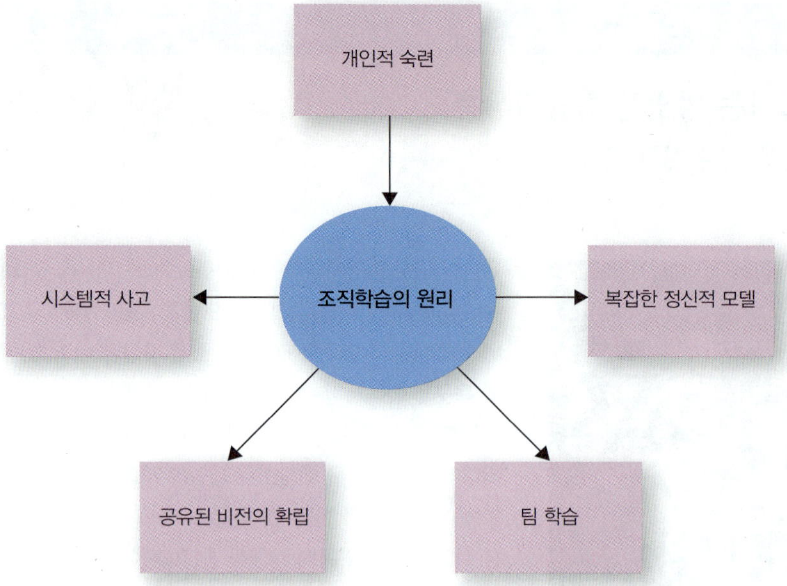

개인적 숙련

관리자들은 조직 내 개인의 새로운 기술과 규범, 가치에 대한 학습을 촉진하기 위해 노력해야 하며 이를 통해 개인은 조직의 핵심역량에 도움을 주는 역량을 증진할 수 있게 된다. Senge는 조직학습을 통해 개인이 **개인적 숙련**에 대한 의미를 발전시킬 필요가 있다고 주장하였다. 근본적으로 이는 조직이 임파워먼트를 통해서 스스로 원하는 것을 탐색하고 창조, 개발하는 것을 의미한다. 조직은 구성원에게 업무에 대한 강도 높은 평가를 발전시킬 수 있는 기회를 제공함으로써 조직의 독특한 역량으로 환원할 수 있다.[83]

복잡한 정신적 모델

구성원이 참여하고 있는 특정 활동에 대한 이해를 증진하고 개인적 숙련을 위한 목적으로 조직은 구성원이 업무수행 방법을 개선하고 새로운 방법을 모색하도록 권장해야 한다. 이 과정에서 **복잡한 정신적 모델**을 사용하고 개선시켜 나가야 한다. 하나의 비유로서 개인은 일주일에 한 번 잔디를 깎을 수 있으며 이를 필수적으로 해야 하는 집안일 중 하나라고 생각할 수 있다. 이때 어떻게 잔디가 자라는지 배우기로 결정하고 이를 위해 서로 다른 높이로 잔디를 자르고 다른 비료와 물 공급 패턴을 사용하였다고 가정해보자. 이러한 연구를 통해 우리는 풍성한 잔디와 적은 잡초를 생산할 수 있는 잔디의 특정한 높이와 비료, 물의 배합을 발견할 수 있을 것이다. 한때는 귀찮은 집안일이었던 것이 이제는 하나의 취미가 될 수 있으며 개인적으로 숙련이 높아지게 된다. 새로운 관점에서 업무를 바라보는 것은 개인의 만족도를 높이는 원천이다. 이것이 Senge의 학습하는 조직을 발전시킬 수 있는 원리이다. 즉 조직은 개별 구성원이 수행하고 있는 업무에 대해 실험적 정신을 기를 수 있도록 장려해야 한다.[84]

학습하는 조직은 구성원이 복잡한 정신적 모델을 형성하도록 도우며 의사결정의 결과물에 대한 책임감을 부여함으로써 개인적 숙련의 의미를 발전시킨다. 이는 다양한 방법을 통해 이루어질 수 있다. 구성원은 다양한 교육을 받아 서로 다른 업무를 자유롭게 수행할 수 있게 되며 획득한 지식을 통해 작업절차를 향상시킬 방안에 대해 새로운 통찰력을 얻을 수 있다. 한편 일부 구성원들에 의해 수행되는 특정 업무를 재디자인함으로써 1명의 구성원이 최신의 IT 기술을 사용하여 혼자 업무를 완수할 수 있다. 이러한 결과는 구성원이 업무처리의 새로운 방법을 학습함으로써 이루어진다.

팀 학습

조직수준에서 관리자는 다양한 종류의 집단, 예를 들어 자율경영팀, 다기능팀을 활용하여 구성원들이 문제해결을 위해 기술과 역량을 공유하게 함으로써 학습을 촉진해야 한다. 집단은 함께 일하는 과정에서 혼자 일했을 때보다 더 많은 효과를 내는 시너지 효과를 창출함으로써 조직성과에 기여한다. 제10장에서 업무상호의존성에 대한 Thompson의 모델에서 알 수 있듯이 단순 연합이 아닌 일련의 호혜적인 업무상호의존성은 집단구성원들이 서로 다른 구성원과 상호작용할 수 있도록 함으로 집단수준의 학습을 높이게 된다. 집단의 효과성을 높이는 '집단관례(group routines)'는 이러한 상호작용을 통해 발달할 수 있다.[85] Senge는 이러한 종류의 학습을 두고 팀 학습이라고 명명하였고 팀 학습이 조직학습을 증진하기 위해 개인수준의 학습보다 더 중요하다고 주장하였다. 이는 대부분의 중요한 의사결정이 부서 또는 기능부서 내에서 이루어지기 때문이다.

토요타가 캘리포니아에 위치한 GM 공장의 작업과정에 혁신을 주도할 때 조직학습에 기초한 팀의 역량은 매우 중요한 역할을 했다. 토요타의 관리자들은 지속적인 업무성과 향상을 위해 자신의 행동을 측정, 모니터, 관리하는 책임을 지도록 작업팀과 임파워된 팀을 만듦으로써 공장의 성과를 높일 수 있었다.

공유된 비전의 확립

학습하는 조직을 만들기 위한 Senge의 또 다른 원리는 공유된 비전의 확립을 강조하는 것이다. 공유된 비전의 확립은 모든 조직구성원들이 문제와 기회를 포착하고 조직과 깊이 연관되어 있다는 인식을 구성하는 데 지속적으로 특정한 정신모델의 틀을 창조하는 것과 관련 있다. 비전의 중심은 특정 상황에서 요구되는 행동에 대한 규범과 작업가치라고 할 수 있다.

시스템적 사고

Senge의 조직학습에 대한 마지막 원리는 시스템적 사고로 이것은 학습하는 조직에 공통적으로 필요하게 된다. 이를 위해 관리자들은 개인과 집단수준의 학습이 어떻게 서로 영향을 미치는지 알아야 한다. 예를 들어 조직이 구성원에게 개인적 숙련을 쌓을 기회를 제공하지 않고 단순히 팀 학습을 촉진하기 위해 팀을 구성하는 것은 무의미하다. 관리자는 조직을 하나의 시스템으로 인식하고 각각의 수준에서 조직학습을 촉진하고 장려함으로써 조직이 높은 질의 의사결정을 빠르게 내릴 수 있게 해야 한다. 현대의 조직행동에서는 나이키가 빠르게 변화하는 조직환경에 대응하기 위해 학습하는 조직을 어떻게 구축할 수 있었는지 다루고 있다.

리더십과 학습

조직학습을 촉진하는 것은 조직과 의사결정자들을 위험과 불확실성이 높은 미지의 세계로 인도해야 하기 때문에 매우 복잡하고 어려운 과정이다. 그러나 불확실성은 비일상적 사항에 관한 의사결정을 요구한다. 만약 의사결정자가 고객의 욕구를 충족하고 어려운 결정을 내릴 준비가 되어 있지 않다면 마텔의 경우와 같이 순식간에 시장의 지위를 잃고 막대한 손해를 입게 된다.

나이키, 애플, 페덱스와 특히 관리자들이 활발한 학습을 주도하는 GE의 사례에서 알 수 있듯이 조직이 최고의 성과를 창출하기 위해 학습은 장려되어야 한다. GE의 CEO Jeff Immelt는 GE를 학습하는 조직으로 만들기 위해 놀라운 리더십을 발휘하였다. Immelt는 성공한 최고경영자로서 GE에 종사하는 동안 학습의 결과물들을 경험하였다. 그는 지속적으로 전사적 품질관리, 식스시그마, 최신의 관리자 교육, 평가, 사람들의 혁신적이고 창의적인 아이디어에 대한 새로운 보상 시스템과 같은 여러 기법을 도입하였다. Immelt는 빠르게 변화하는 환경 속에서 성공적인 의사결정은 관리

현대의 조직행동

학습하는 조직을 만드는 방법

오리건 주 비버턴에 본사를 둔 나이키는 세계 최대의 스포츠 신발제조기업이다. 1990년대에 기업의 CEO Phil Knight의 신발 디자이너 팀은 혁신적 디자인을 통해 나이키의 신발을 세계 최고로 끌어올림으로써 엄청난 판매와 수익을 창출하였다. 그러나 수익이 점차 증가함에 따라 관리자들은 점차 이상한 인식에 사로잡히게 되었다. 기업의 관리자와 디자이너들은 고객이 원하는 바를 "아주 잘 알고 있다"는 확신에 빠졌으며 나이키 신발 디자인을 어떻게 변화하든지 고객은 열광적으로 반응할 것이라고 생각하였다.

그러나 스포츠 신발 산업에 새로운 경쟁업체들이 부상하면서 상황은 변화하였다. 경쟁업체들은 나이키의 신발과는 다른 새로운 종류의 신발을 개발하였으며 나이키가 고려하지 않은 스케이트보더나 축구 선수 또는 경보를 즐기는 사람들과 같은 특정 시장을 타깃으로 맞춤화된 신발을 판매하였다. 게다가 나이키는 걷기와 배낭여행과 같이 매일매일 운동화 신기를 선호하는 사람들을 위한 기능성 운동화에 대한 고객욕구가 증가할 것 또한 예측하지 못했으며 도시의 일터와 일상의 간단한 운동을 동시에 할 수 있는 어두운색 계열의 운동화에 대한 고객선호가 높아질 것이라는 것도 알아차리지 못했다.

Jin Lee\Getty Images – Bloomberg

나이키의 디자이너들과 마케터들은 운동화와 워킹화에 대한 고객의 다양한 욕구를 만족시키기 위해 지속적인 노력을 기울인다. 그들의 목표는 고객을 '황홀하게' 만드는 것이며 고객들에게 나이키 신발이 120달러 이상의 가치가 있다는 것을 인식하게 하고, 삶의 주요 순간을 위해 기꺼이 구매하도록 만드는 것이다.

이로 인해 나이키의 새로운 제품이 점차 고객의 외면을 받으면서 2000년대 초반 기업의 수익은 크게 감소하였고 CEO Phil Knight는 상황을 호전시킬 수 있는 방안을 모색해야 했다. 그는 디자이너들이 잘못된 의사결정을 내리고 있다는 것을 깨달았고 부서 관리자들을 불러 나이키의 의사결정 문제를 확인하고 어떻게 향상시킬지 논의하고자 하였다. 그중 아웃도어 제품부서의 대표이사가 노스페이스와 같은 중소기업을 사들여 나이키의 제품라인을 넓힐 것을 제안하였다. 그러나 그를 제외한 다른 부서의 관리자와 디자이너들은 여전히 그들이 최고의 의사결정을 내리고 있다는 환상을 극복하지 못했다. 판매율이 지속적으로 급감하였고 나이키는 이를 극복하기 위해 전문 신발기업들을 인수하기로 결정했다. 가장 먼저 인수한 기업은 명품 신발을 생산하는 콜한으로 나이키의 디자이너들은 자사의 기술을 사용하여 명품 신발에 편안함을 더하였다. 그리고 작은 시장으로의 진입이 필수적이라는 것을 깨달은 나이키는 2002년에 스케이트와 서프보드 관련 제품생산업체인 헐리를 추가적으로 인수하였다.

Knight는 과거에 내렸던 의사결정의 오류를 극복하기 위해 스케이트보딩, 골프, 축구화와 같은 전문 틈새시장을 겨냥한 신발을 디자인하기로 결정했다. 이후 나이키의 디자이너들은 한 부서에 소속되어 함께 디자인을 구상하지 않고 여러 개의 작은 팀을 구성하여 각자 디자인하는 전략을 수립하였다. 각각의 팀은 자신들에게 할당된 특정 시장의 고객욕구를 만족시킬 수 있게 독특한 제품을 디자인하는 것에 집중하였다. 예를 들어 스케이트 시장을 담당할 팀은 독립적이며 독자적으로 팀을 운영하였는데 스케이트 산업을 위한 독특한 신발을 디자인하고 마케팅하였다. 또한 나이키는 골프제품을 담당한 팀을 따로 구성하여 독립적으로 운영하고 그들이 새로운 골프 신발과 클럽과 같은 골프 관련 제품을 생산하도록 지원하였다.[86]

이와 같이 나이키는 의사결정 오류를 낳았던 오래된 기업의 사고방식을 무너뜨리기 위해 많은 노력을 기울였다. 서로 다른 신발과 관련 제품들을 담당하는 다양한 팀을 구축하였고 이를 통해 의사결정의 다양화를 추구하며 각자의 팀은 그들이 맡은 스포츠 제품시장에서의 고객욕구 변화에 유연하게 대처할 수 있는 전문성을 배양할 수 있었다. 이러한 새로운 의사결정 방식은 결국 성공적으로 작용하였고 나이키는 각각의 시장을 주도하는 리더로서 자리를 굳히게 되었다. 과거의 실패를 통해 깨달음을 얻은 Knight는 조직학습의 중요성을 인식하고 이를 지속적으로 추구하고 있다. 그는 조직의 구성원들이 '독창적으로 생각'하고 실험적이고 모험적인 시도를 지속할 수 있도록 이를 적극적으로 지원한다.

현대의 조직행동

스타벅스의 매장 위치 의사결정

스타벅스는 매장 위치 선택을 위한 의사결정을 최적화하기 위해 지리정보시스템(GIS)을 활용하는 혁신적인 방식을 도입했다. 전통적으로 매장 위치를 선정하는 과정은 인구통계학적 데이터와 시장 동향에 의존하는 경우가 많았지만, 스타벅스는 지역별 고객 행동과 상권 특성을 세부적으로 분석할 수 있는 GIS 기술을 채택함으로써 더욱 정교한 의사결정을 내릴 수 있었다.

GIS는 인구 밀도, 유동 인구, 근처 경쟁업체, 지역경제 등 다양한 데이터를 시각적으로 분석하고, 이러한 데이터를 기반으로 매장 성과에 영향을 미칠 수 있는 다양한 요소들을 평가한다. 예를 들어, 특정 지역의 소비자 행동 패턴, 교통량, 주변 상점의 위치 등을 분석하여 해당 지역이 스타벅스 매장으로 적합한지를 판단한다. 이 시스템 덕분에 스타벅스는 매장의 성과를 극대화할 수 있는 지역을 더 쉽게 찾아내고, 효율적인 확장 전략을 수립할 수 있었다 .

GIS를 활용한 이러한 접근 방식은 매장 위치 선정에 있어 새로운 패러다임을 제시했다. 과거 경험에 의존하는 방식이 아닌, 데이터에 기반한 의사결정은 더 정밀한 예측을 가능하게 하며, 잘못된 위치 선택으로 인한 위험을 최소화했다. 실제로 이 기술을 도입한 이후 새롭게 선정된 매장들의 매출이 눈에 띄게 향상되었고, 스타벅스의 확장 전략도 한층 더 정교해졌다.

또한, 이러한 기술은 소비자 만족도를 높이고, 매장을 최적의 장소에 배치함으로써 고객 접근성을 높이는 효과도 있었다. 스타벅스는 새로운 매장을 열 때마다 각 지역의 경제적·문화적 특성까지 반영하여 현지화 전략을 펼치고 있다. 이로 인해 스타벅스는 특정 지역의 소비자 특성에 맞춘 맞춤형 서비스를 제공할 수 있게 되었고, 이는 고객 충성도를 높이는 데 기여했다.

결과적으로, 스타벅스는 GIS 기술을 통해 매장 선택 의사결정을 혁신하고 있으며, 이는 다른 소매업체들도 채택할 수 있는 성공적인 모델로 자리잡고 있다. 이 시스템을 통해 스타벅스는 효율적인 매장 확장과 동시에 소비자 경험을 극대화하고, 더 나은 비즈니스 성과를 달성할 수 있었다.

자와 조직원들이 얼마나 많이 알고 있느냐가 아닌, 얼마나 빨리 새로운 방법을 학습하는가에 달려 있다고 생각하였다. 그 결과 Immelt는 조직학습을 리더십의 주춧돌로 삼았다. 성공적인 학습의 결과물로 높은 기업성과와 유연한 상황대응력의 향상을 경험하였기 때문이다.

GE 학습의 중심은 'GE의 사관학교'라 불리는 크로톤빌(Crotonville)을 통해 이루어지며 이곳에서 매년 수천 명의 관리자들이 '학습하는 관리자'가 되기 위해 강도 높은 교육 프로그램을 이수하고있다. 더불어 GE의 승진은 관리자가 얼마나 빨리 학습을 하는지에 대한 평가를 통해 결정되며 이를 관리자가 잠재적인 리더십을 가진 증거로 사용한다. Immelt는 모든 위대한 CEO가 그랬던 것처럼 지속적 학습이 기업의 성공을 보장하는 주요 요인이라고 생각하고 그 중요성을 강조하며 장려하였다.

요약

모든 구성원의 의사결정은 성과와 복지 수준 및 개인 · 집단 · 전체 조직이 목표를 달성하는 데 중요한 영향을 미친다. 이 장에서 다룬 주요 내용은 다음과 같다.

1. 의사결정은 조직구성원이 기회와 문제에 어떻게 반응할지 선택하는 과정이다. 예외적 사항에 관한 의사결정은 조직구성원이 새로운 기회와 문제에 어떻게 대응할지 결정할 때 필요하다. 그리고 이는 정보조사를 필요로 한다. 일상적 사항에 대한 의사결정은 조직구성원이 표준화된 방법(표준절차)을 사용하여 반복적으로 발생하는 기회와 문제에 대응할 때 필요하다. 이 장에서는 예외적 사항에 관한 의사결정에 관해 집중적으로 공부하였다.
2. 의사결정의 전통적 모델은 규범적인 모델로서 의사결정자가 필요로 하는 모든 정보에 접근이 가능하며 그 결과 최선의 의사결정을 내린다고 가정한다. 전통적 모델을 사용하는 의사결정자들은 다음의 네 가지 단계를 따른다. (1) 모든 대안에 대한 목록 작성, (2) 각 대안의 결과물에 대한 목록 작성, (3) 각 대안 또는 일련의 결과물에 대한 의사결정자의 선호도 고려, (4) 가장 선호되는 결과를 가능케 하는 대안 선택. 이와 같이 전통적 모델에 따른 의사결정은 최선의 결정이다.
3. 전통적 의사결정 모델은 현실적이지 못하다는 문제가 있다. 의사결정자들은 종종 자신이 선택할 수 있는 대안을 모두 알지 못하며 각 대안의 결과물 또한 알지 못한다. 더불어 사람들은 자신의 선호에 대해 확실히 알지 못하는 경우가 있으며 대부분의 경우 전통적 의사결정 모델에서 요구하는 것처럼 한꺼번에 모든 정보들을 다룰 정신적 능력 또한 없다. 또한 전통적 의사결정 모델은 시간을 많이 낭비한다.
4. March와 Simon의 관리적 의사결정 모델은 조직에서 발생하는 의사결정이 실제로 어떻게 진행되는지를 보여준다. March와 Simon은 의사결정자가 상황에 대한 정의를 토대로 간단하고 대략적인 정보를 활용하여 기회와 문제에 어떻게 대응할지를 결정한다고 주장한다. 이때 상황에 대한 정의는 심리적, 사회적 절차의 결과이다. 의사결정자는 최적의 의사결정을 내리는 것이 아니라 만족할 만한 혹은 수용가능한 수준의 의사결정을 내린다. 만족스런 해결안은 제한된 합리성에 의해 발생한다.
5. 휴리스틱은 의사결정을 간편화하는 경험법칙이지만 많은 오류를 낳을 수 있다. 회상용이성 휴리스틱은 사건의 기억 정도가 의사결정에 영향을 미치는 경향을 말한다. 어떠한 사건이 최근에 발생하고 그에 대한 기억이 강렬할 때 해당 사건의 발생 빈도나 원인 등을 과대평가하며 이로 인하여 의사결정 오류를 발생시킨다. 대표성 휴리스틱은 어떠한 사건이 과거에 발생한 사건과 유사하고 대표적인지의 정도에 따라 발생 빈도를 과대평가하는 경향을 말한다. 대표성은 의사결정자가 자연 발생률을 고려하지 못했을 때 발생한다. 앵커링과 조정 휴리스틱은 처음 결정된 양(또는 기준)을 기준으로 추가적 조정을 가하는 의사결정을 말한다. 이는 최초에 결정된 양이 너무 높거나 낮을 때 의사결정 오류를 발생시킨다.
6. 집착적 몰입은 의사결정자가 잘못된 의사결정에 추가의 노력과 시간, 자본을 투입하는 경향을 말한다. 이는 의사결정자가 자신의 결정이 틀렸다는 사실을 받아들이려 하지 않고 매몰비용을 회복하기 위해 더 많은 자원을 투자할 때 발생한다. 또한 사람들은 의사결정을 할 때 긍정적인 상황보다 부정적인 상황에서 더 많은 위험을 감수하려 한다.
7. 집단에 의한 의사결정이 개인에 의한 의사결정보다 유리한 점은 구성원들의 기술, 지식, 전문성의 가용성과 다양성, 사실에 대한 기억, 오류 발견 능력, 수용성의 증가가 있다. 집단의사결정의 단점은 의사결정에 많은 시간이 소요되며 집단사고의 가능성이 존재한다는 것이다. 또 다른 결과물은 책임감의 분산, 집단양극화, 갈등의 잠재성이다.
8. 조직의 집단의사결정 기법은 브레인스토밍, 규범진단기법, 델파이기법이 있다. 전사적 품질관리에서 사용되는 두 가지 집단의사결정 기법은 브레인스토밍과 임파워먼트이다.
9. 조직학습의 두 가지 유형은 탐색과 활용이다. 조직은 구성원이 개인적 숙련과 복잡한 정신적

모델을 개선하도록 장려하고 팀 학습, 공유된 비전의 확립, 시스템 사고를 통해 구성원들의 의사결정 능력을 향상시킬 수 있다.

토론사례

매몰비용이란 한 번 지불되고 난 뒤 회수할 수 없는 비용을 말한다. 기업의 생산활동에 있어서 토지 임대료와 설비비, 연구비 등의 고정비용은 생산을 중단한다고 해서 회수할 수가 없는데, 이런 것들이 바로 매몰비용이다. 흔히 매몰비용을 '엎질러진 물'에 비유하기도 하는데 이는 기업은 물론 개인의 의사결정에 있어서도 매몰비용을 고려해서는 안 된다는 깊은 진실이 담긴 비유라고 할 수 있다. 매몰비용의 예를 들어 보자. 여름 휴양지에 있는 식당들이 찾아오는 손님이 적은 계절에도 영업을 하는 이유를 매몰비용에서 찾을 수 있다. 식당 임대료, 주방용기, 식탁 등은 고정비용이므로 영업을 하지 않는다고 해도 줄어들지 않으며 영업을 한다고 해서 이 비용 항목은 추가로 더 들어가지도 않는다. 이것이 바로 매몰비용이다. 식당 주인이 영업 여부를 결정하기 위해서는 음식 재료비와 종업원의 추가 임금, 전기료 등의 가변비용만을 고려하면 되는 것이다.

매몰비용 오류(sunk cost fallacy)는 사람들이 이미 발생한 매몰비용에 얽매여 합리적이지 않은 판단을 지속하는 것을 말한다. 이러한 현상을 매몰비용 효과(sunk cost effect)라고도 하는데 개인 혹은 기업이 돈이나 시간, 노력 등을 투자했을 때 그 선택이 만족스럽지 못하더라도 이미 투자한 것이 아깝거나 그 투자를 정당화하기 위해서 이전의 선택을 지속하는 결정을 내리게 되는 경우를 말한다. 이는 심리학적으로 '손실 기피'나 '자기 합리화' 등에 의해 발생하는 것으로 알려져 있다.

국내 한 연구에서는 초등학생들의 의사결정에서 매몰비용 오류가 발생하는지를 알아보고자 한 경우가 있는데 그 연구결과는 다음과 같았다. 첫째, 초등학생들의 경우에도 의사결정에서 매몰비용 오류가 존재한다는 것을 확인할 수 있었다. 특히 매몰비용이 돈인 경우에는 이미 지불한 돈이 아까워서 매몰비용을 고려하는 선택을 하는 경우가 돈을 지불하지 않은 경우에 비해 훨씬 많았다. 매몰비용이 시간인 경우에도 역시 매몰비용에 대한 미련을 버리지 못하는 선택을 하는 경향이 큰 것으로 나타났다. 둘째, 매몰비용이 시간인 경우보다는 돈인 경우에 매몰비용의 오류가 더 심각하게 발생했으며, 투자한 매몰비용이 상대적으로 작은 경우에 비해 매몰비용이 큰 경우에 매몰비용을 고려하여 선택하는 비율이 더 높은 것으로 확인되었다.

토론문제

1. 기업에서 매몰비용으로 인해 합리적 의사결정을 하지 못한 사례들을 찾아 논의해보자.
2. 매몰비용에 의한 의사결정 오류를 회피할 수 있는 방법은 없는지 논의해보자.

제 15 장
조직문화와 윤리적 행동

학습목표

이 장을 학습한 후 다음을 이해할 수 있다.

- 가치와 규범을 구분하고, 가치와 규범이 어떻게 조직문화를 구성하는지 토론해본다.
- 조직문화를 구성하는 다섯 가지 주요 요인들을 토론하고, 조직들이 왜 다른 문화를 갖는지 설명한다.
- 국가문화의 차이가 특정 사회 내에서의 조직문화에 어떻게 영향을 미치는지 알아본다.
- 윤리적인 조직문화를 만들고 유지하는 것의 중요성을 이해한다.

'조직문화' 바꾸고 바꾼다

기업들 소통 넘어 혁신 중

2022년 1월, 미국 라스베이거스에서 열린 세계 최대 가전 · 정보기술(IT) 전시회 'CES 2022'에서 현지의 눈길을 끈 제품은 단연 삼성전자의 휴대용 스크린 '더 프리스타일'이었다. 이 제품은 한국과 중남미, 동남아, 유럽 등에서 예약 물량 완판을 기록한 데 이어 지금도 공급이 수요를 따라가지 못할 정도로 높은 인기를 누리고 있다. 제품의 글로벌 흥행 배경으로 소비자 눈높이에 맞춘 조직문화 혁신이 꼽히면서 기업들의 문화 개선이 잇따르고 있다.

주요 기업별 조직문화 쇄신과 성과

삼성전자	MZ직원 주도 '프리스타일' 글로벌 완판 행진
SK그룹	주 25시간 이상 근무 장소와 시간 정하는 '플랜2525' 도입
현대차그룹	남양주연구소 조직문화개선위원회 발족
LG전자	직원 고충 토대로 11개 업무 가이드라인 제시
LS그룹	데이터 기반 인사관리 조직 '피플랩'으로 조직문화 개선
CJ제일제당	평균 31세 사내벤처팀 아이디어로 신제품 출시
티맵모빌리티	그룹 · 실 · 팀 단위 조직 폐지

삼성전자는 핵심 소비계층으로 떠오른 MZ세대 맞춤형 제품을 제작하면서 기획부터 마케팅에 이르는 전 과정을 해당 연령대의 직원들에게 위임했다. 소비자의 요구와 심리를 가장 잘 이해하는 구성원이 프로젝트를 주도해야 성공 가능성이 커진다는 판단에서다. 제품 기획, 서비스, 디자인, 마케팅 등 주요 과정을 비교적 연차가 낮은 MZ세대 구성원 4명이 주도했고, 삼성전자는 이 과정을 업무 혁신에 따른 성공 사례로 꼽기도 했다.

유통업계에서도 기존의 하향식 의사구조가 아닌 젊은 직원들이 자신의 아이디어를 사업화하는 사내벤처팀을 통한 제품화 움직임이 나오고 있다. CJ제일제당은 최근 평균 나이 31세 팀원 6명으로 짜인 사내벤처팀의 아이디어를 실제 스낵 제품으로 탄생시켰다.

CJ제일제당 관계자는 "상사들이나 임원 결재, 보고 등을 옥상옥으로 거쳐야 하는 기존의 사업화 방식이 아니라 젊은 직원들이 100일간 기존의 업무를 멈추고 스스로 아이디어를 내 모든 결정의 주체가 돼 세상에 없던 제품을 선보이는 것인 만큼 근무 방식도 파격적이지만 조직에 도전적이고 혁신적인 문화를 퍼뜨리고 있다"고 말했다.

LG전자는 조직 체질 개선을 목표로 이날 조직문화 혁신 가이드라인을 구성원들에게 제시했다. 조주완 LG전자 사장은 이날 온라인으로 진행한 내부 소통 행사에서 구성원들이 직접 꼽은 조직의 문제점을 소개하면서 구체적인 극복 방안을 공유했다.

LG전자가 진행한 내부 설문조사에서는 '소통의 어려움', '보고를 위한 보고', '느린 실행력' 등이 개선이 시급한 문제점으로 꼽혔다. 해당 조사에서는 "우리 회사는 엉덩이가 큰 공룡처럼 앉아 있다", "위로 갈수록 잘 듣지 않는 것 같아 소통이 어렵다", "일주일 내내 회의용 보고장 표만 만든 적도 있다" 등의 고충이 이어졌다.

이에 LG전자는 '생각 위에 직급을 올려놓지 말자', '보고의 군살은 빼고, 행동의 근육을 키우자', 'LG전자는 공룡이 아니다. 나비처럼 날아 벌처럼 쏜다' 등 조직문화 개선을 위한 세부 실천강령을 만들었다. 조 사장은 "변화를 주도하는 기업들은 강력한 조직문화를 가지고 있다"면서 "미래를 주도하기 위해 민첩하고 즐거운 LG전자만의 조직문화를 만들어 가자"고 당부했다.

LS그룹은 "왜 조직 간 협업이 안 되는지 원인을 찾고 실질적인 해결법을 강구해 달라"는 구자은 그룹 회장의 지시로 올해 초 조직문화 혁신을 위한 별도 조직인 '피플랩'을 구성했다. 피플랩은 데이터 기반 인사관리 조직으로, 조직문화나 성과 보상 체계, 차세대 리더 발굴 · 육성 방안 등 조직의 총체적인 전환을 계획하고 있다.

출처 : "'조직문화' 바꾸고 바꾼다… 기업들 소통 넘어 혁신 중", 서울신문, 2022. 05. 03.

개관

이 장에서는 조직문화에 대하여 정의하고, 조직문화가 종업원과 업무태도 및 행동에 어떠한 영향을 미치는지 살펴보고자 한다. 또한 종업원이 기업의 형식적인 사회화 관행과 비형식적인 과정을 통해서 조직문화를 어떻게 학습하는지 알아보고자 한다. 이 장에서는 조직문화의 다섯 가지 주요 요인들을 다루고자 한다. (1) 조직 내 구성원의 특징, (2) 조직윤리, (3) 고용관계, (4) 조직구조, (5) 국가문화. 마지막으로 2000년대에 들어와서 특히 중요해진 쟁점 — 어떻게 그리고 왜 조직들이 윤리적인 문화를 만들고 유지하는 것이 필요한지 — 에 대해서 살펴보고자 한다.

조직문화란 무엇인가

조직문화
종업원들이 서로 혹은 조직 외부 사람들에 대해 생각하고 느끼고 행동하는 방법에 영향을 미치는 공유된 가치, 믿음, 규범의 집합

조직문화(organizational culture)란 종업원들 서로 간 혹은 조직 외부 사람들에 대해 생각하고 느끼고 행동하는 방법에 영향을 미치는 공유된 가치와 믿음, 규범의 집합이다. 조직문화는 조직이 직면하고 있는 문제를 해결하기 위해 사람 혹은 집단이 배워야 하는 공유된 가정으로, 이러한 믿음과 가치는 조직에 들어오는 신입직원들이 배우게 된다. 신입직원들은 문제에 당면했을 때 기존의 직원들과 같은 방식으로 인지하고, 생각하고, 느끼면서 배운다.[1] 조직문화에서 어떠한 가치와 믿음은 구성원의 업무태도와 행동을 증가시킴으로써 조직효과성을 증대시킬 수 있지만, 반면 조직에 해로운 행동을 유발할 수도 있다.[2] 이는 조직문화가 종업원들이 주위 사람이나 상황에 대해 인지하고 반응하는 방법을 통제하고, 의사결정을 위한 정보사용 방법을 통제하기 때문이다.[3]

가치
사람들이 어떠한 행동, 사건, 상황, 결과물이 바람직한지를 결정하기 위해 사용하는 일반적인 기준 또는 안내 원칙

목적가치
사람들이 성취하기 바라는 바람직한 최종 상태 혹은 결과물

조직의 가치는 무엇이고, 이러한 가치들이 업무태도나 행동에 어떠한 영향을 미치는가? **가치**(value)는 사람들이 어떠한 행동, 사건, 상황, 결과물이 바람직한지를 결정하기 위해 사용하는 일반적인 기준이다.[4] 가치에는 두 가지 종류가 있는데 목적가치와 수단가치가 있다(그림 15.1 참조).[5] **목적가치**(terminal value)는 사람들이 성취하기 바라는 바람직한 최종 상태 혹은 결과물을 말하는 것으로 품질, 책임, 혁신, 우수, 경제, 도덕, 수익성과 같은 것들이 이에 해당한다. 예를 들면 대형 보험사는 수익성을 가치 있게 여기지만, 기업은 위험을 감수할 여유가 없기 때문에 궁극적으로 안정성이나 예측가능성을 가치 있게 여길 수 있다. 기업의 궁극적인 가치는 보험 가입자의 청구에 대비하기 위한 안정성과 예측가능성일 수 있는 것이다.

수단가치
행동의 바람직한 방식이나 유형

수단가치(instrumental value)는 행동의 바람직한 방식이나 유형을 말한다. 조직이 옹호하는 행동방식은 열심히 일하는 것, 전통과 권위를 존중하는 것, 신중하고 조심스러울 것, 절약하는 것, 창조적이고 용감한 것, 정직한 것, 위험을 감수하는 것, 높은 기준을 유지하는 것 등이 포함된다.

따라서 조직문화는 조직이 성취하기 위해 노력하는 최종 상태(목적가치)와 장려하는 행동방식(수단가치)으로 구성되며, 수단가치는 목적가치가 성취되도록 돕는다. 예를 들면 목적가치로 혁신을 강조하는 HP나 마이크로소프트와 같은 컴퓨터 관련 기업은 종업원이 열심히 일하고, 창조적이고, 위험을 감수하는 것과 같은 수단가치를 통해서 혁신하고자 노력한다. 목적가치와 수단가치를

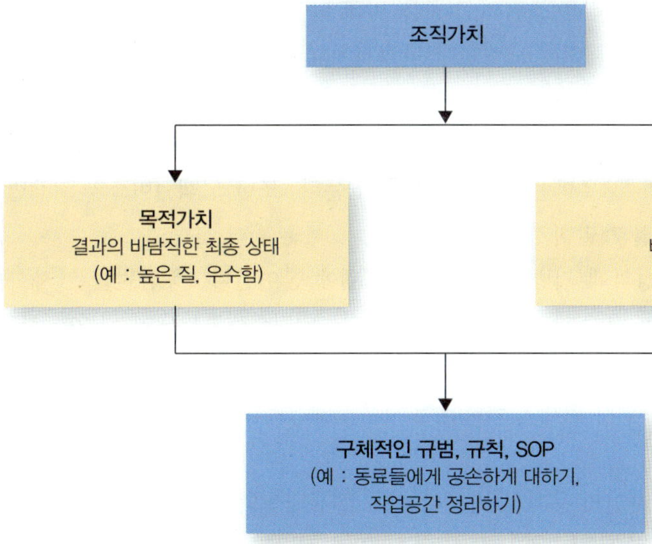

그림 15.1

조직문화에서 목적가치와 수단가치

결합하는 것은 기업가적 문화를 만들 수도 있다—종업원은 자신의 아이디어를 시험하기 위해 위험을 감수해야 하는 상황에 처할지도 모른다.[6] 반면 보험이나 회계 관련 기업들은 일반적으로 안정성이나 예측가능성과 같은 목적가치를 강조하며, 원하는 결과물을 얻기 위해 종업원들이 신중하게 행동하고, 적절한 규칙을 따르고, 지침을 지킬 것을 강조하는 수단가치를 따르도록 한다. 그 결과 종업원들은 일반적으로 받아들여지는 행동의 기준을 따르는 보수적인 문화를 만들게 된다.

조직은 구성원들이 구체적인 목적가치와 수단가치를 사용하여 조직의 목표달성을 위해 필요한 방식으로 행동하도록 하기 위해 구체적인 규범을 개발한다. 제9장에서 규범을 행동에 대해 공유된 기대로 정의하였다. 조직규범은 특정 업무를 수행하는 집단구성원들에게 받아들여지는 기준이나 방식이다. 즉 시간의 흐름에 따라 나타나는 비형식적인 행동규칙으로 종업원들이 조직에 중요한 업무태도와 행동을 습득할 수 있게 해준다. 예를 들면 공손해야 한다거나 업무공간을 깨끗하게 해야 한다거나 '팀 플레이어'가 되어야 한다는 것과 같은 구체적인 규범은 서로 돕거나 열심히 일하는 것 등을 포함하는 수단가치나 목적가치를 지닌 조직에서 더 발달할 것이다.[7]

규범은 대개 비형식적이기 때문에 조직의 중요한 가치들 중 상당수는 기록되지 않는다. 공유된 규범, 믿음, 가정은 조직 내 구성원과 집단이 문제에 접근하기 위해 사용하는 사고방식이나 행동방식으로 존재할 뿐이다.[8] 예를 들면 구성원은 다양한 상황을 어떻게 인지하고 반응하는지에 대해 배우게 되는데, 이는 조직에서 받아들여지는 가치와 일관성을 보인다. 결국 구성원은 무엇을 하는지에 대한 인식 없이 조직의 구체적인 가치에 따라 행동하는 것을 배우게 된다.[9] 말하자면 종업원은 행동을 통제하고, 상황에 대해 인식하고 반응하는 방식에 영향을 미치는 조직의 가치와 규범을 내면화한다.[10]

가치나 규범은 미묘하고 간접적인 방법으로 작용하지만 행동에 강력한 영향을 미친다.[11] 조직에서 가치의 효과가 얼마나 큰지 알아보기 위해 서로 다른 가치를 지닌 사우스웨스트 항공과 밸류라인의 행동차이에 대해 생각해보자. 사우스웨스트 항공을 아메리칸 항공이나 유나이티드 항공과 같은 거대 항공사에 대항해서 설립하였을때, 설립자인 Herbert Kelleher과 Colleen Barrett는 상황이 힘들다는 것을 알았다. 그들은 경쟁에서 살아남기 위해 소비자에게 저가의 고품질 항공 서비스를 제공해야만 했다. Kelleher와 Barrett은 이러한 목표를 달성하기 위한 문화를 만들기 위해 목적가치와 수단가치를 개발하였고 이에 성공했다. 오늘날 사우스웨스트의 조직문화는 경쟁사들로부터 부러움을 사고 있다.

LM Otero\AP Wide World Photos

사우스웨스트 항공의 전 CEO인 Herb Kelleher(왼쪽)과 부사장인 Colleen Barrett은 저원가, 고품질의 항공 서비스를 고객들에게 제공하기 위해서 목적가치와 수단가치를 개발하기 시작했다. 그들은 이러한 목표를 달성하기 위한 조직문화를 만들어냈다.

사우스웨스트의 관리자와 종업원은 조직의 성공을 위해 노력한다. 그들은 최대한 서로 돕고 고객에게 최상의 서비스를 제공하기 위해 노력한다(목적가치). 사우스웨스트 관리자들은 1년에 네 번, 종업원들이 직면하고 있는 문제가 무엇인지 알기 위해서 수하물 담당자, 표 판매자, 승무원으로 일한다. 종업원들은 고객에게 기쁨을 주기 위해서 핼러윈데이나 밸런타인데이와 같이 특별한 날에는 옷을 갖춰 입고, 매주 금요일에는 '펀 유니폼'을 입는다. 또한 고객서비스와 고객만족을 향상시키기 위한 혁신적인 방법을 개발하기 위해 노력한다.

모든 종업원들은 기업의 성과에 기반한 보너스 시스템에 참여한다. 종업원들은 자사 주식의 20% 이상을 소유하는데, 이는 꾸준한 효과를 보이고 있다. 댈러스러브필드에 위치한 사우스웨스트 항공의 본사 입구에는 높은 성과를 낸 종업원들의 이름으로 가득 차 있다. 조직의 모든 구성원은 저가의 고품질 서비스를 이루기 위해 협력하는데 사우스웨스트의 문화가 이러한 노력에 도움이 되고 있다.

사우스웨스트 문화와 밸류라인의 문화를 비교해보자. 밸류라인의 전 CEO인 Jean Buttner는 종업원들이 싫어하는 조직문화를 만들어냈다. Buttner는 원가 절감과 효율성 향상을 위해 검소와 절약이라는 수단가치를 만들어냈는데, 이는 오히려 조직에 대한 종업원들의 태도를 악화시켰다. 그녀가 만들어낸 규칙 중에는 종업원들이 매일 출퇴근 기록을 해야 하는 것이 있었다. 만약 출퇴근 시간을 조작한다면 해고의 위험도 있었다. Buttner는 지저분한 책상을 게으름의 표시로 보았기 때문에 부서장은 종업원들이 책상 정리를 잘한다는 것을 보여주기 위해 '청소 보고서'를 매일 작성해야 했다.[12] 또한 보너스와 의료보험뿐만 아니라 임금인상률도 최대한 낮췄다.

목적가치와 수단가치를 장려하기 위한 Buttner의 시도는 성공했을까? 잘 훈련받은 유능한 종업원들은 '경제적인' 가치 추구와 종업원을 비하하는 업무규칙 때문에 밸류라인을 떠났고, 종업원들의 이직은 고객불만을 야기했다. 종업원들과 Buttner의 관계는 악화되어서 종업원들은 Buttner의 관리 방식을 비판하고 새로운 리더십이 필요하다고 제안하는 글을 게시판에 올렸다. 이러한 메시지에 대한 Buttner의 반응은 게시판을 없애는 것이었다. Buttner가 밸류라인에 협력 문화를 만들어내지 못한 것은 분명한 사실이다.

Kelleher와 Buttner가 조직관리를 위해 만들어낸 목적가치와 수단가치는 종업원들로부터 각각 다른 반응을 이끌어냈다. 사우스웨스트의 문화적 가치는 조직이 종업원들을 고맙게 여기고, 조직 목표를 위해 노력하는 행동에 대해 보상하기 원한다는 사실을 종업원들에게 인지시켰다. 반면 밸류라인의 문화는 종업원들이 소외감을 느끼게 했고, 몰입과 충성심을 감소시켰으며, 이직률을 높였다.[13] 분명 조직의 문화적 가치는 구성원의 행동을 형성하는 중요한 요소이다.[14] 공유된 문화적 가치는 조직구성원들 사이에 일반적인 기준점과 원활한 상호작용을 가능하게 한다. 조직가치를 공유한 구성원들은 조직과 동일시하고, 멤버십으로부터 자부심을 느낄 수 있다.[15] 예를 들면 사우스웨스트 항공의 종업원들은 조직에 소속되어 있다는 멤버십을 가치 있게 여기며 조직에 헌신한다.

어떻게 조직문화가 구성원에게 전달되는가

조직구성원들을 동기부여 하는 조직문화의 힘은 구성원이 조직가치와 규범을 배우는 방법과 관련 있다. 구성원은 조직의 형식적인 사회화 관행과 조직의 문화가 성숙함에 따라 비형식적으로 만들어진 신호, 상징, 이야기, 의례, 의식, 조직의 언어 등을 통해 중요한 가치와 규범을 배운다(그림 15.2 참조).

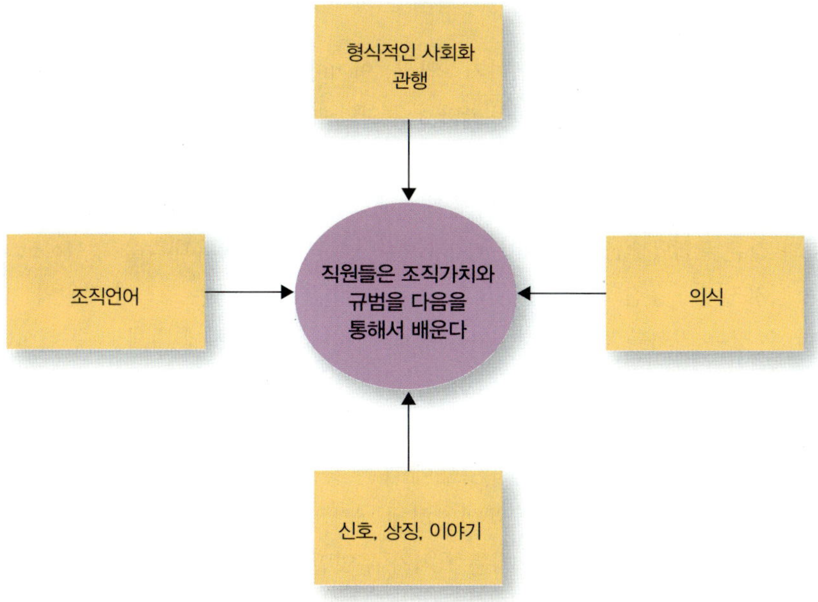

그림 15.2
조직문화를 전달하는 방법

사회화와 사회화 방법

조직에 들어온 신입직원들은 기존 직원들이 행동하고 의사결정을 내릴 때 길잡이가 되는 가치와 규범을 배워야 한다.[16] 신입직원들은 외부인이며 조직의 가치를 배우고 규범에 따라서 행동할 때 비로소 기존의 구성원들이 그들을 내부인으로 받아들일 것이다. 조직문화를 배우기 위해 신입직원들은 문화적 가치에 대한 정보를 얻어야 하는데 공식적으로는 조직의 사회화 프로그램에 참여함으로써 배울 수 있으며, 비공식적으로는 다른 직원들과 함께 일하고 그들을 관찰함으로써 배울 수 있다.

제9장에서 사회화에 대해 자세히 살펴보았다. 신입직원이 조직의 가치와 규범을 빠르게 배울 수 있도록 하기 위해서 조직의 사회화 프로그램을 설계하는 Van Mannen와 Schein의 모델을 상기해 보라. 가치와 규범은 신입직원이 상황에 반응하는 방법에 영향을 미친다. 수동적이고 고분고분하게 명령을 따르는가? 문제에 대한 해결책을 찾는 데 있어서 창조적이고 혁신적인가? 조직이 사회화 방법을 사용할 때 이러한 방법들이 개인의 역할지향에 영향을 미칠 수 있다는 증거들이 있다. 이러한 측면에서 델은 매우 유용한 사회화 관행을 사용하는 문화를 만들어 왔다.

텍사스에 본사를 둔 컴퓨터 제조사인 델은 원가를 절감하고 최상의 고객서비스를 제공하는 데 초점을 맞춘 린(lean) 조직문화를 발전시켜 왔다. 델은 신입직원들이 자사의 가치와 규범을 배울 수 있도록 마치 군대처럼 매우 구체적인 방법으로 훈련시키기 위해 '신병 훈련소'로 보낸다.[17] 직원들은 4주 동안 텍사스 오스틴 외곽의 델 훈련센터로 보내지는데 그곳에서 컴퓨터에 설치하는 소프트웨어인 윈도우 운영 시스템이나 리눅스 프로그램에 관한 교육을 받고, 이러한 프로그램이 어도비 플래시나 마이크로소프트 오피스와 같은 다른 프로그램들과 어떻게 작동하는지에 대해서 교육받는다. 신입직원 훈련이 끝날 즈음에는 6~9명에게 미니 프로젝트가 할당되는데 이 프로젝트는 델이 직면하고 있는 실제 문제를 해결하기 위한 것으로 해결책을 찾아내서 결과물을 제출하는 것이다. 훈련기간 동안 신입직원들은 델의 가치와 규범, 특히 최상의 고객서비스와 관련된 가치와 규범을 내면화하게 된다. 또한 함께 사회화되었기 때문에 유대감을 형성하게 된다.[18]

'신병 훈련소'가 끝난 이후 신입직원들은 일주일가량 '관찰' 프로그램에 참여하게 된다. 이는 곧 맡게 될 업무를 수행하는 경험 있는 직원들을 관찰하는 것이다. 이러한 방식으로 신입직원들은 정보를 빠르고 효과적으로 흡수하게 되며 델의 린과 원가 절감 가치가 직원들에게 전달된다.[19]

조직의 이야기, 의식, 언어

조직의 문화적 가치는 종종 조직의 이야기, 의식, 언어에서 뚜렷이 드러난다.[20] 조직은 규범과 가치를 주고받기 위해서 일부 의식을 사용한다.[21] **통과의례(rites of passage)**는 개인이 조직에 들어와서 승진하고, 조직을 떠나는 것을 나타낸다. 군대와 델이 사용한 사회화 프로그램은 통과의례에 해당한다—조직이 직원의 승진이나 퇴직에 대비해서 훈련시키는 방식. 조직의 성공, 기업 파티를 알리는 것과 같은 **통합의례(rites of integration)**는 구성원들 간의 유대감을 형성하고 강화시키며, 수상식 · 소식지 발간 · 승진과 같은 **향상의례(rites of enhancement)**는 조직이 직원의 기여를 인정하고 보상 할 수 있는 기회를 갖게 한다. 이를 통해 직원이 조직가치에 대해 더욱 헌신하도록 할 수 있다.

조직의 이야기와 언어는 문화를 소통하는 중요한 매개체이다. 조직의 영웅에 대한 이야기들(사실이든 허구이든 간에)은 문화적 가치와 규범에 대한 중요한 실마리를 제공해준다. 이러한 이야기는 조직이 가치 있게 생각하는 행동과 못마땅하게 생각하는 관행을 보여준다. 때문에 이야기와 언어를 연구하는 것은 행동의 길잡이가 되는 가치가 무엇인지를 보여준다.[22] 예를 들면 3M에서는 협력적인 가치와 규범을 만들기 위해 '제품 챔피언'이 각각의 다기능 팀을 이끈다. '제품 챔피언'에게 응집력 있는 팀 관계를 구축하는 책임이 있기 때문이다. 각 팀에는 '관리 후원자'가 배정되는데 이들은 팀의 자원 획득을 돕고 팀이 어려움에 처했을 때 지원해주는 3M의 최고관리자이다. 제품개발은 매우 불확실한 모험이기 때문에 많은 프로젝트들이 성공하지 못하지만 챔피언과 관리 후원자를 가진 팀의 성공가능성은 훨씬 더 높다.

언어는 조직에서 의사소통을 하는 중요한 매체이기 때문에 기업이 사건을 표현하거나 묘사하기 위해 사용하는 특징적인 언어는 규범이나 가치에 대해 중요한 실마리를 제공한다. 많은 조직은 직원들 간의 협력을 촉진하기 위해 기술적인 언어를 사용한다.[23] 예를 들면 3M 제품들은 스카치 테이프, 포스트잇, 플로피디스크, 사포와 같이 편평하기 때문에 '편평함'의 품질이 3M의 목적가치와

Andrew Burton\Getty Images – Bloomberg

기업이 사용하는 언어는 규범이나 가치에 대한 중요한 단서를 제공한다. 3M의 제품들은 포스트잇처럼 편평하고, '편평함'의 품질은 3M의 목적가치와 밀접한 관련이 있다. 편평함은 3M의 언어에서 경쟁력 있는 주제이다.

매우 밀접하게 연관된다. 편평함은 3M의 기업언어에서 자주 사용되는 주제어이다. 시간을 절약하기 위해서 단어나 구를 축약해서 쓰는 전문용어는 군대, 스포츠 팀, 병원 등과 같이 전문용어를 필요로 하는 전문화된 업무집단에 의해 사용되고 발전된다.

조직언어라는 개념은 음성언어뿐만 아니라 직원들이 옷을 입는 방식, 사무실 위치, 직원들이 소유한 자동차와 공식적인 호칭까지도 포함한다. 구글, 애플, 마이크로소프트에서는 격식을 차리지 않은 가벼운 옷차림이 표준이며, 오늘날에는 포드나 IBM과 같이 보수적인 비즈니스 타입의 복장을 강조하던 기업들도 '비즈니스 캐주얼' 복장을 추구하고 편안한 복장으로 근무하는 '드레스-다운' 날을 홍보한다.

현대의 조직행동

MS의 조직문화 구축방법

2024년 2월, CEO에 오른 지 10년 만에 나델라는 MS를 세계 시총 1위에 올려놓았다. 월스트리트의 유명한 기술 분석가인 웨드부시 증권의 다니엘 아이브스는 "지금 나델라와 경쟁할 수 있는 유일한 사람은 애플로 돌아와 아이폰으로 반전을 꾀한 스티브 잡스 정도밖에 없다"고 말할 정도이다. 이렇게 극찬한 이유는 어디에 있을까?

먼저, 그 중심에는 해커톤이 있다. 해커톤(Hackathon)은 해킹(Hacking)과 마라톤(Marathon)의 합성어로, 소프트웨어 등 개발 전문가들이 팀을 이뤄 정해진 시간 내에 아이디어를 도출해내는 대회를 말한다. '게임체인저'의 저자인 피터 피스크는 2020년 1년간 MS에서 리더십 혁신 고문으로 근무했는데, 시애틀 외곽 레드몬드(Redmond)에 있는 MS 본사를 처음으로 방문한 소감을 이렇게 말했다. "레드몬드 캠퍼스에 도착한 나는 다양한 해커톤 표지판과 거대한 텐트를 보고 사뭇 다른 문화 방식을 읽을 수 있었다."

나델라는 CEO에 취임 후 조직문화를 장려하기 위해 매년 모든 직원들이 본사에 모여 일주일간 해커톤을 개최하도록 했다. 주제는 무려 3,000가지가 넘었다. 피터 피스크는 MS의 달라진 조직문화를 빗대어 마이크로소프트의 태도와 관행에 혁명이 일어나고 있었다고 표현했다. 오랫동안 계속되어 온 자기중심적이며 배타적인 사고가 사라지고, 전략은 이사회가 아니라 누구나 빛을 발할 수 있는 해커톤에서 논의되었다. 사내에 수평적인 '해커톤 문화'가 활성화되면서 예전에는 없던 다양성과 포용성이 MS에 스며들었던 것이다.

둘째로 나델라는 기존 조직문화를 바꾸는 데 주저하지 않았다. '역혁신(Reverse Innovation)'의 저자로 유명한 인도 출신의 비제이 고빈다라잔 다트머스대 터크 경영대학원 석좌교수는 하버드비즈니스리뷰에 '기업이 과거의 올가미에서 벗어나는 방법(How Companies Escape the Traps of the Past)'에서 '신성한 소(Sacred Cow)' 개념을 언급했다. 소를 신성하게 여기는 인도의 전통에서 따온 이 말은 비즈니스 세계에서는 '죽여서는 안 되는, 또는 비판이나 공격을 해서는 안 되는 조직의 고정관념 및 뿌리 깊게 박힌 관례'를 의미한다. 고빈다라잔은 "나델라는 조직의 '신성한 소'에 개의치 않았다"고 강조했다. 다시 말하면, 나델라가 MS의 '기존 조직문화(신성한 소)'를 바꾸는 데 주저하지 않았다는 얘기다. 나델라 입장에선 MS의 부활을 위해서는 '신성한 소를 죽여야(Killing Sacred Cow)' 했다.

나델라가 CEO에 오르고 나서 가장 먼저 한 일은 'MS의 영혼 재발견'이었다. 그는 취임 얼마 후 전 직원들에게 이런 내용의 메일을 보냈다. "혁신의 속도를 높이려면 우리의 영혼 즉, 우리만의 독특한 가치를 다시 발견해야 합니다. 우리 앞에 놓인 작업은 우리가 지금까지 수행한 어떤 작업보다 대담하고 원대합니다."

나델라는 "CEO는 조직문화의 큐레이터(The CEO is the curator of an organization's culture)"라며 "CEO의 'C'가 문화(culture)를 의미한다"고 말했다. 나델라가 리더의 가장 중요한 덕목으로 '공감 능력'을 꼽은 이유도 여기에 있다. 나델라는 피터 드러커의 "문화는 아침식사로 전략을 먹는다(Culture eats strategy for breakfast)"는 명언을 종종 화두로 던졌는데, 이 말에는 기업의 운명이나 성공을 좌우하는 것이 '전략보다는 조직문화'라는 뜻이 담겨있다.

출처 : "인도 출신 나델라 CEO, 어떻게 MS 춤추게 했나?", Business Post, 2024. 02. 27.

사회화 관행처럼 조직언어, 의식, 이야기는 사람들이 '기본기를 배우는' 것과 조직의 문화적 가치를 배우는 것을 돕는다. 기업의 설립자들은 조직문화를 세우고 강화시키기 위해서 직원들을 사회화시키는 다양한 방법들을 사용했다.

월마트가 그들의 문화를 유지할 수 있었던 방법 중 하나는 매년 열리는 주주총회를 기업의 성공을 축하하는 화려한 행사로 바꾼 것이다.[24] 월마트는 해마다 성과가 높은 직원들을 아칸소에 있는 본사에서 열리는 총회에 보내주는데 이 총회는 악단, 치어리더, 레이저, Michael Jordan과 같은 연설자, Ben Stiller가 보여주는 코미디, Beyoncé, Miley Cyrus, 아메리칸 아이돌의 우승자인 Kris Allen의 공연 등으로 꾸며진다. 월마트는 이러한 연례행사가 직원들의 노고를 보상하고,기업의 가치와 문화를 강화시킨다고 생각한다. 행사는 월마트의 모든 지점에 생방송으로 중계되기 때문에 모든 직원들은 기업의 성과를 함께 축하하고 즐길 수 있다 — 그리고 내년에는 그들이 그 행사에 참석할 수 있기를 바란다.[25] 대부분의 기업들과 마찬가지로 월마트는 온라인 훈련 프로그램과 공지사항을 모든 지점에 알리기 위해서 IT를 이용하며, 이를 통해 관리자와 직원들은 기업에 어떠한 변화가 일어나고 있으며, 어떻게 반응해야 하는지를 알 수 있다.

조직의 상징(symbols)은 조직의 문화적 가치와 규범을 조직 내외 사람들과 소통하기 위해서 사용된다.[26] 예를 들면 사무실의 크기가 어느 정도인지, 3층에 위치했는지 혹은 33층에 위치했는지, 가구의 호화스러운 정도 등은 조직이 지닌 문화적 가치를 상징적으로 나타낸다. 즉 조직이 위계적인지 혹은 격식에 얽매이지 않고 참여적인 업무관계가 장려되는지를 나타내는 것이다. GM이 디트로이트에 본사를 세웠을 때 최고관리자들이 사용하는 최고층의 공간은 건물의 다른 부분들과 분리되어 GM의 간부들은 엘리베이터를 이용해서 접근할 수 있었다.

때때로 기업의 건물 디자인 자체가 조직가치의 상징이 되기도 한다. 예를 들면 월트 디즈니는 디즈니의 '이매지너링'을 제공하는 팀 디즈니 건물을 설계하기 위해 유명한 일본 건축가인 Arata Isozaki를 고용했다. 이 건물의 특징인 현대적인 디자인은 직원들에게 상상과 창의성의 중요성을 일깨워주는 특이한 외관과 밝은 색상이었다. Louis Gerstner가 IBM의 매출이 떨어졌던 1990년대에 IBM을 경영할 때 첫 번째 조치는 디즈니와 마이크로소프트처럼 새롭고, 캠퍼스 스타일의 본사 건물을 짓는 것이었다. Gerstner는 관리자들을 새로운 건물에 있는 오픈플랜 사무실로 옮겼고, 팀워크와 혁신을 감소시키고 보수적인 생각을 조장한다고 믿었던 IBM의 옛 건물을 팔았다.

조직문화를 형성하는 요인

"조직문화가 무엇인지?"가 대답하기 어려운 질문이라는 것을 알 것이다. 조직문화는 어디에서 왔는가? 왜 다른 회사는 각기 다른 문화를 가지게 되는가? 왜 조직의 목표를 성취하는 데 도움이 되던 문화가 갑자기 조직에 해가 되기도 하는가?

조직문화는 세 가지 주요한 요인들이 상호작용함으로써 형성된다. 조직 내 구성원들의 개인적이고 전문적인 특징과 조직윤리, 고용관계의 속성, 조직구조의 설계(그림 15.3 참조)가 이에 해당한다. 이러한 요인들은 서로 영향을 미쳐 다른 조직이 각기 다른 문화를 만들게 하며 시간이 흐름에 따라 문화가 변화되기도 한다.

조직 내 구성원들의 특징

조직문화의 궁극적인 원천은 조직을 구성하는 구성원이다. 만약 왜 문화가 다른지를 알고 싶다면 구성원들을 살펴보아라. 조직 A, B, C는 서로 구별되는 문화를 발전시켜 왔는데 이는 구성원들이 다른 가치, 성격, 윤리를 지닌 사람들을 끌어들이고 선택하고 유지하기 때문이다.[27] 제2장에서 배

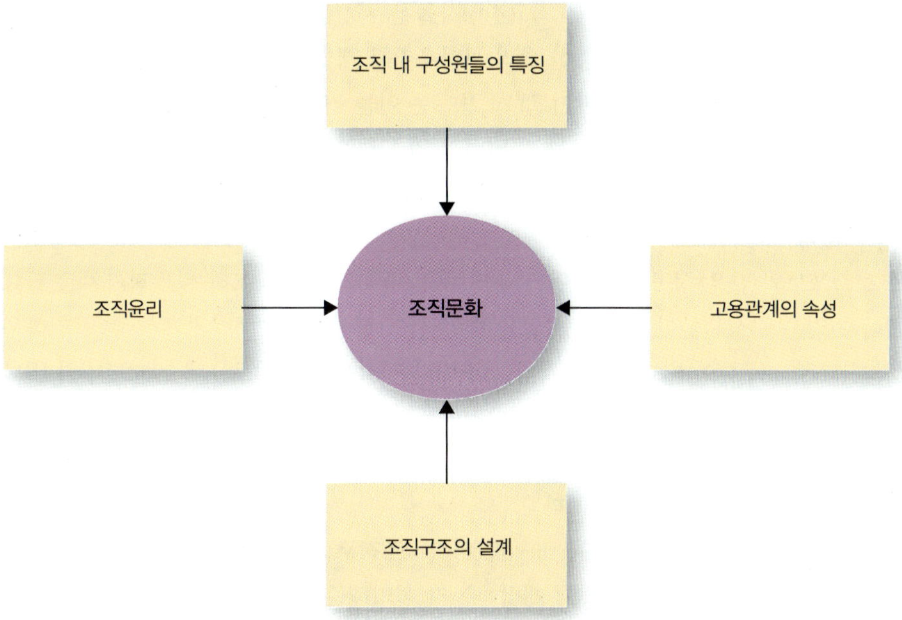

그림 15.3

조직문화의 원천

운 유인－선발－퇴출 모델을 상기해보라. 사람들은 그들의 가치와 잘 맞는 가치를 지닌 조직에 끌린다. 유사하게 조직은 조직가치와 비슷한 가치를 지닌 사람을 선택한다. 시간이 흐름에 따라 조직과 적합성이 맞지 않는다고 생각하는 사람은 조직을 떠날 것이다. 그 결과 조직 내부의 사람들은 점점 더 비슷해지고, 조직가치는 점점 더 확실하고 분명해지며, 조직문화는 다른 조직의 문화와 점점 더 구별될 것이다.[28]

조직의 설립자는 개인의 가치와 믿음으로 조직 초기 문화에 상당한 영향을 미친다.[29] 설립자들은 설립 이후 문화 발전의 분위기를 조성하는데, 이는 이들이 조직가치를 세울 뿐만 아니라 초기 조직구성원들을 고용하기 때문이다. 짐작건대 설립자에 의해서 선택된 사람은 설립자와 비슷한 가치와 관심사를 가진다.[30] 시간이 흐름에 따라 구성원들은 설립자의 비전을 받아들이고, 조직 내에서 설립자의 가치를 영속시키게 된다.[31] 이는 구글과 월마트에서도 찾아볼 수 있는데, 이들 기업의 설립자들은 각각 혁신과 절약이라는 가치를 내세웠다.

이것이 지니는 중요한 함의는 조직구성원들이 시간의 흐름에 따라 서로 비슷해지고, 같은 가치를 공유하게 된다는 것이다. 하지만 조직이 변화하는 환경에 적응하고 대응하는 것을 방해하기도 한다.[32] 이는 조직의 가치와 규범이 지나치게 강하고, 집단응집성이 지나치게 높아서 구성원들이 환경을 잘못 인지함으로써 일어난다.[33] 또한 집단사고는 구성원들이 환경의 변화에 대해 잘못된 인지를 강화하고 부적절하게 반응함으로써 나타나는데 이는 많은 기업들에서 문제가 되고 있다. 마이크로소프트가 구성원들의 유대감 형성과 응집성 있는 가치를 장려함에도 불구하고 설립자인 Bill Gates는 직원들이 자신의 관점을 자유롭게 표현할 수 있도록 하기 위해 노력했다－직원의 관점이 자신의 관점과 다르다고 할지라도. Gates의 이러한 접근은 마이크로소프트에 좋은 작용을 했는데 그 예로 마이크로소프트가 인터넷 서비스인 MSN을 시작했을 때를 들 수 있다. 마이크로소프트는 윈도우 플랫폼의 인기로 향후 인터넷 발전을 주도할 것이라고 믿었다－비록 신흥 넷스케이프가 인기 있는 웹브라우저를 소개했다고 할지라도. 이를 걱정한 2명의 마이크로소프트 프로그래머들은 Gates와 최고경영자들에게 웹브라우저를 서둘러 개발하지 않는다면 인터넷에 대한 지배력을 상실할 것이라는 메일을 썼다. 왜냐하면 넷스케이프의 브라우저가 점차 사람들이 즐겨 사용하는 브라우저가 되고 있었기 때문이었다. 이메일을 받은 Gates는 이 문제를 의논하기 위해 모든 최고경영자들이 참석하는 회의를 소집했다. 최고경영자들은 자신들이 내린 의사결정의 잘못을 깨달았고, 즉시 능력 있는 기술자들에게 가능한 빨리 브라우저를 개발하도록 했다. 1년 이내에 인터넷 익스플로러의 첫 번째 버전이 나왔고, 마이크로소프트는 이를 윈도우 사용자들에게 무료로 제공하였다. 이로써 넷스케이프의 도전은 끝을 맺게 되었고 익스플로러는 지배적인 웹브라우저가 되었다. 하지만 오늘날에는 모질라의 파이어폭스나 구글의 크롬 브라우저와 같은 라이벌의 등장으로 인해 도전을 받고 있다.

마이크로소프트와 같은 성공적인 기업은 분명 혁신이나 근면을 강조하는 목적가치를 필요로 한다. 그러나 기업은 구성원들이 자신의 기업을 해당 사업 분야에서 항상 '최고', 혹은 '천하무적'이라고 생각하지 않도록 해야 한다. 일부 기업들이 이러한 잘못을 저지르는데 1980년대의 IBM은 중앙컴퓨터에 대한 지배력은 아무도 꺾을 수 없다고 믿었다. IBM 직원들은 PC의 잠재적인 위협을 비웃었다. 당시 주요한 컴퓨터 제조사인 DEC의 CEO는 "개인용 컴퓨터는 단지 장난감일 뿐이다"라고 말했고, 수년 내에 그 회사는 망했다.

"사람이 장소를 만든다(people make the place)"는 조직문화의 관점은 업무태도와 행동에 영향을 미치는 공유된 가치를 조직이 어떻게 개발하는지 설명해준다. 또한 조직문화가 문화를 통제하는 조직구성원에 의해 관리되어야 한다는 것을 의미한다.[34] 이러한 이유로 전문가들은 "기업에는 최고경영자의 결정에 도전하는 것을 두려워하지 않는 독립적인 생각을 가진 이사들로 구성된 이사회가 있어야 한다"고 말한다—CEO와 최고경영팀은 질 높은 의사결정을 위해서 변화해야 한다.

조직윤리

조직은 의도적으로 구성원들의 행동방식을 통제하기 위해서 특정한 문화적 가치를 개발한다. 이에 해당하는 중요한 가치는 조직과 그 구성원들이 서로를 대우해주고 조직 외부 사람들과 집단을 대하는 적절한 방법을 구축하는 **조직윤리**(organizational ethics), 도덕적 가치, 믿음, 규칙으로부터 나온다. 윤리적인 가치는 모든 사람들을 공정하고 공평하게 대우하는 것을 중요하게 강조한다.

조직윤리
조직과 조직구성원들이 서로를 대하고 조직 외부 사람들을 대하는 적절한 방법을 만드는 도덕적 가치, 믿음, 규칙

조직은 옳거나 윤리적인 것에 대해 끊임없이 선택한다. 타깃이나 시어스와 같은 소매업자는 해고나 공장 폐쇄 등에 대해 직원들에게 미리 공지해야 하는지 아닌지를 고민할지도 모른다. 대개 기업은 직원에게 공지하는 것을 꺼리는데, 직원들이 적대적이거나 냉담한 태도를 취하거나 저조한 성과를 보일 수 있기 때문이다. 비슷한 예로 뇌물이 불법이기는 하지만 뇌물을 주는 것이 계약을 성사시키기 위한 사업 방법으로 받아들여지는 국가에서는 많은 기업의 관리자들이 정부 관료들에게 뇌물을 주어야 할지 말지 고민하게 된다.[35]

이러한 의사결정을 위해서 조직은 의도적으로 조직문화에 윤리적인 수단적 가치를 심는다.[36] 기업의 행동이 특정 사람이나 집단을 돕지만 다른 사람을 다치게 할지도 모를 때, 윤리는 어떻게 행동하는 것이 옳고 그른지를 보여준다.[37] 윤리적인 가치와 이를 반영하는 규칙과 규범은 조직문화의 필수불가결한 부분이라 할 수 있는데, 구성원이 상황을 관리하고 의사결정하는 데 도움을 주기 때문이다.

여기서 중요한 질문을 하나 제기할 수 있는데 그것은 바로 조직윤리가 어떻게 형성되고 시간이 흐름에 따라 어떻게 변화되는가이다. 윤리적 가치는 사회적, 직업적, 개인적 윤리의 산물이다[38](그림 15.4 참조).

사회적 윤리

조직이 속해 있는 국가나 사회의 윤리는 조직의 윤리적 가치를 결정하는 중요한 결정요인이다. 사회적 윤리는 사회의 법적 체제, 일상생활에서 사람들이 따라야 하는 관습, 문서화되지 않은 가치

국내 사례 현대의 조직행동

맥도날드의 열린 채용 시스템

한국맥도날드가 직원 채용 확대에 더해 시니어, 경력 단절 여성, 장애인 등을 가리지 않고 뽑는 '열린 채용 시스템'으로 일자리 창출과 질 개선을 인정받아 '2024 뉴시스 대한민국 일자리 대상'에서 국회 여성가족위원장상을 받았다.

2019년 제정돼 올해로 6회째를 맞는 뉴시스 일자리 대상은 어려운 경제 여건 속에서도 지속적인 투자와 인력 채용 확대로 일자리 창출에 기여한 기업을 발굴·격려하기 위해 마련되었다. 여성가족위원장상을 받은 맥도날드는 열린채용 시스템 등으로 사회에 긍정적인 영향을 미친 점을 높게 평가받았다.

현재 가맹점과 직영점을 포함해 약 1만 8,000명이 근무 중인 맥도날드엔 장애인뿐만 아니라 시니어, 경력 단절 여성 등 다양한 계층이 맥도날드에 입사해 근무 중이다. 지난해 기준 레스토랑 신입 공채와 정규직 전환 등을 포함해 채용한 신규 정규직 수는 전년 대비 8.8% 증가했다.

맥도날드는 2024년 한 해 동안 총 400명 이상의 정규직을 대규모 채용할 계획을 밝히기도 했다. 한국맥도날드는 학력과 나이, 성별, 장애 등으로 차별받지 않는 열린 채용을 시행 중이다. 비정규직 직원에게도 정규직 전환 채용 기회를 제공하는 시프트 매니저(Shift Manager) 제도를 격월로 시행하는 등 누구나 외식업계 전문가가 될 수 있도록 균등한 기회를 제공하고 있다. 실제로 지난 3년간 한국맥도날드의 시니어 크루 재직자 수는 2021년 373명에서 2022년 483명, 2023년 651명으로 꾸준히 증가했다. 2023년 재직자 수는 2022년 대비 34% 이상 증가했다.

열린 채용 시스템을 통해 장애인뿐 아니라 시니어와 주부 등 다양한 계층이 맥도날드에 입사해 근무하고 있다. 현재 재직 중인 55세 이상의 시니어 크루는 약 650명에 달하며, 이중 최고령 크루는 만 82세(1942년생)이다. 시니어 크루의 평균 연령은 만 61세다. 2023년 9월부터는 만 40세에서 64세의 중장년층 일자리 확대를 위해 '서울시 50 플러스 재단'과 업무협약을 맺고 구직자 대상 채용 설명회와 현장 면접 등을 진행해 오고 있다.

더불어 유연근무제도와 출산, 육아휴직 장려 등 여성친화적 업무환경을 조성한 결과 전체 직원 중 여성 비율은 50% 이상을 기록했다. 조직 내 여성 임원의 비율은 47%로 2023년 5월 기준 국내 매출 상위 500대 기업의 여성 임원 비율인 6.8%의 약 7배에 달한다. 현재 재직 중인 장애인 크루는 약 200명이다. 장애인 고용률은 민간기업 법정 의무 고용률 3.1%을 상회하는 3.69%(2022년 말 기준)이다.

맥도날드는 중증 지적 장애인 크루에게 적합한 업무를 배정하기 위해 레스토랑 내부 청결 유지, 시설 관리 등의 직무를 개발한 바 있다. 그 결과 채용된 장애인 크루들은 안정적인 근속률을 기록하고 있으며 최장기 근속 장애인 크루는 22년 넘게 맥도날드에서 근무하고 있다. 이에 더해 지난해 하반기 외국인 크루 채용 가이드를 구체화하는 등 국내 거주 외국인을 대상으로 한 채용 역시 지속적으로 확대해 나가고 있다.

이 외에도 근무 성과 리더십 등에서 두각을 드러내는 크루에게는 매장 매니저 등 정규직으로 전환될 수 있는 기회를 제공한다. 정규직이 되면 향후 매장을 총괄하는 점장이나 지역 관리자로 성장할 수 있고 본사로 직무 이동 가능성도 열려 있어 폭넓은 커리어를 쌓을 수 있다. 실제 한국맥도날드 본사 직원의 절반가량은 레스토랑에서 커리어를 시작해 마케팅, 인사, 파이낸스, IT 등 다양한 부서에서 근무하고 있다.

2017년부터는 일과 학업을 병행하길 희망하는 직원들을 위해 고용노동부와 함께 '일학습병행제'를 진행하고 있다. 맥도날드에서 일을 하면서 대학 교육 및 학사 학위 취득이 가능하고, 맥도날드는 회사 차원에서 이를 최대한 지원하고 있다. 이처럼 취약계층을 꾸준히 채용해 온 점을 높게 평가받아 한국맥도날드는 지난해 '2023 좋은 일자리 대상' 시상식에서 취약계층 일자리 창출 부문 고용노동부 장관상을 수상한 바 있다. 2023년 말에는 성인 문해 교육 활성화와 평생교육 발전에 기여한 공로를 인정받아 교육부장관 표창을 수상한 바 있다.

한편 한국맥도날드는 지난 1988년 국내 첫 진출 이후 매년 꾸준한 대규모 채용으로 국내 고용 시장에 활력을 불어넣어 왔다. 연 4회 '크루 채용 주간'으로 소비자에게 최상위 품질의 메뉴와 서비스를 제공하는 매장 업무를 수행할 크루를 채용하고, 분기별 정규직 공채, 정규직 전환 채용 등을 통해 해마다 청년 채용을 지속하고 정규직 고용도 확대해 나가고 있다.

출처 : 한국맥도날드, 여성가족위원장상…"장애인 · 시니어 · 경단녀 열린 채용, 뉴시스, 2024. 02. 22.

그림 15.4

조직윤리의 원천

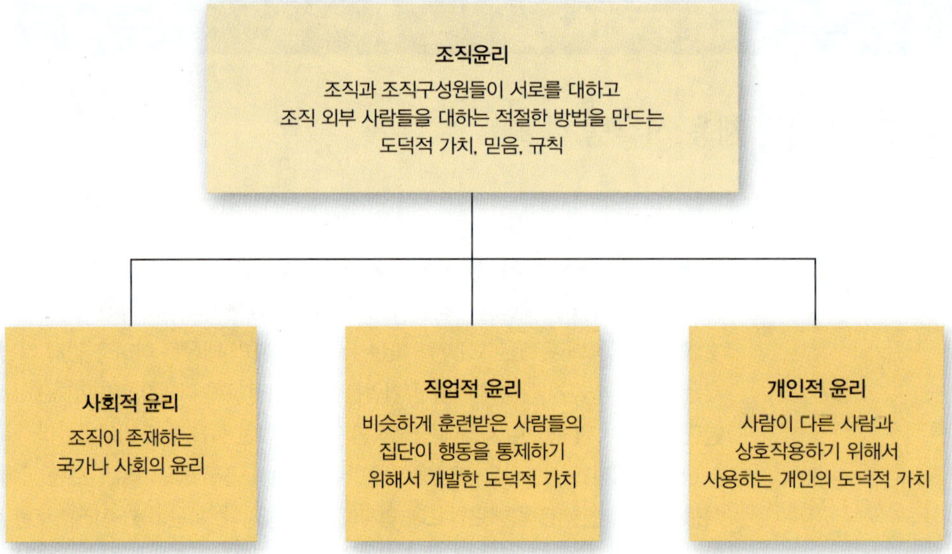

와 규범에서 형성된 도덕적 가치이다. 대부분의 사람들은 별다른 의식 없이 그들이 사는 사회의 윤리적인 규범과 가치를 따르는데, 이는 구성원들이 규범과 가치를 내면화해서 자신의 것으로 만들었기 때문이다.[39] 사회적 윤리가 법으로 성문화되면 조직은 조직 내·외부의 사람들을 대할 때 법을 따라야 한다.

최고경영팀의 중요한 책임 중 하나는 조직구성원들이 법을 따르도록 하는 것이다. 특정 상황에서 최고경영자는 부하직원의 행동에 대해 책임을 질 수 있다. 최고경영자가 직원의 윤리적 행동을 권장하는 확실한 방법은 직원들에게 윤리적인 가치와 기준을 명심하게 하는 것이다. 일부 기업들은 윤리적인 문화로 잘 알려졌지만, 많은 기업들이 여전히 불법적이고 비도덕적이며 비윤리적으로 행동한다. 이러한 조직에서는 직원들이 따라야 할 윤리적인 가치와 기준을 발전시킬 수 없다.

직업적 윤리

직업적 윤리는 조직문화 형성과 구성원이 다른 사람이나 집단을 대하는 방법을 결정하는 것을 돕는다.[40,41] 예를 들면 의료 윤리는 의사나 간호사가 자신의 업무수행 방법을 통제하고, 근무하는 조직의 문화 형성을 돕는다. 또한 직업적 윤리는 의사가 환자들에게 가장 이익이 되는 방향으로 행동하도록 한다. 예를 들면 자신의 재정적인 이익을 위해서 불필요한 의료 절차를 수행하는 것은 비윤리적인 것으로 여겨진다. 유사하게 머크와 구글과 같은 기업들은 과학자와 기술자가 연구를 수행하고, 연구결과를 발전시키는 과정에서 윤리적으로 행동하도록 권장하는 직업적 윤리를 지지한다.

대부분의 전문가 집단은 직업적 윤리 기준을 강화하기 위한 권한을 갖는다. 예를 들면 만약 의사나 법률가가 직업적 규칙을 위반한다면 업무를 수행할 수 없게 된다. 2010년, 영국의 한 의사는 볼거리와 홍역을 예방하기 위해서 백신 접종을 한 아이들이 자폐증에 걸릴 확률이 훨씬 더 높다는 연구결과를 발표했고, 위원회가 연구결과가 부정확하고 오류가 있다는 것을 밝힌 후에 의사자격을 박탈당했다. 하지만 그 연구결과로 인해서 필수적인 주사를 맞지 못한 많은 아이들은 고통을 겪었고, 병의 발생도 증가하였다.

개인적 윤리

개인적 윤리는 사람이 다른 사람과 상호작용하는 것을 구조화하기 위해 사용하는 개인의 도덕적 가치이다. 많은 예에서 볼 수 있듯이 개인적 윤리는 사회적 윤리를 반영하며 법에서 비롯된다. 또한 가족, 친구, 혹은 종교적이거나 다른 사회 조직구성원들과 접촉함으로써 배우기도 한다. 개인적 윤리는 사람이 조직에서 행동하는 방식에 영향을 미치기 때문에 조직문화는 윤리적인 가치를 구축하는 위치에 있는 사람에 의해 많은 영향을 받는다. 앞에서 이미 살펴보았듯이 조직의 설립자는 조직의 윤리적인 규범이나 가치를 세우는 데 있어서 중요한 역할을 한다.

고용관계의 속성

조직문화를 형성하는 세 번째 요인은 기업이 인적자원정책을 통해 직원들과 맺고 있는 고용관계의 속성이다. 인적자원 관행 — 조직의 고용, 승진, 해고, 보상정책 등 — 은 직원이 열심히 일할지 혹은 가치와 규범을 받아들일지 여부와 관련된 동기에 영향을 미친다.[42]

사람들이 공통의 목표를 달성하기 위해 함께 노력할 때 잘못된 의사소통, 경쟁, 갈등의 가능성은 항상 존재한다. 잘 설계된 인적자원 관행은 '사람 문제(people problems)'를 막는 '윤활유'의 기능을 하고, 직원들의 목표와 조직의 목표가 일치하도록 돕는다. 또한 인적자원 관행은 조직이 직원들을 얼마나 가치 있게 여기는지에 대한 좋은 지표이다. 예를 들면 기업에서 직원의 동기부여를 위한 승진정책의 효과를 생각해보라. 만약 기업이 '조직 내부로부터의' 승진정책을 추구한다면, 이미 조직에서 일하고 있는 직원들은 더 높은 지위에 오를 수 있는 기회를 가진다. 그러나 '조직 외부로부터의' 승진정책을 지닌 기업에서는 더 높은 자격을 지닌 외부인에 의해 공석이 채워질 것이다. 이러한 상황들이 직원의 태도와 행동에 어떠한 영향을 미칠 것인가?

조직 내부로부터의 승진정책은 지지적인 가치와 규범을 발전시키고, 충성심을 구축하며, 조직 내에서 발전하기 위해 열심히 일하도록 장려한다. 승진은 많은 사람들에게 중요한 동기요인이며, 회사가 좋은 성과를 내는 직원을 보유하는 데에도 도움이 된다. 그러나 만약 직원들이 조직 내부에서 승진할 가능성이 없다면, 다른 곳에서 새로운 기회를 찾기 시작할 것이다. 그 결과 조직의 가치와 규범은 이직률을 높이게 될 것이고, 직원들이 기업과 '일시적인' 관계를 형성한다고 믿게 한다. 최근 많은 첨단기술기업에서 훌륭한 기술을 지닌 직원들을 해고함에 따라 혼란을 경험한 예를 통해서도 이를 알 수 있다. 델, HP, IBM은 — 장기적인 고용, 위험 감수, 직원의 헌신을 강조하는 기업가치로 잘 알려진 — 최근에 수천 명의 직원을 해고한 기업들이다. 또 다른 중요한 인적자원 정책은 기업이 직원에게 보상하는 방법과 관련이 있는데, 예를 들면 해당 산업 평균 임금보다 많거나 적은 임금을 지불하는 것 등이 해당된다. 어떤 기업은 우수한 직원을 모집하기 위해서 평균 임금보다 많은 임금을 지불하고자 한다. 직원의 업무태도나 행동에 영향을 미칠 수 있는 개인, 집단, 기업의 성과와 연계된 인센티브 역시 다양하다. 직원이 조직에 남아 있도록 하기 위해서 많은 기업들은 성과와 연계된 보너스와 스톡옵션을 제공한다. IBM, 마이크로소프트, 액센츄어와 같은 기업들은 성과와 관련된 임금과 인센티브가 조직효율성을 향상시키는 가치와 규범을 발전시킨다고 믿는다.[43] 앞서 Jean Buttner가 밸류라인 직원들의 이익을 제한하려고 하자 직원들의 적대심이 높아지고, 이직률이 높아지는 것을 보았다. 또한 Herb Kelleher가 스톡옵션 시스템을 만들고, 직원들이 고객을 행복하게 만들기 위한 더 좋은 방법을 찾을 수 있도록 격려함으로써 사우스웨스트 항공 직원들의 몰입과 충성심이 증가하는 것을 보았다. 연구결과들은 성과와 임금을 연계시키는 것은 직원들이 조직에 몰입하고 높은 성과를 달성하도록 동기부여 되는 문화를 만드는 데 도움이 된다는 것을 보여주었다.

조직구조의 설계

인적자원 정책을 재설계하고 새로운 훈련, 승진, 인센티브 시스템을 도입하는 것은 조직의 수단가치와 규범을 바꿈으로써 조직문화를 바꿀 수 있다는 것을 말한다.

직원의 업무태도와 행동을 형성하는 가치와 규범이 어떻게 조직구성원들과 윤리, HRM 제도로부터 나오는지에 대해서 살펴보았다. 문화적 가치의 네 번째 원천은 조직구조의 설계이다. 조직구조는 업무의 형식적 시스템으로 가장 효율적인 방법으로 직원을 조정하고 동기부여 하기 위해 설계된다. 다른 구조 형태는 다른 문화를 만들어내기 때문에 관리자는 조직설계에 주의를 기울여야 한다. 예를 들면 기계적인 조직구조는 유기적인 조직구조와는 전혀 다른 가치와 규범을 낳는다.

기계적인 구조는 수직적이고, 집중화 및 표준화되어 있다. 반면 유기적인 구조는 편평하고, 분산되어 있으며, 사람과 집단 간 관계는 서로 조정에 의존한다. 수직적이고 집중화된 조직에서 대부분의 직원들은 상대적으로 개인적인 권한을 갖고 있지 않다. 때문에 조심하고, 상사에 복종하며, 전통을 존중하는 것을 바람직한 행동으로 여긴다. 그 결과 기계적인 조직에서는 예측가능성과 안정성이 바람직한 최종 상태이다. 반면 수평적이고 분권화된 조직의 직원들은 자율성을 지니고, 스스로의 행동을 통제하는 자유를 더 많이 가진다. 때문에 창조적이거나 위험을 감수하는 등의 수단적인 가치가 발전하고, 그 결과 유기적인 조직은 혁신과 유연성이 바람직한 목적가치인 문화가 생겨난다.

또한 조직구조는 통합과 협력을 향상시키는 문화적 가치를 촉진할 수 있다. 예를 들면 업무와 역할관계가 안정적일 때, 공유된 규범과 규칙이 나타나서 의사소통의 문제를 감소시키고 정보의 흐름을 원활하게 한다. 더욱이 규범과 가치, 공유된 조직언어는 팀의 성과와 업무능력을 향상시킬 수 있다. 서로 다른 기능들이 비슷한 문화적 가치를 공유할 때, 서로 더 많은 정보를 공유하고, 더 높은 신뢰도를 보인다. 생산 팀과 매트릭스 구조는 새로운 제품을 생산하는 데 필요한 시간을 감소시킨다. 이는 이러한 구조가 기능적인 전문가들 간의 면대면 접촉을 촉진해서 공유된 가치를 발전시키고, 기회와 문제에 대해 통합되고 유연한 반응을 이끌기 때문이다.

또한 집중화되거나 분권화된 기업은 서로 다른 문화적 가치를 만들어낸다. 조직은 권한을 분산함으로써 생산성이나 혁신을 보상하고 장려하는 가치를 만들어낸다. 권한을 위임한 직원들에게 그들의 행동이 조직에 도움이 되는 한, 자신들의 방식대로 일하고, 혁신적인 시도를 하는 것이 바람직하다는 신호를 보낸다.

반대로 어떤 조직에서는 직원들의 방식대로 의사결정을 하지 않고, 상사에게 면밀히 검토받는 것이 중요하다. 이러한 경우 집중화는 직원의 복종과 책임을 강조하는 문화적 가치를 만들어낸다. 예를 들면 원자력 발전소에서는 재앙을 막기 위해서 안정성, 예측가능성, 권위에 복종하는 가치가 강조된다.[44] 조직의 가치와 규범은 직원들에게 일관되고 정직하게 행동하는 중요성을 가르치기 위해서 의도적으로 설계된다. 직원이 상사와 정보를 공유하는 것, 특히 잘못이나 오류에 대한 정보를 공유하는 것은 유일하게 받아들여질 수 있는 행동의 양식이다.[45]

적응적 문화 대 구습적 문화

적응적 문화에서는 문화적 가치와 규범이 조직목표를 달성하고 효과적인 조직이 되기 위해 필요한 추진력 · 성장 · 변화를 이룰 수 있도록 돕는다. 반면 구습적 문화는 직원들에게 동기를 부여하고 영감을 주는 데 실패하는 가치, 규범과 관련 있다. 이로써 조직은 부진하게 되고 시간이 흐름에 따라 실패하기도 한다. 적응적 혹은 구습적 문화는 결과적으로 무엇을 낳는가? 연구자들은 월풀, GE, 토요타, 구글, IBM과 같이 강한 적응적 문화를 지닌 조직은 직원들에게 투자를 한다고 밝혀왔다. 예를 들면 이러한 조직은 인적자원 관행을 채택해서 고용관계의 장기적인 속성을 강조하고, 되도록 해고를 피함으로써 조직이 직원에게 헌신하고 있다는 것을 보여준다. 또한 직원을 위한 장기적인 경력 경로를 개발하고 훈련과 개발에 투자한다. 이러한 방식의 직원에 대한 가치와 관련된 목적가치와 수단가치 덕분에 직원들은 조직에 대해 지지적인 업무태도와 행동을 하게 된다.

적응적 문화에서 직원은 종종 자신의 성과와 직접적으로 관련된 보상과 기업 전체의 성과와 관련된 보상을 받게 되는데 종업원 스톡옵션이 그중 하나이다. 종업원 지주제도하에서 근로자들은 기업 주식의 상당수를 살 수 있다. 기업의 주인인 직원들은 성과수준을 향상시키기 위해 기술 개발에 대한 인센티브를 받을 수 있으며 이러한 상황에서 품질 · 효율성 · 성과향상의 방법을 더 적극적으로 찾는 경향이 있다. 예를 들면 델 직원들은 할인된 가격(15%)으로 델의 주식을 살 수 있는데 기업 측면에서는 상당한 밑천이 된다. 사우스웨스트 항공의 직원은 기업 주식의 20% 이상을 소유한다.

그러나 일부 조직문화는 직원의 가치 보호와 가치 증가를 담고 있지 않다. 이러한 조직의 고용 관행은 단기적인 요구에 적합한 것으로 단순하고 습관화된 업무를 수행하는 직원들에게 최소한의 투자만 하도록 설계되었다. 더욱이 직원들은 뛰어난 성과에 대해 거의 보상을 받지 못하며 기술을 향상시키기 위한 인센티브가 거의 지급되지 않는다. 구습적 문화를 가지고 있고 직원들과의 관계가 좋지 않은 기업에서는 비협조적이고 게으르고 조업제한이라는 수단적 가치가 발달한다. 직원들은 최소 요구사항 이상을 성취하기 위한 동기부여가 되지 않기 때문에 지시받은 일만 한다. 엄격한 감독과 규칙, SOP를 따를 것을 강조하는 구습적 문화에서는 조직이 환경에 변화하고 적응하기 어렵다. 대조적으로 기업가 정신과 직원에 대한 존중을 강조하는 적응적인 문화를 지닌 조직은 환경의 변화에 빠르게 적응한다. 직원들에게 권한을 주고, 동기를 부여하기 위해 다기능팀을 사용하는 혁신적인 조직구조는 변화하는 상황에 재빨리 대응하는 적응적 문화에서 발달하는 경향이 있다.

조직문화를 관리하고 변화시키기 위해 조직문화를 형성하는 네 가지 요소를 잘 관찰해야 한다 — 구성원들의 특징(특히 설립자), 조직 윤리, 고용 관계, 조직구조. 그러나 이러한 요인들은 서로 상호작용하기 때문에 문화를 변화시키는 것은 어려울 수 있다.[46] 제16장에서 논의한 것처럼 종종 조직문화를 변화시키는 것이 필요하다. 많은 기업들이 쉽게 적응하고, 변화하는 문화를 만들어내는 방법과 계속해서 배우고 창조성을 장려하는 방법을 고민하고 있다.

강하고, 적응적인 기업문화의 특징

일부 학자들은 약하거나 구습적 문화에서 발견되는 것들과는 다른 적응적 문화에만 존재하는 가치나 규범들이 존재하는지 밝혀내기 위해 강하고 적응적인 기업문화가 공유하고 있는 특징을 알아보고자 했다. 연구 초반에 T.J.Peters와 R.H.Waterman이 설명하는 성공적인 조직과 그 조직의 문화적 가치와 규범은 여전히 설득력이 있다.[47] 강한 문화를 지닌 조직은 세 가지 일반적인 가치에 의해서 특징지어진다고 주장하였는데 이는 다음과 같다.

첫째, 성공적인 기업은 **행동경향**(bias for action)을 촉진하는 가치를 지닌다. 자율성과 기업가 정신을 강조하고 직원들이 위험을 감수하도록 한다 — 예를 들면 새로운 제품을 만들어내기 위해서 — 이들 제품이 성공할지 예측할 수 있는 방법이 없다고 하더라도. 또한 모든 관리자들은 기업의 움직임을 매일 살핀다. 그들은 '실천, 가치 중심의 접근'을 하고, 문제로부터 동떨어진 '상아탑'에서 고립된 전략적 결정을 하지 않는다.

둘째, 가치는 **조직사명의 속성**으로부터 나온다. 기업은 맡은 바 최선을 다하고, 새로운 제품이나 서비스를 만들어내는 전문기술을 보호하고 확대해야 한다. 기업은 전문분야가 아닌 활동을 추구하면서 곁길로 새기 쉬운데, 그것이 더 빠른 수익을 보장해줄 것 같기 때문이다. 관리자는 기업이 "자기 일에 전념하도록 하기 위해서" 가치를 개발해야 한다. 또한 기업은 경쟁적인 지위를 향상시키기 위해 고객과 친밀한 관계를 형성해야 한다. 기업의 제품을 사용하는 사람들보다 제품에 대해

국내 사례 | 현대의 조직행동

SKT, 175개 협력사와 함께 ESG 경영활동 가속

유지원 유엔젤 대표, 안정열 SK텔레콤 성장SCM담당, 김종균 티벨 대표(왼쪽부터)가 공정거래협약을 체결하고 있다.

SK텔레콤이 비즈니스 파트너사와 함께 ESG 경영 방침과 성장 비전을 공유하는 소통의 시간을 가졌다. SK텔레콤은 SK 남산빌딩 소재 SK텔레콤 동반성장센터에서 자사 우수 비즈니스 파트너사 대표 및 임직원 약 400명을 대상으로 하는 비대면 동반성장 CEO 포럼을 시행했다.

이번 포럼에는 서비스 소프트웨어 개발 공급 기업 '유엔젤', 서비스 품질 검증 기업 '티벨' 등 SKT의 우수 비즈니스 파트너 175개 사가 참여해 2021년 공정거래협약을 체결했다. 화상회의로 진행된 이번 행사는 언택트의 강점을 살려 예년 대비 10배가 넘은 비즈니스 파트너사를 초대하고, CEO 외에 실무자도 참여할 수 있도록 해 공감의 폭을 넓혔다. 포럼에서는 미디어·보안(S&C)·커머스 등 5대 사업부별 전략을 공유해 자사 사업방향에 대한 비즈니스 파트너사들의 이해도를 높였다.

SKT는 사내 ESG 교육 수요를 가진 비즈니스 파트너사들을 지원하기 위해 이달 온라인 강의 프로그램을 신설하기로 했다. ESG 교육에 소요되는 비용은 전액 SKT가 부담하며, 비즈니스 파트너사들이 연 3회 열리는 강좌를 선택해 학습할 수 있다.

비즈니스 파트너사 온라인 채용 지원도 확대된다. SKT는 지난해 온라인 채용사이트 '사람인'에 'SKT 비즈파트너 채용관'을 개설, 비즈니스 파트너사 소개 브로슈어를 제공하고 배너 광고 비용을 부담하는 등 신규 인재 채용을 도운 바 있다.

이와 함께, 비즈니스 파트너사 구성원들이 동반성장센터를 거점오피스처럼 활용할 수 있도록 공간을 개방하겠다는 계획도 밝혔다. SKT는 올 하반기 신설할 '동반성장 행복주간'에 CEO 포럼과 '행복 캠프', '프라이드 어워드' 등 기존 동반성장 행사를 2~3일에 걸쳐 집중 운영, 보다 규모감 있게 키워간다는 계획이다.

이날 행사에 참석한 김종균 티벨 대표는 "SKT의 성장 비전과 ESG 경영방침을 명확히 이해하고 구체적인 협력 방안을 고민할 수 있었던 시간"이라고 밝혔다. 안정열 SK텔레콤 SCM 그룹장은 "SK가 추구하는 ESG 경영을 기반으로 협력사와 더불어 성장할 수 있는 토대를 지속 강화해 나갈 것"이라고 밝혔다.

출처 : "SKT, 175개 협력사와 함께 ESG 경영활동 가속", 파이낸셜 뉴스, 2021. 03. 11.

더 잘 아는 사람은 없기 때문이다. 고객지향적인 가치를 강조함으로써 조직은 변화하는 고객의 요구에 대해서 배우고, 고객의 요구를 만족시키기 위한 제품을 개발하고자 노력한다.

세 번째 가치는 조직을 운영하는 방법에 관한 것이다. 모든 기업은 조직의 구조를 직원이 열심히, 최선을 다해서 일할 수 있도록 동기부여 하게끔 설계하는 것이 필요하다. 또한 종종 문화적 가치나 규범이 직원의 노력에 대해 존중하고 감사하게 여기는 것을 보여줄 때 성과가 향상된다. 3M, 캐터필러, 구글과 같은 많은 미국 기업들은 직원을 고려하고 있으며, 조직으로부터 존중과 신뢰를 받는 직원들은 조직이익을 위한 의사결정을 하는 경향이 훨씬 더 높다. 이를 위해서 조직의 위계수준과 관리자의 수는 최소한이어야 한다. 직원들은 성과를 향상시키기 위해서 집단에서 어떻게 행동할지에 대해서도 스스로 결정한다. 그러나 관리자는 직원을 참여시키기 위하여 권한을 분산시키되 모든 집단이 사명을 성취하기 위하여 일하도록 하고, 조직의 문화적 가치 특히 윤리적 가치를 따르게 하기 위하여 권한을 집중시킨다.

이러한 세 가지 중요한 가치는 강한 조직문화의 중심 요소이며, 변혁적 리더십과 윤리적 리더십을 통해서 전달되고 유지된다. 관리자는 조직을 성장시키기 위해서 가치와 규범을 세우고, 훈련 및 사회화를 통해 이러한 가치를 내면화할 사람을 모집하며, 이를 통해 조직문화를 강화하고, 지속되도록 돕는다.

국가문화로부터의 가치

국가의 가치와 규범은 국가 내에서 운영되는 모든 조직에 상당한 영향을 미치며, 국가문화는 국민의 행동을 안내하고 통제하는 가치와 규범의 산물이다. 예를 들면 국가의 가치와 규범은 어떠한 태도와 행동이 적절하고 받아들여지는지, 어떠한 행동을 피해야 하고 처벌을 받는지 결정한다. 특정한 국가문화의 구성원 행동방법에 영향을 주는 가치와 규범은 구성원이 성장하면서 사회화됨에 따라서 배우게 된다.

국가문화는 특정한 국가에 존재하는 경제적, 정치적, 사회적 가치의 특정한 집합이다. 예를 들면 미국의 국가문화는 자본주의적 경제 가치, 민주적 정치적 가치, 개인적이고 경제적인 사회적 가치이다. 미국에 사는 사람은 이러한 가치로 사회화되었고, 이는 국민이 생활하고 일하는 방식에 영향을 미친다. 이러한 예로 미국 기업의 문화는 일본, 프랑스, 독일의 문화와 구분되는데 이는 국가적 가치가 서로 다르기 때문이다.

국가문화에 관한 Hofstede의 모델

연구자들은 서로 다른 국가의 문화적 가치와 규범들 간의 유사점과 차이점을 확인하기 위해 많은 시간과 노력을 기울여 왔다. Geert Hofstede에 의해서 개발된 국가문화 모델은 문화의 다섯 가지 차원에 의해서 서로 다른 국가의 가치를 분류할 수 있다고 주장했다.[48]

Toshiyuki Aizawa\Getty Images – Bloomberg

많은 일본인들은 한 직장에서 평생을 일한다. 일본 기업들은 직원의 충성심과 헌신을 유도하기 위해서 해고하지 않는 종신고용 정책을 실시한다.

개인주의와 집단주의

개인주의 대 집단주의라고 불리는 Hofstede의 차원은 개인과 집단 간의 관계를 다루는 가치에 초점을 맞추고 있다. 개인주의가 우세한 국가에서는 개인의 성취, 자유, 경쟁이 강조된다. 반면 집단주의가 우세한 국가에서는 집단조화의 가치, 응집성, 합의가 매우 강하고, 개인들 간의 협력과 동의의 중요성이 강조된다. 집단주의 문화에서는 개인보다 집단이 더욱 중요하고, 집단의 구성원은 개인적인 이익보다는 집단을 강조하는 규범을 따른다. 일본은 집단주의적 가치가 지배적인 전형적인 예이고, 미국은 개인주의적 가치가 우세한 전형적인 예이다.[49]

권력거리

Hofstede는 국민의 물리적, 지적능력의 차이가 복지에서의 불평등을 야기한다는 사실을 국가가 받아들이는 정도를 보이기 위해 권력거리라는 개념을 사용했다. 이 개념은 국가가 부, 지위, 복지에 있어서 경제적 · 사회적 차이를 받아들이는 정도를 말한다. 지속적이거나 증가하는 불평등이 허용되는 국가는 높은 권력거리를 가지고 있다. 높은 권력거리를 보이는 국가에서는 성공한 근로자가 부를 축적하고 이를 자녀에게 물려주며, 불평등은 시간이 흐름에 따라 증가한다. 부자와 가난한 사람들 간의 간격은 정치적, 사회적 결과로 점점 커지게 된다. 대조적으로 국민들 사이의 불평등 간극이 커지는 것을 반기지 않는 국가는 낮은 권력거리를 갖고 있다. 이러한 국가는 불평등을 감소시키고, 운이 좋지 않은 사회구성원의 상황을 향상시키기 위한 조세제도나 사회복지 프로그램을 운영한다. 낮은 권력거리 국가는 부자와 가난한 사람들 간의 간극이 커지는 것을 막고, 계층 간의 갈등을 방지하는 데 큰 관심이 있다.

미국, 독일, 네덜란드, 영국과 같이 발전된 서구 국가들은 상대적으로 권력거리가 낮고 개인주의가 높다. 과테말라, 파나마와 같이 가난한 라틴아메리카의 나라들이나 말레이시아, 필리핀과 같은 아시아 국가들은 높은 권력거리와 낮은 개인주의를 나타낸다.[50] 이러한 결과는 잘사는 국가의 문화적 가치는 개인 권리 보호를 강조하고, 사회의 모든 구성원에게 성공의 기회를 공정하게 제공하는 것을 보여준다. 그러나 서구 국가들 간에도 차이가 있는데 네덜란드인과 영국인은 미국인보다 가난한 사람과 사회적 약자를 더 많이 보호한다. 사람은 가난할 뿐만 아니라 부유할 권리도 가지고 있다고 믿기 때문이다.

성취 지향과 상호복지 지향

성취 지향적인 국가는 적극성, 성과, 성공, 경쟁을 가치 있게 여기고 결과 지향적이다. 상호복지 지향적인 국가는 삶의 질, 따뜻한 인간적인 관계, 서비스를 가치 있게 여기고 약자를 보호한다. 일본과 미국은 성취 지향적인 경향이 있는 반면 네덜란드, 스웨덴, 덴마크는 상호복지 지향적인 경향이 있다.

불확실성 회피

사람들 간에 불확실성에 대한 참을성과 위험을 감수하는 정도에 차이가 있듯이 국가 역시 그러하다. 불확실성 회피가 낮은 국가들(미국이나 홍콩)은 느긋하고, 가치 다양성을 지니며, 믿고 행동하는 방식의 차이를 받아들인다. 불확실성 회피가 높은 국가들(일본과 프랑스)은 경직되고, 덜 관용적이다. 높은 불확실성 회피 문화에서는 개인이 소속된 사회와 업무집단의 가치와 일치시키는 것이 일반적이고, 안정성을 제공한다는 이유로 구조화된 상황을 선호한다.

장기 대 단기 지향

Hofstede가 확인한 마지막 차원은 국민이 생활과 일에 대해서 장기 지향적인지 단기 지향적인지에 대한 것이다.[51] 장기 지향은 절약과 인내를 포함하는 가치의 결과이다. 반면 단기 지향은 개인적인 안정성이나 행복을 유지하는 것에 관심을 가지고, 현재의 삶에 관심을 가지는 가치의 결과이다. 장기 지향적인 국가로는 1인당 저축률이 높은 것으로 잘 알려진 일본, 홍콩 등이 있다. 소비를 많이 하고 저축을 덜하는 미국이나 프랑스는 단기 지향적인 국가이다.

국가문화의 차이는 왜 특정 국가의 기업문화가 다른 국가의 기업문화와 다른지 설명하는 데 도움이 된다. 예를 들면 프랑스와 독일 기업은 미국 관리자의 기업가적 추진력과 미국의 노동관을 존중하지만, 미국 기업과는 다른 방법으로 관리자와 근로자를 대한다. 프랑스와 독일의 기업은 인적자원 정책에서 평등과 기회와 관련된 쟁점에 대해서 관심을 덜 갖는다. 예를 들면 프랑스에서는 여전히 사회적 계층이 조직의 성공에 결정적인 영향을 미친다. 게다가 독일과 프랑스 기업은 관리자를 고용할 때 미국 기업보다 훨씬 더 적은 수의 외국인을 고용한다. 반면 미국에서는 능력 있는 직원이 국적에 관계없이 승진하는 경향이 있다.[52]

표 15.1은 10개국 국민의 Hofstede 국가문화 5차원 점수이다.

사람들의 생각과 행동방식에 영향을 주는 가치나 규범이 다양하듯이 국가문화도 매우 다양하다. 조직이 국외로 확장할 때, 조직은 그 국가의 가치를 지닌 직원을 고용한다. 국가문화가 조직문화의 결정요인이라는 사실은 조직의 국제적인 운영 관리 문제를 제기한다.[53]

만약 국가 간의 가치 차이 때문에 외국에 위치한 지사 직원과 태도 및 행동에서 차이가 생긴다면 조직은 보편적인 학습으로 인한 이익을 얻기 힘들 것이다. 다른 국가에 위치한 지사는 기업이 직면한 문제에 대해 서로 다른 생각을 가질 수도 있고, 하위문화를 형성할 수도 있다. 관리자와 기업 전체가 직면하고 있는 문제보다 지역적인 문제에 대해 더 걱정한다면 국제 조직은 효과성을 달성하기 힘들다.

또 다른 중요한 문제는 특정 국가에 위치한 기업이 다른 국가에 위치한 기업과 합작투자와 같은 형식으로 협력할 때 발생한다. 국가적 가치와 규범의 차이는 협력을 어렵게 만든다. 예를 들면 피

표 15.1
10개국의 문화차원점수

	권력거리	개인주의	성취 지향	불확실성 회피	장기 지향
미국	L	H	H	L	L
독일	L	H	H	M	M
일본	M	M	H	H	H
프랑스	H	H	M	H	L
네덜란드	L	H	L	M	M
홍콩	H	L	H	L	H
인도네시아	H	L	M	L	L
서아프리카	H	L	M	M	L
러시아	H	M	L	H	L
중국	H	L	M	M	H

H = 상위 3/1, M = 중간 1/3, L = 하위 1/3
권력거리, 개인주의, 목표 지향, 불확실성 회피는 53개국 대상, 장기 지향은 23개국 대상.

출처 : Geert Hofstede, Gert Jan Hofstede, Michael Minkov, "Cultures and Organizations, Software of the Mind", Third Revised Edition, McGrawHill 2010,
ISBN 0-07-166418-1. Quoted with permission.

츠버그에 있는 코닝 글라스와 멕시코 유리 제조사 비트로가 기술과 시장을 공유하기 위해서 합작투자를 했을 때 발생한 문제를 생각해보라. 처음에 두 기업은 제휴에 대해서 열정적이었고, 두 기업의 관리자들은 이들 기업이 비슷한 조직문화를 가지고 있다고 생각했다. 두 기업은 설립자 가족들이 지배적인 최고경영층이라는 점과 과거에 다른 기업과 제휴를 해서 성공한 경험이 있다는 공통점이 있었다.[54] 그럼에도 불구하고 2년이 채 못 되어 코닝 글라스는 비트로가 기술접근의 대가로 준 1억 5,000만 달러를 돌려주며 합작투자를 끝냈다. 왜 이들의 제휴가 실패로 끝났을까? 두 국가의 문화가 너무나 달라서 코닝과 비트로의 관리자들은 함께 일할 수 없었다.

멕시코 기업인 비트로는 멕시코 가치에 영향을 받았다. 멕시코의 비즈니스는 미국보다 더 느린 속도로 이루어졌다. 관리자는 보호된 시장에 익숙했고, 편안히 앉아서 '고상한' 방법으로 의사결정을 하는 경향이 있다.[55] 멕시코 관리자들은 보통 오전 9시에 일을 시작하고, 점심시간에는 종종 집에서 가족들과 두 시간 이상을 보낸다. 그리고는 늦게 일을 다시 시작해서 밤 9시까지 일을 한다. 멕시코 관리자와 직원은 상사에게 충성하고 상사를 존중한다. 기업문화는 가부장적이고, 수직적인 가치에 기반하고 있으며, 가장 중요한 의사결정은 최고관리자에 의해 이루어진다. 이러한 집중화는 의사결정을 더디게 만들었는데, 이는 중간관리자가 문제에 대한 해결책을 생각해내더라도 최고관리자의 승인 없이는 실행에 옮길 수 없기 때문이다.

반면 미국 기업인 코닝은 미국의 문화적 가치에 따라 사업을 했다. 예를 들면 관리자들은 짧은 점심시간을 가지거나 점심시간에 일을 해치움으로써 일찍 집으로 퇴근한다. 또한 미국 기업은 중요한 의사결정을 재빨리 하기 위해서 하위관리자에게도 의사결정 권한을 주는 경향이 있다.

코닝과 비트로의 관리자들은 일을 처리하는 접근방법의 차이를 깨달았고, 서로 받아들일 수 있는 업무방식을 찾아서 타협하고자 노력했다. 두 기업의 관리자들은 오랜 시간 일하면서 점심식사를 하는 것에 동의했다. 비트로의 관리자들은 집에 가서 점심 먹는 것을 포기했고 코닝의 관리자들은 의사결정을 빨리 하기 위해서 늦게까지 일하는 것에 동의했다. 그럼에도 불구하고 업무처리방식의 중요한 차이는 여전히 남아 있었고, 두 기업의 관리자들 모두 좌절하게 되었다. 비트로의 더딘 의사결정 방식은 코닝의 관리자들을 화나게 만들었다. 반면 의사결정을 빨리하기 바라는 코닝의 압박은 비트로의 관리자들을 화나게 했다. 그 결과 코닝은 유망해보였던 합자를 철수했다.[56]

국제적인 제휴를 맺었던 코닝과 같이 많은 미국 기업들은 멕시코 및 다른 나라에서 사업을 하는 것이 자국과는 매우 다르다는 것을 깨달았다. 외국에 거주하는 미국의 관리자들은 국가마다 가치, 규범, 관습, 예절이 다르기 때문에 미국의 방식만을 고수해서는 안 된다. 즉 글로벌한 조직을 성공적으로 관리하고자 한다면 국가문화 간의 차이를 인정하고 받아들여야 한다는 것이다.

글로벌한 조직 내에서 서로 다른 국가적인 하위문화가 나타나는 것을 막기 위해 조직은 각 부분의 응집성을 높이기 위한 글로벌 문화와 전 조직에 걸친 가치 및 문화를 만들어야 한다. 그러나 이를 위해 무엇이 수반되어야 하는가? 전 세계에 걸친 조직의 빠른 의사소통을 가능하게 하고 협력을 촉진하기 위한 글로벌 IT 커뮤니케이션 네트워크, 화상회의, 가상팀 등이 필요하다. 외국에 주재하는 관리자와 가상팀은 한 국가에서 다른 국가로 이동할 수 있고, 의사결정의 질을 향상시키며, 빠른 의사결정을 하기 위해서 기업의 가치와 규범을 확산시킨다. 예를 들면 닛산과 혼다는 외국으로 사업을 확장할 때 재외 일본 관리들로 구성된 글로벌 의사결정 최고관리 팀을 만드는데 이 팀은 기업의 문화적 가치와 규범을 전 세계조직들로 퍼뜨리는 역할을 한다.

윤리적인 문화 창조

앞서 조직윤리 — 조직과 조직구성원들이 서로를 대하고 조직 외부 사람을 대하는 방법에 영향을 미치는 도덕적 가치, 믿음, 규칙 — 는 조직문화적 가치의 중요한 부분이라는 것을 배웠다. 오늘날 조직행동은 고객, 투자자, 정부 기관과 같은 외부 집단에 의해 감시되는데 사기와 속임수 및 비윤리적이고 불법적인 예들이 최근 경기후퇴와 금융위기를 유발했기 때문이다. 규제기관은 은행과 신용카드사가 과도한 수수료를 부과하는 것과 같이 고객에게 손해를 입히는 행위를 제지하는 규칙을 만들기 위해 빠르게 움직이고 있다. 게다가 조직과 직원은 기업의 평판을 나쁘게 하는 행동에 관여할 수 있다. 예를 들면 시추선 오션 인데버에 대한 BP 기술자들의 결정이 이에 해당하는데, 기술자들은 비록 메탄가스의 증가로 폭발과 재앙이 온다 할지라도 구멍 뚫는 것을 멈추지 말아야 한다고 결정했다. 왜 그렇게 행동했을까? 자신들이 더 많은 보너스를 받기 위해서 BP의 운영 규칙에 따라 행동하지 않았다. 윤리적인 조직문화를 만드는 것은 조직에 매우 중요한 우선순위이다. 왜냐하면 그렇지 못할 경우, 재앙을 불러일으킬 수 있기 때문이다.

윤리적 규칙의 중요한 역할은 개인의 이익 추구를 규제하고 통제하는 것이다. 왜 개인의 이익을 규제해야 하는지 이해하기 위해 '공유지의 비극'에 대해 생각해보라. 개인이 공유지 혹은 자원(공원과 개방된 곳이 그 예이다)을 자신의 이익을 위해 최대한 사용하는 것은 합리적이다. 왜냐하면 무료이기 때문이다. 예를 들면 소 주인은 개인적인 이익을 위해서 소가 공유지에서 더 많은 풀을 뜯어 먹기 원할 것이다. 그러나 그렇게 된다면 소의 수는 증가하게 될 것이고, 그 결과 공유지에는 과도한 방목이 일어날 것이다. 풀이 거의 없는 토양은 바람과 비로 인해 쉽게 침식되고, 더 이상 아무도 사용할 수 없는 땅이 된다. 즉 개인의 이익을 '합리적으로' 추구하는 것은 집단적인 재앙을 일으킬 수 있다.

이는 조직에서도 동일하게 적용된다. 관리자는 조직의 목표를 희생해서 자신의 목표를 추구할지도 모른다. 최고관리자는 자신의 이익을 위해 주주, 직원, 고객의 손해를 초래할 수도 있다. 예를 들면 일부 CEO들은 더 많은 급여를 받기 위해 불법적으로 스톡옵션을 조작해 왔다. 이 예로 컴퓨터 어소시에이츠의 CEO였던 Sanjay Kumar는 스톡옵션을 소급적용함으로써 불법적으로 1억 달러 이상을 받았고 현재는 수감되어 장기 징역을 복역 중이다. 비슷한 예로 힘 있는 노동조합은 임금과 수당을 높은 수준에서 협상함으로써 장기적으로는 기업이 경쟁력을 잃게 만든다. 2009년 GM 파산의 이유 중 하나는 노조와 맺었던 건강 계약과 수당 계약으로 인해 기업 운영비가 지나치게 높아져서 자동차 판매로는 이익을 낼 수 없었기 때문이다.

일반적으로 윤리적인 가치와 규칙은 조직과 사회의 집단적인 이익을 위협하는 개인의 이익 추구 행동을 통제한다. 윤리적인 가치는 바람직한 최종 상태 — 예를 들면 공평하거나 '좋은' 사업관행 — 와 최종 상태에 도달하기 위해 필요한 정직이나 공정과 같은 행동방식을 만든다. 조직문화의 윤리적 가치는 직원이 끊임없이 무엇이 옳고 그른지 평가해야 할 필요성을 감소시킨다. 윤리적인 규칙을 내면화함으로써 어떠한 행동을 취해야 할지 결정하는 데 드는 시간과 노력을 덜 쓰기 때문에 더욱 생산적이다 — 이미 어떤 행동이 옳은지 안다.[57]

윤리적으로 행동해야 하는 또 다른 중요한 이유는 조직이 일반적으로 용인된 윤리적 규칙을 따를 때 좋은 평판을 얻을 수 있기 때문이다.[58] 이는 조직과 거래하는 사람들 즉 고객, 공급자, 우수한 구직자 등을 끌어들이는 데 매우 도움이 된다. 반면 비윤리적인 평판을 얻는 조직은 적대심과 불신을 낳는다. 비윤리적인 조직이 단기적인 이익을 거둔다고 할지라도 결국 사람들은 그러한 조직과 거래하기를 꺼릴 것이기 때문에 장기적으로는 손해를 보게 될 것이다. 이러한 예로 2000년대 투자자들은 월드컴, 엔론, 컴퓨터 어소시에이츠의 주식을 싼값에 팔아버렸다. 이들 조직이 이익을 인위적으로 부풀리기 위해서 '장부를 날조'했기 때문이다. 불행하게도 일부 개인의 비윤리적인 행동조차 조직 전체에 해를 입힐 수 있다 — 예를 들면 석유굴착장치 기술자의 실수로 멕시코의 걸프만에 기름이 유출된 이후 BP의 주식 가치는 35% 이상 급락했다. 윤리적인 규칙, 법적인 규제, 사회적 관습은 이러한 문제가 야기되는 것을 막기 위해 만들어지며 규칙이나 규제라는 복잡한 시스템 없이는 사람 · 조직 · 사회가 해를 입게 된다.

왜 비윤리적인 행위가 일어나는가

만약 개인이나 조직이 비윤리적으로 행동하는 충분한 이유가 있다면 그 이유는 무엇일까?

개인윤리의 잘못

이론적으로 개인은 성숙해가며 윤리적으로 행동하는 방법에 대해서 배운다. 사람은 가족, 친구, 종교기관, 학교, 전문적 집단, 다른 조직으로부터 옳고 그름을 배운다. 그러나 만약 아버지가 조직폭력배이고, 어머니가 정치적 테러리스트라고 상상해보라. 혹은 가족이 전쟁 중인 민족이거나 종교적인 집단에 소속되어 있다고 상상해보라. 그러한 환경에서는 자기 자신이나 가족, 혹은 친구에게 도움이 된다면 어떠한 행동 — 살인까지 — 도 용인될 수 있다고 생각할지도 모른다. 이와 유사하게 조직구성원은 조직을 보호하거나 촉진하기 위해 어떠한 행동도 받아들여질 수 있다고 생각할 수 있다. 만약 다른 사람들에게 피해를 줄지라도 말이다.

현재는 해체된 회계 회사인 아서앤더슨에서도 이러한 예를 살펴볼 수 있다. 부도덕한 파트너들은 기업의 불법적인 회계 관행의 증거를 숨기기 위해서 엔론과의 거래 기록을 파기하도록 중간관리자에게 명령을 내렸다. 비록 중간관리자들은 잘못이라는 것을 알았지만 파트너가 권력을 가지고 있었기 때문에 명령을 따랐다. 명령을 따르지 않는다면 직장을 잃을 수도 있다는 것이 두려워웠기 때문이다 — 그리고 점차 그러한 명령에 복종하는 것에 익숙해졌다. 하지만 그럼에도 불구하고 결국 직장을 잃게 되었다.

개인의 무자비한 이익 추구

보통 개인의 이익과 공동의 행동이 타인에게 미치는 효과를 비교할 때 윤리적인 문제에 직면하게 된다. 만약 당신이 1억 달러의 계약을 성사시킨다면 기업의 부사장으로 승진한다고 가정해보라. 그러나 계약을 성사시키기 위해서 당신은 상대방에게 100만 달러의 뇌물을 주어야 한다. 하지만 이러한 행동을 한다면 아마도 당신의 앞날은 보장받을 수 있을 것이다. "그것이 어떤 해를 입힐 것인가?" 자신에게 물어보라. 뇌물은 일반적이다. 만약 당신이 뇌물을 주지 않더라도 누군가가 뇌물을 줄 것이다. 그렇다면 어떻게 하겠는가? 연구에 의하면 자신이 가장 큰 위험에 처해 있다고 생각하는 사람들이 비윤리적으로 행동하는 성향이 가장 강하다고 한다. 이와 유사하게 성과가 저조한 조직과 생존을 위해 애쓰는 조직이 뇌물을 주는 것과 같이 비윤리적이거나 불법적인 일을 저지르는 경향이 강하다.[59]

외부의 압력

많은 연구들은 사람이 외부로부터 압력을 느낄 때 비윤리적인 행동이나 범죄를 저지를 확률이 증가한다는 것을 밝혀 왔다. 예를 들어 기업성과가 악화되고 있을 때 최고경영팀들이 주주로부터 기업 성과를 향상시켜야 한다는 압력을 받는다고 생각해보라. 최고경영팀은 일자리를 잃을 것을 걱정해서 기업의 주식 가치를 증대시키기 위한 비윤리적인 행동을 할지도 모른다. 만약 모든 외부의 압력이 같은 방향으로 작용한다면 왜 비윤리적인 조직문화가 발전하는지를 이해하기 쉽다. 모든 관리자는 비윤리적인 행동을 믿게 되고 조직에 목적이 수단을 정당화한다는 관점이 스며든다. 만약 조직구성원이 비윤리적인 행동을 감추고, 기소로부터 서로를 보호하기 위해 협조한다면 조직은 점점 방어적이 될 것이다.

비윤리적인 행동에 대한 사회적 비용은 측정하기 어렵지만 장기적인 관점으로는 쉽게 알 수 있다. 비윤리적인 행동을 하는 조직은 덜 혁신적이고, 잘못 경영된 조직형태를 띨 것이다. 신제품 개발에는 적은 돈을 쓰고, 광고나 관리직 임금에 더 많은 돈을 쓸 것이다. 이렇듯 잘못 경영된 조직은 새로운 경쟁자가 나타나면 붕괴될 것이다.

윤리적인 문화를 창조하는 방법

구성원이 개인적인 이익을 얻고자 불법적인 행동에 관여하려는 유혹을 막기 위해 윤리적인 조직문화를 창조하는 몇 가지 방법이 있다. 첫째, 조직은 윤리적인 행동에 대해 인센티브를 지급함으로써 윤리적으로 행동하도록 격려할 수 있고, 비윤리적으로 행동하면 이를 벌하기 위해 디스인센티브를 줄 수도 있다. 기업의 최고관리자들 – 궁극적으로 조직이 윤리적으로 행동하는 것에 대한 책임이 있는 사람들 – 은 기업을 윤리적인 상태로 만드는 데 적극적이어야 한다. 관리자는 직원이 윤리적인 가치를 지지하도록 하기 위해 노력함으로써 윤리적인 문화를 만들어내고, 그러한 가치를 부하직원들에게 전달한다.

리더로서의 관리자는 조직의 윤리적인 상태를 보여주는 적절한 행동규칙과 규범을 만듦으로써 직원이 의사결정 방식을 설정하는 도덕적 가치를 가질 수 있도록 격려할 수 있다. 또한 관리자가 솔선수범해서 규칙을 따르려고 노력하는 모습을 보여주는 것 역시 중요하다. 이러한 예로는 정직하고 잘못을 즉시 인정하며 사실을 정확하게 밝히는 것 등이 포함된다.

둘째, 조직은 비윤리적 행동을 줄이도록 조직구조를 설계할 수 있다. 윤리적인 행동을 촉진하고, 비윤리적인 행동을 처벌하는 규칙을 만듦으로 구성원이 사회적으로 책임 있는 방식으로 행동하게 할 수 있다. 예를 들면 연방정부는 행정부 직원이 따라야 할 단일화된 행동기준을 만든다. 이러한 기준은 선물을 주고받는 것, 정부 계약자에게 편견 없이 일을 할당하는 것, 재정문제와 업무 외 활동에 관하여 이해상충을 피하는 것 등이 있다. 이러한 규제는 500만 연방정부 직원들에게 적용된다.

셋째, 조직은 다양한 직원들을 관리하기 위하여 공정하고 공평한 인적자원 절차를 개발할 수 있다. 이는 직원들이 윤리적인 방식으로 대우받고, 윤리적인 조직에서 일할 것을 기대하게 하며, 윤리적인 방식으로 행동해야 한다는 것을 의미한다.

넷째, 조직은 부하직원이 비윤리적인 조직행동에 대한 의견 개진을 위해 상사에게 말할 수 있는 절차를 마련할 수 있다. 포춘 500 기업들의 10%는 윤리 담당자를 고용한다. 윤리 담당자는 직원을 대상으로 윤리적인 행동을 교육하고, 비윤리적인 행동을 조사하는 책임이 있다. 조직 내의 윤리 위원회는 담당자의 결과에 따라 공식적인 판단을 할 수 있다. 물론 윤리적인 가치는 조직의 상층부로부터 내려오지만, 조직구조의 설계와 조직가치 및 규범에 따라 강화되거나 약화되기도 한다.

직원의 윤리적인 관심을 환기시키기 위한 방안이 부족하거나 윤리적 문제에 대한 후속조치에 실패한 조직은 **내부고발자**(whistle-blowing)에 의해서 폭로될 위험이 있다. 내부고발은 직원이 조직의 불법적이거나 비윤리적인 행동(종종 최고관리자의)에 대해서 정부 기관, 신문기자, 텔레비전 리포터와 같은 조직 외부의 사람이나 조직에 알리는 것이다. 직원들은 보통 조직이 비윤리적인 행동을 저지르는 것을 막을 힘이 없거나 의견 개진 시에 보복의 위험이 있다고 판단했을 때 내부고발자가 된다.[60]

내부고발자
직원들이 불법적이거나 비윤리적인 경영활동을 외부 사람이나 외부 기관에 알리는 것

다섯째, 조직은 최고경영팀과 유대관계가 없는 외부 사람들로 이사회를 구성할 수 있다. 이사회는 최고경영팀의 행동을 감독해야 하는데, 만약 최고경영팀의 잘못을 발견한다면 "싹을 잘라버린다." 2000년대에 들어 관리자의 결정을 세밀하게 살피기 위해서 이사회의 힘이 강화되어야 한다는 요구들이 많이 있다.

마지막으로, 조직 상층부로부터의 압력이 비윤리적인 행동을 막을 수 있듯이 외부 사람이나 집

단으로부터의 압력도 비윤리적인 행동을 막을 수 있다.[61] 정부 기관, 산업협회, 규제기관, 소비자 감시기구는 조직을 감시하는 데 중요한 역할을 한다. 지난 10여 년간 정부 규제기관은 월드컴, 엔론, 컴퓨터 어소시에이츠 등의 관리자들과 의도적으로 투자자와 고객을 속인 금융기관의 관리자들을 기소했다.

요약하면 관리자와 직원이 윤리적으로 행동하도록 하기 위한 많은 단계들이 있다. 윤리적인 가치가 직원에 의해서 내면화될 때 강한 적응적 문화가 발전하고, 그것이 조직의 목표를 달성하도록 돕는다.

요약

조직문화는 조직이 구성원의 행동을 조정하고 동기를 부여하는 중요한 수단이다. 조직은 직원에게 투자하고 보상하는 방식을 통해서, 또한 우수함이라는 가치를 장려함으로써 점차적으로 직원의 업무태도와 행동을 형성할 수 있다. 이 장에서 다룬 주요 내용은 다음과 같다.

1. 조직문화는 직원들이 서로에 대해서 또는 조직 외부의 사람들에 대해서 생각하고, 느끼고, 행동하는 방식에 영향을 미치는 공유된 가치, 믿음, 규범의 집합이다.
2. 조직가치에는 두 가지가 있다 — 목적가치(바람직한 결과물)와 수단가치(바람직한 행동방식). 이상적으로는 조직의 수단가치가 목적가치를 성취하는 것을 돕는다.
3. 문화는 사회화, 훈련 프로그램, 이야기, 의식, 조직구성원들이 사용하는 언어에 의해서 전달된다.
4. 조직문화는 네 가지 요인의 상호작용에 의해서 발달한다 — 조직 내부 구성원들의 개인적이고 전문적인 특징, 조직윤리, 회사와 직원 간의 고용관계 속성, 조직구조의 설계. 이러한 요인들이 함께 작용해서 서로 다른 조직에서 다른 문화를 만들어내며 문화는 시간에 따라 변화한다.
5. 서로 다른 조직은 다른 사람들을 끌어들이고, 선택하고, 조직에 남게 하기 때문에 각 조직은 서로 다른 문화를 지니게 된다. 소식의 설립자는 초기 직원신발 과정에 영향을 미치기 때문에 조직문화에 지속적인 영향을 미칠 수 있다.
6. 윤리는 도덕적 가치와 믿음, 개인이나 집단이 다른 개인이나 집단과 상호작용할 때 옳거나 적절한 방법을 판단할 수 있게 해주는 규칙이다. 조직윤리는 사회적, 직업적, 개인적 윤리의 산물이다.
7. 기업과 직원 간의 고용관계 속성은 규범, 가치, 조직에 대한 특정한 태도를 발달시킨다.
8. 서로 다른 조직구조는 사람들 간의 서로 다른 상호작용 방식을 낳는다. 이는 다른 조직문화를 형성하게 만든다.
9. 적응적 문화에서는 가치와 규범이 추진력을 지니고, 성장하며, 필요에 따라서는 조직의 목표성취와 효과성을 위해서 변화한다. 구습적 문화는 직원들에게 동기부여나 영감을 주는 데 실패하는 가치와 규범을 낳는다. 이러한 문화는 시간이 흐름에 따라 침체를 야기하고, 종종 실패로 귀결된다.
10. 조직문화를 결정하는 또 다른 중요한 결정요인은 기업이 설립되고 운영되는 국가의 가치이다.

토론사례

자연에 진심인 파타고니아, '5R'의 신념으로 전진

파타고니아는 뼛속까지 환경에 대한 진심으로 가득 차 있다. 창립자 이본 쉬나드는 자신이 가장 행복하게 살 수 있는 첫 번째 비결은 자연이 건강해야 한다는 것을 일찍이 깨달았다.

자신의 소명을 발견한 이후 그는 환경보호를 위해 몸과 마음을 다해 실천했다. 제품을 통해 환경보호를 실현하고 외부 단체의 지원을 받으며 파타고니아는 성장했다. 그들의 이름은 칠레와 아르헨티나에 걸쳐 빙하 지형의 매력을 갖추고 있는 천혜의 지역 파타고니아를 선택했다. 지구의 모든 곳을 파타고니아처럼 만들고 싶다는 이본 쉬나드의 꿈과 같이, 파타고니아의 진정성은 1973년부터 현재까지 일관성 있고 지속적인 활동으로 드러나고 있다. 파타고니아는 한마디로 '자연 환경에 진심'이다.

1965년 이본은 항공 엔지니어였던 톰 프로스트와 장비 디자인을 새롭게 다듬어 판매하는 '쉬나드 이큅먼트'라는 회사를 설립했고, 1970년에는 미국에서 가장 큰 등반 장비 회사가 된다. 이본은 모든 것이 문제없이 잘 돌아가고 있다고 생각했다. 그가 엘 캐피탄 봉우리의 노즈 루트가 형편없이 망가진 것을 목격하기 전까지는 그랬다.

등반하는 사람들이 증가하고 피톤을 바위에 박고 빼는 일이 빈번해지면서 암벽을 이루는 바위가 흉하게 망가져 가고 있었다. 자신의 사업이 흥할수록 아름다운 자연이 파괴되고 있었던 것이다. 충격을 받은 이본은 바위가 망가지기 전으로 기억을 더듬어 갔다. 적어도 연철 피톤은 부드러워 바위를 망가뜨리지 않았었다.

결국 사업의 근간을 이루는 크롬-몰디브덴 피톤 생산을 중단하고 손으로 밀어 넣을 수 있고 사용 후엔 쉽게 제거할 수 있는 알루미늄 초크를 제작해 기능성은 높아지면서 자연을 해치지 않을 제품을 생산한다. 쉬나드 이큅먼트 카탈로그엔 초크의 사용법을 다루며 너트와 러너만을 사용하는 시에라 등반가 더그 로빈슨의 'Clean Climbing'에 관한 글도 함께 실었다. 이른바 등반을 하는 사람들이 암벽을 손상시키지 않고 자연 그대로의 모습을 유지하며 등반하는 방법이다. 등반을 하는 사람들에게 등반을 즐기는 사람의 하나로써 진심 어린 목소리를 낸 이본 쉬나드는 쉬나드 이큅먼트를 통해 자연을 보호하며 등반을 즐길 수 있는 기반을 하나씩 하나씩 만들어 갔다.

하지만 여전히 이본 쉬나드의 머릿속엔 온통 불안함으로 가득 찼다. 자신이 사랑하는 모든 활동이 자연 안에서 이루어지는데 서서히 자연이 망가져 가는 모습을 제품을 통해 동조하고 지켜봐야 한다는 것은 그로써는

참을 수 없는 일이었다. 그리고 마침내 자연에 해를 주지 않고도 충분히 기능성 높은 제품을 만들 수 있다는 확신을 가진 이본은 1973년 아웃도어 의류를 중점적으로 생산하는 브랜드 파타고니아를 론칭한다.

파타고니아는 아르헨티나와 칠레 양국에 걸쳐있는 지역으로 빙하가 지나가며 만들어진 절경을 품고 있지만 바람이 거세 사람의 접근을 쉽게 허락하지 않는 천혜의 지역이다. 마젤란과 원정대가 이곳을 발견했을 때 원주민인 장신의 떼우엘체 족을 보고 파타곤(patagón, 거인족)이라 말한 것이 지명이 되었다. 이본은 거인의 어깨 위에 서서 진두지휘하며 자신의 신념을 브랜드에 심기 시작했다.

브랜드의 태생적 가치는 계속 돌보아 주지 않으면 변질될 수 있다. 특히 명확한 기준이 확립되지 않았을 때 이 눈치 저 눈치 보다가 줏대 없는 브랜드가 될 수 있다. 만일 명확한 기준으로 태생적 가치를 지키지 못한다면 브랜드와 오랜 시간 함께 한 고객도 지킬 수 없다. 파타고니아는 이본 쉬나드에 의해 명확한 기준이 만들어졌다.

어릴 적부터 등산을 즐긴 이본 쉬나드는 등반가의 경험을 토대로 의류에 대한 아이디어를 냈다. 엉덩이 부분에 이중으로 덧댄 코듀로이 바지, 럭비팀의 튼튼하고 화려함을 가진 셔츠를 등산용 상의에 이용하는 등 일반적으로 등반에 사용된 옷들은 아니었지만 이본 쉬나드의 예상대로 고객들의 반응은 예상을 넘어설 정도로 뜨거웠다. 이때부터 파타고니아의 엄격한 기준에는 꼭 필요한 기능과 튼튼함이 우선순위가 되었다. 그리고 가장 최우선 순위엔 자연이 있었고 예상치 못한 어려움으로부터 사람의 몸을 보호하는 것을 가장 중요한 요소로 삼았다.

파타고니아는 '우리의 터전 지구를 되살리기 위해 사업을 한다'를 모토로 삼았다. 그들의 신념은 최고 품질의 제품을 만드는 것으로 귀결된다. 최고의 제품을 만든다면 자연에 주는 피해를 최소화할 수 있기 때문이다. 파타고니아가 말하는 최고의 제품은 기능성과 내구성이 뛰어나 쉽게 해지거나 망가지지 않고 오랜 세월 애용되는 제품을 의미한다. 망가졌을 때에도 언제든 수선이 용이해 아버지가 아들에게, 또 그 아들에게 물려줄 수 있는 제품이야말로 불필요한 생산을 줄이고 자연에 끼치는 해를 최소화할 수 있다. 이것이 바로 지구를 살리는 시작이다. '자연을 최대한 덜 해치는 최고의 제품을 만든다'가 파타고니아 사명이 된 이유이기도 하다.

파타고니아의 지구를 살리는 일은 제품의 소재 선택에도 적용된다. 파타고니아는 소재의 당위성에 의문을 던지고 당연히 선택되어야 하는 소재를 자연의 입장에서 한 번 더 곱씹어보기로 했다. 주로 사용되는 소재를 대상으로 환경평가를 실시한 것이다. 환경을 가장 많이 해치는 소재는 놀랍게도 면이었다. 면을 재배하는 동안 사용되는 농약이나 살충제가 자연에 주는 심각한 환경오염을 감지한 파타고니아는 1994년부터 18개월 동안 66개 제품을 예전 방식의 유기농 목화로 모두 대체했다.

농약이나 살충제를 사용해 재배한 일반 목화로 생산할 때보다 비용은 증가했지만, 유기농 면으로 만든 티셔츠는 피부에 자극이 없고 촉감도 부드러우며 땀 냄새가 나지 않고 염분 자국이 남지 않아 마니아들 사이에 최고의 아이템이 되었다. 그 이후 2년 만에 파타고니아는 모든 면제품을 유기농으로 대체할 수 있게 되었다.

그러다 1997년에는 헴프(Hemp)라는 새로운 소재를 찾아냈다. 헴프는 물과 거름만으로도 훌륭히 잘 자라는 작물이기 때문에 목화를 대체할 수 있는 소재로 선택됐다. 자원을 재생해서 사용하는 것 또한 환경을 보호할 수 있는 방법이라 생각한 파타고니아는 1993년부터 2003년까지 10년간 약 2,800만 개의 플라스틱 공병을 재활용해 신칠라 스냅 티를 만들어 판매했다.

이밖에도 고객들이 못 입게 된 옷을 받아 재생산을 통해 새로운 섬유로 만들어 6년여 동안 의류 34톤을 만들기도 했다. 파타고니아의 소재 선택은 독특하고 차별화된 모습과 색깔을 완성했다. 브랜드만의 독특한 비주얼 정체성이 생긴 것이다.

파타고니아는 줄이고(Reduce), 고쳐쓰고(Repair), 재생해서 쓰고(Reuse), 재활용하고(Recycle), 이 모든 것에 발상의 전환(Reimagine)을 더해 지구를 살리면서 더 창의적 방편을 마련할 수 있다고 믿는다. 실제로 '5R'은 파타고니아가 자연과 더불어 사는 노력이다. 많은 노력에도 불구하고 자연의 자원을 인간은 사용할 수밖에 없다. 인류가 자연에서 살아남은 비결은 자연의 자원을 활용했기 때문이다. 그런데 자연이 없으면 살아갈 수 없는 인간이 자연을 헤치고 있는 아이러니한 상황이 지속되고 있는 것도 현실이다.

파타고니아는 우리가 자연을 사용할 수밖에 없다는 것을 시인한다. 그리고 사용할 수밖에 없는 지구의 자원에 대해 '우리 모두가 자연의 일부이며 지구 자원을 사용하는 것에 대해 자체적으로 세금을 부과해야 한다'는 스스로의 원칙을 정한 파타고니아는 1980년대 초 비영리 환경단체에게 수익의 2%를 기부하는 것을 시작으로 1985년에는 회사 수익의 10% 정도까지 기부했고, 1996년에는 돈을 벌든 못 벌든, 사정이 좋든 좋지 않든 자연에 기부해야 한다는 관점으로 매출의 1%를 기부했다.

파타고니아가 말하는 '지구세'는 매년 매출의 1%나 이익의 10% 중 더 큰 금액이 자연을 지키기 위한 활동을 하는 작은 풀뿌리 단체들에게 기부되고 있다. 기부를 받고 있는 그들은 바다와 사막을 구하는 활동을 하거나 위험에 처한 강과 숲 등을 구하는 활동을 하고 있다. 파타고니아는 금전적인 지원만 하는 것이 아니라 그들에게 '풀뿌리 활동가를 위한 도구'라는 콘퍼런스를 18개월마다 개최하여 소규모 단체가 살아남는 데 필요한 사업 기술과 마케팅 기술을 가르치고 있다. 그들이 살아남아야 지구세는 더욱 의미 있고 효과적으로 쓰인다는 판단이다.

파타고니아가 선택하는 소재부터 옷을 만드는 모든 방법과 품질까지, 파타고니아의 모든 발걸음엔 자연을 해치지 않겠다는 의지가 보인다.

출처 : 자연에 진심인 파타고니아, '5R'의 신념으로 전진, 한국표준협회미디어 월간 품질경영, 2022년 9월호.

토론문제

1. 파타고니아와 같은 윤리적 기업 문화가 경쟁력 있는 사업 모델로 자리 잡을 수 있는 이유는 무엇인가?
2. 기업이 환경보호를 비롯한 사회적 책임을 실천하는 과정에서 얻는 이점과 한계는 무엇인가?

제 16 장

조직변화와 개발

개관

단원 목차

요약

학습목표

이 단원을 학습한 후 다음을 이해할 수 있다.

- 조직변화를 위한 힘과 조직변화의 과정에서 발생하는 다양한 문제를 이해할 수 있다.
- 점진적인 변화와 혁신적인 변화를 구분하고, 두 변화과정의 주요한 유형을 확인할 수 있다.
- 액션리서치와 관련된 주요 단계를 토론하고, 변화과정을 효과적으로 관리하기 위해서 해결해야 하는 주요 쟁점을 확인한다.
- 조직개발의 과정을 이해하고, 변화과정을 촉진하기 위해 다양한 변화기법을 어떻게 사용하는지 이해할 수 있다.

삼성전자의 미래를 위한 동행

지속가능한 미래를 위해 공존 · 연결 강조

삼성전자의 한종희 부회장 · DX부문장이 세계 최대 전자 · IT 전시회 'CES 2022'의 시작을 알리는 기조연설 첫 주자로 나서 '미래를 위한 동행(Together for tomorrow)'이라는 비전을 제시했다. CES는 매년 기조연설(Keynote)로 전시회의 포문을 연다. 기조연설자로 선정된 업계 리더들이 신제품 · 기술과 트렌드, 기업의 새로운 비전 등을 소개하는 주요 행사다.

삼성전자 한종희 부회장 · DX 부문장이 세계 최대 전자 · IT 전시회 CES 2022 개막을 앞두고, '미래를 위한 동행'을 주제로 기조연설을 마친 뒤 인사하고 있다. 삼성전자는 기술의 지향점을 '지속가능한 미래'로 규정하면서 앞으로 모두가 공존하는 사회를 만드는 데 기여하고 사용자 맞춤형 경험과 고도화된 연결을 강화하겠다는 비전을 밝혔다.

이날 기조연설은 최근 승진한 한 부회장이 삼성전자의 새 사령탑으로서 처음 글로벌 무대에 데뷔하는 자리인데다 해외 주요 업체들이 코로나19 영향으로 막판에 오프라인 참가를 속속 취소한 가운데 진행된 대면 연설이라 큰 관심을 받았다.

한 부회장 기조연설에는 국내 언론은 물론 해외 언론, 국내외 전자 · IT 업계 관계자들까지 750여 명이 몰리며 행사장인 베네시안 팔라조 볼룸 자리가 모두 채워졌다. 한 부회장 역시 사전 이틀간 리허설만 10여 차례 진행하면서 연설 준비에 만반을 기한 것으로 알려졌다.

CES를 주최하는 미국 소비자기술협회(CTA)의 게리 샤피로 회장은 이날 한 부회장을 '강력한 리더'라고 소개하면서 삼성전자가 대면 행사에 대규모로 참가하고 기조연설에 나서줘 감사하다는 뜻을 밝혔다.

한 부회장은 "코로나19 팬데믹 위기는 모두가 공존하는 세상의 가치를 일깨웠다"며 삼성전자 기술의 지향점을 '지속가능한 미래'로 규정했다. 그는 삼성전자와 경쟁사를 포함한 글로벌 전자업계, 소비자 모두가 공존하는 사회를 만드는 데 기여할 사용자 경험과 고도화된 연결을 강화하겠다고 강조했다.

삼성전자는 제품 개발부터 유통 · 사용 · 폐기에 이르는 전 과정에서 지속가능한 제품을 만들기 위해 노력하고 있다. TV, 스마트폰 등 주요 제품들은 영국 친환경 인증 기관 '카본 트러스트'(Carbon Trust)로부터 탄소 배출 저감 인증을 받았다. 지난해 탄소 저감 인증을 받은 메모리 반도체 5종은 각각의 칩 생산 과정에서 탄소 배출량을 기존보다 70만 톤가량 줄이는 데 기여한 것으로 소개되었다. 특히 올해 TV 등 디스플레이 제품은 작년보다 30배 이상 많은 재활용 플라스틱을 활용해 제조하기로 했다. 2025년까지 모든 모바일 · 가전 제품을 만드는 과정에서 재활용 소재를 사용할 계획이다.

삼성전자는 또한 지난해 처음 선보였던 친환경 솔라셀 리모컨을 올해 TV 신제품과 생활가전 제품군으로 확대 적용함으로써 2억 개 이상의 배터리를 줄일 수 있을 것으로 예상했다. 이는 일렬로 나열했을 때 라스베이거스에서 한국까지 늘어놓을 수 있는 정도의 수량이다.

한 부회장은 이러한 노력을 소개한 뒤 "지속가능한 사회를 구현하기 위해서는 업종을 초월한 협력이 필요하다"며 삼성전자의 솔라셀 리모컨 등 친환경 기술을 누구나 활용할 수 있도록 외부에 개방하겠다고 밝혔다. 삼성전자는 친환경 아웃도어 브랜드 '파타고니아'와 함께 미세 플라스틱 배출 저감을 위한 기술도 개발할 예정이다.

삼성전자는 사용자 개인 맞춤형 경험과 고도화된 연결성을 통해 새로운 라이프스타일을 만들어 가겠다는 비전도 강조했다. 이와 관련된 설명은 20대가 주축으로 구성된 '퓨처 제너레이션 랩(Future Generation Lab)' 직원들이 직접 연단에 올라 진행해 눈길을 끌었다. 이른바 연결 사회는 MZ 세대가 주도하는 만큼 젊은 직원들이 직접 나선 것이다.

삼성전자는 사용자가 어떤 공간에서나 자신만의 화면(스크린)을 만드는 휴대용 프로젝터 '더 프리스타일', 삼성 스마트 TV와 모니터를 활용한 신규 게임 플랫폼 '게이밍 허브', 차세대 게임 전용 디스플레이 '오디세이 아크' 등을 이번 CES에서 새롭게 선보였다. 또한 지난해 선보인 갤럭시 워치 4는 구글과 협업한 통합 플랫폼과 '원 UI 워치(One UI Watch)'를 최초로 탑재해 갤럭시 생태계를 강화했다.

사용자 맞춤형 경험에서 더 나아가 고도화된 연결성을 구현하기 위한 새로운 제품과 서비스도 소개되었다. '스마트싱스' 플랫폼으로 연결된 여러 가전 제품과 서비스를 활용해 사용자에게 맞춤형 인공지능(AI) 솔루션을 제공하는 '홈허브'가 대표적이다. 삼성전자는 이번 CES에서 선보인 소프트웨어 '스마트싱스 허브(SmartThings Hub)'를 통해 삼성 자체 생태계를 강화하는 것은 물론 사물인터넷(IoT)의 미래를 주도한다는 계획이다.

삼성전자는 아울러 다양한 브랜드의 제품에 대한 연결성 강화를 위해 글로벌 가전 업체들과 손잡고 'HCA(Home Connectivity Alliance) 협의체'를 발족한다. 삼성전자를 비롯해 GE, 하이얼, 일렉트로룩스, 아르첼릭, 트레인 등 경쟁 업체들과 연합해 가전제품에 최적화된 IoT 표준을 정립해 전 세계 소비자들이 여러 가전을 하나의 홈 IoT 플랫폼으로 사용할 수 있도록 한다는 계획이다.

출처 : "CES 2022 첫 기조연설 나선 삼성 한종희…'공존 · 연결' 강조", 연합뉴스, 2022. 01. 05.

개관

최근 많은 기업들은 빠르게 변화하는 IT로 인한 치열한 경쟁에 직면해 있는데, 이러한 경쟁에서 살아남아 성공하기 위해서는 조직을 관리하고 조직화하는 접근을 변화시킬 필요가 있다. 기술이 빠르게 변화하는 시대에는 조직 역시 빠르게 변화해야 하며, 변화로 인한 기회를 이용하는 방법을 찾아야 한다. 대부분의 조직들은 변화에 대한 요구에 직면해 있으며, 이를 받아들여야 한다. 오늘날 글로벌 환경에서 조직들은 경쟁자보다 앞서 변화에 대한 요구를 끊임없이 예측해야 한다. 성과가 악화되어서 살아남기 위한 변화를 할 수밖에 없는 상황이 될 때까지 내버려두어서는 안 된다.

조직이 변화해야 하는 데에는 여러 이유가 있으며, 추구할 수 있는 변화유형은 재구조화, 리엔지니어링, e-엔지니어링, 혁신, 전사적 품질경영(TQM)과 같이 다양하다. 이 장에서는 조직변화의 속성과 과정을 살펴봄으로써 조직행동을 분석하고자 한다. 변화를 이끄는 힘과 변화에 대한 저항을 살펴보고, 조직에서 일어나는 변화의 유형을 살펴본다. 또한 조직이 변화과정을 계획하고, 실행하고, 늦추기 위해 사용하는 방법인 '액션리서치'를 살펴보고자 한다. 이와 더불어 관리자가

표 16.1

변화를 이끄는 힘과 변화를 막는 방해요인

변화를 이끄는 힘	변화를 막는 방해요인
경쟁적인 힘	조직적 방해요인 : 권력과 갈등
경제적이고 정치적인 힘	부서의 목표 차이, 기계적 조직구조
글로벌한 힘	조직문화
민주적이고 사회적인 힘	집단적 방해요인 : 집단규범, 집단응집성, 집단사고와 몰입의 증대
윤리적인 힘	개인적 방해요인 : 불확실성과 불안정성, 선택적 지각과 기억, 습관

변화에 대한 저항을 극복하고 그 과정을 촉진하기 위해 사용하는 다양한 기법들을 살펴보고자 한다.[1] 이 장의 마지막에서는 변화를 성공적으로 관리하는 것이 조직행동에서 왜 중요한지 이해할 수 있을 것이다.

조직변화를 이끄는 힘과 조직변화에 대한 저항

조직변화(organizational change)는 조직이 현재 상태에서 효과성을 증진시키는 바람직한 상태로 이동하는 것이다. 왜 조직은 변화해야 하는가? 환경은 끊임없이 변하고 조직은 생존을 위해 변화에 적응해야 한다.[2] 표 16.1은 변화를 위한 가장 중요한 힘과 조직 및 관리자가 직면한 변화의 방해요인을 보여준다.

조직변화
조직이 현재의 상태에서 조직효과성을 증진시키기 위한 바람직한 미래 상태로 나아가는 것

변화를 이끄는 힘

많은 환경적인 힘이 조직에 영향을 미치는데, 이러한 힘의 특성을 인지하는 것이 관리자의 가장 중요한 업무 중 하나이다.[3] 만약 관리자가 변화하는 경쟁적, 경제적, 정치적 및 글로벌한 힘에 민첩하게 대응하지 못한다면 조직은 경쟁자들에 비해서 뒤처질 것이며 효과성도 떨어질 것이다.

경쟁적인 힘

관리자와 종업원은 업무를 보다 효과적으로 성취함으로써 경쟁우위를 얻고자 끊임없이 노력하고 있다.[4] 경쟁은 변화를 이끄는 힘이다. 조직이 적어도 한 분야에서 경쟁자와 필적할 만하거나 뛰어나지 못하다면—예를 들어 제품의 품질을 향상시키거나 혁신 또는 고객의 요구를 만족시키기 위한 마케팅이나 연구개발—살아남지 못하기 때문이다.[5]

성공하기 위해서 조직은 끊임없이 최신 기술을 받아들여야 한다. 조직이 새로운 기술을 받아들이면 종업원은 그 기술을 사용하기 위한 새로운 기법을 배우게 되고, 그 결과 업무와 직무관계를 변화시킨다.[6] 이 장의 마지막에서는 조직이 효율성 또는 품질향상을 위하여 사용할 수

Francois Lopresti\Getty Images, Inc. AFP

토요타 공장에서 TQM은 제품조립을 위해 사용하는 기계를 새롭게 디자인하고, 필요한 일련의 업무를 재조직화하기 위해서 사용된다. 그 결과 효율성과 품질이 향상된다.

있는 두 가지 전략인 전사적 품질경영(TQM)과 리엔지니어링에 대해서 다룬다.

혁신 분야에서 뛰어나기 위해서, 기술적인 이점을 활용하기 위해서, 우수한 제품을 생산하기 위해서 기업은 능숙하게 조직의 활동을 조직화해야 한다. 이를 통하여 종업원들은 변화를 위해 동기부여 되고, 조직화되며, 기꺼이 아이디어를 나누고, 서로 협력하게 된다(이 장의 뒷부분에서 혁신에 대해서 다룰 것이다). 경쟁우위를 획득하고 유지하기 위해서 가장 중요한 것은 고객에 대한 반응성 측면에서 탁월성을 갖는 것이다.

경제적, 정치적 및 글로벌한 힘

제1장에서 보았듯이 변화하는 경제적 · 정치적 힘은 조직에 영향을 미치고, 상품과 서비스를 생산하는 방법과 장소를 변화시킨다. 지난 수십 년간 아웃소싱의 급격한 증가는 중요한 경제적 압력이 되어 왔다. 또한 국가들 간의 경제적이고 정치적인 연합 역시 점차 중요한 변화동력이 되고 있다.[7] 북미자유무역협정(NAFTA)은 캐나다, 미국, 멕시코 간의 협력을 용이하게 하는데 이들 국가에 위치한 많은 기업들은 제품을 팔기 위한 새로운 시장과 저렴한 노동력을 공급받기 위한 시장을 찾기 위해 NAFTA를 이용해 왔다.

유럽연합(EU)은 ─ 2차 세계대전 이후 유럽 국가들의 연합에서 기원을 찾을 수 있다 ─ 거대한 보호시장을 이용하고자 하는 20개국 이상을 포함한다. 폴란드와 이전 동유럽의 공산주의 국가들, 조지아와 구소련(소비에트 사회주의 공화국 연방)은 경제적이고 정치적인 발전을 위해 EU에 가입했으며, 다른 많은 국가들 또한 진입을 모색하고 있다.

일본, 타이완, 한국처럼 급격히 성장하고 있는 국가들 또한 경제연합이 회원국을 보호하고, 회원국 이외의 경쟁국가에게는 장벽으로 작용한다는 것을 인식했다. 결국 많은 해외 기업들이 사업을 가장 잘할 수 있는 연합의 회원국으로 제조 공장을 옮겼다. 예를 들면 일본 자동차 제조사들은 미국과 멕시코, 스페인, 폴란드, 영국과 같은 유럽 국가에 공장을 세웠다. 토요타, 혼다, 닛산은 EU 회원국에 자동차를 판매할 때 관세와 무역장벽을 피하기 위해 영국에 큰 자동차 공장을 세웠다.

기업을 운영할 때 국제 경제와 정치적인 효과를 무시할 수 없다. 지원가를 추구하는 해외 경쟁기업의 증가와 경쟁우위를 약화시키는 새로운 기술의 개발은 이를 달성하지 못하는 기업이 글로벌 시장에서 살아남지 못하게 한다.[8] 기업이 직면하고 있는 또 다른 문제는 해외 주재원이 파견된 국가의 경제적, 정치적, 문화적 가치에 적응할 수 있도록 도와야 한다는 것이다.[9] 예를 들면 토요타는 다른 국가의 업무 파트너와 함께 일할 수 있는 자국의 자동차 디자이너와 엔지니어를 파견하는 것이 중요하다는 것을 깨달았다. 이는 회사가 카이젠이나 TQM 제조방법을 다른 글로벌 사업부에 확산시키게 할 뿐만 아니라 해외 시장의 고객요구를 만족시킬 수 있도록 한다.

민주적이고 사회적인 힘

오늘날 기업이 직면하고 있는 큰 과제 중 하나는 다양한 종업원들을 관리하는 것이다.[10] 앞서 종업원 구성의 변화와 점차적으로 증가하는 종업원의 다양성이 조직에 많은 도전과 기회를 제공해 왔음을 보았다. 종업원의 인구통계학적 특징은 변화하고 있기 때문에 관리자는 소수자와 여성 종업원들을 관리하고 동기부여 하기 위한 더 나은 방법을 찾아야 한다. 관리자는 채용과 승진과정에서의 공정성이 중요하고, 오늘날 종업원들이 일과 삶의 균형을 추구한다는 것을 안다. 예를 들면 여성 종업원이 늘어남에 따라 기업은 맞벌이와 편부모 가정의 수요를 충족시키기 위해 양육 시설이나 유연 근무제 등을 마련해야 한다.[11]

많은 기업들은 종업원에게 교육과 훈련을 지원함으로써 변화의 기술을 익힐 수 있도록 해 왔다. 그러면서 점차적으로 종업원에게 중요한 결정을 내릴 수 있는 권한을 위임하는 등의 방법으로 능

Chris Schmidt\iStockphoto.com

이 학생들은 ESL 수업에 참여하고 있는 중이다. 이러한 수업이 증가하고 있는 반면 멕시코와 중앙아메리카에서 이민을 위한 제2외국어로 스페인어를 배우는 어른의 수가 증가하고 있다.

력을 충분히 발휘하는 것이 조직의 경쟁우위와 조직효과성의 원천이라는 것을 깨닫게 되었다.[12] 이 장의 후반부에서 다루는 것처럼 리엔지니어링과 TQM은 조직이 자신의 활동을 보는 방법과 종업원의 활동 수행 방법을 변화시키는 것이 목적인 변화전략이다.

윤리적인 힘

조직이 민주적이고 사회적인 힘에 의해 변화하는 것도 중요하지만, 윤리적인 방법으로 변화하는 것 역시 중요하다—특히 정부 조사와 정치적이고 공적인 조사가 증가함에 따라 더욱 중요해졌다.[13] 많은 기업에서 윤리 담당자를 채용함으로써 종업원이 관리자의 윤리적인 잘못을 보고하고, 윤리적인 딜레마에 직면했을 때 조언을 구할 수 있도록 하고 있다. 또한 종업원이 중요한 의사결정자에게 직접 접근할 수 있도록 하며, 윤리적인 문제를 폭로한 내부고발자를 보호함으로써 윤리적인 행동을 장려하기 위한 노력을 하고 있다. 심지어 어떤 종업원은 기업의 비윤리적인 행동을 정부 기관들이 기소할 수 있도록 돕기도 한다. 이는 내부고발자가 기업이 지불해야 하는 최종 벌금의 10%를 받을 수 있기 때문인데, 그 금액이 수백만 달러에 달한다.

2000년대에 대부분의 기업들은 비윤리적인(그리고 불법적인) 행동을 보고하도록 장려하였고, 이에 대해 보상하는 규칙과 SOP에 많은 변화가 있었다. 이는 기업이 그러한 비윤리적인 행동을 신속하게 제거함으로써 기업의 이익과 평판 및 주주와 고객과 같은 이해관계자를 보호하기 위해서이다.[14] 만약 기업이 종업원의 인권이나 복지에 소홀하고 뇌물이 일상화되어 있는 국가에서 사업을 운영한다면, 기업은 이익 보호를 위해서 주재원이나 현지 직원이 비윤리적인 행동에 관여하지 않도록 조치를 취해야 한다. 2010년에 다임러벤츠와 지멘스 같은 큰 기업들은 자기업에게 유리한 계약을 체결하기 위해서 여러 국가의 정부 관리들에게 뇌물을 주었고, 그 결과 수억 달러에 달하는 벌금을 내야 했다.

국내 사례 현대의 조직행동

삼성물산의 동료와 나눈 자기주도적 직원 경험 파급력

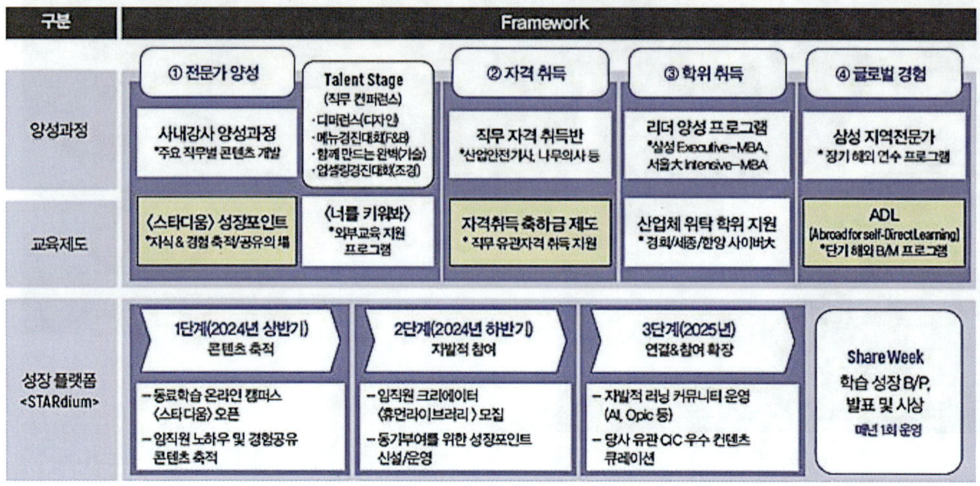

삼성물산 리조트부문 자기주도/동료학습 체계

최근 디지털 혁명의 가속화, 주 52시간 근무제 정착 등 기업 교육 트렌드는 빠르게 변화하고 있다. 삼성물산 리조트부문은 직원들의 '성장' 경험에 초점을 맞춰 기존 인적자원개발(HRD) 전략의 변화를 추진해 나갔다. 그 중심에는 '자기주도학습'과 '동료학습'이 자리 잡고 있다. 경험혁신아카데미의 EX(직원경험) 파트에서 운영 중인 자기주도/동료학습의 세 가지 축으로는 전문가 양성, 자격/학위 취득 지원, 글로벌 경험의 대표적 프로그램 등이 있다.

▲ Axis 1 전문가 양성 : 임직원 경험공유 플랫폼

스타디움(STARdium)은 '동료학습을 위한 에버랜드 직원들의 유튜브 숏츠를 한 번 만들어보면 어떨까?'라는 아이디어에서 시작되었다. 명칭은 STAR(직무전문가로의 성장 지향점)와 Stadium(누구나 기량을 뽐낼 수 있는 경기장)의 합성어로, 1,300명의 임직원 모두가 구독자인 동시에 크리에이터가 되어 서로가 서로에게 가르치고 배우는 공간이다.

임직원들이 5분 내외 짧은 영상을 통해 서로의 지식과 경험을 공유하는 온라인·모바일 성장플랫폼의 새로운 이름으로, 2024년 1월에 오픈한 이래 11월 기준으로 총 130개가 넘는 콘텐츠가 축적되었다.

주요 카테고리로는 리더들의 경험과 지식을 공유하는 '전문가 라운지', 다양한 부서의 업무 프로젝트 사례를 공유하는 '경험혁신 스토리', 직무 컨퍼런스의 수상 사례를 소개하는 '탤런트 스테이지', 해외 벤치마킹 인사이트를 공유하는 '글로벌 리포트', 임직원 크리에이터들의 자발적 참여를 통해 다양한 경험 콘텐츠가 제작되는 '휴먼 라이브러리'가 있다.

스타디움의 가장 큰 가치는 '공유'이다. 직원들이 개인적으로 습득한 지식과 경험 및 노하우를 조직 차원으로 확대 전파하고 공유하는 학습문화를 만드는 것이 핵심인 것이다. 이러한 공유의 조직문화를 만들기 위해서는 직원들의 자발적인 참여를 이끌어내는 것이 무엇보다 중요하기 때문에 콘텐츠 조회수와 연동, 콘텐츠당 최고 10만 원까지 보상하는 성장포인트 제도를 신설해서 운영하고 있다.

▲ Axis 2 자격/학위 취득 지원 : 축하금 제도

또 다른 대표적인 자기주도학습 프로그램은 '자격취득 축하금' 제도이다. 삼성물산 리조트부문은 조리사, 주키퍼, 화약관리, 잔디관리 등 120개가 넘은 다양한 직무분야가 있어 각 직무별로 양성교육 체계를 수립하는 것에 어려

움이 따랐다. 이러한 상황에서 직원들이 자신의 직무분야에서 공인된 자격 취득을 위해서 스스로 학습하고, 그 도전과 성취를 회사에서 축하하고 인정해주자는 취지로 이 제도가 생겨났다. 직원의 성장이 곧 회사의 성장으로 이어지기 때문이다.

자격취득 축하금 제도는 직원들에게 학습과 자기 계발의 동기를 제공하며, 회사 입장에서는 전문성을 갖춘 인재를 양성할 수 있는 효과적인 방법이다. 이는 등급별로 총 4단계로 구분하여 A급(기술사/기능장급) 100만 원, B급(기사급) 50만 원, C급(산업기사급) 30만 원, D급(기능사급) 10만 원의 축하금을 지원하고 있다.

2019년 신설해서 지금까지 5년 동안 전체 직원의 3분의 1 수준인 400여 명의 직원들이 이 제도를 통해서 축하금을 지원받았다. 특히 최근에는 IT 관련 민간자격을 포함하여 변화하는 시장 환경에 빠르고 유연하게 대응 중이다. 이 제도는 단순한 금전적 보상 이상의 의미를 지닌다. 직원들은 자격증 취득을 통해서 개인의 전문성을 인정받고 직업적 성취감을 느끼며, 기업은 이를 통해 업무 효율성과 성과를 극대화할 수 있다.

▲ Axis 3 글로벌 경험 : 자기주도 해외 벤치마킹 프로그램

삼성물산 리조트부문은 ADL(Abroad for self-Direct Learning)이라는 자기주도형 해외 벤치마킹 프로그램을 운영 중이다. 에버랜드, 캐리비안베이 등 국내 최고 수준의 테마파크와 골프장, 조경사업 등을 운영하고 있는 만큼 직원들의 눈높이를 높이기 위해서는 글로벌 경험이 필수적이다.

'ADL'의 경우 4명으로 한 팀을 구성하여 본인들이 직접 가고 싶은 나라와 경험해보고 싶은 콘텐츠를 정해서, 프레젠테이션 경쟁으로 최종 선정팀을 확정한다. 참가자들이 스스로 관심 있는 주제를 설정하고, 해당 주제와 관련된 해외 기업이나 해외 컨퍼런스, 주요 사이트를 직접 방문하는 벤치마킹 방식으로 진행된다. 정형화된 해외 연수와는 달리 참가자들이 주도적으로 프로그램을 기획하고 이끌어 나가는 것이 가장 큰 특징이다.

참가자들은 사전 연구를 통해 벤치마킹할 기업이나 기관을 선정하고 방문 일정과 학습 목표를 세우며, 현지에서의 탐방과 인터뷰, 자료 수집을 통해 직접 기획한 벤치마킹의 목표를 실현하게 된다. 이러한 자기주도적 학습 경험은 참가자들에게 단순한 지식 습득 이상의 창의적 사고와 문제 해결능력, 리더십, 글로벌 감각을 길러주는 효과를 제공한다.

삼성 그룹의 대표 해외연수 프로그램인 '지역전문가'가 1년 동안의 장기과정이라면, ADL은 일주일 이내의 단기 집중형 프로그램으로 참가자들이 본업과 병행할 수 있도록 마련했다. 귀국 후에는 성장플랫폼 '스타디움'에 벤치마킹을 통한 인사이트 및 현업 적용 사례 등을 공유함으로써 조직 내 학습경험이 확산될 수 있도록 진행 중이다.

매해 10개 팀, 40명 수준의 ADL 파견 인원을 선발하고 있으며, 2024년에는 독일(선진 로컬테마파크), 프랑스(도시공원 신규소재 발굴), UAE(고온 기후관리 전략), 일본(테마파크 콘텐츠 및 골프장 코스관리 효율화), 싱가포르(글로벌 동물원 패러다임 변화), 말레이시아(온난화 난지형 잔디), 대만(조경 공간 융복합 사례) 등으로 벤치마킹을 펼치고 있다.

이러한 직원들의 성장 경험 촉진에서 얻은 노하우를 기반으로 경험혁신아카데미의 CX(고객경험)파트에서는 외부 고객을 대상으로 진행하는 교육까지 영역을 넓히고 있다. 긍정심리학을 기반으로 일상의 스트레스 관리 기법을 전달하는 마음건강 프로그램 '비타민 캠프', 프라이빗한 숲 공간에서 팀원들과 힐링을 경험하고 팀워크를 다지는 포레스트 캠프, 삼성에서만 경험할 수 있는 특별한 체험을 통해 자신의 리더십을 성찰할 수 있는 '리더십 캠프', 동식물 등 에버랜드의 인프라를 활용한 초등학생 대상 창의 융합 프로그램인 '이큐브스쿨' 등이 대표적이다. 이러한 교육들은 모두 에버랜드만의 독특한 인프라를 활용할 뿐만 아니라 다양한 사내 전문가들의 콘텐츠 및 노하우를 결합하고 있어, 직원경험 파트와 고객경험 파트 간의 선순환이 일어나고 있다.

출처 : "삼성물산 리조트부문, 동료와 나눈 자기주도적 직원경험 파급력", 한국표준협회미디어, 월간 품질경영, 2024년 11월호.

변화를 방해하는 요인

변화에 대한 압력은 곳곳에 존재한다. 예를 들면 스마트폰에 대한 소비자 선호의 변화, 생산 원가 변화, 폭스콘과 같은 스마트폰 조립업체가 종업원 임금을 두 배로 올린 것과 같은 사회적이고 정치적인 압력의 변화 등은 모두 관리되어야 한다. 효과적인 조직은 이러한 압력에 신속하게 대응할 수

있지만 여러 가지 내적·구조적 요인들은 조직이 변화에 저항하게 만든다.[15]

지난 10여 년간 디수의 미국 대기업들은 성과가 감소했고 서킷 시티와 같은 몇몇 기업은 파산했다. 크라이슬러와 코닥과 같은 기업은 심각한 재정난에 직면했다. 이전에 효과적이었던 기업이 왜 글로벌 시장에서 경쟁력을 잃게 되었을까? 이는 극심해지는 경쟁과 같은 환경변화에 대응하지 못했기 때문이다. 연구에 의하면 조직이 변화에 적응하지 못한 중요한 이유는 **조직정체**(organizational inertia), 혹은 현재 상태를 유지하고 과거의 방식대로 행동하도록 하는 기업 내 압력 때문이다.[16] 정체를 야기하는 변화에 대한 방해요인은 조직, 집단, 개인수준에서 찾아볼 수 있다[17](표 16.1 참조).

조직정체
조직이 현재 상태를 유지하려는 경향

조직수준의 변화에 대한 저항

조직 내 많은 힘들은 조직이 변화하는 환경에 대응하기 어렵게 만든다.[18] 조직수준의 변화에 대한 강력한 방해요인은 권력과 갈등, 부서의 목표 차이, 기계적 조직구조 및 조직문화이다.

권력과 갈등

변화는 어느 면에서는 해를 주기도 하지만 일부 사람들과 기능부서 및 사업부에 이익을 주기도 한다. 변화가 권력투쟁이나 조직 내에 갈등을 일으키면 의사결정이 느리게 이루어지기도 한다.[19] 현재의 공급업체를 바꿈으로써 자재관리부서가 투입원가를 감소시키는 목표를 달성할 수 있다고 가정해보라. 제조부서는 이러한 변화로 인해 투입되는 원재료의 품질이 낮아질 것이고, 이로 인해 생산원가는 결국 증가하게 될 것이다. 원재료관리는 변화를 불가피하게 만들지만 제조부서는 저항할 것이다. 두 부서 간의 갈등은 변화과정의 속도를 늦추고 변화가 일어나는 것조차 막을 수 있다.

대기업들 중 상당수는 기능부서와 사업부가 종종 변화에 저항한다. IBM의 가장 힘 있는 부서인 중앙컴퓨터부서는 기업 내에서의 권력유지를 위해 자원을 성장하는 PC 부서로 옮기는 것을 꺼렸고, 그 결과 PC 시장을 지배하는 데 실패하였다. 변화하는 소비자의 요구에 대응하는 데 실패함으로써 시장에서의 선두 자리와 수백억 달러를 잃게 된 것이다. 새로운 CEO가 취임하고, 수천 명의 중앙컴퓨터부서의 관리자가 해고되며, 기업의 자원이 컴퓨터 서비스와 컨설팅에 투입되고 난 후에야 IBM의 상황은 호전되었고 결국 정상의 자리에 다시 설 수 있었다.

부서의 목표 차이

부서의 목표 차이는중요한 변화 방해요인이자, 조직정체의 원인이다. 다른 기능부서와 사업부는 문제의 원인을 서로 다르게 보는데 각자 자신들만의 관점을 가지고 있기 때문이다. 각 기능부서 혹은 사업부의 '터널시야'는 조직정체를 야기시키는데, 이는 문제의 원인을 알고 이를 해결하기까지 많은 시간과 노력이 필요하기 때문이다.

기계적 조직구조

수직적 위계, 집권화된 의사결정, 규칙과 절차에 의한 행동의 표준화가 기계적 조직구조를 결정한다. 반면 유기적인 구조는 수평적이며, 분권화되어 있고, 직무를 완수하기 위해서 사람들 간의 상호조정을 한다.[20] 어떠한 구조가 변화에 더 강력하게 저항하겠는가?

기계적 조직구조가 훨씬 더 강력하게 변화에 저항하는데 이는 기계적 조직구조 내에서 일하는 종업원은 예측가능한 방법으로 행동하며, 변화에 적응하기 위한 계획을 세우지 않기 때문이다. 반면 유기적인 구조에서는 상호적응과 분권화를 통해 종업원이 창의적이고, 새로운 문제에 대한 해결책도 빨리 찾을 수 있다. 기계적 조직구조는 관료적인 조직에서 정체가 나타나는 주요한 원인이다.

조직문화

조직문화의 가치와 규범은 변화에 대한 저항의 또 다른 원인이 될 수 있다. 역할관계에 있어서 공식적인 체제가 사람들 간의 안정적이고 예측가능한 기대를 낳는 것처럼, 당연시되는 가치와 규범은 사람이 예측가능한 방법으로 행동하게 한다. 만약 조직의 변화가 이러한 가치와 규범을 방해하고, 사람들에게 자신이 무엇을 하는지 의문을 제기하게 만든다면 — 그리고 그것을 어떻게 해야 할지 — 저항은 따라올 것이다. 시간이 흐름에 따라 많은 조직들은 현재 상태를 지지하는 보수적인 가

국내 사례 **현대의 조직행동**

AICT 컴퍼니로 탈바꿈 나선 KT

김영섭 KT 대표가 2024년 10월 10일 오전 서울 중구 노보텔 앰배서더 호텔에서 열린 AICT(인공지능+정보통신기술) 사업전략 기자간담회에서 인사말을 하고 있다.

KT가 전략신사업부문을 엔터프라이즈 부문으로 통폐합하고 미디어 부문을 신설하는 내용의 조직개편을 단행했다. 통신기술(CT) 역량에 정보기술(IT)·인공지능(AI)을 융합한 'AICT 컴퍼니'로 도약하는 데 초점을 맞췄다.

KT는 조직개편과 임원 인사를 발표하며 "AICT(인공지능+정보통신기술) 기업으로 사업구조를 전환해 성장 기반을 다지는 목표로 했다"고 설명했다. 우선 AI 사업본부, DX(디지털 전환) 사업본부, 로봇사업단 등이 소속된 전략신사업부문을 없애고 엔터프라이즈 부문에 흡수시키기로 했다. B2B(기업 대 기업) 기능이 통합된 엔터프라이즈 부문은 AI·클라우드·플랫폼 등 신사업분야 사업역량을 갖추고 상품의 기획부터 제안·수주·이행까지 고객 맞춤형으로 적용할 수 있도록 업무를 혁신한다. 현 엔터프라이즈 부문장 안창용 부사장이 계속 조직을 이끈다.

통신 사업 위주인 커스터머 부문 산하에 있던 미디어플랫폼 사업본부가 분리돼 미디어 부문으로 신설했다. 미디어 부문은 KT의 핵심사업 중 하나인 IPTV와 KT 스카이라이프, KT스튜디오지니, 지니뮤직 등 미디어 그룹사들의 사업 포트폴리오를 강화하면서 그룹 미디어 사업의 콘트롤 타워를 맡을 예정이다. 미디어부문장은 경영기획부문 전략기획실장, AI·DX융합사업부문 AI·빅데이터사업본부장 등을 지낸 김채희 전무가 임명되었다.

아울러 최고기술책임자(CTO)가 총괄하던 기술혁신 부문에서 'KT 컨설팅그룹'을 떼내 전략사업컨설팅 부문으로 확대 재편했다. 마이크로소프트와 전략적 제휴를 맺고 인공지능 전환(AX)을 추진하는 기업에 AI·클라우드 분야 컨설팅 서비스를 제공하겠다고 선언한 KT가 이 사업을 맡을 조직으로 전략컨설팅 부문을 신설했다는 분석이다.

전략사업컨설팅 부문은 인공지능 전환 사업 발굴·제안·수행을 맡는 'GTM 본부', 차세대 IT 프로젝트 등을 추진하는 'TMO 본부', 마이크로소프트와 전략적 협력을 비롯한 MS 등 국내외 테크기업과 파트너십을 강화하는 'SPA 본부' 세 조직으로 구성되었다. KT 컨설팅 그룹장인 정우진 전무가 부문장을 맡았다.

네트워크 관리 현장직에 대해 네트워크 운용 자회사 전출과 희망퇴직을 실시한 KT는 전출이나 희망퇴직을 신청하지 않고 잔류한 인원 2,500명을 어느 조직에서 수용할지 이번 조직개편에는 담지 않았다. KT 노사는 영업직에 재배치하기로 한 이들 인원을 소속시킬 조직 안과 교육 및 평가 방안 등에 대한 노사협의를 시작했고, 협의를 이어갈 예정이다. 노사협의가 완료되는 대로 KT는 네트워크 관리직에서 영업직으로 전환된 직원들에 대한 2차 조직개편안을 다시 발표한 뒤 내년 1월 1일 자로 배치할 예정이다.

KT는 "앞으로도 경영 효율화를 위한 그룹 차원의 사업 재편을 이어갈 것"이라고 밝혔다.

출처 : AICT 컴퍼니로 탈바꿈 나선 KT, 조직개편 단행, 서울신문, 2024. 11. 29.

치를 만들어내고, 관리자는 더 효과적으로 변화하거나 경쟁할 수 있는 새로운 기회를 찾는 것을 꺼리게 된다. 만약 환경이 변화하고, 기업의 제품이 진부해지면 대응할 방법이 없고, 결국 실패하게 된다.[21]

집단수준의 변화에 대한 저항

제9장과 제10장에서 다룬 바와 같이 집단은 조직의 업무를 수행하며, 집단이 지니는 특징은 변화에 대한 저항을 야기한다. 여기서 우리는 다음의 네 가지 특징인 집단규범, 집단응집성, 집단사고, 몰입의 확대를 살펴보고자 한다.

집단규범

많은 집단들은 적절하거나 적절하지 못한 행동을 구체화하고, 구성원들 간의 상호작용에 영향을 주는 비공식적인 규범들을 개발한다(제9장 참조). 종종 변화는 집단 내에서의 업무와 역할관계를 변화시킨다. 그리고 이러한 변화는 구성원들이 집단규범과 서로에게 갖는 기대에 영향을 미침으로써 변화에 저항할지도 모른다. 왜냐하면 새로운 상황으로 인해서 새로운 규범이 만들어져야 할 수도 있기 때문이다.

집단응집성

집단응집성 혹은 구성원들이 느끼는 매력은 성과에 영향을 미친다(제10장 참조). 비록 응집성이 집단성과를 촉진함에도 불구하고, 지나친 집단응집성으로 인해 구성원이 변화와 적응에 대한 기회를 늦게 인식할 경우에는 오히려 성과를 감소시킬 수도 있다. 응집성이 높은 집단은 조직을 변화시키려는 사람이 설사 조직구성원이라고 할지라도 변화에 저항하기도 한다. 집단구성원은 다른 집단들의 이익을 희생해서라도 자신들의 이익을 보호하기 위해서 결속한다.

집단사고와 몰입의 증대

집단사고는 응집력이 있는 집단에서 나타나는 잘못된 의사결정 양식으로 구성원들이 다른 사람의 관점에 동의하거나 의견일치를 위해 부정적인 정보를 무시할 때 나타난다. 몰입의 증대는 이러한 상황을 더욱 악화시킨다. 이는 구성원들이 결과에 관계없이 활동의 과정이 잘못이라는 것을 알고는 있지만 계속해서 추구할 때 나타난다. 집단사고와 몰입의 증대는 집단행동의 변화를 매우 어렵게 만들 수 있다.

개인수준의 변화에 대한 저항

조직 내 개인은 불확실성, 선택적 지각 및 습관 때문에 변화에 저항하는 경향이 있다.[22]

불확실성과 불안정성

사람이 변화에 저항하는 경향은 결과에 대한 불확실성과 불안정성 때문이다.[23] 종업원은 새로운 업무를 부여받고 역할관계가 변할 수도 있다. 또한 어떤 종업원은 승진을 하는 반면 다른 종업원은 직장을 잃게 될지도 모른다. 이러한 변화로 인해서 생기는 불확실성과 불안정성에 대한 저항은 조직정체를 야기할 수 있다. 변화가 나타남에 따라 결근과 이직이 증가할 수도 있다—종업원들은 서로 비협조적일지도 모른다. 변화과정을 연기하거나 혹은 변화에 수동적으로 저항할 수도 있다.

선택적 지각과 기억

지각과 귀인은 업무태도와 행동을 결정하는 데 중요한 역할을 한다(제4장 참조). 사람은 조직에 대한 기존의 관점(혹은 도식)과 일치하는 정보를 선택적으로 지각하는 경향이 있다. 그 후 변화가 일어났을 때 종업원은 그러한 변화가 개인이나 부서 혹은 사업부에 어떠한 영향을 미치는지 관심을 갖는 경향이 있다. 만약 종업원들이 변화로 인한 혜택이 적다고 생각한다면 변화를 거부할 것이다. 조직이 조직 전반에 걸쳐서 변화를 촉진하기 위한 공통의 발판을 만들고, 종업원이 변화의 필요성을 알도록 하는 것은 어려운 일이다.

습관

습관은 익숙한 행동과 사건에 대한 선호를 말하며 변화에 대한 또 다른 방해요인이다. 사람들이 나쁜 습관을 중단하고, 새로운 행동방식에 적응하는 것을 어려워하는 것은 습관을 변화시키는 것이 얼마나 어려운지 보여준다. 왜 습관을 변화시키는 것이 어려운가? 일부 연구자들은 사람이 원래 자신의 행동으로 돌아가려는 이미 확립된 경향을 지니고 있다고 한다 — 변화를 막는 경향.

Lewin의 역학적 장의 이론

앞서 논의했듯이 다양한 힘 때문에 조직이 변화에 저항하기도 하고 변화를 받아들이기도 한다. Kurt Lewin은 **역학적 장의 이론**(force-field theory)을 주장하였는데, 이는 조직 내에서 두 세트의 힘이 항상 반대에 있다는 것이다.[24] 힘이 균형 잡혀 있을 때 조직은 정체 상태이며 변화하지 않는다. 조직변화를 위해서 관리자는 변화를 위한 힘을 증가시키기거나 변화에 대한 저항을 감소시켜야 하며, 혹은 관성을 극복하기 위해서 이 둘을 동시에 해야 한다.

역학적 장의 이론
변화를 위한 힘이 강해지고, 변화에 대한 저항이 약화될 때, 혹은 이 두 가지가 동시에 일어날 때 조직의 변화가 일어난다는 이론

그림 16.1은 Lewin의 이론을 보여준다. P1의 성과수준에 있는 조직은 균형이 잡혀 있다. 변화를 위한 힘과 변화에 대한 저항은 같다. 그러나 경영진은 조직이 P2 성과수준을 성취하도록 만들어야 한다. P2 수준에 도달하기 위해 관리자는 변화를 위한 힘을 증가시키거나(증가는 위쪽 방향의 화살표가 길어지는 것), 변화에 대한 저항을 감소시키거나(감소는 아래 방향의 화살표가 짧아지는 것), 또는 둘이 동시에 이루어져야 한다. 만약 관리자가 세 가지 전략 중 어느 것이라도 성공적으로 추구한다면 조직은 변화할 것이고, P2의 성과수준을 달성할 수 있을 것이다.

관리자가 변화에 대한 저항을 극복하고 변화를 촉진하기 위해 사용하는 기법에 관해 더 자세히 살펴보기 전에 조직효과성을 높이기 위해 실행할 수 있는 변화의 유형에 대해서 살펴볼 필요가 있다.

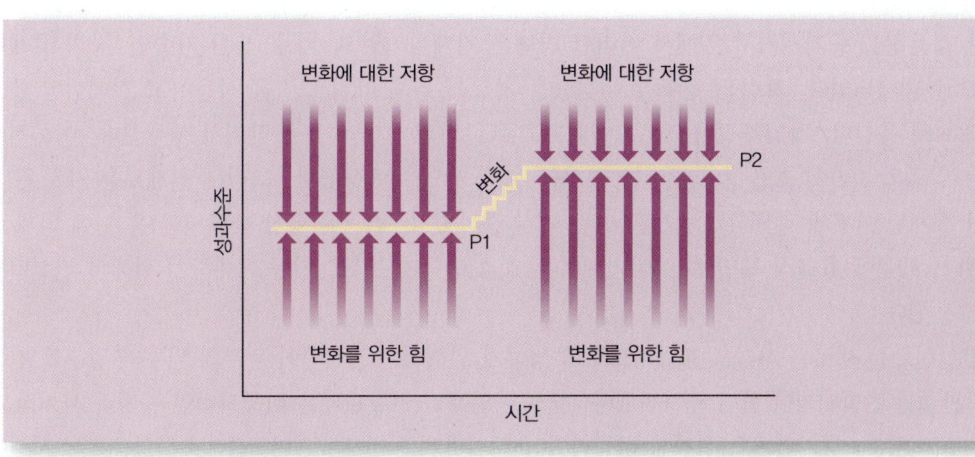

그림 16.1
Lewin의 역학적 장의 이론

조직에서의 점진적 및 혁신적 변화

관리자는 변화를 위한 힘에 어떻게 대응해야 할지 끊임없이 선택해야 한다. 조직이 바람직한 상태에 이를 수 있도록 도와주기 위해서 관리자가 채택할 수 있는 몇 가지 변화유형이 있다.[25] 일반적으로 변화의 유형은 크게 점진적 변화와 혁신적 변화로 나뉜다.[26]

점진적 변화
점차적이고 완만하며 초점이 좁게 맞춰진 변화

점진적 변화(evolutionary change)는 점차적이고, 완만하며, 초점이 좁게 맞추어져 있다 – 급격하거나 급작스럽지 않다. 이는 환경의 변화에 대응하기 위해서 차근차근 점진적으로 전략과 구조를 향상시키고, 적응시키며, 조절한다.[27] 사회기술시스템이론과 전사적 품질경영(TQM) 혹은 카이젠은 점진적인 변화를 추구하기 위한 두 가지 방법이다. 이러한 향상은 업무 또는 직무관계를 인식하는 기술을 사용하는 것과 관련이 있다.

그러나 어떤 조직은 중요한 변화를 신속하게 인식해야 한다. 예를 들면 새로운 기술적인 변화나 잘못된 경영으로 인한 위험과 같이 급격하고 예상치 못한 환경변화에 직면했을 때 빠르고 결단성 있게 행동하는 것이 필요하다. 이러한 경우 혁신적 변화가 요구된다.

혁신적 변화
빠르고 극적이며 초점이 넓게 맞춰진 변화

혁신적 변화(revolutionary change)는 빠르고, 극적이며, 광범위한 것에 초점이 맞춰져 있다. 이러한 변화는 효과성을 증진시키기 위해 새로운 방법을 찾는 과감한 시도와 관련이 있다. 이는 조직이 행동을 관리하고, 새로운 목표를 세우며, 새로운 구조를 만드는 방법에 있어서 혁신적 변화를 가능하게 한다. 혁신적 변화는 조직 내의 모든 수준에 영향을 미친다 – 기업, 사업부, 기능부서, 개인적인 수준. 리엔지니어링, 재구조화, 혁신은 혁신적 변화를 실행하기 위해 사용되는 세 가지 중요한 방법이다.

점진적 변화 1 : 사회기술시스템이론

사회기술시스템이론
조직을 단순한 기술시스템이나 사회시스템으로 보지 않고 거시적 관점에서 두 시스템을 통합한 시스템으로 보는 것

사회기술시스템이론(sociotechnical systems theory)은 확립된 역할시스템과 업무관계가 조직효과성에 얼마나 많은 영향을 미치는지 제안하는 초기 이론이다 – 또한 시스템이 변화하거나 방해를 받을 때 어떠한 일이 일어나는지 제안한다.[28] 이 이론은 영국 탄광 산업의 변화하는 작업관행에 관한 연구에서 출발하였다.[29]

2차 세계대전이 끝난 후 새로운 기술이 탄광에 소개되었고 이는 광부들 간의 작업관계를 변화시켰다. 전쟁 이전의 탄광은 소규모 배치, 혹은 프로세스였다. 능숙한 광부들로 이루어진 팀은 지하의 채탄막장에서 석탄을 캤고, 캐낸 석탄을 옮기기 위해서 필요한 일을 했다. 업무효율성은 팀 구성원들 간의 긴밀한 협력에 달려 있었다. 팀 내의 광부들은 작업을 하기 위해 자신만의 방법과 규범을 개발했다. 광부들은 서로를 지지하면서 위험하고 폐쇄된 작업상황에서 오는 스트레스를 이길 수 있도록 서로 도왔다.

이러한 탄광의 방법은 '수동식 채탄법'이라고 불리는데 이는 소규모 배치기술과 유사하다. 그러나 효율성을 증가시키기 위해서 이러한 방법은 기계화되었고, 대량 생산 기술인 '장벽식 채탄법'으로 대체되었다. 요즘의 광부들은 석탄을 자르기 위해 파워 드릴을 사용하고 컨베이어 벨트로 밖으로 옮긴다. 작업과정이 프로그램화되고 표준화됨에 따라 틀에 맞춰서 행해진다. 이론적으로는 새로운 기술이 효율성의 뚜렷한 증가를 보일 것으로 예상했다. 그러나 실제로는 새로운 기술이 소개된 이후에 광산의 효율성은 아주 약간 증가했고, 결근율(항상 높았지만)은 눈에 띄게 증가했다. 때문에 효율성 측면에서 왜 기대하는 효과를 얻지 못했는지를 이해하기 위해서 컨설턴트를 고용했다.

컨설턴트는 새로운 기술을 효과적으로 운영하기 위해서는 경영진이 광부의 업무와 광부들 간의 역할관계를 변화시켜야 한다고 지적했다. 새로운 업무와 역할관계는 비공식적인 규범과 사회적 지원을 파괴했고, 장기적으로 형성된 비공식적인 작업관계를 방해했으며, 집단응집성을 감소시켰다

는 것이다. 컨설턴트는 문제해결을 위해 각 집단에 권한을 분산시킴으로써 새로운 기술을 과거의 사회시스템과 결합하고, 광부들이 업무와 역할관계가 어떠한 경우에 가장 좋은지를 이해할 수 있도록 해야 한다고 권고했다.

이는 업무의 효율성을 위해 조직의 업무 혹은 기술시스템과 사회시스템이 함께 작동하는 방법을 적합하게 하거나 '결합적으로 최적화'하는 것이 필요하다는 것을 보여준다. 사회기술시스템이론으로부터 얻을 수 있는 교훈은 만약 관리자가 업무와 역할관계를 변화시키기로 결정하고자 한다면 이러한 변화가 집단규범과 응집성에 어떠한 영향을 미치는지를 고려하고, 그 결과 생기는 문제를 해결해야 한다는 것이다. 사회적이고 기술적인 작업시스템 간의 관계를 이해함으로써 관리자는 변화에 대한 저항을 피할 수 있는 방법을 찾을 수 있다.

점진적 변화 2 : 전사적 품질경영

전사적 품질경영(total quality management, TQM) **혹은 카이젠**(kaizen)은 조직의 모든 부서와 종업원이 효율성과 품질을 향상시키기 위한 새로운 방법을 찾기 위해 끊임없이 노력하는 것이다.[30] 많은 기업에서 TQM 접근을 채택하는 것은 관리자가 작업활동을 인식하고 향상시키는 방법의 근본적인 변화를 시도하려는 것이다. 일단 조직이 TQM을 채택한다면 그 과정은 적절하게 관리될 것이고, 모든 부서와 종업원의 작업과정을 향상시키기 위한 방법을 찾기 위해 협력함으로써 조직은 계속적이고 점진적으로 변화할 것이다.

전사적 품질경영(TQM) 혹은 카이젠 조직의 상품과 서비스의 품질을 향상시킬 수 있는 새로운 방법을 찾고자 모든 조직 내 부서가 지속적이고 끊임없이 노력하는 것

TQM으로 인한 변화는 제품을 조립하기 위해서 사용하는 기계의 디자인을 바꾸고, 고객에게 더 나은 서비스를 제공하기 위하여 일련의 조직활동을 재조직화하는 것을 포함한다. TQM에서 강조하는 것은 기술적 시스템과 사회적 시스템 간의 적합성이다. 품질 향상을 위해 부서 간 관계를 변화시키는 것은 TQM에서 매우 중요하다. 낮은 품질은 종종 교차점이나 핸드오프 이후에 나타난다. 예를 들면 최종 제품을 만들기 위해서 필요한 부품을 조립하는 것은 부품이 서로 부드럽게 잘 맞고 효율적으로 작동하게 하기 위해서 서로 다른 부품의 디자인을 조정하는 것을 말한다. 서로 다른 부서의 구성원이 필요한 부품의 수를 감소시키기 위해서 노력하거나 부품을 더 쉽고 믿을 만하게 조립하기 위해 디자인 개선을 제안하는 것과 같이 TQM은 이러한 유형의 작동을 향상시키는 데 초점을 맞추고 있다.

TQM과 카이젠은 씨티은행의 예에서 보듯이 제품의 품질을 향상시킬 수 있고 원가를 절감할 수 있다. 또한 고객의 요구에 빠르게 반응할 수 있다. 국제적인 재무기관을 선도하는 씨티은행은 2000년대 초에 고객의 요구에 효과적으로 대응하기 위하여 TQM을 사용하기 시작했다. 고객의 충성심이 궁극적으로는 은행의 향후 성공을 결정한다는 사실을 깨달았기 때문이다. 씨티은행은 TQM을 위한 첫 단계로 고객이 가장 불만족스러워하는 사항이 무엇인지 알아보기로 하였다. 고객 불만사항을 분석한 결과 계좌 관련 문제나 대출 관련 업무를 처리하는 데 걸리는 시간이 가장 큰 불만사항이었다. 씨티은행의 관리자들은 어떻게 업무처리를 효율적으로 할 수 있는지 조사하기 시작했다.

이를 위해 다기능 팀을 구성하여 팀원들에게 구체적인 업무처리 과정을 세부적인 단계로 나누도록 하였다. 이들 팀은 업무처리 과정 중에서 많은 단계들이 불필요하며, IT를 적절하게 이용한다면 불필요한 단계를 없앨 수 있다는 사실을 발견했다. 또한 종업원이 단순히 고객의 요구를 어떻게 해결해야 하는지 알지 못해서 업무처리가 지연되는 경우도 있다는 것을 발견했다. 이는 종업원이 고객응대에 관한 적절한 훈련을 받지 못했기 때문이었다. 씨티은행은 조직 차원의 TQM 프로그램을 실시하기로 결정했다.

기업의 관리자와 감독관은 업무과정의 복잡성을 감소시키고, 가장 효과적인 업무처리 방법을

찾을 수 있도록 지시받았는데 그 결과는 놀라웠다. 예를 들면 대출부에서는 TQM 프로그램이 업무처리를 위해 필요한 핸드오프의 수를 75%까지 감소시켰고, 업무처리 시간을 수 시간에서 30분으로 낮췄다. 씨티은행은 TQM의 효과성을 쉽게 측정할 수 있었는데 100개 이상의 국가에 있는 고객의 수가 증가함에 따라 고객의 요구량도 증가했지만, 이를 다루는 속도는 증가했다.[31]

점차 더 많은 기업들이 TQM 프로그램을 실행함으로써 얻을 수 있는 지속적이고 점진적인 변화 유형을 받아들이고 있다. 그러나 많은 기업의 경우 TQM 프로그램을 실시하는 것이 쉽지 않은데, 이는 모든 종업원이 조직 내 역할에 대해 기대되는 새로운 방식에 적응해야 하기 때문이다. 관리자는 의사결정을 기꺼이 분산시키고, 직원에게 권한을 위임하며, 관리자보다는 업무촉진자가 되어야 한다. '명령과 통제' 모형은 '조언과 지원' 모형으로 대체되어야 한다. 관리자뿐만 아니라, 종업원 역시 TQM 프로그램을 성공적으로 운영함으로써 얻게 된 이익을 공유하는 것이 중요하다. 예를 들면 일본에서는 종종 성과 상여금이 종업원이나 관리자 급여의 30% 혹은 그 이상이다.

TQM이 가져온 이러한 성공에도 불구하고 많은 조직들은 TQM으로 인한 질적인 향상과 원가 절감을 달성하지 못한다 — 그래서 이 프로그램을 폐기해버린다. TQM이 실패하는 이유 중 하나는 최고경영자가 프로그램을 성공적으로 실행하기 위해서는 조직 내 모든 구성원이 몰입해야 한다는 사실을 경시했기 때문이다. 두 번째 이유는 TQM으로 인한 성과가 나타나기까지는 오랜 시간이 필요하다는 것이다. TQM은 조직을 하룻밤 사이에 바꿀 수 있는 빠른 해결책이 아니다. 조직에서 생활의 일부가 되어서야 결과가 나타나는 점진적인 과정이다.[32]

혁신적 변화 1 : 리엔지니어링

리엔지니어링(reengineering)은 "성과의 중요한 측정도구라고 할 수 있는 원가, 품질, 속도를 극적으로 향상시키기 위해서 사업과정을 근본적으로 재고하고 혁신적으로 재설계하는 것"과 관련이 있다.[33] 리엔지니어링을 통하여 조직을 변화시키기 위해 관리자는 기본으로 돌아가서 작업과정의 각 단계를 분석해야 한다. 리엔지니어링된 조직의 관리자들은 조직의 부서에 초점을 맞추는 대신에 과정에 초점을 맞춘다.

사업과정
상품이나 서비스를 고객에게 빠르게 전달하는 데 있어서 중요한 활동, 혹은 높은 품질과 낮은 원가를 촉진하는 활동

사업과정(business process)은 상품과 서비스를 고객에게 빠르게 전달하는 데 있어서 중요한 활동(주문 처리, 재고 통제, 제품설계 등)이다. 사업과정은 특정 부서에 책임이 있는 것이 아닌 여러 부서에 걸쳐 있는 활동과 관련이 있다. 리엔지니어링은 부서에 초점이 맞춰져 있는 것이 아니라 사업과정에 초점이 맞추어져 있기 때문에 재설계된 조직은 항상 자신의 행동을 조직하는 데 있어서 새로운 접근을 적용한다.

리엔지니어링을 하는 조직은 기존 업무나 역할, 작업활동들의 배열을 고려하지 않는다. 리엔지니어링 과정은 고객에게 초점을 맞춤으로써 시작되는데(제품 자체가 아니라), 관리자는 다음과 같은 질문을 한다. "최상의 품질, 최저의 원가로 제품이나 서비스를 고객에게 제공하는 방법을 어떻게 재조직화할 수 있는가?" 관리자는 이러한 질문을 곰곰이 생각하게 되고, 종종 조직의 활동을 조직화하는 최선의 방법을 발견한다. 예를 들면 상품과 서비스를 제공하기 위해 10개의 서로 다른 부서에서 일하는 구성원들이 관여하는 사업과정은 리엔지니어링 후에는 적은 원가로 한 사람 혹은 소수의 사람들에 의해서 수행될 수 있다. 리엔지니어링은 종종 직무확대와 직무충실화와 같은 변화를 가져온다(제7장에서 논의함). 원가를 절감하고 품질을 향상시키기 위하여 사업과정이 재설계됨에 따라 종종 직무는 더 복잡해지고, 사람들은 다기능 팀에서 일하게 된다.

리엔지니어링과 TQM은 아주 긴밀하게 관련되어 있고 상호보완적이다. 혁신적인 리엔지니어링이 일어나고, "어떻게 고객의 요구를 만족시키는 제품이나 서비스를 제공할 것인가?"에 대한 답을 찾은 이후에는 점진적인 TQM으로 넘어가게 된다. 관리자는 "제품을 향상시키기 위해서 어떻게 원

재료를 관리하고, 제품개발 과정을 향상시켜야 할 것인가?"와 같은 문제에 초점을 맞춘다. 성공적인 조직은 이 두 가지의 질문을 동시에 고려하고, 효율성과 품질 및 고객에 대한 민감성을 증가시키기 위하여 새롭고 더 나은 과정을 찾기 위해 노력한다.[34]

e-엔지니어링

e-엔지니어링이라는 용어는 기업이 성과를 향상시키기 위해서 가장 최신의 IT 소프트웨어와 하드웨어를 사용하는 것을 일컫는다. 앞서 기업이 운영 방법을 향상시키기 위해 인터넷 기반 소프트웨어 시스템을 사용해온 예들을 많이 살펴보았다. 새로운 IT는 조직성과를 향상시키기 위해 사용될 수 있다.[35] 예를 들면 사이프레스 세미컨덕터의 CEO인 T. J. Rodgers는 정기적으로 부하직원의 활동을 관찰하고, 가능한 한 조직의 위계를 수평적으로 유지하기 위해서 기업의 전사적 자원관리(ERP) 정보시스템을 사용한다. Rodgers는 전체 1,500명의 관리자들의 목표를 네 시간 이내에 리뷰할 수 있다고 말한다 – 그리고 매주 그렇게 했다.[36] 씨티은행 같은 기업이 IT를 사용해서 어떻게 조직운영을 간소화하고 영업점과 고객을 더 잘 연결하는지 살펴보았다. e-엔지니어링은 종업원을 조직하고, 조직효과성을 향상시키기 위해 종업원이 개별적으로 수행하는 방법을 향상시키는 데 도움을 주기 때문에 앞으로의 중요성은 더욱 증가할 것이다.

혁신적 변화 2 : 재구조화

성과가 급격히 악화되는 조직은 재구조화(restructuring)를 통해서 변화를 꾀해야 한다. 재구조화를 하는 기업은 대개 부서, 부, 조직위계 수준을 제거함으로써 그리고 운영 원가를 낮추기 위해 감원함으로써 조직구조를 단순화하려고 한다. 또한 제조와 고객서비스 및 다른 기능적인 활동들을 위해서 다른 기업과 계약을 한다.

예를 들면 William F. Malec가 테네시 계곡 개발청(TVA)의 장이 되었을 때 그 조직은 3만 7,000명의 종업원으로 구성되고, 14개 수준 이상의 위계가 있었으며, 소비자는 평균적으로 해마다 10% 이상 증가된 이용 요금을 부담해 왔다. TVA의 관료주의가 심각하다는 것을 알고 난 이후에 Malec는 서둘러 원가를 삭감하고 조직을 재구조화했다. 그는 위계적인 구조를 9개 수준으로 감소시켰고 직원도 1만 8,500명으로 감소시켰으며 10년 동안 이용 요금을 동결했다.

왜 재구조화가 필요하며, 조직규모를 감소시키고, 아웃소싱을 하는가? 종종 환경에는 뜻밖의 변화가 일어난다. 기술 변화는 기업의 생산품을 진부한 것으로 만들고, 소비자는 더 이상 시대에 뒤떨어진 제품과 서비스를 원하지 않는다. 종종 세계적인 경기불황은 제품수요를 감소시키고, 기업운영을 위축시킨다. TVA와 같이 조직은 종종 규모를 줄이는데, 이는 대규모 조직이 지나치게 관료적이고 운영 원가도 높아지기 때문이다.

효과적인 조직은 끊임없이 조직구조와 문화를 세심하게 살피고, 우위에 있을 때조차도 정상을 유지하기 위해서 위계를 간소화하고 종업원을 줄인다. 마이크로소프트, 노키아, HP는 디지털 기기와 컴퓨터 사용 환경에서 일어나는 주요 변화에 대응하기 위해서 운영 단위와 자원을 조정해야만 했다. 애플과 구글의 발전으로 마이크로소프트의 PC와 디지털 기기의 윈도우 소프트웨어 지배력은 위협을 받게 되었고, 윈도우7 모바일 플랫폼으로 운영되는 새로운 휴대전화와 태블릿 컴퓨터의 개발을 가속화하기 위하여 2010년에 소비제품부서는 이미 두 배가 되었다 – 엑스박스를 만들어서 닌텐도의 위와 소니의 플레이스테이션3과 경쟁하고자 하였다. 또한 노키아는 2010년 1월에 애플의 아이폰과 겨루기 위해서는 스마트폰 사업이 필요하다는 것을 깨달았다. 애플은 2010년 6월에 새로운 모델인 아이폰4에서 중요한 발전을 이루었고, 노키아는 새로운 스마트폰 개발을 위한 글로벌 스마트폰 사업을 재조직화했다. 마지막으로 HP는 2010년에 또 다른 스마트폰 제작업체였던 팜을 인수하였고, 애플 · 델 · 블랙베리와 경쟁하기 위해 이동 기기 부서를 재조직화하였으며 5,000명의 종업원을 해고하겠다고 밝혔다. 스마트폰 시장은 세계적으로 가장 빨리 변화하는 시장 중 하나이다.

종종 기업은 다운사이징을 하고, 종업원을 해고하도록 압력을 받는다. 왜냐하면 조직이 운영되는 것을 지속적으로 감시하고, 전략과 구조에 대한 점진적인 조정을 할 수 없기 때문이다.[37] 역설적으로 조직은 리엔지니어링의 요구에 주의를 기울이지 않기 때문에, 재구조화가 점차 경쟁적인 환경에서 살아남기 위해 경쟁하는 유일한 방법이 된다.

재구조화, TQM 및 다른 변화전략들은 변화에 대한 저항을 유발한다. 때때로 다운사이징은 업무와 역할관계에 대한 새로운 집단화를 요구하기도 하며 이러한 변화는 종업원들의 직무를 위협하기도 한다. 이는 Alan Mulally가 포드에서 직면한 문제로 Mulally가 포드의 구조와 문화를 만들기 위해 변화를 시도하자 최고관리자들은 권력을 사용하여 이에 저항했다. 재구조화를 포함해서 조직 변화를 실행하기까지 오랜 시간이 걸린다는 것이 관리자들과 종업원들의 저항의 주된 이유이다.

혁신적 변화 3 : 혁신

이미 언급한 것처럼 재구조화는 종종 필요한데 이는 기술이 진보함에 따라 조직의 제품이 시대에 뒤떨어지기 때문이다 — 예를 들면 노키아의 스마트폰은 애플의 능력과 견줄 수 없다. 이와 유사하게 델은 애플 PC의 우아함에 견줄 수 없고, 에이서가 파는 PC의 저렴한 가격에 견줄 수가 없다. 태블릿 컴퓨터가 인기를 얻고 디지털 기기 제조업체들 간에 경쟁이 가속화됨에 따라, 열등한 위치에 있는 기업은 많은 변화를 겪어 왔다. 예를 들면 팜은 애플과 블랙베리와의 경쟁에서 실패했고, 결국 HP에 헐값에 매각되었다. 조직이 새로운 제품과 서비스를 생산하기 위한 경쟁적인 싸움에서 뒤처지지 않기 위해서는 새로운 제품을 소개하거나, 저렴한 원가에 신제품을 생산할 수 있는 새로운 기술을 개발해야 한다.

제14장에서 언급한 바와 같이 혁신은 새로운 기술이나 제품을 개발함으로써 조직이 변화하고 소비자의 요구에 빠르게 대응할 수 있도록 기업의 기술이나 자원을 사용하는 과정이다.[38] 혁신은 극적인 성공을 낳을 수 있다. 애플 컴퓨터는 원조 PC를 출시함으로써 컴퓨터 산업의 국면을 변화시켰다. 혼다는 소형 500cc 오토바이를 만들어 소형 오토바이 시장의 국면을 변화시켰다. 메리케이는 방문판매부서를 만들어 화장품 판매 방법을 변화시켰다.

비록 혁신이 변화를 가져오지 않는다 하더라도 연구개발 활동의 결과는 불확실하기 때문에 높은 수준의 위험이 존재한다.[39] 연구개발 프로젝트의 12~20%만이 시장에 출시할 수 있는 제품을 만들어낸다.[40] 그러므로 혁신은 이익이 될 만한 새로운 기술과 제품개발 등 조직이 원하는 변화를 이끌어낼 뿐만 아니라, 비효과적인 기술이나 소비자가 원하지 않는 제품개발 등과 같이 피하고자 하는 변화를 만들어낼 수도 있다. 예를 들면 2000년대 초반의 휴대전화 사용자는 점차적으로 달력, 컬러 스크린, 게임, 디지털카메라 등이 폰에 내장되어 있기를 원했고 모토로라나 노키아와 같은 기업들은 큰 성공을 거두었다. 모토로라 레이저폰은 매해 4,000만 개가 팔렸다. 그러나 이러한 특징들은 당연한 것으로 여겨졌고, 블랙베리는 안전한 이메일 커뮤니케이션과 쿼티 키보드로 성공했다. 애플 역시 현대적인 스마트폰을 만들기 위해 필요한 하드웨어와 소프트웨어에 혁신을 시도함으로써 도약했다.

혁신은 관리하기 어려운 변화방법이다.[41] 조직은 혁신을 추구할 때 유기적이고 유연한 구조, 예를 들면 매트릭스나 횡단적인 기능적 팀 구조와 같이 종업원에게 실험과 창조적인 자유를 주는 구조가 필요하다.[42] 리엔지니어링 됨에 따라 부서는 성공적인 혁신을 위해 서로 조정하고 적극적으로 협력하는 것이 중요하며, 기업은 구성원들이 창조적일 수 있도록 해야 한다. 예를 들면 스컹크 워크라는 용어는 록히드에서 U-2 스파이 비행기를 개발하기 위해서 일상적인 기능 조직과 분리된 특별 조직을 만듦으로써 생겨났다. 포드는 머스탱 스포츠카를 생산하기 위해 스컹크 워크를 모방했고, 결과는 성공적이었다.

혁신과 신제품개발의 성공 비율을 증가시키기 위해 많은 첨단 조직들은 제품챔피언의 역할을 개발해 왔다. **제품챔피언**(product champion)이란 상품화 초기부터 신제품개발을 책임지기 위해서 임명된 전문관리자로 제품을 성공적으로 만들기 위해서 팀 구성원들의 행동을 조정하고 동기부여를 한다.[43] 다음에서 다룰 변화관리 기법들 중 상당수는 혁신을 촉진하기 위해 개발되었다. 혁신적 변화를 위한 모든 수단들 중에서 혁신은 장기적인 성공을 위해 가장 큰 가능성을 제공하기도 하지만, 가장 큰 위험을 제공하기도 한다.

제품챔피언
신제품개발팀을 관리하고, 상품화 초기 단계부터 신제품을 생산하기 위해 임명된 전문적 관리자

변화관리 : 액션리서치

관리자가 점진적 변화를 추구하든 혁신적 변화를 추구하든, 조직은 반드시 변화해야 한다. Kurt Lewin의 역학적 장의 이론에 의하면 필요한 변화를 만드는 힘은 변화에 저항하는 힘에 의해 상쇄될 수 있고, 이는 관리자가 조직에 변화를 가져올 수 있는 방법에 영향을 준다(그림 16.2 참조).

Lewin의 관점에서 변화를 실행하는 데에는 세 단계가 있다. (1) 현재 상태로부터 조직을 해동하기, (2) 변화 만들기, (3) 구성원이 이전의 작업태도와 역할행동으로 되돌아가지 않도록 하기 위해서 새롭고 바람직한 상태로 '재동결하기'.[44] Lewin은 조직이 변화상태로 재동결하기 위한 조치를 적극적으로 취하지 않는다면 변화에 대한 저항으로 조직과 구성원이 과거 방식으로 되돌아갈 것이라고 경고한다. 업무와 역할관계를 변화시키고 성공적이고 지속적인 변화를 기대하는 것만으로는 충분하지 않다. 조직이 새로운 상태로 남아 있기 위해서는 관리자가 구조와 문화를 변화시키는 것과 같이 적극적이고 지속적으로 변화과정을 통제해야 한다.[45]

액션리서치(action research)는 조직의 바람직한 미래 상태를 정의하기 위해 사용할 수 있으며, 그러한 상태에 도달하게 만드는 변화 프로그램을 계획하기 위해 사용된다.[46] 액션리서치 방법과 관행은 관리자가 조직을 해동하고, 조직이 새로운 바람직한 상태로 이동하며, 변화를 지속시키기 위해서 재동결할 수 있도록 해준다. 그림 16.3은 액션리서치의 주요 단계를 보여준다.

액션리서치
바람직한 미래 상태를 정의하고, 이에 도달하게 만드는 변화 프로그램을 계획하기 위해 사용할 수 있는 지식을 만들고 획득하는 전략

조직진단

액션리서치의 첫 번째 단계는 관리자가 해결해야 할 문제가 있음을 인식하고, 특정 유형의 변화가 필요함을 받아들이는 것이다. 일반적으로 변화의 필요성에 대한 인식은 조직 내 누군가가 바람직한 성과와 실제 성과 간의 간극이 존재하는 것을 인식하기 때문에 나타난다. 소비자의 제품이나 서비스에 대한 불만이 증가해 왔을지도 모른다. 혹은 최근 조직의 이익이 감소해 왔고 운영 원가가 증가해 왔을지도 모르며, 관리자나 종업원의 이직이 지나치게 많았을지도 모른다. 첫 번째 단계에서 관리자는 무슨 일이 발생하고 있으며, 왜 그러한 문제가 나타났는지를 분석해야 한다.

조직을 진단하는 것은 복잡한 과정일 수 있다. 의사처럼 관리자는 증상과 원인을 구분해야 한다. 예를 들면 만약 소비자들이 제품의 디자인을 좋아하지 않아서 수요가 떨어진 경우에 제품원가

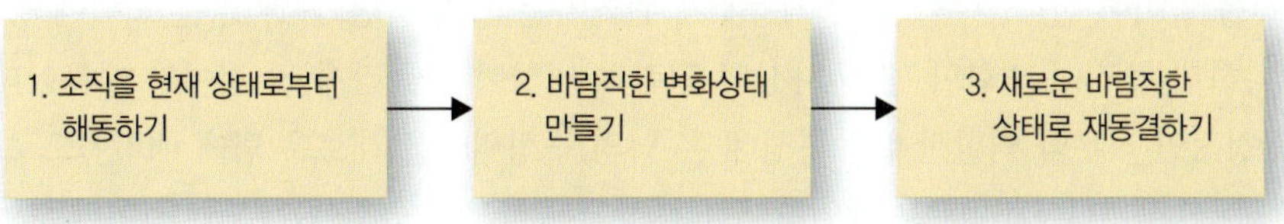

그림 16.2
Lewin의 변화과정의 3단계

그림 16.3
액션리서치의 단계

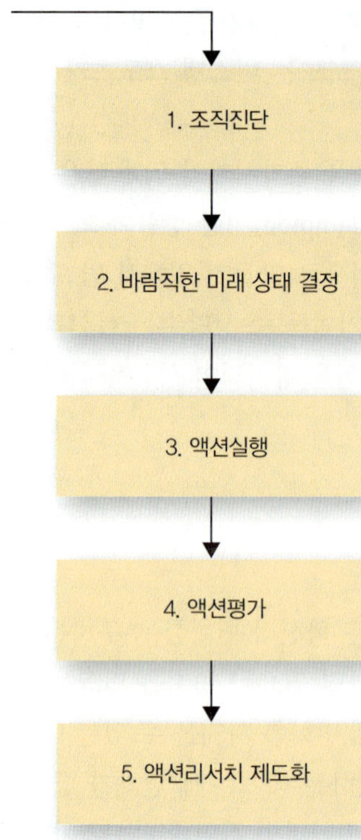

를 감소시키기 위한 새로운 기술을 소개하는 것은 무의미하다. 관리자는 문제를 정확하게 진단하기 위해 조직에 대한 정보를 주의 깊게 수집해야 하고, 종업원을 변화과정에 몰입하게 해야 한다. 이러한 초기 단계에서 관리자가 조직 내의 모든 구성원들과 소비자나 공급자와 같은 조직 외부자로부터 정보를 수집하는 것은 중요하다. 종업원, 소비자, 공급자에게 설문조사를 하고 종업원과 관리자를 인터뷰하는 것은 올바른 진단을 하기 위해 필요한 정보를 제공해줄 수 있다.

바람직한 미래 상태 결정

현재 상태를 확인한 후 다음 단계는 조직이 필요로 하는 바람직한 미래 상태를 확인하는 것이다. 이 단계는 관리자가 조직을 원하는 곳으로 이동시키기 위해 액션의 다양한 대안적 과정을 만들어내는 것이다. 바람직한 미래 상태를 확인하는 것은 조직의 전략과 구조가 어떠해야 하는가를 결정하는 것과 관련이 있다. 예를 들면 조직은 원가를 절감하고 효율성을 향상시켜야 하는가? 혹은 향후 성공을 위해 제품의 품질과 소비자에 대한 반응성을 향상시키는 것이 중요한가? 조직목표를 실현하기 위해 채택하는 최선의 조직구조는 무엇인가?—제품별 사업부 조직 혹은 다기능 팀 조직인가?

액션실행하기

액션을 실행하는 것은 액션리서치의 세 번째 단계로 이는 세 과정으로 이루어진다.[47] 첫째, 관리자는 변화에 착수하면서 직면하게 될 방해물을 확인해야 한다. 이것은 조직, 집단, 개인수준의 장애물을 포함한다.[48] 관리자는 제품개발을 가속화하고, 원가 절감을 위해 기능 팀에서 다기능 팀 구조로 기업을 재설계한다고 가정해보자. 관리자는 조직을 '해동'하고 변화를 시도할 때 방해물에 직면하게 되는 것을 알아야 한다. 예를 들면 기능부서 관리자는 기업을 변화시키려는 노력에 강하게 저항한다. 왜냐하면 조직이 변화할 경우 자신의 권력과 명성이 흔들리게 될 것이기 때문이다. 이와 유사하게 안정적인 직무와 역할관계를 형성해 온 팀의 구성원들은 새로운 팀에 배치됨으로써 업무와 역할이 새롭게 생겨나고, 새로운 대인관계를 형성해야 하므로 변화에 저항할 것이다.

변화가 급진적일수록 이를 실행하는 데에는 더 큰 문제가 있다. 관리자는 변화에 대한 저항을 최소화하고 통제하는 방법을 찾아야 한다. 또한 조직구성원이 변화과정에 몰입할 수 있는 방법을 찾아야 하며, 원하는 변화를 동결하는 방법을 찾아야 한다.

액션을 실행하는 두 번째 단계는 누가 실제로 변화를 만들고, 변화과정을 통제하는 책임이 있는지를 결정하는 것이다. 변화를 관리하는 컨설턴트와 같은 **외부 변화관리자**(external change agents)를 고용할 수도 있고, 조직의 상황에 대해 잘 아는 **내부 변화관리자**(internal change agents)를 고용할 수도 있으며, 혹은 이 둘을 결합할 수도 있다.[49]

외부 변화관리자
변화를 관리하는 전문가인 외부 컨설턴트

내부 변화관리자
변화되어야 하는 상황에 대한 지식을 지닌 조직 내부의 관리자

내부 변화관리자를 고용함으로 나타나는 중요한 문제는 조직의 다른 구성원들이 내부 변화관리자를 변화과정에 정치적으로 관련되어 있어서 특정한 결과물이나 집단에 대해 편향되어 있는 것으로 인식하는 경우가 있다는 것이다. 이와 대조적으로 외부 변화관리자는 내부정치의 영향을 덜 받는다. 외부 변화관리자를 이용하는 또 다른 이유는 조직의 문제로부터 분리되어 있어 '숲과 나무'를 구분할 수 있기 때문이다. 내부자는 종종 문제의 '참' 근원을 알 수 없다. 맥킨지와 액센츄어의 컨설턴트들은 최고관리자가 기회와 문제를 진단하는 것을 돕고 해결책을 제안하기 위해 고용된다. 많은 컨설턴트들은 재구조화, 리엔지니어링, TQM과 같은 조직의 변화유형을 전문적으로 다룬다.

액션을 실행하는 세 번째 단계는 어떠한 구체적인 변화전략이 가장 효과적으로 조직을 해동, 변화, 재동결할 것이냐의 문제이다. 변화를 실행하는 데 있어서 구체적인 기법은 이 장의 윗부분에서 논의된 것이다. 이러한 기법은 위로부터의 변화와 아래로부터의 변화의 두 가지 유형으로 나뉜다.[50]

위로부터의 변화(top-down change)는 조직의 상위수준에 있는 관리자에 의해서 실행되는 변화이다. 급진적인 조직의 재구조화와 리엔지니어링의 결과는 위로부터의 변화에 해당한다. 상위계층의 관리자는 변화하기로 결정하고, 변화가 조직의 모든 수준에서 잘 이루어질 것이라고 생각한다. 또한 관리자는 변화의 과정 동안 사업부, 기능부서, 혹은 개인수준에서 나타나는 문제를 잘 관리하고 해결하기를 원한다.

위로부터의 변화
조직의 상위계층에 있는 관리자에 의해 실행되는 변화

아래로부터의 변화(bottom-up change)는 조직의 하위수준에 있는 종업원에 의해서 실행되는 변화로, 점차적으로 조직 전반에 변화가 나타난다. 조직이 아래로부터의 변화를 원할 때, 액션리서치 과정의 첫 번째 단계—조직진단—는 변화의 성공을 결정하는 데 있어서 중요하다. 관리자는 변화과정에서 구성원의 저항을 감소시키기 위해서 모든 수준의 종업원을 참여시킨다. 아래로부터의 변화는 종업원이 경험하는 불확실성을 감소시킴으로써 해동을 촉진하고, 변화의 과정 동안 종업원이 배운 새로운 행동을 유지할 수 있는 가능성을 증대시킨다. 대조적으로 위로부터의 변화는 빨리 진행되고, 종업원이 변화의 속도를 따르도록 강요하며, 문제가 발생했을 때 문제를 조정한다.

아래로부터의 변화
조직의 하위계층에 있는 종업원에 의해 실행되는 변화로 조직 전반에 점차적으로 나타남

일반적으로 아래로부터의 변화는 위로부터의 변화보다 더 실행되기 쉬운데, 이는 저항을 덜 유발하기 때문이다. 아래로부터의 변화를 위해 시간적 여유가 있는 조직은 일반적으로 변화에 주의를 기울이도록 잘 운영된 조직들로 변화에 익숙하고 자주 변화한다. 잘못 운영되는 조직은 거의 변화하지 않거나 변화를 연기해서 시기를 놓쳐버리며, 생존하기 위해서 위로부터의 변화를 통해 재구조화한다. 변화하는 조직은 점진적으로 일어나는 아래로부터의 변화의 이점을 누릴 수 있다. 왜냐하면 이러한 조직의 관리자는 항상 변화에 대한 요구에 개방적이고, 효과성을 증진하기 위해 더 좋은 방법을 찾도록 액션리서치를 끊임없이 연구하기 때문이다. 변화가 일어나는 조직들은 위로부터 급진적으로 변화하는 경우가 드물다. 왜냐하면 이러한 조직의 관리자는 지속적으로 액션리서치를 하지 않고, 변화를 너무 늦게 시도해서 결국 조직을 호전시키기 위해 거대한 재조직화나 다운사이징을 할 수밖에 없기 때문이다.

액션평가하기

액션리서치의 네 번째 단계는 조치가 취해진 액션을 평가하고, 변화를 통해 바람직한 목표를 어느 정도 성취했는지 평가하는 것이다. 평가를 통해 조직이 바람직한 미래 상태에 도달하기 위해 더 많은 변화가 필요한지, 혹은 새로운 상태에서 조직을 재동결하기 위해 더 많은 노력이 필요한지를 결정하게 된다.[51]

변화과정을 평가하기 위해서는 측정도구 혹은 기준을 개발함으로써 조직이 바람직한 목표에 도달했는지 여부를 관리자들이 평가할 수 있어야 한다. 액션리서치 초기에 개발된 기준이 변화과정의 효과를 평가하기 위해 지속적으로 사용될 때 관리자는 변화의 효과를 평가하는 데 필요한 정보를 충분히 얻을 수 있다. 관리자는 효율성을 평가하기 위해 변화 전후의 원가를 비교할 수 있다. 예를 들면 종업원의 직무만족 여부를 알아보기 위해서 종업원을 대상으로 설문조사를 할 수 있으며, 소비자의 제품품질에 대한 만족도를 알아보기 위해 소비자 대상으로 설문조사를 할 수 있다. TQM 노력의 일부로서 스타우드의 관리자는 호텔의 새로운 외관이나 서비스가 고객의 기대를 만족시키는지 확인하기 위해 고객 대상으로 설문조사를 실시했다. 그러한 정보는 관리자가 변화를 위해 기울인 노력의 성공여부를 평가하는 데 도움이 된다.

변화의 효과는 느리게 나타나므로 이를 평가하는 것은 어렵다. 액션리서치 과정이 완성되기까지 몇 년이 걸릴지도 모른다. 전형적으로 리엔지니어링과 재구조화는 몇 달 혹은 몇 년이 걸리고, TQM은 일단 시작하면 계속 진행된다. 결국 관리자는 성과를 평가할 수 있는 타당하고 신뢰성 있는 측정도구를 필요로 한다. 종종 저조한 성과를 보이는 조직은 성과를 평가하기 위한 기준을 개발하고 적용하는 데 실패한다. 조직의 변화에 대한 압력은 주주가 낮은 이익에 대해서 불평할 때, 소비자가 제품품질에 대해서 불평할 때, 혹은 규제 기관이 조직의 관행을 조사할 때 등과 같이 조직 외부로부터 온다.

액션리서치를 제도화하기

오늘날과 같이 급속하게 변화하는 환경에서는 변화를 관리하는 것이 중요하기 때문에 조직은 액션리서치를 제도화해야 한다—말하자면 조직의 모든 구성원에 의해 수용되는 규범이나 요구되는 습관으로 만들어야 한다. 액션리서치의 제도화는 작업현장[효율성과 품질을 향상시키기 위해 새로운 방법을 찾기 위한 **품질관리분임조**(quality circles)를 만나는 곳]과 조직의 상층부(최고경영팀이 조직의 미래 전략을 계획하는 곳)에 모두 필요하다. 변화는 매우 어려워서 이를 실행하기 위해서는 많은 생각과 노력이 필요하기 때문에 조직의 모든 구성원이 성공적인 변화를 위해 노력을 기울이도록 보상을 해주어야 한다. 상층의 관리자는 조직성과와 연계된 스톡옵션이나 보너스 플랜을 받을 수 있다. 하위계층에 있는 구성원은 종업원 스톡오너십 플랜(stock-ownership plan)과 성과 보너스를 통해 보상받을 수 있으며, 개인 혹은 그룹의 성과에 연계된 임금에 의해 보상받을 수도 있다. 사실 가시적인 보상은 새로운 상태에서 조직을 동결할 수 있도록 도와주는 방법이다. 임금은 사람이 바람직한 조직행동을 학습하고 유지할 수 있게 도와주는 중요한 동기수단이기 때문이다.

품질관리분임조
성과를 향상시키기 위한 새로운 방법을 찾기 위해서 정기적으로 만나서 작업이 수행되는 방법을 논의하는 종업원 집단

조직개발

조직개발(organizational development, OD)은 관리자가 조직의 적응력을 향상시키기 위하여 액션리서치 프로그램에 사용할 수 있는 일련의 기법이나 방법이다.[52] 유명한 연구자인 Warren Bennisputs에 의하면 조직개발은 "조직이 새로운 기술 · 시장 · 도전과 변화 그 자체의 복잡함에 더 잘 적응하기 위해서 조직의 믿음, 태도, 가치, 구조를 변화시키는 의도된 복잡한 교육적 전략"이

조직개발
관리자가 조직의 적응력을 향상시키기 위해서 액션리서치 프로그램에서 사용할 수 있는 일련의 기법과 방법

다.[53] 조직개발의 목표는 조직의 효과성을 향상시키고, 구성원의 잠재력을 깨우고, 목표를 성취할 수 있도록 돕는 것이다. 액션리서치가 진행됨에 따라 관리자는 끊임없이 관리자와 종업원의 태도와 행동을 해동하고 변화시키며 재동결한다. 많은 조직개발 기법은 관리자가 조직을 해동하는 것과 변화에 대한 저항을 극복하는 것을 돕는다. 이 장에서는 관리자를 변화시켜서 새로운 바람직한 상태로 조직을 재동결하는 것을 돕는 조직개발 기법을 살펴보고자 한다.

변화에 대한 저항을 다루기 위한 조직개발 기법

변화에 대한 저항은 조직의 모든 수준에서 일어난다. 이는 변화에 대한 요구를 각기 다르게 인식하면서, 개인과 집단 간에 조직정치와 권력의 다툼이 나타남에 따라 명백해진다. 관리자가 변화에 대한 저항을 감소시키기 위해 사용할 수 있는 전략은 교육과 의사소통, 참여와 권한위임, 촉진, 협상, 조작, 강압이다.[54]

교육과 의사소통

변화의 큰 장애물 중 하나는 앞으로 무슨 일이 일어날 것인가에 대한 불확실성이다. 교육과 의사소통, 내부 변화관리자와 외부 변화관리자는 조직구성원들에게 변화에 대한 정보를 제공할 수 있고 변화가 구성원에게 어떠한 영향을 미칠지에 대한 정보를 제공할 수 있다.[55] 변화관리자는 이러한 정보를 공식적인 그룹 회의, 메모, 일대일 미팅, 이메일이나 비디오 콘퍼런스 등을 통해서도 제공할 수 있다. 예를 들면 월마트는 최첨단의 비디오회의 시스템을 갖추고 있다. 기업 본부의 관리자가 월마트의 모든 지점에 방송되는 회의에 참여함으로써 관리자와 종업원은 어떠한 변화가 일어나는지 인식할 수 있다.

공장이 문을 닫거나 대량 해고가 계획되어 있을 때조차 — 윤리적이고 변화의 관점에서 — 종업원에게 다운사이징이 일어남에 따라 일어나는 변화를 설명해주는 것이 최선이다. 많은 조직들은 불만에 찬 종업원이 조직을 해칠지도 모른다고 두려워하지만 상당수의 종업원들은 마지막까지 협력한다. 조직은 점진적인 변화로 인한 이익을 더 많이 인식함에 따라 종업원의 협력을 이끌어내고 변화에 대한 저항을 극복하기 위한 종업원과의 의사소통을 늘린다.

참여와 권한위임

종업원을 변화과정에 참여하도록 하는 것은 변화에 대한 저항을 감소시키는 일반적인 방법이다. 참여는 작업절차를 변화시키기 위해 의사결정 과정에 종업원의 관여를 증가시키고, 더 많은 자율성을 부여함으로써 권한위임을 보완한다. 게다가 종업원의 기술 및 재능을 공유하기 위해서 조직은 재무 상태를 종업원에게 공개한다. 몇몇 조직은 종업원을 동기부여 하고 보상하기 위해서 ESOP를 사용하고, 변화에 몰입하게 만든다. 예를 들면 월마트는 모든 지점 직원을 위한 ESOP를 가지고 있으며, 의사결정과 관련해서 종업원을 지속적으로 고무시킨다. 참여와 권한위임은 대부분의 TQM 프로그램에서 중요한 두 가지 요소이다.

촉진

관리자와 종업원은 변화가 발생하면서 이미 확립된 업무와 역할관계가 달라지게 되어 스트레스를 받게 된다. 제8장에서 언급한 것과 같이 조직은 구성원이 스트레스를 효과적으로 관리할 수 있도록 다음과 같은 일을 할 수 있다. 종업원이 새로운 업무를 수행하는 방법을 배울 수 있게 하기 위한 훈련을 제공하고, 변화로 인한 스트레스를 회복하기 위해 휴식시간을 줄 수 있다. 예를 들면 마이크로소프트와 애플과 같은 기업에서는 재능 있는 프로그래머들에게 일상의 업무로부터 휴식시간을 갖도록 해준다. 또한 고위간부들이 스트레스가 심한 일을 한 이후에 '배터리를 충전'하기 위한 안식 기간을 준다.

많은 기업들은 종업원이 변화로 인한 스트레스를 관리하는 것을 돕기 위해 심리학자와 상담사를 채용한다. 조직의 재구조화 기간 동안, 특히 대량 해고가 일반적일 때 많은 기업들은 종업원이 대량해고로 인한 스트레스와 불확실성을 관리하고 새로운 직업을 찾는 것을 돕기 위해 상담사를 채용한다. 어떤 기업은 CEO가 감원할 수밖에 없는 상황에서 받는 스트레스를 관리하기 위해 상담사를 채용하기도 한다.

협상

협상은 관리자가 갈등을 관리하는 것을 돕는 중요한 수단이다(제12장 참조). 변화는 갈등을 유발하기 때문에 협상은 변화에 대한 저항에 대응할 수 있다. 액션리서치를 통하여 관리자는 개인 및 집단 간 관계에서 변화가 긍정적인 효과를 가져올 수 있음을 확인할 수 있다. 관리자들은 이러한 지식을 바탕으로 서로 다른 사람들이나 집단이 미래 업무와 역할에 대해 협상하는 것을 돕고, 변화를 받아들일 수 있도록 이끄는 합의에 도달하는 것을 돕는다. 또한 협상은 변화가 어떻게 다른 사람 혹은 다른 집단에 영향을 미치는지 이해할 수 있게 해줌으로 전체적으로 조직변화가 왜 일어나고, 변화가 왜 중요한지에 대해 공통의 관점을 개발할 수 있게 해준다.

조작

변화가 타인의 희생을 통해서 특정한 개인이나 집단에 도움이 될 것이라는 사실이 명백할 때, 고위관리자는 협상 과정에 개입해서 합의에 도달할 수 있도록 조작해야 한다. 혹은 적어도 다양한 사람들이나 집단이 변화과정의 결과를 받아들이도록 해야 한다.[56] 제12장에서 언급했듯이 권력 있는 관리자는 변화에 저항하는 상당한 권력을 지녔으며, 큰 조직의 사업부 간 내분이 있는 경우에는 잘 관리되지 않으면 변화과정이 천천히 일어나거나 멈춘다. 협력이나 제휴와 같은 정치적 기법은 변화로 인해 위협을 느끼는 힘 있는 기능부서와 사업부가 변화를 반대하는 것을 극복할 수 있는 중요한 수단이다.

강압

변화에 대한 저항을 제거하는 최후의 방법은 중요 인물이 변화를 받아들이도록 강요하고, 만약 저항한다면 불리한 대가를 치르게 될 것이라고 위협하는 것이다. 만약 모든 수준의 종업원과 관리자가 변화과정에 저항한다면 재배치, 강등, 해고 등으로 위협한다. 최고관리자는 변화에 대한 저항을 없애고 이를 진압하기 위해 합법적인 권한을 사용한다. 강압의 이점은 변화가 빠른 속도로 일어날 수 있다는 것이다. 단점은 강압으로 인해 사람들이 분노하고 환멸을 느끼며, 재동결을 어렵게 만든다는 점이다.

관리자는 변화에 대한 저항을 가볍게 여겨서는 안 된다. 조직은 구성원이 업무를 달성하기 위해 사용할 수 있는 예측가능한 규칙과 습관에 의해 불확실성을 감소시키기 때문에 작동한다. 변화는 예측가능한 규칙, 습관과 우세한 지위를 없애버린다. 사람이 변화에 저항하는 것은 놀라운 일이 아니며, 사람들로 구성된 조직이 변화하기 어려운 것도 당연하다.

변화를 촉진하는 조직개발 기법

많은 조직개발 기법들은 변화를 만들고 재동결하기 위해서 만들어졌다. 이러한 기법은 개인, 집단, 조직수준에서 사용될 수 있다. 어떠한 조직개발 기법을 사용할지는 변화의 유형에 의해서 결정된다. 일반적으로 변화가 급진적일수록 조직은 개인, 집단, 조직수준의 조직개발 기법을 모두 사용한다. 상담, 민감성 훈련, 성과개선 자문법은 개인의 행동과 태도 변화를 위한 조직개발 기법이며 다른 기법은 집단과 조직수준에서 효과적이다.

상담, 민감성 훈련, 성과개선 자문법

개인의 성격은 서로 다르고, 이러한 차이가 사건을 다양하게 해석하고 반응하게 만든다는 제2장의 내용을 상기해보라. 성격이 단기간에 크게 변화하지 않음에도 불구하고 사람들은 상황에 대한 자신의 지각이 반드시 옳거나 유일한 것이 아님을 이해할 수 있다. 또한 사람들은 지각에 있어서 차이를 받아들이도록 학습하고, 인간의 다양성을 받아들일 수 있다. 상담과 민감성 훈련은 자신의 특성을 이해하고 타인의 성격을 이해할 수 있도록 조직이 도움을 주고 타인과의 상호작용을 향상시킬 수 있는 지식을 사용하는 데 도움이 되는 기법이다.[57] 예를 들면 강하게 동기부여 된 상사는 부하직원이 성실하고 부지런하며 혹은 성격적으로 문제가 없도록 함으로써 부하직원이 5시에 퇴근하고 도전적이지 않은 직무를 하지 않도록 한다. 전통적으로 조직개발을 하는 중요한 이유 중 하나는 조직구성원의 일과 삶의 질을 향상시키는 것이고, 종업원의 복지와 조직에 대한 만족을 향상시키는 것이다.

심리학자와 같은 훈련받은 전문가들은 문제를 겪고 있는 조직구성원을 상담한다. 상담을 통해 조직 내의 타인과 어떻게 효과적으로 상호작용하는지를 배운다. 예를 들면 백인 남성 관리자는 여성 구성원이나 소수자인 구성원과 어떻게 하면 효과적으로 관계를 맺을 수 있는지 고민하고 있을지도 모른다. 혹은 여성 관리자는 지나치게 공격적이거나 야망이 크거나 혹은 성공에 대한 욕심으로 업무관계에서 문제를 겪고 있기 때문에 상담을 받을지도 모른다.

민감성 훈련(sensitivity training)은 상담의 강화된 유형이다.[58] 타인을 대하는 데 있어 문제를 겪고 있는 구성원은 촉진자를 만나서 다른 집단의 구성원이 어떻게 세상을 보는지를 배우게 된다. 집단구성원은 자신과 타인을 어떻게 보는지 솔직해지도록 격려받고, 토론을 통해서 타인이 그들을 유사하거나 다르게 인식하는 정도를 알게 된다. 지각에 있어서 차이의 근원을 앎으로써 구성원은 다른 사람이 그들을 인식하는 방법을 더 잘 이해할 수 있고, 타인들을 대할 때 훨씬 더 세심해질 수 있다.

민감성 훈련
집단구성원이 촉진자의 도움을 받아서 타인이 그들을 어떻게 인식하는지를 배우고, 어떻게 타인을 더 세심하게 대할지 배우는 조직개발 기법

민감성 훈련에 참가하는 것은 사람의 사적인 생각과 느낌을 공적인 공간에서 토론할 수 있도록 만들기 때문에 매우 강력한 경험이다. 이 과정은 사람을 매우 불편하게 만들기 때문에 조직이 '어려운' 구성원을 훈련에 참가시키는 것은 윤리적인 문제를 야기할 수 있다.

관리자가 부하직원에 대해 지나치게 지시적이거나, 지나치게 요구가 많거나, 지나치게 의심이 많은가? 종업원이 의존적이게 만들기 위해서 부하직원들로부터 의도적으로 정보를 빼앗는가? **성과개선 자문법**(process consultation)은 이러한 질문에 답을 제공한다. 성과개선 자문법은 상담이나 민감성 훈련과 유사하다.[59] 훈련받은 컨설턴트, 혹은 촉진자는 관리자가 다른 집단구성원들과의 상호작용을 향상시킬 수 있도록 돕기 위해 근무 중에 관리자와 함께 일한다. 외부 컨설턴트는 공명판으로서의 역할을 하는데, 관리자는 집단환경에서 무엇이 진행되고 있는가에 대한 더 좋은 아이디어를 얻을 수 있고, 집단 내 관계의 질에 영향을 미치는 대인 간 역동성을 밝힐 수 있다.

성과개선 자문법
촉진자가 관리자들이 다른 집단의 구성원과 상호작용하는 것을 향상시키기 위해 작업현장에서 관리자와 함께 일하는 조직개발 기법

성과개선 자문법, 민감성 훈련, 상담은 개인이 자신의 태도와 행동을 변화시키기 위해 배우는 것을 돕는 많은 조직개발 기법들 중 일부에 불과하다. 일반적으로 큰 규모의 많은 조직에서는 고위층의 관리자가 자기계발을 할 수 있도록, 혹은 관습적인 임원 교육 프로그램을 위해 해마다 예산을 책정한다.

국내 사례 현대의 조직행동

애자일 키우는 LG유플러스

LG유플러스가 조직 혁신을 목표로 구성한 애자일 조직을 254명 규모로 늘렸다(2024년 11월 기준). 2022년 100여 명에서 두 배 이상 확대한 것이다. 전통적인 조직 체계에서 벗어나 경영 혁신을 극대화하기 위한 체질 개선이 속도를 내고 있다는 평가다.

LG유플러스가 2024년 13일부터 18일까지 용산 사옥에서 진행한 'U+ 애자일 페스타 2024'에 따르면, 올해 기준 LG유플러스 애자일은 27개 스쿼드(팀)로, 총 254명이 근무하고 있다. 2021년 파일럿 당시 스쿼드가 8개였던 것을 감안하면 3년 만에 3배 이상 조직이 커졌다.

애자일(Agile)이란 '날렵한', '민첩한'이라는 뜻을 지닌 형용사로 기업 업무 환경에서는 소규모의 팀을 꾸린 뒤 실행력을 높여 결과를 도출하는 조직 형태를 말한다. 부서 간 경계를 허물고 팀원 개인에게 의사 권한을 부여하는 것이 특징이다. 이를 통해 회사는 업무 혁신과 생산성을 높이되 시간적 소요를 줄일 수 있다.

애자일은 LG유플러스가 추구하는 조직 체계다. LG유플러스가 앞서가는 AX(AI 전환) 컴퍼니로 도약하기 위해선 조직을 애자일화해야 한다고 보고 있다. 황현식 대표는 "과거에는 개발자와 기획자가 분리되어 있었다. 지금은 전사적 협업에 의해 결과물을 만들어 나가는 시대"라며 "개발 문화를 바꾸고 전사 조직을 애자일화하면 가장 앞서가는 AX 컴퍼니가 될 수 있다"고 말했다.

LG유플러스의 애자일 키워드는 '권한', '책임', '팀', '고객중심', '즐겁고 역동적'으로 좁혀진다. 권한은 리더가 아니라 실제 업무를 수행하는 구성원이 민첩하고 효과적인 의사결정을 하는 것을 말한다. LG유플러스 애자일 스쿼드 내에서 전략적 방향, 목표 등의 정보가 전 구성원에 투명하게 공유되는 배경이다. 책임은 프로덕트를 성공시키고자 하는 오너십과 열정을 뜻한다. 지시가 없더라도 스쿼드와 프로덕트 성공을 위해 자신이 할 수 있는 모든 일을 능동적으로 실행해야 한다는 것이다. 팀은 애자일의 핵심이다. 구조나 프로세스, 관리자, 개인 등이 아니라 팀이 애자일의 중심이 돼야 한다는 개념이다. 고객 중심은 '스쿼드 내 모든 일의 판단 기준은 고객에 있다'는 가이드라인이다. 이를 통해 고객과 주기적으로 협력하고, 고객 생각의 맥락까지 이해할 수준의 성장을 요구한다. 즐겁고 역동적은 일에 의미를 부여해 자발적으로 참여하는 것을 말한다.

LG유플러스는 애자일 조직을 지속적으로 확대하겠다는 계획이다. 최현필 LG유플러스 애자일 CoE는 "구성원이 즐겁고 역동적으로 일할 수 있는 회사, 뼛속까지 고객 중심적인 회사가 되기 위해 앞으로도 애자일 조직을 지속 확대해 나가겠다"고 말했다.

출처 : "'애자일' 키우는 LGU+, 올해 27개 팀 · 254명으로 확대", 아이뉴스24, 2024. 11. 20.

팀 빌딩과 집단 간 훈련

팀 빌딩
집단구성원의 상호작용을 관찰하고 이를 향상시키기 위해 촉진자가 개입하는 조직개발 기법

집단 내에서 혹은 집단 간 변화를 관리하기 위해 변화관리자는 세 가지 서로 다른 조직개발 기법을 사용할 수 있다. 집단 내 관계를 향상시키기 위한 일반적인 방법인 **팀 빌딩**(team building)은 집단의 모든 구성원들이 작업 상호작용을 향상시키기 위해 모두 함께 참여하다는 점을 제외하면 성과 개선 자문법과 유사하다.[60] 예를 들면 집단구성원은 팀 구성원들 간의 관계의 질과 구성원과 상사 간의 관계의 질을 변화관리자(훈련받은 집단촉진자)와 의논한다. 팀 빌딩의 목표는 집단구성원이 함께 일하는 방법을 향상시키는 것이다 — 집단과정에서의 이익을 최대화하고, 손실을 최소화하기 위해 상호작용을 향상시킨다. 팀 빌딩은 집단이 성취하려는 것에 초점을 맞추는 것이 아니라 구성원과의 관계에 초점을 맞추고 있다.

팀 빌딩은 리엔지니어링을 통해 서로 다른 부서 사람들이 함께 일하는 방법을 재조직화할 때 중

Comstock/Getty Images/Thinkstock

팀 빌딩은 집단과정에서 이익을 달성하고 손실을 줄이기 위해서 집단구성원 간의 상호작용과 관계를 향상시키는 데 사용된다. 종종 팀은 구성원이 직무를 효과적으로 완수하기 의해서 역할관계와 업무관계에 필요한 협상을 해야 한다.

요하다. 새로운 집단이 형성되면 팀 빌딩은 집단구성원이 신속하게 업무와 역할관계를 확립할 수 있도록 도움으로써 효과적으로 일할 수 있게 해준다. 팀 빌딩은 기능적인 집단의 규범과 가치 개발을 촉진하고, 구성원이 문제를 해결할 수 있는 접근 방법을 개발할 수 있도록 도와준다.

변화관리자는 집단구성원이 상호작용하고, 집단이 운용되는 방법을 확인함으로써 팀 빌딩을 시작한다. 그러고 나서 변화관리자는 집단이 겪고 있는 문제를 확인하거나 집단과정을 향상시킬 수 있는 방법을 찾기 위해 집단구성원의 일부 혹은 모두와 개별적으로 면담한다. 대개 직장에서 떨어진 곳에서 행해지는 이후의 팀 빌딩 세션에서 변화관리자는 자신이 관찰한 것을 구성원과 논의한다. 토론을 통해 팀 구성원은 자신의 행동에 영향을 미치는 집단역동성에 대해 이해할 수 있다. 집단구성원들은 집단과정을 향상시키는 방법을 제안하거나 제기되는 문제를 다루는 구체적인 방법을 논의하기 위해서 작은 규모의 임시과업집단을 형성할 수 있다. 팀 빌딩의 목표는 변화관리자가 아닌 집단구성원 스스로 집단이 운용되는 방법을 끊임없이 향상시킬 수 있는 발판을 마련하는 것이다.

집단 간 훈련(intergroup training)은 팀 빌딩보다 발전한 것으로 서로 다른 기능부서 혹은 사업부가 함께 사용하는 방법을 향상시키기 위해 사용된다. 집단 간 훈련의 목표는 기능부서 혹은 사업부가 결합해서 하는 활동과 결과물에 초점을 맞춤으로써 조직성과를 향상시키는 것이다. 리엔지니어링과 전사적 품질경영의 다기능 조직의 경우에 집단 간 훈련은 변화를 실행하기 위해 이용할 수 있는 중요한 조직개발 기법이다.

집단 간 훈련
서로 다른 기능부서 혹은 사업부의 작업 상호작용을 향상시키기 위해 팀 빌딩을 사용하는 조직개발 기법

집단 간 훈련의 일반적인 형식은 상호의존적인 집단의 효과성을 향상시키기 위해 설계된 조직개발 기법인 **상호인식촉진기법**(organizational mirroring)이라고 불린다.[61] 두 집단이 갈등 상황에 있거나 혹은 서로에 대해서 더 많이 배워야 하고, 두 집단 중 하나는 집단 간의 협력을 향상시키기 위해 컨설턴트를 필요로 한다고 가정해보자. 컨설턴트는 각 집단이 상대방을 어떻게 보고 있으며 서로에 대해 가지고 있는 문제점을 밝히기 위해 구성원과 인터뷰를 하는 것으로 시작한다. 두 집단은 훈련에 참가하게 되고, 컨설턴트는 훈련의 목표가 업무관계를 향상시키기 위해 지각과 관계를 탐색하는 것이라고 말한다. 컨설턴트가 토론을 이끄는 가운데, 한 집단은 무슨 일이 일어나고 있는

상호인식촉진기법
촉진자가 상호의존적인 두 집단의 업무적인 상호작용을 향상시키기 위해 그들의 지각과 관계를 탐색하는 것을 돕는 조직개발 기법

지에 대해 인식하고 있는 것과 다른 집단과 겪고 있는 문제에 대해 묘사한다. 반면 다른 집단은 앉아서 경청한다. 컨설턴트는 상황을 바꿔서—그래서 상호인식촉진기법이라는 용어를 쓴다—교대로 경청하고 있던 집단은 무슨 일이 일어나고 있으며, 무엇이 문제인지에 대해 토론하고, 다른 집단은 이를 경청한다.

이러한 초기의 토론 결과, 각 집단은 다른 집단의 관점을 평가한다. 다음 단계는 두 집단의 구성원이 제기된 쟁점이나 문제를 해결하는 방법을 토론하기 위해 임시과업집단을 형성하는 것이다. 이의 목표는 향후 집단 간 관계를 안내하고, 후속조치를 위한 기반을 제공하기 위해 액션리서치를 개발하는 것이다. 두 집단은 민감한 쟁점에 대해서 토론하기 때문에 훈련을 인도하는 변화관리자는 집단 간 관계를 다루는 기술이 필요하다. 만약 그 과정이 잘 관리되지 않는다면 집단 간 관계는 조직개발 기법 때문에 더욱 악화될 것이다.

총체적인 조직의 개입

조직 내 찬반토론
조직이 목표를 효과적으로 달성하고 있는지 알아보는 조직개발 기법

다양한 조직개발 기법은 조직 전체의 변화를 촉진하기 위해 조직수준에서 사용될 수 있는데 그중 하나는 **조직 내 찬반토론**(organizational confrontation meeting)이다.[62] 토론을 통해 관리자는 조직이 목표를 효과적으로 달성하고 있는지 알아볼 수 있다. 이러한 과정의 첫 번째 단계는 최고경영팀이 조직의 상황에 대해 자유롭고 개방적으로 토론하기를 요청하는 것이며, 이는 변화관리자에 의해 촉진된다. 또한 컨설턴트는 관리자들을 7개 혹은 8개의 집단으로 나누는데, 이때 각 집단을 가능한 한 이질적이게 만들어서 상사 혹은 부하직원이 동일한 집단에 들어가지 않게 한다(자유롭고 솔직한 토론을 위해서). 소집단은 결과물을 다른 집단에 보고하고, 조직이 직면하고 있는 문제를 범주별로 나눈다. 최고경영팀은 쟁점에 대한 진술을 사용하여 조직의 우선순위를 정하고, 집단행동을 계획한다. 임시과업집단은 확인된 문제를 해결하기 위한 책임을 지며, 각 집단은 진전 상황을 최고경영팀에 보고한다. 이러한 과정의 결과는 조직구조와 운영 절차의 변화와 유사하다. 조직 전체 수준의 조직개발 개입을 통해 조직이 해결해야 할 문제를 밝히는 과정에서 재구조화, 리엔지니어링, 전사적 품질경영이 이루어지는 경우가 많다.

요약

조직의 변화는 조직성과와 조직구성원의 복지를 위해 중요한 함의를 지니는 과정이다. 조직과 구성원은 끊임없이 조직 내부와 외부 환경으로부터의 변화를 경계하고, 변화에 빠르고 효과적으로 적응하는 방법을 배워야 한다. 종종 재구조화와 재설계로 인한 혁신적 변화는 조직과 관리자가 환경의 변화를 무시하거나 인식하지 못하기 때문에, 혹은 필요한 점진적 변화를 하지 못하기 때문에 필요하다. 조직이 더 많이 변화할수록 변화과정은 더 쉽고, 더 효과적이게 된다. 변화를 위한 계획을 개발하고 관리하는 것은 조직의 성공을 위해서 중요하다. 이 장에서 다룬 주요 내용은 다음과 같다.

1. 조직의 변화는 현재 상태로부터 조직효과성을 증진시키는 미래 상태를 향한 움직임이다. 조직변화를 위한 힘은 경쟁적인 힘, 경제적이고 정치적인 힘, 글로벌한 힘, 인구통계학적인 힘, 민주적이고 사회적인 힘, 윤리적인 힘을 포함한다. 조직은 종종 변화를 꺼리는데 이는 조직과 집단, 개인수준에서 변화에 대한 저항이 조직정체를 만들어 왔기 때문이다.
2. 조직수준의 변화에 대한 저항의 근원에는 권력과 갈등, 기능적 지향에 있어서의 차이, 기계적 조직구조, 조직문화의 차이 등이 있다. 집단수준에서의 변화에 대한 저항은 집단규범, 집단 응집성, 집단사고, 집착적 몰입 때문이다. 개인적 수준의 변화에 대한 저항의 근원에는 불확

실성과 불안정성, 선택적 지각, 기억, 습관 등이 있다.

3. 변화에 대한 Lewin의 역학적 장의 이론에 의하면 조직은 변화를 위해서 밀어붙이는 힘과 변화에 저항하는 힘 사이에 균형을 잡아야 한다. 조직을 변화시키기 위해 관리자는 변화를 위한 힘을 증가시키기 위한 방법을 발견하거나, 변화에 대한 저항을 감소시키거나, 혹은 이 두 가지를 동시에 추구해야 한다.
4. 변화의 유형은 점진적 변화와 혁신적 변화, 두 가지 범주로 나눌 수 있다. 점진적 변화의 주요 수단은 사회기술시스템이론과 전사적 품질경영이다. 혁신적 변화의 주요 수단은 리엔지니어링, 재구조화, 혁신이다.
5. 액션리서치는 관리자가 변화과정을 계획하기 위해서 사용할 수 있는 전략이다. 액션리서치의 주요 단계는 (1) 조직을 진단하고 분석하는 것, (2) 바람직한 미래 상태를 결정하는 것, (3) 액션을 실행하는 것, (4) 액션을 평가하는 것, (5) 액션리서치를 제도화하는 것이다.
6. 조직개발(OD)은 조직의 적응력을 길러주기 위한 일련의 기법과 방법들이다. 조직개발 기법은 변화에 대한 저항을 극복하기 위해 사용될 수 있고, 조직 자체를 변화시키기 위해 사용될 수 있다.
7. 변화에 대한 저항을 다루는 조직개발 기법은 교육과 의사소통, 참여와 권한위임, 촉진, 협상, 조작, 강압을 포함한다.
8. 변화를 촉진하기 위한 조직개발 기법들로 개인수준에서는 상담, 민감성 훈련, 성과개선 자문법이 있다. 집단수준에서는 팀 빌딩과 집단 간 훈련이 있고, 조직수준에서는 조직 내 찬반토론이 있다.

토론사례

자기주도로 업무 개선과 변화를 시도하는 LG그룹

요즘처럼 급변하는 비즈니스 환경 및 고객들의 모습은 이전에는 쉽게 느끼지 못한 강도이다. 오늘의 최신 트렌드가 내일이면, 이미 구시대의 유물이 될 수 있을 정도라 할 수 있다. 디지털 혁신, AI의 발전, 지속가능한 성장 그리고 소비자 행동의 빠른 변화를 통해 산업 전반에 걸쳐 새로운 패러다임이 형성되고 있다. 이러한 상황 속에서 지속적인 학습과 적응력이 필수적이며, 조직과 개인 모두 유연성과 민첩성을 바탕으로 새로운 기

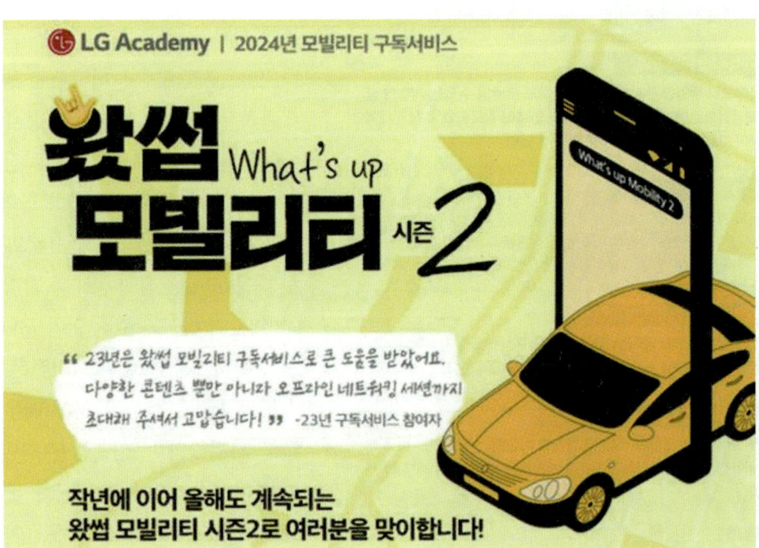

회를 포착해야만 한다.

기술의 발전과 시장 변화에 발맞춰 조직의 성장과 개인의 발전이 상호보완적으로 이뤄질 수 있도록, 구성원들이 스스로 학습하며 이를 통해 업무에 혁신을 일으킬 수 있는 환경을 조성하는 것이 매우 중요하다. 이러한 필요성을 절실히 느끼고 LG그룹에서 시도한 것이 바로 '모빌리티 구독 서비스'이다.

과거의 교육방식은 일부 선발된 인원만이 오프라인에서 단기적으로 교육을 받는 구조였다. 이는 일정 기간 동안 집중적 교육을 받을 수 있다는 장점이 있지만, 교육이 끝난 후 학습이 지속되지 않고 실질적 업무 성과로 이어지지 않는 경우가 많았다. 또한 모든 구성원이 참여할 수 없는 구조적 한계로 인해 조직 전체의 학습 효과가 고르게 퍼지지 않았다. 교육 후에도 쉽게 변하지 않는 업무 패턴과 지속적인 성장에 대한 갈증이 구성원들에게 남게 됐다.

이러한 한계를 극복하기 위해 도입된 구독 서비스는 조직 내 신선한 변화를 가져왔다. 모든 구성원이 자발적으로 참여할 수 있으며, 자신의 필요와 관심사에 따라 학습을 주도할 수 있어 학습 여정(Learning Journey)을 혁신하는 데 큰 기여를 하고 있다.

'왔썸 모빌리티'라는 브랜드명으로 제공된 이 구독 서비스는 총 2400명이 자발적으로 신청했으며 온·오프라인 학습을 결합한 방식으로, 언제 어디서나 자신에게 맞는 학습 콘텐츠를 접할 수 있도록 지원했다. 매달 진행되는 온라인 Live 세미나에서는 최신 모빌리티 트렌드, 글로벌 기업들의 성공 사례 등이 공유됐다. 오프라인 세션에서는 본인의 업무 경험담을 나누며 새로운 아이디어를 모색하는 기회를 제공했다.

왔썸 모빌리티 구독 서비스의 여정은 스스로 학습하고, 그 결과를 현업에 바로 적용할 수 있도록 설계됐다. 예를 들어 실시간 Live로 진행된 모빌리티 분야 트렌드 세션에서 발표된 시장의 미래 방향이나, 글로벌 현지 전문가 세션에서 소개된 SDV(소프트웨어로 하드웨어를 제어하고 관리하는 자동차) 전개방안은 LG 내 자동차 분야 사업을 담당하는 유관 부서에서 미래에 나아갈 방향을 구체적으로 설정하는 데 큰 도움이 됐다.

가장 큰 특징은 구성원들이 언제 어디서나 자신의 페이스에 맞춰 학습할 수 있다는 점이다. 학습 콘텐츠는 노트북이나 모바일 기기를 통해 손쉽게 접근할 수 있으며, 자신의 업무 상황에 맞춰 학습 속도를 조절할 수 있다. 자기주도적 학습 방식을 통해 구성원들은 업무와 학습을 자연스럽게 통합할 수 있게 됐다.

특히 쉽게 접하기 힘든 해외의 글로벌 전문가와 실시간 소통이 가능한 온라인 Live 세미나는 신선한 자극을 줬다. 오프라인 세션은 다양한 업무 경험을 공유하며 문제 해결의 실마리를 찾는 기회를 제공했다. 이는 단순한 지식 습득을 넘어, 실질적 업무 개선과 성과 창출로 이어지는 데 큰 역할을 했다.

1	**자기 주도적 학습의 중요성 강화** 구성원들이 자발적으로 참여하여 자신의 필요와 관심사에 맞춰 학습할 수 있도록 지원함으로써, 자기주도적 학습의 중요성을 상기시켜 준다. 단순히 지식을 수동적으로 받아들이는 것을 넘어, 자신만의 학습 여정을 설계하고 추진할 수 있는 역량을 강화하게 된다.
2	**온 · 오프라인 학습의 유기적 결합** 온라인과 오프라인 학습을 결합하며, 구성원들이 학습한 내용을 실질적 업무에 적용할 수 있는 환경을 마련, 교육이 끝난 후에도 지속적으로 학습과 성장이 이어질 수 있는 구조를 제공해야 한다.
3	**전사적 학습 문화의 확산** 전사적으로 동일한 주제에 대해 학습하고 토론할 수 있는 기회의 장을 제공함으로써, 구성원 간의 이해와 협력이 강화되고 조직 전체의 역량이 고르게 상승하는 효과를 얻을 수 있다.
4	**현업 적용 가능성 강화** 이론적 지식 전달에 그치지 않고, 실제 현업에서 바로 적용할 수 있는 실질적 콘텐츠를 제공한다. 이는 구성원들이 학습의 중요성을 더욱 깊이 인식하고, 업무 효율성을 높이는데 기여하게 된다.
5	**지속가능한 성장의 기반 마련** 학습이 단발성으로 끝나는 것이 아니라 구성원들의 지속적인 성장 지원을 위한 토대를 마련해 주는 플랫폼이 되어야 한다.
6	**기업 교육의 디지털화 및 유연성 확대** 기업 교육의 디지털화와 유연성 확대를 촉진하며, 앞으로는 더욱 개인에 따른 맞춤형으로 학습 경로를 제공하는 방향으로 나아가야 할 것이다.

구독 서비스를 통해 본 시사점

실제로 구독 서비스 도입 후, 조직의 업무 방식에는 분명한 변화가 나타났다. 구성원들이 학습한 내용을 즉시 업무에 적용하면서 업무효율성과 품질이 눈에 띄게 향상됐다. 한 구성원의 경우 구독 서비스를 통해 완성차 기업들의 역사와 현재 그리고 미래 준비 모습을 바탕으로, 고객에게 선제적으로 필요한 사항을 제안하는 요소를 향상시켰다. 주어진 업무를 수행하는 것에 그치지 않고, 시장의 변화를 예측하고 고객의 필요를 미리 파악하는 능력을 갖추게 된 것. 이를 통해 고객의 요구에 신속히 대응하며, 조직의 성과를 끌어올리는 데 기여했다. 더 나아가 고객 만족도 역시 높아졌다. 구독 서비스를 통해 본 시사점은 다음과 같다.

구독 서비스는 LG그룹에 매우 유의미한 변화를 가져왔다. 구성원들은 자발적으로 학습에 참여하면서 자신의 역량을 개발했고, 그 결과 업무 효율성과 성과에 도움이 된다는 피드백을 많이 받게 됐다. 또한 글로벌 시장에서의 경쟁력을 강화할 수 있는 단초를 마련할 수 있었다. 무엇보다도 구성원들 간의 지식 공유와 네트워킹이 강화되면서 조직 내 협업이 한층 더 촉진되었다. 그러나 이 서비스가 더욱 성공적으로 자리 잡기 위해서는 몇 가지 과제도 남아 있다.

첫째, 콘텐츠의 지속적인 업데이트가 필요하다. 모빌리티 시장은 빠르게 변화하고 있기 때문에 최신 정보를 지속적으로 제공하는 것이 필수적이다. 둘째, 플랫폼의 사용자 편의성을 개선하여 구성원들이 쉽게 접근하고 활용할 수 있도록 해야 한다. 셋째, 정보 보안 문제를 철저히 관리, 안전한 학습 환경 조성이 중요하다.

토론문제

1. 디지털 기반 학습 환경이 조직 전체의 협업과 지식 공유에 미치는 긍정적 및 부정적 영향은 무엇인가?
2. 조직 내 자발적 학습 문화를 조성하기 위해 리더의 역할은 무엇이며, 이를 실질적인 변화로 연결할 수 있는 방안은 무엇인가?

가상팀 상당한 양의 의사소통과 상호작용이 대면보다는 전자적으로 일어나는 팀

가상팀 실제로 만나지 않고 구성원들이 전자매체를 통해 협력해서 일하는 그룹

가시성 대상이 사람들 혹은 사물들 사이에서 얼마나 뚜렷하게 드러나는가

가치관 삶에서 추구해야 하는 것, 어떻게 행동해야 하는지에 대한 개인적 신념

가치 사람들이 어떠한 행동, 사건, 상황, 결과물이 바람직한지를 결정하기 위해 사용하는 일반적인 기준 또는 안내 원칙

감성지능 자신의 감정과 다른 사람의 감정을 이해하고 관리할 수 있는 능력

감정 강렬하며 구체적인 사건이나 원인에 대한 한순간의 느낌

감정노동 종업원이 직무에 대한 자신의 기분 및 감정의 경험과 표현을 관리하고 통제하기 위해 들이는 노력이나 일

감정의 부조화 종업원들이 자신이 실제로 느끼는 감정과 상충된 감정을 표현해야 할 때 일어나는 내적인 심리상태

감정적 대응 개인이 스트레스로 인한 부정적 감정과 정서를 관리하기 위해 취할 수 있는 단계들

강제적 권력 처벌을 주거나 주지 않을 수 있는 권력

강제적 순응 보상을 얻고 처벌을 피하기 위해 규범에 동의하는 것

강화 행동에 따라 나타나는 결과를 확인함으로써, 긍정적 행동을 더 많이 하게 되는 과정

개념적 기술 상황을 분석하고 진단하며 원인과 결과를 구분하는 능력

개발적 배려 부하직원을 지지하고 격려하며 새로운 기술과 역량을 습득하여 성장할수 있는 기회를 제공하는 리더의 행동

개방체계 조직이 외부환경으로부터 자원을 획득하고, 그것을 상품과 재화로 전환하며, 환경 속의 고객들에게 다시 제공하는 일련의 체계

개별적 역할지향 개인이 기존의 집단이 행하던 방식에 변화를 시도하는 창의적인 태도와 실험적 정신을 보이는 것

개인차 사람을 각각 구별할 수 있는 방법

거래적 리더십 부하직원의 좋은 성과에 대해서는 보상을 하고 수준 이하의 성과에 대해서는 경고, 질책하는 방법으로 동기부여 하는 리더십

거래형 성희롱 성희롱자가 종업원에게 이익(예 : 승진, 보너스, 권한)을 주거나 불이익(예 : 강임, 해고, 승진중단, 혹은 원치 않는 배치와 전근)을 피하게 하는 것을 조건으로 성적 언동을 강요하는 것

결과/투입 비율 종업원이 직무나 조직으로부터 얻은 결과와 자신이 공헌하거나 투입한 노력 간의 비율

결과에 대한 지식 구성원들이 수행한 직무에 대한 효과성을 아는 정도

경로-목표이론 리더가 부하직원들에게 집단과 조직의 목표를 달성하도록 동기부여 하는 방법과 이를 위해 부하직원들을 어떻게 관여시킬 수 있는지에 대한 설명이론

경멸적 행위 다른 사람에 대한 존중과 배려가 부족한 무례한 대인간 행동

경영관리 조직의 인적 · 물적 · 재정적 자원 및 기타 자원들을 계획하고, 조직하고, 지휘하고 통제하는 과정

경험에 대한 개방성 독창적이고, 다양한 관심사를 가지며 위험을 감수할 수 있는 정도

경험학습 학습 주제를 직접 체험하면서 배우는 것

계획 조직의 목표달성을 위해 어떻게 자원을 할당하고 사용할지를 결정하는 것

고정관념 특정 집단의 전형적 특징에 대해 가지는, 일련의 단순화되고 부정확한 신념

공리주의적 가치 최대다수의 최대행복을 위한 의사결정이 내려져야 함을 강조하는 가치

공식적 리더 목표를 달성하기 위해 조직 내에서 다른 구성원들에게 영향을 미칠 수 있는 합법적인 권한을 부여받은 관리자

공식적인 개인적 권력 조직의 위계질서 내 개인의 지위로부터 나오는 권력

공식적 작업집단 조직이 세운 목표를 달성하는 데 도움을 주는 관리자에 의해 조직된 집단

공정성이론 종업원의 투입과 결과에 대한 공정성인식에 초점을 둔 작업동기이론

과대보상 불공정성 개인이 자신의 결과/투입 비율이 비교대상의 결과/투입 비율보다 더 크다고 인식할 때 존재하는 불공정성

과소보상 불공정성 개인이 자신의 결과/투입 비율이 비교대상의 결과/투입 비율보다 더 작다고 인식할 때 존재하는 불공정성

과업구조 한 집단이 수행하는 업무가 얼마나 명확하게 정의될 수 있으며 이해될 수 있는지를 의미함

과업 정체성 처음부터 끝까지 전체 업무 중 특정 과업의 비중

과업 중요성 직무가 다른 사람들의 일과 생활에 영향을 미치는 정도

과학적 관리 직무단순화와 전문화를 강조함으로써 개별 구성원들의 성과를 향상시키기 위해 고안된 일련의 원칙과 실무적 규칙들

관계공정성 종업원들이 자신의 관리자 혹은 성과분배자로부터 받는 인간적 처우에 대한 공정성 인식

관리자 1명 이상의 활동을 감독하는 사람

관리적 의사결정 모델 의사결정에 영향을 미치는 불완전한 정보와

심리적 · 사회적 과정과, 의사결정자의 인지적 능력을 강조하는 서술적 관점. 의사결정자들은 이러한 요인들로 인해 최상이 아닌 만족할 만한 의사결정을 하게 됨

관심집단 공동의 목표를 가지거나 여러 사람들과 함께 노력함으로써 달성할 수 있는 목표가 있을 때 구성되는 비공식집단

교호적 상호의존성 집단구성원들끼리 전적으로 서로에게 의지할 때 나타나는 업무상호의존성

구조주도 리더가 부하직원들과 팀이 일과 업무를 적절하고 효과적으로 수행할 수 있도록 관여하는 행동

국가문화 한 사회가 수용하는, 혹은 제약을 가하는 행동규범이나 일련의 가치 및 믿음

권력 다른 개인이나 집단으로 하여금 그들이 하지 않았을지도 모르는 어떤 것을 하도록 만드는 개인이나 집단의 능력

권력욕구 다른 사람들에게 정서적, 행동적 영향력을 발휘하고자 하는 욕망

권리론적 가치 자유, 안전, 사생활 보호와 같은 개인의 인권이나 권리를 보호하는 방식으로 의사결정이 내려져야 함을 강조하는 가치

귀인이론 사람이 어떤 행동을 했을 때 그 사람이 왜 그러한 행동을 하였는지 그 원인을 규명해볼 수 있게 설명한 일련의 이론

귀인 특정 행위의 원인을 추리하는 과정

규범진단기법 규범진단기법은 다음과 같은 단계를 거쳐 진행됨. 먼저 집단구성원들은 개별적으로 아이디어를 고안하고 이를 종이에 작성한 후 다른 구성원들과 함께 고안한 아이디어에 대해 이야기함. 각각의 아이디어는 집단의 다른 구성원들에 의해 논의되고 비판적으로 평가받음

그룹 목표달성을 위해 모여서 협력하는 둘 이상의 사람들

근로자 지원 프로그램 기업에서 지원하는 프로그램으로서 근로자들이 알코올, 약물남용과 가족 관련 문제와 같은 스트레스 요인을 효율적으로 대처할 수 있도록 상담을 비롯한 전문적 도움을 제공하는 것

근본적 귀인오류 행위에 대해, 외적 원인이 아닌 내적 원인에 지나치게 귀인하는 경향

글로벌 조직 세계의 다양한 국가나 지역에서 제품을 생산하고 판매하는 기업

글로벌 학습 글로벌 경쟁자가 되는 데 적합한 기술, 지식, 조직행동과 절차 등을 학습하는 과정

긍정적 강화 특정 행동을 한 종업원에게 긍정적인 결과로 보상함으로써 그 행동을 계속하도록 격려하는 것

기대이론 종업원들이 어떻게 대안적인 행동들 을 선택하고 노력의 수준을 결정하는지에 관한 동기부여 이론

기술 다양성 어떤 직무가 구성원에게 요구하는 기술, 능력, 재능의 다양성

기술 자신의 역할을 잘 수행할 수 있도록 해주는 능력

내면화 구성원이 규범에 의한 행동이 옳다고 믿는 것

내부고발자 직원들이 불법적이거나 비윤리적인 경영활동을 외부 사람이나 외부 기관에 알리는 것

내부 변화관리자 변화되어야 하는 상황에 대한 지식을 지닌 조직 내부의 관리자

내부적 귀인 행위의 원인을 행위자의 내부적 요인에 귀인하는 것

내생적 작업가치관 일 그 자체의 특성과 관련된 작업가치관

내재적으로 동기부여된 행동 자신이 좋아서 수행한 행동

내적 통제위치 내적 통제위치를 가진 사람들은 능력이나 노력, 혹은 자신의 행동이 어떤 일이 발생하는 것을 결정한다고 믿음

노동의 분업화 집단구성원 개인에게 처리해야 할 업무를 나누어 할당하는 것

노이즈 의사소통 과정을 방해하는 것

능력 무언가를 할 수 있는 정신적, 신체적 수용능력

다양성 나이, 성별, 인종, 민족, 종교, 성적 취향, 사회경제적 배경 등의 개인차

다운사이징 조직이 비용절감을 위해 관리자나 직원들을 해고하는 과정

대리학습 한 개인이 타인의 행동을 관찰함으로써 학습하는 것

대조효과 대상에 대한 지각이 그 상황에 처한 기타 대상에 대한 지각으로 인해 편향이 생기는 것

대표성 휴리스틱 과거에 발생한 유사한 종류의 사건으로 미래의 사건 발생가능성을 예측하는 경향

델파이기법 발생한 문제를 해결하기 위해 전문가에게 일련의 설문을 보내고 답변을 구하는 의사결정 기법으로 대면 없이 서면을 통해 이루어짐

도식 기억 속에 저장되어 있는 추상적인 지식구조를 말하는데, 이를 통해 인간은 주어진 지각대상의 정보를 체계화시키고 이해함

동일시 다른 사람들이 규범을 따르기 때문에 자신 또한 규범을 준수하려고 노력하는 것

동질적 집단 구성원들이 많은 공통특성을 가지는 집단

리더십 대체재 공식적 리더에 대한 필요를 대체하고 리더십이 필요 없게 만들 수 있는 것

리더십의 상황적합이론 리더의 효과성은 리더의 개인적 특성과 상황에 의해 영향을 받는다는 리더십 이론

리더십 중화제 리더가 부하직원에게 영향을 미치는 것을 가로막는 요인

리더십 한 개인이 집단이나 조직이 목표를 달성할 수 있도록 다른 구성원에게 영향력과 통제력을 행사할 수 있는 능력

리더의 보상행동 리더가 바람직한 행동을 하는 부하직원에게 긍정적인 강화를 하는 것

리더의 처벌행동 리더가 바람직하지 않은 행동을 하는 부하직원에게 부정적으로 반응하는 것

리더 집단이나 조직이 목표를 달성할 수 있도록 구성원들에게 영향을 미칠 수 있는 개인

리더-구성원 관계 리더와 부하직원들과의 관계

리더-구성원 교환관계이론 리더와 부하직원 사이에서 개발될 수 있는 다른 종류의 리더십에 대한 설명으로 주로 리더와 부하직원 상호 간 얻을 수 있는 것에 초점을 두는 이론

만족스런 해결안 최고의 선택이 아니라 수용할 수 있을 만한 수준의 반응이나 해결책을 알아보고 선택하는 것

매몰비용 이후의 의사결정으로 인해 영향을 받지도 않으며 회복되는 것도 아닌 비용

매체 부호화된 메시지가 수신자에게 전달되는 통로

메시지 전달자가 다른 사람들과 공유할 필요가 있거나 공유하기 원하는 정보

멘토링 유경험자인 멘토가 상대적으로 경험이 적은 대상자(후배)에게 지도와 조언을 통해 실력과 잠재력을 향상시켜주고 조직의 성장을 돕고자 마련된 시스템

목적가치 사람들이 성취하기 바라는 바람직한 최종 상태 혹은 결과물

목표 개인이 달성해야 할 것을 목적으로 삼는 행위

목표설정이론 동기부여와 성과를 촉진하는 가장 효율적인 목표유형을 규명하고 왜 그 목표가 그러한 효과를 갖는지를 설명해주는 이론

목표에 의한 관리(MBO) 관리자들이 목표를 설정하기 위해 그들의 감독관을 주기적으로 만나고, 이전에 설정한 목표가 얼마나 달성되었는지를 평가하는 관리방식

문제중심의 대응 개인이 스트레스 요인을 직접적으로 관리하기 위해 취할 수 있는 단계들

민감성 훈련 집단구성원이 촉진자의 도움을 받아서 타인이 그들을 어떻게 인식하는지를 배우고, 어떻게 타인을 더 세심하게 대할지 배우는 조직개발 기법

배려행동 리더가 부하직원들과의 관계를 가치 있게 여기고 믿으며 존중한다는 것을 보여주는 행동

벌 바람직하지 않은 행동이 발생할 때 부정적인 결과를 관리하는 것

벤치마킹 고객에게 높은 품질의 상품 또는 서비스를 제공하는 고성과집단 또는 조직을 선정하고 이를 모델로서 사용하는 것

변혁적 리더십 부하직원들이 리더를 신뢰하고 조직목표달성을 위한 행동을 하며 높은 성과를 내고자 하는 의욕을 갖게 하는 리더십

보상 권력 임금인상, 승진, 칭찬, 흥미로운 업무 등 부하직원들에게 보상이 되는 것들을 줄 수 있는 권력

복지 행복, 건강, 번영에 이로운 것

부정적 강화 종업원이 긍정적 행동을 할 때마다 과거의 부정적인 결과를 줄여줌으로써 미래의 긍정적 행동을 늘려나가는 방법

부호화 메시지를 수신자가 이해할 수 있는 상징이나 언어로 바꾸는 것

분배공정성 조직의 결과 분배에 있어서 인지된 공정성

브레인스토밍 자발적이고 참여적인 의사결정 기술로 집단이 의사결정을 하는 데 필요한 다양한 대안들을 만들어내는 과정

비공식적 리더 다른 구성원에게 영향을 미칠 수 있는 합법적인 권한은 없지만, 개인적인 기술과 자질을 통해 조직 내에서 영향력을 행사하는 관리자

비공식적인 개인적 권력 성격이나 기술, 역량과 같은 개인적 특성에 기인하는 권력

비공식적 작업집단 조직의 구성원이 목표를 달성하거나 욕구를 충족하는 데 도움이 될 것이라고 인식하면서 자연스럽게 생기는 집단

비밀정보망 비공식적 정보가 전달되는 비공식적인 의사소통 경로의 집합

비언어적 의사소통 얼굴 표정, 신체적 언어, 옷차림의 느낌을 이용하여 정보를 공유하는 것

사업과정 상품이나 서비스를 고객에게 빠르게 전달하는 데 있어서 중요한 활동, 혹은 높은 품질과 낮은 원가를 촉진하는 활동

사회기술시스템이론 조직을 단순한 기술시스템이나 사회시스템으로 보지 않고 거시적 관점에서 두 시스템을 통합한 시스템으로 보는 것

사회인지이론 사고, 감정, 사회적 환경이 모두 학습에 영향을 미친다는 학습이론

사회적 영향력 개인과 집단이 인간의 태도와 행동에 미치는 영향력

사회적 정체성 이론 개인이 자신을 규정하는 과정에서 조직과 집단의 역할을 설명해주는 이론

사회적 지위 사회 혹은 조직에서 개인의 실제 혹은 지각된 지위

사회적 책임 자신의 행위에 의해 직접적으로 영향을 받는 사람이나 그룹에 대해 조직이 갖고 있는 의무감

사회적 촉진 타인의 존재가 개인의 성과에 영향을 미친다는 것으로, 비교적 쉬운 업무는 성과를 높이고 어려운 작업은 성과를 낮춤

사회적 태만 혼자 일할 때보다 집단으로 일할 때 노력을 덜하게 되는 경향

사회정보처리모델 다른 사람들과 구성원의 과거경험에 기인한 정보가 그들의 직무에 대한 인식과 반응에 영향을 준다는 접근법

사회화 신입사원이 집단의 역할, 규칙, 규범에 대해 배우는 과정

상호인식촉진기법 촉진자가 상호의존적인 두 집단의 업무적인 상호작용을 향상시키기 위해 그들의 지각과 관계를 탐색하는 것을 돕는 조직개발 기법

생산장애 브레인스토밍 집단의 생산성 저하는 브레인스토밍에 내재된 주의집중 방해와 한계로 인해 발생

선의의 비판자 권력을 가진 사람들의 믿음에 의문을 제기하고 영향력 있는 시도에 저항하며, 행동의 계획과정에 결함이 있음을 다른 사람들에게 알리는 사람

선천성 생물학적 유산, 유전적 요소

설득적 의사소통 한 사람 혹은 집단이 다른 사람 혹은 집단을 받아들이고 동의하게 하거나 목적 혹은 목표를 달성할 수 있도록 정보를 전달 또는 공유하는 것

성격 상대적으로 개인이 지속적으로 느끼고 생각하고 행동하는 패턴

성과개선 자문법 촉진자가 관리자들이 다른 집단의 구성원과 상호작용하는 것을 향상시키기 위해 작업현장에서 관리자와 함께 일하는 조직개발 기법

성실성 조심스럽고 꼼꼼하며 인내심이 강한 정도

성취욕구 도전과제를 잘 수행하고자 하며 자신에 대한 타인의 높

은 기대를 충족시키고자 하는 욕망

소거 강화의 원천을 제거하여 점차 바람직하지 못한 행동에 대한 학습을 줄여나가는 것

소문 중요하거나 흥미로운 사건에 대해 조직구성원들 사이에서 공유되는 비공식적인 정보

소진 심리적, 정서적, 신체적 탈진

수단가치 행동의 바람직한 방식이나 유형

수단성 동기부여에 있어 종업원의 행동이 특정한 결과물의 성취를 이끌 수 있는가에 대한 인식

수신자 정보가 향하는 개인, 집단, 조직

순차적 상호의존성 집단구성원들이 미리 정해진 순서로 특정 행동을 수행해야만 하는 경우를 일컫는 업무상호의존성

스컹크 워크 신상품의 디자인을 개발하고 조직 내의 혁신을 장려하기 위해 구성된 연구개발팀

스트레스 사람들은 그들이 직면한 기회와 위협을 매우 중요하게 인식함과 동시에 스스로 이를 통제하고 관리할 수 있는 능력이 없다고 판단할 때 높은 스트레스를 경험함

스트레스 요인 스트레스 근원

시간관리 조직구성원들로 하여금 가장 중요한 업무를 확인하고 이를 작업스케줄에 알맞게 배치하게끔 하는 우선순위 설정의 기술

시간 및 동작연구 특정 과업을 수행하는 데 소요되는 정확한 시간과 최적의 방법에 대한 연구

시너지 집단구성원들이 각자 일할 때보다 함께 일할 때 발생하는 프로세스 이득

신경증 성향 부정적인 감정상태를 경험하고 자신과 외부에 대해 부정적인 관점을 가지며, 부정적인 정서상태의 경향

신뢰 개인 또는 집단이 다른 사람의 선의에 대해 믿음 또는 자신감을 갖고자 하는 의지

아래로부터의 변화 조직의 하위계층에 있는 종업원에 의해 실행되는 변화로 조직 전반에 점차적으로 나타남

아웃소싱 조직 내부에서 수행하던 특정한 업무활동을 외부의 개인이나 그룹, 조직들에게 맡기는 프로세스

악마의 변호인 결정의 타당성을 확인하기 위해 반대의 입장에 서서 끊임없이 이의를 제시하는 사람

액션리서치 바람직한 미래 상태를 정의하고, 이에 도달하게 만드는 변화 프로그램을 계획하기 위해 사용할 수 있는 지식을 만들고 획득하는 전략

앵커링과 조정 휴리스틱 임금이나 예산 또는 비용 수준 결정에서 최초 결정된 양(수준)을 기준으로 얼마나 많은 양의 변화가 이루어지는지에 대한 결정

언어 스타일 말하는 방식의 개인적 특성

언어적 의사소통 음성 또는 서면으로 단어를 이용하여 정보를 공유하는 것

업무과소 너무 적은 업무들을 수행해야 하는 상황

업무과중 너무 많은 업무들을 수행해야 하는 상황

업무상호의존성 집단 내에서 한 구성원의 업무가 다른 구성원들이 하는 일에 영향을 미치는 정도

역기능적 작업행동 조직의 가치와 규범을 위반하고 개인과 조직 전체에 해로운 영향을 미칠 수 있는 잠재력을 가진 종업원의 행동

역학적 장의 이론 변화를 위한 힘이 강해지고, 변화에 대한 저항이 약화될 때, 혹은 이 두 가지가 동시에 일어날 때 조직의 변화가 일어난다는 이론

역할갈등 역할갈등은 개인이 수행하도록 기대되는 행동이나 업무가 서로 모순적일 때 발생

역할관계 구성원들이 특정한 목표달성을 위해 다른 구성원들과 상호작용하는 방법

역할모호성 조직구성원이 그들에게 요구되는 바를 정확히 인지하지 못하거나 업무를 어떻게 수행해야 할지 확신할 수 없을 때 발생함

역할수용 개인에게 할당된 역할에 맞는 책임을 수행하는 과정

역할지향 집단의 구성원이 다양한 상황에 반응하는 특징적 방식

역할 특정 지위에 있는 구성원에게 소식이 요구하는 행동이나 업무들

역할협상 구성원이 개인의 역할갈등, 역할모호성, 업무과중 또는 업무과소를 줄이기 위해 적극적으로 역할변화를 시도하는 일련의 과정

역할형성 개인의 역할로 명시되어 있지는 않지만 특정 업무에 대한 책임을 잘 완수함으로써 역할을 만들어가는 과정

연구개발(R&D)팀 새로운 상품을 개발하기 위해 구성된 팀은 교차기능을 하고 최첨단 기술산업에 많이 이용됨

연합 비슷한 이해관계를 가지고 그들의 목적을 달성하기 위하여 압력을 가하는 관리자의 집단

예외적 사항에 관한 의사결정 새로운 기회와 문제들에 대응하기 위한 의사결정

예측치의 편향 성과의 선행요인이 될 수 있는 항목에서 지각대상자가 어떠한 성과를 이루었다는 사실을 알게 되면 그 대상에 대한 지각에도 영향을 미치는 상태

외부 변화관리자 변화를 관리하는 전문가인 외부 컨설턴트

외부적 귀인 행위의 원인을 행위자의 외부적 요소로 귀인하는 것

외생적 작업가치관 일의 결과와 관련된 가치관

외재적으로 동기부여된 행동 물질적 및 사회적 이득을 얻거나 처벌을 피하기 위해 수행되는 행동

외적 통제위치 외적 통제위치를 가진 사람들은 어떤 일이 발생할 때 운명, 운 또는 외부적인 힘이 크게 작용한다고 믿음

외향성 긍정적인 감정상태를 경험하고 자신과 주변 사람들에게 좋은 느낌을 주며, 긍정적인 정서를 가진 경향

욕구 생존과 번영의 핵심

욕구이론 동기부여의 원천으로서 종업원들의 욕구에 초점을 맞춘 작업동기에 대한 이론들의 집합

월드와이드웹(WWW) 글, 음악, 예술을 망라하는 다양한 인간의 지적 창조물들을 저장하는 글로벌 정보창고

위로부터의 변화 조직의 상위계층에 있는 관리자에 의해 실행되는

변화

유의성 개인이 평가하는 결과물의 바람직한 정도

유인-선발-퇴출(ASA)구조 조직은 유사한 성격을 가진 개인에게 매력을 느끼고 선택하며, 다른 성격유형의 사람을 잃음

유지적 몰입 조직을 떠나는 비용이 너무 크기 때문에 조직에 머물러야 할 때 존재하는 몰입

유형 A 강력한 성취욕구를 가진 사람들로 경쟁적이며 성격이 급함

유형 B 보다 여유 있고 온순한 유형

윤리 관리자와 구성원들이 어떤 상황을 분석하고 해석하는 데 활용하는 가치, 믿음, 도덕률로서 무엇이 옳고 적합한 행동인지를 규정하는 것

윤리적 가치관 옳고 그른 것에 대한 개인적 신념

윤리적 강령 개인이나 집단의 이해가 첨예할 때 종업원들이 적절한 의사결정을 위해 사용할 수 있도록 옳고 그름에 대한 윤리적 가치나 신념에 근거해서 만든 일련의 공식적 규칙이나 기준

윤리적 딜레마 다른 사람이나 그룹에는 이롭고 올바른 결정이지만, 자신이나 조직에는 유익하지 않은 결정을 해야 할 때 관리자가 느끼게 되는 당혹스러운 경험

의사결정 조직구성원들이 직면한 기회 또는 문제에 대응하기 위한 일련의 특정 행동을 선택하는 과정

의사소통 2명 이상의 개인 혹은 집단 간에 정보를 교환하고 이를 통해 공통의 이해에 도달하는 것

의사소통 네트워크 집단 혹은 조직 내에서 정보가 흐르는 통로들의 집합

이직 종업원이 고용된 조직으로부터 영구적으로 떠나는 것

이질적 집단 구성원들이 공통 특성을 적게 가지는 집단

인간적 기술 다른 사람 및 그룹들의 행동을 이해하고 이끌고, 함께 일하도록 하는 능력

인상관리 다른 사람의 지각이나 인상에 영향을 주기 위해 시도하는 노력

인지과정 사고과정

인터넷 컴퓨터들이 서로 연결되어 있는 글로벌 네트워크

인트라넷 모든 조직의 구성원들을 연결하는 조직 내부의 정보기술 연결망

일상적 사항에 관한 의사결정 반복적으로 발생하는 기회나 문제에 대처하기 위한 의사결정

일의 의미성 구성원들이 자신의 직무가 중요하고, 가치 있고, 의미가 있다고 느끼는 정도

일탈행동 규범에 대한 저항

임시근로자 조직에 의해 일시적인 기간 동안 고용되었지만 건강보험이나 연금 등의 혜택을 받을 수 없는 사람

임시근로자 회사가 일시적으로 필요한 노동력을 조달하기 위해 고용하는 근로자

임파워먼트 직원들에게 자신의 업무에 대한 중요한 의사결정과 책임을 부여하는 과정

자기감시 자신이 다른 사람들에게 보이는 모습을 통제하려 노력하는 정도

자기강화 개인이 스스로에게 주는 보상

자기실현적 예언 지각자의 기대로 인해 예언하는 바가 현실이 되는 것

자기통제 외부적 압력이 없이도 스스로 특정 행동을 학습하려는 의지

자기효능감 어떤 행동을 성공적으로 수행할 수 있을 것이라고 자신에게 부여하는 신념

자아존중감 얼마나 자신과 자신의 역량에 대해 자랑스러워하는지에 대한 정도

자연 발생률 사건의 실제 발생 빈도수

자율경영팀 팀 구성원들이 스스로의 행동을 통제하고 운영할 수 있도록 권한과 책임이 위임된 그룹

자율성 구성원들에게 어떻게 일을 계획하고 수행할 것인지에 대한 자유와 독립을 허용하는 정도

자존적 귀인오류 성공은 자신의 공헌으로 받아들이고 실패의 책임은 부정하는 경향

작동적 조건화 어떤 특정 행동에 따른 결과를 예측할 수 있으며, 이러한 예측을 기반으로 자신이 원하는 것을 획득하고자 특정 행동을 하거나, 원치 않는 결과를 피하기 위해 행동을 조율한다는 것

작업가치관 직원이 조직에서 어떤 결과를 기대해야 하는지, 그리고 조직에서 어떻게 행동해야 하는지에 대한 개인적 신념

작업동기 조직에서 종업원의 행동 방향, 노력 수준, 역경에서도 노력의 지속성을 이끄는 심리적인 원동력

작업분위기 종업원들이 직무를 수행하면서 느끼는 감정

작업태도 현재 종업원들이 자신의 직무와 조직에 대해 가지고 있는 것으로 어떻게 행동할지에 대한 감정, 신념, 생각들의 집합

작업환경 직무 그 자체, 모든 업무환경, 직무와 고용된 조직의 모든 측면들

잠재동기점수 내재적 동기부여를 기르기 위한 직무의 전반적인 잠재성을 측정하는 도구

잠재적 성과 어떤 집단이 특정 시기에 달성할 수 있는 최고 수준의 성과

재택근무 조직이 재택근무 정책을 적용할 때, 구성원들은 조직 내에서 근무하거나 집에서 근무를 할 수 있음

적대적 환경 성희롱 근로자가 성적 모욕감, 혐오감 및 적대감을 느끼는 환경을 조성하거나 유지하는 것

전달자 다른 개인, 집단, 조직과 정보를 공유할 필요가 있거나 공유하기 원하는 개인, 집단, 조직

전문용어 집단구성원들 간의 의사소통을 수월하게 하기 위해 개발한 특정 용어 또는 언어

전문적 권력 특출한 능력이나 전문성을 가지는 데에서 나오는 비공식적 권력

전문적 기술 구체적인 직무지식이나 기법들

전사적 품질경영(TQM) 혹은 카이젠 조직의 상품과 서비스의 품질을

향상시킬 수 있는 새로운 방법을 찾고자 모든 조직 내 부서가 지속적이고 끊임없이 노력하는 것

전통적 의사결정 모델 사람들이 의사결정을 하는 과정에서 모든 정보에 대한 접근이 가능하며 가장 최선의 대응과 해결을 할 것이라고 가정하는 것에서 출발한 규범적 의사결정 모델

절차공정성 결과의 분배에 대한 의사결정 절차에 있어서 인지된 공정성

점진적 변화 점차적이고 완만하며 초점이 좁게 맞춰진 변화

정보공정성 관리자들의 의사결정과 그와 관련된 절차를 종업원들에게 설명하는 정도로 종업원이 인식하는 공정성

정보과학 많은 종류의 컴퓨터와 커뮤니케이션 하드웨어 및 소프트웨어, 그리고 디자이너 · 프로그래머 · 관리자 · 기술자들의 기술

정보 권력 정보에 접근할 수 있고, 이를 통제할 수 있는 데에서 나오는 권력

정보 사용자들에게 지식을 제공하는 방식으로 조직화된 일련의 데이터, 숫자, 단어, 사실

정보왜곡 메시지가 다양한 전달자들을 통해 수신자에게 전달될 때 발생하는 의미의 변화

정보의 풍부성 의사소통 매체가 전달할 수 있는 정보의 양과 전달자와 수신자가 공통의 이해에 도달할 수 있게 해주는 범위

정서적 몰입 종업원들이 조직의 일원이라는 데 행복감을 느끼고, 조직을 믿고 좋은 감정과 애착을 갖고 조직을 위해 좋은 일을 하고자 하는 의도를 가질 때 존재하는 몰입

정의론적 가치 이익이나 비용분배에 대한 의사결정이 공정하고 평등하고 부당하지 않은 방식으로 취해져야 함을 강조하는 가치

정치적 의사결정 조직이 추구하는 목적과 그것을 달성시키는 방법에 대하여 적극적으로 반대함으로써 형성되는 의사결정

정확한 지각 지각대상의 본질과 근접한 지각

제3협상자 흥정이나 협상을 잘 다루는 기술을 가진 외부인

제도적 역할지향 신입사원이 유사한 상황에 처한 기존의 집단구성원이 반응하는 것과 같은 방식으로 상황에 대처하는 법을 배우는 방식

제품챔피언 신제품개발팀을 관리하고, 상품화 초기 단계부터 신제품을 생산하기 위해 임명된 전문적 관리자

제한된 합리성 인지적 역량의 한계로 인해 제한된 합리적 사고를 하게 되는 것

조정자 갈등 당사자들이 차이를 줄여 화해할 수 있도록 노력하는 중립적인 제3자

조직갈등 개인이나 집단의 목표중심적 행동이 다른 사람이나 집단의 목표중심적 행동을 막을 때 발생하는 투쟁

조직개발 관리자가 조직의 적응력을 향상시키기 위해서 액션리서치 프로그램에서 사용할 수 있는 일련의 기법과 방법

조직공정성 종업원이 자신의 조직에 대해 가지는 전반적인 공정성인식

조직 내 찬반토론 조직이 목표를 효과적으로 달성하고 있는지 알아보는 조직개발 기법

조직 다양한 목표를 달성하기 위해 함께 일하고 서로 협동하는 사람들의 집합체

조직목표 조직의 중요한 목표(무엇을 의미하고 무엇을 달성해야 하는지)

조직몰입 종업원들이 조직 전반에 대해 가지고 있는 감정이나 믿음의 총합

조직문화 종업원들이 서로 혹은 조직 외부 사람들에 대해 생각하고 느끼고 행동하는 방법에 영향을 미치는 공유된 가치, 믿음, 규범의 집합

조직변화 조직이 현재의 상태에서 조직효과성을 증진시키기 위한 바람직한 미래 상태로 나아가는 것

조직시민행동 조직이 종업원들에게 요구하지는 않지만 조직의 생존과 유효성을 높이기 위해 필요한 행동

조직윤리 조직과 조직구성원들이 서로를 대하고 조직 외부 사람들을 대하는 적절한 방법을 만드는 도덕적 가치, 믿음, 규칙

조직의 절차 가장 효과적인 방식으로 업무를 수행하기 위해 필요한 규칙이나 절차

조직적 지원 조직이 구성원의 복지를 보살피고 불평불만에 귀를 기울이며, 개인에게 문제가 발생했을 시 도움을 주기 위해 노력하고 모든 구성원을 동등하게 대우하는 정도

조직정체 조직이 현재 상태를 유지하려는 경향

조직정치 관리자가 권력을 증가시키고 그들 개인 혹은 소속된 집단이 선호하는 목적을 추구하는 것과 관련된 활동

조직학습 조직과 환경 간의 적합성을 이루기 위해 조직의 구성원들이 정보나 지식을 활용 및 관리하는 과정

조직행동론 사람들이나 그룹이 조직에서 행동하는 방식 혹은 조직이 환경에 대응하는 방식과 이들에 영향을 미치는 요인들에 대해 연구하는 학문

조직화 조직의 목표달성을 위해 구성원들 간의 지휘체계와 보고관계를 설정하는 것

조직효과성 조직이 자신의 목표를 달성할 수 있는 능력

종업원 복지 종업원들이 얼마나 행복하고 건강하고 번영하는지를 나타냄

준거집단의 권력 다른 사람들이 자신을 좋아하고, 칭찬하고, 존경해주는 데에서 기인하는 비공식적 권력

중재자 논쟁에 대하여 반드시 이행하여야 하는 해결방안을 부과할 수 있는 권한을 가진 제3자

지각 개인이 감각기관을 통해 얻은 정보를 선택, 조직, 이해하는 과정

지각자의 기분 지각 당시 지각자가 느끼는 것

지각자의 동기상태 지각하는 당시 지각자의 수요, 욕구, 가치

지식 사람들이 데이터나 정보의 분석을 통해 알게 되거나 발견하게 된 것

지위권력 리더가 가지는 공식적인 권한의 양

지휘 모든 조직의 구성원들이 조직의 목표달성을 위해 일하도록 격려하고 조정하는 것

지휘집단 같은 상사에게 업무보고를 하는 부하직원들의 공식적 업무집단

직무결과에 대한 책임 구성원들이 자신의 직무를 수행하기 위해 필요한 책임감 혹은 의무감을 느끼는 정도

직무구성요소 직무만족에 영향을 주는 요소

직무단순화 직무를 작은 식별가능한 과업으로 분할하는 것

직무만족 사람들이 현재 자신의 직무에 대해 가지고 있는 감정이나 믿음의 총합

직무설계 특정 과업을 특정 직무와 연결하고 그러한 과업을 수행하기 위해 어떤 기술, 설비, 절차가 필요한지 결정하는 과정

직무수정 구성원들이 주도적으로 자신의 직무와 연관된 과업들을 수정하려고 애쓰거나, 직무를 보는 시각을 바꾸고, 그들이 직무를 수행하는 동안 상호작용하는 사람을 바꾸는 것

직무순환 구성원들에게 규칙적으로 다른 직무를 배정하는 것

직무전문화 구성원들을 작고, 단순한 작업들에 할당하는 것

직무충실 구성원들이 자신의 직무에서 보다 많은 책임감과 통제력을 갖도록 하는 것. 수직적 직무부과라고 불림

직무특성모델 직무를 내재적으로 동기부여시킬 수 있게 만들고 이에 따라 직무설계를 가능하게 하는 모델

직무확대 동일한 난이도와 책임감을 가지도록 하면서 구성원들이 수행하는 과업의 수를 늘리는 것, 수평적 직무부과라고 불림

집단 간 훈련 서로 다른 기능부서 혹은 사업부의 작업 상호작용을 향상시키기 위해 팀 빌딩을 사용하는 조직개발 기법

집단규범 대부분의 구성원들이 중요하게 생각하는 태도에 대한 비공식적 규칙

집단사고 강한 응집력을 가진 집단의 구성원들이 합의된 동의와 이해를 얻으려고 노력하거나 이를 위해 의사결정에 관련된 중요한 정보들을 정확히 처리하려 하지 않을 때, 혹은 집단 내 동의를 저해할 만한 정보를 고려하지 않으려 할 때 발생하는 잘못된 의사결정

집단응집력 집단구성원들이 집단에 대해 느끼는 매력

집단의 기능 조직의 목표를 완수하는 데 집단이 기여할 수 있는 업무

집단의 목표 집단구성원 전원 혹은 대부분이 공동의 목표에 동의하는 것

집단의 지위 특정 집단이 조직에 미치는 영향력의 중요도에 대한 암묵적인 동의

집단 특정한 목표달성이나 욕구충족을 위해 2명 이상의 사람들이 모여 상호작용하는 모임

집단효능감 집단구성원들이 공동의 목표를 성공적으로 달성할 수 있다는 믿음

집착적 몰입 의사결정자가 조직의 자원을 낭비하고 있는 비생산적인 행동이나 나쁜 의사결정에 추가의 노력, 시간, 자금을 투자하고 있는 경향

집합적 상호의존성 집단구성원 각자가 구분된 일을 하고 집단성과에 독립적으로 기여할 때를 일컫는 업무상호의존성

창의성 새롭고 유용한 아이디어를 만들어내는 것

초기효과 대상에 관한 첫 정보가 이후 지각에 있어서 가장 중요한 역할을 하고, 이로 인해 생기는 편향적인 지각

최고경영팀 회사의 목표달성을 위해 전략을 수립하는 최상위계층의 경영자들

최소 선호 동료 측정 가장 함께 일하기 어려운 동료에 대한 리더의 반응을 측정하여 리더십 스타일을 평가하는 방법

친교욕구 다른 사람들과 좋은 관계를 맺고 유지하고자 하는 욕망

친목집단 업무상뿐만 아니라 업무 외적으로도 함께 어울리는 사람들로 구성된 비공식집단

친화성 다른 사람들과 잘 지내는 경향

카리스마 리더 자신감 있고 열정적인 리더는 미래에 조직이 나아갈 비전을 제시하여 부하직원으로 하여금 존경을 이끌어냄

카리스마적 권력 개인의 독특한 성격, 신체적 강점 혹은 다른 사람들이 자신을 따르고 믿게 하는 능력에 기인한 준거집단 권력의 강력한 형태

탐색 조직구성원이 조직의 효과성을 증진할 수 있는 새로운 유형의 행동과 절차를 찾고 시도하는 것에 관련된 학습

통제 조직목표가 달성되었는지를 판단하기 위해 개인, 그룹, 조직의 성과를 감독하고 목표와 비교하는 것

특별업무집단 특별업무수행을 위해 조직되어 함께 특정목표를 달성하는 공식집단

특별한 예외 집단에 많은 기여를 한 구성원들에게 부여되는 것으로 체벌받지 않고 집단규범을 어길 수 있는 예외를 인정하는 것

특성 성격의 특별한 구성요소

팀 구성원들이 공동의 목적을 달성하기 위해 함께 협력해서 일하며, 구체적인 절차나 업무들을 실행하는 그룹

팀 빌딩 집단구성원의 상호작용을 관찰하고 이를 향상시키기 위해 촉진자가 개입하는 조직개발 기법

편승효과 집단구성원의 사회적 태만을 본 다른 구성원이 동일하게 업무에 태만하게 되는 편승행위

편향 지각대상에 관해 오류적인 지각을 형성하는 쪽으로 정보를 이용, 이해하는 체계적인 성향

표준절차 조직구성원들이 특정한 유형의 기회와 문제에 맞닥뜨렸을 때 기계적으로 따라야 하는 일련의 표준화된 행동들

품질관리분임조 성과를 향상시키기 위한 새로운 방법을 찾기 위해서 정기적으로 만나서 작업이 수행되는 방법을 논의하는 종업원 집단

프로세스 손실 환경과 동기부여의 문제로 인해 집단이 겪는 손실

프로세스 이득 집단구성원들을 동기부여 하거나 협력하게 하는 새로운 방법의 도입을 통하여 잠재적인 업무성과를 증가시키는 것

프리랜서 특별한 서비스 제공을 조건으로 조직과 계약한 사람들

피드백 구성원들에게 직무수행의 결과에 대한 명백한 정보를 주는 정도

필터링 전달자가 생각할 때 수신자가 정보를 필요로 하지 않거나 또는 받고자 원하지 않을 것이라 판단하여 메시지의 일부를 제공하지 않는 것

학습 경험의 결과로부터 나타나는 지식 또는 행동의 변화, 혹은 지식을 습득하는 과정

학습조직 끊임없이 변화하고 직원들에게 동기부여하는 능력을 가진 조직

합법적 권력 조직의 목적을 달성하기 위하여 조직의 자원을 통제하고 사용하는 권력

해독 전달자의 메시지를 해석하거나 이해하려는 노력

해외파견 관리자(해외주재원) 해외에 파견되어 국내 기업과 해외 지사 간의 관계를 조정하고 협력을 촉진할 책임이 있는 관리자

행동수정기법 조직이 원하는 행동을 유발하기 위해 '작동적 조건화'의 원리를 체계적으로 적용함

행동형성 계속적인 강화를 통해 바람직한 행동에 근접하도록 하는 것

행위자-관찰자 오류 다른 사람의 행동은 내부적 요인에 귀인하는 반면, 자신의 행동은 외부적 요인에 귀인하는 경향

혁신적 변화 빠르고 극적이며 초점이 넓게 맞춰진 변화

혁신 창의적 아이디어를 성공적으로 실행한 결과물

협상 갈등적인 이해관계를 가진 당사자가 그들의 차이를 해결하려는 시도로 서로 만나고 제안 및 수정제안, 양보 등을 하는 일련의 과정

활용 조직의 효과성을 높이기 위해 기존의 행동과 절차를 향상시키고 개선하는 것과 관련된 학습

회상용이성 휴리스틱 기억하기 쉬운 사건이 그렇지 않은 사건에 비해 더 자주 발생하게 된다고 생각하는 것

후광효과 대상에 대한 전반적인 인상이 다른 특정 분야에 대한 지각에도 영향을 미치는 것

후천성 생애 경험

휴리스틱 의사결정 과정을 단순화시키는 경험 법칙

Vroom과 Yetton의 모델 리더가 의사결정을 할 수 있는 다양한 방법과 부하직원들이 의사결정 과정에 참여할 때 필요한 원칙들을 제안한 이론

참고문헌

제1장

1. H. Fayol, *Industrial and General Administration* (London: Pitman, 1949); P. F. Drucker, *Management Tasks, Responsibilities, Practices* (New York: Harper and Row, 1974).
2. www.southwest.com, 2010.
3. H. Mintzberg, *The Nature of Managerial Work* (New York: Harper and Row, 1963).
4. R. L. Katz, "Skills of an Effective Administrator," *Harvard Business Review*, September–October (1974): 90–102.
5. T. Donaldson, "Taking Ethics Seriously—A Mission Now More Possible," *Academy of Management Review* 28 (2003): 363–67.
6. E. Soule, "Managerial Moral Strategies—In Search of a Few Good Principles," *Academy of Management Review* 27 (2002): 114–25.
7. R. C. Soloman, *Ethics and Excellence* (New York: Oxford University Press, 1992).
8. D. L. Swanson, "Towards an Integrative Theory of Business and Society: A Research Strategy for Corporate Social Performance," *Academy of Management Review* 24 (1999): 506–22.
9. L. K. Trevino, "Ethical Decision Making in Organizations: A Person-Situation Interactionist Model," *Academy of Management Review* 11 (1986): 601–17.
10. T. M. Jones, "Convergent Stakeholder Theory," *Academy of Management Review* 24 (1999): 206–22.
11. www.apple.com, press release, 2010.
12. www.consumerreports.com, 2010.
13. www.yahoo.com, 2010.
14. H. Mintzberg, "The Case for Corporate Social Responsibility," *Journal of Business Strategy* December (1983): 3–15; J. J. Chrisman and A. B. Carroll, "Corporate Responsibility-Reconciling Economic and Social Goals," *Sloan Management Review* 25 (1984): 59–65.
15. G. R. Weaver, L. Trevino, and P. L. Cochran, "Corporate Ethics Programs as Control Systems: Influences of Executive Commitment and Environmental Factors," *Academy of Management Journal* 42 (1999): 41–58.
16. H. Mintzberg, "The Case for Corporate Social Responsibility," H*Journal of Business Strategy* Winter (1973): 3–15.
17. B. R. Agle and R. K. Mitchell, "Who Matters to CEOs? An Investigation of Stakeholder Attributes and Salience," *Academy of Management Journal* 42 (1999): 507–26.
18. T. M. Jones, "Ethical Decision Making by Individuals in Organizations: An Issue Contingent Model," *Academy of Management Review* 16 (1991): 366–95; G. R. Shea, *Practical Ethics* (New York: American Management Association, 1988).
19. Equal Pay Advocacy, Hudson Institute, Hudson.org, April 19, 2010.
20. Press release, www.walmart.com, April 26, 2010.
21. D. Jamieson and J. O'Mara, *Managing Workforce 2000: Gaining the Diversity Advantage* (San Francisco: Jossey-Bass, 1991).
22. C. Muir, "Can We All Get Along? The Interpersonal Challenge at Work," *Academy of Management Executive* 14 (2000): 143–45.
23. R. C. Orlando, "Racial Diversity, Business Strategy, and Firm Performance: A Resource-Based View," *Academy of Management Journal* 43 (2000): 164–78.
24. www.accenture.com, 2010.
25. Union Bank of California Honored By U.S. Labor Department For Employment Practices, Press Release, September 11, 2000.
26. C. K. Prahalad and Y. L. Doz, *The Multinational Mission: Balancing Local Demands and Global Vision* (New York: Free Press, 1987); C. A. Bartlett and S. Ghoshal, *Transnational Management* (Homewood, IL: Irwin, 1992).
27. A. K. Gupta and V. Govindarajan, "Cultivating a Global Mindset," *Academy of Management Executive* 16 (2002): 116–27.
28. S. A. Zahra, "The Changing Rules of Global Competitiveness in the 21st Century," *Academy of Management Executive* 13 (1999): 36–43.
29. P. J. Dowling and R. S. Schuler, *International Dimensions of Human Resource Management* (Boston: PWS-Kent, 1990).
30. T. W. Malnight, "Emerging Structural Patterns Within Multinational Corporations: Towards Process Based Structures," *Academy of Management Journal* 44 (2001): 1187–211.
31. C. A. Bartlett and S. Ghoshal, *Managing Across Borders* (Boston: Harvard Business School Press, 1989).
32. Ibid.
33. E. Kelley, "Keys to Effective Virtual Global Teams," *Academy of Management Executive* 15 (2001): 132–34.
34. www.yahoo.com, 2010.
35. T. W. Malone and J. F. Rockart, "Computers, Networks, and the Corporation," *Scientific American* 263 (1991): 128–37.
36. R. Forrester and A. B. Drexler, "A Model for Team Based Organizational Performance," *Academy of Management Executive* August (1999): 36–49.
37. D. M. Rousseau and Z. Shperling, "Pieces of the Action: Ownership and the Changing Employment Relationship," *Academy of Management Review* 28 (2003): 553–71.
38. D. P. Lepak, "The Human Resource Architecture: Toward a Theory of Human Capital Allocation and Development," *Academy of Management Review* 24 (1999): 31–49.
39. R. J. Trent and R. M. Monczka, "Pursuing Competitive Advantage Through Integrated Global Sourcing," *Academy of Management Executive* 16 (2002): 66–81; S. J. Freeman and K. S. Cameron, "Organizational Downsizing: A Convergence and Reorientation Framework." *Organizational Science* 4 (1993): 10–29.
40. S. L. Robinson and M. S. Kraatz, "Changing Obligations and

the Psychological Contract: A Longitudinal Study," *Academy of Management Journal* 37 (1994): 137–53.

41. E. W. Morrison and S. L. Robinson, "When Employees Feel Betrayed: A Model of How Psychological Contract Violation Develops," *Academy of Management Review* 22 (1997): 226–57.
42. A. Yuan, Z. Guorong, and D. T. Hall, "International Assignments for Career Building: A Model of Agency Relationships and Psychological Contracts," *Academy of Management Review* 27 (2002): 373–92.
43. W. A. Randolph and M. Sashkin, "Can Organizational Empowerment Work in Multinational Settings?" *Academy of Management Executive* 16 (2002): 102–16.
44. "Dell to Hire 5,000 people in India," www.yahoo.com, January 30, 2006.

제2장

1. P. T. van den Berg and J. A. Feij, "Complex Relationships Among Personality Traits, Job Characteristics, and Work Behaviors," *International Journal of Selection and Assessment* 11(4 December 2003): 326–49.
2. R. Ilies and T. A. Judge, "On the Heritability of Job Satisfaction: The Mediating Role of Personality," *Journal of Applied Psychology* 88(4 2003): 750–59.
3. A. Tellegen, D. T. Lykken, T. J. Bouchard et al., "Personality Similarity in Twins Reared Apart and Together," *Journal of Personality and Social Psychology* 54 (1988): 1031–39.
4. A. Tellegen, D. T. Lykken, T. J. Bouchard et al., "Personality Similarity in Twins Reared Apart and Together," *Journal of Personality and Social Psychology* 54 (1988): 1031–39.
5. J. M. George, "The Role of Personality in Organizational Life: Issues and Evidence," *Journal of Management* 18 (1992): 185–213.
6. R. D. Arvey, T. J. Bouchard, N. L. Segal, and L. M. Abraham,"Job Satisfaction: Environmental and Genetic Components," *Journal of Applied Psychology* 74 (1989): 187–92; A. P. Brief, M. J. Burke, J. M. George, B. Robinson, and J. Webster, "Should Negative Affectivity Remain an Unmeasured Variable in the Study of Job Stress?" *Journal of Applied Psychology* 73 (1988): 193–98; J. L. Holland, *Making Vocational Choices: A Theory of Careers* (Upper Saddle River, NJ: Prentice Hall, 1973); R. J. House, W. D. Spangler, and J. Woycke, "Personality and Charisma in the U.S. Presidency: A Psychological Theory of Leader Effectiveness," *Administrative Science Quarterly* 36 (1991): 364–96.
7. M. R. Barrick, M. K. Mount, and J. P. Strauss, "Conscientiousness and Performance of Sales Representatives: Test of the Mediating Effects of Goal Setting," *Journal of Applied Psychology* 78 (1993): 715–22.
8. A. Davis-Blake and J. Pfeffer, "Just a Mirage: The Search for Dispositional Effects in Organizational Research," *Academy of Management Review* 14 (1989): 385–400.
9. R. C. Carson, "Personality," *Annual Review of Psychology* 40 (1989): 227–48; D. T. Kenrick and D. C. Funder, "Profiting from Controversy: Lessons from the Person-Situation Debate," *American Psychologist* 43 (1988): 23–34; D. C. Rowe, "Resolving the Person-Situation Debate: Invitation to an Interdisciplinary Dialogue," *American Psychologist* 42 (1987): 218–27.
10. B. Schneider, "The People Make the Place," *Personnel Psychology* 40 (1987): 437–53.
11. J. Schaubroeck, D. C. Ganster, and J. R. Jones, "Organization and Occupation Influences in the Attraction-Selection-Attrition Process," *Journal of Applied Psychology* 83 (1998): 869–91.
12. J. M. Digman, "Personality Structure: Emergence of the Five-Factor Model," *Annual Review of Psychology* 41 (1990): 417–40.
13. J. M. Digman, "Personality Structure: Emergence of the Five-Factor Model," *Annual Review of Psychology* 41 (1990): 417–40; R. R. McCrae and P. T. Costa, "Validation of the Five-Factor Model of Personality Across Instruments and Observers," *Journal of Personality and Social Psychology* 52 (1987): 81–90; R. R. McCrae
and P. T. Costa, "Discriminant Validity of NEO-PIR Facet Scales," *Educational and Psychological Measurement* 52 (1992): 229–37.
14. "Why Introverts Can Make the Best Leaders, by Jennifer B. Kahnweiler, November 30, 2009, *Forbes.com* magazine article, http://www.forbes.com/2009/11/30/introverts-good-leadersleadership-managing-personalit . . . , April 8, 2010.
15. J. M. George and A. P. Brief, "Personality and Work-Related Distress." In B. Schneider and B. Smith (Eds.), *Personality and Organization* (Mahwah, NJ: Erlbaum, 2004, pp. 193–219).
16. M. J. Simmering, J. A. Colquitt, R. A. Noe, and C. O. L. H. Porter, "Conscientiousness, Autonomy Fit, and Development: A Longitudinal Study," *Journal of Applied Psychology* 88(5 2003): 954–63.
17. M. R. Barrick and M. K. Mount, "The Big Five Personality Dimensions and Job Performance: A Meta-Analysis," *Personnel Psychology* 44 (1991): 1–26; Barrick, Mount, and Strauss, "Conscientiousness and Performance of Sales Representatives."
18. L. A. Witt and G. R. Ferris, "Social Skills as Moderator of the Conscientiousness—Performance Relationship: Convergent Results Across Four Studies," *Journal of Applied Psychology* 88(5 2003): 809–20.
19. J. M. George and J. Zhou, "When Openness to Experience and Conscientiousness Are Related to Creative Behavior: An Interactional Approach," *Journal of Applied Psychology* 86 (2001): 513–524.
20. "A Gallery of Risk Takers," *BusinessWeek*, *Reinventing America*, 1992: 183.
21. M. A. Burke, A. P. Brief, and J. M. George, "The Role of Negative Affectivity in Understanding Relationships Between Self-Reports of Stressors and Strains: A Comment on the Applied Psychology Literature," *Journal of Applied Psychology* 78 (1993): 402–12.
22. Barrick and Mount, "The Big Five Personality Dimensions and Job Performance"; J. M. George, "Mood and Absence," *Journal of Applied Psychology* 74 (1989): 317–24; J. M. George, "Time Structure and Purpose as a Mediator of Work-Life Linkages," *Journal of Applied Social Psychology* 21 (1991): 296–314.
23. J. B. Rotter, "Generalized Expectancies for Internal vs. External Control of Reinforcement," *Psychological Monographs* 80

(1966): 1–28; P. Spector, "Behavior in Organizations as a Function of Employees' Locus of Control," *Psychological Bulletin* 91 (1982): 482–97.

24. M. Snyder, "Self-Monitoring of Expressive Behavior," *Journal of Personality and Social Psychology* 30 (1974): 526–37; M. Snyder, "Self-Monitoring Processes." In L. Berkowitz (Ed.) *Advances in Experimental Social Psychology* 12 (New York: Academic Press, 1979): 85–128.
25. T. A. Judge, A. Erez, J. E. Bono, and C. J. Thoresen, "The Core Self-Evaluations Scale: Development of a Measure," *Personnel Psychology* 56 (2003): 303–31.
26. J. Brockner, *Self-Esteem at Work* (Lexington, MA: Lexington Books, 1988).
27. D. C. Ganster, J. Schaubroeck, W. E. Sime, and B. T. Mayes, "The Nomological Validity of the Type A Personality Among Employed Adults," *Journal of Applied Psychology* 76 (1991): 143–68; R. H. Rosenman, "Current and Past History of Type A Behavior Pattern." In T. Schmidt, J. M. Dembrowski, and G. Blumchen (Eds.), *Biological and Psychological Factors in Cardiovascular Disease* (New York: Springer-Verlag, 1986) pp. 15–40.
28. R. A. Baron, "Personality and Organizational Conflict: Effects of the Type A Behavior Pattern and Self-Monitoring," *Organizational Behavior and Human Decision Processes* 44 (1989): 281–97.
29. D. C. McClelland, Human Motivation (Glenview, IL: Scott, Foresman, 1985); D. C. McClelland, "How Motives, Skills, and Values Determine What People Do," *American Psychologist* 40 (1985): 812–25; D. C. McClelland, "Managing Motivation to Expand Human Freedom," *American Psychologist* 33 (1978): 201–10.
30. D. C. McClelland, "Achievement and Entrepreneurship: A Longitudinal Study," *Journal of Personality and Organizational Behavior* 1 (1965): 389–92.
31. L. Goldberg, "Continental Executive Is Still a Pilot," *Houston Chronicle*, February 26, 2000 1C, 3C; Continental Airlines News Release, September 20, 1999; www.continental.com/corporate.
32. L. Goldberg, "Continental Executive Is Still a Pilot."
33. D. G. Winter, *The Power Motive* (New York: Free Press, 1973).
34. R. J. House, W. D. Spangler, and J. Woycke, "Personality and Charisma in the U.S. Presidency: A Psychological Theory of Leader Effectiveness," *Administrative Science Quarterly* 36 (1991): 364–96.
35. M. J. Stahl, "Achievement, Power, and Managerial Motivation: Selecting Managerial Talent with the Job Choice Exercise," *Personnel Psychology* 36 (1983): 775–89.
36. M. J. Stahl, "Achievement, Power, and Managerial Motivation: Selecting Managerial Talent with the Job Choice Exercise," *Personnel Psychology* 36 (1983): 775–89.
37. D. C. McClelland and D. H. Burnham, "Power Is the Great Motivator," *Harvard Business Review* 54 (1976): 100–10.
38. D. S. Ones and C. Viswesvaran, "Job-Specific Applicant Pools and National Norms for Personality Scales: Implications for Range-Restriction Corrections in Validation Research," *Journal of Applied Psychology* 88(3 2003): 570–77.
39. L. M. Hough, N. K. Eaton, M. D. Dunnette, J. D. Kamp, and R. A. McCloy, "Criterion-Related Validities of Personality Constructs and the Effect of Response Distortion on Those Validities," *Journal of Applied Psychology* 75 (1990): 581–95.
40. D. Lubinski and R. V. Dawis, "Aptitudes, Skills, and Proficiencies." In M. D. Dunnette and L. M. Hough (Eds.), *Handbook of Industrial and Organizational Psychology*, 2nd ed., vol. 3. (Palo Alto, CA: Consulting Psychologists Press, 1992), 1–59.
41. J. C. Nunnally, *Psychometric Theory*, 2nd ed. (New York: McGraw-Hill, 1978); T. G. Thurstone, "Primary Mental Abilities and Children," *Educational and Psychological Measurement* 1 (1941): 105–16.
42. K. R. Murphy, B. E. Cronin, and A. P. Tam, "Controversy and Consensus Regarding the Use of Cognitive Ability Testing in Organizations," *Journal of Applied Psychology* 88(4 2003): 660–71.
43. K. R. Murphy, B. E. Cronin, and A. P. Tam, "Controversy and Consensus Regarding the Use of Cognitive Ability Testing in Organizations," *Journal of Applied Psychology* 88(4 2003): 660–71.
44. J. F. Salgado, N. Anderson, S. Moscoso, C. Bertua, F. de Fruyt, and J. P. Rolland, "A Meta-Analytic Study of General Mental Ability Validity for Different Occupations in the European Community," *Journal of Applied Psychology* 88(5 2003): 1068–81; J. F. Salgado, N. Anderson, S. Moscoso, C. Bertua, and F. de Fruyt, "International Validity Generalization of GMA and Cognitive Abilities: A European Community Meta-Analysis," *Personnel Psychology* 56 (2003): 573–605.
45. J. A. LePine, "Team Adaptation and Postchange Performance: Effects of Team Composition in Terms of Members' Cognitive Ability and Personality," *Journal of Applied Psychology* 88(1 2003): 27–39.
46. M. D. Dunnette, "Aptitudes, Abilities, and Skills." In M. D. Dunnette (Ed.), *Handbook of Industrial and Organizational Psychology* (Chicago: Rand McNally, 1976), 473–520.
47. E. A. Fleishman, "The Description and Prediction of Perceptual-Motor Skill Learning." In R. Glaser (Ed.), *Training Research and Education* (Pittsburgh, PA: University of Pittsburgh Press, 1962) pp. 137–176; E. A. Fleishman, "On the Relation Between Abilities, Learning, and Human Performance," *American Psychologist* 27 (1972): 1017–32.
48. H. M. Chipuer, M. Rovine, and R. Plomin, "LISREL Modeling: Genetic and Environmental Influences on IQ Revisited," *Intelligence* 14 (1990): 11–29; N. L. Pedersen, R. Plomin, J. R. Nesselroade, and G. E. McClearn, "A Quantitative Genetic Analysis of Cognitive Abilities During the Second Half of the Life Span," *Psychological Science* 3 (1992): 346–53.
49. "Think About It: Your Brainpower May Be Vastly Underused on the Job," *Wall Street Journal*, May 11, 1997, p. A1.
50. R. Merle, "Technology Workers See No Sizzle in What They Do," *Wall Street Journal*, April 26, 2000, p. T2.
51. "Drug Tests Keep Paying Off, But Continued Gains Are Tougher," *Wall Street Journal*, April 5, 1998, p. A1.
52. L. McGinley, "'Fitness' Exams Help to Measure Worker Acuity," *Wall Street Journal*, April 21, 1992, pp. B1, B6.
53. D. Goleman, *Emotional Intelligence* (New York: Bantam Books, 1994); J. D. Mayer and P. Salovey, "The Intelligence of Emotional Intelligence," *Intelligence* 17 (1993): 433–42; J. D. Mayer and P. Salovey, "What Is Emotional Intelligence?" In P.

Salovey and D. Sluyter (Eds.), *Emotional Development and Emotional Intelligence: Implications for Education* (New York: Basic Books, 1997) pp. 3–34; P. Salovey and J. D. Mayer, "Emotional Intelligence," *Imagination, Cognition, and Personality* 9 (1989–1990): 185–211.

54. D. Goleman, *Emotional Intelligence* (New York: Bantam Books, 1994); J. D. Mayer and P. Salovey, "The Intelligence of Emotional Intelligence," *Intelligence* 17 (1993): 433–42; J. D. Mayer and P. Salovey, "What Is Emotional Intelligence?" In P. Salovey and D. Sluyter (Eds.), *Emotional Development and Emotional Intelligence: Implications for Education* (New York: Basic Books, 1997)pp. 3–34; P. Salovey and J. D. Mayer, "Emotional Intelligence," *Imagination, Cognition, and Personality* 9 (1989–1990): 185–211.
55. A. Farnham, "Are You Smart Enough to Keep Your Job?," Fortune, January 15,1996, pp. 34–48; M. E. P. Seligman, *Learned Optimism* (New York: A. A. Knopf, 1990).
56. K. Law, C. Wong, and L. Song, "The Construct and Criterion Validity of Emotional Intelligence and Its Potential Utility for Management Studies," *Journal of Applied Psychology* 89 (2004): 483–496.
57. "Emotional Intelligence, Cognitive Intelligence, and Job Performance, by Stephane Cote, Christopher T.H. Miners, *Administrative Science Quarterly*, 51 (2006): 1–28.
58. "Leading by Feel," *Harvard Business Review* 82(1) (January 2004): 27–37.
59. J. M. George, "Emotions and Leadership: The Role of Emotional Intelligence," *Human Relations*, 2000, 53, 1027–1055; R. S. Rubin, D. C. Munz, and W. H. Bommer, "Leading From Within: The Effects of Emotion Recognition and Personality on Transformational Leadership Behavior," *Academy of Management Journal* 48 (5 2005): 845–858.
60. J. Zhou and J. M George, "Awakening Employee Creativity: The Role of Leader Emotional Intelligence," *The Leadership Quarterly* 14 (2003): 545–68.
61. A. Farnham, "Are You Smart Enough to Keep Your Job?"
62. A. Farnham, "Are You Smart Enough to Keep Your Job?"
63. A. Farnham, "Are You Smart Enough to Keep Your Job?"
64. W. Arthur, Jr., W. Bennett, Jr., P. S. Edens, and S. T. Bell, "Effectiveness of Training in Organizations: A Meta-Analysis of Design and Evaluation Features," *Journal of Applied Psychology* 88(2 2003): 234–45.
65. J. Pfeffer, "A Blueprint for Success," *Business 2.0* (April 2005): 66.
66. L. Conley, "Cultural Phenomenon," *Fast Company* (April 2005): 75–77.
67. "China's people problem," *The Economist* (April 16, 2005): 53–54.

제3장

1. W. R. Nord, A. P. Brief, J. M. Atieh, and E. M. Doherty, "Work Values and the Conduct of Organizational Behavior," In B. M. Staw and L. L. Cummings (Eds.), *Research in Organizational Behavior*, vol. 10 (Greenwich, CT: JAI Press, 1988), 1–42.
2. M. Rokeach, *The Nature of Human Values* (New York: Free Press, 1973).
3. M. Rokeach, *The Nature of Human Values* (New York: Free Press, 1973).
4. Nord, Brief, Atieh, and Doherty, "Work Values and the Conduct of Organizational Behavior"; A. Malka and J. A. Chatman, "Intrinsic and Extrinsic Work Orientations as Moderators of the Effect of Annual Income on Subjective Well-Being: A Longitudinal Study," *Society for Personality and Social Psychology, Inc.* 29 (6 June 2003): 737–46.
5. T. L. Beauchamp and N. E. Bowie (Eds.), *Ethical Theory and Business* (Englewood Cliffs, NJ: Prentice-Hall, 1979).
6. Rokeach, *The Nature of Human Values*
7. R. E. Goodin, "How to Determine Who Should Get What," *Ethics* (July 1975): 310–21.
8. D. C. Johnston, "Kodak to Reduce Its Workforce by Up to 15,000," *New York Times*, January 23, 2004: C5; M. York, "With More Layoffs at Kodak, Rochester's Corporate Identity Erodes," *New York Times*, January 25, 2004.
9. T. M. Jones, "Ethical Decision Making by Individuals in Organizations: An Issue Contingent Model," *Academy of Management Journal* 16 (1991): 366–95; G. F. Cavanaugh, D. J. Moberg, and M. Velasquez, "The Ethics of Organizational Politics," *Academy of Management Journal* 6 (1981): 363–74.
10. T. M. Jones, "Ethical Decision Making by Individuals in Organizations: An Issue Contingent Model," *Academy of Management Journal* 16 (1991): 366–95; G. F. Cavanaugh, D. J. Moberg, and M. Velasquez, "The Ethics of Organizational Politics," *Academy of Management Journal* 6 (1981): 363–74.
11. L. K.Trevino, "Ethical Decision Making in Organizations: A Person–Situation Interactionist Model," *Academy of Management Review* 11 (1986): 601–17; W. H. Shaw and V. Barry, *Moral Issues in Business*, 6th ed. (Belmont, CA: Wadsworth, 1995).
12. Jones, "Ethical Decision Making by Individuals in Organizations: An Issue Contingent Model," *Academy of Management Journal* 16 (1991): 366–95.
13. M. S. Frankel, "Professional Codes: Why, How, and with What Impact?" *Ethics* 8 (1999): 109–15; J. Van Maanen and S. R. Barley, "Occupational Communities: Culture and Control in Organizations," In B. Staw and L. Cummings, (Eds.), *Research in Organizational Behavior*, vol.6, (Greenwich, CT: JAI Press, 1984): 287–365; D. Denby, "The Lies of the Party," *Fortune* (January 26, 2004): 99–108; M. France, "White-Collar Crime: Heiress in Handcuffs," *Business Week* (November 24, 2003): 32–40; R. Lowenstein, "The Rigases Tried Desperately to Maintain Control of Their Cable Company Adelphia," *The New York Times Magazine* (February 1, 2004): 27–42, 62.
14. A. S. Watermann, "On the Uses of Psychological Theory and Research in the Process of Ethical Inquiry," *Psychological Bulletin* 103 (3 1988): 283–98; R. B. Schmitt, "Companies Add Ethics Training: Will It Work?" *Wall Street Journal*, November 4, 2002, pp. B1–B3.
15. Frankel, "Professional Codes"; Van Maanen and Barley, "Occupational Communities"; Denby, "The Lies of the Party"; France, "White-Collar Crime"; Lowenstein, "The Rigases Tried

Desperately to Maintain Control of Their Cable Company Adelphia"; G. Colvin, "Get Ready: It's Going to Be a Trying Year," *Fortune* (February 10, 2004), www.furtune.com/fortune/subs/columnist/0,15704,575738,00.html.

16. Watermann, "On the Uses of Psychological Theory and Research in the Process of Ethical Inquiry"; Schmitt, "Companies Add Ethics Training."
17. S. N. Mehta, "ENRON 'Employees Are the Best Line of Defense,' " *Fortune* (October 14, 2003), www.fortune.com/fortune/subs/print/0,15935,518339,00.html.
18. "2 Entries for Whistleblower" (February 9, 2004), http://dictionary.reference.com; M. P. Miceli and J. P. Near, "Whistleblowing: Reaping the Benefits," *Academy of Management Review* 8 (3 1994): 65–72.
19. Watermann, "On the Uses of Psychological Theory and Research in the Process of Ethical Inquiry"; Schmitt, "Companies Add Ethics Training."
20. Watermann, "On the Uses of Psychological Theory and Research in the Process of Ethical Inquiry"; Schmitt, "Companies Add Ethics Training."
21. "Sarbanes-Oxley Act of 2002," *CPE Online* (February 7, 2004), www.cpeonline.com/cpenew/ sarox.asp.
22. "Sarbanes-Oxley Act of 2002," *CPE Online* (February 7, 2004), www.cpeonline.com/cpenew/ sarox.asp.
23. "Sarbanes-Oxley Act of 2002," *CPE Online* (February 7, 2004), www.cpeonline.com/cpenew/ sarox.asp.
24. Watermann, "On the Uses of Psychological Theory and Research in the Process of Ethical Inquiry"; Schmitt, "Companies Add Ethics Training."
25. "National Whistleblower Center: About the Center" (February 9, 2004), www.whistleblowers.org/html/about_the_whistleblow.htm; S. M. Kohn, "National Whistleblower Center: Corporate Whistleblowers" (February 9, 2004), www.whistleblowers.org/html/ corporate_whistleblowers.htm.
26. M. Fishbein and I. Ajzen, "Attitudes and Opinions," *Annual Review of Psychology* 23 (1972): 487–544.
27. D. Watson and A. Tellegen, "Toward a Consensual Structure of Mood," *Psychological Bulletin* 98 (1985): 219–35.
28. D. Watson, *Mood and Temperament* (New York: Guilford Press, 2000).
29. D. Watson, *Mood and Temperament* (New York: Guilford Press, 2000).
30. J. M. George and A. P. Brief, "Feeling Good-Doing Good: A Conceptual Analysis of the Mood at Work-Organizational Spontaneity Relationship," *Psychological Bulletin* 112 (1992): 310–29.
31. C. M. Pearson and C. L. Porath, "On the nature, consequences and remedies of workplace incivility: No time for 'nice'? Think again," *Academy of Management Executive* 10(1 2005): 7–18.
32. R. Chao, "Not-So-Nice Costs," *The Wall Street Journal* (January 2006): B4.
33. C. M. Pearson and C. L. Porath, "On the nature, consequences and remedies of workplace incivility: No time for 'nice'? Think again," *Academy of Management Executive* 10(1 2005): 7–18.
34. J. M. George, "Trait and State Affect," In K. R. Murphy (Ed.), *Individual Differences and Behavior in Organizations* (San Francisco: Jossey-Bass, 1996), 145–74; J. Zhou and J. M. George, "Awakening Employee Creativity: The Role of Leader Emotional Intelligence," *The Leadership Quarterly* 14 (2003): 545–68.
35. J. M. George, "Mood and Absence," *Journal of Applied Psychology* 74 (1987): 317–24; J. M. George, "State or Trait: Effects of Positive Mood on Prosocial Behaviors at Work," *Journal of Applied Psychology* 76 (1991): 299–307.
36. George, "State or Trait."
37. J. M. George and K. Bettenhausen, "Understanding Prosocial Behavior, Sales Performance, and Turnover: A Group Level Analysis in a Service Context," *Journal of Applied Psychology* 75 (1990): 698–709.
38. A. M. Isen and R. A. Baron, "Positive Effect as a Factor in Organizational Behavior," In B. M. Staw and L. L. Cummings (Eds.), *Research in Organizational Behavior*, vol. 13 (Greenwich, CT: JAI Press, 1991), 1–53; J. P. Forgas (Ed.), *Feeling and Thinking: The Role of Affect in Social Cognition* (Cambridge, UK: Cambridge University Press, 2000); J. P. Forgas, "Mood and Judgment: The Affect Infusion Model," *Psychological Bulletin* 117 (1995): 39–66; A. M. Isen, "Positive Effect and Decision Making," In M. Lewis and J. M. Haviland-Jones (Eds.), *Handbook of Emotions*, 2nd ed. (New York: Guilford Press, 2000), 417–35; R. C. Sinclair, "Mood, Categorization Breadth, and Performance Appraisal: The Effects of Order of Information Acquisition and Affective State on Halo, Accuracy, Informational Retrieval, and Evaluations," *Organizational Behavior and Human Decision Processes* 42(1988): 22–46.
39. L. L. Martin and A. Tesser (Eds.), *Striving and Feeling: Interactions Among Goals, Affect, and Self-Regulation* (Mahwah, NJ: Erlbaum, 1996).
40. A. M. Isen, K. A. Daubman, and G. P. Nowicki, "Positive Affect Facilitates Creative Problem Solving," *Journal of Personality and Social Psychology* 52 (1987): 1122–31; A. M. Isen, M. M. S. Johnson, E. Mertz, and G. R. Robinson, "The Influence of Positive Effect on the Unusualness of Word Associations,"*Journal of Personality and Social Psychology* 48 (1985): 1413–26.
41. J. M. George and J. Zhou, "Understanding When Bad Moods Foster Creativity and Good Ones Don't: The Role of Context and Clarity of Feelings," *Journal of Applied Psychology* 87 (2002): 687–697. G. Kaufmann and S. K. Vosburg, "Paradoxical Mood Effects on Creative Problem-Solving," *Cognition and Emotion* 11 (1997): 151–70; L. L. Martin and P. Stoner, "Mood as Input: What We Think About How We Feel Determines How We Think," In L. L. Martin and A. Tesser (Eds.), *Striving and Feeling: Interactions Among Goals, Affect, and Self-Regulation* (Mahwah, NJ: Erlbaum), 279–302.
42. Martin and Stoner, "Mood as Input."
43. N. H. Frijda, "The Laws of Emotion," *American Psychologist* 43(5, May 1988): 349–58; J. L. Tracy, R. W. Robins, and K. H. Lagattuta, "Can Children Recognize Pride?" *Emotions* 5(3), (2005): 251–57; P. Ekman and R. J. Davidson (Eds.), *The Nature of Emotion: Fundamental Questions* (New York: Oxford University Press, 1994); J. L. Tracy and R. W. Robins, "Show Your Pride: Evidence for a Discrete Emotion Expression," *Psychological Science* 15(3 2004): 194–97.

44. J. L. Tracy and R. W. Robins, "Show Your Pride: Evidence for a Discrete Emotion Expression," *Psychological Science* 15(3 2004): 194–97; B. Azar, "The faces of pride," *Monitor on Psychology* (March 2006): 24–25; P. Ekman, "An argument for basic emotions," *Cognition and Emotion* 6: 169–200; P. Ekman, E. R. Sorenson, and W. V. Friesen, "Pan-cultural elements in facial displays of emotion," *Science* 164: 86–88.
45. J. L. Tracy and R. W. Robins, "Show Your Pride: Evidence for a Discrete Emotion Expression," *Psychological Science* 15(3 2004): 194–97; B. Azar, "The faces of pride," *Monitor on Psychology* (March 2006): 24–25; J. L. Tracy, R. W. Robins, and K. H. Lagattuta, "Can Children Recognize Pride?" *Emotions* 5(3 2005): 251–57.
46. J. P. Forgas, "Affect in Social Judgments and Decisions: A Multi-Process Model," In M. Zanna (Ed.), *Advances in Experimental and Social Psychology*, vol. 25, (San Diego, CA: Academic Press, 1992): 227–75; J. P. Forgas and J. M. George, "Affective Influences on Judgments and Behavior in Organizations: An Information Processing Perspective," *Organizational Behavior and Human Decision Processes* 86 (2001): 3–34; J. M. George, "Leadership and Emotions: The Role of Emotional Intelligence," *Human Relations* 52 (2000): 1027–55; W. N. Norris, *Mood: The Frame of Mind*, (New York: Springer-Verlag, 1989).
47. J. M. George, "Affect Regulation in Groups and Teams," In R. G. Lord, R. J. Klimoski, and R. Kanfer, (Eds.), *Emotions in the Workplace: Understanding the Structure and Role of Emotions in Organizational Behavior* (San Francisco, CA: Jossey-Bass, 2002) pp. 183–217; A. R. Hochschild, "Ideology and Emotion Management: A Perspective and Path for Future Research," In T. D. Kemper, (Ed.), *Research Agendas in the Sociology of Emotions* (Albany: University of New York Press, 1990): 117–42; J. M. Diefendorff and R. H. Gosserand, "Understanding the Emotional Labor Process: A Control Theory Perspective," *Journal of Organizational Behavior* 24 (2003): 945–59.
48. J. M. Diefendorff and E. M. Richard, "Antecedents and Consequences of Emotional Display Rule Perceptions," *Journal of Applied Psychology* 88 (2 2003): 284–94.
49. T. D. Kemper, "Social Models in the Explanation of Emotions," In M. Lewis and J. M. Haviland-Jones, (Eds.), *Handbook of Emotions, 2nd ed.* (New York: Guilford Press, 2000): 45–58.
50. T. D. Kemper, "Social Models in the Explanation of Emotions." In M. Lewis and J. M. Haviland-Jones, (Eds.), *Handbook of Emotions, 2nd ed.* (New York: Guilford Press, 2000): 45–58.
51. D. R. Middleton, "Emotional Style: The Cultural Ordering of Emotions," *Ethos* 17 (2 1989): 187–201; A. R. Hochschild, "Ideology and emotion management."
52. J. A. Morris and D. C. Feldman, "The Dimensions, Antecedents, and Consequences of Emotional Labor," *Academy of Management Review* 21 (4 1996): 986–1010.
53. S. L. Wilk and L. M. Moynihan, "Display Rule 'Regulators': The Replationship Between Supervisors and Worker Emotional Exhaustion," *Journal of Applied Psychology* 90(5, September 2005): 917–27; S. Burling, "Faking Happiness Makes You Sad," *The Houston Chronicle* (November 28, 2005): D1.
54. T. Matthews, "The Inn at Little Washington," *Wine Spectator Online* (September 30, 2001), www.winespectator.com/Wine/Archives/Show_Article/0,1275,3363,00.html; J. Lustig, "Virginia: A Dream Dinner at the Inn at Little Washington," *NewYorkmetro.com* (March 26, 2001), www.newyorkmetro.com/travel/guides/52weekends/locations/Virginia.htm.
55. T. Raz, "A Recipe for Perfection," *Inc.* (July, 2003): 36–38; "The Inn at Little Washington—Patrick O'Connell," http://www. theinnatlittlewashington.com/Washington-innfounder. php, April 20, 2010.
56. T. Raz, "A Recipe for Perfection," *Inc.* (July, 2003): 36–38.
57. T. Raz, "A Recipe for Perfection," *Inc.* (July, 2003): 36–38.
58. T. Raz, "A Recipe for Perfection," *Inc.* (July, 2003): 36–38.
59. J. A. Fuller, J. M. Stanton, G. G. Fisher, C. Spitzmüller, S. S Russell, and P. C. Smith, "A Lengthy Look at the Daily Grind: Time Series Analysis of Events, Mood, Stress, and Satisfaction," *Journal of Applied Psychology* 88 (6 2003): 1019–33; C. J. Thoresen, S. A. Kaplan, A. P. Barsky, C. R. Warren, and K. de Chermont, "The Affective Underpinnings of Job Perceptions and Attitudes: A Meta-Analytic Review and Integration," *Psychological Bulletin* 129 (6 2003): 914–25.
60. G. R. Jones and J. M. George, "The Experience and Evolution of Trust: Implications for Cooperation and Teamwork," *Academy of Management Review* 23 (1998): 531–46.
61. R. Axelrod, *The Evolution of Cooperation* (New York: Basic Books, 1984); P. Bateson, "The Biological Evolution of Cooperation and Trust," In D. Gambetta (Ed.), *Trust: Making and Breaking Cooperative Relations* (New York: Basil Blackwell, 1988), 14–30; L. G. Zucker, "Institutional Theories of Organization," *Annual Review of Sociology* 13 (1997): 443–64.
62. R. Galfor and A. S. Drapeau, "The Enemies of Trust," *Harvard Business Review* (February 2003): 89–95.
63. J. M.George, "The Role of Personality in Organizational Life: Issues and Evidence," *Journal of Management* 18 (1992): 185–213; P. T. van den Berg and J. A. Feij, "Complex Relationships Among Personality Traits, Job Characteristics, and Work Behavior," *International Journal of Selection and Assessment* 11 (December 4, 2003): 326–40; R. Ilies and T. A. Judge, "On the Heritability of Job Satisfaction: The Mediating Role of Personality," *Journal of Applied Psychology* 88 (4, 2003): 750–59; T. A. Judge, A. Erez, J. E. Bono, and C. J. Thoresen, "The Core Self-Evaluation Scale: Development of a Measure," *Personnel Psychology* 56 (2003): 303–31.
64. J. M. George, "Time Structure and Purpose as Mediator of Work-Life Linkages," *Journal of Applied Social Psychology* 21 (1991): 296–314.
65. R. D. Arvey, T. J. Bouchard, N. L. Segal, and L. M. Abraham, "Job Satisfaction: Environmental and Genetic Components," *Journal of Applied Psychology* 74 (1989): 187–92.
66. A. P. Brief, *Attitudes In and Around Organizations* (Thousand Oaks, CA: Sage, 1998).
67. "Mothers Want Flexibility Most," *Houston Chronicle* (September 23, 2003): 3B.
68. "Mothers Want Flexibility Most," *Houston Chronicle* (September 23, 2003): 3B.
69. "Mothers Want Flexibility Most," *Houston Chronicle*

(September 23, 2003): 3B.
70. J. Zhou and J. M. George, "When Job Dissatisfaction Leads to Creativity: Encouraging the Expression of Voice," *Academy of Management Journal* 44 (4, August 2001): 682–96.
71. T. DeAngelis, "The 'Who Am I' Question Wears a Cloak of Culture," *APA Monitor* (October 1992): 22–23.
72. T. DeAngelis, "The 'Who Am I' Question Wears a Cloak of Culture," *APA Monitor* (October 1992): 22–23.
73. S. Shellenberger, "More Job Seekers Put Family Needs First," *Wall Street Journal*, November 15, 1991, pp. B1, B6.
74. R. W. Rice, K. Markus, R. P. Moyer, and D. B. McFarlin, "Facet Importance and Job Satisfaction: Two Experimental Tests of Locke's Range of Affect Hypothesis," *Journal of Applied Social Psychology* 21 (1991): 1977–87.
75. F. Herzberg, *Work and the Nature of Man* (Cleveland: World, 1966).
76. N. King, "Clarification and Evaluation of the Two-Factor Theory of Job Satisfaction," *Psychological Bulletin* 74 (1970): 18–31; E. A. Locke, "The Nature and Causes of Job Satisfaction," In M. Dunnette (Ed.), *Handbook of Industrial and Organizational Psychology* (Chicago: Rand McNally, 1976), 1297–349.
77. D. B. McFarlin and R. W. Rice, "The Role of Facet Importance as a Moderator in Job Satisfaction Processes," *Journal of Organizational Behavior* 13 (1992): 41–54; R. A. Katzell, "Personal Values, Job Satisfaction, and Job Behavior," In H. Borow (Ed.), *Man in a World of Work* (Boston: Houghton Mifflin, 1964).
78. T. Lee, "What Kind of Job Are You Likely to Find?" *National Business Employment Weekly* (Spring 1992): 5–6.
79. McFarlin and Rice, "The Role of Facet Importance as a Moderator in Job Satisfaction Processes."
80. F. J. Landy, "An Opponent Process Theory of Job Satisfaction," *Journal of Applied Psychology* 63 (1978): 533–47.
81. B. M. Staw and J. Ross, "Stability in the Midst of Change: A Dispositional Approach to Job Satisfaction," *Journal of Applied Psychology* 71 (1985): 469–80.
82. R. W. Griffin, "Effects of Work Redesign on Employee Perceptions, Attitudes, and Behaviors: A Long-Term Investigation," *Academy of Management Journal* 34 (1991): 425–35.
83. D. J. Weiss, R. V. Dawis, G. W. England, and L. H. Lofquist, *Manual for the Minnesota Satisfaction Questionnaire, Minnesota Studies in Vocational Rehabilitation*, vol. 22, Industrial Relations Center, University of Minnesota, 1967.
84. R. B. Dunham and J. B. Herman, "Development of a Female Faces Scale for Measuring Job Satisfaction," *Journal of Applied Psychology* 60 (1975): 629–31; T. Kunin, "The Construction of a New Type of Attitude Measure," *Personnel Psychology* 8 (1955): 65–78.
85. P. C. Smith, L. M. Kendall, and C. L. Hulin, *The Measurement of Satisfaction in Work and Retirement* (Chicago: Rand McNally, 1969).
86. M. T. Iaffaldano and P. M. Muchinsky, "Job Satisfaction and Performance: A Meta-Analysis," *Psychological Bulletin* 97 (1985): 251–73.
87. T. A. Judge, C. J. Thoresen, J. E. Bono, and G. K. Patton, "The Job Satisfaction-Job Performance Relationship: A Qualitative and Quantitative Review," *Psychological Bulletin* (2001): 376–407.
88. D. R. Dalton and D. J. Mesch, "On the Extent and Reduction of Avoidable Absenteeism: An Assessment of Absence Policy Provisions," *Journal of Applied Psychology* 76 (1991): 810–17; D. R. Dalton and C. A. Enz, "Absenteeism in Remission: Planning, Policy, and Culture," *Human Resource Planning* 10 (1987): 81–91; D. R. Dalton and C. A. Enz, "New Directions in the Management of Employee Absenteeism: Attention to Policy and Culture," In R. S. Schuler and S. A. Youngblood (Eds.), *Readings in Personnel and Human Resource Management* (St. Paul: West, 1988), 356–66; "Expensive Absenteeism," *Wall Street Journal*, July 7, 1986, p. 1.
89. G. E. Hardy, D. Woods, and T. D. Wall, "The Impact of Psychological Distress on Absence from Work," *Journal of Applied Psychology* 88 (2 2003): 306–14.
90. R. M. Steers and S. R. Rhodes, "Major Influences of Employee Attendance: A Process Model," *Journal of Applied Psychology* 63 (1978): 391–407.
91. George, "Mood and Absence."
92. W. H. Mobley, "Intermediate Linkages in the Relationship Between Job Satisfaction and Employee Turnover," *Journal of Applied Psychology* 62 (1977): 237–40.
93. George and Brief, "Feeling Good-Doing Good"; D. W. Organ, *Organizational Citizenship Behavior: The Good Soldier Syndrome* (Lexington, MA: Lexington Books, 1988).
94. George and Brief, "Feeling Good-Doing Good"; D. W. Organ, *Organizational Citizenship Behavior: The Good Soldier Syndrome* (Lexington, MA: Lexington Books, 1988).
95. Organ, *Organizational Citizenship Behavior.*
96. Above and Beyond Award: Hospital Human Resources: UI Health Plans, "Above and Beyond the Call of Duty Awards Program," http://www.uihealthcare.com/depts./humanresources/abovebeyond. html, April 20, 2010.
97. Above and Beyond Award: Hospital Human Resources: UI Health Plans, "Above and Beyond the Call of Duty Awards Program," http://www.uihealthcare.com/depts./humanresources/abovebeyond. html, April 20, 2010.
98. Above and Beyond Award: Hospital Human Resources: UI Health Plans, "Above and Beyond the Call of Duty Awards Program," http://www.uihealthcare.com/depts./humanresources/abovebeyond. html, April 20, 2010.
99. Above and Beyond Award: Hospital Human Resources: UI Health Plans, "Above and Beyond the Call of Duty Awards Program," http://www.uihealthcare.com/depts./humanresources/abovebeyond.html, April 20, 2010.
100. N. Schmitt and A. G. Bedeian, "A Comparison of LISREL and Two-Stage Least Squares Analysis of a Hypothesized Job Satisfaction-Life Satisfaction Reciprocal Relationship," *Journal of Applied Psychology* 67 (1982): 806–17.
101. A. Cortese, "Bored to Death at Work–Literally," *Business Week* (July 1, 2002): 16.
102. N. J. Allen and J. P. Meyer, "Affective, Continuance, and Normative Commitment to the Organization: An Examination of Construct Validity," *Journal of Vocational Behavior* 49 (1996): 252–76.
103. N. J. Allen and J. P. Meyer, "Affective, Continuance, and

Normative Commitment to the Organization: An Examination of Construct Validity," *Journal of Vocational Behavior* 49 (1996): 252–76.

104. S. Alexander, "Life's Just a Bowl of Cherry Garcia for Ben & Jerry's," *Wall Street Journal*, July 15, 1992, p. B3.
105. Allen and Meyer, "Affective, Continuance, and Normative Commitment to the Organization"; J. E. Mathieu and D. M. Zajac, "A Review and Meta-Analysis of the Antecedents, Correlates, and Consequences of Organizational Commitment," *Psychological Bulletin* 108 (1990): 171–94.
106. R. Cropanzano, D. E. Rupp, and Z. S. Byrne, "The Relationship of Emotional Exhaustion to Work Attitudes, Job Performance, and Organizational Citizenship Behaviors," *Journal of Applied Psychology* 88 (1 2003): 160–69.
107. Allen and Meyer, "Affective, Continuance, and Normative Commitment to the Organization"; Mathieu and Zajac, "A Review and Meta-Analysis of the Antecedents, Correlates, and Consequences of Organizational Commitment," *Psychological Bulletin* 108 (1990): 171–94.
108. Allen and Meyer, "Affective, Continuance, and Normative Commitment to the Organization: An Examination of Construct Validity"; J. E. Mathieu and D. M. Zajac,"A Review and Meta-Analysis of the Antecedents, Correlates, and Consequences of Organizational Commitment," *Psychological Bulletin* 108 (1990): 171–94.

제4장

1. W. B. Swann, Jr., J. T. Polzer, D. C. Seyle, and S. J. Ko, "Finding Value in Diversity: Verification of Personal and Social Self-Views in Diverse Groups," *Academy of Management Review* 29 (1), (2004): 9–27.
2. J. Pfeffer, "Recruiting for the Global Talent War," *Business 2.0* (August 2005): 56.
3. S. T. Fiske and S. E. Taylor, Social Cognition (Reading, MA: Addison-Wesley, 1984).
4. J. S. Bruner, "Going Beyond the Information Given," In H. Gruber, G. Terrell, and M. Wertheimer (Eds.), Contemporary Approaches to Cognition (Cambridge, MA: Harvard University Press, 1957); Fiske and Taylor, Social Cognition; G. R. Jones, R. Kosnik, and J. M. George, "Internalization and the Firm's Growth Path: On the Psychology of Organizational Contracting," In R. W. Woodman and W. A. Pasmore (Eds.), Research in Organizational Change and Development (Greenwich, CT: JAI Press, 1993): 105–35.
5. Fiske and Taylor, Social Cognition.
6. A. B. Fisher, "When Will Women Get to the Top?" Fortune (September 21, 1992): 44–56; S. Hamm, "Why Women Are So Invisible," *Business Week* (August 25, 1997): 136.
7. D. J. Schneider, "Social Cognition," *Annual Review of Psychology* 42 (1991): 527–61.
8. Fiske and Taylor, Social Cognition.
9. K. D. Elsbach, "How to Pitch a Brilliant Idea," *Harvard Business Review* (September 2003): 117–23.
10. "Security Ordeal for Qantas Boss," CNN.com (January 10, 2006).
11. "Security Ordeal for Qantas Boss," CNN.com (January 10, 2006).
12. N. Alster, "When Gray Heads Roll. Is Age Bias at Work?" *The New York Times* (January 30, 2005): BU3.
13. R. King, "If Looks Could Kill," Business 2.0 (December 2001): 24–26; J. Simons, "Living in America," *Fortune* 7 (January 2002): 92–94; M. Conlin, "Taking Precautions—Or Harassing Workers?" *Business Week* 3 (December 2001): 84; A. Salkever, "The INS Hurts Uncle Sam Most of All: By Detaining Hundreds of the Foreign Muslims It Lured into West Coast Offices, the Agency Succeeded Only Harming U.S. Security," *Business Week* Online (January 23, 2003).
14. D. C. McClelland and J. W. Atkinson, "The Projective Expression of Needs: The Effect of Different Intensities of the Hunger Drive on Perception," *Journal of Psychology* 25 (1948): 205–22.
15. C. J. Thoresen, S. A. Kaplan, A. P. Barsky, and K. de Chermont, "The Affective Underpinnings of Job Perception and Attitudes: A Meta-Analytic Review and Integration," *Psychological Bulletin* 129 (6): 914–45.
16. J. M. George and A. P. Brief, "Feeling Good-Doing Good: A Conceptual Analysis of the Mood at Work-Organizational Spontaneity Relationship," *Psychological Bulletin* 112 (1992): 310–29; A. M. Isen and R. A. Baron, "Positive Affect as a Factor in Organizational Behavior," In B. M. Staw and L. L. Cummings (Eds.), *Research in Organizational Behavior* 13 (Greenwich, CT: JAI Press, 1991), 1–54.
17. U.S. Department of Labor—Final It By Topic—Hiring—Affirmative Action, http://www.dol.gov/dol/topic/hiring/affirmativeact.htm, April 26, 2010.
18. R. Leery and R. M. Kowalski, "Impression Management: A Literature Review and Two-Component Model," *Psychological Bulletin* 107 (1990): 34–47.
19. R. Leery and R. M. Kowalski, "Impression Management: A Literature Review and Two-Component Model," *Psychological Bulletin* 107 (1990): 34–47.
20. C. N. Alexander Jr. and G. W. Knight, "Situated Identities and Social Psychological Experimentation," Sociometry 34 (1971): 65–82; Fiske and Taylor, Social Cognition; K. J. Gergen and M. G. Taylor, "Social Expectancy and Self–Presentation in a Status Hierarchy," *Journal of Experimental Social Psychology* 5 (1969): 79–92.
21. C. Stephenson, "Business Etiquette's More Than Minding Peas, Queues," *The Bryan-College Station Eagle*, February 8, 1993, pp. A1, A3.
22. Leery and Kowalski, "Impression Management."
23. Fiske and Taylor, Social Cognition.
24. Fiske and Taylor, Social Cognition; R. M. Kanter, Men and Women of the Corporation (New York: Basic Books, 1977).
25. P. R. Sackett, C. M. Hardison, and M. J. Cullen, "On Interpreting Stereotype Threat as Accounting for African American-White Differences on Cognitive Tests," American Psychologist 59(1), (January 2004): 7–13; P. R. Sackett, C. M. Hardison, and M. J. Cullen, "On the Value of Correcting Mischaracterizations of Stereotype Threat Research," *American Psychologist* 59 (1 1995): 47–48.

26. C. M. Steele and J. A. Aronson, "Stereotype Threat Does Not Live by Steele and Aronson (1995) Alone," *American Psychologist* 59 (1), (January 2004): 47–48; J. Aronson, M. Lustina, C. Good, K. Keough, C. M. Steele, and J. Brown, "When White Men Can't Do Math: Necessary and Sufficient Factors in Stereotype Threat," *Journal of Experimental Social Psychology* 35 (1999): 29–46; Sackett, Hardison, and Cullen, "On Interpreting Stereotype Threat as Accounting for African American-White Differences on Cognitive Tests"; C. M. Steele and J. Aronson, "Stereotype Threat and the Intellectual Test Performance of African Americans," *Journal of Personality and Social Psychology* 69 (1995): 797–811.
27. Sackett, Hardison, and Cullen, "On Interpreting Sterotype Threat as Accounting for African American-White Differences on Cognitive Tests"; Sackett, Hardison, and Cullen, "On the Value of Correcting Mischaracterizations of Stereotype Threat Research."
28. Steele and Aronson, "Stereotype Threat Does Not Live by Steele and Aronson (1995) Alone"; Aronson, Lustina, Good, Keough, Steele, and Brown, "When White Men Can't Do Math"; Sackett, Hardison, and Cullen, "On Interpreting Stereotype Threat as Accounting for African American-White Differences on Cognitive Tests"; Steele and Aronson, "Stereotype Threat and the Intellectual Test Performance of African Americans."
29. S. H. Mehta, "America's 50 Best Companies for Minorities: What Minority Employees Really Want," *Fortune* (July 10, 2000): 181–86.
30. "Habitat International: Our Products," (April 6, 2006), http://www.habitatint.com/products.htm; "Habitat International Home Page," (April 6, 2006), http://www.habitatint.com; "Habitat International—Our CEO," http://www.habitatint.com/ceo.htm, April 26, 2010; "Habitat International—Our History," http://www.habitatint.com/history.htm, April 26, 2010.
31. A. Stein Wellner, "The Disability Advantage," *Inc. Magazine* (October 2005): 29–31.
32. "Habitat International: Our People," (April 6, 2006), http://www.habitatint.com/people/htm.
33. A. Stein Wellner, "The Disability Advantage," *Inc. Magazine* (October 2005): 29–31.
34. A. Stein Wellner, "The Disability Advantage," *Inc. Magazine* (October 2005): 29–31.
35. A. Stein Wellner, "The Disability Advantage," *Inc. Magazine* (October 2005): 29–31.
36. A. Stein Wellner, "The Disability Advantage," *Inc. Magazine* (October 2005): 29–31; "Habitat International—Our CEO," http://www.habitatint.com/ceo.htm, April 26, 2010; "Habitat International—Our History," http://www. habitatint.com/history.htm, April 26, 2010.
37. S. H. Mehta, "America's 50 Best Companies for Minorities:What Minority Employees Really Want," *Fortune* (July 10, 2000): 181–86.
38. S. H. Mehta, "America's 50 Best Companies for Minorities: What Minority Employees Really Want," *Fortune* (July 10, 2000): 181–86.
39. "Chartbook on Work and Disability," Access to Disability Data (April 6, 2006), http://www.infouse.com/disabilitydata/workdisability/1_1.php; L. Myers, "Gap Widens Between Working-Age People With and Without Disabilities in the Workforce, Reports Shows," *ChronicleOnline* (October 5, 2005), http://www.news.cornell.edu/stories/Oct05/Disab.work.rpt.html; "Rehabilitation Research and Training Center on Disability Demographics and Statistics (StatsRRTC): 2004 Disability Status Reports United States," Cornell University www.DisabilityStatistics.org.
40. M. Conlin, "The New Workforce," *Business Week* (March 20, 2000): 64–68.
41. "Chartbook on Work and Disability," Access to Disability Data (April 6, 2006), http://www.infouse.com/disabilitydata/workdisability/1_1.php; L. Myers, "Gap Widens Between Working-Age People With and Without Disabilities in the Workforce, Reports Shows," *ChronicleOnline* (October 5, 2005), http://www.news. cornell.edu/stories/Oct05/Disab.work.rpt.html; "Rehabilitation Research and Training Center on Disability Demographics and Statistics (StatsRRTC): 2004 Disability Status Reports United States," Cornell University www. DisabilityStatistics.org; A. Stein Wellner, "The Disability Advantage," *Inc. Magazine* (October 2005): 29–31.
42. J. Williams, "A Kind Act Indeed," *Business Week* (March 20, 2000): 74.
43. A. Stein Wellner, "The Disability Advantage," *Inc. Magazine* (October 2005): 29–31.
44. E. Bonabeau, "Don't Trust Your Gut," *Harvard Business Review* (May 2003): 116–23.
45. S. A. Fisicaro, "A Reexamination of the Relation Between Halo Errors and Accuracy," *Journal of Applied Psychology* 73 (1988): 239–44.
46. E. D. Pulakos and K. N. Wexley, "The Relationship Among Perceptual Similarity, Sex, and Performance Ratings in Manager-Subordinate Dyads," *Academy of Management Journal* 26 (1983): 129–39.
47. A. B. Fisher, "When Will Women Get to the Top?"; L. Himelstein and S. A. Forest, "Breaking Through," *Business Week* (February 17, 1997): 64–70; S. Hamm, "Why Women Are So Invisible."
48. E. S. Browning, "Computer Chip Project Brings Rivals Together, but Cultures Clash," *Wall Street Journal*, May 3, 1994, pp. A1, A8.
49. R. K. Merton, Social Theory and Social Structure (New York: Free Press, 1957).
50. R. Rosenthal and L. F. Jacobson, Pygmalion in the Classroom (New York: Holt, Rinehart and Winston, 1968).
51. C. O. Wood, M. P. Zanna, and J. Cooper, "The Nonverbal Mediation of Self-Fulfilling Prophecies in Interracial Interaction," *Journal of Experimental Social Psychology* 10 (1974): 109–20.
52. R. Galford and A. Seibold Drapeau, "The Enemies of Trust," *Harvard Business Review* (February 2003): 889–95.
53. F. Heider, The Psychology of Interpersonal Relations (New York: Wiley, 1958); L. Ross, "The Intuitive Psychologist and His Shortcomings: Distortions in the Attribution Process," In L. Berkowitz (Ed.), *Advances in Experimental Social Psychology* 10 (New York: Academic Press, 1977).
54. E. E. Jones and R. E. Nisbett, "The Actor and the Observer:

Divergent Perceptions of the Causes of Behavior," In E. E. Jones, D. E. Kanouse and H. H. Kelley et al. (Eds.), Attribution: Perceiving the Causes of Behavior (Morristown, NJ: General Learning Press, 1972).

55. J. A. Knight and R. R. Vallacher, "Interpersonal Engagement in Social Perception: The Consequence of Getting into the Action," *Journal of Personality and Social Psychology* 40 (1981): 990–99; M. Zuckerman, "Attribution of Success and Failure Revisited, or: The Motivational Bias Is Alive and Well in Attribution Theory," *Journal of Personality* 47 (1979): 245–87.
56. D. T. Miller and M. Ross, "Self-Serving Biases in Attribution of Causality: Fact or Fiction?" *Psychological Bulletin* 82 (1975): 213–25.
57. Fiske and Taylor, Social Cognition.
58. J. M. Burger, "Motivational Biases in the Attribution of Responsibility for an Accident: A Meta-Analysis of the Defensive-Attribution Hypothesis," *Psychological Bulletin* 90 (1981): 496–512; Fiske and Taylor, Social Cognition.
59. J. A. Hall and S. E. Taylor, "When Love Is Blind: Maintaining Idealized Images of One's Spouse," *Human Relations* 29(1976): 751–61.
60. S. Gelston, "The '90s Workforce Faces Diverse Challenges," Boston Herald, January 25, 1994, p. N18.
61. Y. Cole, "Learning from the Winners," *DiversityInc* (November/December 2002): 12–27.
62. E. L. Hinton, "When Words Go Too Far: How to HandleOffensive Talk at the Office," *DiversityInc*(November/December 2002): 58–59.
63. E. L. Hinton, "When Words Go Too Far: How to Handle Offensive Talk at the Office," *DiversityInc* (November/December 2002): 58–59.
64. Rutkowski and Associates, Employment Law Update, September 1991, 1–12.
65. E. Klee, L. Hayes, and G. W. Childress, "A Kentucky Response to the ADA," *Training & Development* (April 1994): 48–49.
66. "Racial Differences Discourage Mentors," *The Wall Street Journal*, October 29, 1991, p. B1.
67. C. Comeau-Kirschner, "Navigating the Roadblocks," *Management Review* 88 (5 May 1999): 8.
68. D. Leonhardt, "The Saga of Maytag's Lloyd Ward," *Business Week* (August 9, 1999): Business Week Archives.
69. D. Foust, "Will Coke Go Better with Carl Ware?" *Business Week* (January 24, 2000): Business Week Archives; Carl Ware Profile—Forbes.com, http://people.forbes.com/profile/print/carl-ware/18148, April 26, 2010; Lloyd D. Ward Profile—Forbes.com, http://people.forbes.com/profile/print/Lloyd-d-ward/11178, April 26, 2010.
70. A. T. Palmer, M. McBride, D. Rocks, and L. Woellert, "Poverty in America: Finally There's Some Good News," *Business Week* (October 18, 1999): Business Week Archives.
71. "A Mentor for the Asking: Bernadette Williams Wants to Provide Minority Women with Experienced Guides to the Tech Biz," *Business Week* (December 6, 1999): Business Week Archives.
72. S. Wellington, M. Brumit Kropf, and P. R. Gerkovich, "What's Holding Women Back?" *Harvard Business Review* (June 2003): 18–19.
73. Y. Cole, "The Truth About Mentoring, Especially Between Races: Supportive Relationships Add Real Value," DiversityInc (November/December 2002): 44–46.
74. Y. Cole, "Learning from the Winners," *DiversityInc* (November/December 2002): 12–27.
75. S. M. Shafer, "Sexual Harassment Exists at All Levels, Army Says," *The Bryan-College Station Eagle*, September 12, 1997, p. A4.
76. "2 Academies Faulted on Treatments of Women," *The New York Times* (August 26, 2005): A11.
77. "Chevron Settles Claims of 4 Women at Unit as Part of Sex Bias Suit," *The Wall Street Journal*, January 22, 1995, p. B12; J. Muller, "Ford: The High Cost of Harassment," *Business Week* (November 15, 1999): 94–96.
78. R. L. Paetzold and A. M. O'Leary-Kelly, "Organizational Communication and the Legal Dimensions of Hostile Work Environment Sexual Harassment," In G. L. Kreps (Ed.), Sexual Harassment: Communication Implications (Cresskill, NJ: Hampton Press, 1993).
79. A. M. O'Leary-Kelly, R. L. Paetzold, and R. W. Griffin, "Sexual Harassment as Aggressive Action: A Framework for Understanding Sexual Harassment," paper presented at the annual meeting of the Academy of Management, Vancouver, Canada, August 1995.
80. "Chevron Settles Claims of 4 Women at Unit as Part of Sex Bias Suit."
81. J. Muller, "Ford: The High Cost of Harassment," *Business Week* (November 15, 1999): 94–96.
82. S. Olafson, "Dow Fires Workers for E-Mail Abuse," *Houston Chronicle*, August 22, 2000, p. 13A; A. Carrns, "Bawdy E-Mails Were Funny Till Times' Parent Fired 22," *Houston Chronicle*, February 6, 2000, p. 3D.; M. Conlin, "Workers, Surf at Your Own Risk," *Business Week* (June 12, 2000): 105–6.
83. "What Productivity Revolution?" *Business Week* (June 12, 2000): 106.
84. R. Ilies, N. Hauserman, S. Schwochau, and J. Stibal, "Reported Incidence Rates of Work-Related Sexual Harassment in the United States: Using Meta-Analysis to Explain Reported Rate Disparities," *Personnel Psychology* 56 (2003): 607–31.
85. T. M. Glomb, L. J. Munson, C. L. Hulin, M. E. Bergman, and F. Drasgow, "Structural Equation Models of Sexual Harassment: Longitudinal Explorations and Cross-Sectional Generalizations," *Journal of Applied Psychology* 84 (1999): 14–28.
86. K. T. Schneider, S. Swan, and L. F. Fitzgerald, "Job-Related and Psychological Effects of Sexual Harassment in the Workplace: Empirical Evidence from Two Organizations," *Journal of Applied Psychology* 82 (1997): 401–15.
87. T. M. Glomb, W. L. Richman, C. L. Hulin, et al., "Ambient Sexual Harassment: An Integrated Model of Antecedents and Consequences," *Organizational Behavior and Human Decision Processes* 71 (September 1997): 309–28.
88. E. Jensen and J. Lippman, "NBC's Problem: Gifted Executive Who Drank," *Wall Street Journal*, December 13, 1996, pp. B1, B19.
89. S. J. Bresler and R. Thacker, "Four-Point Plan Helps Solve Harassment Problems," *HR Magazine* (May 1993): 117–24.
90. "Du Pont's Solution," Training (March 1992): 29; Jensen and

Lippman, "NBC's Problem," *The Wall Street Journal*, December 13, 1996, pp. B1, B19; J. S. Lublin, "Sexual Harassment Moves Up Agenda in Many Executive Education Programs," *The Wall Street Journal*, December 2, 1991, pp. B1, B4; "Navy Is Teaching Sailors What Proper Conduct Is," *The Bryan-College Station Eagle*, April 19, 1993, p. A2.
91. "Training New Workers to Avoid Sexual Harassment Is a Summer Priority," *The Wall Street Journal*, June 29, 1999, p. A1.
92. "Training New Workers to Avoid Sexual Harassment Is a Summer Priority," *The Wall Street Journal*, June 29, 1999, p. A1.

제5장

1. W. C. Hamner, "Reinforcement Theory and Contingency Management in Organizational Settings." In H. Tosi and W. C. Hamner (Eds.), *Organizational Behavior and Management: A Contingency Approach* (Chicago: St. Clair Press, 1974).
2. B. F. Skinner, *Contingencies of Reinforcement* (New York: Appleton-Century-Crofts, 1969).
3. F. Luthans and R. Kreitner, *Organizational Behavior Modification and Beyond* (Glenview, IL: Scott, Foresman, 1985).
4. J. L. Komaki, "Applied Behavior Analysis and Organizational Behavior: Reciprocal Influence of the Two Fields." In B. M. Staw and L. L. Cummings (Eds.), *Research in Organizational Behavior*, vol. 8 (Greenwich, CT: JAI Press, 1986), 297–334.
5. H. M. Weiss, "Learning Theory and Industrial and Organizational Psychology." In M. D. Dunnette and L. M. Hough (Eds.), *Handbook of Industrial and Organizational Psychology,* 2nd ed., vol. 1 (Palo Alto, CA: Consulting Psychologists Press, 1990), 171–221.
6. S. Overman, "When It Comes to Managing Diversity, a Few Companies Are Linking Pay to Performance," *HRMagazine* (December 1992): 38–40.
7. J. D. Shaw, M. K. Duffy, A. Mitra, D. E. Lockhart, and M. Bowler, "Reactions to Merit Pay Increases:A Longitudinal Test of Signal Sensitivity Perspective," *Journal of Applied Psychology* 88(3 2003): 538–44.
8. Weiss, "Learning Theory and Industrial and Organizational Psychology."
9. "Working at Lincoln," (December 15, 2003), www.lincolnelectric.com/corporate/career/default.asp; "About Lincoln," (December 15, 2003), www.lincolnelectric.com/corporate/ about/about.asp; "Our History—A Century of Excellence, A Future of Innovation," (December 15, 2003), www. lincolnelectric.com/corporate/about/history.asp; "Lincoln Electric Vision and Missions," (December 15, 2004), www.lincolnelectric.com/ corporate/about/visions.asp.
10. J. P. Houston, *Fundamentals of Learning and Memory*, 3rd ed. (New York: Harcourt Brace Jovanovich, 1986); Weiss, "Learning Theory and Industrial and Organizational Psychology."
11. R. D. Arvey and J. M. Ivancevich, "Punishment in Organizations: A Review, Propositions, and Research Suggestions," *Academy of Management Review* 5 (1980): 123–32.
12. A. D. Stajkovic and F. Luthans, "Behavioral Management and Task Performance in Organizations: Conceptual Background, Meta-Analysis, and Test of Alternative Models," *Personnel Psychology* 56 (2003): 155–94.
13. Luthans and Kreitner, *Organizational Behavior Modification and Beyond*; F. Luthans and A. D. Stajkovic, "Reinforce for Performance: The Need to Go Beyond Pay and Even Rewards," *Academy of Management Executive* 13(2 1999): 49–56.
14. Luthans and Stajkovic, "Reinforce for Performance."
15. Stajkovic and Luthans, "Behavioral Management and Task Performance in Organizations"; Luthans and Stajkovic, "Reinforce for Performance"; G. Billikopf Encina and M. V. Norton, "Pay Method Affects Vineyard Pruner Performance," www.cnr.berkeley.edu/ucce50/ag-labor/7research/7calag05.htm.
16. AA. D. Stajkovic and F. Luthans, "A Meta-nalysis of the Effects of Organizational Behavior Modification on Task Performance, 1975–95," *Academy of Management Journal* 40(5 1997): 1122–49.
17. A. D. Stajkovic and F. Luthans, "Differential Effects of Incentive Motivators on Work Performance," *Academy of Management Journal* 4(3 2001): 580–90.
18. A. D. Stajkovic and F. Luthans, "Differential Effects of Incentive Motivators on Work Performance," *Academy of Management Journal* 4(3 2001): 580–90.
19. "In California Garment: Workers Have Rights," (October 2002), www.dir.ca.gov, www.workitout.ca.gov.
20. A. Bandura, *Social Learning Theory* (Upper Saddle River, NJ: Prentice Hall, 1977); A. Bandura, *Self-Efficacy: The Exercise of Control*, (New York: W. H. Freeman and Co., 1997).
21. Bandura, *Social Learning Theory* (Upper Saddle River, NJ: Prentice Hall, 1977); Bandura, *Self-Efficacy: The Exercise of Control*, (New York: W. H. Freeman and Co., 1997).
22. Bandura, *Social Learning Theory*; T. R. V. Davis and F. Luthans, *Organizational Behavior Modification and Beyond.* Glenview, IL: Scott Foresman, 1985.
23. J. Zhou, "When the Presence of Creative Coworkers Is Related to Creativity: Role of Supervisor Close Monitoring, Developmental Feedback, and Creative Personality," *Journal of Applied Psychology* 88(3 2003): 413–22.
24. A. P. Goldstein and M. Sorcher, *Changing SupervisorBehavior* (New York: Pergamon Press, 1974); Luthans and Kreitner, *Organizational Behavior Modification and Beyond.*
25. A. Bandura, "Self-Reinforcement: Theoretical and Methodological Considerations," *Behaviorism* 4 (1976): 135–55.
26. M. Moravec, K. Wheeler, and B. Hall, "Getting College Hires on Track Fast," *Personnel* (May 1989): 56–59.
27. T. J. Maurer, E. M. Weiss, and F. G Barbeite, "A Model of Involvement in Work-Related Learning and Development Activity: The Effects of Individual, Situational, Motivational and Age Variables," *Journal of Applied Psychology* 88(4 2003): 707–24.
28. M. E. Gist and T. R. Mitchell, "Self-Efficacy: A Theoretical Analysis of Its Determinants and Malleability," *Academy of Management Review* 17 (1992): 183–211.
29. A. Bandura, "Self-Efficacy Mechanism in Human Agency," *American Psychologist* 37 (1982): 122–47.
30. A. Bandura and E. A. Locke, "Negative Self-Efficacy and Goal

Effects Revisited," *Journal of Applied Psychology* 88(1 2003): 87–89.
31. Bandura, "Self-Efficacy Mechanism in Human Agency."
32. D. Eden and A. B. Shani, "Pygmalion Goes to Boot Camp: Expectancy, Leadership, and Trainee Performance," *Journal of Applied Psychology* 67 (1982): 194–99.
33. Bandura, "Self-Efficacy Mechanism in Human Agency."
34. C. Rogers, "Experimental Learning," *tip.psychology.org/rovers.html*, (June 26, 2003); M. K. Smith, "David A. Kolb on Experiential Learning," www.infed.org/biblio/b-explrn.htm (June 26, 2003).
35. T. M. Amabile, "A Model of Creativity and Innovation in Organizations." In B. M. Staw and L. L. Cummings, *Research in Organizational Behavior*, vol. 10 (Greenwich, CT: JAI Press, 1988), 123–67.
36. T. M. Amabile, "A Model of Creativity and Innovation in Organizations." In B. M. Staw and L. L. Cummings, *Research in Organizational Behavior*, vol. 10 (Greenwich, CT: JAI Press, 1988), 123–67.
37. T. M. Amabile, "A Model of Creativity and Innovation in Organizations." In B. M. Staw and L. L. Cummings, *Research in Organizational Behavior*, vol. 10 (Greenwich, CT: JAI Press, 1988), 123–67.
38. J. L. Adams, *Conceptual Blockbusting: A Guide to Better Ideas*, 4th ed. (Cambridge, MA: Perseus Publishing, 2001).
39. P. Lewis, "A Perpetual Crisis Machine," *Fortune* (September 19, 2005): 58–71.
40. P. Lewis, "A Perpetual Crisis Machine," *Fortune* (September 19, 2005): 58–71; B. Nussbaum, "How to Build Innovative Companies," *BusinessWeek* (August 1, 2005): 61–68.
41. P. Lewis, "A Perpetual Crisis Machine," *Fortune* (September 19, 2005): 58–71.
42. F. B. Barron and D. M. Harrington, "Creativity, Intelligence, and Personality," *Annual Review of Psychology* 32 (1981): 439–76; R. W. Woodman, J. E. Sawyer, and R. W. Griffin, "Toward a Theory of Organizational Creativity," *Academy of Management Review* 18 (1993): 293–321.
43. R. W. Woodman and L. F. Schoenfeldt, "Individual Differences in Creativity: An Interactionist Perspective." In J. A. Glover, R. R. Ronning, and C. R. Reynolds (Eds.), *Handbook of Creativity* (New York: Plenum Press, 1989), 77–92.
44. R. W. Woodman and L. F. Schoenfeldt, "Individual Differences in Creativity: An Interactionist Perspective." In J. A. Glover, R. R. Ronning, and C. R. Reynolds (Eds.), *Handbook of Creativity* (New York: Plenum Press, 1989), 77–92.
45. Barron and Harrington, "Creativity, Intelligence, and Personality."
46. Amabile, "A Model of Creativity and Innovation in Organizations."
47. Amabile, "A Model of Creativity and Innovation in Organizations"; Woodman, Sawyer, and Griffin, "Toward a Theory of Organizational Creativity."
48. Amabile, "A Model of Creativity and Innovation in Organizations."
49. Amabile, "A Model of Creativity and Innovation in Organizations."
50. Amabile, "A Model of Creativity and Innovation in Organizations."
51. Amabile, "A Model of Creativity and Innovation in Organizations."
52. Amabile, "A Model of Creativity and Innovation in Organizations."
53. J. M. George and J. Zhou, "When Openness to Experience and Conscientiousness Are Related to Creative Behavior: An Interactional Approach," *Journal of Applied Psychology* 86 (3 2001): 513–24.
54. J. Zhou and J. M. George, "Awakening Employee Creativity: The Role of Leader Emotional Intelligence," *The Leadership Quarterly* (July 24, 2003).
55. P. Senge, *The Fifth Discipline: The Art and Practice of the Learning Organization* (New York: Doubleday, 1990).
56. Senge, *The Fifth Discipline: The Art and Practice of the Learning Organization.*
57. M. J. Grawitch, D. C. Munz, E. K. Elliott, and A. Mathis, "Promoting Creativity in Temporary Problem-Solving Groups: The Effects of Positive Mood and Autonomy in Problem Definition on Idea-Generating Performance," *Group Dynamics: Theory, Research, and Practice* 7(3 2003): 200–13; M. J. Grawitch, D. C. Munz, and T. J. Kramer, "Effects of Member Mood States on Creative Performance in Temporary Workgroups," *Group Dynamics: Theory, Research, and Practice* 7(1 2003): 41–54.
58. J. S. Brown and P. Duguid, "Balancing Act: How to Capture Knowledge Without Killing It," *Harvard Business Review* (May–June 2000): 73–80.
59. J. S. Brown and P. Duguid, "Balancing Act: How to Capture Knowledge Without Killing It," *Harvard Business Review* (May–June 2000): 73–80.
60. J. S. Brown and P. Duguid, "Balancing Act: How to Capture Knowledge Without Killing It," *Harvard Business Review* (May–June 2000): 73–80.

제6장

1. G. P. Latham, and M. H. Budworth, "The Study of Work Motivation in the 20th Century." In L. L. Koppes (Eds.), *Historical Perspectives in Industrial and Organizational Psychology* (Hillsdale, NJ: Laurence Erlbaum Associates Inc., 2006).
2. F. J. Landy and W. S. Becker, "Motivation Theory Reconsidered." In B. M. Staw and L. L. Cummings (Eds.), *Research in Organizational Behavior*, vol. 9 (Greenwich, CT: JAI Press, 1987), 1–38.
3. J. P. Campbell and R. D. Pritchard, "Motivation Theory in Industrial and Organizational Psychology." In M. D. Dunnette (Ed.), *Handbook of Industrial and Organizational Psychology* (Chicago: Rand McNally, 1976), 63–130.
4. R. Kanfer, "Motivation Theory and Industrial and Organizational Psychology." In M. D. Dunnette and L. M. Hough (Eds.), *Handbook of Industrial and Organizational Psychology*, vol. 1 (Palo Alto, CA: Consulting Psychologists Press, 1990), 75–170.
5. R. Kanfer, "Motivation Theory and Industrial and Organizational Psychology." In M. D. Dunnette and L. M. Hough (Eds.), *Handbook of Industrial and Organizational Psychology*, vol. 1 (Palo Alto, CA: Consulting Psychologists Press, 1990), 75–170.
6. A. K. Kirk and D. F. Brown, "Latent Constructs of Proximal and Distal Motivation Predicting Performance Under Maximum Test Conditions," *Journal of Applied Psychology* 88 (1 2003): 40–49.
7. A. P. Brief and R. J. Aldag, "The Intrinsic-Extrinsic Dichotomy:

Toward Conceptual Clarity," *Academy of Management Review* 2 (1977): 496–99.
8. C. Hymowitz, "Recruiting Top Talent in China Takes a Boss Who Likes to Coach," *The Wall Street Journal* (April 26, 2005): B1.
9. L. Hales, "An Environmental Problem Slipping Through the Quacks," *washingtonpost.com* (August 27, 2005), http://www.washingtonpost.com/wp-dyn/content/article/2005/08/26/AR2005082601888; "Masters of Design: William McDonough," *Fastcompany.com* (April 18, 2006), http://www.fastcompany.com/magazine/83/mod_mcdonough.html; "William McDonough, FAIA," (April 18, 2006), www.mcdonough.com.
10. Brief and Aldag, "The Intrinsic-Extrinsic Dichotomy."
11. N. Nicholson, "How to Motivate Your Problem People," *Harvard Business Review* (January 2003): 57–65.
12. A. H. Maslow, *Motivation and Personality* (New York: Harper & Row, 1954); C. P. Alderfer, *Existence, Relatedness, and Growth: Human Needs in Organizational Settings* (New York: Free Press, 1972).
13. Maslow, *Motivation and Personality*; J. P. Campbell and R. D. Pritchard, "Motivation Theory in Industrial and Organizational Psychology." In M. D. Dunnette (Ed.) *Handbook of Industrial and Organizational Psychology* (Chicago: Rand McNally, 1976), 63–130.
14. V. Anderson, "Kudos for Creativity," *Personnel Journal* (September 1991): 90–93.
15. Maslow, *Motivation and Personality*; Campbell and Pritchard, "Motivation Theory in Industrial and Organizational Psychology."
16. C. P. Alderfer, "An Empirical Test of a New Theory of Human Needs," *Organizational Behavior and Human Performance* 4 (1969): 142–75; Alderfer, *Existence, Relatedness, and Growth*; Campbell and Pritchard, "Motivation Theory and Industrial and Organizational Psychology."
17. Kanfer, "Motivation Theory and Industrial and Organizational Psychology."
18. V. H. Vroom, *Work and Motivation* (New York: Wiley, 1964).
19. V. H. Vroom, *Work and Motivation* (New York: Wiley, 1964).
20. V. H. Vroom, *Work and Motivation* (New York: Wiley, 1964).
21. V. H. Vroom, *Work and Motivation* (New York: Wiley, 1964).
22. V. H. Vroom, *Work and Motivation* (New York: Wiley, 1964).
23. Campbell and Pritchard, "Motivation Theory in Industrial and Organizational Psychology"; T. R. Mitchell, "Expectancy-Value Models in Organizational Psychology." In N. T. Feather (Ed.), *Expectations and Actions: Expectancy-Value Models in Psychology* (Hillsdale, NJ: Erlbaum, 1982), 293–312.
24. Roth, "My Job at the Container Store"; "The Foundation Is Organization."
25. N. Shope Griffin, "Personalize Your Management Development," *Harvard Business Review* (March 2003): 113–19.
26. P. A. Galagan, "Training Keeps the Cutting Edge Sharp for the Andersen Companies," *Training & Development* (January 1993): 30–35.
27. M. J. Stahl and A. M. Harrell, "Modeling Effort Decisions with Behavioral Decision Theory: Toward an Individual Differences Model of Expectancy Theory," *Organizational Behavior and Human Performance* 27 (1981): 303–25.
28. Campbell and Pritchard, "Motivation Theory in Industrial and Organizational Psychology"; Kanfer, "Motivational Theory and Industrial and Organizational Psychology."
29. J. S. Adams, "Toward an Understanding of Inequity," *Journal of Abnormal and Social Psychology*, 67: 422–36.
30. J. S. Adams, "Toward an Understanding of Inequity," *Journal of Abnormal and Social Psychology*, 67: 422–36.
31. J. S. Adams, "Toward an Understanding of Inequity," *Journal of Abnormal and Social Psychology*, 67: 422–36.
32. J. S. Adams, "Toward an Understanding of Inequity," *Journal of Abnormal and Social Psychology*, 67: 422–36.
33. J. S. Adams, "Toward an Understanding of Inequity," *Journal of Abnormal and Social Psychology*, 67: 422–36.
34. R. Cropanzano, B. Goldman, and R. Folger, "Deontic Justice: The Role of Moral Principles in Workplace Fairness," *Journal of Organizational Behavior* 24 (2003): 1019–24.
35. J. Greenberg, "Approaching Equity and Avoiding Inequity in Groups and Organizations." In J. Greenberg and R. L. Cohen (Eds.), *Equity and Justice in Social Behavior* (New York: Academic Press, 1982), 389–435; J. Greenberg, "Equity and Workplace Status: A Field Experiment," *Journal of Applied Psychology* 73 (1988): 606–13; R. T. Mowday, "Equity Theory Predictions of Behavior in Organizations." In R. M. Steers and L. W. Porter (Eds.), *Motivation and Work Behavior* (New York: McGraw-Hill, 1987), 89–110.
36. J. A. Colquitt, J. Greenbery, and C. P. Zapata-Phelan, "What is Organizational Justice? A Historical Overview." In J. Greenberg and J. A. Colquitt (Eds.), *Handbook of Organizational Justice* (Mahwah, NJ: Erlbaum, 2005), 12–45; J. Greenberg, "A Taxonomy of Organizational Justice Theories," *Academy of Management Review* 12 (1987): 9–22.
37. Y. R. Chen, J. Brockner, and J. Greenberg, "When Is It 'A Pleasure to Do Business with You?' The Effects of Relative Status, Outcome Favorability, and Procedural Fairness," *Organizational Behavior and Human Decision Processes* 92 (2003): 1–21; J. A. Colquitt, J. Greenbery, and C. P. Zapata-Phelan, "What is Organizational Justice? A Historical Overview." In J. Greenberg and J. A. Colquitt (Eds.), *Handbook of Organizational Justice* (Mahwah, NJ: Erlbaum, 2005), 12–45; J. A. Colquitt, "On the Dimensionality of Organizational Justice: A Construct Validation of a Measure," *Journal of Applied Psychology* 86(3 2001): 386–400; J. A. Colquitt, D. E. Conlon, M. J. Wesson, C. O. L. H. Porter, and K. Yee Ng, "Justice at the Millennium: A Meta-Analytic Review of 25 Years of Organizational Justice Research," *Journal of Applied Psychology* 86(3 2001): 425–45; J. A. Colquitt and J. C. Shaw, "How Should Organizational Justice Be Measured?" In J. Greenberg and J. A. Colquitt (Eds.) *Handbook of Organizational Justice* (Mahwah, NJ: Erlbaum, 2005): 115–41; R. J. Bies, "Are Procedural Justice and Interactional Justice Conceptually Distinct?" In J. Greenberg and J. A. Colquitt (Eds.) *Handbook of Organizational Justice* (Mahwah, NJ: Erlbaum, 2005): 88–106; M. L. Ambrose and A. Arnaud, "Are Procedural Justice and Distributive Justice Conceptually Distinct?" In J. Greenberg and J. A. Colquitt

(Eds.) *Handbook of Organizational Justice* (Mahwah, NJ: Erlbaum, 2005): 60–78.

38. L. J. Skitka and F. J. Crosby, "Trends in the Social Psychological Study of Justice," *Personality and Social Psychology Review* 7 (4 2003): 282–85.
39. J. A. Colquitt, J. Greenbery, and C. P. Zapata-Phelan, "What is Organizational Justice? A Historical Overview." In J. Greenberg and J. A. Colquitt (Eds.), *Handbook of Organizational Justice* (Mahwah, NJ: Erlbaum, 2005), 12–45; J. A. Colquitt, "On the Dimensionality of Organizational Justice: A Construct Validation of a Measure," *Journal of Applied Psychology* 86(3 2001): 386–400.
40. R. Folger and M. A. Konovsky, "Effects of Procedural and Distributive Justice on Reactions to Pay Raise Decisions," *Academy of Management Journal* 32 (1989): 115–30; J. Greenberg, "Organizational Justice: Yesterday, Today, and Tomorrow," *Journal of Management* 16 (1990): 399–432; M. L. Ambrose and A. Arnaud, "Are Procedural Justice and Distributive Justice Conceptually Distinct?" In J. Greenberg and J. A. Colquitt (Eds.) *Handbook of Organizational Justice* (Mahwah, NJ: Erlbaum, 2005): 60–78.
41. E. E. Umphress, G. Labianca, D. J. Brass, E. Kass, and L. Scholten, "The Role of Instrumental and Expressive Social Ties in Employees' Perceptions of Organizational Justice," *Organization Science* 14 (6 November–December 2003): 738–53.
42. M. L. Ambrose and M. Schminke, "Organization Structure as a Moderator of the Relationship Between Procedural Justice, Interactional Justice, Perceived Organizational Support, and Supervisory Trust," *Journal of Applied Psychology* 88 (2 2003): 295–305.
43. J. A. Colquitt, "On the Dimensionality of Organizational Justice: A Construct Validation of a Measure," *Journal of Applied Psychology* 86(3 2001): 386–400; J. A. Colquitt and J. C. Shaw, "How Should Organizational Justice Be Measured?" In J. Greenberg and J. A. Colquitt (Eds.) *Handbook of Oraganizational Justice* (Mahwah, NJ: Erlbaum, 2005): 115–41.
44. J. A. Colquitt, "On the Dimensionality of Organizational Justice: A Construct Validation of a Measure," *Journal of Applied Psychology* 86(3 2001): 386–400; J. A. Colquitt and J. C. Shaw, "How Should Organizational Justice Be Measured?" In J. Greenberg and J. A. Colquitt (Eds.) *Handbook of Organizational Justice* (Mahwah, NJ: Erlbaum, 2005): 115–41.
45. J. A. Colquitt and J. C. Shaw, "How Should Organizational Justice Be Measured?" In J. Greenberg and J. A. Colquitt (Eds.) *Handbook of Oraganizational Justice* (Mahwah, NJ: Erlbaum, 2005): 115–41.
46. J. A. Colquitt, "On the Dimensionality of Organizational Justice: A Construct Validation of a Measure," *Journal of Applied Psychology* 86(3 2001): 386–400.
47. Greenberg, "Organizational Justice: Yesterday, Today, and Tomorrow"; E. A. Lind and T. Tyler, *The Social Psychology of Procedural Justice* (New York: Plenum, 1988).
48. J. A. Colquitt, "On the Dimensionality of Organizational Justice: A Construct Validation of a Measure," *Journal of Applied Psychology* 86(3 2001): 386–400; R. J. Bies, "Are Procedural Justice and Interactional Justice Conceptually Distinct?" In J. Grenberg and J. A. Colquitt (Eds.) *Handbook of Organizational Justice* (Mahwah, NJ: Erlbaum, 2005): 88–106.
49. R. J. Bies, "The Predicament of Injustice: The Management of Moral Outrage." In L. L. Cummings and B. M. Staw (Eds.), *Research in Organizational Behavior*, vol. 9 (Greenwich, CT: JAI Press, 1987), 289–319; R. J. Bies and D. L. Shapiro, "Interactional Fairness Judgments: The Influence of Causal Accounts," *Social Justice Research* 1 (1987): 199–218; J. Greenberg, "Looking Fair vs. Being Fair: Managing Impressions of Organizational Justice." In B. M. Staw and L. L. Cummings (Eds.), *Research in Organizational Behavior*, vol. 12 (Greenwich, CT: JAI Press, 1990), 111–57; T. R. Tyler and R. J. Bies, "Beyond Formal Procedures: The Interpersonal Context of Procedural Justice." In J. Carroll (Ed.), *Advances in Applied Social Psychology: Business Settings* (Hillsdale, NJ: Erlbaum, 1989), 77–98; J. A. Colquitt, "On the Dimensionality of Organizational Justice: A Construct Validation of a Measure," *Journal of Applied Psychology* 86(3 2001): 386–400.
50. J. A. Colquitt, "On the Dimensionality of Organizational Justice: A Construct Validation of a Measure," *Journal of Applied Psychology* 86(3 2001): 386–400; J. A. Colquitt and J. C. Shaw, "How Should Organizational Justice Be Measured?" In J. Greenberg and J. A. Colquitt (Eds.) *Handbook of Oraganizational Justice* (Mahwah, NJ: Erlbaum, 2005): 115–41.
51. J. A. Colquitt, D. E. Conlon, M. J. Wesson, C. O. L. H. Porter, and K. Yee Ng, "Justice at the Millennium: A Meta-Analytic Review of 25 Years of Organizational Justice Research," *Journal of Applied Psychology* 86(3 2001): 425–55; J. A. Colquitt, J. Greenbery, and C. P. Zapata-Phelan, "What is Organizational Justice? A Historical Overview." In J. Greenberg and J. A. Colquitt (Eds.), *Handbook of Organizational Justice* (Mahwah, NJ: Erlbaum, 2005), 12–45; D. E. Conlon, C. J. Meyer, and J. M. Nowakowski, "How Does Organizational Justice Affect Performance, Withdrawal, and Counterproductive Behavior?" In J. Greenberg and J. A. Colquitt (Eds.) *Handbook of Organizational Justice* (Mahwah, NJ: Erlbaum, 2005): 303–22; R. H. Moorman and Z. B. Byrne, "How does Organizational Justice Affect Organizational Citizenship Behavior?" In J. Greenberg and J. A. Colquitt (Eds.), *Handbook of Organizational Justice* (Mahwah, NJ: Erlbaum, 2005): 357–75.
52. J. Greenberg, "Reactions to Procedural Injustice in Payment Distributions: Do the Means Justify the Ends?" *Journal of Applied Psychology* 72 (1987): 55–61.
53. J. A. Colquitt, D. E. Conlon, M. J. Wesson, C. O. L. H. Porter, and K. Yee Ng, "Justice at the Millennium: A Meta-Analytic Review of 25 Years of Organizational Justice Research," *Journal of Applied Psychology* 86(3 2001): 425–45; D. E. Conlon, C. J. Meyer, and J. M. Nowakowski, "How Does Organizational Justice Affect Performance, Withdrawal, and Counterproductive Behavior?" In J. Greenberg and J. A. Colquitt, *Handbook of Organizational Justice* (Mahwah, NJ: Erlbaum, 2005): 303–22; J. A. Colquitt, J. Greenbery, and C. P. Zapata-Phelan, "What is Organizational Justice? A Historical Overview." In J. Greenberg and J. A. Colquitt (Eds.), *Handbook of Organizational Justice*

(Mahwah, NJ: Erlbaum, 2005), 12–45.
54. D. E. Conlon, C. J. Meyer, and J. M. Nowakowski, "How Does Organizational Justice Affect Performance, Withdrawal, and Counterproductive Behavior?" In J. Greenberg and J. A. Colquitt, *Handbook of Organizational Justice* (Mahwah, NJ: Erlbaum, 2005): 303–22; R. H. Moorman and Z. B. Byrne, "How does Organizational Justice Affect Organizational Citizenship Behavior?" In J. Greenberg and J. A. Colquitt (Eds.), *Handbook of Organizational Justice* (Mahwah, NJ: Erlbaum, 2005): 357–75.
55. R. H. Moorman and Z. B. Byrne, "How does Organizational Justice Affect Organizational Citizenship Behavior?" In J. Greenberg and J. A. Colquitt (Eds.), *Handbook of Organizational Justice* (Mahwah, NJ: Erlbaum, 2005): 357–75; D. E. Warren, "Constructive and Destructive Deviance in Organizations," *Academy of Management Review* 28(4 2003): 622–32; B. E. Litzky, K. A. Eddleston, and D. L. Kidder, "The Good, the Bad, and the Misguided: How Managers Inadvertently Encourage Deviant Behaviors," *Academy of Management Perspectives* (February 2006): 91–103.
56. D. E. Warren, "Constructive and Destructive Deviance in Organizations," *Academy of Management Review* 28(4 2003): 622–32; B. E. Litzky, K. A. Eddleston, and D. L. Kidder, "The Good, the Bad, and the Misguided: How Managers Inadvertently Encourage Deviant Behaviors," *Academy of Management Perspectives* (February 2006): 91–103; D. S. Ones, "Employee Silence: Quiescence an Acquiescence as Responses to Perceived Injustice," *International Journal of Selection and Assessment* 10, (2002): 1–4.

제7장

1. G. P. Latham and M. H. Budworth, "The Study of Work Motivation in the 20th Century." In L. L. Koppes (Ed.), *Historical Perspectives in Industrial and Organizational Psychology* (Hillsdale, NJ: Laurence Erlbaum Associates Inc, 2006).
2. F. W. Taylor, *The Principles of Scientific Management* (New York: Harper and Brothers, 1911).
3. R. W. Griffin, *Task Design: An Integrative Approach* (Glenview, IL: Scott, Foresman, 1982).
4. A. C. Filley, R. J. House, and S. Kerr, *Managerial Process and Organizational Behavior* (Glenview, IL: Scott, Foresman, 1976); C. R. Walker, "The Problem of the Repetitive Job," *Harvard Business Review* 28 (1950): 54–58.
5. Griffin, *Task Design.*
6. P. Gogoi, "Thinking Outside the Cereal Box," *Business Week* (July 28, 2003): 74–75; "Hamburger Helper Announces 'Better Tasting' Product Line," General Mills (June 17, 2003): www.generalmills.com; "NASCAR Driver Bill Lester Featured on Honey Nut Cheerios Package," *General Mills* (July 16, 2003): www.generalmills.com; "General Mills: Company," (April 25, 2006), http://www.generalmills.com/ corporate/ company/index.aspx.
7. Latham and Budworth, "The Study of Work Motivation in the 20th Century."
8. A. Wrzesniewski & J.E. Dutton, (2001), "Crafting a Job: Revisioning Employees as Active Crafters of Their Work," *Academy of Management Review*, 26(2):179–201; J.M. Berg, A. Wrzesniewski, & J.E. Dutton, (2010), "Perceiving and responding to challenges in job crafting at different ranks: When proactivity requires adaptivity," *Journal of Organizational Behavior*, 31, 158–186; N. Tasler, "Help Your Best People Do a Better Job," *Bloomberg Businessweek*, April 26, 2010, http://www.businessweek.com/print/managing/content/mar2010/ca20100325_310839.htm, May 7, 2010; J. Caplan, "Hate Your Job? Here's How to Reshape It," http://www.time.com/time/printout/ 0,8816,1944101,00.html, May 7, 2010.
9. Hackman and Oldham, *Work Redesign.*
10. Hackman and Oldham, *Work Redesign.*
11. Y. Fried and G. R. Ferris, "The Validity of the Job Characteristics Model: A Review and Meta-Analysis," *Personnel Psychology* 40 (1987): 287–322.
12. B. T. Loher, R. A. Noe, N. L. Moeller, and M. P. Fitzgerald, "A Meta-Analysis of the Relation of Job Characteristics to Job Satisfaction," *Journal of Applied Psychology* 70 (1985): 280–89.
13. G. R. Salancik and J. Pfeffer, "A Social Information Processing Approach to Job Attitudes and Task Design," *Administrative Science Quarterly* 23 (1978): 224–53.
14. S. Nolen, "Contingent Employment." In L. H. Peters, C. R. Greer, and S. A. Youngblood (Eds.), *The Blackwell Encyclopedic Dictionary of Human Resource Management* (Oxford: Blackwell Publishers, 1997): 59–60.
15. S. Nolen, "Contingent Employment." In L. H. Peters, C. R. Greer, and S. A. Youngblood (Eds.), *The Blackwell Encyclopedic Dictionary of Human Resource Management* (Oxford: Blackwell Publishers, 1997): 59–60.
16. G. R. Salancik and J. Pfeffer, "A Social Information Processing Approach to Job Attitudes and Task Design," *Administrative Science Quarterly* 23 (1978): 224–53.
17. R. W. Griffin, "Objective and Social Sources of Information in Task Redesign: A Field Experiment," *Administrative Science Quarterly* 28 (1983): 184–200; J. Thomas and R. Griffin, "The Social Information Processing Model of Task Design: A Review of the Literature," *Academy of Management Review* 8 (1983): 672–82.
18. H. Tajfel and J. C. Turner, "The Social Identity Theory of Intergroup Behavior." In S. Worschel and W. G. Austin (Eds.), *Psychology of Intergroup Relations* (2nd ed.; Chicago: Nelson-Hall, 1985), pp. 7–24.
19. M. E. Brown, "*Identification and Some Conditions of Organizational Involvement,*" *Administrative Science Quarterly* 14 (1969): 346–55; Tajfel and Turner, "The Social Identity Theory of Intergroup Behavior"; Ashforth and Mael, "Social Identity Theory and the Organization."
20. Latham and Budworth, "The Study of Work Motivation in the 20th Century."
21. E. A. Locke and G. P. Latham, *A Theory of Goal Setting and Task Performance* (Upper Saddle River, NJ: Prentice Hall, 1990).
22. J. J. Donovan and K. J. Williams, "Missing the Mark: Effects of

Time and Causal Attributions on Goal Revision in Response to Goal-Performance Discrepancies," *Journal of Applied Psychology* 88 (3 2003): 379–90.

23. N. Nicholson, "How to Motivate Your Problem People," *Harvard Business Review* 81 (1 January 2003): 57–65.
24. Locke and Latham, A *Theory of Goal Setting and Task Performance;* M. E. Tubbs, "Goal Setting: A Meta-Analytic Examination of the Empirical Evidence," *Journal of Applied Psychology* 71 (1986): 474–83.
25. P. C. Earley, "Supervisors and Shop Stewards as Sources of Contextual Information in Goal Setting: A Comparison of the U.S. with England," *Journal of Applied Psychology* 71 (1986): 111–17; M. Erez and I. Zidon, "Effect of Goal Acceptance on the Relationship of Goal Difficulty to Performance," *Journal of Applied Psychology* 69 (1984): 69–78; G. P. Latham and H. A. Marshall, "The Effects of Self-Set, Participatively Set and Assigned Goals on the Performance of Government Employees," *Personnel Psychology* 35 (1982): 399–404; T. Matsui, T. Kakkuyama, and M. L. Onglatco, "Effects of Goals and Feedback on Performance in Groups," *Journal of Applied Psychology* 72 (1987): 407–15; B. J. Punnett, "Goal Setting: An Extension of the Research," *Journal of Applied Psychology* 71 (1986): 171–72.
26. A. Bandura and E. A. Locke, "Negative Self-Efficacy and Goal Effects Revisited," *Journal of Applied Psychology* 88 (1 2003): 87–99.
27. F. K. Lee, K. M. Sheldon, and D. B. Turban, "Personality and the Goal-Striving Process: The Influence of Achievement Goal Patterns, Goal Level, and Mental Focus on Performance and Enjoyment," *Journal of Applied Psychology* 88 (2 2003): 256–65.
28. P. J. Sauer, "Open-Door Management," *Inc.* (June, 2003): 44.
29. J. M. Jackman and M. H. Strober, "Fear of Feedback," *Harvard Business Review* (April 2003): 101–6.
30. E. A. Locke, K. N. Shaw, L. M. Saari, and G. P. Latham, "Goal Setting and Task Performance: 1969–1980," *Psychological Bulletin* 90 (1981): 125–52.
31. P. M. Wright, J. M. George, S. R. Farnsworth, and G. C. McMahan, "Productivity and Extra-Role Behavior: The Effects of Goals and Incentives on Spontaneous Helping," *Journal of Applied Psychology* 78 (1993): 374–81.
32. P. C. Earley, T. Connolly, and G. Ekegren, "Goals, Strategy Development, and Task Performance: Some Limits on the Efficacy of Goal Setting," *Journal of Applied Psychology* 74 (1989): 24–33; R. Kanfer and P. L. Ackerman, "Motivation and Cognitive Abilities: An Integrative/Aptitude-Treatment Interaction Approach to Skill Acquisition," *Journal of Applied Psychology* 74 (1989): 657–90.
33. Kanfer and Ackerman, "Motivation and Cognitive Abilities."
34. J. Zhou, "When the Presence of Creative Coworkers Is Related to Creativity: Role of Supervisor Close Monitoring, Developmental Feedback, and Creative Personality," *Journal of Applied Psychology* 88 (3 2003): 413–22.
35. S. J. Carroll and H. L. Tosi, *Management by Objectives: Applications and Research* (New York: Macmillan, 1973); P. F. Drucker, *The Practice of Management* (New York: Harper & Row, 1954); C. D. Fisher, L. F. Schoenfeldt, and J. B. Shaw, *Human Resource Management* (Boston: Houghton Mifflin, 1990); R. Rodgers and J. E. Hunter, "Impact of Management by Objectives on Organizational Productivity," *Journal of Applied Psychology* 76 (1991): 322–36.
36. Fisher, Schoenfeldt, and Shaw, *Human Resource Management.*

제8장

1. J. A. Fuller, J. M. Stanton, G. G. Fisher, C. Spitzmiller, and S. S. Russell, "A Lengthy Look at the Daily Grind: Time Series Analysis of Events, Mood, Stress, and Satisfaction," *Journal of Applied Psychology* 88 (6 2003): 1019–33.
2. P. Belluck, "Recession Anxiety Seeps into Everyday Lives," *The New York Times,* April 9, 2009, pp. A1, A19.
3. P. Belluck, "Recession Anxiety Seeps into Everyday Lives," *The New York Times,* April 9, 2009, pp. A1, A19.
4. R. S. Lazarus, *Psychological Stress and Coping Processes* (New York: McGraw-Hill, 1966); R. S. Lazarus and S. Folkman, *Stress, Appraisal, and Coping* (New York: Springer, 1984); R. S. Lazarus, "Psychological Stress in the Workplace," *Journal of Social Behavior and Personality* 6 (7 1991): 1–13.
5. Lazarus and Folkman, *Stress, Appraisal, and Coping.*
6. M. J. Burke, A. P. Brief, and J. M. George, "The Role of Negative Affectivity in Understanding Relations Between Self-Reports of Stressors and Strains: A Comment on the Applied Psychology Literature," *Journal of Applied Psychology* 78 (1993): 402–12; D. Watson and L. A. Clark, "Negative Affectivity: The Disposition to Experience Aversive Emotional States," *Psychological Bulletin* 96 (1984): 465–90.
7. J. Seligmann, T. Namuth, and M. Miller, "Drowning on Dry Land," *Newsweek*, May 23, 1994, 64–66.
8. D. Watson and J. W. Pennebaker, "Health Complaints, Stress, and Distress: Exploring the Central Role of Negative Affectivity," *Psychological Review* 96 (1989): 234–54.
9. D. Watson and J. W. Pennebaker, "Health Complaints, Stress, and Distress: Exploring the Central Role of Negative Affectivity," *Psychological Review* 96 (1989): 234–54.
10. D. Watson and A. Tellegen, "Toward a Consensual Structure of Mood," *Psychological Bulletin* 98 (1985): 219–35.
11. C. Maslach, *Burnout: The Cost of Caring* (Upper Saddle River, NJ: Prentice Hall, 1982).
12. R. T. Lee and B. E. Ashforth, "On the Meaning of Maslach's Three Dimensions of Burnout," *Journal of Applied Psychology* 75 (1990): 743–47.
13. Seligmann, Namuth, and Miller, "Drowning on Dry Land."
14. Seligmann, Namuth, and Miller, "Drowning on Dry Land."
15. D. Jansen, "Winning: How the Olympian Quit Trying Too Hard—and Finally Won," *USA Weekend*, July 15–17, 1994, 4–5.
16. G. E. Hardy, D. Woods, and T. D. Wall, "The Impact of Psychological Distress on Absence from Work," *Journal of Applied Psychology* 88 (2 2003): 306–14.
17. "A Nurse Shortage May Be Easing, but Stress Persists," *The Wall Street Journal*, January 5, 1993, A1.

18. Y. Wijers-Hasegawa, "JPN Rise in Work-Related Suicides," *IWW-news*, May 10, 2003, www.japantimes.co.jp/cgi-bin/getarticle.p15?nn20030510b3.htm, B. Lafayette De Mente, "Asian Business Codewords," May 2003, www.apmforum.com/columns/boye51.htm; M. Fackler, "Japanese Salarymen Fight Back," *The New York Times*, June 11, 2009, http:// www.nytimes.com/2008/06/11/business/worldbusiness/11iht-11suits.13624023.html, May 21, 2010.
19. "Overwork Blamed in Death of a Top Toyota Engineer," *The New York Times*, http://www.nytimes.com/2008/07/10/business/worldbusiness/10iht-overwork.1.14389149, May 21, 2010.
20. A. Stevens, "Suit over Suicide Raises Issue: Do Associates Work Too Hard?" *The Wall Street Journal*, April 15, 1994, B1, B7.
21. "Japan Wakes Up to Fatal Work Ethic," *Japan Forum*, June 15, 2003, http://forum.japanreference.com/showthread.php?s=&threadid=2886.
22. "Japan Wakes Up to Fatal Work Ethic," *Japan Forum*, June 15, 2003, http://forum.japanreference.com/showthread.php?s=&threadid=2886.
23. J. Ryall, "Japan Wakes Up to Fatal Work Ethic," *Scotland on Sunday*, June 15, 2003, www.scotlandonsunday.com/international.cfm?id=660412003.
24. "Bad Jobs Are a Problem Europe-Wide."
25. S. Shellenbarger, "Keeping Workers by Reaching Out to Them," *The Wall Street Journal*, June 1, 1994, B1.
26. J. M. George and A. P. Brief, "Feeling Good-Doing Good: A Conceptual Analysis of the Mood at Work-Organizational Spontaneity Relationship," *Psychological Bulletin* 112 (1992): 310–29.
27. T. H. Holmes and M. Masuda, "Life Change and Illness Susceptibility." In B. S. Dohrenwend and B. P. Dohrenwend (Eds.), *Stressful Life Events: Their Nature and Effects* (New York: Wiley, 1974), 45–72; T. H. Holmes and R. H. Rahe, "Social Readjustment Rating Scale," *Journal of Psychosomatic Research* 11 (1967): 213–18.
28. R. S. Bhagat, S. J. McQuaid, H. Lindholm, and J. Segovis, "Total Life Stress: A Multimethod Validation of the Construct and Its Effect on Organizationally Valued Outcomes and Withdrawal Behaviors," *Journal of Applied Psychology* 70 (1985): 202–14; A. P. Brief, M. J. Burke, J. M. George, B. Robinson, and J. Webster, "Should Negative Affectivity Remain an Unmeasured Variable in the Study of Job Stress?," *Journal of Applied Psychology* 73 (1988): 193–98; B. S. Dohrenwend, L. Krasnoff, A. R. Askenasy, and B. P Dohrenwend, "Exemplification of a Method for Scaling Life Events: The PERI Life Events Scale," *Journal of Health and Social Behavior* 19 (1978): 205–29; J. H. Johnson and I. G. Sarason, "Recent Developments in Research on Life Stress." In V. Hamilton and D. M. Warburton(Eds.), *Human Stress and Cognition: An Information Processing Approach* (New York: Wiley, 1979), 205–36.
29. R. L. Kahn and P. Byosiere, "Stress in Organizations." In M. D. Dunnette and L. M. Hough (Eds.), *Handbook of Industrial and Organizational Psychology*, 2nd ed., vol. 3 (Palo Alto, CA: Consulting Psychologists Press, 1992), 571–650; S. Jackson and R. Schuler, "A Meta-Analysis and Conceptual Critique of Research on Role Ambiguity and Role Conflict in Work Settings," *Organizational Behavior and Human Decision Processes* 36 (1985): 16–78.
30. S. Jackson and R. Schuler, "A Meta-Analysis and Conceptual Critique of Research on Role Ambiguity and Role Conflict in Work Settings," *Organizational Behavior and Human Decision Processes* 36 (1985): 16–78.
31. Kahn and Byosiere, "Stress in Organizations."
32. Fisher, "Welcome to the Age of Overwork."
33. J. A. Byrne, "The Pain of Downsizing," *Fortune*, May 9, 1994, 60–68.
34. Fisher, "Welcome to the Age of Overwork."
35. L. W. Winik, "What You May Not Know About Workers in America Today," *Parade Magazine*, October 26, 2003, 10.
36. J. M. Brett and L. K. Stroh, "Working 61 Plus Hours a Week: Why Do Managers Do It?" *Journal of Applied Psychology* 88 (1 2003): 67–78.
37. Fisher, "Welcome to the Age of Overwork."
38. A. P. Brief and J. M. Atieh, "Studying Job Stress: Are We Making Mountains Out of Molehills?" *Journal of Occupational Behaviour* 8 (1987): 115–26.
39. A. P. Brief and J. M. Atieh, "Studying Job Stress: Are We Making Mountains Out of Molehills?" *Journal of Occupational Behaviour* 8 (1987): 115–26; R. L. Kahn, *Work and Health* (New York: Wiley, 1981); S. V. Kasl and S. Cobb, "Blood Pressure Changes in Men Undergoing Job Loss: A Preliminary Report," *Psychosomatic Medicine* 32 (1970): 19–38.
40. J. Brockner, "The Effects of Work Layoffs on Survivors: Research, Theory, and Practice." In B. M. Staw and L. L. Cummings (Eds.), *Research in Organizational Behavior* (Greenwich, CT: JAI Press, 1988) pp. 213–255.
41. J. Fierman, "Beating the Midlife Career Crisis," *Fortune*, September 6, 1993, 52–62.
42. Brief and Atieh, "Studying Job Stress"; L. Levi, "Psychological and Physiological Reaction to and Psychomotor Performance During Prolonged and Complex Stressor Exposure," *Acta Medica Scandinavica*, 191 Supplement no. 528, (1972): 119; M. Timio and S. Gentili, "Adrenosympathetic Overactivity Under Conditions of Work Stress," *British Journal of Preventive and Social Medicine* 30 (1976): 262–65.
43. R. Ilies, N. Hauserman, S. Schwochau, and J. Stibal, "Reported Incidence Rates of Work-Related Sexual Harassment in the United States: Using Meta-Analysis to Explain Reported Rate Disparities," *Personnel Psychology* 56 (2003): 607–31.
44. K. Pope, "Keyboard Users Say Makers Knew of Problems," *Wall Street Journal*, May 4, 1994, B1, B5.
45. B. Schreiner, "Hot Water over Bathroom Breaks," *Houston Chronicle*, August 28, 2002, 21A.
46. B. Schreiner, "Hot Water over Bathroom Breaks," *Houston Chronicle*, August 28, 2002, 21A.
47. J. M. George, T. F. Reed, K. A. Ballard, J. Colin, and J. Fielding, "Contact with AIDS Patients as a Source of Work-Related Distress: Effects of Organizational and Social Support," *Academy of Management Journal* 36 (1993): 157–71; J. Barling, E. K. Kelloway, and R. D. Iverson, "High-Quality Work, Job Satisfaction, and Occupational Injuries," *Journal of Applied Psychology* 88 (2 2003): 276–83.

48. "Cargo Pilots Say They Are Flying Tired, and Seek Tougher Schedule Rules," *The Wall Street Journal*, April 5, 1994, A1.
49. "Workplace Injuries May Be Far Worse Than Government Data Suggest," *The Wall Street Journal*, February 2, 1993, A1.
50. J. A. Krug, "Why Do They Keep Leaving?" *Harvard Business Review* (February 2003): 14–15.
51. J. A. Krug, "Why Do They Keep Leaving?" *Harvard Business Review* (February 2003): 14–15.
52. J. A. Krug, "Why Do They Keep Leaving?" *Harvard Business Review* (February 2003): 14–15.
53. Y. Cole, "Work-Life in a Down Economy: Morale Boost or Revenue Flush?" *DiversityInc* (March/April 2003): 96–101.
54. Y. Cole, "Work-Life in a Down Economy: Morale Boost or Revenue Flush?" *DiversityInc* (March/April 2003): 96–101.
55. S. Shellenbarger, "Single Parenting Boosts Career Stress," *The Wall Street Journal*, June 1, 1994, B1.
56. S. Shellenbarger, "The Aging of America Is Making 'Elder Care' a Big Workplace Issue," *The Wall Street Journal*, February 16, 1994, A1, A8.
57. "Sandwich Generation Caught in Demographic Trap," *Management Issue*, May 10, 2006, http://www.managementissues.com/display_page.asp?section= research&id=1221.
58. S. Shellenbarger, "The Aging of America Is Making 'Elder Care' a Big Workplace Issue," *The Wall Street Journal*, February 16, 1994, A1, A8; "Sandwich Generation Caught in Demographic Trap," *Management Issue*, May 10, 2006, http://www.management-issues. com/display_page.asp?section=research&id=1221.
59. A. M. Ryan, B. J. West, and J. Z. Carr, "Effects of the Terrorist Attacks of 9/11/01 on Employee Attitudes," *Journal of Applied Psychology* 88 (4): 647–59.
60. "Credibility of Witness Is Attacked at Tyco Trial," *The New York Times*, October 21, 2003, C5; "First Trails Monday in Series of Corporate Scandals," *CNN.com./LAW CENTER*, September 28, 2003, www.cnn.com/2003/LAW/09/28/white.collar.tirals.ap/; "Enron 'Bribed Tax Officials," *BBC NEWS*, February 17, 2003, www.bbc.co.uk/1/hi/in_depth/business/2002/scandals.
61. L. M. Sixel, "Counselors Help Survivors Deal with Grief," *The Houston Chronicle*, March 29, 2005, A1.
62. J. Dearen, "An Oily Onslaught Halts a Way of Life," *The Houston Chronicle*, May 22, 2010; M. Hatcher, "Flow's size is still not a clear matter," *The Houston Chronicle*, May 22, 2010.
63. S. Folkman and R. S. Lazarus, "An Analysis of Coping in a Middle-Aged Community Sample," *Journal of Health and Social Behavior* 21 (1980): 219–39; S. Folkman and R. S. Lazarus, "If It Changes It Must Be a Process: Study of Emotion and Coping During Three Stages of a College Examination," *Journal of Personality and Social Psychology* 48 (1985): 150–70; S. Folkman and R. S. Lazarus, "Coping as a Mediator of Emotion," *Journal of Personality and Social Psychology* 54 (1988): 466–75.
64. S. Folkman and R. S. Lazarus, "Coping as a Mediator ofEmotion," *Journal of Personality and Social Psychology* 54 (1988): 466–75.
65. S. Folkman and R. S. Lazarus, "Coping as a Mediator of Emotion," *Journal of Personality and Social Psychology* 54 (1988): 466–75.
66. A. Lakein, *How to Get Control of Your Time and Your Life* (New York: Peter H. Wyden, 1973); J. C. Quick and J. D. Quick, *Organizational Stress and Preventive Management* (New York: McGraw-Hill, 1984).
67. E. Alt Powell, "Time Management Can Produce Rewards," *The Atlanta Journal-Constitution* ATC.com (October 23, 2003) www.ajc.com/business/ap/ap_s . . . /AP.V9597.AP-On-the-Money.htm.
68. E. Alt Powell, "Time Management Can Produce Rewards," *The Atlanta Journal-Constitution* ATC.com (October 23, 2003) www.ajc.com/business/ap/ap_s . . . /AP.V9597.AP-On-the-Money.htm.
69. S. Shellenbarger, "Multitasking Makes You Stupid: Studies Show Pitfalls of Doing Too Much at Once," *The Wall Street Journal*, February 27, 2003, B1.
70. S. Shellenbarger, "Multitasking Makes You Stupid: Studies Show Pitfalls of Doing Too Much at Once," *The Wall Street Journal*, February 27, 2003, B1.
71. S. Shellenbarger, "Multitasking Makes You Stupid: Studies Show Pitfalls of Doing Too Much at Once," *The Wall Street Journal*, February 27, 2003, B1.
72. W. L. French and C. H. Bell Jr., *Organizational Development: Behavioral Science Interventions for Organization Improvement* (Upper Saddle River, NJ: Prentice Hall, 1990).
73. S. Forster, "Companies Say Yoga Isn't a Stretch: Physical, Emotional Benefits Are Praised as More Firms Look to Cut Health Costs," *The Wall Street Journal*, October 14, 2003, D4.
74. S. Forster, "Companies Say Yoga Isn't a Stretch: Physical, Emotional Benefits Are Praised as More Firms Look to Cut Health Costs," *The Wall Street Journal*, October 14, 2003, D4.
75. S. Forster, "Companies Say Yoga Isn't a Stretch: Physical, Emotional Benefits Are Praised as More Firms Look to Cut Health Costs," *The Wall Street Journal*, October 14, 2003, D4.
76. Quick and Quick, *Organizational Stress and Preventive Management.*
77. S. Begley, "Dalai Lama and MIT Together Investigate Value of Meditation," *The Wall Street Journal*, September 19, 2003, B1.
78. S. Begley, "Dalai Lama and MIT Together Investigate Value of Meditation," *The Wall Street Journal*, September 19, 2003, B1.
79. S. Cohen and T. A. Wills, "Stress, Social Support, and the Buffering Hypothesis," *Psychological Bulletin* 98 (1985): 310–57; I. G. Sarason, H. M. Levine, R. B. Basham, and B. R. Sarason, "Assessing Social Support: The Social Support Questionnaire," *Journal of Personality and Social Psychology* 44 (1983): 127–39.
80. "Stress Busters."
81. N. B. Kurland and D. E. Bailey, "Telework: The Advantages and Challenges of Working Here, There, Anywhere, and Anytime," *Organizational Dynamics* (Autumn 1999): 53–68.
82. N. B. Kurland and D. E. Bailey, "Telework: The Advantages and Challenges of Working Here, There, Anywhere, and Anytime," *Organizational Dynamics* (Autumn 1999): 53–68.
83. P. J. Knight and J. Westbrook, "Comparing Employees in Traditional Job Structures vs. Telecommuting Jobs Using Herzberg's Hygienes & Motivators," *Engineering Management*

Journal (March 1999): 15–20.

84. M. Igbaria and T. Guimaraes, "Exploring Differences in Employee Turnover Intentions and Its Determinants Among Telecommuters and Non-Telecommuters," *Journal of Management Information Systems* (Summer 1999): 147–64.
85. T. L. Dixon and J. Webster, "Family Structure and the Telecommuter's Quality of Life," *Journal of End User Computing* (Fall 1998): 42–49.
86. "Annual Survey Shows Americans Are Working From Many Different Locations Outside Their Employers Office," International Telework Association & Council—News—Press Release, May 10, 2006, http://www.workingfromanywhere.org/news; "ITAC, The Telework Advisory Group For WorldatWork," May 10, 2006, http://www.workingfrom anywhere.org; "Virtual Business Owners Community& sbquo;—FAQ Center: Telecommuting/Telework," May 10, 2006, http://www.vsscyberoffice.com/vfaq/25.html.
87. R. Eisenberger, P. Fasolo, and V. Davis-LaMastro, "Perceived Organizational Support and Employee Diligence, Commitment, and Innovation," *Journal of Applied Psychology* 75 (1990): 51–59; R. Eisenberger, R. Huntington, S. Hutchinson, and D. Sowa, "Perceived Organizational Support," *Journal of Applied Psychology* 71 (1986): 500–7; M. L. Ambrose and M. Schminke, "Organization Structure as a Moderator of the Relationship Between Procedural Justice, Interactional Justice, Perceived Organizational Support, and Supervisory Trust," *Journal of Applied Psychology* 88 (2 2003): 295–305.
88. D. N. Sull, "Managing By Commitments," *Harvard Business Review* (June 2003): 82–91.
89. J. M. George, T. F. Reed, K. A. Ballard, J. Colin, and J. Fielding, "Contact with AIDS Patients as a Source of Work-Related Distress: Effects of Organizational and Social Support," *Academy of Management Journal* 35 (1996): 157–71.
90. R. Flandez, "Vegetable Gardens Help Morale Grow," *The Wall Street Journal,* August 18, 2009, p. B5.
91. R. A. Wolfe and D. F. Parker, "Employee Health Management: Challenges and Opportunities," *Academy of Management Executive* 8 (2 1994): 22–31.
92. U.S. Department of Health and Human Services, *1992 National Survey of Worksite Health Promotion Activities: A Summary Report* (Washington, DC: U.S. Department of Health and Human Services, 1992).
93. Wolfe and Parker, "Employee Health Management."

제9장

1. *Toward Phenomenology of Groups and Group Membership*, H. Sondak, M. Neale, and E. Mannix (Eds.), (Oxford: Elsevier Science, 2003); W. A. Kahn, Book Review of Toward Phenomenology of Groups and Group Membership, *Administrative Science Quarterly* (June 2003): 330–32.
2. H. Moon, D. E Conlon, S. E Humphrey, N. Quigley, C. E. Devers, and J. M. Nowakowski, "Group Decision Process and Incrementalism in Organizational Decision Making," *Organizational Behavior and Human Decision Processes* 92 (2003): 67–79.
3. B. Dumaine, "The Trouble with Teams," *Fortune,* September 5, 1994, 86–92.
4. M. E. Shaw, *Group Dynamics*, 3rd ed. (New York: McGraw-Hill, 1981).
5. T. M. Mills, *The Sociology of Small Groups* (Upper Saddle River, NJ: Prentice Hall, 1967).
6. J. A. Pearce II and E. C. Ravlin, "The Design and Activation of Self-Regulating Work Groups," *Human Relations* 11 (1987): 751–82.
7. B. W. Tuckman, "Developmental Sequences in Small Groups," *Psychological Bulletin* 63 (1965): 384–99; B. W. Tuckman and M. C. Jensen, "Stages of Small Group Development," *Group and Organizational Studies* 2 (1977): 419–27.
8. R. G. LeFauve and A. C. Hax, "Managerial and Technological Innovations at Saturn Corporation," *MIT Management* (Spring 1992): 8–19.
9. R. S. Peterson and K. Jackson Behfar, "The Dynamic Relationship Between Performance Feedback, Trust, and Conflict in Groups: A Longitudinal Study," *Organizational Behavior and Human Decision Processes* 92 (2003): 102–12.
10. C. J. G. Gersick, "Time and Transition in Work Teams: Toward a New Model of Group Development," *Academy of Management Journal* 31 (1988): 9–41; C. J. G. Gersick, "Marking Time: Predictable Transitions in Task Groups," *Academy of Management Journal* 32 (1989): 274–309.
11. L. L. Thompson, *Making the Team: A Guide for Managers* (Upper Saddle River, NJ: Prentice Hall, 2000).
12. G. R. Jones, "Task Visibility, Free Riding, and Shirking: Explaining the Effect of Structure and Technology on Employee Behavior," *Academy of Management Review* 9 (1984): 684–95.
13. C. Gibson and F. Vermeulen, "A Healthy Divide: Subgroups as a Stimulus for Team Learning Behavior," *Administrative Science Quarterly* 48 (2003): 202–39.
14. W. B. Swann, Jr., J. T. Polzer, D. C. Seyle, and S. J. Ko, "Finding Value in Diversity: Verification of Personal and Social Self-Views in Diverse Groups," *Academy of Management Review* 29 (1 2004): 9–27.
15. A. Fisher, "How to Battle the Coming Brain Drain," *Fortune* (March 21, 2005): 121–28.
16. A. Fisher, "How to Battle the Coming Brain Drain," *Fortune* (March 21, 2005): 121–28.
17. A. Fisher, "How to Battle the Coming Brain Drain," *Fortune* (March 21, 2005): 121–28.
18. A. Fisher, "How to Battle the Coming Brain Drain," *Fortune* (March 21, 2005): 121–28; "Northrop Grumman Corporation-Defining the Future," May 11, 2006, http://www.northropgrumman.com.
19. "General Electric: Our Company," May 11, 2006, http://www.ge.com/en/company/; A. Fisher, "How to Battle the Coming Brain Drain," *Fortune* (March 21, 2005): 121–28.
20. A. Fisher, "How to Battle the Coming Brain Drain," *Fortune* (March 21, 2005): 121–28.

21. A. Fisher, "How to Battle the Coming Brain Drain," *Fortune* (March 21, 2005): 121–28.
22. A. Fisher, "How to Battle the Coming Brain Drain," *Fortune* (March 21, 2005): 121–28.
23. J. Stuart Bunderson and K. M. Sutcliffe, "When to Put the Brakes on Learning," *Harvard Business Review* (February 2003): 20–21.
24. T. C. Brown, "The Effect of Verbal Self-Guidance Training on Collective Efficacy and Team Performance," *Personnel Psychology* 56 (2003): 935–64.
25. A. Bandura, *Self-Efficacy: The Exercise of Control* (New York: W. H. Freeman and Company, 1997).
26. A. Bandura, *Self-Efficacy: The Exercise of Control* (New York: W. H. Freeman and Company, 1997).
27. A. Bandura, *Self-Efficacy: The Exercise of Control* (New York: W. H. Freeman and Company, 1997).
28. A. Bandura, *Self-Efficacy: The Exercise of Control* (New York: W. H. Freeman and Company, 1997).
29. A. Bandura, *Self-Efficacy: The Exercise of Control* (New York: W. H. Freeman and Company, 1997).
30. A. Bandura, *Self-Efficacy: The Exercise of Control* (New York: W. H. Freeman and Company, 1997).
31. C. F. Bond Jr. and L. J. Titus, "Social Facilitation: A Meta-Analysis of 241 Studies," *Psychological Bulletin* 94 (1983): 265–92; Shaw, *Group Dynamics.*
32. C. F. Bond Jr. and L. J. Titus, "Social Facilitation: A Meta-Analysis of 241 Studies," *Psychological Bulletin* 94 (1983): 265–92; Shaw, *Group Dynamics.*
33. B. Dumain, "Who Needs a Boss?" *Fortune,* May 7, 1990, pp. 52–60.
34. B. Dumain, "Who Needs a Boss?" *Fortune,* May 7, 1990, pp. 52–60.
35. J. R. Hackman, "Group Influences on Individuals in Organizations." In M. D. Dunnette and L. M. Hough (Eds.), *Handbook of Industrial and Organizational Psychology*, 2nd ed., vol. 3 (Palo Alto, CA: Consulting Psychologists Press, 1992), 199–267.
36. J. R. Hackman, "Group Influences on Individuals in Organizations." In M. D. Dunnette and L. M. Hough (Eds.), *Handbook of Industrial and Organizational Psychology*, 2nd ed., vol. 3 (Palo Alto, CA: Consulting Psychologists Press, 1992), 199–267.
37. D. C. Feldman, "The Development and Enforcement of Group Norms," *Academy of Management Review* 9 (1984): 47–53.
38. Hackman, "Group Influences on Individuals in Organizations."
39. E. P. Hollander, "Conformity, Status, and Idiosyncrasy Credit," *Psychological Review* 65 (1958): 117–27.
40. M. Dalton, "The Industrial Ratebuster: A Characterization," *Applied Anthropology* 7 (1948): 5–18.
41. Hackman, "Group Influences on Individuals in Organizations."
42. C. L. Jackson and J. A. LePine, "Peer Response to a Team's Weakest Link: A Test and Extension of LePine and Van Dyne's Model," *Journal of Applied Psychology* 88 (3 2003): 459–75.
43. C. J. Nemeth and B. M. Staw, "The Trade-Offs of Social Control and Innovation in Groups and Organizations," *Advances in Experimental Social Psychology* 22 (1989): 175–210.
44. C. J. Nemeth and B. M. Staw, "The Trade-Offs of Social Control and Innovation in Groups and Organizations," *Advances in Experimental Social Psychology* 22 (1989): 175–210.
45. M. J. Grawitch, D. C. Munz, and T. J. Kramer, "Effects of Member Mood States on Creative Performance in Temporary Workgroups," *Group Dynamics: Theory, Research, and Practice* 7 (1 2003): 41–54; M. J. Grawitch, D. C. Munz, E. K. Elliott, and A. Mathis, "Promoting Creativity in Temporary Problem-Solving Groups: The Effects of Positive Mood and Autonomy in Problem Definition on Idea-Generating Performance," *Group Dynamics: Theory, Research, and Practice* 7 (3 2003): 200–13.
46. M. Williams and Y. Ono, "Japanese Cite Need for Bold Change, but Not at the Expense of 'Stability,'" *The Wall Street Journal*, June 29, 1993, A10; N.L. Damaraju, J. Barney, & G. Dess, "Stigma and Entrepreneurial Risk Taking," Paper to be presented at the Summer Conference 2010, on "Opening Up Innovation: Strategy, Organization and Technology," at Imperial College London Business School, June 15–18, 2010.
47. G. R. Jones, "Psychological Orientation and the Process of Organizational Socialization: An Interactionist Perspective," *Academy of Management Review* 8 (1983): 464–74.
48. J. Van Mannen and E. H. Schein, "Towards a Theory of Organizational Socialization." In B. M. Staw, (Ed.), *Research in Organizational Behavior*, vol. 1 (Greenwich, CT: JAI Press, 1979), 209–64.
49. G. R. Jones, "Socialization Tactics, Self-Efficacy, and Newcomers' Adjustments to Organizations," *Academy of Management Review* 29 (1986): 262–79.
50. G. R. Jones, "Socialization Tactics, Self-Efficacy, and Newcomers' Adjustments to Organizations," *Academy of Management Review* 29 (1986): 262–79; Van Mannen and Schein, "Towards a Theory of *Organizational Socialization.*"
51. www.intercotwest.com/disneyland; M. N. Martinez, "Disney Training Works Magic," *HRMagazine* (May 1992): 53–57.

제10장

1. I. D. Steiner, Group Process and Productivity (New York: Academic Press, 1972).
2. R. A. Guzzo and G. P. Shea, "Group Performance and Intergroup Relations in Organizations." In M. D. Dunnette and L. M. Hough (eds.), *Handbook of Industrial and Organizational Psychology*, 2nd ed., vol. 3 (Palo Alto, CA: Consulting Psychologists Press, 1992), 269–313; I. D. Steiner, Group Process and Productivity.
3. Guzzo and Shea, "Group Performance and Intergroup Relations in Organizations."
4. P. B. Paulus and H. C. Yang, "Idea Generation in Groups: A Basis for Creativity in Organizations," *Organizational Behavior and Human Decision Processes* (May 2000): 76–87.
5. L. Thompson and L. F. Brajkovich, "Improving the Creativity of Organizational Work Groups," *Academy of Management Executive*, February 2003, vol. 17, 96–112.
6. www.secondcity.com, 2010.

7. Ibid.
8. L. R. Offermann and R. K. Spiros, "The Science and Practice of Team Development: Improving the Link," *Academy of Management Journal*, April 2001, vol. 44, 376–393.
9. P. C. Earley, "Social Loafing and Collectivism: A Comparison of the United States and the People's Republic of China," *Administrative Science Quarterly* 34 (1989): 565–81; J. M. George, "Extrinsic and Intrinsic Origins of Perceived Social Loafing in Organizations," *Academy of Management Journal* 35 (1992): 191–202; S. G. Harkins, B. Latane, and K. Williams, "Social Loafing: Allocating Effort or Taking It Easy," *Journal of Experimental Social Psychology* 16 (1980): 457–65; B. Latane, K. D. Williams, and S. Harkins, "Many Hands Make Light the Work: The Causes and Consequences of Social Loafing," Journal of Personality and Social Psychology 37 (1979): 822–32; J. A. Shepperd, "Productivity Loss in Performance Groups: A Motivation Analysis," *Psychological Bulletin* 113 (1993): 67–81.
10. George, "Extrinsic and Intrinsic Origins of Perceived Social Loafing in Organizations"; G. R. Jones, "Task Visibility, Free Riding, and Shirking: Explaining the Effect of Structure and Technology on Employee Behavior," *Academy of Management Review* 9 (1984): 684–95; K. Williams, S. Harkins, and B. Latane, "Identifiability as a Deterrent to Social Loafing: Two Cheering Experiments," *Journal of Personality and Social Psychology* 40 (1981): 303–11.
11. M. A. Brickner, S. G. Harkins, and T. M. Ostrom, "Effects of Personal Involvement: Thought-Provoking Implications for Social Loafing," *Journal of Personality and Social Psychology* 51 (1986): 763–69; S. G. Harkins and R. E. Petty, "The Effects of Task Difficulty and Task Uniqueness on Social Loafing," *Journal of Personality and Social Psychology* 43 (1982): 1214–29; N. L. Kerr and S. E. Bruun, "Dispensability of Member Effort and Group Motivation Losses: Free-Rider Effects," *Journal of Personality and Social Psychology* 44 (1983): 78–94.
12. N. L. Kerr, "Motivation Losses in Small Groups: A Social Dilemma Analysis," *Journal of Personality and Social Psychology* 45 (1983): 819–28.
13. J. M. Jackson and S. G. Harkins, "Equity in Effort: An Explanation of the Social Loafing Effect," *Journal of Personality and Social Psychology* 49 (1985): 1199–206.
14. B. Latane, "Responsibility and Effort in Organizations." In P. S. Goodman (ed.), *Designing Effective Work Groups* (San Francisco: Jossey-Bass, 1986); Latane, Williams, and Harkins, "Many Hands Make Light the Work"; Steiner, Group Process and Productivity.
15. M. E. Shaw, Group Dynamics, 3rd ed. (New York: McGraw-Hill, 1981).
16. K. Lovelace, D. L. Shapiro, and L. R. Weingart, "Maximizing Cross-Functional New Product Teams' Innovativeness and Constraint Adherence: A Conflict Communications Perspective," *Academy Management Journal*, August 2001, vol. 44, 779–94.
17. S. Harkins and J. Jackson, "The Role of Evaluation in Eliminating Social Loafing," Personality and Social *Psychology Bulletin* 11 (1985): 457–65; N. L. Kerr and S. E. Bruun, "Ringelman Revisited: Alternative Explanations for the Social Loafing Effect," *Personality and Social Psychology Bulletin* 7 (1981): 224–31; Williams, Harkins, and Latane, "Identifiability as a Deterrent to Social Loafing."
18. Brickner, Harkins, and Ostrom, "Effects of Personal Involvement"; Harkins and Petty, "The Effects of Task Difficulty and Task Uniqueness on Social Loafing."
19. R. Rapaport, "To Build a Winning Team: An Interview with Head Coach Bill Walsh," *Harvard Business Review* (January–February 1993): 111–20.
20. Latane, "Responsibility and Effort in Organizations"; Latane, Williams, and Harkins, "Many Hands Make Light the Work"; Steiner, Group Process and Productivity.
21. J. D. Thompson, *Organizations in Action* (New York: McGraw-Hill, 1967).
22. G. Stewart and M. R. Barrick, "Team Structure and Performance: Assessing the Mediating Role of Intrateam Process and The Moderating Role of Task Type," *Academy of Management Journal*, April 200, vol. 43, 135–49.
22. Ibid.
23. Steiner, Group Process and Productivity.
24. www.hickorysprings.com, 2010.
26. Ibid; J. Bailey, "With Price Increases Rare, Small Firms Struggle to Survive," *The Wall Street Journal*, September 4th, 2001, B2.
27. G. S. Van Der Vegt, E. Van De Vliert, and A. Oosterhof, "Informational Dissimilarity and Organizational Citizenship Behavior: The Role of Intra-team Interdependence and Team Identification," *Academy of Management Journal*, December 2003, vol. 46, 715–28.
28. L. Festinger, "Informal Social Communication," *Psychological Review*, 57 (1950): 271–82; Shaw, Group Dynamics.
29. D. Cartwright, "The Nature of Group Cohesiveness." In D. Cartwright and A. Zander (eds.), Group Dynamics, 3rd ed. (New York: Harper & Row, 1968) L. Festinger, S. Schacter, and K. Black, Social Pressures in Informal Groups (New York: Harper & Row, 1950); Shaw, Group Dynamics.
30. D. A. Harrison, K. H. Price, J. H. Gavin, and A. T. Florey, "Time, Teams and Task Performance: Changing Effects of Surface- and Deep-Level Diversity on Group Functioning," *Academy of Management Journal*, October 2002, vol. 45, 1029–46.
31. J. A. Chatman and F. J. Flynn, "The Influence of Demographic Heterogeneity on the Emergence and Consequences of Cooperative Norms in Work Teams," *Academy of Management Journal*, October 2001, vol. 44, 956–75; A. E. Randel and K. S. Jaussi, "Functional Background Identity, Diversity, and Individual Performance in Cross-Functional Teams," *Academy of Management Journal*, December 2003, vol. 46, 775.
32. B. Beersma, J. R. Hollenbeck, S. E. Humphrey, H. Moon, D. E. Conlon, and D. R. Ilgen, "Cooperation, Competition, and Team Performance: Toward a Contingency Approach," *Academy of Management Journal*, October 2003, vol. 46, 591.
33. D. Knight, C. C. Durham, and A. Edwin, "The Relationship of Team Goals, Incentives, and Efficacy to Strategic Risk, Tactical Implementation, and Performance," *Academy of Management Journal*, April 2001, vol. 44, 236–339.

34. J. S. Bunderson and K. M. Sutcliffe, "Comparing Alternative Conceptualizations of Functional Diversity in Management Teams: Process and Performance Effects," *Academy of Management Journal*, October 2002, vol. 45, 875–94.
35. G. Chen and R. J. Klimoski, "The Impact of Expectations on Newcomer Performance in Teams as Moderated by Work Characteristics, Social Exchanges, and Empowerment," *Academy of Management Journal*, October 2003, vol. 46, 591–608.
36. Shaw, Group Dynamics.
37. J. R. Hackman, "Group Influences on Individuals in Organizations." In Dunnette and Hough (eds.), *Handbook of Industrial and Organizational Psychology*, 2nd ed., vol 2 (Palo Alto, CA: Consulting Psychologists Press, 1992), 199–267.
38. Shaw, Group Dynamics.
39. S. Finkelstein and D. C. Hambrick, "Top management Team Tenure and Organizational Outcomes: The Moderating Role of Managerial Discretion," *Administrative Science Quarterly* 35 (1990): 484–503.
40. I. L. Janis, *Victims of Groupthink*, 2nd ed. (Boston: Houghton Mifflin, 1982).
41. C. J. Collins and K. D. Clark, "Strategic Human Resource Practices, Top Management Team Social Networks, and Firm Performance: The Role of Human Resource Practices in creating Organizational Competitive Advantage," *Academy of Management Journal*, December 2003, vol. 46, 740–52.
42. V. U. Druskat and J. V. Wheeler, "Managing From the Boundary: The Effective Leadership of Self-Managing Work Teams," *Academy of Management Journal*, August 2003, vol. 46, 435–58.
43. J. A. Pearce II and E. C. Ravlin, "The Design and Activation of Self-Regulating Work Groups," *Human Relations* 11 (1987): 751–82.
44. A. R. Montebello and V. R. Buzzotta, "Work Teams That Work," *Training and Development* (March 1993): 59–64.
45. J. R. Hackman and G. R. Oldham, Work Redesign (Reading, MA: Addison-Wesley, 1980).
46. B. Dumain, "Who Needs a Boss?," *Fortune* (May 7, 1990): 52–60; Pearce and Ravlin, "The Design and Activation of Self-Regulating Work Groups."
47. A. B. Henley and K. H. Price, "Want a Better Team? Foster a Climate of Fairness," *Academy of Management Executive*, August 2002, vol. 16, 153–55.
48. J. St Bunderson, "Team Member Functional Background and Involvement in Management Teams: Direct Effects and the Moderating Role of Power Centralization," *Academy of Management Journal*, August 2003, vol. 46, 458–75.
49. B. L. Kirkman and D. L. Shapiro, "The Impact of Cultural Values on Job Satisfaction and Organizational Commitment in Self-Managing Work Teams: The Mediating Role of Employee Resistance," *Academy of Management Journal*, June 2001, vol. 44, 557–70.
50. Dumain, "Who Needs a Boss?"
51. T. D. Wall, N. J. Kemp, P. R. Jackson, and C. W. Clegg, "Outcomes of Autonomous Workgroups: A Long-Term Field Experiment," *Academy of Management Journal* 29 (1986): 280–304.
52. R. D. O'Keefe, J. A. Kernaghan, and A. H. Rubenstein, "Group Cohesiveness: A Factor in the Adoption of Innovations Among Scientific Work Groups," *Small Group Behavior* 6 (1975): 282–92; C. A. O'Reilly and K. H. Roberts, "Task Group Structure, Communication, and Effectiveness in Three Organizations," *Journal of Applied Psychology* 62 (1977): 674–81.
537. R. T. Keller, "Cross-Functional project Groups in Research and New Product Development: Diversity, communications, Job Stress, and Outcomes," *Academy of Management Journal*, June 2001, vol. 44, 547–56.
54. J. B. White and O. Suris, "How a 'Skunk Works' Kept the Mustang Alive—on a Tight Budget," *The Wall Street Journal*, September 21, 1993, A1, A12.
55. Ibid.
56. B. L. Kirkman, B. Rosen, C. B. Gibson, P. E. Tesluk and S. O. McPherson, "Five Challenges to Virtual Team Success: Lessons From Sabre, Inc.," *Academy of Management Executive*, August 2002, vol. 16, 67–80.
57. J. Lipnack, "Virtual Teams," *Executive Excellence* 16(5 May 1999): 14–15.
58. D. L. Duarte and N. T. Snyder, Mastering Virtual Teams (San Francisco: Jossey-Bass 1999); K. A. Karl, "Book Review: Mastering Virtual Teams," *Academy of Management Executive* (August 1999): 118–19.
59. Ibid.
60. Steve Lohr, "Working Together, Wherever They Are," *The New York Times*, October 5, 2005, G1.
61. B. Geber, "Virtual Teams," *Training* 32(4 April 1995): 36–40; T. Finholt and L. S. Sproull, "Electronic Groups at Work," *Organizational Science* 1 (1990): 41–64.
62. B. L. Kirkman and D. L. Shapiro, "The Impact of Cultural Values on Job Satisfaction and Organizational Commitment in Self-Managing Work Teams: The Mediating Role of Employee Resistance," *Academy of Management Journal*, June 2001, vol. 44, 557–70.
63. G. R. Jones and J. M. George, "The Experience and Evolution of Trust: Implications for Cooperation and Teamwork," *Academy of Management Review*, July 1998, vol. 23, 531–47.
64. Geber, "Virtual Teams."
65. www.hp.com, 2010.
66. Geber, "Virtual Teams."
67. Ibid.
68. Ibid.
69. E. J. Hill, B. C. Miller, S. P. Weiner, and J. Colihan, "Influences of the Virtual Office on Aspects of Work and Work/Life Balance," *Personnel Psychology* 31 (1998): 667–83; S. G. Strauss, "Technology, Group Process, and Group Outcomes: Testing the Connections in Computer-Mediated and Face-to-Face Groups," *Human Computer Interaction* 12 (1997): 227–66; M. E. Warkentin, L. Sayeed, and R. Hightower, "Virtual Teams versus Face-to-Face Teams: An Exploratory Study of a Web-based Conference System," *Decision Sciences* 28(4 Fall 1997): 975–96.

제11장

1. G. Yukl, "Managerial Leadership: A Review of Theory and Research," *Journal of Management* 15 (1989): 251–89.
2. G. Yukl, *Leadership in Organizations*, 2nd ed. (New York: Academic Press, 1989).
3. W. Shen, "The Dynamics of the CEO-Board Relationship: An Evolutionary Perspective," *Academy of Management Review*, July 2003, vol. 28, 466–77.
4. D. A. Waldman, G. G. Ramirez, R. J. House, and P. Puranam, "Does Leadership Matter? CEO Leadership Attributes and Profitability Under Conditions of Perceived Environmental Uncertainty," *Academy of Management Journal*, February 2001, vol. 44, 134–44.
5. L. Coch and J. R. P. French, "Overcoming Resistance to Change," *Human Relations* 1 (1948): 512–32; G. Graen, F. Dansereau Jr., T. Minami, and J. Cashman, "Leadership Behaviors as Cues to Performance Evaluation," *Academy of Management Journal* 16 (1973): 611–23; G. Graen and S. Ginsburgh, "Job Resignation as a Function of Role Orientation and Leader Acceptance: A Longitudinal Investigation of Organizational Assimilation," *Organizational Behavior and Human Performance* 19 (1977): 1–17; R. J. House and M. L. Baetz, "Leadership: Some Empirical Generalizations and New Research Directions." In B. M. Staw and L. L. Cummings (eds.), *Research in Organizational Behavior*, vol. 1 (Greenwich, CT: JAI Press, 1979), 341–423; N. R. F. Maier, *Problem Solving and Creativity in Individuals and Groups* (Belmont, CA: Brooks-Cole, 1970); K. N. Wexley, J. P. Singh, and G. A. Yukl, "Subordinate Personality as a Moderator of the Effects of Participation in Three Types of Appraisal Interviews," *Journal of Applied Psychology* 58 (1973): 54–59.
6. House and Baetz, "Leadership."
7. Yukl, "Managerial Leadership."
8. Stogdill, *Handbook of Leadership*; House and Baetz, "Leadership."
9. B. M. Bass, *Bass and Stogdill's Handbook of Leadership: Theory, Research, and Managerial Applications*, 3d ed. (New York: Free Press, 1990); House and Baetz, "Leadership"; S. A. Kirpatrick and E. A. Locke, "Leadership: Do Traits Matter?" *Academy of Management Executive* 5(2 1991): 48–60; G. Yukl, *Leadership in Organizations*; Yukl and Van Fleet, "Theory and Research on Leadership in Organizations."
10. E. A. Fleishman, "The Description of Supervisory Behavior," *Personnel Psychology* 37 (1953): 1–6; A. W. Halpin and B. J. Winer, "A Factorial Study of the Leader Behavior Descriptions." In R. M. Stogdill and A. E. Coons (eds.), *Leader Behavior: Its Description and Measurement* (Columbus: Bureau of Business Research, Ohio State University, 1957).
11. E. A. Fleishman, "Performance Assessment Based on an Empirically Derived Task Taxonomy," *Human Factors* 9 (1967): 349–66.
12. D. Tscheulin, "Leader Behavior Measurement in German Industry," *Journal of Applied Psychology* 56 (1971): 28–31.
13. P. Nulty, "The Bounce Is Back at Goodyear," *Fortune* (September 7, 1992): 70–72.
14. G. G. Marcial, "Goldman & Schwab," *BusinessWeek* (October 2, 2000): BusinessWeek Online; www.schwab.com.
15. "The Top 25 Managers–Managers to Watch"; "David S. Pottruck and Charles R. Schwab, Charles Schwab Corp.," *BusinessWeek* (January 8, 2001): BusinessWeek Online.
16. Ibid.
17. E. A. Fleishman and E. F. Harris, "Patterns of Leadership Behavior Related to Employee Grievances and Turnover," *Personnel Psychology* 15 (1962): 43–56.
18. P. M. Podsakoff, W. D. Todor, R. A. Grover, and V. L. Huber, "Situational Moderators of Leader Reward and Punishment Behaviors: Fact or Fiction?," *Organizational Behavior and Human Performance* 34 (1984): 21–63; P. M. Podsakoff, W. D. Todor, and R. Skov, "Effects of Leader Contingent and Noncontingent Reward and Punishment Behaviors on Subordinate Performance and Satisfaction," *Academy of Management Journal* 25 (1982): 810–21.
19. G. Das, "Local Memoirs of a Global Manager," *Harvard Business Review* (March–April 1993): 38–47.
20. Podsakoff, Todor, Grover, and Huber, "Situational Moderators of Leader Reward and Punishment Behaviors"; Podsakoff, Todor, and Skov, "Effects of Leader Contingent and Noncontingent Reward and Punishment Behaviors on Subordinate Performance and Satisfaction."
21. E. A. Fleishman, *Leadership Opinion Questionnaire* (Chicago: Science Research Associates, 1960).
22. R. R. Blake and J. S. Mouton, *The New Managerial Grid* (Houston: Gulf, 1978).
23. P. Hersey and K. Blanchard, *Management of Organizational Behavior: Utilizing Human Resources* (Upper Saddle River, NJ: Prentice Hall, 1982).
24. F. E. Fiedler, *A Theory of Leadership Effectiveness* (New York: McGraw–Hill, 1967); F. E. Fiedler, "The Contingency Model and the Dynamics of the Leadership Process." In L. Berkowitz, (ed.), *Advances in Experimental Social Psychology* (New York: Academic Press, 1978).
25. M. Mofflet, "Culture Shock," *The Wall Street Journal*, September 24, 1992, R13–R14.
26. House and Baetz, "Leadership."
27. Ibid.; L. H. Peters, D. D. Hartke, and J. T. Pohlmann, "Fiedler's Contingency Theory of Leadership: An Application of the Meta-Analysis Procedures of Schmidt and Hunter," *Psychological Bulletin* 97 (1985): 274–85.
28. T. J. Maurer, H. R. Pierce, and L. M. Shore, "Perceived Beneficiary of Employee Development Activity: A Three-Dimensional Social Exchange Model," *Academy of Management Journal*, July 2002, vol. 27, 432–45.
29. J. C. Wofford and L. Z. Liska, "Path-Goal Theories of Leadership: A Meta-Analysis," *Journal of Management* 19 (1993): 857–76.
30. V. H. Vroom and P. W. Yetton, *Leadership and Decision-Making* (Pittsburgh: University of Pittsburgh Press, 1973).
31. J. Templeman, "Bob Eaton Is No Lee Iacocca—but He Doesn't Need to Be," *BusinessWeek* (November 9, 1992): 96.
32. V. U. Druskat and J. V. Wheeler, "Managing From the Boundary: The Effective Leadership of Self-Managing Work Teams,"

Academy of Management Journal, August 2003, vol. 46, 435–58.

33. D. I. Jung and B. J. Avolio, "Effects of Leadership Style and Follower's Cultural Orientation on Performance in Group and Individual Task Conditions," *Academy of Management Journal*, April 1999, vol. 42, 208–19.
34. R. M. Dienesch and R. C. Liden, "Leader–Member Exchange Model of Leadership: A Critique and Further Development," *Academy of Management Review* 11 (1986): 618–34; G. Graen, M. Novak, and P. Sommerkamp, "The Effects of Leader-Member Exchange and Job Design on Productivity and Satisfaction: Testing a Dual Attachment Model," *Organizational Behavior and Human Performance* 30 (1982): 109–31.
35. G. Graen and J. Cashman, "A Role-Making Model of Leadership in Formal Organizations: A Development Approach." In J. G. Hunt and L. L. Larson (eds.), *Leadership Frontiers* (Kent, OH: Kent State University Press, 1975), 143–65.
36. C. A. Schriesheim, L. Neider, and T. A. Scandura, "Delegation and Leader-Member Exchange: Main Effects, Moderators, and Measurement Issues," *Academy of Management Journal*, June 98, vol. 41, 298–319.
37. M. Wakabayashi and G. B. Graen, "The Japanese Career Progress Study: A Seven-Year Follow-Up," *Journal of Applied Psychology* 69 (1984): 603–14.
38. H. J. Klein and J. S. Kim, "A Field Study of the Influence of Situational Constraints, Leader-Member Exchange, and Goals," *Academy of Management Journal*, February 1998, vol. 41, 88–96.
39. W. E. McClane, "Implications of Member Role Differentiation: Analysis of a Key Concept in the LMX Model of Leadership," *Group and Organization Studies* 16 (1991): 102–13; Yukl, *Leadership in Organizations*; Yukl and Van Fleet, "Theory and Research on Leadership in Organizations."
40. J. R. Meindl, "On Leadership: An Alternative to the Conventional Wisdom." In B. M. Staw and L. L. Cummings (eds.), *Research in Organizational Behavior*, vol. 12 (Greenwich, CT: JAI Press, 1990), 159–203.
41. S. Kerr and J. M. Jermier, "Substitutes for Leadership: Their Meaning and Measurement," *Organizational Behavior and Human Performance* 22 (1978): 375–403.
42. L. Killian, "California, Here We Come," *Forbes* (November 23, 1992): 146–47.
43. Ibid.
44. P. M. Podsakoff, B. P. Niehoff, S. B. MacKenzie, and M. L. Williams, "Do Substitutes for Leadership Really Substitute for Leadership? An Empirical Examination of Kerr and Jermier's Situational Leadership Model," *Organizational Behavior and Human Decision Processes* 54 (1993): 1–44.
45. R. J. Meindl, "On Leadership: An Alternative to the Conventional Wisdom," *Research in Organizational Behavior* 1990, 12, 159–203.
46. W. L. Gardner and B. J. Avolio, "The Charismatic Relationship: A Dramaturgical Perspective," *Academy of Management Journal*, January 1998, vol. 23, 32–59.
47. B. M. Bass, *Leadership and Performance Beyond Expectations* (New York: Free Press, 1985).
48. J. E. Bono and T. A. Judge, "Self-Concordance at Work: Toward Understanding the Motivational Effects of Transformational Leaders," *Academy of Management Journal*, October 2003, vol. 46, 554–72; Bass, *Bass and Stogdill's Handbook of Leadership*; Yukl and Van Fleet, "Theory and Research on Leadership in Organizations."
49. J. A. Conger and R. N. Kanungo, "Behavioral Dimensions of Charismatic Leadership." In J. A. Conger, R. N. Kanungo, and Associates, *Charismatic Leadership* (San Francisco: Jossey-Bass, 1988).
50. G. Chen and R. J. Klimoski, "The Impact of Expectations on Newcomer Performance in Teams as Mediated by Work Characteristics, Social Exchanges, and Empowerment," *Academy of Management Journal*, October 2003, vol. 46, 591–608.
51. Ibid.; D. A. Waldman, "CEO Charismatic Leadership: Levels-of-Management and Levels-of-Analysis Effects," *Academy of Management Journal*, April 1999, vol. 24, 266–86.
52. J. C. Pastor, J. R. Meindl, and M. C. Mayo, "A Network Effects Model of Charisma Attributions," *Academy of Management Journal*, April 2002, vol. 45, 410–21.
53. Bass, *Leadership and Performance Beyond Expectations*; Bass, *Bass and Stogdill's Handbook of Leadership*; Yukl and Van Fleet, "Theory and Research on Leadership in Organizations."
54. T. Dvir, D. Eden, B. Avolio, and B. Shamir, "Impact of Transformational Leadership on Follower Development and Performance: A Field Experiment," *Academy of Management Journal*, August 2003, vol. 45, 735–45.
55. Ibid.
56. C. Caldwell, R. Litz, and W. R. Nord, "Building Trust Through Effective Governance—Three Perspectives of Organizational Leadership," *Academy of Management Review*, October 2003, vol. 28, 667–74.
57. Bass, *Leadership and Performance Beyond Expectations.*
58. Bass, *Bass and Stogdill's Handbook of Leadership*; B. M. Bass and B. J. Avolio, "Transformational Leadership: A Response to Critiques." In M. M. Chemers and R. Ayman (eds.), *Leadership Theory and Research: Perspectives and Directions* (San Diego: Academic Press, 1993), 49–80; B. M. Bass, B. J. Avolio, and L. Goodheim, "Biography and the Assessment of Transformational Leadership at the World Class Level," *Journal of Management* 13 (1987): 7–20; J. J. Hater and B. M. Bass, "Superiors' Evaluations and Subordinates' Perceptions of Transformational and Transactional Leadership," *Journal of Applied Psychology* 73 (1988): 695–702; R. Pillai, "Crisis and the Emergence of Charismatic Leadership in Groups: An Experimental Investigation," *Journal of Applied Psychology* 26 (1996): 543–62; J. Seltzer and B. M. Bass, "Transformational Leadership: Beyond Initiation and Consideration," *Journal of Management* 16 (1990): 693–703; D. A. Waldman, B. M. Bass, and W. O. Einstein, "Effort, Performance, and Transformational Leadership in Industrial and Military Service," *Journal of Occupational Psychology* 60 (1987): 1–10.
59. D. I. Jung and B. J. Avolio, "Opening the Black Box: An Experimental Investigation of the Mediating Effects of Trust

and Value Congruence on Transformational and Transactional Leadership," *Journal of Organizational Behavior*, December 2000, 949–64.; B. M. Bass and B. J. Avolio, "Transformational and Transactional Leadership:1992 and Beyond," *Journal of European Industrial Training*, 1990, January, 20–35.

60. J. Porras and J. Collins, *Built to Last: Successful Habits of Visionary Companies* (New York: HarperCollins, 1994).
61. T. Dvir, D. Even, and B. J. Avolio, "Impact of Transformational Leadership on Follower Development and Performance," *Academy of Management Journal*, August 2002, 735–44.
62. R. Pillai, C. A. Schriesheim, and E. S. Williams, "Fairness Perceptions and Trust as Mediators for Transformational and Transactional Leadership: A Two-Sample Study," *Journal of Management* 25 (1999): 897–933.
63. J. M. George and K. Bettenhausen, "Understanding Prosocial Behavior, Sales Performance, and Turnover: A Group-Level Analysis in a Service Context," *Journal of Applied Psychology* 75 (1990): 698–709.
64. J. M. George, "Emotions and Leadership: The Role of Emotional Intelligence," *Human Relations* 53(8 2000): 1027–55.
65. A. H. Eagly and B. T. Johnson, "Gender and Leadership Style: A Meta-Analysis," *Psychological Bulletin* 108 (1990): 233–56.
66. Ibid.
67. Ibid.
68. A. H. Eagly, M. G. Makhijani, and B. G. Klonsky, "Gender and the Evaluation of Leaders: A Meta-Analysis," *Psychological Bulletin* 111 (1992): 3–22.
69. R. Sharpe, "As Leaders, Women Rule," *BusinessWeek* (November 20, 2000): 75–84.
70. P. Gogoi, "Teaching Men the Right Stuff," *BusinessWeek* (November 20, 2000): 84.
71. S. Shim, "Getting Grads on LUV, Colleen," *Biz Ed*, March/April, 2003, 20.

제12장

1. R. A. Dahl, "The Concept of Power," *Behavioral Science*, 1957, 2, 210–15; R. M. Emerson, "Power Dependence Relations," *American Sociological Review*, 1962, 27, 31–41.
2. J. Pfeffer, *Power in Organizations* (Boston: Pitman, 1981).
3. A. M. Pettigrew, *The Politics of Organizational Decision Making* (London: Tavistock, 1973); R. H. Miles, *Macro Organizational Behavior* (Santa Monica, CA: Goodyear, 1980).
4. S. K. Kearns, "When Goliaths Clash: Managing Executive Conflict to Build a More Dynamic Organization," *Academy of Management Executive*, November 2003, vol. 17, 162–65.
5. J. G. March, "The Business Firm As a Coalition," *Journal of Politics*, 1962, 24, 662–78; D. J. Vrendenburgh and J. G. Maurer, "A Process Framework of Organizational Politics," *Human Relations*, 1984, 37, 47–66.
6. W. Shen and A. A. Cannella Jr., "Power Dynamics Within Top Management and Their Impacts on CEO Dismissal Followed by Inside Succession," *Academy of Management Journal*, December 2002, vol. 45, 1195–207.
7. This section draws heavily on J. R. P. French, Jr., and B. Raven, "The Bases of Social Power." In D. Cartwright, ed., *Studies in Social Power* (Ann Arbor: University of Michigan, Institute for Social Research, 1959), 150–67.
8. M. Weber, *The Theory of Economic and Social Organization* (New York: Free Press, 1947).
9. Ibid.
10. Pettigrew, *The Politics of Organizational Decision Making*; G. Yukl and C. M. Falbe, "Importance of Different Power Sources in Downward and Lateral Relations," *Journal of Applied Psychology*, 1991, 76, 416–23.
11. J. A. Conger and R. N. Kanungo, "The Empowerment Process: Integrating Theory and Practice," *Academy of Management Review*, 1988, 13, 471–81.
12. French and Raven, "The Bases of Social Power."
13. M. Weber, *Economy and Society* (Berkeley: University of California Press, 1978); H. M. Trice and J. M. Beyer, "Charisma and Its Routinization in Two Social Movement Organizations," *Research in Organizational Behavior*, 1986, 8, 113–64.
14. B. M. Bass, "Leadership: Good, Better, Best," *Organizational Dynamics*, 1985, 13, 26–40.
15. Weber, *Economy and Society.*
16. This section draws heavily on D. J. Hickson, C. R. Hinings, C. A. Lee, R. E. Schneck, and D. J. Pennings, "A Strategic Contingencies Theory of Intraorganizational Power," *Administrative Science Quarterly*, 1971, 16, 216–27; and C. R. Hinings, D. J. Hickson, J. M. Pennings, and R. E. Schneck, "Structural Conditions of Interorganizational Power," *Administrative Science Quarterly*, 1974, 19, 22–44.
17. Hickson, Hinings, Lee, Schneck, and Pennings, "A Strategic Contingencies Theory of Intraorganizational Power."
18. M. Gargiulo, "Two Step Leverage: Managing Constraint in Organizational Politics," *Administrative Science Quarterly*, 1993, 38, 1–19.
19. M. M. Montoya-Weiss, A. P. Massey, and M. Song, "Getting It Together: Temporal Coordination and Conflict Management in Global Virtual Teams," *Academy of Management Journal*, December 2001, vol. 44, 1251–63.
20. Ibid.
21. M. Crozier, "Sources of Power of Lower Level Participants in Complex Organizations," *Administrative Science Quarterly*, 1962, 7, 349–64.
22. T. Welbourne and C. O. Trevor, "The Roles of Departmental and Position Power in Job Evaluation," *Academy of Management Journal*, August 2000, vol. 43, 761–72.
23. Ibid; J. D. Bunferson, "Team Member Functional Background and Involvement in Management Teams: Direct Effects and the Moderating Role of Power Centralization," *Academy of Management Journal*, August 2003, vol. 46, 458–75.
24. A. M. Pettigrew, "Information Control as a Power Resource," *Sociology*, 1972, 6, 187–204.
25. G. R. Salancik and J. Pfeffer, "The Bases and Uses of Power in Organizational Decision Making," *Administrative Science Quarterly*, 1974, 19, 453–73; J. Pfeffer and G. R. Salancik,

The External Control of Organizations: A Resource Dependence View (New York: Harper and Row, 1978).

26. K. S. Jehn and E. A. Mannix, "The Dynamic Nature of Conflict: A Longitudinal Study of Intragroup Conflict and Group Performance," *Academy of Management Journal*, April 2000, vol. 44, pp. 238–252.
27. D. A. Schuler, K. Rehbein and R. D. Cramer, "Pursuing Strategic Advantage Through Political Means: A Multivariate Approach," *Academy of Management Journal*, August 2000, vol. 45, pp. 659–673.
28. T. Burns, "Micropolitics: Mechanisms of Institutional Change," *Administrative Science Quarterly*, 1961, 6, pp. 257–281.
29. E. Jennings, The Mobile Manager (New York: McGraw-Hill, 1967).
30. R. S. Meyers, "Managing With Power," *Academy of Management Executive,* May 1992, vol. 6, pp. 104–107.
31. M. D. Lord, "Constituency Building as the Foundation for Corporate Political Strategy," *Academy of Management Executive*, February 2003, vol. 17, pp. 112–125.
32. T. G. Pollock, H. M. Fischer and J. B. Wade, "The Role of Power and Politics in the Repricing of Executive Options," *Academy of Management Journal*, December 2002, vol. 45, pp. 1172–1183.
33. This discussion draws heavily on Pfeffer, Power in Organizations, Ch. 5.
34. Hickson, Hinings, Lee, Schneck, and Pennings, "A Strategic Contingencies Theory of Intraorganizational Power."
35. K. M. Eisenhardt and L. J. Bourgeois, III, "Politics of Strategic Decision Making in High-Velocity Environments: Toward a Midrange Theory," *Academy of Management Journal*, December 1988, vol. 31, pp. 737–71.
36. B. Townley, "The Role of Competing Rationalities in Institutional Change," *Academy of Management Journal*," February 2002, vol. 45, pp. 163–180.
37. This section draws heavily on Pfeffer, Power in Organizations, Ch. 2.
38. B. Gray and S. S. Ariss, "Politics and Strategic Change Across Organizational Life Cycles," *Academy of Management Review*, October 1985, vol. 10, pp. 707–724.
39. J. A. Litterer, "Conflict in Organizations: A Reexamination," *Academy of Management Journal*, 1966, 9, pp. 178–186; S. M. Schmidt and T. A. Kochan, "Conflict: Towards Conceptual Clarity," Administrative Science Quarterly, 1972, 13, pp. 359–370; Miles, *Macro-Organizational Behavior*.
40. Miles, Macro-Organizational Behavior.
41. S. P. Robbins, Managing Organizational Conflict: A Nontraditional Approach (Englewood Cliffs, N.J.: Prentice-Hall, 1974); L. Coser, The Functions of Social Conflict (New York: Free Press, 1956).
42. A. C. Amason, "Distinguishing the Effects of Functional and Dysfunctional Conflict on Strategic Decision Making . . . ," *Academy of Management Journal*, February 1996, vol. 39, pp. 123–149.
43. B. Kabanoff, "Equity, Equality, Power, and Conflict," *Academy of Management Review*, April 1991, vol. 16, pp. 416–442.
44. This discussion owes much to the seminal work of the following authors: Lou R. Pondy, "Organizational Conflict: Concepts and Models," *Administrative Science Quarterly*, 1967, 2, pp. 296–320; and R. E. Walton and J. M. Dutton, "The Management of Interdepartmental Conflict: A Model and Review," *Administrative Science Quarterly*, 1969, 14, pp. 62–73.
45. S. W. Floyd, "Strategizing Throughout the Organization: Managing Role Conflict in Strategic Renewal," *Academy of Management Review*, January 2000, vol. 25, pp. 154–178.
46. M. K. Duffy, J. D. Shaw and E. M. Stark, "Performance and Satisfaction in Conflicted Interdependent Groups: When and How Does Self-Esteem Make a Difference?" *Academy of Management Journal*, August 2000, vol. 43, pp. 772–783.
47. M. Dalton, Men Who Manage (New York: Wiley, 1959); Walton and Dutton, "The Management of Interdepartmental Conflict."
48. Walton and Dutton, "The Management of Interdepartmental Conflict"; J. McCann and J. R. Galbraith, "Interdepartmental Relationships," in P. C. Nystrom and W. H. Starbuck, eds., Handbook of Organizational Design (New York: Oxford University Press, 1981).
49. R. E. Nelson, "The Strength of Strong Ties: Social Networks and Intergroup Conflict in Organizations," *Academy of Management Journal*, June 1989, vol. 32, pp. 377–402.
50. J. D. Thompson, Organizations in Action (New York: McGraw-Hill, 1967).
51. K. S. Jehn and E. A. Mannix, "The Dynamic Nature of Conflict: A Longitudinal Study of Intragroup Conflict and Group Performance," *Academy of Management Journal*, April 2000, vol. 44, pp. 238–252.
52. Walton and Dutton, "The Management of Interdepartmental Conflict," p. 65.
53. Ibid., p. 68.
54. Pondy, "Organizational Conflict," p. 300.
55. Ibid., p. 310.
56. S. W. Floyd, "Strategizing Throughout the Organization: Managing Role Conflict in Strategic Renewal," Academy of Management Review, January 2000, vol. 25, pp. 154–178.
57. G. Labianca, D. J. Brass and B. Gray, "Social Networks and Perceptions of Intergroup Conflict: The Role of Negative Relationships and . . . ," *Academy of Management Journal*, February 1998, vol. 41, pp. 55–68.
58. P. S. Nugent, "Managing Conflict: Third-Party Interventions for Managers," *Academy of Management Executive*, February 2002, vol. 16, pp. 139–141.
59. J. Z. Rubin and B. R. Brown, The Social Psychology of Bargaining and Negotiation (New York: Academic Press, 1975).
60. J. F. Brett, "Stairways to Heaven: An Interlocking Self-Regulation Model of Negotiation," *Academy of Management Review*, July 1999, vol. 24, pp. 435–452.
61. J. T. Polzer, E. A. Mannix and M. A. Neale, "Interest Alignment and Coalitions in Multiparty Negotiation," *Academy of Management Journal*, February 1998, vol. 41, pp. 42–55.
62. E. E. Neilsen, "Understanding and Managing Intergroup Conflict." In J. F. Veiga and J. N. Yanouzas, eds., The Dynamics of Organizational Theory (St. Paul, Minn.: West, 1979), pp. 290–296; Miles, Macro-Organizational Behavior.

63. T. L. Stanley, "When Push Comes to Shove: A Manager's Guide to Resolving Disputes," Supervision, 2003, vol. 64, p. 6.
64. Neilsen, "Understanding and Managing Intergroup Conflict."
65. P. S. Nugent, "Managing Conflict: Third-Party Interventions for Managers," *Academy of Management Executive*, February 2002, vol. 16, pp. 139–141.
66. C. Bendersky, "Organizational Dispute Resolution Systems: A Complementarities Model," *Academy of Management Review*, October 2003, vol. 28, pp. 643–657.
67. R. E. Walton, "Third Party Roles in Interdepartmental Conflict," *Industrial Relations*, 1967, 7, pp. 29–43.
68. K. Thomas, "Conflict and Negotiation Processes in Organizations." In M. D. Dunnette and L. M. Hough, eds., Handbook of Industrial and Organizational Psychology, 2nd ed., vol 3 (Palo Alto, Calif.: Consulting Psychologists Press, 1992), pp. 651–717.
69. R. L. Pinkley and G. B. Northcraft, "Conflict Frames of Reference: Implications for Dispute Processes and Outcomes," *Academy of Management Journal*, February 1994, vol. 37, pp. 193–206.
70. R. E. Walton and R. B. McKersie, A Behavioral Theory of Labor Relations (New York: McGraw-Hill, 1965).
71. Ibid.

제13장

1. L. W. Porter and K. H. Roberts, "Communication in Organizations." In M. D. Dunnette (ed.), *Handbook of Industrial and Organizational Psychology* (Chicago: Rand McNally, 1976), 1553–1589.
2. J. K. Barge and C. Oliver, "Working With Appreciation in Managerial Practice," *Academy of Management Review*, January 2003, vol. 28, 124–143.
3. C. A. O'Reilly and L. R. Pondy, "Organizational Communication." In S. Kerr (ed.), *Organizational Behavior* (Columbus, OH: Grid, 1979) pp. 71–106.
4. Ibid.
5. K. L. Ashcraft, "Perspectives on Organizational Communications: Finding Common Ground," *Academy of Management Review*, October 2001, vol. 26, 666–669.
6. D. A. Hofmann and A. Stetzer, "The Role of Safety Climate and Communication in Accident Interpretation: Implications for Learning From Negative Events," *Academy of Management Journal*, December 1998, vol. 41, 644–658.
7. N. Phillips and J. L. Brown, "Analyzing Communication in and Around Organizations: A Critical Hermeneutic Approach," *Academy of Management Journal*, December 1993, vol. 36, 1547–1577.
8. P. P. Le Breton, *Administrative Intelligence-Information Systems* (Boston: Houghton Mifflin, 1963); W. G. Scott and T. R. Mitchell, *Organization Theory* (Homewood, IL: Irwin, 1976).
9. L. Armstrong, "Someone to Watch Over You," *Business Week* (July 10, 2000): BusinessWeek Online.
10. O. W. Baskin and C. E. Aronoff, *Interpersonal Communication in Organizations* (Santa Monica, CA: Goodyear, 1989).
11. F. Fearing, "Toward a Psychological Theory of Human Communication," *Journal of Personality* 22 (1953–1954): 73–76; Scott and Mitchell, *Organization Theory*.
12. J. M. George, "Mood and Absence," *Journal of Applied Psychology* 74 (1989): 317–324; J. M. George, "State or Trait: Effects of Positive Mood on Prosocial Behaviors at Work," *Journal of Applied Psychology* 76 (1991): 299–307; J. M. George and A. P. Brief, "Feeling Good-Doing Good: A Conceptual Analysis of the Mood at Work Organizational Spontaneity Relationship," *Psychological Bulletin* 112 (1992): 310–329.
13. V. Anand and C. C. Manz, "An Organizational Memory Approach to Information Management," *Academy of Management Review*, October 1998, vol. 23, 796–810.
14. D. Krackhardt and J. R. Hanson, "Informal Networks: The Company," *Harvard Business Review* (July–August 1993): 104–111.
15. E. M. Rogers and R. Agarwala-Rogers, *Communication in Organizations* (New York: Free Press, 1976).
16. www.Dell.com, 2010; www.hp.com, 2010; "Employers Struggle to Teach Their Employees Basic Communication Skills," *Wall Street Journal*, November 30, 1993, A1.
17. "Managing Your Boss," *Harvard Business Review*, Video Series No. 4.
18. J. T. Malloy, *Dress for Success* (New York: Warner Books, 1975).
19. C. Gallo, "Leaders Must Look the Part," www.businessweek.com, March 11, 2006.
20. www.brownsteingroup.com, 2010.
21. www.brownsteingroup.com; "Pennsylvania," *ADWEEK* Eastern Edition (September 9, 1996): 57; H. Stout, "Self-Evaluation Brings Change to a Family's Ad Agency," *The Wall Street Journal*, January 6, 1998, B2.
22. H. Stout, "Self-Evaluation Brings Change to a Family's Ad Agency."
23. Ibid.
24. Baskin and Aronoff, *Interpersonal Communication in Organizations*.
25. D. Tannen, "The Power of Talk," Harvard Business Review (September–October 1995): 138–148; D. Tannen, *Talking from 9 to 5* (New York: Avon Books, 1995).
26. Ibid.
27. R. L. Daft, R. H. Lengel, and L. K. Trevino, "Message Equivocality, Media Selection, and Manager Performance: Implications for Information Systems," *MIS Quarterly* 11(1987): 355–366; R. L. Daft and R. H. Lengel, "Information Richness: A New Approach to Managerial Behavior and Organization Design." In B. M. Staw and L. L. Cummings (eds.), *Research in Organizational Behavior* (Greenwich, CT: JAI Press, 1984), pp. 212–235.
28. R. L. Daft, *Organization Theory and Design* (New York: West, 1992).
29. J. D. Ford and L. W. Ford, "The Role of Conversations in Producing Intentional Change in Organizations," *Academy of Management Review*, July 1995, vol. 20, 541–571.
30. Ibid.
31. R. W. Collins, "Communications Policy and Information Technology: Promises, Problems and Prospects," *Academy of Management Review*, October 2003, vol. 28, 673–676.
32. R. W. Collins, "Communications Policy and Information Technology: Promises, Problems and Prospects" *Academy of Management Review*, October 2003, vol. 28, 673–676.

33. S. G. Straus and J. E. McGrath, "Does the Medium Matter? The Interaction of Task Type and Technology on Group Performance and Member Reactions," *Journal of Applied Psychology* 79 (1994): 87–97.
34. S. G. Straus, S. P. Weisband, J. M. Wilson, "Human Resource Management Practices in the Networked Organization: Impacts of Electronic Communication Systems." In C. L. Cooper and D. M. Rousseau (eds.), *Trends in Organizational Behavior*, Vol. 5 (New York: John Wiley & Sons 1998): 127–154.
35. M. C. Boudreau, K. D. Loch, D. Robey, and D. Straud, "Going Global: Using Information Technology to Advance the Competitiveness of the Virtual Transnational Organization," *Academy of Management Executive*, November 1998, vol. 12, 120–129.
36. D. Simpson, "E-Mails Show How Katrina Swamped La. Gov." www.yahoo.com, 2005, December 10.

제14장

1. A. Grove, "How Intel Makes Spending Pay Off," *Fortune* (February 22, 1993): 56–61.
2. J. G. March and H. A. Simon, *Organizations* (New York: Wiley, 1958); H. A. Simon, *The New Science of Management Decision* (New York: Harper & Row, 1960).
3. March and Simon, *Organizations.*
4. Ibid.; Simon, *The New Science of Management Decision.*
5. Ibid.
6. "Hoffman-La Roche and BASF Agree to Pay Record Criminal Fines for Participating in International Vitamin Cartel," U. S. Department of Justice News Release, March 21, 1999.
7. J. R. Wilke, and S. Warren, "Vitamin Firms Settle U. S. Charges. Agree to Pay $725 Million in Fines," *The Wall Street Journal*, May 21, 1999, A3.
8. "Defining the Role of Ethics Monitor," www.businessweek.com, February 13, 2006.
9. M. K. Stevenson, J. R. Busemeyer, and J. C. Naylor, "Judgment and Decision-Making Theory." In M. D. Dunnette and L. M. Hough, eds., *Handbook of Industrial and Organizational Psychology*, 2nd ed., vol. 1 (Palo Alto, CA: Consulting Psychologists Press, 1990), 283–374.
10. W. Edwards, "The Theory of Decision Making," *Psychological Bulletin* 51 (1954): 380–417; H. A. Simon, "A Behavioral Model of Rational Choice," *Quarterly Journal of Economics* 69 (1955): 99–118.
11. Ibid.
12. Edwards, "The Theory of Decision Making"; Stevenson, Busemeyer, and Naylor, "Judgment and Decision-Making Theory."
13. Simon, "A Behavioral Model of Rational Choice."
14. March and Simon, *Organizations.*
15. Ibid.
16. Ibid.
17. Edwards, "The Theory of Decision Making"; March andSimon, *Organizations*; Simon "A Behavioral Model of Rational Choice."
18. March and Simon, *Organizations*; Simon, "A Behavioral Model of Rational Choice."
19. Stevenson, Busemeyer, and Naylor, "Judgment and Decision-Making Theory."
20. March and Simon, *Organizations*; Simon, "A Behavioral Model of Rationale Choice."
21. March and Simon, *Organizations.*
22. Simon, *The New Science of Management Decision.*
23. Ibid.
24. P. C. Nutt, "Why Decisions Fail," *Academy of Management Journal*, February 2003, vol. 17, 130–133.
25. C. M. Fiol and E. J. O'Connor, "Waking Up! Mindfulness in the Face of Bandwagons," *Academy of Management Review*, January 2003, vol. 28, 54–71.
26. M. H. Bazerman, *Judgment in Managerial Decision Making* (New York: Wiley, 1994); D. Kahnman and A. Tversky, "Subjective Probability: A Judgment of Representativeness," *Cognitive Psychology*, 3 (1972): 430–54; A. Tversky and D. Kahneman, "Judgment Under Uncertainty: Heuristics and Biases," *Science* 185 (1974): 1124–1131.
27. Bazerman, *Judgment in Managerial Decision Making*; Tversky and Kahneman, "Judgment Under Uncertainty."
28. Ibid.
29. Ibid.
30. Bazerman, *Judgment in Managerial Decision Making.*
31. Ibid.;Tversky and Kahneman, "Judgment Under Uncertainty."
32. L. A. Burke and M. K. Miller, "Taking the Mystery Out of Intuitive Decision Making," *Academy of Management Executive*, November 1999, vol. 13, 91–100.
33. Ibid.
34. Tversky and Kahneman, "Judgment Under Uncertainty."
35. B. M. Staw, "The Escalation of Commitment to a Course of Action," *Academy of Management Review* 6 (1981): 577–87; B. M. Staw and J. Ross, "Understanding Behavior in Escalating Situations," *Science* 246 (1986): 216–220.
36. Staw and Ross, "Understanding Behavior in Escalation Situations."
37. Ibid.
38. D. Kahneman and A. Tversky, "Prospect Theory: An Analysis of Decision Under Risk," *Econometrics* 47 (1979): 263–91; Staw and Ross, "Understanding Behavior in Escalation Situations."
39. S. B. Sit-in and L. R. Weingarten, "Determinants of Risky Decision-Making Behavior: A Test of the Mediating Role of Risk Perceptions . . . ," *Academy of Management Journal*, December 1995, vol. 38, 1573–1593.
40. R. W. Collins, "Communications Policy and Information Technology: Promises, Problems and Prospects," *Academy of Management Review*, October 2003, vol. 28, 673–676.
41. G. P. Huber, "A Theory of the Effects of Advanced Information Technologies on Organizational Design, Intelligence, and Decision Making," *Academy of Management Review*, January 1990, vol. 15, 47–72.
42. www.sap.com, 2010.
43. P. S. Goodman and E. D. Darer, "Exchanging Best Practices Through Computer-Aided Systems," *Academy of Management Executive*, May 1996, vol. 9, 7–20.

44. G. Jones, "SAP and the Enterprise Resource Planning Industry." In C.W.L. Hill and G.R. Jones, *Strategic Management: An Integrated Approach* (Boston, Mass.: Houghton Mifflin, 2004.
45. Ibid.
46. Z. Schiller, "GE's Appliance Park: Rewire, or Pull the Plug?" *Business Week* (February 8, 1999): 30.
47. J. Martin, "Detroit's Designing Women," *Fortune* (October 18, 1993): 10–11.
48. www.gap.com, 2010.
49. D. W. Johnson and F. P. Johnson, *Joining Together: Group Theory and Group Skills* (Boston: Allyn and Bacon, 1994); V. Villasenor, *Jury: The People vs. Juan Corona* (New York: Bantam, 1977).
50. M. Shaw, "A Comparison of Individuals and Small Groups in the Rational Solution of Complex Problems," *American Journal of Psychology* 44 (1932): 491–504; R. Ziller, "Group Size: A Determinant of the Quality and Stability of Group Decision," *Sociometery* 20 (1957): 165–173.
51. Schiller, "GE's Appliance Park."
52. www.ge.com, 2010.
53. I. L. Janis, *Groupthink*, 2nd ed. (Boston: Houghton Mifflin, 1982).
54. Ibid.
55. Ibid.
56. J. M. Darley and B. Latane, "Bystander Intervention in Emergencies: Diffusion of Responsibility," *Journal of Personality and Social Psychology* 8 (1968): 377–383; M. E. Shaw, *Group Dynamics* (New York: McGraw-Hill, 1981).
57. S. Moscovici and M. Zavalloni, "The Group as a Polarizer of Attitudes," *Journal of Personality and Social Psychology* 12 (1969): 125–135; Shaw, *Group Dynamics.*
58. M. A. Wallach, N. Kogan, and D. J. Bem, "Group Influence on Individual Risk Taking," *Journal of Abnormal and Social Psychology* 65 (1962): 75–86; M. A. Wallach, N. Kogan, and D. J. Bem, "Diffusion of Responsibility and Level of Risk Taking in Groups," *Journal of Abnormal and Social Psychology* 68 (1964): 263–74.
59. L. Festinger, "A Theory of Social Comparison Processes," *Human Relations* 7 (1954): 117–140.
60. A. Vinokur and E. Burnstein, "Effects of Partially Shared Persuasive Arguments on Group-Induced Shifts: A Group Problem-Solving Approach," *Journal of Personality and Social Psychology*, 29 (1974) 305–315; Shaw, *Group Dynamics.*
61. A. F. Osborn, *Applied Imagination* (New York: Scribners, 1957).
62. T. J. Bouchard Jr., J. Barsaloux, and G. Drauden, "Brainstorming Procedure, Group Size, and Sex as Determinants of the Problem-Solving Effectiveness of Groups and Individuals," *Journal of Applied Psychology* 59 (1974): 135–138.
63. M. Diehl and W. Stroebe, "Productivity Loss in Brainstorming Groups: Toward the Solution of a Riddle," *Journal of Personality and Social Psychology* 53 (1987): 497–509.
64. R. B. Gallupe, L. M. Bastianutti, and W. H. Cooper, "Unblocking Brainstorms," *Journal of Applied Psychology* 76 (1991): 137–142.
65. Ibid.
66. D. H. Gustafson, R. K. Shulka, A. Delbecq, and W. G. Walster, "A Comparative Study of Differences in Subjective Likelihood Estimates Made by Individual, Interacting Groups, Delphi Groups, and Nominal Groups," *Organizational Behavior and Human Performance* 9 (1973): 280–291.
67. N. Dalkey, *The Delphi Method: An Experimental Study of Group Decisions* (Santa Monica: CA: Rand Corporation, 1969).
68. S. M. Young, "A Framework for the Successful Adoption and Performance of Japanese Manufacturing Practices," *Academy of Management Review* 17 (1992): 677–700; M. Walton, *The Deming Management Method* (New York: Perigee Books, 1990).
69. "How Does Service Drive The Service Company?" *Harvard Business Review* (November–December 1991): 146–158.
70. A. Gabor, "Rochester Focuses: A Community's Core Competences," *Harvard Business Review* (July–August 1991): 116–126.
71. B. Hedberg, "How Organizations Learn and Unlearn." In W. H. Starbuck and P. C. Nystrom, eds., *Handbook of Organizational Design*, vol. 1 (New York: Oxford University Press, 1981), 1–27.
72. P. M. Senge, *The Fifth Discipline: The Art and Practice of the Learning Organization* (New York: Doubleday, 1990).
73. J. G. March, "Exploration and Exploitation in Organizational Learning."*Organizational Science*, 1991, vol. 2, 71–87.
74. M. J. Benner and M. L. Tushman, "Exploitation, Exploration, and Process Management: The Productivity Dilemma Revisited," *Academy of Management Review*, April 2003, vol. 28, 238–257.
75. T. K. Lant and S. J. Mezias, "An Organizational Learning Model of Convergence and Reorientation," *Organizational Science*, 1992, vol. 5, 47–71.
76. M. Dodgson, "Organizational Learning: A Review of Some Literatures," *Organizational Studies*, 1993, vol. 14, 375–394.
77. www.ideo.com, 2010.
78. J. Hyatt, Engineering inspiration, Newsweek, June 14, 2010, p. 44.
79. L. Chamberlain, "Going off the beaten path for new design ideas." *The New York Times,* March 12, 2006, p.28.
80. www.ideo.com, 2010.
81. A. S. Miner and S. J. Mezias, "Ugly Duckling No More: Pasts and Futures of Organizational Learning Research," *Organizational Science*, 1990, vol. 7, 88–99.
82. P. Senge, *The Fifth Discipline: The Art and Practice of the Learning Organization* (New York: Doubleday, 1990).
83. P. M. Senge, "Taking Personal Change Seriously: The Impact of Organizational Learning on Management Practice," *Academy of Management Executive*, May 2003, vol. 17, 47–51.
84. P. Senge, "The Leader's New Work: Building Learning Organizations," *Sloan Management Review*, Fall 1990, 7–23.
85. Miner and Mezias, "Ugly Duckling No More."
86. B. Stone, "Nike's Short Game," *Newsweek*, January 26, 2004, 40–41.

제15장

1. G. M. Spreitzer and W. R. Nord, "Organizational Culture: Mapping the Terrain," *Academy of Management Review*, 2003, vol. 28, 3, 514–16. (Book review); E. H. Schein, "Organizational

Culture," *American Psychologist*, February 1990, 109–119.

2. G. R. Jones, "Transaction Costs, Property Rights, and Organizational Culture," *Administrative Science Quarterly*, 1983, vol. 28, 456–87; L. Smircich, "Concepts of Culture and Organizational Analysis," *Administrative Science Quarterly*, 1983, vol. 28, 3393–58.
3. S. D. N. Cook and D. Yanow, "Culture and Organizational Learning," *Journal of Management Inquiry*, 1993, vol. 2, 373–2,390.
4. J. M. George, and G. R. Jones, "Experiencing Work: Values, Attitudes, and Moods," *Human Relations*, 1997, 50, 393–416; G. R. Jones, and J. M. George, "The Experience and Evolution of Trust: Implications for Cooperation and Teamwork," *Academy of Management Review*, 1998, 3, 531–546.
5. M. Rokeach, *The Nature of Human Values* (New York: The Free Press, 1973).
6. A. R. Jassawalla and H. C. Sashittal, "Cultures that Support the Product-Innovation Process," *Academy of Management Executive*, 2002, vol. 16, 42–55.
7. J. R. Detert, "A Framework for Linking Culture and Improvement Initiatives in Organizations," *Academy of Management Review*, 2000, vol. 25, 850–64.
8. M. J. Hatch, "The Dynamics of Organizational Culture," *Academy of Management Review*, 1993, vol. 7, 657–95.
9. D. M. Cable, L. Aiman-Smith, P. W. Mulvey, and J. R. Edwards, "The Sources and Accuracy of Job Applicants Beliefs about Organizational Culture," *Academy of Management Journal*, 2000, vol. 43, 1076–86.
10. P. L. Berger and T. Luckman, *The Social Construction of Reality* (Garden City, N.Y.: Anchor Books, 1967).
11. E. H. Schein, "Culture: The Missing Concept in Organization Studies," *Administrative Science Quarterly*, 1996, vol. 41, 229–40.
12. A. Bianco, "Value Line: Too Lean, Too Mean," *Business Week*, 16 March, 1992, 104–6.
13. J. P. Walsh and G. R. Ungson, "Organizational Memory," *Academy of Management Review*, 1991, vol. 1, 57–91.
14. K. E. Weick, "Organizational Culture as a Source of High Reliability." California Management Review, 1984, vol. 9, pp. 653–669.
15. A. Etzioni, A Comparative Analysis of Organizations (New York: The Free Press, 1975).
16. G. R. Jones, "*Psychological Orientation and the Process of Organizational Socialization:* An Interactionist Perspective." Academy of Management Review, 1983, vol. 8, pp. 464–474.
17. C. Johnson, "The best of Both Worlds, *HRMagazine*, September, 1999, pp. 12–14.
18. "J. Cone, "How Dell Does It," Training & Development, June, 2000, pp. 58–70.
19. A. Chen & M. Hicks, "Going Global? Avoid Culture Clashes," *PC Week*, April 3, 2000, p. 65.
20. H. M. Trice and J. M. Beyer, "Studying Organizational Culture Through Rites and Ceremonials." *Academy of Management Review*, 1984, vol. 9, pp. 653–669.
21. H. M. Trice and J. M. Beyer, The Cultures of Work Organizations (Englewood Cliffs, N.J.: Prentice Hall, 1993).
22. Trice and Beyer, "Studying Organizational Culture Through Rites and Ceremonials."
23. A. M. Pettigrew, "On Studying Organizational Cultures." *Administrative Science Quarterly*, 1979, vol. 24, pp. 570–582.
24. S. Voros, "3D Management," Management Review, January, 2000, pp. 45–47.
25. M. Ramundo, "Service Awards Build Culture of Success," *Human Resources Magazine*, August 1992, pp. 61–63.
26. H. M. Trice and J. M. Beyer, "Studying Organizational Cultures Through Rites and Ceremonials," *Academy of Management Review*, 1984, vol. 9, pp. 653–670.
27. B. Schneider, "The People Make the Place." *Personnel Psychology*, 1987, vol. 40, pp. 437–453.
28. J. E. Sheriden, "Organizational Culture and Employee Retention," *Academy of Management Journal*, 1992, vol. 35, pp. 657–692.
29. E. H. Schein, "The Role of the Founder in Creating Organizational Culture." *Organizational Dynamics*, 1983, vol. 12, pp. 13–28.
30. J. M. George, "Personality, Affect, and Behavior in Groups." *Journal of Applied Psychology*, 1990, vol. 75, pp. 107–116.
31. E. Schein, Organizational Culture and Leadership, 2nd ed. (San Francisco: Jossey-Bass, 1992).
32. M. Hannan and J. Freeman, "Structural Inertia and Organizational Change." *American Sociological Review*, 1984, vol. 49, pp. 149–164.
33. C. A. O'Reilly, J. Chatman, D. F. Caldwell, "People and Organizational Culture: Assessing Person-Organizational Fit," *Academy of Management Journal*, 1991, vol. 34, pp. 487–517.
34. George, "Personality, Affect, and Behavior in Groups"; D. Miller and J. M. Toulouse, "Chief Executive Personality and Corporate Strategy and Structure in Small Firms," *Management Science*, 1986, vol. 32, pp. 1389–1409.
35. T. M. Jones, "Ethical Decision Making by Individuals in Organizations: An Issue Contingent Model," *Academy of Management Review*, 1991, 2, pp. 366–395.
36. T. L. Beauchamp and N. E. Bowie, eds., Ethical Theory and Business (Englewood Cliffs, N.J.: Prentice-Hall, 1979); A. MacIntyre, After Virtue (Notre Dame, Ind.: University of Notre Dame Press, 1981).
37. T. J. Peters and R. H. Waterman, Jr., In Search of Excellence: Lessons from America's Best-Run Companies (New York: Harper and Row, 1982).
38. B. Victor and J. B. Cullen, "The Organizational Bases of Ethical Work Climates." *Administrative Science Quarterly*, 1988, vol. 33, pp. 101–125.
39. L. Kohlberg, "Stage and Sequence: The Cognitive—Development Approach to Socialization." In D. A. Goslin, ed., Handbook of Socialization Theory and Research (Chicago: Rand McNally, 1969), pp. 347–380.
40. M. S. Frankel, "Professional Codes: Why, How, and with What Impact?" *Journal of Business Ethics*, 1989, vol. 8, pp. 109–115.
41. J. Van Mannen and S. R. Barley, "Occupational Communities: Culture and Control in Organizations." In B. Staw and L. Cummings, eds., *Research in Organizational Behavior*, vol. 6 (Greenwich, Conn.: JAI Press, 1984), pp. 287–365.
42. A. Sagie and D. Elizur, "Work Values: A Theoretical Overview and a Model of their Affects," *Journal of Organizational Behavior*, 1996, 17, pp. 503–514.

43. G. R. Jones, "Transaction Costs, Property Rights, and Organizational Culture: An Exchange Perspective." *Administrative Science Quarterly*, 1983, vol. 28, pp. 454–467.
44. C. Perrow, Normal Accidents (New York: Basic Books, 1984).
45. H. Mintzberg, The Structuring of Organizational Structures (Englewood Cliffs, N.J.: Prentice Hall, 1979).
46. G. Kunda, Engineering Culture. (Philadelphia: Temple University Press, 1992).
47. T. J. Peters and R. H. Waterman, In Search of Excellence: Lessons from America's Best-Run Companies (New York: Harper & Row, 1982).
48. G. Hofstede, B. Neuijen, D. D. Ohayv, and G. Sanders, "Measuring Organizational Cultures: A Qualitative and Quantitative Study Across Twenty Cases," *Administrative Science Quarterly*, 1990, 35, pp. 286–316.
49. W. G. Ouchi, Theory Z: How American Business Can Meet the Challenge of Japanese Management (Reading, Mass.: Addison-Wesley, 1981).
50. G. Hofstede, "The Cultural Relativity of Organizational Practices and Theories," *Journal of International Business Studies*, Fall 1983, pp. 75–89.
51. Hofstede, Neuijen, Ohayv, and Sanders, "Measuring Organizational Cultures."
52. "Big-Company CEOs Exemplify Diversity," *HR Magazine*, August 1994, pp. 25–26.
53. G. Hofstede, "The Cultural Relativity of Organizational Practices and Theories," *Journal of International Business Studies*, Fall 1983, pp. 75–89.
54. www.corning.com, 2010; www.vitro.com, 2010.
55. A. DePalma, "It Takes More Than a Visa to Do Business in Mexico," *New York Times*, June 26, 1994, p. F5.
56. www.corning.com, 2010.
57. T. M. Jones, "Instrumental Stakeholder Theory: A Synthesis of Ethics and Economics." *Academy of Management Review*, 1995, vol. 20, pp. 404–437.
58. J. Dobson, "Corporate Reputation: A Free Market Solution to Unethical Behavior." *Business and Society*, 1989, vol. 28, pp. 1–5.
59. M. S. Baucus and J. P. Near, "Can Illegal Corporate Behavior Be Predicted? An Event History Analysis." *Academy of Management Journal*, 1991, vol. 34, pp. 9–36.
60. J. B. Dozier and M. P. Miceli, "Potential Predictors of Whistle—Blowing: A Prosocial Behavior Perspective," *Academy of Management Review*, 1985, vol. 10, pp. 823–836; J. P. Near and M. P. Miceli, "Retaliation Against Whistle—Blowers: Predictors and Effects," *Journal of Applied Psychology*, 1986, vol. 71, pp. 137–145.
61. D. Collins, "Organizational Harm, Legal Consequences and Stakeholder Retaliation." *Journal of Business Ethics*, 1988, vol. 8, pp. 1–13.

제16장

1. J. P. Kotter, L. A. Schlesinger, and V. Sathe, *Organization* (Homewood, IL: Irwin, 1979), 487.
2. C. Argyris, R. Putman, and D. M. Smith, *Action Science* (San Francisco: Jossey-Bass, 1985).
3. R. M. Kanter, *The Change Masters: Innovation for Productivity in the American Corporation*(New York: Simon & Schuster, 1984).
4. C. W. L. Hill and G. R. Jones, *Strategic Management: An Integrated Approach*, 7th ed. (Boston: Houghton Mifflin, 2010).
5. Ibid.
6. G. R. Jones, *Organizational Theory, Design, and Change: Text and Cases*, 5th ed. (Upper Saddle River, NY: Prentice Hall, 2007).
7. C. W. L. Hill, *International Business*, 4th ed (Chicago, IL: McGraw-Hill, 2005).
8. C. A. Bartlett and S. Ghoshal, *Managing Across Borders* (Boston: Harvard Business School Press, 1989).
9. C. K. Prahalad and Y. L. Doz, *The Multinational Mission: Balancing Local Demands and Global Vision* (New York: Free Press, 1987).
10. D. Jamieson and J. O'Mara, *Managing Workforce 2000: Gaining a Diversity Advantage*(San Francisco: Jossey-Bass, 1991).
11. T. H. Cox and S. Blake, "Managing Cultural Diversity: Implications for Organizational Competitiveness," *Academy of Management Executive*, August 1991, 49–52.
12. S. E. Jackson and Associates, *Diversity in the Workplace: Human Resource Initiatives* (New York: Guilford Press, 1992).
13. W. H. Shaw and V. Barry, *Moral Issues in Business*, 6th ed. (Belmont, CA: Wadsworth, 1995).
14. T. Donaldson, *Corporations and Morality* (Englewood Cliffs, NJ: Prentice-Hall, 1982).
15. S. K. Piderit, "Rethinking Resistance and Recognizing Ambivalence: A Multidimensional View of Attitudes Toward an Organizational Change," *Academy of Management Review*, 2000, vol. 25, 4, 783–95.
16. M. Hannan and J. Freeman, "Structural Inertia and Organizational Change," *American Sociological Review*, 1989, 49, 149–64.
17. L. E. Greiner, "Evolution and Revolution as Organizations Grow," *Harvard Business Review*, July–August 1972, 37–46.
18. R. M. Kanter, *When Giants Learn to Dance: Mastering the Challenges of Strategy* (New York: Simon and Schuster, 1989).
19. J. P. Kotter and L. A. Schlesinger, "Choosing Strategies for Change," *Harvard Business Review*, March-April 1979, 106–14.
20. T. Burns and G. M. Stalker, *The Management of Innovation* (London: Tavistock, 1961).
21. P. R. Lawrence and J. W. Lorsch, *Organization and Environment* (Boston: Harvard Business School Press, 1972).
22. R. Likert, *The Human Organization* (New York: McGraw-Hill, 1967).
23. C. Argyris, *Personality and Organization* (New York: Harper and Row, 1957).
24. This section draws heavily on K. Lewin, *Field Theory in Social Science* (New York: Harper and Row, 1951).
25. L. Chung-Ming and R. W. Woodman, "Understanding Organizational Change: A Schematic Perspective," *Academy of Management Journal*, 1995, vol. 38, 2, 537–55.
26. D. Miller, "Evolution and Revolution: A Quantum View of Structural Change in Organizations," *Journal of Management Studies*, 1982, 19, 11–151; D. Miller, "Momentum and

Revolution in Organizational Adaptation," *Academy of Management Journal*, 1980, 2, 591–614.
27. C. E. Lindblom, "The Science of Muddling Through," *Public Administration Review*, 1959, 19, 79–88; P. C. Nystrom and W. H. Starbuck, "To Avoid Organizational Crises, Unlearn," *Organizational Dynamics*, 1984, 12, 53–65.
28. E. L. Trist, G. Higgins, H. Murray, and A. G. Pollock, *Organizational Choice* (London: Tavistock, 1965); J. C. Taylor, "The Human Side of Work: The Socio-Technical Approach to Work Design," *Personnel Review*, 1975, 4, 17–22.
29. E. L. Trist and K. W. Bamforth, "Some Social and Psychological Consequences of the Long Wall Method of Coal Mining," *Human Relations*, 1951, 4, 3–38; F. E. Emery and E. L. Trist, *Socio-Technical Systems* (London: Proceedings of the 6th Annual International Meeting of the Institute of Management Sciences, 1965), 92–93.
30. W. Edwards Deming, *Out of the Crisis* (Cambridge, MA: MIT Press, 1989); M. Walton, *The Deming Management Method* (New York: Perigee Books, 1990).
31. www.citigroup.com, 2010.
32. S. M. Young, "A Framework for the Successful Adoption and Performance of Japanese Manufacturing Techniques in the United States," *Academy of Management Review*, 1992, 17, 677–700.
33. M. Hammer and J. Champy, *Reengineering the Corporation* (New York: HarperCollins, 1993).
34. A. M. Pettigrew, R. W. Woodman, and K. S. Cameron, "Studying Organizational Change and Development: Challenges for Future Research," *Academy of Management Journal*, 2001, vol. 44, 4, 697–714.
35. J. Child and R. G. McGrath, "Organizations Unfettered: Organizational Form in an Information-Intensive Economy," *Academy of Management Journal*, 2001, vol. 44, 6, 1135–1149.
36. www.cypress.com, 2010.
37. W. McKinley, "Some Anticipated Consequences of Organizational Restructuring," *Academy of Management Review*, 2000, vol. 25, 4, 735–753.
38. Jones, *Organizational Theory*; R. A. Burgelman and M. A. Maidique, *Strategic Management of Technology and Innovation* (Homewood, IL: Irwin, 1988).
39. G. R. Jones and J. E. Butler, "Managing Internal Corporate Entrepreneurship: An Agency Theory Perspective," *Journal of Management*, 1992, 18, 733–749.
40. E. Mansfield, J. Rapaport, J. Schnee, S. Wagner, and M. Hamburger, *Research and Innovation in the Modern Corporation* (New York: Norton, 1971).
41. K. J. Klein and J. Speer, "The Challenge of Innovation Implementation," *Academy of Management Review*, 1996, vol. 21, 4, 1055–1071.
42. R. A. Burgelman, "Designs for Corporate Entrepreneurship in Established Firms," *California Management Review*, 1984, 26, 154–166.
43. D. Frey, "Learning the Ropes: My Life as a Product Champion," *Harvard Business Review*, September–October 1991, 46–56.
44. Lewin, *Field Theory in Social Science*, 172–174.
45. M. Crossan, "Altering Theories of Learning and Action: An Interview with Chris Argyris, *Academy of Management Executive*, 2003, vol. 17, 2, 40–47.
46. This section draws heavily on P. A. Clark, *Action Research and Organizational Change* (New York: Harper and Row, 1972); L. Brown, "Research Action: Organizational Feedback, Understanding and Change," *Journal of Applied Behavioral Research*, 1972, 8, 697–711; N. Margulies and A. P. Raia, eds., *Conceptual Foundations of Organizational Development* (New York: McGraw-Hill, 1978).
47. W. L. French and C. H. Bell, *Organizational Development* (Englewood Cliffs, NJ: Prentice-Hall, 1990).
48. L. Coch and J. R. P. French, "Overcoming Resistance to Change," *Human Relations*, 1948, 1, 512–532.
49. French and Bell, *Organizational Development.*
50. Ibid.
51. W. L. French, "A Checklist for Organizing and Implementing an OD Effort." In W. L. French, C. H. Bell, and R. A. Zawacki, *Organizational Development and Transformation* (Homewood, IL: Irwin, 1994), 484–495.
52. Kotter, Schlesinger, and Sathe, *Organization*, p. 487.
53. W. G. Bennis, *Organizational Development: Its Nature, Origins, and Perspectives* (Reading, MA: Addison-Wesley, 1969).
54. Kotter and Schlesinger, "Choosing Strategies for Change."
55. S. Fox and Y. Amichai-Hamburger, "The Power of Emotional Appeals in Promoting Organizational Change Programs," *Academy of Management Executive*, 2001, vol. 15, 4, 84–95.
56. S. Myeong-Gu, "Overcoming Emotional Barriers, Political Obstacles, and Control Imperatives in the Action-Science Approach to Individual and Organizational Learning," *Academy of Management Learning and Education*, 2003, vol. 2, 1, 7–22.
57. E. H. Schein, *Organizational Psychology* (Englewood Cliffs, NJ: Prentice-Hall, 1980).
58. R. T. Golembiewski, "The Laboratory Approach to Organization Change: Schema of a Method." In Margulies and Raia, eds., *Conceptual Foundations of Organizational Development*, 198–212; J. Kelley "Organizational Development Through Structured Sensitivity Training," Ibid., 213–228.
59. E. H. Schein, *Process Consultation* (Reading, MA: Addison-Wesley, 1969).
60. M. Sashkin and W. Warner Burke, "Organization Development in the 1980s," *Journal of Management*, 1987, 13, 393–417; D. Eden, "Team Development: Quasi-Experimental Confirmation Among Combat Companies," *Group and Organization Studies*, 1986, 5, 133–146; K. P. DeMeuse and S. J. Liebowitz, "An Empirical Analysis of Team Building Research," *Group and Organization Studies*, 1981, 6, 357–378.
61. French and Bell, *Organization Development.*
62. R. Beckhard, "The Confrontation Meeting," *Harvard Business Review*, March-April 1967, 159–165.

찾아보기

ㅂ

ㅅ

ㅇ

ㅈ

저자 소개

Jennifer M. George

라이스대학교 경영대학 교수이면서 경영대학원에서 심리학을 가르치고 있다. 웨슬리언대학교에서 심리학과 사회학으로 학사학위를, 뉴욕대학교에서 재무관리로 석사학위 및 경영관리와 조직행동으로 박사학위를 받았다. 텍사스A&M대학교 경영관리학과 교수를 지냈으며, 조직행동 분야의 전문가로 주로 작업장에서의 정서와 기분의 결정요인, 정서가 개인 및 조직에 미치는 영향에 관한 여러 연구를 수행하였다. *Academy of Management Journal*, *Academy of Management Review*, *Journal of Applied Psychology*, *Organizational Behavior and Human Decision Processes*, *Journal of Personality and Social Psychology*, *and Psychological Bulletin* 등 유명 저널에 논문을 발표하였다. 미국 경영학회에서 선정하는 우수논문상과 인적자원관리 분야의 최고논문상을 받았으며, 미국 내 저명한 저널의 편집위원과 부편집장을 지냈고, 교과서 *Contemporary Management*의 공저자이기도 하다. 라이스대학교 경영대학 교수이면서 경영대학원에서 심리학을 가르치고 있다.

Gareth Jones

영국 랭커스터대학교에서 학사와 박사학위를 취득하였다. 워릭대학교, 미시간주립대학교, 일리노이대학교 어바나-샴페인캠퍼스에서 강의 및 연구활동을 하였다. 그는 조직행동과 조직이론의 전문가로서 사회화, 조직문화, 거래비용분석을 조직행위에 적용한 많은 연구를 하고 있다. *Academy of Management Review* 외 많은 저널에 논문을 발표하고 있으며 미국경영학회가 선정한 최고의 논문상을 수상하기도 하였다. *Academy of Management Review*, *Journal of Management*, *Management Inquiry*의 편집위원으로 활동하고 있다. 텍사스A&M대학교 경영대학 교수로 있으며 조직행동 분야의 강의와 연구에 전념하고 있다.

한국 저자 소개

양동훈

- 서강대학교 경영학과 교수
- 미국 미네소타대학교 인적자원 및 노사관계학 석사·박사
- 한국인사조직학회, 한국인사관리학회, 한국윤리경영학회 부회장 역임
- 중앙노동위원회 조정공익위원, 대한상공회의소 중소기업자문위원, 서울지방노동위원회 심판공익위원, 미국 SHRM 한국자문교수 등을 역임
- 경영학원론(시그마프레스), 초고령사회, 4차 산업혁명 일과 경영을 바꾸다, 누구를 리더로 세울 것인가 외 다수